Projeto, Desenvolvimento de Aplicações e Administração de Banco de Dados

**Tradução da
TERCEIRA EDIÇÃO**

Michael V. Mannino
University of Colorado, Denver

Tradução
Beth Honorato
Diana Prairo
Lizandra Moura
Suely Sonoe

Revisão Técnica
Antônio Fernandes Nunes Guardado
Mestre em Sistemas de Computação pelo UNIFIEO – Centro Universitário FIEO
Professor do UNIFIEO e da Faculdade de Ciências da FITO

Sidney da Silva Viana (Capítulos 16 e 18)
Doutor em Engenharia Elétrica pela Escola Politécnica da Universidade de São Paulo (USP)
(Ênfase em Sistemas Digitais)
Professor do UNIFIEO – Centro Universitário FIEO

Bangcoc   Bogotá   Beijing   Caracas   Cidade do México
Cingapura   Lisboa   Londres   Madri   Milão   Montreal   Nova Delhi
Santiago   São Paulo   Seul   Sydney   Taipé   Toronto

The McGraw·Hill Companies

Projeto, Desenvolvimento de Aplicações e Administração de Banco de Dados
Tradução da 3ª Edição em Inglês
ISBN: 978-85-7726-020-1

A reprodução total ou parcial deste volume, por quaisquer formas ou meios, sem o consentimento, por escrito, da editora é ilegal e configura apropriação indevida dos direitos intelectuais e patrimoniais dos autores.

Copyright© 2008 de McGraw-Hill Interamericana do Brasil Ltda.
Todos os direitos reservados.
Av. Brigadeiro Faria Lima, 201, 17º andar
São Paulo – SP – CEP 05426-100

Todos os direitos reservados.© 2008 de McGraw-Hill Interamericana Editores, S.A. de C.V. Prol. Paseo de la Reforma 1015 Torre A Piso 17, Col. Desarrollo Santa Fé, Delegación Alvaro Obregón
México 01376, D.F., México

Tradução da edição em inglês de *Database Design, Application Development, & Administration*
© 2007 McGraw-Hill/Irwin, uma unidade de negócios da McGraw-Hill Companies. Inc, 1221 Avenue of the Americas,
New York, NY, 10020
ISBN: 13-978-007-294220-0

Diretor: *Adilson Pereira*
Editora de Desenvolvimento: *Marileide Gomes*
Produção Editorial: *Nilcéia Esposito*
Supervisora de Produção: *Guacira Simonelli*
Preparação de Texto: *Carla Montagner*
Design de Capa: *Chris Bowyer*
Diagramação: *ERJ Composição Editorial*

Equipe de Tradução
Beth Honorato (Capítulos 12 a 18)
Diana Prairo (Capítulo 6)
Lizandra Moura (Capítulos 01, 02, 05, Glossário e Índice Remissivo)
Suely Sonoe (Capítulos 03, 04, 07 a 11, Prefácio, Bibliografia e Capa)

Dados Internacionais de Catalogação na Publicação (CIP)
(Câmara Brasileira do Livro, SP, Brasil)

Mannino, Michael V.
   Projeto, desenvolvimento de aplicações e administração de banco de dados / Michael V. Mannino ; tradução Beth Honorato... [et all.] ; revisão técnica Antonio Fernandes Nunes Guardado, Sidney da Silva Viana. -- São Paulo : McGraw-Hill, 2008.

Título original: Database design, application development, and administration.
   'Tradução da Terceira Edição em Inglês'
Outros tradutores: Diana Prairo Heller, Lizandra de Moura Guerras e Suely Sonoe Murrai Ascuccio.
   Bibliografia
   ISBN 978-85-7726-020-1

1. Banco de dados - Gerenciamento - Programas de computador 2. Projeto de banco de dados 3. Software de aplicativos - Desenvolvimento I. Título.

07-7798   CDD-005.74

Índices para catálogo sistemático:
1. Banco de dados : Desenvolvimento : Ciência da computação 005.74
2. Desenvolvimento de aplicação em banco de dados : Ciência da computação 005.74

A McGraw-Hill tem forte compromisso com a qualidade e procura manter laços estreitos com seus leitores. Nosso principal objetivo é oferecer obras de qualidade a preços justos, e um dos caminhos para atingir essa meta é ouvir o que os leitores têm a dizer. Portanto, se você tem dúvidas, críticas ou sugestões, entre em contato conosco – preferencialmente por correio eletrônico (mh_brasil@mcgraw-hill.com) – e nos ajude a aprimorar nosso trabalho. Teremos prazer em conversar com você. Em Portugal, use o endereço servico_clientes@mcgraw-hill.com.

Quero dedicar este livro a minhas filhas, Julia e Aimee. O sorriso e o carinho delas me inspiram todo dia.

Sobre o Autor

Michael V. Mannino atua na área de banco de dados desde 1980. Ele tem ensinado gerenciamento de banco de dados desde 1983 em várias universidades importantes (University of Florida; University of Texas, Austin; University of Washington; e University of Colorado, Denver). Seu público abrange alunos de graduação e pós-graduação em Sistemas de Informação Gerencial, estudantes de MBA e doutorado, além de profissionais de corporações participantes de programas de reciclagem. Ele também participa ativamente de pesquisas com banco de dados, como mostra a publicação de seus trabalhos nas principais revistas especializadas da IEEE (*Transactions on Knowledge and Data Engineering* e *Transactions on Software Engineering*), ACM (*Communications* e *Computing Surveys*), INFORMS (*Informs Journal on Computing* e *Information Systems Research*). Suas pesquisas englobam vários estudos conhecidos e artigos tutoriais, além de vários trabalhos descrevendo pesquisa original. Os resultados práticos de sua pesquisa estão incorporados no Capítulo 12, em uma abordagem orientada a formulários para o projeto de banco de dados.

Prefácio

Exemplo Motivador

Paul Hong, dono da International Industrial Adhesives, Inc., está eufórico com o recente desempenho de sua empresa, mas cauteloso em relação às perspectivas futuras. O crescimento da receita e dos lucros superou até mesmo as previsões mais otimistas, enquanto as despesas permaneceram estáveis. Ele atribui o sucesso à recuperação econômica internacional, à terceirização, visando concentrar os recursos, e ao aproveitamento estratégico da tecnologia da informação. Sua euforia com o recente desempenho é moderada pelas perspectivas futuras. O sucesso nos negócios atraiu novos concorrentes de olho em seus clientes mais lucrativos. O retorno sobre as novas iniciativas industriais, que são onerosas, é incerto. Novas regulamentações governamentais devem aumentar significativamente o custo operacional como empresa pública, colocando em risco, assim, seus planos de aumentar o capital por meio de oferta pública inicial. Apesar da euforia com o recente sucesso da sua empresa, ele se mantém cauteloso com os novos rumos para assegurar o permanente crescimento dos negócios.

Paul Hong precisa avaliar os investimentos em tecnologia da informação para manter-se à frente dos concorrentes e controlar os custos da indústria e das normas governamentais. A fim de acompanhar a concorrência, ele necessita de dados mais detalhados e atualizados sobre as tendências da indústria, ações da concorrência e transações do distribuidor. Ele quer encontrar uma solução de baixo custo para dar suporte a uma iniciativa industrial voltada ao comércio eletrônico. A fim de se preparar para operar como empresa pública, a empresa precisa realizar auditorias de tecnologia da informação e atender a outras exigências governamentais de apresentação de relatórios, requisitos obrigatórios para as empresas públicas. Por todas essas questões, ele está em dúvida entre os padrões e as tecnologias proprietárias e não proprietárias.

Essas questões envolvem utilização substancial de tecnologia de banco de dados como parte de uma crescente infra-estrutura de computação corporativa. Os recursos de processamento dos SGBDs corporativos oferecem uma base que assegura a confiabilidade do processamento de pedidos on-line para apoiar as iniciativas industriais visando o crescimento do comércio eletrônico. Os recursos de *datawarehouse* dos SGBDs corporativos proporcionam a base de suporte para *datawarehouses* de grande porte e captura de dados-fonte de forma mais precisa. A tecnologia de banco de dados em paralelo permite melhorar o desempenho e a confiabilidade tanto no processamento de transações como nas consultas a *datawarehouse* por meio de adição incremental de capacidade computacional. Os recursos de banco de dados orientado a objeto possibilitam gerenciar grandes quantidades de documentos em XML gerados pelas iniciativas industriais de comércio eletrônico.

No entanto, as soluções para as preocupações de Paul Hong não se restringem apenas à tecnologia. A utilização do nível apropriado de tecnologia envolve visão para o futuro da organização, profundo conhecimento da tecnologia e habilidades gerenciais tradicionais para gerenciar riscos. Paul Hong percebe que seu maior desafio está em mesclar essas habilidades de forma a desenvolver soluções eficazes para a International Industrial Adhesives, Inc.

Introdução

Este livro proporciona uma base para entender a tecnologia de banco de dados que oferece suporte aos problemas de computação corporativa tais como os enfrentados por Paul Hong. Como iniciante no estudo de gerenciamento de banco de dados, você precisa entender os conceitos fundamentais de gerenciamento de banco de dados e o modelo de dado relacional. Em seguida, precisa dominar as habilidades em projeto de banco de dados e desenvolvimento de aplicações de banco de dados. Este livro oferece ferramentas que ajudam a entender os bancos de dados relacionais e a adquirir as habilidades para solucionar os problemas básicos e avançados de formulação de consultas, modelagem de dados, normalização, requisitos de dados de aplicações e customização de aplicações de banco de dados.

Depois de estabelecer essas habilidades, você está pronto para estudar o papel do especialista em banco de dados e os ambientes de processamento em que são utilizados os bancos de dados. Este livro apresenta as tecnologias fundamentais de banco de dados em cada ambiente de processamento e as relações entre essas tecnologias e os novos avanços em termos de comércio eletrônico e computação corporativa. Você aprenderá o vocabulário, as arquiteturas e as questões de projeto de tecnologia de banco de dados que proporcionam a base de apoio para o estudo avançado de sistemas individuais de gerenciamento de banco de dados, aplicações de comércio eletrônico e computação corporativa.

Características do Livro

Neste livro é utilizada uma pedagogia já desenvolvida e comprovada nas edições anteriores. A experiência adquirida pelo autor nas aulas ministradas a alunos de graduação e pós-graduação, aliada à opinião e crítica recebida daqueles que adotaram a edição anterior, resultou no desenvolvimento de um material novo e aperfeiçoado. As alterações mais significativas na terceira edição estão nos capítulos sobre desenvolvimento de banco de dados (Capítulos 5 a 8): regras de negócios na modelagem de dados, diretrizes para análise das necessidades de informação corporativa, tratamento mais abrangente dos erros de projeto na modelagem de dados, abordagem mais profunda sobre identificação de dependência funcional e novo tratamento das dicas de otimização de consulta. Essa nova abordagem fortalece o tratamento comprovado da segunda edição que separava a estrutura dos diagramas entidade-relacionamento da prática de modelagem de dados corporativos, por meio de ferramenta customizada de modelagem de dados (ER Assistant) para eliminar a confusão da notação, e enfatiza a normalização como ferramenta de refinamento para desenvolvimento de banco de dados.

Em termos de desenvolvimento de aplicações de banco de dados, essa edição apresenta o SQL:2003, mudança evolucionária do SQL:1999. O texto traz explicações sobre o escopo do SQL:2003, a dificuldade da conformidade com o padrão e novos elementos do padrão. Inúmeros refinamentos na abordagem de desenvolvimento de aplicações de banco de dados ampliam a abordagem comprovada das duas primeiras edições: diretrizes para formulação de consultas, problemas avançados de correspondência, dicas de formulação de consulta para relatórios e formulários hierárquicos e gatilhos para restrições mais brandas.

Em termos de administração de banco de dados e ambientes de processamento, é abordada de forma mais abrangente a nova tecnologia em SQL:2003 e Oracle 10g. Os novos tópicos mais significativos abrangem tecnologia de banco de dados paralelos, abordagem mais ampla de reescrita de consulta para visões materializadas, e transparência nos bancos de dados distribuídos Oracle. As revisões mais significativas abrangem controle de *deadlock*, pontos de verificação de recuperação de banco de dados, tempo de interação do usuário no projeto de transação, representação de tempo em tabelas de dimensão, maturidade de *datawarehouse*, serviços da Web no processamento de banco de dados cliente-servidor, e aceitação comercial das arquiteturas de banco de dados orientados a objeto.

Esta edição contém mais material complementar para os capítulos. *Projeto, Desenvolvimento de Aplicações e Administração de Banco de Dados* apresenta novas questões e problemas no final dos capítulos além de resumos da sintaxe do SQL:2003. No site do livro em www.mhhe.com/mannino, há um material que engloba estudos de caso, atribuições no primeiro e segundo curso de banco de dados e amostras de teste (disponíveis para o professor em inglês).

Na organização do livro, os capítulos dividem-se em sete partes menores de estudo. A Parte 1 apresenta material introdutório sobre gerenciamento de banco de dados e desenvolvimento de banco de dados, que proporciona a base conceitual para o conhecimento e as habilidades detalhados nos capítulos subseqüentes. A Parte 2 abrange elementos essenciais do modelo de dados relacional para a criação de banco de dados e formulação de consultas. O desenvolvimento de banco de dados está dividido entre modelagem de dados no Capítulo 3 e projeto físico e lógico de tabelas na Parte 4. O desenvolvimento avançado de aplicações tratando de problemas avançados de correspondência, visões de banco de dados e procedimentos armazenados e gatilhos é abordado na Parte 5. A Parte 6 trata do desenvolvimento avançado de banco de dados com integração de visão e um estudo de caso abrangente. A Parte 7 estuda a administração de banco de dados e os ambientes de processamento para SGBDs.

Vantagens Competitivas

Este livro oferece recursos extraordinários inexistentes em obras concorrentes. Entre os recursos exclusivos estão a abordagem detalhada do SQL tanto em Access como em Oracle, as diretrizes de solução de problemas para auxiliar no desenvolvimento de habilidades importantes, os exemplos e as amostras de banco de dados cuidadosamente elaborados, um estudo de caso abrangente, uma abordagem avançada dos tópicos e o ER Assistant. Esses recursos proporcionam um pacote completo para um curso introdutório de banco de dados. Cada um desses recursos será descrito detalhadamente na lista a seguir, e a Tabela P.1 apresenta resumidamente as vantagens competitivas por capítulo.

- **Cobertura do SQL:** a extensão e profundidade do tratamento dado ao SQL neste texto não encontra similares nos livros concorrentes. A Tabela P.2 apresenta resumidamente o tratamento do SQL por capítulo. As Partes 2 e 5 apresentam uma cobertura completa das instruções CREATE TABLE, SELECT, UPDATE, INSERT, DELETE, CREATE VIEW e CREATE TRIGGER. São apresentados inúmeros exemplos de problemas básicos, intermediários e avançados. Os capítulos da Parte 7 apresentam as instruções úteis para os administradores de banco de dados além das utilizadas em ambientes específicos de processamento.

- **Cobertura do Access e Oracle:** os capítulos das Partes 2 e 5 abordam detalhadamente o SQL para Access e Oracle. Cada exemplo das instruções SELECT, INSERT, UPDATE, DELETE e CREATE VIEW é mostrado em ambos os sistemas de gerenciamento de banco de dados. Importante cobertura dos recursos do novo Oracle 10g SQL é dada nos Capítulos 8, 9, 11, 15, 16 e 18. Além disso, os capítulos das Partes 2 e 5 abordam a sintaxe do SQL:2003 para dar suporte a instruções com outros sistemas conhecidos de gerenciamento de banco de dados.

- **Diretrizes para Solução de Problemas:** os estudantes precisam não apenas de explicações de conceitos e exemplos para resolver os problemas. Precisam de diretrizes para ajudar a estruturar seu processo de raciocínio para atacar os problemas de maneira

TABELA P.1 Resumo das Vantagens Competitivas por Capítulo

Capítulo	Recursos Exclusivos
2	Capítulo exclusivo, apresentando uma introdução conceitual do processo de desenvolvimento de banco de dados
3	Representação visual dos operadores de álgebra relacional
4	Diretrizes de formulação de consulta; englobando Oracle, Access e cobertura do SQL 2003
5	Ênfase na notação do DER, regras de negócios, regras de diagrama com suporte no ER Assistant
6	Estratégias para análise das necessidades de informação de negócios, transformações de modelagem de dados e detecção de erros comuns de projeto
7	Diretrizes e procedimentos de normalização
8	Regras para seleção de índices; diretrizes de otimização do SQL, abordagem integrada de otimização de consulta, estruturas de arquivo, e seleção de índices
9	Diretrizes de formulação de consulta; englobando Oracle 10g, Access e SQL:2003; cobertura avançada do tópico sobre consultas aninhadas, problemas de divisão e tratamento de valores nulos
10	Regras para visões atualizáveis, diretrizes de requisitos de dados para formulários e relatórios
11	Capítulo exclusivo abordando conceitos e práticas de linguagens de programação de banco de dados, procedimentos armazenados e gatilhos
12	Capítulo exclusivo abordando conceitos e práticas de projeto e integração de visão
13	Capítulo exclusivo abordando um estudo de caso completo sobre o processamento de empréstimo estudantil
14	Diretrizes para processos importantes utilizados por administradores de banco de dados
15	Diretrizes e tratamento avançado do tópico sobre projeto de transações
16	Modelo de maturidade de *datawarehouse* para avaliação do impacto da tecnologia nas organizações; tratamento avançado do tópico sobre recursos de banco de dados relacionais para processamento de datawarehouse e processo de renovação de *datawarehouse*; ampla abordagem sobre *datawarehouse* em Oracle 10g
17	Cobertura integrada do processamento cliente-servidor, paralelo e distribuído de banco de dados
18	Cobertura avançada do tópico sobre recursos objeto-relacionais em SQL:2003 e Oracle 10g

TABELA P.2
Abordagem da Instrução SQL por Capítulo

Capítulo	Instruções SQL
3	CREATE TABLE
4	SELECT, INSERT, UPDATE, DELETE
9	SELECT (consultas aninhadas, junções externas, tratamento de valores nulos); englobando Access, Oracle 10g e SQL:2003
10	CREATE VIEW; consultas e instruções de manipulação utilizando visões
11	CREATE PROCEDURE (Oracle), CREATE TRIGGER (Oracle e SQL:2003)
14	GRANT, REVOKE, CREATE ROLE, CREATE ASSERTION, cláusula CHECK da instrução CREATE TABLE, CREATE DOMAIN
15	COMMIT, ROLLBACK, SET TRANSACTION, SET CONSTRAINTS, SAVEPOINT
16	CREATE MATERIALIZED VIEW (Oracle), extensões da cláusula GROUP BY (Oracle e SQL:2003), CREATE DIMENSION (Oracle)
18	CREATE TYPE, CREATE TABLE (tabelas e subtabelas digitadas), SELECT (identificadores de objeto, expressões de caminho, operador *dereference*); englobando SQL:2003 e Oracle 10g

TABELA P.3
Diretrizes para Solução de Problemas por Capítulo

Capítulo	Diretrizes para Solução de Problemas
3	Representação visual de relacionamentos e operadores da álgebra relacional
4	Processo de avaliação conceitual; questões para formulação de consulta
5	Regras de diagrama
6	Diretrizes para análise das necessidades de informação corporativa; transformações de projeto; identificação de erros comuns de projeto; regras de conversão
7	Diretrizes para identificação de dependências funcionais; procedimento simples de síntese
8	Regras de seleção de índices; diretrizes de ajuste de SQL
9	Diretrizes para formulação de problemas de diferença; avaliação de consulta aninhada; método de contagem para problemas de divisão
10	Regras para consultas de junção atualizáveis; passos para análise de requisitos de dados em formulários e relatórios
11	Procedimento de execução de gatilho
12	Passos de análise de formulário; estratégias de integração de visão
14	Diretrizes para gerenciar procedimentos armazenados e gatilhos; processo de planejamento de dados; processo de seleção de SGBD
15	Linha do tempo para transação; diretrizes para projeto de transação
16	Diretrizes para representações de banco de dados relacionais de dados multidimensionais; diretrizes para representação de tempo em tabelas de dimensão, compromissos para renovação de um datawarehouse
17	Progressão de níveis de transparência para banco de dados distribuídos
18	Arquiteturas de banco de dados orientados a objeto; comparação entre representações relacional e objeto-relacional

sistemática. As diretrizes oferecem modelos mentais que ajudam você a aplicar os conceitos para resolver problemas básicos e avançados. A Tabela P.3 apresenta resumidamente diretrizes exclusivas de solução de problemas por capítulo.

- **Exemplos e Amostras de Banco de Dados:** duas amostras de banco de dados são utilizados nos capítulos das Partes 2 e 5 com o intuito de manter a consistência e a continuidade. O banco de dados de uma universidade é utilizado nos exemplos apresentados no capítulo, e o banco de dados de entrada de pedidos é utilizado nos problemas incluídos no final do capítulo. Inúmeros exemplos e problemas baseados nesses bancos de dados retratam as habilidades fundamentais de formulação de consulta e requisitos de dados de aplicações.

Versões revisadas dos bancos de dados separam os exemplos básicos dos avançados. O site do livro em www.mhhe.com/mannino engloba instruções CREATE TABLE, dados de amostra, instruções de manipulação de dados e arquivos de banco de dados em Access para ambos os bancos de dados (disponíveis em inglês). Os capítulos das Partes 3, 4 e 7 utilizam outros bancos de dados para oferecer situações de negócios mais diversificadas. Os estudantes precisam experimentar variadas situações de negócios para adquirir as habilidades de projeto de banco de dados e entender conceitos importantes para especialistas em banco de dados. Outros bancos de dados abordando operações de estação de tratamento de água, visitas a pacientes, análises de trabalhos acadêmicos, controle de finanças pessoais, reservas de passagens aéreas, operações de escritórios de colocação, seguros de automóvel, controle de vendas e vendas imobiliárias complementam os bancos de dados de uma universidade e de entrada de pedidos utilizados nos exemplos do capítulo e nos problemas apresentados no final do capítulo.

- **Estudo de Caso Abrangente:** o caso da Empréstimo para Estudantes Ltda. é apresentado no final da Parte 6. A descrição do caso, juntamente com sua solução, integra os conceitos aprendidos pelos estudantes nos 12 capítulos anteriores sobre desenvolvimento de aplicações e projeto de banco de dados. Os problemas adicionais apresentados no final do capítulo oferecem a oportunidade de aplicar seu conhecimento em um caso real.

- **Ferramenta Gratuita de Modelagem de Dados:** o ER Assistant oferece uma interface simples para desenhar e analisar diagramas entidade-relacionamento apresentados nos capítulos da Parte 3 sobre modelagem de dados, disponível em www.mhhe.com/mannino. Consulte a seção Suplementos. Os estudantes logo se tornam produtivos com esse programa, o que lhes permite concentrarem-se nos conceitos da modelagem de dados e não em detalhes de uma ferramenta CASE complexa. Para ajudar a evitar erros no diagrama, o ER Assistant suporta as regras de diagrama apresentadas no Capítulo 5.

- **Tópicos de Ponta e Atuais:** este livro aborda alguns tópicos não abordados nas obras concorrentes: formulação de consulta avançada, visões atualizáveis, desenvolvimento e gerenciamento de procedimentos armazenados e gatilhos, requisitos de dados para relatórios e formulários de entrada de dados, integração de visão, gerenciamento de processo de renovação de *datawarehouses*, modelo de maturidade de *datawarehouse*, arquiteturas de banco de dados paralelos, arquiteturas de banco de dados orientados a objeto, recursos de *datawarehouse* em SQL:2003 e Oracle 10g, recursos objeto-relacionais em SQL:2003 e Oracle 10g, e princípios de projeto de transação. Esses tópicos propiciam aos estudantes motivados buscar conhecimento mais profundo a respeito de gerenciamento de banco de dados.

- **Pacote Completo do Curso:** dependendo dos critérios do curso, alguns estudantes às vezes precisam adquirir até cinco livros em um curso introdutório de banco de dados: um livro abordando os princípios, livros de laboratório tratando dos detalhes de um SGBD e uma ferramenta CASE, um livro complementar de SQL e um livro de casos com problemas práticos reais. Este livro oferece uma fonte completa, integrada e mais econômica para você.

Público-Alvo

Este livro é voltado a um primeiro curso de graduação ou de pós-graduação em gerenciamento de banco de dados. No nível de graduação, os estudantes devem se concentrar (com especialização ou não) ou manter interesse mais ativo em sistemas de informação. Em cursos de dois anos de duração, o professor pode optar por pular os tópicos avançados e dar maior ênfase ao livro opcional de laboratório do Access. O aluno de graduação deve freqüentar primeiro um curso abrangendo conceitos gerais de sistemas de informação, planilha eletrônica, processamento de texto e possivelmente uma breve introdução a banco de dados. Exceto no caso do Capítulo 11, um curso de programação de computadores pode servir de base importante, mas não é obrigatório. Os demais capítulos mencionam alguns conceitos de programação de computadores, mas não tratam da escrita de códigos. Para entender bem o Capítulo 11, é essencial possuir noção básica de programação de computadores. No entanto, os conceitos básicos apresentados no Capítulo 11 podem ser discutidos mesmo que você não tenha noções de programação.

No nível de pós-graduação, este livro é adequado tanto em programas de MBA como de Mestrado em Ciência da Computação. O material avançado deste livro é bem adequado para alunos de Mestrado em Ciência da Computação.

Organização

Assim como sugere o título do livro, *Projeto, Desenvolvimento de Aplicações e Administração de Banco de Dados* ressalta três conjuntos de habilidades. Antes de adquirir tais habilidades, você precisa aprender os conceitos básicos. A Parte 1 oferece uma base conceitual para posterior estudo detalhado de projeto de banco de dados, desenvolvimento de aplicações de banco de dados e administração de banco de dados. Os capítulos da Parte 1 apresentam os princípios do gerenciamento de banco de dados e uma visão geral conceitual do processo de desenvolvimento de banco de dados.

A Parte 2 oferece fundamentos básicos sobre o modelo de dados relacional. O Capítulo 3 trata de definição de tabelas, regras de integridade e operadores para recuperar informações úteis dos bancos de dados relacionais. O Capítulo 4 apresenta diretrizes para a formulação de consultas e inúmeros exemplos de instruções SQL.

As Partes 3 e 4 enfatizam as habilidades práticas e diretrizes de projeto para o processo de desenvolvimento de banco de dados. O estudante que almeja seguir carreira como especialista em banco de dados deve ser capaz de executar cada passo do processo de desenvolvimento de banco de dados. Ele deve aprender as habilidades de modelagem de dados, conversão de esquema, normalização e projeto físico de banco de dados. Os capítulos da Parte 3 (Capítulos 5 e 6) englobam a modelagem de dados utilizando o Modelo Entidade-Relacionamento. O Capítulo 5 trata da estrutura dos diagramas entidade-relacionamento, enquanto o Capítulo 6 apresenta a utilização dos diagramas entidade-relacionamento para analisar as necessidades de informação de negócios. Os capítulos da Parte 4 (Capítulos 7 e 8) tratam dos princípios de projeto de tabelas e da prática de projeto lógico e físico. O Capítulo 7 engloba a motivação, as dependências funcionais, as formas normais e as considerações práticas de normalização de dados. O Capítulo 8 apresenta cobertura ampla de projeto físico de banco de dados, incluindo objetivos, entradas, estrutura de arquivo e noções básicas de otimização de consulta e importantes escolhas de projeto.

A Parte 5 oferece os fundamentos básicos para a construção de aplicações de banco de dados, ajudando o estudante a adquirir habilidades em formulação de consulta avançada, especificação de requisitos de dados para relatórios e formulários de entrada de dados, e codificação de procedimentos armazenados e gatilhos. O Capítulo 9 oferece exemplos adicionais de SQL intermediário e avançado, juntamente com as habilidades correspondentes de formulação de consulta. O Capítulo 10 contém a descrição de motivação, definição e uso de visões relacionais, juntamente com a especificação das definições de visão para relatórios e formulário de entrada de dados. O Capítulo 11 apresenta conceitos e práticas de codificação de linguagens de programação de banco de dados, procedimentos armazenados e gatilhos para customização de aplicações de banco de dados.

A Parte 6 trata de tópicos avançados de desenvolvimento de banco de dados. O Capítulo 12 engloba descrições de projeto de visão e integração de visão, que são conceitos de modelagem de dados para esforços de desenvolvimento de banco de dados de grande porte. O Capítulo 13 apresenta um estudo de caso completo, que possibilita ao estudante adquirir noções sobre as dificuldades de aplicar o projeto de banco de dados e as habilidades de desenvolvimento de aplicações em um banco de dados corporativo real.

Além do projeto e das habilidades de desenvolvimento de aplicações de banco de dados, este livro prepara o estudante para seguir carreira como especialista em banco de dados. O estudante precisa entender as responsabilidades, as ferramentas e os processos utilizados pelos administradores de dados e administradores de banco de dados, além dos vários ambientes em que operam os bancos de dados.

Os capítulos da Parte 7 ressaltam o papel do especialista em banco de dados e os detalhes do gerenciamento de banco de dados em vários ambientes operacionais. O Capítulo 14 serve como contexto para os demais capítulos, que abordam as responsabilidades, as ferramentas e os processos utilizados pelos administradores de banco de dados e administradores de dados. Os demais capítulos da Parte 4 oferecem fundamentos básicos para o gerenciamento de banco de dados em ambientes importantes: Capítulo 15, processamento de transação; Capítulo 16, *datawarehouses*; Capítulo 17, dados e processamento distribuídos; e Capítulo 18, gerenciamento de banco de dados orientados a objeto. Esses capítulos ressaltam conceitos, arquiteturas e escolhas de projeto importantes para especialistas em banco de dados.

Tema e Abordagem Textual

Como apoio à aquisição das habilidades necessárias ao aprendizado e à compreensão do desenvolvimento de aplicações, do projeto de banco de dados e do gerenciamento de banco de dados, este livro adota três princípios de orientação:

1. *Combinação entre conceitos e prática*. Fica mais fácil aprender a gerenciar um banco de dados se os conceitos estiverem estreitamente vinculados à prática do projeto e da implementação de banco de dados utilizando um SGBD comercial. O livro e o material complementar foram elaborados visando uma integração sólida entre conceitos e prática, utilizando estes recursos:
    - Exemplos de SQL tanto em Access como em Oracle além do estudo do SQL:2003.
    - Ênfase no relacionamento entre desenvolvimento de aplicações e formulação de consultas.
    - Uso de notação de modelagem de dados com suporte de ferramentas CASE profissionais e ferramenta acadêmica de fácil utilização (ER Assistant).
    - Capítulos com prática laboratorial complementar que combinam os conceitos do livro com os detalhes dos SGBDs comerciais.
2. *Ênfase nas habilidades de solução de problemas*. Este livro adota diretrizes para solução de problemas, visando ajudar estudantes a dominar as habilidades fundamentais de modelagem de dados, normalização, formulação de consultas e desenvolvimento de aplicações. O livro e o material complementar associado oferecem inúmeros problemas, estudos de caso e práticas de laboratório, que permitem ao estudante aplicar suas habilidades. Com o domínio das habilidades fundamentais, o estudante estará pronto para aprender mais sobre bancos de dados e mudar seu modo de pensar a respeito da computação em geral.
3. *Fornecimento de material introdutório e avançado*. Estudantes de administração que utilizam este livro vêm de várias formações distintas. Este livro é suficientemente profundo para satisfazer o estudante mais ávido. No entanto, ele inclui partes avançadas que podem ser puladas por aqueles que não querem se aprofundar tanto.

Recursos Pedagógicos

Este livro contém os seguintes recursos pedagógicos que ajudam os estudantes a navegar pelo conteúdo dos capítulos de forma sistemática:

- **Objetivos de Aprendizagem** focados no conhecimento e nas habilidades que os estudantes irão adquirir depois de estudar o capítulo.
- **Visão Geral** que oferece uma rápida visão ou uma visão prévia do conteúdo dos capítulos.
- **Termos Principais** destacados e definidos nas margens conforme eles são mencionados no capítulo.
- **Exemplos** claramente separados do restante do material do capítulo para facilitar a análise e o estudo.

- **Exemplos de Banco de Dados em Execução** – bancos de dados de uma universidade e de entrada de pedidos acompanhados de ícones na margem, visando chamar a atenção do estudante para os exemplos.
- **Considerações Finais** resumindo o conteúdo do capítulo em relação aos objetivos do aprendizado.
- **Revisão de Conceitos** que, em vez de apenas apresentar uma lista de termos, ressalta os conceitos importantes apresentados no capítulo.
- **Questões** para revisar os conceitos do capítulo.
- **Problemas** que ajudam o estudante a praticar e implementar as habilidades detalhadas e apresentadas no capítulo.
- **Referências para Estudos Adicionais** que direcionam o estudante a fontes adicionais sobre o conteúdo do capítulo.
- **Apêndices de Capítulo** que oferecem detalhes adicionais e resumos convenientes de certos princípios ou práticas.

No final do texto, o estudante encontrará mais estes recursos:

- **Glossário:** lista completa de termos e definições utilizados em todo o texto.
- **Bibliografia:** lista de materiais da área, acadêmicos e outros impressos para estudo ou pesquisas posteriores.

Além disso, há uma lista de recursos da Web, disponível no Online Learning Center em www.mhhe.com/mannino.

Laboratório para Access

Laboratórios para Microsoft Access 97, 2000, 2002 e 2003. Esses laboratórios oferecem tratamento detalhado de recursos importantes para o estudante iniciante em banco de dados e muitos recursos avançados. Os capítulos de laboratório oferecem um misto de prática dirigida e material de referência organizado nos seguintes capítulos:

1. Introdução ao Microsoft Access
2. Laboratório de Criação de Banco de Dados
3. Laboratório de Consulta
4. Laboratório de Formulário de Tabela Única
5. Laboratório de Formulário Hierárquico
6. Laboratório de Relatório
7. Tabelas *Pivot* e Páginas de Acesso aos Dados (somente em Access 2002 e 2003)
8. Laboratório de Interface de Usuário

Cada capítulo de laboratório segue a pedagogia do livro com Objetivos de Aprendizagem, Visão Geral, Considerações Finais, Exercícios Práticos Adicionais e Apêndices com dicas importantes. A maioria dos capítulos de laboratório menciona os conceitos do livro, visando uma integração sólida com os capítulos correspondentes do livro. Cada laboratório também inclui um glossário de termos e um índice.

Orientações para o Professor

O professor pode adotar o livro em ordem variada, em uma seqüência de um ou dois semestres. O autor utilizou o livro em curso de um semestre seguindo esta ordem: desenvolvimento de aplicações, desenvolvimento de banco de dados e ambientes de processamento de banco de dados. Essa ordem tem como vantagem abordar o material mais concreto (desenvolvimento de aplicações) antes do material mais abstrato (desenvolvimento de banco de dados). As tarefas e os capítulos de laboratório servem para complementar a prática dos capítulos do livro. Para utilizar o livro em um semestre, os tópicos avançados podem ser pulados nos Capítulos 8 e de 11 a 18.

A outra ordem que pode ser seguida é tratar do desenvolvimento de banco de dados antes do desenvolvimento de aplicações. Para essa ordem, o autor recomenda seguir esta seqüência de capítulos do livro: 1, 2, 5, 6, 3, 7, 4, 9 e 10. O material sobre conversão de esquema abordado no Capítulo 6 deve ser discutido depois do Capítulo 3. Essa ordem permite uma abordagem mais completa do desenvolvimento de banco de dados, sem negligenciar o desenvolvimento de aplicações. Para utilizar o livro em um semestre, os tópicos avançados podem ser pulados nos Capítulos 8 e de 11 a 18.

A terceira ordem possível é utilizar o livro em uma seqüência de dois cursos. O primeiro curso abrangendo os fundamentos básicos de gerenciamento de banco de dados das Partes 1 e 2, modelagem de dados e normalização das Partes 3 e 4, e formulação de consulta avançada, desenvolvimento de aplicações com visões e integração de visão das Partes 5 e 6. O segundo curso enfatiza as habilidades de administração de banco de dados com projeto físico de banco de dados da Parte 4, procedimentos armazenados e gatilhos da Parte 5, e ambientes de processamento da Parte 7, juntamente com o material adicional sobre gerenciamento de bancos de dados corporativo. No segundo curso, pode ser usado um projeto abrangente, integrando desenvolvimento de aplicações, desenvolvimento de banco de dados e administração de banco de dados.

Suplementos

Online Learning Center (Centro de Aprendizagem Online)

O Centro de Aprendizagem Online no endereço www.mhhe.com/mannino oferece recursos para o estudante e para o professor. Para ajudar a desenvolver os conceitos descritos no livro, há recursos complementares em CD-ROM e no site. Esses materiais estão disponíveis em inglês e alguns são comerciais, ou seja, você precisa comprá-los.

Recursos para o Professor

Para o professor, o Online Learning Center, em www.mhhe.com/mannino disponibiliza vários suplementos: há soluções de problemas, tarefas adicionais, apresentações em Power-Point com anotações de palestra, soluções de estudo de caso e soluções das tarefas de laboratório. O site contém inclusive instruções CREATE TABLE, amostra de dados, instruções de manipulação de dados e arquivos em Access de ambos os bancos de dados. Tudo disponível em inglês. Os professores brasileiros necessitam obter uma senha junto à McGraw-Hill do Brasil para acessarem os recursos on-line. A senha deve ser solicitada por e-mail (divulgacao_brasil@mcgraw-hill.com). Na Europa, a senha deve ser obtida junto à McGraw-Hill de Portugal (servico_clientes@mcgraw-hill.com).

Instructor's CD-ROM (somente para professores)

Este CD contém todo o material do Online Learning Center e um Banco de Testes com EZTest Generating Software. É um CD comercial, para ter acesso faça o pedido em uma livraria, informando o ISBN do produto: 0-07-296848-6.

Todos os softwares utilizados nos recursos on-line foram desenvolvidos pela McGraw-Hill dos EUA. A McGraw-Hill Interamericana do Brasil não oferece suporte para esses softwares nem se responsabiliza por qualquer falha que possa ocorrer durante o seu uso. Caso tenha algum problema, acesse o suporte técnico em www.mhhe.com/support.

Recursos para o Estudante

O Online Learning Center, em www.mhhe.com/mannino é um site voltado ao estudante e contém todos os conjuntos de dados necessários para completar as tarefas e os projetos. Todo esse material está disponível em inglês. São eles:

- **ER Assistant:** obtida gratuitamente no Online Learning Center, é uma ferramenta simples de modelagem de dados que pode ser utilizada para desenhar e analisar DERs.
- **Outros recursos úteis on-line:** o estudante terá acesso a recursos como descrições gerais de estudo, incluindo objetivos do aprendizado, visão geral dos capítulos, resumos e termos principais do texto, testes de auto-avaliação, glossário, links e outros. Tudo disponível em inglês.

Agradecimentos

A terceira edição é o ápice de muitos anos de trabalho. Antes de começar a primeira edição, escrevi tutoriais, práticas de laboratório e estudos de caso. Esse material foi usado primeiro para complementar outros livros. Com o incentivo dos alunos, esse material foi usado sem livro. Esse material, revisado várias vezes com base nos comentários dos alunos, serviu de alicerce para a primeira edição. Durante a elaboração da primeira edição, o material foi testado em sala de aula durante três anos, com centenas de alunos de graduação e pós-graduação, acompanhado de revisão criteriosa realizada por revisores externos em quatro versões preliminares. A segunda edição foi elaborada com base no uso da primeira edição em sala de aula durante três anos, juntamente com as aulas ministradas em um curso avançado de banco de dados durante anos. A terceira edição foi desenvolvida ao longo de três anos de experiência com a segunda edição em cursos básico e avançado de banco de dados.

Quero agradecer o excelente apoio que recebi para concluir este projeto. Em primeiro lugar, agradeço meus vários alunos de banco de dados, principalmente os dos cursos ISMG6080, ISMG6480 e ISMG4500 da University of Colorado, Denver. Seus comentários e suas reações em relação ao livro foram inestimáveis para seu aperfeiçoamento.

Em segundo lugar, agradeço os criteriosos revisores, com seus comentários, críticas e opiniões das diversas versões preliminares do livro:

Kirk P. Arnett
Mississippi State University

Reza Barkhi
Virginia Polytechnic Institute and State University

William Barnett
University of Louisiana – Monroe

Jack D. Becker
University of North Texas

Nabil Bedewi
George Mason University

France Belanger
Virginia Polytechnic Institute and State University

John Bradley
East Carolina University

Susan Brown
Indiana University – Bloomington

Debra L. Chapman
University of South Alabama

Dr. Qiyang Chen
Montclair State University

Amita G. Chin
Virginia Commonwealth University

Russell Ching
California State University – Sacramento

P. C. Chu
The Ohio State University

Carey Cole
James Madison University

Erman Coskun
Le Moyne College

Connie W. Crook
University of North Carolina – Charlotte

Robert Louis Gilson
Washington State University

Jian Guan
University of Louisville

Diane Hall
Auburn University

Dr. Joseph T. Harder
Indiana State University

Mark Hwang
Central Michigan University

Balaji Janamanchi
Texas Tech University

Nenad Jukic
Loyola University Chicago
Rajeev Kaula
Southwest Missouri State University
Sung-kwan Kim
University of Arkansas – Little Rock
Yong Jin Kim
SUNY Binghamton
Barbara Klein
University of Michigan – Dearborn
Constance Knapp
Pace University
Alexis Koster
San Diego State University
Jean-Pierre Kuilboer
University of Massachusetts – Boston
Alan G. Labouseur
Marist College
Dr. William M. Lankford
University of West Georgia
Eitel Lauria
Marist College
Anita Lee-Post
University of Kentucky
John D. (Skip) Lees
California State University – Chico
William Leigh
University of Central Florida
Robert Little
Auburn University – Montgomery
Dr. Jie Liu
Western Oregon University
Mary Malliaris
Loyola University – Chicago
Bruce McLaren
Indiana State University
Dr. Kathryn J. Moland
Livingstone College
Hossein Larry Najafi
University of Wisconsin River Falls
Karen S. Nantz
Eastern Illinois University
Ann Nelson
High Point University
Hamid Nemati
University of North Carolina – Greensboro

Robert Phillips
Radford University
Lara Preiser-Houy
California State Polytechnic University – Pomona
Young U. Ryu
University of Texas – Dallas
Werner Schenk
University of Rochester
Dra. Barbara A. Schuldt
Southeastern Louisiana University
Philip J. Sciame
Dominican College
Richard S. Segall
Arkansas State University
Hsueh-Chi Joshua Shih
National Yunlin University of Science and Technology
Elizabeth Paige Sigman
Georgetown University
Vickee Stedham
St. Petersburg College
Jeffrey A. Stone
Pennsylvania State University
Dr. Thomas P. Sturm
University of St. Thomas
A. Tansel
Baruch College – CUNY Bilkent University – Ankara, Turkey
Sylvia Unwin
Bellevue Community College
Stuart Varden
Pace University
Santosh S. Venkatraman
University of Arkansas – Little Rock
F. Stuart Wells
Tennessee Technological University
Larry West
University of Central Florida
Hsui-lin Winkler
Pace University
Peter Wolcott
University of Nebraska – Omaha
James L. Woolley
Western Illinois University
Brian Zelli
SUNY Buffalo

Seus comentários, principalmente as críticas, me ajudaram extraordinariamente a refinar o livro.

Em terceiro lugar, agradeço meus editores da McGraw-Hill/Irwin, Paul Ducham e Liz Farina, pela sua orientação nesse processo, além de Jim Labeots, Kami Carter e outros colegas da McGraw-Hill, que ajudaram na produção e publicação deste texto. Por fim, agradeço minha esposa, Monique, pela ajuda no livro e nos complementos, além do apoio moral ao meu esforço.

Michael V. Mannino

Sumário Resumido

PARTE UM
Introdução aos Ambientes de Bancos de Dados   1

1. Introdução ao Gerenciamento de Banco de Dados   3
2. Introdução ao Desenvolvimento de Banco de Dados   23

PARTE DOIS
Entendendo Bancos de Dados Relacionais   43

3. O Modelo de Dados Relacional   45
4. Formulação de Consultas com SQL   79

PARTE TRÊS
Modelagem de Dados   133

5. Entendendo os Diagramas Entidade–Relacionamento   135
6. Desenvolvendo Modelos de Dados para Bancos de Dados de Negócios   167

PARTE QUATRO
Projeto de Banco de Dados Relacionais   217

7. Normalização das Tabelas Relacionais   219
8. Projeto Físico de Banco de Dados   249

PARTE CINCO
Desenvolvimento de Aplicações com Bancos de Dados Relacionais   295

9. Formulação de Consulta Avançada com SQL   297
10. Desenvolvimento de Aplicações com Visões   339
11. Procedimentos Armazenados e Gatilhos   375

PARTE SEIS
Desenvolvimento de Banco de Dados Avançado   425

12. Projeto e Integração de Visões   427
13. Desenvolvimento de Banco de Dados para a *Student Loan Limited*   449

PARTE SETE
Gerenciamento de Ambientes de Banco de Dados   479

14. Administração de Dados e de Banco de Dados   481
15. Gerenciamento de Transações   515
16. Tecnologia e Gerenciamento de *Datawarehouses*   553
17. Processamento Cliente–Servidor, Processamento em Bancos de Dados Paralelos e Bancos de Dados Distribuídos   605
18. Sistemas Gerenciadores de Banco de Dados Orientado a Objetos   641

GLOSSÁRIO   679

BIBLIOGRAFIA   696

ÍNDICE   698

Sumário

PARTE UM
IINTRODUÇÃO AOS AMBIENTES DE BANCOS DE DADOS 1

CAPÍTULO 1
Introdução ao Gerenciamento de Banco de Dados 3
Objetivos de Aprendizagem 3
Visão Geral 3

- **1.1** Características de Banco de Dados 4
- **1.2** Recursos dos Sistemas de Gerenciamento de Banco de Dados 6
  - 1.2.1 Definição de Banco de Dados 6
  - 1.2.2 Acesso Não-procedural 8
  - 1.2.3 Desenvolvimento de Aplicativos e Interface de Linguagem Procedural 9
  - 1.2.4 Recursos de Suporte às Operações de Banco de Dados 10
  - 1.2.5 Recursos de Terceiros 11
- **1.3** Desenvolvimento da Tecnologia de Banco de Dados e a Estrutura de Mercado 11
  - 1.3.1 A Evolução da Tecnologia de Banco de Dados 12
  - 1.3.2 O Mercado Atual para Softwares de Banco de Dados 13
- **1.4** Arquiteturas de Sistemas de Gerenciamento de Banco de Dados 14
  - 1.4.1 A Independência de Dados e a Arquitetura de Três Esquemas 14
  - 1.4.2 O Processamento Distribuído e a Arquitetura Cliente-Servidor 16
- **1.5** Impactos Organizacionais da Tecnologia de Banco de Dados 17
  - 1.5.1 Interagindo com Bancos de Dados 17
  - 1.5.2 Gerenciamento de Recursos da Informação 19
  - Considerações Finais 20
  - Revisão de Conceitos 20
  - Questões 21
  - Problemas 22
  - Referências para Estudos Adicionais 22

CAPÍTULO 2
Introdução ao Desenvolvimento de Banco de Dados 23
Objetivos de Aprendizagem 23
Visão Geral 23

- **2.1** Sistemas de Informação 23
  - 2.1.1 Componentes dos Sistemas de Informação 24
  - 2.1.2 Processo de Desenvolvimento de Sistemas de Informação 25
- **2.2** Objetivos do Desenvolvimento de Banco de Dados 26
  - 2.2.1 Desenvolver um Vocabulário Comum 27
  - 2.2.2 Definir o Significado dos Dados 27
  - 2.2.3 Assegurar a Qualidade dos Dados 27
  - 2.2.4 Encontrar uma Implementação Eficiente 28
- **2.3** Processo de Desenvolvimento de Banco de Dados 28
  - 2.3.1 Fases do Desenvolvimento de Banco de Dados 28
  - 2.3.2 Habilidades no Desenvolvimento de Banco de Dados 32
- **2.4** Ferramentas de Desenvolvimento de Banco de Dados 34
  - 2.4.1 Diagramação 35
  - 2.4.2 Documentação 35
  - 2.4.3 Análise 35
  - 2.4.4 Ferramentas de Prototipagem 36
  - 2.4.5 Ferramentas CASE Comerciais 36
  - Considerações Finais 39
  - Revisão de Conceitos 39
  - Questões 40
  - Problemas 41
  - Referências para Estudos Adicionais 41

PARTE DOIS
ENTENDENDO BANCOS DE DADOS RELACIONAIS 43

CAPÍTULO 3
O Modelo de Dados Relacional 45
Objetivos de Aprendizagem 45
Visão Geral 45

- **3.1** Elementos Básicos 46
  - 3.1.1 Tabelas 46
  - 3.1.2 Ligações entre Tabelas 47
  - 3.1.3 Terminologia Alternativa 49
- **3.2** Regras de Integridade 49
  - 3.2.1 Definição das Regras de Integridade 49
  - 3.2.2 Aplicação das Regras de Integridade 50
  - 3.2.3 Representação Gráfica da Integridade Referencial 53
- **3.3** Ações de Exclusão e Atualização para Linhas Referenciadas 54
- **3.4** Operadores da Álgebra Relacional 56
  - 3.4.1 Operadores de Restrição (Seleção) e Projeção 56
  - 3.4.2 Operador de Produto Cartesiano Estendido 57
  - 3.4.3 Operador de Junção 59

3.4.4 Operador de Junção Externa 61
3.4.5 Operadores de União, Intersecção e Diferença 63
3.4.6 Operador de Sumarização 65
3.4.7 Operador Divisão 66
3.4.8 Resumo dos Operadores 68
Considerações Finais 68
Revisão de Conceitos 69
Questões 69
Problemas 70
Referências para Estudos Adicionais 73

Apêndice 3.A
Instruções CREATE TABLE para Tabelas do Banco de Dados de uma Universidade 73

Apêndice 3.B
Resumo da Sintaxe do SQL:2003 74

Apêndice 3.C
Geração de Valores Únicos para Chaves Primárias 76

CAPÍTULO 4
Formulação de Consultas com SQL 79
Objetivos de Aprendizagem 79
Visão Geral 79

4.1 História 80
  4.1.1 Breve Histórico do SDL 80
  4.1.2 Escopo do SQL 81

4.2 Iniciando com a Instrução SELECT 82
  4.2.1 Problemas de Tabela Única 84
  4.2.2 Junção de Tabelas 89
  4.2.3 Resumo de Tabelas com GROUP BY e HAVING 91
  4.2.4 Melhorar a Aparência dos Resultados 95

4.3 Processo de Avaliação Conceitual para Instruções Select 97

4.4 Perguntas Críticas na Formulação de Consultas 101

4.5 Refinamento das Habilidades em Formulação de Consultas, Utilizando Exemplos 103
  4.5.1 Junção de Múltiplas Tabelas Com o Estilo de Produto Cartesiano 103
  4.5.2 Junção de Múltiplas Tabelas com o Estilo do Operador de Junção 106
  4.5.3 Autojunções e Múltiplas Junções entre Duas Tabelas 109
  4.5.4 Combinação de Junções e Agrupamentos 110
  4.5.5 Operações Tradicionais de Conjuntos em SQL 111

4.6 Instruções de Modificação do SQL 113
Considerações Finais 115
Revisão de Conceitos 116
Questões 119
Problemas 120
Referências para Estudos Adicionais 127

Apêndice 4.A
Resumo da Sintaxe do SQL:2003 128

Apêndice 4.B
Diferenças de Sintaxe entre os Principais Produtos de SGBD 131

PARTE TRÊS
MODELAGEM DE DADOS 133

CAPÍTULO 5
Entendendo os Diagramas Entidade–Relacionamento 135
Objetivos de Aprendizagem 135
Visão Geral 135

5.1 Introdução aos Diagramas Entidade–Relacionamento 136
  5.1.1 Símbolos Básicos 136
  5.1.2 Cardinalidade do Relacionamento 137
  5.1.3 Comparação com Diagramas de Banco de Dados Relacionais 140

5.2 Entendendo Relacionamentos 141
  5.2.1 Dependência de Identificador (Entidades Fracas e Relacionamentos Identificadores) 141
  5.2.2 Padrões de Relacionamento 142
  5.2.3 Equivalência entre Relacionamentos 1-M e M-N 146

5.3 Classificação no Modelo Entidade–Relacionamento 147
  5.3.1 Hierarquia de Generalização 148
  5.3.2 Restrições de Disjunção de Completude 148
  5.3.3 Múltiplos Níveis de Generaliação 149

5.4 Resumo da Notação e Regras de Diagrama 150
  5.4.1 Resumo da Notação 150
  5.4.2 Regras de Diagrama 152

5.5 Comparação com Outras Notações 156
  5.5.1 Variações DER 156
  5.5.2 Notação de Diagrama de Classe da Linguagem de Modelagem Unificada 157
Considerações Finais 159
Revisão de Conceitos 160
Questões 160
Problemas 161
Referências para Estudos Adicionais 166

CAPÍTULO 6
Desenvolvendo Modelos de Dados para Bancos de Dados de Negócios 167
Objetivos de Aprendizagem 167
Visão Geral 167

6.1 Analisando Problemas de Modelagem de Dados de Negócios 168
  6.1.1 Diretrizes para Análise das Necessidades de Informações de Negócios 168
  6.1.2 Análise dos Requisitos de Informação para o Banco de Dados do Serviço de Abastecimento de Água 171

6.2 Refinamentos de um DER 173
  6.2.1 Transformando Atributos em Tipos de Entidades 173

6.2.2 Dividindo Atributos Compostos 173
6.2.3 Expandindo Tipos de Entidades 173
6.2.4 Transformando uma Entidade Fraca em uma Entidade Forte 174
6.2.5 Adicionando História 175
6.2.6 Adicionando Hierarquias de Generalização 177
6.2.7 Resumo das Transformações 178

6.3 Finalizando um DER 179
6.3.1 Documentando um DER 179
6.3.2 Detectando Erros Comuns de Projeto 181

6.4 Convertendo um DER em Tabelas Relacionais 183
6.4.1 Regras Básias de Conversão 183
6.4.2 Conversão de Relacionamentos 1-M Opcionais 188
6.4.3 Conversão de Hierarquias de Generalização 190
6.4.4 Conversão de Relacionamentos 1-1 191
6.4.5 Exemplo de Conversão Ampla 193
Considerações Finais 195
Revisão de Conceitos 196
Questões 196
Problemas 197
Referências para Estudos Adicionais 215

PARTE QUATRO
PROJETO DE BANCO DE DADOS RELACIONAL 217

CAPÍTULO 7
Normalização das Tabelas Relacionais 219
Objetivos de Aprendizagem 219
Visão Geral 219

7.1 Visão Geral do Projeto de Banco de Dados Relacional 220
7.1.1 Como Evitar as Anomalias de Modificação 220
7.1.2 Dependências Funcionais 221

7.2 Formas Normais 223
7.2.1 Primeira Forma Normal 224
7.2.2 Segunda e Terceira Forma Normal 224
7.2.3 Forma Normal de Boyce-Codd 227
7.2.4 Procedimento Simples de Síntese 229

7.3 Refinamento dos Relacionamentos N-ários 232
7.3.1 Independência de Relacionamento 232
7.3.2 Dependências Multivaloradas e Quarta Forma Normal 235

7.4 Formas Normais de Nível Superior 236
7.4.1 Quinta Forma Normal 236
7.4.2 Forma Normal de Chave de Domínio 237

7.5 Preocupações Práticas sobre Normalização 237
7.5.1 Papel da Normalização no Processo de Desenvolvimento de Banco de Dados 237
7.5.2 Analisando o Objetivo da Normalização 238
Considerações Finais 238
Revisão de Conceitos 239
Questões 239
Problemas 240
Referências para Estudos Adicionais 248

CAPÍTULO 8
Projeto Físico de Banco de Dados 249
Objetivos de Aprendizagem 249
Visão Geral 249

8.1 Visão Geral do Projeto Físico de Banco 250
8.1.1 Nível de Armazenamento de Banco de Dados 250
8.1.2 Objetivos e Restrições 251
8.1.3 Entradas e Saídas e Ambiente 252
8.1.4 Dificuldades 243

8.2 Entradas do Projeto Físico de Banco de dados 253
8.2.1 Perfis de Tabelas 253
8.2.2 Perfis de Aplicação 255

8.3 Estruturas de Arquivo 256
8.3.1 Arquivos Seqüenciais 256
8.3.2 Arquivos Hash 257
8.3.3 Arquivos de Árvore com Múltiplos Caminhos (Árvore B) 259
8.3.4 Índices Bitmap 266
8.3.5 Resumo das Estruturas de Arquivo 267

8.4 Otimização de Consultas 268
8.4.1 Tarefas de Tradução 268
8.4.2 Melhorando as Decisões de Otimização 271

8.5 Seleção de Índice 274
8.5.1 Definição do Problema 274
8.5.2 Compromissos e Dificuldades 276
8.5.3 Regras de Seleção 277

8.6 Escolhas Adicionais no Projeto Físico de Banco de Dados 280
8.6.1 Desnormalização 280
8.6.2 Formatação de Registro 282
8.6.3 Processamento Paralelo 283
8.6.4 Outras Maneiras de Melhorar o Desempenho 284
Considerações Finais 285
Revisão de Conceitos 285
Questões 286
Problemas 287
Referências para Estudos Adicionais 293

PARTE CINCO
DESENVOLVIMENTO DE APLICAÇÕES COM BANCO DE DADOS RELACIONAIS 295

CAPÍTULO 9
Formulação de Consulta Avançada com SQL 297
Objetivos de Aprendizagem 297
Visão Geral 297

9.1 Problemas de Junção Externa 298
9.1.1 Suporte da SQL a Problemas Envolvendo Junção Externa 298

9.1.2 Combinação de Junções Interna e Externa 301

9.2 Consultas Aninhadas 303
   9.2.1 Consultas Aninhadas Tipo I 303
   9.2.2 Formulações Limitadas do SQL para Problemas de Diferenças 305
   9.2.3 Utilização de Consultas Aninhadas Tipo II para Problemas de Diferenças 308
   9.2.4 Consultas Aninhadas na Cláusula FROM 312

9.3 Formulação de Problemas de Divisão 314
   9.3.1 Revisão do Operador de Divisão 314
   9.3.2 Problemas Simples de Divisão 315
   9.3.3 Problemas Avançados de Divisão 317

9.4 Considerações Sobre Valor Nulo 320
   9.4.1 Efeito em Condições Simples 320
   9.4.2 Efeito nas Condições Compostas 321
   9.4.3 Efeito nos Cálculos Agregados e Agrupamentos 323

   Considerações Finais 324
   Revisão de Conceitos 325
   Questões 327
   Problemas 328
   Referências para Estudos Adicionais 332

Apêndice 9.A
Utilização de Múltiplas Instruções no Microsoft Access 332

Apêndice 9.B
Resumo da Sintaxe do SQL:2003 333

Apêndice 9.C
Notação em Oracle 8i para Funções Externas 335

CAPÍTULO 10
Desenvolvimento de Aplicações com Visões 339

Objetivos de Aprendizagem 339
Visão Geral 339

10.1 Noções Básicas 340
   10.1.1 Motivação 340
   10.1.2 Definição de Visão 340

10.2 Utilização de Visões para Recuperação 342
   10.2.1 Utilização de Visões com Instruções SELECT 342
   10.2.2 Processamento de Consultas com Referências de Visão 344

10.3 Atualização Utilizando Visões 346
   10.3.1 Versões Atualizáveis de Tabela Única 346
   10.3.2 Versões Atualizáveis de Múltiplas Tabelas 349

10.4 Utilizando Visões em Formulários Hierárquicos 353
   10.4.1 O Que é um Formulário Hierárquico? 343
   10.4.2 Relacionamento entre Formulários Hierárquicos e Tabelas 354
   10.4.3 Habilidades de Formulação de Consulta para Formulários Hierárquicos 355

10.5 Utilizando Visões em Relatórios 359
   10.5.1 O Que é um Relatório Hierárquico? 359
   10.5.2 Habilidades de Formulação de Consulta para Relatórios Hierárquicos 361

   Considerações Finais 3624
   Revisão de Conceitos 362
   Questões 363
   Problemas 364
   Referências para Estudos Adicionais 371

Apêndice 10.A
Resumo da Sintaxe do SQL:2003 372

Apêndice 10.B
Regras para Visões de Junção Atualizáveis no Oracle 372

CAPÍTULO 11
Procedimentos Armazenados e Gatilhos 375

Objetivos de Aprendizagem 375
Visão Geral 375

11.1 Linguagens de Programação de Banco de Dados e PL/SQL 376
   11.1.1 Motivações para a Utilização de Linguagens de Programação de Banco de Dados 376
   11.1.2 Questões de Projeto 378
   11.1.3 Instruções em PL/SQL 380
   11.1.4 Execução de Instruções PL/SQL em Blocos Anônimos 386

11.2 Procedimentos Armazenados 388
   11.2.1 Procedimentos do PL/SQL 389
   11.2.2 Funções do PL/SQL 392
   11.2.3 Utilização de Cursores 395
   11.2.4 Pacotes do PL/SQL 398

11.3 Gatilhos 402
   11.3.1 Motivação e Classificação dos Gatilhos 402
   11.3.2 Gatilhos do Oracle 403
   11.3.3 Compreensão da Execução de Gatilhos 414

   Considerações Finais 417
   Revisão de Conceitos 417
   Questões 418
   Problemas 420
   Referências para Estudos Adicionais 422

Apêndice 11.A
Resumo da Sintaxe do SQL:2003 423

PARTE 6
DESENVOLVIMENTO DE BANCO DE DADOS AVANÇADO 425

CAPÍTULO 12
Projeto e Integração de Visões 427

Objetivos de Aprendizagem 427
Visão Geral 427

12.1 Motivação para o Projeto e Integração de Visões 428

12.2 Projeto de Visões com Formulários 429
   12.2.1 Análise de Formulário 429
   12.2.2 Análise de Relacionamentos N-ários por meio de Formulários 435

12.3 Integração de Visões 439

12.3.1 Abordagem de Integração Incremental e Paralela 439
12.3.2 Exemplos de Integração de Visões 442
Considerações Finais 444
Revisão de Conceitos 444
Questões 445
Problemas 445
Referências para Estudos Adicionais 447

CAPÍTULO 13
Desenvolvimento de Banco de Dados para a *Student Loan Limited* 449
Objetivos de Aprendizagem 449
Visão Geral 449

13.1 Descrição do Caso 450
13.1.1 Visão Geral 450
13.1.2 Fluxo de Trabalho 450

13.2 Modelagem Conceitual de Dados 455
13.2.1 DER de um Formulário de Concessão de Empréstimo 455
13.2.2 Integração Incremental Depois de Adicionada a Carta de Divulgação 455
13.2.3 Integração Incremental Depois de Adicionado o Extrato de Conta 458
13.2.4 Integração Incremental Depois de Adicionado o Relatório de Movimentação de Empréstimo 459

13.3 Aprimoramento do Esquema Conceitual 461
13.3.1 Conversão do Esquema 461
13.3.2 Normalização 462

13.4 Projeto Físico de Banco de Dados e Desenvolvimento de Aplicações 464
13.4.1 Perfis da Aplicação e das Tabelas 464
13.4.2 Seleção de Índices 465
13.4.3 Dados Derivados e Decisões sobre Desnormalização 466
13.4.4 Outras Decisões sobre Implementação 467
13.4.5 Desenvolvimento de Aplicações 467

Considerações Finais 469
Revisão de Conceitos 470
Questões 470
Problemas 471

Apêndice 13.A
Glossário dos Campos de Formulário e Relatório 472

Apêndice 13.B
Instruções CREATE TABLE 474

PARTE 7
GERENCIAMENTO DE AMBIENTES DE BANCO DE DADOS 479

CAPÍTULO 14
Administração de Dados e de Banco de Dados 481
Objetivos de Aprendizagem 481
Visão Geral 481

14.1 Contexto Organizacional para o Gerenciamento de Banco de Dados 482
14.1.1 Utilização do Banco de Dados como Suporte para a Tomada de Decisão Gerencial 482
14.1.2 Gerenciamento de Recursos de Informação para o Gerenciamento do Conhecimento 483
14.1.3 Responsabilidades dos Administradores de Dados e dos Administradores de Banco de Dados 484

14.2 Ferramentas de Administração de Banco de Dados 485
14.2.1 Segurança 486
14.2.2 Restrições de Integridade 490
14.2.3 Gerenciamento de Gatilhos e Procedimentos Armazenados 493
14.2.4 Manipulação do Dicionário de Dados 495

14.3 Processos para Especialistas em Banco de Dados 497
14.3.1 Planejamento de Dados 497
14.3.2 Seleção e Avaliação dos Sistemas de Gerenciamento de Banco de Dados 498

14.4 Gerenciamento de Ambientes de Banco de Dados 503
14.4.1 Processamento de Transações 503
14.4.2 Processamento nos *Datawarehouses* 503
14.4.3 Ambientes Distribuídos 504
14.4.4 Gerenciamento de Banco de Dados Orientado a Objetos 505

Considerações Finais 505
Revisão de Conceitos 506
Questões 508
Problemas 509
Referências para Estudos Adicionais 510

Apêndice 14.A
Resumo da Sintaxe do SQL:2003 511

CAPÍTULO 15
Gerenciamento de Transações 515
Objetivos de Aprendizagem 515
Visão Geral 515

15.1 Fundamentos das Transações em Banco de Dados 516
15.1.1 Exemplos de Transação 516
15.1.2 Propriedades de uma Transação 518

15.2 Controle de Concorrência 519
15.2.1 Objetivo do Controle de Concorrência 520
15.2.2 Problemas de Interferência 520
15.2.3 Ferramentas de Controle de Concorrência 522

15.3 Gerenciamento de Recuperação 526
15.3.1 Dispositivos de Armazenamento de Dados e Tipos de Falha 526
15.3.2 Ferramentas de Recuperação 527
15.3.3 Processos de Recuperação 529

15.4 Questões Relacionadas ao Projeto de Transações 533
15.4.1 Delimitações de Transação e *Hot Spots* 533

	15.4.2 Níveis de Isolamento 536
	15.4.3 Sincronização do Cumprimento da Restrição de Integridade 537
	15.4.4 Pontos de Salvamento 539
15.5	Gerenciamento de Fluxo de Trabalho 539
	15.5.1 Caracterizando Fluxos de Trabalho 540
	15.5.2 Tecnologias Capacitadoras 540
	Considerações Finais 542
	Revisão de Conceitos 543
	Questões 544
	Problemas 545
	Referências para Estudos Adicionais 551

Apêndice 15.A
Resumo da Sintaxe do SQL:2003 551

CAPÍTULO 16

Tecnologia e Gerenciamento de *Datawarehouses* 553

Objetivos de Aprendizagem 553
Visão Geral 553

- **16.1** Conceitos Básicos 554
  - 16.1.1 Processamento de Transações *versus* Suporte à Decisão 554
  - 16.1.2 Características dos *Datawarehouses* 554
  - 16.1.3 Arquiteturas de *Datawarehouse* 556
  - 16.1.4 *Datamining* 558
  - 16.1.5 Aplicações dos *Datawarehouses* 559
- **16.2** Representação Multidimensional dos Dados 560
  - 16.2.1 Exemplo de um Cubo de Dados Multidimensional 560
  - 16.2.2 Terminologia Multidimensional 562
  - 16.2.3 Dados de Série de Tempo 564
  - 16.2.4 Operações com Cubo de Dados 564
- **16.3** Suporte do SGBD Relacional aos *Datawarehouses* 567
  - 16.3.1 Modelagem de Dados Relacional para Dados Multidimensionais 567
  - 16.3.2 Representação das Dimensões 571
  - 16.3.3 Extensões à Cláusula GROUP BY para Dados Multidimensionais 574
  - 16.3.4 Visões Materializadas e Reescrita de Consulta 583
  - 16.3.5 Tecnologias de Armazenamento e Otimização 589
- **16.4** Manutenção de um *Datawarehouse* 591
  - 16.4.1 Fontes de Dados 591
  - 16.4.2 Fluxo de Trabalho para a Manutenção de um *Datawarehouse* 592
  - 16.4.3 Gerenciamento do Processo de Renovação 594
  - Considerações Finais 596
  - Revisão de Conceitos 596
  - Questões 597
  - Problemas 598
  - Referências para Estudos Adicionais 603

CAPÍTULO 17

Processamento Cliente–Servidor, Processamento em Bancos de Dados Paralelos e Bancos de Dados Distribuídos 605

Objetivos de Aprendizagem 605
Visão Geral 605

- **17.1** Visão Geral do Processamento Distribuído e de Dados Distribuídos 606
  - 17.1.1 Motivação para Utilização do Processamento Cliente–Servidor 606
  - 17.1.2 Motivação para Utilização do Processamento em Bancos de Dados Paralelos 607
  - 17.1.3 Motivação para Utilização de Dados Distribuídos 608
  - 17.1.4 Resumo das Vantagens e Desvantagens 609
- **17.2** Arquiteturas de Banco de Dados Cliente–Servidor 609
  - 17.2.1 Questões de Projeto 609
  - 17.2.2 Descrição das Arquiteturas 611
- **17.3** Processamento em Bancos de Dados Paralelos 615
  - 17.3.1 Arquiteturas e Questões de Projeto 616
  - 17.3.2 Tecnologia dos Bancos de Dados Paralelos Comerciais 617
- **17.4** Arquiteturas para Sistemas de Gerenciamento de Bancos de Dados Distribuídos 620
  - 17.4.1 Arquitetura de Componentes 620
  - 17.4.2 Arquitetura de Esquemas 622
- **17.5** Transparência de Processamento em Bancos de Dados Distribuídos 624
  - 17.5.1 Exemplo Motivador 624
  - 17.5.2 Transparência de Fragmentação 626
  - 17.5.3 Transparência de Localização 627
  - 17.5.4 Transparência de Mapeamento Local 628
  - 17.5.5 Transparência nos Bancos de Dados Distribuídos Oracle 628
- **17.6** Processamento em Bancos de Dados Distribuídos 631
  - 17.6.1 Processamento Distribuído de Consultas 631
  - 17.6.2 Processamento Distribuído de Transações 632
  - Considerações Finais 635
  - Revisão de Conceitos 636
  - Questões 636
  - Problemas 638
  - Referências para Estudos Adicionais 639

CAPÍTULO 16

Sistemas Gerenciadores de Banco de Dados Orientado a Objetos 641

Objetivos de Aprendizagem 641
Visão Geral 641

- **18.1** Motivos que Justificam a Utilização do Gerenciamento de Banco de Dados Orientado a Objetos 642
  - 18.1.1 Dados Complexos 642
  - 18.1.2 Incompatibilidade entre Sistemas de Tipos 642
  - 18.1.3 Exemplos de Aplicação 643
- **18.2** Elementos da Computação Orientada a Objetos 644

18.2.1 Encapsulamento 644
18.2.2 Herança 645
18.2.3 Polimorfismo 647
18.2.4 Linguagens de Programação *versus* SGBDs 649

18.3 Arquiteturas para o Gerenciamento de Banco de Dados Orientado a Objetos 649
18.3.1 Objetos Grandes e Software Externo 650
18.3.2 Servidores de Mídia Especializada 650
18.3.3 *Middleware* de Banco de Dados de Objetos 651
18.3.4 Sistemas de Gerenciamento de Banco de Dados Objeto-Relacional para Tipos Definidos pelo Usuário 652
18.3.5 Sistemas de Gerenciamento de Banco de Dados Orientado a Objetos 654
18.3.6 Resumo das Arquiteturas de Banco de Dados de Objetos 655

18.4 Recursos do Banco de Dados de Objetos no SQL:2003 655
18.4.1 Tipos Definidos pelo Usuário 656
18.4.2 Definições de Tabela 658
18.4.3 Famílias de Subtabelas 661
18.4.4 Manipulação de Objetos Complexos e Famílias de Subtabelas 662

18.5 Recursos de Banco de Dados de Objetos no Oracle 10g 664
18.5.1 Definição de Tipos Definidos pelo Usuário e Tabelas Tipadas no Oracle 10g 665
18.5.2 Utilização de Tabelas Tipadas no Oracle 10g 668
18.5.3 Outros Descritores no Oracle 10g 670
Considerações Finais 672
Revisão de Conceitos 673
Questões 673
Problemas 674
Referências para Estudos Adicionais 678

Glossário 679

Bibliografia 696

Índice Remissivo 698

Parte 1

Introdução aos Ambientes de Bancos de Dados

A Parte 1 fornece um pano de fundo para o subseqüente estudo detalhado do projeto de banco de dados, desenvolvimento de aplicativos para banco de dados e administração de banco de dados. Os capítulos da Parte 1 apresentam os princípios de gerenciamento de banco de dados e a natureza do processo de desenvolvimento de banco de dados. O Capítulo 1 cobre os conceitos básicos de gerenciamento de banco de dados, incluindo as características de banco de dados, recursos e arquiteturas de sistemas de gerenciamento de banco de dados, o mercado para sistemas de gerenciamento de banco de dados e os impactos organizacionais da tecnologia de banco de dados. O Capítulo 2 introduz o contexto, objetivos, fases e ferramentas do processo de desenvolvimento de banco de dados.

Capítulo 1.   Introdução ao Gerenciamento de Banco de Dados
Capítulo 2.   Introdução ao Desenvolvimento de Banco de Dados

Capítulo 1

Introdução ao Gerenciamento de Banco de Dados

Objetivos de Aprendizagem

Este capítulo fornece uma introdução à tecnologia de banco de dados e ao impacto desta tecnologia nas organizações. No final deste capítulo, o aluno deverá ter adquirido os seguintes conhecimentos e habilidades:

- Descrever as características de bancos de dados de negócio e os recursos dos sistemas de gerenciamento de banco de dados.
- Entender a importância do acesso de não-procedural para a produtividade de software.
- Reconhecer os avanços na tecnologia de banco de dados e as contribuições da tecnologia de banco de dados para a sociedade moderna.
- Entender o impacto das arquiteturas de sistema de gerenciamento de banco de dados no processamento distribuído e na manutenção de software.
- Perceber as oportunidades de carreira relacionadas ao desenvolvimento de aplicativos para banco de dados e à administração de banco de dados.

Visão Geral

Você pode não estar ciente disso, mas sua vida é drasticamente afetada pela tecnologia de banco de dados. Os bancos de dados computadorizados são vitais para o funcionamento das organizações modernas. Você entra em contato com bancos de dados diariamente, quando faz compras em um supermercado, saca dinheiro em um caixa eletrônico, encomenda um livro on-line ou se matricula em algum curso. A conveniência de sua vida diária é devida em parte à proliferação de bancos de dados computadorizados e à tecnologia que dá suporte aos banco de dados.

A tecnologia de banco de dados não melhora apenas as operações diárias das organizações, mas também a qualidade das decisões que afetam nossa vida. Os bancos de dados contêm uma enorme quantidade de dados sobre muitos aspectos da nossa vida: preferências de consumo, uso das telecomunicações, histórico de crédito, hábitos ao assitir à televisão e assim por diante. A tecnologia de banco de dados ajuda a consolidar essa massa de dados e a transformá-la em informação útil para a tomada de decisão. Os gestores usam a informação recolhida nos bancos de dados para tomar decisões de longo prazo como investir em fábricas e equipamentos, escolher a localização de lojas, adicionar novos itens ao estoque e entrar em novos negócios.

Este primeiro capítulo fornece um ponto de partida para sua exploração da tecnologia de banco de dados. Ele examina as características dos bancos de dados, os recursos dos sistemas de gerenciamento de banco de dados, arquiteturas de sistemas e o papel das pessoas ao gerenciar e usar bancos de dados. O outro capítulo da Parte 1 (Capítulo 2) fornece uma visão conceitual geral do processo de desenvolvimento de banco de dados. Esse capítulo fornece um amplo quadro da tecnologia de banco de dados e compartilha o entusiasmo para seguir adiante em nossa jornada.

1.1 Características de Banco de Dados

banco de dados
Uma coleção de dados persistentes que podem ser compartilhados e estar inter-relacionados.

Todos os dias, as empresas coletam montanhas de fatos sobre pessoas, coisas e acontecimentos, tais como números de cartão de crédito, extratos de conta corrente e quantias gastas em compras. Os bancos de dados contêm estes tipos de fatos simples assim como fatos não-convencionais, como fotografias, impressões digitais, vídeos de produtos e resumos de livros. Com a proliferação da Internet e dos meios para capturar dados digitalmente, uma vasta quantidade de dados está disponível ao clique de um botão do mouse. Organizar esses dados para ter facilidade na sua recuperação e manutenção é imprescindível. Deste modo, gerenciar bancos de dados tornou-se uma tarefa vital na maioria das organizações.

Antes de aprender a gerenciar bancos de dados, você deve primeiramente entender algumas importantes propriedades dos bancos de dados, discutidas na lista a seguir:

- Persistente: significa que os dados são armazenados de modo permanente, como em um disco magnético. Por exemplo, as organizações necessitam reter dados sobre clientes, fornecedores e estoque em armazenamento permanente porque esses dados são usados repetitivamente. Uma variável em um programa de computador não é persistente porque é armazenada na memória principal e desaparece depois que o programa termina. A persistência não quer dizer que os dados duram para sempre. Quando os dados não são mais relevantes (como no caso de um fornecedor saindo do negócio), eles são retirados ou arquivados.

  A persistência depende da relevância do uso pretendido. Por exemplo, se você é um profissional autônomo é importante manter a quilometragem que você roda para ir ao trabalho. Da mesma maneira, o valor das suas despesas médicas é importante se você pode detalhá-las em suas deduções do imposto de renda, ou se você tem uma conta poupança somente para gastos com saúde. Pelo fato de armazenar e manter dados ser dispendioso, apenas dados com possibilidades de relevância para a tomada de decisões devem ser armazenados.

- Compartilhado: significa que um banco de dados pode ter múltiplas aplicações e usuários. Um banco de dados fornece uma memória comum para múltiplas funções em uma organização. Por exemplo, um banco de dados pessoal pode dar suporte a cálculos de folha de pagamento, avaliações de desempenho, informações exigidas pelo governo e assim por diante. Muitos usuários podem acessar um banco de dados ao mesmo tempo. Por exemplo, muitos clientes podem simultaneamente fazer reservas em uma companhia aérea. A menos que dois usuários tentem mudar a mesma parte do banco de dados ao mesmo tempo, eles podem prosseguir sem ter que esperar um pelo outro.

- Inter-relacionado: significa que dados armazenados como unidades separadas podem ser ligados para fornecer um quadro completo. Por exemplo, um banco de dados de clientes relaciona os dados do cliente (nome, endereço...) com os dados do pedido (número do pedido, data do pedido...) para facilitar o processamento dos pedidos. Os bancos de dados contêm tanto entidades como relacionamentos entre entidades. Uma entidade é um grupo de dados (cluster) normalmente sobre um único assunto que pode ser acessado conjuntamente. Uma entidade pode denotar pessoa, lugar, coisa ou evento. Por exemplo, um banco de dados de pessoal contém entidades, tais como empregados, departamentos e habilidades, assim como relacionamentos mostrando designações de empregado a departamentos, habilidades possuídas pelos empregados e um histórico salarial dos empregados. Um banco de dados típico de negócio pode ter centenas de entidades e relacionamentos.

Para apresentar essas características, vamos considerar um certo número de bancos de dados. Começamos com um banco de dados simples de uma universidade (Figura 1.1) já que você possui alguma familiaridade com o funcionamento de uma universidade. Um banco de dados simplificado de uma universidade contém dados sobre alunos, professores, cursos, ofertas de cursos e matrículas. O banco de dados suporta procedimentos tais como matricular-se

FIGURA 1.1
Descrição de um Banco de Dados Simplificado de uma Universidade

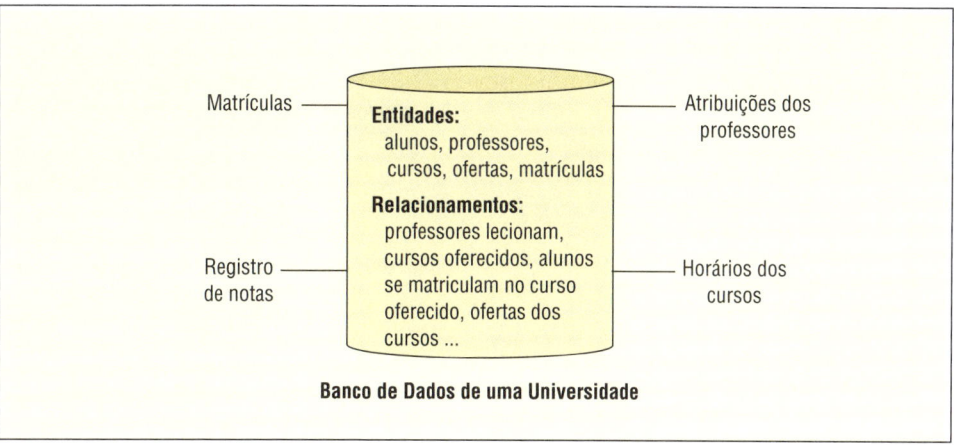

Nota: As palavras ao redor do banco de dados descrevem procedimentos que usam o banco de dados.

FIGURA 1.2
Descrição de um Banco de Dados Simplificado de uma Estação de Tratamento de Água

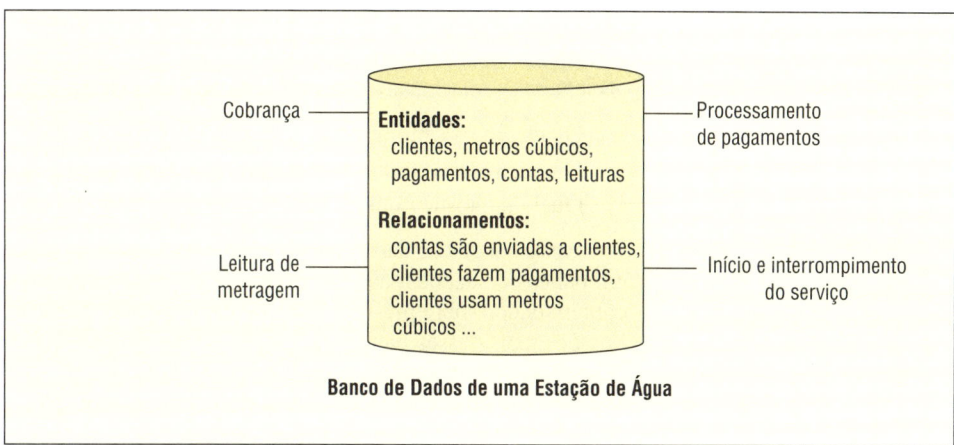

nas aulas, designar professores aos cursos oferecidos, registrar notas e fazer o horário das ofertas dos cursos. Os relacionamentos no banco de dados da universidade fornecem suporte para responder a perguntas como:

- Que ofertas estão disponíveis para um curso em um dado período acadêmico?
- Quem é o instrutor para um curso oferecido?
- Que alunos estão matriculados em um curso oferecido?

A seguir, vamos analisar um banco de dados de uma estação de água, como retratado na Figura 1.2. A função primária do banco de dados da estação de água é cobrar os consumidores pelo uso da água. Periodicamente, o consumo de água de um consumidor é medido em um relógio e uma conta é preparada. Muitos aspectos podem influenciar a preparação de uma conta, como o histórico de pagamentos do consumidor, as características do medidor, o tipo de consumidor (baixa renda, inquilino, proprietário, empresa de pequeno porte, grande empresa etc.) e o período de cobrança. Os relacionamentos no banco de dados da estação de água fornecem suporte para responder a perguntas como:

- Qual é a data da última conta enviada ao consumidor?
- Quanto uso de água foi registrado da última vez em que o relógio de um consumidor foi lido?
- Quando um consumidor fez seu último pagamento?

Por fim, vamos considerar um banco de dados de um hospital, como ilustrado na Figura 1.3. Um banco de dados de hospital fornece a base de informações para o tratamento dos pacientes pelos médicos. Os médicos fazem diagnósticos e prescrevem tratamentos baseados em sintomas. Muitos profissionais da saúde diferentes lêem e contribuem com um registro médico do paciente.

FIGURA 1.3
Descrição de um Banco de Dados Simplificado de um Hospital

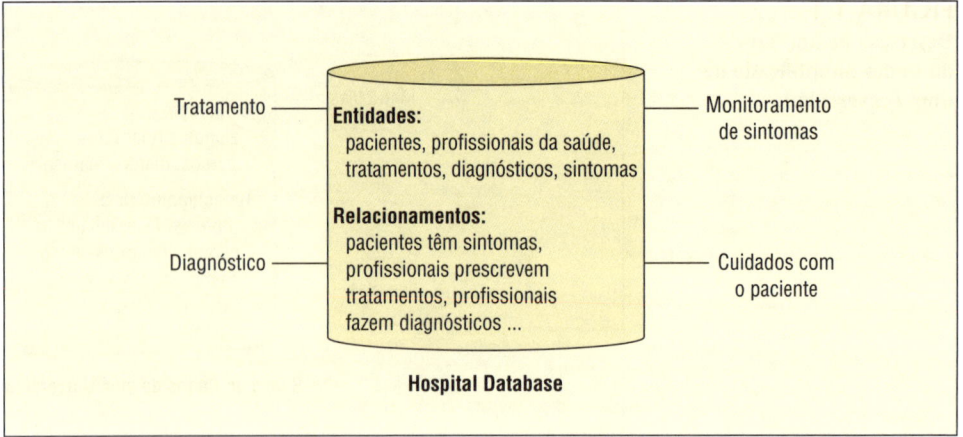

As enfermeiras são responsáveis por monitorar sintomas e ministrar a medicação. A equipe de nutricionistas prepara refeições de acordo com um planejamento das dietas. Os médicos prescrevem novos tratamentos baseados nos resultados de tratamentos prévios e nos sintomas dos pacientes. Os relacionamentos no banco de dados embasam as respostas a perguntas como:

- Quais são os sintomas mais recentes de um paciente?
- Quem prescreveu um dado tratamento para um paciente?
- Qual diagnóstico um médico fez para determinado paciente?

Esses bancos de dados simplificados não dispõem de muitos tipos de dados encontrados em bancos de dados reais. Por exemplo, o banco de dados simplificado da universidade não contém dados sobre pré-requisitos de cursos e a localização e capacidades das salas de aula. Versões reais desses bancos de dados teriam muito mais entidades, relacionamentos e usos adicionais. Mesmo assim, esses bancos de dados simples têm as características essenciais de bancos de dados de negócio: dados persistentes, múltiplos usuários e aplicações e múltiplas entidades ligadas por meio de relacionamentos.

1.2 Recursos dos Sistemas de Gerenciamento de Banco de Dados

sistema de gerenciamento de banco de dados (SGBD)
um conjunto de componentes que dão suporte à aquisição, disseminação, manutenção, recuperação e formatação de dados.

Um Sistema de Gerenciamento de Banco de Dados (SGBD) é um conjunto de componentes que dão suporte à criação, utilização e à manutenção de bancos de dados. Inicialmente, um SGBD proporcionava armazenamento e recuperação eficientes dos dados. Devido às exigências do mercado e à inovação dos produtos, os SGBDs evoluíram e hoje fornecem uma ampla gama de recursos para a aquisição, armazenamento, disseminação, manutenção, recuperação e formatação de dados. A evolução desses recursos tornou os SGBDs um tanto complexos. Pode-se levar anos de estudo e utilização para dominar um SGBD específico. Como os SGBDs continuam a evoluir, você deve sempre atualizar seu conhecimento.

Para dar uma idéia sobre os recursos que você encontrará em SGBDs comerciais, a Tabela 1.1 traz um resumo de um conjunto comum de recursos. A parte seguinte desta seção apresenta exemplos desses recursos. Alguns exemplos foram retirados do Microsoft Access, um SGBD para estações de trabalho bastante conhecido. Os capítulos seguintes se aprofundam com base na introdução aqui fornecida.

1.2.1 Definição de Banco de Dados

Tabela
um arranjo de dados bidimensionais identificado. Uma tabela consiste em um cabeçalho e um corpo.

Para definir um banco de dados, as entidades e relacionamentos devem estar especificados. Na maioria dos SGBDs comerciais, as tabelas armazenam coleções de entidades. Uma tabela (Figura 1.4) tem uma linha de cabeçalho (primeira linha) mostrando os nomes das colunas e um corpo (outras linhas) mostrando o conteúdo da tabela. Os relacionamentos indicam as ligações entre as tabelas. Por exemplo, o relacionamento ligando a tabela de alunos à tabela de matrícula mostra os cursos oferecidos feitos por aluno.

TABELA 1.1
Resumo dos Recursos Comuns dos SGBDs

Recurso	Descrição
Definição de banco de dados	Linguagem e ferramentas gráficas para definir entidades, relacionamentos, restrições de integridade e direitos de autorização
Acesso não-procedural	Linguagem e ferramentas gráficas para acessar dados sem codificações complexas
Desenvolvimento de aplicativo	Ferramentas gráficas para desenvolver menus, formulários de entrada de dados e relatórios; requisitos de dados para formulários e relatórios são especificados usando o acesso não-procedural
Interface de linguagem procedural	Linguagem que combina o acesso não-procedural com plenas capacidades de uma linguagem de programação
Processamento de transação	Mecanismos de controle para impedir a interferência de usuários simultâneos e recuperar dados perdidos depois de uma falha
Ajuste do banco de dados (*tuning*)	Ferramentas para controlar e melhorar o desempenho do banco de dados

FIGURA 1.4 Demonstração da Tabela de Alunos no Microsoft Access

Primeiro nome	Sobrenome	Cidade	UF	CEP	Especialização	Turma	MediaAluno
HOMER	WELLS	SEATTLE	WA	98121-1111	SI	FR	3,00
BOB	NORBERT	BOTHELL	WA	98011-2121	FINAN	JR	2,70
CANDY	KENDALL	TACOMA	WA	99042-3321	CONTB	JR	3,50
WALLY	KENDALL	SEATTLE	WA	98123-1141	SI	SR	2,80
JOE	ESTRADA	SEATTLE	WA	98121-2333	FINAN	SR	3,20
MARIAH	DODGE	SEATTLE	WA	98114-0021	SI	JR	3,60
TESS	DODGE	REDMOND	WA	98116-2344	CONTB	SO	3,30

FIGURA 1.5
Janela de Definição de Tabela no Microsoft Access

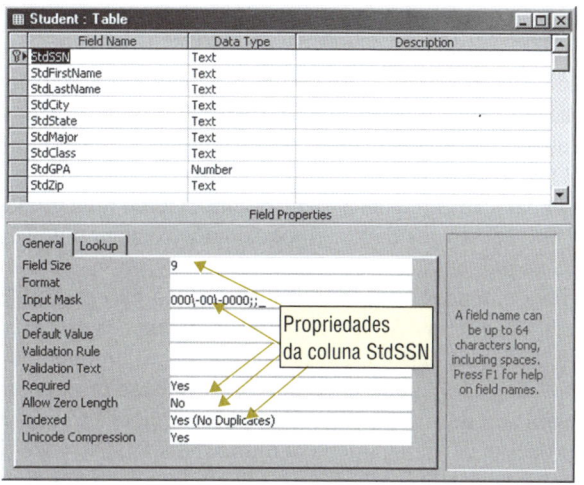

SQL
uma linguagem de banco de dados padrão da indústria que inclui instruções para a definição de banco de dados, a manipulação da base de dados e o controle do banco de dados.

A maioria dos SGBDs fornece várias ferramentas para definir bancos de dados. A SQL (Structured Query Language – Linguagem de Consulta Estruturada) é uma linguagem padrão da indústria suportada pela maioria dos SGBDs. A SQL pode ser usada para definir tabelas, relacionamentos entre tabelas, restrições de integridade (regras que definem os dados permitidos) e direitos de autorização (regras que restringem o acesso aos dados). O Capítulo 3 descreve as instruções de SQL para definir tabelas e relacionamentos.

Além da SQL, muitos SGBDs fornecem ferramentas gráficas, orientadas por janelas. As figuras 1.5 e 1.6 mostram ferramentas gráficas para definir tabelas e relacionamentos. Usando a janela de Definição de Tabela, da Figura 1.5, o usuário pode definir propriedades

FIGURA 1.6
Janela de Definição de Relacionamento no Microsoft Access

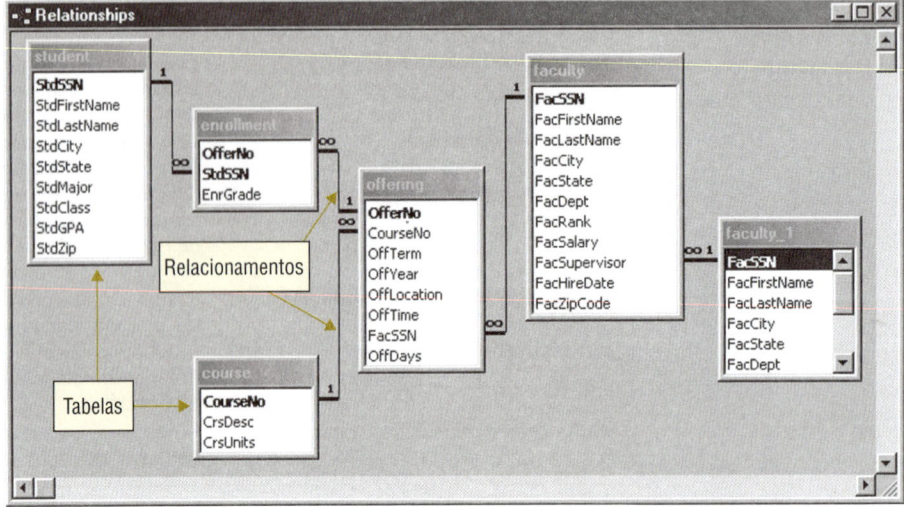

de colunas como os tipos de dados e tamanho dos campos. Usando a janela de Definição de Relacionamentos, da Figura 1.6, os relacionamentos entre tabelas podem ser definidos. Após definir a estrutura, um banco de dados pode ser populado. Os dados na Figura 1.4 devem ser adicionados depois que a janela de Definição de Tabela e a janela de Definição de Relacionamentos estiverem completas.

1.2.2 Acesso Não-procedural

O recurso mais importante de um SGBD é a capacidade de responder a consultas. Uma consulta é uma requisição aos dados para responder a uma pergunta. Por exemplo, o usuário pode querer saber quais são os clientes com contas altas ou os produtos com boas vendas em uma determinada região. O acesso não-procedural permite que usuários com habilidades computacionais limitadas submetam consultas. O usuário especifica as partes de um banco de dados a serem recuperadas, não os detalhes de implementação de como uma recuperação ocorre. Os detalhes de implementação envolvem procedimentos de codificação complexos com laços. As linguagens não-procedurais não têm instruções de repetição (*for*, *while* e assim por diante) porque somente as partes de um banco de dados a recuperar são especificadas.

linguagem de banco de dados não-procedural
uma linguagem como a SQL que permite que você especifique qual parte do banco de dados acessar em vez de codificar um procedimento complexo. Linguagens não-procedurais não incluem instruções de repetição.

O acesso não-procedural pode reduzir o número de linhas de código por um fator de 100 em comparação com o acesso procedural. Como uma grande parte dos softwares de negócio envolve o acesso aos dados, o acesso não-procedural pode proporcionar uma melhora substancial na produtividade do software.

Para entender a importância do acesso não-procedural, pense na seguinte analogia: planejar suas férias. Você define o seu destino, o orçamento da viagem, a duração da estada e a data de partida. Esses fatos indicam "o que" da sua viagem. Para especificar o "como" de sua viagem, você necessita indicar muito mais detalhes, tais como a melhor rota para seu destino, a primeira opção de hotel, transporte em terra e assim por diante. Seu processo de planejamento é muito mais fácil se você tiver um profissional para ajudá-lo com estes detalhes adicionais. Como um profissional de planejamento, um SGBD executa o planejamento detalhado para responder a consultas expressas em uma linguagem não-procedural.

A maioria dos SGBDs fornece mais de uma ferramenta para o acesso não-procedural. A instrução SELECT da SQL, descrita no Capítulo 4, é um meio não-procedural para acessar um banco de dados. Muitos SGBDs também fornecem ferramentas gráficas para acessar bancos de dados. A Figura 1.7 mostra uma ferramenta gráfica disponível no Microsoft Access. Para propor uma consulta ao banco de dados, um usuário apenas tem que indicar as tabelas necessárias, os relacionamentos e as colunas. O Access se responsabiliza por gerar o plano para recuperar os dados solicitados. A Figura 1.8 mostra o resultado da execução da consulta na Figura 1.7.

FIGURA 1.7
Janela de Projeto de Consulta no Microsoft Access

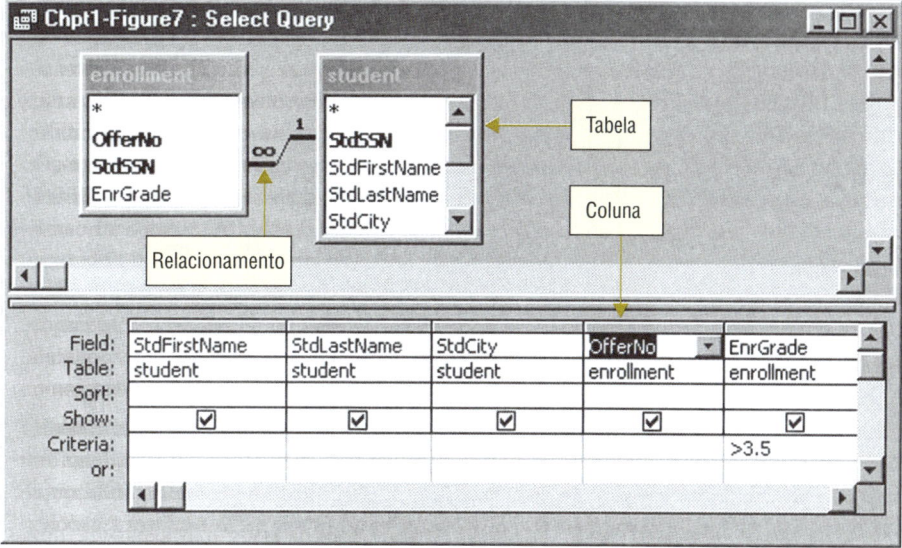

FIGURA 1.8
Resultado da Execução da Consulta na Figura 1.7

Primeiro nome	Sobrenome	Cidade	NumOfer	NotaMatr
MARIAH	DODGE	SEATTLE	1234	3,8
BOB	NORBERT	BOTHELL	5679	3,7
ROBERTO	MORALES	SEATTLE	5679	3,8
MARIAH	DODGE	SEATTLE	6666	3,6
LUKE	BRAZZI	SEATTLE	7777	3,7
WILLIAM	PILGRIM	BOTHELL	9876	4,0

1.2.3 Desenvolvimento de Aplicativos e Interface de Linguagem Procedural

A maioria dos SGBDs vai muito além de simplesmente acessar dados. Ferramentas gráficas são fornecidas para construir aplicativos completos usando formulários e relatórios. Os formulários de entrada de dados fornecem uma ferramenta conveniente para entrar e editar dados, enquanto os relatórios melhoram a aparência dos dados que são exibidos ou impressos. O formulário na Figura 1.9 pode ser usado para adicionar novas atribuições de cursos para um professor e mudar as atribuições existentes. O relatório na Figura 1.10 usa a indentação para mostrar os cursos lecionados pelos professores em vários departamentos. O estilo com indentação pode ser mais fácil de visualizar do que o estilo tabular mostrado na Figura 1.8. Muitos formulários e relatórios podem ser desenvolvidos com uma ferramenta gráfica sem codificação detalhada. Por exemplo, as figuras 1.9 e 1.10 foram desenvolvidas sem codificação. O Capítulo 10 descreve os conceitos fundamentais para o desenvolvimento de formulários e relatórios.

O acesso não-procedural possibilita a criação de formulários e relatórios sem codificação extensa. Como parte da criação de um formulário ou relatório, o usuário indica os requisitos de dados usando uma linguagem não-procedural (SQL) ou ferramenta gráfica. Para completar uma definição de formulário ou relatório, o usuário indica a formatação dos dados, a interação do usuário e outros detalhes.

Além das ferramentas de desenvolvimento de aplicativos, uma interface de linguagem procedural adiciona as capacidades completas de uma linguagem de programação de computador. O acesso não-procedural e as ferramentas de desenvolvimento de aplicativos, embora convenientes e poderosos, às vezes não são eficientes o bastante ou não fornecem o nível de controle necessário para o desenvolvimento de aplicativos. Quando tais ferramentas não são adequadas, os SGBDs disponibilizam as capacidades completas de uma linguagem de

interface de linguagem procedural
um método para combinar uma linguagem não-procedural como a SQL com uma linguagem de programação como COBOL ou Visual Basic.

FIGURA 1.9
Formulário do Microsoft Access para Atribuir Cursos aos Professores

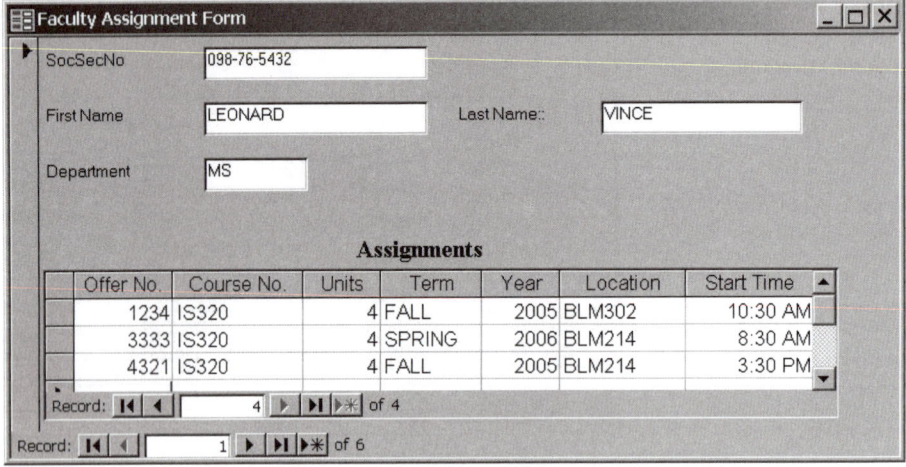

FIGURA 1.10
Relatório do Microsoft Access da Carga de Trabalho dos Professores

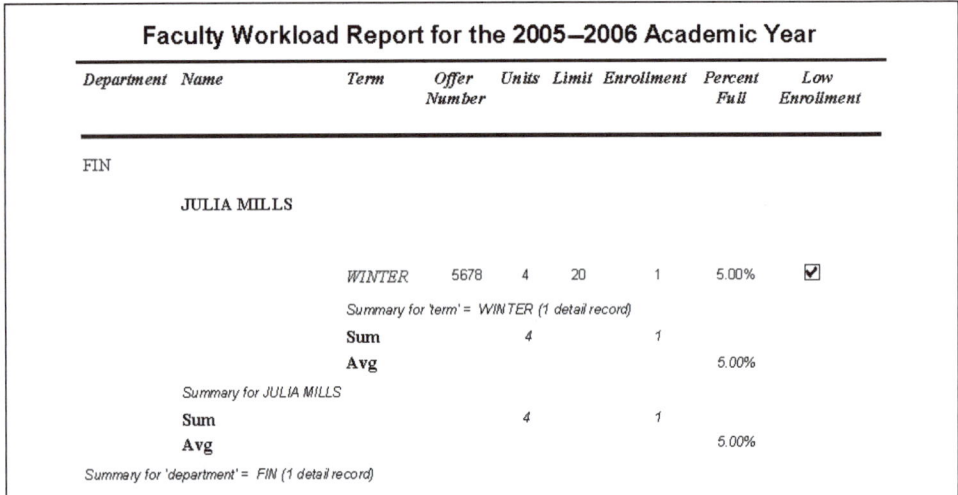

programação. Por exemplo, o Visual Basic for Applications (VBA) é uma linguagem de programação que é integrada ao Microsoft Access. O VBA permite a total customização do acesso ao banco de dados, do processamento de formulários e da geração de relatórios. A maioria dos SGBDs comerciais tem uma interface de linguagem procedural comparável ao VBA. Por exemplo, o Oracle tem a linguagem PL/SQL e o Microsoft SQL Server tem a linguagem Transact-SQL. O Capítulo 11 descreve as interfaces de linguagem procedurais e a linguagem PL/SQL.

1.2.4 Recursos de Suporte às Operações de Banco de Dados

O processamento de transações possibilita que um SGBD processe grandes volumes de trabalho repetitivo. Uma transação é uma unidade de trabalho que deve ser processada de modo confiável sem interferência de outros usuários e sem perda de dados devido a falhas. Exemplos de transações: retirar dinheiro em um caixa eletrônico, fazer uma reserva em uma companhia aérea e matricular-se em um curso. Um SGBD assegura que as transações sejam livres de interferência de outros usuários, que partes de uma transação não sejam perdidas devido a falhas e que as transações não tornem o banco de dados inconsistente. O processamento de transações é em grande parte um caso de "bastidores". O usuário não sabe os detalhes sobre o processamento de transações além das garantias em relação à confiabilidade.

O ajuste do banco de dados inclui um número de monitores e programas utilitários para melhorar o desempenho. Alguns SGBDs podem controlar como um banco de dados é usado, a

processamento de transações
processamento eficiente e confiável de grandes volumes de trabalho repetitivo.
Os SGBDs asseguram que usuários simultâneos não interferem uns com os outros e que falhas não causam trabalho perdido.

FIGURA 1.11
Diagrama de Entidade-Relacionamento (DER) para o Banco de Dados de uma Universidade

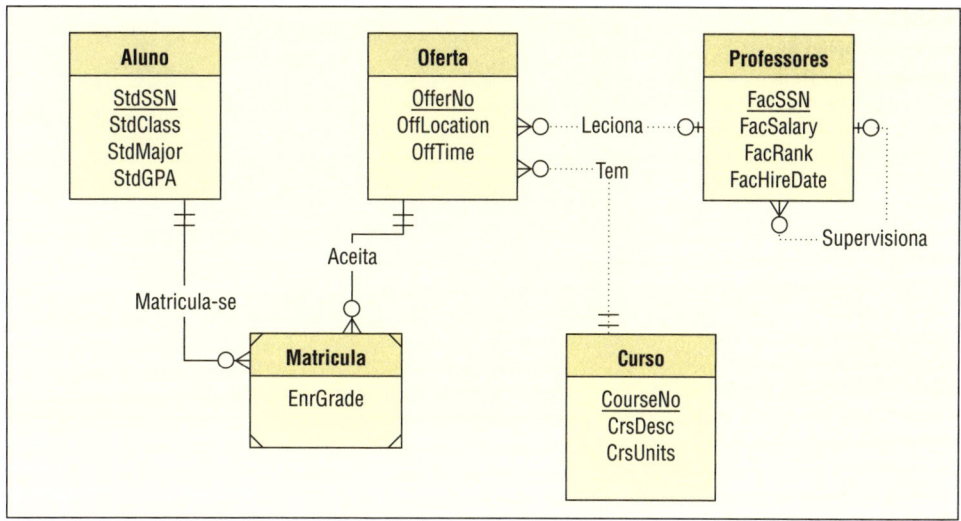

distribuição de várias partes de um banco de dados e o crescimento do banco de dados. Os programas utilitários podem ser disponibilizados para reorganizar um banco de dados, selecionar estruturas físicas para melhor desempenho e reparar partes danificadas de um banco de dados.

O processamento de transações e o ajuste do banco de dados são mais proeminentes em SGBDs que dão suporte a grandes bancos de dados com muitos usuários simultâneos. Esses SGBDs são conhecidos como SGBDs corporativos porque os bancos de dados suportados freqüentemente são fundamentais para o funcionamento de uma organização. SGBDs corporativos normalmente rodam em servidores poderosos e têm um alto custo. Por sua vez, SGBDs para estações de trabalho rodando em computadores pessoais e servidores pequenos têm recursos limitados de processamento de transações, todavia tem um custo muito mais baixo. Os SGBDs para estações de trabalho dão suporte a bancos de dados utilizados por equipes de trabalhos e pequenas empresas. SGBDs embutidos são uma categoria emergente de software de banco de dados. Como seu nome já diz, um SGBD embutido reside em um sistema maior, ou um aplicativo ou um aparelho como um assistente digital pessoal (PDA) ou um *smart card*. Os SGBDs embutidos têm recursos limitados de processamento de transações, mas têm exigências mínimas de memória, processamento e armazenamento.

1.2.5 Recursos de Terceiros

Além dos recursos oferecidos diretamente pelos fornecedores de SGBDs, softwares independentes também estão disponíveis para muitos SGBDs. Na maioria dos casos, softwares independentes estendem os recursos já disponíveis no software de banco de dados. Por exemplo, muitos fornecedores independentes proporcionam ferramentas avançadas de projeto de banco de dados que estendem as capacidades de definição e ajuste do banco de dados fornecidas pelos SGBDs. A Figura 1.11 mostra um diagrama de banco de dados (um diagrama entidade–relacionamento) criado com o Visio Professional, uma ferramenta para projeto de banco de dados. O DER na Figura 1.11 pode ser transformado em tabelas com suporte da maioria dos SGBDs comerciais. Em alguns casos, softwares independentes competem diretamente com os produtos de banco de dados. Por exemplo, fornecedores de software independentes têm disponíveis ferramentas de desenvolvimento de aplicativos que podem ser usadas no lugar das fornecidas com o produto de banco de dados.

1.3 Desenvolvimento da Tecnologia de Banco de Dados e a Estrutura de Mercado

A seção anterior proporcionou uma rápida incursão dos recursos encontrados em SGBDs típicos. Os recursos nos produtos atuais são uma melhoria significativa que vem ocorrendo desde alguns anos atrás. O gerenciamento de banco de dados, como muitas outras áreas da computação, passou por um fantástico crescimento tecnológico. Para proporcionar a você o

TABELA 1.2
Breve Evolução da Tecnologia de Banco de Dados

Período	Geração	Orientação	Principais Recursos
Década de 1960	1ª geração	Arquivo	Estruturas de arquivo e interfaces de programa proprietários
Década de 1970	2ª geração	Navegação em rede	Redes e hierarquias de registros relacionados, interfaces de programa padronizados
Década de 1980	3ª geração	Relacional	Linguagens não-procedurais, otimização, processamento de transações
Década de 1990 até hoje	4ª geração	Objeto	Multimídia, ativo, processamento distribuído, operadores mais poderosos, processamento de *datawarehouse*, capacitação para XML

contexto para compreender os SGBDs atuais, esta seção revê as mudanças ocorridas na tecnologia e sugere tendências futuras. Após esta revisão, é apresentado o mercado atual para softwares de banco de dados.

1.3.1 A Evolução da Tecnologia de Banco de Dados

A Tabela 1.2 mostra um breve histórico da tecnologia de banco de dados por quatro gerações[1] de sistemas. A primeira geração dava suporte a buscas seqüenciais e aleatórias, mas o usuário tinha que escrever um programa de computador para obter acesso. Por exemplo, um programa podia ser escrito para recuperar todos os registros de clientes ou somente encontrar o registro do cliente com um número de cliente especificado. Como os sistemas de primeira geração não ofereciam muito suporte para dados relacionados, eles normalmente são considerados como sistemas de processamento de arquivos e não SGBDs. Sistemas de processamento de arquivos podem gerenciar apenas uma entidade em vez das muitas entidades e relacionamentos gerenciados por um SGBD.

Os produtos de segunda geração foram os primeiros SGBDs verdadeiros, já que podiam gerenciar vários tipos de entidade e relacionamentos. No entanto, para obter o acesso aos dados, um programa de computador ainda tinha que ser escrito. Os sistemas de segunda geração são chamados de "navegacionais" porque o programador tinha que escrever um código para navegar entre uma rede de registros ligados. Alguns produtos da segunda geração aderiram a uma definição padrão de banco de dados e de linguagem de manipulação desenvolvida pelo Committee on Data Systems Languages (CODASYL), uma organização de padronizações. O padrão CODASYL só teve uma aceitação de mercado limitada em parte porque a IBM, a empresa de computação dominante nessa época, ignorou o padrão. A IBM dava suporte a uma abordagem diferente conhecida como modelo de dados hierárquico.

Em vez de focar no padrão da segunda geração, os laboratórios de pesquisa na IBM e em instituições acadêmicas desenvolveram as bases para uma nova geração de SGBDs. O desenvolvimento mais importante envolveu linguagens não-procedurais para acesso ao banco de dados. Os sistemas de terceira geração são conhecidos como SGBDs relacionais por causa de seus alicerces baseados em relações matemáticas e operadores associados. A tecnologia de otimização foi desenvolvida de modo que o acesso usando linguagens não-procedurais se tornasse eficiente. Como o acesso não-procedural proporcionava tamanha melhora em relação ao acesso navegacional, os sistemas de terceira geração suplantaram a segunda geração. Sendo a tecnologia tão diferente, a maioria dos novos sistemas foi criada por empresas recém-criadas e não por fornecedores dos produtos da geração anterior. A IBM foi a grande exceção. Foi o peso da IBM que levou à adoção da SQL como um padrão amplamente aceito.

---

[1] As gerações de SGBDs não devem ser confundidas com as gerações de linguagens de programação. Particularmente, a linguagem de quarta geração se refere a recursos de linguagem de programação, não a recursos de SGBD.

Os SGBDs de quarta geração estão estendendo os limites da tecnologia de banco de dados para os dados não convencionais, a Internet e o processamento de *datawarehouse*. Os sistemas de quarta geração podem armazenar e manipular dados não convencionais, tais como imagens, vídeos, mapas, sons e animações. Pelo fato de estes sistemas verem qualquer tipo de dados como um objeto a gerenciar, os sistemas de quarta geração às vezes são chamados "orientados a objeto" ou "objeto-relacionais". O Capítulo 18 apresenta detalhes sobre os recursos de objeto em SGBDs. Além da ênfase em objetos, a Internet está pressionando os SGBDs para desenvolver novas formas de processamento distribuído. A maioria dos SGBDs agora disponibiliza meios convenientes para publicar dados estáticos e dinâmicos na Internet usando a eXtensible Markup Language (XML) como um padrão de publicação. O Capítulo 17 apresenta detalhes sobre os recursos do processamento cliente–servidor em SGBDs para fornecer suporte ao acesso Web a bancos de dados.

Um desenvolvimento recente nos SGBDs de quarta geração é o suporte ao processamento de *datawarehouse*. Um *datawarehouse* é um banco de dados que dá apoio à tomada de decisão de médio e longo prazos nas organizações. A recuperação de dados totalizados domina o processamento do *datawarehouse*, ao passo que um misto de atualização e recuperação de dados ocorre para os bancos de dados que dão suporte às operações diárias de uma organização. O Capítulo 16 apresenta detalhes sobre os recursos dos SGBD que fornecem suporte ao processamento de *datawarehouses*.

O mercado para os sistemas de quarta geração é uma batalha entre fornecedores de sistemas de terceira geração que estão fazendo um *upgrade* (atualização) em seus produtos em comparação com um novo grupo de sistemas desenvolvidos como softwares *open source* (de fonte aberta). Até o momento, as empresas existentes parecem estar levando vantagem.

1.3.2 O Mercado Atual para Softwares de Banco de Dados

De acordo com a International Data Corporation (IDC), as vendas (licença e manutenção) de softwares de banco de dados corporativos alcançaram 13,6 bilhões de dólares em 2003, um aumento de 7,6% desde 2002. SGBDs corporativos usam servidores *mainframe* rodando o sistema operacional MVS da IBM e servidores de médio porte rodando Unix (Linux, Solaris, AIX e outras variações) e sistemas operacionais Microsoft Windows Server. As vendas de software de banco de dados corporativos têm seguido as condições econômicas com grandes aumentos durante os anos de explosão da Internet seguidos por um lento crescimento durante a retração das ponto-com e das empresas de telecomunicações. Para vendas futuras, a IDC projeta que as vendas de SGBDs corporativos alcancem 20 bilhões de dólares até 2008.

De acordo com a IDC, três produtos dominam o mercado de software de banco de dados corporativos, como mostrado na Tabela 1.3. O ranking da IDC inclui receitas provenientes tanto de licença quanto de manutenção. Quando se considera somente os custos de licença, o Gartner Group posiciona a IBM com a maior fatia do mercado com 35,7%, seguida pela Oracle com 33,4% e pela Microsoft com 17,7%. O mercado total é muito competitivo, com as principais empresas e companhias menores introduzindo muitos recursos novos a cada lançamento.

TABELA 1.3
Participação no Mercado em 2003 Medida pela Receita do Software[2] de Banco de Dados Corporativos

Produto	Participação Total no Mercado	Comentários
Oracle 9i, 10g	39,9%	Domina o ambiente Unix; desempenho forte também no mercado Windows
IBM DB2, Informix	31,3%	Domina os ambientes MVS e AS/400; Informix adquirido em 2001; 25% de participação no mercado Unix
Microsoft SQL Server	12,1%	Participação dominante no mercado Windows; nenhuma presença nos demais ambientes
Outros	16,7%	Inclui Sybase, Terradata da NCR, Software Progress, MySQL, PostgreSQL, Ingres *open source*, Firebird e outros

[2] Participação no mercado de acordo com um estudo realizado em 2004 pela International Data Corporation.

Os SGBDs *open source* começaram a desafiar os produtos SGBD comerciais na extremidade mais baixa do mercado de SGBD corporativo. Embora o código-fonte para produtos SGBD *open source* esteja disponível sem custo, a maioria das organizações fecha contratos de suporte, então os produtos de fonte aberta não são gratuitos. Ainda assim, as organizações vêm relatando economias de custo ao utilizar produtos SGBD *open source,* principalmente para sistemas de missão-não-crítica. O MySQL, introduzido inicialmente em 1995, é o líder no mercado de SGBD *open source.* O PostgreSQL e o Ingres *open source* são produtos SGBD de fonte aberta já maduros. O Firebird é um novo produto de fonte aberta que está ganhando adeptos.

No mercado para software de banco de dados para estações de trabalho, o Microsoft Access domina ao menos em parte por causa do domínio do Microsoft Office. O software de banco de dados para estações de trabalho é vendido inicialmente como parte do software de produtividade de escritório. Com o Microsoft Office detendo quase 90% do mercado de produtividade de escritório, o Access tem uma parte compatível do mercado de software de banco de dados para estações de trabalho. Outros produtos significativos no mercado de software de banco de dados para estações de trabalho são Paradox, Approach, FoxPro e FileMaker Pro.

Para cobrir tanto os softwares de banco de dados corporativos quanto os para estações de trabalho, este livro traz uma cobertura significativa do Oracle e do Microsoft Access. Além do mais, a ênfase no padrão SQL nas partes 2 e 5 dá conta da linguagem de banco de dados para os outros produtos importantes.

Devido ao crescimento potencial dos dispositivos pessoais de computação, a maioria dos principais fornecedores de SGBDs agora entraram no mercado de SGBDs embutidos. O mercado de SGBD embutido agora está dividido entre companhias menores de software, como a iAnywhere Solutions e a Solid Information Technology, juntamente com os fornecedores de SGBDs corporativos Oracle e IBM.

1.4 Arquiteturas de Sistemas de Gerenciamento de Banco de Dados

Para dar uma visão sobre a organização interna dos SGBDs, esta seção descreve duas arquiteturas ou estruturas de organização. A primeira arquitetura descreve uma organização de conceituações de banco de dados para reduzir o custo de manutenção de software. A segunda arquitetura descreve uma organização de dados e software para dar suporte ao acesso remoto. As arquiteturas aqui apresentadas possibilitam um entendimento conceitual mais do que indicam como se organiza um SGBD real.

1.4.1 A Independência de Dados e a Arquitetura de Três Esquemas

Nos SGBDs iniciais, havia uma conexão próxima entre um banco de dados e os programas de computador que acessavam o banco de dados. Essencialmente, o SGBD era considerado parte de uma linguagem de programação. Como resultado, a definição do banco de dados era parte dos programas de computação que acessavam o banco de dados. Além disso, o significado conceitual de um banco de dados não estava separado de sua implementação física em disco magnético. As definições sobre a estrutura de um banco de dados e sua implementação física estavam misturadas dentro dos programas de computação.

A estreita associação entre um banco de dados e programas relacionados levaram a problemas de manutenção de software. A manutenção de software, incluindo mudanças de requisitos, correções e aperfeiçoamentos, pode consumir uma grande porcentagem dos orçamentos de desenvolvimento de software. Nos SGBDs iniciais, a maioria das mudanças na definição do banco de dados causava alterações nos programas de computador. Em muitos casos, as mudanças nos programas envolviam uma detalhada inspeção do código-fonte, um processo intensivo de mão-de-obra. Este trabalho de inspeção de código é semelhante ao trabalho de adequação ao ano 2000, em que todos os formatos de data foram mudados para quatro algarismos. O ajuste de desempenho de um banco de dados era difícil porque às vezes centenas de programas de computador tinham que ser recompilados a cada mudança. Como as mudanças de definição de banco de dados são comuns, uma grande parte dos recursos para manutenção de software era dedicada às mudanças nos bancos de dados. Alguns estudos calcularam que a porcentagem dispendida chegou a 50% dos recursos de manutenção de software.

FIGURA 1.12
Arquitetura de Três Esquemas

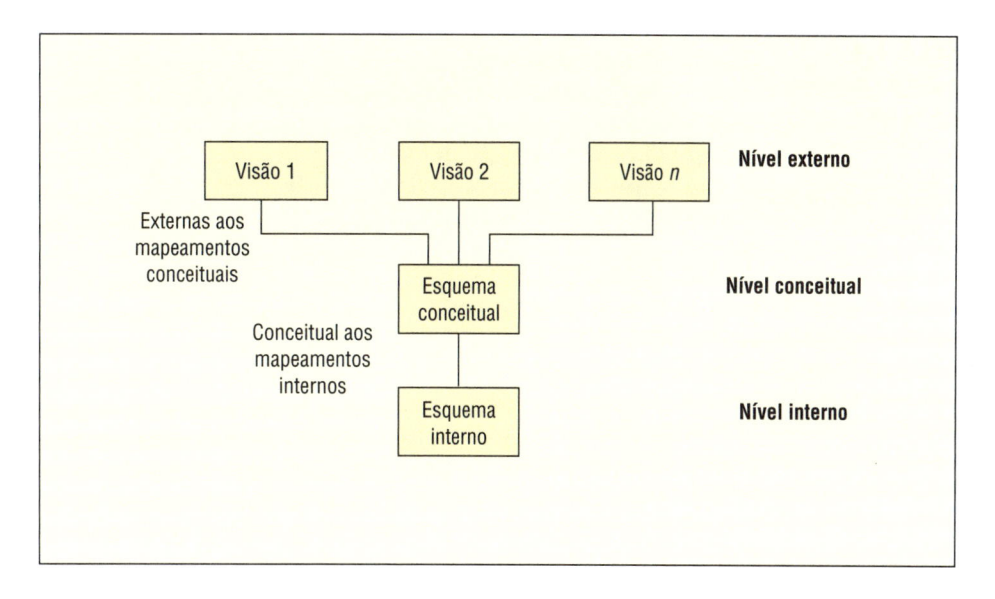

Diagrama: Visão 1, Visão 2, Visão n (Nível externo); Externas aos mapeamentos conceituais; Esquema conceitual (Nível conceitual); Conceitual aos mapeamentos internos; Esquema interno (Nível interno).

independência dos dados
um banco de dados deve ter uma identidade separada dos aplicativos (programas de computador, formulários e relatórios) que o usam. A identidade separada permite que a definição de banco de dados seja alterada sem afetar os aplicativos relacionados.

arquitetura de três esquemas
uma arquitetura para compartimentalizar as descrições de banco de dados. A Arquitetura de Três Esquemas foi proposta como uma maneira de alcançar independência de dados.

O conceito de independência de dados surgiu para aliviar problemas com a manutenção de programas. Independência de dados significa que um banco de dados deve ter uma identidade separada dos aplicativos (programas de computador, formulários e relatórios) que o utilizam. A identidade separada permite que a definição de banco de dados seja mudada sem afetar os aplicativos relacionados. Por exemplo, se uma nova coluna é adicionada a uma tabela, os aplicativos que não usam a nova coluna não devem ser afetados. Da mesma maneira, se uma nova tabela é adicionada, somente os aplicativos que necessitam da nova tabela devem ser afetados. Esta separação deve ser ainda mais pronunciada se uma mudança só afeta a implementação física de um banco de dados. Os especialistas em bancos de dados devem ser livres para fazer experiência com o ajuste do desempenho sem se preocupar com as mudanças nos programas de computador.

Em meados da década de 1970, o conceito de independência de dados levou à proposta da Arquitetura de Três Esquemas representada na Figura 1.12. A palavra esquema conforme aplicada a bancos de dados significa descrição de banco de dados. A Arquitetura de Três Esquemas inclui três níveis de descrição de banco de dados. O nível externo é o nível do usuário. Cada grupo de usuários pode ter uma visão externa separada (ou visão, para resumir) de um banco de dados customizado para as necessidades específicas do grupo.

Por sua vez, os esquemas interno e conceitual representam o banco de dados inteiro. O esquema conceitual define as entidades e os relacionamentos. Para um banco de dados de uma empresa, o esquema conceitual pode ser bastante grande, talvez centenas de tipos de entidade e relacionamentos. Como o esquema conceitual, o esquema interno representa o banco de dados inteiro. No entanto, o esquema interno representa a visão do armazenamento do banco de dados, ao passo que o esquema conceitual representa o significado lógico do banco de dados. O esquema interno define arquivos, grupos de dados em um dispositivo de armazenamento como um disco rígido. Um arquivo pode armazenar uma ou mais entidades descritas no esquema conceitual.

Para tornar os três níveis do esquema mais claros, a Tabela 1.4 mostra as diferenças entre definição de banco de dados nos níveis dos três esquemas usando exemplos dos recursos descritos na Seção 1.2. Mesmo em um banco de dados simplificado de uma universidade, as diferenças entre os níveis dos esquemas são claras. Com um banco de dados mais complexo, as diferenças seriam ainda mais pronunciadas com muitas outras visões, um esquema conceitual muito maior e um esquema interno mais complexo.

Os mapeamentos de esquema descrevem como um esquema em um nível superior é derivado de um esquema em um nível inferior. Por exemplo, as visões externas na Tabela 1.4 são derivadas das tabelas no esquema conceitual. O mapeamento dá o conhecimento para converter uma requisição usando uma visão externa (por exemplo, HighGPAView) em uma

TABELA 1.4
Exemplo do Banco de Dados de uma Universidade Demonstrando as Diferenças entre os Níveis dos Esquemas

Nível do Esquema	Descrição
Externo	VisãoMédiaAlta: dados necessários para a consulta na Figura 1.7 VisãoFormulárioAtribuiçãoProfessor: dados necessários para o formulário na Figura 1.9 VisãoRelatórioCargaTrabalhoProfessor: dados necessários para o relatório na Figura 1.10
Conceitual	Tabelas e relacionamentos de Alunos, Matrículas, Cursos, Professores e Oferecimentos de Cursos (Figura 1.6)
Interno	Arquivos necessários para armazenar as tabelas; arquivos extras (propriedade indexada na Figura 1.5) para melhorar o desempenho

requisição usando as tabelas no esquema conceitual. O mapeamento entre os níveis interno e conceitual mostra como as entidades são armazenadas em arquivos.

Os SGBDs, usando esquemas e mapeamentos, asseguram a independência dos dados. Em geral, os aplicativos acessam um banco de dados usando uma visão. O SGBD converte uma requisição do aplicativo em uma requisição usando o esquema conceitual em vez da visão. O SGBD então transforma a requisição do esquema conceitual em uma requisição usando o esquema interno. A maioria das alterações no esquema conceitual ou interno não afeta os aplicativos porque os aplicativos não usam os níveis de esquema mais baixos. O SGBD, não o usuário, é responsável por usar os mapeamentos para fazer as transformações. Para mais detalhes sobre mapeamentos e transformações, o Capítulo 10 descreve visões e transformações entre os níveis conceitual e externo. O Capítulo 8 descreve a otimização de consulta, o processo de converter uma consulta em um nível conceitual em uma representação no nível interno.

A Arquitetura de Três Esquemas é um padrão oficial do American National Standards Institute (ANSI). Contudo, os detalhes específicos do padrão nunca foram amplamente adotados; o padrão serve como uma diretriz sobre como a independência dos dados pode ser alcançada. O espírito da Arquitetura de Três Esquemas é largamente implementada em SGBDs de terceira e quarta gerações.

1.4.2 O Processamento Distribuído e a Arquitetura Cliente–Servidor

Com a crescente importância da computação em rede e da Internet, o processamento distribuído está se tornando uma função crucial dos SGBDs. O processamento distribuído permite que computadores geograficamente dispersos cooperem entre si ao fornecer acesso aos dados. Uma grande parte do comércio eletrônico na Internet envolve acessar e atualizar bancos de dados remotos. Muitos bancos de dados em operações de varejo, bancárias e do mercado financeiro estão agora disponíveis pela Internet. Os SGBDs usam a capacidade disponível da rede e as capacidades de processamento local para proporcionar um acesso remoto eficiente aos bancos de dados.

Muitos SGBDs dão suporte ao processamento distribuído utilizando uma arquitetura cliente–servidor. Um cliente é um programa que envia requisições a um servidor. Um servidor processa as requisições em nome de um cliente. Por exemplo, um cliente pode requisitar a um servidor que recupere dados de produto. O servidor localiza os dados e os envia de volta ao cliente. O cliente pode executar um processamento adicional nos dados antes de exibir os resultados ao usuário. Como outro exemplo, um cliente envia um pedido completo a um servidor. O servidor valida o pedido, atualiza um banco de dados e envia uma confirmação ao cliente. O cliente informa o usuário que a ordem foi processada.

Para melhorar o desempenho e a disponibilidade dos dados, a arquitetura cliente-servidor dá suporte a muitas maneiras de distribuir software e dados em uma rede de computadores. O esquema mais simples é colocar apenas tanto software quanto os dados no mesmo computador [Figura 1.13(a)]. Para tirar proveito de uma rede, tanto o software quanto os dados podem ser distribuídos. Na Figura 1.13(b), o software servidor e o banco de dados estão localizados em um computador remoto. Na Figura 1.13(c), o software servidor e o banco de dados estão localizados em múltiplos computadores remotos.

arquitetura cliente–servidor
uma estruturação de componentes (clientes e servidores) e dados entre computadores conectados por uma rede. A arquitetura cliente–servidor suporta um eficiente processamento de mensagens (requisições de serviço) entre clientes e servidores.

FIGURA 1.13
Estruturações Típicas Cliente–Servidor de Banco de Dados e Software

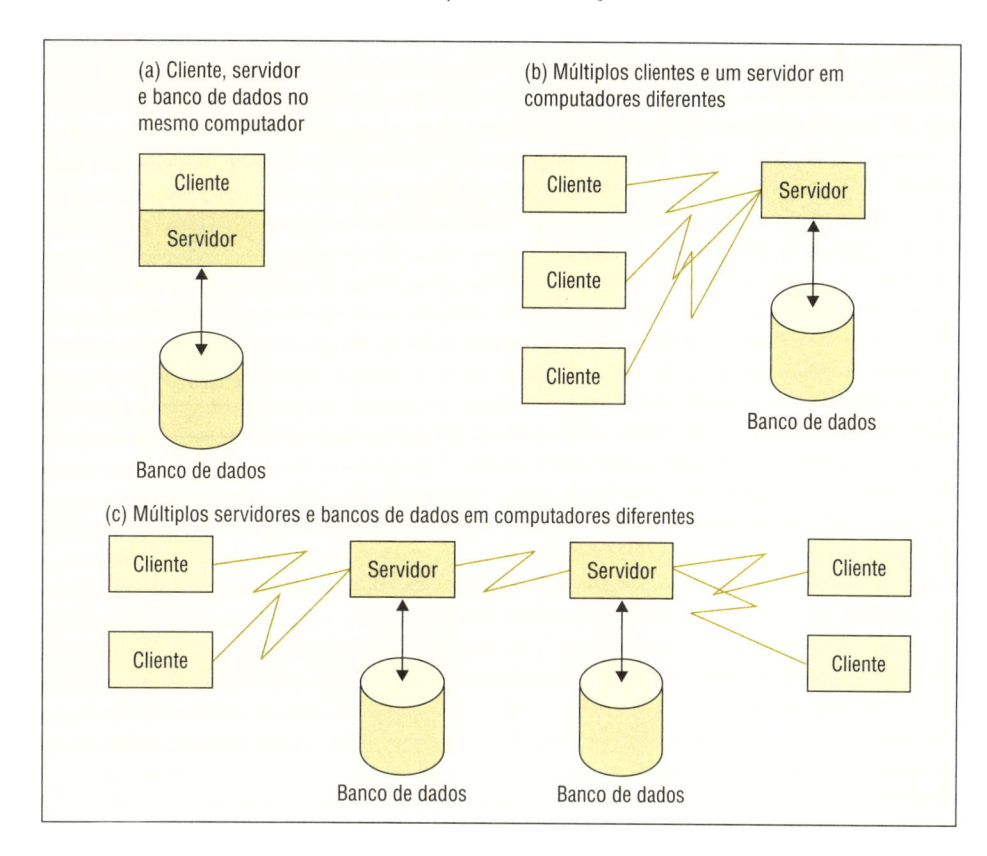

(a) Cliente, servidor e banco de dados no mesmo computador

(b) Múltiplos clientes e um servidor em computadores diferentes

(c) Múltiplos servidores e bancos de dados em computadores diferentes

O SGBD tem uma série de responsabilidades em uma arquitetura cliente–servidor. O SGBD fornece software que pode ser executado tanto no cliente como no servidor. O software cliente é em geral responsável por aceitar o *input* (entrada) do usuário, exibir resultados e executar algum processamento de dados. O software servidor valida as requisições do cliente, localiza bancos de dados remotos, atualiza bancos de dados remotos (se necessário) e envia os dados em um formato que o cliente entenda.

As arquiteturas cliente–servidor são uma forma flexível para os SGBDs interagirem com redes de computador. A distribuição de trabalho entre clientes e servidores e as possíveis escolhas para definir a localização de dados e software são muito mais complexas do que descrito aqui. Você aprenderá mais detalhes sobre arquiteturas cliente–servidor no Capítulo 17.

1.5 Impactos Organizacionais da Tecnologia de Banco de Dados

Esta seção completa sua introdução à tecnologia de banco de dados discutindo os efeitos da tecnologia de banco de dados nas organizações. A primeira seção descreve possíveis interações que você pode ter com um banco de dados em uma organização. A segunda seção descreve o gerenciamento dos recursos de informação, um esforço para controlar os dados produzidos e utilizados por uma organização. É dada uma atenção especial aos papéis de gerenciamento que você pode ter como parte do esforço para controlar os recursos de informação. O Capítulo 14 fornece mais detalhes sobre as ferramentas e os processos usados nestes papéis de gerenciamento.

1.5.1 Interagindo com Bancos de Dados

Como os bancos de dados estão amplamente disseminados, há uma variedade de maneiras pelas quais você pode interagir com bancos de dados. A classificação na Figura 1.14 distingue usuários funcionais que interagem com bancos de dados como parte de seu trabalho e

FIGURA 1.14
Classificação de Papéis

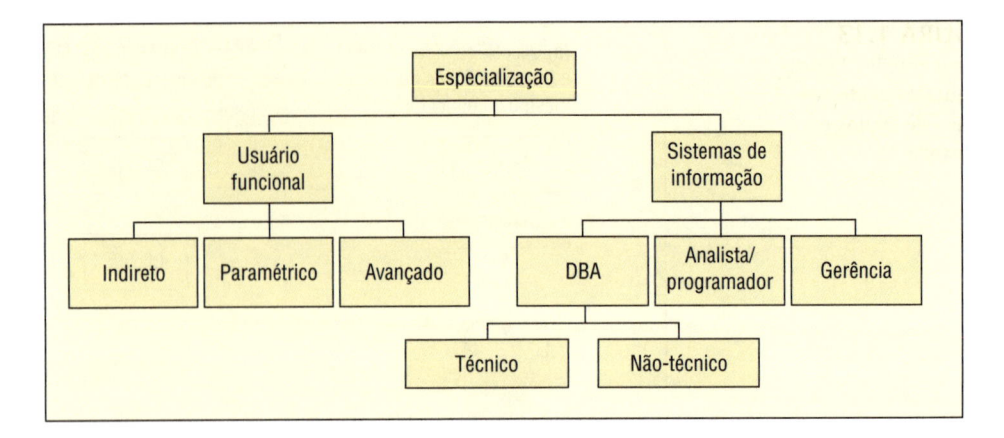

TABELA 1.5
Responsabilidades do Administrador de Banco de Dados

Técnico	Não-técnico
Projetar esquemas conceituais	Definir padrões de banco de dados
Projetar esquemas internos	Elaborar materiais de treinamento
Monitorar o desempenho dos bancos de dados	Promover os benefícios dos bancos de dados
Selecionar e avaliar software de banco de dados	Consultar usuários
Projetar bancos de dados cliente–servidor	
Resolver problemas de bancos de dados	

profissionais de sistemas de informação que participam no projeto e implementação de bancos de dados. Cada caixa na hierarquia representa um papel que você pode ter. Você pode ter mais de um papel ao mesmo tempo. Por exemplo, um usuário funcional em um cargo como um analista financeiro pode ter todas as três funções em bancos de dados diferentes. Em algumas organizações, a distinção entre os usuários funcionais e os profissionais de sistemas de informação não é clara. Nessas organizações, usuários funcionais podem participar projetando e usando os bancos de dados.

Usuários funcionais podem ter papéis passivos ou ativos ao interagir com bancos de dados. O uso indireto de um banco de dados é um papel passivo. Um <u>usuário indireto</u> recebe um relatório ou alguns dados extraídos de um banco de dados. Um usuário paramétrico é mais ativo que um usuário indireto. Um <u>usuário paramétrico</u> solicita formulários existentes ou relatórios usando parâmetros, valores de entrada que mudam a cada utilização. Por exemplo, um parâmetro pode indicar um intervalo de data, território de vendas ou nome de departamento. O <u>usuário avançado</u> é o mais ativo. Já que as necessidades de tomada de decisão podem ser difíceis de prever, o uso *ad hoc* ou não planejado de um banco de dados é importante. Um usuário avançado é bastante habilidoso para construir um formulário ou relatório quando necessário. Os usuários avançados devem ter um bom entendimento do acesso não-procedural, uma habilidade descrita nas partes 2 e 5 deste livro.

Os profissionais de sistemas de informação interagem com bancos de dados como parte do desenvolvimento de um sistema de informação. Os <u>analistas/programadores</u> são responsáveis por obter requisitos, projetar aplicativos e implementar sistemas de informação. Eles criam e utilizam visões externas para desenvolver formulários, relatórios e outras partes de um sistema de informação. A gerência tem um papel de supervisão no desenvolvimento de bancos de dados e sistemas de informação.

Os <u>administradores de banco de dados</u> auxiliam tanto os profissionais de sistemas de informação quanto os usuários funcionais. Os administradores de banco de dados têm uma variedade de responsabilidades técnicas e não-técnicas (Tabela 1.5). As habilidades técnicas são mais orientadas aos detalhes; as responsabilidades não-técnicas são mais orientadas às pessoas. A responsabilidade técnica primária é o projeto de banco de dados. No lado não-técnico, o tempo do administrador de banco de dados é dividido entre uma série de atividades. Os administradores de banco de dados também podem ter responsabilidades em planejar bancos de dados e avaliar SGBDs.

administrador de banco de dados
um cargo de suporte que é especializado em gerenciar banco de dados individuais e SGBDs.

1.5.2 Gerenciamento de Recursos da Informação

O gerenciamento de recursos da informação é uma resposta ao desafio de utilizar eficientemente a tecnologia da informação. A meta do <u>gerenciamento de recursos da informação</u> é utilizar a tecnologia da informação como uma ferramenta para processar, distribuir e integrar a informação por toda a organização. O gerenciamento de recursos da informação tem muitas semelhanças com gerenciar recursos físicos como o estoque. O gerenciamento de estoque envolve atividades como proteger o estoque contra roubo e deterioração, armazená-lo para uso eficiente, selecionar fornecedores, combater o desperdício, coordenar a movimentação e reduzir os custos de operação. O gerenciamento de recursos da informação envolve atividades semelhantes: planejar bancos de dados, adquirir dados, proteger os dados de acessos proibidos, assegurar confiabilidade, coordenar o fluxo entre sistemas de informação e eliminar duplicação.

Como parte do controle dos recursos da informação, surgiram novas responsabilidades de gerenciamento. O <u>administrador de dados</u> é uma função de gerenciamento com muitas destas responsabilidades; sendo a responsabilidade mais importante planejar o desenvolvimento de novos bancos de dados. O administrador de dados mantém uma arquitetura de dados corporativos que descreve os bancos de dados existentes e os novos bancos de dados e também avalia novas tecnologias da informação e determina padrões para gerenciar bancos de dados.

O administrador de dados tem responsabilidades mais amplas que o administrador de banco de dados. O administrador de dados tem principalmente um papel de planejamento, enquanto o administrador de banco de dados tem um papel mais técnico focado em bancos de dados individuais e SGBDs. O administrador de dados também visualiza os recursos da informação em um contexto mais amplo e considera todos os tipos de dados, quer informatizados, quer não informatizados. Um esforço importante em muitas organizações é informatizar dados não-tradicionais como vídeo, materiais de treinamento, imagens e correspondência. O administrador de dados desenvolve planos de longo prazo para dados não-tradicionais, enquanto o administrador de banco de dados implementa os planos usando a tecnologia apropriada de banco de dados.

Em razão das responsabilidades mais amplas, o administrador de dados tem um cargo superior em um organograma. A Figura 1.15 retrata duas possíveis posições dos administradores

administrador de dados
um cargo gerencial que realiza o planejamento e a definição de políticas para os recursos de informação de uma organização inteira.

FIGURA 1.15 Posição Organizacional da Administração de Dados e de Bancos de Dados

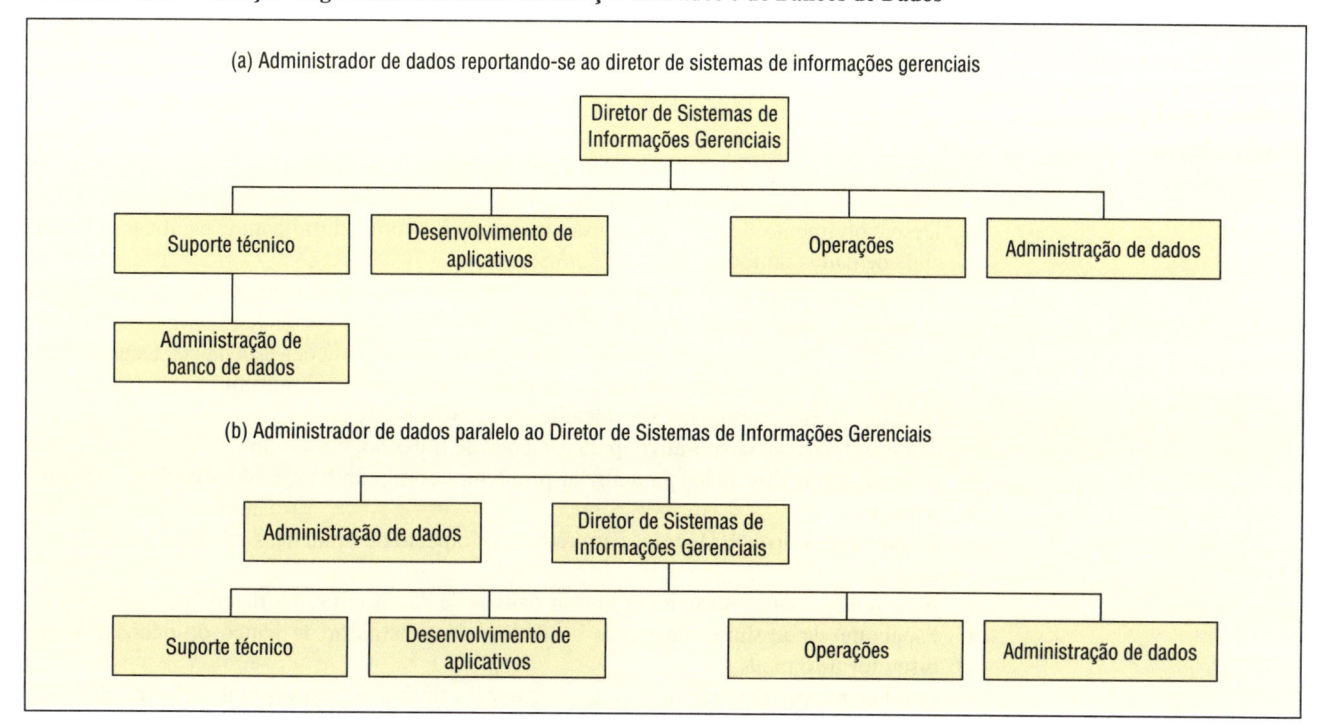

(a) Administrador de dados reportando-se ao diretor de sistemas de informações gerenciais

Diretor de Sistemas de Informações Gerenciais
- Suporte técnico
  - Administração de banco de dados
- Desenvolvimento de aplicativos
- Operações
- Administração de dados

(b) Administrador de dados paralelo ao Diretor de Sistemas de Informações Gerenciais

- Administração de dados
- Diretor de Sistemas de Informações Gerenciais
  - Suporte técnico
  - Desenvolvimento de aplicativos
  - Operações
  - Administração de dados

de dados e dos administradores de banco de dados. Em uma organização pequena, ambos os papéis podem ser combinados na administração de sistemas.

Considerações Finais

O Capítulo 1 trouxe uma ampla apresentação aos SGBDs. Você deve usar este pano de fundo como um contexto para as habilidades que irá adquirir nos capítulos subseqüentes. Você aprendeu que os bancos de dados contêm dados inter-relacionados que podem ser compartilhados entre as várias partes de uma organização. Os SGBDs dão suporte à transformação dos dados para a tomada de decisão. Para corroborar essa transformação, a tecnologia de banco de dados desenvolveu-se do acesso a arquivos simples a sistemas poderosos que prestam suporte à definição de banco de dados, o acesso não-procedural, o desenvolvimento de aplicativos, o processamento de transações e o ajuste do desempenho. O acesso não-procedural é o elemento mais vital porque permite acesso sem codificação detalhada. Você aprendeu sobre duas arquiteturas que fornecem princípios organizadores para SGBDs. A Arquitetura de Três Esquemas suporta a independência dos dados, um conceito importante para reduzir o custo de manutenção de software. As arquiteturas cliente–servidor permitem que bancos de dados sejam acessados em redes de computadores, uma característica vital no mundo conectado de hoje em dia.

As habilidades enfatizadas em capítulos posteriores devem capacitá-lo para trabalhar como um usuário funcional ativo ou analista. Ambos os tipos de usuários necessitam entender as habilidades ensinadas na segunda parte deste livro. A quinta parte do livro apresenta habilidades para analistas/programadores. Este livro também traz a base das habilidades necessárias para obter uma posição de especialista como administrador de banco de dados ou administrador de dados. As habilidades na terceira, quarta, sexta e sétima partes deste livro são mais úteis para uma posição como administrador de banco de dados. No entanto, você provavelmente necessitará fazer outros cursos, aprender detalhes dos SGBDs mais utilizados e adquirir experiência de gerenciamento antes de obter um papel de especialista. Uma posição como especialista de banco de dados pode ser uma oportunidade de carreira interessante e lucrativa que você deve considerar.

Revisão de Conceitos

- Características de banco de dados: persistente, inter-relacionado e compartilhado.
- Recursos de sistemas de gerenciamento de banco de dados (SGBDs).
- Acesso não-procedural: chave para a produtividade de software.
- Transação: uma unidade de trabalho que deve ser processada com confiabilidade.
- Desenvolvimento de aplicativos usando acesso não-procedural para especificar os requisitos de dados de formulários e relatórios.
- Interface de linguagem procedural para combinar acesso não-procedural com uma linguagem de programação como COBOL ou Visual Basic.
- Evolução de software de banco de dados durante quatro gerações de avanços tecnológicos.
- Ênfase atual em software de banco de dados para suporte à multimídia, processamento distribuído, operadores mais avançados e *datawarehouses*.
- Tipos de SGBDs: corporativo, para estações de trabalho, embutido.
- Independência dos dados para aliviar problemas com manutenção de programas de computador.
- Arquitetura de Três Esquemas para reduzir o impacto de mudanças na definição do banco de dados.
- Arquitetura cliente–servidor para usar bancos de dados em redes de computador.
- Papéis de especialistas de banco de dados: administrador de banco de dados e administrador de dados.
- Gerenciamento de recursos da informação para utilizar a tecnologia da informação.

Questões

1. Descreva um banco de dados que você usou em um trabalho ou como um consumidor. Liste as entidades e os relacionamentos que o banco de dados contém. Se você não tem certeza, imagine as entidades e os relacionamentos que estão contidos no banco de dados.
2. Para o banco de dados da questão 1, liste grupos diferentes de usuários que podem utilizar o banco de dados.
3. Para um dos grupos da questão 2, descreva um aplicativo (formulário ou relatório) que o grupo utiliza.
4. Explique a propriedade "persistente" dos bancos de dados.
5. Explique a propriedade "inter-relacionado" dos bancos de dados.
6. Explique a propriedade "compartilhado" dos bancos de dados.
7. O que é um SGBD?
8. O que é SQL?
9. Descreva a diferença entre uma linguagem procedural e uma linguagem não-procedural. Que instruções pertencem a uma linguagem procedural, mas não a uma linguagem não-procedural?
10. Por que o acesso não-procedural é uma característica importante dos SGBDs?
11. Qual é a conexão entre o acesso não-procedural e o desenvolvimento de aplicativos (formulários ou relatórios)? O acesso não-procedural pode ser usado no desenvolvimento de aplicativos?
12. Qual é a diferença entre um formulário e um relatório?
13. O que é uma interface de linguagem procedural?
14. O que é uma transação?
15. Que recursos um SGBD possui para dar suporte ao processamento de transações?
16. Para o banco de dados da questão 1, descreva uma transação que usa o banco de dados. Com que freqüência você acha que a transação é submetida ao banco de dados? Quantos usuários submetem transações ao mesmo tempo? Faça suposições para as últimas duas partes se você não tem certeza.
17. O que é um SGBD corporativo?
18. O que é um SGBD para estações de trabalho?
19. O que um é SGBD embutido?
20. Quais eram as características mais importantes dos SGBDs de primeira geração?
21. Quais eram as características mais importantes dos SGBDs de segunda geração?
22. Quais eram as características mais importantes dos SGBDs de terceira geração?
23. Quais são as características mais importantes dos SGBDs de quarta geração?
24. Para o banco de dados que você descreveu na questão 1, faça uma tabela retratando as diferenças entre os níveis de esquema. Use a Tabela 1.4 como um guia.
25. Qual é o propósito dos mapeamentos na Arquitetura de Três Esquemas? O usuário ou o SGBD é responsável por usar os mapeamentos?
26. Explique como a Arquitetura de Três Esquemas fornece suporte à independência dos dados.
27. Em uma arquitetura cliente–servidor, por que as capacidades de processamento são divididas entre cliente e servidor? Em outras palavras, por que o servidor não tem que fazer todo o processamento?
28. Em uma arquitetura cliente–servidor, por que os dados às vezes são armazenados em vários computadores em vez de em um único computador?
29. Para o banco de dados da questão 1, descreva como usuários funcionais podem interagir com o banco de dados. Tente identificar usos indiretos, paramétricos e avançados do banco de dados.
30. Explique as diferenças em responsabilidades entre um usuário funcional ativo de um banco de dados e um analista. Que nível de esquema é usado por ambos os tipos de usuário?
31. Que papel, administrador de banco de dados ou administrador de dados, mais atrai você como uma meta de carreira de longo prazo? Explique resumidamente sua preferência.
32. Que nicho de mercado é ocupado por produtos SGBD de fonte aberta?

Problemas

Em razão de sua natureza introdutória, não há nenhum problema neste capítulo. Os problemas aparecem no final da maioria dos outros capítulos.

Referências para Estudos Adicionais

Os sites *DBAZine* (www.dbazine.com), a revista *Intelligent Enterprise* (www.iemagazine.com) e o *Advisor.com* (www.advisor.com) trazem informações técnicas detalhadas sobre SGBDs comerciais, projetos de bancos de dados e desenvolvimento de aplicativos de banco de dados.* Para aprender mais sobre o papel de especialistas de banco de dados e gerenciamento de recurso da informação, consulte Mullin (2002).

---

*N.E.: Os endereços de sites apresentados neste livro podem sofrer alteração em decorrência da natureza dinâmica da Internet.

Capítulo 2

Introdução ao Desenvolvimento de Banco de Dados

Objetivos de Aprendizagem

Este capítulo traz uma visão geral do processo de desenvolvimento de banco de dados. No final deste capítulo, o aluno deverá ter adquirido os seguintes conhecimentos e habilidades:

- Listar os passos do ciclo de vida dos sistemas de informação.
- Descrever o papel dos bancos de dados em um sistema de informação.
- Explicar os objetivos do desenvolvimento de banco de dados.
- Entender os relacionamentos entre as fases no processo de desenvolvimento de banco de dados.
- Listar os recursos em geral fornecidos pelas ferramentas CASE para desenvolvimento de banco de dados.

Visão Geral

O Capítulo 1 forneceu uma ampla introdução ao uso de banco de dados em organizações e à tecnologia de banco de dados. Você aprendeu sobre características de bancos de dados corporativos, recursos essenciais dos sistemas de gerenciamento de banco de dados (SGDBs), arquiteturas para implantar bancos de dados e papéis organizacionais que interagem com o banco de dados. Este capítulo continua sua introdução ao gerenciamento de banco de dados com um amplo foco no desenvolvimento de banco de dados. Você aprenderá sobre contexto, objetivos, fases e ferramentas de desenvolvimento de banco de dados de modo a facilitar a aquisição de conhecimento específico e habilidades nas partes 3 e 4.

Antes que possa aprender as habilidades específicas, você precisa entender o contexto amplo do desenvolvimento de banco de dados. Este capítulo discute um contexto para bancos de dados como parte de um sistema de informação. Você aprenderá sobre os componentes e o ciclo de vida dos sistemas de informação, bem como o papel do desenvolvimento de banco de dados como parte do desenvolvimento dos sistemas de informação. Este contexto de sistemas de informação fornece uma base para o desenvolvimento de banco de dados. Você aprenderá as fases do desenvolvimento de banco de dados, os tipos de habilidades usadas no desenvolvimento de banco de dados e as ferramentas de software que podem ajudá-lo a desenvolver bancos de dados.

2.1 Sistemas de Informação

Os bancos de dados existem como parte de um sistema de informação. Antes que possa entender o desenvolvimento de banco de dados, você deve entender o ambiente maior que cerca um banco de dados. Esta seção descreve os componentes de um sistema de informação e várias metodologias para desenvolver sistemas de informação.

2.1.1 Componentes dos Sistemas de Informação

Um sistema é um conjunto de componentes relacionados que trabalham juntos para realizar alguns objetivos. Os objetivos são realizados ao interagir com o ambiente e ao executar funções. Por exemplo, o sistema circulatório humano, que consiste em sangue, vasos sangüíneos e o coração, faz o fluxo de sangue chegar a várias partes do corpo. O sistema circulatório interage com outros sistemas do corpo para assegurar que a quantidade e a composição corretas do sangue cheguem de uma maneira oportuna a várias partes do corpo.

Um sistema de informação é semelhante a um sistema físico (como o sistema circulatório), exceto que um sistema de informação manipula dados e não um objeto físico, como o sangue. Um sistema de informação aceita dados de seu ambiente, processa dados e produz dados de saída para a tomada de decisão. Por exemplo, um sistema de informação para processar empréstimos de financiamento estudantil (Figura 2.1) ajuda um prestador de serviço a rastrear os empréstimos para as instituições financeiras. O ambiente desse sistema consiste em financiadores, estudantes e agências do governo. Os financiadores enviam propostas de financiamento aprovadas e os estudantes recebem dinheiro para suas despesas escolares. Depois da formatura, os estudantes recebem extratos mensais e remetem pagamentos para saldar seus empréstimos. Se um estudante está em atraso com o pagamento, uma agência de governo recebe uma notificação de inadimplência.

Os bancos de dados são componentes essenciais de muitos sistemas de informação. O papel de um banco de dados é fornecer memória de longo prazo para um sistema de informação. A memória de longo prazo contém entidades e relacionamentos. Por exemplo, o banco de dados da Figura 2.1 contém dados sobre estudantes, empréstimos e pagamentos de modo que os extratos, os desembolsos de dinheiro e as notificações de inadimplência possam ser gerados. Os sistemas de informação sem memória permanente ou só com algumas variáveis em memória permanente estão em geral embutidos em um dispositivo com um conjunto limitado de funções, ao contrário de uma ampla extensão de funções como os sistemas de informação corporativos fornecem.

Os bancos de dados não são os únicos componentes dos sistemas de informação. Os sistemas de informação também englobam pessoas, procedimentos, dados de entrada, dados de saída, software e hardware. Assim, desenvolver um sistema de informação envolve mais que desenvolver um banco de dados, como discutiremos a seguir.

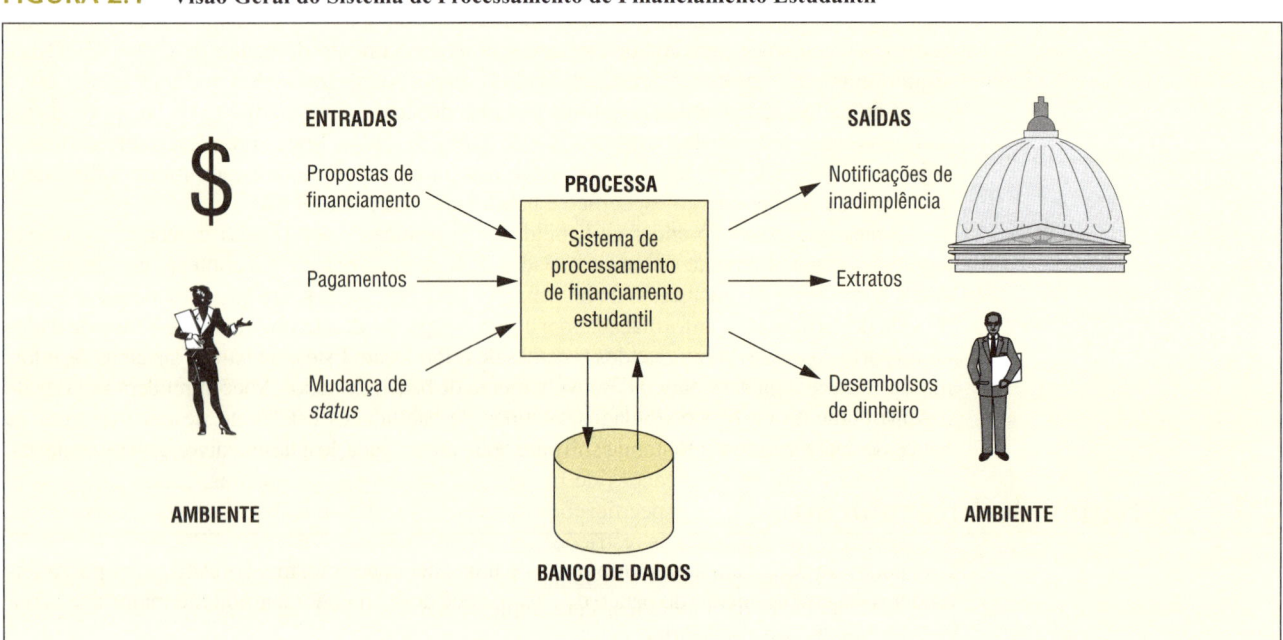

FIGURA 2.1 Visão Geral do Sistema de Processamento de Financiamento Estudantil

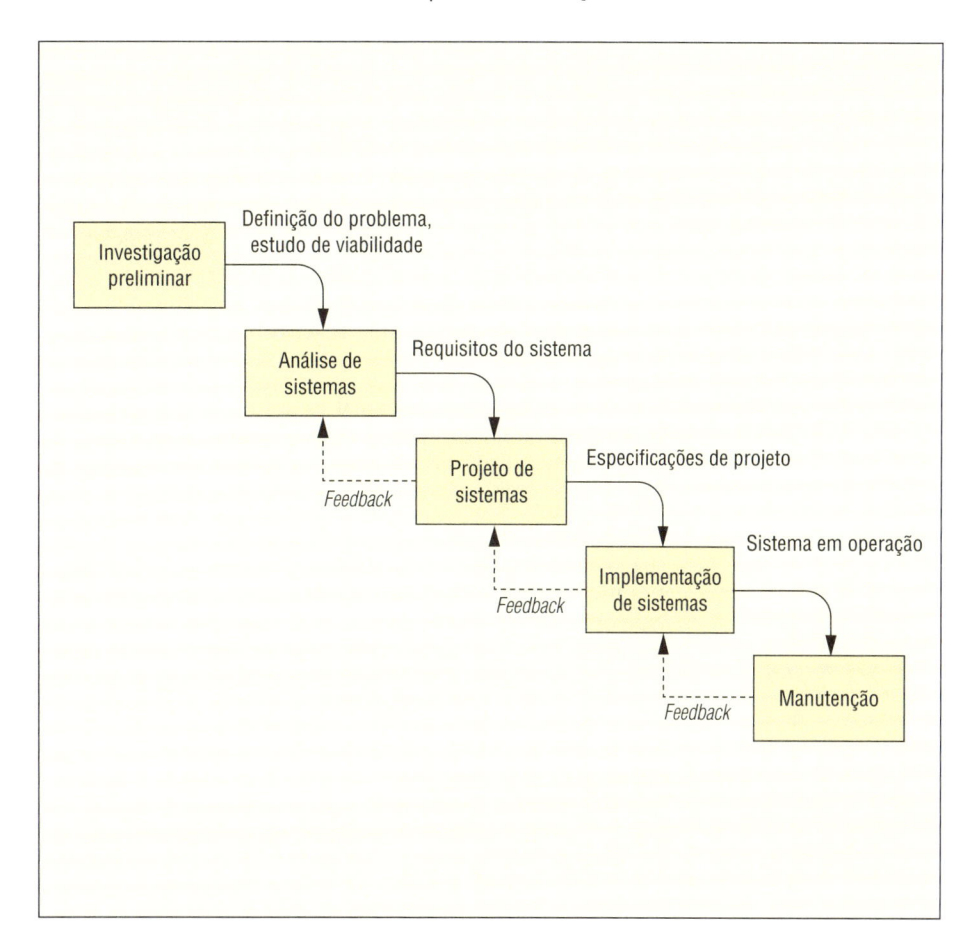

FIGURA 2.2
Ciclo de Vida Tradicional do Desenvolvimento de Sistemas

2.1.2 Processo de Desenvolvimento de Sistemas de Informação

A Figura 2.2 mostra as fases do ciclo de vida tradicional do desenvolvimento de sistemas. Não existe um padrão para as fases específicas do ciclo de vida. Distintos autores e organizações propuseram de 3 a 20 fases. O ciclo de vida tradicional é conhecido como o modelo ou metodologia em cascata porque o resultado de cada fase flui para a próxima fase. O ciclo de vida tradicional é, principalmente, uma estrutura de referência. Para a maioria dos sistemas, a fronteira entre fases não é clara e há um considerável vaivém entre as fases. Mas o ciclo de vida tradicional ainda é útil, pois descreve o tipo de atividade e mostra o acréscimo de detalhes até que surja um sistema em operação. Os seguintes itens descrevem as atividades em cada fase:

- Fase de Investigação Preliminar: Produz uma definição do problema e um estudo de viabilidade. A definição do problema inclui objetivos, restrições e escopo do sistema. O estudo de viabilidade identifica os custos e benefícios do sistema. Se o sistema é viável, é dada a aprovação para começar a análise de sistemas.
- Fase de Análise de Sistemas: Apresenta os requisitos ao descrever processos, dados e interações com o ambiente. Técnicas de diagramação são usadas para documentar processos, dados e interações com o ambiente. Para apresentar os requisitos, o sistema atual é estudado e são entrevistados os usuários do sistema proposto.
- Fase de Projeto de Sistemas: Produz um plano para implementar eficientemente os requisitos. As especificações de projeto são criadas para processos, dados e interação com o ambiente. As especificações de projeto focalizam as escolhas para otimizar os recursos considerando as restrições.
- Fase de Implementação de Sistemas: Produz um código executável, bancos de dados e documentação para usuários. Para implementar o sistema, as especificações de projeto são codificadas e testadas.

Antes que o novo sistema entre em operação, um plano de transição do sistema antigo para o novo sistema é elaborado. Para ganhar confiança e experiência com o novo sistema, uma organização pode rodar o sistema antigo em paralelo com o novo sistema durante um período de tempo.

- Fase de Manutenção: Produz correções, mudanças e melhorias em um sistema de informação em operação. A fase de manutenção começa quando um sistema de informação torna-se operativo. A fase de manutenção é fundamentalmente diferente das outras fases porque abrange atividades de todas as outras fases. A fase de manutenção acaba quando desenvolver um novo sistema passa a ter um custo justificável. Devido aos altos custos fixos de desenvolver novos sistemas, a fase de manutenção pode durar décadas.

O ciclo de vida tradicional foi criticado por várias razões. Primeira, não se produz um sistema operativo até que se avance muito no processo. No momento em que um sistema entra em operação, os requisitos já podem ter mudado. Segunda, há freqüentemente uma pressa para começar a implementação de modo que um produto se torne visível. Devido a essa pressa, pode não ser dedicado o tempo apropriado para a análise e o projeto.

Uma série de metodologias alternativas foi proposta para minimizar tais dificuldades. Em metodologias de desenvolvimento em espiral, as fases do ciclo de vida são executadas para os subconjuntos de um sistema, progressivamente produzindo um sistema maior até que o sistema completo surge. Metodologias rápidas de desenvolvimento de aplicações atrasam a produção de documentos de projeto até que os requisitos estejam claros. Versões reduzidas de um sistema, conhecidas como protótipos, são usadas para esclarecer os requisitos. Os protótipos podem ser implementados rapidamente usando ferramentas gráficas de desenvolvimento para gerar formulários, relatórios e outro código. Implementar um protótipo permite que os usuários forneçam um *feedback* (realimentação) significativo para os desenvolvedores. Com freqüência, os usuários não podem entender os requisitos a menos que possam experimentar um protótipo. Assim, trabalhar com protótipos pode reduzir o risco de desenvolver um sistema de informação porque permite um *feedback* mais rápido e mais direto sobre o sistema.

Em todas as metodologias de desenvolvimento, modelos gráficos dos dados, processos e interações com o ambiente devem ser produzidos. O modelo de dados descreve tipos de dados e relacionamentos. O modelo de processo descreve relacionamentos entre processos. Um processo pode fornecer dados de entrada usados por outros processos e usar os dados de saída de outros processos. O modelo de interação com o ambiente descreve relacionamentos entre eventos e processos. Um evento como a passagem de tempo ou uma ação do ambiente pode desencadear o início ou o fim de um processo. A fase de análise de sistemas produz uma versão inicial desses modelos. A fase de projeto de sistemas inclui mais detalhes de modo que os modelos possam ser implementados eficientemente.

Mesmo que os modelos de dados, processos e interações com o ambiente sejam necessários para desenvolver um sistema de informação, este livro enfatiza apenas modelos de dados. Em muitos trabalhos de desenvolvimento de sistemas de informação, o modelo de dados é o mais importante. Para sistemas de informações corporativos, os modelos de processo e de interação com o ambiente normalmente são produzidos depois do modelo de dados. Em vez de apresentar a notação para os modelos de processo e de interação com o ambiente, este livro destaca protótipos para descrever ligações entre dados, processos e o ambiente. Para mais detalhes sobre modelos de processo e de interação com o ambiente, consulte as várias referências no final do capítulo.

2.2 Objetivos do Desenvolvimento de Banco de Dados

De modo geral, o objetivo do desenvolvimento de banco de dados é criar um banco de dados que forneça um importante recurso para uma organização. Para cumprir este extenso objetivo, o banco de dados deve servir a uma comunidade grande de usuários, prestar suporte às políticas da organização, conter dados de alta qualidade e proporcionar um acesso eficiente. O restante desta seção descreve em mais detalhes os objetivos do desenvolvimento de banco de dados.

2.2.1 Desenvolver um Vocabulário Comum

Um banco de dados fornece um vocabulário comum para uma organização. Antes de um banco de dados de uso comum ser implementado, partes diferentes de uma organização podem ter terminologia diferente. Por exemplo, é possível que haja múltiplos formatos para endereços, múltiplos meios de identificar clientes e meios diferentes para calcular taxas de juros. Depois que um banco de dados é implantado, a comunicação entre partes diferentes de uma organização pode melhorar. Assim, um banco de dados pode unificar uma organização ao estabelecer um vocabulário comum.

Alcançar um vocabulário comum não é fácil. Desenvolver um banco de dados exige um acordo para satisfazer uma comunidade grande de usuários. De alguma forma, um bom projetista de banco de dados tem algumas características em comum com um bom político. Um bom político freqüentemente acha soluções nas quais todos encontram algo a concordar ou discordar. Ao estabelecer um vocabulário comum, um bom projetista de banco de dados também acha soluções similares imperfeitas. Estabelecer acordos pode ser difícil, mas os resultados podem melhorar a produtividade, a satisfação do cliente e outras medidas de desempenho da organização.

2.2.2 Definir o Significado dos Dados

Um banco de dados contém regras de negócio para dar suporte às políticas de uma organização. Definir as regras de negócio é a essência da definição do significado semântico de um banco de dados. Por exemplo, em um sistema de entrada de pedidos, uma regra importante é que um pedido deve preceder uma remessa. O banco de dados pode conter uma restrição de integridade para dar suporte a essa regra. Definir regras de negócio capacita o banco de dados a dar suporte ativamente às políticas da organização. Esse papel ativo contrasta com o papel mais passivo que os bancos de dados têm ao estabelecer um vocabulário comum.

Ao estabelecer o significado dos dados, um projetista de banco de dados deve escolher os níveis de restrições apropriados. Selecionar os níveis de restrições apropriados pode exigir um acordo para equilibrar as necessidades de grupos diferentes. Restrições demasiado estritas podem forçar soluções de contorno para lidar com as exceções. Por sua vez, restrições imprecisas podem permitir que dados incorretos sejam introduzidos no banco de dados. Por exemplo, em um banco de dados de uma universidade, um projetista deve decidir se um curso oferecido pode ser armazenado sem que se saiba quem é o instrutor. Alguns grupos de usuários podem querer que o instrutor seja informado disso inicialmente para assegurar que os compromissos relativos aos cursos possam ser cumpridos. Outros grupos de usuários podem querer mais flexibilidade porque os catálogos de cursos são impressos geralmente bem antes do início do período acadêmico. Forçar que o instrutor seja informado da escolha no momento em que a oferta de um curso é armazenada pode ser estrito demais. Se o banco de dados contiver essa restrição, os usuários podem ser forçados a iludi-lo usando um valor padrão como "ASA" (a ser anunciado). A restrição apropriada (forçar a entrada da informação do instrutor ou permitir a entrada posterior) depende da importância das necessidades dos grupos de usuários face aos objetivos da organização.

2.2.3 Assegurar a Qualidade dos Dados

A importância da qualidade dos dados é análoga à importância da qualidade do produto na indústria. Uma má qualidade do produto pode levar à perda de vendas, processos judiciais e insatisfação do cliente. Como os dados são o produto de um sistema de informação, a qualidade dos dados é igualmente importante. Uma má qualidade dos dados pode levar a uma tomada de decisão equivocada com relação à comunicação com clientes, à identificação de clientes fiéis, ao rastreamento de vendas e à resolução de problemas de clientes. Por exemplo, comunicar-se com clientes pode ser difícil se os endereços estiverem desatualizados ou os nomes dos clientes estiverem escritos de forma inconsistente em pedidos diferentes.

A qualidade de dados tem muitas dimensões ou características, como demonstrado na Tabela 2.1. A importância das características da qualidade dos dados pode depender da parte do banco de dados em que eles são aplicados. Por exemplo, na parte de produtos de um banco de dados de um mercado varejista, características importantes da qualidade dos dados podem ser a atualidade e a consistência dos preços. Para outras partes do banco de dados, outras características podem ser mais importantes.

TABELA 2.1
Características Comuns da Qualidade dos Dados

Característica	Significado
Completude	O banco de dados representa todas as partes importantes do sistema de informação.
Ausência de ambigüidade	Cada parte do banco de dados tem somente um significado.
Corretude	O banco de dados contém valores reconhecidos pelos usuários.
Atualidade	As alterações no negócio são inseridas no banco de dados sem atrasos excessivos.
Confiabilidade	Falhas ou interferências não corrompem o banco de dados.
Consistência	Diferentes partes do banco de dados não entram em conflito.

Um projeto de banco de dados deve ajudar a alcançar a qualidade adequada dos dados. Ao avaliar alternativas, um projetista de banco de dados deve considerar as características da qualidade dos dados. Por exemplo, em um banco de dados de clientes, um projetista de banco de dados deve considerar a possibilidade de alguns clientes não terem endereços no país onde a empresa está situada. Portanto, o projeto de banco de dados pode estar incompleto se não conseguir dar suporte a endereços internacionais.

Atingir a qualidade adequada dos dados pode exigir um equilíbrio entre custo e benefício. Por exemplo, em um banco de dados de um pequeno mercado, os benefícios dos preços atualizados em momentos oportunos são reduzir as reclamações dos consumidores e diminuir as possibilidades de multas por fiscais do governo. Alcançar a qualidade dos dados pode ser custoso tanto em atividades preventivas quanto de monitoramento. Por exemplo, para melhorar a exatidão e a atualidade das atualizações de preço, pode ser usada uma entrada automatizada de dados (atividade preventiva) assim como uma amostragem da exatidão dos preços cobrados dos consumidores (atividade de monitoramento).

O equilíbrio custo–benefício para a qualidade dos dados deve considerar custos e benefícios tanto no longo quanto no curto prazo. Freqüentemente os benefícios da qualidade dos dados são a longo prazo, especialmente as questões da qualidade dos dados que cruzam de um lado a outro os bancos de dados individuais. Por exemplo, a consistência da identificação do cliente em todo o banco de dados pode ser uma questão crucial para a tomada de decisões estratégicas. A questão pode não ser importante para bancos de dados individuais. O Capítulo 16 sobre *datawarehouses* aborda questões sobre a qualidade de dados relacionada à tomada de decisões estratégicas.

2.2.4 Encontrar uma Implementação Eficiente

Mesmo que os outros objetivos do projeto sejam satisfeitos, um banco de dados de baixo desempenho não será usado. Assim, encontrar uma implementação eficiente é crucial. No entanto, uma implementação eficiente deve respeitar os outros objetivos tanto quanto possível. Uma implementação eficiente que compromete o significado do banco de dados ou a qualidade do banco de dados pode ser rejeitada pelos usuários do banco de dados.

Encontrar uma implementação eficiente é um problema de otimização com um objetivo e restrições. Informalmente, o objetivo é maximizar o desempenho sujeito a restrições relativas ao uso de recursos, à qualidade dos dados e ao significado dos dados. Encontrar uma implementação eficiente pode ser difícil por causa do número de escolhas disponíveis, a interação entre as escolhas e a dificuldade de descrever as entradas (*inputs*). Além disso, encontrar uma implementação eficiente é um esforço contínuo. O desempenho deve ser monitorado e as mudanças de projeto devem ser feitas se forem garantidas.

2.3 Processo de Desenvolvimento de Banco de Dados

Esta seção descreve as fases do processo de desenvolvimento de banco de dados e discute os relacionamentos com o processo de desenvolvimento dos sistemas de informação. Os capítulos nas partes 3 e 4 explicam em mais detalhes a estrutura geral fornecida aqui.

2.3.1 Fases do Desenvolvimento de Banco de Dados

O objetivo do processo de desenvolvimento de banco de dados é produzir um banco de dados operacional para um sistema de informação. Para produzir um banco de dados

FIGURA 2.3
Fases do Desenvolvimento de Banco de Dados

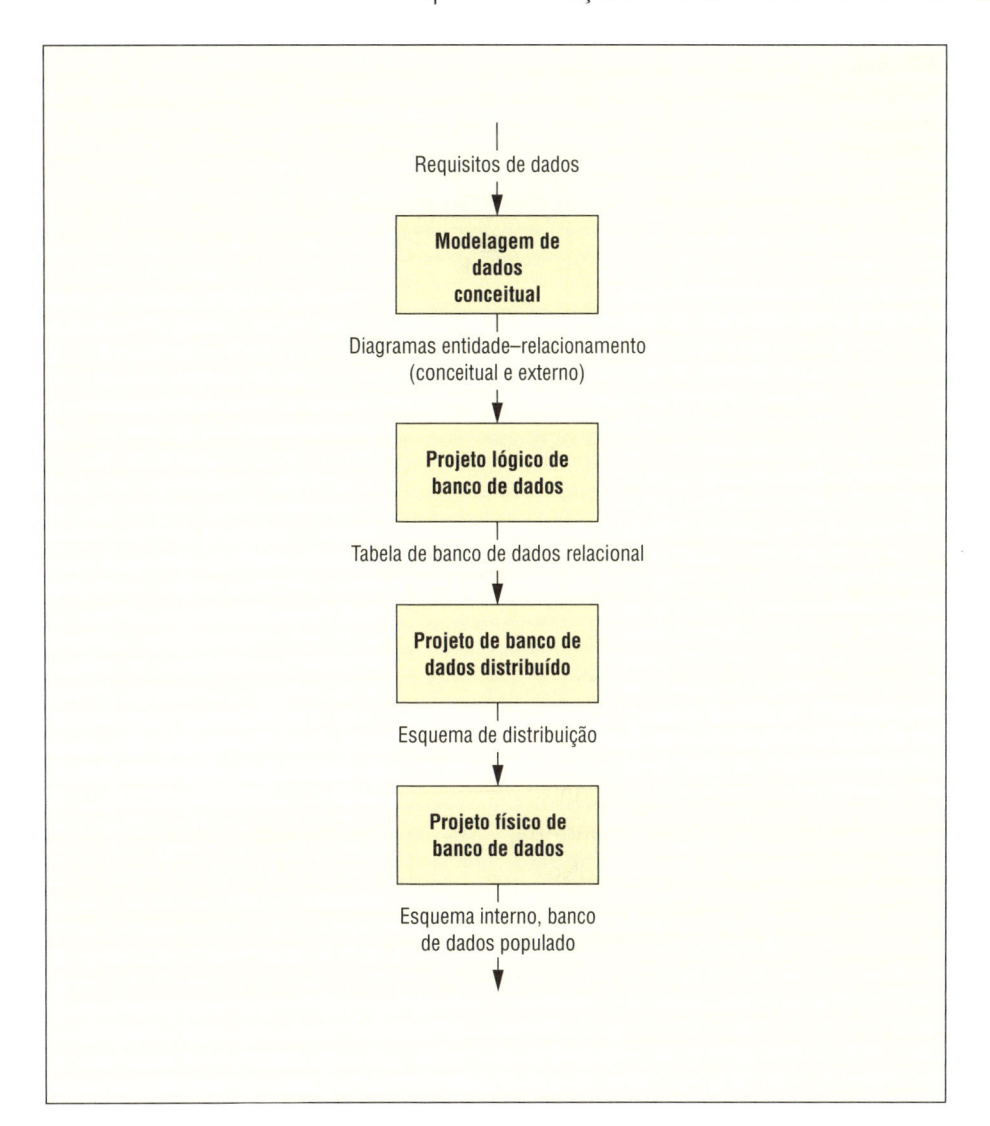

```
                    |
              Requisitos de dados
                    ↓
          ┌─────────────────────┐
          │    Modelagem de     │
          │       dados         │
          │     conceitual      │
          └─────────────────────┘
                    |
          Diagramas entidade–relacionamento
               (conceitual e externo)
                    ↓
          ┌─────────────────────┐
          │   Projeto lógico de │
          │    banco de dados   │
          └─────────────────────┘
                    |
          Tabela de banco de dados relacional
                    ↓
          ┌─────────────────────┐
          │  Projeto de banco de│
          │   dados distribuído │
          └─────────────────────┘
                    |
             Esquema de distribuição
                    ↓
          ┌─────────────────────┐
          │   Projeto físico de │
          │    banco de dados   │
          └─────────────────────┘
                    |
           Esquema interno, banco
              de dados populado
                    ↓
```

operacional, você necessita definir os três esquemas (externo, conceitual e interno) e popular (preencher com dados) o banco de dados. Para criar esses esquemas, você pode seguir o processo retratado na Figura 2.3. As primeiras duas fases estão relacionadas com o conteúdo da informação do banco de dados enquanto as últimas duas fases têm relação com uma implementação eficiente. Essas fases são descritas em mais detalhes no restante desta seção.

Modelagem de Dados Conceitual

A fase de modelagem de dados conceitual utiliza os requisitos de dados e produz diagramas entidade–relacionamento (DERs) para o esquema conceitual e para cada esquema externo. Os requisitos de dados podem ter muitos formatos, como entrevistas com usuários, documentação de sistemas existentes e formulários e relatórios propostos. O esquema conceitual deve representar todos os requisitos e formatos. Por sua vez, os esquemas externos (ou visões) representam os requisitos de um uso particular do banco de dados como um formulário ou relatório e não todos os requisitos. Portanto, os esquemas externos são geralmente muito menores que o esquema conceitual.

Os esquemas externo e conceitual seguem as regras do Modelo Entidade–Relacionamento, uma representação gráfica que representa coisas de interesse (entidades) e relacionamentos entre entidades. A Figura 2.4 traz um diagrama entidade–relacionamento (DER) para parte de um sistema de financiamento estudantil. Os retângulos (*Estudante* e *Empréstimo*) representam tipos de entidade, e as linhas identificadas (*Recebe*) representam

FIGURA 2.4
DER Parcial para o Sistema de Financiamento Estudantil

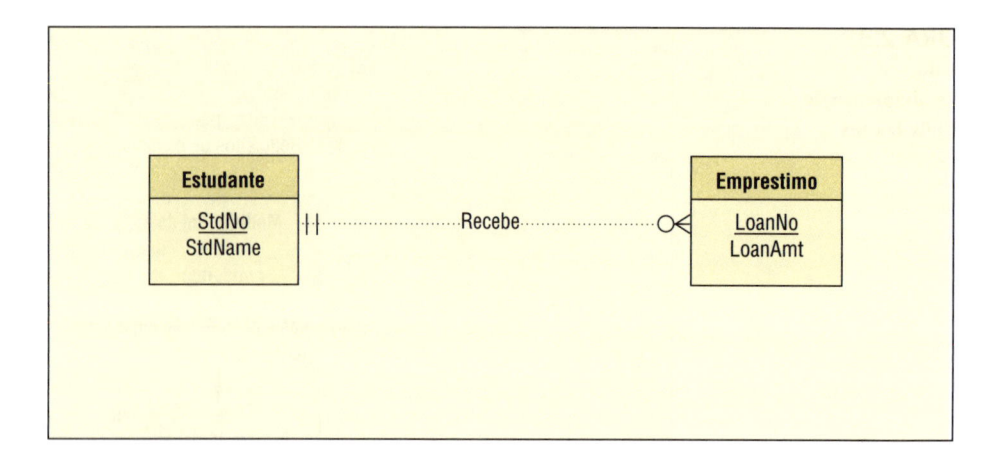

```
Estudante                              Emprestimo
StdNo      ─┼┼──────Recebe──────○⪦    LoanNo
StdName                                LoanAmt
```

FIGURA 2.5
Conversão da Figura 2.4

```
CREATE TABLE Student
(   StdNo           INTEGER         NOT NULL,
    StdName         CHAR (50),
    ...
PRIMARY KEY     (StdNo)          )
CREATE TABLE Loan
(   LoanNo          INTEGER         NOT NULL,
    LoanAmt         DECIMAL(10, 2),
    StdNo           INTEGER         NOT NULL,
    ...
PRIMARY KEY (LoanNo),
FOREIGN KEY (StdNo) REFERENCES Student   )
```

relacionamentos. Os atributos ou propriedades das entidades estão listados dentro do retângulo. O atributo sublinhado, conhecido como chave primária, fornece uma identificação única para o tipo de entidade. O Capítulo 3 fornece uma definição precisa de chaves primárias. Os capítulos 5 e 6 apresentam mais detalhes sobre o Modelo Entidade–Relacionamento. Como o Modelo Entidade–Relacionamento não é totalmente suportado por qualquer SGBD, o esquema conceitual não é direcionado a nenhum SGDB específico.

Projeto Lógico de Banco de Dados

A fase do projeto lógico de banco de dados transforma o modelo conceitual de dados em um formato compreensível por um SGDB comercial. A fase de projeto lógico não se preocupa com uma implementação eficiente, em vez disso, se preocupa com os refinamentos no modelo conceitual de dados. Os refinamentos conservam o conteúdo de informação do modelo conceitual de dados enquanto possibilitam sua implementação em um SGDB comercial. Como a maioria dos bancos de dados corporativos é implementada em SGDBs relacionais, a fase de projeto lógico normalmente produz um projeto de tabelas.

A fase de projeto lógico de banco de dados consiste em duas atividades de refinamento: conversão e normalização. A atividade de conversão transforma DERs em projetos de tabelas usando regras de conversão. Como você aprenderá no Capítulo 3, um projeto de tabelas inclui tabelas, colunas, chaves primárias, chaves estrangeiras (elos com outras tabelas relacionadas) e outras propriedades. Por exemplo, o DER da Figura 2.4 é convertido em duas tabelas, conforme representado na Figura 2.5. A atividade de normalização retira redundâncias em um projeto de tabelas usando restrições ou dependências entre colunas. O Capítulo 6 apresenta as regras de conversão enquanto o Capítulo 7 apresenta as técnicas de normalização.

Projeto de Banco de Dados Distribuído

A fase de projeto de banco de dados distribuído indica a saída das duas primeiras fases. As fases do projeto de banco de dados distribuído e do projeto físico de banco de dados estão ambas relacionadas com uma implementação eficiente. Em contrapartida, as duas primeiras fases (modelagem de dados conceitual e projeto lógico de banco de dados) preocupam-se com o conteúdo da informação do banco de dados.

O projeto de banco de dados distribuído envolve escolhas sobre a localização dos dados e processos de modo que o desempenho possa ser melhorado. O desempenho pode ser medido de várias maneiras, tais como tempos de resposta reduzidos, melhor disponibilidade de dados e controle aprimorado. Para decisões sobre a localização dos dados, o banco de dados pode ser dividido de várias maneiras para distribuí-lo entre os locais dos computadores. Por exemplo, uma tabela de empréstimo pode ser distribuída de acordo com a localização do banco que concede o empréstimo. Outra técnica para melhorar o desempenho é duplicar ou fazer cópias de partes do banco de dados. A replicação melhora a disponibilidade do banco de dados, mas torna a atualização mais difícil porque múltiplas cópias devem ser mantidas consistentes.

Para decisões sobre a localização de processos, geralmente uma parte do trabalho é executada em um servidor e uma parte do trabalho é executada por um cliente. Por exemplo, o servidor freqüentemente recupera os dados e os envia para o cliente. O cliente exibe o resultado de uma maneira agradável. Há muitas outras opções sobre a localização de dados e processos que são exploradas no Capítulo 17.

Projeto Físico de Banco de Dados

A fase de projeto físico de banco de dados, como a fase de projeto de banco de dados distribuído, preocupa-se com uma implementação eficiente. Ao contrário do projeto de banco de dados distribuído, o projeto físico de banco de dados preocupa-se com o desempenho em apenas uma localização dos computadores. Se um banco de dados é distribuído, decisões físicas de projeto são necessárias para cada localização. Uma implementação eficiente reduz o tempo de resposta sem usar recursos demais, como o espaço em disco e a memória principal. Como é difícil medir diretamente o tempo de resposta, outras medidas, como a quantidade de atividades de entrada–saída (*input–output* – IO) do disco, freqüentemente são usadas como um substituto.

Na fase de projeto físico de banco de dados, duas escolhas importantes são sobre os índices e a disposição física dos dados. Um índice é um arquivo auxiliar que pode melhorar o desempenho. Para cada coluna de uma tabela, o projetista decide se um índice pode melhorar o desempenho. Um índice pode melhorar o desempenho em recuperações mas reduz o desempenho em atualizações. Por exemplo, índices nas chaves primárias (*StdNo* e *LoanNo* na Figura 2.5) normalmente podem melhorar o desempenho. Com relação à disposição física dos dados, o projetista decide se os dados devem estar em *clusters* ou localizados conjuntamente em um disco. Por exemplo, o desempenho talvez seja melhor ao se colocar linhas de estudantes perto das linhas de empréstimos associados. O Capítulo 8 descreve detalhes do projeto físico de banco de dados, incluindo seleção de índice e disposição física de dados.

Divisão do Projeto Conceitual para Projetos Grandes

O processo de desenvolvimento de banco de dados mostrado na Figura 2.3 funciona bem para bancos de dados de tamanho moderado. Para bancos de dados grandes, a fase de modelagem conceitual de dados geralmente é modificada. Projetar bancos de dados grandes é um processo intensivo de mão-de-obra que exige tempo, envolvendo uma equipe de projetistas. O esforço de desenvolvimento pode envolver requisitos de muitos grupos diferentes de usuários. Para administrar tal complexidade, a estratégia "dividir para conquistar" é usada em muitas áreas da computação. Dividir um problema grande em problemas menores permite que os problemas menores sejam resolvidos independentemente. As soluções dos problemas menores são então combinadas em uma solução para o problema inteiro.

Projeto e integração de visões (Figura 2.6) é uma abordagem para administrar a complexidade dos esforços de desenvolvimento de grandes bancos de dados. Nos projetos de visão, um DER é construído para cada grupo de usuários. Uma visão é em geral bastante pequena para uma única pessoa projetar. Vários projetistas podem trabalhar em visões cobrindo partes diferentes do banco de dados. O processo de integração de visões funde as visões em

FIGURA 2.6
Divisão da Modelagem de Dados Conceitual em Projeto de Visões e Integração de Visões

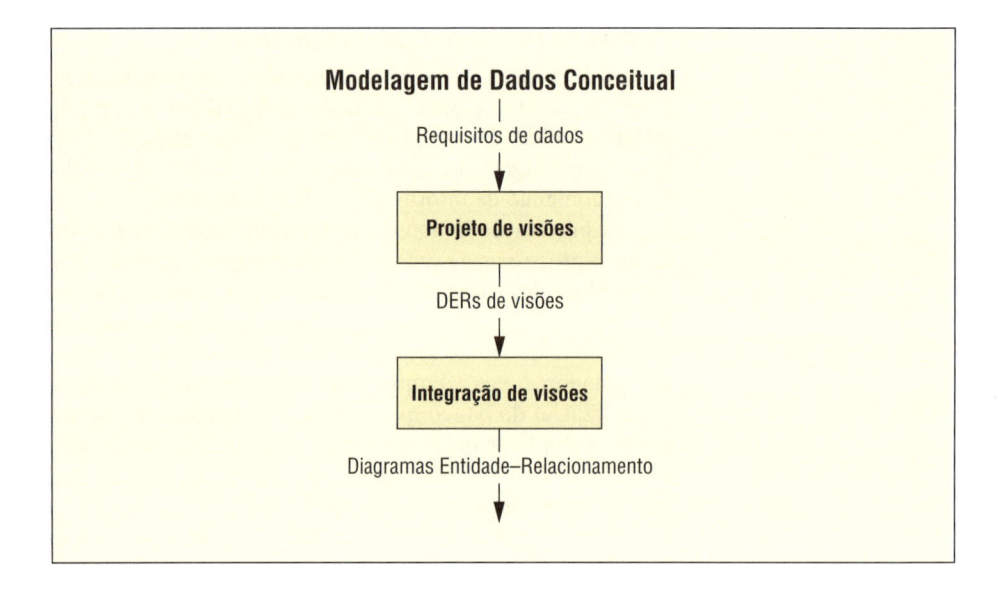

Modelagem de Dados Conceitual
|
Requisitos de dados

Projeto de visões

DERs de visões

Integração de visões

Diagramas Entidade–Relacionamento

um esquema conceitual completo. A integração envolve reconhecer e resolver os conflitos. Para resolver conflitos, é necessário às vezes revisar visões conflitantes. Procurar acordos é uma parte importante da resolução de conflitos no processo de integração de visões. O Capítulo 12 fornece detalhes sobre o projeto de visões e os processos de integração de visões.

Verificação Cruzada com o Desenvolvimento de Aplicações
O processo de desenvolvimento de banco de dados não existe isoladamente. O desenvolvimento de banco de dados é conduzido juntamente com atividades de análise de sistemas, projeto de sistemas e fases de implementação de sistemas. A fase de modelagem de dados conceitual é executada como parte da fase de análise de sistemas. A fase de projeto lógico de banco de dados é executada durante o projeto de sistemas. As fases de projeto de banco de dados distribuído e de projeto físico de banco de dados normalmente são divididas entre projeto de sistemas e implementação de sistemas. A maioria das decisões preliminares para as últimas duas fases pode ser feita no projeto de sistemas. No entanto, muitas decisões sobre projeto físico e projeto distribuído devem ser testadas em um banco de dados populado. Assim, algumas atividades nas últimas duas fases ocorrem na implementação de sistemas.

Para cumprir os objetivos do desenvolvimento de banco de dados, o processo de desenvolvimento de banco de dados deve estar totalmente integrado com outras partes do desenvolvimento de sistemas de informação. Para produzir dados, processos e modelos de interação que sejam coerentes e completos, a verificação cruzada pode ser executada, como retratado na Figura 2.7. O processo de desenvolvimento de sistemas de informação pode ser dividido entre desenvolvimento de banco de dados e desenvolvimento de aplicações. O processo de desenvolvimento de banco de dados produz DERs, projeta tabelas e assim por diante, como descrito nesta seção. Os produtos do processo de desenvolvimento de aplicações produz modelos de processos, modelos de interação e protótipos. Os protótipos são especialmente importantes para a verificação cruzada. Um banco de dados não tem nenhum valor a menos que dê suporte às aplicações pretendidas, como formulários e relatórios. Os protótipos podem ajudar a revelar a falta de correspondência entre o banco de dados e as aplicações que o usam.

2.3.2 Habilidades no Desenvolvimento de Banco de Dados

Como projetista de banco de dados, você necessita de dois tipos diferentes de habilidades, como demonstrado na Figura 2.8. As fases de modelagem de dados conceitual e do projeto lógico de banco de dados envolvem habilidades principalmente *soft*. Habilidades *soft* são qualitativas, subjetivas e orientadas a pessoas. Habilidades qualitativas enfatizam a geração de alternativas viáveis em vez das melhores alternativas. Como um projetista de banco de dados, você deve gerar uma série de alternativas viáveis. A escolha entre as alternativas

FIGURA 2.7
Interação entre Banco de Dados e Desenvolvimento de Aplicações

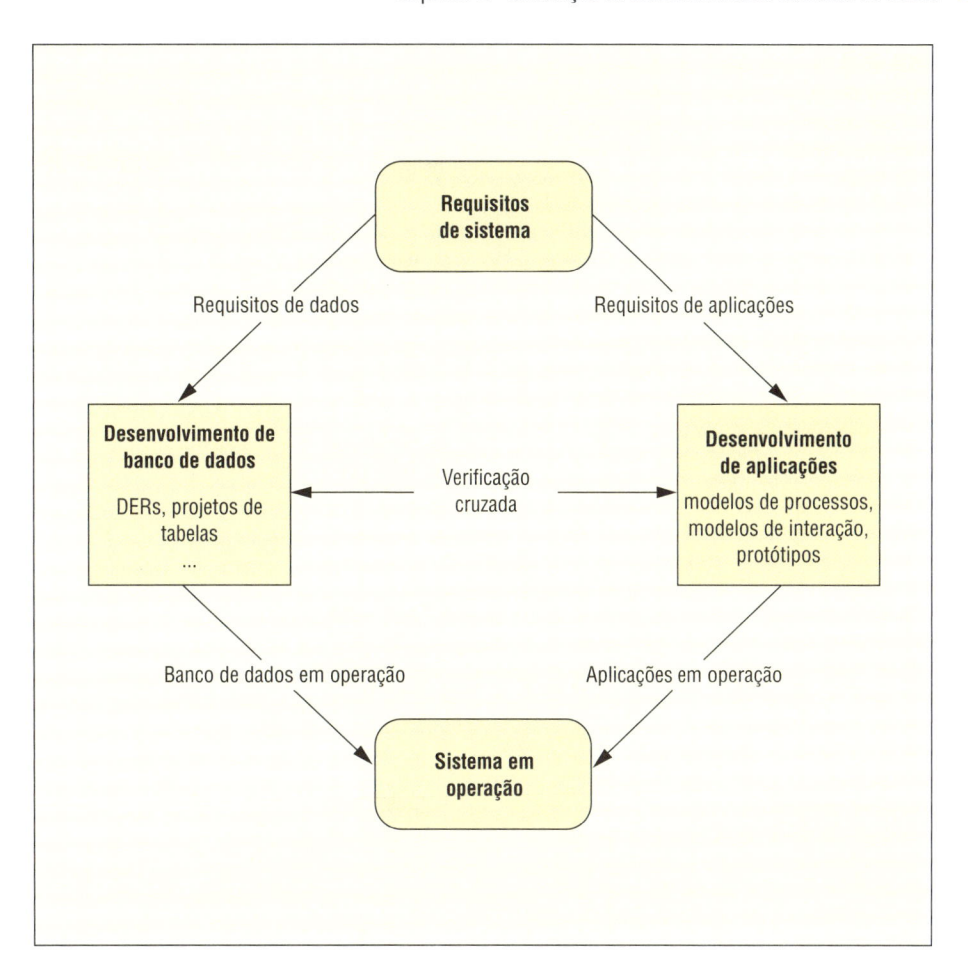

```
                    Requisitos
                    de sistema
            Requisitos            Requisitos
            de dados              de aplicações

    Desenvolvimento de         Desenvolvimento
    banco de dados             de aplicações
                    Verificação
    DERs, projetos de    cruzada    modelos de processos,
    tabelas                          modelos de interação,
    ...                              protótipos

            Banco de dados        Aplicações
            em operação           em operação
                    Sistema em
                    operação
```

viáveis pode ser subjetiva. Você deve estar atento nas premissas que norteiam a preferência por alternativa viável. A alternativa escolhida é subjetiva, pois é baseada na avaliação do projetista das suposições mais razoáveis. A modelagem de dados conceitual é especialmente orientada a pessoas. No papel da modelagem de dados, você necessita obter requisitos de diversos grupos de usuários. Como mencionado antes, negociar e escutar com eficiência são habilidades essenciais na modelagem de dados.

O projeto de banco de dados distribuído e o projeto físico de banco de dados envolvem principalmente habilidades *hard*. Habilidades *hard* são quantitativas, objetivas e intensivas em dados. Uma formação em disciplinas quantitativas como estatística e gestão operacional pode ser útil para entender os modelos matemáticos usados nessas fases. Muitas das decisões nestas fases podem ser modeladas matematicamente usando restrições e uma função objetiva. Por exemplo, a função objetiva para seleção de índice é minimizar as leituras e escritas em disco com restrições sobre o espaço em disco e limitações no tempo de resposta. Muitas decisões não podem ser baseadas apenas em critérios objetivos por causa da incerteza sobre o uso do banco de dados. A fim de resolver a incerteza, uma análise intensiva dos dados pode ser útil. O projetista de banco de dados deve coletar e analisar os dados para entender os padrões de uso do banco de dados e o desempenho do banco de dados.

Em razão da formação e das diversas habilidades exigidas em fases diferentes do desenvolvimento de banco de dados, a especialização de funções pode ocorrer. Em organizações grandes, as funções de projeto de banco de dados são divididas entre modeladores de dados e especialistas em desempenho de banco de dados. Os modeladores de dados estão envolvidos principalmente nas fases de modelagem de dados conceitual e de projeto lógico de banco de dados. Os especialistas em desempenho de banco de dados estão envolvidos principalmente nas fases física e distribuída do projeto de banco de dados. Como as habilidades são diferentes nessas funções, a mesma pessoa não executará as duas funções em grandes organizações. Em organizações pequenas, a mesma pessoa pode cumprir ambos os papéis.

FIGURA 2.8
Habilidades de Projeto Usadas em Desenvolvimento de Banco de Dados

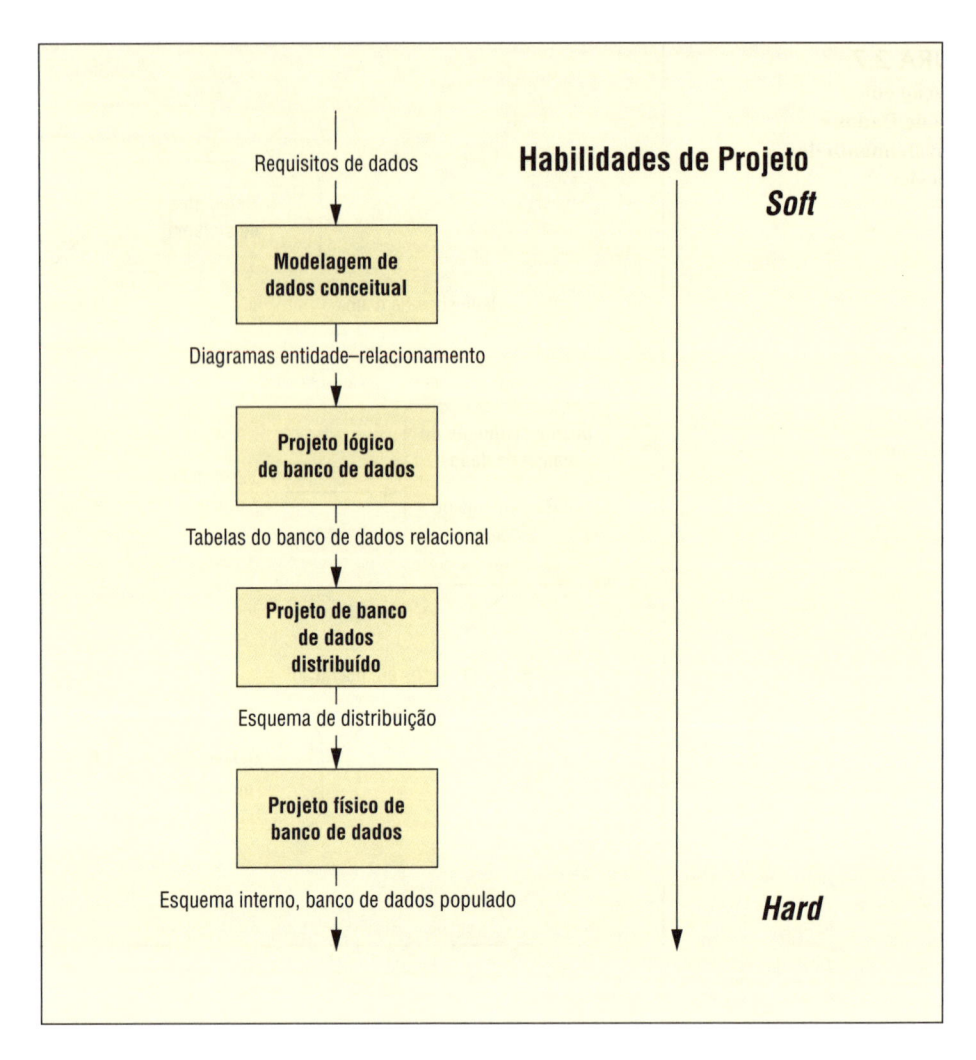

```
                    Requisitos de dados          Habilidades de Projeto
                            │                            Soft
                            ▼
                  ┌──────────────────┐
                  │  Modelagem de    │
                  │ dados conceitual │
                  └──────────────────┘
                            │
                Diagramas entidade–relacionamento
                            ▼
                  ┌──────────────────┐
                  │  Projeto lógico  │
                  │ de banco de dados│
                  └──────────────────┘
                            │
                 Tabelas do banco de dados relacional
                            ▼
                  ┌──────────────────┐
                  │ Projeto de banco │
                  │     de dados     │
                  │    distribuído   │
                  └──────────────────┘
                            │
                  Esquema de distribuição
                            ▼
                  ┌──────────────────┐
                  │ Projeto físico de│
                  │  banco de dados  │
                  └──────────────────┘
                            │
              Esquema interno, banco de dados populado    Hard
                            ▼
```

2.4 Ferramentas de Desenvolvimento de Banco de Dados

Para melhorar a produtividade no desenvolvimento dos sistemas de informação, foram criadas ferramentas de engenharia de software auxiliada por computador (CASE – *computer-aided software engineering*). As ferramentas CASE podem ajudar a melhorar a produtividade dos profissionais de sistemas de informação que trabalham em grandes projetos, assim como a de usuários finais trabalhando em projetos pequenos. Uma série de estudos forneceu evidências de que as ferramentas CASE facilitam o progresso nas fases iniciais do desenvolvimento de sistemas, levando a custo mais baixo, qualidade mais alta e implementações mais rápidas.

A maioria das ferramentas CASE presta suporte ao processo de desenvolvimento de banco de dados. Algumas ferramentas CASE prestam suporte ao desenvolvimento de banco de dados como uma parte do desenvolvimento dos sistemas de informação. Outras ferramentas CASE são dirigidas para várias fases do desenvolvimento de banco de dados sem fornecer suporte a outros aspectos do desenvolvimento dos sistemas de informação.

As ferramentas CASE são freqüentemente classificadas como ferramentas de codificação (*front-end*) e de implementação (*back-end*). As ferramentas CASE *front-end* podem auxiliar os projetistas a diagramar, analisar e documentar os modelos usados no processo de desenvolvimento de banco de dados. As ferramentas CASE *back-end* criam protótipos e geram códigos que podem ser usados para um teste de prova do banco de dados com outros componentes de um sistema de informação. Esta seção discute as funções das ferramentas CASE em mais detalhe e mostra uma ferramenta CASE comercial, o Visio Professional do Microsoft Office 2003.

2.4.1 Diagramação

Diagramação é a função mais importante e a mais amplamente utilizada nas ferramentas CASE. A maioria das ferramentas CASE fornece formas predefinidas e ligações entre as formas. As ferramentas de ligação geralmente permitem que formas sejam movidas permanecendo ligadas, como se estivessem "coladas". Esta característica de ligação "colada" fornece uma flexibilidade importante porque os símbolos em um diagrama normalmente são redistribuídos muitas vezes.

Para desenhos grandes, as ferramentas CASE fornecem várias características. A maioria das ferramentas CASE permite que os diagramas se estendam por várias páginas. Os desenhos de múltiplas páginas podem ser impressos de modo que as páginas possam ser coladas em conjunto para fazer um mural na parede. O *layout* pode ser difícil para desenhos grandes. Algumas ferramentas CASE tentam melhorar o apelo visual de um diagrama por meio da execução de um *layout* automático. A característica de *layout* automático pode reduzir o número de ligações cruzadas em um diagrama. Embora o *layout* automatizado não seja em geral suficiente por si mesmo, o projetista pode utilizá-lo como um primeiro passo para melhorar a aparência visual de um diagrama grande.

2.4.2 Documentação

A documentação é uma das funções mais antigas e valiosas das ferramentas CASE. As ferramentas CASE podem armazenar várias propriedades de um modelo de dados e vincular as propriedades aos símbolos no diagrama. Exemplos de propriedades armazenadas em uma ferramenta CASE incluem nomes alternativos (*alias*), regras de integridade, tipos de dados e proprietários. Além das propriedades, as ferramentas CASE podem armazenar textos para descrever suposições, alternativas e observações. Tanto as propriedades como os textos são armazenados no <u>dicionário de dados</u>, o banco de dados da ferramenta CASE. O dicionário de dados também é conhecido como o repositório ou enciclopédia.

Para dar suporte à evolução dos sistemas, muitas ferramentas CASE podem documentar versões. Uma versão é um grupo de mudanças e melhorias em um sistema que é lançado conjuntamente. Devido ao volume de mudanças, grupos de mudanças e não mudanças individuais são geralmente liberados conjuntamente. Na vida de um sistema de informação, muitas versões podem ser feitas. Para auxiliar a compreensão das relações entre as versões, muitas ferramentas CASE fornecem suporte à documentação para mudanças individuais e versões inteiras.

2.4.3 Análise

As ferramentas CASE podem fornecer uma colaboração ativa para os projetistas de banco de dados por meio das funções de análise. Na documentação e diagramação, as ferramentas CASE ajudam os projetistas a se tornar mais eficientes. Nas funções de análise, as ferramentas CASE podem executar o trabalho de um projetista de banco de dados. Uma função de análise é qualquer forma de raciocínio aplicada a especificações produzidas no processo de desenvolvimento de banco de dados. Por exemplo, uma função importante de análise é realizar a conversão entre um DER e um projeto de tabelas. Fazer a conversão de um DER em um projeto de tabelas é um processo conhecido como <u>engenharia direta</u>, e converter na direção contrária é conhecido como <u>engenharia reversa</u>.

As funções de análise podem ser fornecidas em cada fase do desenvolvimento de banco de dados. Na fase de modelagem de dados conceitual, as funções de análise podem revelar conflitos em um DER. Na fase de projeto lógico de banco de dados, a conversão e a normalização são funções de análise comuns. A conversão produz um projeto de tabelas de um DER. A normalização remove as redundâncias em um projeto de tabelas. Nas fases do projeto de banco de dados distribuído e do projeto físico de banco de dados, as funções de análise podem sugerir decisões sobre a disposição física dos dados e sobre a seleção de índice. Adicionalmente, as funções de análise para controle de versão podem atravessar todas as fases de desenvolvimento de banco de dados. As funções de análise podem fazer conversões entre versões e mostrar uma lista das diferenças entre versões.

Como as funções de análise são características avançadas nas ferramentas CASE, a disponibilidade de funções de análise varia muito. Algumas ferramentas CASE provêm suporte a nenhuma ou a poucas funções de análise enquanto outras trazem extensas funções de análise. Como as funções de análise podem ser úteis em cada fase do desenvolvimento de banco de dados, nenhuma ferramenta CASE sozinha fornece um alcance completo das funções de análise. As ferramentas CASE tendem a se especializar de acordo com as fases suportadas. As ferramentas CASE independentes de um SGDB tipicamente são especializadas nas funções de análise na fase de modelagem de dados conceitual. Em contrapartida, ferramentas CASE oferecidas por um fornecedor de SGDB com freqüência são especializadas na fase de projeto de banco de dados distribuído e na fase física do projeto de banco de dados.

2.4.4 Ferramentas de Prototipagem

As ferramentas de prototipagem fornecem um elo entre desenvolvimento do banco de dados e o desenvolvimento de aplicações. As ferramentas de prototipagem podem ser usadas para criar formulários e relatórios que usam um banco de dados. Como as ferramentas de prototipagem podem gerar códigos (instruções SQL e código de linguagem de programação), às vezes são conhecidas como ferramentas de geração de códigos. As ferramentas de prototipagem são geralmente fornecidas como parte de um SGDB. As ferramentas de prototipagem podem fornecer assistentes para ajudar um desenvolvedor a criar rapidamente aplicações que podem ser testadas pelos usuários. As ferramentas de prototipagem também podem criar um projeto inicial de banco de dados recuperando projetos existentes em uma biblioteca de projetos. Esse tipo de ferramenta de prototipagem pode ser muito útil para usuários finais e para projetistas de banco de dados com pouca experiência.

2.4.5 Ferramentas CASE Comerciais

Como mostrado na Tabela 2.2, há uma série de ferramentas CASE que têm uma extensa aplicabilidade no desenvolvimento de banco de dados. Cada produto na Tabela 2.2 presta suporte a todo o ciclo de vida do desenvolvimento de sistemas de informação, embora a qualidade, a profundidade e a amplitude dos recursos possam variar entre os produtos. Além disso,

TABELA 2.2 Ferramentas CASE Mais Utilizadas no Desenvolvimento de Banco de Dados

Ferramenta	Fornecedor	Funcionalidades Inovadoras
PowerDesigner 10	Sybase	Engenharias direta e reversa para bancos de dados relacionais e muitas linguagens de programação; apoio ao gerenciamento de modelos para comparar e fundir modelos; geração de códigos de aplicações; suporte a UML; modelagem de processos de negócio; geração de código XML; controle de versão; suporte a modelagem de *datawarehouses*
Oracle Designer 10g	Oracle	Engenharias direta e reversa para bancos de dados relacionais; engenharia reversa de formulários; geração de códigos de aplicações; controle de versão; análise de dependência; modelagem de processos de negócio; análise de referência cruzada
Visual Studio .Net Enterprise Architect	Microsoft	Engenharias direta e reversa para bancos de dados relacionais e para a Linguagem de Modelagem Unificada; geração de códigos para XML Web Services; suporte para orientação arquitetural; geração de modelos de dados com base em descrições em linguagem natural
AllFusion ERWin Data Modeler	Computer Associates	Engenharias direta e reversa para bancos de dados relacionais; geração de códigos de aplicações; suporte à modelagem de *datawarehouses*; ferramentas de reutilização de modelos
ER/Studio 6.6	Embarcadero Technologies	Engenharias direta e reversa para bancos de dados relacionais; geração de códigos Java e de outras linguagens; apoio ao gerenciamento de modelos para comparar e fundir modelos; suporte a UML; controle de versão; suporte à administração de múltiplos SGDBs
Visible Analyst 7.6	Visible Systems Corporation	Engenharias direta e reversa para bancos de dados relacionais; apoio ao gerenciamento de modelos para comparar e fundir modelos; controle de versão; suporte à verificação de metodologia e regras; suporte ao planejamento estratégico

a maioria dos produtos na Tabela 2.2 possui várias versões diferentes que variam em preço e características. Todos os produtos são relativamente neutros em relação a um SGDB em particular, mesmo que quatro desses produtos sejam oferecidos por organizações com importantes produtos SGDB. Além dos produtos completos listados na Tabela 2.2, outras empresas oferecem ferramentas CASE que se especializam em um subconjunto de fases do desenvolvimento de banco de dados.

Para dar uma idéia de alguns recursos das ferramentas CASE comerciais, damos uma breve descrição do Microsoft Office Visio 2003 Professional, uma versão mais simples do que Visual Studio.Net Enterprise Architect. O Visio Professional fornece excelentes capacidades de desenho e uma série de úteis ferramentas de análise. Esta seção descreve o Visio Professional porque é uma ferramenta poderosa e de fácil utilização para cursos introdutórios de banco de dados.

Para o desenvolvimento de banco de dados, Visio Professional traz vários modelos (coleções de formas) e suporte a dicionário de dados. Como mostrado na Figura 2.9, o Visio fornece modelos para várias notações de modelagem de dados (notações Diagrama de Modelo de Banco de Dados, Express-G e ORM – Modelagem de Papel de Objeto) assim como a Linguagem de Modelagem Unificada (disponível na pasta de softwares). A Figura 2.10 traz o modelo Entidade–Relacionamento (à esquerda) e a janela de desenho (à direita). Ao mover um símbolo, ele permanece ligado a outros símbolos por causa de uma funcionalidade conhecida como "cola". Por exemplo, se o retângulo Product é movido, ele permanece ligado ao retângulo OrdLine pela linha PurchasedIn. O Visio Professional pode exibir automaticamente o diagrama inteiro se solicitado.

O Visio fornece um dicionário de dados para acompanhar o modelo de Entidade–Relacionamento. Para tipos de entidade (símbolo: retângulo), o Visio possibilita nome, tipo de dados, obrigatório (Req'd = *required*), chave primária (PK) e propriedades de observação, como mostrado na categoria das Colunas da Figura 2.11, assim como muitas outras propriedades nas categorias não selecionadas. Para relacionamentos (símbolo: linha de

FIGURA 2.9
Modelos de Modelagem de Dados no Visio 2003 Professional

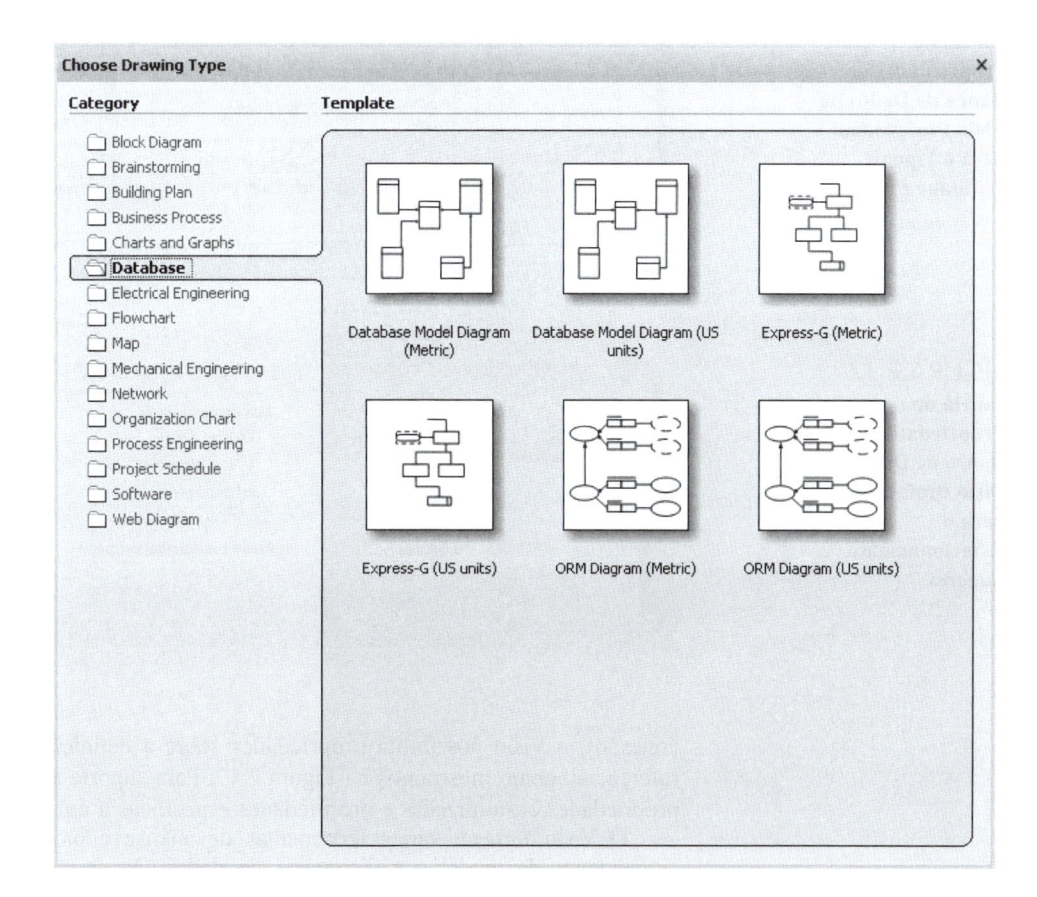

FIGURA 2.10
Janelas de Modelo e Tela no Visio Professional

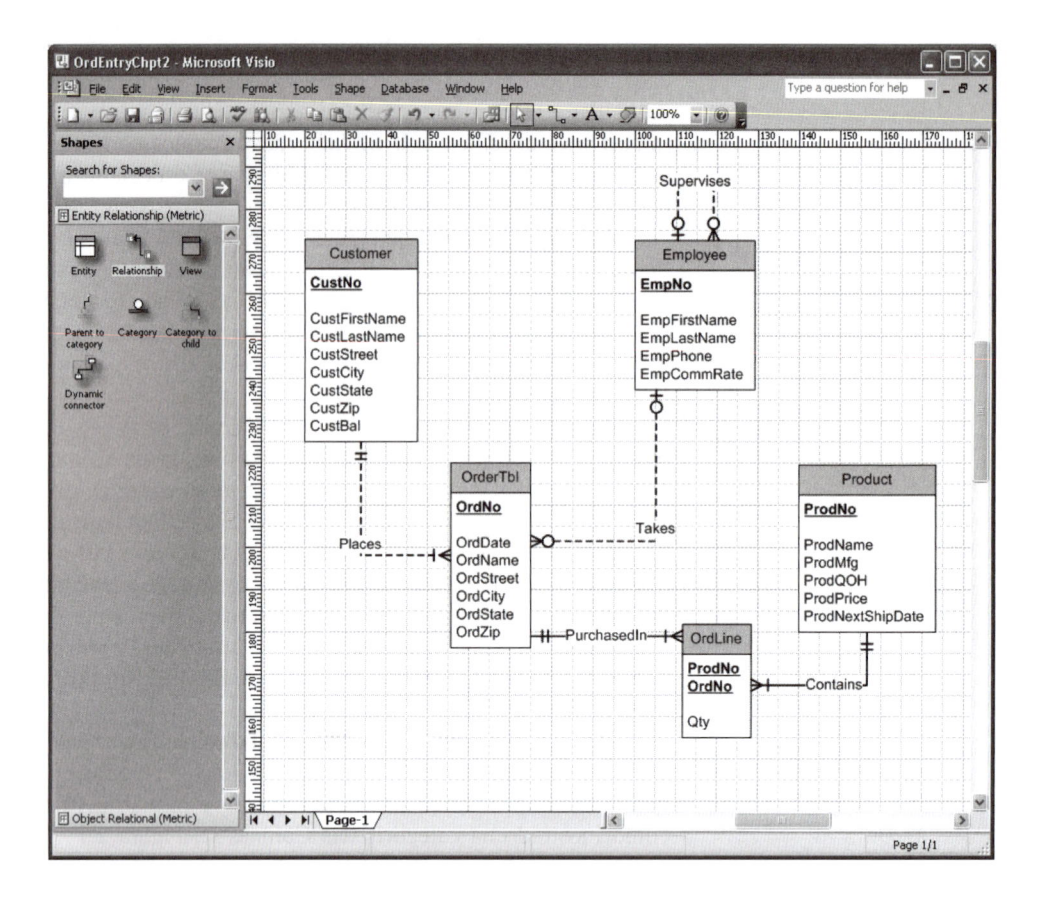

FIGURA 2.11
Janela de Propriedades de Banco de Dados no Visio Professional para o Tipo de Entidade *Produto*

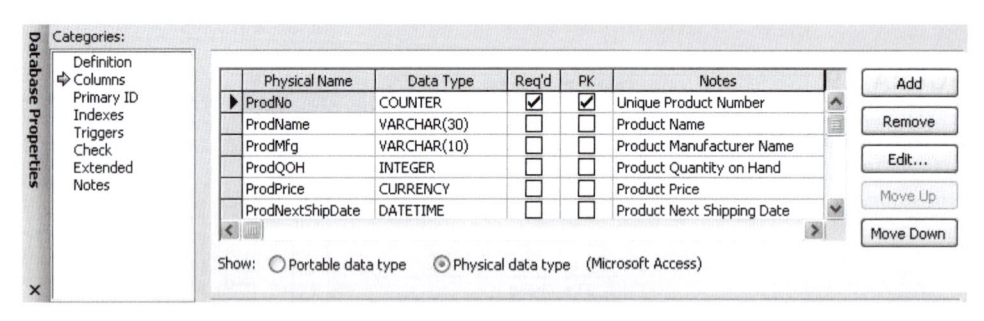

FIGURA 2.12
Janela de Propriedades de Banco de Dados no Visio Professional para o Relacionamento *Lugares*

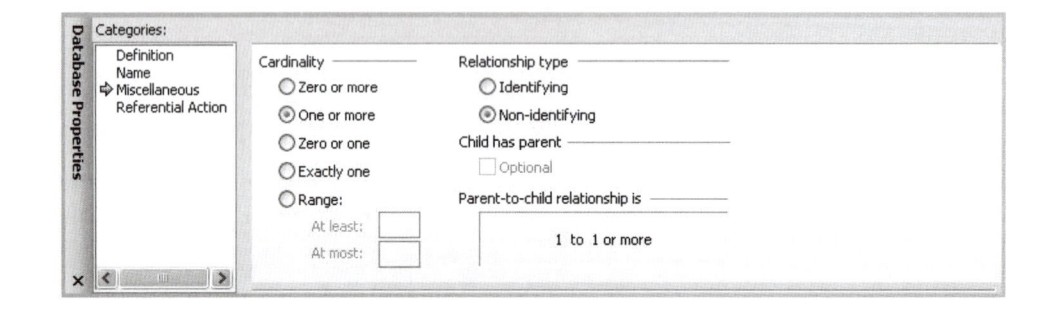

conexão), o Visio possibilita propriedades sobre a definição, nome, cardinalidade e ação referencial, como mostramos na Figura 2.12. Para suporte adicional a dicionário de dados, propriedades customizadas e propriedades específicas a um SGDB podem ser adicionadas.

O Visio fornece várias ferramentas de análise e prototipagem além das suas funcionalidades de modelos e dicionário de dados. As ferramentas de análise possibilitam principalmente a tarefa de conversão de esquemas na fase lógica do projeto de banco de dados. O Assistente de Atualização de Modelos (*Refresh Model Wizard*) detecta e resolve diferenças entre um diagrama de banco de dados Visio e um banco de dados relacional existente. O Assistente de Engenharia Reversa executa a tarefa reversa de converter uma definição de banco de dados relacional em um diagrama de banco de dados Visio. O Visio também possibilita várias verificações de erros para assegurar diagramas de banco de dados consistentes. Para a prototipagem, o Visio pode armazenar formas em bancos de dados relacionais. Esta característica pode ser particularmente útil para fornecer uma interface visual para dados hierárquicos tal como organogramas e dados de listas de materiais. Para uma prototipagem mais poderosa, o Visio tem suporte à linguagem Visual Basic para Aplicações (VBA), uma linguagem dirigida a eventos integrada com o Microsoft Office.

Considerações Finais

Este capítulo inicialmente descreveu o papel dos bancos de dados nos sistemas de informação e a natureza do processo de desenvolvimento de banco de dados. Os sistemas de informação são coleções de componentes relacionados que produzem dados para a tomada de decisão. Os bancos de dados fornecem a memória permanente para os sistemas de informação. O desenvolvimento de um sistema de informação envolve um processo repetitivo de análise, projeto e implementação. O desenvolvimento de banco de dados ocorre em todas as fases de desenvolvimento de sistemas. Como um banco de dados freqüentemente é uma parte crucial de um sistema de informação, o desenvolvimento de banco de dados pode ser a parte dominante do desenvolvimento de sistemas de informação. O desenvolvimento dos componentes de processamento e de interação com o ambiente geralmente é realizado depois do desenvolvimento do banco de dados. A verificação cruzada entre o banco de dados e as aplicações é o elo que liga o processo de desenvolvimento do banco de dados ao processo de desenvolvimento de sistemas de informação.

Depois de apresentar o papel dos bancos de dados e a natureza do desenvolvimento de banco de dados, este capítulo descreveu os objetivos, fases e ferramentas do desenvolvimento de banco de dados. Os objetivos enfatizam tanto o conteúdo de informação do banco de dados quanto uma implementação eficiente. As fases de desenvolvimento de banco de dados primeiro estabelecem o conteúdo de informação do banco de dados e então encontram uma implementação eficiente. A fase de modelagem de dados conceitual e a fase lógica do projeto de banco de dados envolvem o conteúdo de informação do banco de dados. A fase de projeto de banco de dados distribuído e a fase física de projeto de banco de dados envolvem implementação eficiente. Como desenvolver bancos de dados pode ser um processo desafiante, as ferramentas de engenharia de software auxiliada por computador (ferramentas CASE) foram criadas para melhorar a produtividade. As ferramentas CASE podem ser essenciais para ajudar o projetista de banco de dados a desenhar, documentar e prototipar o banco de dados. Além disso, algumas ferramentas CASE fornecem assistência ativa na tarefa de analisar um projeto de banco de dados.

Este capítulo fornece um contexto para os capítulos das partes 3 e 4. Talvez você queira reler este capítulo depois de completar os capítulos das partes 3 e 4. Os capítulos das partes 3 e 4 fornecem detalhes sobre as fases de desenvolvimento de banco de dados. Os capítulos 5 e 6 apresentam detalhes do Modelo Entidade–Relacionamento, a prática de modelagem de dados usando o Modelo Entidade–Relacionamento e a conversão do Modelo Entidade–Relacionamento no Modelo Relacional. O Capítulo 7 apresenta técnicas de normalização para tabelas relacionais. O Capítulo 8 apresenta técnicas de projeto físico de banco de dados.

Revisão de Conceitos

- Sistema: componentes relacionados que trabalham conjuntamente para realizar objetivos.
- Sistema de informação: sistema que aceita, processa e produz dados.
- Modelo em cascata de desenvolvimento de sistemas de informação: estrutura de referência para atividades no processo de desenvolvimento de sistemas de informação.
- Metodologias de desenvolvimento em espiral e metodologias rápidas de desenvolvimento de aplicações para minimizar os problemas na abordagem tradicional de desenvolvimento em cascata.
- Papel dos bancos de dados nos sistemas de informação: fornecem memória permanente.
- Definir um vocabulário comum para unificar uma organização.
- Definir regras de negócio para dar suporte aos processos organizacionais.

- Assegurar a qualidade de dados para melhorar a qualidade da tomada de decisão.
- Avaliar o investimento na qualidade de dados usando uma abordagem custo–benefício.
- Encontrar uma implementação eficiente de modo a assegurar o desempenho adequado sem comprometer outros objetivos de projeto.
- Modelagem conceitual de dados para representar o conteúdo de informação independente de um SGDB alvo.
- Projeto de visão e integração de visões para administrar a complexidade dos grandes esforços de modelagem de dados.
- Projeto lógico de banco de dados para refinar um modelo conceitual de dados em relação a um SGDB alvo.
- Projeto de banco de dados distribuído para determinar as localizações de dados e do processamento de modo a alcançar uma implementação confiável e eficiente.
- Projeto físico de banco de dados para alcançar implementações eficientes em cada localização dos computadores.
- Desenvolver protótipos de formulários e relatórios para fazer a verificação cruzada entre o banco de dados e as aplicações que usam o banco de dados.
- Habilidades *soft* para a modelagem de dados conceitual: qualitativas, orientadas a pessoas, subjetivas.
- Habilidades *hard* para encontrar uma implementação eficiente: quantitativas, objetivas e intensivas em dados.
- Ferramentas de engenharia de software auxiliada por computador (ferramentas CASE) para melhorar a produtividade no processo de desenvolvimento de banco de dados.
- Assistência fundamental de ferramentas CASE: desenhar e documentar.
- Assistência ativa de ferramentas CASE: análise e prototipagem.

Questões

1. Qual é a relação entre um sistema e um sistema de informação?
2. Dê um exemplo de um sistema que não é um sistema de informação.
3. Para um sistema de informação que você conhece, descreva alguns componentes (dados de entrada, dados de saída, pessoas, software, hardware e procedimentos).
4. Descreva brevemente alguns tipos de dados no banco de dados para o sistema de informação da questão 3.
5. Descreva as fases do modelo em cascata.
6. Por que o modelo em cascata é considerado só uma estrutura de referência?
7. Quais são as falhas do modelo em cascata?
8. Que metodologias alternativas foram propostas para aliviar as dificuldades do modelo em cascata?
9. Qual é a relação entre o processo de desenvolvimento de banco de dados e o processo de desenvolvimento de sistemas de informação?
10. O que é um modelo de dados? E modelo de processo? E modelo de interação com o ambiente?
11. Qual é o propósito da prototipagem no processo de desenvolvimento de sistemas de informação?
12. Como um projetista de banco de dados atua como um político ao estabelecer um vocabulário comum?
13. Por que um projetista de banco de dados deve estabelecer o significado dos dados?
14. Que fatores um projetista de banco de dados deve considerar ao escolher as restrições do banco de dados?
15. Por que a qualidade dos dados é importante?
16. Dê exemplos de problemas de qualidade de dados de acordo com as duas características mencionadas na Seção 2.2.3.
17. Como um projetista de banco de dados decide o nível apropriado de qualidade dos dados?
18. Por que é importante achar uma implementação eficiente?
19. Quais são as entradas e saídas da fase de modelagem de dados conceitual?

20. Quais são as entradas e saídas da fase de projeto lógico de banco de dados?
21. Quais são as entradas e saídas da fase de projeto de banco de dados distribuído?
22. Quais são as entradas e saídas da fase de projeto físico de banco de dados?
23. O que significa dizer que a fase da modelagem de dados conceitual e a fase de projeto lógico de banco de dados se preocupam com o conteúdo de informação do banco de dados?
24. Por que há duas fases (modelagem conceitual de dados e projeto lógico de banco de dados) que envolvem o conteúdo de informação do banco de dados?
25. Qual a relação entre projeto de visão e integração de visões e a modelagem de dados conceitual?
26. O que é uma habilidade *soft*?
27. Quais fases de desenvolvimento de banco de dados envolvem principalmente habilidades *soft*?
28. O que é uma habilidade *hard*?
29. Que fases de desenvolvimento de banco de dados envolvem principalmente habilidades *hard*?
30. Que tipo de formação é apropriada para habilidades *hard*?
31. Por que organizações grandes às vezes têm pessoas diferentes executando as fases de projeto que lidam com conteúdo de informação e implementação eficiente?
32. Por que as ferramentas CASE são úteis no processo de desenvolvimento de banco de dados?
33. Qual é a diferença entre ferramentas CASE de codificação (*front-end*) e de implementação (*back-end*)?
34. Que tipos de suporte uma ferramenta CASE pode fornecer para desenhar um diagrama de banco de dados?
35. Que tipos de suporte uma ferramenta CASE pode fornecer para documentar um projeto de banco de dados?
36. Que tipos de suporte uma ferramenta CASE pode fornecer para analisar um projeto de banco de dados?
37. Que tipos de suporte uma ferramenta CASE pode fornecer para a prototipagem?
38. Você deveria ter a expectativa de encontrar um fornecedor de software que ofereça um alcance total de funções (desenhar, documentar, analisar e prototipagem) para o processo de desenvolvimento de banco de dados? Por quê?

Problemas

Devido à natureza introdutória deste capítulo, não há nenhum problema neste capítulo. Os problemas aparecem ao final dos capítulos das partes 3 e 4.

Referências para Estudos Adicionais

Para uma descrição mais detalhada do processo de desenvolvimento de banco de dados, você pode consultar livros especializados em projetos de banco de dados como os de Batini, Ceri e Navathe (1992) e Teorey (1999). Para mais detalhes sobre o processo de desenvolvimento de sistemas, você pode consultar livros sobre análise de sistemas e projetos, como os de Whitten e Bentley (2004). Para mais detalhes sobre qualidade de dados, consulte livros especializados sobre qualidade de dados, incluindo os de Olson (2002) e Redman (2001).

Parte 2

Entendendo Bancos de Dados Relacionais

Os capítulos da Parte 2 contêm uma introdução detalhada ao Modelo de Dados Relacionais, para incutir a base para o projeto de banco de dados e desenvolvimento de aplicações com bancos de dados relacionais. O Capítulo 3 apresenta conceitos de definição de dados e operadores de recuperação para bancos de dados relacionais. O Capítulo 4 mostra as instruções SQL de modificação e recuperação para problemas de complexidade básica e intermediária com ênfase nos recursos intelectuais que ajudam no desenvolvimento das habilidades de formulação de consultas.

Capítulo 3.   O Modelo de Dados Relacional
Capítulo 4.   Formulação de Consultas com SQL

Capítulo 3

O Modelo de Dados Relacional

Objetivos de Aprendizagem

Este capítulo proporciona a base para a utilização de bancos de dados relacionais. No final deste capítulo, o estudante deverá ter adquirido os seguintes conhecimentos e habilidades:

- Reconhecer a terminologia de banco de dados relacional.
- Entender o significado das regras de integridade para bancos de dados relacionais.
- Entender o impacto das linhas referenciadas na manutenção de bancos de dados relacionais.
- Entender o significado de cada operador da álgebra relacional.
- Listar tabelas a serem combinadas para obter os resultados desejados em requisições de recuperação simples.

Visão Geral

Os capítulos da Parte 1 forneceram um ponto de partida para a sua exploração da tecnologia de banco de dados e a sua compreensão do processo de desenvolvimento de banco de dados. Você ficou sabendo em linhas gerais sobre as características do banco de dados, recursos do SGBD, os objetivos do desenvolvimento de banco de dados e as fases do processo de desenvolvimento de banco de dados. Este capítulo concentra o foco no modelo de dados relacional. Os SGBDs relacionais dominam o mercado de SGBDs de negócios. Você irá, indubitavelmente, ao longo de toda a sua carreira como um profissional de sistemas de informação, utilizar SGBDs relacionais. Este capítulo fornece a formação de modo a torná-lo proficiente ao projetar bancos de dados e desenvolver aplicações para bancos de dados relacionais nos capítulos posteriores.

Para usar de maneira eficaz um banco de dados relacional você precisa de dois tipos de conhecimento. Primeiro, precisa conhecer a estrutura e o conteúdo das tabelas do banco de dados. É fundamental entender as ligações existentes entre as tabelas porque muitas recuperações de banco de dados envolvem múltiplas tabelas. Para ajudá-lo a entender os bancos de dados relacionais, este capítulo contém a terminologia básica, as regras de integridade e uma notação para visualizar as ligações entre as tabelas. Segundo, precisa entender os operadores da álgebra relacional porque eles são os blocos construtores da maioria das linguagens de consulta comerciais. A compreensão dos operadores aprimora o seu conhecimento de linguagens de consulta, como o SQL. Para ajudá-lo a entender o significado de cada operador, este capítulo contém representações visuais de cada operador e vários resumos convenientes.

3.1 Elementos Básicos

Os sistemas de banco de dados relacionais foram desenvolvidos originalmente por causa da familiaridade e simplicidade. Como as tabelas são utilizadas para comunicar idéias em vários campos, a terminologia de tabelas, linhas e colunas é familiar para muitos usuários. Durante os primeiros anos de utilização dos bancos de dados relacionais (década de 1970), a simplicidade e a familiaridade dos bancos de dados relacionais eram muito atraentes, especialmente se comparadas com a orientação procedural de outros modelos de dados existentes na época. Apesar da familiaridade e simplicidade dos bancos de dados relacionais, há também uma sólida base matemática. A matemática dos bancos de dados relacionais implica a conceitualização de tabelas como conjuntos. A combinação de familiaridade e simplicidade com a base matemática é tão poderosa que os SGBDs relacionais são dominantes em termos comerciais.

Esta seção contém a terminologia básica dos bancos de dados relacionais e introduz a instrução CREATE TABLE do SQL. As seções 3.2 a 3.4 contêm mais detalhes dos elementos definidos nesta seção.

3.1.1 Tabelas

tabela
um arranjo de dados bidimensional. Uma tabela consiste em um cabeçalho definindo o nome da tabela e os nomes de coluna e um corpo contendo linhas de dados.

Um banco de dados relacional consiste em uma coleção de tabelas. Cada tabela tem um cabeçalho ou uma parte de definição, e um corpo, ou uma parte de conteúdo. A parte do cabeçalho é composta do nome da tabela e nomes de colunas. Por exemplo, uma tabela de alunos pode ter colunas de número do CPF, nome, endereço, cidade, estado, CEP, classe (primeiro, segundo, terceiro ano etc.), especialização e média geral de notas. O corpo mostra as linhas da tabela. Cada linha de uma tabela de alunos representa um aluno matriculado em uma universidade. Uma tabela de alunos para a graduação da universidade pode ter mais de 30.000 linhas, linhas demais para serem visualizadas de uma só vez.

Para entender uma tabela, também é importante ver algumas de suas linhas. Uma listagem de tabela, ou folha de dados (*datasheet*), mostra os nomes de coluna na primeira linha e o corpo nas demais linhas. A Tabela 3.1 mostra uma listagem da tabela *Aluno*. Ela exibe uma amostra de três linhas representando os universitários. Neste livro, a convenção para nomes de coluna utiliza um prefixo do nome da tabela (Aluno) seguida de um nome descritivo. Como os nomes de coluna muitas vezes são utilizados sem identificar as tabelas associadas, o prefixo permite a fácil associação à tabela. No caso de nomes combinados, são ressaltadas as diferentes partes do nome de uma coluna.

tipo de dados
define um conjunto de valores e operações permitidas sobre os valores. Cada coluna de uma tabela está associada a um tipo de dados.

Pode-se utilizar uma instrução CREATE TABLE para definir a parte do cabeçalho de uma tabela. CREATE TABLE é uma instrução em SQL. Como o SQL é uma linguagem padrão da indústria, a instrução CREATE TABLE pode ser utilizada na maioria dos SGBDs, para criar tabelas. A seguinte instrução CREATE TABLE cria a tabela *Aluno*[1]. Para cada coluna, são especificados o nome da coluna e o tipo de dado. Os tipos de dados indicam a espécie de dado (caractere, numérico, Sim/Não etc.) e as operações permitidas (operações numéricas, operações de cadeia de caracteres etc.) na coluna. Cada tipo de dado possui um

TABELA 3.1 Listagem de Amostra da Tabela Aluno

CPFAluno	NomeAluno	SobrenomeAluno	CidadeAluno	UFAluno	CEPAluno	Especializacao	Turma	MediaAluno
123-45-6789	HOMER	WELLS	SEATTLE	WA	98121-1111	SI	FR	3,00
124-56-7890	BOB	NORBERT	BOTHELL	WA	98011-2121	FINAN	JR	2,70
234-56-7890	CANDY	KENDALL	TACOMA	WA	99042-3321	CONTB	JR	3,50

---

[1] As instruções CREATE TABLE utilizadas neste capítulo seguem a sintaxe do padrão SQL. Existem poucas diferenças de sintaxe entre a maioria dos SGBDs comerciais.

TABELA 3.2
Descrição Resumida dos Tipos de Dados SQL Comuns

Tipo de Dados	Descrição
CHAR(L)	Para entradas de texto de comprimento fixo, por exemplo, siglas de estado e número do CPF. Cada valor de coluna utilizando CHAR contém o número máximo de caracteres (L) mesmo que o comprimento real seja mais curto. A maioria dos SGBDs possui um limite superior de comprimento (L), por exemplo, 255.
VARCHAR(L)	Para texto de comprimento variável, por exemplo, nomes e endereços. Os valores de coluna utilizando VARCHAR contêm somente o número real de caracteres, e não o comprimento máximo das colunas CHAR. A maioria dos SGBDs possui um limite superior de comprimento, por exemplo, 255.
FLOAT(P)	Para colunas contendo dados numéricos com precisão flutuante, por exemplo, cálculos de taxa de juros e cálculos científicos. O parâmetro de precisão P indica o número de dígitos significativos. A maioria dos SGBDs possui um limite superior de P, por exemplo, 38. Alguns SGBDs possuem dois tipos de dados, REAL e DOUBLE PRECISION, para números fracionários flutuantes de baixa e alta precisão em vez de precisão variável com o tipo de dado FLOAT.
DATE/TIME	Para colunas contendo data e hora, por exemplo, data do pedido. Esses tipos de dados não são padronizados entre os SGBDs. Alguns sistemas fornecem suporte a três tipos de dados (DATE, TIME e TIMESTAMP), enquanto outros fornecem suporte a um tipo de dado combinado (DATE) armazenando tanto a data como a hora.
DECIMAL(W, R)	Para colunas contendo dados numéricos com precisão fixa, por exemplo, valores monetários. O valor P indica o número total de dígitos, e o valor E indica o número de dígitos à direita da vírgula decimal. Em alguns sistemas, esse tipo de dado também é denominado NUMERIC.
INTEGER	Para colunas contendo números inteiros (ou seja, números sem vírgula decimal). Alguns SGBDs possuem o tipo de dado SMALLINT para números inteiros bem pequenos e o tipo de dado LONG para números inteiros bem grandes.
BOOLEAN	Para colunas contendo dados com dois valores, por exemplo, verdadeiro/falso ou sim/não.

nome (por exemplo, CHAR para caractere) e normalmente uma especificação de comprimento. A Tabela 3.2 lista os tipos de dados comuns utilizados em SGBDs relacionais[2].

CREATE TABLE Aluno

```
(       CPFAluno            CHAR (11),
        NomeAluno           VARCHAR (50),
        SobrenomeAluno      VARCHAR (50),
        CidadeAluno         VARCHAR(50),
        UFAluno             CHAR(2),
        CEPAluno            CHAR(10),
        Especializacao      CHAR(6),
        Turma               CHAR(6),
        MediaAluno          DECIMAL(3,2)        )
```

3.1.2 Ligações Entre Tabelas

Não basta entender cada tabela individualmente. Para entender um banco de dados relacional, é necessário entender também as ligações, ou seja, os relacionamentos existentes entre as tabelas. As linhas de uma tabela normalmente estão relacionadas a linhas de outras tabelas. A correspondência entre valores (idênticos) indica os relacionamentos entre as tabelas. Considerar a amostra da tabela *Matricula* (Tabela 3.3) em que cada linha representa um aluno matriculado em um oferecimento de um curso. Os valores contidos na coluna *CPFAluno* da

relacionamento
ligação entre linhas em duas tabelas. Os relacionamentos são mostrados por valores de coluna em uma tabela que correspondem a valores de coluna em outra tabela.

---

[2] Não existe padronização de tipos de dados entre os SGBDs relacionais. As especificações de tipos de dados adotadas neste capítulo seguem o padrão SQL mais recente. A maioria dos SGBDs suporta esses tipos de dados embora os nomes possam variar um pouco.

TABELA 3.3
Amostra de Tabela Matricula

NumOfer	CPFAluno	NotaMatr
1234	123-45-6789	3,3
1234	234-56-7890	3,5
4321	123-45-6789	3,5
4321	124-56-7890	3,2

TABELA 3.4 Amostra de Tabela Oferecimento

NumOfer	NumCurso	TrimestreOfer	AnoOfer	LocalOfer	HorarioOfer	CPFProf	DiasSemanaOfer
1111	SI320	VERAO	2006	BLM302	10h30		SEG-QUA
1234	SI320	OUTONO	2005	BLM302	10h30	098-76-5432	SEG-QUA
2222	SI460	VERAO	2005	BLM412	13h30		TER-QUI
3333	SI320	PRIMAVERA	2006	BLM214	8h30	098-76-5432	SEG-QUA
4321	SI320	OUTONO	2005	BLM214	15h30	098-76-5432	TER-QUI
4444	SI320	PRIMAVERA	2006	BLM302	15h30	543-21-0987	TER-QUI
5678	SI480	PRIMAVERA	2006	BLM302	10h30	987-65-4321	SEG-QUA
5679	SI480	PRIMAVERA	2006	BLM412	15h30	876-54-3210	TER-QUI
9876	SI460	PRIMAVERA	2006	BLM307	13h30	654-32-1098	TER-QUI

FIGURA 3.1
Correspondência de Valores entre as Tabelas Matricula, Oferecimento e Aluno

Aluno

CPFAluno	SobrenomeAluno
123-45-6789	WELLS
124-56-7890	KENDALL
234-56-7890	NORBERT

Oferecimento

NumOfer	NumCurso
1234	SI320
4321	SI320

Matricula

CPFAluno	NumOfer
123-45-6789	1234
234-56-7890	1234
123-45-6789	4321
124-56-7890	4321

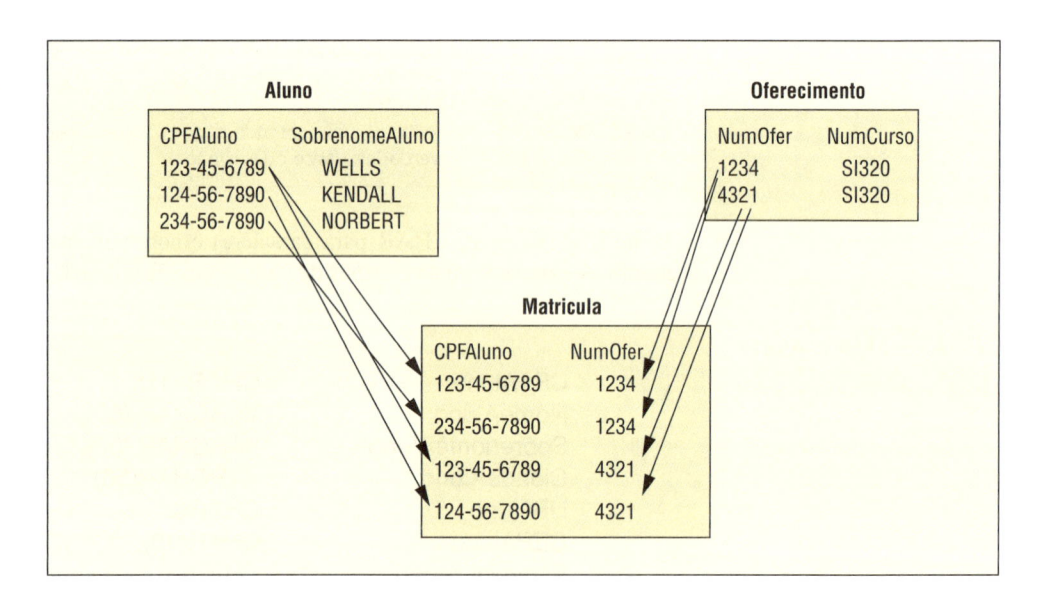

tabela *Matricula* correspondem aos valores de *CPFAluno* na amostra da tabela *Aluno* (Tabela 3.1). Por exemplo, a primeira e a terceira linha da tabela *Matricula* possuem o valor de *CPFAluno* (123-45-6789) igual à primeira linha da tabela *Aluno*. Do mesmo modo, os valores contidos na coluna *NumOfer* da tabela *Matricula* coincidem com o valor da coluna *NumOfer* da tabela *Oferecimento* (Tabela 3.4). A Figura 3.1 mostra a reprodução gráfica dos valores correspondentes.

O conceito de valores correspondentes é crucial nos bancos de dados relacionais. Assim como será possível observar, os bancos de dados relacionais normalmente contêm muitas tabelas. Mesmo um banco de dados de tamanho médio pode ter de 10 a 15 tabelas. Os bancos de dados maiores podem ter centenas de tabelas. Para extrair informações significativas, muitas vezes é necessário combinar múltiplas tabelas utilizando valores correspondentes. Identificando a correspondência entre os valores de *Aluno.CPFAluno* e *Matricula.CPFAluno*,

TABELA 3.5
Terminologia Alternativa para Bancos de Dados Relacionais

Orientada a Tabelas	Orientada a Conjuntos	Orientada a Registros
Tabela	Relação	Tipo de registro, arquivo
Linha	Tupla	Registro
Coluna	Atributo	Campo

é possível combinar as tabelas *Aluno* e *Matricula*[3]. Do mesmo modo, identificando a correspondência entre os valores de *Matricula.NumOfer* e *Oferecimento.NumOfer*, é possível combinar as tabelas *Matricula* e *Oferecimento*. Mais adiante neste capítulo, será possível observar que a operação de combinação de tabelas com base em valores correspondentes é conhecida como junção. Para a extração de dados significativos, é crucial entender as ligações entre tabelas (ou a forma como as tabelas podem ser combinadas).

3.1.3 Terminologia Alternativa

Você deverá estar ciente que outra terminologia é usada além de tabela, linha e coluna. A Tabela 3.5 mostra as três terminologias basicamente equivalentes. A divergência existente entre as terminologias deve-se aos diferentes grupos usuários de bancos de dados. A terminologia orientada a tabelas é mais adotada por usuários finais; a terminologia orientada a conjuntos, por pesquisadores acadêmicos, e a terminologia orientada a registros, por profissionais de sistemas de informação. Na prática, esses termos podem ser misturados. Por exemplo, às vezes, na mesma sentença podem ser utilizados os termos "tabelas" e "campos". Você irá se deparar com diversas misturas de terminologia ao longo da carreira.

3.2 Regras de Integridade

Na seção anterior, você aprendeu que o banco de dados relacional consiste em um conjunto de tabelas inter-relacionadas. Para garantir a obtenção de informações significativas de um banco de dados, são necessárias regras de integridade. Nesta seção, são descritas duas regras de integridade importantes (integridade de entidade e integridade referencial), exemplos de aplicações e uma notação para visualizar a integridade referencial.

3.2.1 Definição das Regras de Integridade

Integridade de entidade significa que cada tabela deve ter uma coluna ou uma combinação de colunas com valores únicos[4]. O termo "único" significa que não existem valores iguais em duas linhas de uma tabela. Por exemplo, o valor de *CPFAluno* na tabela *Aluno* é único, e a combinação entre *CPFAluno* e *NumOfer* é única na tabela *Matricula*. A integridade de entidade assegura a identificação exclusiva das entidades (pessoas, objetos e eventos) em um banco de dados. Para fins de auditoria, segurança e comunicação, é importante que as entidades de negócios sejam facilmente rastreáveis.

Integridade referencial significa que os valores da coluna de uma tabela devem corresponder aos valores da coluna em uma tabela relacionada. Por exemplo, o valor de *CPFAluno* em cada linha da tabela *Matricula* deve corresponder ao valor de *CPFAluno* em alguma linha da tabela *Aluno*. A integridade referencial assegura a existência de ligações válidas dentro de um banco de dados. Por exemplo, é fundamental a existência de número do CPF de um aluno válido em cada linha da tabela *Matricula*. Do contrário, algumas matrículas podem não ter sentido, provocando possivelmente a rejeição da matrícula de alguns alunos por causa da matrícula de alunos inexistentes em seu lugar.

Para definir com mais precisão a integridade de entidade e a integridade referencial, são necessárias algumas outras definições. Seguem as definições desses pré-requisitos e definições mais precisas.

Definições
- Superchave: uma coluna ou uma combinação de colunas contendo valores únicos para cada linha. A combinação de todas as colunas em uma tabela sempre é uma superchave, porque as linhas de uma tabela devem ser únicas[5].

---

[3] Quando há nomes de coluna idênticos em duas tabelas, costuma-se utilizar antes do nome da coluna o nome da tabela e um ponto, por exemplo, *Aluno.CPFAluno* e *Matricula.CPFAluno*.
[4] A integridade de entidade também é conhecida como integridade de unicidade.
[5] A unicidade de linhas é uma característica do modelo relacional não exigida no SQL.

- Chave candidata: uma superchave mínima. A superchave é mínima se, com a remoção de qualquer coluna, ela deixa de ser única.
- Valor nulo: um valor especial que representa a ausência de um valor real. O valor nulo pode significar que o valor real é desconhecido ou não se aplica a determinada linha.
- Chave primária: chave candidata especialmente designada. A chave primária de uma tabela não pode conter valores nulos.
- Chave estrangeira: uma coluna ou uma combinação de colunas em que os valores devem corresponder aos valores de uma chave candidata. A chave estrangeira deve ter tipo de dado igual ao da chave candidata associada. Na instrução CREATE TABLE do SQL, a chave estrangeira deve ser associada a uma chave primária e não a uma simples chave candidata.

Regras de Integridade

- Regra de integridade de entidade: duas linhas de uma tabela não podem conter o mesmo valor de chave primária. Além disso, nenhuma linha pode conter um valor nulo para qualquer coluna componente de uma chave primária.
- Regra de integridade referencial: somente dois tipos de valores podem ser armazenados em uma chave estrangeira:
   - um valor correspondente ao valor de uma chave candidata em alguma linha da tabela contendo a chave candidata associada ou
   - um valor nulo.

3.2.2 Aplicação das Regras de Integridade

Para ampliar seu entendimento sobre esse tópico, as regras de integridade serão aplicadas a diversas tabelas do banco de dados de uma universidade. A chave primária de *Aluno* é *CPFAluno*. A chave primária pode ser designada como parte da instrução CREATE TABLE. Para designar *CPFAluno* como chave primária de *Aluno*, utiliza-se uma cláusula CONSTRAINT para a chave primária no final da instrução CREATE TABLE. O nome de restrição (PKAluno) depois da palavra-chave CONSTRAINT facilita a identificação da restrição se ocorre uma violação quando uma linha é inserida ou atualizada.

```
CREATE TABLE Aluno
        (      CPFAluno              CHAR(11),
               NomeAluno             VARCHAR(50),
               SobrenomeAluno        VARCHAR(50),
               CidadeAluno           VARCHAR(50),
               UFAluno               CHAR(2),
               CEPAluno              CHAR(10),
               Especializacao        CHAR(6),
               Turma                 CHAR(2),
               MediaAluno            DECIMAL(3,2),
CONSTRAINT PKAluno PRIMARY KEY (CPFAluno)      )
```

Os números do CPF são atribuídos pelo governo federal, portanto, a universidade não precisa atribuí-los. Em outros casos, os valores primários são atribuídos pela organização. Por exemplo, número de cliente, número de produto e número de funcionário são normalmente atribuídos pela organização controlando o banco de dados subjacente. Nesses casos, é necessária a geração automática de valores únicos. Alguns SGBDs fornecem suporte à geração automática de valores únicos, assim como explicado no Apêndice 3.C.

Variações da Integridade de Entidade

As chaves candidatas que não são chaves primárias são declaradas com a palavra-chave UNIQUE. A tabela *Curso* (ver Tabela 3.6) contém duas chaves candidatas: *NumCurso* (chave primária) e *DescrCurso* (descrição do curso). A coluna *NumCurso* é a chave primária porque

TABELA 3.6
Amostra de Tabela Curso

NumCurso	DescrCurso	CargaHoraCurso
SI320	FUNDAMENTOS DE NEGOCIOS	4
SI460	ANALISE DE SISTEMAS	4
SI470	COMUNICACOES DE DADOS	4
SI480	FUNDAMENTOS DE GERENCIAMENTO DE BANCO DE DADOS	4

é mais estável que a coluna *DescrCurso*. As descrições de curso podem mudar com o tempo, mas os números de curso permanecem os mesmos.

```
CREATE TABLE Curso
        (    NumCurso              CHAR(6),
             DescrCurso            VARCHAR(250),
             CargaHoraCurso        SMALLINT,
        CONSTRAINT PKCurso PRIMARY KEY(NumCurso),
        CONSTRAINT DescrCursoUnico UNIQUE (DescrCurso)   )
```

Algumas tabelas necessitam de mais de uma coluna na chave primária. Na tabela *Matricula*, a combinação entre *CPFAluno* e *NumOfer* é a única chave candidata. Ambas as colunas são necessárias para identificar uma linha. A chave primária constituída de mais de uma coluna é conhecida como chave primária <u>composta</u> ou <u>combinada</u>.

```
CREATE TABLE Matricula
        (    NumOfer               INTEGER,
             CPFAluno              CHAR(11),
             NotaMatr              DECIMAL(3,2),
CONSTRAINT PKMatricula PRIMARY KEY(NumOfer, CPFAluno)         )
```

As superchaves não mínimas não são importantes porque são comuns e contêm colunas que não contribuem para a propriedade da unicidade. Por exemplo, a combinação de *CPFAluno* e *SobrenomeAluno* é única. No entanto, se *SobrenomeAluno* for removido, *CPFAluno* ainda permanece único.

Integridade Referencial

No caso da integridade referencial, as colunas *CPFAluno* e *NumOfer* são chaves estrangeiras na tabela *Matricula*. A coluna *CPFAluno* refere-se à tabela *Aluno*, e a coluna *NumOfer* refere-se à tabela *Oferecimento* (Tabela 3.4). Uma linha de *Oferecimento* representa um curso ministrado em um período acadêmico (verão, inverno etc.), um ano, um horário, um local e dias da semana. A chave primária de *Oferecimento* é *NumOfer*. Um curso, por exemplo, SI480, terá número de oferecimento diferente cada vez que for oferecido.

O método de definição de restrições de integridade referencial é semelhante ao de definição de chaves primárias. Por exemplo, para definir as chaves estrangeiras em *Matricula*, deve-se utilizar cláusulas CONSTRAINT para chaves estrangeiras no final da instrução CREATE TABLE, assim como mostra a instrução revisada CREATE TABLE para a tabela *Matricula*.

```
CREATE TABLE Matricula
        (    NumOfer               INTEGER,
             CPFAluno              CHAR(11),
             NotaMatr              DECIMAL(3,2),

CONSTRAINT PKMatricula PRIMARY KEY(NumOfer, CPFAluno),
CONSTRAINT FKNumOfer FOREIGN KEY (NumOfer) REFERENCES Oferecimento,
CONSTRAINT FKCPFAluno FOREIGN KEY (CPFAluno) REFERENCES Aluno     )
```

Embora a integridade referencial permita a existência de chaves estrangeiras com valores nulos, não é comum chaves estrangeiras terem valores nulos. Quando a chave estrangeira é parte de uma chave primária, não são permitidos valores nulos por causa da regra de integridade de entidade. Por exemplo, não são permitidos valores nulos nem para *Matricula.CPFAluno* nem *Matricula.NumOfer* porque cada coluna é parte da chave primária.

Quando a chave estrangeira não é parte de uma chave primária, o uso determina se são permitidos valores nulos. Por exemplo, *Oferecimento.NumCurso*, chave estrangeira referente a *Curso* (Tabela 3.4), não é parte de uma chave primária, portanto, não são permitidos valores nulos. Na maioria das universidades, um curso não pode ser oferecido antes de ele ser aprovado. Portanto, um oferecimento não deve ser inserido sem um curso relacionado.

As palavras-chave NOT NULL indicam que uma coluna não pode ter valores nulos, assim como mostra a instrução CREATE TABLE para a tabela *Oferecimento*. As restrições NOT NULL são restrições em linha associadas a uma coluna específica. Em contrapartida, as restrições de chave primária e estrangeira em uma instrução CREATE TABLE para a tabela *Oferecimento* são restrições de tabela em que as colunas associadas devem ser especificadas na restrição. Os nomes de restrição devem ser utilizados tanto com restrições de tabela como com restrições em linha para facilitar a identificação quando ocorre uma violação.

```
CREATE TABLE Oferecimento
(       NumOfer              INTEGER,
        NumCurso             CHAR(6)           CONSTRAINT NumCursoOferRequerido NOT NULL,
        LocalOfer            VARCHAR(50),
        DiasSemanaOfer       CHAR(6),
        TrimestreOfer        CHAR(6)           CONSTRAINT TrimOferRequerido NOT NULL,
        AnoOfer              INTEGER           CONSTRAINT AnoOferRequerido NOT NULL,
        CPFProf              CHAR(11),
        HorarioOfer          DATE,
CONSTRAINT PKOferecimento PRIMARY KEY (NumOfer),
CONSTRAINT FKNumCurso FOREIGN KEY(NumCurso) REFERENCES Curso,
CONSTRAINT FKCPFProf FOREIGN KEY(CPFProf) REFERENCES Professor   )
```

Em contrapartida, *Oferecimento.CPFProf* referente ao professor do oferecimento pode ser nulo. A tabela *Professor* (Tabela 3.7) armazena dados sobre os instrutores dos cursos. Um valor nulo em *Oferecimento.CPFProf* significa que ainda não há professor designado para lecionar o oferecimento. Por exemplo, não há instrutor designado na primeira e terceira linhas da Tabela 3.4. Como os oferecimentos geralmente são programados talvez com um ano de antecedência, possivelmente, os instrutores de alguns oferecimentos são conhecidos somente depois de armazenada inicialmente a linha de oferecimento. Assim, a permissão de valores nulos na tabela *Oferecimento* é prudente.

Integridade Referencial para Auto-Relacionamentos (Unários)

auto-relacionamento
um relacionamento em que uma chave estrangeira refere-se à mesma tabela. Os auto-relacionamentos representam associações entre membros do mesmo conjunto.

A restrição de integridade referencial envolvendo uma única tabela é conhecida como auto-relacionamento ou relacionamento unário. Os auto-relacionamentos não são comuns, mas são importantes quando ocorrem. No banco de dados de uma universidade, um professor pode supervisionar outros professores e ser supervisionado por um professor. Por exemplo,

TABELA 3.7 Amostra de Tabela Professor

CPFProf	NomeProf	SobrenomeProf	CidadeProf	UFProf	DeptoProf	ClassificacaoProf	SalarioProf	SupervisorProf	DataAdmProf	CEPProf
098-76-5432	LEONARD	VINCE	SEATTLE	WA	ADM	ASSISTENTE	R$35.000	654-32-1098	01-Abril-95	98111-9921
543-21-0987	VICTORIA	EMMANUEL	BOTHELL	WA	ADM	CATEDRATICO	R$120.000		01-Abril-96	98011-2242
654-32-1098	LEONARD	FIBON	SEATTLE	WA	ADM	ASSOCIADO	R$70.000	543-21-0987	01-Abril-95	98121-0094
765-43-2109	NICKI	MACON	BELLEVUE	WA	FINAN	CATEDRATICO	R$65.000		01-Abril-97	98015-9945
876-54-3210	CRISTOPHER	COLAN	SEATTLE	WA	ADM	ASSISTENTE	R$40.000	654-32-1098	01-Abril-99	98114-1332
987-65-4321	JULIA	MILLS	SEATTLE	WA	FINAN	ASSOCIADO	R$75.000	765-43-2109	01-Abril-00	98114-9954

Victoria Emmanuel (segunda linha) supervisiona Leonard Fibon (terceira linha). A coluna *SupervisorProf* mostra este relacionamento: o valor de *SupervisorProf* na terceira linha (543-21-0987) corresponde ao valor de *CPFProf* na segunda linha. A restrição de integridade referencial envolvendo a coluna *SupervisorProf* representa o auto-relacionamento. Na instrução CREATE TABLE, a restrição de integridade referencial para um auto-relacionamento pode ser escrita da mesma forma que outras restrições de integridade referencial.

```
CREATE TABLE Professor
(       CPFProf                 CHAR(11),
        NomeProf                VARCHAR(50)     CONSTRAINT NomeProfRequerido NOT NULL,
        SobrenomeProf           VARCHAR(50)     CONSTRAINT SobrenomeProfRequerido NOT NULL,
        CidadeProf              VARCHAR(50)     CONSTRAINT CidadeProfRequerido NOT NULL,
        UFProf                  CHAR(2)         CONSTRAINT UFProfRequerido NOT NULL,
        CEPProf                 CHAR(10)        CONSTRAINT CEPProfRequerido NOT NULL,
        DataAdmProf             DATE,
        DeptoProf               CHAR(6),
        ClassificacaoProf       CHAR(4),
        SalarioProf             DECIMAL(10,2),
        SupervisorProf          CHAR(11),
CONSTRAINT PKProfessor PRIMARY KEY (CPFProf),
CONSTRAINT FKSupervisorProf FOREIGN KEY (SupervisorProf) REFERENCES Professor )
```

3.2.3 Representação Gráfica da Integridade Referencial

Nos últimos anos, os SGBDs comerciais têm oferecido representações gráficas para restrições de integridade referencial. A representação gráfica torna a integridade referencial mais fácil de definir e de entender que a representação textual na instrução CREATE TABLE. Além disso, a representação gráfica apóia acesso a dados não procedurais.

Um estudo da janela Relacionamentos do Microsoft Access ajuda a reproduzir uma representação gráfica. O Access oferece a janela Relacionamentos para definir visualmente e exibir as restrições de integridade referencial. A Figura 3.2 mostra a janela Relacionamentos das tabelas do banco de dados de uma universidade. Cada linha representa uma restrição de integridade referencial ou um relacionamento. Em um relacionamento, a tabela da chave

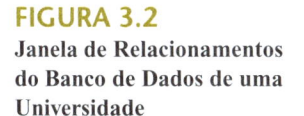

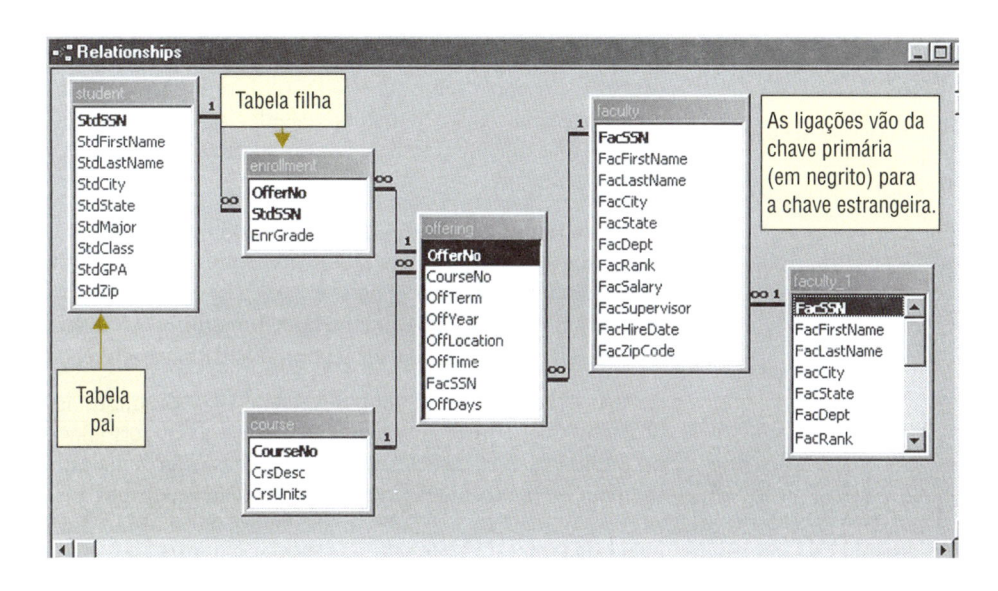

FIGURA 3.2
Janela de Relacionamentos do Banco de Dados de uma Universidade

relacionamento 1-M
uma ligação entre duas tabelas em que uma linha de uma tabela pai pode ser referenciada por muitas linhas de uma tabela filha. Os relacionamentos 1-M são os tipos mais comuns de relacionamento.

Relacionamento M-N
uma ligação entre duas tabelas em que as linhas de cada tabela podem estar relacionadas a muitas linhas da outra tabela. Os relacionamentos M-N não podem ser representados diretamente no Modelo Relacional. Dois relacionamentos 1-M e uma tabela de ligação ou associativa representam um relacionamento M-N.

primária é conhecida como tabela pai ou "1" (por exemplo, *Aluno*) e a tabela de chave estrangeira (por exemplo, *Matrícula*) é conhecida como tabela filha ou "M" (muitas).

O relacionamento de *Aluno* para *Matrícula* é denominado "1-M" (um para muitos) porque um aluno pode ser relacionado a muitas matrículas, mas uma matrícula pode estar relacionada somente a um aluno. Do mesmo modo, o relacionamento da tabela *Oferecimento* para a tabela *Matrícula* significa que um oferecimento pode estar relacionado a muitas matrículas, mas uma matrícula pode estar relacionada somente a um oferecimento. Recomenda-se praticar, escrevendo sentenças semelhantes para outros relacionamentos na Figura 3.2.

Os relacionamentos M-N (muitos para muitos) não são representados diretamente no Modelo Relacional. Um relacionamento M-N significa que as linhas de cada tabela podem estar relacionadas a muitas linhas da outra tabela. Por exemplo, um aluno matricula-se em muitos oferecimentos de cursos, e um oferecimento de curso contém muitos estudantes. No Modelo Relacional, um par de relacionamentos 1-M e uma tabela de ligação ou associativa representam um relacionamento M-N. Na Figura 3.2, a tabela de junção *Matrícula* e seus relacionamentos com *Oferecimento* e *Aluno* representam um relacionamento M-N entre as tabelas *Aluno* e *Oferecimento*.

Os auto-relacionamentos são representados de forma indireta na janela Relacionamentos. O auto-relacionamento envolvendo *Professor* é representado como relacionamento entre as tabelas *Professor* e *Professor_1*. A tabela *Professor_1* não é real porque é criada somente dentro da janela de Relacionamentos do Access. O Access mostra apenas de forma indireta os auto-relacionamentos.

Uma representação gráfica como a janela de Relacionamentos facilita a identificação de tabelas que devem ser combinadas para atender a uma requisição de recuperação. Por exemplo, supondo que se deseja encontrar instrutores que ministram cursos com "banco de dados" na descrição de curso. Fica clara a necessidade da tabela *Curso* para encontrar os cursos com "banco de dados". Talvez seja necessária também a tabela *Professor* para mostrar os dados do instrutor. A Figura 3.2 mostra também a necessidade da tabela *Oferecimento*, porque *Curso* e *Professor* não estão diretamente ligados. Ao contrário, *Curso* e *Professor* são ligados por meio de *Oferecimento*. Assim, a visualização dos relacionamentos ajuda a identificar as tabelas necessárias para atender às requisições de recuperação. Antes de tentar resolver os problemas de recuperação apresentados nos capítulos posteriores, é necessário estudar com cuidado a representação gráfica dos relacionamentos. Recomenda-se construir o próprio diagrama se não existir nenhum disponível.

3.3 Ações de Exclusão e Atualização para Linhas Referenciadas

Para cada restrição de integridade referencial, é necessário estudar com cuidado as ações executadas nas linhas referenciadas de tabelas pai de relacionamentos 1-M. Uma linha pai é referenciada se houver linhas em uma tabela filha com valores de chave estrangeira idênticos ao valor de chave primária da linha da tabela pai. Por exemplo, a primeira linha da tabela *Curso* (Tabela 3.6) com *NumCurso* "SI320" é referenciada pela primeira linha da tabela *Oferecimento* (Tabela 3.4). É natural estudar o que acontece com as linhas de *Oferecimento* relacionadas quando a linha *Curso* referenciada é excluída ou a *NumCurso* é atualizada. Em termos gerais, essas questões podem ser consideradas desta forma:

Excluindo uma linha referenciada: O que acontece com as linhas relacionadas (ou seja, linhas da tabela filha com valor idêntico de chave estrangeira) quando a linha referenciada na tabela pai é excluída?

Atualizando a chave primária de uma linha referenciada: O que acontece com as linhas relacionadas quando a chave primária da linha referenciada na tabela pai é atualizada?

As ações envolvendo linhas referenciadas são importantes quando as linhas de um banco de dados são modificadas. Quando se desenvolvem formulários de entrada de dados (discutidos no Capítulo 10), as ações envolvendo linhas referenciadas podem ser muito importantes. Por exemplo, se um formulário de entrada de dados permitir a exclusão de linhas na tabela *Curso*, as ações executadas nas linhas relacionadas na tabela *Oferecimento* devem ser cuidadosamente planejadas. Do contrário, o banco de dados pode ficar inconsistente ou difícil de usar.

Ações Possíveis

Existem diversas ações possíveis em resposta à exclusão de uma linha referenciada ou à atualização da chave primária de uma linha referenciada. A ação mais apropriada depende das tabelas envolvidas. A lista a seguir são descrições das ações e exemplos de uso.

- **Restrição**[6]: Não permite a ação na linha referenciada. Por exemplo, não permite a exclusão de uma linha *Aluno* se existir qualquer linha *Matricula* relacionada. Do mesmo modo, não permite a alteração de *Aluno.CPFAluno* se existirem linhas *Matricula* relacionadas.
- **Cascata:** Executa a mesma ação (em cascata) para as linhas relacionadas. Por exemplo, se houver alguma exclusão de *Aluno*, as linhas *Matricula* relacionadas são excluídas. Do mesmo modo, se houver modificação de *Aluno.CPFAluno* em alguma linha, é feita a atualização de *CPFAluno* nas linhas *Matricula* relacionadas.
- **Atribuição de nulo:** Define como nula a chave estrangeira das linhas relacionadas. Por exemplo, se alguma linha *Professor* é excluída, *CPFProf* é definido como NULL nas linhas *Oferecimento* relacionadas. Do mesmo modo, se *Professor.CPFProf* é atualizado, *CPFProf* é definido como NULL nas linhas *Oferecimento* relacionadas. A ação de atribuição de nulo não é permitida se a chave estrangeira não permite valores nulos. Por exemplo, a opção de atribuição de nulo não é válida quando da exclusão de linhas da tabela *Aluno* porque *Matricula.CPFAluno* é parte da chave primária.
- *Default (padrão)*: Define a chave estrangeira das linhas relacionadas para seu valor *default*. Por exemplo, se uma linha *Professor* é excluída, *CPFProf* é definido com um valor *default* para professor nas linhas *Oferecimento* relacionadas. O valor *default* de professor pode conter uma interpretação, por exemplo, "a ser anunciado". Do mesmo modo, se *Professor.CPFProf* é atualizado, *CPFProf* é definido com seu valor *default* nas linhas *Oferecimento* relacionadas. A ação *default* é uma alternativa para a ação de atribuição de nulo já que ela evita valores nulos.

As ações de exclusão e atualização podem ser especificadas no SQL utilizando as cláusulas ON DELETE e ON UPDATE. Essas cláusulas fazem parte das restrições de chave estrangeira. Por exemplo, a instrução CREATE TABLE revisada para a tabela *Matricula* mostra as cláusulas ON DELETE e ON UPDATE para a tabela *Matricula*. A palavra-chave RESTRICT significa restrição (a primeira ação possível). As palavras-chave CASCADE, SET NULL e SET DEFAULT podem ser utilizadas para especificar, respectivamente, da segunda à quarta ação.

```
CREATE TABLE Matricula
    (    NumOfer          INTEGER,
         CPFAluno         CHAR(11),
         NotaMatr         DECIMAL(3,2),
    CONSTRAINT PKMatricula PRIMARY KEY (NumOfer, CPFAluno),
    CONSTRAINT FKNumOfer FOREIGN KEY (NumOfer) REFERENCES Oferecimento
         ON DELETE RESTRICT
         ON UPDATE CASCADE,
    CONSTRAINT FKCPDAluno FOREIGN KEY (CPFAluno) REFERENCES Aluno
         ON DELETE RESTRICT
         ON UPDATE CASCADE  )
```

Antes de terminar esta seção, é preciso entender bem o impacto das linhas referenciadas nas operações de inserção. Uma linha referenciada deve ser inserida antes das linhas a ela relacionadas. Por exemplo, antes de inserir uma linha na tabela *Matricula*, é necessária a existência das linhas referenciadas nas tabelas *Aluno* e *Oferecimento*. A integridade referencial impõe uma ordem para a inserção das linhas de diferentes tabelas. Quando se projetam formulários de entrada de dados, é necessário estudar com cuidado o impacto da integridade referencial na ordem de preenchimento dos formulários pelos usuários.

---

[6] Existe uma ação relacionada, designada pelas palavras-chave NO ACTION. A diferença entre RESTRICT e NO ACTION envolve o conceito de restrições de integridade postergada, discutido no Capítulo 15.

3.4 Operadores da Álgebra Relacional

Nas seções anteriores deste capítulo, você estudou a terminologia e as regras de integridade de bancos de dados relacionais, visando à compreensão dos bancos de dados relacionais existentes. Mais especificamente, enfatizou-se a compreensão das ligações entre tabelas, como pré-requisito para a recuperação de informações úteis. Esta seção descreve alguns operadores fundamentais utilizados para recuperar informações importantes de um banco de dados relacional.

Você pode pensar na álgebra relacional do mesmo modo que se pensa na álgebra numérica, excetuando o fato de os objetos serem diferentes: a álgebra aplica-se a números e a álgebra relacional aplica-se a tabelas. Na álgebra, cada operador transforma um ou mais números em outro número. Do mesmo modo, cada operador da álgebra relacional <u>transforma uma tabela (ou duas tabelas) em uma nova tabela</u>.

Esta seção enfatiza o estudo de cada operador da álgebra relacional isoladamente. Para cada operador você deverá compreender a finalidade e as entradas. Ao mesmo tempo que se pode combinar operadores para criar fórmulas complicadas, esse nível de conhecimento não é importante para desenvolver as habilidades de formulação de consulta. Pode ser estranho utilizar a álgebra relacional em si para escrever consultas, por causa de detalhes como a ordem das operações e dos parênteses. Portanto, você deve buscar entender somente o significado de cada operador em vez de entender como combinar os operadores para escrever expressões.

A cobertura da álgebra relacional agrupa os operadores em três categorias. Os operadores mais amplamente utilizados (restrição, projeção e junção) serão apresentados primeiro. Será apresentado também o operador de produto cartesiano estendido como base para o operador de junção. O conhecimento desses operadores ajuda a formular grande percentual das consultas. Os operadores mais especializados são cobertos nas partes finais da seção. Entre os operadores mais especializados estão os operadores tradicionais de conjuntos (junção, intersecção e diferença) e os operadores avançados (totalização e divisão). O conhecimento desses operadores ajuda a formular consultas mais difíceis.

3.4.1 Operadores de Restrição (Seleção) e Projeção

operador de restrição
um operador que busca um subconjunto de linhas da tabela de entrada que satisfaçam dada condição.

Os operadores de restrição (também conhecido como operador de seleção) e de projeção produzem subconjuntos de uma tabela[7]. Esses operadores são muito utilizados porque os usuários muitas vezes desejam ver um subconjunto e não uma tabela inteira. Esses operadores são populares também porque são fáceis de entender.

Os operadores de restrição e projeção produzem uma tabela de saída, subconjunto de uma tabela de entrada (Figura 3.3). O operador de <u>restrição</u> produz um subconjunto de linhas,

FIGURA 3.3
Representação Gráfica dos Operadores de Restrição e Projeção

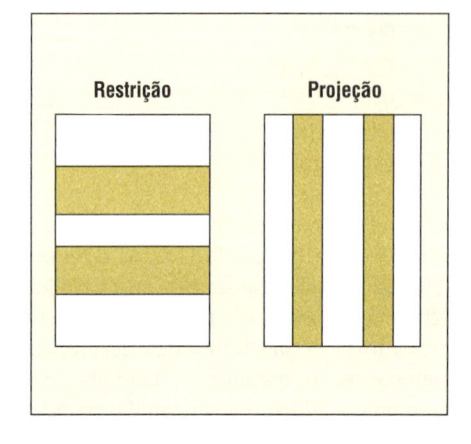

---

[7] Neste livro, o nome operador de restrição é utilizado para evitar confusão com a instrução SELECT do SQL. O operador é mais conhecido como operador de seleção (*select*).

TABELA 3.8 Resultado da Operação de Restrição na Amostra da Tabela Oferecimento (TABELA 3.4)

NumOfer	NumCurso	TrimestreOfer	AnoOfer	LocalOfer	HorarioOfer	CPFProf	DiasSemanaOfer
3333	SI320	PRIMAVERA	2006	BLM214	8h30	098-76-5432	SEG-QUA
5678	SI480	PRIMAVERA	2006	BLM302	10h30	987-65-4321	SEG-QUA

TABELA 3.9
Resultado de uma Operação de Projeção em *Oferecimento.NumCurso*

NumCurso
SI320
SI460
SI480

projeção
um operador que recupera um subconjunto de colunas específicas da tabela de entrada.

enquanto o operador de projeção produz um subconjunto de colunas. O operador de restrição utiliza uma condição ou uma expressão lógica para indicar as linhas que devem ser retidas na saída. O operador de projeção utiliza uma lista de nomes de coluna para indicar as colunas que devem ser retidas na saída. Os operadores de restrição e projeção muitas vezes são utilizados juntos, porque as tabelas às vezes possuem muitas linhas e muitas colunas. Raramente o usuário deseja ver todas as linhas e todas as colunas.

A expressão lógica utilizada no operador de restrição pode incluir comparações envolvendo colunas e constantes. As expressões lógicas complexas podem ser formadas utilizando os operadores lógicos AND, OR e NOT. Por exemplo, a Tabela 3.8 mostra o resultado de uma operação de restrição na Tabela 3.4, em que a expressão lógica é: DiasSemanaOfer = 'SEG-QUA' AND TrimestreOfer = 'PRIMAVERA' AND AnoOfer = 2006.

A operação de projeção às vezes produz um efeito colateral. Algumas vezes, depois de recuperado um subconjunto de colunas, podem existir linhas em duplicidade. Quando isso ocorre, o operador de projeção remove as linhas em duplicidade. Por exemplo, se a coluna *Oferecimento.NumCurso* for a única utilizada em uma operação de projeção, o resultado (Tabela 3.9) apresenta somente três linhas mesmo que a tabela *Oferecimento* (Tabela 3.4) contenha nove linhas. Na Tabela 3.4, a coluna *Oferecimento.NumCurso* contém somente três valores únicos. Observar que, se uma chave primária ou uma chave candidata for incluída na lista de colunas, a tabela resultante não apresenta duplicidades. Por exemplo, se *NumOfer* fosse incluída na lista de colunas, a tabela resultante teria nove linhas sem duplicidades a serem removidas.

Esse efeito colateral deve-se à natureza matemática da álgebra relacional. Na álgebra relacional, as tabelas são consideradas conjuntos. A remoção de duplicidades é um possível efeito colateral do operador de projeção, porque os conjuntos não apresentam duplicidades. As linguagens comerciais, como o SQL, normalmente adotam uma visão mais pragmática. A remoção de duplicidades pode ser custosa em termos computacionais, assim, elas somente são removidas mediante requisição específica do usuário.

3.4.2 Operador de Produto Cartesiano Estendido

O operador de produto cartesiano estendido combina quaisquer duas tabelas. Outros operadores de combinação de tabelas obedecem condições para combiná-las. Por causa dessa natureza irrestrita, o operador de produto cartesiano estendido produz tabelas com dados em excesso. O operador de produto cartesiano estendido é importante porque serve como bloco de construção para o operador de junção. Quando se começa a estudar o operador de junção, é útil conhecer o operador de produto cartesiano estendido. Depois de dominar bem o operador de junção, não é mais necessário depender do operador de produto cartesiano estendido.

produto cartesiano estendido
um operador que constrói uma tabela consistindo em todas as combinações de linhas de cada uma das tabelas de entrada.

O operador de produto cartesiano estendido (apenas operador de produto, para abreviar) mostra tudo o possível de duas tabelas[8]. O produto de duas tabelas é uma nova tabela constituída de todas as combinações possíveis de linhas de duas tabelas de entrada. A Figura 3.4 retrata um produto de duas tabelas de coluna única. Cada linha resultante é constituída de colunas da tabela *Professor* (somente *CPFProf*) e de colunas da tabela *Aluno* (somente *CPFAluno*).

---

[8] O operador de produto cartesiano estendido também é conhecido como produto cartesiano, por causa do matemático francês René Descartes.

O nome do operador (produto) é derivado do número de linhas constantes no resultado. O número de linhas da tabela resultante é o produto do número de linhas das duas tabelas de entrada. Em contrapartida, o número de colunas resultante é a soma das colunas das duas tabelas de entrada. Na Figura 3.4, a tabela resultante possui nove linhas e duas colunas.

Como outro exemplo, considere o produto da amostra das tabelas *Aluno* (Tabela 3.10) e *Matricula* (Tabela 3.11). A tabela resultante (Tabela 3.12) possui 9 linhas (3 × 3) e 7 colunas (4 + 3). Observar que a maioria das linhas resultantes não é importante porque somente três linhas possuem *CPFAluno* com o mesmo valor.

FIGURA 3.4
Exemplo de Produto Cartesiano

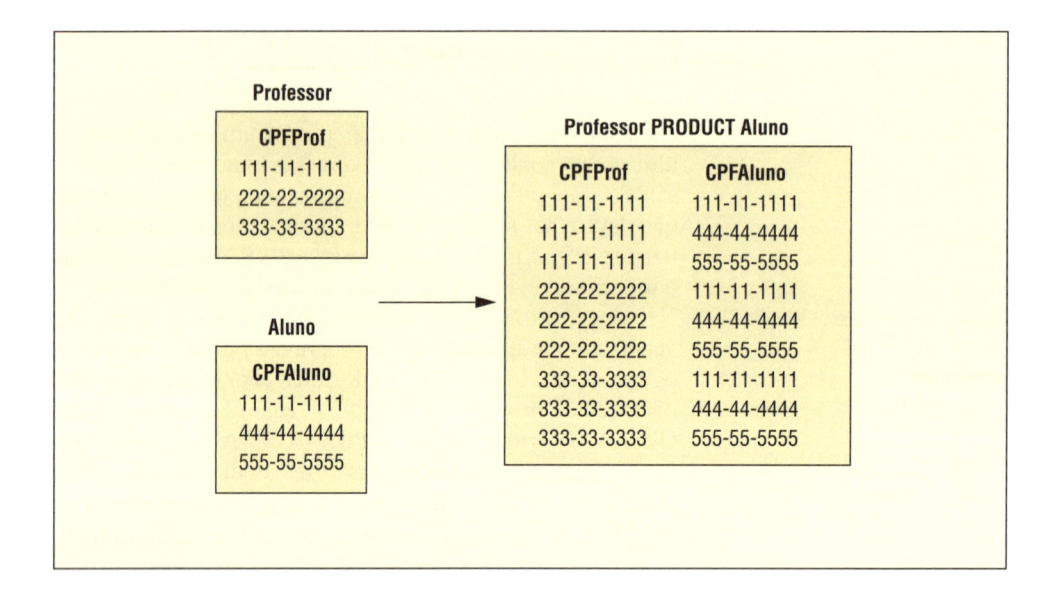

Professor		Professor PRODUCT Aluno	
CPFProf		**CPFProf**	**CPFAluno**
111-11-1111		111-11-1111	111-11-1111
222-22-2222		111-11-1111	444-44-4444
333-33-3333		111-11-1111	555-55-5555
		222-22-2222	111-11-1111
Aluno		222-22-2222	444-44-4444
CPFAluno		222-22-2222	555-55-5555
111-11-1111		333-33-3333	111-11-1111
444-44-4444		333-33-3333	444-44-4444
555-55-5555		333-33-3333	555-55-5555

TABELA 3.10 Amostra da Tabela *Aluno*

CPFAluno	SobrenomeAluno	Especializacao	Turma
123-45-6789	WELLS	SI	FR
124-56-7890	NORBERT	FINAN	JR
234-56-7890	KENDALL	CONTB	JR

TABELA 3.11 Amostra da Tabela *Matricula*

NumOfer	CPFAluno	NotaMatr
1234	123-45-6789	3,3
1234	234-56-7890	3,5
4321	124-56-7890	3,2

TABELA 3.12 *Aluno* **PRODUCT** *Matricula*

Aluno.CPFAluno	SobrenomeAluno	Especializacao	Turma	NumOfer	Matricula.CPFAluno	NotaMatr
123-45-6789	WELLS	SI	FR	1234	123-45-6789	3.3
123-45-6789	WELLS	SI	FR	1234	234-56-7890	3.5
123-45-6789	WELLS	SI	FR	4321	124-56-7890	3.2
124-56-7890	NORBERT	FINAN	JR	1234	123-45-6789	3.3
124-56-7890	NORBERT	FINAN	JR	1234	234-56-7890	3.5
124-56-7890	NORBERT	FINAN	JR	4321	124-56-7890	3.2
234-56-7890	KENDALL	CONTB	JR	1234	123-45-6789	3.3
234-56-7890	KENDALL	CONTB	JR	1234	234-56-7890	3.5
234-56-7890	KENDALL	CONTB	JR	4321	124-56-7890	3.2

Assim como mostram esses exemplos, o operador de produto cartesiano estendido muitas vezes gera dados excessivos. O excesso de dados é tão prejudicial quanto a falta de dados. Por exemplo, o produto de uma tabela de alunos com 30.000 linhas e uma tabela de matrícula com 300.000 linhas é uma tabela de nove bilhões de linhas! A maioria dessas linhas seria combinações sem sentido. Assim, raramente é necessária uma operação de produto cartesiano em si. No entanto, a importância do operador de produto cartesiano é como bloco construtor para outros operadores, por exemplo, o operador de junção.

3.4.3 Operador de Junção

O operador de junção é o mais utilizado na combinação de tabelas. Como a maioria dos bancos de dados possui muitas tabelas, a combinação de tabelas é muito importante. O operador de junção é diferente do operador de produto cartesiano porque requer o cumprimento de uma condição de correspondência entre linhas de duas tabelas. A maioria das tabelas é combinada dessa forma. Em grande parte, a habilidade para recuperar dados importantes depende da capacidade de utilização do operador de junção.

O operador de <u>junção</u> cria uma nova tabela, combinando as linhas de duas tabelas correspondentes a uma condição de junção. Normalmente, a condição de junção determina a existência de duas linhas com valor idêntico em uma ou mais colunas. Quando a condição de junção envolve igualdade, ela é conhecida como <u>equijunção</u>, ou seja, junção de igualdade. A Figura 3.5 apresenta a junção das amostras das tabelas *Professor* e *Oferecimento*, em que a condição de junção estabelece que as colunas *CPFProf* sejam iguais. Somente algumas colunas são mostradas para simplificar a ilustração. As setas indicam como as linhas das tabelas de entrada são combinadas para formar as linhas da tabela resultante. Por exemplo, a primeira linha da tabela *Professor* é combinada com a primeira e terceira linha da tabela *Oferecimento* para produzir duas linhas na tabela resultante.

O operador de <u>junção natural</u> é o operador mais comum de junção. Em uma operação de junção natural, a condição de junção é a igualdade (equijunção), uma das colunas de junção é removida, e as colunas de junção possuem o mesmo nome não qualificado[9]. Na Figura 3.5, a tabela resultante contém somente três colunas, porque a junção natural remove uma das colunas *CPFProf*. Não importa qual coluna específica (*Professor.CPFProf* ou *Oferecimento.CPFProf*) foi removida.

junção
um operador que produz uma tabela contendo linhas que satisfazem uma condição envolvendo uma coluna de cada tabela de entrada.

junção natural
um operador de junção comumente utilizado quando a condição de combinação estabelece a igualdade (equijunção), uma das colunas a ser combinada é descartada na tabela resultante e as colunas de junção têm os mesmos nomes não qualificados.

FIGURA 3.5
Amostra de Operação de Junção Natural

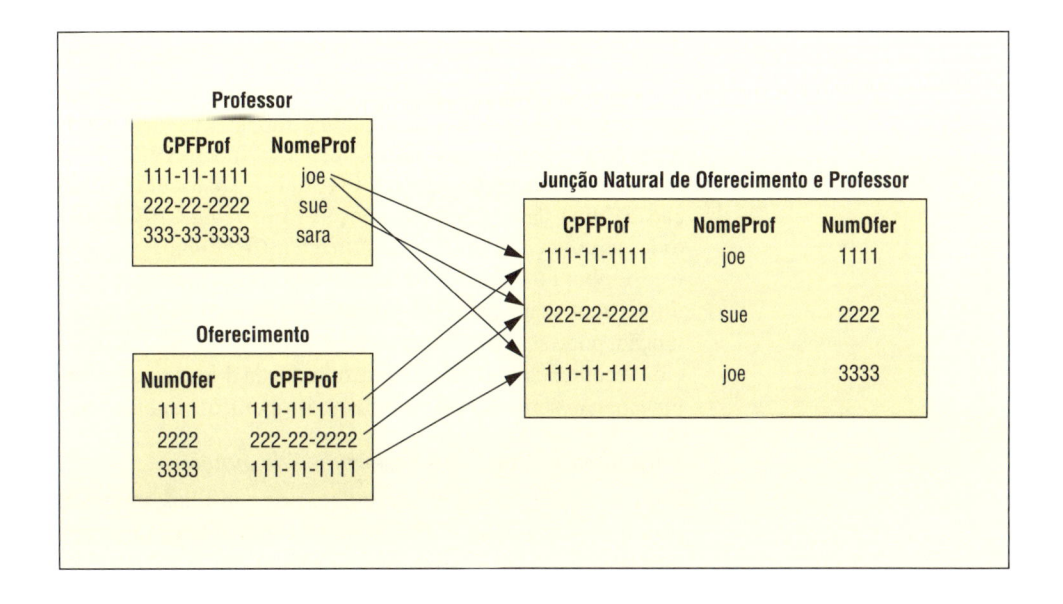

Professor

CPFProf	NomeProf
111-11-1111	joe
222-22-2222	sue
333-33-3333	sara

Oferecimento

NumOfer	CPFProf
1111	111-11-1111
2222	222-22-2222
3333	111-11-1111

Junção Natural de Oferecimento e Professor

CPFProf	NomeProf	NumOfer
111-11-1111	joe	1111
222-22-2222	sue	2222
111-11-1111	joe	3333

---

[9] Não qualificado é o nome de coluna sem o nome de tabela. O nome completo de uma coluna inclui o nome da tabela. Portanto, os nomes completos das colunas de junção da Figura 3.5 são *Professor.CPFProf* e *Oferecimento.CPFProf*.

TABELA 3.13
Amostra da Tabela *Aluno*

CPFAluno	SobrenomeAluno	Especializacao	Turma
123-45-6789	WELLS	SI	FR
124-56-7890	NORBERT	FINAN	JR
234-56-7890	KENDALL	CONTB	JR

TABELA 3.14
Amostra da Tabela *Matricula*

NumOfer	CPFAluno	NotaMatr
1234	123-45-6789	3,3
1234	234-56-7890	3,5
4321	124-56-7890	3,2

TABELA 3.15
Junção Natural de *Aluno* e *Matricula*

Aluno.CPFAluno	SobrenomeAluno	Especializacao	Turma	NumOfer	NotaMatr
123-45-6789	WELLS	SI	FR	1234	3,3
124-56-7890	NORBERT	FINAN	JR	4321	3,2
234-56-7890	KENDALL	CONTB	JR	1234	3,5

Em outro exemplo, considerar a junção natural de *Aluno* (Tabela 3.13) e *Matricula* (Tabela 3.14) mostrada na Tabela 3.15. Em cada linha do resultado, *Aluno.CPFAluno* corresponde a *Matricula.CPFAluno*. Somente uma das colunas de junção é incluída no resultado. Arbitrariamente, o exemplo mostra *Aluno.CPFAluno*, embora *Matricula.CPFAluno* possa ser incluído sem alterar o resultado.

Derivação da Junção Natural

O operador de junção natural não é primitivo, pois pode ser derivado de outros operadores. O operador de junção natural é constituído de três passos:

1. Uma operação de produto para combinar as linhas.
2. Uma operação de restrição para remover as linhas que não satisfazem a condição de junção.
3. Uma operação de projeção para remover uma das colunas de junção.

Retratando esses passos, o primeiro passo para produzir a junção natural na Tabela 3.15 é o resultado do produto mostrado na Tabela 3.12. O segundo passo é a retenção somente das linhas correspondentes (linhas 1, 6, e 8 da Tabela 3.12). É utilizada uma operação de restrição tendo como condição Aluno.CPFAluno = Matricula.CPFAluno. O passo final é a eliminação de uma das colunas de junção (*Matricula.CPFAluno*). A operação de projeção inclui todas as colunas, exceto para *Matricula.CPFAluno*.

Embora o operador de junção não seja primitivo, ele pode ser conceitualizado de forma direta, sem suas operações primitivas. Quando se está começando a aprender o operador de junção, pode ser útil derivar os resultados, utilizando as operações subjacentes. Como exercício, recomenda-se derivar o resultado da Figura 3.5. Depois de aprender o operador de junção, não será necessário utilizar as operações subjacentes.

Formulação Visual das Operações de Junção

Com intuito de auxiliar na formulação de consultas, muitos SGBDs oferecem um meio visual para formular junções. O Microsoft Access oferece uma representação visual do operador de junção utilizando a janela Design de Consulta. A Figura 3.6 retrata uma junção entre *Aluno* e *Matricula* em *CPFAluno* utilizando a janela Design de Consulta. Para formar essa junção, basta selecionar as tabelas. No Access, a junção deve ser baseada na coluna *CPFAluno*. No Access, supõe-se que a maioria das junções envolva uma combinação de chave primária e chave estrangeira. Se a escolha da condição de junção feita pelo Access estiver incorreta, é possível escolher outras colunas de junção.

FIGURA 3.6
Janela Design de Consulta Mostrando uma Junção entre *Aluno* e *Matricula*

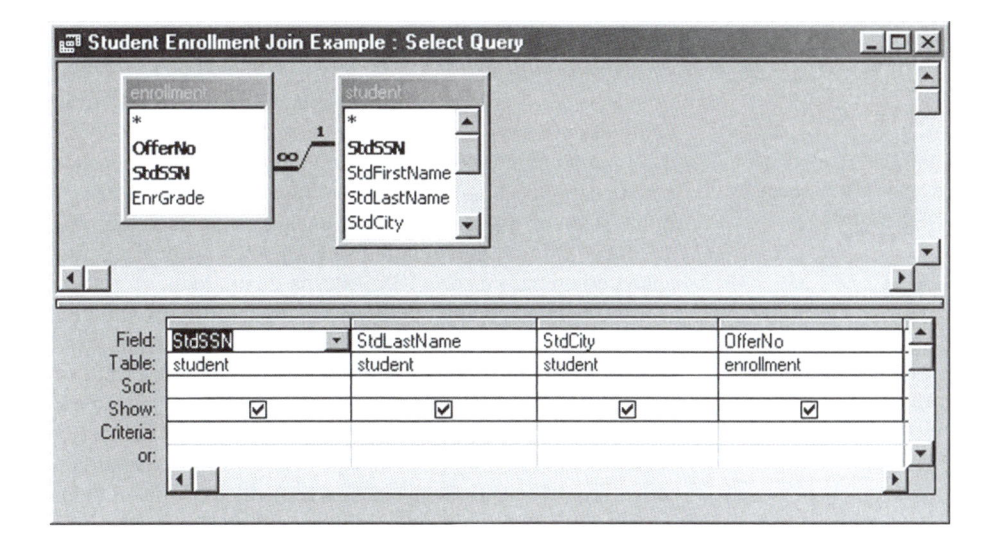

FIGURA 3.7
Amostra de Operação de Junção Externa

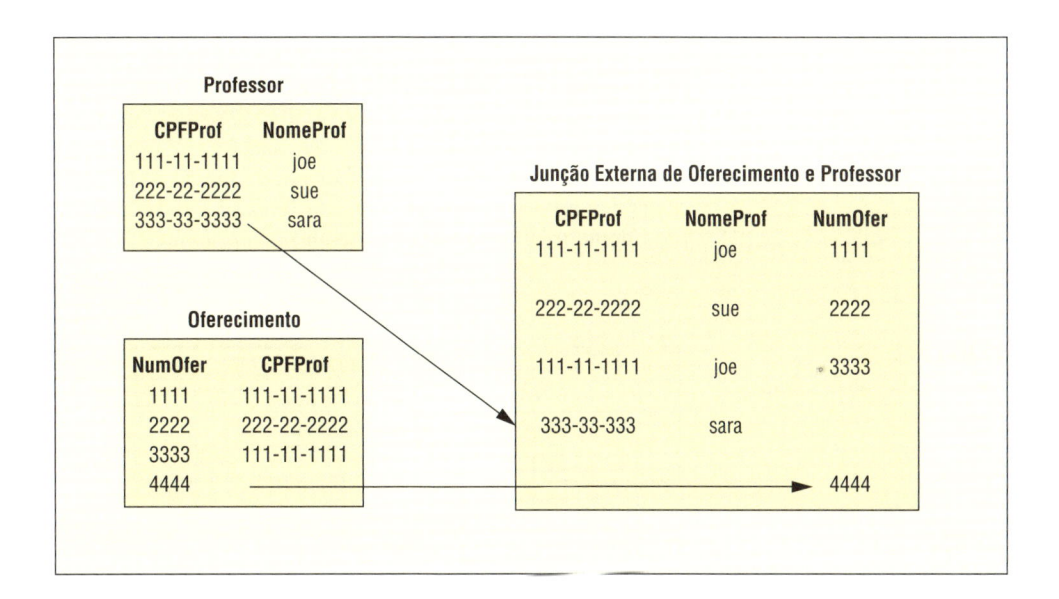

3.4.4 Operador de Junção Externa

O resultado de uma operação de junção inclui as linhas correspondentes à condição de junção. Algumas vezes, é útil incluir tanto as linhas correspondentes como as não-correspondentes. Por exemplo, para saber os oferecimentos com instrutor designado e os oferecimentos sem instrutor designado. Nessas situações, o operador de junção externa é útil.

O operador de junção externa proporciona a capacidade para preservar as linhas não-correspondentes no resultado, além de incluir as linhas correspondentes. A Figura 3.7 retrata uma junção externa entre as amostras das Tabelas *Professor* e *Oferecimento*. Observar que cada tabela possui uma linha que não corresponde a nenhuma linha da outra tabela. A terceira linha de *Professor* e a quarta linha de *Oferecimento* não possuem linhas correspondentes na outra tabela. Para as linhas não-correspondentes, são utilizados valores nulos para completar os valores de coluna na outra tabela. Na Figura 3.7, espaços em branco (sem valores) representam valores nulos. A quarta linha resultante é a linha não-correspondente de *Professor* com um valor nulo para a coluna *NumOfer*. Do mesmo modo, a quinta linha resultante contém um valor nulo para as primeiras duas colunas porque é uma linha não-correspondente de *Oferecimento*.

Operador de Junção Externa Completa versus Operador de Junção Externa de um Lado

junção externa completa
um operador que produz as linhas correspondentes (a parte de junção), além das linhas não-correspondentes de ambas as tabelas de entrada.

junção externa de um lado
um operador que produz as linhas correspondentes (a parte de junção), além das linhas não-correspondentes da tabela de entrada designada.

Existem duas variações do operador de junção externa. O operador de junção externa completa preserva as linhas não-correspondentes de ambas as tabelas de entrada. A Figura 3.7 mostra um operador de junção externa completa porque as linhas não-correspondentes de ambas as tabelas são preservadas no resultado. Algumas vezes, é importante preservar as linhas não-correspondentes de apenas uma tabela de entrada, assim, foi projetado o operador de junção externa de um lado. Na Figura 3.7, somente as primeiras quatro linhas do resultado apareceriam para uma junção externa de um lado, preservando as linhas da tabela *Professor*. A última linha não apareceria no resultado porque é uma linha não-correspondente da tabela *Oferecimento*. Do mesmo modo, somente as primeiras três linhas e a última apareceriam no resultado para uma junção externa de um lado, preservando as linhas da tabela *Oferecimento*.

A junção externa é útil em duas situações. A junção externa completa pode ser utilizada para combinar duas tabelas com algumas colunas em comum e algumas colunas únicas. Por exemplo, para combinar as tabelas *Aluno* e *Professor*, uma junção externa completa pode ser utilizada para mostrar todas as colunas relacionadas a todas as pessoas da universidade. Na Tabela 3.18, as duas primeiras linhas são somente da amostra da tabela *Aluno* (Tabela 3.16), enquanto as duas últimas linhas são apenas da amostra da tabela *Professor* (Tabela 3.17). Observar a utilização de valores nulos para as colunas da outra tabela. A terceira linha da Tabela 3.18 é a linha em comum entre as amostras das tabela *Professor* e *Aluno*.

A junção externa de um lado pode ser útil quando uma tabela possui valores nulos em uma chave estrangeira. Por exemplo, a tabela *Oferecimento* (Tabela 3.19) pode conter valores nulos na coluna *CPFProf* representando os oferecimentos de curso sem um professor designado. Uma junção externa de um lado entre *Oferecimento* e *Professor* preserva as linhas de *Oferecimento* que não possuem *Professor* designado, assim como mostra a Tabela 3.20. Com uma junção natural, a primeira e terceira linha da Tabela 3.20 não apareceriam. Assim como será discutido no Capítulo 10, as junções unilaterais podem ser úteis nos formulários de entrada de dados.

TABELA 3.16 Amostra da Tabela *Aluno*

CPFAluno	SobrenomeAluno	Especializacao	Turma
123-45-6789	WELLS	SI	FR
124-56-7890	NORBERT	FINAN	JR
876-54-3210	COLAN	ADM	SR

TABELA 3.17 Amostra da Tabela *Professor*

CPFProf	SobrenomeProf	DeptoProf	ClassificacaoProf
098-76-5432	VINCE	ADM	ASSISTENTE
543-21-0987	EMMANUEL	ADM	CATEDRATICO
876-54-3210	COLAN	ADM	ASSISTENTE

TABELA 3.18 Resultado da Junção Externa Completa das Amostras das Tabela *Aluno* e *Professor*

CPFAluno	SobrenomeAluno	Especializacao	Turma	CPFProf	SobrenomeProf	DeptoProf	ClassificacaoProf
123-45-6789	WELLS	SI	FR				
124-56-7890	NORBERT	FINAN	JR				
876-54-3210	COLAN	ADM	SR	876-54-3210	COLAN	ADM	ASSISTENTE
				098-76-5432	VINCE	ADM	ASSISTENTE
				543-21-0987	EMMANUEL	ADM	CATEDRATICO

TABELA 3.19 Amostra da Tabela *Oferecimento*

NumOfer	NumCurso	TrimestreOfer	CPFProf
1111	SI320	VERAO	
1234	SI320	OUTONO	098-76-5432
2222	SI460	VERAO	
3333	SI320	PRIMAVERA	098-76-5432
4444	SI320	PRIMAVERA	543-21-0987

Capítulo 3 *O Modelo de Dados Relacional* 63

TABELA 3.20 Resultado de uma Junção Externa de um Lado entre Oferecimento (Tabela 3.19) e Professor (Tabela 3.17)

NumOfer	NumCurso	TrimestreOfer	Oferecimento.CPFProf	Professor.CPFProf	SobrenomeProf	DeptoProf	ClassificacaoProf
1111	SI320	VERAO					
1234	SI320	OUTONO	098-76-5432	098-76-5432	VINCE	ADM	ASSISTENTE
2222	SI460	VERAO					
3333	SI320	PRIMAVERA	098-76-5432	098-76-5432	VINCE	ADM	ASSISTENTE
4444	SI320	PRIMAVERA	543-21-0987	543-21-0987	EMMANUEL	ADM	CATEDRATICO

FIGURA 3.8
Janela Design de Consultas Mostrando uma Junção Externa de um Lado Preservando a Tabela *Oferecimento*

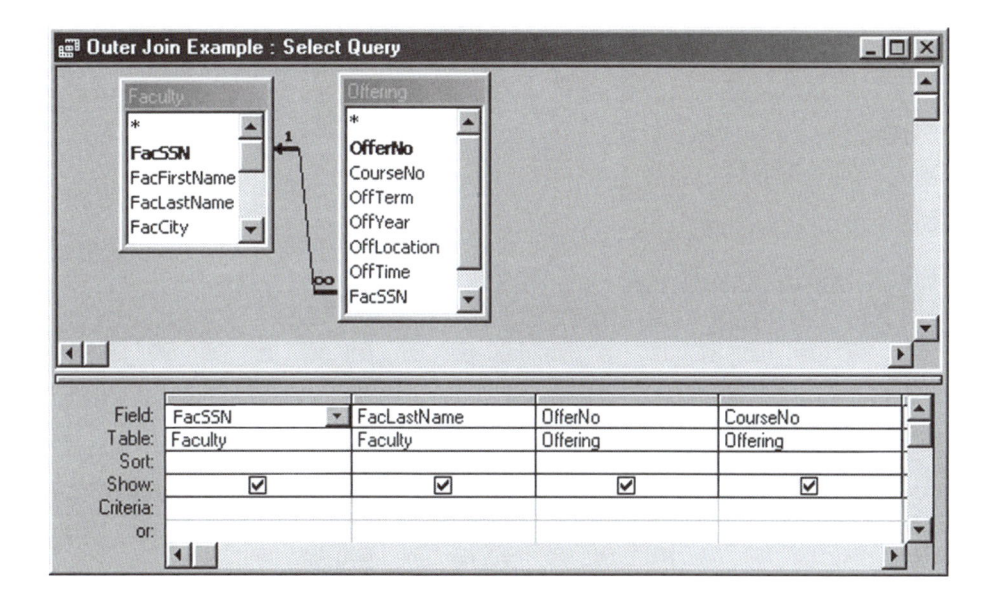

Formulação Visual das Operações de Junção Externa

Com o intuito de auxiliar na formulação de consultas, muitos SGBDs oferecem um meio visual para formular junções externas. O Microsoft Access oferece uma representação visual do operador de junção de um lado na janela Design de Consultas. A Figura 3.8 retrata uma junção externa de um lado que preserva as linhas de *Oferecimento*. A seta que segue de *Oferecimento* a *Professor* significa que as linhas não-correspondentes de *Oferecimento* são preservadas no resultado. No Microsoft Access, existem três opções na combinação das tabelas *Professor* e *Oferecimento*: (1) mostrar somente as linhas correspondentes (uma junção); (2) mostrar as linhas correspondentes e as não-correspondentes de *Professor*; e (3) mostrar as linhas correspondentes e as linhas não-correspondentes de *Oferecimento*. A escolha (3) está mostrada na Figura 3.8. A escolha (1) parece semelhante à Figura 3.6. A escolha (2) teria a seta de *Professor* até *Oferecimento*.

operadores tradicionais de conjuntos
o operador de união produz uma tabela contendo linhas de qualquer tabela de entrada. O operador de interseção produz uma tabela contendo as linhas em comum entre ambas as tabelas de entrada. O operador de diferença produz uma tabela contendo as linhas da primeira tabela de entrada, mas não na segunda tabela de entrada.

3.4.5 Operadores de União, Intersecção e Diferença

Os operadores de tabela de união, intersecção e diferença são semelhantes aos operadores tradicionais de conjuntos. Os operadores tradicionais de conjuntos são utilizados para determinar todos os membros de dois conjuntos (união), os membros em comum entre dois conjuntos (intersecção), e os membros únicos somente de um conjunto (diferença), assim como mostra a Figura 3.9.

Os operadores de união, intersecção e diferença de tabelas são aplicados a linhas de uma tabela, do contrário, operam do mesmo modo que os operadores tradicionais de conjuntos. A operação de união recupera todas as linhas de qualquer tabela. Por exemplo, um operador de união aplicado a duas tabelas de alunos de diferentes universidades pode encontrar todas as linhas de alunos. A operação de intersecção recupera apenas as linhas em comum. Por exemplo, uma operação de intersecção pode determinar os alunos que freqüentam ambas as

FIGURA 3.9 Diagramas Venn para Operadores Tradicionais de Conjuntos

União   **Intersecção**   **Diferença**

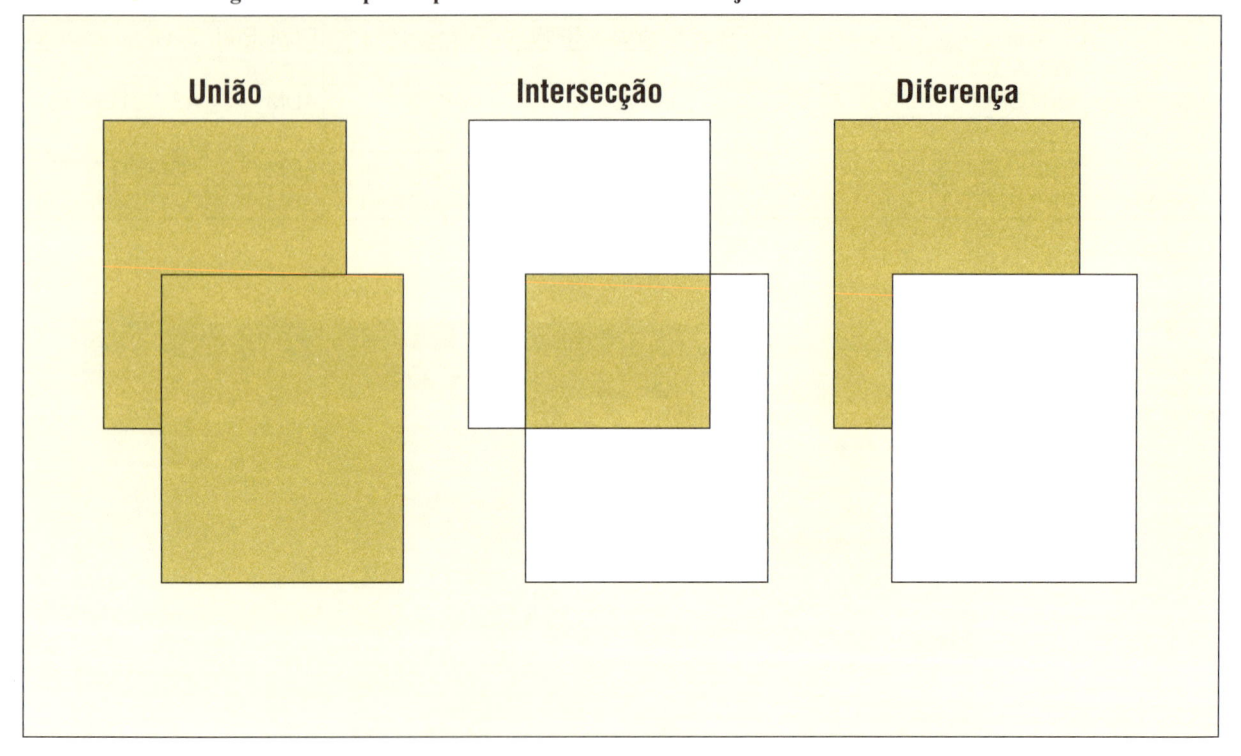

TABELA 3.21
Tabela *Aluno1*

CPFAluno	Sobrenome Aluno	Cidade Aluno	UFAluno	Especializacao	Turma	Media Aluno
123-45-6789	WELLS	SEATTLE	WA	SI	FR	3,00
124-56-7890	NORBERT	BOTHELL	WA	FINAN	JR	2,70
234-56-7890	KENDALL	TACOMA	WA	CONTB	JR	3,50

TABELA 3.22
Tabela *Aluno2*

CPFAluno	Sobrenome Aluno	Cidade Aluno	UFAluno	Especializacao	Turma	Media Aluno
123-45-6789	WELLS	SEATTLE	WA	SI	FR	3,00
995-56-3490	BAGGINS	AUSTIN	TX	FINAN	JR	2,90
111-56-4490	WILLIAMS	SEATTLE	WA	CONTB	JR	3,40

universidades. A operação de <u>diferença</u> recupera todas as linhas da primeira tabela, mas não da segunda tabela. Por exemplo, uma operação de diferença pode determinar os alunos que freqüentam somente uma das universidades.

compatibilidade de união
uma exigência das tabelas de entrada para operadores tradicionais de conjuntos. Cada tabela deve possuir o mesmo número de colunas, e cada coluna correspondente deve ter um tipo compatível de dados.

Compatibilidade de União

Compatibilidade é um conceito novo para operadores de tabelas em comparação com os operadores tradicionais de conjuntos. Com os operadores de tabelas, ambas as tabelas devem ter compatibilidade de união porque todas as colunas são comparadas. <u>Compatibilidade de união</u> significa que cada tabela deve possuir o mesmo número de colunas, e cada coluna correspondente deve possuir um tipo de dado compatível. A compatibilidade de união pode ser confusa, porque envolve correspondência de <u>posição</u> das colunas, ou seja, as primeiras colunas das duas tabelas devem conter tipos de dados compatíveis, as segundas colunas também, e assim por diante.

Para retratar os operadores de união, intersecção e diferença, eles serão aplicados às tabelas *Aluno1* e *Aluno2* (tabelas 3.21 e 3.22). Essas tabelas são compatíveis com união porque possuem colunas idênticas listadas na mesma ordem. Os resultados dos operadores de

TABELA 3.23
Aluno1 UNION *Aluno2*

CPFAluno	SobrenomeAluno	CidadeAluno	UFAluno	Especializacao	Turma	MediaAluno
123-45-6789	WELLS	SEATTLE	WA	SI	FR	3,00
124-56-7890	NORBERT	BOTHELL	WA	FINAN	JR	2,70
234-56-7890	KENDAL	TACOMA	WA	CONTB	JR	3,50
995-56-3490	BAGGINS	AUSTIN	TX	FINAN	JR	2,90
111-56-4490	WILLIAMS	SEATTLE	WA	CONTB	JR	3,40

TABELA 3.24
Aluno1 INTERSECT *Aluno2*

CPFAluno	SobrenomeAluno	CidadeAluno	UFAluno	Especializacao	Turma	MediaAluno
123-45-6789	WELLS	SEATTLE	WA	SI	FR	3,00

TABELA 3.25
Aluno1 DIFFERENCE *Aluno2*

CPFAluno	SobrenomeAluno	CidadeAluno	UFAluno	Especializacao	Turma	MediaAluno
124-56-7890	NORBERT	BOTHELL	WA	FINAN	JR	2,70
234-56-7890	KENDALL	TACOMA	WA	CONTB	JR	3,50

união, intersecção e diferença estão mostrados nas tabelas 3.23 a 3.25, respectivamente. Embora seja possível determinar se duas linhas são idênticas apenas olhando *CPFAluno*, todas as colunas são comparadas por causa da maneira como os operadores são projetados.

Observar que o resultado de *Aluno1* DIFFERENCE *Aluno2* não seria igual ao resultado de *Aluno2* DIFFERENCE *Aluno1*. O resultado desta última operação (*Aluno2* DIFFERENCE *Aluno1*) é a segunda e terceira linhas de *Aluno2* (linhas de *Aluno2*, mas não de *Aluno1*).

Por causa da exigência de compatibilidade de união, os operadores de união, intersecção e diferença não são tão utilizados como os demais operadores. No entanto, esses operadores servem para alguns usos especializados importantes. Um deles é a combinação de tabelas distribuídas por múltiplos locais. Por exemplo, supondo a existência de uma tabela de alunos da Grande Universidade Estadual (*GUEAluno*) e uma tabela de alunos da Universidade do Grande Estado (*UGEAluno*). Como essas tabelas possuem colunas idênticas, os operadores tradicionais de conjuntos podem ser aplicados. Para encontrar alunos freqüentando qualquer uma das universidades, deve-se utilizar *UGEAluno* UNION *GUEAluno*. Para encontrar alunos freqüentando somente a Grande Estadual, deve-se utilizar *GUEAluno* DIFFERENCE *UGEAluno*. Para encontrar alunos freqüentando ambas as universidades, deve-se utilizar *UGEAluno* INTERSECT *GUEAluno*. Observar que a tabela resultante em cada operação possui número de colunas igual às duas tabelas de entrada.

Os operadores tradicionais também são úteis se houver tabelas semelhantes, mas sem compatibilidade de união. Por exemplo, as tabelas *Aluno* e *Professor* possuem algumas colunas compatíveis (*CPFAluno* compatível com *CPFProf*, *SobrenomeAluno* compatível com *SobrenomeProf* e *CidadeAluno* compatível com *CidadeProf*), mas outras colunas são diferentes. É possível utilizar os operadores com compatibilidade de união se, utilizando o operador de projeção apresentado na Seção 3.4.1, as tabelas *Aluno* e *Professor* forem transformadas em compatíveis com união.

3.4.6 Operador de Sumarização

O operador de sumarização é extremamente importante em tomadas de decisão. Como as tabelas podem conter muitas linhas, muitas vezes é útil ver as estatísticas de grupos de linhas e não de linhas individuais. O operador de sumarização permite que grupos de linhas sejam comprimidos ou sumarizados por um valor calculado. Praticamente qualquer tipo de função estatística pode ser utilizado para resumir grupos de linhas. Como esta obra não é um livro de estatística, são utilizadas apenas funções simples, por exemplo, count, min, max, average e sum.

O operador de sumarização comprime uma tabela, substituindo grupos de linhas por linhas individuais contendo valores calculados. Uma função agregada ou estatística é utilizada

sumarização
um operador que produz uma tabela com linhas que resumem as linhas da tabela de entrada. Funções agregadas são utilizadas para resumir as linhas da tabela de entrada.

FIGURA 3.10
Amostra de Operação de Sumarização

Matricula

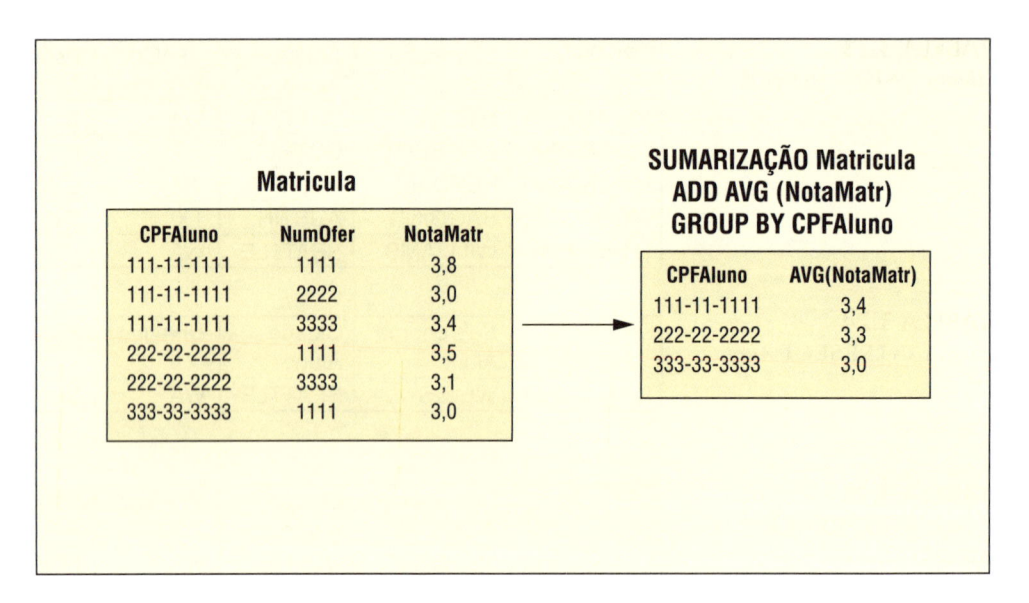

CPFAluno	NumOfer	NotaMatr
111-11-1111	1111	3,8
111-11-1111	2222	3,0
111-11-1111	3333	3,4
222-22-2222	1111	3,5
222-22-2222	3333	3,1
333-33-3333	1111	3,0

SUMARIZAÇÃO Matricula ADD AVG (NotaMatr) GROUP BY CPFAluno

CPFAluno	AVG(NotaMatr)
111-11-1111	3,4
222-22-2222	3,3
333-33-3333	3,0

TABELA 3.26 Amostra de Tabela *Professor*

CPFProf	SobrenomeProf	DeptoProf	ClassificacaoProf	SalarioProf	SupervisorProf	DataAdmProf
098-76-5432	VINCE	ADM	ASSISTENTE	R$35.000	654-32-1098	01-Abril-95
543-21-0987	EMMANUEL	ADM	CATEDRATICO	R$120.000		01-Abril-96
654-32-1098	FIBON	ADM	ASSOCIADO	R$70.000	543-21-0987	01-Abril-94
765-43-2109	MACON	FINAN	CATEDRATICO	R$65.000		01-Abril-97
876-54-3210	COLAN	ADM	ASSISTENTE	R$40.000	654-32-1098	01-Abril-99
987-65-4321	MILLS	FINAN	ASSOCIADO	R$75.000	765-43-2109	01-Abril-00

TABELA 3.27
Tabela Resultante de SUMARIZAÇÃO Professor ADD AVG(*SalarioProf*) GROUP BY *DeptoProf*

DeptoProf	SalarioProf
ADM	R$66.250
FINAN	R$70.000

para os valores calculados. A Figura 3.10 retrata uma operação de sumarização para uma amostra da tabela *Matricula*. A tabela de entrada é agrupada na coluna *CPFAluno*. Cada grupo de linhas é substituído pela média da coluna de notas.

Em outro exemplo, a Tabela 3.27 mostra o resultado de uma operação de sumarização na amostra da tabela *Professor* da Tabela 3.26. Observar que o resultado contém uma linha por valor de coluna de agrupamento, *DeptoProf*.

O operador de sumarização pode incluir valores adicionais calculados (mostrando também o salário mínimo, por exemplo) e colunas adicionais de agrupamento (também agrupamento em *ClassificacaoProf*, por exemplo). Quando o agrupamento é executado em múltiplas colunas, cada linha resultante mostra uma combinação de valores para as colunas de agrupamento.

3.4.7 Operador Divisão

divisão
um operador que produz uma tabela na qual os valores de uma coluna da tabela de entrada estão associados a todos os valores de uma coluna de uma segunda tabela de entrada.

O operador divisão é um operador mais especializado e mais difícil que o operador de junção, porque a exigência de correspondência no operador divisão é mais restritivo que no de junção. Por exemplo, o operador de junção é utilizado para recuperar oferecimentos freqüentados por *qualquer* aluno. O operador divisão é necessário para recuperar oferecimentos freqüentados por *todos* os (ou todo o) aluno(s). As condições de correspondência são mais restritas no operador divisão, assim, ele não é tão utilizado como o operador de junção e é mais difícil de ser entendido. Quando apropriado, o operador divisão proporciona uma maneira poderosa para combinar tabelas.

O operador divisão para tabelas é, de algum modo, análogo ao operador divisão de números. Na divisão numérica, o objetivo é determinar quantas vezes um número contém outro número. Na divisão de tabela, o objetivo é identificar valores de uma coluna que contém *todo* valor em outra coluna, ou seja, o operador divisão identifica valores de uma coluna que estão associados a *todo* valor de outra coluna.

Para entender de forma mais concreta o funcionamento do operador divisão, considerar um exemplo com a amostra das tabelas *Peca* e *FornecedorPeca*, assim como mostra a Figura 3.11. O operador divisão utiliza duas tabelas de entrada. A primeira tabela (*FornecedorPeca*) possui duas colunas (tabela binária) e a segunda tabela (*Peca*) possui uma coluna (tabela unária)[10]. A tabela resultante possui uma coluna em que os valores são provenientes da primeira coluna da tabela binária. A tabela resultante, retratada na Figura 3.11, mostra os fornecedores que fornecem toda peça. O valor s3 aparece na saída porque está associado a *todo* valor na tabela *Peca*. Em outras palavras, o conjunto de valores associados a s3 contém o conjunto de valores na tabela *Peca*.

Para entender o operador divisão de outra forma, reescrever a tabela *FornecedorPeça* com três linhas, inserindo uma linha entre os sinais de maior e menor (< >): <s3, {p1, p2, p3}>, <s0, {p1}>, <s1, {p2}>. Reescrever a tabela *Peca* como um conjunto: {p1, p2, p3}. O valor s3 está na tabela resultante porque seu conjunto de valores da segunda coluna {p1, p2, p3} contém os valores da segunda tabela {p1, p2, p3}. Os outros valores *NumFornecedor* (s0 e s1) não estão no resultado porque não estão associados a todos os valores na tabela *Peca*.

Como exemplo, utilizando tabelas do banco de dados de uma universidade, a Tabela 3.30 mostra o resultado de uma operação divisão envolvendo a amostra das tabelas *Matricula* (Tabela 3.28) e *Aluno* (Tabela 3.29). O resultado mostra os oferecimentos em que todo aluno está matriculado. Somente *NumOfer* 4235 contém todos os três alunos matriculados.

FIGURA 3.11
Amostra de Operação Divisão

FornecedorPeca

NumFornecedor	NumPeca
s3	p1
s3	p2
s3	p3
s0	p1
s1	p2

Peca

NumPeca
p1
p2
p3

FornecedorPeca DIVIDEBY Peca

NumFornecedor
s3

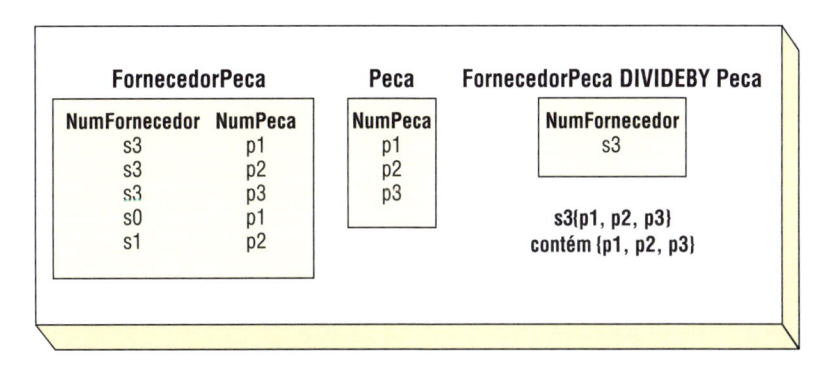

s3{p1, p2, p3} contém {p1, p2, p3}

TABELA 3.28
Amostra da Tabela *Matricula*

NumOfer	CPFAluno
1234	123-45-6789
1234	234-56-7890
4235	123-45-6789
4235	234-56-7890
4235	124-56-7890
6321	124-56-7890

TABELA 3.29
Amostra da Tabela *Aluno*

CPFAluno
123-45-6789
124-56-7890
234-56-7890

TABELA 3.30
Resultado de *Matricula* **DIVIDEBY** *Aluno*

NumOfer
4235

---

[10] A divisão pelo operador pode ser generalizada para trabalhar com tabelas de entrada contendo mais colunas. No entanto, os detalhes não são importantes neste livro.

TABELA 3.31
Resumo dos Significados dos Operadores da Álgebra Relacional

Operador	Significado
Restrição (Seleção)	Extrai linhas que satisfazem à condição especificada.
Projeção	Extrai colunas especificadas.
Produto	Cria uma tabela com base em duas tabelas constituída de todas as combinações possíveis de linhas, uma de cada uma das duas tabelas.
União	Cria uma tabela constituída de todas as linhas que aparecem em qualquer uma das duas tabelas.
Intersecção	Cria uma tabela constituída de todas as linhas que aparecem em ambas as tabelas especificadas.
Diferença	Cria uma tabela constituída de todas as linhas que aparecem na primeira tabela, mas não na segunda tabela.
Junção	Extrai linhas de um produto de duas tabelas de modo que duas linhas de entrada que contribuem para qualquer linha de saída satisfazem alguma condição especificada.
Junção Externa	Extrai as linhas correspondentes (a parte da junção) de duas tabelas e as linhas não-correspondentes de uma ou ambas as tabelas.
Divisão	Cria uma tabela constituída de todos os valores de uma coluna de uma tabela binária (duas colunas) que correspondem (na outra coluna) com todos os valores de uma tabela unária (uma coluna).
Sumarização	Organiza uma tabela em colunas de agrupamento especificadas. Computações agregadas e especificadas são feitas em cada valor das colunas de agrupamento.

TABELA 3.32
Resumo do Uso dos Operadores da Álgebra Relacional

Operador	Notas
União	As tabelas de entrada devem ter compatibilidade de união.
Diferença	As tabelas de entrada devem ter compatibilidade de união.
Intersecção	As tabelas de entrada devem ter compatibilidade de união.
Produto	Em termos conceituais, serve de base para o operador de junção.
Restrição (Seleção)	Utiliza uma expressão lógica.
Projeção	Elimina as linhas em duplicidade, se necessário.
Junção	O resultado contém somente as linhas correspondentes. A junção natural elimina uma coluna de junção.
Junção Externa	Retém no resultado tanto as linhas correspondentes como as linhas não-correspondentes. Utiliza valores nulos para algumas colunas das linhas não-correspondentes.
Divisão	Operador mais potente que o de junção, mas utilizado com menos freqüência.
Sumarização	Especifica coluna(s) de agrupamento se houver qualquer função ou funções agregadas.

3.4.8 Resumo dos Operadores

Para ajudar a relembrar os operadores da álgebra relacional, as tabelas 3.31 e 3.32 apresentam um resumo conveniente do significado e uso de cada operador. Nos capítulos posteriores, ao estudar a formulação de consultas, essas tabelas podem ser consultadas.

Considerações Finais

O Capítulo 3 apresentou o Modelo de Dados Relacional como introdução ao desenvolvimento de consultas, formulários e relatórios com bancos de dados relacionais. Como primeiro passo para trabalhar com bancos de dados relacionais, é necessário conhecer a terminologia básica e as regras de integridade. O estudante deve ser capaz de ler as definições de tabela no SQL e em outros formatos proprietários. Para consultar com eficácia um banco de dados relacional, é necessário entender as ligações entre as tabelas. A maioria das consultas envolve múltiplas tabelas, utilizando relacionamentos definidos por restrições de integridade referencial. Uma representação gráfica, como a janela de Relacionamentos do Microsoft Access, é uma ferramenta poderosa para conceitualizar as restrições de integridade referencial. Quando são desenvolvidas aplicações que podem alterar um banco de dados, é importante respeitar as regras de ações para as linhas referenciadas.

A parte final deste capítulo descreve os operadores da álgebra relacional. Nessa parte, o estudante deve entender a finalidade de cada operador, o número de tabelas de entrada e outras entradas utilizadas. Não é necessário escrever fórmulas complicadas combinando operadores. O aluno deve entender com certa facilidade instruções como "escrever uma instrução SELECT do SQL para juntar três tabelas". A instrução SELECT será discutida nos capítulos 4 e 9, mas é importante aprender agora a idéia básica da junção. Quando o estudante aprender a extrair dados utilizando a instrução SELECT do SQL, no Capítulo 4, talvez ele queira rever mais uma vez este capítulo. Para ajudar a lembrar os principais aspectos dos operadores, a última seção deste capítulo apresenta vários resumos convenientes.

O domínio dos operadores melhora o conhecimento de SQL e as habilidades de formulação de consultas. O significado das consultas SQL pode ser entendido como operações de álgebra relacional. O Capítulo 4 apresenta um fluxograma demonstrando essa correspondência. Por essa razão, a álgebra relacional serve de padrão para medir as linguagens comerciais: estas devem oferecer, no mínimo, a mesma capacidade de recuperação oferecida pelos operadores da álgebra relacional.

Revisão de Conceitos

- Tabelas: cabeçalho e corpo.
- Chaves primárias e regra de integridade de entidade.
- Chaves estrangeiras, regra de integridade referencial e valores correspondentes.
- Visualização de restrições de integridade referencial.
- Representação de relacionamentos 1-M do Modelo Relacional, relacionamentos M-N e auto-relacionamentos.
- Ações nas linhas referenciadas: cascata, atribuição de nulo, restrição, *default*.
- Operadores de subconjunto: restrição (seleção) e projeção.
- Operador de junção para combinação de duas tabelas utilizando uma condição de correspondência para comparar colunas de junção.
- Junção natural utilizando a igualdade para operador correspondente, colunas de junção com o mesmo nome não qualificado, e eliminação de uma coluna de junção.
- Operador mais utilizado para combinação de tabelas: junção natural.
- Operadores menos utilizados para combinação de tabelas: junção externa completa, junção externa de um lado, divisão.
- Operador de junção externa estendendo o operador de junção, preservando linhas não-correspondentes.
- Junção externa de um lado preservando as linhas não-correspondentes de uma tabela de entrada.
- Junção externa completa preservando as linhas não-correspondentes de ambas as tabelas.
- Operadores tradicionais de conjuntos: união, intersecção, diferença, produto cartesiano estendido.
- Compatibilidade de união para comparação de linhas para operadores de união, intersecção e diferença.
- Operador de correspondência complexo: operador divisão para corresponder um subconjunto de linhas.
- Operador de sumarização que substitui grupos de linhas por linhas de resumo.

Questões

1. Qual a semelhança entre criar uma tabela e escrever um capítulo de um livro?
2. Com qual terminologia de bancos de dados relacionais você está mais familiarizado? Por quê?
3. Qual a diferença entre chave primária e chave candidata?
4. Qual a diferença entre chave candidata e superchave?

5. O que é valor nulo?
6. Qual a motivação para a regra de integridade de entidade?
7. Qual a motivação para a regra de integridade referencial?
8. Qual o relacionamento entre regra de integridade referencial e chaves estrangeiras?
9. Na instrução CREATE TABLE, como são indicadas as chaves candidatas que não são chaves primárias?
10. Qual a vantagem de se utilizar nomes para as restrições quando se define uma chave primária, chave candidata, ou restrições de integridade referencial em instruções CREATE TABLE?
11. Quando não é permitido armazenar valores nulos nas chaves estrangeiras?
12. Qual a finalidade de um diagrama de banco de dados, como, por exemplo, a janela de Relacionamentos do Access?
13. Como é representado um relacionamento 1-M no Modelo Relacional?
14. Como é representado um relacionamento M-N no Modelo Relacional?
15. O que é auto-relacionamento?
16. Como o auto-relacionamento é representado no Modelo Relacional?
17. O que é linha referenciada?
18. Quais as duas ações executadas nas linhas referenciadas que podem afetar as linhas relacionadas em uma tabela filha?
19. Quais são as possíveis ações nas linhas relacionadas depois que uma linha referenciada é excluída ou que sua chave primária é atualizada?
20. Por que a ação de restrição é mais comum que a ação em cascata para linhas referenciadas?
21. Quando a ação de atribuição de nulo não é permitida?
22. Por que estudar os operadores da álgebra relacional?
23. Por que os operadores de restrição e projeção são tão utilizados?
24. Explicar qual a diferença entre os operadores de união, intersecção e diferença para tabelas e os operadores tradicionais para conjuntos.
25. Por que o operador de junção é tão importante para a recuperação de informações úteis?
26. Qual o relacionamento entre os operadores de junção e de produto cartesiano estendido?
27. Por que o operador de produto cartesiano estendido é tão pouco utilizado?
28. O que acontece às linhas não-correspondentes com o operador de junção?
29. O que acontece às linhas não-correspondentes com o operador de junção externa completa?
30. Qual a diferença entre junção externa completa e junção externa de um lado?
31. Definir uma situação de tomada de decisão que exija o operador de sumarização.
32. O que é função agregada?
33. Como são utilizadas as colunas de agrupamento no operador de sumarização?
34. Por que o operador divisão não é tão utilizado quanto o operador de junção?
35. Quais as exigências para compatibilidade de união?
36. Quais as exigências do operador de junção natural?
37. Por que o operador de junção natural é tão utilizado na combinação de tabelas?
38. De que forma as ferramentas visuais, como a ferramenta de Design de Consultas do Microsoft Access, facilitam a formulação de operações de junção?

Problemas

Os problemas utilizam as tabelas *Cliente*, *Pedido* e *Funcionario* do banco de dados simplificado de Entrada de Pedidos. Nos capítulos 4 e 10, o banco de dados é estendido para melhorar sua utilidade. A tabela *Cliente* registra clientes que fizeram pedidos. A tabela *Pedido* contém os fatos básicos dos pedidos do cliente. A tabela *Funcionario* contém fatos dos funcionários que receberam os pedidos. As chaves primárias das tabelas são *NumCliente* para *Cliente*, *NumFunc* para *Funcionario*, e *NumPedido* para *Pedido*.

Cliente

NumCliente	NomeCli	SobrenomeCli	CidadeCli	UFCli	CEPCli	SaldoCli
C0954327	Sheri	Gordon	Littleton	CO	80129-5543	$230,00
C1010398	Jim	Glussman	Denver	CO	80111-0033	$200,00
C2388597	Beth	Taylor	Seattle	WA	98103-1121	$500,00
C3340959	Betty	Wise	Seattle	WA	98178-3311	$200,00
C3499503	Bob	Mann	Monroe	WA	98013-1095	$0,00
C8543321	Ron	Thompson	Renton	WA	98666-1289	$85,00

Funcionario

NumFunc	NomeFunc	SobrenomeFunc	FoneFunc	EmailFunc
E1329594	Landi	Santos	(303) 789-1234	LSantos@bigco.com
E8544399	Joe	Jenkins	(303) 221-9875	JJenkins@bigco.com
E8843211	Amy	Tang	(303) 556-4321	ATang@bigco.com
E9345771	Colin	White	(303) 221-4453	CWhite@bigco.com
E9884325	Thomas	Johnson	(303) 556-9987	TJohnson@bigco.com
E9954302	Mary	Hill	(303) 556-9871	MHill@bigco.com

Pedido

NumPedido	DataPedido	NumCliente	NumFunc
O1116324	23/01/2007	C0954327	E8544399
O2334661	14/01/2007	C0954327	E1329594
O3331222	13/01/2007	C1010398	
O2233457	12/01/2007	C2388597	E9884325
O4714645	11/01/2007	C2388597	E1329594
O5511365	22/01/2007	C3340959	E9884325
O7989497	16/01/2007	C3499503	E9345771
O1656777	11/02/2007	C8543321	
O7959898	19/02/2007	C8543321	E8544399

1. Escrever uma instrução CREATE TABLE para a tabela *Cliente*. Escolher os tipos de dados apropriados para o SGBD utilizado em seu curso. Observar que a coluna *SaldoCli* contém dados numéricos. Os símbolos monetários não estão armazenados no banco de dados. As colunas *NomeCli* e *SobrenomeCli* são requeridas (não nulas).
2. Escrever uma instrução CREATE TABLE para a tabela *Funcionario*. Escolher os tipos de dados apropriados para o SGBD utilizado em seu curso. As colunas *NomeFunc*, *SobrenomeFunc* e *EmailFunc* são requeridas (não nulas).
3. Escrever uma instrução CREATE TABLE para a tabela *Pedido*. Escolher os tipos de dados apropriados para o SGBD utilizado em seu curso. A coluna *DataPedido* é requerida (não nula).
4. Identificar as chaves estrangeiras e desenhar um diagrama de relacionamento para o banco de dados simplificado de Entrada de Pedidos. A coluna *NumCliente* referencia a tabela *Cliente*, e a coluna *NumFunc* referencia a tabela *Funcionario*. Para cada relacionamento, identificar a tabela pai e a tabela filha.
5. Estender a instrução CREATE TABLE do problema 3 com restrições de integridade referencial. Atualizações e exclusões são restringidas nas linhas relacionadas.
6. Com base no estudo dos dados de amostra e no seu próprio conhecimento de negócios relacionados à entrada de pedidos, são permitidos valores nulos para as chaves estrangeiras na tabela *Pedido*? Por que sim ou não? Estender a instrução CREATE TABLE do problema 5 para impor restrições de valor nulo, se houver.

7. Estender a instrução CREATE TABLE para a tabela *Funcionario* (problema 2) com uma única restrição para *EmailFunc*. Utilizar uma cláusula de restrição nomeada para a restrição única.
8. Mostrar o resultado de uma operação de restrição que liste os pedidos feitos em fevereiro de 2007.
9. Mostrar o resultado de uma operação de restrição que liste os clientes residentes em Seattle, WA.
10. Mostrar o resultado de uma operação de projeção que liste as colunas *NumCliente*, *NomeCli* e *SobrenomeCli* da tabela *Cliente*.
11. Mostrar o resultado de uma operação de projeção que liste as colunas *CidadeCli* e *UFCli* da tabela *Cliente*.
12. Mostrar o resultado de uma junção natural que combine as tabelas *Cliente* e *Pedido*.
13. Mostrar os passos para derivar a junção natural do problema 10. Quantas linhas e colunas estão no passo da operação de produto cartesiano estendido?
14. Mostrar o resultado de uma junção natural das tabelas *Funcionario* e *Pedido*.
15. Mostrar o resultado de uma junção externa de um lado entre as tabelas *Funcionario* e *Pedido*. Preservar as linhas da tabela *Pedido* no resultado.
16. Mostrar o resultado de uma junção externa completa entre as tabelas *Funcionario* e *Pedido*.
17. Mostrar o resultado de uma operação de restrição em *Cliente* em que a condição seja: *CidadeCli* igual a "Denver" ou "Seattle" seguida de uma operação de projeção para reter as colunas *NumCliente*, *NomeCli*, *SobrenomeCli* e *CidadeCli*.
18. Mostrar o resultado de uma junção que combine as tabelas *Cliente* e *Pedido* seguida de uma operação de restrição para reter somente os clientes de Colorado (UFCli = "CO").
19. Mostrar o resultado de uma operação de sumarização em *Cliente*. A coluna de agrupamento é *UFCli*, e o cálculo agregado é COUNT. COUNT mostra o número de linhas com o mesmo valor da coluna de agrupamento.
20. Mostrar o resultado de uma operação de sumarização em *Cliente*. A coluna de agrupamento é *UFCli*, e os cálculos agregados são os valores máximo e mínimo de *SaldoCli*.
21. Quais as tabelas necessárias para mostrar as colunas *SobrenomeCli*, *SobrenomeFunc* e *NumPedido* na tabela resultante?
22. Estender o diagrama de relacionamento do problema 4, adicionando duas tabelas (*LinhaPedido* e *Produto*). As instruções parciais CREATE TABLE para as chaves primárias e restrições de integridade referencial são estas:

CREATE TABLE Produto . . . PRIMARY KEY (NumProduto)
CREATE TABLE LinhaPedido . . . PRIMARY KEY (NumPedido, NumProduto)
    FOREIGN KEY (NumPedido) REFERENCES Pedido
    FOREIGN KEY (NumProduto) REFERENCES Produto

23. Estender o diagrama de relacionamento do problema 22, adicionando uma chave estrangeira na tabela *Funcionario*. A chave estrangeira *NumFuncSuper* é o número funcional do supervisor. Assim, a coluna *NumFuncSuper* referencia a tabela *Funcionario*.
24. Que operador da álgebra relacional deve ser utilizado para encontrar os produtos contidos em *todo* pedido? Que operador da álgebra relacional deve ser utilizado para encontrar os produtos contidos em *qualquer* pedido?
25. As tabelas *Cliente* e *Funcionario* são compatíveis com união? Por que sim ou não?
26. Utilizando o banco de dados depois do problema 23, que tabelas devem ser combinadas para listar os nomes de produto do pedido de número O1116324?
27. Utilizando o banco de dados depois do problema 23, que tabelas devem ser combinadas para listar os nomes de produto pedidos pelo cliente de número C0954327?
28. Utilizando o banco de dados depois do problema 23, que tabelas devem ser combinadas para listar os nomes de produto pedidos pela cliente de nome Sheri Gordon?
29. Utilizando o banco de dados depois do problema 23, que tabelas devem ser combinadas para listar o número de pedidos apresentados por clientes residentes no Colorado?
30. Utilizando o banco de dados depois do problema 23, que tabelas devem ser combinadas para listar os nomes de produto que aparecem em um pedido recebido pelo funcionário de nome Landi Santos?

Referências para Estudos Adicionais

Codd definiu o Modelo Relacional em um trabalho embrionário de 1970. Seu trabalho inspirou projetos de pesquisa nos laboratórios da IBM e da University of California em Berkeley que resultaram nos SGBDs relacionais comerciais. Date (2003) oferece uma sintaxe para a álgebra relacional. Elmasri e Navathe (2004) proporcionam uma abordagem mais teórica do Modelo Relacional, principalmente da álgebra relacional.

Apêndice 3.A

Instruções CREATE TABLE para Tabelas do Banco de Dados de uma Universidade

Estas são instruções CREATE TABLE para as tabelas do banco de dados de uma universidade (tabelas 3.1, 3.3, 3.4, 3.6 e 3.7). Os nomes dos tipos de dados padrão podem variar conforme os SGBDs. Por exemplo, o SQL do Microsoft Access tem suporte ao tipo de dado TEXT em vez de CHAR e VARCHAR. No Oracle, utiliza-se VARCHAR2 em lugar de VARCHAR.

```
CREATE TABLE Aluno
(    CPFAluno            CHAR(11),
     NomeAluno           VARCHAR(50)    CONSTRAINT NomeAlunoRequerido NOT NULL,
     SobrenomeAluno      VARCHAR(50)    CONSTRAINT SobrenomeAlunoRequerido NOT NULL,
     CidadeAluno         VARCHAR(50)    CONSTRAINT CidadeAlunoRequerido NOT NULL,
     UFAluno             CHAR(2)        CONSTRAINT UFAlunoRequerido NOT NULL,
     CEPAluno            CHAR(10)       CONSTRAINT CEPAlunoRequerido NOT NULL,
     Especializacao      CHAR(6),
     Turma               CHAR(2),
     MediaAluno          DECIMAL(3,2),
CONSTRAINT PKAluno PRIMARY KEY (CPFAluno)                                       )

CREATE TABLE Curso
(    NumCurso            CHAR(6),
     DescrCurso          VARCHAR(250)   CONSTRAINT DescrCursoRequiredo NOT NULL,
     CargaHoraCurso      INTEGER,
CONSTRAINT PKCurso PRIMARY KEY (NumCurso),
CONSTRAINT UniqueDescrCurso UNIQUE (DescrCurso)      )

CREATE TABLE Professor
(    CPFProf             CHAR(11),
     NomeProf            VARCHAR(50)    CONSTRAINT NomeProfRequerido NOT NULL,
     SobrenomeProf       VARCHAR(50)    CONSTRAINT SobrenomeProfRequerido NOT NULL,
     CidadeProf          VARCHAR(50)    CONSTRAINT CidadeProfRequerido NOT NULL,
     UFProf              CHAR(2)        CONSTRAINT UFProfRequerido NOT NULL,
     CEPProf             CHAR(10)       CONSTRAINT CEPProfRequiredo NOT NULL,
     DataAdmProf         DATE,
     DeptoProf           CHAR(6),
     ClassificacaoProf   CHAR(4),
```

```
        SalarioProf              DECIMAL(10,2),
        SupervisorProf           CHAR(11),
CONSTRAINT PKProfessor PRIMARY KEY (CPFProf),
CONSTRAINT FKSupervisorProf FOREIGN KEY (SupervisorProf) REFERENCES Professor
    ON DELETE SET NULL
    ON UPDATE CASCADE )

CREATE TABLE Oferecimento
(       NumOfer                  INTEGER,
        NumCurso                 CHAR(6)         CONSTRAINT NumOferCursoRequiredo NOT NULL,
        LocalOfer                VARCHAR(50),
        DiasSemanaOfer           CHAR(6),
        TrimestreOfer            CHAR(6)         CONSTRAINT TrimOferRequerido NOT NULL,
        AnoOfer                  INTEGER         CONSTRAINT AnoOferRequerido NOT NULL,
        CPFProf                  CHAR(11),
        HorarioOfer              DATE,
CONSTRAINT PKOferecimento PRIMARY KEY (NumOfer),
CONSTRAINT FKNumCurso FOREIGN KEY (NumCurso) REFERENCES Curso
    ON DELETE RESTRICT
    ON UPDATE RESTRICT,
CONSTRAINT FKCPFProf FOREIGN KEY (CPFProf) REFERENCES Professor
    ON DELETE SET NULL
    ON UPDATE CASCADE    )

CREATE TABLE Matricula
(       NumOfer                  INTEGER,
        CPFAluno                 CHAR(11),
        NotaMatr                 DECIMAL(3,2),
CONSTRAINT PKMatricula PRIMARY KEY (NumOfer, CPFAluno),
CONSTRAINT FKNumOfer FOREIGN KEY (NumOfer) REFERENCES Oferecimento
    ON DELETE CASCADE
    ON UPDATE CASCADE,
CONSTRAINT FKCPFAluno FOREIGN KEY (CPFAluno) REFERENCES Aluno
    ON DELETE CASCADE
    ON UPDATE CASCADE    )
```

Apêndice 3.B

Resumo da Sintaxe do SQL:2003

Este apêndice apresenta um resumo conveniente da sintaxe do SQL:2003 para as instruções CREATE TABLE juntamente com outras instruções relacionadas. Para facilitar, serão descritas somente a sintaxe das partes mais comuns das instruções. SQL:2003 é a versão atual do padrão SQL. A sintaxe em SQL:2003 para as instruções descritas neste apêndice é idêntica à sintaxe dos padrões SQL anteriores, SQL:1999 e SQL-92. Para obter a sintaxe completa, consultar uma obra de referência sobre SQL:2003 ou SQL-92, como, por exemplo,

Groff e Weinberg (2002). As convenções utilizadas na notação de sintaxe estão listadas antes da sintaxe da instrução:

- Palavras em letras maiúsculas representam palavras reservadas.
- Palavras com letras maiúsculas e minúsculas misturadas e sem hífens são substituídas pelo usuário.
- Sinal de asterisco * depois de um elemento de sintaxe indica a possibilidade de utilizar uma lista separada por vírgulas.
- Sinal de adição + depois de um elemento de sintaxe indica a possibilidade de utilizar lista. A lista não contém vírgulas.
- Nomes entre sinais de maior e menor < > representam definições estabelecidas posteriormente na sintaxe. As definições são feitas em uma nova linha com o elemento e dois pontos, seguidos pela sintaxe.
- Colchetes [ ] englobam elementos opcionais.
- Chaves { } englobam elementos de escolha. Um elemento deve ser escolhido entre os elementos separados por barras verticais |.
- Parênteses ( ) representam a si próprios.
- Hífen duplo -- representa comentários que não fazem parte da sintaxe.

Sintaxe CREATE TABLE[11]

```
CREATE TABLE NomeTabela
   (< Definicao-Coluna>*      [ ,     <Restricao-Tabela>*    ] )

<Definicao-Coluna>: NomeColuna TipoDados
   [   DEFAULT { ValorPadrao  |  USER  |  NULL } ]
   [   <Restricao-Embutida-Coluna>+ ]

<Restricao-Embutida-Coluna>:
   {  [ CONSTRAINT  NomeRestricao ] NOT NULL         |
      [ CONSTRAINT  NomeRestricao ] UNIQUE           |
      [ CONSTRAINT  NomeRestricao ] PRIMARY KEY      |
      [ CONSTRAINT  NomeRestricao ] FOREIGN KEY
          REFERENCES  NomeTabela [ ( NomeColuna )  ]
          [ ON DELETE     <Especificacao-Acao>   ]
          [ ON UPDATE     <Especificacao-Acao>   ] }

<Restricao-Tabela>: [  CONSTRAINT NomeRestricao  ]
     {  <Restricao-ChavePrimaria>             |
        <Restricao-ChaveEstrangeira>          |
        <Restricao-Unicidade>  }

<Restricao-ChavePrimaria>:  PRIMARY KEY  ( NomeColuna* )

<Restricao-ChaveEstrangeira>: FOREIGN KEY  ( NomeColuna* )
    REFERENCES NomeTabela [( NomeColuna*  )  ]
    [  ON DELETE    <Especificacao-Acao>            ]
    [  ON UPDATE    <Especificacao-Acao>            ]
```

---

[11] A restrição CHECK, tipo importante de restrição de tabela, será descrita no Capítulo 14.

```
<Especificacao-Acao>: { CASCADE | SET NULL | SET DEFAULT | RESTRICT }

<Restricao-Unicidade>: UNIQUE ( NomeColuna* )
```

Outras Instruções Relacionadas

As instruções ALTER TABLE e DROP TABLE fornecem suporte à modificação e exclusão de uma definição de tabela. A instrução ALTER TABLE é muito útil porque as definições de tabela mudam com o tempo. Em ambas as instruções, a palavra-chave RESTRICT significa que a instrução não pode ser executada se existirem tabelas relacionadas. A palavra-chave CASCADE significa a execução da mesma ação nas tabelas relacionadas.

```
ALTER TABLE NomeTabela
   { ADD { <Definicao-Coluna> | <Restricao-Tabela> } |
     ALTER NomeColuna { SET DEFAULT ValorPadrão |
           DROP DEFAULT } |
     DROP NomeColuna { CASCADE | RESTRICT } |
     DROP CONSTRAINT NomeRestricao { CASCADE | RESTRICT } }

DROP TABLE NomeTabela { CASCADE | RESTRICT }
```

Notas sobre a Sintaxe do Oracle

O padrão da instrução CREATE TABLE no SQL do Oracle 10g é muito semelhante ao do SQL:2003. Estas são as diferenças mais significativas de sintaxe:

- O Oracle SQL não tem suporte à cláusula ON UPDATE para restrições de integridade referencial.

- O Oracle SQL oferece suporte somente a CASCADE e SET NULL como especificações de ação da cláusula ON DELETE. Se a cláusula ON DELETE não for especificada, a exclusão não é permitida (restringida) se existirem linhas relacionadas.

- O Oracle SQL não oferece suporte à exclusão de colunas na instrução ALTER.

- O Oracle SQL tem suporte à palavra-chave MODIFY em lugar da palavra-chave ALTER na instrução ALTER TABLE (utilizar MODIFY NomeColuna em vez de ALTER Column-Name).

- O Oracle SQL oferece suporte à modificação de tipo de dados, utilizando a palavra-chave MODIFY na instrução ALTER TABLE.

Apêndice 3.C

Geração de Valores Únicos para Chaves Primárias

O padrão do SQL:2003 oferece a cláusula GENERATED para apoiar a geração de valores únicos para colunas selecionadas, normalmente chaves primárias. A cláusula GENERATED é utilizada em lugar de um valor *default*, assim como mostra a seguinte especificação de sintaxe. Normalmente um tipo de dado de número inteiro como INTEGER deve ser utilizado para colunas com cláusula GENERATED. As palavras-chave START BY e INCREMENT BY podem ser utilizadas para indicar o valor inicial e o valor incremental. A palavra-chave

ALWAYS indica que o valor é sempre gerado automaticamente. A cláusula BY DEFAULT permite ao usuário especificar um valor, substituindo a geração automática de valor.

```
<<Definicao-Coluna>: NomeColuna TipoDados
   [ <Especificacao-Padrao> ]
   [ <Restricao-Embutida-Coluna>+ ]

<Especificacao-Padrao>:
   { DEFAULT { ValorPadrao | USER | NULL } |
     GENERATED {ALWAYS | BY DEFAULT } AS IDENTITY
       START WITH ConstanteNumerica
     [ INCREMENT BY ConstanteNumerica ] }
```

A conformidade com a sintaxe do SQL:2003 para a cláusula GENERATED varia entre os SGBDs. O DB2 da IBM obedece bem a sintaxe. O Microsoft SQL Server adota uma sintaxe um pouco diferente e somente apóia a opção ALWAYS se a instrução SET IDENTITY também for utilizada. O Microsoft Access oferece o tipo de dado AutoNumber para gerar valores únicos. O Oracle utiliza objetos em seqüência em lugar da cláusula GENERATED. As seqüências do Oracle possuem características semelhantes exceto o fato de os usuários terem de manter a associação entre uma seqüência e uma coluna, trabalho desnecessário no padrão SQL:2003.

Os exemplos a seguir mostram uma comparação entre as abordagens do SQL:2003 e Oracle para a geração automática de valores. Observar que as colunas com valores gerados não exigem restrição de chave primária embora os valores gerados sejam utilizados, em grande parte, para chaves primárias. O exemplo do Oracle contém duas instruções: uma para a criação da seqüência e outra para a criação da tabela. Como as seqüências não estão associadas às colunas, o Oracle oferece funções que devem ser utilizadas para inserir uma linha em uma tabela. Em compensação, o SQL:2003 não requer utilização de funções extras.

Exemplo de Cláusula GENERATED no SQL:2003

```
CREATE TABLE Cliente
(  NumCliente INTEGER GENERATED ALWAYS AS IDENTITY
         START WITH 1 INCREMENT BY 1,
   ...,
   CONSTRAINT PKCliente PRIMARY KEY (NumCliente)   )
```

Exemplo de Seqüência no Oracle

```
CREATE SEQUENCE NumSeqCliente START WITH 1 INCREMENT BY 1;

CREATE TABLE Cliente
(  NumCliente INTEGER,
   ...,
   CONSTRAINT PKCliente PRIMARY KEY (NumCliente)   ) ;
```

Capítulo 4

Formulação de Consultas com SQL

Objetivos de Aprendizagem

Neste capítulo são introduzidos os princípios básicos da formulação de consultas utilizando a linguagem padrão da indústria, o SQL – Structured Query Language (Linguagem Estruturada de Consulta). A formulação de consultas consiste no processo de conversão de uma requisição de dados em instrução de uma linguagem de banco de dados como o SQL. No final deste capítulo, o aluno deverá ter adquirido os seguintes conhecimentos e habilidades:

- Escrever instruções SELECT do SQL para consultas envolvendo os operadores de restrição, projeção e junção.
- Utilizar as perguntas críticas para transformar uma declaração de um problema em uma representação no banco de dados.
- Escrever instruções SELECT para junções difíceis envolvendo três ou mais tabelas, autojunções e múltiplas junções entre tabelas.
- Entender o significado da cláusula GROUP BY, utilizando o processo de avaliação conceitual.
- Escrever descrições em inglês para documentar as instruções SQL.
- Escrever instruções INSERT, UPDATE e DELETE para modificar as linhas de uma tabela.

Visão Geral

O Capítulo 3 proporcionou os fundamentos da utilização de bancos de dados relacionais. O estudante aprendeu as ligações entre tabelas e operadores fundamentais para extrair dados úteis. Este capítulo mostra como aplicar esse conhecimento ao utilizar as instruções de manipulação de dados do SQL.

Muito do seu conhecimento em SQL ou de outras linguagens de computação é adquirido imitando-se exemplos. Este capítulo contém muitos exemplos para facilitar o processo de aprendizado. A princípio são apresentados exemplos relativamente simples para o estudante se familiarizar com os elementos básicos da instrução SELECT do SQL. Para prepará-lo para os exemplos mais difíceis, são apresentadas duas diretrizes para solução de problemas (processo de avaliação conceitual e perguntas críticas). O processo de avaliação conceitual explica o significado da instrução SELECT por meio da seqüência de operações e tabelas intermediárias que produzem o resultado. As perguntas críticas ajudam a transformar a declaração de um problema em uma representação de banco de dados relacional, em uma linguagem como o SQL. Essas diretrizes ajudam a formular e explicar os problemas avançados apresentados na última parte deste capítulo.

4.1 História

Antes de utilizar o SQL, é ilustrativo conhecer sua história e seu escopo. A história revela a origem do nome e os esforços para padronizar a linguagem. O escopo coloca em perspectiva as várias partes do SQL. No Capítulo 3, foi abordada a instrução CREATE TABLE. As instruções SELECT, UPDATE, DELETE e INSERT são tópicos deste e do Capítulo 9. Para ampliar o seu aprendizado, você deve conhecer as outras partes do SQL e seus diferentes contextos de aplicação.

4.1.1 Breve Histórico do SQL

O SQL (Linguagem Estruturada de Consulta) tem uma história interessante. A Tabela 4.1 mostra os fatos importantes na evolução do SQL. O SQL teve início como a linguagem SQUARE do projeto System R da IBM. Esse projeto foi uma resposta ao interesse em banco de dados relacionais desencadeado pelo Dr. Ted Codd, pesquisador da IBM, que elaborou um artigo famoso em 1970 sobre o tema. A linguagem SQUARE era, até certo ponto, de natureza matemática. Depois de realizar experiências com fatores humanos, a equipe de pesquisas da IBM revisou a linguagem e mudou seu nome para SEQUEL (uma seqüência da linguagem SQUARE). Depois de outra revisão, a linguagem foi batizada de SEQUEL 2. Seu nome atual, SQL, resulta de questões legais envolvendo o nome SEQUEL. Por causa dessa história dos nomes, inúmeros profissionais especializados em bancos de dados, principalmente os que trabalhavam na década de 1970, referem-se à linguagem como "sequel" em vez de SQL.

Hoje, o SQL é um padrão internacional, embora nem sempre o tenha sido[1]. Com a força da IBM por trás do SQL, muitos imitadores usavam algumas variantes do SQL. Essa era a antiga ordem da indústria de computadores quando a IBM dominava o mercado. Pode parecer surpreendente, mas a IBM não foi a primeira companhia a comercializar o SQL. Até os primeiros esforços de padronização iniciados na década de 1980, o cenário em torno do SQL era confuso. Muitos fornecedores implementavam diferentes subconjuntos de SQL com extensões proprietárias. Os esforços de padronização iniciados pelo American National Standards Institute (ANSI) [*Instituto Nacional Americano de Padrões*], pela International Organization for Standards (ISO) [*Organização para Padronização Internacional*] e pela International Electrotechnical Commission (IEC) [*Comissão Internacional Eletrotécnica*] restabeleceram certa ordem. Embora o SQL não tenha sido inicialmente a melhor linguagem de banco de dados desenvolvida, os esforços de padronização melhoraram a linguagem e padronizaram sua especificação.

TABELA 4.1
Cronologia do SQL

Ano	Acontecimento
1972	Projeto System R nos laboratórios de pesquisa da IBM
1974	Desenvolvimento da linguagem SQUARE
1975	Revisão da linguagem e mudança do nome para SEQUEL
1976	Revisão da linguagem e mudança do nome para SEQUEL 2
1977	Mudança do nome para SQL
1978	Primeira implementação comercial pela Oracle Corporation
1981	Produto SQL/DS da IBM com recursos de SQL
1986	Aprovação do padrão SQL-86 (SQL1)
1989	Aprovação do padrão SQL-89 (revisão do SQL-86)
1992	Aprovação do padrão SQL-92 (SQL2)
1999	Aprovação do padrão SQL:1999 (SQL3)
2003	Aprovação do SQL:2003

[1] Dr. Michael Stonebraker, pioneiro no trabalho com banco de dados, chegou a se referir ao SQL como "linguagem intergaláctica de dados".

O tamanho e escopo do SQL padrão cresceu substancialmente desde a adoção do primeiro padrão. O padrão original (SQL-86) continha cerca de 150 páginas, enquanto o padrão SQL-92, mais de 600. Em contrapartida, a maioria dos padrões mais recentes (SQL:1999 e SQL:2003) contém mais de 2.000 páginas. Os primeiros padrões (SQL-86 e SQL-89) possuíam dois níveis (de entrada e completo). O SQL-92 teve um terceiro nível acrescido (de entrada, intermediário e completo). Os padrões SQL:1999 e SQL:2003 contêm um único nível, denominado Núcleo do SQL, acompanhado de partes e pacotes para recursos fora do núcleo. O SQL:2003 contém três partes do núcleo, seis partes opcionais e sete pacotes opcionais.

O ponto fraco dos padrões SQL é a falta de teste de compatibilidade. Até 1996, o Instituto Nacional de Padrões e Tecnologia do Ministério do Comércio Norte-americano realizava testes para assegurar a compatibilidade entre os softwares do governo e os SGBDs. Desde 1996, no entanto, os testes de fornecedores de SGBD foram substituídos por testes independentes de compatibilidade. Mesmo no caso do Núcleo do SQL, os principais fornecedores não dão suporte a alguns recursos e oferecem suporte proprietário para outros recursos. Com os pacotes e as partes opcionais, há muito mais variações de compatibilidade. Escrever códigos portáveis do SQL para o Núcleo do SQL exige estudo minucioso, mas é impossível para as partes avançadas do SQL.

A apresentação neste capítulo restringe-se a um subconjunto do Núcleo do SQL:2003. A maioria dos recursos apresentados neste capítulo é parte do SQL-92 e do Núcleo do SQL:2003. Os demais capítulos apresentarão outras partes do Núcleo do SQL além dos recursos importantes dos pacotes SQL:2003 selecionados.

4.1.2 Escopo do SQL

O SQL é uma linguagem de definição, manipulação e controle de banco de dados. A Tabela 4.2 mostra resumidamente importantes instruções SQL. A maioria das instruções de definição e controle de banco de dados é utilizada somente por administradores. No Capítulo 3, foi abordada a instrução CREATE TABLE. Neste capítulo e no Capítulo 9, serão abordadas as instruções de manipulação. Usuários avançados e analistas utilizam as instruções de manipulação de banco de dados. No Capítulo 10, será discutida a instrução CREATE VIEW. A instrução CREATE VIEW é utilizada somente por analistas ou administradores de banco de dados. No Capítulo 11, será abordada a instrução CREATE TRIGGER, utilizada tanto por analistas como por administradores de banco de dados. No Capítulo 14, serão estudadas as instruções GRANT, REVOKE e CREATE ASSERTION, utilizadas basicamente por administradores de banco de dados. As instruções de controle de transação (COMMIT e ROLLBACK) apresentadas no Capítulo 15 são utilizadas por analistas.

O SQL é utilizado em dois contextos: interativo e embutido. No contexto <u>interativo</u>, o usuário submete instruções SQL utilizando um editor especializado. O editor alerta o usuário dos erros de sintaxe e envia instruções ao SGBD. No teor deste capítulo, pressupõe-se contexto interativo. No contexto <u>embutido</u>, um programa em execução submete as instruções SQL, e o SGBD devolve o resultado ao programa. O programa inclui instruções SQL juntamente com instruções de linguagem de programação hospedeira como Java ou Visual Basic. Instruções adicionais permitem o uso de instruções SQL (como

contextos de utilização do SQL
as instruções SQL são utilizadas no contexto interativo com um editor especializado ou com um programa embutido no computador.

TABELA 4.2 Instruções SQL Selecionadas

Tipo de Instrução	Instrução	Finalidade
Definição do banco de dados	CREATE SCHEMA, TABLE, VIEW	Definir um novo banco de dados, uma nova tabela e uma nova visão
	ALTER TABLE	Modificar definição de tabela
Manipulação do banco de dados	SELECT	Recuperar conteúdo de tabelas
	UPDATE, DELETE, INSERT	Atualizar, excluir e incluir linhas
Controle de banco de dados	COMMIT, ROLLBACK	Efetivar, desfazer transação
	GRANT, REVOKE	Adicionar e remover direitos de acesso
	CREATE ASSERTION	Definir restrição de integridade
	CREATE TRIGGER	Definir regras de banco de dados

a instrução SELECT) dentro de um programa de computador. No Capítulo 11, será abordado o SQL embutido.

4.2 Iniciando com a Instrução SELECT

A instrução SELECT dá suporte à recuperação de dados de uma ou mais tabelas. Esta seção descreve um formato simplificado da instrução SELECT. Formatos mais complexos serão apresentados no Capítulo 9. A instrução SELECT descrita neste capítulo apresenta o seguinte formato:

SELECT <lista de colunas e expressões usualmente envolvendo colunas>
  FROM <lista de tabelas e operações de junção>
  WHERE <lista de condições de *linha* com os conectivos lógicos AND, OR, NOT>
  GROUP BY <lista de colunas de agrupamento>
  HAVING <lista de condições de *grupo* com os conectivos lógicos AND, OR, NOT>
  ORDER BY <lista de especificações de ordenação>

No formato mostrado, as palavras em maiúscula são palavras-chave. Para criar uma instrução com significado, modificam-se as informações contidas entre o sinal de maior e menor < >. Por exemplo, depois da palavra-chave SELECT, digita-se a lista de colunas que deve aparecer no resultado, mas não os sinais de maior e menor. A lista de resultados pode conter colunas como *NomeAluno* ou expressões envolvendo constantes, nomes de colunas e funções. São exemplos de expressões *Preço * Qtde* e *1.1 * SalarioProf*. Para criar nomes com significado para as colunas computadas, pode-se renomear uma coluna da tabela de resultados usando a palavra-chave AS. Por exemplo, *SELECT Preço * Qtde AS ValorTotal* renomeia a expressão *Preço * Qtde* para *ValorTotal* na tabela de resultados.

expressão
uma combinação de constantes, nomes de colunas, funções e operadores que produz um valor. Nas colunas de condições e de resultados, as expressões podem ser usadas em qualquer lugar em que apareçam os nomes das colunas.

A fim de reproduzir este formato SELECT e mostrar o significado das instruções, este capítulo contém inúmeros exemplos. Os exemplos são tanto do Microsoft Access, conhecido SGBD para estações de trabalho, como do Oracle, famoso SGBD corporativo. A maioria dos exemplos pode ser executada em ambos os sistemas. A menos que haja alguma observação, os exemplos podem ser executados nas versões de 1997 a 2003 do Access e nas versões de 8i em diante e 10g do Oracle. Os exemplos executáveis em apenas um dos produtos estão indicados. Além dos exemplos, o Apêndice 4.B apresenta resumidamente as diferenças de sintaxe entre os principais SGBDs.

Os exemplos utilizam tabelas de banco de dados de uma universidade, introduzidas no Capítulo 3. As tabelas 4.3 a 4.7 apresentam o conteúdo dessas tabelas. O Apêndice 3. A contém a lista de instruções CREATE TABLE. Para facilitar a consulta, o diagrama de relacionamento mostrando as chaves primárias e estrangeiras está repetido na Figura 4.1.

TABELA 4.3 Amostra da Tabela *Aluno*

CPFAluno	NomeAluno	Sobrenome	Cidade	UF	CEP	Especializacao	Turma	MediaAluno
123-45-6789	HOMER	WELLS	SEATTLE	WA	98121-1111	SI	FR	3,00
124-56-7890	BOB	NORBERT	BOTHELL	WA	98011-2121	FINAN	JR	2,70
234-56-7890	CANDY	KENDALL	TACOMA	WA	99042-3321	CONTB	JR	3,50
345-67-8901	WALLY	KENDALL	SEATTLE	WA	98123-1141	SI	SR	2,80
456-78-9012	JOE	ESTRADA	SEATTLE	WA	98121-2333	FINAN	SR	3,20
567-89-0123	MARIAH	DODGE	SEATTLE	WA	98114-0021	SI	JR	3,60
678-90-1234	TESS	DODGE	REDMOND	WA	98116-2344	CONTB	SO	3,30
789-01-2345	ROBERT	MORALES	SEATTLE	WA	98121-2212	FINAN	JR	2,50
876-54-3210	CRIS	COLAN	SEATTLE	WA	98114-1332	SI	SR	4,00
890-12-3456	LUKE	BRAZZI	SEATTLE	WA	98116-0021	SI	SR	2,20
901-23-4567	WILLIAM	PILGRIM	BOTHELL	WA	98113-1885	SI	SO	3,80

TABELA 4.4A Amostra da Tabela *Professor* (primeira parte)

CPFProf	NomeProf	SobrenomeProf	CidadeProf	UFProf	DeptoProf	Class.Prof	SalarioProf
098-76-5432	LEONARD	VINCE	SEATTLE	WA	MS	ASSISTENTE	$35.000
543-21-0987	VICTORIA	EMMANUEL	BOTHELL	WA	MS	CATEDRATICO	$120.000
654-32-1098	LEONARD	FIBON	SEATTLE	WA	MS	ASSOCIADO	$70.000
765-43-2109	NICKI	MACON	BELLEVUE	WA	FINAN	CATEDRATICO	$65.000
876-54-3210	CRISTOPHER	COLAN	SEATTLE	WA	MS	ASSISTENTE	$40.000
987-65-4321	JULIA	MILLS	SEATTLE	WA	FINAN	ASSOCIADO	$75.000

TABELA 4.4B
Amostra da Tabela *Professor* (segunda parte)

CPFProf	SupervisorProf	DataAdmProf	CEPProf
098-76-5432	654-32-1098	10-abr-1995	98111-9921
543-21-0987		15-abr-1996	98011-2242
654-32-1098	543-21-0987	01-mai-1994	98121-0094
765-43-2109		11-abr-1997	98015-9945
876-54-3210	654-32-1098	01-mar-1999	98114-1332
987-65-4321	765-43-2109	15-mar-2000	98114-9954

TABELA 4.5 Amostra da Tabela *Oferecimento*

NumOfer	NumCurso	TrimOfer	AnoOfer	LocalOfer	HorarioOfer	CPFProf	DiasSemOfer
1111	SI320	VERÃO	2006	BLM302	10h30		SEG-QUA
1234	SI320	OUTONO	2005	BLM302	10h30	098-76-5432	SEG-QUA
2222	SI460	VERÃO	2005	BLM412	13h30		TER-QUI
3333	SI320	PRIMAVERA	2006	BLM214	8h30	098-76-5432	SEG-QUA
4321	SI320	OUTONO	2005	BLM214	15h30	098-76-5432	TER-QUI
4444	SI320	INVERNO	2006	BLM302	15h30	543-21-0987	TER-QUI
5555	FINAN300	INVERNO	2006	BLM207	8h30	765-43-2109	SEG-QUA
5678	SI480	INVERNO	2006	BLM302	10h30	987-65-4321	SEG-QUA
5679	SI480	PRIMAVERA	2006	BLM412	15h30	876-54-3210	SEG-QUA
6666	FINAN450	INVERNO	2006	BLM212	10h30	987-65-4321	TER-QUI
7777	FINAN480	PRIMAVERA	2006	BLM305	13h30	765-43-2109	SEG-QUA
8888	SI320	VERÃO	2006	BLM405	13h30	654-32-1098	SEG-QUA
9876	SI460	PRIMAVERA	2006	BLM307	13h30	654-32-1098	TER-QUI

TABELA 4.6
Amostra da Tabela *Curso*

NumCurso	DescrCurso	CargaHoraCurso
FINAN300	FUNDAMENTOS DE FINANÇAS	4
FINAN450	PRINCÍPIOS DE INVESTIMENTOS	4
FINAN480	FINANÇAS CORPORATIVAS	4
SI320	FUNDAMENTOS DE PLANEJAMENTO DE NEGÓCIOS	4
SI460	ANÁLISE DE SISTEMAS	4
SI470	COMUNICAÇÕES DE DADOS	4
SI480	FUNDAMENTOS DE GERENCIAMENTO DE BANCO DE DADOS	4

TABELA 4.7
Amostra da Tabela *Matricula*

NumOfer	CPFAluno	NotaMar
1234	123-45-6789	3,3
1234	234-56-7890	3,5
1234	345-67-8901	3,2
1234	456-78-9012	3,1
1234	567-89-0123	3,8
1234	678-90-1234	3,4
4321	123-45-6789	3,5
4321	124-56-7890	3,2
4321	789-01-2345	3,5
4321	876-54-3210	3,1
4321	890-12-3456	3,4
4321	901-23-4567	3,1
5555	123-45-6789	3,2
5555	124-56-7890	2,7
5678	123-45-6789	3,2
5678	234-56-7890	2,8
5678	345-67-8901	3,3
5678	456-78-9012	3,4
5678	567-89-0123	2,6
5679	123-45-6789	2,0
5679	124-56-7890	3,7
5679	678-90-1234	3,3
5679	789-01-2345	3,8
5679	890-12-3456	2,9
5679	901-23-4567	3,1
6666	234-56-7890	3,1
6666	567-89-0123	3,6
7777	876-54-3210	3,4
7777	890-12-3456	3,7
7777	901-23-4567	3,4
9876	124-56-7890	3,5
9876	234-56-7890	3,2
9876	345-67-8901	3,2
9876	456-78-9012	3,4
9876	567-89-0123	2,6
9876	678-90-1234	3,3
9876	901-23-4567	4,0

Relembrando que a tabela *Professor1* com relacionamento com a tabela *Professor* representa um relacionamento de auto-referência com *SupervisorProf* como chave estrangeira.

4.2.1 Problemas de Tabela Única

Começando com a instrução SELECT simples do Exemplo 4.1. Em todos os exemplos, as palavras-chave aparecem em maiúscula, enquanto as informações específicas da consulta aparecem tanto em maiúscula como minúscula. No Exemplo 4.1, apenas a tabela *Aluno* aparece listada na cláusula FROM porque as condições na cláusula WHERE e nas colunas depois da palavra-chave SELECT envolvem somente a tabela *Aluno*. No Oracle, no final da instrução aparece um ponto-e-vírgula (;) ou / (em uma linha separada).

FIGURA 4.1
Janela de Relacionamento do Banco de Dados da Universidade

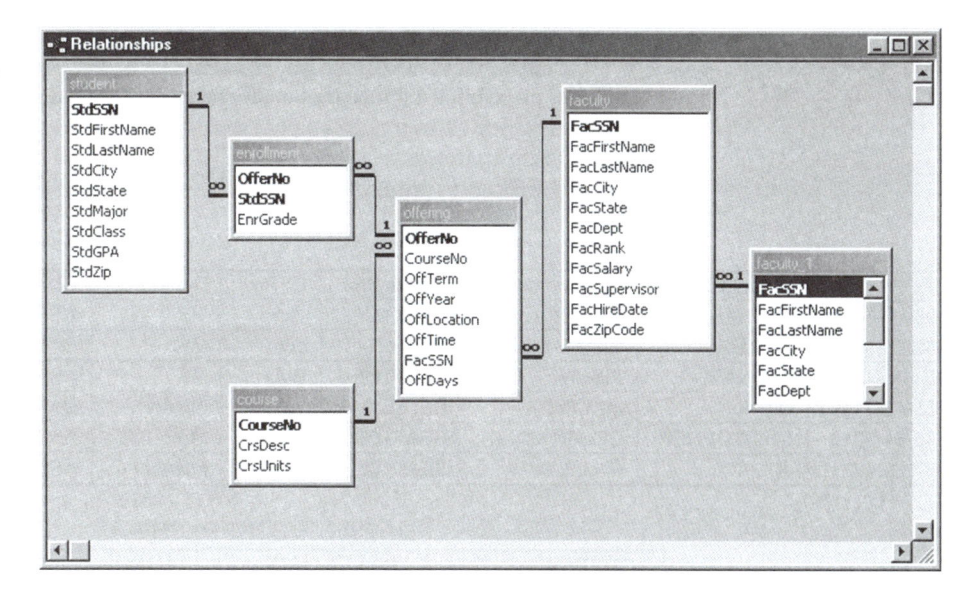

TABELA 4.8
Operadores de Comparação Padrão

Operador de Comparação	Significado
=	igual a
<	menor que
>	maior que
<=	menor que ou igual a
>=	maior que ou igual a
< > or !=	diferente de (verificar no SGBD)

EXEMPLO 4.1

Testar Linhas Utilizando a Cláusula WHERE

Recuperar o nome, a cidade e a média geral de notas (GPA) dos estudantes com média alta (maior que ou igual a 3.7). O resultado segue a instrução SELECT.

SELECT NomeAluno, SobrenomeAluno, CidadeAluno, MediaAluno
   FROM Aluno
   WHERE MediaAluno >= 3,7

NomeAluno	SobrenomeAluno	CidadeAluno	MediaAluno
CRISTOPHER	COLAN	SEATTLE	4,00
WILLIAM	PILGRIM	BOTHELL	3,80

A Tabela 4.8 descreve os operadores de comparação padrão. É importante observar que alguns operadores dependem do SGBD.

O Exemplo 4.2 é ainda mais simples que o Exemplo 4.1. O resultado é idêntico ao da tabela *Professor* original da Tabela 4.4. O Exemplo 4.2 utiliza um atalho para listar todas as colunas. O asterisco * exibido na lista de colunas indica que todas as colunas das tabelas na cláusula FROM aparecem no resultado. O asterisco serve como caractere curinga, para uma busca exata de todos os nomes nas colunas.

EXEMPLO 4.2

Mostrar Todas as Colunas

Listar todas as colunas e linhas da tabela *Professor*. A tabela resultante é mostrada em duas partes.

SELECT * FROM Professor

CPFProf	NomeProf	SobrenomeProf	CidadeProf	UFProf	DeptoProf	ClassificacaoProf	SalarioProf
098-76-5432	LEONARD	VINCE	SEATTLE	WA	MS	ASSISTENTE	$35.000
543-21-0987	VICTORIA	EMMANUEL	BOTHELL	WA	MS	CATEDRATICO	$120.000
654-32-1098	LEONARD	FIBON	SEATTLE	WA	MS	ASSOCIADO	$70.000
765-43-2109	NICKI	MACON	BELLEVUE	WA	FINAN	CATEDRATICO	$65.000
876-54-3210	CRISTOPHER	COLAN	SEATTLE	WA	MS	ASSISTENTE	$40.000
987-65-4321	JULIA	MILLS	SEATTLE	WA	FINAN	ASSOCIADO	$75.000

CPFProf	SupervisorProf	DataAdmProf	CEPProf
098-76-5432	654-32-1098	10-abr-1995	98111-9921
543-21-0987		15-abr-1996	98011-2242
654-32-1098	543-21-0987	01-mai-1994	98121-0094
765-43-2109		11-abr-1997	98015-9945
876-54-3210	654-32-1098	01-mar-1999	98114-1332
987-65-4321	765-43-2109	15-mar-2000	98114-9954

O Exemplo 4.3 descreve as expressões nas cláusulas SELECT e WHERE. A expressão na cláusula SELECT aumenta o salário em 10%. A palavra-chave AS é usada para renomear a coluna computada. Se a coluna não for renomeada, a maioria dos SGBDs gera nomes sem sentido como Expr001. A expressão na cláusula WHERE extrai o ano da data de contratação. Como as funções para dados referentes a datas não são padronizadas, são fornecidas formulações de Access e Oracle. Para dominar o SQL em um SGBD específico, é necessário estudar as funções disponíveis, principalmente com as colunas de datas.

EXEMPLO 4.3 (Access)

Expressões nas Cláusulas SELECT e WHERE

Listar o nome, a cidade e os salários reajustados dos professores contratados depois de 1996. A função **ano** extrai parte de uma coluna com dados do tipo data.

SELECT NomeProf, SobrenomeProf, CidadeProf,
       SalarioProf*1,1 AS SalarioReajustado, DataAdmProf
FROM   Professor
WHERE year(DataAdmProf) > 1996

NomeProf	SobrenomeProf	CidadeProf	SalarioReajustado	DataAdmProf
NICKI	MACON	BELLEVUE	71.500	11-abr-1997
CRISTOPHER	COLAN	SEATTLE	44.000	01-mar-1999
JULIA	MILLS	SEATTLE	82.500	15-mar-2000

**EXEMPLO 4.3
(Oracle)**

Expressões nas Cláusulas SELECT e WHERE

A função **to_char** extrai o ano de quatro dígitos da coluna *DataAdmProf* e a função **to_number** converte a representação de caracteres do ano em número.

SELECT NomeProf, SobrenomeProf, CidadeProf,
        SalarioProf*1.1 AS SalarioReajustado, DataAdmProf
  FROM Professor
  WHERE to_number(to_char(DataAdmProf, 'YYYY')) > 1996

A <u>comparação inexata</u> apóia condições correspondentes a algum padrão em vez de buscar uma *string* idêntica. Um dos tipos mais comuns de busca inexata é a busca de valores com um prefixo em comum como "SI4" (Cursos SI de nível 400). O Exemplo 4.4 utiliza o operador LIKE juntamente com um caractere de busca de padrões * para executar a busca de prefixo[2]. A constante de *string* '*SI4**' significa *strings* exatas começando com "SI4" e terminando com qualquer coisa. O caractere curinga * busca qualquer *string*. A formulação Oracle do Exemplo 4.4 utiliza o símbolo de porcentagem %, padrão SQL:2003 para caractere curinga. É importante observar que as constantes de *string* devem ficar entre aspas[3].

**EXEMPLO 4.4
(Access)**

Comparação Inexata com o Operador LIKE

Listar os cursos SI de nível avançado.

SELECT *
  FROM Curso
  WHERE NumCurso LIKE 'SI4*'

NumCurso	DescrCurso	CargaHoraCurso
SI460	ANÁLISE DE SISTEMAS	4
SI470	COMUNICAÇÃO DE DADOS	4
SI480	FUNDAMENTOS DE GERENCIAMENTO DE BANCO DE DADOS	4

**EXEMPLO 4.4
(Oracle)**

Comparação Inexata com o Operador LIKE

Listar os cursos SI de nível avançado.

SELECT *
  FROM Curso
  WHERE NumCurso LIKE 'SI4%'

---

[2] Começando com o Access 2002, os caracteres de busca de padrões podem ser utilizados especificando o modo de consulta ANSI 92 na janela Options. Como as versões anteriores do Access não suportam essa opção e ela não é padrão no Access 2002, este livro adota os caracteres de busca de padrões * e ? nas instruções SQL do Access.

[3] A maioria dos SGBDs exige aspas simples, padrão SQL:2003. O Microsoft Access permite a utilização de aspas simples ou duplas para constantes de *strings*.

Outro tipo comum de busca inexata é a busca de *strings* contendo uma *substring*. Para executar esse tipo de busca, é necessário utilizar um caractere curinga antes e depois da *substring*. Por exemplo, para encontrar cursos contendo a palavra BANCO DE DADOS em qualquer parte da descrição do curso, escrever a condição: *DescrCurso LIKE '*BANCO DE DADOS*'* no Access ou *DescrCurso LIKE '%BANCO DE DADOS%'* no Oracle.

O caractere curinga não é o único para busca de padrões. O SQL:2003 especifica o caractere de sublinhado _ para buscar qualquer caractere único. Alguns SGBDs, como o Access, utilizam o ponto de interrogação ? para buscar qualquer caractere único. Além disso, a maioria dos SGBDs possui caracteres de busca de padrões para buscar uma variação de caracteres (por exemplo, os dígitos de 0 a 9) e qualquer caractere de uma lista de caracteres. Os símbolos usados para esses outros caracteres de busca de padrões não são padronizados. Para dominar a escrita de condições de busca inexata, é necessário estudar os caracteres de busca de padrões específicos de determinado SGBD.

Além de executar a busca de padrões com *strings*, é possível utilizar a comparação exata com o operador de comparação de igualdade =. Por exemplo, a condição *NumCurso = 'SI480'* corresponde a uma única linha na tabela *Curso*. Tanto na busca exata como na inexata, é importante observar a distinção entre maiúsculas e minúsculas. Alguns SGBDs, como o Microsoft Access, não observam tal distinção. No Access SQL, a condição mencionada no exemplo busca "si480", "sI480" e "Si480" além de "SI480". Outros SGBDs, como o Oracle, observam a correspondência exata entre maiúsculas e minúsculas. No Oracle SQL, a condição mostrada no exemplo busca apenas "SI480", e não "si480", "Si480" ou "sI480". Para não confundir, é possível utilizar as funções **upper** ou **lower** do Oracle para converter as *strings* em maiúsculas ou minúsculas respectivamente.

O Exemplo 4.5 descreve uma variação de busca de uma coluna com dados do tipo data. No Access SQL, os símbolos de cerquilha incluem as constantes de datas, enquanto no Oracle SQL, as aspas simples incluem as constantes de datas. As colunas de data podem ser comparadas do mesmo modo como são comparados os números, utilizando os operadores de comparação comuns (=, < etc.). O operador BETWEEN-AND define um intervalo fechado (inclui ponto final). No Exemplo 4.5 de Access, a condição BETWEEN-AND é um atalho para *DataAdmProf >= #1/1/1999# AND DataAdmProf <= #12/31/2000#*.

operador BETWEEN-AND

um operador de atalho para testar uma coluna de data ou numérica contra uma gama de valores. O operador BETWEEN-AND retorna verdadeiro se a coluna é maior ou igual ao primeiro valor e menor ou igual ao segundo valor.

EXEMPLO 4.5 (Access)

Condições em Colunas de Data

Listar o nome e a data de contratação dos professores contratados em 1999 ou 2000.

SELECT NomeProf, SobrenomeProf, DataAdmProf
 FROM   Professor
 WHERE DataAdmProf BETWEEN #1/1/1999# AND #12/31/2000#

NomeProf	SobrenomeProf	DataAdmProf
CRISTOPHER	COLAN	01-mar-1994
JULIA	MILLS	15-mar-2000

EXEMPLO 4.5 (Oracle)

Condições em Colunas de Data

No Oracle SQL, o formato-padrão de datas é DD-Mon-YYYY, onde DD é o dia, Mon é a abreviação do mês, e YYYY é o ano de quatro dígitos.

SELECT NomeProf, SobrenomeProf, DataAdmProf
 FROM Professor
 WHERE DataAdmProf BETWEEN '1-Jan-1999' AND '12/31/2000'

Além de testar as colunas comparando os valores especificados, às vezes, é necessário testar a ausência de valor. Quando não existe nenhum valor normal para uma coluna, são utilizados valores nulos. A nulidade pode significar valor desconhecido ou valor não aplicável à linha. Na tabela *Oferecimento*, um valor nulo para *CPFProf* significa que o instrutor ainda não foi designado. O teste para encontrar valores nulos é executado com o operador de comparação IS NULL, assim como mostra o Exemplo 4.6. Também é possível utilizar o operador de comparação IS NOT NULL para encontrar valores normais.

EXEMPLO 4.6

Teste para Encontrar Valores Nulos

Listar o número do oferecimento e o número dos cursos oferecidos no verão de 2006 sem instrutor designado.

```
SELECT NumOfer, NumCurso
  FROM Oferecimento
  WHERE CPFProf IS NULL AND TrimestreOfer = 'VERAO'
    AND AnoOfer = 2006
```

NumOfer	NumCurso
1111	SI320

---

mistura de AND e OR

sempre utilizar parênteses para tornar explícito o agrupamento de condições.

O Exemplo 4.7 descreve uma expressão lógica complexa envolvendo ambos os operadores lógicos AND e OR. Quando se misturam AND e OR em uma expressão lógica, é importante utilizar parênteses. Senão, o leitor da instrução SELECT pode não entender como estão agrupadas as condições AND e OR. Sem a utilização de parênteses, as condições AND e OR são agrupadas no modo padrão.

EXEMPLO 4.7

Expressão Lógica Complexa

Listar o número de oferecimento, o número do curso e o número de CPF dos professores dos cursos programados para serem oferecidos no outono de 2005 ou inverno de 2006.

```
SELECT NumOfer, NumCurso, CPFProf
  FROM Oferecimento
  WHERE (TrimestreOfer = 'OUTONO' AND AnoOfer = 2005)
    OR (TrimestreOfer = 'INVERNO' AND AnoOfer = 2006)
```

NumOfer	NumCurso	CPFProf
1234	SI320	098-76-5432
4321	SI320	098-76-5432
4444	SI320	543-21-0987
5555	FINAN300	765-43-2109
5678	SI480	987-65-4321
6666	FINAN450	987-65-4321

4.2.2 Junção de Tabelas

O Exemplo 4.8 demonstra uma junção das tabelas *Curso* e *Oferecimento*. A condição de junção *Curso.NumCurso = Oferecimento.NumCurso* é especificada na cláusula WHERE.

EXEMPLO 4.8
(Access)

Juntar Tabelas, mas Mostrar Colunas de Uma Única Tabela

Listar o número do oferecimento, o número do curso, os dias e os horários dos oferecimentos contendo as palavras *banco de dados* ou *programação* na descrição do curso e os cursos oferecidos na primavera de 2006. A versão Oracle deste exemplo utiliza % em vez de * como caractere curinga.

```
SELECT NumOfer, Oferecimento.NumCurso, DiasSemanaOfer, HorarioOfer
  FROM Oferecimento, Curso
  WHERE TrimestreOfer = 'PRIMAVERA' AND AnoOfer = 2006
    AND (DescrCurso LIKE '*BANCO DE DADOS*'
      OR DescrCurso LIKE '*PROGRAMACAO*')
    AND Curso.NumCurso = Oferecimento.NumCurso
```

NumOfer	NumCurso	DiasSemanaOfer	HorarioOfer
3333	SI320	SEG-QUA	8h30
5679	SI480	TER-QUI	15h30

Existem dois outros itens interessantes no Exemplo 4.8. Em primeiro lugar, os nomes da coluna *NumCurso* devem ser *qualificados* (prefixados) com um nome de tabela (*Curso* ou *Oferecimento*). Senão, a instrução SELECT fica ambígua porque *NumCurso* pode se referir a uma coluna ou da tabela *Curso* ou da *Oferecimento*. Em segundo lugar, as duas tabelas devem ser listadas na cláusula FROM, embora as colunas resultantes derivem somente da tabela *Oferecimento*. A tabela *Curso* é necessária na cláusula FROM porque as condições na cláusula WHERE consultam a coluna *DescrCurso* da tabela *Curso*.

O Exemplo 4.9 demonstra outra junção, mas dessa vez as colunas resultantes derivam de ambas as tabelas. Em cada tabela, existem outras condições além das condições de junção. A formulação Oracle utiliza % em vez de * como caractere curinga.

EXEMPLO 4.9
(Access)

Juntar Tabelas e Mostrar Colunas de Ambas as Tabelas

Listar o número de oferecimento, o número do curso e o nome do professor dos cursos SI oferecidos e programados no outono de 2005, ministrados por professores assistentes.

```
SELECT NumOfer, NumCurso, NomeProf, SobrenomeProf
  FROM Oferecimento, Professor
  WHERE TrimestreOfer = 'OUTONO' AND AnoOfer = 2005
    AND ClassificacaoProf = 'ASSISTENTE' AND NumCurso LIKE 'SI*'
    AND Professor.CPFProf = Oferecimento.CPFProf
```

NumOfer	NumCurso	NomeProf	SobrenomeProf
1234	SI320	LEONARD	VINCE
4321	SI320	LEONARD	VINCE

**EXEMPLO 4.9
(Oracle)**

Juntar Tabelas e Mostrar Colunas de Ambas as Tabelas

Listar o número de oferecimento, o número do curso e o nome do professor dos cursos SI oferecidos e programados no outono de 2005, ministrados por professores assistentes.

SELECT NumOfer, NumCurso, NomeProf, SobrenomeProf
  FROM Oferecimento, Professor
    WHERE TrimestreOfer = 'OUTONO' AND AnoOfer = 2005
      AND ClassificacaoProf = 'ASSISTENTE' AND NumCurso LIKE 'SI%'
      AND Professor.CPFProf = Oferecimento.CPFProf

No padrão SQL:2003, a operação de junção pode ser expressa diretamente na cláusula FROM em vez de ser expressa nas cláusulas FROM e WHERE, como mostram os exemplos 4.8 e 4.9. Observe que o Oracle, começando com a versão 9i, suporta operações de junção na cláusula FROM, mas as versões anteriores não suportam operações de junção na cláusula FROM. Para executar uma operação de junção na cláusula FROM, utilizar as palavras-chave INNER JOIN, assim como mostra o Exemplo 4.10. As condições de junção são indicadas pela palavra-chave ON dentro da cláusula FROM. Note que a condição de junção não aparece mais na cláusula WHERE.

**EXEMPLO 4.10
(Access)**

Juntar Tabelas Utilizando uma Operação de Junção na Cláusula FROM

Listar o número de oferecimento, o número do curso e o nome do professor dos cursos SI oferecidos e programados no outono de 2005, ministrados por professores assistentes (resultado idêntico ao do Exemplo 4.9). No Oracle, utilizar % em vez de *.

SELECT NumOfer, NumCurso, NomeProf, SobrenomeProf
  FROM Oferecimento INNER JOIN Professor
    ON Professor.CPFProf = Oferecimento.CPFProf
    WHERE TrimestreOfer = 'OUTONO' AND AnoOfer = 2005
      AND ClassificacaoProf = 'ASSISTENTE' AND NumCurso LIKE 'SI*'

---

lembrete sobre a cláusula GROUP BY
as colunas na cláusula SELECT devem ou estar na cláusula GROUP BY ou ser parte de um cálculo resumido com uma função agregada.

4.2.3 Resumo de Tabelas com GROUP BY e HAVING

Até aqui, os resultados de todos os exemplos apresentados nesta seção estão relacionados a linhas individuais. Mesmo o Exemplo 4.9 está relacionado a uma combinação de colunas das linhas individuais *Oferecimento* e *Professor*. Assim como já foi mencionado no Capítulo 3, algumas vezes é importante mostrar resumos de linhas. As cláusulas GROUP BY e HAVING são utilizadas para mostrar os resultados relacionados a grupos de linhas e não a linhas individuais.

O Exemplo 4.11 descreve a cláusula GROUP BY para resumir grupos de linhas. Cada linha resultante contém um valor do agrupamento de colunas (*Especializacao*), juntamente com os cálculos agregados resumindo as linhas com o mesmo valor do agrupamento de colunas. A cláusula GROUP BY deve conter cada coluna na cláusula SELECT exceto para expressões agregadas. Por exemplo, se a coluna *TurmaAluno* for adicionada na cláusula SELECT, o Exemplo 4.11 torna-se inválido a menos que a coluna *TurmaAluno* também seja adicionada na cláusula GROUP BY.

EXEMPLO 4.11

Agrupar em uma Única Coluna

Resumir a média geral de notas de estudantes por área de especialização.

SELECT Especializacao, AVG(MediaAluno) AS MediaGeral
FROM Aluno
GROUP BY Especializacao

Especializacao	MediaGeral
CONTB	3,39999997615814
FINAN	2,80000003178914
SI	3,23333330949148

uso da função COUNT
as funções COUNT(*) e COUNT(column) produzem resultados idênticos, exceto quando a "coluna" contém valores nulos. Ver o Capítulo 9 para obter mais detalhes sobre o efeito dos valores nulos nas funções agregadas.

A Tabela 4.9 mostra as funções agregadas padrão. No caso de cálculos estatísticos que não podem ser realizados com essas funções, verificar o SGBD específico. A maioria dos SGBDs possui muitas funções além desses padrões.

As funções COUNT, AVG e SUM suportam a palavra-chave DISTINCT para restringir a computação de valores únicos de coluna. O Exemplo 4.12 demonstra a palavra-chave DISTINCT para a função COUNT. Este exemplo recupera a quantidade de oferecimentos em um ano e o número de cursos distintos ministrados. Alguns SGBDs, como o Microsoft Access,

EXEMPLO 4.12 (Oracle)

Contar Linhas e Coluna de Valores Únicos

Resumir a quantidade de oferecimentos e os cursos únicos por ano.

SELECT AnoOfer, COUNT(*) AS QtdeOferecimentos,
        COUNT(DISTINCT NumCurso) AS QtdeCursos
FROM Oferecimento
GROUP BY AnoOfer

AnoOfer	QtdeOferecimentos	QtdeCursos
2005	3	2
2006	10	6

TABELA 4.9
Funções Agregadas Padrão

Função Agregada	Significado e Comentários
COUNT(*)	Computa o número de linhas.
COUNT(column)	Conta os valores válidos contidos na coluna; é possível utilizar DISTINCT para contar os valores únicos contidos na coluna.
AVG	Computa a média de uma expressão ou coluna numérica excluindo os valores nulos; é possível utilizar DISTINCT para computar a média de valores únicos contidos na coluna.
SUM	Computa a soma de uma expressão ou coluna numérica excluindo os valores nulos; é possível utilizar DISTINCT para computar a média de valores únicos contidos na coluna.
MIN	Computa o menor valor. Para colunas de string, a seqüência de intercalação é utilizada para comparar strings.
MAX	Computa o maior valor. Para colunas de string, a seqüência de intercalação é utilizada para comparar strings.

WHERE x HAVING
utilizar a cláusula WHERE para condições que possam ser testadas em linhas individuais. Utilizar a cláusula HAVING para condições que possam ser testadas somente em grupos. As condições na cláusula HAVING devem envolver funções agregadas, enquanto as condições na cláusula WHERE não podem envolver funções agregadas.

não têm suporte para a palavra-chave DISTINCT dentro de funções agregadas. O Capítulo 9 apresenta uma formulação alternativa em Access SQL para compensar a impossibilidade de utilizar a palavra-chave DISTINCT dentro da função COUNT.

Os exemplos 4.13 e 4.14 contrastam as cláusulas WHERE e HAVING. No Exemplo 4.13, a cláusula WHERE seleciona os estudantes da divisão superior (júniores ou sêniores) antes de agrupá-los por área de especialização. Como a cláusula WHERE elimina os estudantes antes de agrupá-los, somente os estudantes da divisão superior são agrupados. No Exemplo 4.14, uma condição HAVING retém os grupos com uma média geral de notas maior que 3,1. A cláusula HAVING é aplicada a grupos de linhas, enquanto a cláusula WHERE é aplicada a linhas individuais. Para utilizar a cláusula HAVING, é necessária a existência de uma cláusula GROUP BY.

EXEMPLO 4.13

Agrupar com Condições de Linha

Resumir a média geral de notas dos estudantes da divisão superior (júnior e sênior) por área de especialização.

SELECT Especializacao, AVG(MediaAluno) AS MediaGeral
　FROM Aluno
　WHERE Turma = 'JR' OR Turma = 'SR'
　GROUP BY Especializacao

Especializacao	Media Geral
CONTB	3,5
FINAN	2,800000031789
SI	3,149999976158

EXEMPLO 4.14

Agrupar com Condições de Linha e Grupo

Resumir a média geral de notas (GPA) dos estudantes da divisão superior (júnior e sênior) por área de especialização. Listar somente as especializações com média geral maior que 3,1.

SELECT Especializacao, AVG(MediaAluno) AS MediaGeral
　FROM Aluno
　WHERE Turma IN ('JR', 'SR')
　GROUP BY Especializacao
　HAVING AVG(MediaAluno) > 3,1

Especializacao	MediaGeral
CONTB	3,5
SI	3,149999976158

---

lembrete sobre a cláusula HAVING
a cláusula HAVING deve ser precedida da cláusula GROUP BY.

Outro destaque sobre os exemplos 4.13 e 4.14 é a utilização do operador OR em comparação com o operador IN (elemento do conjunto de operador). A condição WHERE nos exemplos 4.13 e 4.14 retém as mesmas linhas. A condição IN é verdadeira se *TurmaAluno* corresponder a qualquer valor na lista entre parênteses. O Capítulo 9 apresenta mais explicações sobre o operador IN para consultas aninhadas.

Para resumir todas as linhas, é possível utilizar as funções agregadas na cláusula SELECT sem a cláusula GROUP BY, assim como mostra o Exemplo 4.15. O resultado é sempre uma única linha contendo apenas os cálculos agregados.

EXEMPLO 4.15

Agrupar Todas as Linhas

Listar o número de estudantes de divisão superior e suas médias gerais de notas.

SELECT COUNT(*) AS ContagemAluno, AVG(MediaAluno) AS MediaGeral
　FROM Aluno
　WHERE Turma = 'JR' OR Turma = 'SR'

ContagemAluno	MediaGeral
8	3,0625

Às vezes, é útil agrupar em mais de uma coluna, assim como mostra o Exemplo 4.16. O resultado mostra uma linha para cada combinação de *Especializacao* e *TurmaAluno*. Algumas linhas têm o mesmo valor para ambos os cálculos agregados porque existe apenas uma linha associada na tabela *Aluno*. Por exemplo, existe apenas uma linha para a combinação ('CONTB', 'JR').

EXEMPLO 4.16

Agrupar em Duas Colunas

Resumir a média geral de notas mínima e máxima dos estudantes por área de especialização e turma.

SELECT Especializacao, Turma, MIN(MediaAluno) AS MenorMedia,
　　　　MAX(MediaAluno) AS MaiorMedia
　FROM Aluno
　GROUP BY Especializacao, Turma

Especializacao	Turma	MenorMedia	MaiorMedia
CONTB	JR	3,5	3,5
CONTB	SO	3,3	3,3
FINAN	JR	2,5	2,7
FINAN	SR	3,2	3,2
SI	FR	3,0	3,0
SI	JR	3,6	3,6
SI	SO	3,8	3,8
SI	SR	2,2	4,0

Uma forte combinação é a utilização de agrupamentos com junções. Não há razões para restringir o agrupamento a apenas uma tabela. Muitas vezes, as informações mais úteis são obtidas resumindo as linhas resultantes de uma junção. O Exemplo 4.17 demonstra o agrupamento aplicado a uma junção entre *Curso* e *Oferecimento*. É importante observar que a junção é executada antes de ocorrer o agrupamento. Por exemplo, depois da junção, existem seis linhas para PLANEJAMENTO DE NEGOCIOS. As consultas combinando junções e agrupamentos são complicadas de entender, por isso a Seção 4.3 apresenta explicações mais detalhadas.

EXEMPLO 4.17 (Access)

Combinar Agrupamentos e Junções

Resumir o número de oferecimentos de curso SI por descrição de curso.

SELECT DescrCurso, COUNT(*) AS QtdeOferecimentos
  FROM Curso, Oferecimento
   WHERE Curso.NumCurso = Oferecimento.NumCurso
      AND Curso.NumCurso LIKE 'SI*'
   GROUP BY DescrCurso

DescrCurso	QtdeOferecimentos
FUNDAMENTOS DE PLANEJAMENTO DE NEGÓCIOS	6
FUNDAMENTOS DE GERENCIAMENTO DE BANCO DE DADOS	2
ANÁLISE DE SISTEMAS	2

EXEMPLO 4.17 (Oracle)

Combinar Agrupamentos e Junções

Resumir a quantidade de oferecimentos de curso SI por descrição de curso.

SELECT DescrCurso, COUNT(*) AS QtdeOferecimentos
  FROM Curso, Oferecimento
   WHERE Curso.NumCurso = Oferecimento.NumCurso
      AND Curso.NumCurso LIKE 'SI%'
   GROUP BY DescrCurso

4.2.4 Melhorar a Aparência dos Resultados

Esta seção termina com duas partes da instrução SELECT que melhoram a aparência dos resultados. Os exemplos 4.18 e 4.19 demonstram a classificação utilizando a cláusula ORDER BY. A seqüência de classificação depende do tipo de data do campo classificado

EXEMPLO 4.18

Classificar em uma Única Coluna

Listar a média geral de notas, o nome, a cidade e o estado dos estudantes terceiranistas. Ordenar o resultado pela média na ordem ascendente.

SELECT MediaAluno, NomeAluno, SobrenomeAluno, CidadeAluno, UFAluno
  FROM Aluno
  WHERE Turma = 'JR'
  ORDER BY MediaAluno

MediaAluno	NomeAluno	SobrenomeAluno	CidadeAluno	UFAluno
2,50	ROBERTO	MORALES	SEATTLE	WA
2,70	BOB	NORBERT	BOTHELL	WA
3,50	CANDY	KENDALL	TACOMA	WA
3,60	MARIAH	DODGE	SEATTLE	WA

(numérico para tipos de dados numéricos, seqüência de intercalação ASCII para campos de *string*, e seqüência de calendário para campos de dados). Por padrão, a classificação ocorre na ordem ascendente. A palavra-chave DESC pode ser utilizada depois do nome de uma coluna para classificá-la na ordem descendente, assim como mostra o Exemplo 4.19.

EXEMPLO 4.19

Classificar em Duas Colunas em Ordem Descendente

Listar a categoria, o salário, o nome e o departamento a que pertencem os professores. Ordenar o resultado por ordem ascendente de categoria (alfabética) e por ordem descendente de salário.

SELECT ClassificacaoProf, SalarioProf, NomeProf, SobrenomeProf, DeptoProf
  FROM Professor
  ORDER BY ClassificacaoProf, SalarioProf DESC

ClassificacaoProf	SalarioProf	NomeProf	SobrenomeProf	DeptoProf
ASSISTENTE	40000.00	CRISTOPHER	COLAN	MS
ASSISTENTE	35000.00	LEONARD	VINCE	MS
ASSISTENTE	75000.00	JULIA	MILLS	FINAN
ASSISTENTE	70000.00	LEONARD	FIBON	MS
CATEDRATICO	120000.00	VICTORIA	EMMANUEL	MS
CATEDRATICO	65000.00	NICKI	MACON	FINAN

ORDER BY x DISTINCT
utilizar a cláusula ORDER BY para classificar a tabela resultante em uma ou mais colunas. Utilizar a palavra-chave DISTINCT para remover resultados em duplicidade.

Alguns estudantes confundem a cláusula ORDER BY e GROUP BY. Na maioria dos sistemas, a cláusula GROUP BY tem outro efeito, o de classificar por agrupamento de colunas. O estudante não deve depender desse efeito colateral. Se ele quiser apenas classificar, deve utilizar a cláusula ORDER BY e não GROUP BY. Mas se quiser classificar e agrupar, deve utilizar ambas as cláusulas, ORDER BY e GROUP BY.

Outra alternativa para melhorar a aparência do resultado é remover as linhas em duplicidade. Por padrão, o SQL não remove as linhas duplicadas. As linhas não aparecem em duplicidade quando são incluídas as chaves primárias das tabelas resultantes. Existem inúmeras situações em que a chave primária não aparece no resultado. O Exemplo 4.21 demonstra a palavra-chave DISTINCT para remover as duplicidades que aparecem no resultado do Exemplo 4.20.

EXEMPLO 4.20

Resultado com Duplicidades

Listar a cidade e o estado dos professores.

SELECT CidadeProf, UFProf
  FROM Professor

CidadeProf	UFProf
SEATTLE	WA
BOTHELL	WA
SEATTLE	WA
BELLEVUE	WA
SEATTLE	WA
SEATTLE	WA

EXEMPLO 4.21

Eliminar Duplicidades com DISTINCT

Listar as únicas combinações de cidade e estado na tabela Professor.

SELECT DISTINCT CidadeProf, UFProf
  FROM Professor

CidadeProf	UFProf
BELLEVUE	WA
BOTHELL	WA
SEATTLE	WA

4.3 Processo de Avaliação Conceitual para Instruções SELECT

processo de avaliação conceitual
a seqüência de operações e tabelas intermediárias utilizadas para derivar o resultado de uma instrução SELECT. O processo de avaliação conceitual pode ajudá-lo a ter uma compreensão inicial da instrução SELECT assim como ajudá-lo a entender problemas mais difíceis.

Para ter uma clara compreensão da instrução SELECT, é importante entender o processo de avaliação conceitual ou a seqüência de passos para produzir o resultado desejado. O processo de avaliação conceitual descreve as operações (na maioria, operações de álgebra relacional) que produzem tabelas intermediárias que levam à tabela resultante. É importante consultar o processo de avaliação conceitual quando se começa a aprender a escrever instruções SELECT. Depois de adquirir experiência inicial com a instrução SELECT, não é necessário mais consultar o processo de avaliação conceitual, exceto quando houver problemas difíceis.

Para demonstrar o processo de avaliação conceitual, será utilizado o Exemplo 4.22, envolvendo muitas partes da instrução SELECT. O exemplo envolve várias tabelas (*Matricula* e *Oferecimento* na cláusula FROM), condições de linha (seguindo WHERE), funções agregadas (COUNT e AVG) sobre grupos de linhas (GROUP BY), uma condição de grupo (seguindo HAVING), e classificação do resultado final (ORDER BY).

EXEMPLO 4.22
(Access)

Ilustrar Muitas Partes da Instrução SELECT

Listar o número do curso, o número de oferecimentos e a média geral de notas dos estudantes matriculados nos oferecimentos de curso SI no outono de 2005, em que haja mais de um aluno matriculado. Classificar o resultado em ordem ascendente de número do curso e em ordem descendente de média geral de notas. A versão Oracle do Exemplo 4.22 é idêntica, exceto pelo sinal % em lugar de * como caractere curinga.

SELECT NumCurso, Oferecimento.NumOfer, AVG(NotaMatr) AS Media
  FROM Matricula, Oferecimento
  WHERE NumCurso LIKE 'SI*' AND AnoOfer = 2005
      AND TrimestreOfer = 'OUTONO'
      AND Matricula.NumOfer = Oferecimento.NumOfer
  GROUP BY NumCurso, Oferecimento.NumOfer
  HAVING COUNT(*) > 1
  ORDER BY NumCurso, 3 DESC

Na cláusula ORDER BY, observe o número 3 como segunda coluna a ser classificada. O número 3 significa classificar pela terceira coluna (*Media*) em SELECT. Alguns SGBDs não permitem expressões agregadas ou nomes alternativos (*Media*) na cláusula ORDER BY.

TABELA 4.10
Amostra da Tabela *Oferecimento*

NumOfer	NumCurso	AnoOfer	TrimestreOfer
1111	SI480	2005	OUTONO
2222	SI480	2005	OUTONO
3333	SI320	2005	OUTONO
5555	SI480	2006	INVERNO
6666	SI320	2006	PRIMAVERA

TABELA 4.11
Amostra da Tabela *Matricula*

CPFAluno	NumOfer	NotaMatr
111-11-1111	1111	3,1
111-11-1111	2222	3,5
111-11-1111	3333	3,3
111-11-1111	5555	3,8
222-22-2222	1111	3,2
222-22-2222	2222	3,3
333-33-3333	1111	3,6

TABELA 4.12
Resultado do Exemplo 4.22

NumCurso	NumOfer	Média
SI480	2222	3,4
SI480	1111	3,3

As tabelas 4.10 a 4.12 mostram as tabelas de entrada e o resultado. Para entender melhor o processo de derivação do resultado, foram utilizadas apenas entrada e tabelas resultantes pequenas. Para reproduzir o processo de avaliação conceitual, também não é necessário utilizar tabelas grandes.

O processo de avaliação conceitual é uma seqüência de operações, assim como mostra a Figura 4.2. Esse processo é conceitual e não real, porque a maioria dos compiladores SQL produz o mesmo resultado utilizando muitos atalhos. Como os atalhos são específicos para cada sistema, e não matemáticos e orientados a desempenho, não cabe aqui analisá-los. O processo de avaliação conceitual oferece os elementos básicos para entender o significado das instruções SQL independentes do sistema e das questões de desempenho. No restante desta seção, o processo de avaliação conceitual é aplicado ao Exemplo 4.22.

1. O primeiro passo no processo conceitual é a combinação das tabelas na cláusula FROM com os operadores de produto cartesiano e de junção. No Exemplo 4.22, é necessária uma operação de produto cartesiano porque duas tabelas são listadas. Não é necessária uma operação de junção porque a palavra-chave INNER JOIN não aparece na instrução FROM. É preciso ter em mente que o operador de produto cartesiano mostra todas as linhas possíveis, combinando duas tabelas. A tabela resultante contém o produto do número de linhas e a soma das colunas. Nesse caso, o produto cartesiano contém 35 linhas (5 × 7) e 7 colunas (3 + 4). A Tabela 4.13 mostra um resultado parcial. Para praticar, o estudante deve derivar todo o resultado. Nesse caso, como atalho de notação, o nome da tabela (abreviado como *E* e *O*) é prefixado para *NumOfer* antes do nome da coluna.

2. O segundo passo é a utilização de uma operação de restrição para recuperar linhas que satisfaçam às condições na cláusula WHERE do resultado do passo 1. Existem quatro condições: uma condição de junção em *NumOfer*, uma condição em *NumCurso*, uma condição em *AnoOfer*, e uma condição em *TrimestreOfer*. Observe que a condição em *NumCurso* inclui o caractere curinga (*). Qualquer número de curso começando com SI

FIGURA 4.2
Fluxograma do Processo de Avaliação Conceitual

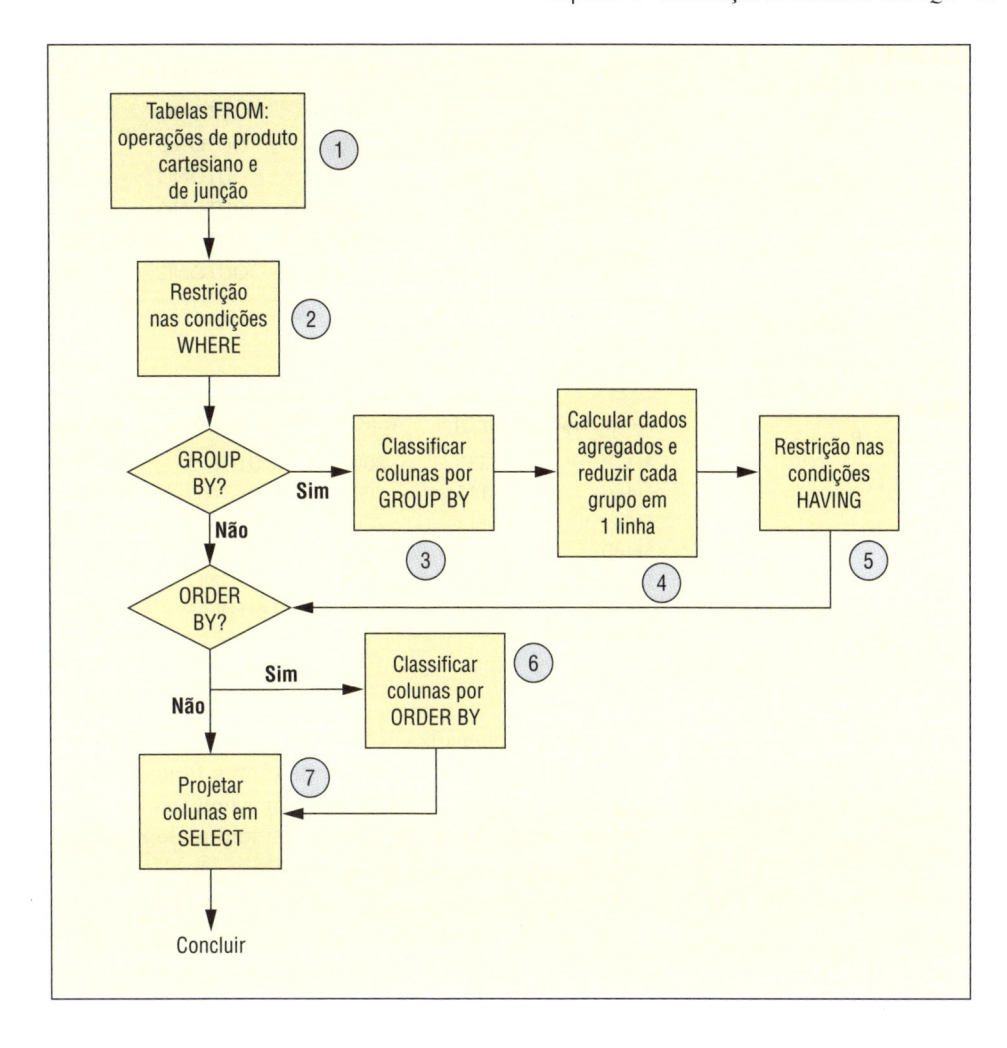

TABELA 4.13
Resultado Parcial do Passo 1 para as Duas Primeiras Linhas *Oferecimento* (1111 e 2222)

O.NumOfer	NumCurso	AnoOfer	TrimestreOfer	CPFAluno	M.NumOfer	NotaMatr
1111	SI480	2005	OUTONO	111-11-1111	1111	3,1
1111	SI480	2005	OUTONO	111-11-1111	2222	3,5
1111	SI480	2005	OUTONO	111-11-1111	3333	3,3
1111	SI480	2005	OUTONO	111-11-1111	5555	3,8
1111	SI480	2005	OUTONO	222-22-2222	1111	3,2
1111	SI480	2005	OUTONO	222-22-2222	2222	3,3
1111	SI480	2005	OUTONO	333-33-3333	1111	3,6
2222	SI480	2005	OUTONO	111-11-1111	1111	3,1
2222	SI480	2005	OUTONO	111-11-1111	2222	3,5
2222	SI480	2005	OUTONO	111-11-1111	3333	3,3
2222	SI480	2005	OUTONO	111-11-1111	5555	3,8
2222	SI480	2005	OUTONO	222-22-2222	1111	3,2
2222	SI480	2005	OUTONO	222-22-2222	2222	3,3
2222	SI480	2005	OUTONO	333-33-3333	1111	3,6

corresponde a essa condição. A Tabela 4.14 mostra que o resultado do produto cartesiano (35 linhas) é reduzido a seis linhas.

3. O terceiro passo é a classificação do resultado do passo 2 por colunas especificadas na cláusula GROUP BY. A cláusula GROUP BY indica que o resultado deve estar relacionado a grupos de linhas e não a linhas individuais. Se o resultado for relacionado a linhas individuais em vez de a grupos de linhas, a cláusula GROUP BY é omitida.

TABELA 4.14
Resultado do Passo 2

O.NumOfer	NumCurso	AnoOfer	TrimestreOfer	CPFAluno	M.NumOfer	NotaMatr
1111	SI480	2005	OUTONO	111-11-1111	1111	3,1
2222	SI480	2005	OUTONO	111-11-1111	2222	3,5
1111	SI480	2005	OUTONO	222-22-2222	1111	3,2
2222	SI480	2005	OUTONO	222-22-2222	2222	3,3
1111	SI480	2005	OUTONO	333-33-3333	1111	3,6
3333	SI320	2005	OUTONO	111-11-1111	3333	3,3

TABELA 4.15
Resultado do Passo 3

NumCurso	NumOfer	AnoOfer	TrimestreOfer	CPFAluno	M.NumOfer	NotaMatr
SI320	3333	2005	OUTONO	111-11-1111	3333	3,3
SI480	1111	2005	OUTONO	111-11-1111	1111	3,1
SI480	1111	2005	OUTONO	222-22-2222	1111	3,2
SI480	1111	2005	OUTONO	333-33-3333	1111	3,6
SI480	2222	2005	OUTONO	111-11-1111	2222	3,5
SI480	2222	2005	OUTONO	222-22-2222	2222	3,3

Ao utilizar a cláusula GROUP BY, é necessário incluir *toda* coluna da cláusula SELECT exceto para expressões envolvendo uma função agregada[4]. A Tabela 4.15 mostra o resultado do passo 2 classificado por *NumCurso* e *O.NumOfer*. Observe que as colunas foram reorganizadas para facilitar a leitura do resultado.

4. O quarto passo somente é necessário se houver uma cláusula GROUP BY. Este passo computa as funções agregadas para cada grupo de linhas e reduz cada grupo a uma única linha. Todas as linhas em um grupo têm os mesmos valores das colunas GROUP BY. Na Tabela 4.16, existem três grupos {<SI320,3333>, <SI480, 1111>, <SI480,2222>}. As colunas computadas são adicionadas para as funções agregadas nas cláusulas SELECT e HAVING. A Tabela 4.16 mostra duas novas colunas para a função AVG na cláusula SELECT e a função COUNT na cláusula HAVING. Observe que as demais colunas são eliminadas nesse momento porque não são necessárias nos passos restantes.

5. O quinto passo elimina as linhas que não satisfazem à condição HAVING. A Tabela 4.17 mostra que a primeira linha da Tabela 4.16 foi removida porque não satisfaz à condição HAVING. Observe que a cláusula HAVING especifica uma operação de restrição para grupos de linhas. A cláusula HAVING não pode ser utilizada sem uma cláusula GROUP BY precedente. As condições na cláusula HAVING sempre estão relacionadas a grupos de linha, e não a linhas individuais. Normalmente, as condições na cláusula HAVING envolvem funções agregadas.

6. O sexto passo é a classificação dos resultados de acordo com a cláusula ORDER BY. Observe que a cláusula ORDER BY é opcional. A Tabela 4.18 mostra a tabela resultante depois da classificação.

7. O sétimo passo executa uma projeção final. As colunas que aparecem no resultado do passo 6 são eliminadas se não aparecerem na cláusula SELECT. A Tabela 4.19 (idêntica à Tabela 4.12) mostra o resultado depois da projeção do passo 6. A coluna *Count(*)* é eliminada porque não aparece na cláusula SELECT. O sétimo passo (projeção) ocorre depois do sexto passo (classificação) porque a cláusula ORDER BY pode conter colunas que não aparecem na lista SELECT.

---

[4] Em outras palavras, ao utilizar a cláusula GROUP BY, toda coluna na cláusula SELECT deve estar ou na cláusula GROUP BY ou ser parte de uma expressão com uma função agregada.

TABELA 4.16
Resultado do Passo 4

NumCurso	O.NumOfer	AvgGrade	Count(*)
SI320	3333	3,3	1
SI480	1111	3,3	3
SI480	2222	3,4	2

TABELA 4.17
Resultado do Passo 5

NumCurso	O.NumOfer	AvgGrade	Count(*)
SI480	1111	3,3	3
SI480	2222	3,4	2

TABELA 4.18
Resultado do Passo 6

NumCurso	O.NumOfer	AvgGrade	Count(*)
SI480	2222	3,4	3
SI480	1111	3,3	2

TABELA 4.19
Resultado do Passo 7

NumCurso	O.NumOfer	AvgGrade
SI480	2222	3,4
SI480	1111	3,3

Esta seção termina com a discussão das três principais lições sobre o processo de avaliação conceitual. Essas lições são mais importantes que os detalhes específicos do processo conceitual e, portanto, devem ser memorizadas.

- A cláusula GROUP BY conceitualmente ocorre depois da cláusula WHERE. Se houver um erro na instrução SELECT envolvendo WHERE ou GROUP BY, o problema provavelmente está na cláusula WHERE. É possível verificar os resultados intermediários depois da cláusula WHERE, submetendo uma instrução SELECT sem a cláusula GROUP BY.
- O agrupamento ocorre apenas uma vez no processo de avaliação. Se o problema envolver mais de um cálculo agregado independente, talvez seja necessário mais de uma instrução SELECT.
- A utilização de amostra de tabelas ajuda na análise de problemas difíceis. Muitas vezes, não é necessário verificar todo o processo de avaliação. Em vez disso, utilize amostras de tabela para entender apenas a parte difícil. A Seção 4.5 e o Capítulo 9 mostram como utilizar amostras de tabela para analisar os problemas difíceis.

4.4 Perguntas Críticas na Formulação de Consultas

perguntas críticas na formulação de consultas proporcionam uma lista de verificação para converter a instrução de um problema em representação de banco de dados constituída de tabelas, colunas, operações de ligação de tabelas e requisitos para agrupamento de linhas.

O processo de avaliação conceitual mostrado na Figura 4.2 ajuda a entender o significado da maioria das instruções SELECT, mas talvez não ajude a formular consultas. A formulação de consultas envolve a conversão da instrução de um problema em instrução de uma linguagem de banco de dados como o SQL, assim como mostra a Figura 4.3. No meio da conversão da instrução do problema em instrução de linguagem de banco de dados, a instrução do problema é convertida em representação de banco de dados. Normalmente, a parte difícil é converter a instrução do problema em representação de banco de dados. Essa conversão envolve conhecimento detalhado de tabelas e relacionamentos e atenção minuciosa com as possíveis ambigüidades na instrução do problema. As perguntas críticas apresentadas nesta seção proporcionam um processo estruturado para converter a instrução de um problema em representação de banco de dados.

FIGURA 4.3
Processo de Formulação de Consultas

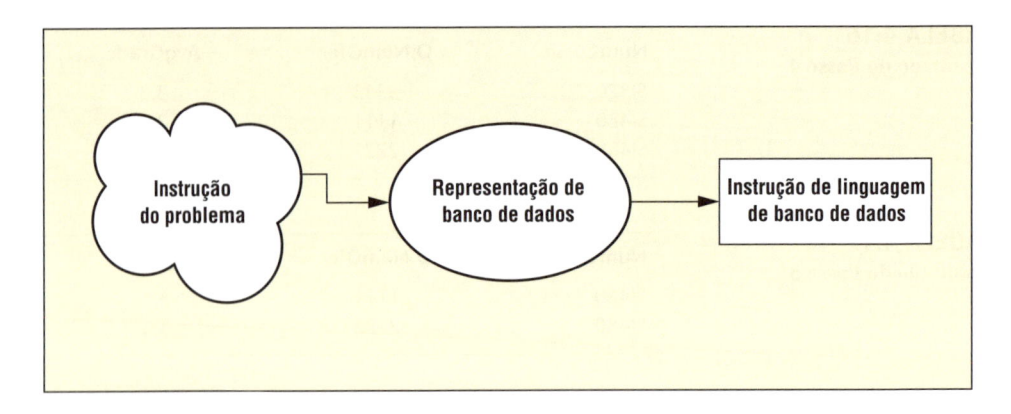

```
Instrução         Representação de        Instrução de linguagem
do problema   →   banco de dados    →     de banco de dados
```

TABELA 4.20
Resumo das Perguntas Críticas na Formulação de Consultas

Pergunta	Dicas de Análise
Quais são as tabelas necessárias?	Combinar as colunas com as condições e os requisitos de dados para testar. Se as tabelas não estiverem diretamente relacionadas, identificar as tabelas intermediárias para fornecer um caminho de junção entre as tabelas.
Como as tabelas são combinadas?	Na maioria das tabelas, a chave primária de uma tabela pai é combinada com a chave estrangeira de uma tabela filha. Problemas mais difíceis podem envolver outras condições de junção e outras combinações de operadores (junção externa, diferença ou divisão).
O resultado está relacionado a linhas individuais ou a grupos de linhas?	Identificar as funções agregadas utilizadas nas condições e nos requisitos de dados de saída para testar. A instrução SELECT exige uma cláusula GROUP BY se as funções agregadas forem necessárias. É necessária uma cláusula HAVING se as condições utilizarem funções agregadas.

Na conversão da instrução do problema em representação de banco de dados, deve-se responder a três perguntas críticas. A Tabela 4.20 resume a análise das perguntas críticas.

Quais são as tabelas necessárias? Para essa pergunta, é necessário combinar os requisitos de dados com as colunas e tabelas. Deve-se identificar as colunas necessárias para a saída e as condições e tabelas necessárias para ligar outras tabelas. Por exemplo, para juntar as tabelas *Aluno* e *Oferecimento*, é necessário incluir a tabela *Matrícula* porque ela proporciona a ligação com essas tabelas. As tabelas *Aluno* e *Oferecimento* não podem ser combinadas diretamente. Todas as tabelas necessárias para a consulta devem ser listadas na cláusula FROM.

Como as tabelas são combinadas? Para a segunda pergunta, a maioria das tabelas é combinada por meio de uma operação de junção. No Capítulo 9 serão utilizados operadores de junção externa, diferença e divisão para combinar tabelas. Por ora, esta seção se concentra na combinação de tabelas com junções. Deve-se identificar as colunas correspondentes para cada junção. Na maioria das junções, a chave primária de uma tabela pai é combinada com a chave estrangeira de uma tabela filha relacionada. Às vezes, a chave primária da tabela pai contém múltiplas colunas. Nesse caso, é necessário combinar ambas as colunas. Em algumas situações, a correspondência de colunas não envolve combinação de chave primária/chave estrangeira. É possível executar a junção desde que as colunas correspondentes contenham tipos de dados compatíveis. Por exemplo, quando se juntam tabelas de consumidores de bancos de dados diferentes, talvez não haja chave primária comum. Nesse caso, pode ser necessário juntar outros campos como nome, endereço e assim por diante.

O resultado está relacionado a linhas individuais ou a grupos de linhas? Para a terceira pergunta, procurar as computações envolvendo funções agregadas na instrução do problema. Por exemplo, o problema "listar o nome e a média geral de notas dos estudantes" contém uma computação agregada. Os problemas referentes a uma função agregada indicam que a saída está relacionada a grupos de linhas. Portanto, a instrução SELECT requer uma cláusula GROUP BY. Se o problema contiver condições com funções agregadas, a cláusula GROUP BY deve ser acompanhada de uma cláusula HAVING. Por exemplo, o problema "listar o número do oferecimento e o número de cursos oferecidos com mais de 30 estudantes" requer uma cláusula HAVING com uma condição envolvendo a função COUNT.

Depois de respondidas essas perguntas, pode-se converter a representação de banco de dados em instrução de linguagem de banco de dados. Para facilitar o processo, é necessário criar um conjunto de instruções para cada tipo de operador de álgebra relacional utilizando um banco de dados bem familiar. Por exemplo, são necessárias instruções de problemas envolvendo operações de junção, junções com agrupamentos e junções com condições de agrupamento. À medida que se vai entendendo melhor o SQL, essa conversão fica mais fácil na maioria dos problemas. Para problemas difíceis como os discutidos na Seção 4.5 e no Capítulo 9, talvez seja necessário tomar como base problemas similares, já que eles não são comuns.

4.5 Refinamento das Habilidades em Formulação de Consultas, Utilizando Exemplos

Nesta seção, serão colocados em prática as habilidades de formulação de consultas e o conhecimento da instrução SELECT aplicados a problemas mais difíceis. Todos os problemas desta seção envolvem partes da instrução SELECT discutidas nas seções 4.2 e 4.3. Os problemas envolvem aspectos mais difíceis como junção de mais de duas tabelas, agrupamento depois da junção de diversas tabelas, junção da tabela com a mesma tabela e operadores tradicionais de conjunto.

4.5.1 Junção de Múltiplas Tabelas Com o Estilo de Produto Cartesiano

Para começar, serão discutidos inúmeros problemas de junção formulados com operadores de produto cartesiano na cláusula FROM. Essa forma de formulação de junções é conhecida como <u>estilo de produto cartesiano</u> por causa dos operadores implícitos de produto cartesiano. Na subseção seguinte, serão utilizadas operações de junção na cláusula FROM para contrastar com as formas de expressão das junções.

No Exemplo 4.23, algumas linhas de estudante aparecem mais de uma vez no resultado. Por exemplo, Roberto Morales aparece duas vezes. Por causa do relacionamento 1-M entre as tabelas *Aluno* e *Matricula*, uma linha *Aluno* pode ser comparada com várias linhas *Matricula*.

estilo de produto cartesiano
lista tabelas na cláusula FROM e condições de junção na cláusula WHERE. O estilo de produto cartesiano é fácil de ler porque não suporta operações de junção externa.

EXEMPLO 4.23

Juntar Duas Tabelas

Listar o nome do estudante, o número do oferecimento e os estudantes com nota ≥ 3,5 em um curso oferecido.

SELECT NomeAluno, SobrenomeAluno, NumOfer, NotaMatr
  FROM Aluno, Matricula
  WHERE NotaMatr >= 3,5
    AND Aluno.CPFAluno = Matricula.CPFAluno

NomeAluno	SobrenomeAluno	NumOfer	NotaMatr
CANDY	KENDALL	1234	3,5
MARIAH	DODGE	1234	3,8
HOMER	WELLS	4321	3,5
ROBERTO	MORALES	4321	3,5
BOB	NORBERT	5679	3,7
ROBERTO	MORALES	5679	3,8
MARIAH	DODGE	6666	3,6
LUKE	BRAZZI	7777	3,7
BOB	NORBERT	9876	3,5
WILLIAM	PILGRIM	9876	4,0

Os exemplos 4.24 e 4.25 retratam a eliminação de duplicidades depois de uma junção. No Exemplo 4.24, alguns estudantes aparecem mais de uma vez como no Exemplo 4.23. Como apenas as colunas da tabela *Aluno* são utilizadas na saída, aparecem linhas em duplicidade. Quando se junta uma tabela pai com uma tabela filha e mostram-se somente as colunas da tabela pai no resultado, podem aparecer linhas em duplicidade no resultado. Para eliminar as linhas duplicadas, pode-se usar a palavra-chave DISTINCT, assim como mostra o Exemplo 4.25.

EXEMPLO 4.24

Junção com Duplicidades

Listar os nomes dos estudantes com nota ≥ 3,5 em um curso oferecido.

SELECT NomeAluno, SobrenomeAluno
  FROM Aluno, Matricula
  WHERE NotaMatr >= 3,5
    AND Aluno.CPFAluno = Matricula.CPFAluno

NomeAluno	SobrenomeAluno
CANDY	KENDALL
MARIAH	DODGE
HOMER	WELLS
ROBERTO	MORALES
BOB	NORBERT
ROBERTO	MORALES
MARIAH	DODGE
LUKE	BRAZZI
BOB	NORBERT
WILLIAM	PILGRIM

EXEMPLO 4.25

Junção com Duplicidades Removidas

Listar os nomes de estudantes (sem duplicidade) com nota ≥ 3,5 em um curso oferecido.

SELECT DISTINCT NomeAluno, SobrenomeAluno
  FROM Aluno, Matricula
  WHERE NotaMatr >= 3,5
    AND Aluno.CPFAluno = Matricula.CPFAluno

NomeAluno	SobrenomeAluno
BOB	NORBERT
CANDY	KENDALL
HOMER	WELLS
LUKE	BRAZZI
MARIAH	DODGE
ROBERTO	MORALES
WILLIAM	PILGRIM

Os exemplos 4.26 a 4.29 retratam problemas envolvendo mais de duas tabelas. Nesses problemas, é importante identificar as tabelas na cláusula FROM. É fundamental examinar as condições a serem testadas e as colunas no resultado. No Exemplo 4.28, a tabela *Matricula* é necessária embora ela não forneça colunas no resultado ou nas condições a serem testadas.

EXEMPLO 4.26 — Juntar Três Tabelas com Colunas de Apenas Duas Tabelas

Listar o nome do estudante e o número do oferecimento com nota maior que 3,7 e o curso oferecido no outono de 2005.

```
SELECT NomeAluno, SobrenomeAluno, Matricula.NumOfer
  FROM Aluno, Matricula, Oferecimento
  WHERE Aluno.CPFAluno = Matricula.CPFAluno
      AND Oferecimento.NumOfer = Matricula.NumOfer
      AND AnoOfer = 2005 AND TrimestreOfer = 'OUTONO'
      AND NotaMatr >= 3,7
```

NomeAluno	SobrenomeAluno	NumOfer
MARIAH	DODGE	1234

EXEMPLO 4.27 — Juntar Três Tabelas com Colunas de Apenas Duas Tabelas

Listar o horário das aulas de Leonard Vince no outono de 2005. Para cada curso, listar o número de oferecimento, o número do curso, a carga horária, os dias da semana, o local e o horário.

```
SELECT NumOfer, Oferecimento.NumCurso, CargaHoraCurso, DiasSemanaOfer,
        LocalOfer, HorarioOfer
  FROM Professor, Curso, Oferecimento
  WHERE Professor.CPFProf = Oferecimento.CPFProf
      AND Oferecimento.NumCurso = Curso.NumCurso
      AND AnoOfer = 2005 AND TrimestreOfer = 'OUTONO'
      AND NomeProf = 'LEONARD'
      AND SobrenomeProf = 'VINCE'
```

NumOfer	NumCurso	CargaHoraCurso	DiasSemanaOfer	LocalOfer	HorarioOfer
1234	SI320	4	SEG-QUA	BLM302	10h30
4321	SI320	4	TER-QUI	BLM214	15h30

EXEMPLO 4.28 — Juntar Quatro Tabelas

Listar o horário das aulas de Bob Norbert na primavera de 2006. Para cada curso, listar o número de oferecimento, o número do curso, os dias da semana, o local, o horário e o nome do professor.

```
SELECT Oferecimento.NumOfer, Oferecimento.NumCurso, DiasSemanaOfer,
        LocalOfer, HorarioOfer, NomeProf, SobrenomeProf
  FROM Professor, Oferecimento, Matricula, Aluno
  WHERE Oferecimento.NumOfer = Matricula.NumOfer
      AND Aluno.CPFAluno = Matricula.CPFAluno
      AND Professor.CPFProf = Oferecimento.CPFProf
      AND AnoOfer = 2006 AND TrimestreOfer = 'PRIMAVERA'
      AND NomeAluno = 'BOB'
      AND SobrenomeAluno = 'NORBERT'
```

NumOfer	NumCurso	DiasSemanaOfer	LocalOfer	HorarioOfer	NomeProf	SobrenomeProf
5679	SI480	TER-QUI	BLM412	15h30	CRISTOPHER	COLAN
9876	SI460	TER-QUI	BLM307	13h30	LEONARD	FIBON

EXEMPLO 4.29 — Juntar Cinco Tabelas

Listar o horário das aulas de Bob Norbert na primavera de 2006. Para cada curso, listar o número do oferecimento, o número do curso, os dias, o local, o horário, a carga horária do curso e o nome do professor.

```
SELECT Oferecimento.NumOfer, Oferecimento.NumCurso, DiasSemanaOfer,
       LocalOfer, HorarioOfer, CargaHoraCurso, NomeProf, SobrenomeProf
  FROM Professor, Oferecimento, Matricula, Aluno, Curso
  WHERE Professor.CPFProf = Oferecimento.CPFProf
    AND Oferecimento.NumOfer = Matricula.NumOfer
    AND Aluno.CPFAluno = Matricula.CPFAluno
    AND Oferecimento.NumCurso = Curso.NumCurso
    AND AnoOfer = 2006 AND TrimestreOfer = 'PRIMAVERA'
    AND NomeAluno = 'BOB'
    AND SobrenomeAluno = 'NORBERT'
```

NumOfer	NumCurso	DiasSemanaOfer	LocalOfer	HorarioOfer	CargaHoraCurso	NomeProf	SobrenomeProf
5679	SI480	TER-QUI	BLM412	15h30	4	CRISTOPHER	COLAN
9876	SI460	TER-QUI	BLM307	13h30	4	LEONARD	FIBON

A tabela *Matricula* é necessária para ligar a tabela *Aluno* com a tabela *Oferecimento*. O Exemplo 4.29 estende o Exemplo 4.28 com detalhes da tabela *Curso*. Todas as cinco tabelas são necessárias para fornecer as saídas, para testar as condições ou para ligar outras tabelas.

O Exemplo 4.30 demonstra outra forma de combinar as tabelas *Aluno* e *Professor*. No Exemplo 4.28, observou-se a necessidade de combinar as tabelas *Aluno*, *Matricula*, *Oferecimento* e *Professor* para encontrar o professor de um estudante específico. Para encontrar os estudantes que lecionam (talvez como assistentes), as tabelas podem ser juntadas diretamente. A combinação das tabelas *Aluno* e *Professor* dessa forma é semelhante a uma operação de intersecção. Entretanto, nesse caso, não é possível executar uma intersecção porque as tabelas *Aluno* e *Professor* não são compatíveis para união.

EXEMPLO 4.30 — Juntar Duas Tabelas sem Combinar Chave Primária com Estrangeira

Listar estudantes que lecionam. Incluir todas as colunas de estudantes no resultado.

```
SELECT Aluno.*
  FROM Aluno, Professor
  WHERE CPFAluno = CPFProf
```

CPFAluno	NomeAluno	SobrenomeAluno	CidadeAluno	UFAluno	Especializacao	Turma	MediaAluno	CEPAluno
876-54-3210	CRISTOPHER	COLAN	SEATTLE	WA	SI	SR	4,00	98114-1332

estilo do operador de junção lista as operações de junção na cláusula FROM usando as palavras-chave INNER JOIN e ON. O estilo do operador de junção pode ser bem difícil de ler em muitas operações de junção, mas ele suporta operações de junção externa, como você verá no Capítulo 9.

Um pequeno detalhe sobre o Exemplo 4.30 é o uso de * depois da palavra-chave SELECT. A prefixação de * com um nome de tabela e um ponto final indica que todas as colunas da tabela especificada estão no resultado. Usando * sem um prefixo de nome de tabela indica que todas as colunas das tabelas FROM estão no resultado.

4.5.2 Junção de Múltiplas Tabelas com o Estilo do Operador de Junção

Assim como foi mostrado na Seção 4.2, as operações de junção podem ser expressas diretamente na cláusula FROM utilizando as palavras-chave INNER JOIN e ON. Esse estilo do operador de junção pode ser utilizado para combinar qualquer número de tabelas. Para facilitar a utilização desse estilo, esta subseção apresenta exemplos de junções de múltiplas tabelas, começando com a junção de duas tabelas no Exemplo 4.31. Observe que esses exemplos não são executáveis nas versões do Oracle anteriores à 9i.

**EXEMPLO 4.31
(Access e Oracle versões 9i e posteriores)**

Juntar Duas Tabelas Utilizando o Estilo do Operador de Junção

Recuperar o nome, a cidade e a nota dos estudantes com notas altas (maior ou igual a 3,5) em um oferecimento de curso.

SELECT NomeAluno, SobrenomeAluno, CidadeAluno, NotaMatr
  FROM Aluno INNER JOIN Matricula
    ON Aluno.CPFAluno = Matricula.CPFAluno
  WHERE NotaMatr >= 3,5

NomeAluno	SobrenomeAluno	CidadeAluno	NotaMatr
CANDY	KENDALL	TACOMA	3,5
MARIAH	DODGE	SEATTLE	3,8
HOMER	WELLS	SEATTLE	3,5
ROBERTO	MORALES	SEATTLE	3,5
BOB	NORBERT	BOTHELL	3,7
ROBERTO	MORALES	SEATTLE	3,8
MARIAH	DODGE	SEATTLE	3,6
LUKE	BRAZZI	SEATTLE	3,7
BOB	NORBERT	BOTHELL	3,5
WILLIAM	PILGRIM	BOTHELL	4,0

O estilo do operador de junção pode ser estendido para qualquer número de tabelas. O estilo do operador de junção deve ser visto como escrita de uma fórmula complicada com vários parênteses. Para adicionar outra parte à fórmula, é necessário adicionar os argumentos, o operador e outro nível de parênteses. Por exemplo, com a fórmula (X + Y) * Z, pode-se adicionar outra operação como ((X + Y) * Z)/W. Esse mesmo princípio pode ser aplicado com o estilo do operador de junção. Os Exemplos 4.32 e 4.33 estendem o Exemplo 4.31 com condições adicionais que necessitam de outras tabelas. Nos dois exemplos, outra operação INNER JOIN é adicionada no final das operações INNER JOIN precedentes. Caso se queira, a operação também pode ser adicionada no início ou no meio. A ordem das operações INNER JOIN não é importante.

**EXEMPLO 4.32
(Access e Oracle versões 9i e posteriores)**

Juntar Três Tabelas Utilizando o Estilo do Operador de Junção

Recuperar o nome, a cidade e a nota dos estudantes com notas altas (maior ou igual a 5) em um curso oferecido no outono de 2005.

SELECT NomeAluno, SobrenomeAluno, CidadeAluno, NotaMatr
  FROM (Aluno INNER JOIN Matricula
    ON Aluno.CPFAluno = Matricula.CPFAluno)
    INNER JOIN Oferecimento
    ON Oferecimento.NumOfer = Matricula.NumOfer
  WHERE NotaMatr >= 3,5 AND TrimestreOfer = 'OUTONO'
    AND AnoOfer = 2005

NomeAluno	SobrenomeAluno	CidadeAluno	NotaMatr
CANDY	KENDALL	TACOMA	3,5
MARIAH	DODGE	SEATTLE	3,8
HOMER	WELLS	SEATTLE	3,5
ROBERTO	MORALES	SEATTLE	3,5

EXEMPLO 4.33
(Access e Oracle versões 9i e posteriores)

Juntar Quatro Tabelas Utilizando o Estilo do Operador de Junção

Recuperar o nome, a cidade e a nota dos estudantes com nota alta (maior ou igual a 3,5) em um curso oferecido no outono de 2005 e ministrado por Leonard Vince.

SELECT NomeAluno, SobrenomeAluno, CidadeAluno, NotaMatr
  FROM ((Aluno INNER JOIN Matricula
     ON CPFAluno = Matricula.CPFAluno)
  INNER JOIN Oferecimento
     ON Oferecimento.NumOfer = Matricula.NumOfer)
  INNER JOIN Professor ON Professor.CPFProf = Oferecimento.CPFProf
  WHERE NotaMatr >= 3,5 AND TrimestreOfer = 'OUTONO'
    AND AnoOfer = 2005 AND NomeProf = 'LEONARD'
    AND SobrenomeProf = 'VINCE'

NomeAluno	SobrenomeAluno	CidadeAluno	NotaMatr
CANDY	KENDALL	TACOMA	3,5
MARIAH	DODGE	SEATTLE	3,8
HOMER	WELLS	SEATTLE	3,5
ROBERTO	MORALES	SEATTLE	3,5

Os estilos de produto cartesiano e do operador de junção podem ser misturados, assim como mostra o Exemplo 4.34. Na maioria dos casos, no entanto, é preferível utilizar um estilo ou outro.

EXEMPLO 4.34
(Access e Oracle versões 9i e posteriores)

Combinar Estilos de Produto Cartesiano e do Operador de Junção

Recuperar o nome, a cidade e a nota de estudantes com nota alta (maior ou igual a 3,5) em um curso oferecido no outono de 2005 e ministrado por Leonard Vince (o mesmo resultado do Exemplo 4.33).

SELECT NomeAluno, SobrenomeAluno, CidadeAluno, NotaMatr
  FROM ((Aluno INNER JOIN Matricula
     ON Aluno.CPFAluno = Matricula.CPFAluno)
  INNER JOIN Oferecimento
     ON Oferecimento.NumOfer = Matricula.NumOfer),
  Professor
  WHERE NotaMatr >= 3,5 AND TrimestreOfer = 'OUTONO'
    AND AnoOfer = 2005 AND NomeProf = 'LEONARD'
    AND SobrenomeProf = 'VINCE'
    AND Professor.CPFProf = Oferecimento.CPFProf

A escolha entre estilo de produto cartesiano e do operador de junção é, em grande parte, questão de preferência. No estilo de produto cartesiano, é fácil ver as tabelas na instrução SQL. No caso de múltiplas junções, o estilo do operador de junção pode ser difícil de ler por causa dos vários parênteses aninhados. A principal vantagem do estilo do operador de junção é a possibilidade de formular consultas envolvendo junções externas, assim como mostra o Capítulo 9.

Mesmo quando se escreve instruções SQL utilizando apenas um estilo, é necessário dominar a leitura de ambos os estilos. Às vezes, é necessário manter instruções escritas de ambos os estilos. Além disso, algumas linguagens de consulta visual geram códigos em um dos dois estilos. Por exemplo, o Query Design, linguagem de consulta visual do Microsoft Access, gera códigos no estilo do operador de junção.

4.5.3 Autojunções e Múltiplas Junções entre Duas Tabelas

autojunção
uma junção entre uma tabela e ela mesma (duas cópias da mesma tabela). As autojunções são úteis para encontrar relacionamentos entre linhas da mesma tabela.

O Exemplo 4.35 demonstra uma autojunção, a junção de uma tabela com ela mesma. A autojunção é necessária para encontrar relacionamentos entre linhas da mesma tabela. A chave estrangeira, *SupervisorProf*, mostra os relacionamentos entre as linhas *Professor*. Para encontrar o nome do supervisor de um membro do corpo docente, combinar a coluna *SupervisorProf* com a coluna *CPFProf*. O segredo é imaginar que se está trabalhando com duas cópias da tabela *Professor*. Uma cópia desempenha a função de subordinado, enquanto a outra, a função de superior. No SQL, a autojunção requer nomes alternativos (*Sub* e *Super*) na cláusula FROM para estabelecer a distinção entre as duas funções ou as duas cópias.

EXEMPLO 4.35

Autojunção

Listar os professores com salários superiores aos de seus supervisores. Listar o número de CPF, o nome e o salário do professor e do supervisor.

SELECT Sub.CPFProf, Sub.SobrenomeProf, Sub.SalarioProf, Super.CPFProf,
      Super.SobrenomeProf, Super.SalarioProf
FROM Professor Sub, Professor Super
WHERE Sub.SupervisorProf = Super.CPFProf
  AND Sub.SalarioProf > Super.SalarioProf

Sub.CPFProf	Sub.SobrenomeProf	Sub.SalarioProf	Super.CPFProf	Super.SobrenomeProf	Super.SalarioProf
987-65-4321	MILLS	75.000,00	765-43-2109	MACON	65.000,00

Os problemas envolvendo autojunções podem ser difíceis de entender. Se houver dificuldade para entender o Exemplo 4.35, utilize o processo de avaliação conceitual para ajudar. Comece com uma pequena tabela *Professor*. Copie essa tabela e utilize os nomes *Sub* e *Super* para estabelecer a distinção entre as duas cópias. Junte as duas tabelas sobre *Sub.SupervisorProf* e *Super.CPFProf*. Caso necessário, derive a junção utilizando uma operação de produto cartesiano. É necessário que cada linha de resultado na junção mostre um par de subordinado e supervisor.

Os problemas envolvendo auto-relacionamentos (unários) são parte de consultas estruturadas em árvore. Nas consultas estruturadas em árvore, a tabela pode ser visualizada como uma estrutura, por exemplo, em árvore ou em hierarquia. Por exemplo, a tabela *Professor* possui uma estrutura mostrando uma hierarquia de organização. No topo, encontra-se o diretor da faculdade. Na base, estão os professores sem subordinados. Estruturas similares aplicam-se a planilhas de contas dos sistemas contábeis, estruturas de peças dos sistemas de produção e malhas viárias dos sistemas de transporte.

Um problema mais difícil que a autojunção é encontrar todos os subordinados (diretos ou indiretos) em uma hierarquia de organização. Esse problema pode ser resolvido no SQL se o número de níveis de subordinados for conhecido. É necessária uma junção para cada nível de subordinação. Sem conhecer o número de níveis de subordinação, esse problema não pode ser resolvido no SQL-92, embora possa ser resolvido no SQL:2003, utilizando a cláusula WITH RECURSIVE, e em extensões SQL proprietárias. No SQL-92, as consultas estruturadas em árvore podem ser resolvidas, utilizando o SQL dentro de uma linguagem de programação.

O Exemplo 4.36 mostra outro problema difícil de junção. Esse problema envolve duas junções entre duas tabelas iguais (*Oferecimento* e *Professor*). É necessário utilizar nomes alternativos de tabelas (*O1* e *O2*) para estabelecer a distinção entre as duas cópias da tabela *Oferecimento* utilizadas na instrução.

EXEMPLO 4.36 — **Mais de uma Junção entre Tabelas Utilizando Nomes Alternativos de Tabela**

Listar os nomes de professores e o número do curso lecionado tanto pelo professor como pelo seu supervisor em 2006.

SELECT NomeProf, SobrenomeProf, O1.NumCurso
  FROM Professor, Oferecimento O1, Oferecimento O2
  WHERE Professor.CPFProf = O1.CPFProf
    AND Professor.SupervisorProf = O2.CPFProf
    AND Professor.SupervisorProf = O2.CPFProf
    AND O1.NumCurso = O2.NumCurso

NumProf	SobrenomeProf	NumCurso
LEONARD	VINCE	SI320
LEONARD	FIBON	SI320

Se esse problema for difícil demais, utilize o processo de avaliação conceitual (Figura 4.2) com amostras de tabela para entender melhor. Execute uma junção entre as amostras da tabela *Professor* e *Oferecimento* e, então, junte esse resultado com a outra cópia da tabela *Oferecimento* (O2) combinando *SupervisorProf* com *O2.CPFProf*. Na tabela resultante, selecione as linhas com números de curso correspondentes e ano igual a 2006.

4.5.4 Combinação de Junções e Agrupamentos

O Exemplo 4.37 demonstra por que algumas vezes é necessário agrupar múltiplas colunas. Depois de estudar o Exemplo 4.37, talvez não fique clara a necessidade de agrupar *NumOfer* com *NumCurso*. Uma explicação simples é que qualquer coluna que apareça em um SELECT deve ser ou um agrupamento de colunas ou uma expressão agregada. Contudo, essa explicação não esclarece tudo. O agrupamento apenas de *NumOfer* produz os mesmos valores para a coluna computada (*NumAlunos*) porque *NumOfer* é a chave primária. A inclusão de colunas não-únicas como *NumCurso* adiciona informações a cada linha de resultado, mas não modifica os cálculos agregados. Caso fique difícil entender essa explicação, utilize amostras da tabela para demonstrá-la. Ao avaliar as amostras da tabela, é preciso ter em mente que as junções ocorrem antes do agrupamento, assim como indica o processo de avaliação conceitual.

EXEMPLO 4.37

Junção com Agrupamento em Múltiplas Colunas

Listar o número do curso, o número do oferecimento e a quantidade de estudantes matriculados. Incluir somente os cursos oferecidos na primavera de 2006.

SELECT NumCurso, Matricula.NumOfer, Count(*) AS QtdeAlunos
  FROM Oferecimento, Matricula
  WHERE Oferecimento.NumOfer = Matricula.NumOfer
    AND AnoOfer = 2006 AND TrimestreOfer = 'PRIMAVERA'
  GROUP BY Matricula.NumOfer, NumCurso

NumCurso	NumOfer	QtdeAlunos
FINAN480	7777	3
SI460	9876	7
SI480	5679	6

O Exemplo 4.38 apresenta outro problema envolvendo junções e agrupamentos. Uma parte importante desse problema é a necessidade da tabela *Aluno* e da condição HAVING. Elas são necessárias porque a declaração do problema refere-se a uma função agregada envolvendo a tabela *Aluno*.

EXEMPLO 4.38

Junções, Agrupamentos e Condições de Grupo

Listar o número do curso, o número de oferecimento e a média geral de notas dos estudantes matriculados. Incluir apenas os cursos oferecidos no outono de 2005, em que a média geral de notas dos estudantes matriculados seja maior que 3.

SELECT NumCurso, Matricula.NumOfer, Avg(MediaAluno) AS MediaGeral
  FROM Aluno, Oferecimento, Matricula
  WHERE Oferecimento.NumOfer = Matricula.NumOfer
    AND Matricula.CPFAluno = Aluno.CPFAluno
    AND AnoOfer = 2005 AND TrimestreOfer = 'OUTONO'
  GROUP BY NumCurso, Matricula.NumOfer
  HAVING Avg(MediaAluno) > 3,0

NumCurso	NumOfer	MediaGeral
SI320	1234	3,23333330949148
SI320	4321	3,03333334128062

4.5.5 Operações Tradicionais de Conjuntos em SQL

No SQL, os operadores tradicionais de conjuntos podem ser utilizados diretamente com as palavras-chave UNION, INTERSECT e EXCEPT. Alguns SGBDs, inclusive o Microsoft Access, não têm suporte para as palavras-chave INTERSECT e EXCEPT. Assim como ocorre com a álgebra relacional, o problema é sempre assegurar a compatibilidade de união entre as tabelas. No SQL, utiliza-se a instrução SELECT para tornar as tabelas compatíveis, listando apenas as colunas compatíveis. Os exemplos 4.39 a 4.41 demonstram operações de conjuntos em subconjuntos de colunas das tabelas *Professor* e *Aluno*. Para evitar confusão, as colunas foram renomeadas.

EXEMPLO 4.39

Consulta UNION

Mostrar todos os professores e alunos. Mostrar somente as colunas comuns no resultado.

SELECT CPFProf AS CPF, NomeProf AS Nome, SobrenomeProf AS
       Sobrenome, CidadeProf AS Cidade, UFProf AS UF
  FROM Professor
    UNION
SELECT CPFAluno AS CPF, NomeAluno AS Nome, SobrenomeAluno AS
       Sobrenome, CidadeAluno AS Cidade, UFAluno AS UF
  FROM Aluno

CPF	Nome	Sobrenome	Cidade	UF
098765432	LEONARD	VINCE	SEATTLE	WA
123456789	HOMER	WELLS	SEATTLE	WA
124567890	BOB	NORBERT	BOTHELL	WA
234567890	CANDY	KENDALL	TACOMA	WA
345678901	WALLY	KENDALL	SEATTLE	WA
456789012	JOE	ESTRADA	SEATTLE	WA
543210987	VICTORIA	EMMANUEL	BOTHELL	WA
567890123	MARIAH	DODGE	SEATTLE	WA
654321098	LEONARD	FIBON	SEATTLE	WA
678901234	TESS	DODGE	REDMOND	WA
765432109	NICKI	MACON	BELLEVUE	WA
789012345	ROBERTO	MORALES	SEATTLE	WA
876543210	CRISTOPHER	COLAN	SEATTLE	WA
890123456	LUKE	BRAZZI	SEATTLE	WA
901234567	WILLIAM	PILGRIM	BOTHELL	WA
987654321	JULIA	MILLS	SEATTLE	WA

EXEMPLO 4.40 (Oracle)

Consulta INTERSECT

Mostrar os professores assistentes que são estudantes. Mostrar somente as colunas comuns no resultado.

SELECT CPFProf AS CPF, NomeProf AS Nome, SobrenomeProf AS
       Sobrenome, CidadeProf AS Cidade, UFProf AS UF
  FROM Professor
    INTERSECT
SELECT CPFAluno AS CPF, NomeAluno AS Nome,
       SobrenomeAluno AS Sobrenome, CidadeAluno AS Cidade,
       UFAluno AS UF
  FROM Aluno

CPF	Nome	Sobrenome	Cidade	UF
876543210	CRISTOPHER	COLAN	SEATTLE	WA

EXEMPLO 4.41 (Oracle)	**Consulta de Diferença**
	Mostrar os professores que não são estudantes (são apenas professores). Mostrar somente as colunas comuns nos resultados. O Oracle utiliza a palavra-chave MINUS em lugar da palavra-chave EXCEPT utilizada no SQL:2003.
	
	SELECT CPFProf AS CPF, NomeProf AS Nome, SobrenomeProf AS
	      Sobrenome, CidadeProf AS Cidade, UFProf AS UF
	  FROM Professor
	      MINUS
	SELECT CPFAluno AS CPF, NomeAluno AS Nome, SobrenomeAluno AS
	      Sobrenome, CidadeAluno AS Cidade, UFAluno AS UF
	  FROM Aluno
	
	| CPF
		Nome	Sobrenome	Cidade	UF

098765432	LEONARD	VINCE	SEATTLE	WA
543210987	VICTORIA	EMMANUEL	BOTHELL	WA
654321098	LEONARD	FIBON	SEATTLE	WA
765432109	NICKI	MACON	BELLEVUE	WA
987654321	JULIA	MILLS	SEATTLE	WA	

Por padrão, as linhas em duplicidade são removidas dos resultados das instruções SQL com as palavras-chave UNION, INTERSECT e EXCEPT (MINUS). Caso se queira manter as linhas duplicadas, utilize a palavra-chave ALL depois do operador. Por exemplo, a palavra-chave UNION ALL executa uma operação de união, mas não remove as linhas em duplicidade.

4.6 Instruções de Modificação do SQL

As instruções de modificação apóiam a inserção de novas linhas (INSERT), modificação de uma ou mais linhas nas colunas (UPDATE) e exclusão de uma ou mais linhas (DELETE). Embora bem-programadas e úteis, elas não são tão utilizadas quanto a instrução SELECT uma vez que os formulários de entrada de dados são mais fáceis para o usuário final utilizar.

A instrução INSERT possui dois formatos, assim como mostram os exemplos 4.42 e 4.43. No primeiro formato, adiciona-se uma linha por vez. Os valores de cada coluna podem ser especificados com a cláusula VALUES. É necessário formatar os valores constantes apropriados para cada coluna. Consulte a documentação específica do SGBD para obter detalhes sobre a especificação de constantes, principalmente as constantes alfanuméricas e de data. A especificação de valor nulo em uma coluna também não é padrão entre os SGBDs. Em alguns sistemas, simplesmente se omite o nome da coluna e o valor. Em outros sistemas, utiliza-se um símbolo específico para valor nulo. Evidentemente, é necessário certificar-se de que a definição de tabela permita valores nulos para a coluna de interesse. Do contrário, a instrução INSERT será rejeitada.

| EXEMPLO 4.42 | **Inserção de Uma Única Linha**
Inserir uma linha na tabela *Aluno* fornecendo valores para todas as colunas.

INSERT INTO Aluno
   (CPFAluno, NomeAluno, SobrenomeAluno, CidadeAluno, UFAluno,
CEPAluno, Turma, Especializacao, MediaAluno)
   VALUES ('999999999', 'JOE', 'ALUNO', 'SEATAC', 'WA', '98042-1121', 'FR',
      'SI', 0,0) |

O segundo formato da instrução INSERT dá suporte à adição de um conjunto de registros, assim como mostra o Exemplo 4.43. Com a utilização da instrução SELECT dentro da instrução INSERT, é possível especificar qualquer conjunto derivado de linhas. O segundo formato pode ser utilizado para criar tabelas temporárias para processamento especializado.

EXEMPLO 4.43

Inserção de Múltiplas Linhas

Supondo uma nova tabela *SIAluno* previamente criada. A tabela *SIAluno* possui as mesmas colunas da tabela *Aluno*. Esta instrução INSERT adiciona linhas da tabela *Aluno* na *SIAluno*.

INSERT INTO SIAluno
  SELECT * FROM Aluno WHERE Especializacao = 'SI'

A instrução UPDATE permite a modificação de uma ou mais linhas, assim como mostram os exemplos 4.44 e 4.45. Pode-se modificar qualquer número de colunas, embora normalmente apenas uma coluna seja modificada por vez. Quando se modifica a chave primária, as regras de atualização nas linhas referenciadas podem impedir a operação.

EXEMPLO 4.44

Atualização de Coluna Única

Conceder aos professores do departamento MS um aumento salarial de 10%. Quatro linhas são atualizadas.

UPDATE Professor
  SET SalarioProf = SalarioProf * 1,1
  WHERE DeptoProf = 'MS'

EXEMPLO 4.45

Atualização de Múltiplas Colunas

Modificar a área de especialização e a classe de Homer Wells. Uma linha é atualizada.

UPDATE Aluno
  SET Especializacao = 'CONTB', Turma = 'SO'
  WHERE NomeAluno = 'HOMER'
    AND SobrenomeAluno = 'WELLS'

A instrução DELETE permite remover uma ou mais linhas, assim como mostram os exemplos 4.46 e 4.47. A instrução DELETE está sujeita às regras das linhas referenciadas. Por exemplo, a linha *Aluno* não pode ser excluída se existirem linhas *Matricula* relacionadas e a ação de exclusão referencial for imposta (exclusão em cascata).

EXEMPLO 4.46

Exclusão de Linhas Selecionadas

Excluir todos os estudantes de área de especialização em SI que são formandos. Três linhas são excluídas.

DELETE FROM Aluno
  WHERE Especializacao = 'SI' AND Turma = 'SR'

EXEMPLO 4.47

Exclusão de Todas as Linhas de Uma Tabela

Excluir todas as linhas da tabela *SIAluno*. Este exemplo pressupõe uma tabela *SIAluno* previamente criada.

DELETE FROM SIAluno

Algumas vezes, é útil para a condição dentro da cláusula WHERE da instrução DELETE referenciar linhas de outras tabelas. O Microsoft Access fornece suporte ao estilo do operador de junção para combinar tabelas, assim como mostra o Exemplo 4.48. O estilo de produto cartesiano não pode ser utilizado dentro de uma instrução DELETE. O Capítulo 9 mostra outra forma de referenciar outras tabelas na instrução DELETE que a maioria dos SGBDs (inclusive o Access e o Oracle) presta suporte.

EXEMPLO 4.48 (Access)

Instrução DELETE Utilizando o Estilo do Operador de Junção

Excluir os cursos oferecidos lecionados por Leonard Vince. Três linhas *Oferecimento* são excluídas. Além disso, essa instrução exclui as linhas relacionadas na tabela *Matricula* porque a cláusula ON DELETE está definida como CASCADE.

DELETE Oferecimento.*
  FROM Oferecimento INNER JOIN Professor
    ON Oferecimento.CPFProf = Professor.CPFProf
  WHERE NomeProf = 'LEONARD'
    AND SobrenomeProf = 'VINCE'

Considerações Finais

No Capítulo 4, foram introduzidas as instruções fundamentais do Structured Query Language (SQL) [*Linguagem Estruturada de Consulta*] padrão da indústria. O SQL possui amplo escopo, abrangendo definição, manipulação e controle de banco de dados. Como resultado de um compromisso e uma análise cuidadosa, grupos de padronização produziram uma linguagem bem-elaborada. O SQL tornou-se uma ligação comum que une a indústria de banco de dados, embora algumas vezes não haja cumprimento estrito dos padrões. Sem dúvida, qualquer profissional da área lida continuamente com o SQL ao longo de sua carreira.

Este capítulo concentrou-se nas partes mais usadas da instrução SELECT do núcleo do padrão SQL:2003. Foram apresentados inúmeros exemplos, mostrando as condições em diferentes tipos de dados, expressões lógicas complexas, junções de múltiplas tabelas, sumarização de tabelas com GROUP BY e HAVING, ordenação de tabelas e operações tradicionais de conjuntos. Para facilitar o uso prático do SQL, os exemplos foram mostrados em Oracle e Access, com especial ênfase nos desvios do padrão SQL:2003. Este capítulo também descreveu resumidamente a modificação das instruções INSERT, UPDATE e DELETE. Essas instruções não são tão complexas e nem tão utilizadas como a instrução SELECT.

Foram destacadas duas orientações para a solução de problemas, visando ajudar na formulação de consultas. Foi apresentado o processo de avaliação conceitual para mostrar a derivação de linhas de resultado para instruções SELECT envolvendo junções e agrupamentos. Esse processo de avaliação conceitual pode ajudar no aprendizado inicial da instrução SELECT e proporcionar uma visão esclarecedora em problemas mais complexos. Foram apresentadas três perguntas para ajudar na formulação de consultas. Essas perguntas podem ser respondidas de forma explícita ou implícita, antes de escrever uma instrução SELECT, para resolver algum problema. A compreensão das perguntas críticas e do processo de avaliação conceitual oferece uma base sólida para a utilização de banco de dados relacionais. Mesmo com essas ajudas na formulação, é necessário praticar, resolvendo vários problemas, para aprender a formulação de consultas e a instrução SELECT.

Este capítulo tratou de um subconjunto importante da instrução SELECT. Outras partes da instrução SELECT não abordadas aqui são as junções externas, as consultas aninhadas e os problemas de divisão. O Capítulo 9 abrange a formulação avançada de consultas e partes adicionais da instrução SELECT que ajudam a aprimorar as habilidades em SQL.

Revisão de Conceitos

- O SQL é constituído de instruções para definição de banco de dados (CREATE TABLE, ALTER TABLE etc.), manipulação de banco de dados (SELECT, INSERT, UPDATE e DELETE) e controle de banco de dados (GRANT, REVOKE etc.).
- O padrão mais recente de SQL é conhecido como SQL:2003. Os grandes fornecedores de SGBD dão suporte para a maioria dos recursos do núcleo desse padrão, embora a falta de testes de conformidade independentes prejudique o cumprimento estrito do padrão.
- A instrução SELECT é complexa. No Capítulo 4, foram apresentadas instruções SELECT com o formato:

  SELECT <lista de colunas e expressões usualmente envolvendo colunas>
   FROM <lista de tabelas e operações de junção>
   WHERE <lista de condições de linha com os conectivos lógicos AND, OR, NOT>
   GROUP BY <lista de colunas de agrupamento>
   HAVING <lista de condições de grupo com os conectivos lógicos AND, OR, NOT>
   ORDER BY <lista de especificações de ordenação>

- Utilização de operadores de comparação padrão para selecionar linhas:

  SELECT NomeAluno, SobrenomeAluno, CidadeAluno, MediaAluno
   FROM Aluno
   WHERE MediaAluno >= 3,7

- A comparação inexata é feita com o operador LIKE e caracteres de comparação de padrões:
  Oracle e SQL:2003

  SELECT NumCurso, DescrCurso
   FROM Curso
   WHERE NumCurso LIKE 'SI4%'

  Access

  SELECT NumCurso, DescrCurso
   FROM Curso
   WHERE NumCurso LIKE 'SI4*'

- Utilização de BETWEEN . . . AND para comparar datas:
  Oracle

  SELECT NomeProf, SobrenomeProf, DataAdmProf
   FROM Professor
   WHERE DataAdmProf BETWEEN '1-Jan-1999' AND '12/31/2000'

Access:

```
SELECT NomeProf, SobrenomeProf, DataAdmProf
  FROM Professor
  WHERE DataAdmProf BETWEEN #1/1/1999# AND #12/31/2000#
```

- Utilização de expressões na lista de coluna SELECT e cláusula WHERE:

Oracle

```
SELECT NomeProf, SobrenomeProf, CidadeProf, SalarioProf*1,1 AS
         SalarioReajustado, DataAdmProf
  FROM Professor
  WHERE to_number(to_char(DataAdmProf, 'YYYY' ) ) > 1999
```

Access

```
SELECT NomeProf, SobrenomeProf, CidadeProf, SalarioProf*1,1 AS
         SalarioReajustado, DataAdmProf
  FROM Professor
  WHERE year(DataAdmProf) > 1999
```

- Teste para encontrar valores nulos:

```
SELECT NumOfer, NumCurso
  FROM Oferecimento
  WHERE CPFProf IS NULL AND TrimestreOfer = 'VERAO'
     AND AnoOfer = 2006
```

- Criação de expressões lógicas complexas com AND e OR:

```
SELECT NumOfer, NumCurso, CPFProf
  FROM Oferecimento
  WHERE (TrimestreOfer = 'OUTONO' AND AnoOfer = 2005)
      OR (TrimestreOfer = 'INVERNO' AND AnoOfer = 2006)
```

- Classificação de resultados com a cláusula ORDER BY:

```
SELECT MediaAluno, NomeAluno, SobrenomeAluno, CidadeAluno, UFAluno
  FROM Aluno
  WHERE Turma = 'JR'
  ORDER BY MediaAluno
```

- Eliminação de duplicidade com a palavra-chave DISTINCT:

```
SELECT DISTINCT CidadeProf, UFProf
  FROM Professor
```

- Qualificação de nomes de coluna em consultas de junção:

```
SELECT Curso.NumCurso, DescrCurso
  FROM Oferecimento, Curso
  WHERE TrimestreOfer = 'PRIMAVERA' AND AnoOfer = 2006
     AND Curso.NumCurso = Oferecimento.NumCurso
```

- Utilização da cláusula GROUP BY para resumir linhas:

```
SELECT Especializacao, AVG(MediaAluno) AS MediaGeral
  FROM Aluno
  GROUP BY Especializacao
```

- GROUP BY deve preceder HAVING:

    SELECT Especializacao, AVG(MediaAluno) AS MediaGeral
      FROM Aluno
      GROUP BY Especializacao
      HAVING AVG(MediaAluno) > 3,1

- Utilização de WHERE para testar condições de linha e HAVING para testar condições de grupo:

    SELECT Especializacao, AVG(MediaAluno) AS MediaGeral
      FROM Aluno
      WHERE Turma IN ('JR', 'SR')
      GROUP BY Especializacao
      HAVING AVG(MediaAluno) > 3,1

- Diferença entre COUNT(*) e COUNT(DISTINCT column) – não suportada no Access:

    SELECTAnoOfer, COUNT(*) AS NumOferecimentos, COUNT(DISTINCT NumCurso)
           AS NumCursos
      FROM Oferecimento
      GROUP BY AnoOfer

- Lições de processo de avaliação conceitual: utilização de pequenas amostras de tabela, GROUP BY ocorre depois de WHERE, somente um agrupamento por instrução SELECT.
- Perguntas para formulação de consulta: quais são as tabelas? Como elas são combinadas? A saída está relacionada a linhas ou grupos de linhas?
- Junção de mais de duas tabelas com estilos de produto cartesiano e do operador de junção (não suportados por versões anteriores à 9i do Oracle):

    SELECT NumOfer, Oferecimento.NumCurso, CargaHoraCurso,
           DiasSemanaOfer, LocalOfer, HorarioOfer
      FROM Professor, Curso, Oferecimento
      WHERE Professor.CPFProf = Oferecimento.CPFProf
        AND Oferecimento.NumCurso = Curso.NumCurso
        AND AnoOfer = 2005 AND TrimestreOfer = 'OUTONO'
        AND NomeProf = 'LEONARD'
        AND SobrenomeProf = 'VINCE'
    SELECT NumOfer, Oferecimento.NumCurso, CargaHoraCurso,
           DiasSemanaOfer, LocalOfer, HorarioOfer
      FROM (Professor INNER JOIN Oferecimento
             ON Professor.CPFProf = Oferecimento.CPFProf)
           INNER JOIN Curso
             ON Oferecimento.NumCurso = Curso.NumCurso
      WHERE AnoOfer = 2005 AND TrimestreOfer = 'OUTONO'
        AND NomeProf = 'LEONARD'
        AND SobrenomeProf = 'VINCE'

- Autojunções:

    SELECT Sub.CPFProf, Sub.SobrenomeProf, Sub.SalarioProf
           Super.CPFProf, Super.SobrenomeProf, Super.SalarioProf
      FROM Professor Sub, Professor Super
      WHERE Sub.SupervisorProf = Super.CPFProf
        AND Sub.SalarioProf > Super.SalarioProf

- Combinação de junções e agrupamentos:

    SELECT NumCurso, Matricula.NumOfer, Count(*) AS NumAlunos
      FROM Oferecimento, Matricula
       WHERE Oferecimento.NumOfer = Matricula.NumOfer
          AND AnoOfer = 2006 AND TrimestreOfer = 'PRIMAVERA'
       GROUP BY Matricula.NumOfer, NumCurso

- Operadores tradicionais de conjunto e compatibilidade de união:

    SELECT CPFProf AS CPF, SobrenomeProf AS Sobrenome CidadeProf AS
              Cidade, UFProf AS UF
      FROM Professor
        UNION
    SELECT CPFAluno AS CPF, SobrenomeAluno AS Sobrenome, CidadeAluno
              AS Cidade, UFAluno AS UF
      FROM Aluno

- Utilização da instrução INSERT para adicionar uma ou mais linhas:

    INSERT INTO Aluno
      (CPFAluno, NomeAluno, SobrenomeAluno, CidadeAluno, UFAluno,
      Turma, Especializacao, MediaAluno)
      VALUES ('999999999', 'JOE', 'ALUNO', 'SEATAC', 'WA', 'FR', 'SI', 0.0)

- Utilização da instrução UPDATE para modificar colunas em uma ou mais linhas:

    UPDATE Professor
      SET SalarioProf = SalarioProf * 1,1
      WHERE DeptoProf = 'MS'

- Utilização da instrução DELETE para remover uma ou mais linhas:

    DELETE FROM Aluno
      WHERE Especializacao = 'SI' AND Turma = 'SR'

- Utilização de operação de junção dentro de uma instrução DELETE (somente no Access):

    DELETE Oferecimento.*
      FROM Oferecimento INNER JOIN Professor
        ON Oferecimento.CPFProf = Professor.CPFProf
      WHERE NomeProf = 'LEONARD' AND SobrenomeProf = 'VINCE'

Questões

1. Por que algumas pessoas pronunciam SQL como "sequel"?
2. Por que as instruções de manipulação do SQL são mais usadas do que as instruções de controle e definição?
3. Quantos níveis possuem os padrões SQL-92, SQL:1999 e SQL:2003?
4. Qual a importância do teste de conformidade para o padrão SQL?
5. Em geral, qual o estado de conformidade do padrão SQL:2003 entre os principais fornecedores de SGBD?
6. O que é SQL interativo?
7. O que é SQL embutido?
8. O que é uma expressão no contexto da linguagem de banco de dados?
9. Com base nos exemplos e nas discussões apresentadas no Capítulo 4, que partes da instrução SELECT não têm suporte de todos os SGBDs?

10. Descreva a regra das cláusulas GROUP BY e HAVING.
11. Descreva a regra sobre colunas na instrução SELECT quando se utiliza uma cláusula GROUP BY.
12. Qual a diferença entre condição de linha e condição de grupo?
13. Por que algumas condições de linha devem ser colocadas na cláusula WHERE e não na cláusula HAVING?
14. Por que a maioria dos SGBDs não faz distinção entre maiúsculas e minúsculas na comparação de condições de *string*?
15. Explique por que o trabalho com amostras de tabela ajuda a enxergar melhor os problemas difíceis.
16. Quando se trabalha com colunas de datas, por que se deve consultar a documentação específica do SGBD?
17. Qual a diferença entre comparação exata e inexata no SQL?
18. Como é possível saber quando o resultado de uma consulta está relacionado a grupos de linhas e não a linhas individuais?
19. Que tabelas pertencem à instrução FROM?
20. Explique o estilo de produto cartesiano para operações de junção.
21. Explique o estilo do operador de junção para operações de junção.
22. Discuta os prós e contras do estilo de produto cartesiano em comparação ao estilo do operador de junção. É necessário conhecer ambos os estilos, de produto cartesiano e do operador de junção?
23. O que é autojunção? Quando a autojunção é útil?
24. Elabore um exemplo de instrução SELECT em que a tabela é necessária, embora ela não forneça condições para testar ou colunas para mostrar o resultado.
25. Quais os requisitos quando se utilizam operações tradicionais de conjuntos em uma instrução SELECT?
26. Na combinação de junções e agrupamentos, conceitualmente, o que ocorre primeiro, as junções ou os agrupamentos?
27. Quantas vezes ocorre o agrupamento em uma instrução SELECT?
28. Por que a instrução SELECT é mais usada do que as instruções de modificação INSERT, UPDATE e DELETE?
29. Elabore um exemplo de instrução INSERT que permita inserir múltiplas linhas.
30. Qual o relacionamento entre a instrução DELETE e as regras de exclusão de linhas referenciadas?
31. Qual o relacionamento entre a instrução UPDATE e as regras de atualização da chave primária de linhas referenciadas?
32. Qual a diferença entre COUNT(*) e COUNT(NomeColuna)?
33. Qual a diferença entre COUNT(DISTINCT NomeColuna) e COUNT(NomeColuna)?
34. Quando se combinam AND e OR em uma expressão lógica, por que se deve utilizar parênteses?
35. Quais as lições mais importantes sobre o processo de avaliação conceitual?
36. Quais os passos mentais envolvidos na formulação de consultas?
37. Que tipo de consultas de junção muitas vezes apresenta duplicidade no resultado?
38. Que passos mentais do processo de formulação de consultas são abordados pelo processo de avaliação conceitual e pelas perguntas críticas?

Problemas

Os problemas utilizam as tabelas do banco de dados de Entrada de Pedidos, extensão das tabelas de entrada de pedidos utilizadas nos problemas do Capítulo 3. A Tabela 4.P1 lista o significado de cada tabela, e a Figura 4.P1 mostra a janela de Relacionamento (Relationship) do Access. Depois do diagrama de relacionamento, são mostradas listas de linhas e instruções CREATE TABLE do Oracle para cada tabela. Além do restante da documentação, estas são algumas observações sobre o banco de dados de Entrada de Pedidos:

- A chave primária da tabela *LinhaPedido* é uma combinação entre *NumPedido* e *NumProduto*.
- A tabela *Funcionario* possui um auto-relacionamento (unário) por meio da chave estrangeira, *NumFuncSuper*, número funcional do funcionário de supervisão. No diagrama de relacionamento, a tabela *Funcionario_1* é uma representação do auto-relacionamento, e não uma tabela real.
- O relacionamento de *Pedido* para *LinhaPedido* faz exclusões e atualizações de chave primária, em cascata, das linhas referenciadas. Todos os demais relacionamentos restringem as exclusões e atualizações de chave primária de linhas referenciadas se existirem linhas relacionadas.

TABELA 4.P1
Tabelas do Banco de Dados de Entrada de Pedidos

Nome da Tabela	Descrição
Cliente	Lista de clientes que fizeram pedidos
Pedido	Contém a parte do cabeçalho de um pedido; pedidos feitos pela Internet não contêm funcionário
Funcionario	Lista de funcionários que recebem os pedidos
LinhaPedido	Contém a parte de detalhes de um pedido
Produto	Lista de produtos que podem ser pedidos

FIGURA 4.P1
Janela de Relacionamento do Banco de Dados de Entrada de Pedidos

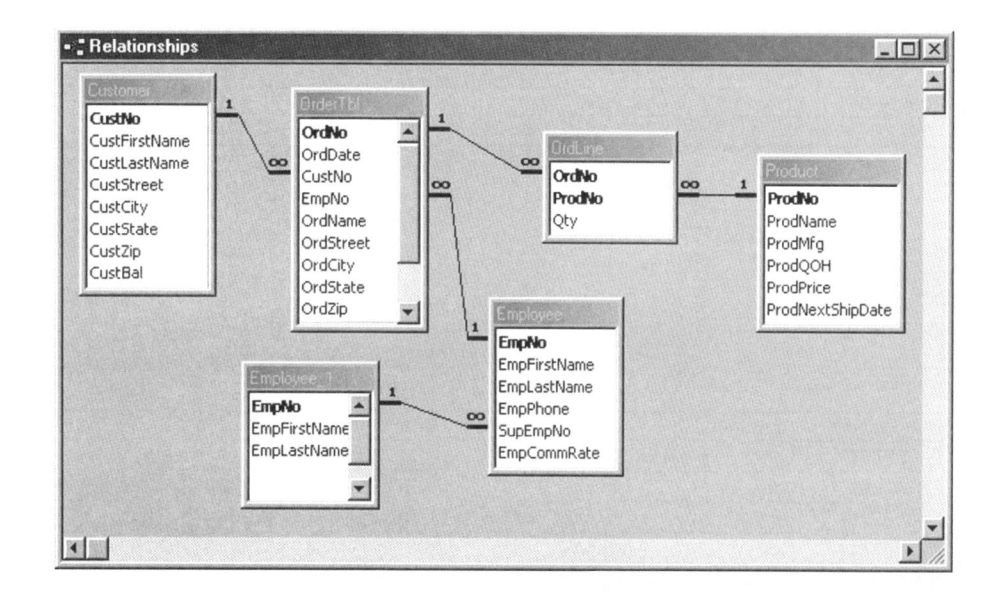

Cliente

CodCli	NomeCli	SobrenomeCli	EnderecoCli	CidadeCli	UFCli	CEPCli	SaldoCli
C0954327	Sheri	Gordon	336 Hill St.	Littleton	CO	80129-5543	$230,00
C1010398	Jim	Glussman	1432 E. Ravenna	Denver	CO	80111-0033	$200,00
C2388597	Beth	Taylor	2396 Rafter Rd	Seattle	WA	98103-1121	$500,00
C3340959	Betty	Wise	4334 153rd NW	Seattle	WA	98178-3311	$200,00
C3499503	Bob	Mann	1190 Lorraine Cir.	Monroe	WA	98013-1095	$0,00
C8543321	Ron	Thompson	789 122nd St.	Renton	WA	98666-1289	$85,00
C8574932	Wally	Jones	411 Webber Ave.	Seattle	WA	98105-1093	$1.500,00
C8654390	Candy	Kendall	456 Pine St.	Seattle	WA	98105-3345	$50,00
C9128574	Jerry	Wyatt	16212 123rd Ct.	Denver	CO	80222-0022	$100,00
C9403348	Mike	Boren	642 Crest Ave.	Englewood	CO	80113-5431	$0,00
C9432910	Larry	Styles	9825 S. Crest Lane	Bellevue	WA	98104-2211	$250,00
C9543029	Sharon	Johnson	1223 Meyer Way	Fife	WA	98222-1123	$856,00
C9549302	Todd	Hayes	1400 NW 88th	Lynnwood	WA	98036-2244	$0,00
C9857432	Homer	Wells	123 Main St.	Seattle	WA	98105-4322	$500,00
C9865874	Mary	Hill	206 McCaffrey	Littleton	CO	80129-5543	$150,00
C9943201	Harry	Sanders	1280 S. Hill Rd.	Fife	WA	98222-2258	$1.000,00

Pedido

NumPedido	DataPedido	CodCli	NumFunc	NomePed	EnderecoPed	CidadePed	UFPed	CEPPed
O1116324	01/23/2007	C0954327	E8544399	Sheri Gordon	336 Hill St.	Littleton	CO	80129-5543
O1231231	01/23/2007	C9432910	E9954302	Larry Styles	9825 S. Crest Lane	Bellevue	WA	98104-2211
O1241518	02/10/2007	C9549302		Todd Hayes	1400 NW 88th	Lynnwood	WA	98036-2244
O1455122	01/09/2007	C8574932	E9345771	Wally Jones	411 Webber Ave.	Seattle	WA	98105-1093
O1579999	01/05/2007	C9543029	E8544399	Tom Johnson	1632 Ocean Dr.	Des Moines	WA	98222-1123
O1615141	01/23/2007	C8654390	E8544399	Candy Kendall	456 Pine St.	Seattle	WA	98105-3345
O1656777	02/11/2007	C8543321		Ron Thompson	789 122nd St.	Renton	WA	98666-1289
O2233457	01/12/2007	C2388597	E9884325	Beth Taylor	2396 Rafter Rd	Seattle	WA	98103-1121
O2334661	01/14/2007	C0954327	E1329594	Mrs. Ruth Gordon	233 S. 166th	Seattle	WA	98011
O3252629	01/23/2007	C9403348	E9954302	Mike Boren	642 Crest Ave.	Englewood	CO	80113-5431
O3331222	01/13/2007	C1010398		Jim Glussman	1432 E. Ravenna	Denver	CO	80111-0033
O3377543	01/15/2007	C9128574	E8843211	Jerry Wyatt	16212 123rd Ct.	Denver	CO	80222-0022
O4714645	01/11/2007	C2388597	E1329594	Beth Taylor	2396 Rafter Rd	Seattle	WA	98103-1121
O5511365	01/22/2007	C3340959	E9884325	Betty White	4334 153rd NW	Seattle	WA	98178-3311
O6565656	01/20/2007	C9865874	E8843211	Mr. Jack Sibley	166 E. 344th	Renton	WA	98006-5543
O7847172	01/23/2007	C9943201		Harry Sanders	1280 S. Hill Rd.	Fife	WA	98222-2258
O7959898	02/19/2007	C8543321	E8544399	Ron Thompson	789 122nd St.	Renton	WA	98666-1289
O7989497	01/16/2007	C3499503	E9345771	Bob Mann	1190 Lorraine Cir.	Monroe	WA	98013-1095
O8979495	01/23/2007	C9865874		HelenSibley	206 McCaffrey	Renton	WA	98006-5543
O9919699	02/11/2007	C9857432	E9954302	Homer Wells	123 Main St.	Seattle	WA	98105-4322

Funcionario

NumPedido	NomeFunc	SobrenomeFunc	FoneFunc	EmpEMail	NumFuncSuper	TxComFunc
E1329594	Landi	Santos	(303) 789-1234	LSantos@bigco.com	E8843211	0.02
E8544399	Joe	Jenkins	(303) 221-9875	JJenkins@bigco.com	E8843211	0.02
E8843211	Amy	Tang	(303) 556-4321	ATang@bigco.com	E9884325	0.04
E9345771	Colin	White	(303) 221-4453	CWhite@bigco.com	E9884325	0.04
E9884325	Thomas	Johnson	(303) 556-9987	TJohnson@bigco.com		0.05
E9954302	Mary	Hill	(303) 556-9871	MHill@bigco.com	E8843211	0.02
E9973110	Theresa	Beck	(720) 320-2234	TBeck@bigco.com	E9884325	

Produto

NumProduto	NomeProd	MarcaProd	ProdQOH	PrecoProd	ProxDataEntrega
P0036566	Monitor colorido 17 pol	ColorMeg, Inc.	12	$169,00	2/20/2007
P0036577	Monitor colorido 19 pol	ColorMeg, Inc.	10	$319,00	2/20/2007
P1114590	Impressora laser colorida R3000	Connex	5	$699,00	1/22/2007
P1412138	Cabo para impressora 10 pés	Ethlite	100	$12,00	
P1445671	Filtro de linha c/8 tomadas	Intersafe	33	$14,99	
P1556678	Impressora jato de tinta colorida	Connex	8	$99,00	1/22/2007
P3455443	Cartucho jato de tinta colorida	Connex	24	$38,00	1/22/2007
P4200344	Scanner colorido 36 Bits	UV Components	16	$199,99	1/29/2007
P6677900	Cartucho jato de tinta preta	Connex	44	$25,69	
P9995676	Sistema de backup por bateria	Cybercx	12	$89,00	2/1/2007

LinhaPedido

NumPedido	NumProduto	Qtde
O1116324	P1445671	1
O1231231	P0036566	1
O1231231	P1445671	1
O1241518	P0036577	1
O1455122	P4200344	1
O1579999	P1556678	1
O1579999	P6677900	1
O1579999	P9995676	1
O1615141	P0036566	1
O1615141	P1445671	1
O1615141	P4200344	1
O1656777	P1445671	1
O1656777	P1556678	1
O2233457	P0036577	1
O2233457	P1445671	1
O2334661	P0036566	1
O2334661	P1412138	1
O2334661	P1556678	1
O3252629	P4200344	1
O3252629	P9995676	1
O3331222	P1412138	1
O3331222	P1556678	1
O3331222	P3455443	1
O3377543	P1445671	1
O3377543	P9995676	1
O4714645	P0036566	1
O4714645	P9995676	1
O5511365	P1412138	1
O5511365	P1445671	1
O5511365	P1556678	1
O5511365	P3455443	1
O5511365	P6677900	1
O6565656	P0036566	10
O7847172	P1556678	1
O7847172	P6677900	1
O7959898	P1412138	5
O7959898	P1556678	5
O7959898	P3455443	5
O7959898	P6677900	5
O7989497	P1114590	2
O7989497	P1412138	2
O7989497	P1445671	3
O8979495	P1114590	1
O8979495	P1412138	1
O8979495	P1445671	1
O9919699	P0036577	1
O9919699	P1114590	1
O9919699	P4200344	1

```
CREATE TABLE Cliente
(   CodCli              CHAR(8),
    NomeCli             VARCHAR2(20) CONSTRAINT NomeCliRequerido NOT NULL,
    SobrenomeCli        VARCHAR2(30) CONSTRAINT SobrenomeCliRequerido NOT NULL,
    EnderecoCli         VARCHAR2(50),
    CidadeCli           VARCHAR2(30),
    UFCli               CHAR(2),
    CEPCli              CHAR(10),
    SaldoCli            DECIMAL(12,2) DEFAULT 0,
  CONSTRAINT PKCli PRIMARY KEY (CodCli) )
```

```
CREATE TABLE Pedido
(           NumPedido           CHAR(8),
            DataPedido          DATE    CONSTRAINT DataPedidoRequerido NOT NULL,
            CodCli              CHAR(8) CONSTRAINT CodCliRequerido NOT NULL,
            NumFunc             CHAR(8),
            NomePedido          VARCHAR2(50),
            EnderecoPed         VARCHAR2(50),
            CidadePed           VARCHAR2(30),
            UFPed               CHAR(2),
            CEPPed              CHAR(10),
CONSTRAINT PKPedido PRIMARY KEY (NumPedido) ,
CONSTRAINT FKCodCli FOREIGN KEY (CodCli) REFERENCES Cliente,
CONSTRAINT FKNumFunc FOREIGN KEY (NumFunc) REFERENCES Funcionario )
```

```
CREATE TABLE LinhaPedido
(       NumPedido           CHAR(8),
        NumProduto          CHAR(8),
        Qtde                INTEGER DEFAULT 1,
CONSTRAINT PKLinhaPedido PRIMARY KEY (NumPedido, NumProduto),
CONSTRAINT FKNumPedido FOREIGN KEY (NumPedido) REFERENCES Pedido
      ON DELETE CASCADE,
CONSTRAINT FKNumProduto FOREIGN KEY (NumProduto) REFERENCES Produto )
```

```
CREATE TABLE Funcionario
(       NumFunc             CHAR(8),
        NomeFunc            VARCHAR2(20) CONSTRAINT NomeFuncRequerido NOT NULL,
        SobrenomeFunc       VARCHAR2(30) CONSTRAINT SobrenomeFuncRequerido NOT NULL,
        FoneFunc            CHAR(15),
        EmailFunc           VARCHAR(50) CONSTRAINT EmailFuncRequerido NOT NULL,
        NumFuncSuper        CHAR(8),
        TxComFunc           DECIMAL(3,3),
CONSTRAINT PKFuncionario PRIMARY KEY (NumFunc),
CONSTRAINT UNIQUEEMail UNIQUE(EmailFunc),
CONSTRAINT FKNumFuncSuper FOREIGN KEY (NumFuncSuper) REFERENCES Funcionario )
```

```
CREATE TABLE Produto
(       NumProduto          CHAR(8),
        NomeProd            VARCHAR2(50) CONSTRAINT NomeProdRequerido NOT NULL,
        MarcaProd           VARCHAR2(20) CONSTRAINT MarcaProdRequerido NOT NULL,
        ProdQOH             INTEGER DEFAULT 0,
        PrecoProd           DECIMAL(12,2) DEFAULT 0,
        ProxDataEntrega     DATE,
CONSTRAINT PKProduto PRIMARY KEY (NumProduto) )
```

Parte 1: Instrução SELECT

1. Listar o número do cliente, o nome (nome e sobrenome) e o saldo dos clientes.

2. Listar o número do cliente, o nome (nome e sobrenome) e o saldo dos clientes que moram em Colorado (UFCli é CO).

3. Listar todas as colunas da tabela *Produto* de produtos que custam mais de $ 50. Ordenar o resultado por fabricante do produto (*MarcaProd*) e nome do produto.

4. Listar o número do pedido, a data do pedido e o nome do emissor (*NomePedido*) dos pedidos enviados para endereços de Denver ou Englewood.

5. Listar o número do cliente, o nome (nome e sobrenome), a cidade e o saldo dos clientes que moram em Denver e têm saldo acima de $ 150 ou que moram em Seattle e têm saldo acima de $ 300.

6. Listar as cidades e os estados onde foram feitos pedidos. Remover do resultado as duplicidades.

7. Listar todas as colunas da tabela *Pedido* para pedidos feitos pela Internet em janeiro de 2007. Pedidos feitos pela Internet não possuem funcionários associados.

8. Listar todas as colunas da tabela *Pedido* para pedidos feitos por telefone em fevereiro de 2007. Pedidos feitos por telefone possuem funcionários associados.

9. Listar todas as colunas da tabela *Produto* contendo no nome do produto as palavras *Jato de tinta*.

10. Listar o número do pedido, a data do pedido e o número do cliente de pedidos feitos depois de 23 de janeiro de 2007, enviados para destinatários de Washington.

11. Listar o número do pedido, a data do pedido, o número do cliente e o nome do cliente (nome e sobrenome) de pedidos feitos em janeiro de 2007 enviados para destinatários de Colorado.

12. Listar o número do pedido, a data do pedido, o número do cliente e o nome do cliente (nome e sobrenome) de pedidos feitos em janeiro de 2007 por clientes de Colorado (*UFCli*), mas enviados para destinatários de Washington (*UFPed*).

13. Listar o número do cliente, o nome completo (nome e sobrenome) e o saldo de clientes de Washington que fizeram um ou mais pedidos em fevereiro de 2007. Remover do resultado as linhas em duplicidade.

14. Listar o número do pedido, a data do pedido, o número do cliente, o nome completo do cliente (nome e sobrenome), o número do funcionário e o nome completo do funcionário (nome e sobrenome) de pedidos de janeiro de 2007 feitos por clientes de Colorado.

15. Listar o número do funcionário, o nome completo (nome e sobrenome) e o telefone de funcionários que receberam pedidos em janeiro de 2007 de clientes com saldos acima de $ 300. Remover do resultado as linhas em duplicidade.

16. Listar o número do produto, o nome e o preço de produtos pedidos pelo cliente de número C0954327 em janeiro de 2007. Remover do resultado os produtos em duplicidade.

17. Listar o número do cliente, o nome completo (nome e sobrenome), o número do pedido, a data do pedido, o número do funcionário, o nome completo do funcionário (nome e sobrenome), o número do produto, o nome do produto e o custo do pedido (*LinhaPedido.Qtde * PrecoProd*) de produtos pedidos em 23 de janeiro de 2007, em que o custo do pedido seja maior que $ 150.

18. Listar o saldo médio dos clientes por cidade. Incluir somente clientes que moram no estado de Washington (WA).

19. Listar o saldo médio dos clientes por cidade e CEP (os cinco primeiros dígitos do código de endereçamento postal). Incluir somente clientes que moram no estado de Washington (WA). No Microsoft Access, a expressão *left(CEPCli, 5)* retorna os cinco primeiros dígitos do código postal. No Oracle, a expressão *substr(CEPCli, 1, 5)* retorna os cinco primeiros dígitos.

20. Listar o saldo médio e o número dos clientes por cidade. Incluir somente clientes que moram no estado de Washington (WA). Eliminar do resultado as cidades com menos de dois clientes.

21. Listar o número (cinco dígitos) de CEPs únicos e o saldo médio do cliente por cidade. Incluir somente clientes que moram no estado de Washington (WA). Eliminar do resultado as cidades com saldo médio menor que $ 100. No Microsoft Access, a expressão *left(CEPCli, 5)* retorna os cinco primeiros dígitos do código postal. No Oracle, a expressão *substr(CEPCli, 1, 5)* retorna os cinco primeiros dígitos. (Nota: este problema requer duas instruções SELECT no Access SQL ou uma consulta aninhada na cláusula FROM – ver Capítulo 9).

22. Listar o número do pedido e o montante total dos pedidos feitos em 23 de janeiro de 2007. O montante total de um pedido é a soma da quantidade multiplicada pelo preço de cada produto do pedido.

23. Listar o número do pedido, a data do pedido, o nome completo do cliente (nome e sobrenome) e o montante total dos pedidos feitos em 23 de janeiro de 2007. O montante total de um pedido é a soma da quantidade multiplicada pelo preço de cada produto do pedido.

24. Listar o número do cliente, o nome completo do cliente (nome e sobrenome), a soma da quantidade de produtos pedidos e o montante total (soma do preço do produto multiplicado pela quantidade) dos pedidos feitos em janeiro de 2007. Incluir somente os produtos contendo as palavras "Jato de tinta" ou "Laser" no nome do produto. Incluir somente clientes que pediram mais de dois produtos Jato de tinta ou Laser em janeiro de 2007.

25. Listar o número do produto, o nome do produto, a soma da quantidade de produtos pedidos e o montante total (soma do preço do produto multiplicado pela quantidade) dos pedidos feitos em janeiro de 2007. Incluir somente produtos com mais de cinco pedidos em janeiro de 2007. Classificar o resultado em ordem descendente do montante total.

26. Listar o número do pedido, a data do pedido, o número do cliente, o nome completo do cliente (nome e sobrenome), o estado do cliente e o estado emissor (*UFPed*), em que o estado do cliente seja diferente do estado do emissor.

27. Listar o número do funcionário, o nome completo do funcionário (nome e sobrenome), a taxa de comissão, o nome completo do funcionário de supervisão (nome e sobrenome) e a taxa de comissão do supervisor.

28. Listar o número do funcionário, o nome completo do funcionário (nome e sobrenome) e o montante total das comissões de pedidos feitos em janeiro de 2007. O montante de uma comissão é a soma do valor em moeda corrente dos produtos pedidos multiplicada pela taxa de comissão do funcionário.

29. Listar a união de clientes e destinatários dos pedidos. Incluir o nome, o endereço, a cidade, o estado e o CEP no resultado. É necessário utilizar a função de concatenação para combinar os nomes e sobrenomes de modo a compará-los com o nome do destinatário do pedido. No Access SQL, o símbolo & é a função de concatenação. No Oracle SQL, o símbolo || é a função de concatenação.

30. Listar o nome e o sobrenome de clientes que tenham o mesmo nome completo (nome e sobrenome) de um funcionário.

31. Listar o número do funcionário e o nome completo (nome e sobrenome) de subordinados de segundo escalão (subordinados de subordinados) do funcionário de nome Thomas Johnson.

32. Listar o número do funcionário e o nome completo (nome e sobrenome) de subordinados de primeiro e segundo escalão do funcionário de nome Thomas Johnson. Para distinguir o escalão dos subordinados, incluir uma coluna computada com o nível de subordinação (1 ou 2).

33. Utilizando uma mistura de estilos do operador de junção e de produto cartesiano, listar os nomes completos (nome e sobrenome) dos clientes que fizeram pedidos emitidos por Amy Tang. Remover do resultado as linhas em duplicidade. Observe que o estilo do operador de junção é suportado somente nas versões 9i e posteriores do Oracle.

34. Utilizando o estilo de operador de junção, listar o nome do produto e o preço de todos os produtos pedidos por Beth Taylor em janeiro de 2007. Remover do resultado as linhas em duplicidade.

35. Para clientes de Colorado, computar o número de pedidos feitos em janeiro de 2007. O resultado deve incluir o número do cliente, o sobrenome e o número dos pedidos feitos em janeiro de 2007.

36. Para clientes de Colorado, computar o número de pedidos feitos em janeiro de 2007 cujos pedidos contenham os produtos fabricados pela Connex. O resultado deve incluir o número do cliente, o sobrenome e o número dos pedidos feitos em janeiro de 2007.

37. Para cada funcionário com taxa de comissão menor que 0.04, computar o número de pedidos feitos em janeiro de 2007. O resultado deve incluir o número do funcionário, o sobrenome do funcionário e o número dos pedidos feitos.

38. Para cada funcionário com taxa de comissão maior que 0.03, computar o total de comissão ganho nos pedidos feitos em janeiro de 2007. O total de comissão ganho é o montante total de pedidos multiplicado pela taxa de comissão. O resultado deve incluir o número do funcionário, o sobrenome do funcionário e o total de comissão ganho.

39. Listar o montante total de todos os pedidos por mês feitos em 2007. O resultado deve incluir o mês e o montante total de todos os pedidos feitos em cada mês. O montante total de um pedido individual é a soma da quantidade multiplicada pelo preço de cada produto do pedido. No Access, a função **Month** com a data como argumento extrai o mês em formato numérico. É possível exibir o nome do mês utilizando a função **MonthName** aplicada ao número do mês. No Oracle, a função *to_char(DataPedido, 'M')* extrai o mês em formato numérico de *DataPedido*. A utilização de "MON" em lugar de "M" extrai a abreviatura do mês em três dígitos e não o mês no formato numérico.

40. Listar o total de comissão ganho por cada funcionário em cada mês de 2007. O resultado deve incluir o mês, o número do funcionário, o sobrenome do funcionário e o montante total de comissão ganho naquele mês. O montante da comissão de um funcionário individual é a soma do valor em moeda corrente dos produtos pedidos multiplicada pela taxa de comissão do funcionário. Classificar o resultado por mês em ordem numérica ascendente e o montante total de comissão em ordem descendente. No Access, a função **Month** com a data como argumento extrai o mês em formato numérico. É possível exibir o nome do mês utilizando a função **MonthName** aplicada ao número do mês. No Oracle, a função *to_char(DataPedido, 'M')* extrai o mês em formato numérico de *DataPedido*. A utilização de "MON" em lugar de "M" extrai a abreviatura do mês em três dígitos e não o mês no formato numérico.

Parte 2: Instruções INSERT, UPDATE e DELETE

1. Inserir a si próprio em uma nova linha na tabela *Cliente*.

2. Inserir seu colega, seu melhor amigo ou alguém importante em uma nova linha na tabela *Funcionario*.

3. Inserir uma nova linha *Pedido* incluindo-se como cliente, a pessoa do problema 2 (Parte 2) como funcionário e valores de sua escolha para as demais colunas da tabela *Pedido*.

4. Inserir duas linhas na tabela *LinhaPedido* correspondente à linha *Pedido* inserida no problema 3 (Parte 2).

5. Aumentar em 10% o preço dos produtos contendo as palavras *Jato de tinta*.

6. Modificar o endereço (rua, cidade e CEP) da nova linha inserida no problema 1 (Parte 2).

7. Identificar um pedido que respeite as regras de exclusão de linhas referenciadas para excluir as linhas inseridas nos problemas 1 a 4 (Parte 2).

8. Excluir a(s) nova(s) linha(s) da tabela listada em primeiro lugar na ordem do problema 7 (Parte 2).

9. Excluir a(s) nova(s) linha(s) da tabela listada em segundo lugar na ordem do problema 7 (Parte 2).

10. Excluir a(s) nova(s) linha(s) das tabelas restantes listada(s) na ordem do problema 7 (Parte 2).

Referências para Estudos Adicionais

Existem muitos livros de SQL variando de acordo com a ênfase a abordagem básica, avançada e específica de produtos. Uma boa relação resumida de livros de SQL pode ser encontrada em www.ocelot.ca/books.htm. Os sites *DBAZine* (www.dbazine.com) e *DevX.com Database Zone* (www.devx.com) contêm inúmeras orientações práticas sobre formulação de consultas e SQL. Para orientações de SQL de produtos específicos, o site *Advisor.com* (www.advisor.com) apresenta publicações técnicas do Microsoft SQL Server e do Microsoft Access. A documentação do Oracle pode ser encontrada no site *Oracle Technet* (www.oracle.com/technology).

Apêndice 4.A

Resumo da Sintaxe do SQL:2003

Este apêndice apresenta um resumo da sintaxe do SQL:2003 para as instruções SELECT, INSERT, UPDATE e DELETE introduzidas neste capítulo. A sintaxe limita-se à estrutura da instrução simplificada apresentada no capítulo. A sintaxe mais complexa será introduzida na Parte 5 do livro. As convenções utilizadas na notação de sintaxe são idênticas às utilizadas no final do Capítulo 3.

Sintaxe Simplificada da Instrução SELECT

<Instrução-SELECT>: { <SELECT-Simples> | <SELECT-Conjunto> }
    [ORDER BY <Especificação-Ordem>*]

<SELECT-Simples>:
    SELECT [DISTINCT] <Especificação-Coluna>*
    FROM <Especificação-Tabela>*
    [WHERE <Condição-Linha>]
    [GROUP BY NomeColuna*]
    [HAVING <Condição-Grupo>]

<Especificação-Coluna>: { <Lista-Colunas> | <Item-Coluna> }

<Lista-Colunas>: { * | NomeTabela.* }
    – neste caso, * é símbolo literal e não símbolo de sintaxe

<Item-Coluna>: <Expressão-Coluna> [AS NomeColuna]

<Expressão-Coluna>:
    { <Expressão-Escalar> | <Expressão-Agregação> }

<Expressão-Escalar>:
    { <Item-Escalar> |
    <Item-Escalar> <Operador-Arit> <Item-Escalar> }

<Item-Escalar>:
    { [NomeTabela.]NomeColuna |
    Constante |
    NomeFunção [(Argumento*)] |
    <Expressão-Escalar> |
    (<Expressão-Escalar>) }

<Operador-Arit>: { + | – | * | / }
    – neste caso, * e + são símbolos literais e não símbolos de sintaxe

<Expressão-Agregação>:
    { SUM ({<Expressão-Escalar> | DISTINCT NomeColuna }) |
    AVG ({<Expressão-Escalar> | DISTINCT NomeColuna }) |

```
                        MIN ( <Expressão-Escalar> ) |
                        MAX ( <Expressão-Escalar> ) |
                        COUNT ( [ DISTINCT ] NomeColuna ) |
                        COUNT ( * ) } – neste caso, * é símbolo literal e não símbolo de sintaxe especial
```

<Especificação-Tabela>: { <Tabela-Simples> |
                         <Operação-Junção> }

<Tabela-Simples>: NomeTabela [[AS] Alias]

<Operação-Junção>:
                { <Tabela-Simples> [INNER] JOIN <Tabela-Simples>
                  ON <Condição-Junção> |
                { <Tabela-Simples> | <Operação-Junção> }
                { <Tabela-Simples> | <Operação-Junção> }
                  ON <Condição-Junção> |
                (<Operação-Junção>) }

<Condição-Junção>: { < Condição-Junção-Simples> |
                    < Condição-Junção-Composta> }

<Condição-Junção-Simples>:
                <Expressão-Escalar> <Operador-Comparação>
                <Expressão-Escalar>

<Condição-Junção-Composta>:
                { NOT <Condição-Junção> |
                  <Condição-Junção> AND <Condição-Junção> |
                  <Condição-Junção> OR <Condição-Junção> |
                  (<Condição-Junção>)

<Operador-Comparação>: { = | < | > | <= | >= | <> }

<Condição-Linha>:
                { <Condição-Simples> | <Condição-Composta> }

<Condição-Simples>:
                { <Expressão-Escalar> <Operador-Comparação>
                  <Expressão-Escalar> |
                  <Expressão-Escalar> [NOT] IN (Constante*) |
                  <Expressão-Escalar> BETWEEN <Expressão-Escalar> AND
                   <Expressão-Escalar> |
                  <Expressão-Escalar> IS [NOT] NULL |
                  NomeColuna [NOT] LIKE PadrãoCaracteres }

<Condição-Composta>:
                { NOT <Condição-Linha> |
                  <Condição-Linha> AND <Condição-Linha> |
                  <Condição-Linha> OR <Condição-Linha> |
                  (<Condição-Linha>) }

<Condição-Grupo>:
> { < Condição-Grupo- Simples> I < Condição-Grupo-Composta> }

<Condição-Grupo- Simples>: – permite expressões agregada e escalar
> { <Expressão-Coluna> OperadorComparação
>   < Expressão-Coluna> I
>   <Expressão-Coluna> [NOT] IN (Constante*) I
>   <Expressão-Coluna> BETWEEN <Expressão-Coluna> AND
>   <Expressão-Coluna> I
>   <Expressão-Coluna> IS [NOT] NULL I
>   NomeColuna [NOT] LIKE PadrãoCaracteres }

<Condição-Grupo-Composta>:
> { NOT <Condição-Grupo> I
>   <Condição-Grupo> AND <Condição-Grupo> I
>   <Condição-Grupo> OR <Condição-Grupo> I
>   (<Condição-Grupo>) }

<Especificação-Ordem>:
> { NomeColuna I NumeroColuna } [{ ASC I DESC }]

<SELECT-Conjunto>:
> { <SELECT-Simples> I <SELECT-Conjunto> } <Operador-Conjunto>
> { <SELECT-Simples> I <SELECT-Conjunto> }

<Operador-Conjunto>: { UNION I INTERSECT I EXCEPT } [ALL]

Sintaxe da Instrução INSERT

INSERT INTO NomeTabela (NomeColuna*)
> VALUES (Constante*)

INSERT INTO NomeTabela [(NomeColuna*)]
> <SELECT-Simples>

Sintaxe da Instrução UPDATE

UPDATE NomeTabela
> SET < Atribuição-Coluna>*
> [WHERE <Condição-Linha>]

< Atribuição-Coluna>: NomeColuna = <Expressão-Escalar>

Sintaxe da Instrução DELETE

```
DELETE FROM NomeTabela
  [ WHERE <Condição-Linha> ]
```

Apêndice 4.B

Diferenças de Sintaxe entre os Principais Produtos de SGBD

A Tabela 4B.1 apresenta resumidamente as diferenças de sintaxe entre Microsoft Access (versões de 1997 a 2003), Oracle 8i a 10g, Microsoft SQL Server e DB2 da IBM. As diferenças envolvem partes da instrução SELECT apresentadas neste capítulo.

TABELA 4B.1 Diferenças de Sintaxe da Instrução SELECT entre os Principais Produtos de SGBD

Elemento\Produto	Oracle 8i, 9i, 10g	Access 97/2000/2002/2003	MS SQL Server 2000	DB2
Caracteres de comparação de padrões	%, _	*, ? embora os caracteres % e _ utilizados nas versões 2002/2003 definindo o modo de consuslta	%, _	%, _
Distinção entre maiúsculas e minúsculas na comparação exata de *string*	Sim	Não	Sim	Sim
Constantes de data	Entre aspas simples	Entre os símbolos	Entre aspas simples	Entre aspas simples
Símbolo desigualdade	< >	< >	!=	< >
Estilo do operador de junção	Não na versão 8i, Sim nas versões 9i, 10g	Sim	Sim	Sim
Operações diferença	Palavra-chave MINUS	Não suporta	Não suporta	Palavra-chave EXCEPT

Parte 3

Modelagem de Dados

Os capítulos da Parte 3 abordam a modelagem de dados usando o Modelo Entidade–Relacionamento de modo a proporcionar as habilidades necessárias para o projeto conceitual de banco de dados. O Capítulo 5 apresenta a notação Pé-de-Galinha do Modelo Entidade–Relacionamento e explica as regras do diagrama para prevenir erros comuns no diagrama. O Capítulo 6 enfatiza a prática da modelagem de dados em problemas narrativos e apresenta as regras para converter Diagramas Entidade–Relacionamento (DERs) em tabelas relacionais. O Capítulo 6 explica as transformações de projeto e os erros comuns de projeto para aperfeiçoar as habilidades de modelagem de dados.

Capítulo 5. Entendendo os Diagramas Entidade–Relacionamento
Capítulo 6. Desenvolvendo Modelos de Dados para Bancos de Dados de Negócios

Capítulo 5

Entendendo os Diagramas Entidade–Relacionamento

Objetivos de Aprendizagem

Este capítulo explica a notação de diagramas entidade–relacionamento como um pré-requisito para o uso de diagramas entidade–relacionamento no processo de desenvolvimento de banco de dados. Ao final deste capítulo, o aluno deverá ter adquirido os seguintes conhecimentos e habilidades:

- Conhecer os símbolos e o vocabulário da notação Pé-de-Galinha para diagramas entidade–relacionamento.
- Usar os símbolos de cardinalidade para representar relacionamentos 1-1, 1-M e M-N.
- Comparar a notação Pé-de-Galinha com a representação de tabelas relacionais.
- Entender padrões de relacionamento importantes.
- Usar as hierarquias de generalização para representar tipos semelhantes de entidade.
- Detectar erros de notação em um diagrama entidade–relacionamento.
- Entender a representação de regras de negócio em um diagrama entidade–relacionamento.
- Ter uma noção da diversidade de notações para diagramas entidade–relacionamento.

Visão Geral

O Capítulo 2 trouxe uma ampla apresentação sobre o processo de desenvolvimento de banco de dados. Você aprendeu sobre o relacionamento entre o desenvolvimento de banco de dados e o desenvolvimento de sistemas de informação, as fases de desenvolvimento de banco de dados e os tipos de habilidades que necessita dominar. Este capítulo apresenta a notação de diagramas entidade–relacionamento a fim de fornecer uma base para o uso dos diagramas entidade–relacionamento no processo de desenvolvimento de banco de dados. Para ampliar suas habilidades para projetar um banco de dados, o Capítulo 6 descreve o processo de usar os diagramas entidade–relacionamento para desenvolver modelos de dados para bases de dados de negócio.

Para se tornar um bom modelador de dados, você necessita entender a notação nos diagramas entidade–relacionamento e aplicar a notação em problemas de maior complexidade.

Para ajudá-lo a dominar a notação, este capítulo apresenta os símbolos usados nos diagramas entidade–relacionamento e compara os diagramas entidade–relacionamento com os diagramas de banco de dados relacionais dos capítulos anteriores. Depois, o capítulo investiga mais a fundo os relacionamentos, a parte mais notável dos diagramas entidade–relacionamento. Você aprenderá sobre dependência de identificador, padrões de relacionamento e equivalência entre dois tipos de relacionamentos. Por fim, aprenderá como representar semelhanças entre entidades usando hierarquias de generalização.

Com o intuito de possibilitar um entendimento mais profundo da notação Pé-de-Galinha, serão apresentadas as regras de diagrama e a representação de regras de negócio. Para dar um foco organizacional nos diagramas entidade–relacionamento, este capítulo apresenta a representação informal e formal de regras de negócio em um diagrama entidade–relacionamento. A fim de ajudá-lo a usar a notação Pé-de-Galinha corretamente, este capítulo fala sobre consistência e regras de completude e explica seu uso no ER Assistant.

Devido à abundância de notações entidade–relacionamento, você pode não ter a oportunidade de usar a notação Pé-de-Galinha exatamente como mostramos nos Capítulos 5 e 6. Com a finalidade de prepará-lo para entender outras notações, o capítulo conclui com uma apresentação das variações de diagrama, incluindo a notação de Diagrama de Classe da Linguagem de Modelagem Unificada (UML), uma das alternativas mais populares ao Modelo Entidade–Relacionamento.

Este capítulo proporciona as habilidades básicas da modelagem de dados de modo a capacitá-lo a entender a notação de diagramas entidade–relacionamento. Para aplicar a modelagem de dados como parte do processo de desenvolvimento de banco de dados, você deve estudar o Capítulo 6 para desenvolver modelos de dados para bancos de dados de negócio. O Capítulo 6 enfatiza as habilidades em solução de problemas para gerar alternativas de projeto, mapear uma descrição de problema na forma de um diagrama entidade–relacionamento e justificar decisões de projeto. Com a base obtida em ambos os capítulos, você estará preparado para executar modelagem de dados em estudos de caso e bancos de dados para organizações de tamanho médio.

5.1 Introdução aos Diagramas Entidade–Relacionamento

Obter um entendimento inicial dos diagramas entidade–relacionamento (DERs) exige estudo cuidadoso. Esta seção introduz a notação Pé-de-Galinha para DERs, uma notação muito utilizada e apoiada por muitas ferramentas CASE. Para dar partida, esta seção começa com os símbolos básicos de tipos de entidade, relacionamentos e atributos. Depois, esta seção explica as cardinalidades e seu formato na notação Pé-de-Galinha. Esta seção termina comparando a notação Pé-de-Galinha aos diagramas de banco de dados relacionais. Se você está estudando modelagem de dados antes dos bancos de dados relacionais, pode optar por pular a última parte desta seção.

tipo de entidade
um conjunto de entidades (pessoas, lugares, eventos ou coisas) de interesse representado por um retângulo em um diagrama entidade–relacionamento.

atributo
uma propriedade de um tipo de entidade ou relacionamento. Cada atributo tem um tipo de dado definindo o tipo de valores e operações permitidas no atributo.

relacionamento
uma associação nomeada entre tipos de entidade. Um relacionamento representa uma associação de mão dupla ou bidirecional entre entidades. A maioria dos relacionamentos envolve dois tipos distintos de entidade.

5.1.1 Símbolos Básicos

Os DERs têm três elementos básicos: tipos de entidade, relacionamentos e atributos. Os <u>tipos de entidade</u> são conjuntos de coisas de interesse (entidades) em uma aplicação. Os tipos de entidade representam grupos de coisas físicas, tais como livros, pessoas e lugares, e também eventos, como, por exemplo, pagamentos. Uma entidade é membro ou instância de um tipo de entidade. As entidades são identificadas de forma única para permitir seu rastreamento por todos os processos de negócio. Por exemplo, os clientes têm uma identificação única para possibilitar o processamento dos procedimentos de pedidos, remessas e garantia dos produtos. Na notação Pé-de-Galinha assim como na maioria das outras notações, retângulos denotam tipos de entidade. Na Figura 5.1, o tipo de entidade *Curso* representa o conjunto de cursos no banco de dados.

Os <u>atributos</u> são propriedades dos tipos de entidade ou relacionamentos. Um tipo de entidade deve ter uma chave primária assim como outros atributos descritivos. Os atributos são mostrados dentro de um retângulo de tipo de entidade. Se há muitos atributos, os atributos podem ser omitidos e listados em uma página separada. Algumas ferramentas de projeto de DER mostram os atributos em uma exibição em zoom, separadamente do resto do diagrama. Sublinhados indicam que o(s) atributo(s) funciona(m) como a chave primária do tipo de entidade.

Os <u>relacionamentos</u> são associações nomeadas entre tipos de entidade. Na notação Pé-de-Galinha, os nomes dos relacionamentos aparecem em linhas ligando os tipos de entidade envolvidos no relacionamento. Na Figura 5.1, o relacionamento *Tem* mostra que os tipos de

FIGURA 5.1
Símbolos Básicos de Ilustração em um Diagrama Entidade–Relacionamento

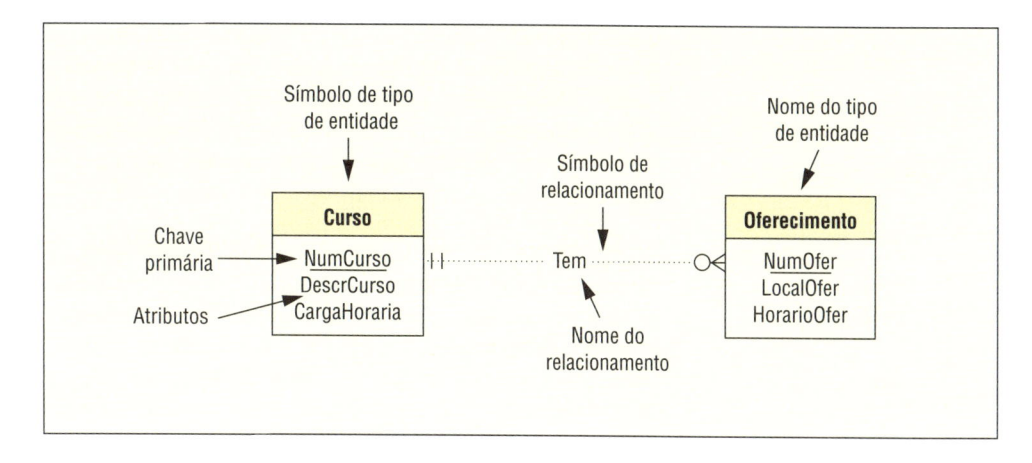

FIGURA 5.2
Diagrama de Instâncias para o Relacionamento *Tem*

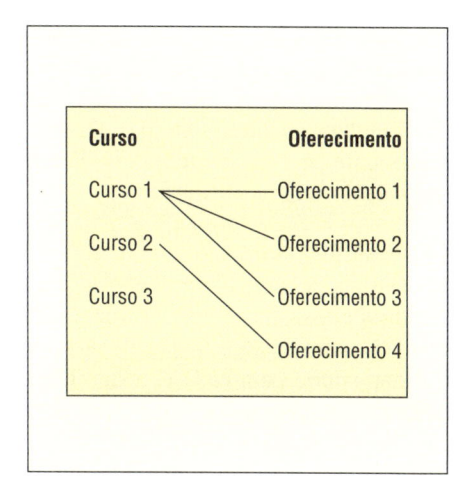

entidade *Curso* e *Oferecimento* estão diretamente relacionados. Os relacionamentos armazenam as associações em ambas as direções. Por exemplo, o relacionamento *Tem* mostra os oferecimentos para um dado curso e o curso associado a um determinado oferecimento. O relacionamento *Tem* é binário porque envolve dois tipos de entidade. A Seção 5.2 traz exemplos de relacionamentos mais complexos envolvendo só um tipo distinto de entidade (auto-relacionamentos) e mais de dois tipos de entidade (relacionamentos N-ários).

Em um sentido amplo, os DERs têm uma correspondência natural com a linguagem. Os tipos de entidade podem corresponder a substantivos e os relacionamentos a verbos ou frases prepositivas ligando substantivos. Neste sentido, pode-se ler um diagrama entidade–relacionamento como um conjunto de frases. Por exemplo, o DER da Figura 5.1 pode ser lido como "o curso tem oferecimentos". Note que há uma direção subentendida em cada relacionamento. Na outra direção, pode-se escrever "um oferecimento foi criado para um curso". Por praticidade, é uma boa idéia usar verbos na voz ativa em vez da passiva para descrever relacionamentos. Portanto, *Tem* é mais indicado como nome de relacionamento. Você deve usar a correspondência natural com a linguagem mais como um guia do que como uma regra estrita. Para grandes DERs, você nem sempre encontrará uma boa correspondência natural com a linguagem para todas as partes dos diagramas.

5.1.2 Cardinalidade do Relacionamento

cardinalidade
uma restrição sobre o número de entidades participantes em um relacionamento. Em um DER, as cardinalidades mínima e máxima são especificadas para ambas as direções de um relacionamento.

As cardinalidades restringem o número de objetos que participam em um relacionamento. Para demonstrar o significado das cardinalidades, um diagrama de instâncias é útil. A Figura 5.2 mostra um conjunto de cursos ({Curso1, Curso2, Curso3}), um conjunto de oferecimentos ({Oferecimento1, Oferecimento2, Oferecimento3, Oferecimento4}) e conexões entre os dois conjuntos. Na Figura 5.2, o Curso1 está relacionado a Oferecimento1, Oferecimento2 e

Oferecimento3, o Curso2 está relacionado a Oferecimento4 e o Curso3 não está relacionado a nenhuma entidade de *Oferecimento*. Da mesma forma, Oferecimento1 está relacionado a Curso1, Oferecimento2 está relacionado a Curso1, Oferecimento3 está relacionado a Curso1 e Oferecimento4 está relacionado a Curso2. Desse diagrama de instâncias, podemos concluir que cada oferecimento está relacionado exatamente a um curso. Na outra direção, cada curso está relacionado a zero ou mais oferecimentos.

Representação Pé-de-Galinha das Cardinalidades

A notação Pé-de-Galinha usa três símbolos para representar cardinalidades. O símbolo Pé-de-Galinha (ou seja, duas linhas angulares e uma linha reta) denota muitas (zero ou mais) entidades relacionadas. Na Figura 5.3, o símbolo Pé-de-Galinha perto do tipo de entidade *Oferecimento* significa que um curso pode estar relacionado a muitos oferecimentos. O círculo significa uma cardinalidade zero, enquanto uma linha perpendicular à linha de relacionamento quer dizer cardinalidade um.

Para representar cardinalidades mínima e máxima, os símbolos de cardinalidade são colocados junto a cada tipo de entidade em um relacionamento. O símbolo mínimo de cardinalidade aparece do lado do nome do relacionamento enquanto o símbolo máximo de cardinalidade aparece do lado do tipo de entidade. Na Figura 5.3, um curso está relacionado a um mínimo de zero oferecimento (círculo na posição interna) e a um máximo de muitos oferecimentos (Pé-de-Galinha na posição externa). De forma semelhante, um oferecimento está relacionado a exatamente um (um e único) curso como mostrado pelas únicas linhas na vertical em ambas as posições interna e externa.

dependência de existência
uma entidade que não pode existir a menos que outra entidade relacionada exista.
Um relacionamento obrigatório cria uma dependência de existência.

Classificação de Cardinalidades

As cardinalidades são classificadas por valores comuns para as cardinalidades mínima e máxima. A Tabela 5.1 traz duas classificações para cardinalidades mínimas. Uma cardinalidade mínima de um ou mais indica um <u>relacionamento obrigatório</u>. Por exemplo, a participação no relacionamento *Tem* é obrigatória para cada entidade *Oferecimento* devido à cardinalidade mínima um. Um relacionamento obrigatório torna o tipo de entidade <u>dependente da existência</u>

FIGURA 5.3
Diagrama Entidade–Relacionamento com as Notações de Cardinalidades

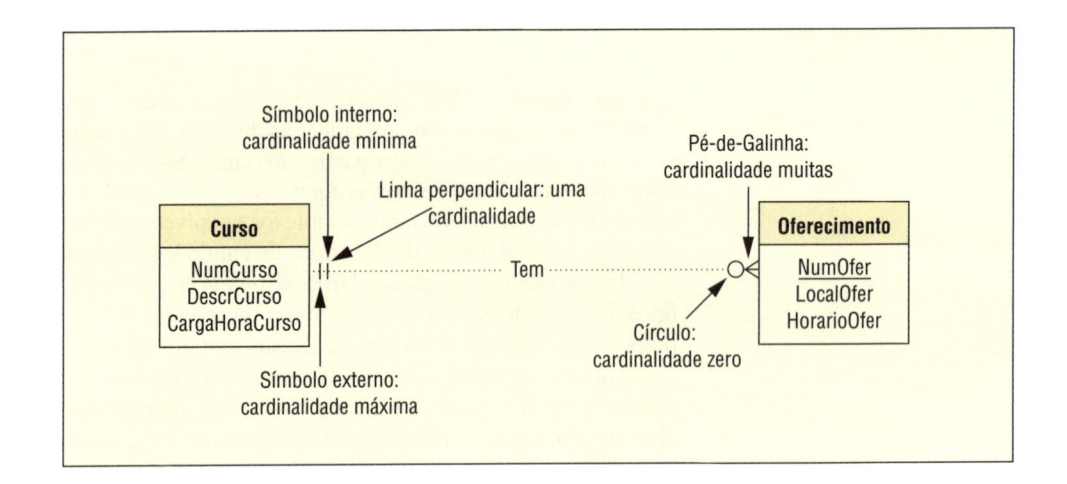

TABELA 5.1
Resumo das Classificações de Cardinalidade

Classificação	Restrições de Cardinalidade
Obrigatória	Cardinalidade mínima ≥ 1
Opcional	Cardinalidade mínima = 0
Funcional ou de valor único	Cardinalidade máxima = 1
1-M	Cardinalidade máxima = 1 em uma direção e cardinalidade máxima > 1 na outra direção
M-N	Cardinalidade máxima é > 1 nas duas direções
1-1	Cardinalidade máxima = 1 nas duas direções

FIGURA 5.4
Relacionamento Opcional para Ambos os Tipos de Entidade

Professor
CPFProf
SalarioProf
ClassificacaoProf
DataAdmProf

——O·······Leciona·······O←

Oferecimento
NumOfer
LocalOfer
HorarioOfer

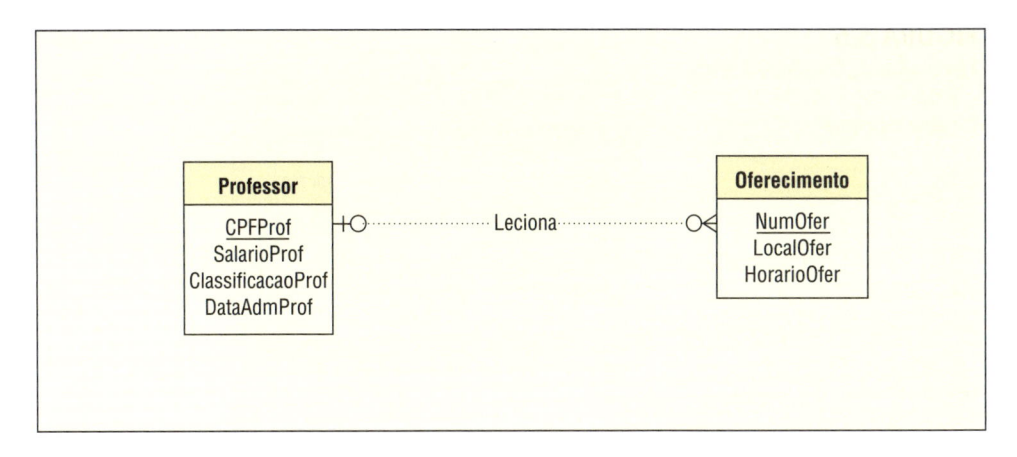

FIGURA 5.5
Exemplos de Relacionamentos M-N e 1-1

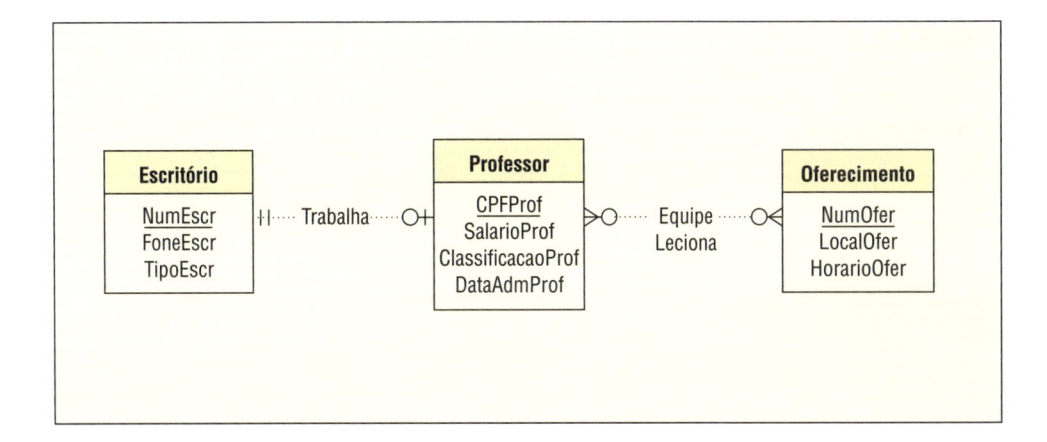

Escritório
NumEscr
FoneEscr
TipoEscr

─||──Trabalha····O├─

Professor
CPFProf
SalarioProf
ClassificacaoProf
DataAdmProf

─>O····Equipe Leciona····O←

Oferecimento
NumOfer
LocalOfer
HorarioOfer

do relacionamento. O tipo de entidade *Oferecimento* depende do relacionamento *Tem* porque uma entidade de *Oferecimento* não pode ser armazenada sem uma entidade *Curso* relacionada. Em contraste, uma cardinalidade mínima zero indica um relacionamento opcional. Por exemplo, o relacionamento *Tem* é opcional ao tipo de entidade *Curso* porque uma entidade *Curso* pode ser armazenada sem estar relacionada a uma entidade *Oferecimento*. A Figura 5.4 mostra que o relacionamento *Leciona* é opcional para ambos os tipos de entidade.

A Tabela 5.1 também mostra várias classificações para cardinalidades máximas. Uma cardinalidade máxima um significa que o relacionamento é de valor único (monovalorado) ou funcional. Por exemplo, os relacionamentos *Tem* e *Leciona* são funcionais para *Oferecimento* porque uma entidade *Oferecimento* pode estar relacionada a no máximo um *Curso* e uma entidade *Professor*. A palavra *função* vem da matemática onde uma função dá um valor. Um relacionamento que tem uma cardinalidade máxima um em uma direção e mais de um (muitos) na outra direção é chamado de relacionamento 1-M (lê-se um-para-muitos ou um-para-vários). Ambos os relacionamentos *Tem* e *Leciona* são 1-M.

Da mesma forma, um relacionamento que tem uma cardinalidade máxima de mais de um em ambas as direções é conhecido como um relacionamento M-N (muitos-para-muitos). Na Figura 5.5, o relacionamento *Equipe Leciona* permite que múltiplos professores em conjunto ensinem o mesmo oferecimento de curso, como mostramos no diagrama de instâncias da Figura 5.6. Os relacionamentos M-N são comuns em bases de dados de negócio para representar a conexão entre peças e fornecedores, autores e livros e habilidades e funcionários. Por exemplo, uma peça pode ser fornecida por muitos fornecedores e um fornecedor pode fornecer muitas peças.

Menos comuns são os relacionamentos 1-1 em que a cardinalidade máxima é igual a um em ambas as direções. Por exemplo, o relacionamento *Trabalha* na Figura 5.5 permite que um professor seja designado para um escritório e que um escritório seja ocupado por no máximo um professor.

FIGURA 5.6
Diagrama de Instâncias para o Relacionamento M-N Equipe Leciona

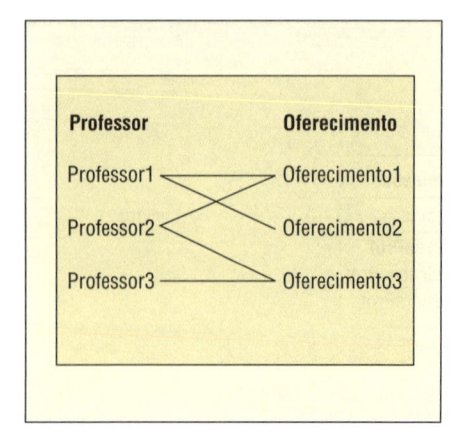

```
Professor              Oferecimento

Professor1 ──────┐ ┌── Oferecimento1
                  ╳
Professor2 ──────┘ └── Oferecimento2

Professor3 ─────────── Oferecimento3
```

FIGURA 5.7
Banco de Dados Relacional para o Exemplo Curso-Oferecimento

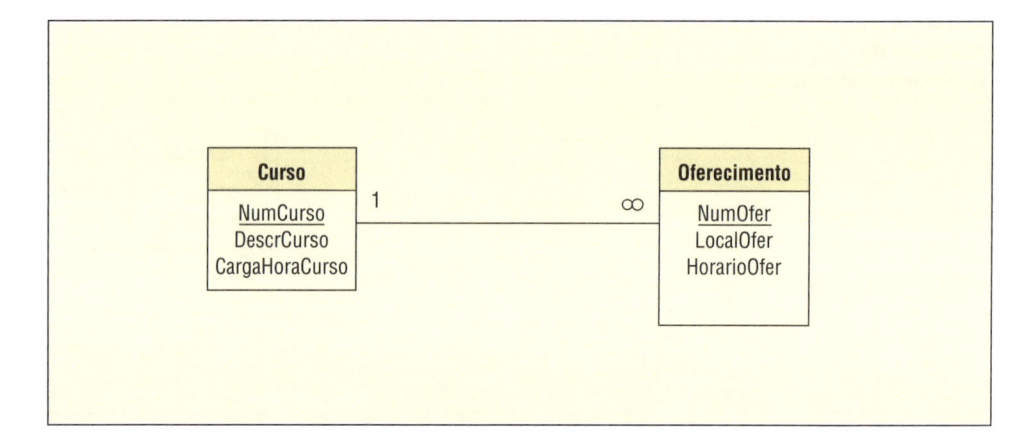

```
    Curso                          Oferecimento
  NumCurso      1 ──────── ∞      NumOfer
  DescrCurso                       LocalOfer
  CargaHoraCurso                   HorarioOfer
```

5.1.3 Comparação com Diagramas de Banco de Dados Relacionais

Para encerrar esta seção, vamos comparar a notação na Figura 5.3 com os diagramas de banco de dados relacionais (do Microsoft Access) com o qual você está mais familiarizado. É fácil confundir-se entre as duas notações. Algumas diferenças importantes estão listadas a seguir[1]. Para ajudá-lo a visualizar as diferenças, a Figura 5.7 mostra um diagrama de banco de dados relacional para o exemplo *Curso-Oferecimento*.

1. Os diagramas de banco de dados relacionais não usam nomes para relacionamentos. Em vez disso, chaves estrangeiras representam os relacionamentos. A notação DER não usa chaves estrangeiras. Por exemplo, *NumOferCurso* é uma coluna na Figura 5.7 mas não é um atributo na Figura 5.3.
2. Os diagramas de banco de dados relacionais mostram somente cardinalidades máximas.
3. Algumas notações DER (inclusive a notação Pé-de-Galinha) permitem que tanto os tipos de entidade quanto os relacionamentos possuam atributos. Os diagramas de banco de dados relacionais só permitem que as tabelas tenham colunas
4. Os diagramas de banco de dados relacionais permitem um relacionamento entre duas tabelas. Algumas notações DER (embora não a notação Pé-de-Galinha) permitem relacionamentos N-ários envolvendo mais de dois tipos de entidade. A próxima seção mostra como representar relacionamentos N-ários na notação de Pé-de-Galinha.
5. Em algumas notações DER (embora não na notação Pé-de-Galinha), a posição das cardinalidades é invertida.

---

[1] O Capítulo 6 apresenta as regras de conversão que descrevem as diferenças com mais precisão.

5.2 Entendendo Relacionamentos

Esta seção explora a notação entidade–relacionamento em mais profundidade ao examinar aspectos importantes dos relacionamentos. A primeira subseção descreve a dependência de identificador, um tipo especializado de dependência de existência. A segunda subseção descreve três padrões importantes de relacionamento: (1) relacionamentos com atributos, (2) auto-relacionamentos e (3) tipos de entidade associativa representando relacionamentos N-ários. A subseção final descreve uma equivalência importante entre relacionamentos M-N e 1-M.

5.2.1 Dependência de Identificador (Entidades Fracas e Relacionamentos Identificadores)

Em um DER, alguns tipos de entidade não podem ter sua própria chave primária. O tipo de entidade sem sua própria chave primária deve tomar emprestada parte (ou toda) sua chave primária de outros tipos de entidade. Os tipos de entidade que tomam emprestado parte de sua chave primária ou sua chave primária inteira são conhecidos como <u>entidades fracas</u>. O relacionamento que fornece componentes da chave primária é conhecido como <u>relacionamento identificador</u>. Assim, uma dependência de identificador envolve uma entidade fraca e um ou mais relacionamentos identificadores.

A <u>dependência de identificador</u> ocorre porque algumas entidades estão fortemente associadas a outras entidades. Por exemplo, uma sala não tem uma identidade separada de seu edifício porque está contida fisicamente dentro do edifício. Você pode se referir a uma sala apenas fornecendo seu identificador de edifício associado. No DER para edifícios e salas (Figura 5.8), o tipo de entidade *Sala* é dependente do identificador do tipo de entidade *Edifício* no relacionamento *Contém*. Uma linha de relacionamento contínua indica um relacionamento identificador. Para entidades fracas, o atributo sublinhado (se presente) é parte da chave primária, mas não a chave primária inteira. Assim, a chave primária de *Sala* é uma combinação de *IDEdifício* e *NumSala*. Como outro exemplo, a Figura 5.9 retrata uma dependência de identificador envolvendo a entidade fraca *UF* e o relacionamento identificador *Contém*.

A dependência de identificador é um tipo especializado de dependência de existência. Lembre-se de que um tipo de entidade dependente de existência tem um relacionamento obrigatório (cardinalidade mínima um). Entidades fracas são dependentes de existência dos relacionamentos identificadores. Além da dependência de existência, uma entidade fraca toma emprestada pelo menos uma parte de sua chave primária inteira. Por causa da dependência de existência e do empréstimo da chave primária, as cardinalidades mínima e máxima de uma entidade fraca são sempre 1.

entidade fraca
um tipo de entidade que toma emprestada toda ou parte de sua chave primária de outro tipo de entidade. Relacionamentos identificadores indicam os tipos de entidade que fornecem componentes da chave primária emprestada.

FIGURA 5.8
Exemplo de Dependência de Identificador

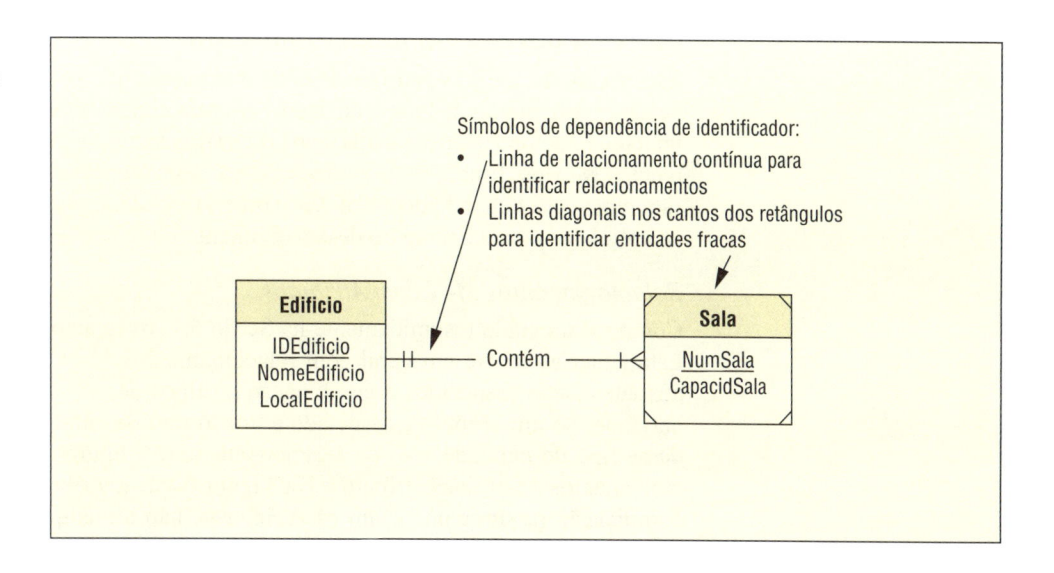

FIGURA 5.9
Outro Exemplo de Dependência de Identificador

[Diagrama: Entidade País (IDPais, NomePais, PopulaçãoPais) relaciona-se com entidade fraca UF (IDUF, NomeUF) através do relacionamento identificador "Contém". Nota: A cardinalidade da identidade fraca é sempre (1,1) em cada relacionamento identificador.]

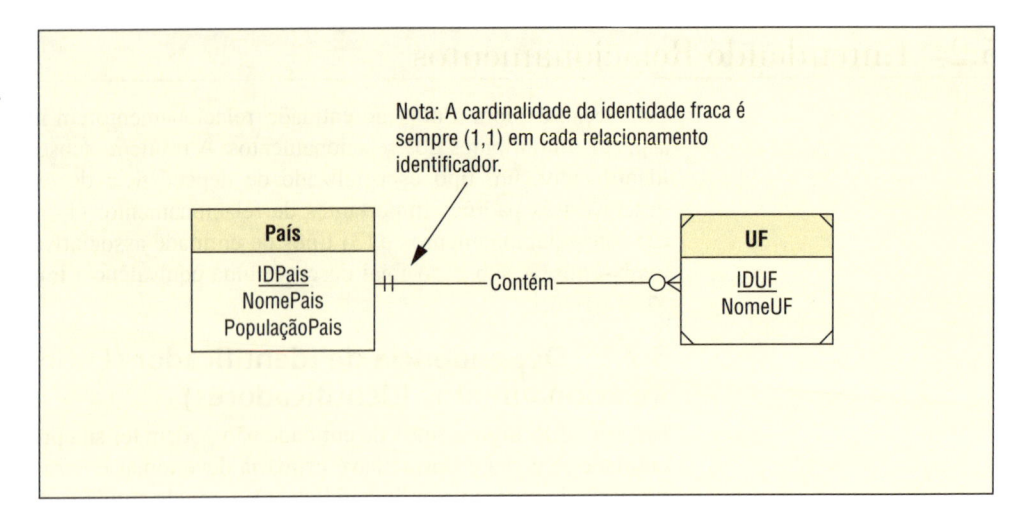

FIGURA 5.10
Relacionamento M-N com um Atributo

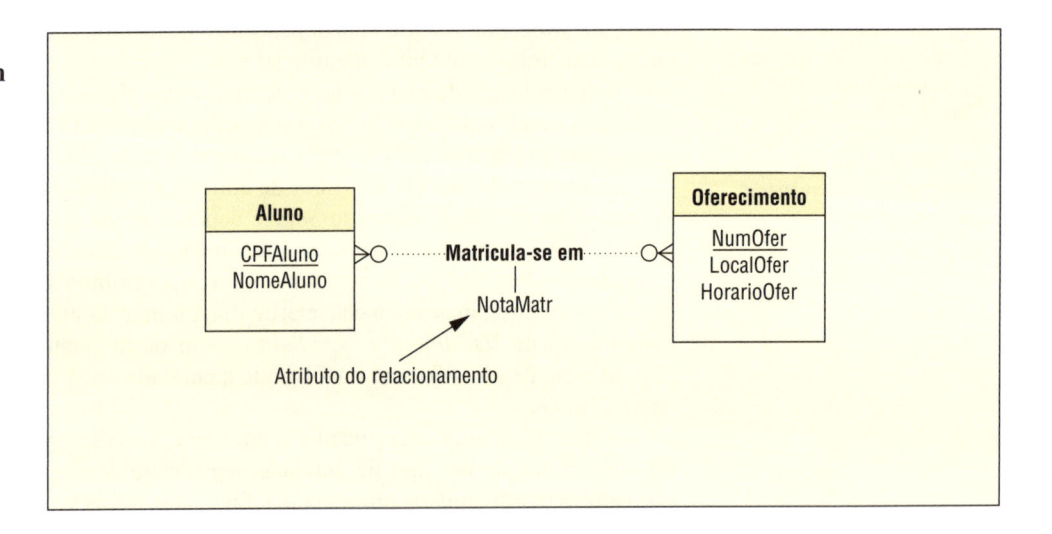

[Diagrama: Entidade Aluno (CPFAluno, NomeAluno) relaciona-se M-N com entidade Oferecimento (NumOfer, LocalOfer, HorarioOfer) através do relacionamento "Matricula-se em", que possui o atributo do relacionamento NotaMatr.]

A próxima seção mostra vários exemplos adicionais de dependência de identificador na discussão sobre tipos de entidades associativas e relacionamentos N-ários. O uso da dependência de identificador é necessário para tipos de entidades associativas.

5.2.2 Padrões de Relacionamento

Esta seção discute três padrões de relacionamentos que você pode encontrar nos esforços de desenvolvimento de banco de dados: (1) relacionamentos M-N com atributos, (2) auto-relacionamentos (unários) e (3) tipos de entidades associativas representando relacionamentos N-ários. Embora tais padrões de relacionamento não predominem nos DERs, eles são importantes quando ocorrem. Você precisa estudar esses padrões cuidadosamente a fim de aplicá-los corretamente no desenvolvimento de banco de dados.

Relacionamentos M-N com Atributos

Como mencionado resumidamente na Seção 5.1, os relacionamentos podem ter atributos. Esta situação ocorre em geral com relacionamentos M-N. Em um relacionamento M-N, atributos estão associados à combinação de tipos de entidade, não só a um dos tipos de entidade. Se um atributo é associado a um só tipo de entidade, então ele deve fazer parte desse tipo de entidade, não do relacionamento. As figuras 5.10 e 5.11 representam relacionamentos M-N com atributos. Na Figura 5.10, o atributo *NotaMatr* está associado à combinação de um aluno e um oferecimento, não a qualquer um dos dois sozinhos. Por

FIGURA 5.11
Mais Relacionamentos M-N com Atributos

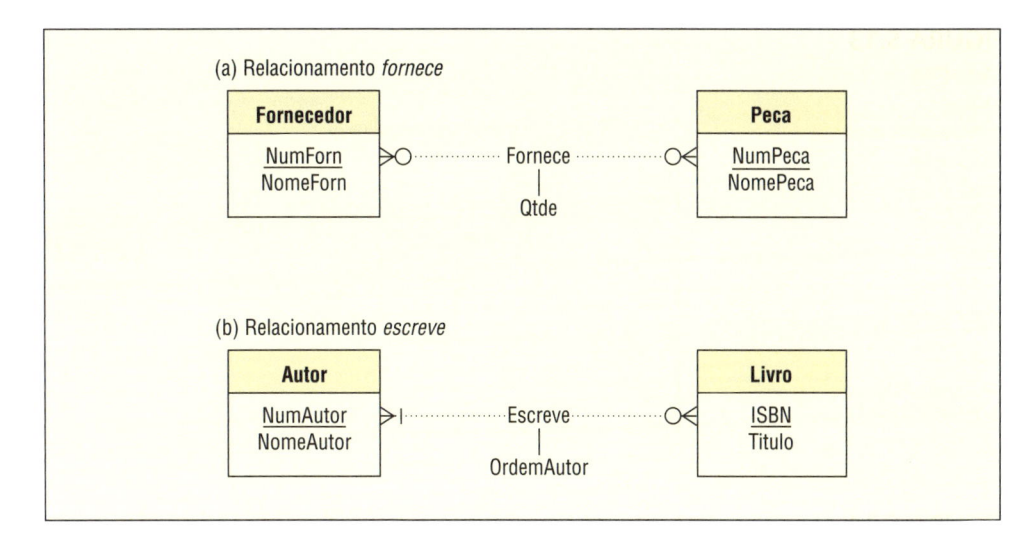

(a) Relacionamento *fornece*

Fornecedor
NumForn
NomeForn

Fornece — Qtde

Peca
NumPeca
NomePeca

(b) Relacionamento *escreve*

Autor
NumAutor
NomeAutor

Escreve — OrdemAutor

Livro
ISBN
Titulo

FIGURA 5.12
Relacionamento 1-M com um Atributo

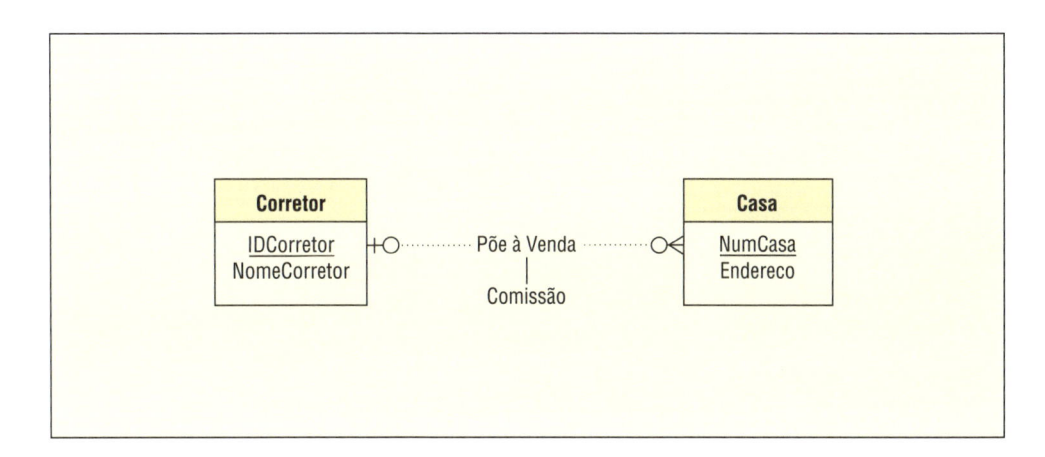

Corretor
IDCorretor
NomeCorretor

Põe à Venda — Comissão

Casa
NumCasa
Endereco

exemplo, o relacionamento *Matricula-se em* registra o fato de que o estudante com o CPF número 123-77-9993 tem uma nota 3,5 no curso oferecido com o número de oferecimento 1256. Na Figura 5.11(a), o atributo *Qtde* representa a quantidade de uma peça fornecida por um dado fornecedor. Na Figura 5.11(b), o atributo *OrdemAutor* representa a ordem em que o nome do autor aparece no título de um livro. Para reduzir o excesso de informações em um diagrama grande, os atributos de relacionamento podem não ser mostrados.

Os relacionamentos 1-M também podem ter atributos, mas relacionamentos 1-M com atributos são muito menos comuns que relacionamentos M-N com atributos. Na Figura 5.12, o atributo *Comissão* está associado ao relacionamento *Põe à Venda*, não apenas com um *Corretor* ou com o tipo de entidade *Casa*. Uma casa só terá uma comissão se um corretor a puser à venda. Tipicamente, relacionamentos 1-M com atributos são opcionais para o tipo de entidade filha. O relacionamento *Põe à Venda* é opcional para o tipo de entidade *Casa*.

Auto-Relacionamentos (Unários)

auto-relacionamento
um relacionamento que envolve o mesmo tipo de entidade. Auto-relacionamentos representam as associações entre membros do mesmo conjunto.

Um auto-relacionamento (unário) envolve conexões entre membros de um mesmo conjunto. Os auto-relacionamentos às vezes são chamados de relacionamentos reflexivos porque são como um reflexo em um espelho. A Figura 5.13 mostra dois auto-relacionamentos envolvendo os tipos de entidade *Professor* e *Curso*. Ambos os relacionamentos envolvem dois tipos de entidade que são os mesmos (*Professor* para *Supervisiona* e *Curso* para *PreReqPara*). Estes relacionamentos representam conceitos importantes em um banco de dados de uma universidade. O relacionamento *Supervisiona* denota um organograma, enquanto o relacionamento *PreReqPara* denota as dependências de curso que podem afetar o planejamento do curso de um aluno.

FIGURA 5.13
Exemplos de Auto-relacionamentos (Unários)

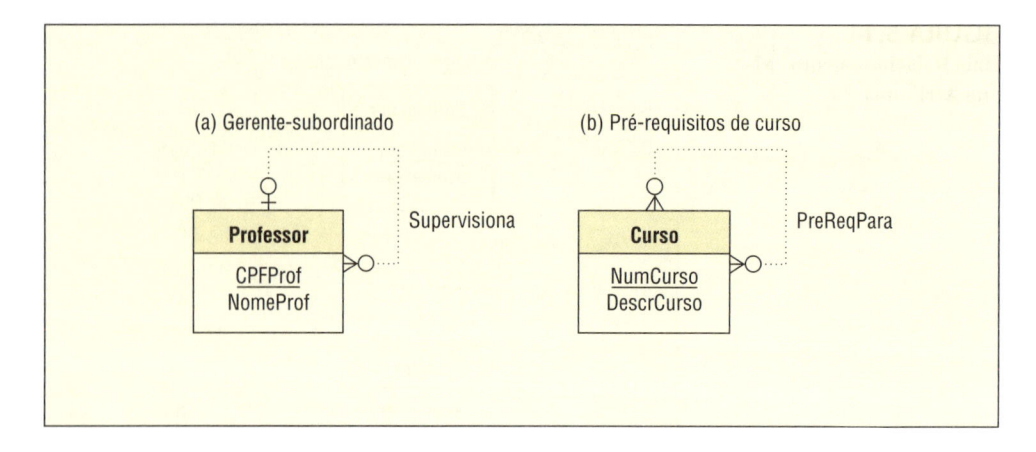

(a) Gerente-subordinado

Professor
CPFProf
NomeProf
Supervisiona

(b) Pré-requisitos de curso

Curso
NumCurso
DescrCurso
PreReqPara

FIGURA 5.14
Diagramas de Instâncias para Auto-relacionamentos

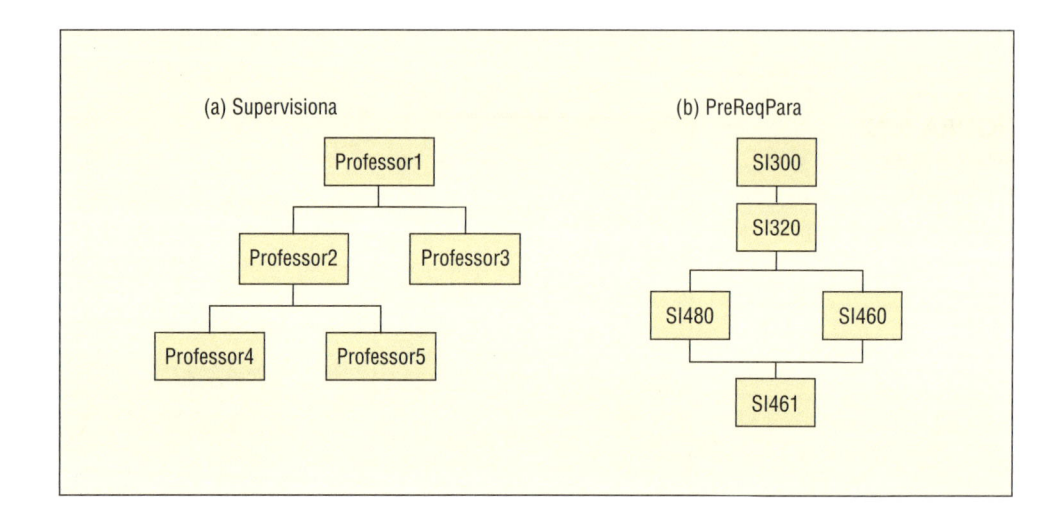

(a) Supervisiona

Professor1
├── Professor2
│   ├── Professor4
│   └── Professor5
└── Professor3

(b) PreReqPara

SI300
SI320
SI480, SI460
SI461

Nos auto-relacionamentos, é importante distinguir entre relacionamentos M-N e relacionamentos 1-M. Um diagrama de instâncias pode ajudá-lo a entender a diferença. A Figura 5.14(a) mostra um diagrama de instâncias para o relacionamento *Supervisiona*. Note que cada professor pode ter no máximo um superior. Por exemplo, Professor2 e Professor3 têm Professor1 como seu superior. Portanto, *Supervisiona* é um relacionamento 1-M porque cada professor pode ter no máximo um supervisor. Por sua vez, não há nenhuma restrição similar no diagrama de instâncias para o relacionamento *PreReqPara* [Figura 5.14(b)]. Por exemplo, tanto SI480 como SI460 são pré-requisitos para SI461. Portanto, *PreReqPara* é um relacionamento M-N porque um curso pode ser um pré-requisito para muitos cursos e um curso pode ter muitos pré-requisitos.

Os auto-relacionamentos ocorrem em diversas situações de negócio. Quaisquer dados que podem ser visualizados como na Figura 5.14 podem ser representados como um auto-relacionamento. Exemplos típicos incluem mapas hierárquicos de contas, mapas genealógicos, projetos de peças e rotas de transporte. Nestes exemplos, os auto-relacionamentos são uma importante parte do banco de dados.

Há um outro aspecto nos auto-relacionamentos digno de observação. Às vezes um auto-relacionamento não é necessário. Por exemplo, se você só quer saber se um funcionário é supervisor, não precisa de um auto-relacionamento. Em vez disso, um atributo pode ser usado para indicar que um funcionário é supervisor.

Tipos de Entidades Associativas Representando Relacionamentos N-ários

Algumas notações de DER provêm suporte a relacionamentos envolvendo mais de dois tipos de entidade conhecidos como relacionamentos N-ários (multicaminhos) onde o M significa

FIGURA 5.15
Relacionamento N-ários (Ternário) Usando a Notação Chen

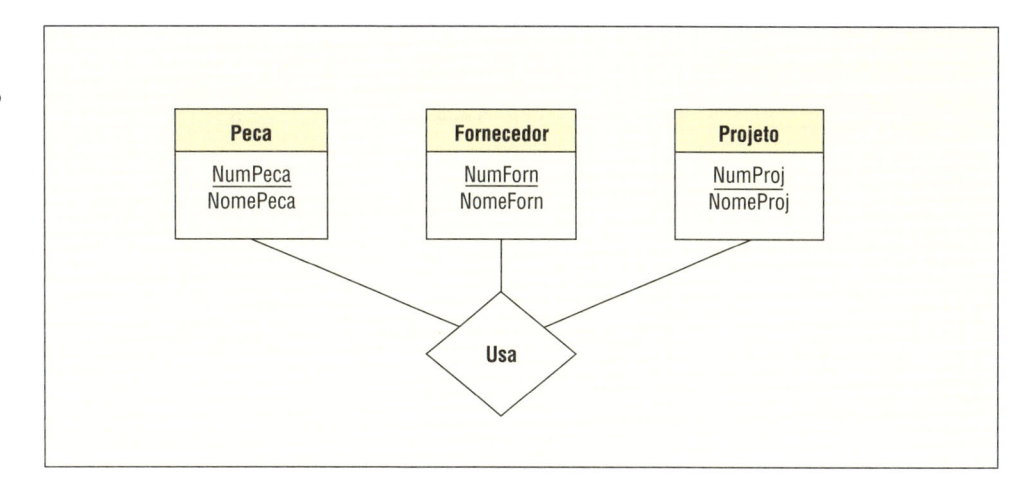

FIGURA 5.16
Tipo de Entidade Associativa para Representar um Relacionamento Ternário

tipo de entidade associativa
uma entidade fraca que depende de dois ou mais tipos de entidades para sua chave primária. Um tipo de entidade associativa com mais de dois relacionamentos identificadores é conhecido como um tipo de entidade associativa N-ário.

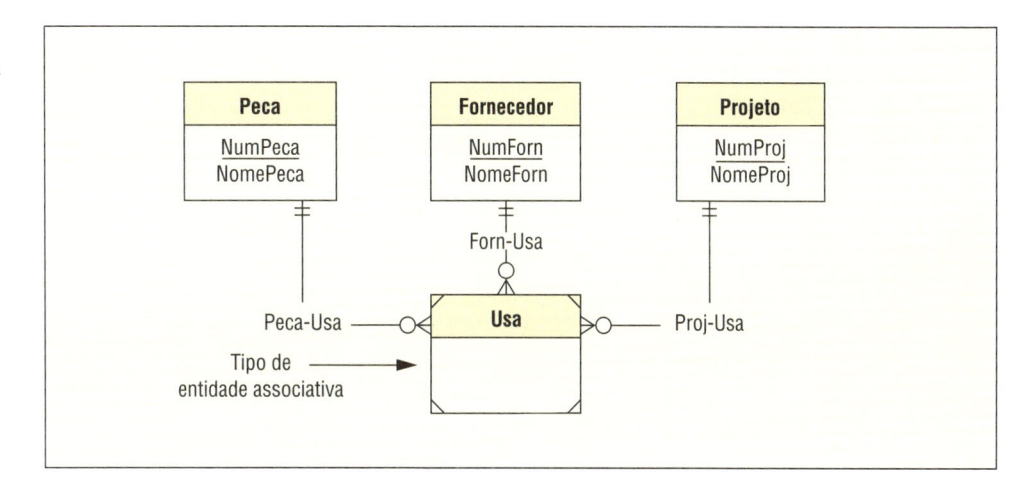

mais de dois. Por exemplo, a notação DER Chen (com losangos para representar relacionamentos) permite que os relacionamentos se liguem a mais de dois tipos de entidade, como demonstrado na Figura 5.15[2]. O relacionamento *Usa* lista os fornecedores e as peças usadas nos projetos. Por exemplo, uma instância de relacionamento envolvendo Fornecedor1, Peça1 e Projeto1 indica Fornecedor1 e Peça1 no Projeto1. Um relacionamento N-ário que envolve três tipos de entidade é chamado de relacionamento ternário.

Embora não possa representar diretamente relacionamentos N-ários na notação Pé-de-Galinha, você deve entender como representá-los indiretamente. Você usa um tipo de entidade associativa e um grupo de relacionamentos identificadores 1-M para representar um relacionamento N-ário. Na Figura 5.16, três relacionamentos 1-M se ligam ao tipo de entidade associativa *Usa*, aos tipos de entidade *Peca*, *Fornecedor* e *Projeto*. O tipo de entidade *Usa* é associativa porque seu papel é ligar outros tipos de entidade. Como os tipos de entidade associativa têm um papel de conexão, seus nomes são às vezes verbos ativos. Além disso, tipos de entidades associativas são sempre fracos já que devem tomar emprestado toda a sua chave primária. Por exemplo, o tipo de entidade *Usa* obtém sua chave primária por meio dos três relacionamentos identificadores.

Como outro exemplo, a Figura 5.17 mostra o tipo de entidade associativa *Fornece* que liga tipos de entidades *Funcionario*, *Habilidade* e *Projeto*. Um exemplo de instância do tipo de entidade *Fornece* contém Funcionário1 fornecendo a Habilidade1 no Projeto1.

---

[2] A notação Chen é assim chamada devido ao Dr. Peter Chen, autor do artigo que definiu o Modelo Entidade–Relacionamento em 1976.

FIGURA 5.17
Tipo de Entidade Associativa Ligando *Funcionario*, *Habilidade* e *Projeto*

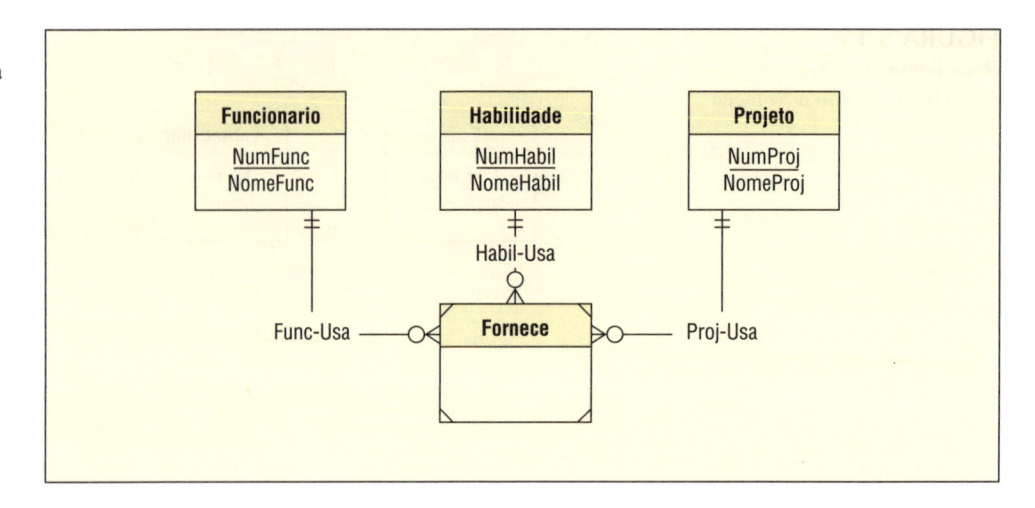

FIGURA 5.18
Relacionamento M-N *Matricula-se em* (Figura 5.10) Transformado em Relacionamentos 1-M

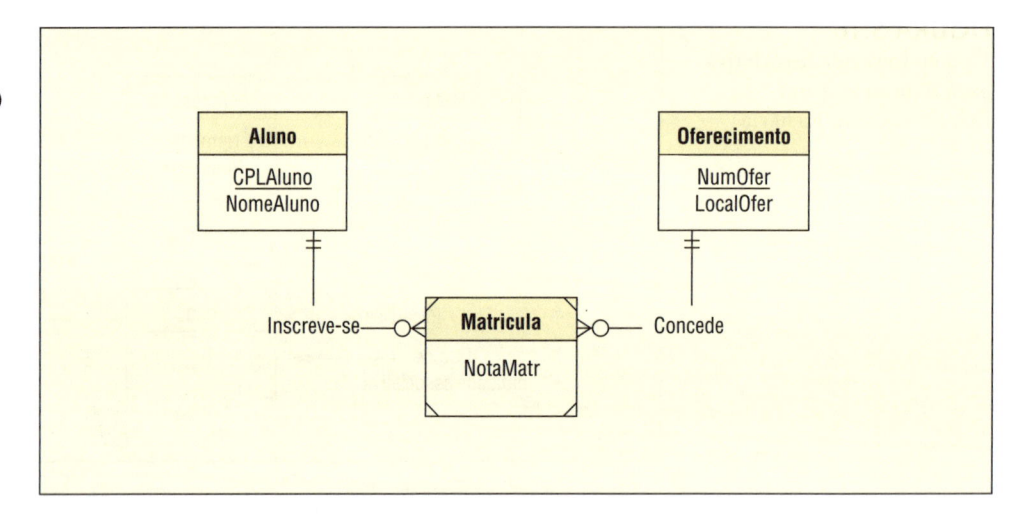

A questão de quando usar uma entidade associativa N-ária (isto é, um tipo de entidade associativa representando um relacionamento N-ário) pode ser difícil de entender. Se um banco de dados só tem necessidade de registrar fatos em pares, uma entidade associativa N-ária não é necessária. Por exemplo, se um banco de dados só precisa registrar quem fornece uma peça e que projeto usa uma peça, então o tipo de entidade associativa N-ário não deve ser usado. Neste caso, deve haver relacionamentos binários entre *Fornecedor* e *Peca* e entre *Projeto* e *Peca*. Você deve usar um tipo de entidade associativa N-ário quando o banco de dados deve registrar combinações de três (ou mais) entidades em vez de somente combinações de duas entidades. Por exemplo, se um banco de dados precisa registrar qual fornecedor fornece peças em projetos específicos, um tipo de entidade associativa N-ário é necessário. Devido à complexidade dos relacionamentos N-ários, o Capítulo 7 traz uma forma de pensar neles usando restrições, enquanto o Capítulo 12 traz uma forma de pensar neles usando formulários de entrada de dados.

equivalência de relacionamento
um relacionamento M-N pode ser substituído por um tipo de entidade associativa e dois relacionamentos identificadores 1-M. Na maioria dos casos, a escolha entre um relacionamento M-N e o tipo de entidade associativa é uma preferência pessoal.

5.2.3 Equivalência entre Relacionamentos 1-M e M-N

Para melhorar seu entendimento sobre os relacionamentos M-N, você deve conhecer uma equivalência importante para os relacionamentos M-N. Um relacionamento M-N pode ser substituído por um tipo de entidade associativa e dois relacionamentos identificadores 1-M. A Figura 5.18 mostra o relacionamento *Matricula-se em* (Figura 5.10) convertido nesse estilo 1-M. Na Figura 5.18, dois relacionamentos identificadores e um tipo de entidade associativa substituem o relacionamento de *Matricula-se em*. O nome do relacionamento (*Matricula-se em*) foi mudado para um substantivo (*Matricula*) para seguir a convenção do uso de substan-

FIGURA 5.19
Tipo de Entidade Freqüência Adicionado ao DER da Figura 5.18

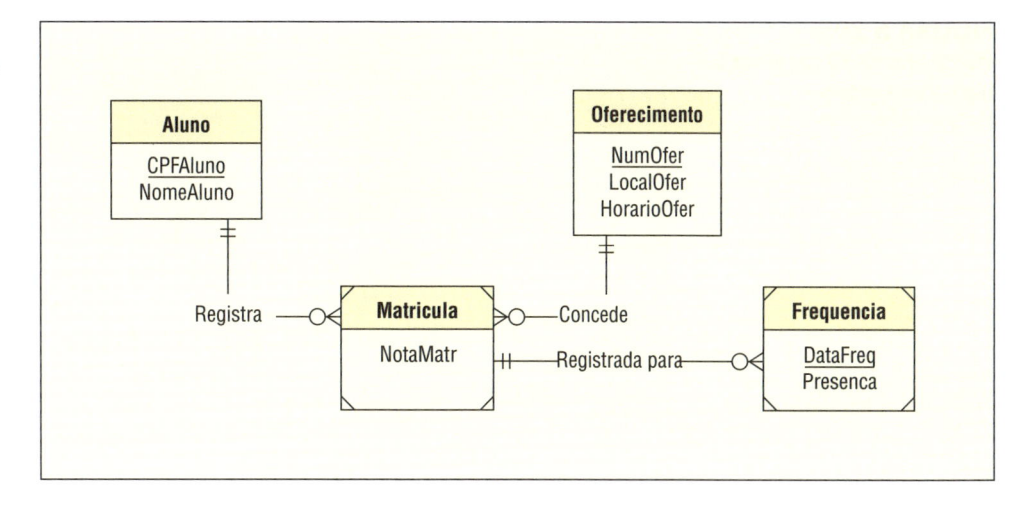

tivos para nomes de tipo de entidade. O estilo 1-M é semelhante à representação em um diagrama de banco de dados relacional. Se você se sente mais confortável com o estilo 1-M, então use-o. Em termos de DER, os estilos M-N e 1-M têm o mesmo significado.

A transformação de um relacionamento M-N em relacionamentos 1-M é semelhante a representar um relacionamento N-ário usando relacionamentos 1-M. Sempre que um relacionamento M-N é representado como um tipo de entidade associativa e dois relacionamentos 1-M, o novo tipo de entidade é dependente de identificador em ambos os relacionamentos 1-M, como mostrado na Figura 5.18. Da mesma forma, ao representar relacionamentos N-ários, o tipo de entidade associativa é dependente de identificador em todos os relacionamentos 1-M como nas Figuras 5.16 e 5.17.

Há uma situação quando se dá preferência ao estilo 1-M e não ao estilo M-N. Quando um relacionamento M-N deve estar relacionado a outros tipos de entidade em relacionamentos, você deve usar o estilo 1-M. Por exemplo, suponha que além da matrícula em um oferecimento de curso, deve ser registrada a freqüência em cada aula. Nesta situação, o estilo 1-M é mais recomendado porque é necessário ligar uma matrícula aos registros de presença. A Figura 5.19 mostra o tipo de entidade *Frequencia* adicionado ao DER da Figura 5.18. Note que um relacionamento M-N entre os tipos de entidade *Aluno* e *Oferecimento* não teria permitido outro relacionamento com *Frequencia*.

A Figura 5.19 fornece outros exemplos de dependência de identificador. *Frequencia* é dependente de identificação de *Matricula* no relacionamento *Registrada para*. A chave primária de *Frequencia* consiste em *DataFreq* junto com a chave primária de *Matricula*. Semelhantemente, *Matricula* é dependente de identificação tanto de *Aluno* como *Oferecimento*. A chave primária de *Matricula* é uma combinação de *CPFAluno* e *NumO*.

5.3 Classificação no Modelo Entidade-Relacionamento

As pessoas classificam entidades para entender melhor seu ambiente. Por exemplo, animais são classificados em mamíferos, répteis e outras categorias a fim de compreender semelhanças e diferenças entre espécies diferentes. Nos negócios, o ato de classificar também está disseminado. Podemos aplicar classificações a investimentos, funcionários, clientes, empréstimos, peças e assim por diante. Por exemplo, quando se solicita um financiamento imobiliário, uma distinção importante está entre financiamentos com taxas prefixadas ou pós-fixadas. Dentro de cada tipo de financiamento, há muitas variações distinguidas por características tal como o prazo de financiamento, as multas e o valor financiado.

Essa seção descreve a notação DER que dá suporte a classificações. Você aprenderá a usar hierarquias de generalização, restrições específicas de cardinalidade para hierarquias de generalização e usar hierarquias de generalização de múltiplos níveis para classificações complexas.

FIGURA 5.20
Hierarquia de Generalização para Funcionários

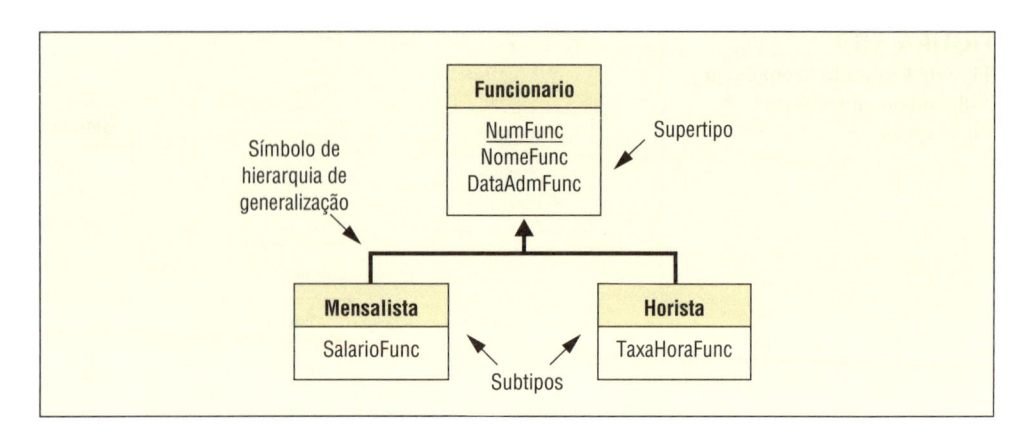

[Diagrama: Supertipo Funcionario (NumFunc, NomeFunc, DataAdmFunc) com subtipos Mensalista (SalarioFunc) e Horista (TaxaHoraFunc), conectados por símbolo de hierarquia de generalização.]

5.3.1 Hierarquias de Generalização

hierarquia de generalização
uma coleção de tipos de entidades organizados em uma estrutura hierárquica para mostrar semelhança nos atributos. Cada subtipo ou tipo de entidade filha representa um subconjunto de seu supertipo ou tipo de entidade pai.

herança
uma funcionalidade de modelagem de dados que provê suporte ao compartilhamento de atributos entre um supertipo e um subtipo. Os subtipos herdam os atributos de seus supertipos.

Hierarquias de generalização permitem que tipos de entidade estejam relacionados pelo nível de especialização. A Figura 5.20 retrata uma hierarquia de generalização para classificar funcionários como mensalistas ou horistas. Funcionários tanto mensalistas e horistas são tipos especializados de funcionários. O tipo de entidade *Funcionario* é conhecido como o supertipo (ou pai). Os tipos de entidade *Mensalista* e *Horista* são conhecidos como os subtipos (ou filhos). Como cada entidade de subtipo *é* uma entidade do supertipo, o relacionamento entre um subtipo e supertipo é conhecido como ISA (em inglês, "*is a*" significa "é um"). Por exemplo, um funcionário mensalista é um funcionário. Já que o nome do relacionamento (ISA) é sempre o mesmo, ele não é mostrado no diagrama.

A herança suporta o compartilhamento entre um supertipo e seus subtipos. Porque cada entidade de subtipo também é uma entidade de supertipo, os atributos do supertipo também se aplicam a todos os subtipos. Por exemplo, cada entidade *Mensalista* tem um número de funcionário, nome e data de admissão porque é também uma entidade de *Funcionario*. Herança significa que os atributos de um supertipo são automaticamente parte de seu subtipo, isto é, cada subtipo herda os atributos de seu supertipo. Por exemplo, os atributos do tipo de entidade de *Mensalista* são seu atributo direto (*Mensalista*) mais seus atributos herdados de *Funcionario* (*NumFunc, NomeFunc, DataAdmFunc* etc.). Atributos herdados não são mostrados em um DER. Sempre que você tem um subtipo, supõe-se que ele herda os atributos de seu supertipo.

5.3.2 Restrições de Disjunção e de Completude

As hierarquias de generalização não mostram as cardinalidades porque são sempre as mesmas. Já as restrições de disjunção e de completude podem ser mostradas. Disjunção significa que os subtipos em uma hierarquia de generalização não têm nenhuma entidade em comum[3]. Na Figura 5.21, na hierarquia de generalização há disjunção porque um valor mobiliário não pode ser ao mesmo tempo uma ação e um título. Por sua vez, na hierarquia de generalização da Figura 5.22 não há disjunção porque os assistentes podem ser tanto de alunos como de professores. Assim, o conjunto de alunos se sobrepõe ao conjunto de professores. Completude significa que cada entidade de um supertipo deve ser uma entidade em um dos subtipos na hierarquia de generalização[4]. A restrição de completude na Figura 5.21 significa que cada valor mobiliário deve ser ou uma ação ou um título.

Algumas hierarquias de generalização não possuem nem restrições de disjunção nem de completude. Na Figura 5.20, a ausência de uma disjunção significa que alguns funcionários podem ser tanto mensalistas quanto horistas. A falta de uma restrição de completude indica que alguns funcionários não são pagos por mês nem por hora (talvez por comissão).

---

[3] N.R.T.: Também conhecida como especialização mutuamente exclusiva ou categoria, ou seja, uma entidade de um subtipo não pode participar de qualquer outro subtipo no mesmo nível de hierarquia, sendo desta forma exclusivo a um único subtipo ou categoria.

[4] N.R.T.: Também conhecida como especialização total, ou seja, todos os subtipos identificados foram representados, assim uma entidade do supertipo sempre terá representação como um subtipo. Do contrário, é chamada especialização parcial.

FIGURA 5.21
Hierarquia de Generalização para Valores Mobiliários

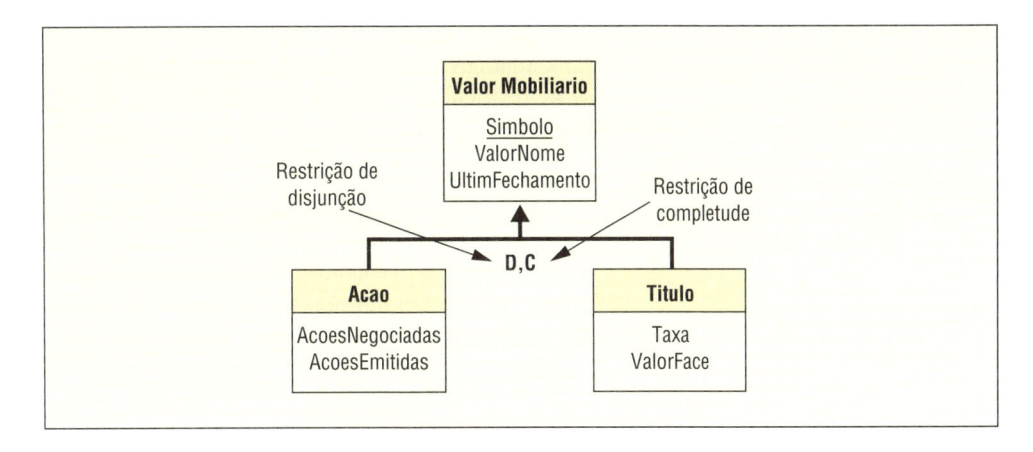

FIGURA 5.22
Hierarquia de Generalização para Público Universitário

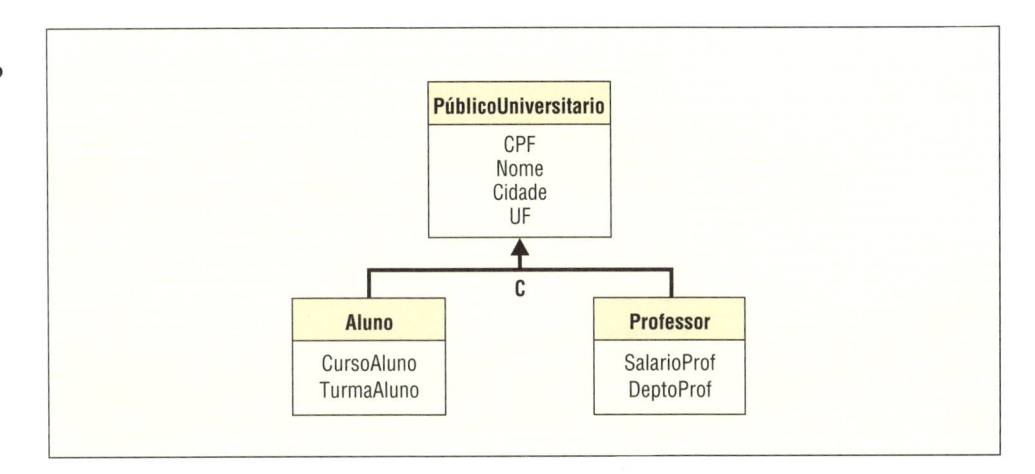

FIGURA 5.23
Níveis Múltiplos para Hierarquias de Generalização

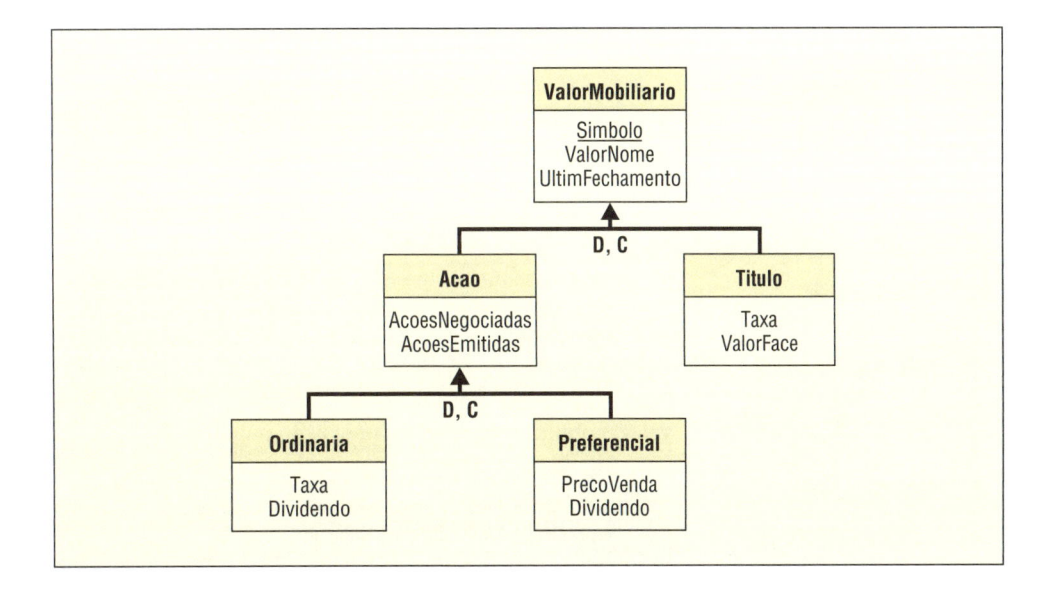

5.3.3 Múltiplos Níveis de Generalização

As hierarquias de generalização podem ser estendidas a mais um nível. Esta prática pode ser útil em áreas como a de investimentos, onde o conhecimento é altamente estruturado. Na Figura 5.23, há dois níveis de subtipos abaixo de Valor Mobiliário. A herança se estende a todos os subtipos, diretos e indiretos. Assim, ambos os tipos de entidade *Preferencial* e *Ordinaria* herdam os atributos de *Acao* (o pai imediato) e *Valor Mobiliario* (o pai indireto). Note que as restrições de disjunção e de completude podem ser feitas para cada grupo de subtipos.

5.4 Resumo da Notação e Regras de Diagrama

Você viu muitos aspectos da notação DER nas seções anteriores deste capítulo. Para que você não sofra pelo excesso de informação, esta seção fornece um conveniente resumo, bem como regras para ajudá-lo a evitar erros comuns de diagramação.

5.4.1 Resumo da Notação

Para ajudá-lo a lembrar a notação introduzida nas seções anteriores, a Tabela 5.2 apresenta um resumo, enquanto a Figura 5.24 mostra a notação para o banco de dados da universidade do Capítulo 4. A Figura 5.24 difere em alguns aspectos do banco de dados da universidade do Capítulo 4 para apresentar a maior parte da notação Pé-de-Galinha. A Figura 5.24 contém uma hierarquia de generalização para mostrar as semelhanças entre alunos e professores. Você deve observar que a chave primária dos tipos de entidade *Aluno* e *Professor* é *CPF*, um atributo herdado do tipo de entidade *Publico Universitario*. O tipo de entidade *Matricula* (associativa) e os relacionamentos identificadores (*Inscreve-se* e *Concede*) podem aparecer como um relacionamento M-N, como mostrado previamente na Figura 5.10. Além destas questões, a Figura 5.24 omite alguns atributos por uma questão de concisão.

TABELA 5.2 Resumo da Notação de Pé-de-Galinha

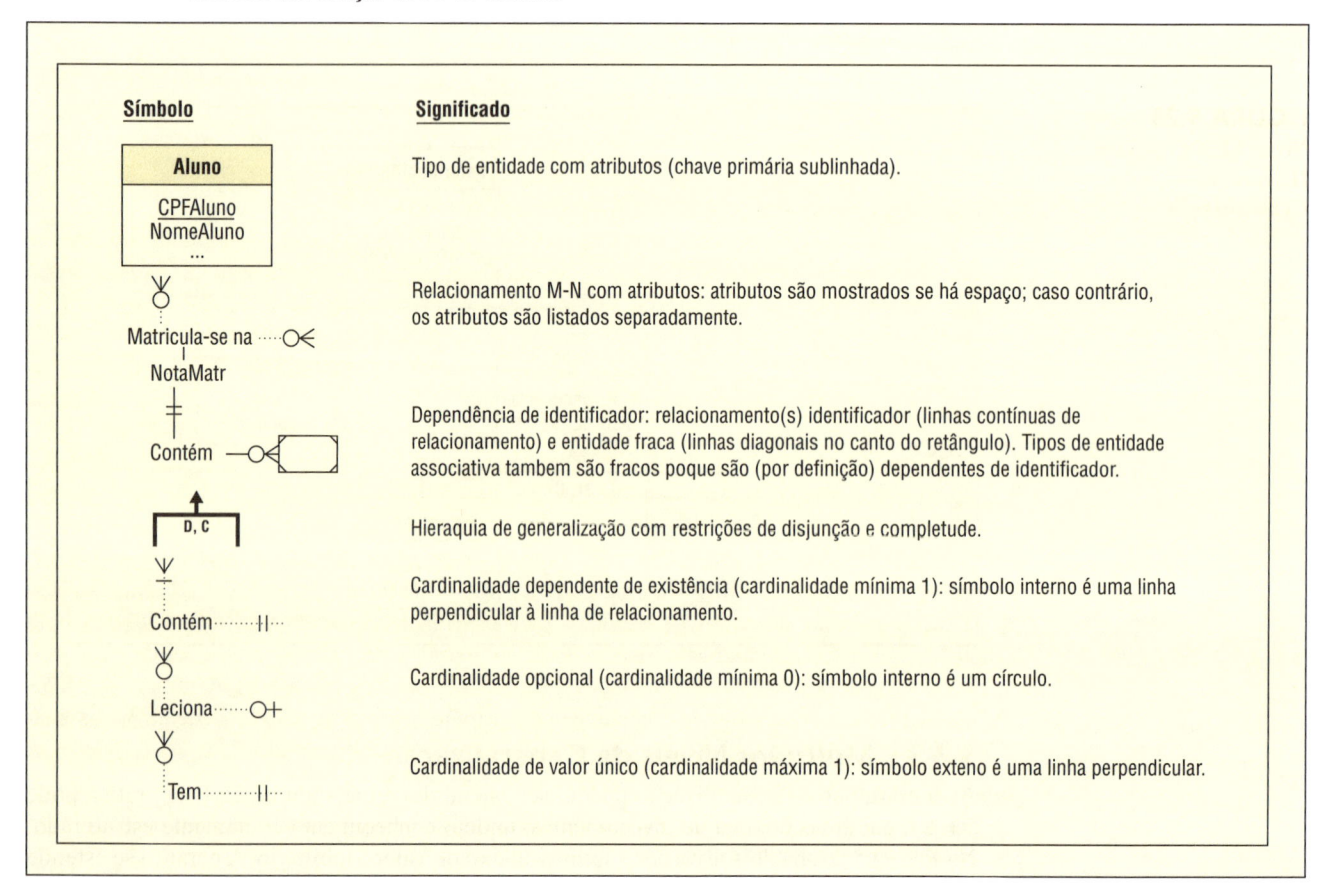

Símbolo	Significado
Aluno — CPFAluno, NomeAluno, ...	Tipo de entidade com atributos (chave primária sublinhada).
Matricula-se na ⋯⋯O⊰ — NotaMatr	Relacionamento M-N com atributos: atributos são mostrados se há espaço; caso contrário, os atributos são listados separadamente.
Contém ⟶O⊐	Dependência de identificador: relacionamento(s) identificador (linhas contínuas de relacionamento) e entidade fraca (linhas diagonais no canto do retângulo). Tipos de entidade associativa tambem são fracos poque são (por definição) dependentes de identificador.
D, C	Hierarquia de generalização com restrições de disjunção e completude.
Contém ⋯⋯‖⋯	Cardinalidade dependente de existência (cardinalidade mínima 1): símbolo interno é uma linha perpendicular à linha de relacionamento.
Leciona ⋯⋯O⫞	Cardinalidade opcional (cardinalidade mínima 0): símbolo interno é um círculo.
Tem ⋯⋯‖⋯	Cardinalidade de valor único (cardinalidade máxima 1): símbolo exteno é uma linha perpendicular.

FIGURA 5.24
DER para o Banco de Dados da Universidade

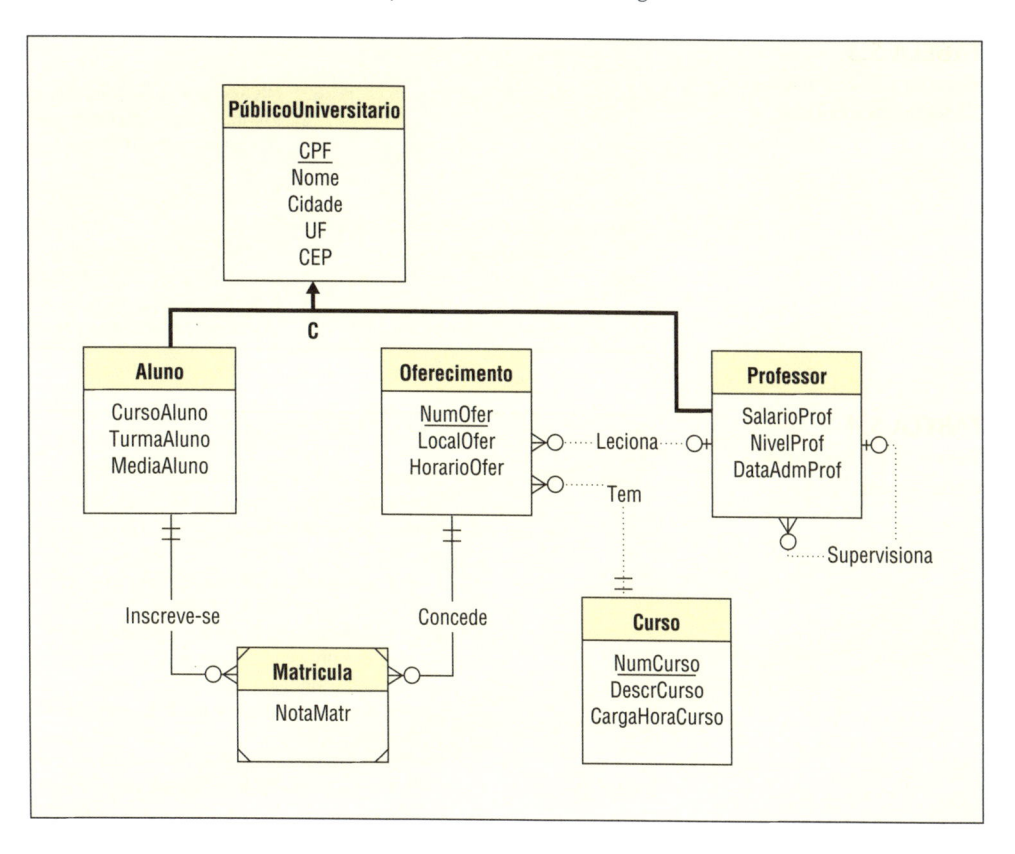

Representação de Regras de Negócio em um DER

À medida que desenvolve um DER, você deve lembrar que todo DER contém regras de negócio que impõem políticas organizacionais e promovem uma comunicação eficiente entre os *stakeholders*[5] do negócio. Um DER contém importantes regras de negócio representadas como chaves primárias, relacionamentos, cardinalidades e hierarquias de generalização. As chaves primárias provêm a identificação da entidade, um requisito importante para a comunicação em um negócio. A dependência de identificador envolve uma entidade que depende de outras entidades para ser identificada, um requisito em algumas comunicações em um negócio. Os relacionamentos indicam conexões diretas entre unidades de comunicação de um negócio. As cardinalidades restringem o número de entidades relacionadas em relacionamentos, dando suporte às políticas organizacionais e a uma comunicação coerente no negócio. As hierarquias de generalização com restrições de disjunção e de completude prestam suporte à classificação de entidades do negócio e das políticas organizacionais. Logo, os elementos de um DER são cruciais para execução das políticas organizacionais e para uma comunicação eficiente no negócio.

Para tipos adicionais de restrições de negócio, um DER pode ser aprimorado com documentação informal ou com uma linguagem de regras formais. Como o SQL:2003 suporta uma linguagem de regras formais (capítulos 11 e 14), não se propõe uma linguagem aqui. Na ausência de uma linguagem de regras formais, as regras de negócio podem ser armazenadas como documentação informal associada a tipos de entidade, atributos e relacionamentos. Espécies típicas de regras de negócios para especificar como documentação informal são restrições de chave candidata, restrições de comparação de atributo, restrições de valor nulo e valores padrão. As chaves candidatas fornecem meios alternativos para identificar entidades de negócio. As restrições de comparação de atributo restringem os valores de atributos tanto para um conjunto fixo de valores quanto para os valores de outros atributos. As restrições de

---

[5] N.R.T.: São pessoas ou organizações que serão afetadas pelo sistema e que têm influência direta ou indireta nos requisitos do sistema.

TABELA 5.3
Resumo de Regras de Negócio em um DER

Regra de Negócio	Representação no DER
Identificação de entidade	Chaves primárias para tipos de entidade, dependência de identificador (entidades fracas e relacionamentos identificadores), documentação informal sobre atributos únicos.
Conexões entre entidades de negócio	Relacionamentos
Número de entidades relacionadas	Cardinalidades mínima e máxima
Inclusão entre grupos de entidades	Hierarquias de generalização
Valores razoáveis	Documentação informal sobre restrições de atributo (comparação a valores constantes ou outros atributos)
Completude da coleta de dados	Documentação informal sobre valores nulos e valores padrão

TABELA 5.4
Regras de Completude e Consistência

Tipo de Regra	Descrição
Completude	1. **Regra da chave primária:** Todos os tipos de entidade têm uma chave primária (direta, emprestada ou herdada).
	2. **Regra do nome:** Todos os tipos de entidade, relacionamentos e atributos têm um nome.
	3. **Regra da cardinalidade:** É dada uma cardinalidade para os dois tipos de entidade em um relacionamento.
	4. **Regra da participação da entidade:** Todos os tipos de entidade exceto aqueles em uma hierarquia de generalização que participam em pelo menos um relacionamento.
	5. **Regra da participação da hierarquia de generalização:** Cada hierarquia de generalização participa em pelo menos um relacionamento com um tipo de entidade que não está na hierarquia de generalização.
Consistência	1. **Regra do nome da entidade:** Os nomes dos tipos de entidade são únicos.
	2. **Regra do nome do atributo:** Os nomes dos atributos são únicos dentro dos tipos de entidade e relacionamentos.
	3. **Regra do nome de atributo herdado:** Os nomes de atributo em um subtipo não correspondem aos nomes de atributo herdados (diretos ou indiretos).
	4. **Regra de conexão de relacionamento/tipo de entidade:** Todos os relacionamentos ligam dois tipos de entidade (não necessariamente distintos).
	5. **Regra de conexão relacionamento/relacionamento:** Os relacionamentos não se ligam a outros relacionamentos.
	6. **Regra da entidade fraca:** Entidades fracas têm pelo menos um relacionamento identificador.
	7. **Regra do relacionamento identificador:** Para cada relacionamento identificador, pelo menos um tipo de entidade participante deve ser fraco.
	8. **Regra de cardinalidade da dependência de identificador:** Para cada relacionamento identificador, as cardinalidades mínima e máxima devem ser 1 na direção da filha (entidade fraca) para o tipo de entidade pai.
	9. **Regra da chave estrangeira redundante:** Chaves estrangeiras redundantes não são usadas.

valor nulo e os valores padrão apóiam políticas sobre a completude das atividades de coleta de dados. A Tabela 5.3 resume as espécies comuns de regras de negócios que podem ser especificadas tanto formal quanto informalmente em um DER.

5.4.2 Regras de Diagrama

Para proporcionar orientações sobre o uso correto da notação, a Tabela 5.4 apresenta regras de completude e de consistência. Você deve aplicar tais regras ao completar um DER para assegurar-se de que não há nenhum erro de notação em seu DER. Desse modo, as regras de diagrama servem a um propósito semelhante ao das regras de sintaxe para uma linguagem de computação. A ausência de erros de sintaxe não quer dizer que um programa de computador execute suas tarefas corretamente. De igual maneira, a ausência de erros de notação não quer dizer que um DER fornece uma representação adequada dos dados. As regras de diagrama *não* asseguram que foram consideradas as múltiplas alternativas, que foram representados corretamente os requisitos dos usuários nem que seu projeto foi adequadamente documentado. O Capítulo 6 discute essas questões para aumentar suas habilidades na modelagem de dados.

A maioria das regras na Tabela 5.4 não exige muita elaboração. As três primeiras regras de completude e as cinco primeiras regras de consistência são simples de entender. Mesmo que as regras sejam simples, você ainda deve verificar seu DER para checar sua conformidade, já que é fácil deixar passar uma violação em um DER de tamanho médio.

As regras de consistência não exigem nomes únicos para os relacionamentos porque os tipos de entidade participantes fornecem um contexto para os nomes dos relacionamentos. No entanto, é uma boa prática usar nomes únicos de relacionamento tanto quanto possível para tornar os relacionamentos fáceis de distinguir. Além disso, dois ou mais relacionamentos envolvendo os mesmos tipos de entidade devem ser únicos porque os tipos de entidade não podem mais proporcionar o contexto para distinguir os relacionamentos. Como é incomum ter mais de um relacionamento entre os mesmos tipos de entidade, as regras de consistência não incluem esta provisão.

As regras de completude 4 (regra da participação da entidade) e 5 (regra da participação da hierarquia de generalização) exigem elaboração. Quebrar tais regras é um alerta, não necessariamente um erro. Na maioria dos DERs, todos os tipos de entidade que não estão em uma hierarquia de generalização e todas as hierarquias de generalização estão ligados a pelo menos um outro tipo de entidade. Em situações raras, um DER contém um tipo de entidade não relacionado somente para armazenar uma lista de entidades. A regra 5 se aplica a uma hierarquia de generalização inteira, não a cada tipo de entidade em uma hierarquia de generalização. Em outras palavras, pelo menos um tipo de entidade em uma hierarquia de generalização deve estar ligado a pelo menos um tipo de entidade que não está na hierarquia de generalização. Em muitas hierarquias de generalização, múltiplos tipos de entidade participam em relacionamentos. As hierarquias de generalização permitem que subtipos participem em relacionamentos, restringindo assim a participação em relacionamentos. Por exemplo, na Figura 5.24, *Aluno* e *Professor* participam em relacionamentos.

As regras de consistência 6 a 9 envolvem erros comuns nos DERs de modeladores de dados iniciantes. Os modeladores de dados iniciantes violam as regras de consistência 6 a 8 por causa da complexidade da dependência de identificador. A dependência de identificador envolvendo uma entidade fraca e relacionamentos identificadores enseja mais erros do que outras partes da notação Pé-de-Galinha. Adicionalmente, cada relacionamento identificador também exige cardinalidades mínima e máxima 1 na direção da filha (entidade fraca) para o tipo de entidade pai. Os modeladores de dados iniciantes violam a regra de consistência 9 (regra da chave estrangeira redundante) por causa de confusão entre um DER e o modelo de dados relacionais. O processo de conversão transforma os relacionamentos 1-M em chaves estrangeiras.

Exemplo de Violação de Regra e Resoluções

Como as regras da dependência de identificador e a regra da chave estrangeira redundante são uma fonte freqüente de erros para projetistas iniciantes, esta seção traz um exemplo para ilustrar as violações de regra e resoluções. A Figura 5.25 mostra as violações das regras da dependência de identificador (regras de consistência 6 a 9) e da regra da chave estrangeira redundante (regra de consistência 9) para o DER do banco de dados da universidade. A seguinte lista explica as violações:

- **Violação da regra de consistência 6 (regra da entidade fraca)**: *Professor* não pode ser uma entidade fraca sem pelo menos um relacionamento identificador.
- **Violação da regra de consistência 7 (regra do relacionamento identificador)**: O relacionamento *Tem* identifica, mas nem *Oferecimento* nem *Curso* são entidades fracas.
- **Violação da regra de consistência 8 (regra da cardinalidade da dependência de identificador)**: A cardinalidade do relacionamento *Inscreve-se* de *Matricula* a *Aluno* deve ser (1, 1) e não (0, Muitos).
- **Violação da regra de consistência 9 (regra da chave estrangeira redundante)**: O atributo *NumCurso* no tipo de entidade *Oferecimento* é redundante com o relacionamento *Tem*. Como *NumCurso* é a chave primária de *Curso*, não deve ser um atributo de *Oferecimento* para ligar um *Oferecimento* a um *Curso*. O relacionamento *Tem* fornece a ligação a *Curso*.

FIGURA 5.25
DER com Violações das Regras de Consistência 6 a 9

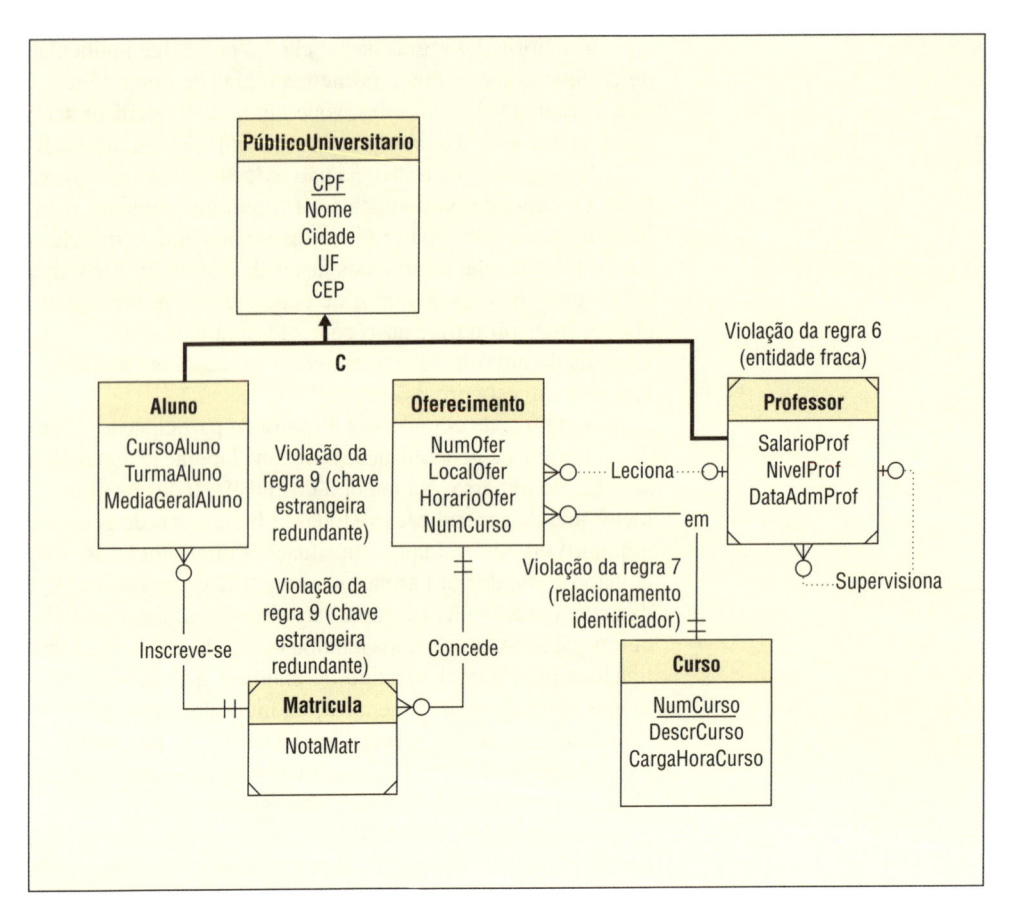

[Diagrama Entidade-Relacionamento mostrando:]

- **PúblicoUniversitario**: CPF, Nome, Cidade, UF, CEP
- Relacionamento "C" (generalização) conectando a Aluno, Oferecimento e Professor
- **Aluno**: CursoAluno, TurmaAluno, MediaGeralAluno
- **Oferecimento**: NumOfer, LocalOfer, HorarioOfer, NumCurso
- **Professor**: SalarioProf, NivelProf, DataAdmProf — *Violação da regra 6 (entidade fraca)*
- **Matricula**: NotaMatr
- **Curso**: NumCurso, DescrCurso, CargaHoraCurso
- Relacionamentos: Leciona, em, Supervisiona, Inscreve-se, Concede
- *Violação da regra 9 (chave estrangeira redundante)* — entre Aluno e Oferecimento
- *Violação da regra 9 (chave estrangeira redundante)* — entre Matricula
- *Violação da regra 7 (relacionamento identificador)* — entre Oferecimento e Curso

---

Para a maioria das regras, resolver as violações é fácil. A tarefa mais importante é reconhecer a violação. Para as regras de dependência de identificador, a solução pode depender dos detalhes do problema. A seguinte lista sugere possíveis ações corretivas para erros de diagrama:

- **Solução para a regra de consistência 6 (regra da entidade fraca)**: O problema pode ser resolvido adicionando um ou mais relacionamentos identificadores ou transformando a entidade fraca em uma entidade regular. Na Figura 5.25, o problema é resolvido tornando *Professor* uma entidade regular. A solução mais comum é adicionar um ou mais relacionamentos identificadores.

- **Solução para a regra de consistência 7 (regra do relacionamento identificador)**: O problema pode ser resolvido adicionando uma entidade fraca ou fazendo com que o relacionamento deixe de ser identificador. Na Figura 5.25, o problema é resolvido tornando o relacionamento *Tem* como não identificador. Se há mais de um relacionamento identificador envolvendo o mesmo tipo de entidade, a solução típica envolve transformar o tipo de entidade comum em uma entidade fraca.

- **Solução para a regra de consistência 8 (regra da cardinalidade da dependência de identificador)**: O problema pode ser resolvido transformando a cardinalidade da entidade fraca para (1,1). Tipicamente, a cardinalidade do relacionamento identificador é invertida. Na Figura 5.25, a cardinalidade do relacionamento *Inscreve-se* deve ser invertida ((1,1) próxima a *Aluno* e (0, Muitos) próxima a *Matricula*).

- **Solução para a regra de consistência 9 (regra da chave estrangeira redundante)**: Normalmente o problema pode ser resolvido retirando a chave estrangeira redundante. Na Figura 5.25, *NumCurso* deve ser retirado como um atributo de *Oferecimento*. Em alguns casos, o atributo não pode representar uma chave estrangeira. Se o atributo não representa uma chave estrangeira, este deve ser renomeado e não retirado.

TABELA 5.5
Organização Alternativa das Regras

Categoria	Regras
Nomes	Todos os tipos de entidade, relacionamentos e atributos devem ter um nome. (Regra de completude 2)
	Os nomes do tipo de entidade são únicos. (Regra de consistência 1)
	Os nomes dos atributos são únicos dentro de tipos de entidade e relacionamentos. (Regra de consistência 2)
	Os nomes dos atributos em um subtipo não correspondem aos nomes de atributos herdados (nem diretos, nem indiretos). (Regra de consistência 3)
Conteúdo	Todos os tipos de entidade têm uma chave primária (direta, emprestada ou herdada). (Regra de completude 1)
	A cardinalidade deve ser atribuída a ambos os tipos de entidade em um relacionamento. (Regra de completude 3)
Conexão	Todos os tipos de entidade exceto aqueles que estão em uma hierarquia de generalização participam pelo menos de um relacionamento. (Regra de completude 4)
	Cada hierarquia de generalização participa pelo menos de um relacionamento com um tipo de entidade que não está na hierarquia de generalização. (Regra de completude 5)
	Todos os relacionamentos ligam dois tipos de entidade. (Regra de consistência 4)
	Os relacionamentos não se ligam a outros relacionamentos. (Regra de consistência 5)
	Não se usam chaves estrangeiras redundantes. (Regra de consistência 9)
Dependência de identificador	Entidades fracas têm pelo menos um relacionamento identificador. (Regra de consistência 6)
	Para cada relacionamento identificador, pelo menos um tipo de entidade participante deve ser fraca. (Regra de consistência 7)
	Para cada entidade fraca, as cardinalidades mínima e máxima devem ser iguais a 1 para cada relacionamento identificador. (Regra de consistência 8)

Organização Alternativa de Regras

A organização das regras da Tabela 5.4 pode ser difícil de memorizar. A Tabela 5.5 fornece uma alternativa ao agrupar as regras por finalidade. Se acha essa organização mais intuitiva, você deve usá-la. Seja qual for o modo que preferir para se lembrar das regras, o ponto importante é aplicá-las depois de completar um DER. Para ajudá-lo a aplicar as regras de diagrama, a maioria das ferramentas CASE executa verificações específicas das notações suportadas pelas ferramentas. A próxima seção descreve a verificação de regras de diagrama pelo ER Assistant, a ferramenta de modelagem de dados disponibilizada neste livro.

Suporte no ER Assistant

Para melhorar a produtividade de modeladores de dados iniciantes, o ER Assistant fornece suporte às regras de consistência e completude listadas na Tabela 5.4. O ER Assistant suporta as regras de consistência 4 e 5 por meio de suas ferramentas de diagramação. Os relacionamentos devem estar ligados a dois tipos de entidade (não necessariamente distintos) proibindo violações das regras de consistência 4 e 5. Para as outras regras de completude e consistência, o ER Assistant fornece o botão de *Check Diagram* que gera um relatório de violações de regras. Como o botão *Check Diagram* pode ser usado quando um DER ainda não está completo, o ER Assistant não exige que você conserte as violações de regra encontradas em um DER. Antes de completar um DER, você deve resolver cada violação apontada pelo ER Assistant.

Para a regra da chave estrangeira redundante (regra de consistência 9), o ER Assistant usa uma implementação simples para determinar se um DER contém uma chave estrangeira redundante. O ER Assistant verifica o tipo de entidade filha (tipo de entidade no lado "muitos" do relacionamento) para verificar se há um atributo com o mesmo nome e tipo de dados que a chave primária no tipo de entidade pai (tipo de entidade no lado "um" do relacionamento). Se o ER Assistant acha um atributo com o mesmo nome e tipo de dados, ele inclui uma violação no relatório do *Check Diagram*.

5.5 Comparação com Outras Notações

A notação DER apresentada neste capítulo é semelhante, mas não idêntica, às que você pode encontrar mais tarde. Não há nenhuma notação padrão para DERs. Há talvez seis notações razoavelmente populares de DER, cada uma com suas próprias pequenas variações que aparecem na prática. A notação neste capítulo vem da matriz do Pé-de-Galinha no Visio Professional 5 com a adição de notações de generalização. As notações que você encontrará na prática dependerão de fatores como a ferramenta de modelagem de dados (se houver uma) usada em sua organização e setor. Uma coisa é certa: você deve se preparar para se adaptar à notação em uso. Esta seção descreve as variações de DER que você pode encontrar assim como a notação de Diagrama de Classe da Unified Modeling Language (UML – Linguagem de Modelagem Unificada), um padrão emergente para modelagem de dados.

5.5.1 Variações de DER

Como não há um padrão amplamente aceito de DER, símbolos diferentes podem ser usados para representar o mesmo conceito. As cardinalidades do relacionamento são fonte de muitas variações. Você deve prestar atenção à colocação dos símbolos de cardinalidade. A notação deste capítulo coloca os símbolos perto do tipo de entidade "distante", enquanto outras notações colocam os símbolos de cardinalidade perto do tipo de entidade "próximo". A notação deste capítulo usa uma representação visual das cardinalidades com as cardinalidades mínima e máxima dadas por três símbolos. Outras notações usam uma representação de texto com letras e números inteiros em vez de símbolos. Por exemplo, a Figura 5.26 mostra um DER Chen com a posição das cardinalidades invertidas, cardinalidades demonstradas pelo texto e relacionamentos indicados por losangos.

Outras variações de símbolo são representações visuais para certas espécies de tipos de entidades. Em algumas notações, entidades fracas e relacionamentos M-N têm representações especiais. Entidades fracas às vezes são incluídas em retângulos duplos. Relacionamentos identificadores às vezes são incluídos em losangos duplos. Os relacionamentos M-N com atributos às vezes são mostrados como um retângulo com um losango dentro para indicar as qualidades duplas (tanto relacionamento como tipo de entidade).

Além das variações de símbolo, há também variações de regra, como mostramos na lista a seguir. Para cada restrição, há um remédio. Por exemplo, se apenas há suporte para relacionamentos binários, os relacionamentos N-ários devem ser representados como um tipo de entidade associativa a relacionamentos 1-M.

1. Algumas notações não têm suporte a relacionamentos N-ários.
2. Algumas notações não têm suporte a relacionamentos M-N.
3. Algumas notações não têm suporte a relacionamentos com atributos.

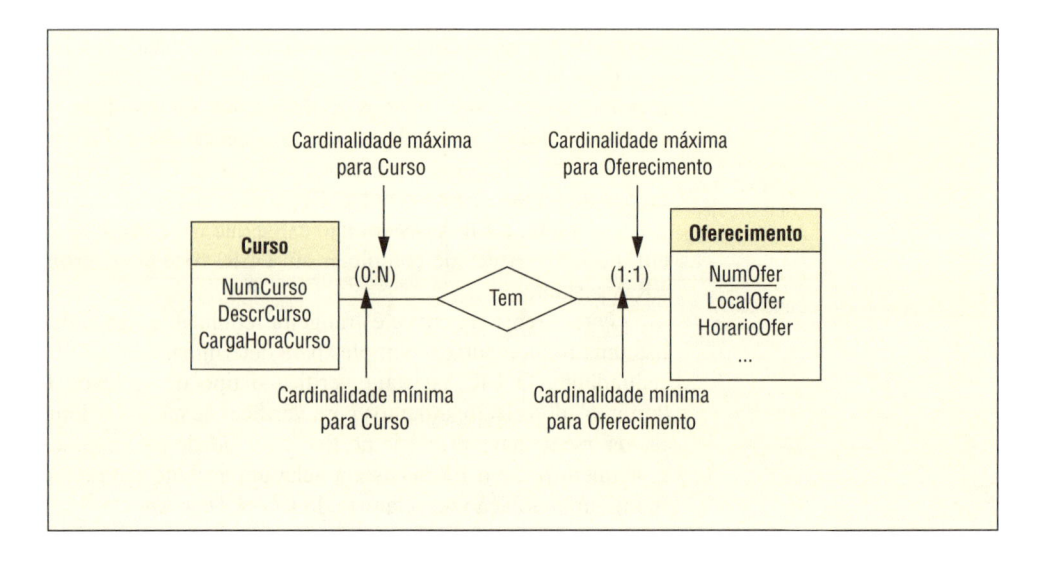

FIGURA 5.26
Notação Chen para o DER Curso-Oferecimento

4. Algumas notações não têm suporte a auto-relacionamentos (unários).
5. Algumas notações permitem que relacionamentos estejam ligados a outros relacionamentos.
6. Algumas notações mostram chaves estrangeiras como atributos.
7. Algumas notações permitem que os atributos tenham mais de um valor (atributos multivalorados).

As restrições em uma notação de DER necessariamente não tornam a notação menos expressiva que outras notações sem as restrições. Podem ser necessários símbolos adicionais em um diagrama, mas os mesmos conceitos ainda podem ser representados. Por exemplo, a notação Pé-de-Galinha não oferece suporte a relacionamentos N-ários. No entanto, relacionamentos N-ários podem ser representados usando tipos N-ários de entidades associativas. Os tipos N-ários de entidades associativas requerem símbolos adicionais em relação aos relacionamentos N-ários, mas os mesmos conceitos são representados.

5.5.2 A Notação de Diagrama de Classe da Linguagem de Modelagem Unificada (UML)

A Linguagem de Modelagem Unificada tornou-se a notação padrão para modelagem orientada a objetos. A modelagem orientada a objetos dá ênfase aos objetos e não aos processos, como enfatizado geralmente nas abordagens tradicionais de desenvolvimento de sistemas. Na modelagem orientada a objetos, definem-se os objetos primeiro, seguidos pelas características (atributos e operações) dos objetos e, então, a interação dinâmica entre os objetos. A UML contém diagramas de classe, diagramas de interface e diagramas de interação para apoiar a modelagem orientada a objetos. A notação de diagrama de classe fornece uma alternativa às notações de DER apresentadas neste capítulo.

Os diagramas de classe contêm classes (grupos de objetos), associações (relacionamentos binários) entre classes e características dos objetos (atributos e operações). A Figura 5.27 mostra um diagrama de classe simples contendo as classes *Professor* e *Oferecimento*. O diagrama foi desenhado com o estêncil UML no Visio Professional. A associação na Figura 5.27 representa um relacionamento 1-M. A UML tem suporte a nomes de funções e cardinalidades (mínima e máxima) para cada direção em uma associação. A cardinalidade 0 .. 1 significa que um objeto de oferecimento pode estar relacionado a no mínimo zero objetos de Professor e no máximo um objeto de Professor. As operações estão listadas abaixo dos atributos. Cada operação contém uma lista de parâmetros entre parênteses junto com o tipo de dados retornado pela operação.

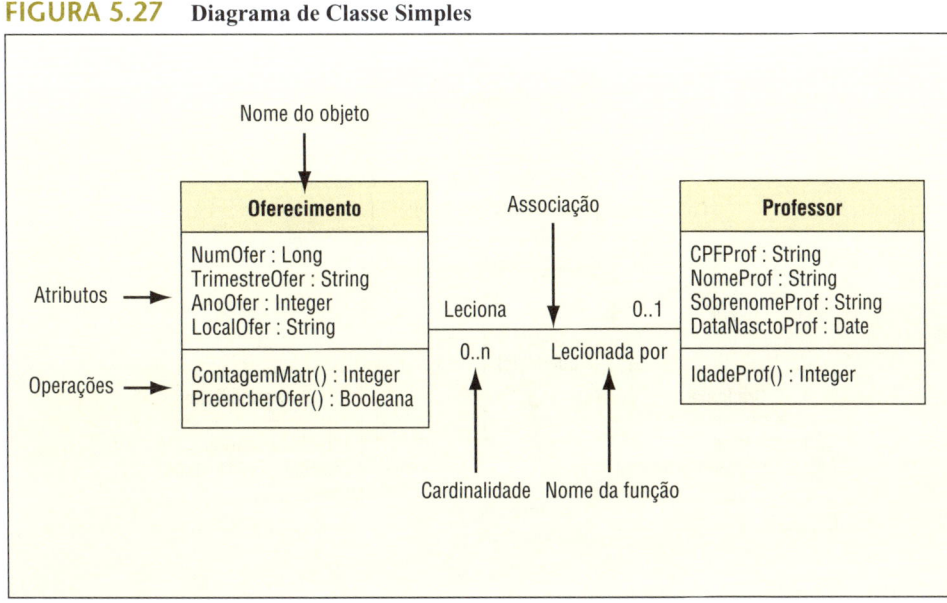

FIGURA 5.27 Diagrama de Classe Simples

As associações na UML são semelhantes aos relacionamentos na notação Pé-de-Galinha. As associações podem representar relacionamentos binários ou unários. Para representar um relacionamento N-ário são necessários uma classe e um grupo de associações. Para representar um relacionamento M-N com atributos, a UML fornece a classe de associação para permitir que as associações tenham atributos e operações. A Figura 5.28 mostra uma classe de associação que representa um relacionamento M-N entre o *Aluno* e as classes de *Oferecimento*. A classe de associação contém os atributos do relacionamento.

Diferentemente da maioria das notações DER, o suporte à generalização foi construído na UML desde seu princípio. Na maioria das notações DER, a generalização foi criada como uma característica adicional depois que uma notação já estava estabelecida. Na Figura 5.29, a seta vazia grande denota uma classificação da classe de *Aluno* nas classes *Graduacao* e *Pos-Graduacao*. A UML suporta nomes e restrições de generalização. Na Figura 5.29, a generalização de *Status* está completa, querendo dizer que cada aluno deve ser de graduação ou de pós-graduação.

FIGURA 5.28
Associação de Classe Representando um Relacionamento M-N com Atributos

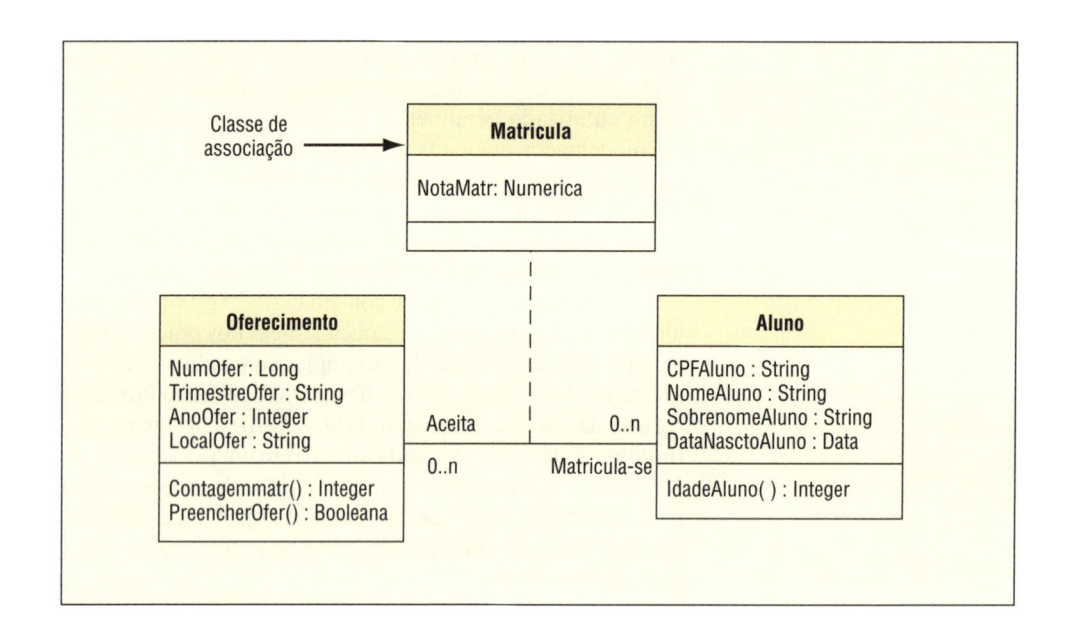

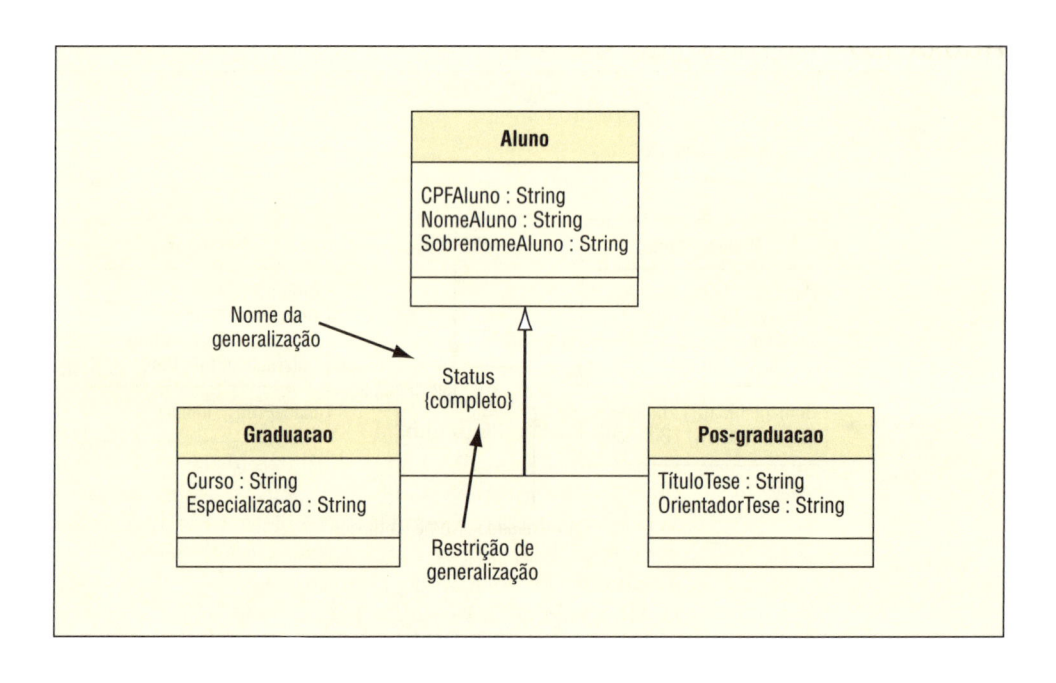

FIGURA 5.29
Diagrama de Classe com um Relacionamento de Generalização

FIGURA 5.30
Diagrama de Classe com um Relacionamento de Composição

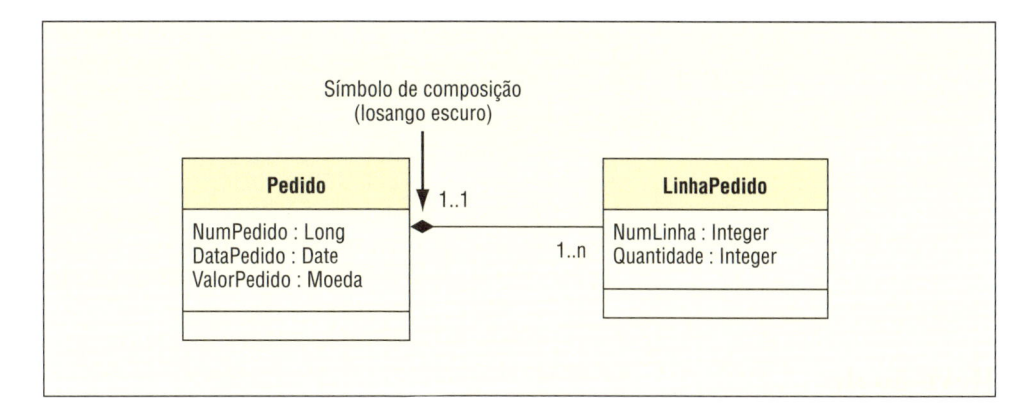

[Figura 5.30: Diagrama de classe UML mostrando as classes Pedido (NumPedido: Long, DataPedido: Date, ValorPedido: Moeda) e LinhaPedido (NumLinha: Integer, Quantidade: Integer), conectadas por um relacionamento de composição (losango escuro) com cardinalidades 1..1 no lado Pedido e 1..n no lado LinhaPedido. Rótulo "Símbolo de composição (losango escuro)" aponta para o losango.]

A UML também fornece um símbolo especial para relacionamentos de composição, semelhante às dependências de identificador nas notações DER. Em um relacionamento de composição, os objetos em uma classe filha pertencem somente a objetos na classe pai. Na Figura 5.30, cada objeto de *LinhaPedido* pertence a um objeto de *Pedido*. A exclusão de um objeto pai causa a exclusão dos objetos filhos relacionados. Em conseqüência, o objeto filho normalmente toma emprestada parte de sua chave primária do objeto pai. No entanto, a UML não exige esta dependência de identificador.

Os diagramas de classe da UML proporcionam muitas outras funcionalidades não apresentadas nessa breve visão geral. A UML tem suporte a tipos diferentes de classes para integrar questões de linguagem de programação com aspectos da modelagem de dados. Outros tipos de classes incluem classes de valor, classes de estereótipo, classes parametrizadas e classes abstratas. Para generalização, a UML oferece suporte a restrições adicionais tais como classificação estática e dinâmica e diferentes interpretações de relacionamentos de generalização (subtipo e subclasse). Para garantir a integridade de dados, a UML suporta a especificação de restrições em um diagrama de classe.

Você deve notar que diagramas de classe são somente uma parte da UML. Até certo ponto, os diagramas de classe devem ser entendidos no contexto da modelagem orientada a objetos e de toda a UML. Você deve ter em mente que deveria dedicar um trimestre acadêmico inteiro à modelagem orientada a objetos e à UML.

Considerações Finais

Este capítulo explicou a notação dos diagramas entidade–relacionamento como um requisito para aplicar diagramas entidade–relacionamento no processo de desenvolvimento de banco de dados. Usando a notação Pé-de-Galinha, este capítulo descreveu símbolos, padrões importantes de relacionamento e hierarquias de generalização. Os símbolos básicos são tipos de entidade, relacionamentos, atributos e cardinalidades a fim de representar o número de entidades participando de um relacionamento. Quatro importantes padrões de relacionamento foram descritos: relacionamentos muitos-para-muitos (M-N) com atributos, tipos de entidades associativas representando relacionamentos N-ários, relacionamentos identificadores fornecendo chaves primárias para entidades fracas e auto-relacionamentos (unários). As hierarquias de generalização permitem que a classificação dos tipos de entidade demonstre as semelhanças entre os tipos de entidade.

Para melhorar o seu uso da notação Pé-de-Galinha, apresentamos representações de regras de negócio, regras de diagrama e comparações com outras notações. Este capítulo apresentou a representação informal e formal de regras de negócio em um diagrama entidade–relacionamento de modo a fornecer um contexto organizacional para diagramas entidade–relacionamento. As regras de diagrama envolvem requisitos de completude e de consistência. As regras de diagrama asseguram que um DER não contém erros óbvios. Para ajudá-lo a aplicar as regras, o ER Assistant fornece uma ferramenta para verificar as regras em um DER completo. Com a finalidade de ampliar seu conhecimento em notações DER, este capítulo apresentou as variações comuns que você pode encontrar assim como a notação do Diagrama de Classe da Linguagem de Modelagem Unificada (UML), uma notação-padrão para a modelagem orientada a objetos.

Este capítulo enfatizou a notação dos DERs a fim de fornecer uma base sólida para o estudo mais difícil que é aplicar a notação em problemas administrativos. Para dominar a modelagem de dados, você necessita entender a notação DER e conseguir uma ampla prática construindo DERs. O Capítulo 6 aborda a prática de construir DERs para problemas de negócios. Aplicar a Anotação envolve uma representação completa e coerente dos requisitos dos usuários, a geração de projetos alternativos e a documentação de decisões de projeto. Além dessas habilidades, o Capítulo 6 traz as regras para converter um DER em um projeto de tabelas. Com um estudo cuidadoso, os capítulos 5 e 6 fornecem uma base sólida para executar modelagem de dados em bancos de dados de negócio.

Revisão de Conceitos

- Conceitos Básicos: tipos de entidade, relacionamentos e atributos.
- Cardinalidades mínima e máxima para restringir a participação em um relacionamento.
- Classificação de cardinalidades como opcional, obrigatória e funcional.
- Dependência de existência para entidades que não podem ser armazenadas sem o armazenamento de entidades relacionadas.
- Dependência de identificador envolvendo entidades fracas e relacionamentos identificadores para o suporte a tipos de entidade que tomam emprestada pelo menos parte de suas chaves primárias.
- Relacionamentos M-N com atributos: atributos são associados à combinação de tipos de entidade, não apenas com um dos tipos de entidade.
- Equivalência entre um relacionamento M-N e um tipo de entidade associativa a relacionamento identificador 1-M.
- Tipos de entidades associativas N-árias para representar relacionamentos N-ários entre mais de dois tipos de entidade.
- Auto-relacionamentos (unários) para representar as associações entre entidades do mesmo tipo de entidade.
- Diagramas de instâncias para ajudar a distinguir entre auto-relacionamentos M-N e 1-M.
- Hierarquias de generalização para mostrar semelhanças entre tipos de entidade.
- Representação de regras de negócio em um DER: identificação de entidade, conexões entre entidades de negócio, número de entidades relacionadas, inclusão entre conjuntos de entidades, valores razoáveis e completude da coleta de dados.
- Regras de diagrama para prevenir erros óbvios na modelagem de dados.
- Fontes comuns de erros de diagrama: dependência de identificador e chaves estrangeiras redundantes.
- Suporte para as regras de diagrama no ER Assistant.
- Variações de DER: símbolos e regras de diagrama.
- Notação do Diagrama de Classe da Linguagem de Modelagem Unificada (UML) como uma alternativa ao Modelo Entidade–Relacionamento.

Questões

1. O que é um tipo de entidade?
2. O que é um atributo?
3. O que é um relacionamento?
4. Qual é a correspondência em linguagem natural para tipos de entidades e relacionamentos?
5. Qual é a diferença entre um DER e um diagrama de instâncias?
6. Que símbolos são as contrapartes em um DER das chaves estrangeiras no Modelo Relacional?
7. Quais cardinalidades indicam relacionamentos obrigatórios, opcionais e funcionais?

8. Quando é importante converter um relacionamento M-N em relacionamentos 1-M?
9. Como um diagrama de instâncias pode ajudar a determinar se um auto-relacionamento é um relacionamento 1-M ou M-N?
10. Quando um DER deve conter entidades fracas?
11. Qual é a diferença entre dependência de existência e tipo de entidade fraca?
12. Por que a classificação é importante nos negócios?
13. O que é a herança nas hierarquias de generalização?
14. Qual a finalidade das restrições de disjunção e de completude para uma hierarquia de generalização?
15. Que símbolos são usados para cardinalidades na notação Pé-de-Galinha?
16. Quais são os dois componentes da dependência de identificador?
17. Como os relacionamentos N-ários são representados na notação Pé-de-Galinha?
18. O que é tipo de entidade associativa?
19. Qual é a equivalência entre um relacionamento M-N e relacionamentos 1-M?
20. O que significa dizer que parte de uma chave primária é emprestada?
21. Qual é a finalidade das regras de diagrama?
22. Quais são as limitações das regras de diagrama?
23. Que regras de consistência comumente são transgredidas por modeladores de dados iniciantes?
24. Por que modeladores de dados iniciantes violam as regras de dependência de identificador (regras de consistência 6 a 8)?
25. Por que modeladores de dados iniciantes violam a regra de consistência 9 sobre chaves estrangeiras redundantes?
26. Por que uma ferramenta CASE deve fornecer suporte a regras de diagrama?
27. Como o ER Assistant fornece suporte às regras de consistência 4 e 5?
28. Como o ER Assistant fornece suporte a todas as regras de consistência exceto as regras 4 e 5?
29. Por que o ER Assistant não exige a correção de todos os erros de diagrama encontrados em um DER?
30. Como o ER Assistant implementa a regra de consistência 9 sobre chaves estrangeiras redundantes?
31. Liste algumas diferenças de símbolo na notação DER que você pode experimentar em sua carreira.
32. Liste algumas diferenças de regra de diagrama na notação DER que você pode experimentar em sua carreira.
33. O que é a Linguagem de Modelagem Unificada (UML)?
34. Quais são os elementos de modelagem em um diagrama de classe UML?
35. Quais tipos de regras de negócios são formalmente representados na notação Pé-de-Galinha para DERs?
36. Que tipos de regras de negócios são definidos por documentação informal na ausência de uma linguagem de regras para um DER?

Problemas

Os problemas enfatizam o uso correto da notação Pé-de-Galinha e a aplicação das regras de diagrama. Essa ênfase é coerente com a pedagogia do capítulo. Os problemas que apresentam maiores desafios no Capítulo 6 enfatizam os requisitos de usuários, transformações de diagrama, documentação de projeto e conversão de esquemas. Para obter um bom entendimento da modelagem de dados, você deve completar os problemas em ambos os capítulos.

1. Desenhe um DER contendo os tipos de entidade Pedido e Cliente ligados por um relacionamento 1-M de Cliente a Pedido. Escolha um nome de relacionamento apropriado usando seu conhecimento usual das interações entre clientes e pedidos. Defina cardinalidades mínimas de modo que um pedido seja opcional para um cliente e que um cliente seja obrigatório para um pedido. Para o tipo de entidade Cliente, adicione atributos NumCli (chave primária), NomeCli, SobrenomeCli, EndCli, CidadeCli, UFCli, CEPCli e SaldoCli (saldo). Para o tipo de entidade Pedido, adicione atributos para o NumPed (chave primária), DataPed, NomePed, EndPed, CidadePed, UFPed, e CEPPed. Se você estiver usando o ER Assistant ou outra ferramenta de projeto que tenha suporte à especificação de tipos de dados, escolha tipos de dados apropriados para os atributos com base em seu conhecimento usual.

2. Amplie o DER do problema 1 com o tipo de entidade Funcionário e um relacionamento 1-M de Funcionário a Pedido. Escolha um nome de relacionamento apropriado usando seu conhecimento

usual das interações entre funcionários e pedidos. Defina cardinalidades mínimas de modo que um funcionário seja opcional a um pedido e que um pedido seja opcional a um funcionário. Para o tipo de entidade *Funcionário*, adicione atributos *NumFunc* (chave primária), *FuncNomeFunc*, *SobrenomeFunc*, *FoneFunc*, *EmailFunc*, *TaxaComFunc* (taxa de comissão) e *NomeDeptoFunc*. Se você estiver usando o ER Assistant ou outra ferramenta de projeto que dê suporte à especificação de tipos de dados, escolha tipos de dados apropriados para os atributos com base em seu conhecimento usual.

3. Amplie o DER do problema 2 com auto-relacionamento 1-M envolvendo o tipo de entidade *Funcionario*. Escolha um nome de relacionamento apropriado usando seu conhecimento usual de relacionamentos de organização entre funcionários. Defina cardinalidades mínimas de modo que o relacionamento seja opcional em ambas as direções.

4. Amplie o DER do problema 3 com o tipo de entidade *Produto* e um relacionamento M-N entre *Produto* e *Pedido*. Escolha um nome de relacionamento apropriado usando seu conhecimento usual das conexões entre produtos e pedidos. Defina cardinalidades mínimas de modo que uma ordem seja opcional a um produto e um produto seja obrigatório a uma ordem. Para o tipo de entidade *Produto*, adicione atributos *NumProd* (chave primária), *NomeProd*, *QtdeEstqProd*, *PreçoProd* e *DataProxExpedProd*. Para o relacionamento M-N, adicione um atributo para a quantidade pedida. Se você estiver usando o ER Assistant ou outra ferramenta de projeto que tenha suporte a especificação de tipos de dados, escolha tipos de dados apropriados para os atributos com base em seu conhecimento usual.

5. Revise o DER do problema 4 transformando o relacionamento M-N em um tipo de entidade associativa e dois relacionamentos identificadores 1-M.

6. Verifique seus DERs dos problemas 4 e 5 para ver se há violações às regras de diagrama. Se você seguiu as instruções do problema, seus diagramas não devem ter erros. Execute a verificação sem usar o ER Assistant. Depois, use a função Check Diagram do ER Assistant.

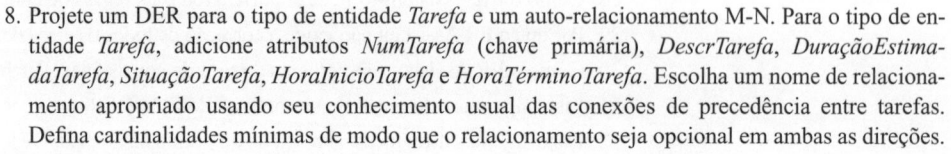

7. Usando seu DER corrigido do problema 6, adicione as violações de regras de consistência 6 a 9. Use a função Check Diagram do ER Assistant para identificar os erros.

8. Projete um DER para o tipo de entidade *Tarefa* e um auto-relacionamento M-N. Para o tipo de entidade *Tarefa*, adicione atributos *NumTarefa* (chave primária), *DescrTarefa*, *DuraçãoEstimadaTarefa*, *SituaçãoTarefa*, *HoraInicioTarefa* e *HoraTérminoTarefa*. Escolha um nome de relacionamento apropriado usando seu conhecimento usual das conexões de precedência entre tarefas. Defina cardinalidades mínimas de modo que o relacionamento seja opcional em ambas as direções.

9. Revise o DER do problema 8 transformando o relacionamento M-N em um tipo de entidade associativa e dois relacionamentos identificadores 1-M.

10. Defina uma hierarquia de generalização contendo o tipo de entidade *Aluno*, o tipo de entidade *Graduação* e o tipo de entidade *Pós-Graduação*. O tipo de entidade *Aluno* é o supertipo e *Graduação* e *Pós-Graduação* são subtipos. O tipo de entidade de *Aluno* tem atributos *NumAluno* (chave primária), *NomeAluno*, *SexoAluno*, *DataNasctoAluno* (data de nascimento), *EmailAluno* e *DataAdmAluno*. O tipo de entidade Graduação tem os atributos *CursoGrad*, *OpcionaisGrad* e *TurmaGrad*. O tipo de entidade Pós-Graduação tem os atributos *OrientadorPosGrad*, *TesePosGrad* e *SituaçãoAssistPosGrad* (situação de assistente). A hierarquia de generalização deve ser completa e com disjunção.

11. Defina uma hierarquia de generalização contendo o tipo de entidade *Funcionario*, o tipo de entidade *Professor* e o tipo de entidade *Administrador*. O tipo de entidade *Funcionario* é o supertipo e *Professor* e *Administrador* são subtipos. O tipo de entidade *Funcionario* tem os atributos *NumFunc* (chave primária), *FuncNomeFunc*, *FuncSexoFunc*, *DataNasctoFunc* (data de nascimento), *FoneFunc*, *EmailFunc* e *DataAdmFunc*. O tipo de entidade *Professor* tem os atributos *ClassificacaoProf*, *PeriodoPagtoProf* e *SituaçãoProf*. O tipo de entidade *Administrador* tem os atributos *TituloAdm*, *DuraçãoContratoAdm* e *DtNomeacaoAdm*. A hierarquia de generalização deve ser completa e com sobreposição.

12. Combine as hierarquias de generalização dos problemas 10 e 11. A raiz da hierarquia de generalização é o tipo de entidade *PublicoUniversitario*. A chave primária de *PublicoUniversitario* é *CPFPubUniv*. Os outros atributos do tipo de entidade *PublicoUniversitario* devem ser os atributos comuns a *Funcionario* e *Aluno*. Você deve renomear os atributos para ser coerente com inclusão no tipo de entidade *PublicoUniversitario*. A hierarquia de generalização deve ser completa e com disjunção.

13. Desenhe um DER contendo os tipos de entidade *Paciente*, *Medico* e *Consulta* ligados por relacionamentos 1-M de *Paciente* a *Consulta* e *Medico* a *Consulta*. Escolha nomes apropriados para os

relacionamentos. Defina cardinalidades mínimas de modo que pacientes e médicos sejam obrigatórios para uma consulta, mas consultas sejam opcionais para pacientes e médicos. Para o tipo de entidade *Paciente*, adicione os atributos *NumPac* (chave primária), *NomePac, SobrenomePac, EndPac* (endereço), *CidadePac, UFPac, CEPPac* e *PlanoSaudePac*. Para o tipo de entidade *Medico*, adicione os atributos *NumMed* (chave primária), *NomeMed, SobrenomeMed, EspecialidadeMed, FoneMed, EmailMed, HospitalMed* e *CertificacaoMed*. Para o tipo de entidade *Consulta*, adicione os atributos *NumConsulta* (chave primária), *DtConsulta, FormaPagtoConsulta* (dinheiro, cheque ou cartão de crédito) e *ValorConsulta*. Se você usar o ER Assistant ou outra ferramenta de projeto que tenha suporte a especificação de tipos de dados, escolha os tipos de dados apropriados para os atributos com base em seu conhecimento usual.

14. Amplie o DER do problema 13 com os tipos de entidade *Enfermeira, Item* e *DetalheConsulta* ligados por relacionamentos 1-M de *Consulta* a *DetalheConsulta*, de *Enfermeira* a *DetalheConsulta* e de *Item* a *DetalheConsulta*. O *DetalheConsulta* é uma entidade fraca, sendo o relacionamento 1-M de *Consulta* a *DetalheConsulta* um relacionamento identificador. Escolha nomes apropriados para os relacionamentos. Defina cardinalidades mínimas de modo que uma enfermeira seja opcional para um detalhamento da consulta, que um item seja obrigatório para um detalhamento da consulta e que detalhamento da consulta seja opcional para enfermeiras e itens. Para o tipo de entidade *Item*, adicione os atributos *NumItem* (chave primária), *DescrItem, PreçoItem* e *TipoItem*. Para o tipo de entidade *Enfermeira*, adicione os atributos *NumEnf* (chave primária), *NomeEnf, SobrenomeEnf, TítuloEnf, FoneEnf, EspecialidadeEnf* e *CategoriasalarialEnf*. Para o tipo de entidade *DetalheConsulta*, adicione os atributos *NumDetalhe* (parte da chave primária) e *ValorDetalhe*. Se você estiver usando o ER Assistant ou outra ferramenta de projeto que tenha suporte a especificação de tipos de dados, escolha tipos de dados apropriados para os atributos com base em seu conhecimento usual.

15. Refine o DER do problema 14 com uma hierarquia de generalização consistindo em *Profissional, Medico* e *Enfermeira*. A raiz da hierarquia de generalização é o tipo de entidade *Profissional*. A chave primária de *Profissional* é *NumProf* substituindo os atributos *NumMed* e *NumEnf*. Os outros atributos do tipo de entidade *Profissional* devem ser os atributos comuns a *Enfermeira* e *Medico*. Você deve renomear os atributos para ser coerente com inclusão no tipo de entidade *Profissional*. A hierarquia de generalização deve ser completa e com disjunção.

16. Verifique seu DER do problema 15 com relação a violações das regras de diagrama. Se você seguiu as instruções do problema, seu diagrama não deve ter erros. Aplique as regras de consistência e de completude a fim de assegurar que seu diagrama não tem erros. Se você estiver usando o ER Assistant, você pode usar a função Check Diagram depois de verificar você mesmo as regras.

17. Use seu DER corrigido do problema 16, adicione violações das regras de consistência 3 e 6 a 9. Se você estiver usando o ER Assistant, pode usar a função Check Diagram depois de verificar você mesmo as regras.

18. Para cada erro de consistência na Figura 5.P1, identifique a regra de consistência violada e sugira possíveis correções do erro. O DER tem nomes genéricos para que você se concentre nos erros de diagrama encontrados em vez de focar no significado do diagrama. Se você estiver usando o ER Assistant, pode comparar sua solução ao resultado obtido pela função Check Diagram.

19. Para cada erro de consistência na Figura 5.P2, identifique a regra de consistência violada e sugira possíveis correções do erro. O DER tem nomes genéricos para que você se concentre nos erros de diagrama encontrados em vez de focar no significado do diagrama. Se estiver usando o ER Assistant, você pode comparar sua solução ao resultado obtido pela função Check Diagram.

20. Para cada erro de consistência na Figura 5.P3, identifique a regra de consistência violada e sugira possíveis correções do erro. O DER tem nomes genéricos para que você se concentre nos erros de diagrama encontrados em vez de focar no significado do diagrama. Se estiver usando o ER Assistant, você pode comparar sua solução ao resultado obtido pela função Check Diagram.

21. Desenhe um DER contendo os tipos de entidade *Funcionario* e *Compromisso* ligados por um relacionamento M-N. Escolha um nome de relacionamento apropriado usando seu conhecimento usual das interações entre funcionários e compromissos. Defina cardinalidades mínimas de modo que um compromisso seja opcional para funcionário e um funcionário seja obrigatório para um compromisso. Para o tipo de entidade *Funcionario*, adicione os atributos *NumFunc* (chave primária), *NomeFunc, SobrenomeFunc, CargoFunc, FoneFunc* e *EmailFunc*. Para o tipo de entidade *Compromisso*, adicione os atributos *NumCompr* (chave primária), *AssuntoCompr, HoraInicioCompr, HoraTerminoCompr* e *AnotacoesCompr*. Para o relacionamento M-N, adiciona um atributo

FIGURA 5.P1 **DER para o Problema 18**

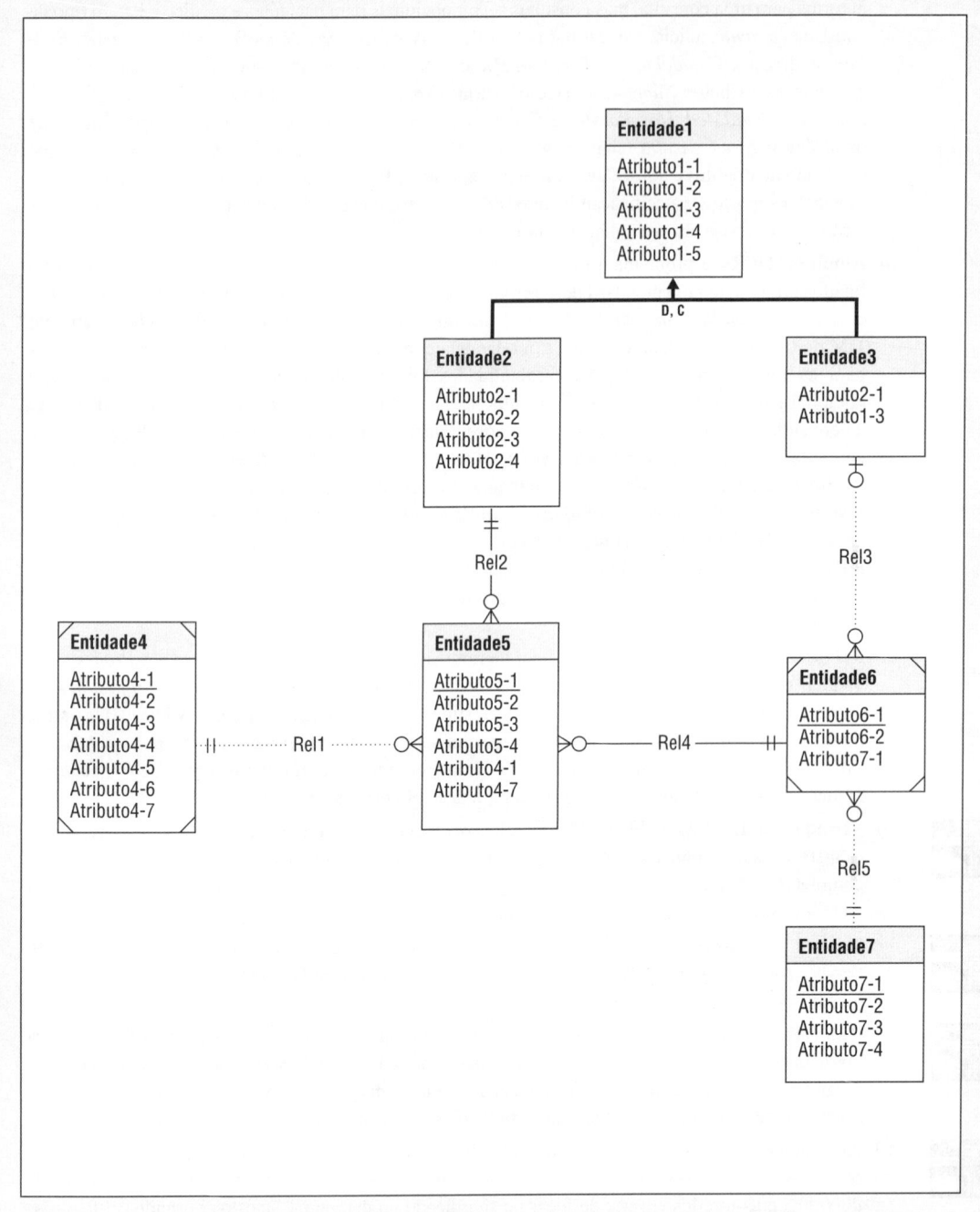

Entidade1
- Atributo1-1
- Atributo1-2
- Atributo1-3
- Atributo1-4
- Atributo1-5

D, C

Entidade2
- Atributo2-1
- Atributo2-2
- Atributo2-3
- Atributo2-4

Entidade3
- Atributo2-1
- Atributo1-3

Rel2

Rel3

Entidade4
- Atributo4-1
- Atributo4-2
- Atributo4-3
- Atributo4-4
- Atributo4-5
- Atributo4-6
- Atributo4-7

Rel1

Entidade5
- Atributo5-1
- Atributo5-2
- Atributo5-3
- Atributo5-4
- Atributo4-1
- Atributo4-7

Rel4

Entidade6
- Atributo6-1
- Atributo6-2
- Atributo7-1

Rel5

Entidade7
- Atributo7-1
- Atributo7-2
- Atributo7-3
- Atributo7-4

Presenca indicando se o funcionário compareceu ao compromisso. Se você estiver usando o ER Assistant ou outra ferramenta de projeto que tenha suporte à especificação de tipos de dados, escolha os tipos de dados apropriados para os atributos com base em seu conhecimento usual.

22. Amplie o DER do problema 21 com o tipo de entidade *Local* e um relacionamento 1-M de *Local* a *Compromisso*. Escolha um nome de relacionamento apropriado usando seu conhecimento usual das interações entre locais e compromissos. Defina cardinalidades mínimas de modo que um local seja opcional para um compromisso e um compromisso seja opcional para um local. Para o tipo de entidade *Local*, adicione os atributos *NumLoc* (chave primária), *PredioLoc*, *NumSalaLoc* e *CapacidadeLoc*. Se você estiver usando o ER Assistant ou outra ferramenta de projeto que tenha suporte à especificação de tipos de dados, escolha os tipos de dados apropriados para os atributos com base em seu conhecimento usual.

FIGURA 5.P2
DER para o Problema 19

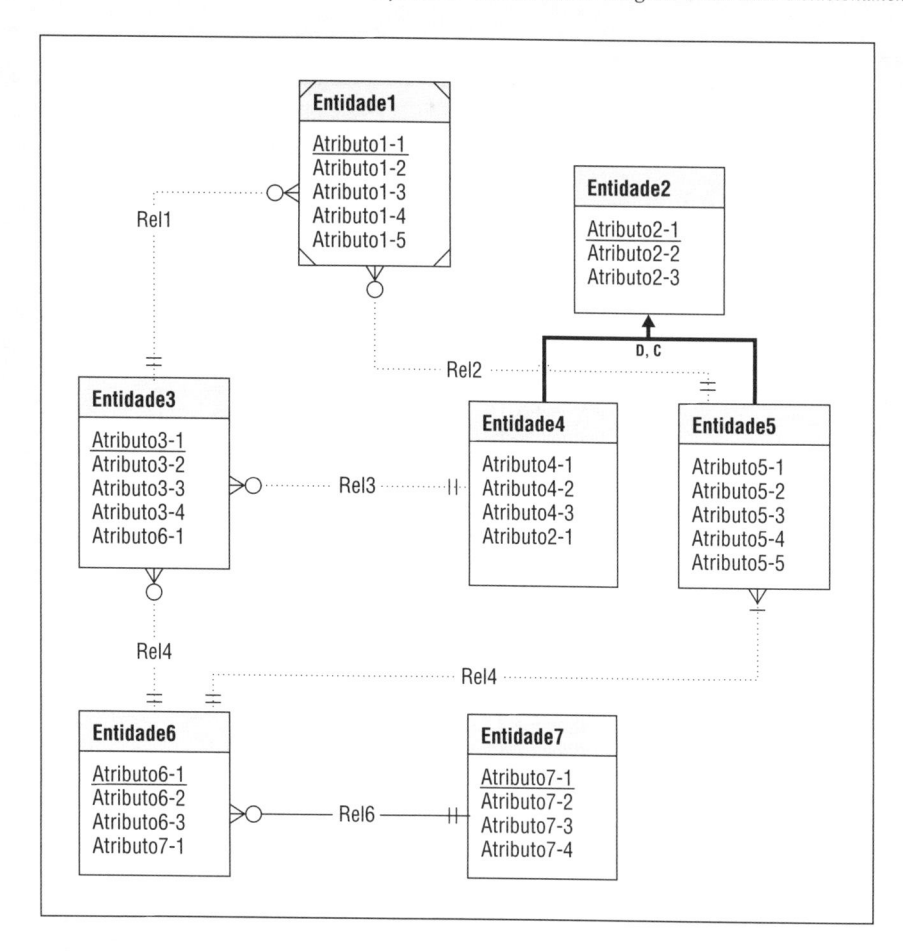

23. Amplie o DER do problema 22 com o tipo de entidade *Calendario* e um relacionamento M-N de *Compromisso* a *Calendario*. Escolha um nome de relacionamento apropriado usando seu conhecimento usual das interações entre compromissos e calendários. Defina cardinalidades mínimas de modo que um compromisso seja opcional para um calendário e um calendário seja obrigatório para um compromisso. Para o tipo de entidade *Calendario*, adicione os atributos *NumCalend* (chave primária), *DataCalend* e *HoraCalend*. Se você estiver usando o ER Assistant ou outra ferramenta de projeto que tenha suporte à especificação de tipos de dados, escolha os tipos de dados apropriados para os atributos com base em seu conhecimento usual.
24. Revise o DER do problema 23 transformando o relacionamento M-N entre *Funcionario* e *Compromisso* em um tipo de entidade associativa com dois relacionamentos identificadores 1-M.

FIGURA 5.P3 DER para o Problema 20

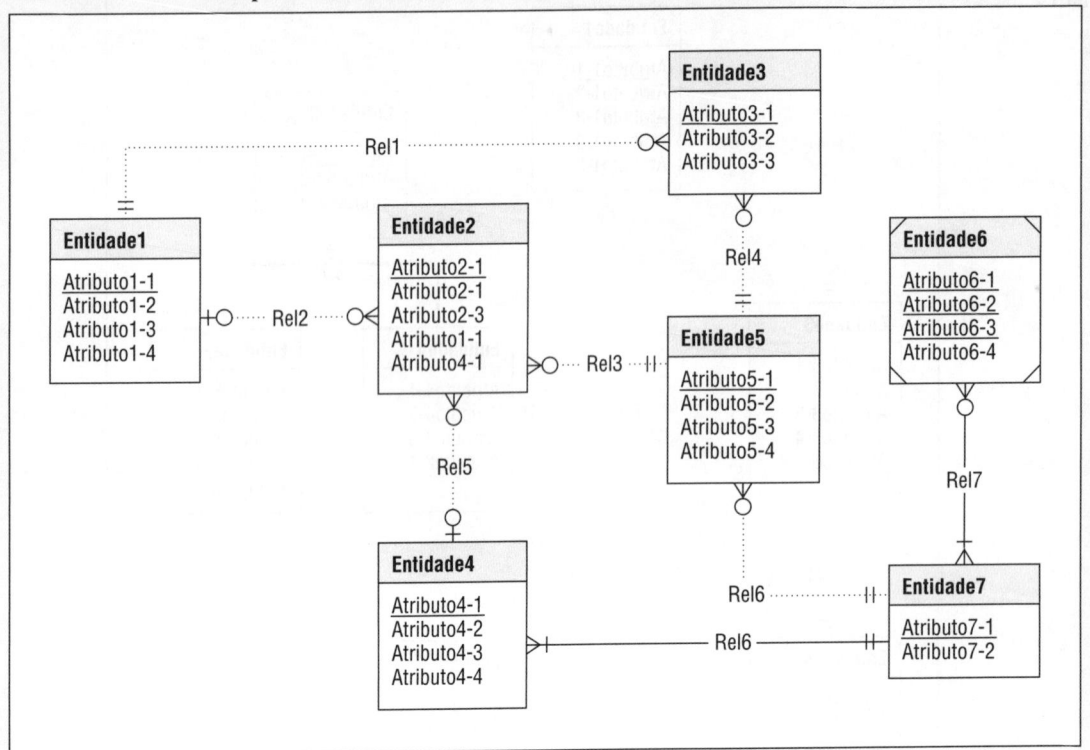

Entidade3
- Atributo3-1
- Atributo3-2
- Atributo3-3

Entidade1
- Atributo1-1
- Atributo1-2
- Atributo1-3
- Atributo1-4

Entidade2
- Atributo2-1
- Atributo2-1
- Atributo2-3
- Atributo1-1
- Atributo4-1

Entidade6
- Atributo6-1
- Atributo6-2
- Atributo6-3
- Atributo6-4

Entidade5
- Atributo5-1
- Atributo5-2
- Atributo5-3
- Atributo5-4

Entidade4
- Atributo4-1
- Atributo4-2
- Atributo4-3
- Atributo4-4

Entidade7
- Atributo7-1
- Atributo7-2

Relacionamentos: Rel1, Rel2, Rel3, Rel4, Rel5, Rel6, Rel6, Rel7

Referências para Estudos Adicionais

Podemos citar quatro livros especializados em projetos de banco de dados. São eles: Batini, et al. (1992); Nijssen e Halpin (1989); Teorey (1999) e Carlis e Maguire (2001). O site *DBAZine* (www.dbazine.com) e o site de ajuda de *DevX* (www.devx.com) tem bastantes conselhos práticos sobre desenvolvimento de banco de dados e modelagem de dados. Se você quiser saber mais detalhes sobre a UML, consulte o *UML Center* (umlcenter.visual-paradigm.com/index.html) para obter tutoriais e outros recursos.

Capítulo 6

Desenvolvendo Modelos de Dados para Bancos de Dados de Negócios

Objetivos de Aprendizagem

Este capítulo amplia seus conhecimentos sobre modelagem de dados da notação dos diagramas entidade–relacionamento (DER) para o desenvolvimento de modelos de dados para banco de dados de negócios, juntamente com regras para converter diagramas entidade–relacionamento em tabelas relacionais. No final deste capítulo, o aluno deverá ter adquirido os conhecimentos e habilidades abaixo:

- Desenvolver DERs que sejam consistentes com problemas narrativos.
- Utilizar transformações para gerar DERs alternativos.
- Documentar decisões de projeto implícitas em um DER.
- Analisar um DER quanto a erros comuns de projeto.
- Converter um DER em um projeto de tabela utilizando as regras de conversão.

Visão Geral

O Capítulo 5 explicou a notação Pé-de-Galinha para diagramas entidade–relacionamento. Você aprendeu sobre símbolos de diagramas, padrões de relacionamento, hierarquias de generalização e regras para consistência e completude. A compreensão da notação é um pré-requisito para sua aplicação na representação de bancos de dados de negócios. Este capítulo explica o desenvolvimento de modelos de dados para bancos de dados de negócios utilizando a notação Pé-de-Galinha e as regras para converter DERs em tabelas.

Para tornar-se um bom modelador de dados, você precisa entender a notação nos diagramas entidade–relacionamento e ter muita prática na construção de diagramas. Este capítulo fornece o treinamento aplicando a notação. Você aprenderá a analisar um problema narrativo, refinar um projeto por meio de transformações, documentar decisões de projeto importantes e analisar um modelo de dados quanto a erros comuns de projeto. Após a finalização de um DER, o diagrama deve ser convertido em tabelas relacionais de modo que possa ser implementado em um SGBD comercial. Este capítulo apresenta regras para a conversão de um diagrama entidade–relacionamento em um projeto de tabelas. Você aprenderá as regras básicas de como converter partes comuns de um diagrama juntamente com regras específicas para partes menos comuns de um diagrama.

Com esses conhecimentos você está pronto para construir DERs para situações de negócios de tamanho moderado. Você deve confiar em seus conhecimentos da notação Pé-de-Galinha, aplicando a representação em problemas narrativos, e convertendo diagramas em projeto de tabelas.

6.1 Analisando Problemas de Modelagem de Dados de Negócios

Após estudar a notação Pé-de-Galinha, você está pronto para aplicar seus conhecimentos. Esta seção apresenta diretrizes para analisar as necessidades de informações dos ambientes de negócios. As diretrizes envolvem a análise de descrições de problemas narrativos, bem como os desafios na determinação dos requisitos de informações em situações de negócios não-estruturadas. Após a apresentação das diretrizes, elas serão aplicadas no desenvolvimento de um DER para um exemplo de problema de modelagem de dados de negócios.

6.1.1 Diretrizes para a Análise das Necessidades de Informações de Negócios

A modelagem de dados envolve a coleta e a análise dos requisitos de negócios, resultando em um DER para representar esses requisitos. Raramente os requisitos de negócios são bem-estruturados. Em vez disso, como analista você enfrentará com freqüência uma situação de negócios mal definida que deverá estruturar. Você precisará interagir com uma variedade de stakeholders[1] que algumas vezes fornecem declarações conflitantes sobre os requisitos do banco de dados. Na coleta dos requisitos, você fará entrevistas, revisará documentos e documentações do sistema e examinará os dados existentes. Você precisará eliminar detalhes irrelevantes e adicionar detalhes que faltam, para determinar o objetivo do banco de dados. Em projetos de grandes dimensões, você poderá trabalhar em um subconjunto de requisitos e então colaborar com uma equipe de analistas para determinar o modelo de dados completo.

Esses desafios tornam a modelagem de dados uma atividade intelectual estimulante e recompensadora. Um modelo de dados fornece um elemento essencial para padronizar o vocabulário de uma organização, reforçar regras de negócios e assegurar a qualidade de dados adequada. Muitos usuários irão vivenciar os resultados de seus esforços, pois utilizam o banco de dados diariamente. Como os dados em meio eletrônico tornaram-se um recurso vital em uma empresa, seus esforços de modelagem de dados podem ter uma contribuição significativa para o futuro sucesso de uma empresa.

Um livro não pode fornecer a experiência de projetar bancos de dados reais. Os problemas mais difíceis do capítulo e estudos de caso associados no site do curso podem fornecer algumas percepções das dificuldades no projeto de bancos de dados reais, porém não fornecerão a prática de uma experiência real. Para adquirir essa experiência, você deve interagir com organizações por meio de projetos de classe, estágios e experiências de trabalho. Este capítulo enfatiza o objetivo mais limitado de analisar problemas narrativos como uma etapa no desenvolvimento de habilidades de modelagem de dados para situações reais de negócios. A análise de problemas narrativos o ajudará a ganhar confiança na tradução da definição de um problema em um DER e a identificar partes ambíguas e incompletas das definições de um problema.

objetivos da análise de problemas narrativos
esforce-se para obter um projeto simples que seja consistente com a descrição. Esteja preparado para seguir com a coleta de requisitos adicionais e consideração por projetos alternativos.

O principal objetivo ao analisar definições de um problema narrativo é criar um DER que seja consistente com a descrição. O DER não deve contradizer os elementos implícitos de DER na descrição do problema. Por exemplo, se a definição do problema indica que os conceitos estão relacionados por palavras indicando mais de um, o DER deverá ter a cardinalidade de muitos para atender a essa parte da definição do problema. O lembrete desta seção e da Seção 6.3.2 fornece mais detalhes sobre como obter um DER consistente.

Além do objetivo da consistência, você deve ter uma inclinação por projetos mais simples em vez de mais complexos. Por exemplo, um DER com um tipo de entidade é menos complexo do que um tipo de entidade com dois tipos de entidades e um relacionamento. Em geral, quando existe opção entre dois DERs, você deve escolher o projeto

---

[1] N.R.T.: São pessoas ou organizações que serão afetadas pelo sistema e que têm influência direta ou indireta nos requisitos do sistema.

mais simples, especialmente nas etapas iniciais do processo de projeto. À medida que o processo avança, você poderá adicionar detalhes e refinamentos.

Identificando Tipos de Entidades

Em uma narrativa, você deve procurar por substantivos envolvendo pessoas, coisas, locais e eventos como tipos de entidades em potencial. Os substantivos podem aparecer como sujeitos ou objetos em sentenças. Por exemplo, a sentença "Os alunos assistem a cursos na universidade" indica que aluno e curso podem ser tipos de entidades. Você também deve procurar por substantivos que possuam sentenças adicionais que descrevam suas propriedades. Geralmente as propriedades indicam atributos dos tipos de entidades. Por exemplo, a sentença "Os alunos escolhem suas matérias principais e secundárias em seu primeiro ano" indica que matéria principal e matéria secundária podem ser atributos de aluno. A sentença "Os cursos possuem um número, semestre, ano e a sala listados no catálogo" indica que número, semestre, ano e sala são atributos de curso.

Os princípios da simplicidade deverão ser aplicados durante a pesquisa por tipos de entidades no DER inicial, especialmente quando envolve seleções entre atributos e tipos de entidades. A menos que a descrição do problema contenha sentenças adicionais ou detalhes sobre um substantivo, você deve considerá-lo, inicialmente, como um atributo. Por exemplo, se os cursos possuem um nome de professor listado no catálogo, então você deve considerar o nome do professor como atributo do tipo de entidade curso, em vez de um tipo de entidade, a menos que sejam fornecidos detalhes adicionais sobre os professores na descrição do problema. Caso haja confusão entre considerar um conceito como atributo ou tipo de entidade, você deve obter mais detalhes dos requisitos posteriormente.

Determinando as Chaves Primárias

A identificação das chaves primárias é uma parte importante da identificação do tipo de entidade. Em condições ideais, as chaves primárias deveriam ser estáveis e com uma única finalidade. "Estável" significa que uma chave primária nunca deveria mudar depois de atribuída a uma entidade. "Com uma única finalidade" significa que um atributo de uma chave primária não deveria ter outra finalidade senão a identificação da entidade. Em geral, boas opções de chaves primárias são valores inteiros gerados automaticamente pelo SGBD. Por exemplo, o Access possui o tipo de dados AutoNumeração para as chaves primárias e o Oracle possui o objeto Seqüência para chaves primárias.

Se os requisitos indicam a chave primária para um tipo de entidade, você deverá assegurar-se de que a chave primária proposta seja estável e com uma única finalidade. Se a chave primária proposta não atende a nenhum dos critérios, então provavelmente você deverá rejeitá-la como chave primária. Se a chave primária proposta atende somente a um dos critérios, então você deverá explorar outros atributos para a chave primária. Algumas vezes, as práticas de uma empresa ou organização ditam a escolha da chave primária, mesmo que esta escolha não seja a ideal.

Além das chaves primárias, você deverá identificar também outros atributos únicos (chaves candidatas). Por exemplo, geralmente o e-mail de um funcionário é único. A integridade das chaves candidatas pode ser importante para a pesquisa e a integração com bancos de dados externos. Dependendo dos recursos da ferramenta de diagramação do DER que está utilizando, você deverá observar que um atributo é único seja na especificação de atributo ou na documentação sem formatação. As restrições de unicidade podem ser cumpridas depois que o DER é convertido em projeto de tabelas.

Acrescentando Relacionamentos

Os relacionamentos com freqüência aparecem como verbos ligando substantivos identificados anteriormente como tipos de entidades. Por exemplo, a sentença "Os alunos matriculam-se em cursos a cada semestre" indica um relacionamento entre alunos e cursos. Para a cardinalidade do relacionamento, você deverá olhar o número (singular ou plural) dos substantivos, juntamente com outras palavras que indiquem cardinalidade. Por exemplo, a sentença "O curso é lecionado por um professor" indica que existe um professor para cada curso. Você também deverá procurar palavras como "coleção" e "conjunto" que indiquem a cardinalidade máxima de mais de um. Por exemplo, a sentença "Um pedido contém uma coleção de itens" indica que um pedido está relacionado com vários itens. A cardinalidade mínima pode ser indicada por palavras como "opcional" e "necessário". Na falta da indicação da cardinalidade mínima, o padrão deverá ser obrigatório. Deverá ser feita uma coleta adicional de requisitos para confirmar as seleções-padrão.

Você deve estar ciente de que indicações de relacionamentos em descrições de problemas poderão levar a ligações diretas ou indiretas em um DER. Uma ligação direta envolve um relacionamento entre os tipos de entidades. Uma ligação indireta envolve uma ligação por meio de outros tipos de entidades e relacionamentos. Por exemplo, a sentença "Um conselheiro aconselha os alunos sobre a escolha das matérias principais" pode indicar relacionamentos diretos ou indiretos entre conselheiro, aluno e matéria principal.

Para ajudar com as escolhas difíceis entre ligações diretas e indiretas, você deverá procurar tipos de entidades que estão envolvidos em vários relacionamentos. Esses tipos de entidades podem reduzir o número de relacionamentos em um DER sendo colocados como um ponto central ligado diretamente a outros tipos de entidades, tal como raios de uma roda. Os tipos de entidades que derivam de documentos importantes (pedidos, registros, ordens de compra, etc.) geralmente são pontos centrais em um DER. Por exemplo, um tipo de entidade pedido pode estar relacionado diretamente com consumidor, funcionário e produto, eliminando a necessidade de ligações diretas entre todos os tipos de entidades. Essas escolhas serão destacadas na análise dos requisitos de informação do serviço de água na próxima seção.

Resumo das Diretrizes de Análise

Ao analisar a definição de um problema narrativo, você deve desenvolver um DER que represente consistentemente toda a descrição. Quando tiver escolha entre DERs consistentes, você deverá favorecer os projetos mais simples em vez dos mais complexos. Você deverá observar também as ambigüidades e falta de completeza na definição do problema. As diretrizes discutidas nesta seção podem ajudá-lo em sua análise inicial de problemas de modelagem de dados. As Seções 6.2 e 6.3 apresentam métodos de análise adicionais para revisar e finalizar DERs. A Tabela 6.1 apresenta um resumo para ajudá-lo a lembrar as diretrizes discutidas nesta seção.

TABELA 6.1 Resumo das Diretrizes de Análise para Problemas Narrativos

Elemento do diagrama	Diretrizes de análise	Efeito no DER
Identificação do tipo de entidade	Procure substantivos utilizados como sujeitos ou objetos, juntamente com detalhes adicionais em outras sentenças.	Adicione tipos de entidades ao DER. Se o substantivo não possui detalhes de apoio, considere-o como atributo.
Determinação da chave primária	Procure atributos estáveis e com uma única finalidade para chaves primárias. A narrativa deve indicar unicidade.	Especifique chaves primárias e candidatas.
Descoberta de relacionamento (direto ou indireto)	Procure verbos que ligam substantivos identificados como tipos de entidades.	Adicione relacionamento direto entre tipos de entidades ou observe que deve existir uma ligação entre tipos de entidades.
Determinação da cardinalidade (máxima)	Procure a designação singular ou plural dos substantivos nas sentenças que indicam relacionamento.	Especifique as cardinalidades de 1 e M (muitos).
Determinação da cardinalidade (mínima)	Procure o sentido opcional ou exigido nas sentenças. Estabeleça exigido como padrão se a definição do problema não indica a cardinalidade mínima.	Especifique as cardinalidades de 0 (opcional) e 1 (obrigatório).
Simplificação do relacionamento	Procure tipos de entidades centrais como substantivos utilizados em várias sentenças ligadas a outros substantivos identificados como tipos de entidades.	O tipo de entidade central possui relacionamentos diretos com outros tipos de entidades. Elimine outros relacionamentos caso exista uma ligação direta por meio de um tipo de entidade central.

6.1.2 Análise dos Requisitos de Informação para o Banco de Dados do Serviço de Abastecimento de Água

Esta seção apresenta os requisitos para um banco de dados de consumidor para um serviço municipal de abastecimento de água. Você pode assumir que esta descrição resulta da pesquisa inicial com os funcionários indicados na empresa de abastecimento de água. Após a descrição, são utilizadas as diretrizes apresentadas na Seção 6.1.1 para analisar a descrição da definição e desenvolvimento de um DER.

Requisitos de Informação

O banco de dados de abastecimento de água deverá fornecer suporte ao registro de consumo de água e à cobrança do consumo de água. O banco de dados deverá conter dados sobre consumidores, taxas, consumo de água e cobrança, para fornecer suporte a essas funções. Outras funções como processamento do pagamento e serviço de atendimento a consumidores foram omitidas desta descrição para abreviá-la. A lista a seguir descreve mais detalhadamente os requisitos de informação.

- Os dados do consumidor incluem um número específico para cada consumidor, um nome, um endereço de cobrança, um tipo (comercial ou residencial), a taxa aplicável e um conjunto (um ou mais) de medidores.

- Os dados do medidor incluem um número específico de medidor, um endereço, um tamanho e um modelo. O número do medidor é gravado nele antes de sua colocação em funcionamento. O medidor é associado a um consumidor por vez.

- Um funcionário lê periodicamente cada medidor em uma data programada. Quando é feita a leitura do medidor, é criado um documento de leitura do medidor contendo um número único de leitura do medidor, o número do funcionário, o número do medidor, um registro de tempo (inclui data e hora) e o nível de consumo. Quando o medidor é colocado em funcionamento pela primeira vez, não há leituras associadas a ele.

- A taxa inclui um número de taxa específico, uma descrição, um valor fixo em reais, um limite de consumo e um valor variável (reais por metro cúbico). O consumo até o limite é cobrado pelo valor fixo. O consumo que excede o limite é cobrado pelo valor variável. As taxas são designadas para os consumidores utilizando inúmeros fatores como: tipo de consumidor, endereço e fatores de ajuste. Vários consumidores podem receber a mesma taxa. Normalmente as taxas são propostas meses antes da aprovação e associadas aos consumidores.

- As contas da empresa de abastecimento de água baseiam-se nas leituras mais recentes dos consumidores e nas taxas aplicáveis. Uma conta consiste em um cabeçalho e uma lista de linhas de detalhamento. A parte do cabeçalho contém um número de conta específico, um número de consumidor, uma data de elaboração, um prazo de pagamento e um intervalo de dias do período de consumo. Cada linha de detalhamento contém um número de medidor, um nível de consumo e um valor. O nível de consumo de água é calculado subtraindo-se os níveis de consumo das duas leituras mais recentes do medidor. O valor é calculado multiplicando-se o nível de consumo pela taxa do consumidor.

Identificação dos Tipos de Entidade e das Chaves Primárias

Os substantivos mais importantes na descrição são: consumidor, medidor, conta, leitura e taxa. A narrativa descreve atributos associados para cada um desses substantivos. A Figura 6.1 mostra o DER preliminar com os tipos de entidades para os substantivos e atributos associados. Observe que coleções de coisas não são atributos. Por exemplo, o fato de um consumidor ter um conjunto de medidores será mostrado como relacionamento, em vez de um atributo do tipo de entidade Consumidor. Além disso, as referências entre estes tipos de entidades serão mostradas como relacionamentos em vez de atributos. Por exemplo, o fato de que uma leitura contém um número de medidor será registrado como relacionamento.

A narrativa menciona especificamente a unicidade do número do consumidor, do número do medidor, do número da leitura, do número da conta e do número da taxa. O número da conta, o número da leitura e o número do medidor parecem estáveis e com uma

FIGURA 6.1
Tipos de Entidades e Atributos Preliminares do Banco de Dados da Empresa de Abastecimento de Água

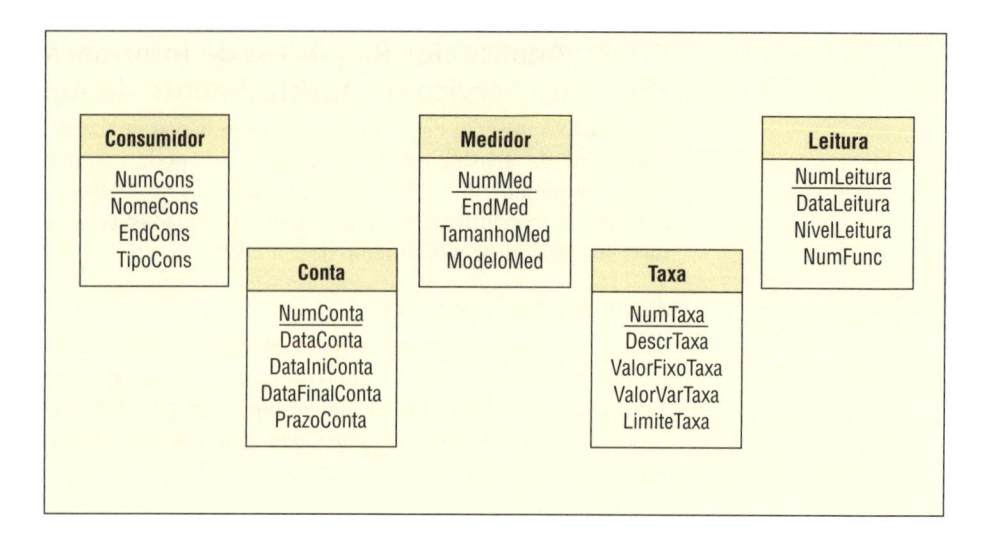

Consumidor
- NumCons
- NomeCons
- EndCons
- TipoCons

Conta
- NumConta
- DataConta
- DataIniConta
- DataFinalConta
- PrazoConta

Medidor
- NumMed
- EndMed
- TamanhoMed
- ModeloMed

Taxa
- NumTaxa
- DescrTaxa
- ValorFixoTaxa
- ValorVarTaxa
- LimiteTaxa

Leitura
- NumLeitura
- DataLeitura
- NívelLeitura
- NumFunc

FIGURA 6.2
Tipos de Entidades Ligados por Relacionamentos

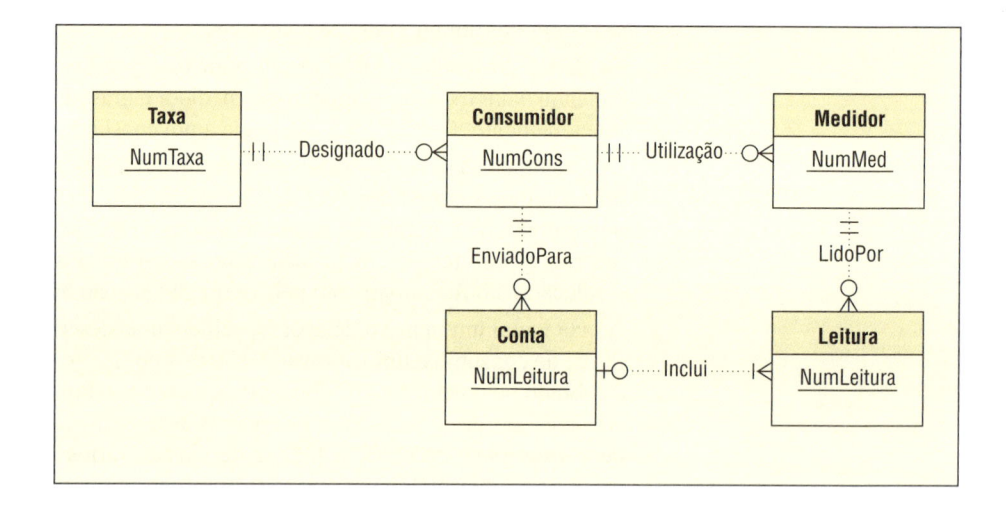

Taxa (NumTaxa) —Designado— **Consumidor** (NumCons) —Utilização— **Medidor** (NumMed)

EnviadoPara — **Conta** (NumLeitura) —Inclui— **Leitura** (NumLeitura)

LidoPor

única finalidade, pois estão gravados em objetos físicos. Deve-se pesquisar mais para determinar se o número do consumidor e o número da taxa são estáveis e com uma única finalidade. Como a narrativa não descreve utilizações adicionais para estes atributos, presume-se inicialmente no DER que estes atributos são adequados como chaves primárias.

Adição de Relacionamentos

Após a identificação dos tipos de entidades e atributos, vamos continuar fazendo a ligação dos tipos de entidades com relacionamentos como mostrado na Figura 6.2. Na Figura 6.2 são mostradas apenas as chaves primárias a fim de reduzir o tamanho do DER. Um bom ponto para começar é com as partes da narrativa que indicam relacionamentos entre tipos de entidades. A lista a seguir explica a derivação dos relacionamentos da narrativa.

- Para o relacionamento *Designado,* a narrativa estabelece que um consumidor possui uma taxa e vários consumidores podem ter a mesma taxa. Essas duas definições indicam um relacionamento 1-M de *Taxa* para *Consumidor*. Para as cardinalidades mínimas, a narrativa indica que a taxa é exigida para um consumidor e que as taxas são propostas antes de sua associação aos consumidores.

- Para o relacionamento *Utilizacao*, a narrativa estabelece que um consumidor inclui um conjunto de medidores e um medidor é associado a um consumidor por vez. Essas duas definições indicam um relacionamento 1-M de *Consumidor* para *Medidor*. Para as cardinalidades mínimas, a narrativa indica que um consumidor deve ter pelo menos um medidor. A narrativa não indica a cardinalidade mínima para um medidor, portanto pode ser selecionado 0 ou 1. A documentação deve observar esta falta de definição nas especificações.

- Para o relacionamento *LidoPor*, a narrativa indica que uma leitura de medidor possui um número de medidor, e os medidores são lidos periodicamente. Essas duas definições indicam um relacionamento 1-M de *Medidor* para *Leitura*. Para as cardinalidades mínimas, a narrativa indica que o medidor é exigido para uma leitura e que um medidor novo não possui nenhuma leitura associada.
- Para o relacionamento *EnviadoPara*, a narrativa indica que o cabeçalho de uma conta contém um número de consumidor e contas são enviadas periodicamente para consumidores. Essas duas definições indicam um relacionamento 1-M de *Consumidor* para *Conta*. Para as cardinalidades mínimas, a narrativa indica que o consumidor é exigido para uma conta e que um consumidor não possui nenhuma conta associada até que os medidores do consumidor sejam lidos.

O relacionamento *Inclui* entre os tipos de entidade *Conta* e *Leitura* é sutil. O relacionamento *Inclui* é 1-M, pois uma conta pode envolver um conjunto de leituras (uma em cada linha de detalhamento), e uma leitura está relacionada com uma conta. O nível de consumo e o valor em uma linha de detalhamento são valores calculados. O relacionamento *Inclui* liga uma conta a suas leituras de medidor mais recentes, dando suporte, assim, ao cálculo do consumo e do valor. Esses valores podem ser armazenados caso seja mais eficiente armazená-los em vez de computá-los quando necessário. Se os valores são armazenados, então os atributos podem ser adicionados ao relacionamento *Inclui* ou ao tipo de entidade *Leitura*.

6.2 Refinamentos de um DER

Geralmente a modelagem de dados é um processo iterativo ou repetitivo. Você constrói um modelo de dados preliminar e então o refina várias vezes. No refinamento de um modelo de dados, você deveria gerar alternativas viáveis e avaliá-las de acordo com as necessidades do usuário. Tipicamente, você precisa coletar informações adicionais de usuários para avaliar alternativas. Esse processo de refinamento e avaliação poderá continuar várias vezes para bancos de dados maiores. Esta seção descreve alguns dos refinamentos possíveis para o projeto inicial do DER da Figura 6.2, para descrever melhor a natureza repetitiva da modelagem de dados.

6.2.1 Transformando Atributos em Tipos de Entidades

Um refinamento comum é transformar um atributo em um tipo de entidade. Essa transformação é útil quando um banco de dados deve conter mais do que somente o identificador de uma entidade. Esta transformação envolve acrescentar mais um tipo de entidade e um relacionamento 1-M. No DER da empresa de abastecimento de água, o tipo de entidade *Leitura* contém o atributo *NumFunc*. Caso sejam necessários outros dados sobre um funcionário, *NumFunc* pode ser ampliado para uma entrada de tipo de entidade e um relacionamento 1-M como mostrado na Figura 6.3.

6.2.2 Dividindo Atributos Compostos

Outro refinamento comum é dividir os atributos compostos em atributos menores. Um atributo composto contém vários tipos de dados. Por exemplo, o tipo de entidade *Consumidor* possui um atributo de endereço que contém dados sobre rua, cidade, estado e código postal de um consumidor. A divisão de atributos compostos pode facilitar a busca por dados embutidos. Dividindo-se o atributo endereço como mostrado na Figura 6.4 possibilitará pesquisas sobre rua, cidade, estado e código postal.

6.2.3 Expandindo Tipos de Entidades

Um terceiro tipo de transformação é dividir um tipo de entidade em dois tipos de entidades e um relacionamento. Essa transformação pode ser útil ao registrar um nível mais fino de detalhamento sobre uma entidade. Por exemplo, as taxas no banco de dados da empresa de

FIGURA 6.3
Transformação de um Atributo em Tipo de Entidade

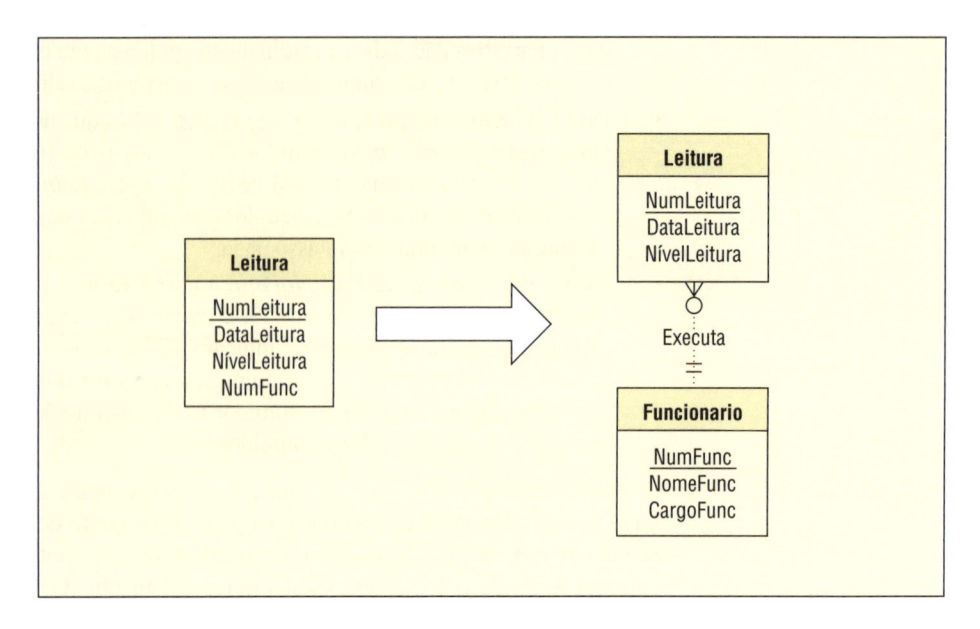

FIGURA 6.4
Divisão do Atributo *EndCons* em Atributos Compostos

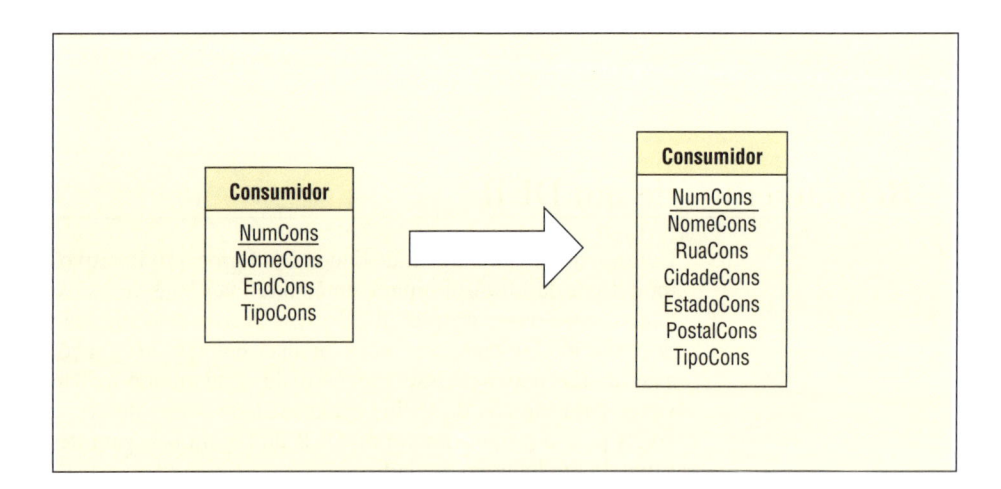

abastecimento de água aplicam-se a todos os níveis de consumo além do nível fixado. Ela pode ser útil para obter uma estrutura mais complexa na qual o valor variável depende do nível de consumo. A Figura 6.5 mostra uma transformação do tipo de entidade *Taxa* para dar condições a uma estrutura de taxa mais complexa. O tipo de entidade *ConjTaxa* representa um conjunto de taxas aprovadas pela comissão administradora da empresa. A chave primária do tipo de entidade *Taxa* empresta do tipo de entidade *ConjTaxa*. Não é necessária uma dependência de identificador ao transformar um tipo de entidade em dois tipos de entidades e um relacionamento. Nesta situação, a dependência de identificador é útil, porém em outras situações, pode não ser.

6.2.4 Transformando uma Entidade Fraca em uma Entidade Forte

O quarto tipo de transformação é tornar uma entidade fraca em entidade forte e alterar os relacionamentos identificadores associados em relacionamentos não-identificadores. Essa transformação pode tornar mais fácil referenciar um tipo de entidade após a conversão em tabela. Após a conversão, uma referência a uma entidade fraca envolverá uma chave estrangeira combinada com mais de uma coluna. Essa transformação é muito útil para tipos de entidades associativas, especialmente tipos de entidades associativas representando relacionamentos N-ários.

FIGURA 6.5
Transformação de um Tipo de Entidade em Dois Tipos de Entidades e um Relacionamento

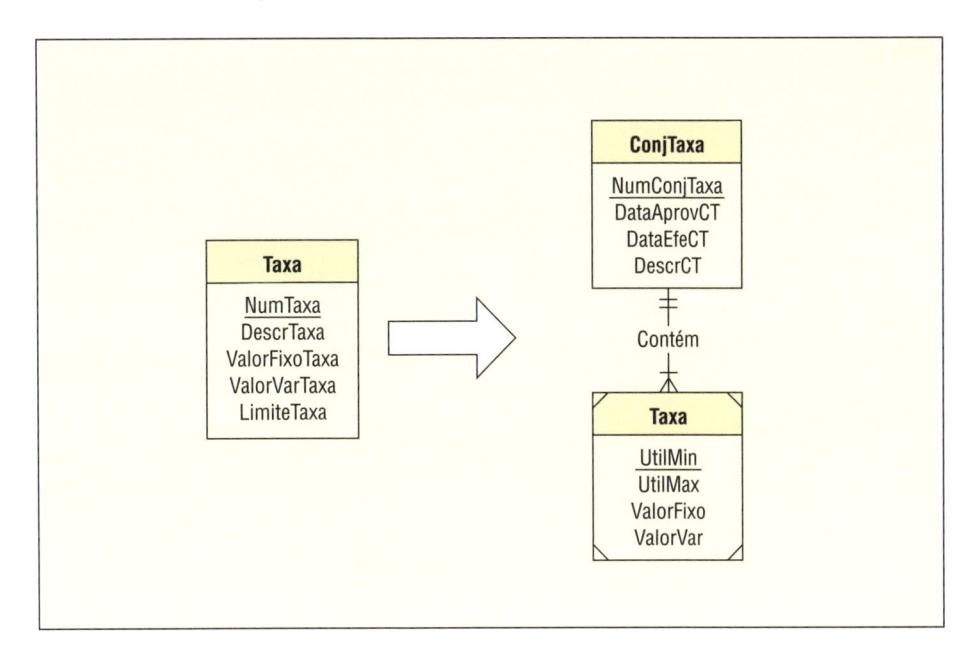

FIGURA 6.6
Transformação de uma Entidade Fraca em uma Entidade Forte

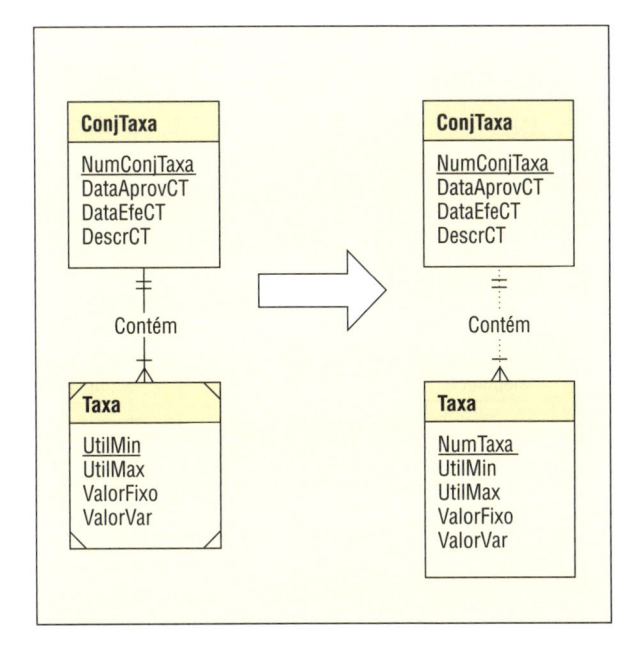

A Figura 6.6 mostra a transformação da entidade fraca *Taxa* em uma entidade forte. A transformação envolve a alteração da entidade fraca em uma entidade forte e a alteração de cada relacionamento identificador em relacionamento não-identificador. Além disso, pode ser necessário acrescentar um novo atributo para servir como chave primária. Na Figura 6.6, o Atributo novo *NumTaxa* é a chave primária, pois *UtilMin* não identifica com unicidade as taxas. O projetista deve notar que a combinação de *NumConjTaxa* e *UtilMin* é única na documentação de projeto de modo que pode ser especificada uma restrição de chave candidata após a conversão em tabela.

6.2.5 Adicionando Histórico

A quinta transformação é acrescentar detalhes históricos a um modelo de dados. Os detalhes históricos podem ser necessários para exigências legais, bem como para requisitos de relatórios estratégicos. Essa transformação pode ser aplicada a atributos e relacionamentos.

FIGURA 6.7
Adicionando Histórico ao Atributo *CargoFunc*

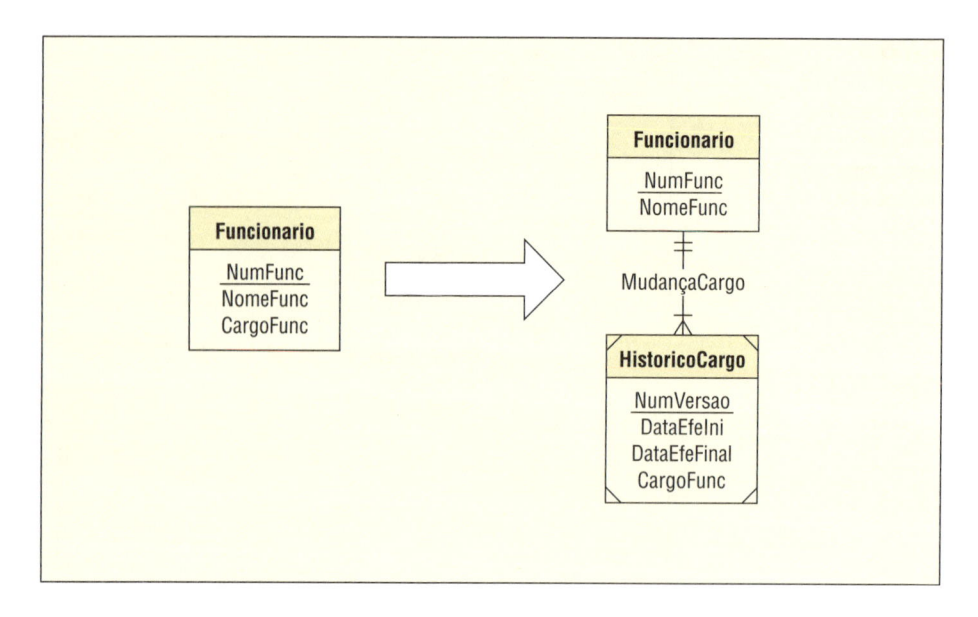

Funcionario
- NumFunc
- NomeFunc
- CargoFunc

⟹

Funcionario
- NumFunc
- NomeFunc

MudançaCargo

HistoricoCargo
- NumVersao
- DataEfeIni
- DataEfeFinal
- CargoFunc

FIGURA 6.8
Adicionando Histórico a um Relacionamento 1-M

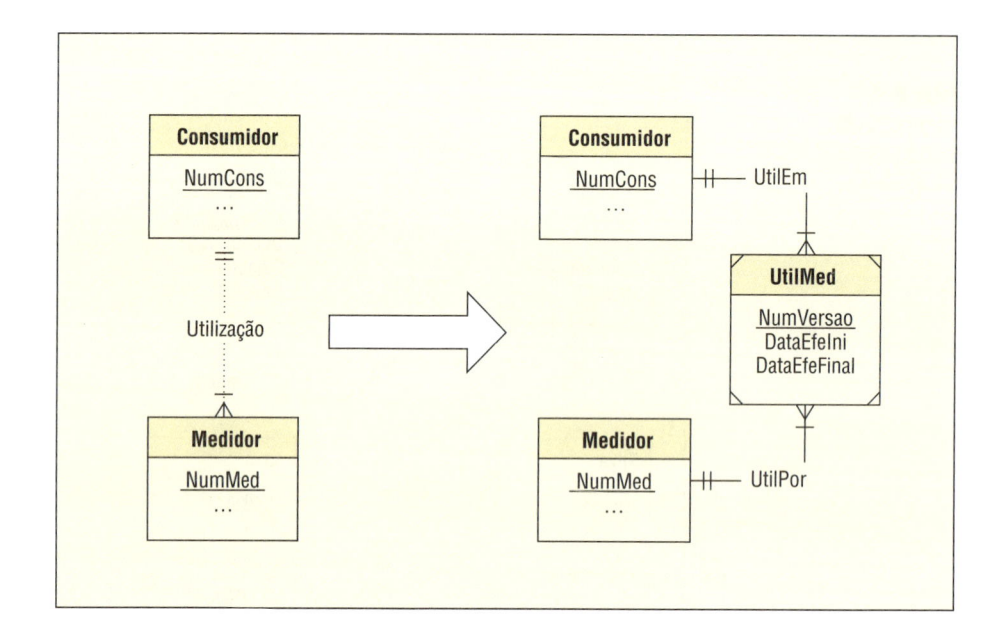

Consumidor
- NumCons
- ...

Utilização

Medidor
- NumMed
- ...

⟹

Consumidor
- NumCons
- ...

UtilEm

UtilMed
- NumVersao
- DataEfeIni
- DataEfeFinal

Medidor
- NumMed
- ...

UtilPor

Quando aplicada a atributos, a transformação é similar à transformação de atributo em tipo de entidade. Por exemplo, para manter um histórico dos cargos de um funcionário, o atributo *CargoFunc* é substituído por um tipo de entidade e um relacionamento 1-M. Tipicamente, o novo tipo de entidade contém um número de versão como parte de sua chave primária e empresta do tipo de entidade original a parte remanescente de sua chave primária, como mostrado na Figura 6.7. As datas de início e fim indicam as datas de efetivação da alteração.

Quando aplicada a um relacionamento, essa transformação envolve uma alteração em um relacionamento 1-M para um tipo de entidade associativa e um par de relacionamentos identificadores 1-M. A Figura 6.8 mostra a transformação do relacionamento 1-M *Utilizacao* em um tipo de entidade associativa com atributos para o número de versão e as datas de efetivação. O tipo de entidade associativa é necessário, pois a combinação de consumidor e medidor pode não ser única sem um número de versão. Quando aplicada a um relacionamento M-N, essa transformação envolve um resultado similar. A Figura 6.9 mostra a transformação do relacionamento M-N *ResideEm* em um tipo de entidade associativa com atributos para o número de versão e as datas de efetivação da alteração.

FIGURA 6.9
Adicionando Histórico a um Relacionamento M-N

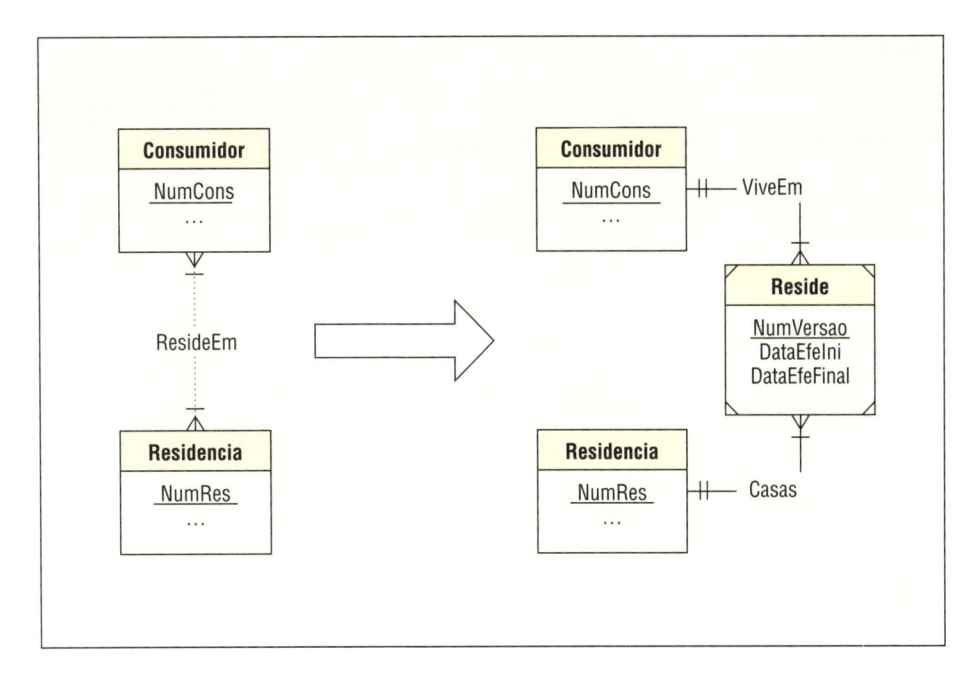

FIGURA 6.10
Adicionando Histórico Limitado ao Tipo de Entidade *Funcionario*

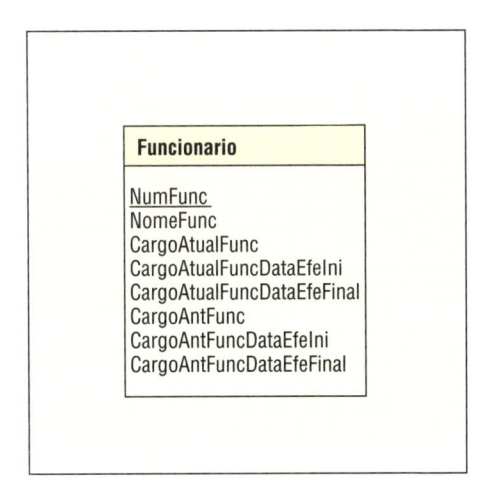

As transformações nas figuras 6.7 a 6.9 dão suporte a um histórico ilimitado. Para um histórico limitado, podem ser acrescentados um número fixo de atributos ao mesmo tipo de entidade. Por exemplo, para manter um histórico dos cargos atuais e mais recentes de um funcionário, podem ser utilizados dois atributos (*CargoAtualFunc* e *CargoAntFunc*) como mostrado na Figura 6.10. Podem ser acrescentados dois atributos de datas de efetivação por atributo de cargo para registrar as datas de alteração dos cargos do funcionário.

6.2.6 Adicionando Hierarquias de Generalização

Um sexto tipo de transformação é tornar um tipo de entidade em uma hierarquia de generalização. Essa transformação deverá ser utilizada com parcimônia, pois a hierarquia de generalização é uma ferramenta de modelagem especializada. Caso existam diversos atributos que não se aplicam a todas as entidades e exista uma classificação aceita de entidades, então uma hierarquia de generalização poderá ser útil. Por exemplo, os consumidores da empresa de abastecimento de água podem ser classificados como comerciais ou residenciais. Os atributos específicos de consumidores comerciais (*IDPagTaxa* e *ZonaEmpresa*) não se aplicam a consumidores residenciais e vice-versa. Na Figura 6.11, os atributos específicos de consumidores comerciais e residenciais foram deslocados para os subtipos. Um benefício adicional

FIGURA 6.11
Transformação de Hierarquia de Generalização para Consumidores de Empresa de Abastecimento de Água

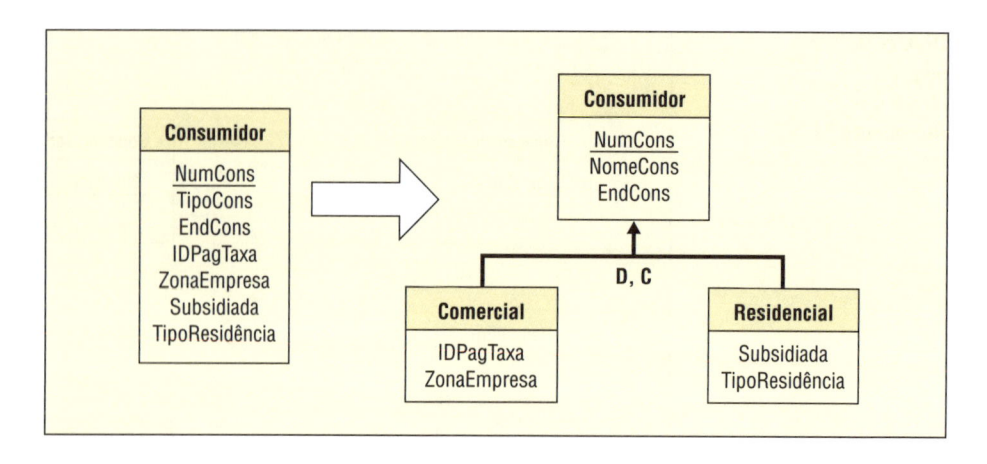

TABELA 6.2 Resumo das Transformações

Transformação	Detalhes	Quando utilizar
Atributo para tipo de entidade	Substitui um atributo por um tipo de entidade e um relacionamento 1-M.	São necessários detalhes adicionais sobre um atributo.
Divisão de um atributo composto	Substitui um atributo por um conjunto de atributos.	Padroniza os dados em um atributo.
Expansão de tipo de entidade	Acrescenta um novo tipo de entidade e um relacionamento 1-M.	Acrescenta um nível de detalhamento maior sobre uma entidade.
Entidade fraca para entidade forte	Remove símbolos de identificador de dependência e possivelmente acrescenta uma chave primária.	Remove chaves estrangeiras combinadas após a conversão em tabelas.
Adicionando histórico	Para um atributo de histórico, substitui um atributo por um tipo de entidade e um relacionamento 1-M. Para um relacionamento de histórico, substitui a cardinalidade do relacionamento por M-N com um atributo. Para histórico limitado, você deve adicionar atributos ao tipo de entidade.	Acrescenta detalhes devido a exigências legais ou relato estratégico.
Adição de hierarquia de generalização	Partindo de um supertipo: adiciona subtipos, uma hierarquia de generalização e redistribui atributos a subtipos. Partindo de subtipos: adiciona um supertipo, uma hierarquia de generalização e redistribui atributos e relacionamentos para o supertipo.	Classificação aceita de entidades; atributos e relacionamentos especializados para os subtipos.

desta transformação é a inexistência de valores nulos. Por exemplo, as entidades nos tipos de entidades *Comercial e Residencial* não possuirão valores nulos. No tipo de entidade original *Consumidor*, os consumidores residenciais teriam valores nulos para *IDPagTaxa* e *ZonaEmpresa*, enquanto que os consumidores comerciais teriam valores nulos para *Subsidiado* e *TipoResidencia*.

Essa transformação também pode ser aplicada a um conjunto de tipos de entidades. Nesta situação, a transformação envolve a adição de um supertipo e uma hierarquia de generalização. Além disso, os atributos comuns na coleção de tipos de entidades são deslocados para o supertipo.

6.2.7 Resumo das Transformações

Ao projetar um banco de dados, você deverá explorar com cuidado os projetos alternativos. As transformações discutidas nesta seção podem ajudá-lo a considerar projetos alternativos. As transformações possíveis não se limitam às discutidas nesta seção. Você pode reverter a maioria destas transformações. Por exemplo, você pode eliminar uma hierarquia de generalização se os subtipos não possuem atributos exclusivos. Você deve verificar as referências ao final deste capítulo quanto a livros especializados sobre projeto de bancos de dados para obter transformações adicionais. A Tabela 6.2 apresenta um resumo para ajudá-lo a relembrar as transformações discutidas nesta seção.

6.3 Finalizando um DER

Após avaliar iterativamente os DERs alternativos utilizando as transformações apresentadas na Seção 6.2, você está pronto para finalizar seu modelo de dados. Seu modelo de dados não estará completo sem a documentação adequada de projeto e uma consideração cuidadosa dos erros de projeto. Você deve procurar redigir a documentação e executar a verificação de erros de projeto ao longo do processo de projeto. Mesmo com a devida atenção durante o processo de projeto, você ainda deverá conduzir as revisões finais para assegurar a documentação de projeto adequada e a ausência de erros de projeto. Geralmente essas revisões são conduzidas por uma equipe de projetistas para assegurar sua perfeição. Essa seção apresenta diretrizes para ajudá-lo com a redação da documentação de projeto e com a verificação de erros de projeto.

6.3.1 Documentando um DER

O Capítulo 5 (Seção 5.4.1) estabeleceu a documentação informal para regras de negócios envolvendo a unicidade de atributos, restrições de valores de atributos, valores nulos e valores-padrão. É importante documentar estes tipos de regras de negócios, pois elas podem ser transformadas em uma especificação formal em SQL, como descrito nos capítulos 11 e 14. Você deverá utilizar documentação informal associada aos tipos de entidades, atributos e relacionamentos para registrar estes tipos de regras de negócios.

Solução de Problemas de Especificação

Além da representação informal das regras de negócios, a documentação possui um papel importante na solução de questões sobre uma especificação e na comunicação do projeto a terceiros. No processo de revisão de um DER, você deverá documentar cuidadosamente inconsistências e incompletudes em uma especificação. Uma especificação grande contém, tipicamente, vários pontos de inconsistência e incompletude. O registro de cada ponto permite a solução sistemática por meio de atividades adicionais de coleta de requisitos.

Como exemplo de inconsistência, os requisitos da empresa de abastecimento de água seriam inconsistentes se uma parte indicasse que um medidor está associado a um consumidor, porém outra parte indicasse que um medidor poderia estar associado a vários consumidores. Na solução de uma inconsistência, o usuário pode indicar que a inconsistência é uma exceção. Neste exemplo, o usuário pode indicar as circunstâncias nas quais um medidor pode estar associado a vários consumidores. O projetista deve decidir na solução no DER assuntos como permitir vários consumidores para um medidor, autorização de um segundo consumidor responsável ou a proibição de mais de um consumidor. O projetista deve documentar cuidadosamente a solução para cada inconsistência, incluindo uma justificativa para a solução escolhida.

Como exemplo de incompletude, a narrativa não especifica a cardinalidade mínima para um medidor no relacionamento *Utilizacao* da Figura 6.2. O projetista deverá coletar requisitos adicionais para solucionar a especificação incompleta. Partes incompletas de uma especificação são comuns para relacionamentos, pois uma especificação completa envolve dois conjuntos de cardinalidades. É fácil omitir uma cardinalidade de um relacionamento em uma especificação inicial.

Melhorando a Comunicação

Além de identificar problemas em uma especificação, a documentação deverá ser utilizada para comunicar um projeto a terceiros. Os bancos de dados podem ter uma vida útil muito longa devido à economia dos sistemas de informação. Um sistema de informação pode passar por longos ciclos de reparos e aprimoramentos antes que haja motivos suficientes para reprojetar o sistema. Uma boa documentação aprimora um DER comunicando a justificativa para decisões de projeto importantes. Sua documentação não deverá repetir as restrições em um DER. Por exemplo, você não precisa documentar que um consumidor pode utilizar vários medidores, pois o DER já contém esta informação.

Você deverá documentar decisões onde existe mais de uma escolha viável. Por exemplo, você deverá documentar cuidadosamente projetos alternativos para taxas (nível único de consumo *versus* níveis múltiplos de consumo), como mostrado na Figura 6.5. Você deverá documentar sua decisão registrando a recomendação e justificativa para a alternativa. Embora todas as transformações apresentadas na seção anterior possam levar a escolhas viáveis, você deverá se concentrar nas transformações mais relevantes para a especificação.

Você deverá documentar também decisões que possam não ser claras para terceiros mesmo que não haja alternativas viáveis. Por exemplo, a cardinalidade mínima de 0 do tipo de entidade *Leitura* para o tipo de entidade *Conta* poderá não estar clara. Você deverá documentar a necessidade desta cardinalidade devido à diferença de tempo entre a criação de uma conta e suas leituras associadas. Um medidor poderá ser lido dias antes da criação de uma conta associada.

Exemplo de Documentação de Projeto

A documentação de projeto deverá ser anexada a seu DER. Caso esteja utilizando uma ferramenta de diagramação que possua dicionário de dados, você deverá incluir as justificativas de projeto no dicionário de dados. O ER Assistant fornece suporte tanto a justificativas de projeto como comentários associados a cada item em um diagrama. Você pode utilizar os comentários para descrever o significado dos atributos. Caso não esteja utilizando uma ferramenta que dê suporte à documentação, você pode listar as justificativas em uma folha separada e anotar em seu DER, como mostrado na Figura 6.10. Os números dentro dos círculos na Figura 6.12 referem-se a explicações na Tabela 6.3. Observe que alguns dos refinamentos mostrados anteriormente não foram utilizados no DER revisado.

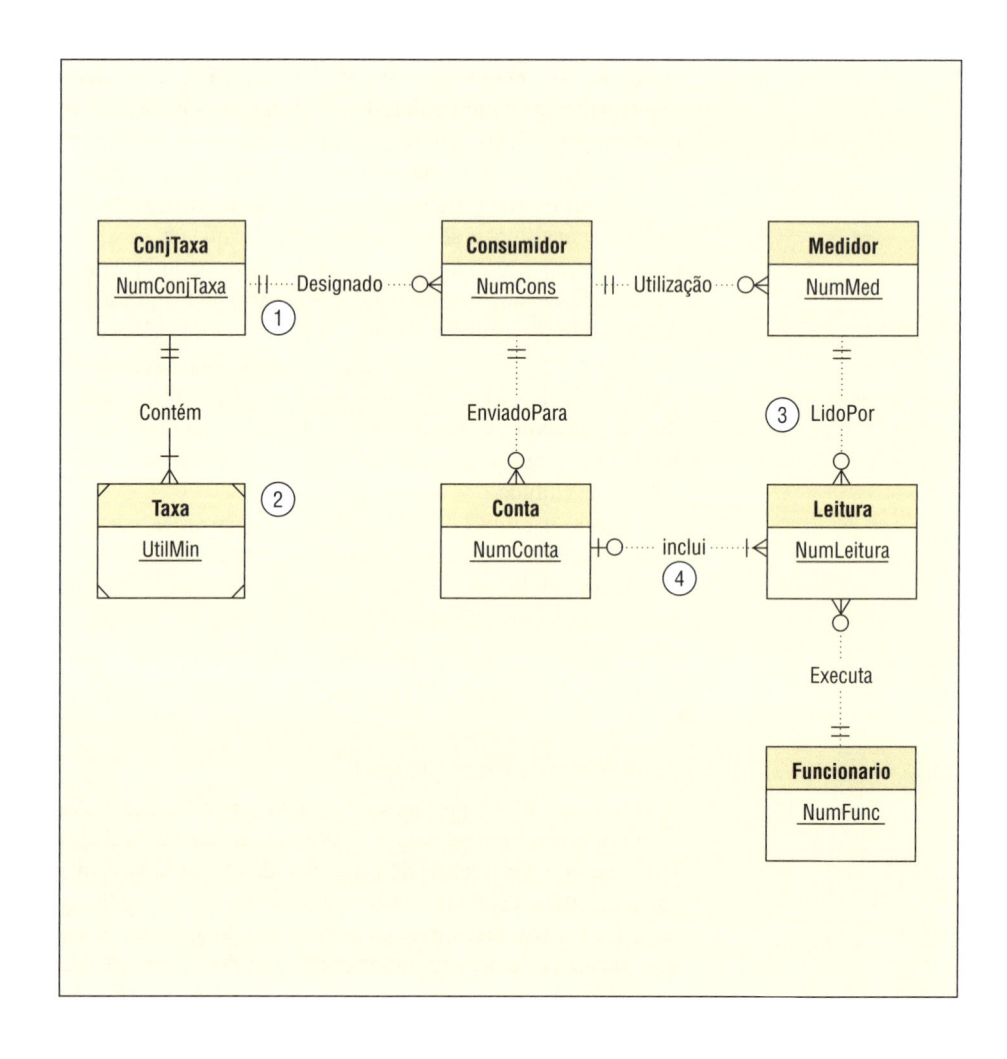

documentação de projeto
inclui justificativas para decisões de projeto envolvendo várias alternativas viáveis e explicações sobre escolhas de projeto sutis. Não utilize a documentação para simplesmente repetir as informações que já estão contidas no DER. Você deverá fornecer uma descrição para cada atributo, especialmente onde um nome de atributo não indica sua finalidade. À medida que o DER é desenvolvido, você deverá documentar incompletude e inconsistência nos requisitos.

FIGURA 6.12
DER da Empresa de Abastecimento Revisado com Anotações

TABELA 6.3
Lista de Justificativas de Projeto para o DER Revisado

1. O conjunto de taxas representa um conjunto de taxas aprovadas pela comissão administradora da empresa.
2. As taxas são similares a linhas em uma tabela de taxas. Uma taxa específica é identificada pelo identificador do conjunto de taxas, juntamente com o nível mínimo de consumo da taxa.
3. A cardinalidade mínima indica que um medidor deve estar sempre associado ao consumidor. Para propriedades novas, o desenvolvedor é inicialmente responsável pelo medidor. Se um consumidor executa a hipoteca de uma propriedade, a instituição financeira que possui a propriedade será a responsável.
4. Uma leitura não está associada a uma conta até que a conta seja preparada. Uma leitura poderá ser criada vários dias antes da criação de uma conta associada.

TABELA 6.4 Resumo dos Erros de Projeto

Erro de projeto	Descrição	Solução
Relacionamento fora de lugar	Ligação errada de tipos de entidades.	Considere todas as perguntas a que o banco de dados deve dar suporte.
Relacionamento ausente	Os tipos de entidades devem ser ligados diretamente.	Examine as implicações dos requisitos.
Cardinalidade incorreta	Geralmente, utilizando um relacionamento 1-M em vez de um relacionamento M-N.	Requisitos incompletos: suposições além dos requisitos.
Uso exagerado de hierarquias de generalização	As hierarquias de generalização não são comuns. Um erro típico de um novato é utilizá-las inadequadamente.	Assegure-se de que os subtipos possuem atributos e relacionamentos especializados.
Uso exagerado de tipos de entidades associativas N-ários	Os relacionamentos N-ários não são comuns. Um erro típico de um novato é utilizá-los inadequadamente.	Assegure-se de que o banco de dados registre a combinação de três entidades ou mais.
Relacionamento redundante	Relacionamento derivado de outros relacionamentos.	Examine cada ciclo de relacionamento para ver se um relacionamento pode ser derivado de outros relacionamentos.

6.3.2 Detectando Erros Comuns de Projeto

Como indicado no Capítulo 5, você deverá utilizar as regras do diagrama para assegurar-se que não existem erros óbvios em seu DER. Você deverá utilizar também as diretrizes desta seção para verificar se existem erros de projeto. Os erros de projeto são mais difíceis de detectar e resolver que os erros de diagrama, pois os erros de projeto envolvem o significado dos elementos em um diagrama, e não só a estrutura do diagrama. As próximas subseções explicam os problemas de projeto mais comuns, enquanto que a Tabela 6.4 os resume.

Relacionamentos Ausentes ou Fora de Lugar

Em um DER extenso, é fácil ligar os tipos de entidades de maneira errada ou omitir um relacionamento necessário. Você pode ligar os tipos de entidades errados se não considerar todas as pesquisas a que um banco de dados deve fornecer suporte. Por exemplo, na Figura 6.12, se *Consumidor* for ligado diretamente a *Leitura* em vez de ser ligado a *Medidor*, o controle de um medidor não pode ser estabelecido a menos que o medidor tenha sido lido para o consumidor. As pesquisas que envolvem o controle do medidor não poderão ser respondidas senão por meio da consideração das leituras do medidor.

Se os requisitos não indicam diretamente um relacionamento, você deverá considerar implicações indiretas para detectar se é necessário um relacionamento. Por exemplo, os requisitos do banco de dados da empresa de abastecimento de água não indicam diretamente a necessidade de um relacionamento de *Conta* para *Leitura*. Entretanto, uma consideração minuciosa dos cálculos de consumo revela a necessidade de um relacionamento. O relacionamento *Inclui* liga uma conta a suas leituras de medidor mais recentes, fornecendo assim suporte ao cálculo do consumo.

Cardinalidades Incorretas

Geralmente, o erro típico envolve a utilização de um relacionamento 1-M em vez de um relacionamento M-N. Este erro pode ser causado por omissão nos requisitos. Por exemplo, se os requisitos apenas indicam que as atribuições de trabalho envolvem um conjunto de funcionários, você não deve assumir que um funcionário pode estar relacionado a apenas uma atribuição de trabalho. Você deverá coletar requisitos adicionais para determinar se um funcionário pode ser associado a diversas atribuições de trabalho.

Outros erros de cardinalidade incorreta que você deve considerar são as cardinalidades inversas (o relacionamento 1-M deverá estar na direção oposta) e erros sobre a cardinalidade mínima. O erro de cardinalidade inversa é uma típica desatenção. As cardinalidades incorretas indicadas na especificação de relacionamento não são percebidas depois que o DER é exibido. Você deverá verificar minuciosamente todos os relacionamentos após a especificação para assegurar a consistência com seu objetivo. Erros de cardinalidade mínima são, tipicamente, o resultado da negligência de palavras-chave em problemas narrativos como "opcional" e "exigido".

Uso Excessivo de Construções Específicas de Modelagem de Dados

As hierarquias de generalização e os tipos de entidades associativas N-árias são construções específicas de modelagem de dados. Um erro típico de um novato é utilizá-las inadequadamente. Você não deverá utilizar as hierarquias de generalização apenas porque uma entidade pode existir em vários estados. Por exemplo, o requisito para que uma tarefa de projeto possa ser iniciada, estar em processo ou completa não indica a necessidade de uma hierarquia de generalização. Se existe uma classificação estabelecida e atributos e relacionamentos especializados para os subtipos, então a generalização de hierarquia é a ferramenta adequada.

Deverá ser utilizado um tipo de entidade associativa N-ária (um tipo de entidade associativa que representa um relacionamento N-ário) quando o banco de dados deve registrar combinações de três (ou mais) objetos em vez de apenas combinações de dois objetos. Na maioria dos casos, devem ser registradas apenas combinações de dois objetos. Por exemplo, se um banco de dados necessita registrar as habilidades fornecidas por um funcionário e as habilidades exigidas por um projeto, então deverão ser utilizados relacionamentos binários. Se um banco de dados necessita registrar as habilidades fornecidas por um funcionário para projetos específicos, então deverá ser utilizado um tipo de entidade associativa N-ária. Observe que a situação anterior com relacionamentos binários é muito mais comum que a segunda situação, representada por um tipo de entidade associativa N-ária.

Relacionamentos Redundantes

Os ciclos em um DER podem indicar relacionamentos redundantes. Um ciclo envolve um conjunto de relacionamentos dispostos em um laço iniciando e terminando com o mesmo tipo de entidade. Por exemplo, na Figura 6.10, existe um ciclo de relacionamentos ligando *Consumidor*, *Conta*, *Leitura* e *Medidor*. Em um ciclo, um relacionamento é redundante se pode ser derivado de outros relacionamentos. Para o relacionamento *EnviadoPara*, as contas associadas a um consumidor podem ser derivadas dos relacionamentos *Utilizacao*, *LidoPor* e *Inclui*. Na direção oposta, o consumidor associado a uma conta pode ser derivado de relacionamentos *Inclui*, *LidoPor* e *Utilizacao*. Embora uma conta possa estar associada a um conjunto de leituras, cada leitura associada deve ser associada ao mesmo consumidor. Como o relacionamento *EnviadoPara* pode ser derivado, ele foi removido do DER final (ver Figura 6.13).

Outro exemplo de um relacionamento redundante seria o relacionamento entre *Medidor* e *Conta*. Os medidores associados a uma conta podem ser derivados utilizando os relacionamentos *Inclui* e *LidoPor*. Observe que utilizando clusters de tipos de entidades como *Leitura* no centro ligado com *Medidor*, *Funcionario* e *Conta* evita relacionamentos redundantes.

Você deve tomar cuidado ao remover relacionamentos redundantes, pois a remoção de um relacionamento necessário é um erro mais sério do que manter um relacionamento redundante. Quando em dúvida, você deve manter o relacionamento.

FIGURA 6.13 DER Final da Empresa de Abastecimento de Água

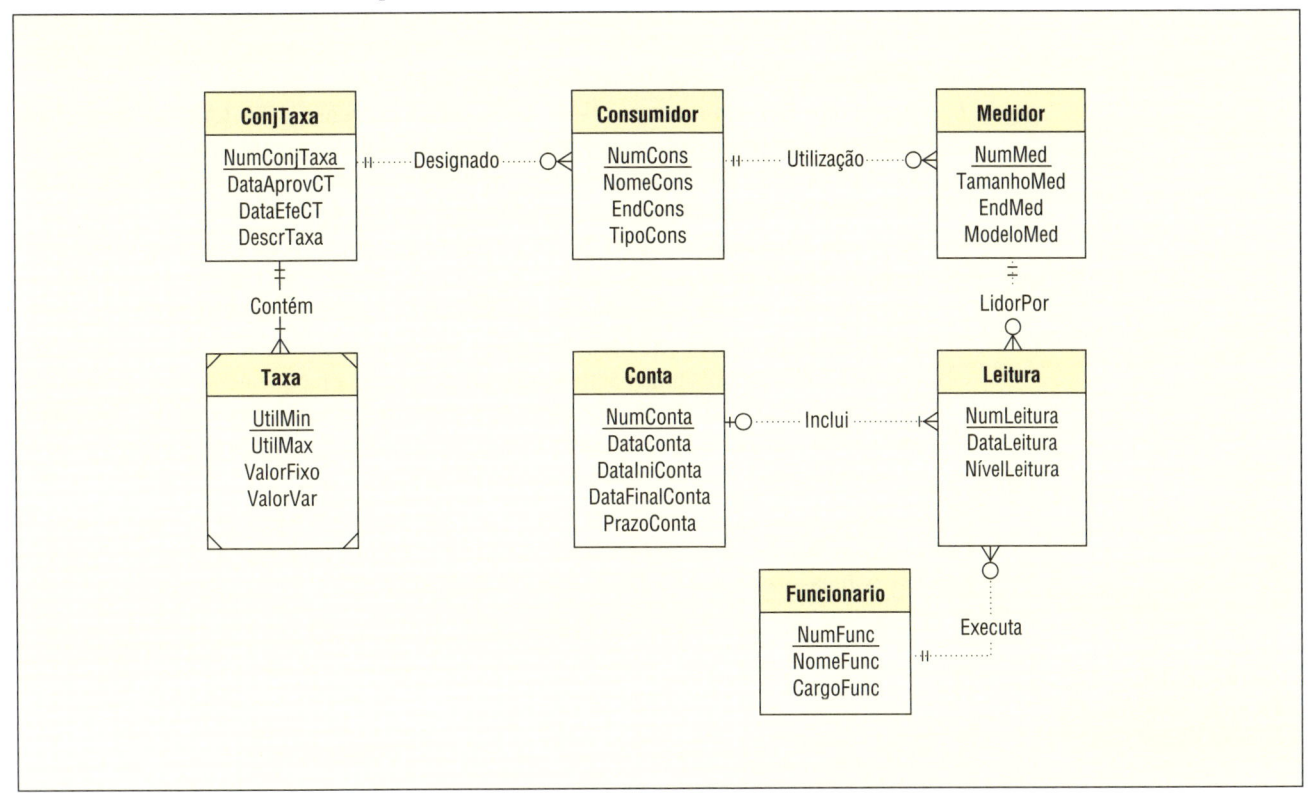

6.4 Convertendo um DER em Tabelas Relacionais

A conversão do DER para tabelas relacionais é importante devido à prática na indústria. As ferramentas CASE (engenharia de software auxiliada por computador) fornecem suporte a diversas notações para DERs. É comum utilizar ferramentas CASE como auxílio no desenvolvimento de um DER. Como a maior parte dos SGBD comerciais utiliza o Modelo Relacional, você deve converter um DER para tabelas relacionais para implementar seu projeto de banco de dados.

Mesmo se você utilizar uma ferramenta CASE para executar a conversão, você ainda deverá ter um entendimento básico do processo de conversão. O entendimento das regras de conversão melhora o seu entendimento do Modelo ER, principalmente da diferença entre o Modelo Entidade–Relacionamento e o Modelo Relacional. Alguns erros típicos de modeladores de dados novatos são causados pela confusão entre os modelos. Por exemplo, a utilização de chaves estrangeiras em um DER é devida à confusão entre a representação de relacionamentos nos dois modelos.

Esta seção descreve o processo de conversão em duas partes. Inicialmente, são descritas as regras básicas para converter tipos de entidades, relacionamentos e atributos. Em seguida são mostradas regras específicas para converter relacionamentos 1-M opcionais, hierarquias de generalização e relacionamentos 1-1. As instruções CREATE TABLE nesta seção estão em conformidade com a sintaxe SQL:2003.

6.4.1 Regras Básicas de Conversão

As regras básicas convertem tudo em um DER, exceto as hierarquias de generalização. Você deverá aplicar estas regras até que tudo em seu DER esteja convertido, exceto as hierarquias de generalização. Você deverá utilizar as duas primeiras regras antes das demais. À medida que aplica essas regras, poderá utilizar uma marca de verificação para indicar as partes convertidas de um DER.

1. **Regra do Tipo de Entidade**: Cada tipo de entidade (exceto os subtipos) torna-se uma tabela. A chave primária do tipo de entidade (se não for fraca) torna-se a chave primária da tabela. Os atributos do tipo de entidade tornam-se colunas na tabela. Esta regra deverá ser utilizada antes das regras de relacionamento.
2. **Regra do Relacionamento 1-M**: Cada relacionamento 1-M torna-se uma chave estrangeira na tabela correspondendo ao tipo de entidade filho (o tipo de entidade próximo ao símbolo do "Pé-de-Galinha"). Se a cardinalidade mínima no lado pai do relacionamento é um, a chave estrangeira não pode aceitar valores nulos.
3. **Regra do Relacionamento M-N**: Cada relacionamento M-N torna-se uma tabela separada. A chave primária da tabela é uma chave combinada consistindo nas chaves primárias dos tipos de entidades que participam do relacionamento M-N.
4. **Regra da Dependência de Identificador**: Cada relacionamento identificador (denotado por uma linha de relacionamento sólida) adiciona um componente à chave primária. A chave primária da tabela que corresponde à entidade fraca consiste em (i) a chave local sublinhada (caso exista) na entidade fraca e (ii) a(s) chave(s) primária(s) do(s) tipo(s) de entidade(s) ligado(s) pelo relacionamento identificador

Para entender essas regras, você pode aplicá-las a alguns dos DERs utilizados no Capítulo 5. Utilizando as Regras 1 e 2, você pode converter a Figura 6.14 nas definições CREATE TABLE exibidas na Figura 6.15. A Regra 1 é aplicada para converter os tipos de entidades

FIGURA 6.14
DER com Relacionamento 1-M

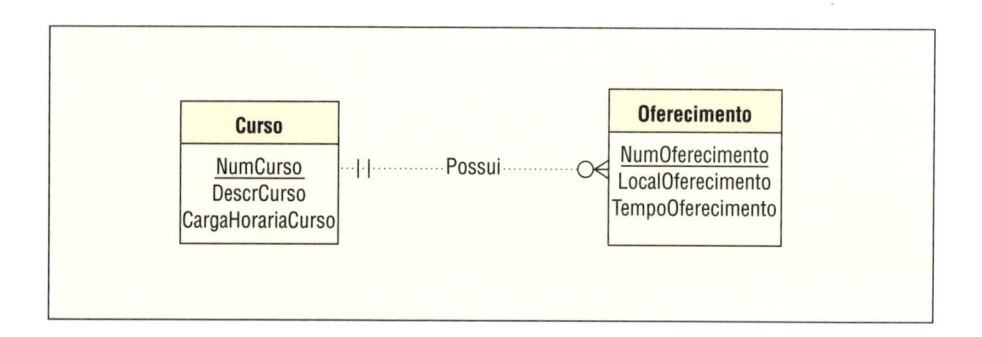

FIGURA 6.15 Conversão da Figura 6.14 (Sintaxe SQL:2003)[2]

```
CREATE TABLE Curso
(    NumCurso          CHAR(6),
     DescrCurso        VARCHAR(30),
     CargaHorariaCurso SMALLINT,
CONSTRAINT PKCurso PRIMARY KEY (NumCurso)     )

CREATE TABLE Oferecimento
(    NumOferecimento              INTEGER,
     LocalOferecimento            CHAR(20),
     NumCurso                     CHAR(6)      NOT NULL,
     PeriodoOferecimento          TIMESTAMP,
     . . .
CONSTRAINT PKOferecimento PRIMARY KEY (NumOferecimento),
CONSTRAINT FKNumCurso FOREIGN KEY (NumCurso) REFERENCES Curso     )
```

[2] N.R.T.: É recomendável não utilizar caracteres de acentuação e outros caracteres próprios da língua portuguesa para os nomes das colunas de uma tabela nas instruções SQL.

Curso e *Oferecimento* em tabelas. É aplicada então a Regra 2 para converter o relacionamento *Possui* em uma chave estrangeira (*Oferecimento NumCurso*). A tabela *Oferecimento* contém a chave estrangeira porque o tipo de entidade *Oferecimento* é o tipo de entidade filha no relacionamento *Possui*.

Depois disso você pode aplicar a regra do relacionamento M-N (Regra 3) para converter o DER na Figura 6.16. Seguir esta regra leva à tabela *Matricula_Em* na Figura 6.17. A chave primária *Matricula_Em* é uma combinação das chaves primárias dos tipos de entidades *Aluno* e *Oferecimento*.

Para praticar a regra de dependência de identificador (Regra 4) você pode aplicá-la para converter o DER na Figura 6.18. O resultado da conversão da Figura 6.18 é idêntico à Figura 6.17, exceto que a tabela *Matricula_Em* é renomeada como *Matricula*. O DER na Figura 6.18

FIGURA 6.16
Relacionamento M-N com um Atributo

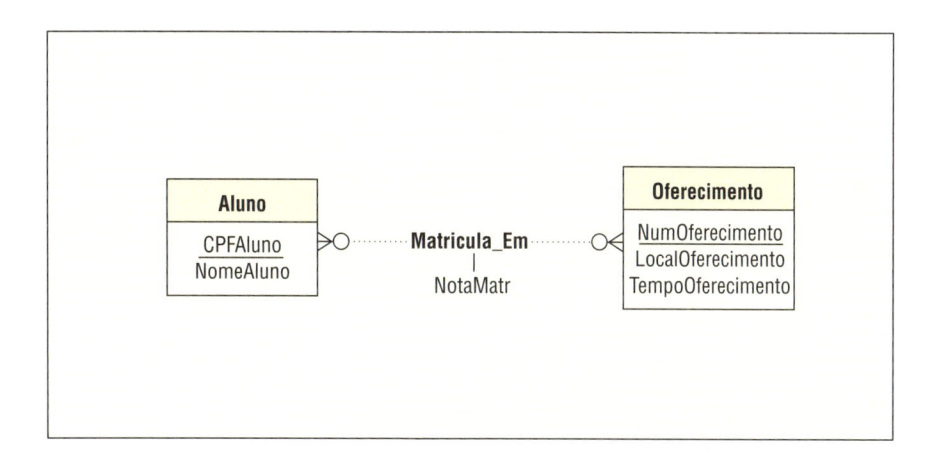

FIGURA 6.17 **Conversão da Figura 6.16 (Sintaxe SQL:2003)**

```
CREATE TABLE Aluno
(       CPFAluno                CHAR(11),
        NomeAluno               VARCHAR(30),
        . . .
CONSTRAINT PKAluno PRIMARY KEY (CPFAluno)      )

CREATE TABLE Oferecimento
(       NumOferecimento         INTEGER,
        LocalOferecimento       VARCHAR(30),
        PeriodoOferecimento     TIMESTAMP,
        . . .
CONSTRAINT PKOferecimento PRIMARY KEY (NumOferecimento) )

CREATE TABLE Matricula_Em
(       NumOferecimento         INTEGER,
        CPFAluno                CHAR(11),
        NotaMatr                DECIMAL(2,1),
CONSTRAINT PKMatricula_Em PRIMARY KEY (NumOferecimento, CPFAluno),
CONSTRAINT FKNumOferecimento FOREIGN KEY (NumOferecimento) REFERENCES Oferecimento,
CONSTRAINT FKCPFAluno FOREIGN KEY (CPFAluno) REFERENCES Aluno      )
```

FIGURA 6.18
Relacionamento M-N *Matricula_Em* Transformado em Relacionamentos 1-M

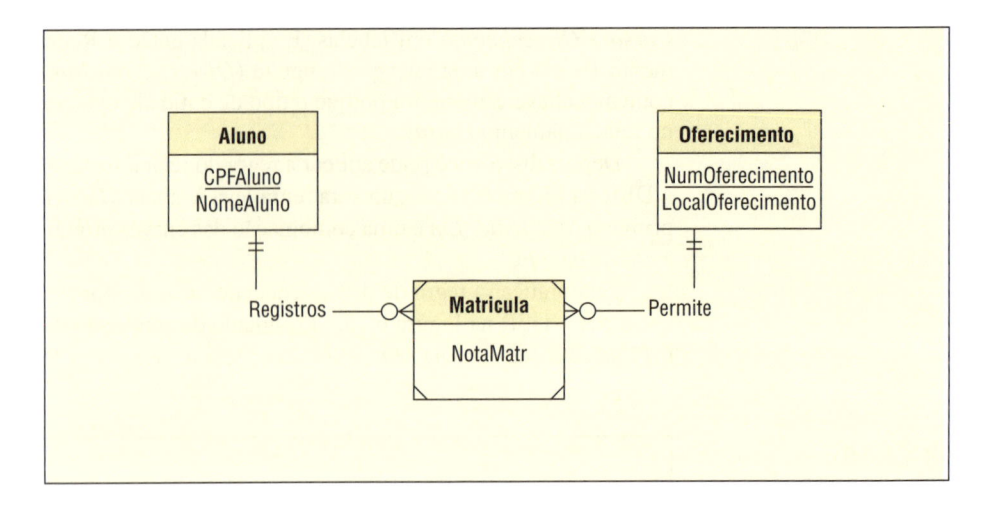

FIGURA 6.19
Exemplos de Relacionamento de Auto-referência 1-M e M-N

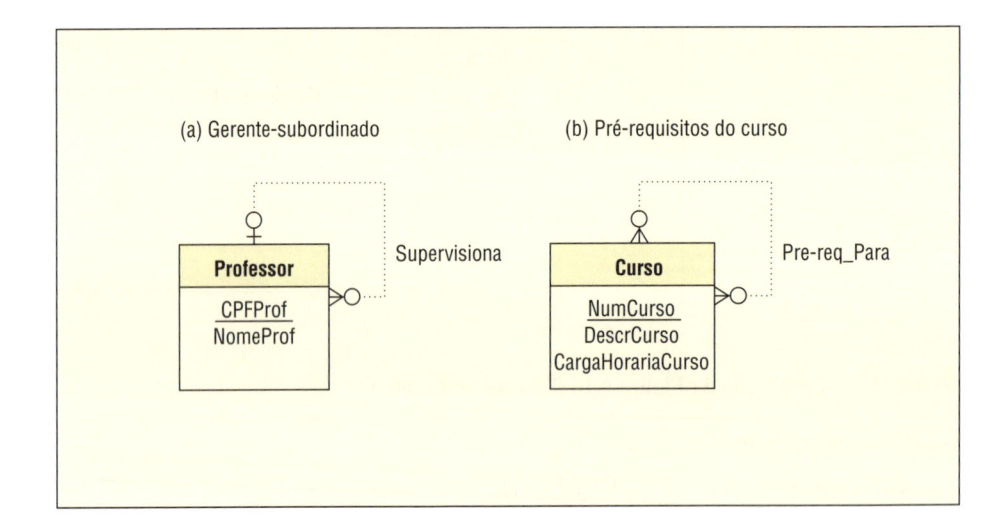

necessita duas aplicações da regra de dependência de identificador. Cada aplicação da regra de dependência de identificador agrega um componente à chave primária da tabela *Matricula*.

Você também pode aplicar as regras para converter auto-relacionamentos. Por exemplo, você pode aplicar as regras de relacionamentos M-N e 1-M para converter os auto-relacionamentos na Figura 6.19. Utilizando a regra de relacionamento 1-M, o relacionamento *Supervisiona* transforma-se em uma chave estrangeira na tabela *Professor*, como mostrado na Figura 6.20. Utilizando a regra de relacionamento M-N, o relacionamento *Pre-req_Para* transforma-se na tabela *Pre-req_Para* com uma chave primária combinada do número do curso do pré-requisito do curso e do número do curso do curso dependente.

Você pode aplicar também as regras de conversão a dependências de identificador mais complexas, como mostrado na Figura 6.21. A primeira parte da conversão é idêntica à conversão da Figura 6.18. A aplicação da regra 1-M transforma a combinação de *CPFAluno* e *NumOferecimento* em chaves estrangeiras na tabela *Presenca* (Figura 6.22). Observe que as chaves estrangeiras na tabela *Presenca* referem-se a *Matricula* e não a *Aluno* e *Oferecimento*. Finalmente, uma aplicação da regra de dependência de identificador faz a combinação de *CPFAluno, NumOferecimento* e *DataPres* a chave primária da tabela *Presenca*.

A conversão na Figura 6.22 mostra uma situação na qual pode ser aplicada a transformação de uma entidade fraca em forte (Seção 6.2.3). Na conversão, a tabela *Presenca* contém uma chave estrangeira combinada (*NumOferecimento, CPFAluno*). A alteração de *Matricula* em entidade forte eliminará a chave estrangeira combinada na tabela *Presenca*.

FIGURA 6.20 Conversão da Figura 6.19 (Sintaxe SQL:2003)

```
CREATE TABLE Professor
(     CPFProf            CHAR(11),
      NomeProf           VARCHAR(30),
      SupervisorProf     CHAR(11),
      . . .
CONSTRAINT PKProfessor PRIMARY KEY (CPFProf),
CONSTRAINT FKSupervisor FOREIGN KEY (SupervisorFac) REFERENCES Professor    )

CREATE TABLE Curso
(     NumCurso           CHAR(6),
      DescrCurso         VARCHAR(30),
      CargaHorariaCurso  SMALLINT,
CONSTRAINT PKCurso PRIMARY KEY (NumCurso)     )

CREATE TABLE Pre-req_Para
(     NumPre-reqCurso    CHAR(6),
      NumCursoDep        CHAR(6),
CONSTRAINT PKPre-req_Para PRIMARY KEY (NumPre-reqCurso, NumCursoDep),
CONSTRAINT FKPre-reqCurso FOREIGN KEY (Pre-reqCurso) REFERENCES Curso,
CONSTRAINT FKNumCursoDep FOREIGN KEY (NumCursoDep) REFERENCES Curso     )
```

FIGURA 6.21
DER com Dois Tipos de Entidades Fracas

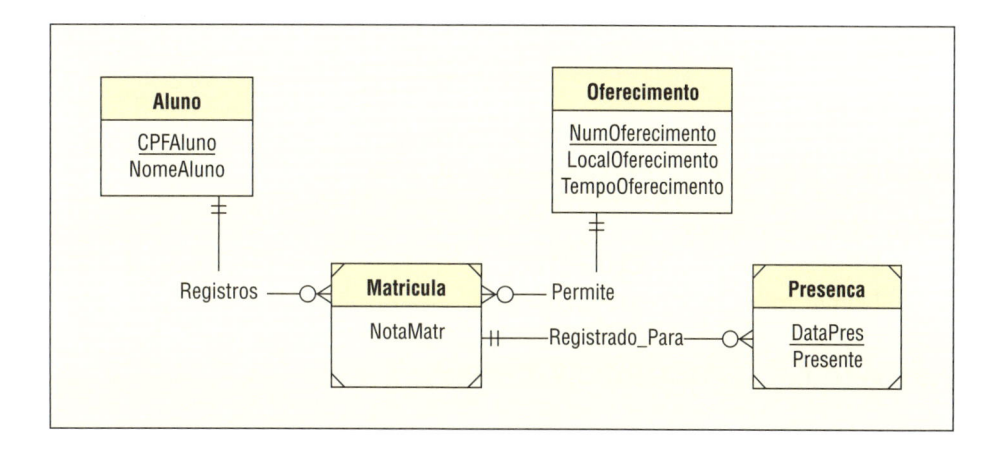

FIGURA 6.22 Conversão do Tipo de Entidade Presença na Figura 6.21 (Sintaxe SQL:2003)

```
CREATE TABLE Presenca
(     NumOferecimento    INTEGER,
      CPFAluno           CHAR(11),
      DataPres           DATA,
      Presente           BOOLEANO,
CONSTRAINT PKPresenca PRIMARY KEY (NumOferecimento, CPFAluno, DataPres),
CONSTRAINT FKNumOferecimentoCPFAluno FOREIGN KEY (NumOferecimentoCPFAluno)
   REFERENCES Matricula    )
```

6.4.2 Conversão de Relacionamentos 1-M Opcionais

Quando você utiliza a regra de relacionamento 1-M para relacionamentos opcionais, a chave estrangeira resultante contém valores nulos. Lembre-se de que um relacionamento com cardinalidade mínima 0 é opcional. Por exemplo, o relacionamento *Leciona* (Figura 6.23) é opcional para *Oferecimento*, pois uma entidade *Oferecimento* pode ser armazenada sem estar relacionada a uma entidade *Professor*. Convertendo os resultados da Figura 6.23 em duas tabelas (*Professor* e *Oferecimento*) bem como uma chave estrangeira (*CPFProf*) na tabela *Oferecimento*. A chave estrangeira deverá permitir valores nulos, pois a cardinalidade mínima do tipo de entidade *Oferecimento* no relacionamento é opcional (0). Entretanto, valores nulos podem levar a complicações na avaliação dos resultados de pesquisas.

Para evitar valores nulos ao converter um relacionamento opcional 1-M, você pode aplicar a Regra 5 para converter um relacionamento 1-M opcional em uma tabela, em vez de uma chave estrangeira. A Figura 6.24 mostra uma aplicação da Regra 5 em um DER na Figura 6.23. A tabela *Leciona* contém as chaves estrangeiras *NumOferecimento* e *CPFProf* com proibição de valores nulos nas duas colunas. Além disso, a tabela *Oferecimento*

FIGURA 6.23
Relacionamento 1-M Opcional

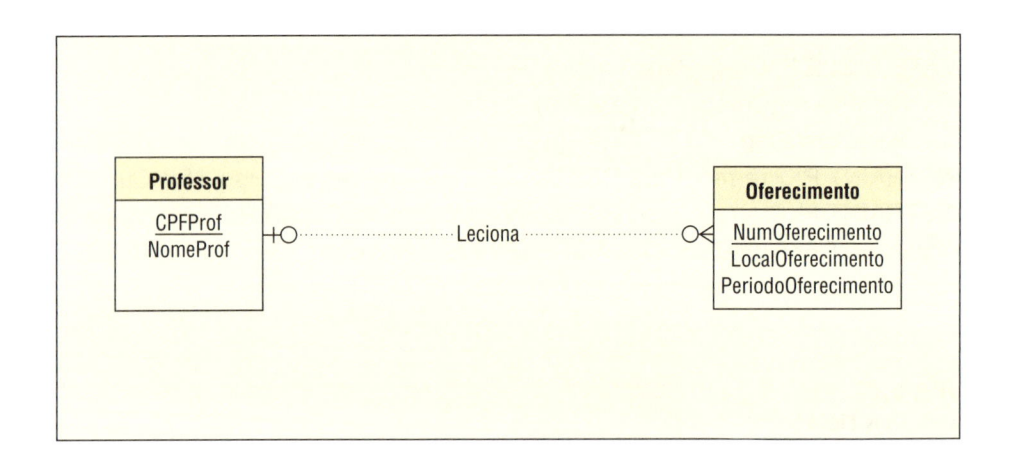

FIGURA 6.24 Conversão da Figura 6.23 (sintaxe SQL:2003)

```
CREATE TABLE Professor
(       CPFProf             CHAR(11),
        NomeProf            VARCHAR(30),
        . . .
CONSTRAINT PKProf PRIMARY KEY (CPFProf)   )

CREATE TABLE Oferecimento
(       NumOferecimento     INTEGER,
        LocalOferecimento   VARCHAR(30),
        PeriodoOferecimento TIMESTAMP,
        . . .
CONSTRAINT PKOferecimento PRIMARY KEY (NumOferecimento)   )

CREATE TABLE Leciona
(       NumOferecimento     INTEGER,
        CPFProf             CHAR(11)        NOT NULL,
CONSTRAINT PKLeciona PRIMARY KEY (NumOferecimento),
CONSTRAINT FKCPFProf FOREIGN KEY (CPFProf) REFERENCES Professor,
CONSTRAINT FKNumOferecimento FOREIGN KEY (NumOferecimento) REFERENCES Oferecimento   )
```

não possui mais a chave estrangeira relacionada com a tabela *Professor*. As figuras 6.25 e 6.26 mostram um exemplo de conversão de um relacionamento 1-M opcional com um atributo. Observe que a tabela *Listas* contém a coluna *Comissão*.

5. **Regra do Relacionamento 1-M Opcional**: Cada relacionamento 1-M com 0 para cardinalidade mínima no lado pai torna-se uma tabela nova. A chave primária da tabela nova é a chave primária do tipo de entidade no lado filho (muitos) do relacionamento. A tabela nova contém chaves estrangeiras para as chaves primárias dos dois tipos de entidades que participam do relacionamento. As duas chaves estrangeiras na tabela nova não permitem valores novos. A tabela nova contém também os atributos do relacionamento 1-M opcional.

A Regra 5 é controversa. A utilização da Regra 5 em vez da Regra 2 (Regra do relacionamento 1-M) evita valores nulos nas chaves estrangeiras. Entretanto, a utilização da Regra 5 resulta em mais tabelas. A formulação da pesquisa pode ser mais difícil com tabelas adicionais. Além disso, a execução da pesquisa pode ser mais lenta devido às junções extras. A escolha de utilizar a Regra 5 em vez da Regra 2 depende da importância em evitar valores nulos *versus* a eliminação de tabelas extras. Em muitos bancos de dados, evitar tabelas extras pode ser mais importante que evitar valores nulos.

FIGURA 6.25
Relacionamento 1-M Opcional com um Atributo

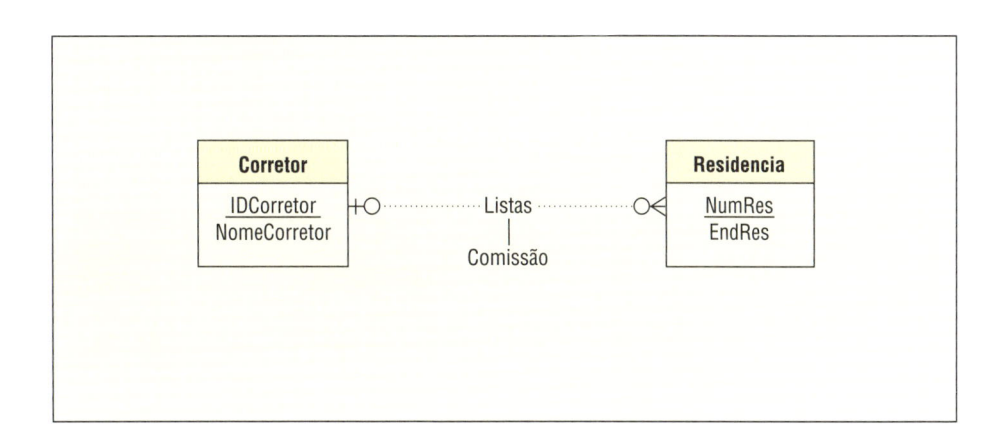

FIGURA 6.26 Conversão da Figura 6.25 (Sintaxe SQL:2003)

```
CREATE TABLE Corretor
(    IDCorretor           CHAR(10),
     NomeCorretor         VARCHAR(30),
     . . .
CONSTRAINT PKCorretor PRIMARY KEY (IDCorretor)   )

CREATE TABLE Residencia
(    NumRes               INTEGER,
     EndRes               VARCHAR(50),
     . . .
CONSTRAINT PKResidencia PRIMARY KEY (NumRes)   )

CREATE TABLE Listas
(    NumRes               INTEGER,
     IDCorretor           CHAR(10)      NOT NULL,
     Comissao             DECIMAL(10,2),
CONSTRAINT PKListas PRIMARY KEY (NumRes),
CONSTRAINT FKIDCorretor FOREIGN KEY (IDCorretor) REFERENCES Corretor,
CONSTRAINT FKNumRes FOREIGN KEY (NumRes) REFERENCES Residencia   )
```

6.4.3 Conversão de Hierarquias de Generalização

A abordagem para converter hierarquias de generalização imita o máximo possível a notação de entidade–relacionamento. A Regra 6 converte cada tipo de entidade de uma hierarquia de generalização em uma tabela. A única coluna que parece ser diferente dos atributos no DER associado é a chave primária herdada. Na Figura 6.27, *NumFunc* é uma coluna nas tabelas *SalarioFunc e HoraFunc*, pois é a chave primária do tipo de entidade pai (*Funcionário*). Além disso, as tabelas *SalarioFunc e HoraFunc* possuem a chave estrangeira relacionada com a tabela *Funcionario*. A opção de exclusão em cascata está habilitada nas duas restrições da chave estrangeira (ver Figura 6.28).

6. **Regra de Hierarquia de Generalização**: Cada tipo de entidade de uma hierarquia de generalização torna-se uma tabela. As colunas de uma tabela são atributos do tipo de entidade correspondente mais a chave primária do tipo de entidade pai. Para cada tabela que representa um subtipo, define-se uma restrição de chave estrangeira que faz referência à tabela correspondente do tipo de entidade pai. Utilize a opção CASCADE para a exclusão das linhas referenciadas.

FIGURA 6.27
Hierarquia de Generalização para Funcionários

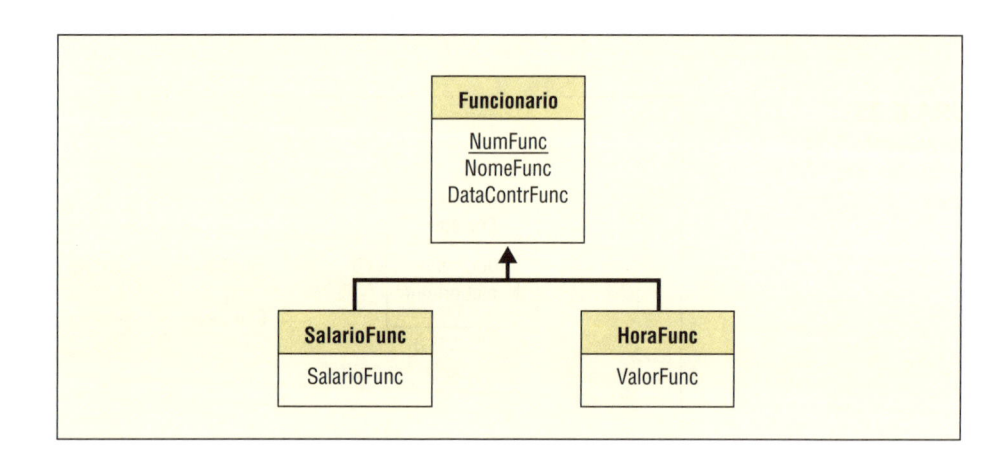

FIGURA 6.28 Conversão da Hierarquia de Generalização na Figura 6.27 (Sintaxe SQL:2003)

```
CREATE TABLE Funcionario
(       NumFunc              INTEGER,
        NomeFunc             VARCHAR(30),
        DataContrFunc        DATA,
CONSTRAINT PKFuncionario PRIMARY KEY (NumFunc)   )

CREATE TABLE SalarioFunc
(       NumFunc              INTEGER,
        SalarioFunc          DECIMAL(10,2),
CONSTRAINT PKSalarioFunc PRIMARY KEY (NumFunc),
CONSTRAINT FKSalarioFunc FOREIGN KEY (NumFunc) REFERENCES Funcionario
     ON DELETE CASCADE  )

CREATE TABLE HoraFunc
(       NumFunc              INTEGER,
        ValorFunc            DECIMAL(10,2),
CONSTRAINT PKHoraFunc PRIMARY KEY (NumFunc),
CONSTRAINT FKHoraFunc FOREIGN KEY (NumFunc) REFERENCES Funcionario
     ON DELETE CASCADE   )
```

FIGURA 6.29
Níveis Múltiplos das Hierarquias de Generalização

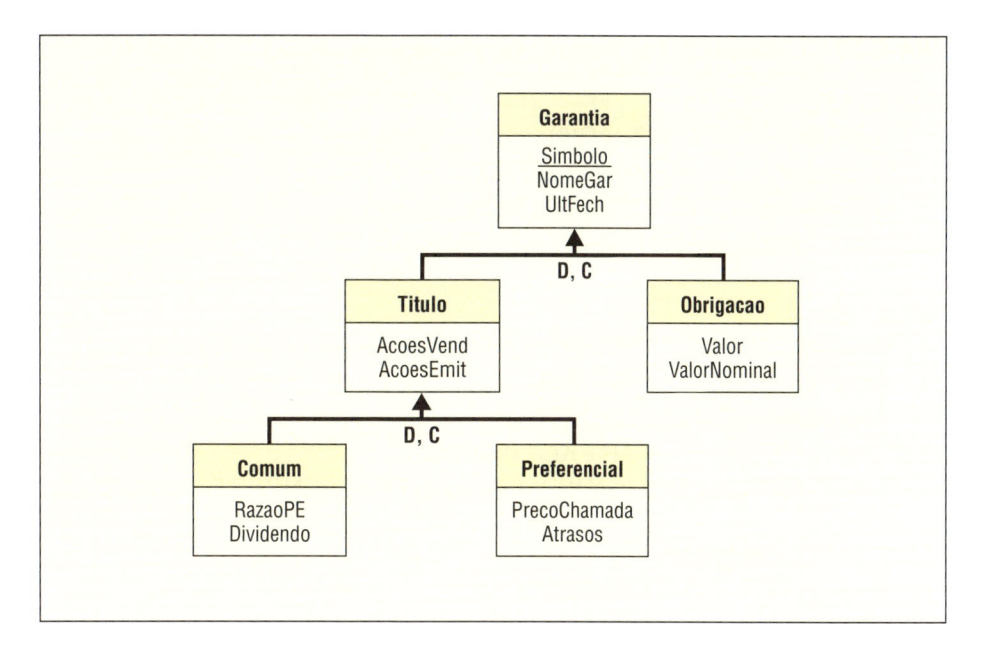

[Figura 6.29: Hierarquia de generalização com múltiplos níveis. No topo está a entidade **Garantia** (Simbolo, NomeGar, UltFech). Abaixo, com restrição D, C, estão **Titulo** (AcoesVend, AcoesEmit) e **Obrigacao** (Valor, ValorNominal). Abaixo de Titulo, com restrição D, C, estão **Comum** (RazaoPE, Dividendo) e **Preferencial** (PrecoChamada, Atrasos).]

A Regra 6 aplica-se também a hierarquias de generalização com mais de um nível. Para converter a hierarquia de generalização da Figura 6.29, são produzidas cinco tabelas (ver Figura 6.30). Em cada tabela está incluída a chave primária pai (*Garantia*). Além disso, as restrições da chave estrangeira são adicionadas em cada tabela, correspondendo a um subtipo.

Como o Modelo Relacional não dá suporte diretamente a hierarquias de generalização, existem várias outras maneiras de converter hierarquias de generalização. As outras abordagens variam dependendo do número de tabelas e da posição das colunas herdadas. A Regra 6 pode resultar em junções extras para coletar todos os dados sobre uma entidade, porém não existem valores nulos e poucos dados duplicados. Por exemplo, para coletar dados sobre um título comum, você deverá unir as tabelas *Comum, Titulo* e *Garantia*. Outras abordagens de conversão podem exigir menos junções, porém resultam em mais dados redundantes e valores nulos. As referências no final deste capítulo discutem os prós e os contras de várias abordagens para converter hierarquias de generalização.

Você deve notar também que as hierarquias de generalização para tabelas são suportadas diretamente no SQL:2003, o padrão emergente para bancos de dados de objetos relacionais apresentado no Capítulo 18. No padrão SQL:2003, famílias de subtabelas fornecem conversão direta de hierarquias de generalização, evitando a perda de informações semânticas ao converter para o Modelo Relacional tradicional. Entretanto, poucos produtos comerciais de SGBD fornecem suporte completamente às características objeto relacionais no SQL:2003. Dessa forma, será necessário utilizar a regra de conversão de hierarquias de generalização.

6.4.4 Conversão de Relacionamentos 1-1

Os relacionamentos 1-1 não são comuns fora das hierarquias de generalização. Eles podem ocorrer quando entidades com identificadores separados estão intrinsecamente relacionadas. Por exemplo, a Figura 6.31 mostra os tipos de entidades *Funcionario e Escritorio* ligados por um relacionamento 1-1. Tipos de entidades separados parecem intuitivos, porém um relacionamento 1-1 conecta os tipos de entidades. A Regra 7 converte relacionamentos 1-1 em duas chaves estrangeiras, a menos que resultem muitos valores nulos. Na Figura 6.31, a maioria dos funcionários não irá gerenciar escritórios. Dessa forma, a conversão na Figura 6.32 elimina a chave estrangeira (*NumEscrit*) na tabela de funcionários.

7. **Regra do Relacionamento 1-1**: Cada relacionamento 1-1 é convertido em duas chaves estrangeiras. Se o relacionamento é opcional com relação a um dos tipos de entidades, a chave estrangeira correspondente poderá ser excluída para eliminar valores nulos.

FIGURA 6.30 Conversão da Hierarquia de Generalização na Figura 6.29 (Sintaxe SQL:2003)

```
CREATE TABLE Garantia
(       Simbolo            CHAR(6),
        NomeGar            VARCHAR(30),
        UltFech            DECIMAL(10,2),
CONSTRAINT PKGarantia PRIMARY KEY (Simbolo)   )

CREATE TABLE Titulo
(       Simbolo            CHAR(6),
        AcoesVend          INTEGER,
        AcoesEmit          INTEGER,
CONSTRAINT PKTitulo PRIMARY KEY (Simbolo),
CONSTRAINT FKTitulo FOREIGN KEY (Simbolo) REFERENCES Garantia ON DELETE CASCADE  )

CREATE TABLE Obrigacao
(       Simbolo            CHAR(6),
        Valor              DECIMAL(12,4),
        ValorNominal       DECIMAL(10,2),
CONSTRAINT PKObrigacao PRIMARY KEY (Simbolo),
CONSTRAINT FKObrigacao FOREIGN KEY (Simbolo) REFERENCES Garantia ON DELETE CASCADE  )

CREATE TABLE Comum
(       Simbolo            CHAR(6),
        RazaoPE            DECIMAL(12,4),
        Dividendo          DECIMAL(10,2),
CONSTRAINT PKComum PRIMARY KEY (Simbolo),
CONSTRAINT FKComum FOREIGN KEY (Simbolo) REFERENCES Titulo ON DELETE
            CASCADE  )

CREATE TABLE Preferencial
(       Simbolo            CHAR(6),
        PrecoChamada       DECIMAL(12,2),
        Atrasos            DECIMAL(10,2),
CONSTRAINT PKPreferencial PRIMARY KEY (Simbolo),
CONSTRAINT FKPreferencial FOREIGN KEY (Simbolo) REFERENCES Titulo
    ON DELETE CASCADE   )
```

FIGURA 6.31
Relacionamento 1-1

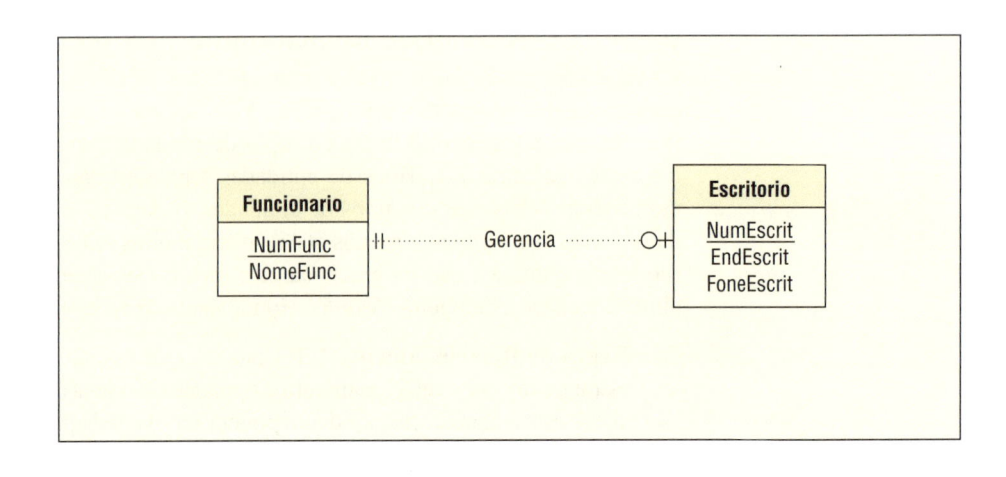

Funcionario
NumFunc
NomeFunc

⊢⊢ ········· Gerencia ········· O⊢

Escritorio
NumEscrit
EndEscrit
FoneEscrit

FIGURA 6.32 Conversão de relacionamento 1-1 na Figura 6.31 (sintaxe SQL:2003)

```
CREATE TABLE Funcionario
(     NumFunc              INTEGER,
      NomeFunc             VARCHAR(30),
CONSTRAINT PKFuncionario PRIMARY KEY (NumFunc)   )

CREATE TABLE Escritorio
(     NumEscrit            INTEGER,
      EndEscrit            VARCHAR(30),
      FoneEscrit           CHAR(10),
      NumFunc              INTEGER,
CONSTRAINT PKEscritorio PRIMARY KEY (NumEscrit),
CONSTRAINT FKNumFunc FOREIGN KEY (NumFunc) REFERENCES Funcionario,
CONSTRAINT NumFuncUnico UNIQUE (NumFunc)   )
```

FIGURA 6.33
DER da Empresa de Abastecimento de Água com uma Hierarquia de Generalização

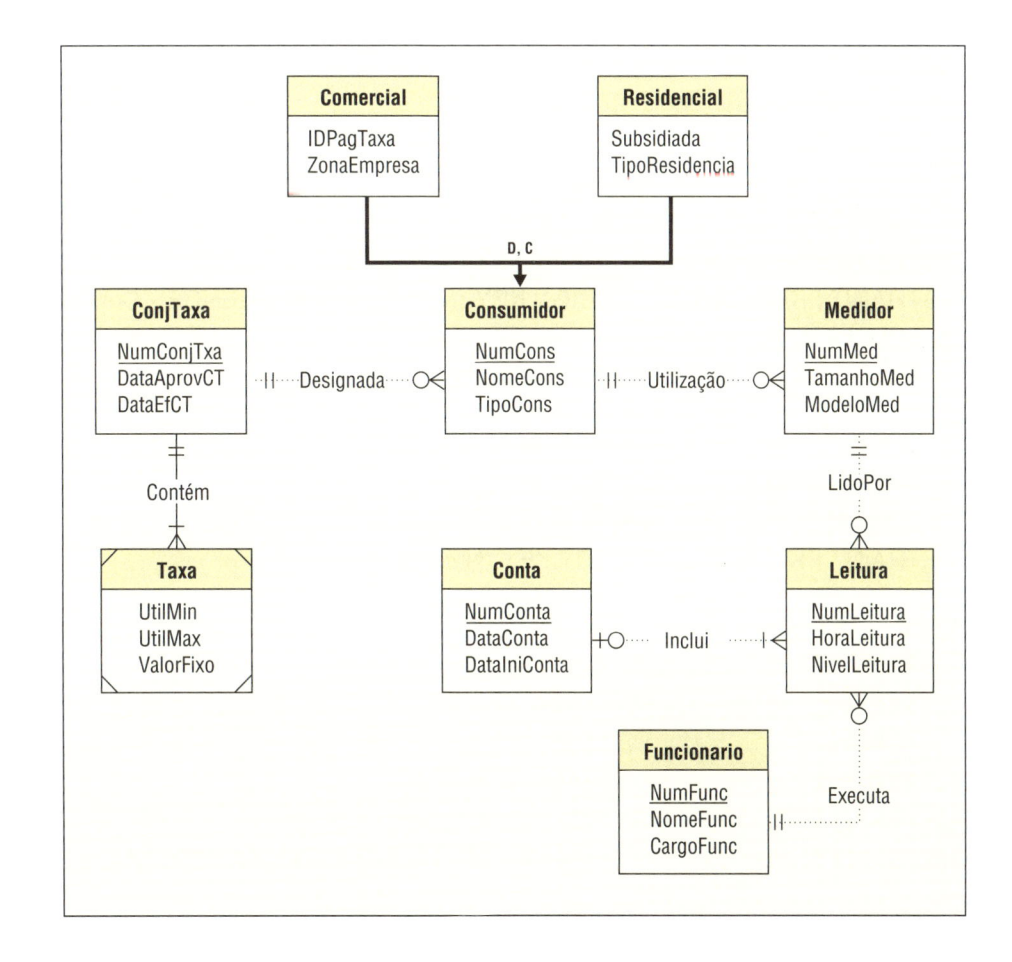

6.4.5 Exemplo de Conversão Ampla

Esta seção apresenta um exemplo mais extenso para integrar seus conhecimentos das regras de conversão. A Figura 6.33 mostra um DER similar ao DER final para o problema da empresa de abastecimento de água discutido na Seção 6.1. Alguns atributos foram omitidos a fim de abreviar o problema. A Figura 6.34 mostra as tabelas relacionais derivadas por meio das regras de conversão. A Tabela 6.5 lista as regras de conversão utilizadas, juntamente com explicações resumidas.

FIGURA 6.34 Conversão do DER na Figura 6.33 (Sintaxe SQL:2003)

```
CREATE TABLE Consumidor
(       NumCons                 INTEGER,
        NomeCons                VARCHAR(30),
        TipoCons                CHAR(6),
        NumConjTaxa             INTEGER         NOT NULL,
CONSTRAINT PKConsumidor PRIMARY KEY (Numcons),
CONSTRAINT FKNumConjTaxa FOREIGN KEY (NumConjTaxa) REFERENCES ConjTaxa   )

CREATE TABLE Comercial
(       NumCons                 INTEGER,
        IDPagTaxa               CHAR(20)        NOT NULL,
        ZonaEmpresa             BOOLEANO,
CONSTRAINT PKComercial PRIMARY KEY (NumCons),
CONSTRAINT FKComercial FOREIGN KEY (NumCons) REFERENCES Consumidor
  ON DELETE CASCADE   )

CREATE TABLE Residencial
(       NumCons                 INTEGER,
        Subsidiado              BOOLEANO,
        TipoRes                 CHAR(6),
CONSTRAINT PKResidencial PRIMARY KEY (NumCons),
CONSTRAINT FKResidencial FOREIGN KEY (NumCons) REFERENCES Consumidor
  ON DELETE CASCADE   )

CREATE TABLE ConjTaxa
(       NumConjTaxa             INTEGER,
        DataAprovCT             DATA,
        DataEfCT                DATA,
CONSTRAINT PKConjTaxa PRIMARY KEY (NumConjTaxa)   )

CREATE TABLE Taxa
(       NumConjTaxa             INTEGER,
        UtilMin                 INTEGER,
        UtilMax                 INTEGER,
        ValorFixo               DECIMAL(10,2),
CONSTRAINT PKTaxa PRIMARY KEY (NumConjTaxa, UtilMin),
CONSTRAINT FKNumConjTaxa FOREIGN KEY(NumConjTaxa) REFERENCES ConjTaxa   )

CREATE TABLE Medidor
(       NumMedidor              INTEGER,
        TamMed                  INTEGER,
        ModMed                  CHAR(6),
        NumCons                 INTEGER         NOT NULL,
CONSTRAINT PKMedidor PRIMARY KEY (NumMedidor),
CONSTRAINT FKNumCons FOREIGN KEY (NumCons) REFERENCES Consumidor   )
```

FIGURA 6.34 (Continuação)

```
CREATE TABLE Leitura
(       NumLeitura              INTEGER,
        HoraLeitura             TIMESTAMP,
        NivelLeitura            INTEGER,
        NumMed                  INTEGER         NOT NULL,
        NumFunc                 INTEGER         NOT NULL,
        NumConta                INTEGER,
CONSTRAINT PKLeitura PRIMARY KEY (NumLeitura),
CONSTRAINT FKNumFunc FOREIGN KEY (NumFunc) REFERENCES Funcionario,
CONSTRAINT FKNumMedidor FOREIGN KEY (NumMedidor) REFERENCES Medidor,
CONSTRAINT FKNumConta FOREIGN KEY (NumConta) REFERENCES Conta   )

CREATE TABLE Conta
(       NumConta                INTEGER,
        DataConta               DATA,
        DataIniConta            DATA,
CONSTRAINT PKConta PRIMARY KEY (NumConta)   )

CREATE TABLE Funcionario
(       NumFunc                 INTEGER,
        NomeFunc                VARCHAR(50),
        CargoFunc               VARCHAR(20),
CONSTRAINT PK Funcionario PRIMARY KEY (NumFunc)   )
```

TABELA 6.5
Regras de Conversão Utilizadas na Figura 6.33

Regra	Como foi utilizada
1	Todos os tipos de entidades, exceto os subtipos convertidos em tabelas com chaves primárias.
2	Relacionamentos 1-M convertidos em chaves estrangeiras: *Contém* relacionamento com *Taxa.NumCT*; *Utilização* relacionamento com *Medidor.NumCons*; *LidoPor* relacionamento com *Leitura.NumMed*; *Inclui* relacionamento com *Leitura.NumConta*; *Executa* relacionamento com *Leitura.NumFunc*; *Designado* relacionamento com *Consumidor.NumConjTaxa*.
3	Não utilizada, pois não existem relacionamentos M-N.
4	A chave primária da tabela *Taxa* é uma combinação de *NumConjTaxa* e *UtilMin*.
5	Não foi utilizada, embora pudesse ter sido utilizada para o relacionamento *Inclui*.
6	Subtipos (*Comercial* e *Residencial*) convertidos em tabelas. A chave primária *Consumidor* foi adicionada às tabelas *Comercial* e *Residencial*. Restrições de chave estrangeira com as opções DELETE CASCADE adicionadas às tabelas correspondentes aos subtipos.

Considerações Finais

Este capítulo descreveu a prática da modelagem de dados, de seu entendimento da notação tipo "Pé-de-Galinha" apresentada no Capítulo 5. Você precisa entender a notação utilizada em diagramas entidade–relacionamento (DERs) e obter muita prática na construção de DERs para tornar-se *expert* em modelagem de dados. Este capítulo descreveu as técnicas para derivar um DER inicial de um problema narrativo, refinar o DER por meio de transformações, documentar decisões de projeto importantes e fiscalizar o DER quanto a erros de projeto. Foi apresentado um problema prático para uma empresa de abastecimento de água para aplicar estas técnicas. Você deve aplicar estas técnicas utilizando os problemas no final do capítulo.

O restante deste capítulo apresentou regras para converter um DER em tabelas relacionais e notações de DER alternativas. As regras o ajudarão a converter DERs de tamanho modesto em tabelas. Para problemas maiores você deve utilizar uma boa ferramenta CASE. Mesmo se utiliza uma ferramenta CASE, o entendimento das regras de conversão fornece uma compreensão das diferenças entre o Modelo Entidade–Relacionamento e o Modelo Relacional.

Este capítulo enfatiza as habilidades de modelagem de dados para o projeto de DERs utilizando problemas narrativos, refinamento de DERs e conversão dos DERs em tabelas relacionais. O próximo capítulo apresenta a normalização, uma técnica para remover redundâncias das tabelas relacionais. Juntas, a modelagem de dados e a normalização são habilidades fundamentais para o desenvolvimento de bancos de dados.

Depois de dominar estas habilidades de desenvolvimento de bancos de dados, você está pronto para aplicá-las em projetos de bancos de dados. Um desafio adicional na aplicação de suas habilidades é a definição dos requisitos. Coletar requisitos de usuários com vários interesses e conhecimentos é um trabalho árduo. Você pode gastar o mesmo tempo coletando requisitos que gasta executando a modelagem de dados e a normalização. Com estudo cuidadoso e prática, verá que o desenvolvimento de um banco de dados é uma atividade desafiadora e muito recompensadora.

Revisão de Conceitos

- Identificar tipos de entidades e atributos em um problema narrativo.
- Critérios para chaves primárias: estáveis e com uma única finalidade.
- Identificar relacionamentos em uma descrição.
- Transformações para acrescentar detalhes em um DER: atributo em tipo de entidade, expandir um tipo de entidade, adicionar histórico.
- Dividir um atributo para padronizar o conteúdo das informações.
- Alterar uma entidade fraca em entidade forte para remover chaves estrangeiras combinadas após a conversão.
- Acrescentar uma hierarquia de generalização para evitar valores nulos.
- Práticas de documentação para decisões importantes de projeto: justificativas para decisões de projeto envolvendo várias alternativas viáveis e explicações sobre escolhas sutis de projeto.
- Práticas de documentação improdutivas: repetir as informações já contidas no DER.
- Erros comuns de projeto: relacionamentos colocados fora de lugar, relacionamentos ausentes, cardinalidades incorretas, uso excessivo de hierarquias de generalização, uso excessivo de tipos de entidades associativas representando relacionamentos N-ários e relacionamentos redundantes.
- Regras básicas para conversão de tipos de entidades e relacionamentos.
- Regras específicas para converter relacionamentos 1-M opcionais, hierarquias de generalização e relacionamentos 1-1.

Questões

1. O que significa dizer que projetar um DER é um processo repetitivo?
2. Por que se deve decompor um atributo composto em atributos menores?
3. Quando é adequado transformar um atributo em um tipo de entidade?
4. Por que transformar um tipo de entidade em dois tipos de entidades e um relacionamento?
5. Por que transformar uma entidade fraca em uma entidade forte?
6. Por que transformar um tipo de entidade em uma hierarquia de generalização?
7. Por que adicionar histórico a um atributo ou relacionamento?
8. Quais as alterações necessárias em um DER ao transformar um atributo em um tipo de entidade?

9. Quais as alterações necessárias em um DER ao dividir um atributo composto?
10. Quais as alterações necessárias em um DER ao expandir um tipo de entidade?
11. Quais as alterações necessárias em um DER ao transformar uma entidade fraca em entidade forte?
12. Quais as alterações necessárias em um DER ao acrescentar um histórico a um atributo ou relacionamento?
13. Quais as alterações necessárias em um DER ao acrescentar uma hierarquia de generalização?
14. O que você deve documentar sobre um DER?
15. O que você deve omitir na documentação de um DER?
16. Por que os erros de projeto são mais difíceis de detectar e resolver do que os erros de diagrama?
17. O que é um relacionamento colocado fora de lugar e como é resolvido?
18. O que é uma cardinalidade incorreta e como é resolvida?
19. O que é um relacionamento ausente e como é resolvido?
20. O que é uso excessivo de hierarquia de generalização e como é resolvido?
21. O que é um ciclo de relacionamento?
22. O que é um relacionamento redundante e como é resolvido?
23. Como um relacionamento M-N é convertido no Modelo Relacional?
24. Como um relacionamento 1-M é convertido no Modelo Relacional?
25. Qual a diferença entre a regra de relacionamento 1-M e a regra de relacionamento 1-M opcional?
26. Como um tipo de entidade fraca é convertido no Modelo Relacional?
27. Como uma hierarquia de generalização é convertida no Modelo Relacional?
28. Como um relacionamento 1-1 é convertido no Modelo Relacional?
29. Quais são os critérios para selecionar uma chave primária?
30. O que você deve fazer se uma chave primária proposta não atende os critérios?
31. Por que você deve entender o processo de conversão mesmo se você utiliza uma ferramenta CASE para fazer a conversão?
32. Quais são os objetivos da análise de problemas narrativos?
33. Quais são algumas das dificuldades ao coletar requisitos de informação para desenvolver um modelo de dados de negócios?
34. Como são identificados os tipos de entidades em um problema narrativo?
35. Como deve ser aplicado o princípio da simplicidade durante a pesquisa dos tipos de entidades em um problema narrativo?
36. Como são identificados os relacionamentos e cardinalidades em um problema narrativo?
37. Como você pode reduzir o número de relacionamentos em um DER inicial?

Problemas

Os problemas são divididos entre problemas de modelagem de dados e problemas de conversão. No Capítulo 7 existem mais problemas de conversão, onde a conversão é seguida pela normalização. Além dos problemas apresentados aqui, o estudo de caso no Capítulo 13 proporciona a prática em um problema maior.

Problemas de Modelagem de Dados

1. Defina um DER para a descrição a seguir. O banco de dados deverá rastrear imóveis e proprietários. Um imóvel possui um identificador de imóvel único, um endereço, uma cidade, um estado, um CEP, número de quartos, número de banheiros e área. Um imóvel pode ser ocupado pelo proprietário ou alugado. Um proprietário possui um número de CPF, um nome, um nome opcional do cônjuge, uma profissão e uma profissão opcional do cônjuge. Um proprietário pode possuir um ou mais imóveis. Cada imóvel possui um proprietário.

2. Refine o DER do problema 1 adicionando um tipo de entidade corretor. Corretores representam proprietários na venda de um imóvel. Um corretor pode catalogar vários imóveis, porém só um corretor pode catalogar um imóvel. Um corretor possui um identificador único de corretor, um nome, um identificador de escritório e um número de telefone. Quando um proprietário concorda em catalogar um imóvel com um corretor, são determinados uma comissão (porcentagem do preço de venda) e um preço de venda.

3. No DER do problema 2, transforme o atributo identificador de escritório em um tipo de entidade. Os dados do escritório incluem um número de telefone, o nome do gerente e o endereço.

4. No DER do problema 3, adicione um tipo de entidade comprador. O tipo de entidade comprador possui um número de CPF, um nome, um telefone, preferências pelo número de quartos e banheiros e uma faixa de preço. Um corretor pode trabalhar com vários compradores, porém um comprador trabalha com um só corretor.

5. Refine o DER do problema 4 com uma hierarquia de generalização para mostrar as similaridades entre compradores e proprietários.

6. Revise o DER do problema 5 adicionando um tipo de entidade oferecimento. Um comprador faz um oferecimento por um imóvel por um preço de venda específico. O oferecimento inicia-se na data e horário de submissão e termina na data e horário especificados. Um número de oferecimento único identifica um oferecimento. Um comprador pode submeter vários oferecimentos para o mesmo imóvel.

7. Construa um DER para representar contas em um banco de dados para um software financeiro pessoal. O software fornece suporte a contas bancárias, cartões de crédito e dois tipos de investimentos (fundos de investimento e ações). Não são suportados outros tipos de contas e cada conta deve ser de um destes tipos de contas. Para cada tipo de conta, o software fornece uma tela de inserção separada. A lista a seguir descreve os campos nas telas de inserção de dados para cada tipo de conta.

    - Para todas as contas, o software necessita de um identificador de conta único, o nome da conta, a data de abertura e o saldo.
    - Para contas bancárias, o software possui atributos para o número do banco, endereço do banco, número da conta bancária e número de roteamento[3].
    - Para cartões de crédito o software possui atributos para número do cartão de crédito, data de validade e limite do cartão de crédito.
    - Para ações, o software possui atributos para o símbolo da ação[4], o tipo de ação (comum ou preferencial), o último valor de dividendos, a última data de dividendos, o câmbio, o último preço de fechamento e o número de ações (número inteiro).
    - Para fundos de investimento, o software possui atributos para o símbolo do fundo mútuo, o saldo de ações (número real), o tipo de fundo (ação, título ou misto), o último preço de fechamento, a região (nacional, internacional ou mundial) e a situação de isenção de impostos (sim ou não).

8. Construa um DER para representar categorias em um banco de dados para um software financeiro pessoal. Uma categoria possui um identificador único de categoria, um nome, um tipo (gasto, propriedade, dívida ou rendimento) e um saldo. As categorias organizam-se hierarquicamente de modo que uma categoria pode ter uma categoria pai e uma ou mais subcategorias. Por exemplo, a categoria "afazeres domésticos" pode ter as subcategorias "limpeza" e "manutenção". Uma categoria pode ter qualquer número de níveis de subcategorias. Faça um diagrama de exemplo para mostrar os relacionamentos entre categorias.

9. Projete um DER para peças e relacionamentos entre peças. Uma peça possui um identificador único, um nome e uma cor. Uma peça pode ter vários componentes e vários componentes são utilizados nela. A quantidade de cada componente deverá ser registrada. Faça um diagrama de exemplo para mostrar os relacionamentos entre peças.

10. Projete um DER para representar uma fatura de um cartão de crédito. A fatura possui duas partes: um cabeçalho contendo o número único da fatura, o número da conta do titular do cartão de crédito e a data da fatura; e uma seção de detalhamento contendo uma lista de zero ou mais transações para as quais o saldo é devido. Cada linha de detalhe possui um número de linha, uma data de transação, um nome de comércio e o valor da transação. O número de linha é único em uma fatura.

11. Altere seu DER do problema 10. Tudo fica igual, exceto que cada linha de detalhe contém um número único de transação em vez de um número de linha. Os números de transação são únicos nas faturas.

12. Utilizando o DER da Figura 6.P1, transforme o atributo *NumPrestador* em um tipo de entidade (*Prestador*) e um relacionamento 1-M (*Tratamentos*). Um prestador de serviços de saúde possui um número único de prestador, um nome, um nome de família, um telefone, uma especialidade, um nome de hospital onde o prestador clinica, um endereço de e-mail, uma certificação, uma classificação salarial de pagamento e um cargo. É necessário um prestador para uma consulta. Prestadores novos não possuem consultas associadas.

13. No resultado do problema 12, amplie o tipo de entidade *Consulta* para registrar detalhes sobre a consulta. O detalhamento da consulta contém um número de detalhamento, um valor de detalhamento, um número opcional de prestador e um item associado. A combinação do número da consulta com o número de detalhamento

[3] N.R.T.: Um número de roteamento é um código de 9 dígitos utilizado na parte inferior de cheques e outros instrumentos de negociação bancária para identificar a instituição financeira em que foi sacado. Utilizado somente nos Estados Unidos.

[4] N.R.T.: Um símbolo da ação é um mnemônico usado para identificar com segurança unicamente quotas comercializadas publicamente de uma empresa em um mercado de ações particular.

FIGURA 6.P1
DER para o Problema 12

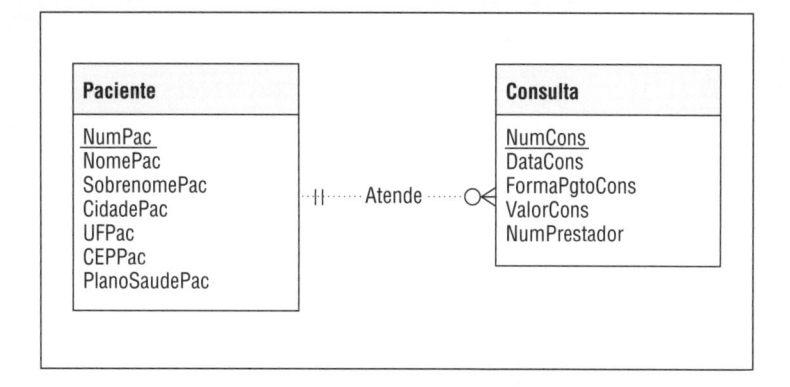

```
┌─────────────────────────────────────────────────────────────────┐
│  ┌──────────────────┐                      ┌──────────────────┐ │
│  │ Paciente         │                      │ Consulta         │ │
│  ├──────────────────┤                      ├──────────────────┤ │
│  │ NumPac           │                      │ NumCons          │ │
│  │ NomePac          │                      │ DataCons         │ │
│  │ SobrenomePac     │──┤┤──── Atende ────o<│ FormaPgtoCons    │ │
│  │ CidadePac        │                      │ ValorCons        │ │
│  │ UFPac            │                      │ NumPrestador     │ │
│  │ CEPPac           │                      │                  │ │
│  │ PlanoSaudePac    │                      │                  │ │
│  └──────────────────┘                      └──────────────────┘ │
└─────────────────────────────────────────────────────────────────┘
```

da consulta é única para o detalhamento da consulta. Um item inclui um número único de item, uma descrição de item, um preço de item e um tipo de item. Um item pode estar relacionado a vários itens de consulta. Itens novos não podem estar relacionados a qualquer detalhe de consulta. Um prestador pode estar relacionado a vários itens de consulta. Alguns prestadores podem não estar relacionados a qualquer detalhe de consulta. Além disso, um prestador pode estar relacionado a várias consultas como indicado no problema 12.

14. No resultado do problema 13 adicione uma hierarquia de generalização para distinguir entre prestadores enfermeiro e médico. Um enfermeiro possui uma classificação salarial e um cargo. Um médico possui um hospital de residência, um endereço de e-mail e uma certificação. Os outros atributos de prestador aplicam-se tanto a médicos como a enfermeiros. Uma consulta inclui um prestador médico enquanto que um detalhamento de consulta pode envolver um prestador enfermeiro.

15. No resultado do problema 14, transforme *DetalheCons* em um tipo de entidade forte com *NumDetalheCons* como chave primária.

16. No resultado do problema 15, adicione um histórico de preços de itens. Sua solução deve contemplar o preço atual juntamente com os dois preços mais recentes. Inclua as datas de alteração para cada preço de item.

17. No resultado do problema 15, adicione um histórico de preços de itens. Sua solução deverá contemplar um número ilimitado de preços e datas de alteração.

18. Projete um DER com tipos de entidades para projetos, especialidades e contratantes. Adicione relacionamentos e/ou tipos de entidades como indicado na descrição a seguir. Cada contratante possui exatamente uma especialidade, porém vários contratantes podem fornecer a mesma especialidade. Um contratante pode fornecer a mesma especialidade a vários projetos. Um projeto pode utilizar várias especialidades e uma especialidade pode ser utilizada em vários projetos. Cada combinação de projeto e especialidade deverá ter pelo menos dois contratantes.

19. Para o problema a seguir, defina um DER para os requisitos iniciais e revise o DER para os novos requisitos. Sua solução deverá ter um DER inicial, um DER revisado e uma lista de decisões de projeto para cada DER. Ao executar sua análise, você poderá seguir a abordagem apresentada na Seção 6.1.

    O banco de dados dá suporte ao escritório de colocações de uma escola líder de graduação em administração. O objetivo principal do banco de dados é agendar entrevistas e facilitar buscas por alunos e empresas. Considere os requisitos a seguir para seu DER inicial.

    - Os dados do aluno incluem um identificador único de aluno, um nome, um telefone, um endereço de e-mail, um endereço na Web, a especialização principal e as secundárias, e a média geral de notas escolares.
    - O escritório de colocação mantém uma lista-padrão de cargos baseada na lista de cargos do Departamento do Trabalho. Os dados de cargo incluem um identificador único de cargo e uma descrição de cargo.
    - Os dados da empresa incluem um identificador único de empresa, um nome de empresa e uma lista de cargos e entrevistadores. Cada empresa deve simplesmente mapear seus cargos na lista de cargos mantida pelo escritório de colocação. Para cada cargo disponível, a empresa lista as cidades nas quais eles estão disponíveis.
    - Os dados do entrevistador incluem um identificador único de entrevistador, um nome, um telefone, um endereço de e-mail, um endereço na Web. Cada entrevistador trabalha para uma empresa.
    - Uma entrevista inclui um número único de entrevista, uma data, um horário, um local (prédio e sala), um entrevistador e um aluno.

Após revisar seu projeto inicial, o escritório de colocação decide revisar os requisitos. Faça um DER separado para mostrar seus refinamentos. Refine seu DER original para dar suporte aos novos requisitos a seguir:

- Permita que as empresas utilizem sua própria linguagem para descrever os cargos. O escritório de colocação não manterá uma lista de cargos-padrão.
- Permita que as empresas indiquem as datas de disponibilidade e o número de vagas para os cargos.
- Permita que as empresas reservem blocos de tempo de entrevista. Os blocos de entrevista não especificarão horários para entrevistas individuais. Em vez disso, uma empresa solicitará um bloco de X horas durante uma semana específica. As empresas reservam blocos de entrevista antes que o escritório de colocação marque entrevistas individuais. Portanto, o escritório de colocação precisa armazenar entrevistas e também os blocos de entrevistas.
- Permita que os alunos submetam lances para blocos de entrevista. Os alunos recebem um valor estabelecido em reais que eles podem alocar entre os lances. O mecanismo de lances é uma abordagem de pseudomercado para alocar entrevistas, um recurso insuficiente. Um lance contém um identificador único de lance, um valor de lance e uma empresa. Um aluno pode submeter vários lances e um bloco de entrevista pode receber vários lances.

20. Para o problema abaixo, defina um DER para os requisitos iniciais e revise o DER para os novos requisitos. Sua solução deverá ter um DER inicial, um DER revisado e uma lista de decisões de projeto para cada DER. Ao executar sua análise, você poderá seguir a abordagem apresentada na Seção 6.1.

    Projete um banco de dados para administrar a atribuição de tarefas de uma ordem de serviço. Uma ordem de serviço registra o conjunto de tarefas solicitadas por um consumidor para um local específico.

    - O consumidor possui um identificador único de consumidor, um nome, um endereço de cobrança (rua, cidade, UF e CEP) e um conjunto de ordens de serviço submetidas.
    - Uma ordem de serviço possui um número único de ordem de serviço, uma data de criação, uma data exigida, uma data de término, um funcionário de supervisão opcional, um endereço (rua, cidade, UF, CEP) e um conjunto de tarefas.
    - Cada tarefa possui um identificador único de tarefa, um nome de tarefa, uma taxa por hora e uma previsão de horas. As tarefas são padronizadas nas ordens de serviço de modo que a mesma tarefa pode ser executada em várias ordens de serviço.
    - Cada tarefa em uma ordem de serviço possui um situação (não iniciada, em execução ou terminada), horas reais e data de término. A data de término não é inserida até que a situação mude para terminada.

    Após revisar seu projeto inicial, a empresa decide revisar os requisitos. Faça um DER separado para mostrar seus refinamentos. Refine seu DER original para suprir os novos requisitos a seguir:

    - A empresa deseja manter uma lista de materiais. Os dados sobre materiais incluem um identificador único de material, um nome e um custo estimado. Um material pode aparecer em várias ordens de serviço.
    - Cada ordem de serviço possui também um conjunto de requisições de materiais. Uma requisição de materiais inclui um material, uma quantidade estimada do material e a quantidade real de material utilizado.
    - O número estimado de horas para uma tarefa depende da ordem de serviço e da tarefa e não somente da tarefa. Cada tarefa de uma ordem de serviço inclui um valor de horas estimado.

21. Para o problema a seguir, defina um DER para os requisitos iniciais e revise o DER para os novos requisitos. Sua solução deverá ter um DER inicial, um DER revisado e uma lista de decisões de projeto para cada DER. Ao executar sua análise, você poderá seguir a abordagem apresentada na Seção 6.1.

    Projete um banco de dados para auxiliar os funcionários de uma instalação a gerenciar a designação de chaves aos funcionários. O objetivo principal do banco de dados é assegurar uma contabilidade adequada de todas as chaves.

    - Um funcionário possui um identificador único de funcionário, um nome, um cargo e um identificador de escritório opcional.
    - Um edifício possui um identificador único de edifício, um nome e uma localização no *campus*.

- Uma sala possui um número de sala, um tamanho (dimensões físicas), uma capacidade, um número de entradas e uma descrição dos equipamentos da sala. Como cada sala está localizada em exatamente um edifício, a identificação da sala depende da identificação de um edifício.
- Os tipos de chave (conhecidas também como chaves-mestras) são projetados para abrir uma ou mais salas. Uma sala pode ter um ou mais tipos de chaves que a abrem. Um tipo de chave possui um número único de tipo de chave, a data de projeto e o funcionário que autorizou o tipo de chave. Um tipo de chave deve ser autorizado antes de ser criado.
- Uma cópia de um tipo de chave é conhecida como chave. As chaves são designadas aos funcionários. Cada chave é designada a exatamente um funcionário, porém um funcionário pode ter várias chaves. O número do tipo de chave mais o número de cópia identificam uma chave de maneira única. A data em que a cópia foi feita deverá ser registrada no banco de dados.

Após revisar seu projeto inicial, o supervisor da instalação decide revisar os requisitos. Faça um DER separado para mostrar seus refinamentos. Refine seu DER original para suprir os requisitos novos a seguir:

- A instalação precisa saber não só o proprietário atual da chave, mas também os proprietários anteriores. Para os proprietários anteriores, deverá ser registrada a faixa de datas em que a chave foi mantida.
- A instalação precisa saber a situação atual de cada chave: em uso por um funcionário, guardada ou perdida. Caso perdida, deverá ser armazenada a data em que a perda foi informada.

22. Defina um DER que forneça suporte à geração de diagramas explodidos de produto, instruções de montagem e listas de peças. Esses documentos são, tipicamente, incluídos em produtos de hardware vendidos para o público. Seu DER deverá apresentar os produtos finais bem como as peças que compõem os produtos finais. Os itens a seguir fornecem mais detalhes sobre os documentos.

- Seu DER deve dar condições à geração de diagramas explodidos de produtos como mostrado na Figura 6.P2 para um carrinho de mão com um cabo de madeira. Seu DER deverá armazenar os relacionamentos de contenção juntamente com as quantidades necessárias para cada peça componente.

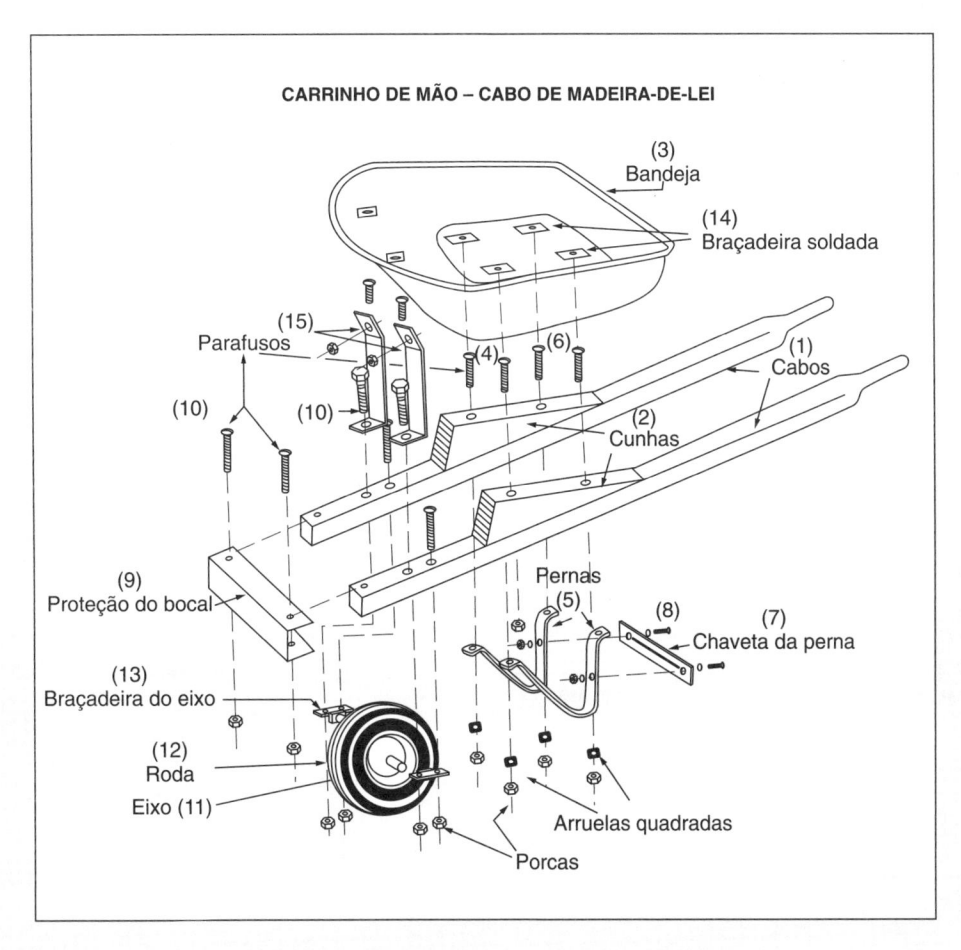

FIGURA 6.P2
Diagrama explodido de produto

Para desenhos lineares e especificações geométricas de posicionamento, você pode assumir que os tipos de dados imagem e posição estão disponíveis para armazenar valores de atributos.

- Seu DER deve dar condições à geração de instruções de montagem. Cada produto pode ter um conjunto de passos numerados como instrução. A Tabela 6.P1 mostra algumas instruções de montagem para um carrinho de mão. Os números nas instruções referem-se às partes do diagrama.
- Seu DER deve dar condições à geração de uma lista de peças para cada produto. A Tabela 6.P2 mostra a lista de peças para o carrinho de mão.

23. Para o DER do relatório de despesas mostrado na Figura 6.P3, identifique e resolva os erros e anote a incompletude nas especificações. Sua solução deverá incluir uma lista de erros e um DER revisado. Para cada erro, identifique o tipo de erro (diagrama ou projeto) e o erro específico dentro de cada tipo de erro. Lembre-se de que o DER pode ter tanto erros de diagrama quanto de projeto. Caso esteja utilizando o

TABELA 6.P1
Exemplo de Instruções de Montagem para o Carrinho de Mão

Etapa	Instruções
1	A montagem exige algumas ferramentas de mão, uma chave de fenda, uma chave de boca aberta (fixa) ou fechada (estrela) para instalar as porcas.
2	NÃO aperte as porcas com a chave até que todo o carrinho de mão tenha sido montado.
3	Coloque os cabos (1) sobre duas caixas ou dois cavaletes (um em cada extremidade).
4	Coloque uma cunha (2) na parte superior de cada cabo e alinhe os furos dos parafusos na cunha com os furos dos parafusos correspondentes no cabo.

TABELA 6.P2
Lista parcial de peças para o carrinho de mão

Quantidade	Descrição da peça
1	Bandeja
2	Cabo de madeira-de-lei
2	Cunha de madeira dura
2	Perna

FIGURA 6.P3 DER para o Banco de Dados de Relatório de Despesas

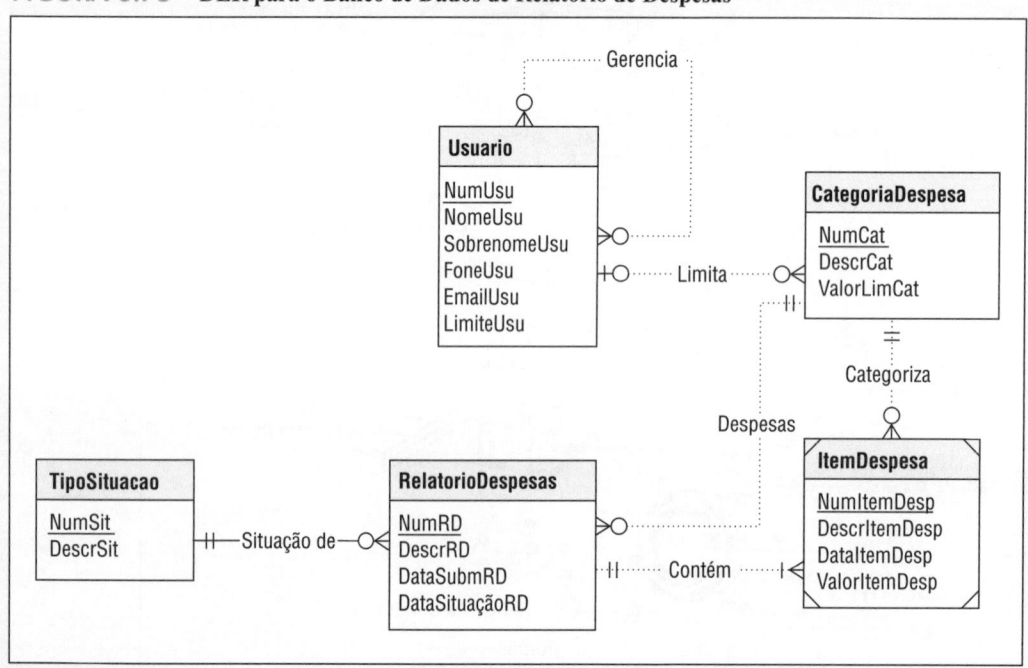

ER Assistant, você poderá utilizar o recurso Check Diagram após verificar as regras do diagrama. As especificações para o DER são:

- O banco de dados de Relatório de Despesas rastreia os relatórios de despesas e os itens do relatório de despesas e também: usuários, categorias de despesas, códigos de situação e limites de gastos na categoria despesas.

- Para cada usuário, o banco de dados registra um número único de usuário, o nome, o sobrenome, o telefone, o endereço de e-mail, o limite de gastos, os relacionamentos organizacionais entre usuários e as categorias de despesas (pelo menos uma) disponíveis para o usuário. Um usuário pode gerenciar outros usuários, porém pode ter no máximo um gerente. Para cada categoria de despesa disponível para um usuário, existe um valor-limite.

- Para cada categoria de despesa, o banco de dados registra um número único de categoria, a descrição da categoria, o limite de gastos e os usuários autorizados a utilizar a categoria de despesas. Quando uma categoria de despesas é criada, podem não existir usuários relacionados a ela.

- Para cada código de situação, o banco de dados registra um número único de situação, a descrição da situação e os relatórios de despesas utilizando o código da situação.

- Para cada relatório de despesa, o banco de dados registra um número único de relatório de despesa, a descrição, a data de submissão, a data da situação, o código da situação (obrigatório), o número do usuário (obrigatório) e os itens de despesa relacionados.

- Para cada item de despesa, o banco de dados registra um número único de item, a descrição, a data da despesa, o valor, a categoria de despesa (obrigatório) e o número do relatório de despesa (obrigatório).

24. Para o DER do Intercollegiate Athletic mostrado na Figura 6.P4, identifique e resolva os erros e anote a incompletude nas especificações. Sua solução deverá incluir uma lista de erros e um DER revisado. Para cada erro, identifique o tipo de erro (diagrama ou projeto) e o erro específico dentro de cada tipo de erro.

FIGURA 6.P4 DER para o Banco de Dados do Intercollegiate Athletic

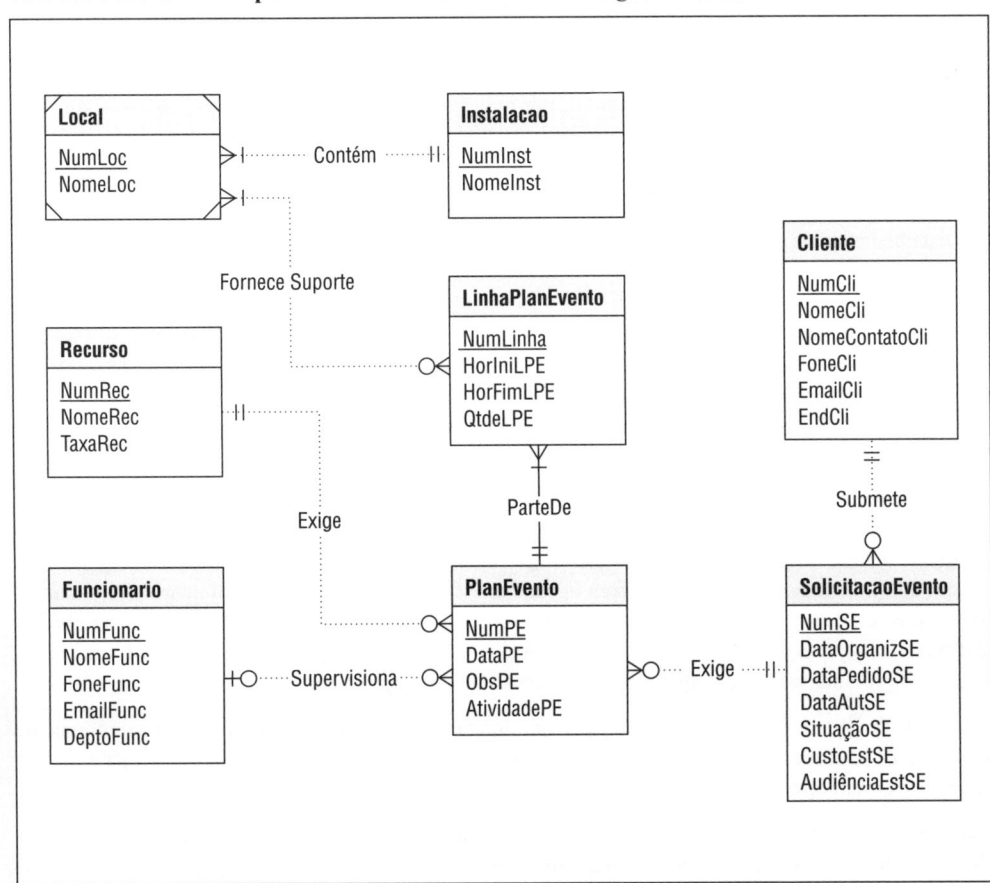

Observe-se que o DER pode ter tanto erros de diagrama quanto de projeto. Caso esteja utilizando o ER Assistant, você poderá utilizar o recurso Check Diagram após verificar as regras do diagrama. As especificações para o DER são:

- O banco de dados do Intercollegiate Athletic dá suporte à programação e operação de eventos, juntamente com o rastreamento de clientes, instalações, locais dentro das instalações, funcionários e recursos para apoiar os eventos. Para programar um evento o cliente inicia uma solicitação de evento dentro do Departamento do Intercollegiate Athletic. Se uma solicitação de evento é aprovada, são feitos um ou mais planos de eventos. Tipicamente, os planos de eventos são feitos para montagem, operação e limpeza de um evento. Um plano de evento consiste em uma ou mais linhas de planejamento de evento.

- Para cada solicitação de evento, o banco de dados registra um número único de evento, a data de organização, a data da autorização, a situação, um custo estimado, o público estimado, o número da instalação (obrigatório) e o número do cliente (obrigatório).

- Para cada plano de evento, o banco de dados registra um número único de plano, observações sobre o plano, a data do trabalho, a atividade (montagem, operação ou limpeza), o número do funcionário (opcional) e o número do evento (obrigatório).

- Para cada linha de plano de evento, o banco de dados registra o número da linha (único dentro de um número de plano), o número do plano (obrigatório), a data de início, a data de término, o número do recurso (obrigatório), o número do local (obrigatório) e a quantidade de recursos necessária.

- Para cada cliente, o banco de dados registra um número único de cliente, o nome, o endereço, o nome do contato, o telefone, o endereço de e-mail e a lista de eventos solicitados pelo cliente. O cliente não é armazenado no banco de dados até submeter uma solicitação de evento.

- Para cada instalação, o banco de dados registra um número único de instalação, o nome da instalação e a lista de eventos para os quais foi solicitada a instalação.

- Para cada funcionário, o banco de dados registra um número único de funcionário, o nome, o nome do departamento, o telefone, o endereço de e-mail e a lista de planos de eventos supervisionados pelo funcionário.

- Para cada local, o banco de dados registra um número da instalação relacionada, o nome do local (único dentro de uma instalação), o nome e a lista de linhas de planos de eventos para os quais foi solicitado o local.

- Para cada recurso, o banco de dados registra um número único de recurso, o nome, a taxa de aluguel e a lista de linhas de planos de eventos para os quais foi solicitado o recurso.

25. Para o DER do Sistema de Informações de Voluntários mostrado na Figura 6.P5, identifique a resolva os erros e anote a incompletude nas especificações. Sua solução deverá incluir uma lista de erros e um DER revisado. Para cada erro, identifique o tipo de erro (diagrama ou projeto) e o erro específico dentro de cada tipo de erro. Lembre-se de que o DER pode ter tanto erros de diagrama quanto de projeto. Caso esteja utilizando o ER Assistant, você poderá utilizar o recurso Check Diagram após verificar as regras do diagrama. As especificações para o DER são:

- O Sistema de Informações de Voluntários apóia organizações que necessitam rastrear voluntários, áreas de voluntariado, eventos e horas trabalhadas em eventos. Inicialmente, o sistema será desenvolvido para escolas comunitárias que têm a participação obrigatória de pais e voluntários. Os voluntários registram-se como família com ambos os pais ou com apenas um. Os coordenadores dos voluntários recrutam os voluntários das áreas de voluntariado. Os organizadores de eventos recrutam voluntários para trabalhar em eventos. Alguns eventos exigem um cronograma de voluntários enquanto outros não utilizam cronograma. Os voluntários trabalham em eventos e registram o tempo trabalhado.

- Para cada família, o banco de dados registra um número único de família, o nome e o sobrenome de cada pai, os telefones residenciais e comerciais, o endereço postal (rua, cidade, UF e CEP) e um endereço de e-mail opcional. Para lares com pais solteiros são registradas informações de apenas um pai.

- Para cada área de voluntariado, o banco de dados registra uma área única de voluntariado, o nome da área de voluntariado, o grupo (conselho administrativo universitário ou associação de pais e mestres)

FIGURA 6.P5
DER para o Sistema de Informações de Voluntários

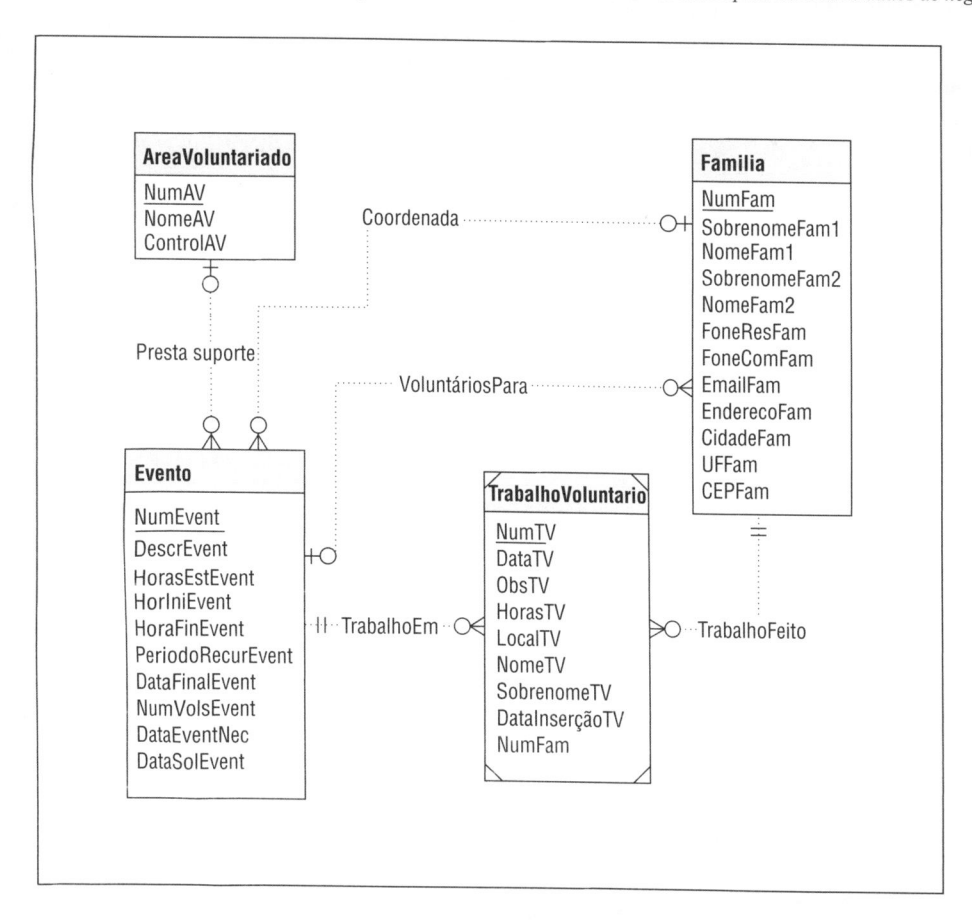

```
┌─────────────────────────────────────────────────────────────────────────┐
│  ┌──────────────────┐                              ┌──────────────────┐ │
│  │ AreaVoluntariado │                              │ Familia          │ │
│  │ NumAV            │      Coordenada              │ NumFam           │ │
│  │ NomeAV           │──────────────────────O┼──────│ SobrenomeFam1    │ │
│  │ ControlAV        │                              │ NomeFam1         │ │
│  └────────┬─────────┘                              │ SobrenomeFam2    │ │
│           │                                        │ NomeFam2         │ │
│           │         VoluntáriosPara                │ FoneResFam       │ │
│           │      ┌─────────────────────────O⋉──────│ FoneComFam       │ │
│   Presta suporte │                                 │ EmailFam         │ │
│           │      │                                 │ EnderecoFam      │ │
│           ⋎      │                                 │ CidadeFam        │ │
│           ⋏      │                                 │ UFFam            │ │
│  ┌────────┴─────┐│          ┌──────────────┐       │ CEPFam           │ │
│  │ Evento       ││          │TrabalhoVoluntario│   └────────┬─────────┘ │
│  │ NumEvent     ││          │ NumTV        │                │           │
│  │ DescrEvent   ││          │ DataTV       │                │           │
│  │ HorasEstEvent││          │ ObsTV        │                │           │
│  │ HorIniEvent  ││          │ HorasTV      │                │           │
│  │ HoraFinEvent │┼○─TrabalhoEm─⋉│ LocalTV  │⋈○─TrabalhoFeito┤           │
│  │ PeriodoRecurEvent│        │ NomeTV       │                           │
│  │ DataFinalEvent│          │ SobrenomeTV  │                            │
│  │ NumVolsEvent │           │ DataInserçãoTV│                           │
│  │ DataEventNec │           │ NumFam       │                            │
│  │ DataSolEvent │           └──────────────┘                            │
│  └──────────────┘                                                       │
└─────────────────────────────────────────────────────────────────────────┘
```

que controla a área de voluntariado, a família que coordena a área de voluntariado. Em alguns casos, uma família coordena mais de uma área de voluntariado.

- Para eventos, o banco de dados registra um número único de evento, a descrição do evento, a data do evento, o horário de início e fim do evento, o número necessário de voluntários, o período do evento e a data de expiração, se o evento é um evento recorrente, e a lista de famílias de voluntários para o evento. As famílias podem se registrar com antecedência para um conjunto de eventos.

- As horas trabalhadas são registradas após o término de uma atribuição de trabalho. O banco de dados contém o nome e o sobrenome do voluntário, a família que o voluntário representa, o número de horas trabalhadas, o evento opcional, a data em que trabalhou, o local do trabalho e comentários opcionais. O evento é opcional para permitir horas de voluntariado para atividades que não são consideradas eventos.

26. Defina um DER que forneça suporte à geração de guias de programação de televisão, listas de filmes, listas de esportes, listas de acesso público e tabelas de conversão de canais a cabo. Estes documentos são, tipicamente, incluídos em revistas de TVs que acompanham os jornais de domingo. Além disso, estes documentos estão disponíveis on-line. Os itens a seguir fornecem mais detalhes sobre os documentos.

- O guia de programação de televisão relaciona os programas disponíveis durante cada horário do dia, como mostrado na Figura 6.P6. Para cada programa em um canal/horário, o guia de programação deve incluir alguns ou todos os seguintes atributos: nome do programa, classificação etária, descrição, situação de reexibição (sim ou não), duração, situação de closed caption (sim ou não) e um horário de início se um programa não começa em incrementos de meia hora. Para cada filme, o guia pode incluir também alguns ou todos os seguintes atributos: uma avaliação (número de estrelas de 1 a 4, com incrementos de meia estrela), uma lista dos atores principais, um resumo opcional, uma classificação

FIGURA 6.P6
Amostra Guia de Programação de Televisão

CANAIS			18h	18h30	19h	19h30
			CONTINUAÇÃO CANAIS A CABO			
68	68		Life Makeover Project		Sixteen *Pepa's Fight* 'TVPG'	
58	7		Ed McMahon's Next Big Star		Candid Camera	
61	61		Home Projects With Rick & Dan			
52	76		◀ Doctor Who ★★ ('96) 'TVPG'		The Addams Family ★★★	
25	25		Home Living - Lamps			
67	67		SoapTalk		Soapnet Special	
22	15	133	Bishop Jakes	Joyce Meyer	C. McClendon	Jack Hayford
57	6		◀ U.S. Marshals ★★ ('98, Crime drama) *Tommy Lee Jones* 'TV14'			
64	82		A Face in the Crowd ★★★↗ ('57) *Andy Griffith, Patricia Neal*			
44	44		Beyond Tough		Junkyard Wars	
47	47		◀ Arena Football (L)		Real TV	Real TV
51	51		◀ The Peacemaker ★★★↗ ('97, Action) *George Clooney* 'TV14' (CC)			
59	78		America's Best Waterparks		America's Best Beaches 3	
66	86		Beaver	Beaver	Batman	Batman
33	33		The Rage: Carrie 2 ★↗ ('99) *Emily Bergl, Jason London* (CC)			
45	45		◀ Movie	Military Diaries	VH1 Special	
69	69		(:15) Wall Street ★★★↗ ('87, Drama) *Michael Douglas* 'R'			
10	62		◀ Bull Durham ★★★ ('88)		Mutant X (R)	

etária e o ano de lançamento. Os programas de acesso público são mostrados em um guia de acesso público e não no guia de programação de televisão.

- Uma lista contém todos os filmes mostrados em um guia de TV como mostrado na Figura 6.P7. Para cada filme, o guia pode incluir também alguns ou todos os seguintes atributos: título, ano de lançamento, avaliação, classificação etária, abreviação do canal, lista de combinação de dias da semana/horário, uma lista dos atores principais e uma breve descrição. A lista de filmes é organizada em ordem ascendente por títulos de filmes.

- Uma lista de esportes contém toda programação de esportes de um guia de TV como mostrado na Figura 6.P8. Uma lista de esportes é organizada por esporte e dia dentro de um esporte. Para cada item em uma lista de esportes pode-se incluir também alguns ou todos os seguintes atributos: título do evento, horário, duração, canal, indicação de closed caption, indicador de ao vivo e indicador de reexibição.

- Uma lista de acesso público mostra a programação de acesso público que não aparece em nenhum outro lugar de um guia de TV como mostrado na Figura 6.P9. Uma lista de acesso público contém uma lista de organizações comunitárias (título, área, endereço, cidade, UF, CEP e telefone). Após listar as organizações

FIGURA 6.P7 Amostra de Lista de Filmes

FILMES

A

A.I.: ARTIFICIAL INTELLIGENCE *Science fiction* in the Future, a cutting-edge android in the form of a boy embarks on a jouney to discover its true nature. *Haley Joel Osment* (PG-13, 2:25) (AS, V) '01 *(Esp.)* **iN1 June 2** 3:30pm; **6** 10:00am; **8** 8:00am; **11** 5:30pm; **13** 10:00am; **25** 10:00am; **29** 9:00am (CC) ⌒, **iN2 June 1** 7:30pm; **8** 6:00am; **19** 6:30am; **11** 3:30pm; **12** 7:30am; **13** 11:00am (CC)⌒, **iN3 June 5** 9:00am, 11:30am, 2:00pm, 4:30pm, 7:00pm, 9:30pm (CC)⌒,**iN4 June 6** 9:00am, 11:30am, 2:00pm, 4:30pm, 7:00pm, 9:30pm

A.K.A CASSIUS CLAY ★ ★ ⸲ *Documentary* Heavyweight boxing champ Muhammad Ali speaks, visits comic Stepin Fetchit and appears in fight footage. (PG, 1:25) (AS, L, V) '70 *(Esp.)* **TMC June 1** 6:15am; **6** 2:30pm; **19** 6:20am, **TMC-W June 1** 9:15am; **6** 5:30pm; **10** 9:20am

ABANDON SHIFT ★ ★ ★ *Adventure* Short rations from a sunken liner force the officer of a packed lifeboat to sacrifice the weak. *Tyrone*

Power ⬚ (NR, 1:37) '57 **(Esp.) TMAX June 4** 6:05am; **21** 4:40pm; **30** 3:20pm

ABBOTT AND COSTELLO MEET THE KILLER, BORIS KARLOFF. ★ ★ ⸲ *Comedy* A hotel detective and bellhop find dead bodies and a fake swami. *Bud Abbott* ⬚ (TVG, 1:30) '48 **AMC June 28** 5:30pm; **21** 7:35am (CC)

ABBOTT AND COSTELLO MEET FRANKENSTEIN ★ ★ ★ ⸲ *Comedy* The Wolf Man tries to warn a dimwitted porter that Dracula wants his brain for a monster's body. *Bud Abbott* ⬚ (TVG, 1:30) '48 **AMC June 5** 5:30pm (CC)

ABDUCTION OF INNOCENCE: A MOMENT OF TRUTH MOVIE ★ ★ *Drama* A lumber magnate's teen daughter stands trial for being an accomplice in her own kidnapping. *Katie Wright* (TVPG, 1:45) '96 **LMN June 1** 8:00pm; **2** 9:30am (CC)

THE ABDUCTION OF KARI SWENSON ★ ★ *Docudrama* A U.S. Olympic biathlete is kidnapped in 1984 by father-and-son Montana mountain men. *Tracy Pollan* (TVPG, 1:45) (V) '87 **LMN June 10** 4:30pm; **11** 6:00am

ABOUT ADAM ★ ★ ★ *Romance-comedy* A magnetic young man meets and romances an Irish waitress, then courts and beds the rest of the family. *Stuart Townsend* (R, 1:45) (AS, L) '00 **STARZIC June 22** 8:00pm; **23** 1:10pm; **27** 2:30pm, 10:15pm (CC)

ABOUT SARAH ★ ★ *Drama* A young woman decides whether to continue her medical career or care for her impaired mother. *Kellie*

discovery. *Ed Harris* (PG-13, 2:47) (AS, L, V) '89 *(Esp.)* **ACTION June 2** 12:05pm, 8:00pm, **3** 6:45am; **13** 12:20pm, 8:00pm; **22** 8:10am, 5:35pm ⌒

THE ACCIDENT: A MOMENT OF THRUTH MOVIE ★ ★ *Docudrama* A teen, charged with manslaughter in a drunken driving crash that killed her best friend, uses alcohol to cope. *Bonnie Root* (TVPG, 1:45) '97 **LMN June 8** 2:45pm (CC)

THE ACCIDENTAL TOURIST ★ ★ ★ *Drama* A travel writer takes up with his dog trainer after his wife moves out. *William Hurt* (TVPG, 2:30) (AS, L) '88 **FOX-WXIX June 23** 12:00pm

THE ACCUSED ★ ★ ★ *Crime drama* A psychology professor goes to trial for killing a student who tried to seduce her. *Loretta Young* ⬚ (NR, 1:41) '48 **TCM June 8** 10:30am

AN ACT OF LOVE: THE PATRICIA NEAL STORY ★ ★ ★ *Docudrama* The actress recovers from a 1966 stroke with help from friends and her husband, writer Roald Dahl. *Glenda Jackson* (NR, 1:40) '81 **WE June 26** 11:10am

ACTIVE STEALTH *Action* When terrorists steal a stealth bomber, the Army calls upon a veteran fighter pilot and his squadron to retireve it. *Daniel Baldwin* ✕ (R. 1:38) (AS, L, V) '99 *(Esp.)* **AMAX June 2** 2:45pm; **5** 4:30pm; **7** 8:00pm; **10** 12:10pm; **15** 6:20pm; **18** 8:00pm; **24** 12:50pm; **25** 1:15pm; **30** 1:15pm (CC) ⌒

THE ACTRESS ★ ★ ⸲ *Drama* Supported by her mother, a New Englander finally tells her salty

---

comunitárias, uma lista de acesso contém a programação de cada dia/horário. Como o acesso público não ocupa todos os horários e existe apenas um canal, existe uma lista de horários para cada dia e não uma grade igual ao guia de TV completo. Cada programa de acesso público possui um título e uma organização comunitária patrocinadora opcional.

- Uma tabela de conversão para cabo mostra o mapeamento de canais por meio dos sistemas de TV a cabo como mostrado na Figura 6.P10. Para cada canal, uma tabela de conversão mostra um número em cada sistema de cabo na área geográfica local.

FIGURA 6.P8 Amostra de Lista de Esportes

Esportes

8:00pm   **GOLF** Golf Murphy's Irish Open, First Round (R)
11:00pm   **GOLF** Golf Murphy's Irish Open, First Round (R)

SEXTA-FEIRA, 28 JUNHO

10:00am   **GOLF** Golf Murphy's Irish Open, Second Round (L)
12:00pm   **ESPN** U.S. Senior Open, Second Round (L) (CC)
2:00pm   **ESPN** PGA FedEx St. Jude Classic, Second Round (L) (CC)
3:00pm   **GOLF** Golf ShopRite LPGA Classic, First Round (L)
4:00pm   **ESPN** Golf U.S. Senior Open, Second Round (L) (CC)
5:30pm   **GOLF** Scorecard Report
8:00pm   **GOLF** Golf ShopRite LPGA Classic, First Round (R)
10:00pm   **GOLF** Scoreboard Report
11:00pm   **GOLF** Golf Murphy's Irish Open, Second Round (R)

SÁBADO, 29 JUNHO

10:00am   **GOLF** Golf Murphy's Irish Open, Third Round (L)
3:00pm   **NBC-WLWT** Golf U.S. Senior Open, Third Round (L) (CC)
4:00pm   **ABC-WCPO** PGA FedEx St. Jude Classic, Third Round (L)
4:30pm   **GOLF** Golf ShopRite LPGA Classic, Second Round (L)
7:00pm   **GOLF** Scorecard Report
8:00pm   **GOLF** Haskins Award
8:30pm   **GOLF** Golf ShopRite LPGA Classic, Second Round (R)
10:00pm   **GOLF** Scorecard Report
11:00pm   **GOLF** Haskins Award
11:30PM   **GOLF** Golf Murphy's Irish Open, Third Round (R)

EVENTOS HÍPICOS

DOMINGO, 2 JUNHO
2:00pm   **ESPN** Equestrian Del Mar National (CC)

QUARTA-FEIRA, 5 JUNHO
2:00pm   **ESPN2** Wire to Wire

SEXTA-FEIRA, 7 JUNHO
5:00pm   **ESPN2** Horse Racing Acorn Stakes (L)

SÁBADO, 8 JUNHO
2:00pm   **ESPN2** Horse Racing Belmont Stakes Special (L) (CC)
5:00pm   **NBC-WLWT** Horse Racing Belmont Stakes (L) (CC)

QUARTA-FEIRA, 12 JUNHO
2:00pm   **ESPN2** Wire to Wire

SÁBADO, 15 JUNHO
5:00pm   **CBS-WKRC** Horse Racing Stephen Foster Handicap (L)

QUARTA-FEIRA, 19 JUNHO
2:00pm   **ESPN2** Wire to Wire

QUARTA-FEIRA, 26 JUNHO
2:00pm   **ESPN2** Wire to Wire

SÁBADO, 29 JUNHO
3:00pm   **ESPN2** Budweiser Grand Prix of Devon
5:00pm   **CBS-WKRC** Horse Racing The Mothergoose (L) (CC)
11:00pm   **ESPN2** 2Day at the Races (L)

ARTES CONJUGAIS

SÁBADO, 1 JUNHO
10:00pm   **iN2** World Championship Kickboxing Bad to the Bone (L)

SEGUNDA-FEIRA, 3 JUNHO
9:00pm   **iN2** World Championship Kickboxing Bad to the Bone (R)

DOMINGO, 16 JUNHO
9:00pm   **iN1** Ultimate Fighting Championship: Ultimate Royce Gracie

SEGUNDA-FEIRA, 17 JUNHO
1:00am   **iN2** Ultimate Fighting Championship: Ultimate Royce Gracie
11:30pm   **iN2** Ultimate Fighting Championship: Ultimate Royce Gracie

FIGURA 6.P9 Amostra de Lista de Acesso Público

ACESSO PÚBLICO

Lista de acesso público para o canal 24 em todos os franchises da Time Warner na Grande Cincinnati:
Media Bridges Cincinnati, 1100 Race St., Cincinnati 45210. 651-4171.
Waycross Community Media (Forest Park-Greenhills-Springfield Twp.), 2086 Waycross Road, Forest Park 45240. 825-2429.
Intercommunity Cable Regulatory Commission, 2492 Commodity Circle, Cincinnati 45241. 772-4272.
Norwood Community Television, 2020 Sherman Ave., Norwood 45212. 396-5573.
DOMINGO
7 a.m.– Heart of Compassion
7:30 a.m.– Community Pentecostal
8 a.m.– ICRC Programming
8:30 a.m.– ICRC Programming
9 a.m.– St. John Church of Christ
10 a.m.– Beulah Missionary Baptist

SEGUNDA-FEIRA
6 a.m.– Sunshine Gospel Hour
7 a.m.– Latter Rain Ministry
8 a.m.– Dunamis of Faith
8:30 a.m.– In Jesus' Name
9 a.m.– Happy Gospel Time TV
10 a.m.– Greek Christian Hour
10:30 a.m.–Armor of God
11 a.m.– Delhi Christian Center
Noon – Humanist Perspective
12:30 p.m.– Waterway Hour
1:30 p.m.– Country Gospel Jubilee
2:30 p.m.– Know Your Government
4:30 p.m.– House of Yisrael
5:30 p.m.– Living Vine Presents
6:30 p.m.– Family Dialogue
7 p.m.– Goodwill Talks
8 p.m.– Pastor Nadie Johnson
9 p.m.– Delta Kings Barbershop Show
Midnight – Basement Flava 2
1 a.m.– Total Chaos Hour
2 a.m.– Commissioned by Christ
3 a.m.– From the Heart
3:30 a.m.– Words of Farrakhan
4:30 a.m.– Skyward Bound

11:30 p.m.– Fire Ball Ministry Church of God
12:30 a.m.– Second Peter Pentecostal Church
1:30 a.m.– Road to Glory Land
3:30 a.m.– Shadows of the Cross
QUARTA-FEIRA
6 a.m.– Pure Gospel
8 a.m.– ICRC Programming
8:30 a.m.– Way of the Cross
9 a.m.– Church of Christ Hour
10 a.m.– A Challenge of Faith
10:30 a.m.– Miracles Still Happen
11 a.m.– Deerfield Digest
11:30 a.m.– Bob Schuler
Noon – Friendship Baptist Church
2 p.m.– Business Talk
2:30 p.m.– ICRC Programming
3 p.m.– ICRC Programming
3:30 p.m.– Temple Fitness
4 p.m.– Church of God
5 p.m.– Around Cincinnati
5:30 p.m.– Countering the Silence
6 p.m.– Community Report
6:30 p.m.– ICRC Programming
7 p.m.– Inside Springdale
8 p.m.– ICRC Sports

FIGURA 6.P10 Amostra de Conversão de Tabela

TABELA DE CONVERSÃO DE CANAIS DE TV A CABO

Time Warner padrão	atualização cabo pronto Time Warner	Insight	Adelphia Amelia	Fairfield, Middletown	Time Warner Hamilton,	Adelphia Delhi
5	5	6	7	5	5	6
9	9	7	8	9	9	10
12	12	13	3	12	12	13
19	3	3	4	3	13	2
25	20	20–	25	25	20	15
48	13	8	13	6	6	8
64	11	11	11	11	11	11
2	–	–	–	–	2	–
7	–	–	–	–	7	–
14	14	14	14	14	14	14
16	16	16	–	16	16	16
22	–	–	–	–	8	–
43	–	–	–	–	3	–
45	–	–	–	–	10	–
54	21	21	2	–	–	4
A&E	39	39	52	28	27	46
AMC	46	46	31	29	26	40

Problemas de Conversão

1. Converta o DER mostrado na Figura 6.CP1 em tabelas. Faça uma lista das regras de conversão utilizadas e das alterações resultantes nas tabelas.

FIGURA 6.CP1
DER para o Problema de Conversão 1

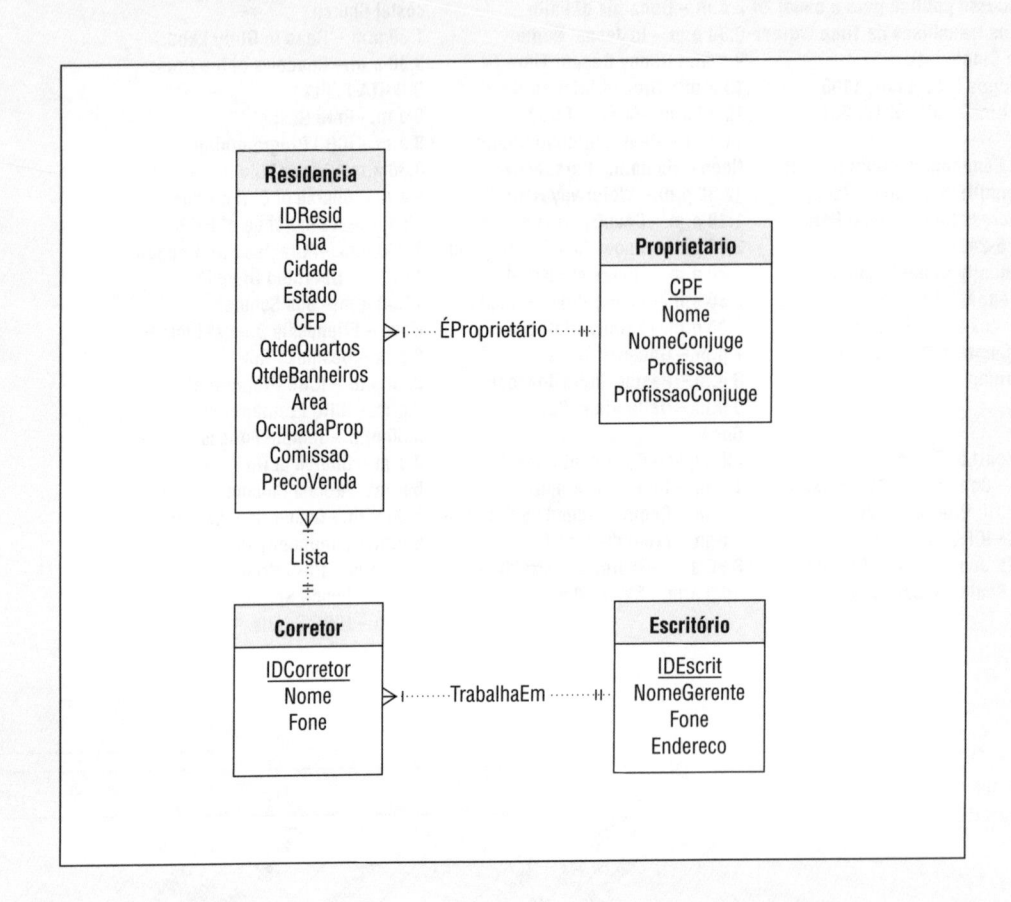

Residencia
- IDResid
- Rua
- Cidade
- Estado
- CEP
- QtdeQuartos
- QtdeBanheiros
- Area
- OcupadaProp
- Comissao
- PrecoVenda

Proprietario
- CPF
- Nome
- NomeConjuge
- Profissao
- ProfissaoConjuge

ÉProprietário

Lista

Corretor
- IDCorretor
- Nome
- Fone

TrabalhaEm

Escritório
- IDEscrit
- NomeGerente
- Fone
- Endereco

2. Converta o DER mostrado na Figura 6.CP2 em tabelas. Faça uma lista das regras de conversão utilizadas e das alterações resultantes nas tabelas.

FIGURA 6.CP2
DER para o Problema de Conversão 2

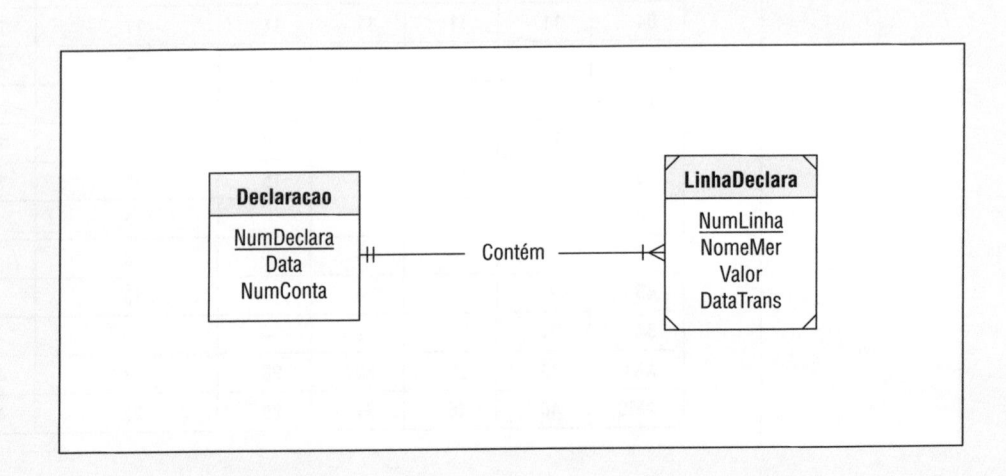

Declaracao
- NumDeclara
- Data
- NumConta

Contém

LinhaDeclara
- NumLinha
- NomeMer
- Valor
- DataTrans

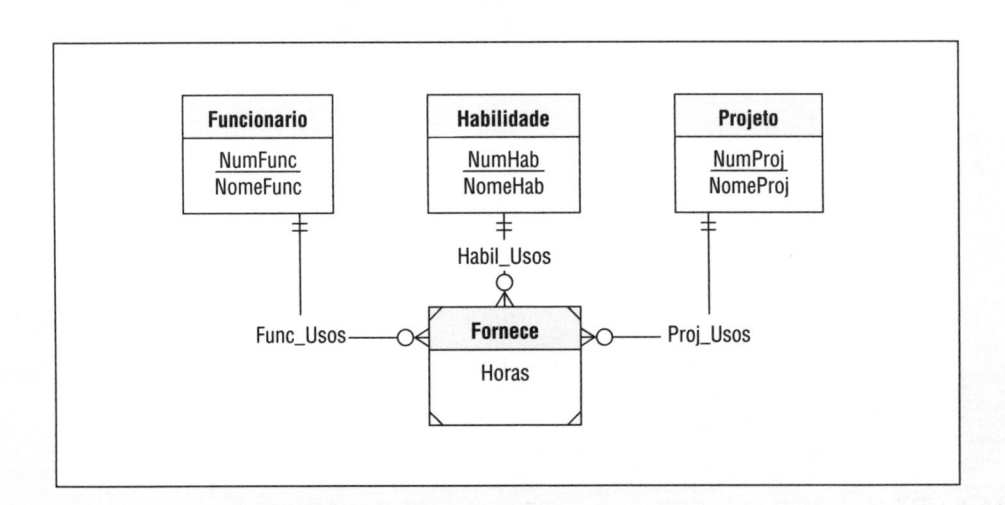

3. Converta o DER mostrado na Figura 6.CP3 em tabelas. Faça uma lista das regras de conversão utilizadas e das alterações resultantes nas tabelas.

FIGURA 6.CP3
DER para o Problema de Conversão 3

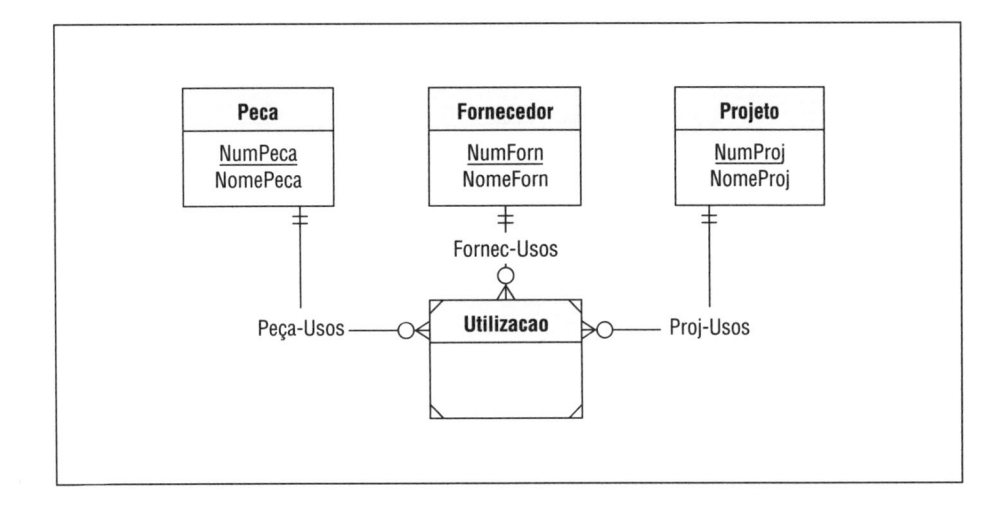

Entidades: Peca (NumPeca, NomePeca), Fornecedor (NumForn, NomeForn), Projeto (NumProj, NomeProj). Relacionamento ternário Utilizacao entre Peca, Fornecedor e Projeto (Peça-Usos, Fornec-Usos, Proj-Usos).

4. Converta o DER mostrado na Figura 6.CP4 em tabelas. Liste as regras de conversão utilizadas e as alterações resultantes nas tabelas.

FIGURA 6.CP4
DER para o Problema de Conversão 4

Entidades: Funcionario (NumFunc, NomeFunc), Habilidade (NumHab, NomeHab), Projeto (NumProj, NomeProj). Relacionamento ternário Fornece (com atributo Horas) entre Funcionario, Habilidade e Projeto (Func_Usos, Habil_Usos, Proj_Usos).

5. Converta o DER mostrado na Figura 6.CP5 em tabelas. Faça a lista das regras de conversão utilizadas e das alterações resultantes nas tabelas.

FIGURA 6.CP5
DER para o Problema de Conversão 5

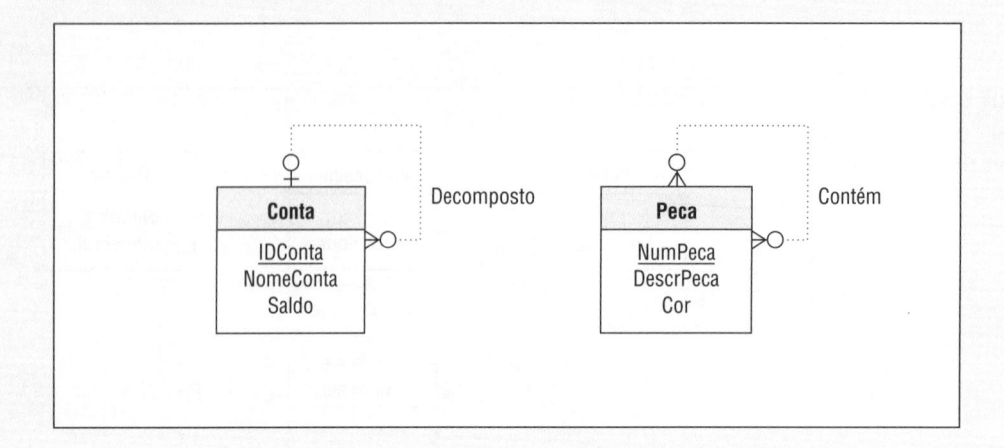

Conta (IDConta, NomeConta, Saldo) — Decomposto — Peca (NumPeca, DescrPeca, Cor) — Contém

6. Converta o DER mostrado na Figura 6.CP6 em tabelas. Faça a lista das regras de conversão utilizadas e das alterações resultantes nas tabelas.

FIGURA 6.CP6
DER para o Problema de Conversão 6

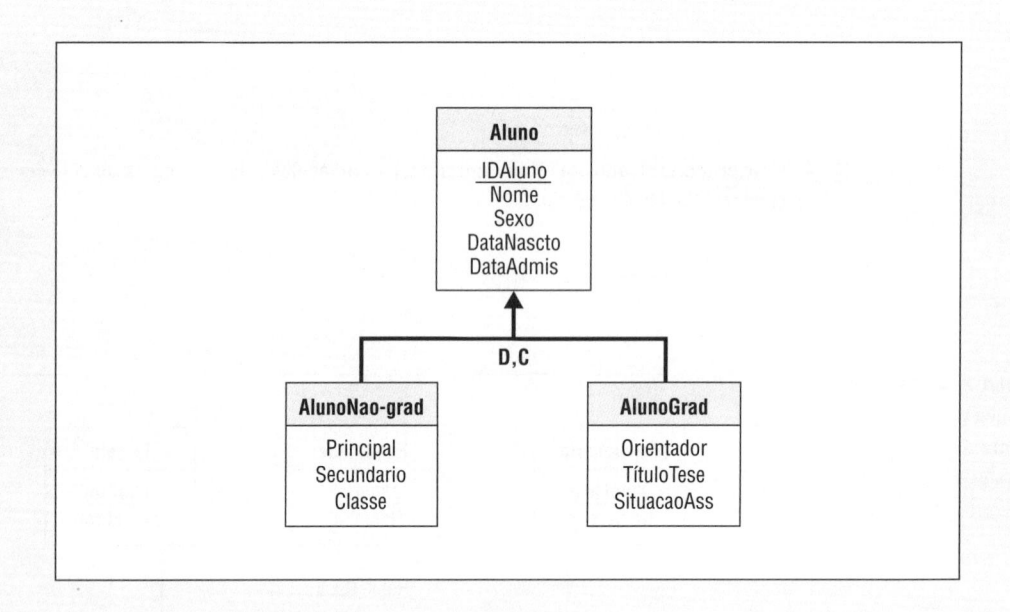

Aluno (IDAluno, Nome, Sexo, DataNascto, DataAdmis)

D,C

AlunoNao-grad (Principal, Secundario, Classe)
AlunoGrad (Orientador, TítuloTese, SituacaoAss)

7. Converta o DER mostrado na Figura 6.CP7 em tabelas. Faça a lista das regras de conversão utilizadas e das alterações resultantes nas tabelas.

FIGURA 6.CP7
DER para o Problema de Conversão 7

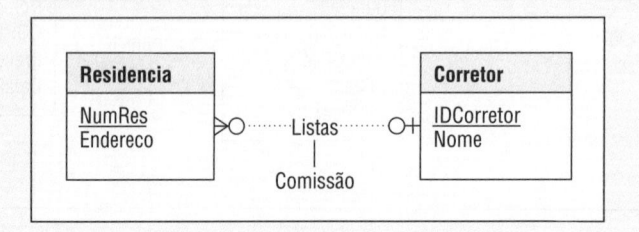

Residencia (NumRes, Endereco) — Listas, Comissão — Corretor (IDCorretor, Nome)

8. Converta o DER mostrado na Figura 6.CP8 em tabelas. Faça a lista das regras de conversão utilizadas e das alterações resultantes nas tabelas.

FIGURA 6.CP8
DER para o Problema de Conversão 8

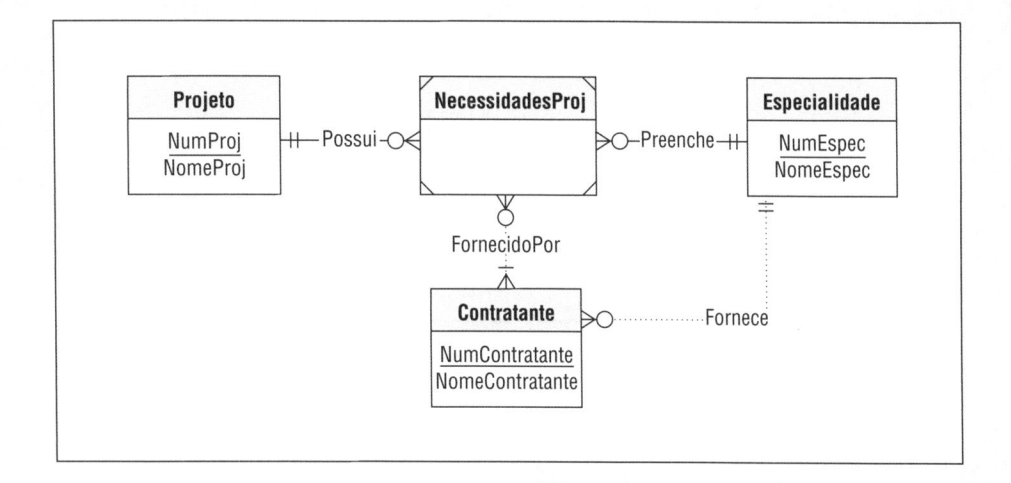

Projeto
- NumProj
- NomeProj

NecessidadesProj (entidade associativa) — Possui — Preenche —

Especialidade
- NumEspec
- NomeEspec

FornecidoPor

Contratante
- NumContratante
- NomeContratante

Fornece

9. Converta o DER mostrado na Figura 6.CP9 em tabelas. Faça a lista das regras de conversão utilizadas e das alterações resultantes nas tabelas.

FIGURA 6.CP9
DER para o Problema de Conversão 9

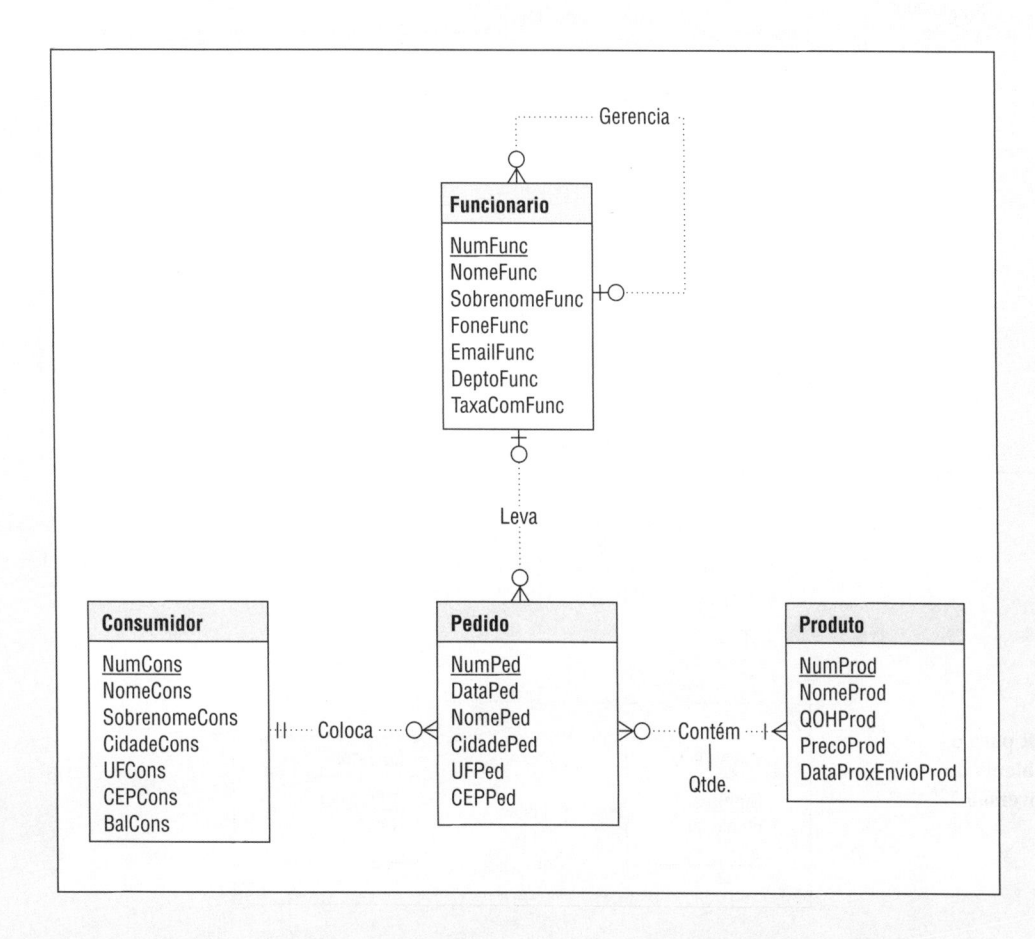

Gerencia

Funcionario
- NumFunc
- NomeFunc
- SobrenomeFunc
- FoneFunc
- EmailFunc
- DeptoFunc
- TaxaComFunc

Leva

Consumidor
- NumCons
- NomeCons
- SobrenomeCons
- CidadeCons
- UFCons
- CEPCons
- BalCons

Coloca

Pedido
- NumPed
- DataPed
- NomePed
- CidadePed
- UFPed
- CEPPed

Contém — Qtde.

Produto
- NumProd
- NomeProd
- QOHProd
- PrecoProd
- DataProxEnvioProd

10. Converta o DER mostrado na Figura 6.CP10 em tabelas. Faça a lista das regras de conversão utilizadas e das alterações resultantes nas tabelas.

FIGURA 6.CP10 DER para o Problema de Conversão 10

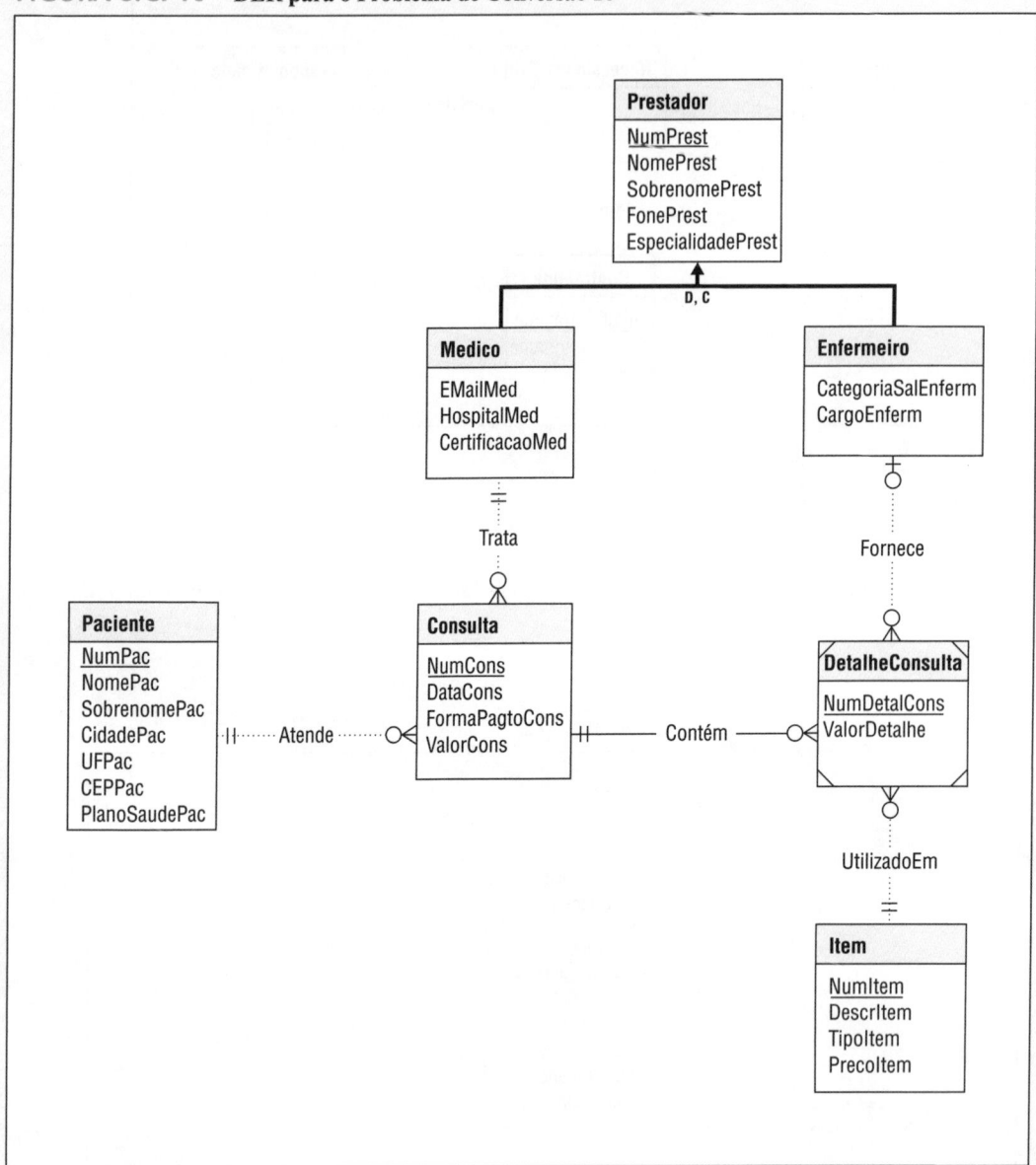

Prestador
- NumPrest
- NomePrest
- SobrenomePrest
- FonePrest
- EspecialidadePrest

(D, C)

Medico
- EMailMed
- HospitalMed
- CertificacaoMed

Enfermeiro
- CategoriaSalEnferm
- CargoEnferm

Trata

Fornece

Paciente
- NumPac
- NomePac
- SobrenomePac
- CidadePac
- UFPac
- CEPPac
- PlanoSaudePac

Atende

Consulta
- NumCons
- DataCons
- FormaPagtoCons
- ValorCons

Contém

DetalheConsulta
- NumDetalCons
- ValorDetalhe

UtilizadoEm

Item
- NumItem
- DescrItem
- TipoItem
- PrecoItem

11. Converta o DER mostrado na Figura 6.CP11 em tabelas. Faça a lista das regras de conversão utilizadas e das alterações resultantes nas tabelas.

FIGURA 6.CP11
DER para o Problema de Conversão 11

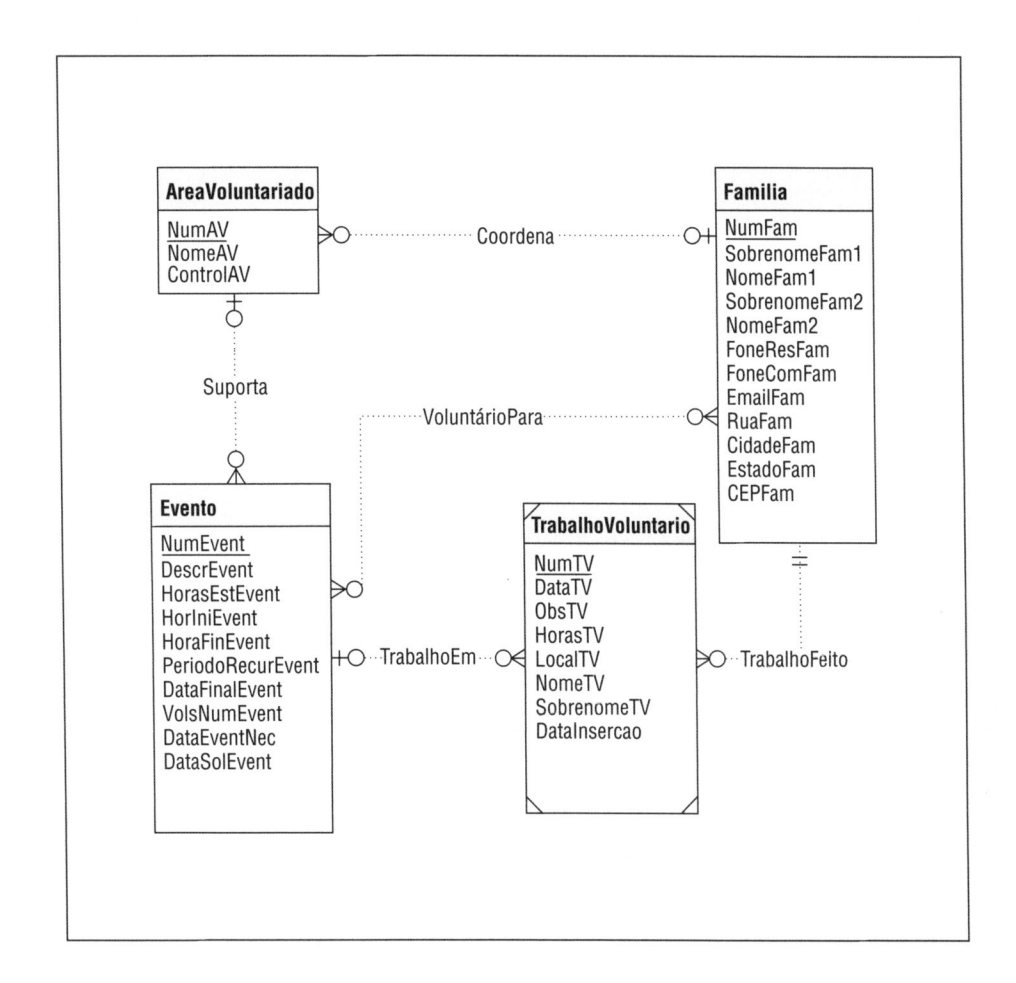

AreaVoluntariado
- NumAV
- NomeAV
- ControlAV

Familia
- NumFam
- SobrenomeFam1
- NomeFam1
- SobrenomeFam2
- NomeFam2
- FoneResFam
- FoneComFam
- EmailFam
- RuaFam
- CidadeFam
- EstadoFam
- CEPFam

Evento
- NumEvent
- DescrEvent
- HorasEstEvent
- HorIniEvent
- HoraFinEvent
- PeriodoRecurEvent
- DataFinalEvent
- VolsNumEvent
- DataEventNec
- DataSolEvent

TrabalhoVoluntario
- NumTV
- DataTV
- ObsTV
- HorasTV
- LocalTV
- NomeTV
- SobrenomeTV
- DataInsercao

Relacionamentos: Coordena, Suporta, VoluntárioPara, TrabalhoEm, TrabalhoFeito

Referências para Estudos Adicionais

Capítulo 3 de Batini, Ceri e Navathe (1992) e Capítulo 10 de Nijssen e Halpin (1989) fornecem mais detalhes sobre transformações para o refinamento de um DER. Para obter mais detalhes sobre a conversão de hierarquias de generalização, consulte o Capítulo 11 de Batini, Ceri e Navathe. O site *DBAZine* (www.dbazine.com) e o *DevX Database Zone* (www.devx.com) possuem conselhos práticos sobre o desenvolvimento de bancos de dados e modelagem de dados.

Parte 4

Projeto de Banco de Dados Relacionais

Nos Capítulos da Parte 4, é dada ênfase às habilidades práticas e aos processos de projeto de banco de dados relacionais que permitem implementar um projeto conceitual utilizando SGBDs relacionais. O Capítulo 7 abrange a motivação para a normalização de dados e apresenta uma cobertura detalhada das dependências funcionais, formas normais e considerações práticas aplicadas à normalização de dados. O Capítulo 8 apresenta uma ampla cobertura sobre o projeto físico de banco de dados, inclusive os objetivos, as entradas e a base da otimização de consultas e estrutura de arquivos, juntamente com diretrizes detalhadas para importantes decisões de projeto.

Capítulo 7. Normalização das Tabelas Relacionais
Capítulo 8. Projeto Físico do Banco de Dados

Capítulo 7

Normalização das Tabelas Relacionais

Objetivos de Aprendizagem

Este capítulo descreve a normalização, uma técnica de eliminação da redundância indesejada em tabelas relacionais. Após este capítulo, o estudante deverá ter adquirido os seguintes conhecimentos e habilidades:

- Identificar as anomalias de modificação nas tabelas com redundâncias excessivas.
- Definir dependências funcionais entre colunas de uma tabela.
- Normalizar tabelas, detectando violações das formas normais e aplicando as regras de normalização.
- Analisar os relacionamentos N-ários, utilizando o conceito de independência.
- Avaliar a utilidade e as limitações da normalização.

Visão Geral

Nos capítulos 5 e 6 foram apresentadas as ferramentas para modelagem de dados, recurso fundamental no desenvolvimento de banco de dados. Foram discutidos a notação utilizada nos diagramas entidade–relacionamento, os importantes padrões de modelagem de dados, as diretrizes para evitar os erros comuns de modelagem e a conversão dos diagramas entidade–relacionamento (DERs) em tabelas relacionais. Esse conhecimento foi aplicado na construção de DERs para pequenos problemas narrativos. Este capítulo amplia as habilidades de projeto de banco de dados, apresentando técnicas de normalização para remover a redundância das tabelas relacionais.

A redundância pode fazer com que as operações de inserção, atualização e exclusão produzam efeitos colaterais inesperados denominados anomalias de modificação. Neste capítulo são apresentadas técnicas de normalização para remover as anomalias de modificação causadas pelas redundâncias. Serão discutidas as dependências funcionais, diversas formas normais e um procedimento para gerar tabelas sem redundâncias. Além disso, será discutido como analisar os relacionamentos N-ários para encontrar redundâncias. Este capítulo termina com uma apresentação resumida das formas normais adicionais e uma discussão sobre a utilidade e as limitações das técnicas de normalização no processo de desenvolvimento de banco de dados.

7.1 Visão Geral do Projeto de Banco de Dados Relacionais

Depois de converter um DER em tabelas relacionais, o trabalho ainda não está terminado. É necessário analisar as tabelas para encontrar as redundâncias que dificultam a sua utilização. Esta seção descreve as razões pelas quais as redundâncias dificultam a utilização da tabela e apresenta um tipo importante de restrição para analisar as redundâncias.

7.1.1 Como Evitar as Anomalias de Modificação

Um bom projeto de banco de dados garante ao usuário a possibilidade de modificar o conteúdo do banco de dados sem causar efeitos colaterais inesperados. Por exemplo, com o banco de dados de uma universidade, o usuário deve poder inserir um novo curso sem ter de inserir, ao mesmo tempo, um novo oferecimento de curso e um novo aluno matriculado no curso. Do mesmo modo, quando um aluno que se forma é excluído do banco de dados, os dados do curso não podem ser perdidos inadvertidamente. Esses problemas são exemplos de anomalias de modificação, efeitos colaterais inesperados quando se modifica o conteúdo de uma tabela com redundâncias excessivas. Um bom projeto de banco de dados evita as anomalias de modificação, eliminando as redundâncias excessivas.

> **anomalia de modificação**
> um efeito colateral inesperado que ocorre quando se alteram os dados de uma tabela com redundâncias excessivas.

Para entender melhor o impacto das anomalias de modificação, vamos supor um banco de dados mal projetado. Supondo o banco de dados de uma universidade constituído de uma tabela única, como a mostrada na Tabela 7.1. Em um projeto mal elaborado como esse, fica fácil identificar as anomalias. A lista a seguir descreve alguns dos problemas desse projeto[1].

- Essa tabela contém anomalias de inserção. A anomalia de inserção ocorre quando é preciso inserir dados extras no banco de dados além dos desejados. Por exemplo, para inserir um curso, é necessário saber qual o aluno e o oferecimento porque a combinação de *CPFAluno* e *NumOfer* é a chave primária. É preciso ter em mente que não é possível existir linha com valores nulos para parte da sua chave primária.

- Essa tabela contém anomalias de atualização. A anomalia de atualização ocorre quando é preciso atualizar múltiplas linhas para modificar apenas um fato único. Por exemplo, se *Turma* do aluno S1 for modificado, será necessário mudar duas linhas. Se S1 estiver matriculado em 10 classes, 10 linhas precisam ser mudadas.

- Essa tabela contém anomalias de exclusão. A anomalia de exclusão ocorre sempre que a exclusão inadvertida de uma linha provoca a exclusão de outros dados. Por exemplo, se a matrícula de S2 em O3 (terceira linha) for excluída, as informações sobre o oferecimento O3 e o curso C3 serão perdidas.

Para lidar com essas anomalias, o usuário pode contorná-las (por exemplo, utilizando uma chave primária padrão para inserir um novo curso) ou o programador de banco de dados pode escrever um código para evitar a perda inadvertida de dados. A melhor solução é modificar o projeto da tabela para remover as redundâncias que causam essas anomalias.

TABELA 7.1 Dados de Amostra da Tabela Maior do Banco de Dados de uma Universidade

CPFAluno	CidadeAluno	Turma	NumOfer	TrimestreOfer	AnoOfer	NotaMatr	NumCurso	DescrCurso
S1	SEATTLE	JUN	O1	OUTONO	2006	3,5	C1	BD
S1	SEATTLE	JUN	O2	OUTONO	2006	3,3	C2	VB
S2	BOTHELL	JUN	O3	PRIMAVERA	2007	3,1	C3	OO
S2	BOTHELL	JUN	O2	OUTONO	2006	3,4	C2	VB

---

[1] Esse projeto de tabela única não é tão extremo como parece. Usuários sem treinamento adequado em banco de dados, muitas vezes, projetam bancos de dados utilizando uma tabela única.

FIGURA 7.1
Classificação das Restrições de Banco de Dados

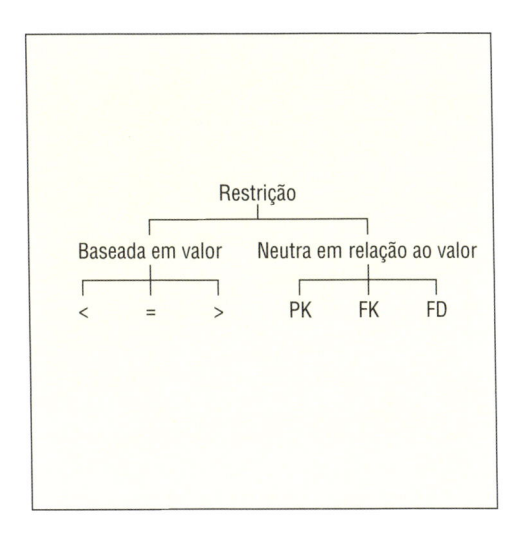

```
                        Restrição
            ┌───────────────┴───────────────┐
       Baseada em valor          Neutra em relação ao valor
      ┌──────┼──────┐           ┌──────┼──────┐
      <      =      >           PK     FK     FD
```

7.1.2 Dependências Funcionais

As dependências funcionais são ferramentas importantes na análise de uma tabela para encontrar redundâncias excessivas. A dependência funcional é uma restrição do conteúdo do banco de dados. A restrição pode ser caracterizada como baseada em valor *versus* neutra em relação a valor (Figura 7.1). A restrição baseada em valor envolve a comparação de uma coluna com uma constante, utilizando um operador de comparação, como <, = ou >. Por exemplo, idade ≥ 21 é uma importante restrição baseada em valor de um banco de dados para restringir a venda de bebida alcoólica a menores. A restrição neutra em relação a valor envolve a comparação de colunas. Por exemplo, a restrição neutra em relação a valor estabelece que a idade para aposentadoria deva ser maior que a idade atual em um banco de dados de planejamento de aposentadoria.

As restrições de chave primária (PK) e chave estrangeira (FK) são tipos de restrição neutra em relação a valores. A chave primária pode assumir qualquer valor, desde que não corresponda ao valor da chave primária de uma linha já existente. A restrição de chave estrangeira requer que o valor da coluna chave estrangeira de uma tabela corresponda ao valor de uma chave primária de outra tabela.

dependência funcional
restrição de duas ou mais colunas de uma tabela. X determina Y ($X \rightarrow Y$) se existe no máximo um valor de Y para cada valor de X.

Dependência funcional é outro tipo importante de restrição neutra em relação a valor. A dependência funcional (DF) é uma restrição de duas ou mais colunas de uma tabela. X determina Y ($X \rightarrow Y$) se existe no máximo um valor de Y para cada valor de X. A função da palavra deriva da matemática, em que uma função atribui um valor. Por exemplo, o número do cadastro de pessoa física determina a cidade (*CPFAluno* $\rightarrow$ *CidadeAluno*) na tabela do banco de dados de uma universidade, se existir no máximo um valor de cidade para cada número do cadastro de pessoa física. A coluna que aparece à esquerda de uma DF é denominada determinante, ou lado esquerdo (*left-hand side* = lado da mão esquerda). Nesse exemplo, *CPFAluno* é um determinante.

Também é possível pensar nas dependências funcionais como identificadoras de potenciais chaves candidatas. Ao declarar que $X \rightarrow Y$, se X e Y forem colocados juntos em uma tabela sem outras colunas, X é uma chave candidata. Todo determinante (lado esquerdo) é chave candidata se for colocado com outras colunas determinadas por ele. Por exemplo, se *CPFAluno*, *CidadeAluno* e *Turma* forem colocados juntos em uma tabela e *CPFAluno* $\rightarrow$ *CidadeAluno* e *CPFAluno* $\rightarrow$ *Turma*, então *CPFAluno* é uma chave candidata. Se não houver outras chaves candidatas, um determinante se tornará a chave primária se ele não permitir valores nulos.

Listas e Diagramas de Dependência Funcional

O diagrama de dependência funcional exibe, de forma compacta, as dependências funcionais de uma tabela específica. É necessário organizar as DFs para agrupar, de forma visual, as colunas que estão compartilhando do mesmo determinante. Na Figura 7.2, é fácil identificar especificamente as dependências em que *CPFAluno* é o determinante. Examinando a posição e a altura das linhas, pode-se ver que a combinação entre *CPFAluno* e *NumOfer* determina *NotaMatr,* enquanto

FIGURA 7.2
Diagrama de Dependência da Tabela Maior do Banco de Dados de uma Universidade

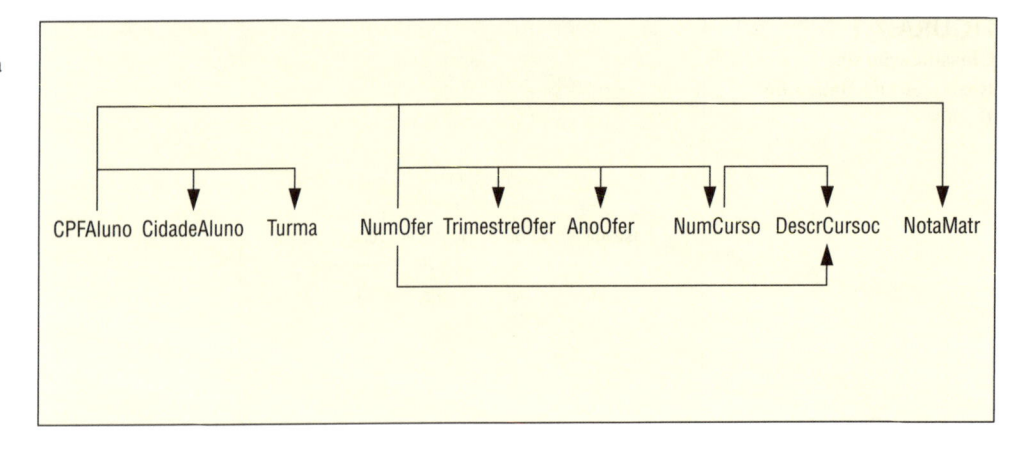

TABELA 7.2
Lista de DFs da Tabela do Banco de Dados da Universidade

CPFAluno → CidadeAluno, Turma
NumOfer → TrimestreOfer, AnoOfer, NumCurso, DescrCurso
NumCurso → DescrCurso
CPFAluno, NumOfer → NotaMatr

NumOfer sozinho determina *TrimestreOfer*, *AnoOfer* e *NumCurso*. Uma boa organização visual facilita o processo de normalização descrito na próxima seção.

Caso o usuário prefira, ele pode listar as DFs em vez de organizá-las em um diagrama. No caso de grandes grupos de DFs, é difícil criar um diagrama. Nesse caso, deve-se listar as DFs, agrupadas por lado esquerdo, assim como mostra a Tabela 7.2.

Identificação das Dependências Funcionais

Além de entender de notação e definição de dependência funcional, o projetista de banco de dados deve ser capaz de identificar as dependências funcionais quando coleta os requisitos do banco de dados. Nas narrativas do problema, é possível identificar algumas dependências por meio de declarações sobre unicidade. Por exemplo, o usuário pode escrever uma declaração estabelecendo que cada oferecimento de curso tenha um número único de oferecimento juntamente com o ano e o período letivo do oferecimento. Com base nessa declaração, o projetista deve assegurar que *NumOfer* → *AnoOfer* e *TrimestreOfer*. Também é possível identificar dependências funcionais em um projeto de tabela resultante da conversão de um DER. As dependências funcionais devem conter uma asserção para cada coluna única (chave primária ou outra chave candidata), com a coluna única como lado esquerdo e outras colunas da tabela no lado direito (*right-hand side* = lado da mão direita).

DFs para relacionamentos 1-M
criar para a DF uma asserção na direção filho para pai de um relacionamento 1-M. Não criar uma asserção na direção pai para filho porque cada valor do lado esquerdo pode ser associado no máximo a um valor do lado direito.

Embora as dependências funcionais derivadas de declarações de unicidade sejam fáceis de serem identificadas, as derivadas de declarações de relacionamentos 1-M podem ser difíceis de ser identificadas. Quando se vê a declaração de um relacionamento 1-M, a dependência funcional é derivada da direção filho para pai e não da direção pai para filho. Por exemplo, a declaração "Um professor leciona muitos oferecimentos, mas um oferecimento é ministrado por um professor" define uma dependência funcional derivada de uma coluna única de oferecimento para uma coluna única de professor como *NumOfer* → *CPFProf*. Algumas vezes, um projetista iniciante cria uma asserção incorreta, estabelecendo que *CPFProf* determina a coleção de valores de *NumOfer*. Essa declaração está incorreta porque uma dependência funcional deve permitir no máximo um valor associado, e não uma coleção de valores.

Também pode ser difícil identificar as dependências funcionais em que o lado esquerdo não é chave primária ou candidata. Essas DFs são muito importantes para a identificação após converter um DER em um projeto de tabela. As DFs em que o lado esquerdo não é chave primária ou chave candidata devem ser verificadas com muita atenção. Também é necessário considerar as DFs em tabelas com chave primária ou candidata combinada em que o lado esquerdo é parte de uma chave, mas não a chave inteira. A apresentação das formas normais na Seção 7.2 explica que esses tipos de DFs podem produzir anomalias de modificação.

Outro aspecto importante a ser considerado na asserção de dependências funcionais é o minimalismo do lado esquerdo. É importante saber distinguir quando uma coluna sozinha é o determinante e não uma combinação de colunas. Uma DF em que o lado esquerdo contém mais de uma coluna normalmente representa um relacionamento M-N. Por exemplo, a declaração "A quantidade do pedido é coletada de cada produto comprado em um pedido" é convertida em DF *NumPedido, NumProduto → QtdePedida*. A quantidade do pedido depende da combinação entre número do pedido e número do produto, não apenas de uma dessas duas colunas.

determinante mínimo
o determinante (coluna(s) que aparece(m) no lado esquerdo de uma dependência funcional) não pode conter colunas extras. Esse requisito minimalista é semelhante ao requisito minimalista para as chaves candidatas.

Parte da confusão a respeito do minimalismo do lado esquerdo deve-se ao significado das colunas no lado esquerdo *versus* direito de uma dependência. Para registrar que o número do cadastro de pessoa física de um aluno determina a cidade e a turma, pode-se escrever ou *CPFAluno → CidadeAluno, Turma* (mais compacto) ou *CPFAluno → CidadeAluno* e *CPFAluno → Turma* (menos compacto). Supondo que o endereço de correio eletrônico também é único para cada aluno, pode-se escrever *Email → CidadeAluno, Turma*. Não se deve escrever *CPFAluno, Email → CidadeAluno, Turma* porque essas DFs dão a entender que a combinação de *CPFAluno* e *Email* é o determinante. Portanto, deve-se escrever DFs de modo que o lado esquerdo não contenha colunas desnecessárias[2]. A proibição de colunas desnecessárias para determinantes é igual à proibição de colunas desnecessárias nas chaves candidatas. Tanto os determinantes como as chaves candidatas devem ser mínimos.

Eliminação de DFs Utilizando Amostra de Dados

eliminação de potenciais DFs
utilizar dados de amostra para eliminar potenciais DFs. Se duas linhas tiverem o mesmo valor do lado esquerdo, mas valores diferentes do lado direito, não existe DF. Alguns programas comerciais de normalização utilizam essa técnica para ajudar o usuário a identificar as DFs.

Não é possível provar a existência de uma dependência funcional, examinando as linhas de uma tabela. No entanto, é possível comprovar a falsidade de uma dependência funcional (isto é, provar que uma dependência funcional não existe), examinando o conteúdo de uma tabela. Por exemplo, no banco de dados de uma universidade (Tabela 7.1) pode-se concluir que *Turma* não determina *CidadeAluno* porque existem duas linhas com o mesmo valor para *Turma*, mas um valor diferente para *CidadeAluno*. Portanto, algumas vezes, é útil examinar uma amostra de linhas de uma tabela para eliminar potenciais dependências funcionais. Existem diversas ferramentas comerciais de projeto de banco de dados que automatizam o processo de eliminação das dependências, examinando amostras de linhas. No fim, o projetista do banco de dados é que toma a decisão final a respeito das dependências funcionais existentes na tabela.

7.2 Formas Normais

Normalização é o processo de remoção da redundância de uma tabela, visando facilitar a modificação da tabela. Foram desenvolvidas inúmeras formas normais para remover as redundâncias. <u>Forma normal</u> é uma regra que estabelece as dependências permitidas. Cada forma normal remove certos tipos de redundância. Assim como mostra a Figura 7.3, a primeira forma normal (1FN) é o ponto de partida. Todas as tabelas sem grupos repetidos estão na 1FN. A 2FN é mais forte que a 1FN. Somente um subconjunto de tabelas na 1FN está na 2FN. Cada forma normal sucessiva refina a forma normal anterior para remover tipos adicionais de redundância. Como a FNBC (Forma Normal Boyce-Codd) é uma definição revisada (e mais forte) de 3FN, 3FN e FNBC serão mostradas na mesma parte da Figura 7.3.

A 2FN e 3FN/FNBC são regras para dependências funcionais. Se as dependências funcionais de uma tabela obedecem a um padrão especificado, a tabela está na forma normal especificada. Na prática, a 3FN/FNBC é a mais importante, porque formas normais superiores envolvem outros tipos de dependências menos comuns e mais difíceis de entender. Portanto, maior ênfase é dada a 3FN/FNBC. A Seção 7.3 apresenta a 4FN como meio para raciocinar sobre os relacionamentos N-ários. A Seção 7.4 apresenta a 5FN e a FNCD (forma normal de chave de domínio) para mostrar que foram propostas formas normais superiores. A FNCD é a forma mais alta em termos de formas normais, mas permanece como um ideal e não como uma forma normal prática.

---

[2] Esse conceito é mais conhecido como "dependência funcional total". Dependência funcional total significa que o lado esquerdo é mínimo.

FIGURA 7.3
Relacionamento das Formas Normais

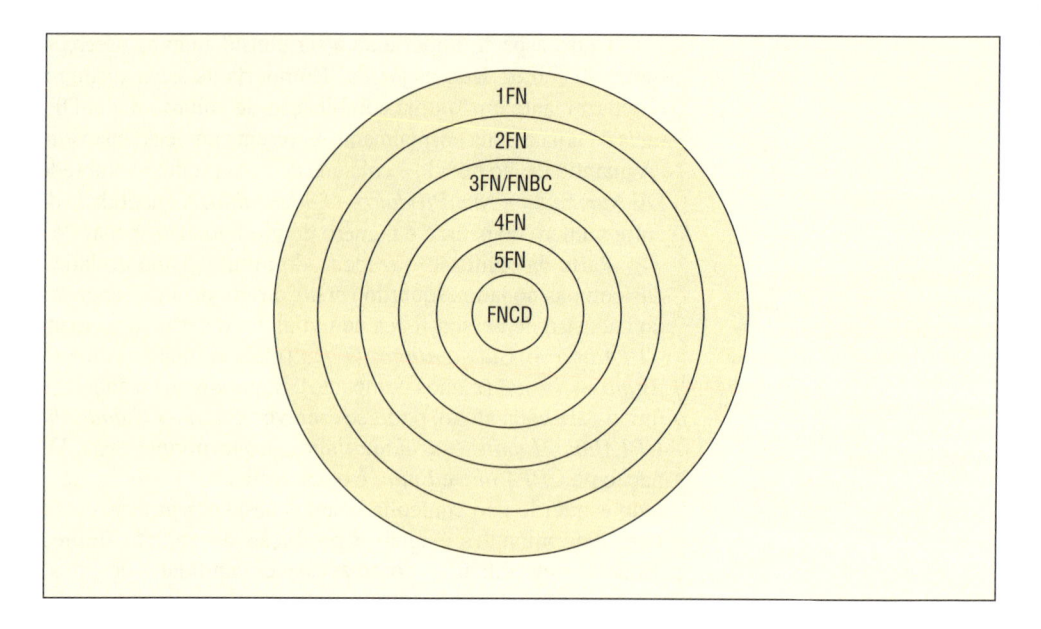

[Diagrama de círculos concêntricos mostrando, do maior para o menor: 1FN, 2FN, 3FN/FNBC, 4FN, 5FN, FNCD]

TABELA 7.3 Tabela Não-normalizada do Banco de Dados de uma Universidade

CPFAluno	CidadeAluno	Turma	NumOfer	TrimestreOfer	AnoOfer	NotaMatr	NumCurso	DescrCurso
S1	SEATTLE	JUN	O1	OUTONO	2006	3,5	C1	BD
			O2	OUTONO	2006	3,3	C2	VB
S2	BOTHELL	JUN	O3	PRIMAVERA	2007	3,1	C3	OO
			O2	OUTONO	2006	3,4	C2	VB

7.2.1 Primeira Forma Normal

A 1FN proíbe o aninhamento ou a repetição de grupos em tabelas. Uma tabela fora da 1FN está não-normalizada. Na Tabela 7.3, a tabela da universidade está não-normalizada porque duas linhas contêm grupos repetidos ou tabelas aninhadas. Para converter uma tabela não-normalizada em 1FN, cada valor de um grupo repetido é substituído por uma linha. Em uma nova linha, copiam-se as colunas não repetidas. É possível ver a conversão, comparando a Tabela 7.3 com a Tabela 7.1 (comparando duas linhas com grupos repetidos com quatro linhas sem grupos repetidos).

Como a maioria dos SGBDs comerciais requer tabelas em 1FN, normalmente não é necessário converter as tabelas em 1FN[3]. No entanto, muitas vezes, é necessário executar o processo reverso (converter tabelas em 1FN em tabelas não-normalizadas) para gerar relatórios. Assim, como será discutido no Capítulo 10, os relatórios utilizam o aninhamento para mostrar os relacionamentos. No entanto, as tabelas subjacentes não têm aninhamento.

7.2.2 Segunda e Terceira Forma Normal

As definições de 2FN e 3FN estabelecem a distinção entre colunas chave e não-chave[4]. A coluna é uma coluna chave se for parte de uma chave candidata ou for a própria chave candidata. Relembrando, <u>chave candidata</u> é um conjunto mínimo de coluna(s) com valores únicos em uma tabela. Minimalidade significa que nenhuma das colunas pode ser removida sem perder a propriedade de unicidade. As colunas não-chave são quaisquer demais colunas. Na

---

[3] Embora as tabelas aninhadas sejam suportadas desde o padrão SQL:1999 com suporte comercial no Oracle 9i, esse recurso não parece importante na maioria das aplicações corporativas. Portanto, este capítulo não leva em conta as complicações das tabelas aninhadas na normalização.

[4] Na literatura, as colunas chave são conhecidas como principal, e as colunas não-chave como não principal.

Tabela 7.1, a combinação de (*CPFAluno*, *NumOfer*) é a única chave candidata. Outras colunas como *CidadeAluno* e *Turma* são colunas não-chave.

O objetivo da 2FN e 3FN é produzir tabelas em que toda chave determine as demais colunas. O lembrete na margem do texto apresenta uma maneira fácil de memorizar a definição de 2FN e 3FN.

definição combinada de 2FN e 3FN
uma tabela está em 3FN se cada coluna não-chave depender totalmente das chaves candidatas, de chaves candidatas inteiras e tão-somente das chaves candidatas.[5]

Segunda Forma Normal

Para entender essa definição, ela será dividida em partes da 2FN e da 3FN. A definição da 2FN utiliza a primeira parte da definição, assim como mostra o lembrete na margem do texto.

Para verificar se a tabela está em 2FN, é necessário procurar DFs que violem a definição. Uma DF em que parte de uma coluna chave determina uma coluna não-chave viola a 2FN. Se a chave contiver apenas uma coluna, a tabela está em 2FN. Olhando o diagrama de dependência mostrado na Figura 7.2, é fácil detectar violações da 2FN. Por exemplo, *CidadeAluno* é uma coluna não-chave, mas *CPFAluno*, e não a chave principal inteira (combinação de *CPFAluno* e *NumOfer*), é que a determina. As únicas DFs que satisfazem a definição de 2FN são *CPFAluno, NumOfer → NotaMatr* e *NumCurso → DescrCurso*.

definição de 2FN
uma tabela está em 2FN se cada coluna não-chave depender totalmente das chaves candidatas, e não de um subconjunto qualquer da chave candidata.

Para colocar a tabela em 2FN, divida a tabela original em pequenas tabelas que satisfaçam a definição de 2FN. Em cada tabela menor, toda a chave primária (e não parte da chave primária) deve determinar as colunas não-chave. O processo de divisão envolve o operador de projeção da álgebra relacional. No caso da tabela do banco de dados de uma universidade, três operações de projeção a dividem de forma que a chave primária sublinhada determina as colunas não-chave de cada uma das tabelas a seguir.

violação da 2FN
uma DF em que parte da chave determina uma coluna não-chave viola a 2FN. Uma DF contendo uma única coluna no lado esquerdo não pode violar a 2FN.

TabelaUniv1 (<u>CPFAluno</u>, CidadeAluno, Turma)
TabelaUniv2 (<u>NumOfer</u>, TrimestreOfer, AnoOfer, NumCurso, DescrCurso)
TabelaUniv3 (<u>CPFAluno</u>, <u>NumOfer</u>, NotaMatr)

O processo de divisão deve preservar a tabela original de duas formas. Na primeira, a tabela original deve ser recuperável, utilizando operadores de junção natural nas tabelas menores. Na segunda, as DFs da tabela original devem ser deriváveis das DFs das tabelas menores. Em termos técnicos, o processo de divisão é conhecido como decomposição preservando a dependência sem perdas ou, resumidamente "decomposição sem perdas" (NRV). Alguns materiais de referência indicados no final deste capítulo explicam a teoria básica do processo de divisão.

Depois de dividir a tabela original em tabelas menores, é necessário adicionar restrições de integridade referencial para conectar as tabelas. Sempre que uma tabela é dividida, a coluna dividida torna-se uma chave estrangeira na tabela em que ela não é chave primária. Por exemplo, *CPFAluno* é chave estrangeira na *TabelaUniv3*, porque a tabela original da universidade foi dividida nessa coluna. Assim, definir uma restrição de integridade referencial estabelecendo que *TabelaUniv3.CPFAluno* refere-se a *TabelaUniv1.CPFAluno*. A *TabelaUniv3* está repetida a seguir, com suas restrições de integridade referencial.

TabelaUniv3 (<u>CPFAluno</u>, <u>NumOfer</u>, NotaMatr)
    FOREIGN KEY (CPFAluno) REFERENCES TabelaUniv1
    FOREIGN KEY (NumOfer) REFERENCES TabelaUniv2

Terceira Forma Normal

definição de 3FN
uma tabela está em 3FN se estiver em 2FN e cada coluna não-chave depender somente das chaves candidatas, e não de outras colunas não-chave.

A *TabelaUniv2* ainda contém anomalias de modificação. Por exemplo, não é possível adicionar um novo curso a menos que se conheça o valor da coluna *NumOfer*. Para eliminar as anomalias de modificação, deve-se aplicar a definição da 3FN.

Uma DF em que uma coluna não-chave determina outra coluna não-chave viola a 3FN. Na tabela *TabelaUniv2*, a DF (*NumCurso → DescrCurso*) viola a 3FN porque ambas as

---
[5] Esta definição pode ser memorizada, estabelecendo uma analogia com o tradicional juramento: "Jura dizer a verdade, toda a verdade e nada além da verdade..."

colunas, *NumCurso* e *DescrCurso* são não-chave. Para corrigir a violação, dividir a tabela *TabelaUniv2* em duas tabelas, assim como mostrado a seguir, e adicionar uma restrição de chave estrangeira.

TabelaUniv2-1 (NumOfer, TrimestreOfer, AnoOfer, NumCurso)
    FOREIGN KEY (NumCurso) REFERENCES TabelaUniv2-2
TabelaUniv2-2 (NumCurso, DescrCurso)

dependência transitiva
DF derivada pela lei de transitividade. As dependências transitivas não devem ser registradas como entrada ao processo de normalização.

Uma maneira equivalente de definir a 3FN é que a 3FN proíbe dependências transitivas. Dependência transitiva é uma dependência funcional derivada pela lei de transitividade. A lei de transitividade estabelece que, se um objeto A estiver relacionado a B, e B estiver relacionado a C, pode-se concluir que A está relacionado a C. Por exemplo, o operador < obedece à lei de transitividade: $A < B$ e $B < C$ subentende-se que $A < C$. As dependências funcionais, assim como o operador <, obedecem à lei de transitividade: $A \to B$, $B \to C$, então, $A \to C$. Na Figura 7.2, *NumOfer* $\to$ *DescrCurso* é uma dependência transitiva derivada de *NumOfer* $\to$ *NumCurso* e *NumCurso* $\to$ *DescrCurso*.

Como as dependências transitivas são facilmente ignoradas, a definição preferida de 3FN não utiliza dependências transitivas. Além disso, será possível observar na Seção 7.2.4 que, na análise, as dependências derivadas, como as dependências transitivas, devem ser omitidas.

Exemplo Combinado de 2FN e 3FN

A tabela maior de pacientes, reproduzida na Tabela 7.4, serve de outro exemplo para aplicação do conhecimento de 2FN e 3FN. A tabela maior de pacientes contém fatos de pacientes, prestadores de serviços de assistência médica, consultas dos pacientes em uma clínica e diagnósticos feitos por prestadores de serviços de assistência médica. Essa tabela contém uma chave primária combinada constituída da combinação de *NumConsulta* e *NumPrestador* (número do prestador). Assim como a tabela maior do banco de dados de uma universidade reproduzida na Tabela 7.1, a tabela maior de pacientes reflete um projeto malfeito de tabela com muitas redundâncias. A Tabela 7.5 lista as DFs associadas. É necessário verificar se as linhas de amostra da Tabela 7.4 não contradizem as DFs.

Assim como já discutido anteriormente, as DFs que violam a 2FN envolvem parte de uma chave determinando uma não-chave. Muitas das DFs da Tabela 7.5 violam a definição de 2FN porque a combinação de *NumConsulta* e *NumPrestador* é a chave primária. Portanto, as DFs com somente *NumConsulta* ou *NumPrestador* no lado esquerdo violam a 2FN. Para amenizar as violações de 2FN, dividir a tabela maior de pacientes de forma que as violações de DFs sejam associadas a tabelas separadas. Na lista revisada de tabelas, *TabelaPaciente1* e *TabelaPaciente2* contêm as violações de DFs. A *TabelaPaciente3* mantém as colunas restantes.

TABELA 7.4 Dados de Amostra da Tabela Maior de Pacientes

NumConsulta	DataConsulta	NumPac	IdadePac	CidadePac	CEPPac	Num Prestador	Especialidade Prestador	Diagnostico
V10020	13/1/2007	P1	35	DENVER	80217	D1	INTERNO	INFECCAO DE OUVIDO
V10020	13/1/2007	P1	35	DENVER	80217	D2	ENFERMEIRA	GRIPE
V93030	20/1/2007	P3	17	ENGLEWOOD	80113	D2	ENFERMEIRA	GRAVIDEZ
V82110	18/1/2007	P2	60	BOULDER	85932	D3	CARDIOLOGISTA	SOPRO

TABELA 7.5
Lista das DFs da Tabela Maior de Pacientes

NumPac → IdadePac, CidadePac, CEPPac
CEPPac → CidadePac
NumPrestador → EspecialidadePrestador
NumConsulta → NumPac, DataConsulta, IdadePac, CidadePac, CEPPac
NumConsulta, NumPrestador → Diagnostico

TabelaPaciente1 (<u>NumPrestador</u>, EspecialidadePrestador)
TabelaPaciente2 (<u>NumConsulta</u>, DataConsulta, NumPac, IdadePac, CidadePac, CEPPac)
TabelaPaciente3 (<u>NumConsulta, NumPrestador</u>, Diagnostico)
   FOREIGN KEY (NumConsulta) REFERENCES TabelaPaciente2
   FOREIGN KEY (NumPrestador) REFERENCES TabelaPaciente1

As tabelas *TabelaPaciente1* e *TabelaPaciente3* estão na 3FN porque não existem colunas não-chave que determinam outras colunas não-chave. No entanto, a tabela *TabelaPaciente2* viola a 3FN porque as DFs *NumPac → CEPPac, IdadePac* e *CEPPac → CidadePac* envolvem colunas não-chave que determinam outras colunas não-chave. Para amenizar as violações de 3FN, divida a tabela *TabelaPaciente2* em três tabelas, assim como mostra a lista de tabela revisada. Na lista de tabelas revisada, as tabelas *TabelaPaciente2-1* e *TabelaPaciente2-2* contêm as violações de DFs, enquanto a tabela *TabelaPaciente2-3* retém as colunas restantes.

TabelaPaciente2-1 (<u>NumPac</u>, IdadePac, CEPPac)
   FOREIGN KEY (CEPPac) REFERENCES TabelaPaciente2-2
TabelaPaciente2-2 (<u>CEPPac</u>, CidadePac)
TabelaPaciente2-3 (<u>NumConsulta</u>, NumPac, DataConsulta)
   FOREIGN KEY (NumPac) REFERENCES TabelaPaciente2-1

A utilização da 2FN e 3FN requer dois passos de normalização. O processo de normalização pode ser realizado em um passo utilizando a forma normal de Boyce-Codd, assim como apresenta a subseção seguinte.

7.2.3 Forma Normal de Boyce-Codd

A definição revisada da 3FN, conhecida como forma normal de Boyce-Codd (FNBC), é melhor por ser mais simples e abrange um caso especial omitido pela definição da 3FN original. A definição da FNBC é mais simples porque não se refere a 2FN.

> **definição de FNBC**
> uma tabela está na FNBC se todo determinante for uma chave candidata.

As violações da FNBC envolvem DFs em que o determinante (lado esquerdo) não é uma chave candidata. Em um projeto mal elaborado de tabela como a tabela maior do banco de dados de uma universidade (dados de amostra da Tabela 7.1 e a lista de DF da Tabela 7.2), é fácil detectar violações da FNBC. Por exemplo, *CPFAluno* é um determinante, mas não uma chave candidata (ele é parte de uma chave candidata, mas não a própria chave candidata). A única DF na Tabela 7.2 que não viola a FNBC é *CPFAluno, NumOfer → NotaMatr*.

Em outro exemplo, será aplicada a definição da FNBC às DFs da tabela maior de pacientes mostrada na Tabela 7.5. Todas as DFs da Tabela 7.5 violam a definição da FNBC, exceto a última DF (*NumConsulta, NumPrestador → Diagnostico*). Todas as demais DFs têm determinantes que não são chaves candidatas (parte de uma chave candidata em alguns casos, mas não uma chave candidata inteira). Para amenizar as violações da FNBC, divida a tabela maior de pacientes em tabelas menores. Cada determinante deve ser colocado em uma tabela separada juntamente com as colunas que ele determina. O resultado é idêntico ao da divisão de 3FN (ver o resultado do último exemplo de 3FN) com as tabelas *TabelaPaciente1, TabelaPaciente3, TabelaPaciente2-1, TabelaPaciente2-2* e *TabelaPaciente2-3*.

Relacionamento Entre 3FN e FNBC
Embora a FNBC e a 3FN normalmente produzam o mesmo resultado, a FNBC é uma definição mais forte que a 3FN. Portanto, toda tabela em FNBC está, por definição, em 3FN. A FNBC abrange dois casos especiais não cobertos pela 3FN: (1) parte de uma chave determina parte de uma chave e (2) uma coluna não-chave determina parte de uma chave. Essas situações são possíveis somente se existirem chaves candidatas compostas múltiplas (chaves candidatas com múltiplas colunas). A análise das dependências de tabelas com chaves candidatas compostas múltiplas é difícil. Felizmente, as tabelas com chaves candidatas compostas múltiplas não são comuns.

A *TabelaUniv4* está em 3FN, mas não em FNBC, de acordo com a primeira exceção (parte de uma chave determina parte de uma chave). A *TabelaUniv4* (Figura 7.4) tem duas chaves candidatas: a combinação de *CPFAluno* e *NumOfer* (a chave primária) e a combinação de *Email* e *NumOfer*. Nas DFs da *TabelaUniv4* (Figura 7.4) deve-se observar que *CPFAluno* e *Email* determinam uma a outra. Por causa das DFs entre *CPFAluno* e *Email*, a tabela *TabelaUniv4* contém uma redundância já que *Email* se repete para cada *CPFAluno*. Por exemplo, as primeiras duas linhas contêm o mesmo endereço de correio eletrônico porque o valor de *CPFAluno* é o mesmo. Estas são as explicações por que a *Tabela–Univ4* está em 3FN, mas não em FNBC.

- 3FN: a *TabelaUniv4* está em 3FN por que a única coluna não-chave (*NotaMatr*) depende de cada chave candidata (não apenas de parte de uma chave candidata). Como *NotaMatr* é a única coluna não-chave, ela não pode depender de outras colunas não-chave.
- FNBC: as dependências entre *CPFAluno* e *Email* violam a FNBC. Tanto *CPFAluno* como *Email* são determinantes, mas nenhuma é uma chave candidata inteira, embora cada uma seja parte de uma chave candidata. Para eliminar a redundância, é necessário dividir a tabela *TabelaUniv4* em duas tabelas, assim como mostra a Figura 7.4.

A *TabelaUniv5* (Figura 7.5) representa outro exemplo de tabela com chaves candidatas compostas múltiplas. Assim como a *TabelaUniv4*, a *TabelaUniv5* está em 3FN, mas não em FNBC, porque parte de uma chave determina parte de uma chave. A tabela *Tabela Univ5* tem duas chaves candidatas: a combinação entre *CPFAluno* e *NumOrientador* (a chave primária) e a combinação de *CPFAluno* e *Especializacao*. A *TabelaUniv5* tem uma redundância já que *Especializacao* se repete para cada linha com o mesmo valor de *NumOrientador*. Essas são as explicações por que a *TabelaUniv5* está em 3FN, mas não em FNBC.

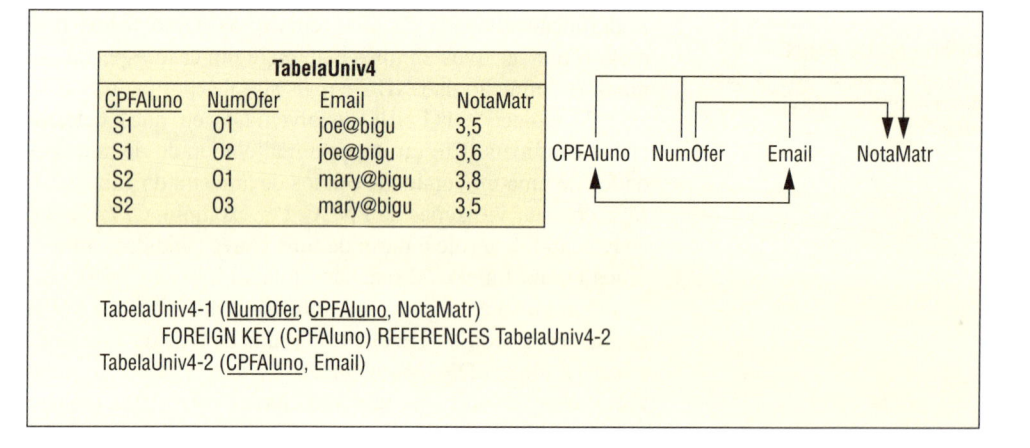

FIGURA 7.4
Amostra de Linhas, Diagrama de Dependência e Tabelas Normalizadas da TabelaUniv4

TabelaUniv4			
CPFAluno	NumOfer	Email	NotaMatr
S1	O1	joe@bigu	3,5
S1	O2	joe@bigu	3,6
S2	O1	mary@bigu	3,8
S2	O3	mary@bigu	3,5

TabelaUniv4-1 (<u>NumOfer</u>, <u>CPFAluno</u>, NotaMatr)
    FOREIGN KEY (CPFAluno) REFERENCES TabelaUniv4-2
TabelaUniv4-2 (<u>CPFAluno</u>, Email)

FIGURA 7.5
Amostra de Linhas, Diagrama de Dependência e Tabelas Normalizadas da TabelaUniv5

TabelaUniv5			
CPFAluno	NumOrientador	Especializacao	Situacao
S1	A1	SI	CONCLUIDO
S1	A2	FINAN	PENDENTE
S2	A1	SI	PENDENTE
S2	A3	FINAN	CONCLUIDO

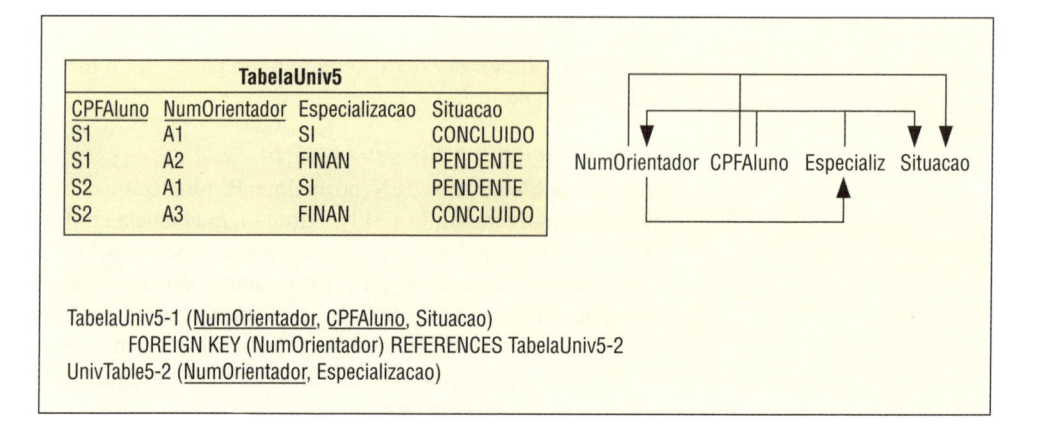

TabelaUniv5-1 (<u>NumOrientador</u>, <u>CPFAluno</u>, Situacao)
    FOREIGN KEY (NumOrientador) REFERENCES TabelaUniv5-2
UnivTable5-2 (<u>NumOrientador</u>, Especializacao)

- 3FN: a *TabelaUniv5* está em 3FN porque *Especializacao* é uma coluna chave. *Situacao* é a única coluna não-chave. Como a coluna *Situacao* depende de chaves candidatas inteiras (<*CPFAluno, NumOrientador*> e <*CPFAluno, Especializacao*>), *TabelaUniv5* está em 3FN.
- FNBC: o diagrama de dependência (Figura 7.5) mostra que *NumOrientador* é um determinante, mas não, ela própria, uma chave candidata. Portanto, a *TabelaUniv5* não está em FNBC. Para eliminar a redundância, é necessário dividir a *TabelaUniv5* em duas tabelas, assim como mostra a Figura 7.5.

Esses exemplos demonstram dois aspectos sobre a normalização. O primeiro aspecto: as tabelas com múltiplas chaves candidatas compostas são difíceis de ser analisadas. É necessário estudar com muita atenção as dependências mostradas em cada exemplo (Figuras 7.4 e 7.5) para entender as conclusões sobre as violações da forma normal. O segundo aspecto: a maioria das tabelas na 3FN (mesmo as com chaves candidatas compostas múltiplas) também está na FNBC. Os exemplos das Figuras 7.4 e 7.5 foram criados propositadamente para reproduzir a diferença entre 3FN e FNBC. A importância da FNBC está no fato de ser uma definição mais simples e aplicável ao procedimento descrito na próxima seção.

7.2.4 Procedimento Simples de Síntese

O procedimento simples de síntese pode ser utilizado para gerar tabelas que satisfaçam a FNBC, começando com uma lista de dependências funcionais. A palavra *síntese* significa que as dependências funcionais individuais são combinadas para construir tabelas. Essa aplicação é semelhante à de outras disciplinas, como a música, em que a síntese envolve a combinação individual de sons para criar unidades maiores como melodias, partituras e assim por diante.

A Figura 7.6 mostra os passos do procedimento simples de síntese. Os dois primeiros passos eliminam a redundância, removendo colunas irrelevantes e DFs derivadas. Os três últimos passos produzem tabelas para coleções de DFs. As tabelas produzidas nos três últimos passos podem estar incorretas se as DFs redundantes não forem eliminadas.

Aplicação do Procedimento Simples de Síntese

Para entender esse procedimento, ele será aplicado às DFs da tabela do banco de dados de uma universidade (Tabela 7.2). No primeiro passo, não existem colunas irrelevantes nos determinantes. Para demonstrar a existência de uma coluna irrelevante, suponhamos a existência da DF *CPFAluno, CidadeAluno* → *Turma*. Nessa DF, se *CidadeAluno* for removida do lado esquerdo, a DF *CPFAluno* → *Turma* ainda permanece. A coluna *CidadeAluno* é redundante na DF e deve ser removida.

Para aplicar o segundo passo, é necessário saber como derivar as DFs de outras DFs. Embora existam inúmeras maneiras de derivar DFs, a mais conhecida é por meio da lei de transitividade, conforme as explicações apresentadas na discussão sobre 3FN (Seção 7.2.2). Para os objetivos deste livro, serão eliminadas apenas as DFs derivadas por meio da lei de transitividade no passo 2. Para obter mais detalhes sobre outras alternativas de derivação de DFs, consultar as referências mencionadas no final deste capítulo.

No segundo passo, a DF *NumOfer* → *DescrCurso* é uma dependência transitiva porque *NumOfer* → *NumCurso* e *NumCurso* → *DescrCurso* implicam *NumOfer* → *DescrCurso*. Portanto, essa dependência deve ser excluída da lista de DFs.

FIGURA 7.6
Passos do Procedimento Simples de Síntese

1. Eliminar as colunas irrelevantes do lado esquerdo das DFs.
2. Remover as DFs derivadas da lista de DFs.
3. Organizar as DFs em grupos, com cada grupo tendo o mesmo determinante.
4. Para cada grupo de DF, criar uma tabela com o determinante como chave primária.
5. Juntar as tabelas em que uma tabela contenha todas as colunas da outra tabela.
    5.1. Escolher a chave primária de uma das tabelas separadas como a primária da nova tabela juntada.
    5.2. Definir restrições únicas para outras chaves primárias não designadas como chave primária da nova tabela.

No terceiro passo, é necessário agrupar as DFs por determinante. Com a Tabela 7.2, é possível formar esses grupos de DFs:

- *CPFAluno → CidadeAluno, Turma*
- *NumOfer → TrimestreOfer, AnoOfer, NumCurso*
- *NumCurso → DescrCurso*
- *CPFAluno, NumOfer → NotaMatr*

No quarto passo, cada grupo de DF é substituído por uma tabela tendo um determinante comum como chave primária. Assim, são criadas quatro tabelas em FNBC mostradas a seguir. Para completar o procedimento, é necessário adicionar nomes às tabelas.

Aluno(CPFAluno, CidadeAluno, Turma)
Oferecimento(NumOfer, TrimestreOfer, AnoOfer, NumCurso)
Curso(NumCurso, DescrCurso)
Matricula(CPFAluno, NumOfer, NotaMatr)

Depois de definidas as tabelas, é necessário adicionar restrições de integridade referencial para conectar as tabelas. Para identificar a necessidade de uma restrição de integridade referencial, deve-se procurar uma chave primária em uma tabela que apareça em outras tabelas. Por exemplo, *NumCurso* é chave primária de *Curso*, mas também aparece em *Oferecimento*. Portanto, deve-se definir uma restrição de integridade referencial indicando que *Oferecimento.NumCurso* refere-se a *Curso.NumCurso*. As tabelas estão repetidas a seguir, com as restrições de integridade referencial.

Aluno(CPFAluno, CidadeAluno, Turma)
Oferecimento(NumOfer, TrimestreOfer, AnoOfer, NumCurso)
    FOREIGN KEY (NumCurso) REFERENCES Curso
Curso(NumCurso, DescrCurso)
Matricula(CPFAluno, NumOfer, NotaMatr)
    FOREIGN KEY (CPFAluno) REFERENCES Aluno
    FOREIGN KEY (NumOfer) REFERENCES Oferecimento

O quinto passo não é necessário porque as DFs desse problema são simples. Ele é necessário quando há múltiplas chaves candidatas para uma tabela. Por exemplo, se *Email* for adicionado como coluna, as DFs *Email → CPFAluno* e *CPFAluno → Email* devem ser adicionadas à lista. Observe que as DFs *Email → CidadeAluno, Turma* não devem ser adicionadas à lista porque essas DFs podem ser derivadas de outras DFs por meio da lei de transitividade. Como resultado do passo 3, outro grupo de DFs é adicionado. No passo 4, uma nova tabela (*Aluno2*) é adicionada com *Email* como chave primária. Como a tabela *Aluno* contém as colunas da tabela *Aluno2*, as tabelas (*Aluno* e *Aluno2*) são juntadas no passo 5. Uma das chaves candidatas (*CPFAluno* ou *Email*) é escolhida como chave primária. Como *Email* é escolhida como chave primária, uma restrição única é definida para *CPFAluno*.

Email → CPFAluno
CPFAluno → Email

Aluno2(Email, CPFAluno, CidadeAluno, Turma)
    UNIQUE(CPFAluno)

Assim como demonstra esse exemplo adicional, chaves candidatas múltiplas não violam a FNBC. O quinto passo do procedimento simples de síntese cria tabelas com chaves candidatas múltiplas porque junta as tabelas. Chaves candidatas múltiplas não violam nem a 3FN.

---

chaves candidatas múltiplas
uma visão equivocada comumente assumida por desenvolvedores inexperientes de banco de dados é a que uma tabela com chaves candidatas múltiplas viola a FNBC. Chaves candidatas múltiplas não violam nem a FNBC nem a 3FN. Portanto, uma tabela não deve ser dividida apenas porque possui chaves candidatas múltiplas.

Não há razão para dividir uma tabela apenas porque ela possui chaves candidatas múltiplas. A divisão de uma tabela com chaves candidatas múltiplas pode tornar lento o desempenho da consulta por causa das junções extras.

O procedimento simples de síntese pode ser utilizado para analisar estruturas simples de dependência. A maioria das tabelas resultantes da conversão de um DER deve ter estruturas simples de dependência porque o processo de modelagem de dados já executou grande parte do processo de normalização. A maioria das tabelas está praticamente normalizada depois do processo de conversão.

No caso das estruturas complexas de dependência, deve-se utilizar uma ferramenta de projeto comercial para executar a normalização. Para facilitar o uso do procedimento de síntese, alguns detalhes foram omitidos. Mais especificamente, o passo 2 é um pouco mais complexo porque existem outras maneiras de derivar dependências além da transitividade. Mesmo adotando a transitividade, esse procedimento pode ser complicado para trabalhar com muitas colunas. As referências mencionadas no final deste capítulo apresentam detalhes completos do passo 2. Mesmo que o usuário entenda de detalhes complexos, o passo 2 não pode ser executado manualmente no caso de estruturas complexas de dependência. Para estruturas complexas de dependência, deve-se utilizar uma ferramenta CASE mesmo que o usuário seja um experiente projetista de banco de dados.

Outro Exemplo Utilizando o Procedimento Simples de Síntese

Para adquirir mais experiência com o procedimento simples de síntese, vejamos outro exemplo. Este exemplo descreve um banco de dados para acompanhar revisões de artigos apresentados em conferências acadêmicas. Os autores apresentam os trabalhos para revisão e possível aceitação nos anais de publicação da conferência. Estes são os detalhes sobre os autores, os artigos, as revisões e os revisores:

- As informações do autor englobam o número único do autor, o nome, o endereço para correspondência e o endereço eletrônico único, porém opcional.
- As informações do artigo englobam o autor principal, o número único do artigo, o título, o resumo e a situação da revisão (pendente, aceito, rejeitado).
- As informações do revisor englobam o número único do revisor, o nome, o endereço para correspondência e o endereço eletrônico único, porém opcional.
- Uma revisão concluída abrange o número do revisor, a data, o número do artigo, os comentários para os autores, os comentários para o presidente do programa e as avaliações (geral, originalidade, correção, estilo e relevância). A combinação entre o número do revisor e o número do artigo identifica uma revisão.

Antes de começar o procedimento, é necessário identificar as DFs do problema. Esta é uma lista de DFs do problema:

NumAutor → *NomeAutor, EmailAutor, EnderecoAutor*
EmailAutor → *NumAutor*
NumArtigo → *NumAutorPrincipal, Titulo, Resumo, Situacao*
NumRevisor → *NomeRevisor, EmailRevisor, EnderecoRevisor*
EmailRevisor → *NumRevisor*
NumRevisor, NumArtigo → *ComentariosAutor, ComentariosPresidente, Data, Avaliacao1,*
          Avaliacao2, Avaliacao3, Avaliacao4, Avaliacao5

Como o lado esquerdo é mínimo em cada DF, o primeiro passo está concluído. O segundo passo não é necessário porque não há dependências transitivas. Observe que as DFs *EmailAutor* → *NomeAutor, EnderecoAutor* e *EmailRevisor* → *NomeRevisor, EnderecoRevisor* podem ser derivadas por transitividade. Se quaisquer dessas DFs forem partes da lista original, elas devem ser removidas. Para cada um dos seis grupos de DFs, deve-se definir uma tabela. No último passo, combinam-se os grupos de DFs com *NumAutor* e *EmailAutor* e *NumRevisor* e *EmailRevisor* como determinantes. Além disso, devem-se adicionar restrições únicas para *EmailAutor* e *EmailRevisor*, porque essas colunas não foram selecionadas como chaves primárias das novas tabelas.

Autor(<u>NumAutor</u>, NomeAutor, EmailAutor, EnderecoAutor)
   UNIQUE (EmailAutor)
Artigo(<u>NumArtigo</u>, AutorPrincipal, Titulo, Resumo, Situacao)
   FOREIGN KEY (AutorPrincipal) REFERENCES Autor
Revisor(<u>NumRevisor</u>, NomeRevisor, EmailRevisor, EnderecoRevisor)
   UNIQUE (EmailRevisor)
Revisao(<u>NumArtigo, NumRevisor</u>, ComentariosAutor, ComentariosPresidente, Data, Avaliacao1, Avaliacao2, Avaliacao3, Avaliacao4, Avaliacao5)
   FOREIGN KEY (NumArtigo) REFERENCES Artigo
   FOREIGN KEY (NumRevisor) REFERENCES Revisor

7.3 Refinamento dos Relacionamentos N-ários

Além da FNBC, uma preocupação que permanece é a análise dos relacionamentos N-ários. Relembrando, os relacionamentos N-ários são representados por tipos de entidade associativa na notação Pé-de-Galinha de DER. No processo de conversão, um tipo de entidade associativa é convertido em tabela com uma chave primária combinada, constituída de três ou mais componentes. O conceito de independência, implícito na 4FN, é uma ferramenta importante utilizada para analisar os relacionamentos N-ários. Utilizando o conceito de independência, é possível descobrir que um relacionamento N-ário deve ser dividido em dois ou mais relacionamentos binários para evitar a redundância. No Capítulo 12, serão utilizados formulários para analisar a necessidade de relacionamentos N-ários. As próximas seções descrevem o conceito de independência de relacionamento e 4FN.

7.3.1 Independência de Relacionamento

Antes de estudar a influência da independência em um projeto de banco de dados, vamos discutir o significado da independência na estatística. Duas variáveis são estatisticamente independentes se, conhecendo algo sobre uma variável, não é possível saber nada sobre a outra variável. Em outras palavras, duas variáveis são independentes se a probabilidade de ambas as variáveis (probabilidade conjunta) puder ser derivada da probabilidade de cada variável sozinha. Por exemplo, uma das variáveis pode ser a idade de uma pedra e a outra variável pode ser a idade da pessoa segurando a pedra. Como a idade de uma pedra e a idade de uma pessoa segurando a pedra não têm qualquer relação, essas variáveis são consideradas independentes. No entanto, a idade de uma pessoa e o estado civil de uma pessoa têm relação. Sabendo a idade de uma pessoa, é possível imaginar a probabilidade de ela ser solteira, casada ou divorciada. Se duas variáveis são independentes, é redundante armazenar dados sobre como elas estão relacionadas. Podem-se utilizar probabilidades de variáveis individuais para derivar probabilidades conjuntas.

> **independência de relacionamento**
> um relacionamento que pode ser derivado de dois relacionamentos independentes.

O conceito de <u>independência de relacionamento</u> é semelhante ao de independência estatística. Se dois relacionamentos são independentes (ou seja, não estão relacionados), é redundante armazenar dados sobre um terceiro relacionamento. O terceiro relacionamento pode ser derivado, combinando os dois relacionamentos essenciais por meio de uma operação de junção. Se esse relacionamento derivado for armazenado, é possível ocorrer anomalias de modificação. Portanto, a idéia essencial da independência de relacionamento é de não armazenar relacionamentos que possam ser derivados juntando outros relacionamentos (independentes).

Exemplo de Independência de Relacionamento

Para esclarecer o conceito de independência de relacionamento, supomos o tipo de entidade associativa *Matricula* (Figura 7.7), representando um relacionamento ternário entre alunos, oferecimentos e livros-textos. O tipo de entidade *Matricula* é convertido em tabela *Matricula* (Tabela 7.6), constituída somente de uma chave primária combinada: *CPFAluno, NumOfer* e *NumLivro*.

A questão de projeto é: será que a tabela *Matricula* contém redundâncias? Se contiver redundâncias, podem ocorrer anomalias de modificação. A tabela *Matricula* está na FNBC,

FIGURA 7.7
Exemplo de Relacionamento N-ário

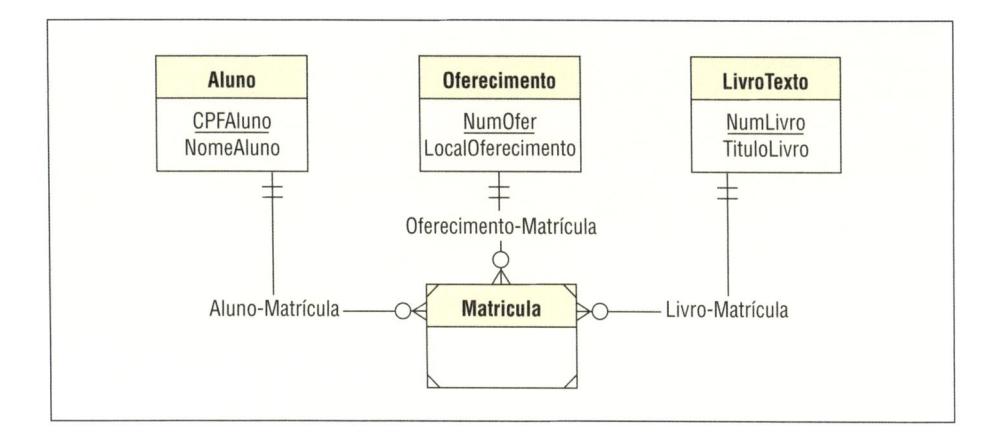

TABELA 7.6
Amostra de Linhas da Tabela *Matricula*

CPFAluno	NumOfer	NumLivro
S1	O1	T1
S1	O2	T2
S1	O1	T2
S1	O2	T1

portanto, não contém anomalias por causa das dependências funcionais. No entanto, o conceito de independência leva à descoberta de redundâncias. A tabela *Matricula* pode ser dividida em três combinações de colunas, representando três relacionamentos binários: *CPFAluno-Num Ofer*, representando o relacionamento entre alunos e oferecimentos; *NumOfer-NumLivro*, representando o relacionamento entre oferecimentos e livros-textos; e *CPFAluno-NumLivro*, representando o relacionamento entre alunos e livros-textos. Se quaisquer dos relacionamentos binários puderem ser derivados dos outros dois, há redundância.

- O relacionamento entre alunos e oferecimentos (*CPFAluno-NumOfer*) não pode ser derivado dos outros dois relacionamentos. Por exemplo, suponha que o livro-texto T1 seja utilizado em dois oferecimentos, O1 e O2, e por dois alunos, S1 e S2. Conhecendo esses dois fatos, não é possível conhecer o relacionamento entre alunos e oferecimentos. Por exemplo, S1 pode estar matriculado em O1 ou talvez O2.
- Do mesmo modo, o relacionamento entre oferecimentos e livros-textos (*NumOfer-NumLivro*) não pode ser derivado. A escolha que o professor faz de um conjunto de livros-textos não pode ser derivada conhecendo quem está matriculado em um oferecimento e quais livros-textos um aluno utiliza.
- No entanto, o relacionamento entre alunos e livros-textos (*CPFAluno-NumLivro*) pode ser derivado pelos outros dois relacionamentos. Por exemplo, se o aluno S1 estiver matriculado no oferecimento O1, e no oferecimento O1 utiliza-se o livro-texto T1, pode-se concluir que o aluno S1 utiliza o livro-texto T1 no oferecimento O1. Como os relacionamentos *Aluno-Oferecimento* e *Oferecimento-LivroTexto* são independentes, é possível conhecer os livros-textos utilizados por um aluno sem armazenar as instâncias do relacionamento.

Por causa dessa independência, a tabela *Matricula* e o tipo de entidade associativa relacionada *Matricula* têm redundância. Para remover a redundância, substitua o tipo de entidade *Matricula* por dois relacionamentos binários (Figura 7.8). Cada relacionamento binário é convertido em uma tabela, assim como mostram as tabelas 7.7 e 7.8. As tabelas *Matricula* e *Indicacoes* não têm redundâncias. Por exemplo, para excluir a matrícula de um aluno em um oferecimento (por exemplo, S1 em O1), somente uma linha deve ser excluída da Tabela 7.7. Em contrapartida, duas linhas devem ser excluídas da Tabela 7.6.

FIGURA 7.8
Exemplo de Relacionamentos Decompostos

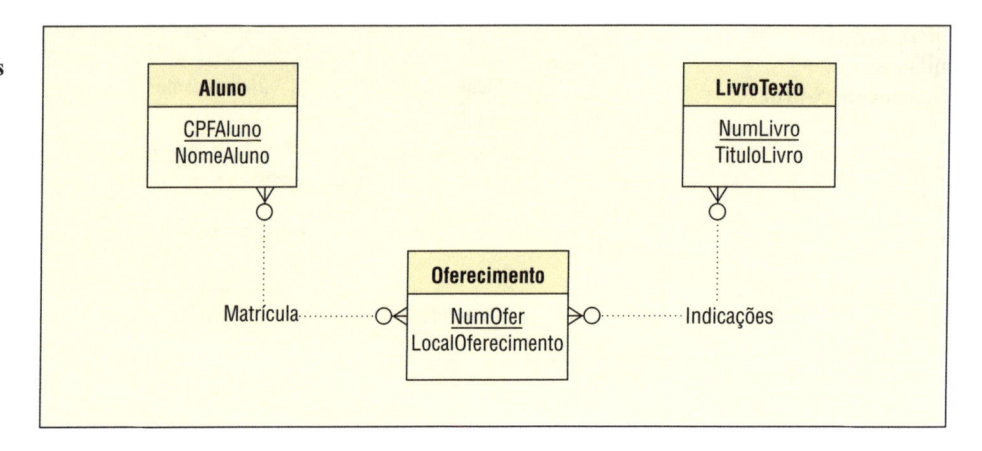

TABELA 7.7
Amostra de Linhas da Tabela Binária *Matricula*

CPFAluno	NumOfer
S1	O1
S1	O2

TABELA 7.8
Amostra de Linhas da Tabela Binária *Indicacoes*

NumOfer	NumLivro
O1	T1
O1	T2
O2	T1
O2	T2

FIGURA 7.9
Exemplo de Relacionamentos N-ários e Binário

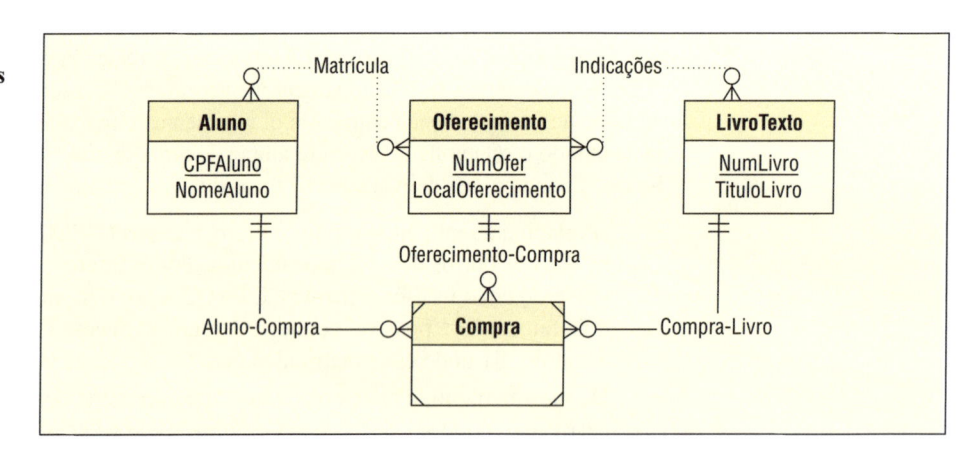

Se houver uma pequena modificação nos pressupostos, pode-se criar um argumento para um tipo de entidade associativa representando um relacionamento ternário. Suponha que a livraria queira registrar as compras de livro-texto por oferecimento e aluno para calcular a demanda de livros-textos. Nesse caso, o relacionamento entre alunos e livros-textos não é mais independente dos outros dois relacionamentos. Embora um aluno esteja matriculado em um oferecimento, e neste oferecimento se utilize um livro-texto, o aluno pode não comprar (talvez tome emprestado) o livro-texto do oferecimento. Nessa situação, não há independência, e é necessário um relacionamento ternário. Além dos relacionamentos muitos para muitos (M-N) mostrados na Figura 7.8, deve existir um novo tipo de entidade associativa e três relacionamentos um para muitos (1-M), assim como mostra a Figura 7.9. É necessário o relacionamento *Matricula* para registrar as escolhas de oferecimentos feitas pelos alunos e o relacionamento *Indicacoes* para registrar as escolhas de livros-textos feitas pelos professores. O tipo de entidade *Compra* registra as compras de livros-textos por alunos em um oferecimento de curso. No entanto, não é possível conhecer uma compra com base nos outros relacionamentos.

7.3.2 Dependências Multivaloradas e Quarta Forma Normal

definição de DMV
a dependência multivalorada (DMV) $A \twoheadrightarrow B \mid C$ (leia-se A multidetermina B ou C) significa que
- Um valor dado de A está associado a um grupo de valores B e C, e
- B e C são independentes dados os relacionamentos entre A e B e A e C.

Na terminologia de banco de dados relacionais, um relacionamento que pode ser derivado de outros relacionamentos é conhecido como dependência multivalorada (DMV). Uma DMV envolve três colunas, conforme a definição apresentada na margem do livro. Assim como na discussão sobre independência de relacionamento, as três colunas compõem uma chave primária combinada de uma tabela associativa. O relacionamento derivado ou não-essencial envolve as colunas B e C. A definição estabelece que o relacionamento não-essencial (envolvendo as colunas B e C) pode ser derivado dos relacionamentos A-B e A-C. A palavra *multivalorada* significa que A pode ser associado a uma coleção de valores de B e C, e não apenas com um único valor assim como na dependência funcional.

As DMVs podem produzir redundâncias por causa da independência entre as colunas. É possível ver a redundância, utilizando uma tabela para reproduzir uma DMV, assim como mostra a Figura 7.10. Se as duas linhas acima do traço existem e a DMV $A \twoheadrightarrow B \mid C$ for verdadeira, as duas linhas abaixo do traço existirão. As duas linhas abaixo do traço existirão porque o relacionamento entre B e C pode ser derivado dos relacionamentos A-B e A-C. Na Figura 7.10, o valor de A1 está associado a dois valores de B (B1 e B2) e dois valores de C (C1 e C2). Por causa da independência, o valor de A1 será associado a cada combinação de seus valores de B e C relacionados. As duas linhas abaixo do traço são redundantes porque podem ser derivadas.

Para aplicar esse conceito à tabela *Matricula*, considere a possível DMV *NumOfer* $\twoheadrightarrow$ *CPFAluno* | *NumLivro*. Nas duas primeiras linhas da Figura 7.11, o oferecimento O1 está associado aos alunos S1 e S2 e aos livros-textos T1 e T2. Se a DMV for verdadeira, as duas linhas abaixo do traço existirão. As duas últimas linhas não precisam ser armazenadas caso se saiba da existência das duas primeiras linhas e da DMV.

As DMVs são generalizações das dependências funcionais (DFs). Toda DF é uma DMV, mas nem toda DMV é uma DF. Uma DMV em que um valor de A esteja associado a apenas um valor de B e um valor de C também é uma DF. Nesta seção, o enfoque concentra-se apenas nas DMVs que *não* são também DFs. Uma DMV que *não* é uma DF é conhecida como DMV não trivial.

definição da 4FN
uma tabela está em 4FN se ela não contiver nenhuma DMV não trivial (DMVs que também não são DFs).

Quarta Forma Normal (4FN)

A quarta forma normal (4FN) proíbe redundâncias causadas por dependências multivaloradas. Por exemplo, a tabela *Matrícula*(<u>CPFAluno, NumOfer, NumLivro</u>) (Tabela 7.6) não está na 4FN se a DMV *NumOfer* $\twoheadrightarrow$ *CPFAluno* | *NumLivro* existir. Para eliminar a DMV, divida a tabela N-ária *Matricula* em tabelas binárias *Matrícula* (Tabela 7.7) e *Indicacoes* (Tabela 7.8).

FIGURA 7.10
Representação de Tabela de uma DMV

<u>A</u>	<u>B</u>	<u>C</u>
A1	B1	C1
A1	B2	C2
A1	B2	C1
A1	B1	C2

FIGURA 7.11
Representação da DMV na Tabela *Matricula*

<u>NumOfer</u>	<u>CPFAluno</u>	<u>NumLivro</u>
O1	S1	T1
O1	S2	T2
O1	S2	T1
O1	S1	T2

As noções de DMVs e 4FN são, até certo ponto, difíceis de compreender. As idéias são, de algum modo, mais fáceis de entender pensando em uma DMV como um relacionamento que pode ser derivado por outros relacionamentos por causa da independência. O Capítulo 12 apresenta outra maneira de raciocinar a respeito de relacionamentos N-ários utilizando padrões em formulários de entrada de dados.

7.4 Formas Normais de Nível Superior

A história da normalização não termina com a 4FN. Outras formas normais têm sido propostas, mas a sua praticidade não foi demonstrada. Esta seção descreve resumidamente duas formas normais superiores para encerrar o estudo sobre normalização.

7.4.1 Quinta Forma Normal

A quinta forma normal (5FN), assim como a 4FN, aplica-se a relacionamentos N-ários. Ao contrário da 4FN, a 5FN envolve situações em que o relacionamento ternário precisa ser substituído por três relacionamentos binários, e não por dois relacionamentos binários, assim como na 4FN. Como as situações em que se aplica a 5FN (ao contrário da 4FN) são raras, a 5FN geralmente não é considerada uma forma normal prática. O conhecimento dos detalhes da 5FN exige muito investimento intelectual, mas o retorno sobre o tempo gasto no seu estudo raramente é aplicável.

O exemplo mostrado na Figura 7.12 demonstra uma situação em que se pode aplicar a 5FN. O tipo de entidade *Autorizacao* representa combinações autorizadas de funcionários, estações de trabalho e software. Esse tipo de entidade associativa possui redundância porque pode ser dividido em três relacionamentos binários, assim como mostra a Figura 7.13.

FIGURA 7.12
Tipo de Entidade Associativa

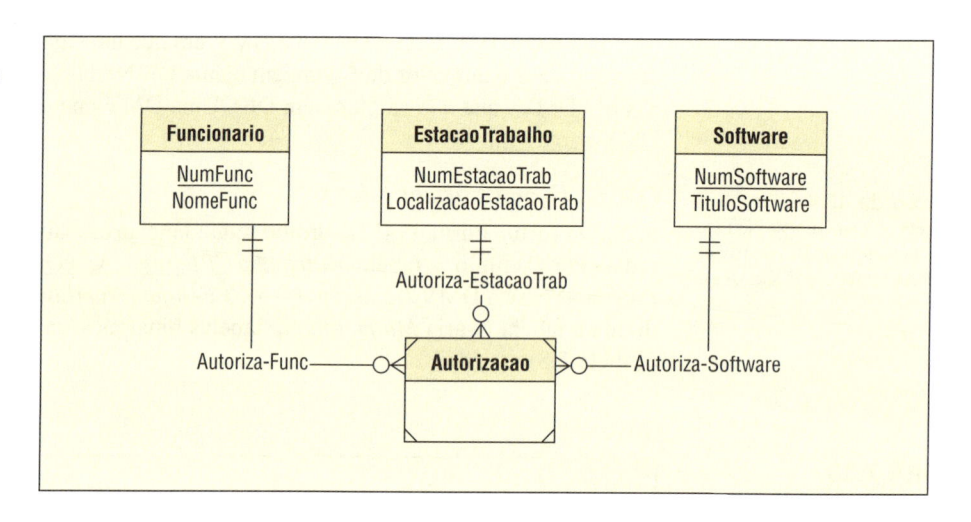

FIGURA 7.13
Substituição do Tipo de Entidade Associativa por Três Relacionamentos Binários

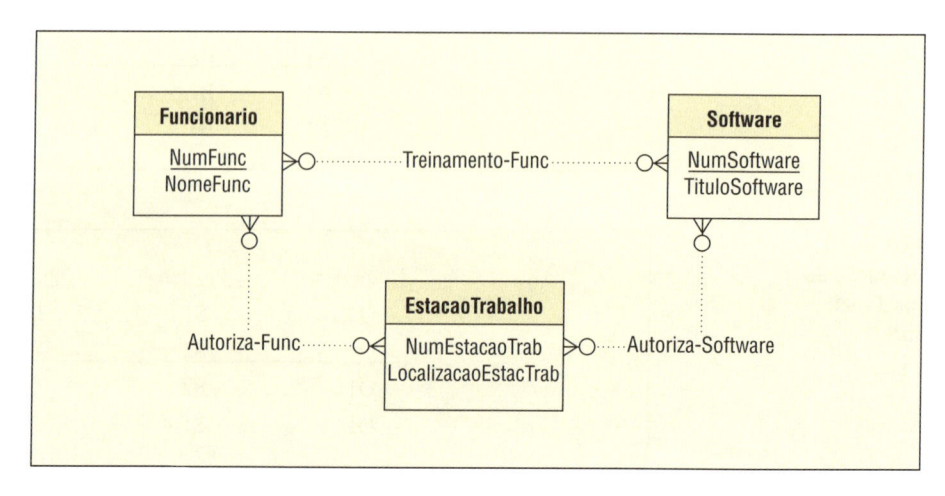

Caso se conheça os funcionários autorizados a utilizar as estações de trabalho, o software licenciado para as estações de trabalho e os funcionários treinados para utilizar o software, é possível conhecer as combinações válidas de funcionários, estações de trabalho e software. Portanto, é necessário registrar as três combinações binárias (funcionário-estação de trabalho, software-estação de trabalho e funcionário-software), e não a combinação ternária de funcionário, estação de trabalho e software.

Se a situação retratada na Figura 7.13 é realista, é discutível. Por exemplo, se o software estiver licenciado para servidores e não para estações de trabalho, o relacionamento *Autoriza-Software* pode não ser necessário. Embora seja possível retratar situações que permitam aplicar a 5FN, talvez elas possam não existir em situações reais nas empresas.

7.4.2 Forma Normal de Chave de Domínio

Tantas informações sobre formas normais possivelmente suscitem alguns questionamentos: "Até onde vai isso tudo?" e "Será que existe uma forma normal final?". Felizmente, a resposta para a última pergunta é sim. Em um trabalho datado de 1981, o Dr. Ronald Fagin propôs a forma normal de chave e domínio (FNCD) como forma normal final. Na FNCD, domínio refere-se a um tipo de dado: um conjunto de valores com operações permitidas. O conjunto de valores é definido pelo tipo de valores (por exemplo, números inteiros *versus* números decimais flutuantes) e pelas regras de integridade sobre os valores (por exemplo, valores maiores que 21). Chave refere-se à propriedade de unicidade das chaves candidatas. Uma tabela está na FNCD se toda restrição de uma tabela puder ser derivada de chaves e domínios. Uma tabela na FNCD não pode conter anomalias de modificação.

Infelizmente, a FNCD continua a ser um ideal e não uma forma normal prática. Não existe algoritmo conhecido para converter uma tabela em FNCD. Além disso, ainda não se sabe quais tabelas podem ser convertidas em FNCD. Estabelecido como um ideal, pode-se tentar definir tabelas em que a maioria das restrições resulte de chaves e domínios. Esses tipos de restrições não são fáceis de testar e de entender.

7.5 Preocupações Práticas sobre Normalização

Com todo o material apresentado até aqui, o estudante já deve estar familiarizado com as ferramentas de projeto de banco de dados relacionais. Antes de se preparar para utilizar essas ferramentas, algumas orientações práticas são úteis. Esta seção discute o papel da normalização no processo de desenvolvimento de banco de dados e a importância de se pensar com cuidado no objetivo da eliminação das anomalias de modificação.

vantagens da normalização como uma ferramenta de refinamento
utilizar a normalização para remover redundâncias depois da conversão de um DER em um projeto de tabela em vez de utilizar a ferramenta inicial de projeto, porque:
- É mais fácil traduzir os requisitos em um DER do que em listas de DFs.
- São menos DFs para serem especificadas, porque a maioria das DFs é derivada de chaves primárias.
- São menos tabelas para dividir, por causa da normalização realizada de forma intuitiva durante o desenvolvimento do DER.
- É mais fácil identificar relacionamentos, principalmente os relacionamentos M-N sem atributos.

7.5.1 Papel da Normalização no Processo de Desenvolvimento de Banco de Dados

Existem duas maneiras diferentes de utilizar a normalização no processo de desenvolvimento de banco de dados: (1) como ferramenta de refinamento ou (2) como ferramenta inicial de projeto. Na abordagem de refinamento, faz-se a modelagem conceitual de dados, utilizando o Modelo Entidade–Relacionamento, e transforma-se o DER em tabelas, utilizando as regras de conversão. Depois, aplicam-se as técnicas de normalização para analisar cada tabela: identificando as DFs, utilizando o procedimento simples de síntese para remover as redundâncias e analisando a tabela para verificar a independência, se a tabela representar um relacionamento N-ário. Como a chave primária determina as demais colunas da tabela, é necessário identificar apenas as DFs em que a chave primária não seja o lado esquerdo.

Na abordagem inicial de projeto utilizam-se técnicas de normalização na modelagem conceitual de dados. Em vez de desenhar um DER, identificam-se as dependências funcionais e aplica-se um procedimento de normalização, como, por exemplo, o procedimento simples de síntese. Depois de definidas as tabelas, identificam-se as restrições de integridade referencial e constrói-se um diagrama de modelo relacional como o disponível no Microsoft Access. Caso necessário, pode-se gerar um DER com base no diagrama de banco de dados relacionais.

Este livro claramente defende o uso da normalização como uma ferramenta de refinamento e não como ferramenta inicial de projeto. Por meio do desenvolvimento de um DER, o usuário intuitivamente agrupa os campos relacionados. Grande parte da normalização é feita de maneira informal sem o processo repetitivo de registrar as dependências funcionais. Como ferramenta de refinamento, existem menos DFs para serem especificadas e menos normalização para ser executada. A aplicação da normalização garante que as chaves candidatas e as redundâncias não passem despercebidas.

Outra razão para favorecer a abordagem de refinamento é a possibilidade de os relacionamentos serem ignorados quando se utiliza a normalização como abordagem inicial de projeto. Os relacionamentos 1-M devem ser identificados na direção pai para filho. Para o projetista iniciante, fica mais fácil identificar os relacionamentos quando se consideram ambos os lados de um relacionamento. Para um relacionamento M-N sem atributos, não haverá nenhuma dependência funcional que mostre a necessidade de uma tabela. Por exemplo, em um projeto sobre livros-textos e oferecimentos de curso, se o relacionamento entre eles não tiver atributos, não haverá dependências funcionais que relacionem os livros-textos e os oferecimentos de cursos[6]. Quando se desenha um DER, no entanto, fica clara a necessidade de um relacionamento M-N.

7.5.2 Analisando o Objetivo da Normalização

Como critério de projeto, ao se evitar as anomalias de modificação, a tendência é modificar o banco de dados. Assim como discutido até aqui, a remoção de anomalias em geral resulta em um banco de dados com muitas tabelas. Um projeto com muitas tabelas torna o banco de dados mais fácil de modificar, porém mais difícil de consultar. Se o banco de dados for utilizado basicamente para consultas, evitar as anomalias de modificação pode não ser o objetivo de projeto mais adequado. No Capítulo 16, serão mostrados bancos de dados para apoio a decisões em que sua aplicação principal é para consulta e não para modificação. Nessa situação, um projeto não totalmente normalizado pode ser mais adequado. Desnormalização é o processo de combinar tabelas de tal forma a facilitar a consulta. Além disso, os objetivos do projeto físico podem conflitar com os objetivos do projeto lógico. No Capítulo 8, serão descritos os objetivos do projeto físico de banco de dados e o uso da desnormalização como técnica para melhorar o desempenho da consulta.

uso da desnormalização
considerar a violação da FNBC como objetivo de projeto de uma tabela quando:
- Uma DF não é importante para ser imposta como restrição de chave candidata.
- Um banco de dados é utilizado basicamente para consultas.
- O desempenho da consulta requer menos tabelas para reduzir o número de operações de junção.

Outra circunstância em que se deve considerar a desnormalização é quando uma DF não é importante. O exemplo clássico contém as DFs $CEP \rightarrow Cidade$, UF em uma tabela de clientes, em que *Cidade* significa a cidade de postagem. Em alguns bancos de dados, essas dependências podem não ser importantes e não precisam ser mantidas. Se não houver necessidade de manipular códigos postais independentes de clientes, as DFs podem ser ignoradas sem problema. No entanto, existem bancos de dados em que é importante manter a tabela de códigos postais independentes das informações dos clientes. Por exemplo, se um revendedor realiza negócios em muitos estados ou países, uma tabela de código postal é útil para registrar as alíquotas de imposto sobre as vendas[7]. Se uma DF for ignorada no processo de normalização, deve-se ficar ciente de que ela existe, mas que não resultará em anomalias significativas. É importante trabalhar com cautela: a maioria das DFs causa anomalias se ignoradas.

Considerações Finais

Neste capítulo, foi discutida a dificuldade de modificar tabelas, provocada pelas redundâncias que causam anomalias de modificação. O objetivo das técnicas de normalização é evitar as anomalias de modificação. Listar as dependências funcionais (DFs) é pré-requisito para a normalização de tabelas. Neste capítulo, foram descritas três formas normais (2FN, 3FN e FNBC) baseadas nas dependências funcionais. Foi apresentado o procedimento simples de síntese para analisar as dependências funcionais e produzir tabelas na FNBC. A parte mais importante do processo de normalização é o fornecimento de uma lista completa de DFs.

---

[6] Uma DF pode ser escrita com um lado direito nulo para representar relacionamentos M-N. A DF para o relacionamento oferecimento–livro didático pode ser expresso como *NumLivro, NumOfer* $\rightarrow \emptyset$. No entanto, é estranho criar uma instrução para esse tipo de DF. É muito mais fácil definir um relacionamento M-N.
[7] Um ex-estudante de banco de dados teceu esse comentário sobre o banco de dados de um grande revendedor de computadores.

Mesmo que o usuário não entenda de formas normais, ele pode adquirir uma ferramenta CASE para executar a normalização. Contudo, as ferramentas CASE não têm capacidade para fornecer uma lista completa de DFs.

Neste capítulo, também foi descrita uma abordagem para analisar os relacionamentos N-ários (representados por tipos de entidade associativa), utilizando o conceito de independência. Se dois relacionamentos forem independentes, um terceiro relacionamento pode ser derivado deles. Não há necessidade de armazenar o terceiro relacionamento. O conceito de independência é equivalente ao de dependência multivalorada. A 4FN proíbe redundância causada por dependências multivaloradas.

Este capítulo e os capítulos sobre modelagem de dados (capítulos 5 e 6) enfatizaram as habilidades fundamentais para o desenvolvimento de um banco de dados. Depois de terminada a modelagem de dados e a normalização, o usuário está pronto para implementar o projeto, normalmente com um SGBD relacional. No Capítulo 8 serão apresentados os conceitos e as práticas do projeto físico de banco de dados para facilitar o trabalho de implementação nos SGBDs relacionais.

Revisão de Conceitos

- As redundâncias em uma tabela causam anomalias de modificação.
- Anomalias de modificação: efeitos colaterais inesperados na inserção, atualização ou exclusão.
- Dependências funcionais: restrição de valor neutro semelhante a uma chave primária.
- 2FN: colunas não-chave dependentes de uma chave inteira, não de um subconjunto da chave.
- 3FN: colunas não-chave dependentes somente da chave, não de outras colunas não-chave.
- FNBC: todo determinante é uma chave candidata.
- Procedimento simples de síntese: analisa DFs e produz tabelas na FNBC.
- Uso do procedimento simples de síntese para analisar estruturas simples de dependência.
- Uso de software de projeto comercial para analisar estruturas complexas de dependência.
- Uso de independência de relacionamento como critério para dividir relacionamentos N-ários em relacionamentos menores.
- DMV: associação a coleções de valores e independência entre colunas.
- As DMVs causam redundância porque linhas podem ser derivadas utilizando a independência.
- 4FN: nenhuma redundância por causa das DMVs.
- Uso de técnicas de normalização como ferramenta de refinamento e não como ferramenta inicial de projeto.
- Desnormalizar uma tabela se as DFs não causarem anomalias de modificação.

Questões

1. O que é anomalia de inserção?
2. O que é anomalia de atualização?
3. O que é anomalia de exclusão?
4. Qual a causa das anomalias de modificação?
5. O que é dependência funcional?
6. Como é uma dependência funcional com a chave candidata?
7. A ferramenta de projeto de software tem capacidade para identificar dependências funcionais? Explicar resumidamente a resposta.
8. Qual o significado de uma DF com múltiplas colunas no lado direito?
9. Por que é necessário cuidado ao escrever DFs com múltiplas colunas no lado esquerdo?
10. O que é forma normal?
11. O que a 1FN proíbe?
12. O que é coluna chave?
13. O que é coluna não-chave?

14. Que tipos de DFs não são permitidas na 2FN?
15. Que tipos de DFs não são permitidas na 3FN?
16. Qual a definição combinada de 2FN e 3FN?
17. Que tipos de DFs não são permitidos na FNBC?
18. Qual o relacionamento entre FNBC e 3FN? A FNBC é uma forma normal mais restrita que a 3FN? Explicar resumidamente a resposta.
19. Por que a definição de FNBC é preferida à definição de 3FN?
20. Quais os casos especiais englobados na FNBC, mas não na 3FN?
21. São importantes esses casos especiais englobados na FNBC, mas não na 3FN?
22. Qual o objetivo do procedimento simples de síntese?
23. Qual a limitação do procedimento simples de síntese?
24. O que é dependência transitiva?
25. As dependências transitivas são permitidas nas tabelas em 3FN? Explicar por que sim ou não.
26. Por que se devem eliminar as dependências transitivas nas DFs utilizadas como entrada no procedimento simples de síntese?
27. Quando é necessário executar o quinto passo do procedimento simples de síntese?
28. Qual a semelhança entre independência de relacionamento e independência estatística?
29. Que tipo de redundância é causado pela independência de relacionamento?
30. Quantas colunas uma DMV envolve?
31. O que é dependência multivalorada (DMV)?
32. Qual o relacionamento entre DMVs e DFs?
33. O que é DMV não trivial?
34. Qual o objetivo da 4FN?
35. Quais as vantagens do uso da normalização como ferramenta de refinamento e não como ferramenta inicial de projeto?
36. Por que a 5FN não é considerada uma forma normal prática?
37. Por que a FNCD não é considerada uma forma normal prática?
38. Quando a desnormalização é útil? Dar um exemplo para retratar quando pode ser útil violar a 3FN em uma tabela.
39. Quais as duas maneiras de utilizar a normalização no processo de desenvolvimento de banco de dados?
40. Por que neste livro recomenda-se o uso da normalização como ferramenta de refinamento e não como ferramenta inicial de projeto?

Problemas

Além dos problemas apresentados neste capítulo, o estudo de caso apresentado no Capítulo 13 oferece oportunidade de praticar mais. Para complementar os exemplos deste capítulo, o Capítulo 13 fornece um caso completo de projeto de banco de dados incluindo modelagem conceitual de dados, conversão de esquema e normalização.

1. Para a tabela maior do banco de dados de uma universidade, listar as DFs com a coluna *CidadeAluno* como determinante *não* verdadeiro por causa da amostra de dados. Com cada DF não válida, identificar as linhas de amostra que a contradizem. Lembre que são necessárias duas linhas para contradizer uma DF. A amostra de dados está repetida na Tabela 7.P1, para consulta.

TABELA 7.P1 **Dados de Amostra da Tabela Maior do Banco de Dados de uma Universidade**

CPFAluno	CidadeAluno	Turma	NumOfer	TrimestreOfer	AnoOfer	NotaMatr	NumCurso	DescrCurso
S1	SEATTLE	JUN	O1	OUTONO	2006	3,5	C1	BD
S1	SEATTLE	JUN	O2	OUTONO	2006	3,3	C2	VB
S2	BOTHELL	JUN	O3	PRIMAVERA	2007	3,1	C3	OO
S2	BOTHELL	JUN	O2	OUTONO	2006	3,4	C2	VB

2. Na seqüência do problema 1, listar as DFs com a coluna *CidadeAluno* como determinante que a amostra de dados não viola. Para cada DF, adicionar uma ou mais linhas de amostra e, depois, identificar a amostra de dados que contradiz a DF. Lembre que são necessárias duas linhas para contradizer uma DF.

3. Para a tabela maior de pacientes, listar as DFs com a coluna *CEPPac* como determinante *não* verdadeiro por causa da amostra de dados. Excluir a DF *CEPPac → CidadePac* porque é uma DF válida. Com cada DF não válida, identificar as linhas de amostra que a contradizem. Lembre que são necessárias duas linhas para contradizer uma DF. A amostra de dados está repetida na Tabela 7.P2, para consulta.

4. Na seqüência do problema 3, listar as DFs com a coluna *CEPPac* como determinante que a amostra de dados não viola. Excluir a DF *CEPPac → CidadePac* porque é uma DF válida. Para cada DF, adicionar uma ou mais linhas de amostra e, depois, identificar as linhas de amostra que contradizem a DF. Lembre que são necessárias duas linhas para contradizer uma DF.

5. Aplicar o procedimento simples de síntese às DFs da tabela maior de pacientes. As DFs estão repetidas na Tabela 7.P3, para consulta. Mostrar o resultado de cada passo no procedimento. Incluir chaves primárias, chaves estrangeiras e outras chaves candidatas na lista final de tabelas.

6. O diagrama de DF mostrado na Figura 7.P1 reproduz as DFs entre colunas em um banco de dados de entrada de pedido. A Figura 7.P1 mostra as DFs com os determinantes *NumCliente*, *NumPedido*, *NumProduto*, a combinação de *NumPedido* e *NumProduto*, a combinação de *NumProduto* e *NumFabrica* e a combinação de *NumPedido* e *NumLinhaPed*. Na base das DFs, a combinação de *NumLinhaPed* e *NumPedido* determina *NumProduto*, e a combinação de *NumPedido* e *NumProduto* determina *NumLinhaPed*. Para testar o conhecimento a respeito dos diagramas de dependência, converter o diagrama de dependência em uma lista de dependências organizadas pelos lados esquerdos.

TABELA 7.P2 Dados de Amostra da Tabela Maior de Pacientes

NumConsulta	DataConsulta	NumPac	IdadePac	CidadePac	CEPPac	Num Prestador	Especialidade Prestador	Diagnostico
V10020	13/1/2007	P1	35	DENVER	80217	D1	INTERNO	INFECCAO DE OUVIDO
V10020	13/1/2007	P1	35	DENVER	80217	D2	ENFERMEIRA	GRIPE
V93030	20/2/2007	P3	17	ENGLEWOOD	80113	D2	ENFERMEIRA	GRAVIDEZ
V82110	18/1/2007	P2	60	BOULDER	85932	D3	CARDIOLOGISTA	SOPRO

**TABELA 7.P3
Lista das DFs da Tabela Maior de Pacientes**

NumPac → IdadePac, CidadePac, CEPPac
CEPPac → CidadePac
NumPrestador → EspecialidadePrestador
NumConsulta → NumPac, DataConsulta, IdadePac, CidadePac, CEPPac
NumConsulta, NumPrestador → Diagnostico

**FIGURA 7.P1
Diagrama de Dependência da Tabela Maior de Entrada de Pedidos**

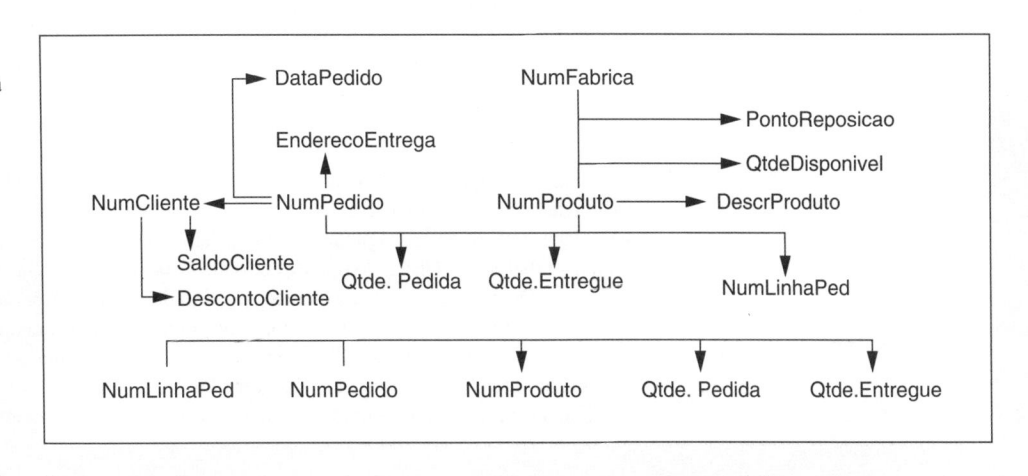

7. Utilizando o diagrama de DF (Figura 7.P1) e a lista de DFs (solução do problema 6) como diretrizes, criar uma tabela com dados de amostra. Existem duas chaves candidatas para a tabela básica: a combinação de *NumPedido, NumProduto* e *NumFabrica* e a combinação de *NumPedido, NumLinhaPed* e *NumFabrica*. Utilizando a amostra de dados, identificar anomalias de inserção, atualização e exclusão na tabela.
8. Derivar tabelas na 2FN, começando com a lista de DFs do problema 6 e a tabela do problema 7.
9. Derivar tabelas na 3FN, começando com a lista de DFs do problema 6 e as tabelas na 2FN do problema 8.
10. Na seqüência dos problemas 6 e 7, aplicar o procedimento simples de síntese para produzir tabelas na FNBC.
11. Modificar o projeto da tabela do problema 10 se a coluna do endereço de entrega (*EnderecoEntrega*) determinar o número do cliente (*NumCliente*). Em sua opinião, essa DF adicional é razoável? Explicar resumidamente a resposta.
12. Retornar ao diagrama de DF original em que *EnderecoEntrega* não determina *NumCliente*. O projeto da tabela muda caso se queira manter o acompanhamento de uma lista principal dos endereços de entrega para cada cliente? Suponha que o usuário não queira perder o endereço de entrega quando o pedido for excluído.
13. Utilizando a seguinte lista de DFs para um banco de dados de relatório de despesas simplificado, identificar anomalias de inserção, atualização e exclusão se todas as colunas estiverem em uma tabela (tabela maior de relatórios de despesas). Existem duas chaves candidatas para a tabela maior de relatório de despesas: *NumItemDespesa* (número do item de despesa) e a combinação de *NumCateg* (número da categoria) e *NumRelDesp* (número do relatório de despesas). *NumItemDespesa* é a chave primária da tabela.

    - NumRelDesp → NumUsuario, DataSubmissaoRelDesp, DataSituacaoRelDesp
    - NumItemDespesa → DescrItemDespesa, DataItemDespesa, QtdeItemDespesa, NumCateg, NumRelDesp
    - NumUsuario → NomeUsuario, SobrenomeUsuario, FoneUsuario, EmailUsuario
    - NumCateg → NomeCateg, LimiteCateg
    - NumRelDesp, NumCateg → NumItemDespesa
    - EmailUsuario → NumUsuario
    - NomeCateg → NumCateg

14. Utilizando a lista de DFs do problema 13, identificar as DFs que violam a 2FN. Utilizando o conhecimento das DFs que violam a 2FN, projetar um conjunto de tabelas que satisfaça a 2FN, mas não a 3FN.
15. Utilizando a lista de DFs do problema 13, identificar as DFs que violam a 3FN. Utilizando o conhecimento das DFs que violam a 2FN, projetar um conjunto de tabelas que satisfaça a 3FN.
16. Aplicar o procedimento simples de síntese para produzir tabelas na FNBC utilizando a lista de DFs dada no problema 13. Mostrar os resultados de cada passo na análise.
17. Converter o DER da Figura 7.P2 em tabelas e realizar normalização adicional conforme o necessário. Depois de convertidas as tabelas, especificar as DFs de cada tabela. Como a chave primária de cada tabela determina as demais colunas, é necessário identificar somente as DFs em que o lado esquerdo não é chave primária. Se alguma tabela não estiver em FNBC, explicar por que e dividi-la em duas ou mais tabelas na FNBC.
18. Converter o DER da Figura 7.P3 em tabelas e realizar normalização adicional conforme o necessário. Depois da conversão, especificar as DFs de cada tabela. Como a chave primária de cada tabela determina as demais colunas, é necessário identificar somente as DFs em que o lado esquerdo não é chave primária. Se alguma tabela não estiver em FNBC, explicar por que e dividi-la em duas ou mais tabelas na FNBC. Observar que nos tipos de entidade *Proprietario* e *Comprador*, a chave primária (*CPF*) está incluída, embora seja herdada do tipo de entidade *Pessoa*.
19. Converter o DER da Figura 7.P4 em tabelas e realizar normalização adicional, conforme o necessário. Depois da conversão, escrever DFs para cada tabela. Como a chave primária de cada tabela determina as demais colunas, é necessário identificar somente as DFs em que o lado esquerdo não é chave primária. Se alguma tabela não estiver em FNBC, explicar por que e dividi-la em duas ou mais tabelas na FNBC. No tipo de entidade *Usuario*, *EmailUsuario* é único. No tipo de entidade *CategoriaDespesa*, *DescrCateg* é único. No tipo de entidade *TipoSituacao*, *DescrSituacao* é único. No tipo de entidade *ItemDespesa*, a combinação dos relacionamentos *Classifica* e *Contém* é única.
20. Converter o DER da Figura 7.P5 em tabelas e realizar normalização adicional, conforme o necessário. Depois da conversão, escrever DFs para cada tabela. Como a chave primária de cada tabela determina as demais colunas, é necessário identificar somente DFs em que o lado esquerdo

FIGURA 7.P2
DER do Problema 13

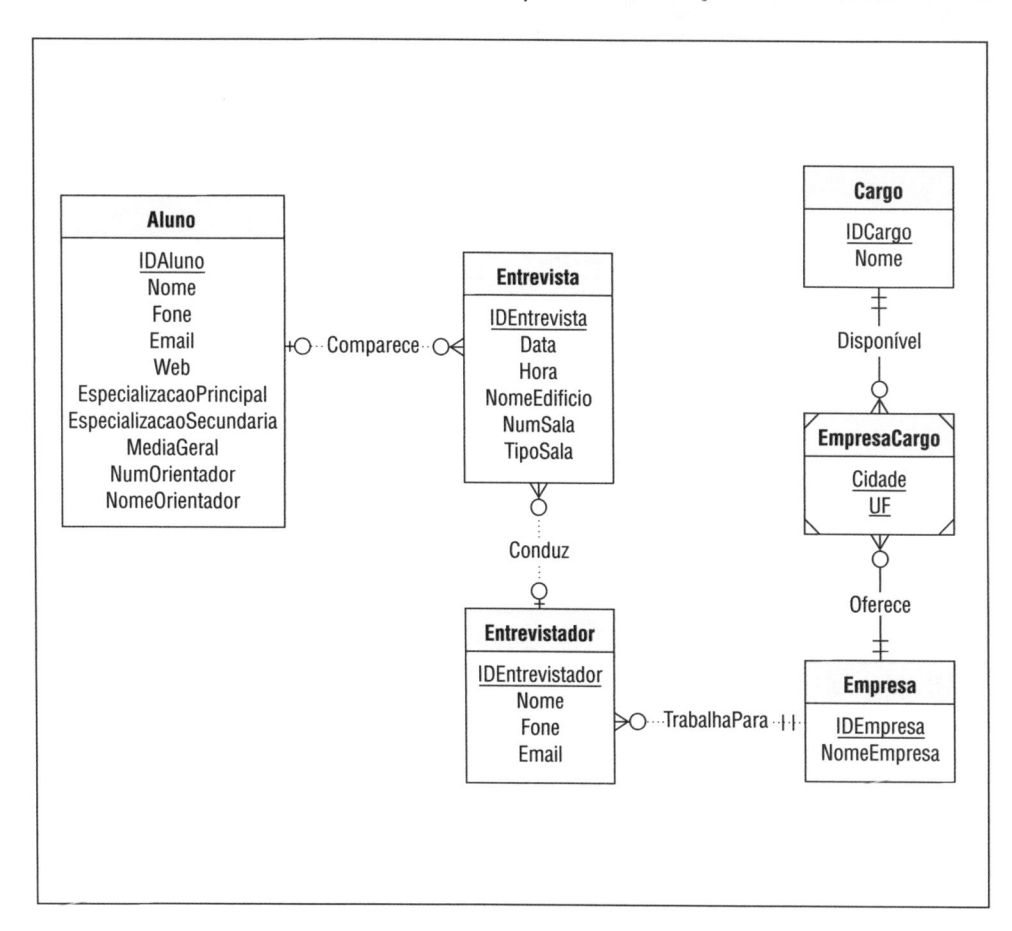

Aluno
- IDAluno
- Nome
- Fone
- Email
- Web
- EspecializacaoPrincipal
- EspecializacaoSecundaria
- MediaGeral
- NumOrientador
- NomeOrientador

Comparece

Entrevista
- IDEntrevista
- Data
- Hora
- NomeEdificio
- NumSala
- TipoSala

Conduz

Entrevistador
- IDEntrevistador
- Nome
- Fone
- Email

TrabalhaPara

Cargo
- IDCargo
- Nome

Disponível

EmpresaCargo
- Cidade
- UF

Oferece

Empresa
- IDEmpresa
- NomeEmpresa

FIGURA 7.P3
DER do Problema 14

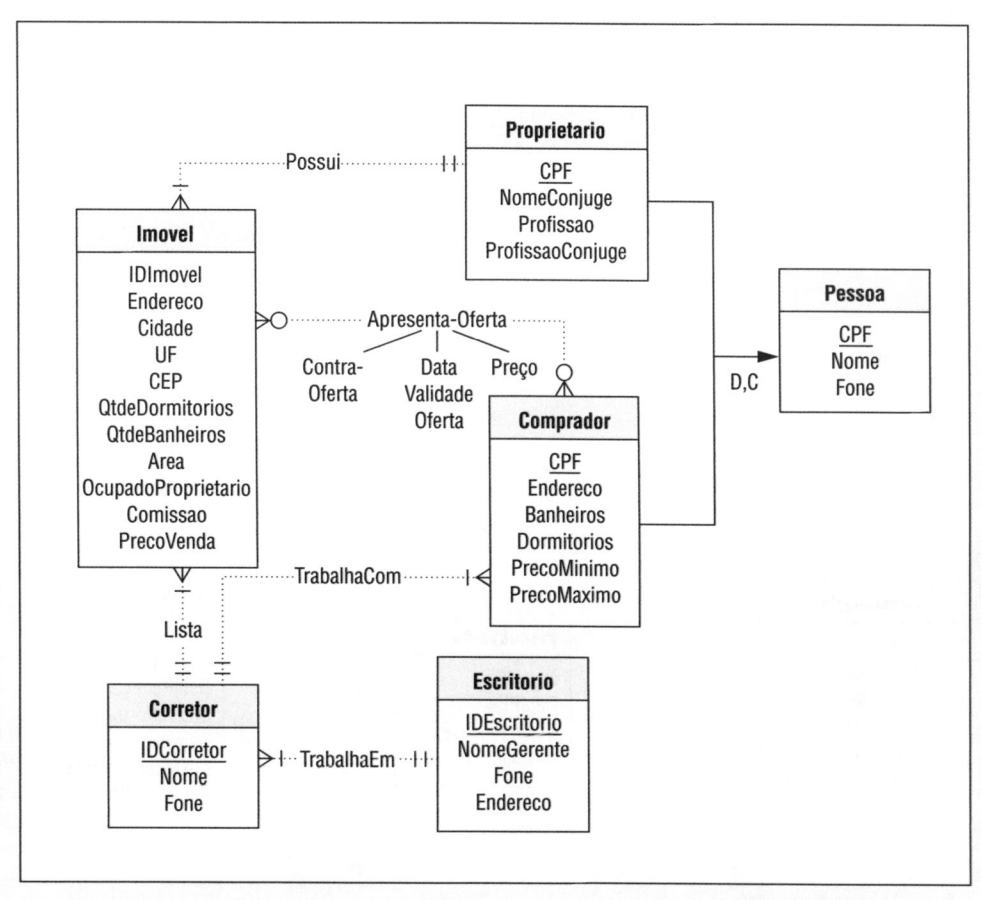

Possui

Proprietario
- CPF
- NomeConjuge
- Profissao
- ProfissaoConjuge

Imovel
- IDImovel
- Endereco
- Cidade
- UF
- CEP
- QtdeDormitorios
- QtdeBanheiros
- Area
- OcupadoProprietario
- Comissao
- PrecoVenda

Apresenta-Oferta
- Contra-Oferta
- Data Validade Oferta
- Preço

Comprador
- CPF
- Endereco
- Banheiros
- Dormitorios
- PrecoMinimo
- PrecoMaximo

D,C

Pessoa
- CPF
- Nome
- Fone

TrabalhaCom

Lista

Corretor
- IDCorretor
- Nome
- Fone

TrabalhaEm

Escritorio
- IDEscritorio
- NomeGerente
- Fone
- Endereco

FIGURA 7.P4 DER do Problema 15

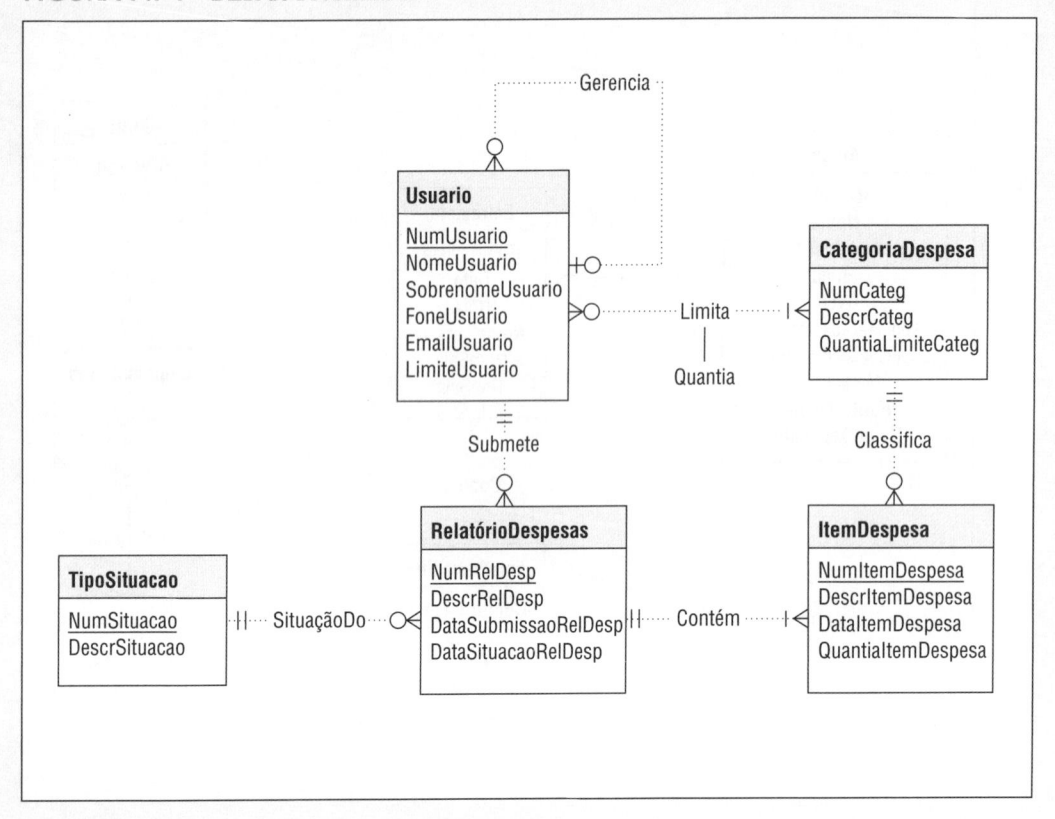

FIGURA 7.P5 DER do Problema 16

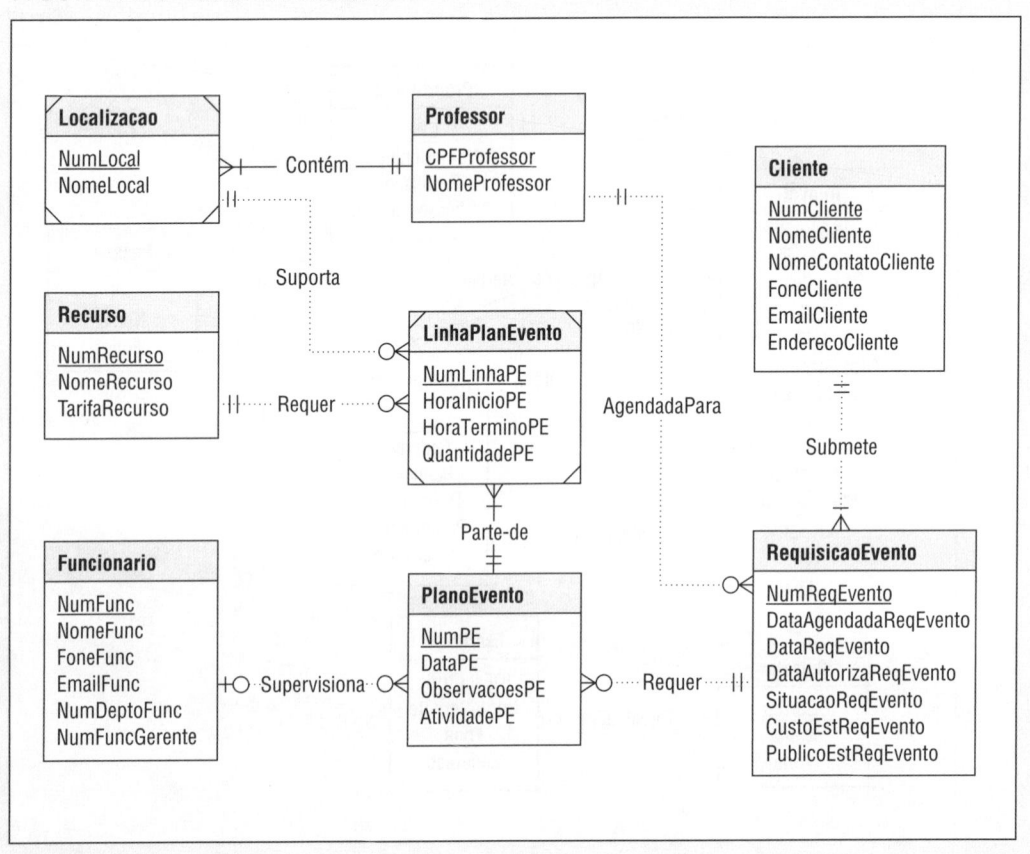

não é chave primária. Se alguma tabela não estiver em FNBC, explicar por que e dividi-la em duas ou mais tabelas na FNBC. No tipo de entidade *Funcionario*, cada departamento tem um gestor. Todos os funcionários de um departamento são supervisionados pelo mesmo gestor. Para outros tipos de entidade, *NomeFacilidade* é único em *Facilidade*, *NomeRecurso* é único em *Recurso*, e *NomeCliente* e *EmailCliente* são únicos em *Cliente*.

21. Estender a solução do problema descrito na Seção 7.2.4 sobre um banco de dados para acompanhar trabalhos acadêmicos inscritos para apresentação em conferência. Na descrição, as partes sublinhadas são novas. Escrever as novas DFs. Utilizando o procedimento simples de síntese, projetar uma coleção de tabelas na FNBC. Observar as dependências não relevantes para o problema e atenuar o projeto da FNBC, conforme apropriado. Justificar o raciocínio.

    - As informações sobre o autor englobam o número único do autor, o nome, o endereço para correspondência e o endereço eletrônico único, porém, opcional.
    - As informações sobre o artigo englobam a lista dos autores, o autor principal, o número do artigo, o título, o resumo, a *situação* da avaliação (pendente, aceito, rejeitado) e a lista de categorias de temas.
    - As informações do revisor englobam o número do revisor, o nome, o endereço para correspondência e o endereço eletrônico único, porém, opcional, e a lista de categorias por especialização.
    - Uma revisão concluída engloba o número do revisor, a data, o número do artigo, os comentários para os autores, os comentários para o presidente do programa, e as avaliações (geral, originalidade, correção, estilo e relevância).
    - Os artigos aceitos são designados a sessões. Cada sessão possui um identificador único da sessão, a lista de artigos, a ordem de apresentação de cada artigo, o título da sessão, o presidente da sessão, a sala, a data, o horário de início e a duração. Observe que cada artigo aceito pode ser designado a apenas uma sessão.

22. Para a descrição a seguir de um banco de dados de reserva de passagens aéreas, identificar as dependências funcionais e construir tabelas normalizadas. Utilizando o procedimento simples de síntese, projetar uma coleção de tabelas na FNBC. Observar as dependências não relevantes para o problema e atenuar o projeto da FNBC, conforme apropriado. Justificar o raciocínio.

    A Operadora Voe à Noite é uma companhia aérea recém-formada voltada para o crescente mercado de viajantes clandestinos (fugitivos, espiões, artistas alternativos, vigaristas, parasitas, cônjuges infiéis, políticos etc.). A Operadora Voe à Noite precisa de um banco de dados para controlar os vôos, os clientes, as tarifas, o desempenho das aeronaves e a designação da tripulação. Como os negócios da Operadora Voe à Noite têm como apelo "oferecer a saída mais rápida da cidade", não há marcação de assentos, e não há controle dos vôos de outras companhias. Essas são algumas observações específicas sobre as diferentes partes do banco de dados dessa companhia:

    - As informações do vôo englobam o número único de vôo, a origem, o (suposto) destino e o horário (mais ou menos) estimado de partida e chegada. Para reduzir os custos, a Operadora Voe à Noite oferece apenas vôos diretos, com origem e destino únicos.
    - Os vôos são programados para uma ou mais datas com uma aeronave e uma tripulação designada para cada vôo programado e a capacidade restante (os assentos vagos) anotada. Na designação da tripulação são anotados o número do funcionário e a função (por exemplo, comandante, comissário de bordo).
    - As aeronaves possuem o número de série único, o modelo, a capacidade e a data da próxima manutenção.
    - O registro de manutenção de uma aeronave inclui o número único de manutenção, a data, a descrição, o número de série da aeronave e o funcionário responsável pelos reparos.
    - Os funcionários possuem número único de funcionário, nome, telefone e título do cargo.
    - Os clientes possuem número único de cliente, número de telefone e nome (normalmente um apelido).
    - São mantidos registros dos vôos programados para reserva, incluindo o número único de reserva, o número do vôo, a data do vôo, o número do cliente, a data de reserva, a tarifa e a forma de pagamento (geralmente em dinheiro, mas, algumas vezes, com cheque ou cartão de crédito de terceiros). Se o pagamento for feito com cartão de crédito, são incluídos no registro de reserva o número do cartão de crédito e a data de vencimento.

23. Para a descrição a seguir de um banco de dados de contabilidade, identificar as dependências funcionais e construir tabelas normalizadas. Utilizando o procedimento simples de síntese, projetar uma coleção de tabelas na FNBC. Observar as dependências não relevantes para o problema e atenuar o projeto da FNBC, conforme apropriado. Justificar o raciocínio.

- A principal função do banco de dados é contabilizar os lançamentos. O usuário pode ter múltiplas contas, e existe um registro para cada conta.
- As informações sobre o usuário englobam o número único de usuário, o nome, o endereço, a cidade, o código postal e o endereço eletrônico único, porém, opcional.
- As contas possuem atributos, inclusive o número único de conta, o nome único, a data inicial, o número do último cheque, o tipo (conta corrente, conta de investimento etc.), o número do usuário e o saldo atual (calculado). Para contas correntes, também são registrados o número do banco (único), o nome do banco e o endereço do banco.
- Cada entrada contém um número único, o tipo, o número opcional do cheque, o pagador, a data, o montante, a descrição, o número da conta e uma lista de linhas de entrada. O <u>tipo</u> de entrada pode ter vários valores incluindo caixa eletrônico, número do próximo cheque, do cartão de depósito e de débito.
- Na lista das linhas de entrada, o usuário aloca o montante total da entrada em categorias. Cada linha de entrada inclui o nome da categoria, a descrição da linha de entrada e o montante.
- As categorias têm outros atributos não mostrados na linha de entrada: o número único da categoria (o nome também é único), a descrição, o tipo (ativo, despesa, receita ou passivo) e a situação tributária (sim ou não).
- As categorias são organizadas em hierarquias. Por exemplo, existe a categoria Automóvel com subcategorias Automóvel:combustível e Automóvel:manutenção. As categorias podem ter múltiplos níveis de subcategorias.

24. Para os DERs da Figura 7.P6, descrever os pressupostos com base nos quais os DERs retratam corretamente os relacionamentos entre operadores, máquinas e tarefas. Em cada caso, escolher nomes adequados para os relacionamentos e descrever o significado dos relacionamentos. Na parte (b), escolher também o nome do novo tipo de entidade.

25. Para a descrição a seguir de um banco de dados de apoio das operações físicas de uma fábrica, identificar as dependências funcionais e construir tabelas normalizadas. Utilizando o procedimento

FIGURA 7.P6
DER do Problema 24

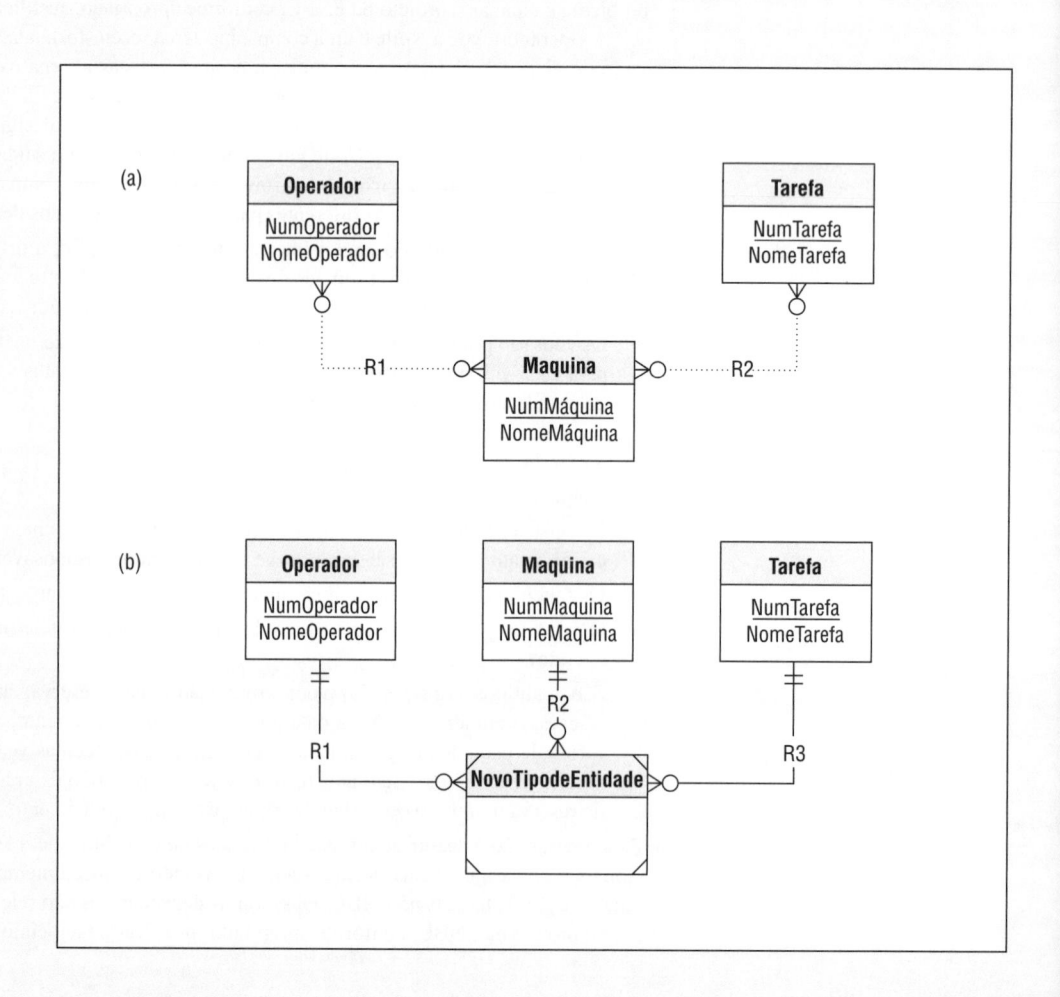

simples de síntese, projetar um conjunto de tabelas na FNBC. Observar as dependências não relevantes para o problema e atenuar o projeto da FNBC, conforme apropriado. Justificar o raciocínio.

Criar um banco de dados para ajudar o pessoal da fábrica a gerenciar os cartões de acesso aos prédios e às salas. O principal objetivo do banco de dados é assegurar a contabilidade correta de todos os cartões de acesso.

- Cada edifício possui o número único do edifício, o nome único e a localização dentro do complexo industrial.
- Cada sala possui o número único da sala, o tamanho (as dimensões físicas), a capacidade, o número de entradas e a descrição dos equipamentos da sala. Cada sala está localizada com exatidão em um edifício. O número da sala inclui a identificação do edifício, seguida de um número inteiro. Por exemplo, a sala de número KC100 identifica a sala 100 do edifício King Center (KC).
- Cada funcionário possui o número único de funcionário, o nome, o cargo, o endereço eletrônico único, o número de telefone e o número de sala opcional onde o funcionário trabalha.
- Os cartões de acesso codificados magneticamente destinam-se a abrir uma ou mais salas. Cada cartão de acesso possui o número único do cartão, a data codificada, a lista de números das salas que o cartão abre e o número do funcionário que autoriza o cartão. Cada sala pode ter um ou mais cartões de acesso para abri-la. Antes de criar o tipo de chave, é necessário autorizá-lo.

26. Para os DERs da Figura 7.P7, descrever os pressupostos com base nos quais os DERs retratam corretamente os relacionamentos entre atribuição do trabalho, tarefas e materiais. Cada atribuição de

FIGURA 7.P7
DER do Problema 26

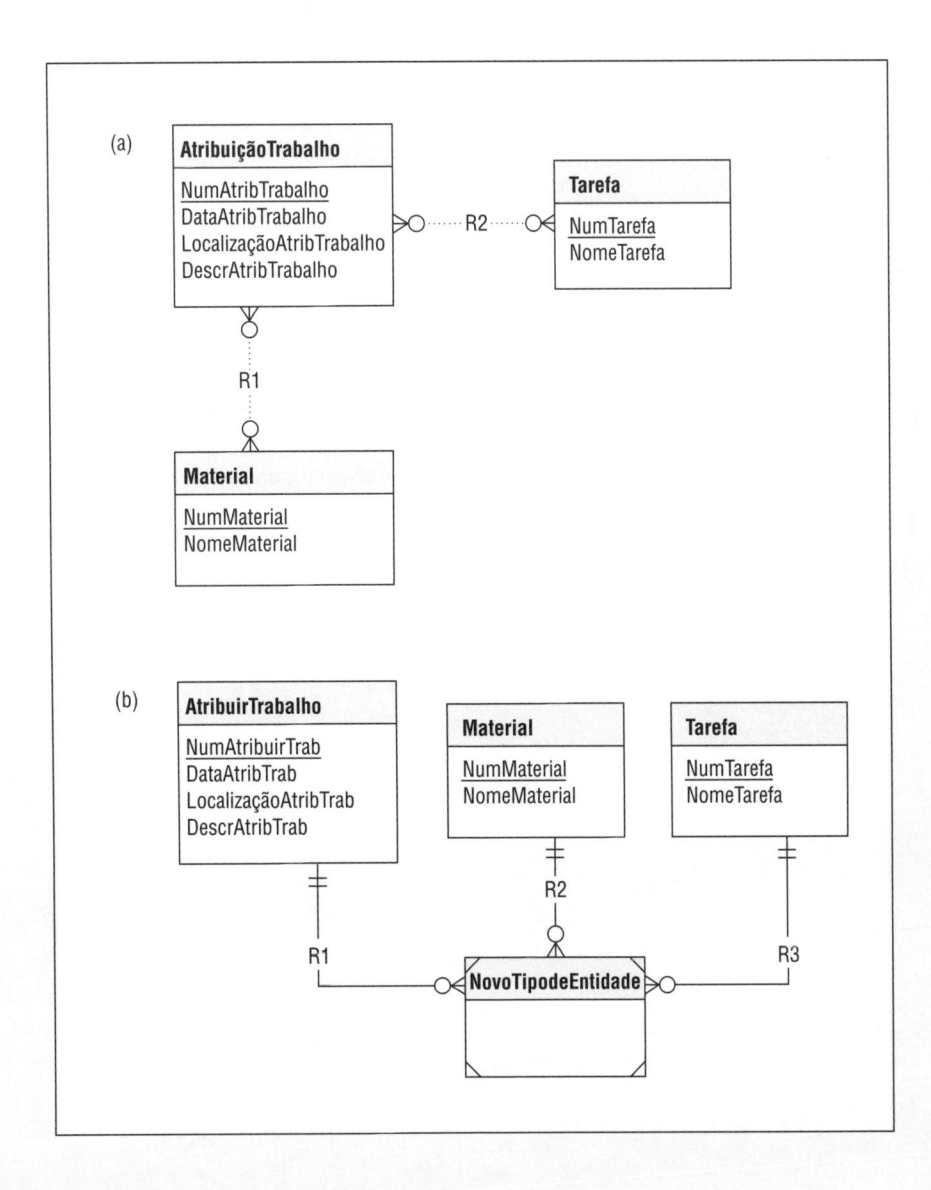

trabalho contém o trabalho programado para a construção de uma obra em um local específico. O trabalho programado inclui as tarefas e os materiais necessários para a construção da obra. Em cada caso, escolher os nomes apropriados para os relacionamentos e descrever o significado dos relacionamentos. Na parte (b) é necessário também escolher o nome para o novo tipo de entidade.

27. Para a descrição a seguir de um banco de dados de apoio ao controle de voluntários, identificar as dependências funcionais e construir tabelas normalizadas. Utilizando o procedimento simples de síntese, projetar um conjunto de tabelas na FNBC. Observar as dependências não relevantes para o problema e atenuar o projeto da FNBC, conforme apropriado. Justificar o raciocínio.

Criar um banco de dados para apoiar as organizações que precisam acompanhar os voluntários, as áreas de voluntariado, os eventos e os horários de cada evento. O sistema será empregado inicialmente em escolas profissionalizantes com a participação obrigatória dos pais como voluntários. Os pais voluntários se registram como casais ou apenas um dos dois, mãe ou pai voluntário. Os coordenadores de voluntariado recrutam os voluntários para as diversas áreas de voluntariado. Os organizadores de eventos recrutam voluntários para trabalhar nos eventos. Alguns eventos exigem uma programação de voluntários enquanto outros não utilizam programação. Os voluntários trabalham em eventos e registram o tempo trabalhado.

- Para cada família, o banco de dados registra o número único da família, o nome e sobrenome do pai e da mãe, os telefones residencial e comercial, o endereço para correspondência (rua, cidade, estado e CEP) e o endereço eletrônico opcional. Para cada família tendo como voluntário ou o pai ou a mãe, são registradas as informações apenas de um dos dois.

- Para cada área de voluntariado, o banco de dados registra a área única de voluntariado, o nome da área de voluntariado, o grupo (grupo de professores ou associação de pais e mestres) controlador da área de voluntariado e a família coordenadora da área de voluntariado. Em alguns casos, uma família coordena mais de uma área de voluntariado.

- Para os eventos, o banco de dados registra o número único do evento, a descrição do evento, a data do evento, o horário de início e término do evento, o número de voluntários necessários, o período do evento e a data de vencimento, se o evento for recorrente, a área de voluntariado e a lista de voluntários da família para o evento. As famílias podem se apresentar com antecedência como voluntárias para vários eventos.

- Depois de concluída a atribuição dos trabalhos, as horas trabalhadas são registradas. O banco de dados contém o nome e sobrenome do voluntário, a família representada pelo voluntário, o número de horas trabalhadas, o evento opcional, a data trabalhada, o local do trabalho e comentários opcionais. Normalmente, o voluntário é um dos pais da família, mas, às vezes, o voluntário é um amigo ou parente da família. O evento é opcional para permitir horas de voluntariado para atividades não consideradas eventos.

Referências para Estudos Adicionais

O tema normalização é muito mais detalhado do que o descrito neste capítulo. Para obter uma descrição mais detalhada sobre normalização, consultar livros de ciência da computação como o de Elmasri e Navathe (2004). O procedimento simples de síntese foi adaptado com base em Hawryszkiewycz (1984). Para um tutorial clássico em normalização, consultar Kent (1983). Fagin (1981) descreve a forma normal de chave de domínio, a forma normal final. Os sites *DBAZine* (www.dbazine.com/) e *DevX Database Zone* (www.devx.com) oferecem orientações práticas sobre normalização e desenvolvimento de banco de dados.

Capítulo 8

Projeto Físico do Banco de Dados

Objetivos de Aprendizagem

Este capítulo trata do projeto físico do banco de dados, fase final do processo de desenvolvimento de banco de dados. O projeto físico do banco de dados transforma um projeto de tabelas da fase de projeto lógico em uma implementação eficiente que dá suporte a todas as aplicações usuárias de banco de dados. No final deste capítulo, o estudante deverá ter adquirido os seguintes conhecimentos e habilidades:

- Descrever as entradas, as saídas e os objetivos do projeto físico do banco de dados.
- Avaliar as dificuldades de realização do projeto físico do banco de dados e a necessidade de revisão periódica das escolhas do projeto físico do banco de dados.
- Listar as características de estruturas de arquivo seqüencial, árvore B, hash e bitmap.
- Compreender as escolhas feitas por um otimizador de consulta e as áreas em que é possível melhorar as decisões de otimização.
- Compreender os compromissos na seleção de índice e nas decisões de desnormalização.
- Compreender a necessidade da utilização de ferramentas auxiliadas por computador para ajudar nas decisões de projeto físico do banco de dados, principalmente naquelas afetadas pelo processo de otimização de consultas.

Visão Geral

Nos capítulos 5 a 7, foram discutidas as fases de projeto lógico e conceitual do desenvolvimento de banco de dados. Neles, foram introduzidos os diagramas entidade-relacionamento, a prática de modelagem de dados, a conversão de esquema e a normalização. Neste capítulo, com as explicações do processo para uma implementação eficiente do projeto de tabelas, o estudante ampliará suas habilidades de projeto de banco de dados.

Para entender bem o projeto físico do banco de dados, é preciso conhecer tanto o processo como o ambiente. Neste capítulo, serão descritos o processo de projeto físico do banco de dados, incluindo as entradas, as saídas e os objetivos, além de duas partes críticas do ambiente, as estruturas de arquivo e a otimização de consultas. A maioria das escolhas feitas no projeto físico do banco de dados está relacionada a características das estruturas de arquivo e decisões na otimização de consultas.

Depois de entender o processo e o ambiente, o estudante estará preparado para realizar o projeto físico do banco de dados. Na execução do projeto físico do banco de dados, é necessário fornecer entradas detalhadas e fazer escolhas para equilibrar as necessidades de recuperação e atualização das aplicações. Neste capítulo, serão discutidas a complexidade dos perfis de tabela e perfis de aplicação e sua importância nas decisões do projeto físico. A seleção de índice é a escolha mais importante do projeto físico do banco de dados. Neste capítulo, serão descritos os compromissos na seleção de índice e apresentadas as regras de seleção de índice aplicáveis em bancos de dados de médio porte. Além da seleção de índice, neste capítulo, serão apresentadas a desnormalização, a formatação de registros e o processamento paralelo como técnicas para melhorar o desempenho do banco de dados.

8.1 Visão Geral do Projeto Físico do Banco de Dados

As decisões da fase de projeto físico do banco de dados envolvem o nível de armazenamento do banco de dados. No sentido coletivo, as decisões quanto a nível de armazenamento são conhecidas como esquema interno. Nesta seção, serão descritos o nível de armazenamento além dos objetivos, das entradas e das saídas do projeto físico do banco de dados.

8.1.1 Nível de Armazenamento do Banco de Dados

Nível de armazenamento é o que fica mais próximo do hardware e do sistema operacional. No nível de armazenamento, o banco de dados é constituído de registros físicos (também denominados blocos ou páginas) organizados em arquivos. Registros físicos são conjuntos de bytes transferidos entre o armazenamento volátil na memória principal e o armazenamento estável em disco. A memória principal é considerada armazenamento volátil porque seu conteúdo pode ser perdido em caso de falha. Arquivo é um conjunto de registros físicos organizados para facilitar o acesso. A Figura 8.1 mostra os relacionamentos entre registros lógicos (linhas de uma tabela) e registros físicos armazenados em um arquivo. Normalmente, um registro físico contém múltiplos registros lógicos. O tamanho de um registro físico é uma potência de dois, por exemplo, 1.024 (2^{10}) ou 4.096 (2^{12}) bytes. Um registro lógico grande pode ser dividido em múltiplos registros físicos. Outra possibilidade é o armazenamento de registros lógicos de mais de uma tabela no mesmo registro físico.

O SGBD e o sistema operacional trabalham juntos para atender às requisições de registros lógicos feitas pelas aplicações. A Figura 8.2 mostra o processo de transferência de registros físicos e lógicos entre discos, buffers de SGBD e buffers de aplicação. Normalmente, o SGBD e a aplicação possuem áreas separadas de memória, conhecidas como buffer. Quando a aplicação requisita um registro lógico, o SGBD localiza o registro físico que o contém. No caso de operação de leitura, o sistema operacional transfere o registro físico do disco para a área de memória do SGBD. O SGBD, então, transfere o registro lógico para o buffer da aplicação. No caso de operação de escrita, o processo de transferência é inverso.

A requisição de registro lógico pode não resultar em transferência de registro físico por causa da utilização do buffer. O SGBD tenta antecipar as necessidades das aplicações, de modo que os registros físicos correspondentes já residam nos buffers do SGBD. Uma grande dificuldade na previsão do desempenho do banco de dados é saber quando uma requisição

registro físico
coleção de bytes que são transferidos entre o armazenamento volátil na memória principal e o armazenamento estável em um disco. O número de acesso ao registro físico é uma medida importante de desempenho de um banco de dados.

FIGURA 8.1
Relacionamentos entre Registros Lógicos (RL) e Registros Físicos (RF)

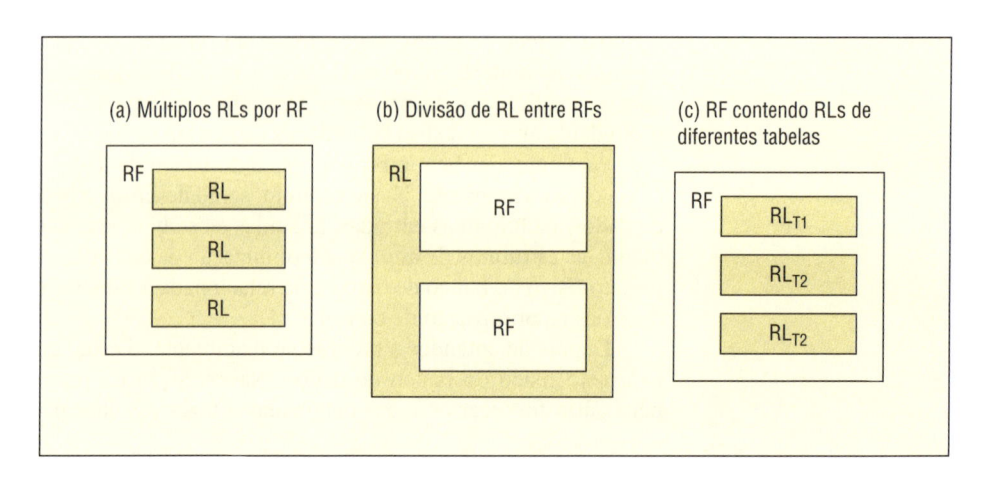

FIGURA 8.2
Transferência de
Registros Físicos

[Figura: Diagrama mostrando transferência de registros físicos entre Buffers de aplicação (Registros lógicos RLs: RL₁, RL₂, RL₃, RL₄), Buffers de SGBD (Registros lógicos dentro dos registros físicos: PR₁ com RF₁, RF₂; PR₂ com RF₃, RF₄) e Sistema operacional (Registros físicos RFs em disco: RF₁, RF₂), com setas de leitura e escrita.]

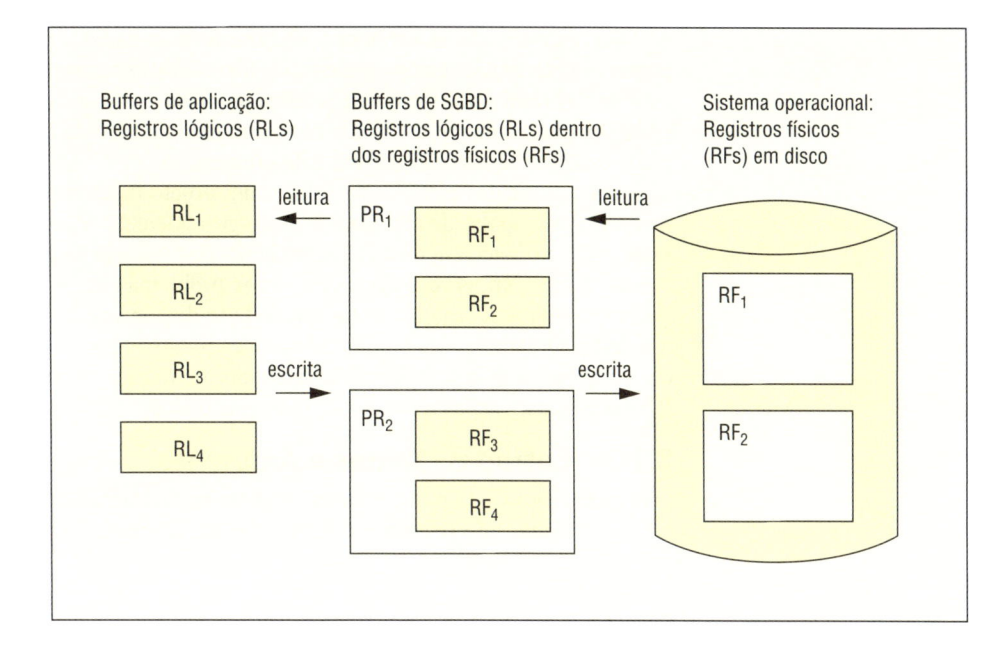

de registro lógico leva a uma transferência de registro físico. Por exemplo, se múltiplas aplicações estiverem acessando os mesmos registros lógicos, os registros físicos correspondentes talvez residam nos buffers do SGBD. Conseqüentemente, a incerteza a respeito do conteúdo dos buffers do SGBD pode dificultar o projeto físico do banco de dados.

8.1.2 Objetivos e Restrições

A finalidade do projeto físico do banco de dados é minimizar o tempo de resposta para acessar e modificar um banco de dados. Em virtude da dificuldade para calcular diretamente o tempo de resposta, adota-se a minimização dos recursos de computação como medida substituta. No processamento do banco de dados, são recursos consumidos as transferências físicas de registros, as operações da unidade de processamento central (CPU), a memória principal e o espaço em disco. Estes dois últimos recursos (memória principal e espaço em disco) são considerados restrições e não recursos a serem minimizados. A minimização da memória principal e do espaço em disco pode aumentar o tempo de resposta.

> **medida combinada de desempenho de banco de dados**
> *ARF + P* CPU-OP* onde *ARF* é o número de acessos aos registros físicos, *CPU-OP* é o número de operações da CPU, por exemplo, comparações e atribuições, e *P* é o peso, um número real entre 0 e 1.

O número de acessos aos registros físicos limita o desempenho da maioria das aplicações de banco de dados. O acesso ao registro físico envolve o movimento mecânico de um disco, inclusive o de rotação, e o movimento da cabeça magnética. O movimento mecânico geralmente é muito mais lento que a comutação eletrônica da memória principal. A velocidade de acesso a um disco é medida em milissegundos (milionésimos de segundo) enquanto o acesso à memória é medido em nanossegundos (bilionésimos de segundo). Portanto, o acesso a um registro físico pode ser muitas vezes mais lento que o acesso à memória principal. A redução do número de acessos aos registros físicos normalmente melhora o tempo de resposta.

A utilização da CPU também pode ser um fator a ser considerado em algumas aplicações de banco de dados. Por exemplo, o procedimento de ordenação requer grande quantidade de comparações e atribuições. No entanto, essas operações, executadas pela CPU, muitas vezes são mais rápidas que um acesso ao registro físico. Para acomodar tanto os acessos aos registros físicos quanto a utilização da CPU, pode-se utilizar um peso, combinando-os em uma medida. O peso normalmente fica próximo de 0 (zero) para refletir a quantidade de operações executadas pela CPU no tempo gasto na transferência de um registro físico.

O objetivo do projeto físico do banco de dados é minimizar a medida combinada de todas as aplicações usuárias de banco de dados. Geralmente, a melhoria do desempenho das aplicações de recuperação ocorre em detrimento do desempenho das aplicações de atualização e vice-versa. Assim, um aspecto importante no projeto físico do banco de dados é o equilíbrio entre as necessidades das aplicações de recuperação e de atualização.

As medidas de desempenho são muito detalhadas, impossíveis de serem calculadas manualmente, exceto em situações simples. Softwares complexos de otimização calculam as estimativas utilizando fórmulas detalhadas de custo. O software de otimização em geral faz parte do compilador SQL. Conhecer a natureza da medida de desempenho ajuda a interpretar as escolhas feitas pelo software de otimização.

Na maioria das escolhas realizadas no projeto físico do banco de dados, a quantidade de memória principal e de espaço em disco geralmente é fixa. Em outras palavras, a memória principal e o espaço em disco são restrições do processo de projeto físico do banco de dados. Assim como com as restrições em outros problemas de otimização, é necessário levar em conta os efeitos da mudança na quantidade disponível de memória principal e de espaço em disco. O aumento da quantidade desses recursos pode melhorar o desempenho. O nível de melhoria no desempenho pode depender de muitos fatores, como o SGBD, o projeto de tabelas e as aplicações usuárias do banco de dados.

8.1.3 Entradas, Saídas e Ambiente

O projeto físico do banco de dados consiste em inúmeras entradas e saídas diferentes, assim como retratadas na Figura 8.3 e resumidas na Tabela 8.1. O ponto de partida é o projeto de

FIGURA 8.3
Entradas, Saídas e Ambiente do Projeto Físico do Banco de Dados

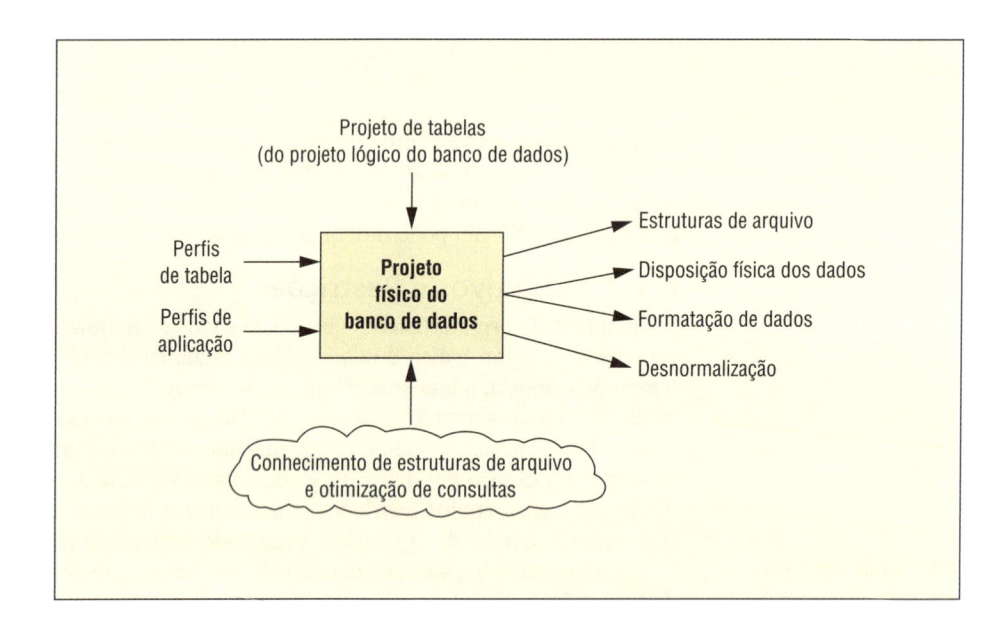

TABELA 8.1
Resumo de Entradas, Saídas e Ambiente do Projeto Físico do Banco de Dados

Item	Descrição
Entradas	
Perfis de tabela	Estatísticas de cada tabela, por exemplo, número de linhas e valores únicos de coluna
Perfis de aplicação	Estatísticas de cada formulário, relatório e consulta, por exemplo, tabelas acessadas/atualizadas e freqüência de acesso/atualização
Saídas	
Estruturas de arquivo	Método de organização dos registros físicos de cada tabela
Disposição física	Critérios de organização dos registros físicos com muita proximidade dos dados
Formatação de dados	Utilização de compressão e dados derivados
Desnormalização	Combinação de tabelas separadas formando uma única tabela
Conhecimento do ambiente	
Estruturas de arquivo	Características como operações suportadas e fórmulas de custos
Otimização de consultas	Decisões de acesso tomadas pelo componente de otimização para cada consulta

tabelas da fase de projeto lógico do banco de dados. Perfis de tabela e aplicação são utilizados especificamente para o projeto físico do banco de dados. Como essas entradas são tão críticas para o processo do projeto físico do banco de dados, elas serão discutidas mais detalhadamente na Seção 8.2. As saídas mais importantes são as decisões envolvendo estruturas de arquivo e disposição física dos dados. A Seção 8.5 apresenta uma discussão mais detalhada sobre essas decisões. Para simplificar, as decisões envolvendo outras saídas são tomadas de forma separada, embora possam estar relacionadas. Por exemplo, as estruturas de arquivo normalmente são selecionadas de forma separada das decisões de desnormalização, embora estas decisões possam afetar aquelas envolvendo estruturas de arquivo. Portanto, o projeto físico do banco de dados é mais bem caracterizado como uma seqüência de processos de tomada de decisões e não como um único grande processo.

O conhecimento a respeito de estruturas de arquivo e otimização de consultas está relacionado ao ambiente do projeto físico do banco de dados e não consiste em entradas. O conhecimento pode estar incorporado nas ferramentas de projeto de banco de dados. Se não houver ferramentas de projeto do banco de dados disponíveis, o projetista informalmente utiliza o conhecimento do ambiente para tomar as decisões de aspecto físico do banco de dados. Às vezes, é difícil adquirir todo o conhecimento, porque ele é, em grande parte, específico de cada SGBD. Como o conhecimento do ambiente é crucial no processo de projeto físico do banco de dados, as seções 8.3 e 8.4 apresentam uma discussão mais detalhada desse tema.

8.1.4 Dificuldades

Antes de continuar a estudar mais detalhes do projeto físico do banco de dados, é importante entender o porquê de sua dificuldade. O projeto físico do banco de dados é difícil por causa da quantidade de decisões, dos relacionamentos entre as decisões, do detalhamento das entradas, da complexidade do ambiente e da incerteza na previsão de acessos aos registros físicos. Esses fatores serão discutidos resumidamente, a seguir. No restante deste capítulo, o estudante deve ter sempre em mente essas dificuldades.

- O projetista pode se ver diante de inúmeras possibilidades de escolha. No caso de bancos de dados com muitas colunas, o número de escolhas possíveis pode ser excessivo, impossibilitando a avaliação mesmo em computadores de grande porte.
- As decisões não podem ser tomadas de forma isolada umas das outras. Por exemplo, as decisões envolvendo estruturas de arquivo de uma tabela podem influenciar as decisões envolvendo outras tabelas.
- A qualidade das decisões fica restrita à precisão dos perfis de tabela e aplicação. No entanto, essas entradas podem ser volumosas e difíceis de ser coletadas. Além disso, as entradas mudam com o tempo, exigindo uma coleta periódica.
- O conhecimento do ambiente é específico de cada SGBD. Grande parte do conhecimento ou é segredo comercial ou é complexa demais para ser entendida em detalhes.
- É difícil prever o número de acessos aos registros físicos por causa da incerteza quanto ao conteúdo dos buffers do SGBD. A incerteza surge porque a combinação de aplicações acessando o banco de dados está constantemente mudando.

8.2 Entradas do Projeto Físico do Banco de Dados

O projeto físico do banco de dados requer entradas especificadas e bem detalhadas. As entradas especificadas sem detalhes suficientes podem conduzir a decisões equivocadas no projeto físico do banco de dados e na otimização de consultas. Esta seção apresenta o nível de detalhe recomendado tanto para os perfis de tabela como para os perfis de aplicação.

8.2.1 Perfis de Tabela

O perfil de tabela resume uma tabela como um todo, as colunas dentro da tabela e os relacionamentos entre tabelas, assim como mostra a Tabela 8.2. É trabalhoso criar manualmente perfis de tabela, assim, a maioria dos SGBDs fornece programas de estatística para criá-los automaticamente. O projetista deve executar periodicamente o programa de estatística para

TABELA 8.2
Componentes Típicos de um Perfil de Tabela

Componente	Estatísticas
Tabela	Número de linhas e registros físicos
Coluna	Número de valores únicos, distribuição de valores, correlação entre colunas
Relacionamento	Distribuição do número de linhas relacionadas

FIGURA 8.4 Exemplo de Histograma de Mesma Largura para a Coluna de Salários

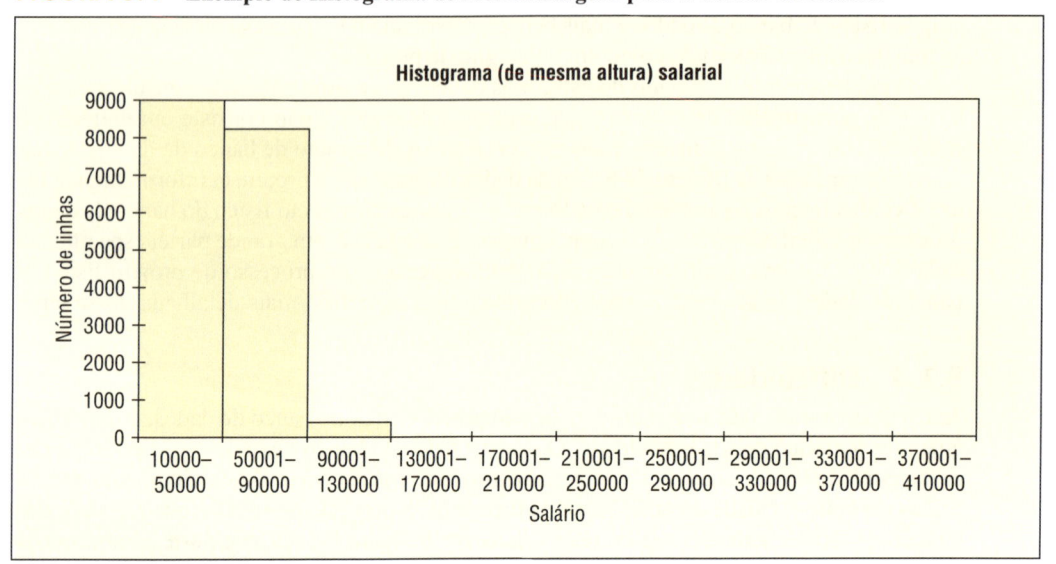

que os perfis não fiquem obsoletos. No caso de bancos de dados de grande porte, os perfis de tabela podem ser calculados com base em amostras do banco de dados. A utilização do banco de dados inteiro pode consumir muito tempo e ser muito trabalhoso.

Em resumos de coluna e relacionamento, a distribuição mostra o número de linhas e de linhas relacionadas de valores de coluna. A distribuição dos valores pode ser especificada de diversas formas. Uma forma simples é assumir uma distribuição uniforme de valores de coluna. A distribuição uniforme significa que cada valor possui um número igual de linhas. Supondo essa uniformidade de valores, são necessários somente os valores máximo e mínimo.

Uma maneira mais detalhada de especificar a distribuição é usar um histograma. <u>Histograma</u> é um gráfico bidimensional em que o eixo x representa faixas de coluna e o eixo y representa o número de linhas. Por exemplo, a primeira barra da Figura 8.4 mostra que 9.000 linhas apresentam salário entre R$ 10.000 e R$ 50.000. Os histogramas tradicionais de mesma largura não funcionam muito bem com dados não-uniformes, porque exigem muitas faixas para controlar os erros de estimativa. Na Figura 8.4, calcular o número de linhas de funcionários utilizando as duas primeiras faixas pode resultar em muitos erros de estimativa, porque mais de 97% dos funcionários recebem salários abaixo de R$ 80.000. Por exemplo, seriam calculadas cerca de 1.125 linhas (12,5% das 9.000) para estimar o número de funcionários com salários entre R$ 10.000 e R$ 15.000, utilizando a Figura 8.4. No entanto, o número real de linhas é muito menor, porque poucos funcionários ganham menos de R$ 15.000.

A utilização de histogramas tradicionais (de mesma largura) com dados não-uniformes pode produzir estimativas equivocadas, assim, a maioria dos SGBDs utiliza histogramas de mesma altura, tal como mostra a Figura 8.5. No histograma de mesma altura, as faixas são determinadas de forma que cada faixa possui mais ou menos o mesmo número de linhas. Assim, a largura das faixas varia, mas a altura é mais ou menos a mesma. A maioria dos SGBDs utiliza histogramas de mesma altura porque eles permitem controlar os erros de estimativa máximos e esperados, aumentando o número de faixas.

FIGURA 8.5 Exemplo de Histograma de Mesma Altura para a Coluna de Salários

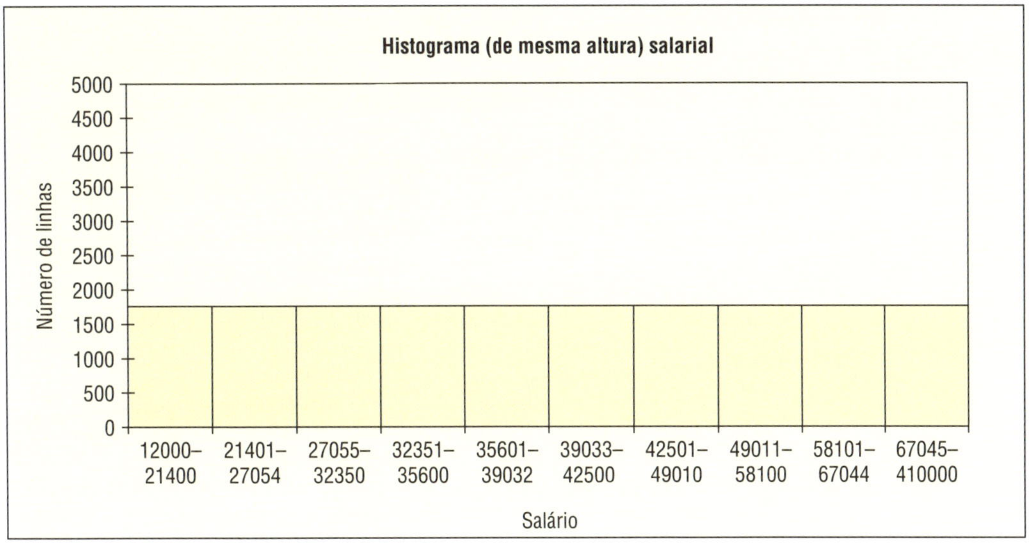

Histograma (de mesma altura) salarial

(Eixo Y: Número de linhas, 0 a 5000)
(Eixo X: Salário)

Faixa	12000–21400	21401–27054	27055–32350	32351–35600	35601–39032	39033–42500	42501–49010	49011–58100	58101–67044	67045–410000

TABELA 8.3
Componentes Típicos de um Perfil de Aplicação

Tipo de Aplicação	Estatísticas
Consulta	Freqüência, distribuição de valores dos parâmetros
Formulário	Freqüência de operações de inserção, atualização, exclusão e recuperação
Relatório	Freqüência, distribuição de valores de parâmetro

Perfis de tabela são utilizados para calcular a medida combinada de desempenho apresentada na Seção 8.12. Por exemplo, o número de registros físicos é utilizado para calcular os acessos aos registros físicos a fim de recuperar todas as linhas de uma tabela. A distribuição de valores de coluna é necessária para estimar a fração de linhas que satisfazem a condição de uma consulta. Por exemplo, para calcular a fração de linhas que satisfazem a condição *Salário > 45.000*, deve-se somar o número de linhas nas primeiras três barras da Figura 8.4 e utilizar a interpolação linear na quarta barra.

Às vezes, é útil armazenar dados mais detalhados a respeito das colunas. Se as colunas estiverem relacionadas, podem ocorrer erros quando se calcula a fração das linhas que satisfazem as condições ligadas aos operadores lógicos. Por exemplo, se as colunas de salário e idade estiverem relacionadas, a fração de linhas que satisfazem a expressão booleana *Salário > 45.000 AND Idade < 25* não pode ser calculada com precisão, conhecendo-se apenas a distribuição de salário e idade. Também são necessários dados do relacionamento estatístico entre salário e idade. Devido ao custo da coleta e do armazenamento dos resumos sobre os relacionamentos entre as colunas, muitos SGBDs pressupõem colunas independentes.

8.2.2 Perfis de Aplicação

Os perfis de aplicação resumem as consultas, os formulários e os relatórios que acessam o banco de dados, assim como mostra a Tabela 8.3. No caso dos formulários, deve-se especificar a freqüência de utilização do formulário para cada tipo de operação (inserção, atualização, exclusão e recuperação). No caso das consultas e dos relatórios, a distribuição de valores de parâmetro codifica quantas vezes cada consulta/relatório é executado com vários valores de parâmetro. Infelizmente, os SGBDs não são tão úteis na coleta de perfis de aplicação como são com perfis de tabela. O projetista de banco de dados talvez precise escrever um software especializado ou encontrar um software de outro fornecedor para coletar os perfis de aplicação.

A Tabela 8.4 mostra os perfis de diversas aplicações do banco de dados de universitários. Os dados de freqüência são especificados como média por unidade de tempo, por exemplo,

TABELA 8.4
Exemplo de Perfis de Aplicação

Nome da Aplicação	Tabelas	Operação	Freqüência
Consulta de Matrícula	Curso, Oferecimento, Matricula	Recuperação	100 por dia durante o período de registro; 50 por dia durante o período de desistência/adição
Formulário de Registro	Registro	Inserção	1.000 por dia durante o período de registro
Formulário de Registro	Matricula	Inserção	5.000 por dia durante o período de registro; 1.000 por dia durante o período de desistência/adição
Formulário de Registro	Registro	Exclusão	100 por dia durante o período de registro; 10 por dia durante o período de desistência/adição
Formulário de Registro	Matricula	Exclusão	1.000 por dia durante o período de registro; 500 por dia durante o período de desistência/adição
Formulário de Registro	Registro, Aluno	Recuperação	6.000 por dia durante o período de registro; 1.500 por dia durante o período de desistência/adição
Formulário de Registro	Matricula, Curso Oferecimento, Professor	Recuperação	6.000 por dia durante o período de registro; 1.500 por dia durante o período de desistência/adição
Relatório de Carga de Trabalho de Professores	Professor, Curso, Oferecimento, Matricula	Recuperação	50 por dia durante a última semana do período acadêmico; 10 por dia nos demais dias; parâmetros típicos: período acadêmico e ano corrente

por dia. Algumas vezes, é útil resumir as freqüências em mais detalhes. Especificar freqüências de pico e a variação nas freqüências ajuda a evitar problemas com a utilização no pico. Além disso, a importância das aplicações pode ser especificada como limites de tempo de resposta de modo a tender os projetos físicos às aplicações críticas.

8.3 Estruturas de Arquivo

Assim como já foi mencionado na Seção 8.1, a seleção entre estruturas alternativas de arquivo é uma das mais importantes escolhas dentro do projeto físico do banco de dados. A fim de fazer uma escolha inteligente, é necessário entender as características das estruturas de arquivo disponíveis. Esta seção descreve as características das estruturas de arquivo comuns oferecidas na maioria dos SGBDs.

arquivo seqüencial
uma organização simples de arquivos em que os registros são armazenados na ordem de inserção ou pelo valor-chave. Arquivos seqüenciais são de manutenção simples e oferecem bom desempenho para o processamento de um grande número de registros.

8.3.1 Arquivos Seqüenciais

O tipo mais simples de estrutura de arquivo armazena os registros lógicos pela ordem de inserção. Os novos registros lógicos são anexados ao último registro físico do arquivo, assim como mostra a Figura 8.6. A menos que os registros lógicos sejam inseridos em uma ordem específica e não seja feita nenhuma exclusão, o arquivo torna-se não-ordenado. Às vezes, os arquivos não-ordenados são conhecidos como arquivos *heap* por essa falta de ordem.

A principal vantagem dos arquivos seqüenciais não-ordenados é a rapidez de inserção. No entanto, quando registros lógicos são excluídos, a inserção fica mais complicada. Por exemplo, se o segundo registro lógico for excluído do RF_1, haverá espaço disponível no RF_1. É necessário manter uma lista de espaço livre para saber se um novo registro pode ser inserido no espaço vazio em vez de no último registro físico. Como alternativa, os novos registros lógicos sempre podem ser inseridos no último registro físico. Entretanto, é necessário realizar uma reorganização periódica para recuperar o espaço perdido por causa das exclusões.

Em caso de necessidade de recuperação ordenada, é preferível utilizar arquivos seqüenciais ordenados a arquivos seqüenciais não-ordenados. Os registros lógicos são organizados por ordem de chave, em que a chave pode ser qualquer coluna, embora muitas vezes seja a

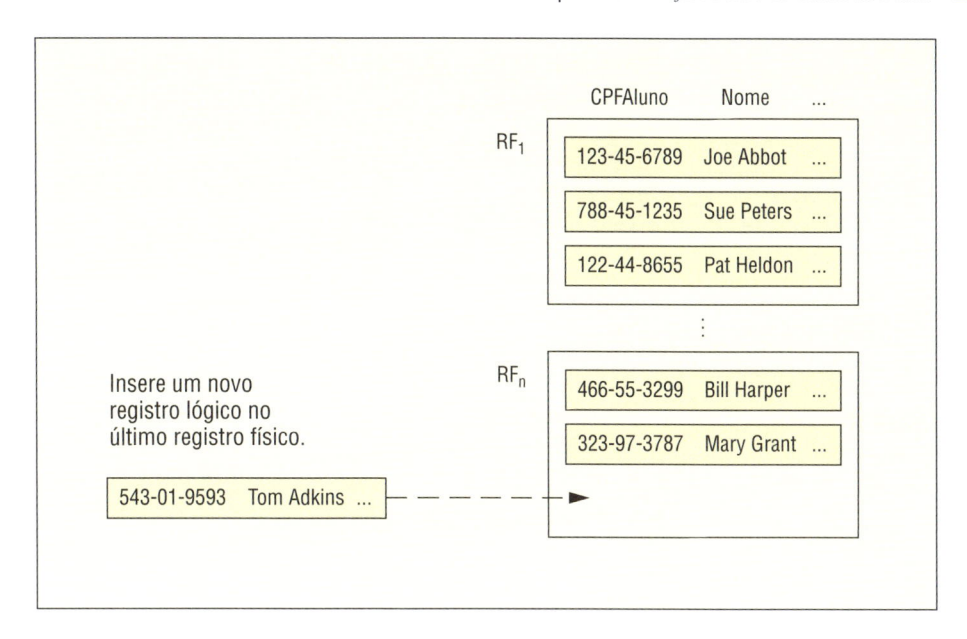

FIGURA 8.6
Inserção de um Novo Registro Lógico em um Arquivo Seqüencial Não-ordenado

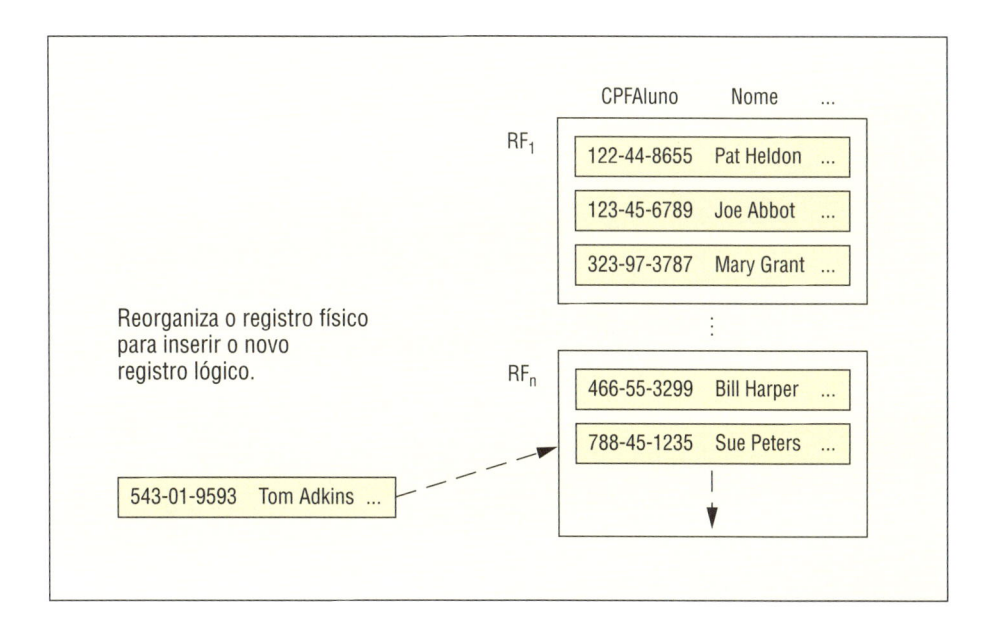

RF₁
CPFAluno	Nome	...
123-45-6789	Joe Abbot	...
788-45-1235	Sue Peters	...
122-44-8655	Pat Heldon	...

⋮

RF_n
| 466-55-3299 | Bill Harper | ... |
| 323-97-3787 | Mary Grant | ... |

Insere um novo registro lógico no último registro físico.

| 543-01-9593 | Tom Adkins | ... |

FIGURA 8.7
Inserção de um Novo Registro Lógico em um Arquivo Seqüencial Ordenado

RF₁
CPFAluno	Nome	...
122-44-8655	Pat Heldon	...
123-45-6789	Joe Abbot	...
323-97-3787	Mary Grant	...

⋮

RF_n
| 466-55-3299 | Bill Harper | ... |
| 788-45-1235 | Sue Peters | ... |

Reorganiza o registro físico para inserir o novo registro lógico.

| 543-01-9593 | Tom Adkins | ... |

chave primária. Os arquivos seqüenciais ordenados são mais rápidos quando da recuperação em ordem de chave, ou do arquivo inteiro ou de um subconjunto de registros. A principal desvantagem dos arquivos seqüenciais não-ordenados é a lentidão da velocidade de inserção. A Figura 8.7 mostra que os registros, algumas vezes, precisam ser reorganizados durante o processo de inserção. O processo de reorganização envolve o movimento de registros lógicos entre os blocos e a manutenção de uma lista ordenada de registros físicos.

8.3.2 Arquivos Hash

Os arquivos hash, ao contrário dos arquivos seqüenciais, fornecem suporte para o acesso rápido aos registros por valor de chave primária. A idéia básica por trás dos arquivos hash é a função que converte um valor-chave em um endereço de registro físico. A função *mod* (resto da divisão) é uma função hash simples. Na Tabela 8.5, a função *mod* é aplicada aos valores da coluna *CPFAluno* da Figura 8.6. Para simplificar, supõe-se a capacidade do arquivo em 100 registros físicos. O divisor para a função *mod* é 97, um número primo grande próximo da capacidade do arquivo. O número de registro físico é o resultado da função hash somado ao

arquivo hash
uma estrutura de arquivo especializada que provê suporte à busca por chave. Arquivos hash transformam um valor-chave em um endereço para possibilitar acesso rápido.

TABELA 8.5
Cálculos da Função Hash para Valores CPFAluno

CPFAluno	CPFAluno Mod	Número de RF
122448655	26	176
123456789	39	189
323973787	92	242
466553299	80	230
788451235	24	174
543019593	13	163

FIGURA 8.8
Arquivo Hash Depois das Inserções

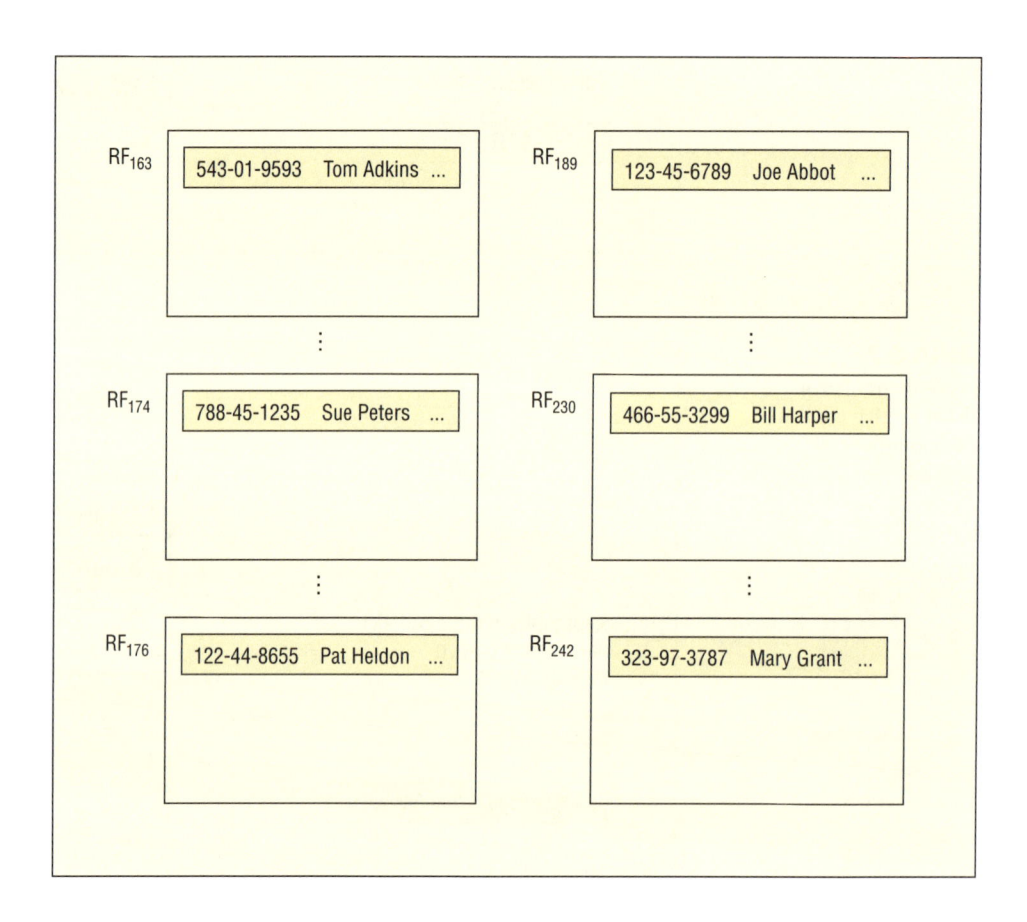

RF_{163}: 543-01-9593 Tom Adkins ...
RF_{189}: 123-45-6789 Joe Abbot ...
RF_{174}: 788-45-1235 Sue Peters ...
RF_{230}: 466-55-3299 Bill Harper ...
RF_{176}: 122-44-8655 Pat Heldon ...
RF_{242}: 323-97-3787 Mary Grant ...

número de registro físico inicial, supostamente 150. A Figura 8.8 mostra os registros físicos selecionados do arquivo hash.

As funções hash permitem atribuir mais de uma chave ao mesmo endereço de registro físico. Quando duas chaves são atribuídas ao mesmo endereço físico pela função hash, ocorre uma colisão. Desde que o registro físico possua espaço livre, a colisão não é problema. No entanto, se o registro físico original ou residente estiver cheio, é utilizado um procedimento de tratamento de colisão para localizar um registro físico com espaço livre. A Figura 8.9 mostra o procedimento de busca linear para tratamento de colisão. No procedimento de busca linear, o registro lógico é colocado no próximo registro físico disponível se o endereço inicial estiver ocupado. Para recuperar um registro por chave, primeiro é feita a busca no endereço inicial. Se o registro não for encontrado no endereço inicial, é iniciada a busca linear.

A existência de colisões ressalta um problema potencial com os arquivos hash. Se as colisões não ocorrem com freqüência, as inserções e recuperações são muito rápidas. Se as colisões ocorrerem com freqüência, as inserções e recuperações podem ser lentas. A probabilidade de ocorrer uma colisão depende de quão cheio está o arquivo. Geralmente, se o arquivo estiver menos de 70% cheio, as colisões não ocorrem com freqüência. No entanto,

FIGURA 8.9
Tratamento de Colisão por Busca Linear Durante uma Operação de Inserção

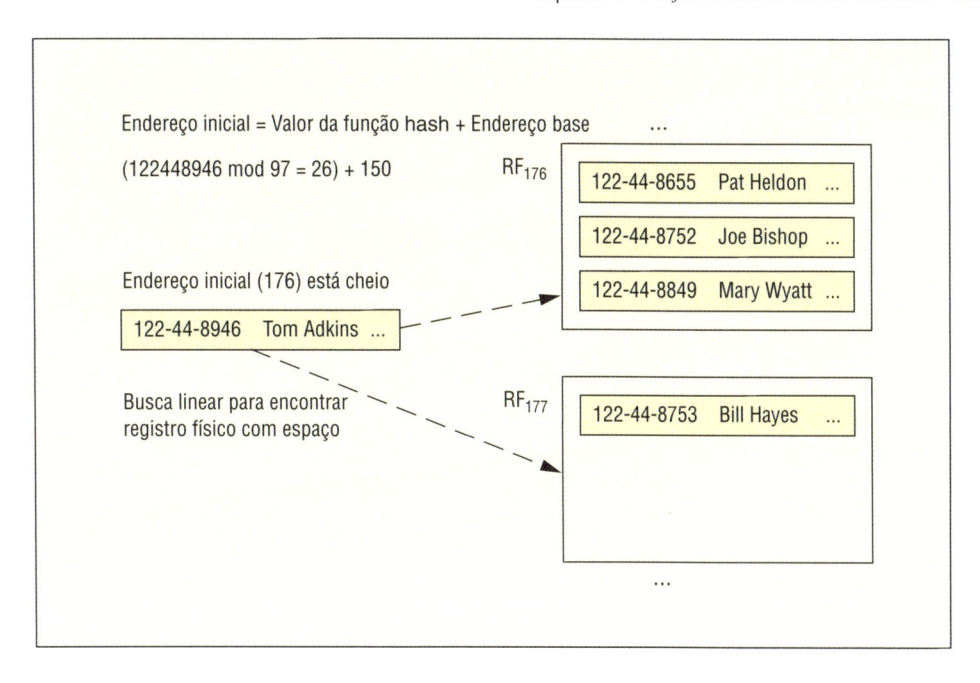

Endereço inicial = Valor da função hash + Endereço base

(122448946 mod 97 = 26) + 150

RF_{176}

122-44-8655	Pat Heldon	...
122-44-8752	Joe Bishop	...
122-44-8849	Mary Wyatt	...

Endereço inicial (176) está cheio

| 122-44-8946 | Tom Adkins | ... |

Busca linear para encontrar registro físico com espaço

RF_{177}

| 122-44-8753 | Bill Hayes | ... |

...

manter um arquivo hash apenas 70% cheio pode ser um problema se o tamanho da tabela aumentar. Se o arquivo hash ficar cheio demais, é necessário reorganizar. A reorganização pode levar tempo e atrapalhar, porque um arquivo hash maior é alocado e todos os registros físicos são inseridos no novo arquivo.

Para eliminar as reorganizações, são propostos arquivos hash dinâmicos. O arquivo hash dinâmico jamais requer reorganizações periódicas, e seu desempenho de busca não piora depois de muitas operações de inserção. No entanto, o número médio de acessos ao registro físico para recuperar um registro pode ser um pouco maior em comparação com o arquivo hash estático não totalmente cheio. A idéia básica por trás do arquivo hash dinâmico é o seu tamanho, que aumenta conforme os registros são inseridos. Para obter mais detalhes sobre as várias abordagens, consultar o material de referência mencionado ao final deste capítulo.

Outro problema com os arquivos hash é a busca seqüencial. Boas funções hash tendem a espalhar os registros lógicos de modo uniforme entre os registros físicos. Por causa das lacunas entre os registros físicos, a busca seqüencial pode examinar registros físicos vazios. Por exemplo, para realizar uma busca no arquivo hash mostrado na Figura 8.8, são examinados 100 registros físicos, embora somente seis contenham dados. Mesmo que o arquivo hash esteja razoavelmente cheio, os registros lógicos são espalhados entre mais registros físicos do que no arquivo seqüencial. Portanto, quando se executa uma busca seqüencial, o número de acessos ao registro físico pode ser maior no arquivo hash que no seqüencial.

8.3.3 Arquivos de Árvore com Múltiplos Caminhos (Árvore B)

arquivo árvore B
uma estrutura popular de arquivo suportada pela maioria dos SGBDs porque proporciona um bom desempenho tanto na procura de chaves quanto na procura seqüencial. Um arquivo árvore B é uma árvore balanceada com múltiplos caminhos.

Os arquivos seqüenciais e arquivos hash proporcionam bom desempenho em algumas operações, e mau desempenho em outras operações. Os arquivos seqüenciais têm bom desempenho na procura seqüencial, mas mau em busca por chave. Os arquivos hash têm bom desempenho em busca por chave, mas mau em busca seqüencial. A árvore com múltiplos caminhos, ou árvore B como é mais conhecida, é uma estrutura de arquivo combinada e amplamente utilizada. A árvore B oferece bom desempenho tanto na busca seqüencial como na busca por chave. Esta seção descreve as características da árvore B, mostra exemplos de operações na árvore B e discute o custo das operações.

Características da Árvore B: Justificativa do Nome

A árvore B é um tipo especial de árvore, assim como mostra a Figura 8.10. Árvore é uma estrutura em que cada nó possui no máximo um pai, exceto no caso do nó principal ou nó raiz. A estrutura de árvore B possui inúmeras características, discutidas na lista a seguir, que a

FIGURA 8.10
Estrutura de uma
Árvore B de Altura 3

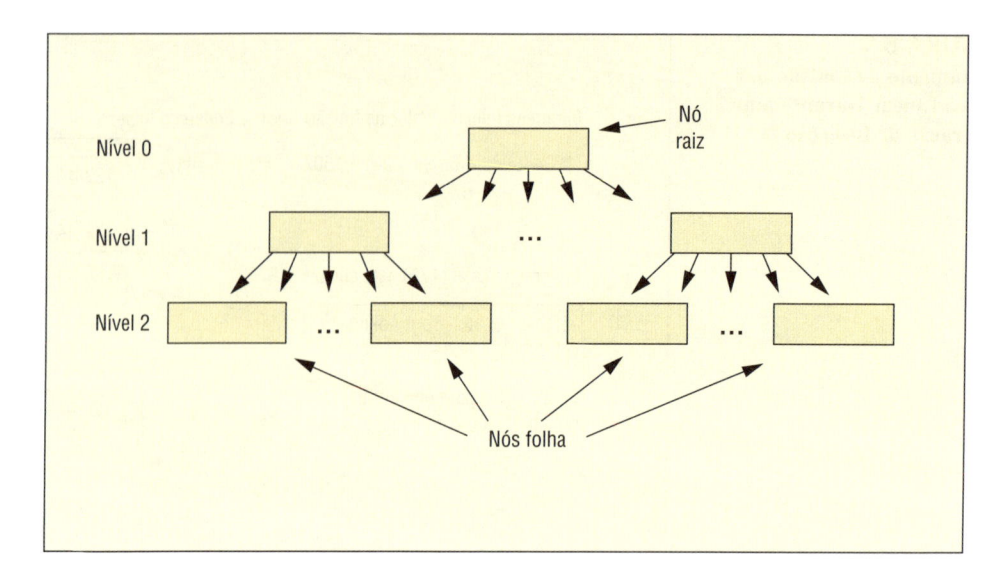

tornam uma importante e útil estrutura de arquivo. Algumas das características possivelmente explicam a letra B^* em seu nome[1].

- **Balanceada:** todos os nós folha (nós sem filhos) residem no mesmo nível da árvore. Na Figura 8.10, todos os nós folha estão dois níveis abaixo da raiz. Uma árvore balanceada garante a recuperação de todos os nós folha com o mesmo custo de acesso.
- **Densa:** o número de ramificações de um nó é grande, talvez de 50 a 200 ramificações. Múltiplos caminhos, significando mais de dois, é sinônimo de densa. A largura (número de setas partindo de um nó) e a altura (número de nós entre os nós raiz e folha) estão inversamente relacionadas: quanto maior a largura, menor a altura. A árvore B ideal é larga (densa), mas baixa (com poucos níveis).
- **Orientada para blocos:** cada nó em uma árvore B consiste em um bloco ou um registro físico. Para pesquisar em uma árvore B, começa-se no nó raiz e segue-se um caminho até o nó folha contendo os dados de interesse. A altura de uma árvore B é importante porque ela determina o número de acessos ao registro físico para a busca.
- **Dinâmica:** o formato de uma árvore B muda conforme os registros lógicos são inseridos e excluídos. A árvore B jamais precisa de reorganização periódica. A subseção a seguir descreve a concatenação e a divisão de nós, as formas de modificação da árvore B conforme os registros vão sendo inseridos ou excluídos.
- **Ubíqua:** a árvore B é uma estrutura de arquivo amplamente implementada e utilizada.

Antes de estudar a natureza dinâmica, vamos analisar com mais atenção o conteúdo de um nó, assim como mostra a Figura 8.11. Cada nó consiste em pares com um valor chave e um ponteiro (endereço do registro físico), classificado pelo valor-chave. O ponteiro identifica o registro físico contendo o registro lógico com o valor-chave. Outros dados em um registro lógico, além da chave, normalmente não residem nos nós. Os demais dados podem ser armazenados em registros físicos separados ou em nós folha.

Uma propriedade importante da árvore B é que cada nó, exceto o nó raiz, deve ficar pelo menos metade cheio. O tamanho do registro físico, o tamanho da chave e o tamanho do ponteiro determinam a capacidade do nó. Por exemplo, se o tamanho do registro físico for 1.024 bytes, o tamanho da chave é 4 bytes e o tamanho do ponteiro é 4 bytes, a capacidade máxima de um nó é 128 <chave, ponteiro> pares. Portanto, cada nó deve conter pelo menos 64 pares.

---

[1] Outro possível significado para a letra *B* é o sobrenome do inventor da árvore *B*, professor Rudolph Bayer. Em conversa reservada, o professor Bayer negou haver batizado a árvore *B* com base em seu nome ou no nome de seu empregador, na época, a Boeing. Quando pressionado, o professor afirmou que *B* representa simplesmente a letra *B*.

FIGURA 8.11
Nó de Árvore B Contendo Chaves e Ponteiros

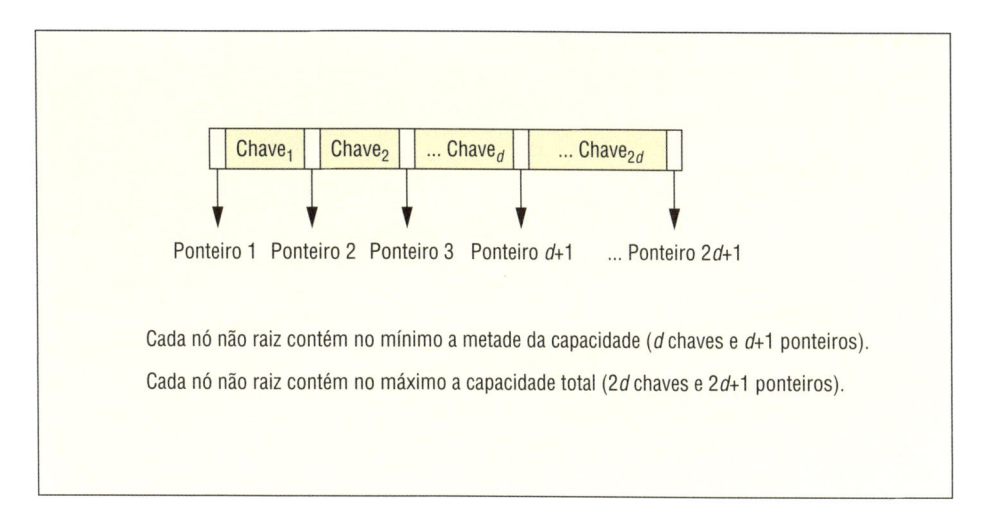

> Chave₁ | Chave₂ | ... Chave_d | ... Chave_2d
>
> Ponteiro 1 Ponteiro 2 Ponteiro 3 Ponteiro d+1 ... Ponteiro 2d+1
>
> Cada nó não raiz contém no mínimo a metade da capacidade (*d* chaves e *d*+1 ponteiros).
> Cada nó não raiz contém no máximo a capacidade total (2*d* chaves e 2*d*+1 ponteiros).

Como o projetista geralmente não tem controle do tamanho do registro físico e do tamanho do ponteiro, o tamanho da chave é que determina o número de ramificações. As árvores B geralmente não são ideais para tamanhos de chave grandes por causa da quantidade menor de ramificações por nó, formando, assim, árvores B mais altas e menos eficientes.

Concatenação e Divisão de Nós

As inserções são tratadas colocando a nova chave em um nó não cheio ou dividindo nós, assim como mostra a Figura 8.12. Na árvore B parcial mostrada na Figura 8.12(a), cada nó contém no máximo quatro chaves. A inserção do valor-chave 55 na Figura 8.12(b) exige reorganização do nó localizado mais à direita. A inserção do valor-chave 58 na Figura 8.12(c) requer mais trabalho porque o nó folha localizado mais à direita está cheio. A fim de acomodar o novo valor, o nó é dividido em dois nós, e um valor-chave é movido para o nó raiz. Na Figura 8.12(d), ocorre uma divisão em dois níveis porque ambos os nós estão cheios. Quando ocorre uma divisão na raiz, a árvore aumenta outro nível.

As exclusões são tratadas removendo a chave excluída de um nó e reparando a estrutura, se necessário, assim como mostra a Figura 8.13. Se o nó ainda estiver, pelo menos, metade cheio, não é necessária nenhuma outra ação, assim como mostra a Figura 8.13(b). No entanto, se o nó estiver menos da metade cheio, a estrutura precisa ser alterada. Se algum nó vizinho tiver mais da metade da capacidade, pode-se tomar emprestada uma chave, assim como mostra a Figura 8.13(c). Se não for possível tomar emprestada nenhuma chave, os nós devem ser concatenados, assim como mostra a Figura 8.13(d).

Custo das Operações

A altura de uma árvore B é baixa mesmo no caso de uma tabela grande em que o fator de ramificação é grande. O limite ou a altura (*a*) máxima de uma árvore B é

$$a \leq lim(\log_d (n+1)/2)$$

onde

lim é a função de limite de altura (*lim(x)* é o menor número inteiro $\geq x$)
d é o número mínimo de chaves em um nó
n é o número de chaves para armazenar no índice
Exemplo: $a \leq 4$ para $n = 1.000.000$ e $d = 42$.

A altura domina o número de acessos ao registro físico nas operações de árvore B. O custo em termos de acessos ao registro físico para encontrar uma chave é menor ou igual à altura. Se os dados da linha não estiverem armazenados na árvore, é necessário outro acesso ao registro físico para recuperar os dados da linha depois de encontrar a chave. O custo de inserção de uma chave inclui o custo de localização da chave mais próxima

FIGURA 8.12 Exemplos de Inserção na Árvore B

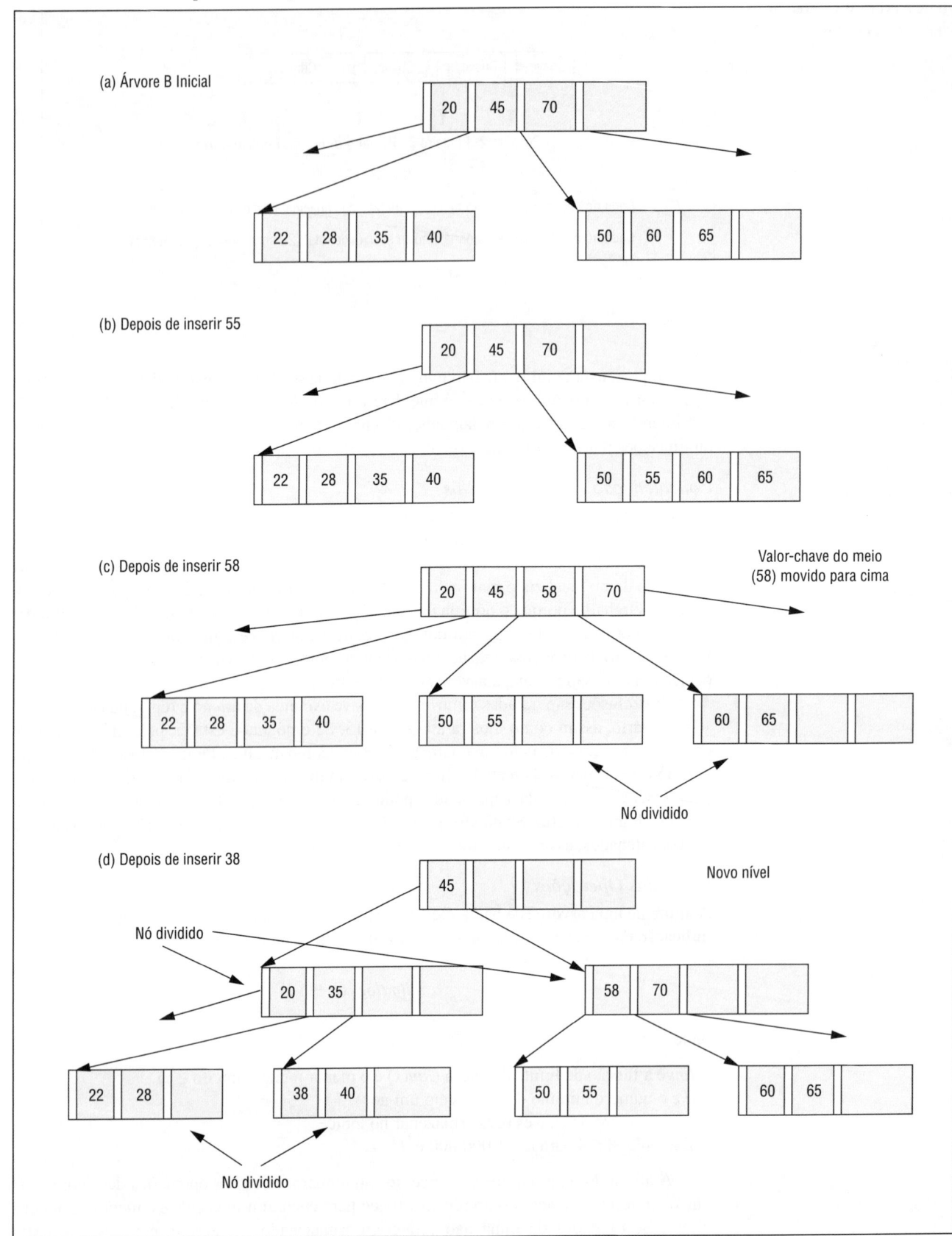

(a) Árvore B Inicial

```
              [20|45|70| ]
         /        |         \
  [22|28|35|40]          [50|60|65| ]
```

(b) Depois de inserir 55

```
              [20|45|70| ]
         /        |         \
  [22|28|35|40]          [50|55|60|65]
```

(c) Depois de inserir 58 — Valor-chave do meio (58) movido para cima

```
              [20|45|58|70]
         /      |      |     \
  [22|28|35|40] [50|55| | ] [60|65| | ]
                        ↑        ↑
                        Nó dividido
```

(d) Depois de inserir 38 — Novo nível

```
                     [45| | | ]
            /                       \
   Nó dividido
      [20|35| | ]                [58|70| | ]
      /      \                  /          \
 [22|28| ] [38|40| ]       [50|55| ]    [60|65| ]
      Nó dividido
```

FIGURA 8.13 **Exemplos de Exclusão na Árvore B**

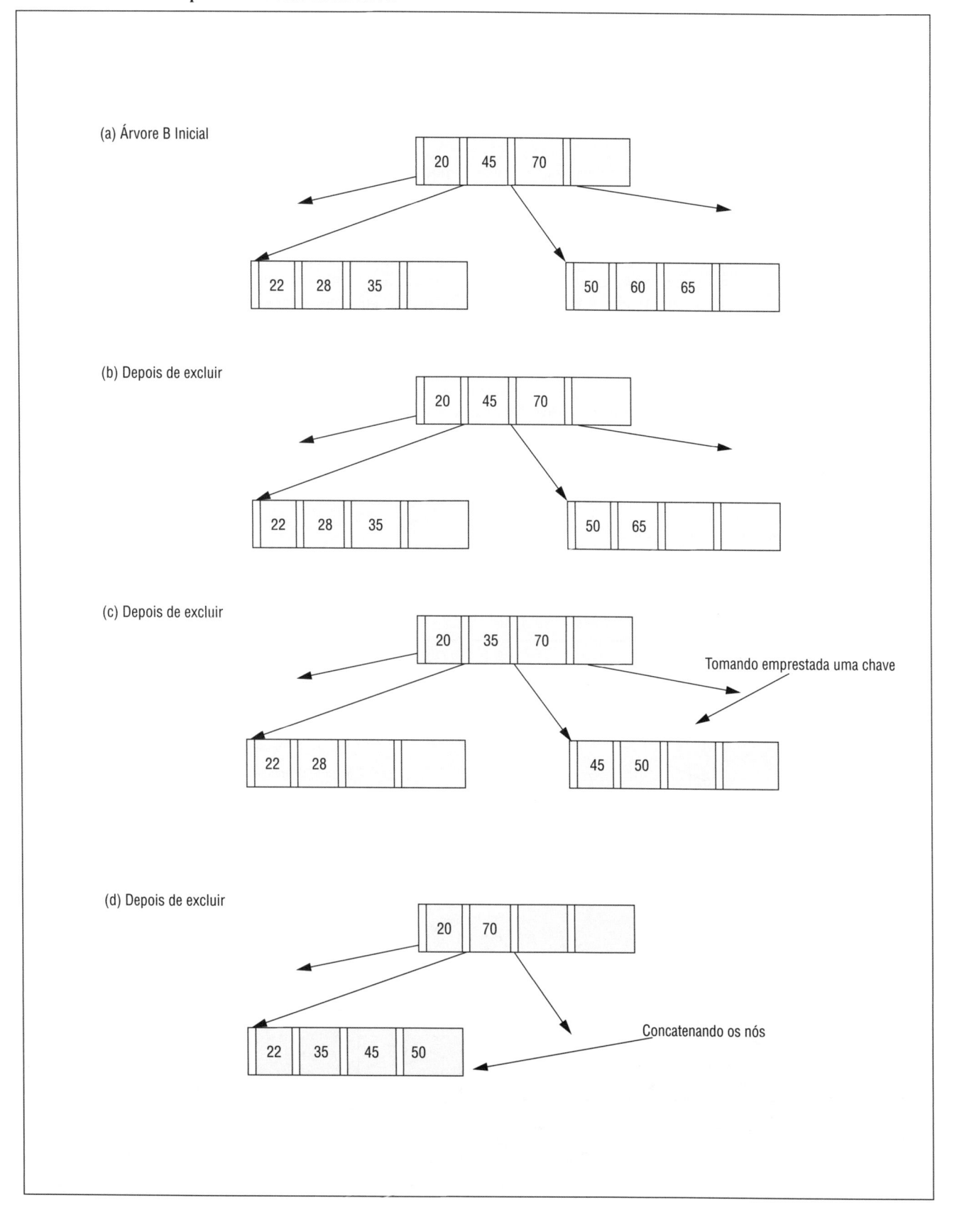

(a) Árvore B Inicial

```
            [ 20 | 45 | 70 |   ]
           /       |              \
    [22|28|35| ]            [50|60|65| ]
```

(b) Depois de excluir

```
            [ 20 | 45 | 70 |   ]
           /       |              \
    [22|28|35| ]            [50|65| | ]
```

(c) Depois de excluir

```
            [ 20 | 35 | 70 |   ]
           /       |              \
    [22|28| | ]            [45|50| | ]
```
Tomando emprestada uma chave

(d) Depois de excluir

```
            [ 20 | 70 |   |   ]
           /                  \
    [22|35|45|50]
```
Concatenando os nós

somado ao custo de modificação dos nós. Na melhor hipótese, assim como mostrado na Figura 8.12(b), o custo adicional equivale a um acesso ao registro físico para modificar o registro de índice e um acesso ao registro físico para escrever os dados de linha. A pior hipótese ocorre quando um novo nível é adicionado à árvore, assim como mostra a Figura 8.12(d). Mesmo na pior hipótese, a altura da árvore ainda domina. São necessárias outras operações de escrita $2a$ para dividir a árvore em cada nível.

Árvore B +

As buscas seqüenciais com árvores B podem ser problemáticas. Para executar a busca em uma faixa, o procedimento deve percorrer a árvore de cima a baixo. Por exemplo, para recuperar chaves na faixa de 28 a 60 na Figura 8.13(a), o processo de busca começa na raiz, desce até o nó folha da esquerda, volta à raiz e, então, desce até o nó folha da direita. Esse procedimento tem problemas de retenção de registros físicos na memória. Os sistemas operacionais podem substituir os registros físicos se não tiverem sido acessados recentemente. Como o nó pai pode não ser acessado nenhuma vez por algum tempo, o sistema operacional pode substituí-lo por outro registro físico se a memória principal ficar cheia. Portanto, pode ser necessário outro acesso ao registro físico quando o nó pai for acessado novamente.

Para garantir a não substituição dos registros físicos, normalmente implementa-se uma variação, a árvore B +. A Figura 8.14 mostra as duas partes de uma árvore B +. O triângulo (conjunto de índices) representa um índice normal de árvore B. A parte inferior (conjunto de seqüências) contém os nós folha. Todas as chaves residem nos nós folha mesmo que alguma chave apareça no conjunto de índices. Os nós folha estão conectados de modo que as buscas seqüenciais não precisam percorrer para cima a árvore. Uma vez encontrada a chave inicial, o processo de busca acessa somente os nós no conjunto de seqüências.

arquivo de árvore B +
a mais popular variação da árvore B. Em uma árvore B +, todas as chaves são armazenadas, de forma redundante, nos nós folha. A árvore B + oferece melhor desempenho nas buscas em seqüências e em faixas.

FIGURA 8.14 Estrutura da Árvore B +

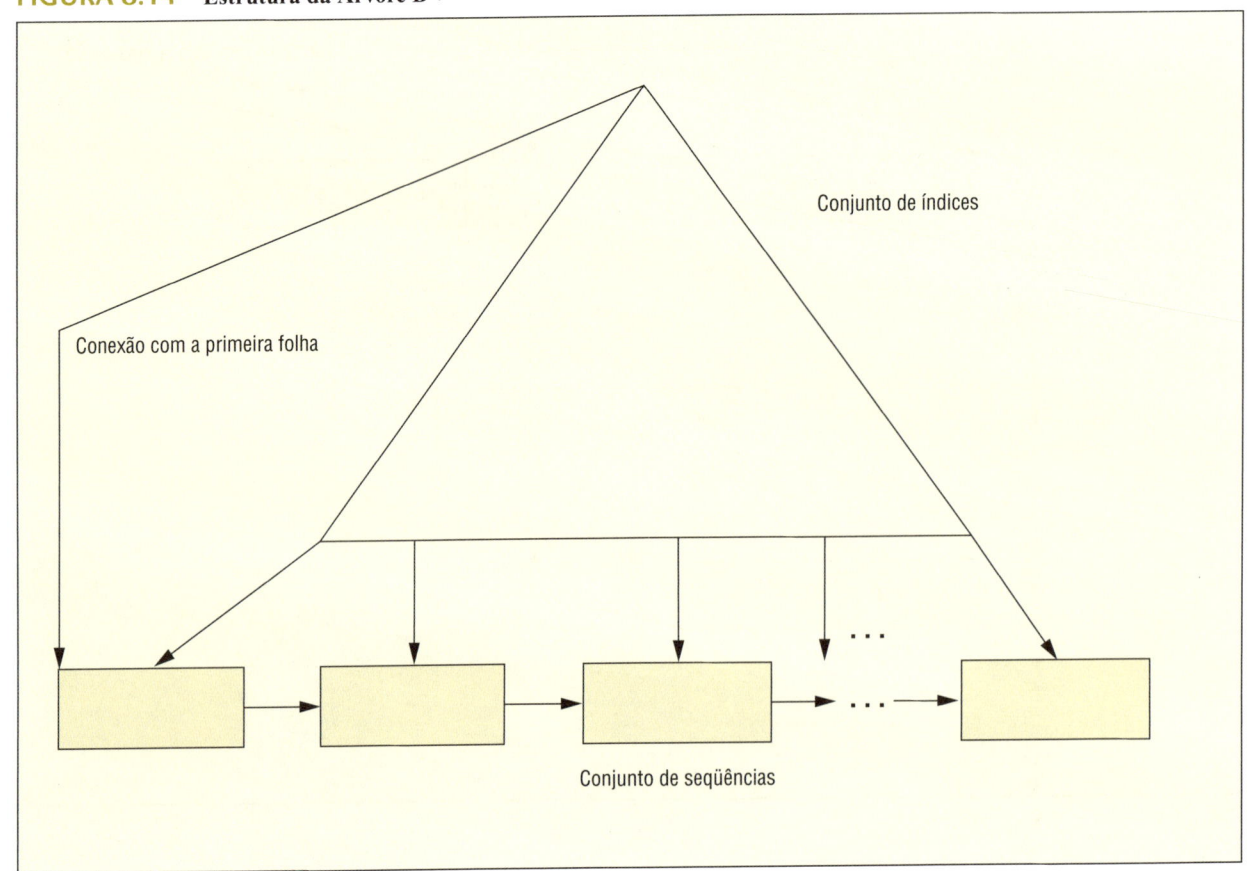

Correspondência de Índices

A árvore B pode ser utilizada para armazenar todos os dados nos nós (estrutura de arquivo primária) ou apenas ponteiros para os registros de dados (estrutura de arquivo secundária ou índice). A árvore B é bem versátil como índice porque pode ser utilizada em uma variedade de consultas. A determinação da possibilidade de utilização de um índice em uma consulta é conhecida como correspondência de índices. Quando uma condição em uma cláusula WHERE faz referência a uma coluna indexada, o SGBD deve determinar se o índice pode ser utilizado. A complexidade de uma condição determina se o índice pode ser utilizado. No caso de índices de coluna única, um índice corresponde a uma condição se a coluna aparecer sozinha sem funções ou operadores e o operador de comparação corresponder a um destes itens:

=, >, <, >=, <= (mas não < >)
BETWEEN
IS NULL
IN <lista de valores constantes>
LIKE 'Pattern' em que *pattern* não contém um caractere meta (%, _) como primeira parte do padrão

No caso de índices compostos envolvendo mais de uma coluna, as regras de correspondência são mais complexas e restritivas. Os índices compostos são ordenados da coluna mais significativa (primeira coluna no índice) à menos significativa (última coluna no índice). Um índice composto corresponde às condições de acordo com estas regras:

- A primeira coluna do índice deve ter uma condição correspondente.
- As colunas correspondem da esquerda (mais significativa) para a direita (menos significativa). O processo de correspondência pára quando a próxima coluna no índice não corresponde a nenhuma condição.
- No máximo, existe uma condição BETWEEN correspondente. Não há nenhuma outra condição correspondente depois da condição BETWEEN.
- No máximo, uma condição IN corresponde a uma coluna no índice. O processo de correspondência pára depois da condição correspondente seguinte. A segunda condição correspondente não pode ser IN ou BETWEEN.

Para retratar a correspondência de índices, a Tabela 8.6 mostra exemplos de correspondência entre índices e condições. Na correspondência de um índice composto, as

TABELA 8.6
Exemplos de Correspondência de Índices

Condição	Índice	Notas de Correspondência
C1 = 10	C1	Corresponde ao índice em C1
C2 BETWEEN 10 AND 20	C2	Corresponde ao índice em C2
C3 IN (10, 20)	C3	Corresponde ao índice em C3
C1 < > 10	C1	Não corresponde ao índice em C1
C4 LIKE 'A%'	C4	Corresponde ao índice em C4
C4 LIKE '%A'	C4	Não corresponde ao índice em C4
C1 = 10 AND C2 = 5 AND C3 = 20 AND C4 = 25	(C1,C2,C3,C4)	Corresponde a todas as colunas do índice
C2 = 5 AND C3 = 20 AND C1= 10	(C1,C2,C3,C4)	Corresponde às três primeiras colunas do índice
C2 = 5 AND C4 = 22 AND C1 = 10 AND C6 = 35	(C1,C2,C3,C4)	Corresponde às duas primeiras colunas do índice
C2 = 5 AND C3 = 20 AND C4 = 25	(C1,C2,C3,C4)	Não corresponde a nenhuma coluna do índice: condição faltante em C1
C1 IN (6, 8, 10) AND C2 = 5 AND C3 IN (20, 30, 40)	(C1,C2,C3,C4)	Corresponde às duas primeiras colunas do índice: no máximo, uma condição IN correspondente
C2 = 5 AND C1 BETWEEN 6 AND 10	(C1,C2,C3,C4)	Corresponde à primeira coluna do índice: a correspondência pára depois da condição BETWEEN

condições podem aparecer em qualquer ordem. Por causa das regras restritivas de correspondência, os índices compostos devem ser utilizados com cuidado. Geralmente é melhor criar índices em colunas individuais, já que a maioria dos SGBDs permite combinar os resultados de índices múltiplos ao responder a uma consulta.

8.3.4 Índices Bitmap

Árvore B e arquivos hash funcionam melhor em colunas com valores únicos. Para colunas com valores não-únicos, nós de índice de árvores B podem armazenar uma lista de identificadores de linha em vez de um identificador individual de linha para colunas únicas. No entanto, se uma coluna possuir poucos valores, a lista de identificadores de linha pode ser bem extensa.

Como estrutura alternativa para colunas com poucos valores, muitos SGBDs fornecem suporte a índices bitmap. A Figura 8.15 mostra um índice bitmap de coluna para uma amostra de tabela *Professor*. Um bitmap contém uma cadeia de caracteres de bits (0 ou 1 valor) com um bit para cada linha de uma tabela. Na Figura 8.15, o bitmap possui de comprimento 12 posições porque existem 12 linhas na amostra de tabela *Professor*. Um registro de um índice bitmap de coluna contém um valor de coluna e um bitmap. O valor 0 em um bitmap indica que a linha associada não possui valor de coluna. O valor 1 indica que a linha associada possui o valor de coluna. O SGBD oferece uma maneira eficiente de converter uma posição em um bitmap em um identificador de linha.

Uma variação do índice bitmap de coluna é o índice de junção de bitmap. Em um índice de junção de bitmap, o bitmap identifica linhas de uma tabela relacionada, e não a tabela contendo a coluna indexada. Portanto, o índice de junção de bitmap representa uma junção pré-computada de uma coluna em uma tabela pai para as linhas de uma tabela filha que se juntam com linhas da tabela pai.

Pode-se definir um índice bitmap de junção para uma coluna de junção, por exemplo, *CPFProf*, ou uma coluna que não é de junção, por exemplo, *ClassificacaoProf*. A Figura 8.16 mostra um índice de junção de bitmap da coluna *ClassificacaoProf* na tabela *Professor* para as linhas na amostra da tabela *Oferecimento*. O bitmap possui de comprimento 24 bits porque existem 24 linhas na amostra de tabela *Oferecimento*. O valor 1 em um bitmap indica que uma linha pai contendo o valor de coluna se junta com a tabela filha na posição de bit especificada. Por exemplo, o valor 1 na primeira posição de bit da linha ASSISTENTE do índice de junção significa que uma linha *Professor* com o valor ASSISTENTE se junta com a primeira linha da tabela *Oferecimento*.

índice bitmap
uma estrutura de arquivo secundária consistindo em um valor de coluna e um bitmap. Um bitmap contém uma posição de bit para cada linha de uma tabela referenciada. Um índice bitmap de coluna referencia as linhas que contêm o valor de coluna. Um índice bitmap de junção referencia as linhas de uma tabela filha que se juntam com as linhas da tabela pai contendo a coluna. Os índices bitmap funcionam bem para colunas estáveis com poucos valores típicos de tabelas em um datawarehouse.

FIGURA 8.15
Amostra da Tabela Professor e Índice Bitmap de Coluna em ClassificacaoProf

Tabela *Professor*

IdLinha	CPFProf	...	ClassificacaoProf
1	098-55-1234		ASSISTENTE
2	123-45-6789		ASSISTENTE
3	456-89-1243		ASSOCIADO
4	111-09-0245		CATEDRATICO
5	931-99-2034		ASSISTENTE
6	998-00-1245		CATEDRATICO
7	287-44-3341		ASSOCIADO
8	230-21-9432		ASSISTENTE
9	321-44-5588		CATEDRATICO
10	443-22-3356		ASSOCIADO
11	559-87-3211		CATEDRATICO
12	220-44-5688		ASSISTENTE

Índice Bitmap de Coluna em *ClassificacaoProf*

ClassificacaoProf	Bitmap
ASSISTENTE	110010010001
ASSOCIADO	001000100100
CATEDRATICO	000101001010

FIGURA 8.16
Amostra da Tabela Oferecimento e Índice de Junção de Bitmap em ClassificacaoProf

Tabela *Oferecimento*

IdLinha	NumOfer	...	CPFProf
1	1111		098-55-1234
2	1234		123-45-6789
3	1345		456-89-1243
4	1599		111-09-0245
5	1807		931-99-2034
6	1944		998-00-1245
7	2100		287-44-3341
8	2200		230-21-9432
9	2301		321-44-5588
10	2487		443-22-3356
11	2500		559-87-3211
12	2600		220-44-5688
13	2703		098-55-1234
14	2801		123-45-6789
15	2944		456-89-1243
16	3100		111-09-0245
17	3200		931-99-2034
18	3258		998-00-1245
19	3302		287-44-3341
20	3901		230-21-9432
21	4001		321-44-5588
22	4205		443-22-3356
23	4301		559-87-3211
24	4455		220-44-5688

Índice de Junção de Bitmap em ClassificacaoProf

ClassificacaoProf	Bitmap
ASSISTENTE	110010010001110010010001
ASSOCIADO	001001001000010000100100
CATEDRATICO	000101001010000101001010

Os índices bitmap funcionam bem em colunas com poucos valores. A coluna *ClassificacaoProf* seria atraente para um índice bitmap de coluna porque contém poucos valores e os professores não mudam muito de categoria. O tamanho do bitmap não é questão importante porque as técnicas de compressão reduzem significativamente o tamanho. Por causa da necessidade de colunas estáveis, os índices bitmap são mais comuns para tabelas de datawarehouse principalmente como índice de junção. Datawarehouse é um banco de dados de apoio a decisões, mais utilizado para recuperações e inserções periódicas de novos dados. No Capítulo 16, será discutida a utilização de índices bitmap para tabelas de datawarehouse.

8.3.5 Resumo das Estruturas de Arquivo

Para ajudar a relembrar as estruturas de arquivo, a Tabela 8.7 mostra resumidamente as principais características de cada uma. Na primeira linha, os arquivos hash podem ser utilizados para acesso seqüencial, mas talvez existam registros físicos extras porque as chaves são distribuídas de modo uniforme entre os registros físicos. Na segunda linha, os arquivos seqüenciais ordenados e não-ordenados devem examinar na média metade dos registros físicos (lineares). Os arquivos hash examinam um número constante (normalmente próximo de 1) de registros físicos, supondo que o arquivo não esteja cheio. As árvores B envolvem custos de busca logarítmica por causa do relacionamento entre a altura, a função log e as fórmulas

TABELA 8.7
Resumo das Estruturas de Arquivo

	Não-ordenadas	Ordenadas	Hash	Árvore+B	Bitmap
Busca seqüencial	S	S	RFs extras	S	N
Busca por chave	Linear	Linear	Tempo constante	Logarítmica	S
Busca por faixa	N	S	N	S	S
Uso	Primária somente	Primária somente	Primária ou secundária	Primária ou secundária	Secundária somente

de custo da busca. As estruturas de arquivo podem armazenar todos os dados de uma tabela (estrutura de arquivo primária) ou armazenar somente os dados-chave juntamente com os ponteiros para os registros de dados (estrutura de arquivo secundária). A estrutura de arquivo secundária ou o índice oferece caminho alternativo para os dados. O índice bitmap fornece suporte a buscas em faixas, executando operações de união nos bitmaps para cada valor de coluna dentro da faixa.

8.4 Otimização de Consultas

A maioria dos SGBDs não permite escolher a implementação de consultas no banco de dados físico. A determinação cabe ao componente de otimização de consultas. Assim, a produtividade melhora porque não é necessário tomar essas decisões trabalhosas. Contudo, algumas vezes é possível otimizar as decisões, conhecendo os princípios do processo de otimização. Para entender melhor o processo de otimização, nesta seção serão descritas as tarefas realizadas e apresentadas dicas para melhorar as decisões de otimização.

8.4.1 Tarefas de Tradução

Quando uma instrução SQL é submetida para execução, o componente de otimização traduz a consulta em quatro fases, assim como mostra a Figura 8.17. A primeira e quarta fases são comuns a qualquer processo de tradução de linguagem de computador. A segunda fase possui alguns aspectos peculiares. A terceira fase é exclusiva à tradução de linguagens de banco de dados.

Análise Semântica e Sintática

Na primeira fase de tradução, a consulta é analisada, procurando erros de semântica simples e de sintaxe. Os erros de sintaxe consistem no uso inadequado de palavras-chave, como, por exemplo, no Exemplo 8.1, se a palavra-chave FROM fosse grafada de forma incorreta. Os erros de semântica envolvem uso inadequado de colunas e tabelas. O compilador da linguagem de dados consegue detectar somente erros de semântica simples envolvendo tipos de dados incompatíveis. Por exemplo, uma condição WHERE que compara a coluna *NumCurso* com a coluna *SalarioProf* resulta em erro de semântica porque essas colunas possuem tipos de dados incompatíveis. Para encontrar erros de semântica, o SGBD utiliza as definições de tabela, coluna e relacionamentos armazenadas no dicionário de dados.

EXEMPLO 8.1 (Oracle)

Junção de Três Tabelas

SELECT NomeProf, NumCurso, Matricula.NumOfer, NotaMatr
　　FROM Matricula, Oferecimento, Professor
　　WHERE NumCurso Like 'SI%' AND AnoOfer = 2005
　　　　AND TrimestreOfer = 'OUTONO'
　　　　AND Matricula.NumOfer = Oferecimento.NumOfer
　　　　AND Professor.CPFProf = Oferecimento.CPFProf

Transformação de Consulta

Na segunda fase de tradução, a consulta é transformada em formato simplificado e padronizado. Assim como ocorre com a otimização nos compiladores de linguagem de programação, os tradutores de linguagem de banco de dados conseguem eliminar partes

FIGURA 8.17 Tarefas de Tradução da Linguagem de Banco de Dados

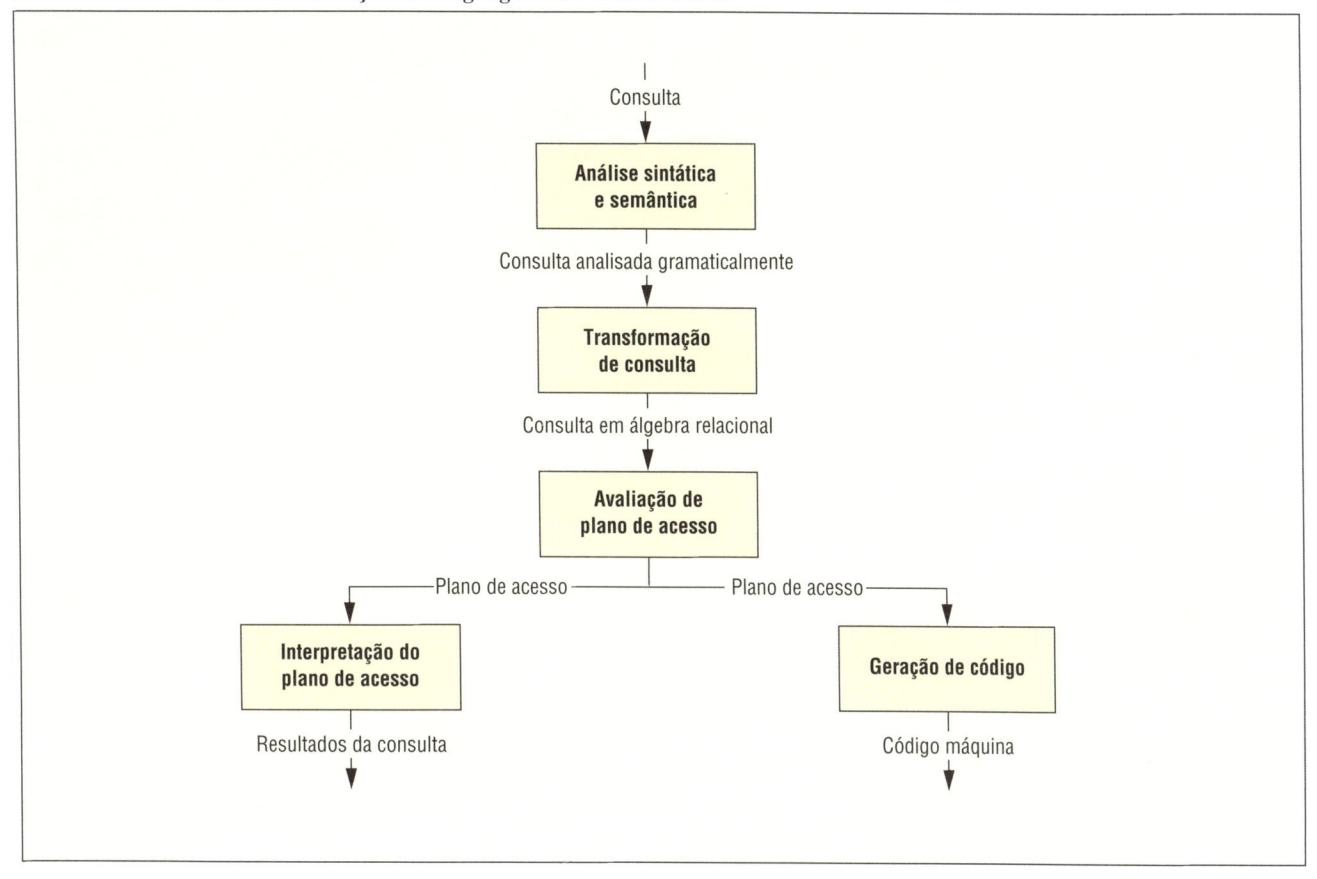

```
                        Consulta
                           │
                           ▼
              ┌──────────────────────┐
              │  Análise sintática   │
              │     e semântica      │
              └──────────────────────┘
                           │
            Consulta analisada gramaticalmente
                           ▼
              ┌──────────────────────┐
              │   Transformação      │
              │    de consulta       │
              └──────────────────────┘
                           │
              Consulta em álgebra relacional
                           ▼
              ┌──────────────────────┐
              │     Avaliação de     │
              │   plano de acesso    │
              └──────────────────────┘
                ┌──── Plano de acesso ─────┐   Plano de acesso
                ▼                                              ▼
   ┌──────────────────────┐                      ┌──────────────────────┐
   │   Interpretação do   │                      │   Geração de código  │
   │   plano de acesso    │                      │                      │
   └──────────────────────┘                      └──────────────────────┘
         Resultados da consulta                        Código máquina
                ▼                                              ▼
```

redundantes de uma expressão lógica. Por exemplo, a expressão lógica (*AnoOfer = 2006 AND TrimestreOfer = 'INVERNO') OR (AnoOfer = 2006 AND TrimestreOfer = 'PRIMAVERA')* pode ser simplificada para *AnoOfer = 2006 AND (TrimestreOfer = 'INVERNO' OR TrimestreOfer = 'PRIMAVERA')*. A simplificação de junções é exclusiva às linguagens de banco de dados. Por exemplo, se o Exemplo 8.1 contivesse uma junção com a tabela *Aluno*, esta poderia ser eliminada se nenhuma coluna ou nenhuma condição envolvendo a tabela *Aluno* fosse utilizada na consulta.

O formato padronizado normalmente é baseado na álgebra relacional. As operações da álgebra relacional são reorganizadas de modo que a consulta possa ser executada com mais rapidez. As operações típicas de reorganização serão descritas a seguir. Como a reorganização é executada pelo componente de otimização de consultas, não é necessário preocupar-se muito em escrever a consulta de forma eficiente.

- As operações de restrição são combinadas de modo que possam ser testadas juntas.
- As operações de projeção e restrição são movidas antes das operações de junção para eliminar as colunas e as linhas desnecessárias antes de realizar operações de junção custosas.
- As operações de produto cartesiano são transformadas em operações de junção se existir uma condição de junção na cláusula WHERE.

plano de acesso
uma árvore que codifica decisões sobre as estruturas de arquivo para acessar tabelas individuais, a ordem de junção de tabelas e o algoritmo para juntar tabelas.

Avaliação do Plano de Acesso

Na terceira fase, é gerado um plano de acesso para implementar a consulta em álgebra relacional reorganizada. O plano de acesso indica a implementação de uma consulta como operações em arquivos, assim como mostra a Figura 8.18. Em um plano de acesso, os nós folha são tabelas individuais na consulta, e as setas apontam para cima, indicando o fluxo de dados.

FIGURA 8.18
Plano de Acesso do Exemplo 8.1

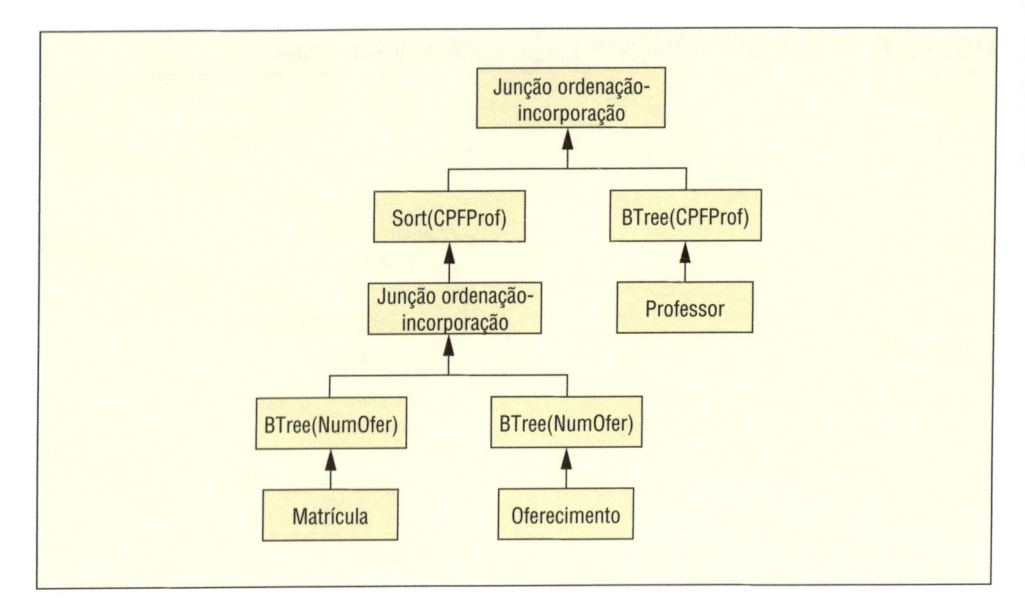

FIGURA 8.19
Plano de Acesso Alternativo para o Exemplo 8.1

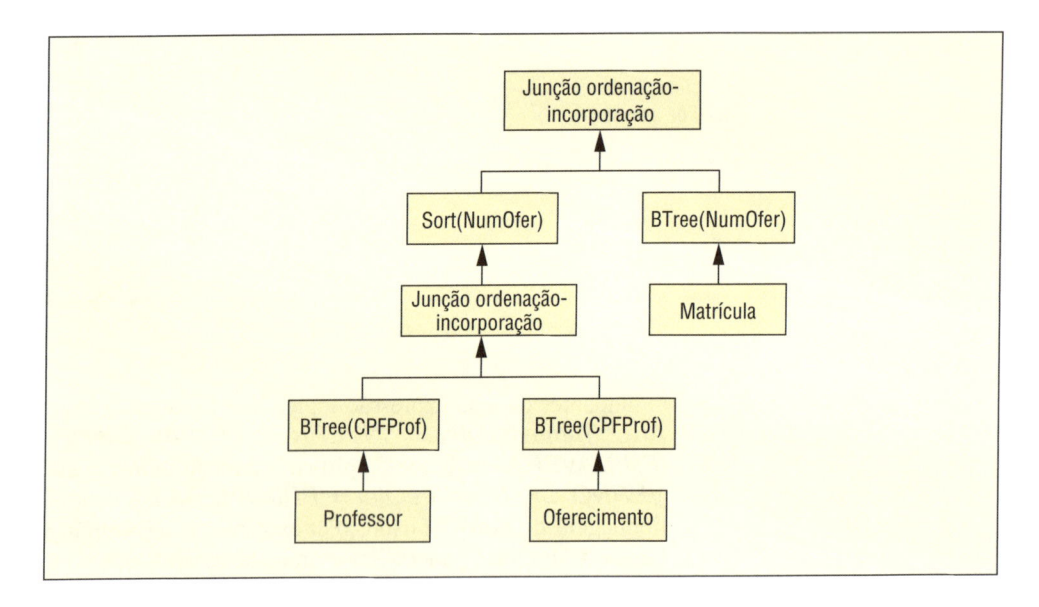

Os nós acima dos nós folha indicam decisões sobre o acesso a tabelas individuais. Na Figura 8.18, são utilizados índices de árvore B para acessar tabelas individuais. A primeira junção combina as tabelas *Matricula* e *Oferecimento*.

As estruturas de arquivo de árvore B oferecem a ordenação necessária para o algoritmo de junção merge (ordenação-incorporação). A segunda junção combina o resultado da primeira junção com a tabela *Professor*. O resultado intermediário deve ser ordenado em *CPFProf* antes de utilizar o algoritmo de junção merge.

O componente de otimização de consultas avalia inúmeros planos de acesso. Os planos de acesso variam por ordem de junção, estrutura de arquivo e algoritmos de junção. Por exemplo, a Figura 8.19 mostra uma variação do plano de acesso da Figura 8.18 em que a ordem de junção é modificada. No caso de estruturas de arquivo, alguns componentes de otimização podem levar em conta operações de conjunto (intersecção de condições conectadas por AND e união de condições conectadas por OR) para combinar os resultados de múltiplos índices na mesma tabela. O componente de otimização de consultas pode avaliar muito mais planos de acesso do que qualquer programador de banco de dados experiente pode imaginar. Normalmente, o componente de otimização de consultas avalia milhares de planos de acesso. A avaliação de planos de acesso pode consumir tempo demais se a consulta contiver mais de quatro tabelas.

TABELA 8.8 Resumo dos Algoritmos Comuns de Junção

Algoritmo	Requisitos	Quando Utilizar
Laços aninhados	Escolher tabela externa e tabela interna; pode ser utilizado para todas as junções	Adequado quando existem poucas linhas na tabela externa ou quando todas as páginas da tabela interna cabem na memória. Um índice em uma coluna de junção de chave estrangeira permite utilização eficiente do algoritmo de laços aninhados quando existem condições restritivas na tabela pai
Ordenação-incorporação (*sort merge*)	Ambas as tabelas devem ser ordenadas (ou utilizar um índice) nas colunas de junção; utilizado somente para equijunções	Adequado se o custo de classificação for baixo ou se existir um índice cluster de junção
Junção híbrida	Combinação de ordenação-incorporação e laços aninhados; a tabela externa deve ser ordenada (ou utilizar um índice de coluna de junção); a tabela interna deve possuir um índice na coluna de junção; utilizado somente para equijunções	Desempenho melhor que ordenação-incorporação quando existe um índice não-cluster (ver a próxima seção) na coluna de junção da tabela interna
Junção hash	Arquivo hash interno embutido para ambas as tabelas; utilizado somente para equijunções	A junção hash desempenha melhor que ordenação-incorporação quando as tabelas não estão classificadas ou não existem índices
Junção estrela	Juntar múltiplas tabelas em que existe uma tabela filha relacionada a múltiplas tabelas pai em relacionamentos 1-M; índice de junção de bitmap necessário em cada tabela pai; utilizado somente para equijunções	O melhor algoritmo de junção para tabelas que correspondem o padrão estrela com os índices de junção de bitmap, principalmente quando existem condições altamente seletivas nas tabelas pai; muito utilizado para otimizar consultas a datawarehouse (ver Capítulo 16)

A maioria dos componentes de otimização utiliza um pequeno conjunto de algoritmos de junção. A Tabela 8.8 mostra o resumo dos algoritmos de junção comuns utilizados pelos componentes de otimização. Para cada operação de junção em uma consulta, o componente de otimização leva em conta cada algoritmo de junção suportado. No caso de algoritmos de laços aninhados e híbridos, o componente de otimização também deve escolher a tabela externa e a tabela interna. Todos os algoritmos, exceto a junção estrela, envolvem duas tabelas de uma vez. A junção estrela consegue combinar qualquer número de tabelas, correspondendo ao padrão estrela (uma tabela filha cercada de tabelas pais em relacionamentos 1-M). O algoritmo de laços aninhados pode ser utilizado com qualquer operação de junção, não apenas com operação de equijunção.

O componente de otimização de consultas utiliza fórmulas de custo para avaliar os planos de acesso. Cada operação em um plano de acesso possui uma fórmula de custo correspondente que calcula os acessos ao registro físico e as operações da CPU. As fórmulas de custo utilizam perfis de tabela para calcular o número de linhas em um resultado. Por exemplo, o número de linhas resultante de uma condição WHERE pode ser calculado utilizando os dados de distribuição, por exemplo, um histograma. O componente de otimização de consultas escolhe o plano de acesso com o custo mais baixo.

Execução do Plano de Acesso

Na última fase de tradução, o plano de acesso escolhido é executado. O componente de otimização de consultas ou gera o código máquina ou interpreta o plano de acesso. A execução do código de máquina produz resposta mais rápida que a interpretação de um plano de acesso. No entanto, a maioria dos SGBDs interpreta os planos de acesso por causa da variedade de hardware suportado. A diferença de desempenho entre interpretação e execução do código máquina normalmente não é importante para a maioria dos usuários.

8.4.2 Melhorando as Decisões de Otimização

Embora o componente de otimização de consultas seja executado automaticamente, o administrador de banco de dados também tem uma função a exercer. Ele deve revisar os planos de acesso de consultas e atualizações de fraco desempenho. Os SGBDs corporativos normalmente oferecem visualizações gráficas dos planos de acesso para facilitar a revisão. As visualizações gráficas são essenciais por causa da dificuldade de leitura das visualizações de texto dos relacionamentos hierárquicos.

Para melhorar as decisões fracas tomadas em termos de planos de acesso, alguns SGBDs corporativos permitem oferecer dicas que influenciam na escolha de planos de acesso. Por exemplo, o Oracle permite oferecer dicas para escolher a meta de otimização, estruturas de arquivo para acessar tabelas individuais, algoritmo de junção e ordem de junção. As dicas devem ser utilizadas com cuidado porque elas substituem a análise do otimizador. As dicas envolvendo algoritmos de junção e ordens de junção são muito problemáticas por causa da sutileza dessas decisões. A substituição da análise do otimizador deve ser o último recurso antes de determinar a causa do mau desempenho. Em muitos casos, o administrador de banco de dados pode remediar os problemas de deficiência de perfil de tabela e estilo de codificação de consulta para melhorar o desempenho em vez de substituir a análise do otimizador.

Deficiências de Perfil de Tabela

O componente de otimização de consultas precisa de estatísticas atualizadas e detalhadas para avaliar os planos de acesso. As estatísticas não suficientemente detalhadas ou desatualizadas levam à escolha de planos de acesso inadequados. A maioria dos SGBDs permite controlar o nível de detalhe e de atualidade das estatísticas. Alguns SGBDs permitem até mesmo obter uma amostragem dinâmica de banco de dados no tempo de otimização, mas esse nível de atualidade dos dados normalmente não é necessário.

Se não houver estatísticas coletadas de uma coluna, a maioria dos SGBDs utiliza a suposição de valor uniforme para calcular o número de linhas. A utilização da suposição de valor uniforme muitas vezes leva ao acesso de arquivo seqüencial e não ao acesso de árvore B se a coluna apresentar distorções significativas nos valores. Por exemplo, uma consulta para listar funcionários com salários acima de R$ 100.000. Se a faixa salarial for de R$ 10.000 a R$ 2.000.000, adotando a suposição de valor uniforme, cerca de 95% da tabela de funcionários satisfaz essa condição. Na maioria das companhias, no entanto, poucos funcionários teriam salários acima de R$ 100.000. Com a utilização da estimativa baseada na suposição de valor uniforme, o otimizador escolherá um arquivo seqüencial e não uma árvore B para acessar a tabela de funcionários. A estimativa não melhoraria utilizando um histograma de mesma largura por causa da grande distorção nos valores salariais.

Um histograma de mesma altura produziria estimativas bem melhores. Para melhorar as estimativas utilizando um histograma de mesma altura, é necessário aumentar o número de faixas. Por exemplo, com 10 faixas, o erro máximo ficaria mais ou menos em 10% e o erro esperado, em mais ou menos 5%. Para reduzir os erros de estimativa máximo e esperado em 50%, é necessário dobrar o número de faixas. O administrador de banco de dados deve aumentar o número de faixas se os erros de estimativa de número de linhas provocarem escolhas inadequadas de acesso a tabelas individuais.

Uma dica pode ser útil em condições envolvendo valores de parâmetro. Se o administrador de banco de dados souber que os valores típicos de parâmetro resultam em seleção de poucas linhas, uma dica pode ser utilizada para forçar o componente de otimização a adotar um índice.

Além de estatísticas detalhadas de colunas individuais, um componente de otimização, às vezes, necessita de estatísticas detalhadas de combinações de colunas. Se uma combinação de colunas aparece na cláusula WHERE de uma consulta, as estatísticas da combinação de colunas são importantes se estas não forem independentes. Por exemplo, os salários e as posições dos funcionários geralmente estão relacionados. Uma cláusula WHERE com ambas as colunas, por exemplo, *CargoFunc = 'Zelador' AND Salário > 50000* provavelmente teria poucas linhas que satisfaçam ambas as condições. Um componente de otimização sem o conhecimento do relacionamento entre essas colunas provavelmente superestimaria muito o número de linhas no resultado.

A maioria dos componentes de otimização supõe combinações de colunas estatisticamente independentes para simplificar o cálculo do número de linhas. Infelizmente, poucos SGBDs mantêm estatísticas de combinações de colunas. Se um SGBD não mantém estatísticas de combinações de colunas, o projetista de banco de dados talvez queira utilizar dicas para substituir a análise do SGBD quando uma condição de junção em uma cláusula WHERE gera poucas linhas. A utilização de uma dica forçaria o componente de otimização a combinar índices ao acessar uma tabela, em vez de utilizar uma varredura de tabela seqüencial.

Práticas de Codificação de Consulta

Consultas mal escritas podem tornar lenta a execução da consulta. O administrador de banco de dados deve revisar as consultas de fraco desempenho, verificando as práticas de codifi-

TABELA 8.9   Resumo das Práticas de Codificação

Prática de codificação	Recomendação	Questão de Desempenho
Funções nas colunas em condições	Evitar funções nas colunas	Elimina a possibilidade de utilização de índice
Conversões de tipo implícitas	Utilizar constantes com tipos de dados correspondentes às colunas relacionadas	Elimina a possibilidade de utilização de índice
Operações extras de junção	Eliminar operações de junção desnecessárias, procurando tabelas que não envolvam condições ou colunas	Tempo de execução determinado principalmente pelo número de operações de junção
Condições nas colunas de junção	Utilizar a tabela pai e não a tabela filha nas condições em colunas de junção	Redução do número de linhas na tabela pai diminui o tempo de execução de operações de junção
Condições de linha na cláusula HAVING	Mudar as condições de linha da cláusula HAVING para a cláusula WHERE	Condições de linha na cláusula WHERE permitem reduzir o tamanho do resultado intermediário
Consultas aninhadas Tipo II com agrupamento (Capítulo 9)	Converter consultas aninhadas Tipo II em consultas separadas	Componentes de otimização de consultas freqüentemente não consideram maneiras eficientes para implementar consultas aninhadas Tipo II
Consultas utilizando visões complexas (Capítulo 10)	Reescrever as consultas que utilizam visões complexas para eliminar referências a visões	Pode ser executada uma consulta extra
Revinculação de consultas (Capítulo 11)	Garantir que consultas em um procedimento armazenado sejam vinculadas uma vez	Vinculação repetitiva envolve considerável tempo de carga

cação que provocam a lentidão do desempenho. No restante desta subseção, serão explicadas as práticas de codificação que provocam o fraco desempenho das consultas. A Tabela 8.9 apresenta um bom resumo sobre as práticas de codificação.

- Não se devem utilizar funções em colunas indexáveis já que as funções eliminam a oportunidade de utilização de um índice. É necessário estar bem ciente das conversões de tipo implícitas mesmo que uma função não seja utilizada. Uma conversão de tipo implícita ocorre se não há correspondência entre o tipo de dado de uma coluna e o valor constante associado. Por exemplo, a condição *AnoOfer = '2005'* provoca uma conversão implícita da coluna *AnoOfer* para um tipo de dado de caractere. A conversão elimina a possibilidade de utilização de um índice em *AnoOfer*.

- Consultas com operações extras de junção tornam o desempenho lento, assim como mencionado na Seção 8.4.1, na subseção *Transformação de Consulta*. A velocidade de execução de uma consulta é determinada principalmente pelo número de operações de junção, assim, a eliminação de operações de junção desnecessárias pode reduzir significativamente o tempo de execução.

- Em consultas envolvendo relacionamentos 1-M, em que existe uma condição na coluna de junção, a condição deve ser feita na tabela pai e não na tabela filha. A condição na tabela pai pode reduzir significativamente o esforço na junção de tabelas.

- Em consultas envolvendo a cláusula HAVING, devem-se eliminar as condições que não envolvem funções agregadas. As condições envolvendo comparações simples de colunas na cláusula GROUP BY pertencem à cláusula WHERE e não à cláusula HAVING. A mudança dessas condições para a cláusula WHERE elimina as linhas antecipadamente, tornando, assim, a execução mais rápida.

vinculação de consultas associação de um plano de acesso a uma instrução SQL. A vinculação pode reduzir o tempo de execução de consultas complexas porque as fases do processo de tradução que consomem mais tempo não são mais executadas depois da vinculação inicial.

- Devem-se evitar consultas aninhadas Tipo II (ver Capítulo 9), principalmente quando a consulta aninhada executa agrupamento com cálculos agregados. Muitos SGBDs têm mau desempenho, já que os componentes de otimização de consultas muitas vezes não consideram maneiras eficientes para implementar consultas aninhadas Tipo II. É possível aumentar a velocidade de execução da consulta, substituindo a consulta aninhada Tipo II por uma consulta separada.

- Consultas com visões complexas podem prejudicar o desempenho por causa da possível execução de uma consulta extra. No Capítulo 10, será apresentado o processamento de visões com algumas diretrizes para limitar a complexidade das visões.

- O processo de otimização pode consumir muito tempo, principalmente em consultas contendo mais de quatro tabelas. Para reduzir o tempo de otimização, a maioria dos SGBDs salva os planos de acesso para evitar as fases do processo de tradução que consomem mais tempo. <u>Vinculação de consultas</u> é o processo de associação de uma consulta a um plano de acesso. A maioria dos SGBDs revincula automaticamente se houver alterações em uma consulta ou no banco de dados (estruturas de arquivo, perfis de tabela, tipos de dados etc.). No Capítulo 11, é discutida a vinculação de consultas para instruções SQL dinâmicas dentro de um programa de computador.

8.5 Seleção de Índice

A decisão envolvendo seleção de índices é a mais importante a ser tomada pelo projetista de banco de dados físico. Contudo, ela também pode ser uma das mais difíceis. Como projetista, o profissional precisa entender a dificuldade da seleção de índices e as limitações da ação de selecionar um índice sem a ajuda de uma ferramenta automatizada. Esta seção ajuda a aprimorar o conhecimento, definindo o problema da seleção de índices, discutindo os compromissos ao selecionar índices e apresentando as regras de seleção de índice para bancos de dados de médio porte.

índice
uma estrutura de arquivo secundária que fornece um caminho alternativo aos dados. Em um índice cluster, a ordem dos registros de dados fica próxima da ordem do índice. Em um índice não-cluster, a ordem dos registros de dados não está relacionada à ordem do índice.

8.5.1 Definição do Problema

A seleção de índices envolve dois tipos de índices, cluster e não-cluster. Em um <u>índice cluster</u>, a ordem das linhas fica próxima da ordem do índice. Próxima quer dizer que os registros físicos contendo as linhas não precisam ser acessados mais de uma vez se o índice for acessado na seqüência. A Figura 8.20 mostra o conjunto de seqüências de um índice de árvore B+ apontando para as linhas associadas dentro dos registros físicos. É possível observar que,

FIGURA 8.20 Exemplo de Índice Cluster

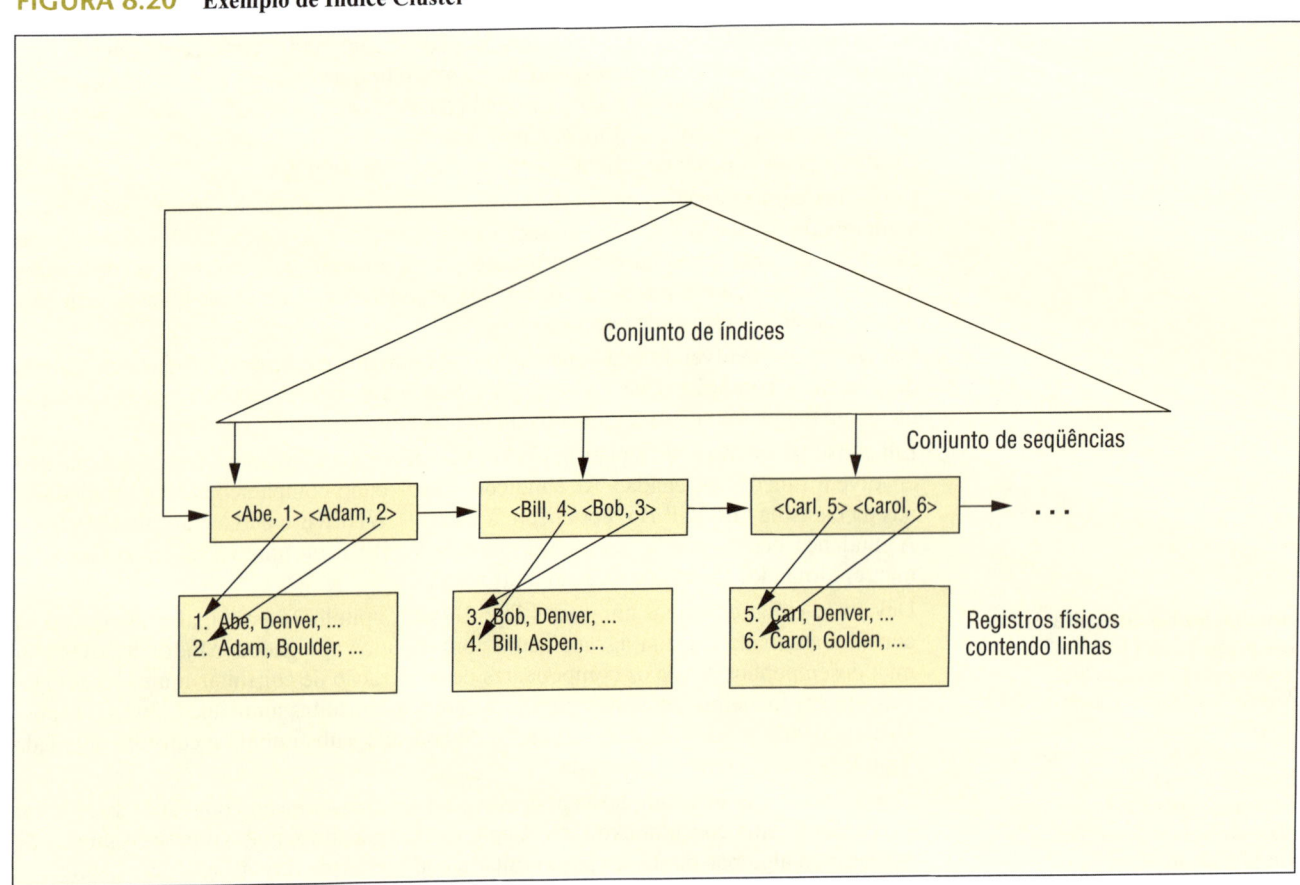

para um determinado nó no conjunto de seqüências, a maioria das linhas associadas está em cluster dentro do mesmo registro físico. A ordenação de dados de linha por coluna de índice é uma maneira simples de fazer um índice cluster.

Em contrapartida, um índice não-cluster não possui essa propriedade de proximidade. Em um índice não-cluster, a ordem das linhas não está relacionada à ordem do índice. A Figura 8.21 mostra que o mesmo registro físico pode ser acessado repetidas vezes ao utilizar o conjunto de seqüências. Os ponteiros dos nós do conjunto de seqüências até as linhas cruzam várias vezes, indicando que a ordem do índice é diferente da ordem da linha.

A seleção de índices envolve escolhas de índices cluster e não-cluster, assim como mostra a Figura 8.22. Supõe-se, normalmente, que cada tabela esteja armazenada em um

FIGURA 8.21 Exemplo de Índice Não-Cluster

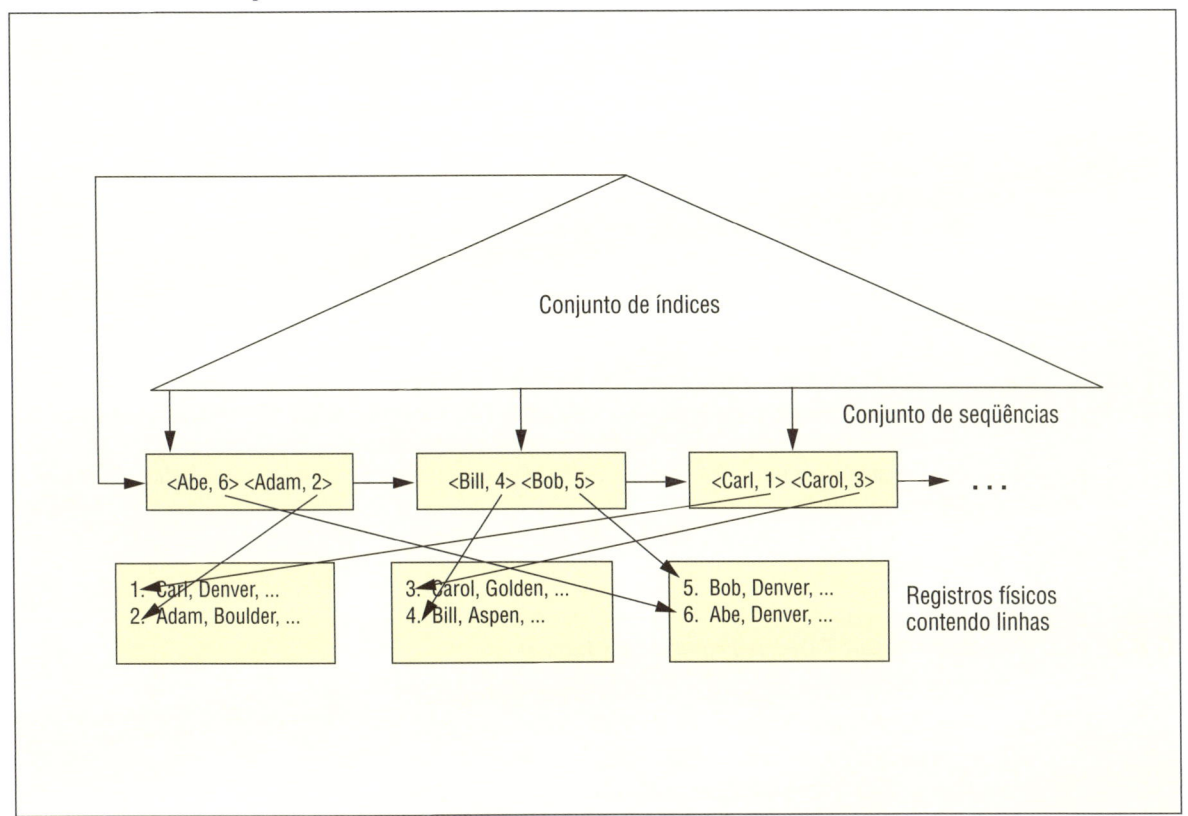

FIGURA 8.22
Entradas e Saídas de Seleção de Índice

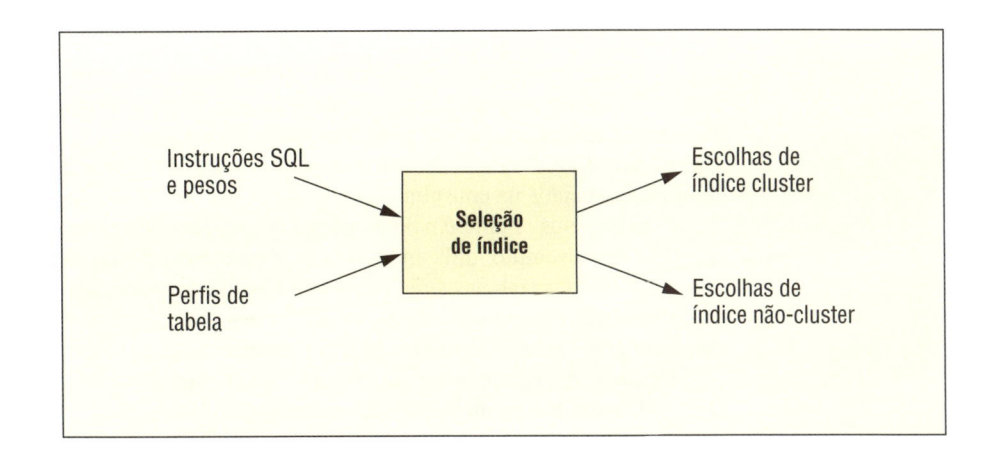

problema de seleção de índice
para cada tabela, selecionar no máximo um índice cluster e zero ou mais índices não-cluster.

arquivo. As instruções SQL indicam o trabalho do banco de dados a ser executado pelas aplicações. Os pesos devem combinar a freqüência e a importância de uma instrução. Os perfis de tabela devem ser especificados no mesmo nível de detalhes necessário na otimização de consultas.

Normalmente, o problema de seleção de índices restringe-se aos índices de árvore B e arquivos separados de cada tabela. O material de referência mencionado no final do capítulo oferece detalhes a respeito da utilização de outros tipos de índice (por exemplo, índices hash) e da disposição física de dados de múltiplas tabelas no mesmo arquivo. Contudo, essas extensões dificultam ainda mais o problema e não melhoram muito o desempenho. As extensões são úteis apenas em situações específicas.

8.5.2 Compromissos e Dificuldades

A melhor seleção de índices equilibra a recuperação mais rápida com a atualização mais lenta. Um índice não-cluster pode melhorar as recuperações, oferecendo acesso mais rápido aos registros selecionados. No Exemplo 8.2, um índice não-cluster nas colunas *AnoOfer*, *TrimestreOfer* ou *NumCurso* pode ser útil se relativamente poucas linhas satisfizerem a condição associada na consulta. Em geral, para um índice não-cluster ser útil, menos de 5% das linhas devem satisfazer uma condição. É improvável que alguma das condições do Exemplo 8.2 produza uma fração tão pequena de linhas.

No caso de otimizadores que fornecem suporte ao múltiplo acesso a índice para a mesma tabela, índices não-cluster podem ser úteis mesmo que um único índice por si próprio não ofereça seletividade suficientemente alta de linhas. Por exemplo, o número de linhas depois de aplicar as condições em *NumCurso*, *AnoOfer* e *TrimestreOfer* deve ser pequeno, talvez de 20 a 30 linhas. Se um otimizador conseguir estimar com precisão o número de linhas, os índices nas três colunas podem ser combinados para acessar as linhas *Oferecimento*. Portanto, a capacidade de utilizar múltiplos índices na mesma tabela aumenta a utilidade dos índices não-cluster.

Um índice não-cluster também pode ser útil em uma junção se a tabela na junção tiver um número pequeno de linhas no resultado. Por exemplo, se apenas poucas linhas de *Oferecimento* satisfizerem todas as três condições mencionadas no Exemplo 8.2, um índice não-cluster na coluna *Professor.CPFProf* pode ser útil na junção das tabelas *Professor* e *Oferecimento*.

EXEMPLO 8.2 (Oracle)

Junção das Tabelas *Professor* e *Oferecimento*

SELECT NomeProf, NumCurso, NumOfer
  FROM Oferecimento, Professor
  WHERE NumCurso LIKE 'SI%' AND AnoOfer = 2005
    AND TrimestreOfer = 'OUTONO'
    AND Professor.CPFProf = Oferecimento.CPFProf

O índice cluster pode melhorar as recuperações em mais situações que o índice não-cluster. O índice cluster é útil nas mesmas situações que o índice não-cluster, porém, o número de linhas resultantes pode ser maior. Por exemplo, um índice cluster nas colunas *NumCurso*, *AnoOfer* ou *TrimestreOfer* pode ser útil se, talvez, 20% das linhas satisfizerem a condição associada na consulta.

O índice cluster também pode ser útil em junções porque ele evita a necessidade de classificação. Por exemplo, utilizando índices cluster nas colunas *Oferecimento.CPFProf* e *Professor.CPFProf*, as tabelas *Oferecimento* e *Professor* podem ser juntadas, fundindo as linhas de cada tabela. A fusão de linhas, muitas vezes, é uma maneira rápida de juntar tabelas se estas não precisarem ser classificadas (se existirem índices cluster).

O custo da manutenção de índices resultantes das instruções INSERT, UPDATE e DELETE equilibra as melhorias de recuperação. As instruções INSERT e DELETE afetam todos os índices de uma tabela. Assim, muitos índices em uma tabela são preteridos se houver freqüentes operações de inserção e exclusão. As instruções UPDATE afetam apenas as colunas listadas na cláusula SET. Se as instruções UPDATE forem freqüentes em uma coluna, a vantagem de um índice normalmente se perde.

As escolhas de índice cluster são mais delicadas de serem mantidas que as escolhas de índice não-cluster. Os índices cluster são mais caros de serem mantidos que os índices não-cluster porque o arquivo de dados precisa ser modificado de forma semelhante a um arquivo seqüencial ordenado. No caso de índices não-cluster, o arquivo de dados pode ser mantido como arquivo seqüencial não-ordenado.

Dificuldades da Seleção de Índices

A seleção de índices é difícil de ser bem executada por diversas razões, conforme as explicações na subseção a seguir. Se o estudante entender as razões das dificuldades da seleção de índices, deve adquirir uma visão melhor das ferramentas auxiliadas por computador para ajudar no processo de seleção em bancos de dados de grande porte. Os SGBDs corporativos e alguns outros fornecedores externos oferecem ferramentas auxiliadas por computador para ajudar na seleção de índice.

- É difícil especificar os pesos da aplicação. Julgamentos combinando freqüência e importância podem tornar o resultado subjetivo.
- Às vezes, é necessária uma distribuição de valores de parâmetro. Muitas instruções SQL em relatórios e formulários utilizam valores de parâmetro. Se os valores de parâmetros variam de altamente seletivos a não tão seletivos, é difícil selecionar índices.
- É necessário conhecer o comportamento do componente de otimização de consultas. Mesmo que um índice pareça útil para a consulta, deve-se utilizar o componente de otimização de consultas. Pode haver razões sutis por que o componente de otimização de consultas não utiliza um índice, principalmente um índice não-cluster.
- O número de escolhas é grande. Mesmo que os índices em combinações de colunas sejam ignorados, o número teórico de escolhas é exponencial ao número de colunas (2^{NC}, onde NC é o número de colunas). Embora muitas dessas escolhas possam ser facilmente eliminadas, o número de escolhas práticas ainda é bem grande.
- As escolhas de índice podem estar relacionadas entre si. Os inter-relacionamentos podem ser sutis, principalmente quando se escolhem índices para melhorar o desempenho da junção.

A ferramenta de seleção de índice pode ajudar nos últimos três problemas. Uma boa ferramenta utiliza o componente de otimização de consultas para derivar as estimativas de custo para cada consulta com base em uma dada escolha de índices. No entanto, uma boa ferramenta não ajuda a atenuar a dificuldade de especificar perfis de aplicação e distribuições de valor de parâmetro. Outras ferramentas podem ser utilizadas para especificar e capturar perfis de aplicação.

8.5.3 Regras de Seleção

Apesar das dificuldades discutidas aqui, normalmente é possível evitar escolhas inadequadas de índices, seguindo algumas regras simples. As regras também podem ser utilizadas como ponto de partida para um processo de seleção mais criterioso.

Regra 1: Uma chave primária é um bom candidato a índice cluster.

Regra 2: Para dar suporte a junções, devem-se considerar os índices nas chaves estrangeiras. Um índice não-cluster em uma chave estrangeira é uma boa alternativa quando existem consultas importantes com condições altamente seletivas na tabela de chave primária relacionada. O índice cluster é uma boa opção quando a maioria das junções utiliza uma tabela pai com um índice cluster em sua chave primária e as condições das consultas na tabela pai não são tão seletivas.

Regra 3: Uma coluna com muitos valores pode ser uma boa alternativa para um índice não-cluster se ela for utilizada em condições de igualdade. A expressão *muitos valores* significa que a coluna é praticamente única.

Regra 4: Uma coluna utilizada em condições de faixa altamente seletivas é uma boa alternativa para um índice não-cluster.

Regra 5: Uma combinação de colunas utilizadas juntas em condições de consulta pode ser boa alternativa para índices não-cluster se as condições conjuntas retornarem poucas linhas, o otimizador do SGBD tiver suporte a múltiplo acesso aos índices, e as colunas forem estáveis. Devem ser criados índices individuais em cada coluna.

Regra 6: Uma coluna atualizada com muita freqüência não é boa alternativa de índice.

Regra 7: Tabelas voláteis (com muitas inserções e exclusões) não devem possuir muitos índices.

Regra 8: Colunas estáveis com poucos valores são boas alternativas para índices bitmap se as colunas aparecerem em condições WHERE.

Regra 9: Evitar índices em combinações de colunas. A maioria dos componentes de otimização utiliza múltiplos índices na mesma tabela. Um índice em uma combinação de colunas não é tão flexível quanto múltiplos índices em colunas individuais da tabela.

Aplicação das Regras de Seleção

Vamos aplicar estas regras às tabelas *Aluno*, *Matricula* e *Oferecimento* do banco de dados de uma universidade. A Tabela 8.10 lista as instruções SQL e a freqüência dessas tabelas. Os

TABELA 8.10 Freqüências e Instruções SQL para Diversas Tabelas do Banco de Dados de uma Universidade

Instrução SQL	Freqüência	Comentário
1. INSERT INTO Aluno ...	7.500/ano	Começo do ano
2. INSERT INTO Matricula...	120.000/período letivo	Durante a matrícula
3. INSERT INTO Oferecimento ...	1.000/ano	Antes do término do prazo para programação
4. DELETE Aluno WHERE CPFAluno = $X	8.000/ano	Depois da separação
5. DELETE Oferecimento WHERE NumOfer = $X	1.000/ano	Final do ano
6. DELETE Matricula WHERE NumOfer = $X AND CPFAluno= $Y	64.000/ano	Final do ano
7. SELECT * FROM Aluno WHERE MediaAluno > $X AND Especializacao = $Y	1.200/ano	$X geralmente é bem grande ou pequeno
8. SELECT * FROM Aluno WHERE CPFAluno = $X	30.000/período letivo	
9. SELECT * FROM Oferecimento WHERE TrimestreOfer = $X AND AnoOfer = $Y AND NumCurso LIKE $Z%	60.000/período letivo	Poucas linhas no resultado
10. SELECT * FROM Oferecimento, Matricula WHERE StdSSN = $X AND TrimestreOfer = $Y AND AnoOfer = $Z AND Oferecimento.NumOfer = Matricula.NumOfer	30.000/período letivo	Poucas linhas no resultado
11. UPDATE Aluno SET MediaAluno = $X WHERE CPFAluno = $Y	30.000/período letivo	Atualizado no final do formulário de relatório
12. UPDATE Matrícula SET NotaMatr = $X WHERE CPFAluno = $Y AND NumOfer = $Z	120.000/período letivo	Parte do formulário de relatório de notas
13. UPDATE NumOfer SET CPFProf = $X WHERE NumOfer = $Y	500/ano	
14. SELECT CPFProf, NomeProf, SobrenomeProf FROM Professor WHERE ClassificacaoProf = $X AND DeptoProf = $Y	1.000/período letivo	Ocorre mais durante a matrícula
15. SELECT * FROM Aluno, Matricula, Oferecimento WHERE Oferecimento.NumOfer = $X AND Aluno.CPFAluno = Matricula.CPFAluno AND Oferecimento.NumOfer = Matricula.NumOfer	4.000/ano	ocorre mais no início do semestre

TABELA 8.11
Perfis de Tabela

Tabela	Número de Linhas	Coluna (Número de Valores Únicos)
Aluno	30.000	SCPFAluno (PK), SobrenomeAluno (29.000), EnderecoAluno, (20.000), Cidadealuno (500), CEPAluno (1.000), UFAluno (50), Especializacao (100), MediaAluno (400)
Matricula	300.000	CPFAluno (30.000), NumOfer (2.000), NotaMatr (400)
Oferecimento	10.000	NumOfer (PK), NumCurso (900), HorarioOfer (20), LocalOfer (500), CPFProf (1.500), TrimestreOfer (4), AnoOfer (10), DiaSemanaOfer (10)
Curso	1.000	NumCurso (PK), DescrCurso (1.000), CargaHoraCurso (6)
Professor	2.000	CPFProf (PK), SobrenomeProf (1.900), EnderecoProf (1.950), CidadeProf (50), CEPProf (200), UFProf (3), DataAdmProf (300), SalarioProf (1.500), ClassificacaoProf (10), DeptoProf (100)

TABELA 8.12
Escolha de Índices para a Tabela de Banco de Dados de uma Universidade

Coluna	Tipo de Índice	Regra
Aluno.CPFAluno	Cluster	1
Aluno.MediaAluno	Não-Cluster	4
Oferecimento.NumOfer	Cluster	1
Matricula.NumOfer	Cluster	2
Professor.ClassificacaoProf	Bitmap	8
Professor.DeptoProf	Bitmap	8
Oferecimento.TrimestreOfer	Bitmap	8
Oferecimento.AnoOfer	Bitmap	8

nomes começando com $ representam parâmetros fornecidos por um usuário. As freqüências supõem uma população de 30.000 estudantes, em que eles se matriculam, em média, em quatro oferecimentos por período letivo. Depois de o estudante se formar ou sair da universidade, as linhas *Aluno* e *Matricula* são arquivadas. A Tabela 8.11 lista os resumos dos perfis de tabela. Mais detalhes de distribuição de relacionamento e coluna podem ser codificados em histogramas.

A Tabela 8.12 lista as escolhas de índice de acordo com as regras de seleção de índices. Apenas alguns poucos índices são recomendáveis por causa da freqüência de instruções de manutenção e da ausência de condições altamente seletivas em outras colunas que não a chave primária. Nas consultas 9 e 10, apesar de as condições individuais em *TrimestreOfer* e *AnoOfer* não serem altamente seletivas, a condição conjunta pode ser razoavelmente seletiva para recomendar índices bitmap, principalmente na consulta 9 com a condição adicional em *NumCurso*. Existe um índice em *MediaAluno* porque os valores de parâmetro devem ser bem altos ou baixos, proporcionando alta seletividade com poucas linhas no resultado. Talvez seja necessário um estudo mais detalhado do índice *MediaAluno*, porque ele envolve quantidade considerável de atividades de atualização. Embora não sugeridas pelas instruções SQL, as colunas *SobrenomeAluno* e *SobrenomeProf* também podem ser boas alternativas de índice, porque são quase únicas (poucas duplicidades) e são razoavelmente estáveis. Se houver instruções SQL adicionais que utilizam essas colunas nas condições, deve-se estudar a possibilidade de utilizar índices não-cluster.

Embora o SQL:2003 não dê suporte a instruções para índices, a maioria dos SGBDs fornece suporte a instruções de índice. No Exemplo 8.3, a palavra que se segue à palavra-chave INDEX é o nome do índice. A instrução de índice CREATE também pode ser utilizada para criar um índice em uma combinação de colunas, listando múltiplas colunas entre parênteses. A instrução CREATE INDEX do Oracle não pode ser utilizada para criar um índice cluster. Para criar um índice cluster, o Oracle fornece a cláusula ORGANIZATION INDEX como parte da instrução CREATE TABLE.

EXEMPLO 8.3 (Oracle)

Instruções CREATE INDEX

CREATE UNIQUE INDEX IndiceCPFAluno ON Aluno (CPFAluno)
CREATE INDEX IndiceMediaAluno ON Aluno (MediaAluno)
CREATE UNIQUE INDEX IndiceNumOfer ON Oferecimento (NumOfer)
CREATE INDEX IndiceNumMatr ON Matrícula (NumOfer)
CREATE BITMAP INDEX IndiceAnoOfer ON Oferecimento (AnoOfer)
CREATE BITMAP INDEX IndiceTrimestreOfer ON Oferecimento (TrimestreOfer)
CREATE BITMAP INDEX IndiceClassProf ON Professor (ClassificacaoProf)
CREATE BITMAP INDEX IndiceDeptoProf ON Professor (DeptoProf)

8.6 Escolhas Adicionais no Projeto Físico do Banco de Dados

Embora a seleção de índice seja a decisão mais importante do projeto físico do banco de dados, existem outras decisões que podem melhorar substancialmente o desempenho. Esta seção discute duas decisões, a desnormalização e a formatação de registros, que podem melhorar o desempenho nas situações escolhidas. Depois, a seção apresenta o processamento paralelo para melhorar o desempenho do banco de dados, uma alternativa cada vez mais popular. Por fim, serão discutidas rapidamente diversas maneiras de melhorar o desempenho relacionado a tipos específicos de processamento.

8.6.1 Desnormalização

projetos desnormalizados
- Oferecem melhor desempenho de atualização.
- Exigem menos codificação para impor restrições de integridade.
- Fornecem suporte a mais índices para melhorar o desempenho da consulta.

A desnormalização combina tabelas de modo a facilitar a consulta. Depois de combinadas as tabelas, a nova tabela pode violar uma forma normal, como, por exemplo, a FNBC. Embora algumas das técnicas de desnormalização não provoquem violações de uma forma normal, elas ainda tornam um projeto mais fácil para a consulta e mais difícil para a atualização. A desnormalização sempre deve ser executada com extremo cuidado porque um projeto normalizado apresenta vantagens importantes. No Capítulo 7, foi descrita esta situação de desnormalização: ignorar uma dependência funcional se ela não produzir anomalias significativas de modificação. Nesta seção, serão descritas outras situações nas quais se justifica a desnormalização.

Grupos Repetitivos

Os grupos repetitivos consistem em um conjunto de valores associados, por exemplo, histórico de vendas, linhas de um pedido ou histórico de pagamento. As regras de normalização forçam o armazenamento dos grupos repetitivos em uma tabela filha separada da tabela pai associada. Por exemplo, as linhas de um pedido são armazenadas em uma tabela de linhas de pedido, separada de uma tabela de pedido relacionada. Se um grupo repetitivo sempre é acessado com sua tabela pai associada, a desnormalização pode ser uma alternativa razoável.

A Figura 8.23 mostra um exemplo de desnormalização de dados trimestrais de venda. Embora o projeto desnormalizado não viole a FNBC, ele é menos flexível para a atualização que o projeto normalizado. O projeto normalizado fornece suporte a um número ilimitado de vendas trimestrais se comparado a apenas quatro trimestres de resultados de vendas do projeto desnormalizado. Contudo, o projeto desnormalizado não requer junção para combinar dados de área e vendas.

Hierarquias de Generalização

O cumprimento da regra de conversão para hierarquias de generalização descrita no Capítulo 6 pode resultar em muitas tabelas. Se as consultas precisam combinar com freqüência essas tabelas separadas, talvez seja razoável armazenar as tabelas separadas como uma única tabela. A Figura 8.24 mostra a desnormalização das tabelas *Func, FuncHorista* e *FuncAssalariado*. Elas possuem relacionamentos 1-1 porque representam uma hierarquia de generalização. Embora o projeto desnormalizado não viole a FNBC, a tabela combinada pode

FIGURA 8.23
Desnormalização de um Grupo Repetitivo

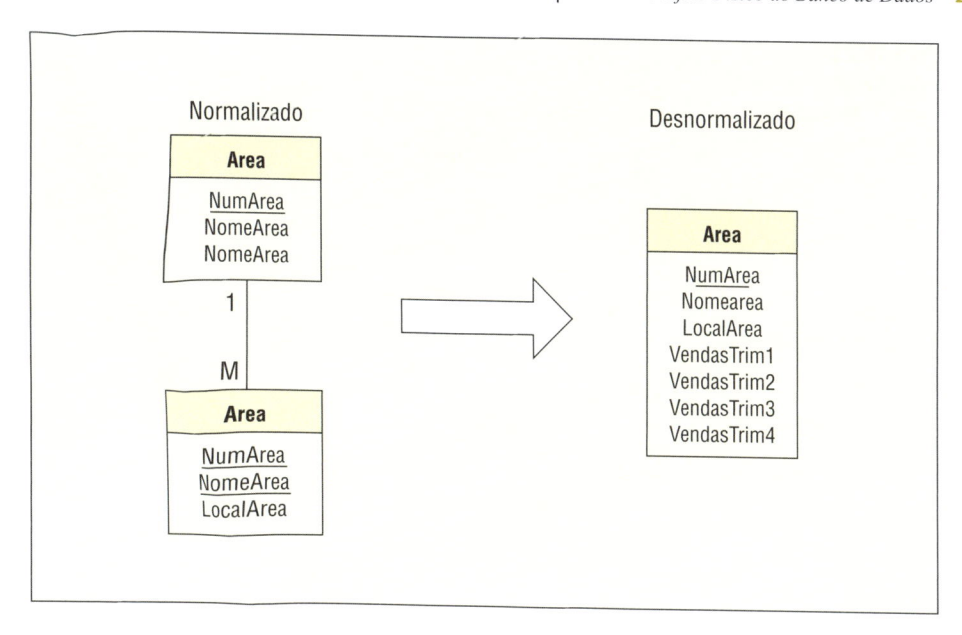

Normalizado

Area
NumArea
NomeArea
NomeArea

1
M

Area
NumArea
NomeArea
LocalArea

Desnormalizado

Area
NumArea
Nomearea
LocalArea
VendasTrim1
VendasTrim2
VendasTrim3
VendasTrim4

FIGURA 8.24
Desnormalização de uma Hierarquia de Generalização

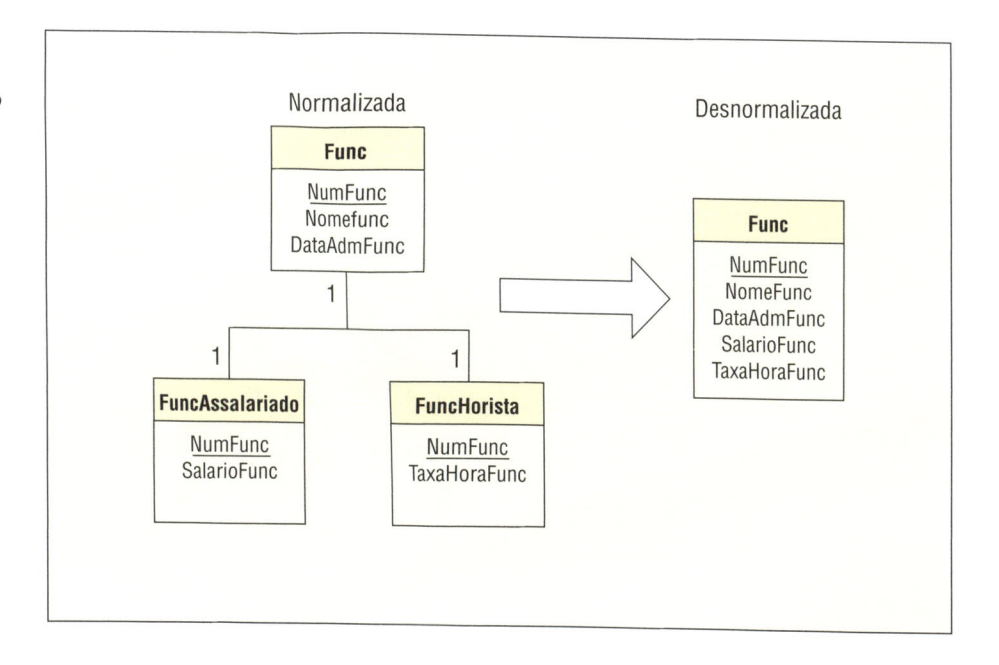

Normalizada

Func
NumFunc
Nomefunc
DataAdmFunc

1
1   1

FuncAssalariado
NumFunc
SalarioFunc

FuncHorista
NumFunc
TaxaHoraFunc

Desnormalizada

Func
NumFunc
NomeFunc
DataAdmFunc
SalarioFunc
TaxaHoraFunc

perder muito espaço por causa dos valores nulos. No entanto, o projeto desnormalizado evita o operador de junção externa para combinar as tabelas.

Códigos e Significados

As regras de normalização exigem que as chaves estrangeiras sejam armazenadas sozinhas para representar os relacionamentos 1-M. Se uma chave estrangeira representar um código, o usuário muitas vezes requisita um nome associado ou uma descrição, além do valor da chave estrangeira. Por exemplo, o usuário pode desejar ver o nome do estado além do código do estado. O armazenamento da coluna de nome ou de descrição juntamente com o código viola a FNBC, mas elimina algumas operações de junção. Se a coluna de nome ou de descrição não for modificada com freqüência, a desnormalização pode ser uma escolha razoável. A Figura 8.25 mostra a desnormalização das tabelas *Depto* e *Func*. No projeto desnormalizado, a coluna *NomeDepto* foi adicionada à tabela *Func*.

FIGURA 8.25
Desnormalização para Combinar Colunas de Código e Significado

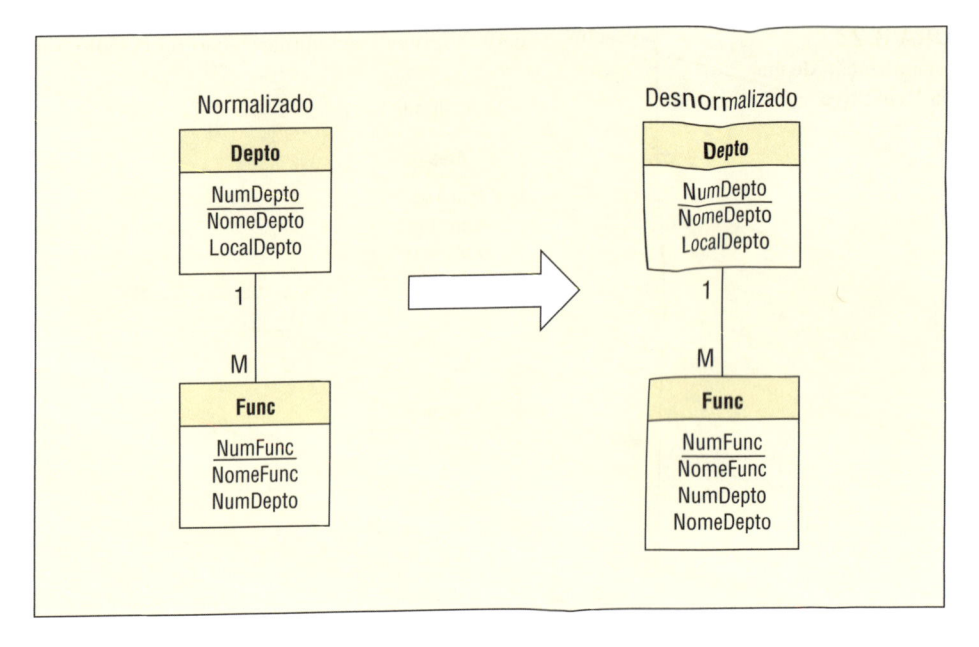

Normalizado

Depto
NumDepto
NomeDepto
LocalDepto

1 — M

Func
NumFunc
NomeFunc
NumDepto

⇒

Desnormalizado

Depto
NumDepto
NomeDepto
LocalDepto

1 — M

Func
NumFunc
NomeFunc
NumDepto
NomeDepto

FIGURA 8.26
Armazenamento de Dados Derivados para Melhorar o Desempenho de Consulta

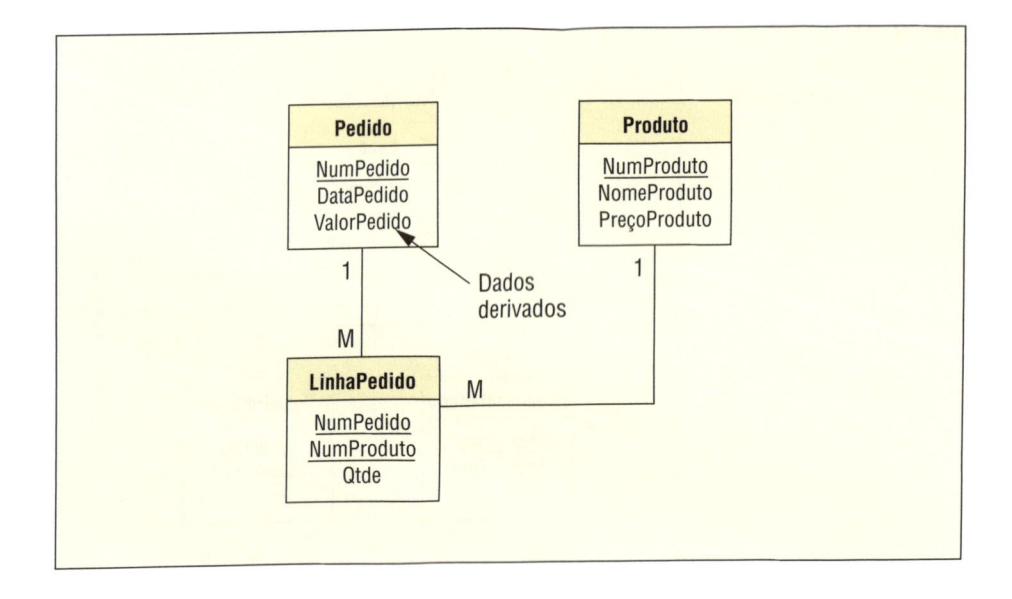

Pedido
NumPedido
DataPedido
ValorPedido ← Dados derivados

1 — M

Produto
NumProduto
NomeProduto
PreçoProduto

1 — M

LinhaPedido
NumPedido
NumProduto
Qtde

8.6.2 Formatação de Registro

As decisões de formatação de registro envolvem compressão e dados derivados. Com a ênfase cada vez maior no armazenamento de tipos de dados complexos, por exemplo, de áudio, vídeo e imagens, a compressão está se tornando uma questão importante. Em algumas situações, existem múltiplas alternativas de compressão. A compressão é um compromisso entre entrada-saída e esforço de processamento. A compressão reduz o número de registros físicos transferidos, mas requer considerável esforço de processamento para comprimir e descomprimir os dados.

As decisões sobre dados derivados envolvem compromissos entre operações de consulta e atualização. Para fins de consulta, o armazenamento de dados derivados reduz a recuperação de dados necessária para calcular os dados derivados. Contudo, a atualização dos dados fundamentais requer mais atualizações dos dados derivados. O armazenamento de dados derivados para reduzir as operações de junção pode ser razoável. A Figura 8.26 mostra os dados derivados na tabela *Pedido*. Se o montante total de um pedido for requisitado com freqüência, o armazenamento da coluna *ValorPedido* derivada pode ser razoável. O cálculo do montante do pedido requer uma sumarização ou cálculo agregado de linhas *LinhaPedido* e *Produto* relacionadas para obter as colunas *Qtde* e *PrecoProduto*. O armazenamento da coluna *ValorPedido* evita duas operações de junção.

8.6.3 Processamento Paralelo

O processamento paralelo pode melhorar o desempenho da recuperação e modificação. As recuperações envolvendo muitos registros podem ser melhoradas, com a leitura em paralelo dos registros físicos. Por exemplo, um relatório resumido das atividades diárias de vendas pode ler milhares de registros de diversas tabelas. A leitura paralela de registros físicos pode reduzir substancialmente o tempo de execução do relatório. Além disso, o desempenho de aplicações em lote com muitas operações de escrita e leitura/escrita de grandes registros lógicos, como imagens, pode ser melhorado significativamente.

Em resposta às potenciais melhorias de desempenho, muitos SGBDs oferecem capacidades de processamento paralelo. No Capítulo 17, serão descritas arquiteturas de processamento de banco de dados paralelo. Neste capítulo, a apresentação restringe-se a uma parte importante de qualquer arquitetura de processamento de banco de dados paralelo, a matriz redundante de discos independentes (*Redundant Arrays of Independent Disks* – RAID)[2]. O controlador RAID (Figura 8.27) permite que um arranjo de discos seja visto no SGBD como um grande disco. Em situações de desempenho extremamente alto, o controlador RAID consegue controlar até 90 discos. Por causa do controlador, o armazenamento tipo RAID não requer mudanças nas aplicações e nas consultas. No entanto, o componente de otimização de consultas pode ser modificado para levar em conta o efeito do processamento paralelo na avaliação de plano de acesso.

Striping é um conceito importante no armazenamento tipo RAID. Esse processo envolve a alocação de registros físicos a diferentes discos. Stripe (faixa) é o conjunto de registros físicos lidos ou escritos em paralelo. Normalmente, uma stripe contém um conjunto de registros físicos adjacentes. A Figura 8.28 mostra uma matriz de quatro discos que permite a leitura ou escrita de quatro registros físicos em paralelo.

Para utilizar o armazenamento tipo RAID, surgiram inúmeras arquiteturas. As arquiteturas, conhecidas como RAID-X, fornecem suporte ao processamento paralelo com quantidades variáveis de desempenho e confiabilidade. Confiabilidade é um item importante porque

RAID
uma coleção de discos (uma matriz de discos) que opera como um único disco. O armazenamento tipo RAID dá suporte a operações paralelas de leitura e escrita com alta confiabilidade.

FIGURA 8.27
Componentes de um Sistema de Armazenamento Tipo RAID

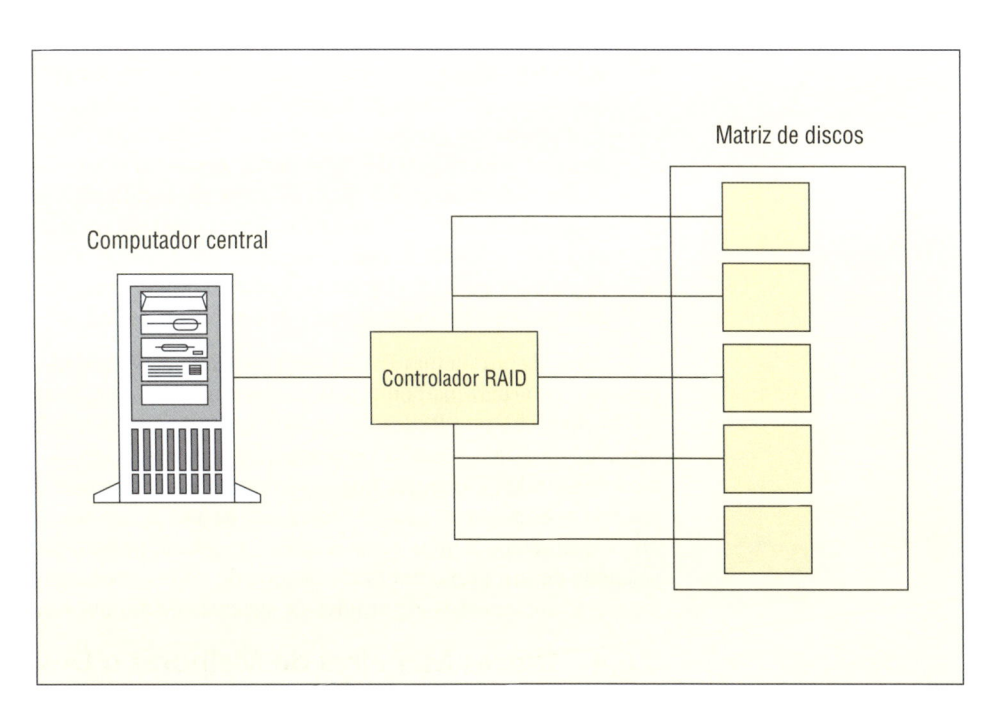

[2] Originalmente, RAID era sigla de Redundant Arrays of Inexpensive Disks (*Matriz Redundante de Discos Baratos*). Com a queda drástica no preço dos discos desde a invenção da idéia de RAID (1988), *inexpensive* (barato) foi substituído por *independent* (independente).

FIGURA 8.28 Striping em Sistemas de Armazenamento RAID

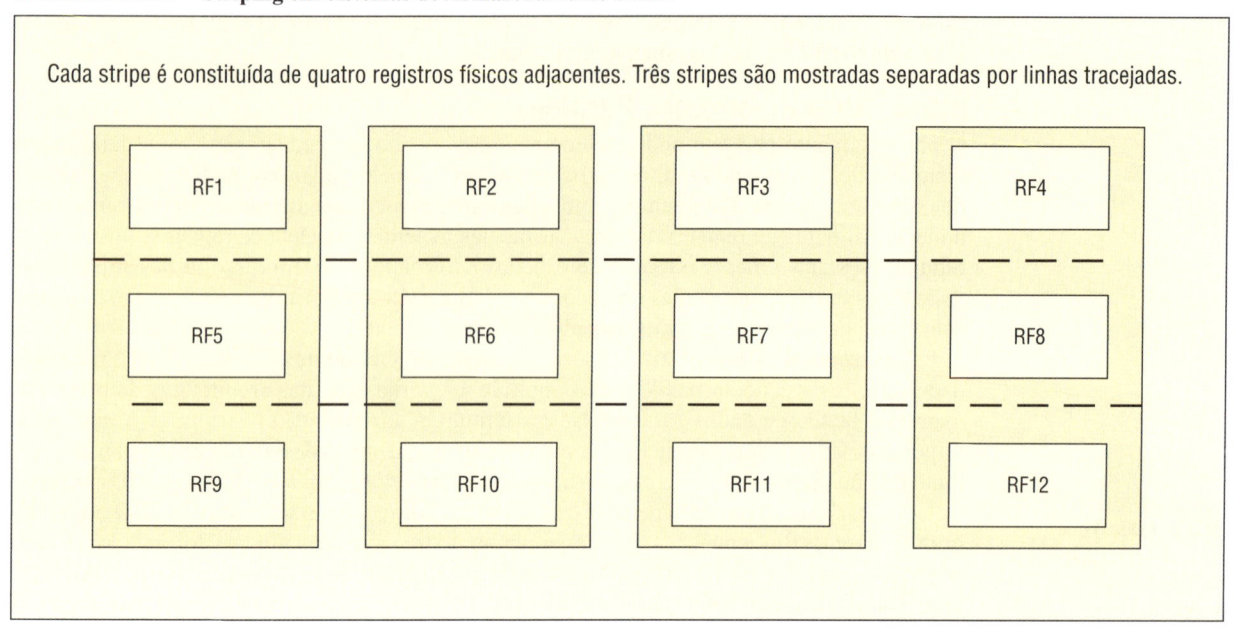

Cada stripe é constituída de quatro registros físicos adjacentes. Três stripes são mostradas separadas por linhas tracejadas.

RF1	RF2	RF3	RF4
RF5	RF6	RF7	RF8
RF9	RF10	RF11	RF12

o tempo médio entre as falhas (medida de confiabilidade de uma unidade de disco) diminui conforme aumenta o número de unidades de disco. Para combater os problemas de confiabilidade, as arquiteturas RAID incorporam a redundância, utilizando discos espelhados, códigos de correção de erro e discos sobressalentes. Para a maioria das finalidades, existem duas arquiteturas RAID predominantes, embora existam muitas outras variações dessas arquiteturas básicas.

- **RAID-1:** envolve um espelhamento completo ou uma matriz redundante de discos para melhorar a confiabilidade. Cada registro físico é escrito em ambas as matrizes de disco em paralelo. As operações de leitura de consultas separadas podem acessar uma matriz de disco em paralelo para melhorar o desempenho entre as consultas. RAID-1 envolve a maioria do armazenamento auxiliar quando comparada a outras arquiteturas RAID.
- **RAID-5:** utiliza as páginas tanto de dados como de correção de erros (conhecidas como páginas de paridade) para melhorar a confiabilidade. As operações de leitura podem ser executadas em paralelo nas stripes. As operações de escrita envolvem uma página de dados e uma página de correção de erros em outro disco. Para reduzir a contenção do disco, as páginas de correção de erros são localizadas de forma aleatória entre os discos. A arquitetura RAID-5 utiliza de forma mais eficiente o espaço de armazenamento que a arquitetura RAID-1, mas pode apresentar tempos de escrita mais lentos por causa das páginas de correção de erros. Portanto, muitas vezes é preferível a arquitetura RAID-1 para partes altamente voláteis de um banco de dados.

Além da arquitetura RAID, para melhorar a capacidade e remover a dependência de dispositivos de armazenamento conectados a um servidor, foram desenvolvidas as Storage Area Networks (SANs — Redes de Área de Armazenamento). SAN é uma rede de alta velocidade especializada que conecta os dispositivos e servidores de armazenamento. O objetivo da tecnologia SAN é integrar tipos diferentes de subsistemas de armazenamento em um único sistema e eliminar o gargalo potencial de um único servidor controlando dispositivos de armazenamento. Muitas organizações de grande porte estão utilizando SANs para integrar sistemas de armazenamento de bancos de dados operacionais, datawarehouses, armazenamento de documentos em arquivos e sistemas de arquivos tradicionais.

8.6.4 Outras Maneiras de Melhorar o Desempenho

Existem inúmeras outras maneiras de melhorar o desempenho do banco de dados, relacionadas a um tipo específico de processamento. No caso de processamento de transações (Capítulo 15), é possível aumentar a capacidade de computação (mais processadores, memória e disco rígido mais velozes) e criar compromissos no projeto de transação. No caso de datawarehouses (Capítulo 16), é possível aumentar a capacidade de computação e projetar novas tabelas com os dados derivados. No caso de processamento distribuído de banco de dados (Capítulo 17), é possível alocar o processamento e os dados a várias localizações de computação. Os dados podem ser alocados particionando uma tabela vertical (subconjunto de colunas) e horizontalmente (subconjunto de linhas) para localizar os dados próximos à sua utilização. Essas escolhas de projeto serão discutidas na Parte 7 do livro, nos respectivos capítulos.

Além do ajuste (*tuning*) de desempenho com requisitos específicos de processamento, é possível melhorar o desempenho, utilizando opções específicas de um SGBD. A fragmentação é um aspecto importante do armazenamento em banco de dados, assim como de qualquer armazenamento em disco. A maioria dos SGBDs fornece diretrizes e ferramentas para monitorar e controlar a fragmentação. Além disso, a maioria dos SGBDs oferece opções de estruturas de arquivo que podem melhorar o desempenho. É necessário estudar atentamente o SGBD específico para entender essas opções. Pode levar anos de experiência e formação especializada para entender as opções de um SGBD específico. No entanto, o retorno salarial e a demanda pelo seu conhecimento compensam o esforço de especialização.

Considerações Finais

Neste capítulo, foram descritos a natureza do processo de projeto físico do banco de dados e os detalhes a respeito de entradas, ambiente e decisões de projeto. O projeto físico do banco de dados envolve os detalhes mais próximos ao sistema operacional, como, por exemplo, o movimento dos registros físicos. O objetivo do projeto físico do banco de dados é minimizar certos recursos de computação (acessos ao registro físico e esforço de processamento) sem comprometer o significado do banco de dados. O projeto físico do banco de dados é difícil por causa da especificidade das entradas, da complexidade do ambiente e da quantidade volumosa do número de escolhas.

Para aprimorar o domínio na execução de um projeto físico do banco de dados, este capítulo apresentou em detalhes as entradas e o ambiente do projeto físico do banco de dados. Neste capítulo, foram descritos em detalhes os perfis de tabela e os perfis de aplicação como entrada que devem ser especificados com detalhes suficientes para criar um projeto eficiente. O ambiente é constituído de estruturas de arquivo e o componente de otimização de consultas do SGBD. No caso das estruturas de arquivo, foram descritas as características das estruturas de arquivo seqüencial, hash, árvore B e bitmap utilizadas por muitos SGBDs. No caso da otimização de consultas, foram descritas as tarefas de otimização de consultas e dicas para produzir os melhores resultados em termos de otimização.

Depois de estabelecer o plano de fundo do processo de projeto físico do banco de dados, as entradas e o ambiente, foram descritas decisões envolvendo seleção de índice, desnormalização e formatação de registros. No caso da seleção de índice, foram descritos os compromissos entre aplicações de recuperação e atualização e apresentadas as regras de seleção de índices. No caso da desnormalização e da formatação de dados, foram apresentadas inúmeras situações em que elas são úteis.

Este capítulo encerra o processo de desenvolvimento de banco de dados. Depois de completadas essas etapas, deve-se ter um projeto de tabelas eficiente que representa as necessidades de uma organização. Para completar o conhecimento a respeito do processo de desenvolvimento de banco de dados, o Capítulo 13 apresenta um estudo de caso detalhado que permite aplicar as idéias apresentadas nas partes anteriores deste livro.

Revisão de Conceitos

- Relacionamento entre registros físicos e registros lógicos.
- Objetivo do projeto físico do banco de dados.
- Dificuldades do projeto físico do banco de dados.
- Nível de detalhe em perfis de tabela e de aplicação.
- Histogramas de mesma altura para especificar distribuições de coluna.
- Características de estruturas de arquivo seqüencial, hash e árvore B.
- Possíveis significados da letra *B* no termo *árvore B*: balanceada (*balanced*), densa (*bushy*) e orientada a blocos (*block-oriented*).
- Índices bitmap para colunas estáveis com poucos valores.

- Índices de junção de bitmap para operações de junção freqüentes utilizando condições em colunas estáveis não de junção.
- Tarefas de tradução da linguagem de dados.
- Utilização de fórmulas de custo e perfis de tabela para avaliar planos de acesso.
- Importância dos perfis de tabela com detalhes suficientes para avaliação de plano de acesso.
- Práticas de codificação para evitar execução inadequada de consultas.
- Diferença entre índices cluster e não-cluster.
- Compromissos na seleção de índices.
- Regras de seleção de índice para evitar escolhas inadequadas de índice.
- Desnormalização para melhorar o desempenho de junção.
- Formatação de registro para reduzir acessos ao registro físico e melhorar o desempenho de consulta.
- Armazenamento tipo RAID para processamento paralelo de recuperações e atualizações.
- Arquiteturas RAID para processamento paralelo com alta confiabilidade.
- Storage Area Networks (SANs) para integrar subsistemas de armazenamento e eliminar a dependência de dispositivos de armazenamento conectados ao servidor.

Questões

1. Qual a diferença entre acesso ao registro físico e acesso ao registro lógico?
2. Por que é difícil saber quando um acesso ao registro lógico resulta em um acesso ao registro físico?
3. Qual o objetivo do projeto físico do banco de dados?
4. Quais recursos de computação restringem em vez de fazer parte do objetivo do projeto físico do banco de dados?
5. Quais são os conteúdos dos perfis de tabela?
6. Quais são os conteúdos dos perfis de aplicação?
7. Descrever as duas maneiras de especificar as distribuições de colunas utilizadas em perfis de tabela e de aplicação.
8. Por que a maioria dos SGBDs corporativos utiliza histogramas de mesma altura em vez de histogramas de mesma largura para representar a distribuição de colunas?
9. O que é estrutura de arquivo?
10. Qual a diferença entre estrutura de arquivo primária e secundária?
11. Descrever os usos de arquivos seqüenciais para busca seqüencial, busca por faixa e busca por chave.
12. Qual a finalidade de uma função hash?
13. Descrever os usos de arquivos hash para busca seqüencial, busca por faixa e busca por chave.
14. Qual a diferença entre arquivo hash estático e arquivo hash dinâmico?
15. Definir os termos *balanceada, densa* e *orientada a blocos* em relação aos arquivos de árvore B.
16. Explicar resumidamente o uso da concatenação e da divisão de nós na manutenção de arquivos de árvore B.
17. O que significa afirmar que as árvores B possuem custo de busca logarítmico?
18. Qual a diferença entre árvore B e árvore B+?
19. O que é bitmap?
20. Como um SGBD utiliza um bitmap?
21. Quais são os componentes de um registro de índice bitmap?
22. Qual a diferença entre índice bitmap de coluna e índice de junção de bitmap?
23. Quando se deve utilizar índices bitmap?
24. Qual a diferença entre estrutura de arquivo primária e secundária?
25. O que significa afirmar que o índice corresponde a uma coluna?
26. Por que os índices compostos devem ser utilizados moderadamente?

27. O que acontece na fase de transformação de consulta da tradução de linguagem de banco de dados?
28. O que é plano de acesso?
29. O que é varredura de índice múltiplo?
30. Como os planos de acesso são avaliados na otimização de consultas?
31. Por que a suposição de valor uniforme algumas vezes resulta em planos de acesso inadequados?
32. O que significa vincular uma consulta?
33. Qual algoritmo de junção pode ser utilizado em todas as operações de junção?
34. Para quais algoritmos de junção o componente de otimização deve escolher tabelas externa e interna?
35. Qual algoritmo de junção pode combinar mais de duas tabelas ao mesmo tempo?
36. Quando o algoritmo de junção ordenação-incorporação (*sort merge*) é uma boa alternativa para combinar tabelas?
37. Quando o algoritmo de junção hash é uma boa alternativa para combinar tabelas?
38. O que é dica de otimizador? Por que as dicas devem ser utilizadas com cuidado?
39. Identificar uma situação em que não se deve utilizar uma dica de otimização.
40. Identificar uma situação em que é apropriado utilizar uma dica de otimização.
41. Qual a diferença entre índice cluster e não-cluster?
42. Quando um índice não-cluster é útil?
43. Quando um índice cluster é útil?
44. Qual o relacionamento entre seleção de índice e otimização de consultas?
45. Quais os compromissos na seleção de índice?
46. Por que a seleção de índice é difícil?
47. Quando devem ser utilizadas as regras de seleção de índice?
48. Por que se deve tomar cuidado com a desnormalização?
49. Identificar duas situações em que a desnormalização pode ser útil.
50. O que é armazenamento tipo RAID?
51. Para que tipos de aplicação o armazenamento tipo RAID pode melhorar o desempenho?
52. Qual a relação entre striping e armazenamento tipo RAID?
53. Quais as técnicas utilizadas no armazenamento tipo RAID para melhorar a confiabilidade?
54. Quais as vantagens e desvantagens da arquitetura RAID-1 comparada à RAID-5?
55. O que é Storage Area Network (SAN)?
56. Qual o relacionamento entre um armazenamento SAN e RAID?
57. Quais os compromissos no armazenamento de dados derivados?
58. Que ambientes de processamento também envolvem decisões de projeto físico do banco de dados?
59. Quais são os problemas específicos de alguns SGBDs em termos de melhoria de desempenho?
60. O que é conversão do tipo implícita? Por que a conversão do tipo implícita pode provocar desempenho inadequado de consulta?
61. Por que junções desnecessárias provocam mau desempenho de consulta?
62. Por que as condições de linha na cláusula HAVING devem ser movidas para a cláusula WHERE?

Problemas

Além dos problemas apresentados neste capítulo, o estudo de caso apresentado no Capítulo 13 proporciona oportunidade de praticar mais. Para complementar os exemplos mencionados neste capítulo, o Capítulo 13 oferece um caso completo de projeto de banco de dados, incluindo o projeto físico do banco de dados.

1. Utilizar estes dados para realizar os cálculos indicados. Mostrar as fórmulas utilizadas nos cálculos.

   Tamanho da linha = 100 bytes
   Número de linhas = 100.000
   Tamanho da chave primária = 6 bytes
   Tamanho do registro físico = 4.096 bytes

Tamanho do ponteiro = 4 bytes

Base(X) é o maior número inteiro menor que ou igual a X.

Limite(X) é o menor número inteiro maior que ou igual a X.

1.1. Calcular o número de linhas que cabem em um registro físico. Supor o armazenamento somente de linhas completas (utilizar a função Base).

1.2. Calcular o número de registros físicos necessários para um arquivo seqüencial. Supor registros físicos com capacidade completa, exceto o último registro físico (utilizar a função Limite).

1.3. Se for utilizado um arquivo seqüencial não-ordenado, calcular, na média, o número de acessos ao registro físico para recuperar uma linha com um valor-chave especificado.

1.4. Se for utilizado um arquivo seqüencial ordenado, calcular, na média, o número de acessos ao registro físico para recuperar uma linha com um valor-chave especificado. Supor a existência da chave no arquivo.

1.5. Calcular o número médio de acessos ao registro físico para encontrar uma chave que não existe em um arquivo seqüencial não-ordenado e um arquivo seqüencial ordenado.

1.6. Calcular o número de registros físicos para um arquivo hash estático. Supor cada registro físico do arquivo hash com capacidade 70% cheio.

1.7. Calcular o fator máximo de ramificação em um nó de uma árvore B. Supor cada registro em uma árvore B constituído de <valor-chave, ponteiro> pares.

1.8. Utilizando os cálculos realizados no Problema 1.7, calcular a altura máxima de um índice de árvore B.

1.9. Calcular o número máximo de acessos ao registro físico para encontrar um nó na árvore B com um valor-chave específico.

2. Responder às perguntas sobre otimização de consultas para a seguinte instrução SQL:

SELECT * FROM Cliente
  WHERE CidadeCliente = 'DENVER' AND SaldoCliente > 5000
    AND UFCliente = 'CO'

2.1. Mostrar quatro planos de acesso para essa consulta, supondo a existência de índices não-cluster nas colunas *CidadeCliente*, *SaldoCliente* e *UFCliente*. Existe também um índice cluster na coluna de chave primária *NumCliente*.

2.2. Utilizando a suposição de valor uniforme, estimar a fração de linhas que satisfaz a condição em *SaldoCliente*. O menor saldo é 0, e o maior saldo é R$ 10.000.

2.3. Utilizando o seguinte histograma, estimar a fração de linhas que satisfaz a condição em *SaldoCliente*.

Histograma para *SaldoCliente*

Faixa	Linhas
0–100	1.000
101–250	950
251–500	1.050
501–1.000	1.030
1.001–2.000	975
2.001–4.500	1.035
4.501–	1.200

3. Responder às perguntas sobre otimização de consultas para a seguinte instrução SQL:

SELECT NumPedido, DataPedido, Veiculo.NumModelo
  FROM Cliente, Pedido, Veiculo
  WHERE SaldoCliente > 5000
      AND Cliente.NumCliente = Veiculo.NumCliente
      AND Veiculo.NumChassis = Pedido.NumChassis

3.1. Listar as ordens possíveis para juntar as tabelas *Cliente*, *Pedido* e *Veiculo*.

3.2. Para uma dessas ordens de junção, criar um plano de acesso. Supor a existência de índices de árvore B somente para as chaves primárias, *Cliente.NumCliente*, *Pedido.NumPedido* e *Veiculo.NumChassis*.

4. Para as seguintes tabelas e instruções SQL, selecionar índices que equilibram os requisitos de recuperação e atualização. Para cada tabela, justificar a escolha com base nas regras discutidas na Seção 8.5.3.

Cliente(<u>NumCliente</u>, NomeCliente, CidadeCliente, UFCliente, CEPCliente, SaldoCliente)
Pedido(<u>NumPedido</u>, DataPedido, *NumCliente*)
    FOREIGN KEY NumCliente REFERENCES Cliente
LinhaPedido(<u>NumPedido, NumProduto</u>, QtdePed)
    FOREIGN KEY NumPedido REFERENCES Pedido
    FOREIGN KEY NumProduto REFERENCES Produto
Produto(<u>NumProduto</u>, NomeProduto, CorProduto, PrecoProduto)

Instrução SQL	Freqüência
1. INSERT INTO Cliente . . .	100/dia
2. INSERT INTO Produto . . .	100/mês
3. INSERT INTO Pedido . . .	3.000/dia
4. INSERT INTO LinhaPedido . . .	9.000/dia
5. DELETE Produto WHERE NumProduto = $X	100/ano
6. DELETE Cliente WHERE NumCliente = $X	1.000/ano
7. SELECT * FROM Pedido, Cliente WHERE NumPedido = $X AND Pedido.NumCliente = Cliente.NumCliente	300/dia
8. SELECT * FROM LinhaPedido, Produto WHERE NumPedido = $X AND LinhaPedido.NumProduto = Produto.NumProduto	300/dia

9. SELECT * FROM Cliente, Pedido, LinhaPedido, Produto
    WHERE NomeCliente = $X AND DataPedido = $Y
    AND Cliente.NumCliente = Pedido.NumCliente
    AND Pedido.NumPedido = LinhaPedido.NumPedido
    AND Produto.NumProduto = LinhaPedido.NumProduto
	500/dia

10. UPDATE LinhaPedido SET QtdePed = $X WHERE NumPedido = $Y	300/dia
11. UPDATE Produto SET PrecoProduto = $X WHERE NumProduto = $Y	300/mês

4.1. Para a tabela *Cliente*, quais colunas são boas opções para índice cluster? E para índices não-cluster?

4.2. Para a tabela *Produto*, quais colunas são boas opções para índice cluster? E para índices não-cluster?

4.3. Para a tabela *Pedido*, quais colunas são boas opções para índice cluster? E para índices não-cluster?

4.4. Para a tabela *LinhaPedido*, quais colunas são boas opções para índice cluster? E para índices não-cluster?

5. Índices em combinações de colunas não são tão úteis quanto índices em colunas individuais. Considerando um índice de combinação em duas colunas, *UFCliente* e *CidadeCliente*, onde *UFCliente* é a ordenação primária e *CidadeCliente* é a ordenação secundária. Para que tipos de condições pode ser utilizado o índice? Para que tipos de condições o índice não é útil?

6. Para a consulta 9 no Problema 4, listar as possíveis ordens de junção consideradas pelo componente de otimização de consultas.

7. Para as seguintes tabelas de um banco de dados de planejamento financeiro, identificar os possíveis usos de desnormalização e dados derivados para melhorar o desempenho. Além disso, identificar a desnormalização e os dados derivados que já aparecem nas tabelas.

As tabelas rastreiam ativos financeiros retidos e negociações realizadas por clientes. Uma negociação envolve compra ou venda de uma quantidade específica de um ativo por um cliente. Os ativos incluem ações e títulos mobiliários. A tabela *Acionista* contém a quantidade *líquida* de cada ativo retido por um cliente. Por exemplo, se um cliente adquiriu 10.000 ações da IBM e vendeu 4.000, a tabela *Acionista* mostra uma quantidade líquida de 6.000. Uma consulta freqüente é listar a avaliação mais recente de cada ativo retido por um cliente. A avaliação mais recente é a quantidade líquida de ativos multiplicada pelo preço mais recente.

Cliente(<u>NumCliente</u>, NomeCliente, EndCliente, CidadeCliente, UFCliente, CEPCliente, FoneCliente)
Ativos(<u>NumAtivo</u>, NomeSetor, UltimoFechamento)
Açao(<u>NumAtivo</u>, QtdeQuotas, QuotasVenda)
Titulo(<u>NumAtivo</u>, ClassTitulo, Valor)
HistoricoPreco(<u>NumAtivo</u>, <u>DataHistPreco</u>, PrecoHistPreco)
    FOREIGN KEY NumAtivo REFERENCES Ativos
Acionista(<u>NumCliente</u>, <u>NumAtivo</u>, QtdeLiquida)
    FOREIGN KEY NumCliente REFERENCES Cliente
    FOREIGN KEY NumAtivo REFERENCES Ativos
Negociacao(<u>NumNeg</u>, NumCliente, NumAtivo, QtdeNeg, PrecoNeg, DataNeg, TipoNeg, SituacaoNeg)
    FOREIGN KEY NumCliente REFERENCES Cliente
    FOREIGN KEY NumAtivo REFERENCES Ativos

8. Reescrever a seguinte instrução SQL para melhorar seu desempenho na maioria dos SGBDs. Utilizar as dicas apresentadas na Seção 8.4.2 para reescrever a instrução. A instrução SQL do Oracle utiliza o banco de dados de negociação mostrado no Problema 7. A finalidade da instrução é listar o número de cliente e o nome de clientes e a soma do montante de negociações de compra completadas em outubro de 2006. O montante de uma negociação é a quantidade (número de ações) multiplicada pelo preço por ação. O resultado deve ter um cliente se a soma do montante de suas negociações de compra completadas em outubro de 2006 ultrapassar em 25% a soma do montante de suas negociações de compra completadas em setembro de 2006.

```
SELECT Cliente.NumCliente, NomeCliente,
        SUM(QtdeNeg * PrecoNeg) AS SomaQuantiaNegociacao
   FROM Cliente, Negociacao
   WHERE Cliente.NumCliente = Negociacao.NumCliente
        AND DataNeg BETWEEN '1-Out-2006' AND '31-Out-2006'
   GROUP BY Cliente.NumCliente, NomeCliente
   HAVING TipoNeg = 'COMPRA' AND SUM(QtdeNeg * PrecoNeg) >
      (  SELECT 1.25 * SUM(QtdeNeg * PrecoNeg) FROM Negociacao
         WHERE DataNeg BETWEEN '1-Set-2006' AND '30-Set-2006'
         AND TipoNeg = 'COMPRA'
         AND Negociacao.NumCliente = Cliente.NumCliente  )
```

9. Reescrever a seguinte instrução SELECT para melhorar seu desempenho na maioria dos SGBDs. Utilizar as dicas apresentadas na Seção 8.4.2 para reescrever a instrução. A instrução SQL do Oracle utiliza o banco de dados de negociação mostrado no Problema 7. Observar que a coluna *NumCliente* utiliza tipos de dado de números inteiros.

```
SELECT Cliente.NumCliente, NomeCliente,
        QtdeNeg * PrecoNeg, DataNeg, NomeSetor
   FROM Cliente, Negociacao, Ativos
   WHERE Cliente.NumCliente = Negociacao.NumCliente
      AND Negociacao.NumAtivo = Ativos.NumAtivo
      AND TipoNeg = 'COMPRA'
      AND DataNeg BETWEEN '1-Out-2006' AND '31-Out-2006'
      AND Negociacao.NumCliente = '10001'
```

10. Para estas condições e índices, indicar se o índice corresponde à condição.
    - Índice em DataNeg: DataNeg BETWEEN '1-Out-2006' AND '31-Out-2006'
    - Índice em FoneCliente: FoneCliente LIKE '(303)%'

- Índice em TipoNeg: TipoNeg < > 'COMPRA'
- Índice bitmap de coluna em ClassTitulo: ClassTitulo IN ('AAA', 'AA', 'A')
- Índice em <UFCliente, CidadeCliente, CEPCliente>:
    - UFCliente = 'CO' AND CidadeCliente = 'Denver'
    - UFCliente IN ('CO', 'CA') AND CidadeCliente LIKE '%er'
    - UFCliente IN ('CO', 'CA') AND CEPCliente LIKE '8%'
    - UFCliente = 'CO' AND CidadeCliente IN ('Denver', 'Boulder') AND CEPCliente LIKE '8%'

11. Para as amostras de tabela *Cliente* e *Negociacao* a seguir, construir índices bitmap conforme indicado.
    - Índice bitmap de coluna em *Cliente.UFCliente*.
    - Índice bitmap de junção em *Cliente.NumCliente* para a tabela *Negociacao*.
    - Índice de junção de bitmap em *Cliente.UFCliente* para a tabela *Negociacao*.

Tabela Cliente

IdLinha	NumCliente	...	UFCliente
1	113344		CO
2	123789		CA
3	145789		UT
4	111245		NM
5	931034		CO
6	998245		CA
7	287341		UT
8	230432		CO
9	321588		CA
10	443356		CA
11	559211		UT
12	220688		NM

Tabela Negociacao

RowID	TradeNo	...	CustNo
1	1111		113344
2	1234		123789
3	1345		123789
4	1599		145789
5	1807		145789
6	1944		931034
7	2100		111245
8	2200		287341
9	2301		287341
10	2487		230432
11	2500		443356
12	2600		559211
13	2703		220688
14	2801		220688
15	2944		220688
16	3100		230432
17	3200		230432
18	3258		321588
19	3302		321588
20	3901		559211
21	4001		998245
22	4205		998245
23	4301		931034
24	4455		443356

12. Para as tabelas e instruções SQL a seguir, selecionar índices (cluster e não-cluster) que equilibram os requisitos de recuperação e atualização. Para cada tabela, justificar a escolha utilizando as regras discutidas na Seção 8.5.3.

    Cliente(<u>NumCliente</u>, NomeCliente, EndCliente, CidadeCliente, UFCliente, CEPCliente, FoneCliente)
    Ativos(<u>NumAtivo</u>, NomeAtivo, TipoAtivo)
    HistoricoPreco(<u>NumAtivo</u>, <u>DataHistPreco</u>, PrecoHistPreco)
        FOREIGN KEY NumAtivo REFERENCES Ativos
    Acionista(<u>NumCliente</u>, <u>NumAtivo</u>, QtdeLiquida)
        FOREIGN KEY NumCliente REFERENCES Cliente
        FOREIGN KEY NumAtivo REFERENCES Ativos

Negociacao(<u>NumNeg</u>, NumCliente, NumAtivo, QtdeNeg, PrecoNeg, DataNeg, TipoNeg, SituacaoNeg)
    FOREIGN KEY NumCliente REFERENCES Cliente
    FOREIGN KEY NumAtivo REFERENCES Ativos

Instrução SQL	Freqüência
1. INSERT INTO Cliente . . .	100/dia
2. INSERT INTO Ativos . . .	100/trimestre
3. INSERT INTO Negociacao . . .	10.000/dia
4. INSERT INTO Acionista . . .	200/dia
5. INSERT INTO HistoricoPreco . . .	5.000/dia
6. DELETE Ativos WHERE NumAtivo = $X	300/ano
7. DELETE Cliente WHERE NumCliente = $X	3.000/ano

8. SELECT * FROM Acionista, Cliente, Ativos, HistoricoPreco
    WHERE NumCliente = $X AND Acionista.NumCliente = Cliente.NumCliente
    AND Acionista.NumAtivo = Ativo.NumAtivo
    AND Ativo.NumAtivo = HistoricoPreço.NumAtivo
    AND DataHistPreço = $Y
	15.000/mês
	
	1.000/dia

9. SELECT * FROM Negociaçao WHERE TradeNo = $X	10.000/mês

10. SELECT * FROM Cliente, Negociação, Ativos
    WHERE Customer.CustNo = $X AND TrdDate BETWEEN $Y AND $Z
    AND Customer.CustNo = Trade.CustNo
    AND Trade.AssetNo = Asset.AssetNo
	10.000/mês

11. UPDATE Trade SET TrdStatus = $X WHERE NumNeg = $X	1.000/dia
12. UPDATE Holding SET NetQty = $X WHERE CustNo = $Y AND AssetNo = $Z	10.000/dia
13. SELECT * FROM Customer WHERE CustZip = $X AND CustPhone LIKE $Y%	500/dia
14. SELECT * FROM Trade WHERE TrdStatus = $X AND TrdDate = $Y	10/dia
15. SELECT * FROM Asset WHERE AssetName LIKE $X%	500/dia

13. Para a carga de trabalho do Problema 12, existem instruções SELECT em que um administrador de banco de dados queira utilizar dicas de otimização? Explicar o tipo de dica que poderia ser utilizada e o raciocínio para justificar seu uso.

14. Investigar as ferramentas para gerenciar os planos de acesso de um SGBD corporativo. Investigar as ferramentas para visualização textual dos planos de acesso, visualização gráfica dos planos de acesso e dicas para influenciar o julgamento do otimizador.

15. Investigar as ferramentas de projeto de banco de dados de um SGBD ou uma ferramenta CASE. Investigar as ferramentas de nível de comando e as ferramentas gráficas para seleção de índice, perfis de tabela e perfis de aplicação.

16. Investigar o componente de otimização de consultas de um SGBD ou uma ferramenta CASE. Investigar os métodos de acesso a tabela única, algoritmos de junção e utilização de estatísticas de otimização.

17. Mostrar o estado da árvore B da Figura 8P.1 depois da inserção destas chaves: 115, 142, 111, 134, 170, 175, 127, 137, 108 e 140. A árvore B possui capacidade máxima de quatro chaves. Mostrar as divisões de nós que ocorrem durante a inserção das chaves. Utilizar a ferramenta de árvore B interativa apresentada no site http://sky.fit.qut.edu.au/~maire/baobab/baobab.html para ajudar neste problema.

18. Continuando o Problema 17, mostrar o estado da árvore B depois da exclusão destas chaves: 108, 111 e 137. Mostrar as concatenações de nós e os empréstimos de chave depois da exclusão das chaves. Utilizar a ferramenta de árvore B interativa apresentada no site http://sky.fit.qut.edu.au/~maire/baobab/baobab.html para ajudar nesse problema.

FIGURA 8P.1
Ávore B Inicial Antes das Inserções e Exclusões

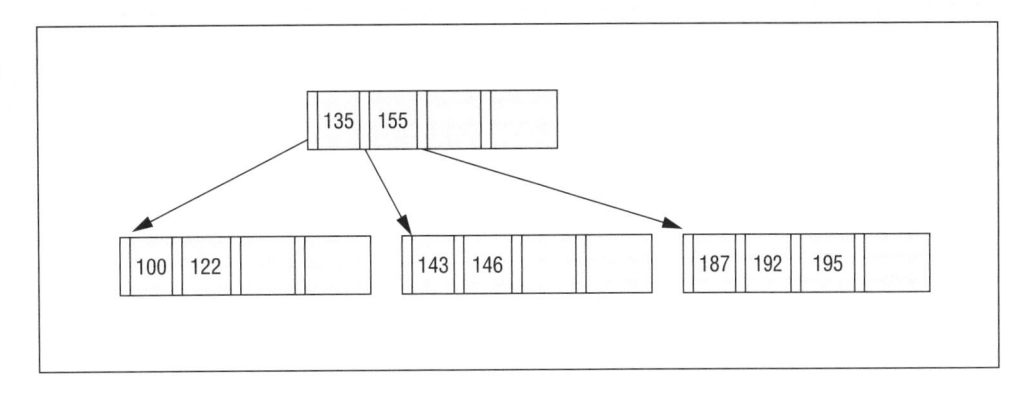

```
                    ┌───┬───┬───┐
                    │135│155│   │
                    └─┬─┴─┬─┴─┬─┘
          ┌───────────┘   │   └───────────┐
          ▼               ▼               ▼
   ┌───┬───┬───┬───┐ ┌───┬───┬───┬───┐ ┌───┬───┬───┬───┐
   │100│122│   │   │ │143│146│   │   │ │187│192│195│   │
   └───┴───┴───┴───┘ └───┴───┴───┴───┘ └───┴───┴───┴───┘
```

Referências para Estudos Adicionais

O assunto projeto físico do banco de dados pode ser muito mais detalhado e matemático que a descrição apresentada neste capítulo. Para obter uma descrição mais detalhada a respeito de estruturas de arquivo e projeto físico do banco de dados, consultar os livros de ciência da computação, como, por exemplo, Elmasri e Navathe (2004) e Teorey (1999). Para obter tutoriais mais detalhados sobre otimização de consultas, pesquisar em Chaudhuri (1998), Jarke e Kock (1984), e Mannino, Chu e Sager (1988). Finkelstein, Schkolnick e Tiberio (1988) descrevem a ferramenta de seleção de índice, DBDSGN, para SQL/DS, SGBD relacional da IBM. Chaudhuri e Narasayya (1997, 2001) descrevem ferramentas para seleção de índice e gerenciamento de estatísticas para Microsoft SQL Server. Shasha e Bonnet (2003) fornecem mais detalhes sobre as decisões de projeto físico do banco de dados. Para obter mais detalhes sobre projeto físico do banco de dados de algum SGBD específico, consultar a documentação on-line específica do produto. A seção Projeto físico do banco de dados da lista on-line dos recursos da Web fornece links para ferramentas de projeto físico do banco de dados e fontes com recomendações práticas sobre projeto físico do banco de dados.

Parte 5

Desenvolvimento de Aplicação com Bancos de Dados Relacionais

A Parte 5 apresenta os fundamentos básicos para a criação de aplicações de bancos de dados por meio do conhecimento prático e dos recursos conceituais de formulação de consultas avançadas, especificação dos requisitos de dados para relatórios e formulários de entrada de dados, e codificação de procedimentos armazenados e gatilhos. O Capítulo 9 amplia as habilidades de formulação de consultas, explicando problemas avançados de combinação de tabelas com a utilização de partes adicionais da instrução SELECT do SQL. O Capítulo 10 descreve a motivação, definição e aplicação das visões relacionais com a especificação de requisitos de dados para relatórios e formulários de entrada de dados. O Capítulo 11 apresenta conceitos de linguagens de programação de bancos de dados e práticas de codificação de gatilhos e procedimentos armazenados no Oracle PL/SQL com suporte para customização de aplicações de banco de dados.

Capítulo 9. Formulação de Consulta Avançada com SQL
Capítulo 10. Desenvolvimento de Aplicações com Visões
Capítulo 11. Procedimentos Armazenados e Gatilhos

Capítulo 9

Formulação de Consulta Avançada com SQL

Objetivos de Aprendizagem

Este capítulo amplia as habilidades de formulação de consulta, explicando problemas avançados de combinação de tabelas, envolvendo os operadores de junção externa, de diferença e de divisão. Serão demonstradas outras partes da instrução SELECT para explicar esses problemas avançados de combinação. Além disso, serão explicados os efeitos sutis dos valores nulos, para ajudar a interpretar os resultados de consultas envolvendo esse tipo de valor. No final deste capítulo, o estudante deverá ter adquirido os seguintes conhecimentos e habilidades:

- Reconhecer as consultas aninhadas Tipo I para junções e entender o processo de avaliação conceitual associado.
- Reconhecer as consultas aninhadas Tipo II e entender o processo de avaliação conceitual associado.
- Reconhecer os problemas envolvendo operadores de junção externa, de diferença e de divisão.
- Adaptar exemplos de instruções SQL aos problemas de combinação envolvendo os operadores de junção externa, de diferença e de divisão.
- Entender o efeito dos valores nulos nas condições, nos cálculos agregados e nos agrupamentos.

Visão Geral

Como primeiro capítulo da Parte 5 do livro, este é baseado no material abordado no Capítulo 4. O Capítulo 4 apresentou os fundamentos básicos da formulação de consultas utilizando o SQL. O capítulo tratou principalmente de um importante subconjunto da instrução SELECT e sua aplicação em problemas envolvendo junções e agrupamentos. Este capítulo amplia o conhecimento sobre formulação de consultas aplicada a problemas avançados de combinação. Para resolver esses problemas, serão introduzidas partes adicionais da instrução SELECT.

Este capítulo continua com as abordagens de aprendizado do Capítulo 4: apresenta muitos exemplos que servem de base e diretrizes que ajudam no raciocínio para a solução dos problemas. Em primeiro lugar, o estudante aprenderá a formular problemas envolvendo o operador de junção externa, utilizando novas palavras-chave na cláusula FROM. Em seguida, aprenderá a reconhecer consultas aninhadas e a aplicá-las na formulação de problemas envolvendo os operadores de junção e de diferença. Depois, aprenderá a reconhecer problemas envolvendo o operador de divisão e a formulá-los utilizando a cláusula GROUP BY, as consultas aninhadas na cláusula HAVING e a função COUNT. Por último, aprenderá o efeito dos valores nulos em condições simples, condições compostas com operadores lógicos, cálculos agregados e agrupamentos.

A apresentação deste capítulo abrange recursos adicionais do Núcleo do SQL:2003, principalmente aqueles que não fazem parte do SQL-92. Todos os exemplos são executáveis nas versões recentes do Microsoft Access (2002 e posteriores) e Oracle (9i e posteriores), com as exceções indicadas.

9.1 Problemas de Junção Externa

Um dos aspectos fortes, mas às vezes confusos, da instrução SELECT são as inúmeras maneiras para expressar uma junção. No Capítulo 4, foram formuladas junções utilizando o estilo de produto cartesiano e o estilo do operador de junção. No estilo de produto cartesiano, as tabelas são listadas na cláusula FROM e as condições de junção na cláusula WHERE. No estilo do operador de junção, as operações de junção são escritas diretamente na cláusula FROM, utilizando as palavras-chave INNER JOIN e ON.

A principal vantagem do estilo do operador de junção é a possibilidade de formular problemas envolvendo o operador de junção externa. Problemas envolvendo junção externa não podem ser formulados com o estilo de produto cartesiano, exceto com extensões SQL proprietárias. Esta seção mostra o estilo do operador de junção para problemas envolvendo junção externa e combinações de junção interna e externa. Além disso, o Apêndice 9C mostra a extensão proprietária de junção externa das versões antigas do Oracle (8i e versões anteriores). Para servir de base, o diagrama de relacionamento do banco de dados de uma universidade é o mesmo utilizado no Capítulo 4 (ver a Figura 9.1).

junção externa de um lado
um operador que gera o resultado da junção (as linhas combinadas) mais as linhas não combinadas com base em uma das tabelas de entrada. O SQL oferece suporte ao operador de junção externa de um lado por meio das palavras-chave LEFT JOIN e RIGHT JOIN.

9.1.1 Suporte da SQL a Problemas Envolvendo Junção Externa

Uma junção entre duas tabelas gera uma tabela com linhas que se combinam sobre a(s) coluna(s) de junção. O operador de junção externa gera o resultado da junção (as linhas combinadas) mais as linhas não combinadas. Uma *junção externa de um lado* gera uma nova tabela com as linhas combinadas mais as linhas não combinadas com base em *uma* das tabelas. Por exemplo, às vezes, é importante ver todos os oferecimentos listados no resultado mesmo que algum oferecimento não tenha professor designado.

FIGURA 9.1
Janela de Relacionamentos do Banco de Dados de uma Universidade

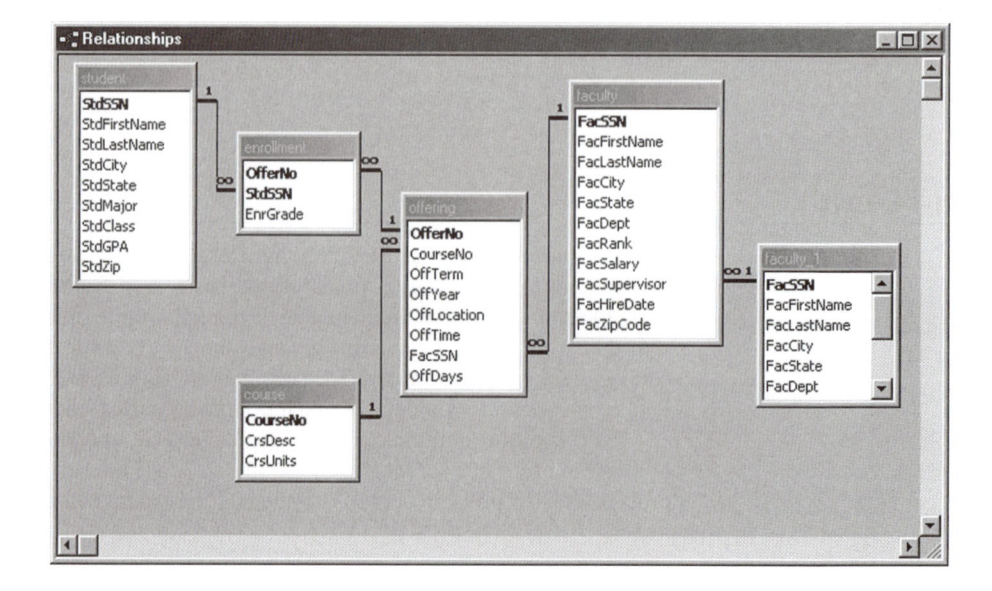

O SQL utiliza as palavras-chave LEFT JOIN e RIGHT JOIN para produzir a junção externa de um lado[1]. A palavra-chave LEFT JOIN cria uma tabela de resultados contendo as linhas combinadas e as linhas não combinadas da tabela da esquerda. A palavra-chave RIGHT JOIN cria uma tabela de resultados contendo as linhas combinadas e as linhas não combinadas da tabela da direita. Assim, o resultado de uma junção externa de um lado depende da direção (DIREITA ou ESQUERDA) e da posição dos nomes na tabela. Os exemplos 9.1 e 9.2 mostram junções externas de um lado utilizando as palavras-chave LEFT e RIGHT. As linhas de resultado com valores em branco para determinadas colunas são linhas cujo valor para comparação não foi encontrado (não comparadas ou não combinadas).

EXEMPLO 9.1 (Access)

Junção Externa de um Lado Utilizando a Palavra-chave LEFT JOIN

Para os oferecimentos começando com SI no número de curso associado, recuperar o número do oferecimento, o número do curso, o número do CPF do professor e o nome completo do professor. Incluir o oferecimento no resultado mesmo que o professor ainda não esteja designado. O equivalente desse exemplo no Oracle utiliza % em vez de * como caractere curinga[2].

```
SELECT NumOfer, NumCurso, Oferecimento.CPFProf, Professor.CPFProf,
       NomeProf, SobrenomeProf
FROM Oferecimento LEFT JOIN Professor
     ON Oferecimento.CPFProf = Professor.CPFProf
WHERE NumCurso LIKE 'SI*'
```

NumOfer	NumCurso	Oferecimento.CPFProf	Professor.CPFProf	NomeProf	SobrenomeProf
1111	SI320				
2222	SI460				
1234	SI320	098-76-5432	098-76-5432	LEONARD	VINCE
3333	SI320	098-76-5432	098-76-5432	LEONARD	VINCE
4321	SI320	098-76-5432	098-76-5432	LEONARD	VINCE
4444	SI320	543-21-0987	543-21-0987	VICTORIA	EMMANUEL
8888	SI320	654-32-1098	654-32-1098	LEONARD	FIBON
9876	SI460	654-32-1098	654-32-1098	LEONARD	FIBON
5679	SI480	876-54-3210	876-54-3210	CRISTOPHER	COLAN
5678	SI480	987-65-4321	987-65-4321	JULIA	MILLS

EXEMPLO 9.2 (Access)

Junção Externa de um Lado Utilizando a Palavra-chave RIGHT JOIN

Para os oferecimentos começando com SI no número de curso associado, recuperar o número do oferecimento, o número do curso, o número do CPF do professor e o nome completo do professor. Incluir o oferecimento no resultado mesmo que o professor ainda não esteja designado. O resultado é idêntico ao do Exemplo 9.1. O equivalente desse exemplo no Oracle utiliza % em vez de * como caractere curinga.

```
SELECT NumOfer, NumCurso, Oferecimento.CPFProf, Professor.CPFProf,
       NomeProf, SobrenomeProf
FROM Professor RIGHT JOIN Oferecimento
     ON Oferecimento.CPFProf = Professor.CPFProf
WHERE NumCurso LIKE 'SI*'
```

---

[1] As palavras-chave completas do SQL são LEFT OUTER JOIN e RIGHT OUTER JOIN. O padrão SQL:2003 e a maioria dos SGBDs permitem a omissão da palavra-chave OUTER.

[2] O Apêndice 9C apresenta a notação proprietária utilizada no Oracle 8i para junções externas.

junção externa completa
um operador que gera o resultado da junção (as linhas combinadas) mais as linhas não combinadas com base nas duas tabelas de entrada. O SQL oferece suporte ao operador de junção externa completa por meio da palavra-chave FULL JOIN.

A junção externa completa gera uma tabela com as linhas combinadas mais as linhas não combinadas com base nas duas tabelas. Normalmente, a junção externa completa é utilizada para combinar duas tabelas similares, porém, incompatíveis para união. Por exemplo, as tabelas *Aluno* e *Professor* são similares porque contêm informações sobre o pessoal da universidade. No entanto, elas são incompatíveis para união. Elas possuem colunas em comum como sobrenome, cidade e número do CPF, mas possuem também colunas únicas como média de notas e salário. Algumas vezes, é necessário escrever um consulta combinando ambas as tabelas. Por exemplo, para encontrar todo o pessoal da universidade dentro de uma determinada cidade. A junção externa completa é utilizada nesse tipo de problema.

O SQL:2003 fornece a palavra-chave FULL JOIN, assim como mostra o Exemplo 9.3. Observe os valores nulos em ambas as metades (*Aluno* e *Professor*) do resultado.

EXEMPLO 9.3
(SQL:2003 e Oracle 9i e versões posteriores)

Junção Externa Completa

Combinar as tabelas Professor e Aluno utilizando uma junção externa completa. Listar o número do CPF, o nome completo (nome e sobrenome), o salário (somente de professores) e a média de notas (somente de alunos) no resultado. Essa instrução SQL não é executável no Microsoft Access.

SELECT CPFProf, NomeProf, SobrenomeProf, SalarioProf,
 CPFAluno, NomeAluno, SobrenomeAluno, MediaGeralAluno
FROM Professor FULL JOIN Aluno
 ON Aluno.CPFAluno = Professor.CPFProf

CPFProf	NomeProf	SobrenomeProf	SalarioProf	CPFAluno	NomeAluno	SobrenomeAluno	MediaGeralAluno
				123456789	HOMER	WELLS	3
				124567890	BOB	NORBERT	2,7
				234567890	CANDY	KENDALL	3,5
				345678901	WALLY	KENDALL	2,8
				456789012	JOE	ESTRADA	3,2
				567890123	MARIAH	DODGE	3,6
				678901234	TESS	DODGE	3,3
				789012345	ROBERTO	MORALES	2,5
				890123456	LUKE	BRAZZI	2,2
				901234567	WILLIAM	PILGRIM	3,8
098765432	LEONARD	VINCE	35.000				
543210987	VICTORIA	EMMANUEL	120.000				
654321098	LEONARD	FIBON	70.000				
765432109	NICKI	MACON	65.000				
876543210	CRISTOPHER	COLAN	40.000	876543210	CRISTOPHER	COLAN	4
987654321	JULIA	MILLS	75.000				

Alguns SGBDs (como o Microsoft Access e Oracle 8i) não têm suporte diretamente ao operador de junção externa completa. Nesses sistemas, a junção externa completa é formulada tomando a união de duas junções externas de um lado, utilizando os passos mostrados a seguir. A implementação desses passos utilizando a instrução SELECT está mostrada no Exemplo 9.4. O Apêndice 9C apresenta o equivalente em Oracle 8i do Exemplo 9.4.

1. Construir uma junção da direita de *Professor* e *Aluno* (linhas não combinadas de *Aluno*).
2. Construir uma junção da esquerda de *Professor* e *Aluno* (linhas não combinadas de *Professor*).
3. Construir uma união dessas duas tabelas temporárias. É necessário ter em mente que, quando se utiliza o operador UNION, os argumentos das duas tabelas devem ser "compatíveis para união": cada coluna correspondente das duas tabelas deve conter tipos de dados compatíveis. Do contrário, o operador UNION não funciona conforme o esperado.

**EXEMPLO 9.4
(Access)**

Junção Externa Completa Utilizando uma União de Duas Junções Externas de um Lado

Combinar as tabelas *Professor* e *Aluno* utilizando uma junção externa completa. Listar no resultado o número do CPF, o nome completo (nome e sobrenome), o salário (somente de professores) e a média de notas (somente de alunos). O resultado é idêntico ao do Exemplo 9.3.

```
SELECT CPFProf, NomeProf, SobrenomeProf, SalarioProf,
       CPFAluno, NomeAluno, SobrenomeAluno, MediaGeralAluno
  FROM Professor RIGHT JOIN Aluno
       ON Aluno.CPFAluno = Professor.CPFProf
           UNION
SELECT CPFProf, NomeProf, SobrenomeProf, SalarioProf,
       CPFAluno, NomeAluno, SobrenomeAluno, MediaGeralAluno
  FROM Professor LEFT JOIN Aluno
       ON Aluno.CPFAluno = Professor.CPFProf
```

9.1.2 Combinação de Junções Interna e Externa

As junções interna e externa podem ser combinadas, assim como mostram os exemplos 9.5 e 9.6. Para facilitar a leitura, geralmente é preferível utilizar o estilo do operador de junção em vez de misturar os estilos do operador de junção e de produto cartesiano.

**EXEMPLO 9.5
(Access)**

Combinação de uma Junção Externa de um Lado e uma Junção Interna

Combinar as colunas das tabelas *Professor*, *Oferecimento* e *Curso* dos cursos de sistemas de informação (com SI no início do número do curso) oferecidos em 2006. Incluir uma linha no resultado mesmo não havendo professor designado. O equivalente desse exemplo no Oracle utiliza % em vez de * como caractere curinga.

```
SELECT NumOfer, Oferecimento.NumCurso, PeriodoOfer, DescrCurso,
       Professor.CPFProf, NomeProf, SobrenomeProf
  FROM ( Professor RIGHT JOIN Oferecimento
         ON Oferecimento.CPFProf = Professor.CPFProf   )
       INNER JOIN Curso
         ON Curso.NumCurso = Oferecimento.NumCurso
 WHERE Curso.NumCurso LIKE 'SI*' AND AnoOfer = 2006
```

NumOfer	NumCurso	PeriodoOfer	DescrCurso	CPFProf	NomeProf	SobrenomeProf
1111	SI320	VERÃO	FUNDAMENTOS DE PLANEJAMENTO DE NEGÓCIOS			
3333	SI320	PRIMAVERA	FUNDAMENTOS DE PLANEJAMENTO DE NEGÓCIOS	098-76-5432	LEONARD	VINCE
4444	SI320	INVERNO	FUNDAMENTOS DE PLANEJAMENTO DE NEGÓCIOS	543-21-0987	VICTORIA	EMMANUEL
5678	SI480	INVERNO	FUNDAMENTOS DE GERENCIAMENTO DE BANCO DE DADOS	987-65-4321	JULIA	MILLS
5679	SI480	PRIMAVERA	FUNDAMENTOS DE GERENCIAMENTO DE BANCO DE DADOS	876-54-3210	CRISTOPHER	COLAN
8888	SI320	VERÃO	FUNDAMENTOS DE PLANEJAMENTO DE NEGÓCIOS	654-32-1098	LEONARD	FIBON
9876	SI460	PRIMAVERA	ANÁLISE DE SISTEMAS	654-32-1098	LEONARD	FIBON

EXEMPLO 9.6
(Access)

Combinação de uma Junção Externa de um Lado e Duas Junções Internas

Listar as linhas da tabela *Oferecimento*, em que haja pelo menos um aluno matriculado, além dos requisitos do Exemplo 9.5. Remover as linhas em duplicidade quando houver mais de um aluno matriculado em um oferecimento. O equivalente desse exemplo no Oracle utiliza % em vez de * como caractere curinga.

```
SELECT DISTINCT Oferecimento.NumOfer, Oferecimento.NumCurso,
       PeriodoOfer, DescrCurso, Professor.CPFProf, NomeProf,
       SobrenomeProf
  FROM ( ( Professor RIGHT JOIN Oferecimento
           ON Oferecimento.CPFProf = Professor.CPFProf  )
         INNER JOIN Curso
           ON Curso.NumCurso = Oferecimento.NumCurso  )
         INNER JOIN Matricula
           ON Oferecimento.NumOfer = Matricula.NumOfer
 WHERE Oferecimento.NumCurso LIKE 'SI*' AND AnoOfer = 2006
```

NumOfer	NumCurso	PeriodoOfer	DescrCurso	CPFProf	NomeProf	SobrenomeProf
5678	SI480	INVERNO	FUNDAMENTOS DE GERENCIAMENTO DE BANCO DE DADOS	987-65-4321	JULIA	MILLS
5679	SI480	PRIMAVERA	FUNDAMENTOS DE GERENCIAMENTO DE BANCO DE DADOS	876-54-3210	CRISTOPHER	COLAN
9876	SI460	PRIMAVERA	ANÁLISE DE SISTEMAS	654-32-1098	LEONARD	FIBON

Quando se combinam junções internas e externas, é necessário tomar cuidado com a ordem das operações de combinação. Alguns SGBDs, como o Microsoft Access, estabelecem a precedência das junções externas às junções internas. Nos exemplos 9.5 e 9.6, as operações de junção externa de um lado precedem as operações de junção interna, conforme indica a posição dos parênteses. No entanto, as diretrizes contidas na documentação do Access nem sempre são cumpridas. Por exemplo, o Exemplo 9.6a retorna os mesmos resultados do Exemplo 9.6.

EXEMPLO 9.6a
(Access)

Combinação de uma Junção Externa de um Lado e Duas Junções Internas com a Junção Externa Executada por Último

Listar as linhas da tabela *Oferecimento*, em que haja pelo menos um aluno matriculado, além dos requisitos do Exemplo 9.5. Remover as linhas em duplicidade quando houver mais de um aluno matriculado em um oferecimento. O equivalente desse exemplo no Oracle utiliza % em vez de * como caractere curinga. O resultado é idêntico ao do Exemplo 9.6.

```
SELECT DISTINCT Oferecimento.NumOfer, Oferecimento.NumCurso,
       PeriodoOfer, DescrCurso, Professor.CPFProf, NomeProf,
       SobrenomeProf
  FROM Professor RIGHT JOIN
       ( ( Oferecimento INNER JOIN Curso
           ON Curso.NumCurso = Oferecimento.NumCurso  )
         INNER JOIN Matricula
           ON Oferecimento.NumOfer = Matricula.NumOfer  )
         ON Oferecimento.CPFProf = Professor.CPFProf
 WHERE Oferecimento.NumCurso LIKE 'SI*' AND AnoOfer = 2006
```

9.2 Consultas Aninhadas

Consulta aninhada ou subconsulta é uma consulta (instrução SELECT) dentro de uma consulta. A consulta aninhada normalmente aparece como parte de uma condição nas cláusulas WHERE ou HAVING. As consultas aninhadas também podem ser utilizadas na cláusula FROM. As consultas aninhadas podem ser utilizadas como um procedimento (consulta aninhada Tipo I) em que a consulta aninhada é executada uma vez ou como um laço (consulta aninhada Tipo II) em que a consulta aninhada é executada repetidas vezes. Esta seção mostra exemplos de ambos os tipos de consultas aninhadas e explica os problemas a que elas são aplicáveis.

9.2.1 Consultas Aninhadas Tipo I

consulta aninhada Tipo I uma consulta aninhada em que a consulta interna não faz referência a nenhuma tabela utilizada na consulta externa. As consultas aninhadas Tipo I podem ser utilizadas em alguns problemas de junção e alguns problemas de diferença.

As consultas aninhadas Tipo I funcionam como procedimentos na linguagem de programação. A consulta aninhada Tipo I avalia *uma vez* e produz uma tabela. A consulta aninhada (ou interna) não faz referência à consulta externa. Utilizando o operador de comparação IN, a consulta aninhada Tipo I pode ser utilizada para expressar uma junção. No Exemplo 9.7, a consulta aninhada na tabela *Matricula* gera uma lista de valores qualificáveis de número do CPF. Uma linha é selecionada na consulta externa na tabela *Aluno* se o número do CPF for um elemento do resultado da consulta aninhada.

EXEMPLO 9.7 — **Utilização de uma Consulta Aninhada Tipo I para Executar uma Junção**

Listar o número do CPF, o nome e a especialização dos alunos com nota alta ($\geq 3,5$) em um oferecimento de curso.

```
SELECT CPFAluno, NomeAluno, SobrenomeAluno, Especializacao
  FROM Aluno
  WHERE Aluno.CPFAluno IN
     ( SELECT CPFAluno FROM Matricula
        WHERE NotaMatr >= 3,5 )
```

CPFAluno	NomeAluno	SobrenomeAluno	Especialização
123-45-6789	HOMER	WELLS	SI
124-56-7890	BOB	NORBERT	FINAN
234-56-7890	CANDY	KENDALL	CONTB
567-89-0123	MARIAH	DODGE	SI
789-01-2345	ROBERTO	MORALES	FINAN
890-12-3456	LUKE	BRAZZI	SI
901-23-4567	WILLIAM	PILGRIM	SI

As consultas aninhadas Tipo I devem ser utilizadas somente quando o resultado não contém nenhuma coluna das tabelas na consulta aninhada. No Exemplo 9.7, nenhuma coluna da tabela *Matricula* foi utilizada no resultado. No Exemplo 9.8, a junção entre as tabelas

---

EXEMPLO 9.8 — **Combinação de uma Consulta Aninhada Tipo I e o Estilo do Operador de Junção**

Recuperar o nome completo, a cidade e a nota dos alunos com nota alta ($\geq 3,5$) em um curso oferecido no outono de 2005.

```
SELECT NomeAluno, SobrenomeAluno, CidadeAluno, NotaMatr
  FROM Aluno INNER JOIN Matricula
       ON Aluno.CPFAluno = Matricula.CPFAluno
  WHERE NotaMatr >= 3,5 AND Matricula.NumOfer IN
     ( SELECT NumOfer FROM Oferecimento
        WHERE PeriodoOfer = 'OUTONO' AND AnoOfer = 2005 )
```

NomeAluno	SobrenomeAluno	CidadeAluno	NotaMatr
CANDY	KENDALL	TACOMA	3,5
MARIAH	DODGE	SEATTLE	3,8
HOMER	WELLS	SEATTLE	3,5
ROBERTO	MORALES	SEATTLE	3,5

Aluno e *Matricula* não pode ser executada com uma consulta aninhada Tipo I porque *NotaMatr* aparece no resultado.

É possível ter múltiplos níveis de consultas aninhadas, embora essa prática não seja incentivada porque pode dificultar a leitura das instruções. Em uma consulta aninhada, existe outra consulta aninhada utilizando o operador de comparação IN na cláusula WHERE. No Exemplo 9.9, a consulta aninhada na tabela *Oferecimento* tem uma consulta aninhada na tabela *Professor*. Não é necessária nenhuma coluna *Professor* na consulta principal ou na consulta aninhada em *Oferecimento*.

EXEMPLO 9.9

Utilização da Consulta Aninhada Tipo I Dentro de Outra Consulta Aninhada Tipo I

Recuperar o nome completo, a cidade e a nota dos alunos com nota alta ($\geq 3,5$) em um curso oferecido no outono de 2005, ministrado por Leonard Vince.

```
SELECT NomeAluno, SobrenomeAluno, CidadeAluno, NotaMatr
  FROM Aluno, Matricula
  WHERE Aluno.CPFAluno = Matricula.CPFAluno
    AND NotaMatr >= 3,5 AND Matricula.NumOfer IN
    ( SELECT NumOfer FROM Oferecimento
      WHERE PeriodoOfer = 'OUTONO' AND AnoOfer = 2005
        AND CPFProf IN
        ( SELECT CPFProf FROM Professor
          WHERE NomeProf = 'LEONARD'
            AND SobrenomeProf = 'VINCE' ) )
```

NomeAluno	SobrenomeAluno	CidadeAluno	NotaMatr
CANDY	KENDALL	TACOMA	3,5
MARIAH	DODGE	SEATTLE	3,8
HOMER	WELLS	SEATTLE	3,5
ROBERTO	MORALES	SEATTLE	3,5

O estilo do Tipo I produz uma sensação visual à consulta. É possível visualizar uma subconsulta Tipo I conforme se vai navegando entre as tabelas. Visitar a tabela na subconsulta para coletar valores de junção que possam ser utilizados na seleção de linhas da tabela na consulta externa. A utilização de consultas aninhadas Tipo I é, na maioria das vezes, uma questão de preferência. Mesmo que o estudante não prefira esse tipo de estilo de junção, ele precisa estar preparado para interpretar consultas escritas por terceiros, utilizando consultas aninhadas Tipo I.

A instrução DELETE oferece outra aplicação para a consulta aninhada Tipo I. A consulta aninhada Tipo I é útil quando há linhas excluídas relacionadas a outras linhas, assim como mostra o Exemplo 9.10. A utilização da consulta aninhada Tipo I é o método-padrão para referenciar tabelas relacionadas nas instruções DELETE. No Capítulo 4, foi mostrado o estilo do operador de junção dentro de uma instrução DELETE, extensão proprietária do Microsoft Access. Como referência, o Exemplo 9.11 mostra uma instrução DELETE utilizando o estilo do operador de junção que remove as mesmas linhas, assim como no Exemplo 9.10.

EXEMPLO 9.10 **Instrução DELETE Utilizando uma Consulta Aninhada Tipo I**

Excluir os oferecimentos ministrados por Leonard Vince. Três linhas *Oferecimento* são excluídas. Além disso, essa instrução exclui as linhas relacionadas na tabela *Matricula* porque a cláusula ON DELETE está definida como CASCADE.

```
DELETE FROM Oferecimento
  WHERE Oferecimento.CPFProf IN
    ( SELECT CPFProf FROM Professor
        WHERE NomeProf = 'LEONARD'
          AND SobrenomeProf = 'VINCE'   )
```

EXEMPLO 9.11
(Somente no Access) **Instrução DELETE Utilizando a Operação INNER JOIN**

Excluir os oferecimentos ministrados por Leonard Vince. Três linhas *Oferecimento* são excluídas. Além disso, essa instrução exclui as linhas relacionadas na tabela *Matricula* porque a cláusula ON DELETE está definida como CASCADE.

```
DELETE Oferecimento.*
  FROM Oferecimento INNER JOIN Professor
        ON Oferecimento.CPFProf = Professor.CPFProf
  WHERE NomeProf = 'LEONARD'
    AND SobrenomeProf = 'VINCE'
```

9.2.2 Formulações Limitadas do SQL para Problemas de Diferença

problemas de diferença
declarações de problema envolvendo o operador de diferença freqüentemente têm a palavra *não* relacionando dois substantivos em uma sentença. Por exemplo, *alunos que não são professores* e *funcionários que não são clientes* são declarações de problema envolvendo um operador de diferença.

No Capítulo 3, foi mostrado que o operador de diferença combina tabelas, encontrando as linhas de uma primeira tabela que não estão em uma segunda tabela. A aplicação típica do operador de diferença é combinar duas tabelas com algumas colunas similares, mas não totalmente compatíveis para união. Por exemplo, às vezes, deseja-se encontrar professores que não são alunos. Embora as tabelas *Professor* e *Aluno* contenham algumas colunas compatíveis, elas não são compatíveis para união. A inserção da palavra *não* na declaração do problema indica que o resultado contém linhas somente na tabela *Professor*, não na tabela *Aluno*. Esse requisito envolve uma operação de diferença.

Alguns problemas de diferença podem ser formulados utilizando a consulta aninhada Tipo I com o operador NOT IN. Desde que a combinação entre tabelas envolva uma coluna única, pode-se utilizar a consulta aninhada Tipo I. No Exemplo 9.12, a consulta aninhada Tipo I pode ser utilizada porque a combinação envolve somente uma coluna única da tabela *Professor* (*CPFProf*).

EXEMPLO 9.12 **Utilização da Consulta Aninhada Tipo I para um Problema de Diferença**

Recuperar o número do CPF, o nome completo (nome e sobrenome), o departamento e o salário de professores que *não* são alunos.

```
SELECT CPFProf, NomeProf, SobrenomeProf, DeptoProf,
        SalarioProf
  FROM Professor
  WHERE CPFProf NOT IN
    ( SELECT CPFAluno FROM Aluno   )
```

CPFProf	NomeProf	SobrenomeProf	DeptoProf	SalarioProf
098-76-5432	LEONARD	VINCE	ADM	R$ 35.000,00
543-21-0987	VICTORIA	EMMANUEL	ADM	R$120.000,00
654-32-1098	LEONARD	FIBON	ADM	R$ 70.000,00
765-43-2109	NICKI	MACON	FINAN	R$ 65.000,00
987-65-4321	JULIA	MILLS	FINAN	R$ 75.000,00

Outra solução para alguns problemas de diferença envolve um operador de junção externa de um lado para gerar uma tabela somente com linhas não combinadas. O operador de comparação IS NULL pode remover as linhas combinadas, assim como mostra o Exemplo 9.13. No entanto, essa formulação não pode ser utilizada quando existem condições de teste com base nas tabelas excluídas (*Aluno* no Exemplo 9.13). Se existirem condições de teste com base na tabela *Aluno* (por exemplo, teste de classe do aluno), é necessário adotar outra abordagem de formulação em SQL.

EXEMPLO 9.13

Junção Externa de um Lado Somente com Linhas Não Combinadas

Recuperar o número do CPF, o nome, o departamento e o salário de professores que não são alunos. O resultado é idêntico ao do Exemplo 9.12.

SELECT CPFProf, NomeProf, SobrenomeProf, SalarioProf
　FROM Professor LEFT JOIN Aluno
　　　ON Professor.CPFProf = Aluno.CPFAluno
　WHERE Aluno.CPFAluno IS NULL

Embora o SQL:2003 efetivamente possua um operador de diferença (a palavra-chave EXCEPT), às vezes, ele não é conveniente porque apenas as colunas comuns podem ser mostradas no resultado. O Exemplo 9.14 não produz o mesmo resultado do Exemplo 9.12 porque as colunas únicas na tabela *Professor* (*DeptoProf* e *SalarioProf*) não estão no resultado. É necessário formular outra consulta, utilizando o primeiro resultado, para recuperar as colunas únicas na tabela *Professor*.

EXEMPLO 9.14 (Oracle)

Consulta de Diferença

Mostrar professores que *não* são alunos (são apenas professores). Mostrar somente as colunas comuns no resultado. Observar que o Microsoft Access não tem suporte à palavra-chave EXCEPT. O Oracle utiliza a palavra-chave MINUS em vez de EXCEPT. O resultado é idêntico ao do Exemplo 9.12, exceto para *CidadeProf* e *UFProf* em vez de *DeptoProf* e *SalarioProf*.

SELECT CPFProf AS CPF, NomeProf AS Nome,
　　　SobrenomeProf AS Sobrenome, CidadeProf AS Cidade,
　　　UFProf AS Estado
　FROM Professor
　　　MINUS
SELECT CPFAluno AS CPF, NomeAluno AS Nome,
　　　SobrenomeAluno AS Sobrenome, CidadeAluno AS Cidade,
　　　UFAluno AS Estado
　FROM Aluno

Problemas de Diferença não Podem ser Resolvidos com Junções de Desigualdade

É importante observar que os problemas de diferença como do Exemplo 9.12 não podem ser resolvidos apenas com uma junção. O Exemplo 9.12 requer busca em cada linha da tabela *Aluno* para selecionar uma linha de professor. Em contrapartida, uma junção seleciona uma linha de professor quando encontra a primeira linha de aluno correspondente. Para comparar o problema de diferença com o problema de junção, examine o Exemplo 9.15. Embora pareça correto, ele não fornece o resultado desejado. Toda linha de professor estará no resultado porque existe pelo menos uma linha de aluno que não corresponde a toda linha de professor.

EXEMPLO 9.15 **Junção de Desigualdade**

A formulação errônea do problema "Recuperar o número do CPF, o nome completo (nome e sobrenome) e a categoria dos professores que *não* são alunos". O resultado contém todas as linhas de professores.

SELECT DISTINCT CPFProf, NomeProf, SobrenomeProf, ClassificacaoProf
  FROM Professor, Aluno
  WHERE Aluno.CPFAluno < > Professor.CPFProf

Para entender o Exemplo 9.15, utilize o processo de avaliação conceitual discutido no Capítulo 4 (Seção 4.3). As tabelas de resultado mostram o produto cartesiano (Tabela 9.3) das tabelas 9.1 e 9.2 seguido de linhas que satisfazem à condição WHERE (Tabela 9.4). Observe que apenas uma linha do produto cartesiano é excluída. O resultado final (Tabela 9.5) contém todas as linhas da Tabela 9.2.

TABELA 9.1 Amostra de Tabela *Aluno*

CPFAluno	NomeAluno	SobrenomeAluno	Especializacao
123-45-6789	HOMER	WELLS	SI
124-56-7890	BOB	NORBERT	FINAN
234-56-7890	CANDY	KENDALL	CONTB

TABELA 9.2 Amostra de Tabela *Professor*

CPFProf	NomeProf	SobrenomeProf	ClassificacaoProf
098-76-5432	LEONARD	VINCE	ASSISTENTE
543-21-0987	VICTORIA	EMMANUEL	CATEDRATICO
876-54-3210	CRISTOPHER	COLAN	ASSISTENTE

TABELA 9.3 Produto Cartesiano da Amostra de Tabelas *Aluno* e *Professor*

CPFProf	NomeProf	SobrenomeProf	ClassificacaoProf	CPFAluno	NomeAluno	SobrenomeAluno	Especializacao
098-76-5432	LEONARD	VINCE	ASSISTENTE	123-45-6789	HOMER	WELLS	SI
098-76-5432	LEONARD	VINCE	ASSISTENTE	124-56-7890	BOB	NORBERT	FINAN
098-76-5432	LEONARD	VINCE	ASSISTENTE	876-54-3210	CRISTOPHER	COLAN	SI
543-21-0987	VICTORIA	EMMANUEL	CATEDRATICO	123-45-6789	HOMER	WELLS	SI
543-21-0987	VICTORIA	EMMANUEL	CATEDRATICO	124-56-7890	BOB	NORBERT	FINAN
543-21-0987	VICTORIA	EMMANUEL	CATEDRATICO	876-54-3210	CRISTOPHER	COLAN	SI
876-54-3210	CRISTOPHER	COLAN	ASSISTENTE	123-45-6789	HOMER	WELLS	SI
876-54-3210	CRISTOPHER	COLAN	ASSISTENTE	124-56-7890	BOB	NORBERT	FINAN
876-54-3210	CRISTOPHER	COLAN	ASSISTENTE	876-54-3210	CRISTOPHER	COLAN	SI

TABELA 9.4 Restrição da Tabela 9.3 para Eliminar Linhas Combinadas

CPFProf	NomeProf	SobrenomeProf	ClassificacaoProf	CPFAluno	NomeAluno	SobrenomeAluno	Especializacao
098-76-5432	LEONARD	VINCE	ASSISTENTE	123-45-6789	HOMER	WELLS	SI
098-76-5432	LEONARD	VINCE	ASSISTENTE	124-56-7890	BOB	NORBERT	FINAN
098-76-5432	LEONARD	VINCE	ASSISTENTE	876-54-3210	CRISTOPHER	COLAN	SI
543-21-0987	VICTORIA	EMMANUEL	CATEDRATICO	123-45-6789	HOMER	WELLS	SI
543-21-0987	VICTORIA	EMMANUEL	CATEDRATICO	124-56-7890	BOB	NORBERT	FINAN
543-21-0987	VICTORIA	EMMANUEL	CATEDRATICO	876-54-3210	CRISTOPHER	COLAN	SI
876-54-3210	CRISTOPHER	COLAN	ASSISTENTE	123-45-6789	HOMER	WELLS	SI
876-54-3210	CRISTOPHER	COLAN	ASSISTENTE	124-56-7890	BOB	NORBERT	FINAN

TABELA 9.5
Projeção da Tabela 9.4 para Eliminar as Colunas *Aluno*

CPFProf	NomeProf	SobrenomeProf	ClassificacaoProf
098-76-5432	LEONARD	VINCE	ASSISTENTE
543-21-0987	VICTORIA	EMMANUEL	CATEDRATICO
876-54-3210	CRISTOPHER	COLAN	ASSISTENTE

TABELA 9.6
Limitações das Formulações em SQL para Problemas de Diferença

Formulação em SQL	Limitações
Consulta aninhada Tipo I com o operador NOT IN	Somente uma coluna para comparar linhas das duas tabelas
Junção externa de um lado com uma condição IS NULL	Nenhuma condição (exceto a condição IS NULL) na tabela excluída
Operação de diferença utilizando as palavras-chave EXCEPT ou MINUS	O resultado deve conter apenas colunas compatíveis para união

Resumo das Formulações Limitadas para Problemas de Diferença

Esta seção discutiu três formulações em SQL para problemas de diferença. Cada formulação possui limitações, assim como mostra a Tabela 9.6. Na prática, a abordagem da junção externa de um lado é a mais restritiva já que muitos problemas envolvem condições na tabela excluída. A Seção 9.2.3 apresenta uma formulação mais geral sem as restrições mostradas na Tabela 9.6.

9.2.3 Utilização de Consultas Aninhadas Tipo II para Problemas de Diferença

Embora as consultas aninhadas Tipo II ofereçam uma solução mais geral para os problemas de diferença, em termos conceituais, elas são mais complexas que as consultas aninhadas Tipo I. As consultas aninhadas Tipo II possuem duas características distintas. Em primeiro lugar, elas referenciam uma ou mais colunas de uma consulta externa. As consultas aninhadas Tipo II são conhecidas, algumas vezes, como subconsultas <u>correlacionadas</u> porque referenciam colunas utilizadas em consultas externas. Em contrapartida, as consultas aninhadas Tipo I não são correlacionadas com consultas externas. No Exemplo 9.16, a consulta aninhada contém uma referência à tabela *Professor* utilizada na consulta externa.

Em segundo lugar, as consultas aninhadas Tipo II envolvem execução. A consulta aninhada Tipo II é executada uma vez para *cada* linha na consulta externa. Nesse sentido, a consulta aninhada Tipo II é semelhante a um laço aninhado que é executado uma vez para cada execução do laço externo. Em cada execução do laço interno, as variáveis utilizadas no laço externo são utilizadas no laço interno. Em outras palavras, a consulta interna utiliza um ou mais valores da consulta externa em cada execução.

Para ajudar a entender o Exemplo 9.16, a Tabela 9.9 acompanha a execução da consulta aninhada utilizando as tabelas 9.7 e 9.8. O operador EXISTS é verdadeiro se a consulta aninhada retornar uma ou mais linhas. Em contrapartida, o operador NOT EXISTS é verdadeiro se a consulta aninhada retornar 0 linha. Assim, uma linha de profes-

consulta aninhada Tipo II
uma consulta aninhada em que a consulta interna referencia uma tabela utilizada na consulta externa. Como a consulta aninhada Tipo II é executada para cada linha da sua consulta externa, as consultas aninhadas Tipo II são mais difíceis de entender e executar que as consultas aninhadas Tipo I.

TABELA 9.7
Amostra de Tabela *Professor*

CPFProf	NomeProf	SobrenomeProf	ClassificacaoProf
098-76-5432	LEONARD	VINCE	ASST
543-21-0987	VICTORIA	EMMANUEL	PROF
876-54-3210	CRISTOPHER	COLAN	ASST

TABELA 9.8
Amostra de Tabela *Aluno*

CPFAluno	NomeAluno	SobrenomeAluno	Especializacao
123-45-6789	HOMER	WELLS	SI
124-56-7890	BOB	NORBERT	FINAN
876-54-3210	CRISTOPHER	COLAN	SI

TABELA 9.9
Acompanhamento da Execução da Consulta Aninhada no Exemplo 9.16

CPFProf	Resultado da execução da consulta	NOT EXISTS
098-76-5432	0 linha recuperada	verdadeiro
543-21-0987	0 linha recuperada	verdadeiro
876-54-3210	1 linha recuperada	falso

EXEMPLO 9.16 — **Utilização de uma Consulta Aninhada Tipo II para um Problema de Diferença**

Recuperar o número do CPF, o nome completo (nome e sobrenome), o departamento e o salário de professores que *não* são alunos.

```
SELECT CPFProf, NomeProf, SobrenomeProf, DeptoProf, SalarioProf
  FROM Professor
  WHERE NOT EXISTS
    (  SELECT * FROM Aluno
        WHERE Aluno.CPFAluno = Professor.CPFProf   )
```

CPFProf	NomeProf	SobrenomeProf	DeptoProf	SalarioProf
098-76-5432	LEONARD	VINCE	ADM	R$ 35.000,00
543-21-0987	VICTORIA	EMMANUEL	ADM	R$120.000,00
654-32-1098	LEONARD	FIBON	ADM	R$ 70.000,00
765-43-2109	NICKI	MACON	FINAN	R$ 65.000,00
987-65-4321	JULIA	MILLS	FINAN	R$ 75.000,00

---

sores é selecionada na consulta externa somente se não houver linhas correspondentes de estudantes na consulta aninhada. Por exemplo, as duas primeiras linhas da Tabela 9.7 são selecionadas porque não há linhas correspondentes na Tabela 9.8. A terceira linha não é selecionada porque a consulta aninhada retorna uma linha (a terceira linha da Tabela 9.7).

O Exemplo 9.17 mostra outra formulação que esclarece o significado do operador NOT EXISTS. Nesse caso, uma linha de professores é selecionada se o número de linhas na consulta aninhada for 0. Utilizando a amostra de tabelas (Tabelas 9.7 e 9.8), o resultado da consulta aninhada é 0 para as duas primeiras linhas de professores.

Problemas de Diferença Mais Difíceis

Problemas de diferença mais difíceis combinam uma operação de diferença com operações de junção. Por exemplo, considerar a consulta para listar alunos que tiveram o mesmo professor em todos os seus oferecimentos de sistemas de informação no inverno de 2006. Os resultados da consulta devem incluir alunos que freqüentaram apenas um oferecimento bem como os que freqüentaram mais de um oferecimento.

---

operador NOT EXISTS
um operador de comparação de tabela muitas vezes utilizado com consultas aninhadas Tipo II. O operador NOT EXISTS é verdadeiro para uma linha em uma consulta externa se a consulta interna não retornar nenhuma linha e falso se a consulta interna retornar uma ou mais linhas.

EXEMPLO 9.17

Utilização de uma Consulta Aninhada Tipo II com a Função COUNT

Recuperar o número do CPF, o nome, o departamento e o salário de professores que não são alunos. O resultado é igual ao do Exemplo 9.16.

```
SELECT CPFProf, NomeProf, SobrenomeProf, DeptoProf,
        SalarioProf
  FROM Professor
  WHERE 0 =
    ( SELECT COUNT(*) FROM Aluno
        WHERE Aluno.CPFAluno = Professor.CPFProf   )
```

- Construir uma lista de alunos que freqüentaram cursos SI no inverno de 2006 (uma operação de junção).
- Construir outra lista de alunos que freqüentaram cursos SI no inverno de 2006 de mais de um professor (uma operação de junção).
- Utilizar uma operação de diferença (primeira lista de alunos menos a segunda lista de alunos) para produzir o resultado.

Essa maneira de conceitualizar o problema força a reconhecer que ele envolve uma operação de diferença. Se o usuário reconhecer a operação de diferença, ele pode realizar uma formulação em SQL envolvendo a consulta aninhada (Tipo II com o operador NOT EXISTS ou Tipo I com o operador NOT IN) ou a palavra-chave EXCEPT. O Exemplo 9.18 mostra

EXEMPLO 9.18 (Access)

Problema de Diferença mais Difícil Utilizando uma Consulta Aninhada Tipo II

Listar o número do CPF e o nome dos alunos que tiveram o mesmo professor em todos os seus oferecimentos de sistemas de informação no inverno de 2006. Incluir alunos que freqüentaram apenas um oferecimento bem como os que freqüentaram mais de um oferecimento. Observar que, na consulta aninhada, as colunas *Matricula.CPFAluno* e *Oferecimento.CPFProf* referem-se à consulta externa.

```
SELECT DISTINCT Matricula.CPFAluno, NomeAluno, SobrenomeAluno
  FROM Aluno, Matricula, Oferecimento
  WHERE Aluno.CPFAluno = Matricula.CPFAluno
    AND Matricula.NumOfer = Oferecimento.NumOfer
    AND NumCurso LIKE 'SI*' AND PeriodoOfer = 'INVERNO'
    AND AnoOfer = 2006 AND NOT EXISTS
    ( SELECT * FROM Matricula E1, Oferecimento O1
        WHERE E1.NumOfer = O1.NumOfer
          AND Matricula.CPFAluno = E1.CPFAluno
          AND O1.NumCurso LIKE 'SI*'
          AND O1.AnoOfer = 2006
          AND O1.PeriodoOfer = 'INVERNO'
          AND Oferecimento.CPFProf <> O1.CPFProf   )
```

CPFAluno	NomeAluno	SobrenomeAluno
123-45-6789	HOMER	WELLS
234-56-7890	CANDY	KENDALL
345-67-8901	WALLY	KENDALL
456-78-9012	JOE	ESTRADA
567-89-123	MARIAH	DODGE

EXEMPLO 9.18
(Oracle)

Problema de Diferença mais Difícil Utilizando uma Consulta Aninhada Tipo II

Listar o número do CPF e o nome dos alunos que tiveram o mesmo professor em todos os seus oferecimentos de sistemas de informação no inverno de 2006. Incluir alunos que freqüentaram apenas um oferecimento bem como os que freqüentaram mais de um oferecimento.

```
SELECT DISTINCT Matricula.CPFAluno, NomeAluno,
              SobrenomeAluno
  FROM Aluno, Matricula, Oferecimento
  WHERE Aluno.CPFAluno = Matricula.CPFAluno
     AND Matricula.NumOfer = Oferecimento.NumOfer
     AND NumCurso LIKE 'SI%' AND PeriodoOfer = 'INVERNO'
     AND AnoOfer = 2006 AND NOT EXISTS
       ( SELECT * FROM Matricula E1, Oferecimento O1
         WHERE E1.NumOfer = O1.NumOfer
            AND Matricula.CPFAluno = E1.CPFAluno
            AND O1.NumCurso LIKE 'SI%'
            AND O1.AnoOfer = 2006
            AND O1.PeriodoOfer = 'INVERNO'
            AND Oferecimento.CPFProf <> O1.CPFProf )
```

uma solução com NOT EXISTS em que a consulta externa recupera uma linha de aluno se o aluno não tiver um professor *diferente* na consulta interna.

O Exemplo 9.19 mostra um segundo exemplo utilizando o operador NOT EXISTS para resolver um problema complexo de diferença. Em termos conceituais, esse problema envolve uma operação de diferença entre dois conjuntos: o conjunto de todos os professores e o conjunto de todos os professores ministrando cursos em um período letivo específico. A operação de diferença pode ser implementada, selecionando um professor na lista de consulta externa se o professor não lecionar um oferecimento durante o período letivo especificado no resultado da consulta interna.

EXEMPLO 9.19

Outro Problema de Diferença Utilizando uma Consulta Aninhada Tipo II

Listar o nome completo (nome e sobrenome) e o departamento dos professores que não estavam lecionando no inverno de 2006.

```
SELECT DISTINCT NomeProf, SobrenomeProf, DeptoProf
  FROM Professor
  WHERE NOT EXISTS
    ( SELECT * FROM Oferecimento
       WHERE Oferecimento.CPFProf = Professor.CPFProf
          AND PeriodoOfer = 'INVERNO' AND AnoOfer = 2006 )
```

NomeProf	SobrenomeProf	DeptoProf
CRISTOPHER	COLAN	ADM
LEONARD	FIBON	ADM
LEONARD	VINCE	ADM

O Exemplo 9.20 mostra um terceiro exemplo utilizando o operador NOT EXISTS para resolver um problema complexo de diferença. Nesse problema, a palavra *somente* ligando as diferentes partes da sentença indica uma operação de diferença. Em termos conceituais, esse problema envolve uma operação de diferença entre dois conjuntos: o conjunto de todos os professores que lecionaram no inverno de 2006 e o conjunto de todos os professores que lecionaram no inverno de 2006 além de lecionarem em outro período letivo. A operação de diferença pode ser implementada, selecionando um professor que lecionou no inverno de 2006 em uma consulta externa se o mesmo professor não lecionou um oferecimento em um período letivo diferente na consulta aninhada.

EXEMPLO 9.20 — **Outro Problema de Diferença Utilizando uma Consulta Aninhada Tipo II**

Listar o nome completo (nome e sobrenome) e o departamento dos professores que lecionaram *somente* no período letivo do inverno de 2006.

```
SELECT DISTINCT NomeProf, SobrenomeProf, DeptoProf
  FROM Professor F1, Oferecimento O1
  WHERE F1.CPFProf = O1.CPFProf
    AND PeriodoOfer = 'INVERNO' AND AnoOfer = 2006
    AND NOT EXISTS
    (  SELECT * FROM Oferecimento O2
        WHERE O2.CPFProf = F1.CPFProf
          AND (  PeriodoOfer <> 'INVERNO' OR AnoOfer <> 2006  )  )
```

NomeProf	SobrenomeProf	DeptoProf
EMMANUEL	VICTORIA	ADM
MILLS	JULIA	FINAN

9.2.4 Consultas Aninhadas na Cláusula FROM

Até aqui, foram discutidas as consultas aninhadas na cláusula WHERE com alguns operadores de comparação (IN e EXISTS) e com os operadores tradicionais de comparação quando a consulta aninhada produz um valor único, como, por exemplo, a contagem do número de linhas. Similar ao uso na cláusula WHERE, as consultas aninhadas também podem aparecer na cláusula HAVING, assim como mostra a seção seguinte. As consultas aninhadas nas cláusulas WHERE e HAVING fazem parte do projeto do SQL desde o início.

Em contrapartida, as consultas aninhadas na cláusula FROM foram uma nova extensão no SQL:1999. O projeto do SQL:1999 deu início a uma filosofia de consistência no projeto de linguagem. Consistência significa que, sempre que se permite um objeto, deve ser permitida uma expressão do objeto. Em uma cláusula FROM, essa filosofia significa que, sempre que se permite uma tabela, deve ser permitida a expressão da tabela (uma consulta aninhada). As consultas aninhadas na cláusula FROM não são tão utilizadas como as consultas aninhadas nas cláusulas WHERE e HAVING. O restante desta seção mostra algumas aplicações especializadas das consultas aninhadas na cláusula FROM.

Uma das aplicações da consulta aninhada na cláusula FROM é para computar uma função agregada dentro de uma função agregada (agregados aninhados). O SQL não permite uma função agregada dentro de outra função agregada. A consulta aninhada na cláusula FROM supera a proibição contra agregados aninhados, assim como mostra o Exemplo 9.21. Sem uma consulta aninhada na cláusula FROM, seriam necessárias duas consultas para produzir o resultado. No Access, a consulta aninhada seria uma consulta armazenada. No Oracle, a consulta aninhada seria uma visão (ver o Capítulo 10 para obter uma explicação sobre visões).

EXEMPLO 9.21

Utilização de uma Consulta Aninhada na Cláusula FROM

Listar o número do curso, a descrição do curso, a quantidade de oferecimentos e a média de matrículas entre os oferecimentos.

```
SELECT T.NumCurso, T.DescrCurso, COUNT(*) AS QtdeOferecimentos,
        Avg(T.ContagemMatricula) AS MediaMatriculas
 FROM
   (  SELECT Curso.NumCurso, DescrCurso,
             Oferecimento.NumOfer, COUNT(*) AS ContagemMatricula
      FROM Oferecimento, Matricula, Curso
      WHERE Oferecimento.NumOfer = Matricula.NumOfer
        AND Curso.NumCurso = Oferecimento.NumCurso
      GROUP BY Curso.NumCurso, DescrCurso, Oferecimento.NumOfer
   )  T
 GROUP BY T.NumCurso, T.DescrCurso
```

NumCurso	DescrCurso	QtdeOferecimentos	MediaMatriculas
FINAN300	FUNDAMENTOS DE FINANÇAS	1	2
FINAN450	PRINCÍPIOS DE INVESTIMENTOS	1	2
FINAN480	FINANÇA EMPRESARIAL	1	3
SI320	FUNDAMENTOS DE PLANEJA-MENTO DE NEGÓCIOS	2	6
SI460	ANÁLISE DE SISTEMAS	1	7
SI480	FUNDAMENTOS DE GERENCIA-MENTO DE BANCO DE DADOS	2	5,5

Outra aplicação da consulta aninhada na cláusula FROM é para computar agregados de múltiplos agrupamentos. Sem uma consulta aninhada na cláusula FROM, a consulta pode conter agregados de um agrupamento. Por exemplo, múltiplos agrupamentos são necessários para resumir o número de alunos por oferecimento e o número de recursos por oferecimento. Essa consulta seria útil se o banco de dados da universidade fosse estendido com a tabela *Recurso* e uma tabela associativa (*UtilizacaoRecurso*) ligada às tabelas *Oferecimento* e *Recurso* por meio de relacionamentos 1-M. A consulta envolveria duas consultas aninhadas na cláusula FROM, uma para recuperar a contagem de matrículas dos oferecimentos e a outra para recuperar a contagem de recursos dos oferecimentos.

No Access, a consulta aninhada na cláusula FROM pode compensar a impossibilidade de utilização da palavra-chave DISTINCT dentro de funções agregadas. Por exemplo, a palavra-chave DISTINCT é necessária para computar o número de cursos distintos ministrados por professores, assim como mostra o Exemplo 9.22. Para produzir os mesmos resultados

EXEMPLO 9.22 (Oracle)

Utilização da Palavra-chave DISTINCT dentro de uma Função COUNT

Listar o número do CPF, o sobrenome e a quantidade de cursos únicos ministrados.

```
SELECT Professor.CPFProf, SobrenomeProf,
        COUNT(DISTINCT NumCurso) AS QtdePreparações
 FROM Professor, Oferecimento
 WHERE Professor.CPFProf = Oferecimento.CPFProf
 GROUP BY Professor.CPFProf, SobrenomeProf
```

CPFProf	SobrenomeProf	QtdePreparações
098-76-5432	VINCE	1
543-21-0987	EMMANUEL	1
654-32-1098	FIBON	2
765-43-2109	MACON	2
876-54-3210	COLAN	1
987-65-4321	MILLS	2

no Access, é necessária uma consulta aninhada na cláusula FROM, assim como mostra o Exemplo 9.23. A consulta aninhada na cláusula FROM utiliza a palavra-chave DISTINCT para eliminar os números de curso em duplicidade. A Seção 9.3.3 apresenta mais exemplos utilizando consultas aninhadas na cláusula FROM para compensar pela palavra-chave DISTINCT dentro de uma função COUNT.

EXEMPLO 9.23 **Utilização de uma Consulta Aninhada na Cláusula FROM em vez da Palavra-chave DISTINCT dentro de uma Função COUNT**

Listar o número do CPF, o sobrenome e a quantidade de cursos únicos ministrados. O resultado é idêntico ao do Exemplo 9.22. Embora essa instrução SELECT seja executável no Access e no Oracle, deve-se utilizar a instrução do Exemplo 9.22 no Oracle porque a execução é mais rápida.

```
SELECT T.CPFProf, T.SobrenomeProf,
       COUNT(*) AS QtdePreparações
FROM
   ( SELECT DISTINCT Professor.CPFProf, SobrenomeProf, NumCurso
       FROM Oferecimento, Professor
       WHERE Oferecimento.CPFProf = Professor.CPFProf   ) T
GROUP BY T.CPFProf, T.SobrenomeProf
```

9.3 Formulação de Problemas de Divisão

Os problemas de divisão, muitas vezes, são os mais difíceis. Por causa da dificuldade, será feita uma breve revisão do operador de divisão, abordado no Capítulo 3. Depois dessa revisão, esta seção apresenta uma discussão com base em alguns problemas de divisão mais fáceis antes de passar para os problemas mais avançados.

9.3.1 Revisão do Operador de Divisão

A revisão do operador de divisão terá como base o banco de dados simplificado de uma universidade, constituído de três tabelas: *Aluno1* (Tabela 9.10), *Clube* (Tabela 9.11) e *Filiacao* (Tabela 9.12) mostrando a filiação de alunos em clubes. O operador de divisão normalmente é aplicado para ligar tabelas mostrando relacionamentos M-N. A tabela *Filiacao* liga as tabelas *Aluno1* e *Clube*: um aluno pode ser filiado a vários clubes, e um clube pode ter vários alunos filiados.

TABELA 9.10
Listagem da Tabela *Aluno 1*

NumAluno	NomeAluno	CidadeAluno
A1	JOE	SEATTLE
A2	SALLY	SEATTLE
A3	SUE	PORTLAND

TABELA 9.11
Listagem da Tabela *Clube*

NumClube	NomeClube	FinalidadeClube	OrcamentoClube	GastoRealClube
C1	DELTA	SOCIAL	$1.000,00	$1.200,00
C2	BITS	ACADEMIC	$500,00	$350,00
C3	HELPS	SERVICE	$300,00	$330,00
C4	SIGMA	SOCIAL		$150,00

TABELA 9.12
Listagem da Tabela *Filiacao*

NumAluno	NumClube
A1	C1
A1	C2
A1	C3
A1	C4
A2	C1
A2	C4
A3	C3

divisão
um operador da álgebra relacional que combina linhas de duas tabelas. O operador divisão produz uma tabela na qual os valores de uma coluna de uma tabela de entrada são associados a todos os valores de uma coluna da segunda tabela.

O operador de divisão cria uma tabela com valores em uma coluna (*NumAluno*) correspondentes a *todos* os valores de uma coluna especificada (*NumClube*) de uma segunda tabela (*Clube*). Um típico problema de divisão é a listagem de alunos que pertencem a *todos* os clubes. A tabela resultante contém somente o aluno A1, porque A1 está associado a todos os quatro clubes.

Em termos conceituais, a divisão é mais difícil que a junção porque a divisão compara todos os valores enquanto a junção compara apenas um único valor. Se esse problema envolver uma junção, a instrução deve ser formulada de modo a "listar alunos que pertençam a *qualquer* clube". A principal diferença está na utilização da palavra *qualquer* em comparação a *todos*. A maioria dos problemas de divisão pode ser escrita com os pronomes indefinidos *todo* ou *todos* entre uma locução verbal representando uma tabela e um nome representando outra tabela. Nesse exemplo, a frase "alunos que pertencem a todos os clubes" enquadra-se nesse padrão. Outro exemplo seria "alunos que freqüentaram todos os cursos".

9.3.2 Problemas Simples de Divisão

Existem inúmeras maneiras de executar uma divisão no SQL. Alguns livros descrevem a abordagem que utiliza consultas aninhadas Tipo II. Essa abordagem pode ser difícil de ser entendida se o usuário não tiver feito um curso de lógica, portanto, nesta seção será utilizada uma abordagem diferente. Nesse caso, a abordagem utiliza a função COUNT com a consulta aninhada na cláusula HAVING.

A idéia básica é comparar a quantidade de alunos associados a um clube na tabela *Filiacao* com a quantidade de clubes da tabela *Clube*. Para executar essa operação, agrupe a tabela *Filiacao* com *NumAluno* e compare o número de linhas em cada grupo *NumAluno* com o número de linhas na tabela *Clube*. Essa comparação pode ser feita utilizando a consulta aninhada na cláusula HAVING, assim como mostra o Exemplo 9.24.

EXEMPLO 9.24

Problema mais Simples de Divisão

Listar o número do aluno de alunos que pertencem a todos os clubes.

```
SELECT NumAluno
  FROM Filiacao
  GROUP BY NumAluno
  HAVING COUNT(*) = (   SELECT COUNT(*) FROM Clube   )
```

NumAluno
A1

Observe que COUNT(*) no lado esquerdo computa o número de linhas no grupo *NumAluno*. O lado direito contém uma consulta aninhada com apenas um COUNT(*) no resultado. A consulta aninhada é Tipo I porque não existe conexão com uma consulta externa. Portanto, a consulta aninhada é executada apenas uma vez e retorna uma única linha com um único valor (a quantidade de linhas na tabela *Clube*).

Agora, vamos examinar algumas variações do primeiro problema. A variação mais típica é recuperar os alunos pertencentes a um subconjunto dos clubes e não de todos os clubes. Por exemplo, recuperar os alunos que pertencem a todos os clubes sociais. Para realizar essa mudança, é necessário modificar o Exemplo 9.24, incluindo uma condição WHERE tanto na consulta externa como na aninhada. Em vez de contar todas as linhas *Aluno1* de um grupo *NumAluno*, contar somente as linhas em que a finalidade do clube seja social. Comparar essa contagem com o número de clubes sociais na tabela *Clube*. O Exemplo 9.25 mostra essas modificações.

EXEMPLO 9.25

Problema de Divisão para Encontrar um Subconjunto Correspondente

Listar o número do aluno de alunos que pertencem a todos os clubes sociais.

```
SELECT NumAluno
  FROM Filiacao, Clube
  WHERE Filiacao.NumClube = Clube.NumClube
    AND FinalidadeClube = 'SOCIAL'
  GROUP BY NumAluno
  HAVING COUNT(*) =
    (  SELECT COUNT(*) FROM Clube
       WHERE FinalidadeClube = 'SOCIAL'   )
```

NumAluno
A1
A2

Outras variações estão mostradas nos exemplos 9.26 e 9.27. No Exemplo 9.26, é necessária uma junção entre *Filiacao* e *Aluno* para obter o nome do aluno. O Exemplo 9.27 reverte os problemas anteriores, procurando clubes em vez de alunos.

EXEMPLO 9.26

Problema de Divisão com Junções

Listar o número do aluno e o nome dos alunos que pertencem a todos os clubes sociais.

```
SELECT Aluno1.NumAluno, NomeAluno
  FROM Filiacao, Clube, Aluno1
  WHERE Filiacao.NumClube = Clube.NumClube
    AND Aluno1.NumAluno = Filiacao.NumAluno
    AND FinalidadeClube = 'SOCIAL'
  GROUP BY Aluno1.NumAluno, NomeAluno
  HAVING COUNT(*) =
    (  SELECT COUNT(*) FROM Clube
       WHERE FinalidadeClube = 'SOCIAL'   )
```

NumAluno	NomeAluno
A1	JOE
A2	SALLY

EXEMPLO 9.27

Outro Problema de Divisão

Listar o número dos clubes tendo todos os alunos de Seattle como filiados.

```
SELECT NumClube
  FROM Filiacao, Aluno1
  WHERE Aluno1.NumAluno = Filiacao.NumAluno
     AND CidadeAluno = 'SEATTLE'
  GROUP BY NumClube
  HAVING COUNT(*) =
    ( SELECT COUNT(*) FROM Aluno1
       WHERE CidadeAluno = 'SEATTLE'   )
```

NumClube
C1
C4

9.3.3 Problemas Avançados de Divisão

O Exemplo 9.28 (utilizando as tabelas originais do banco de dados de uma universidade) retrata outra complicação dos problemas de divisão no SQL. Antes de tratar de mais essa complicação, vamos examinar um problema mais simples. O Exemplo 9.28 pode ser formulado com a mesma técnica, assim como mostra a Seção 9.3.2. Para começar, juntar as tabelas *Professor* e *Oferecimento*, selecionar as linhas comparando as condições WHERE, e agrupar o resultado por nome completo do professor (nome e sobrenome). Em seguida, comparar a contagem das linhas em cada grupo de *nome* de professor com a quantidade de oferecimentos de SI para o outono de 2005 da tabela *Oferecimento*.

O Exemplo 9.28 não é tão útil porque é improvável algum professor ter ministrado todos os oferecimentos. Ao contrário, ele é mais útil para recuperar os professores que ministraram um oferecimento de cada curso, assim como mostra o Exemplo 9.29. Em vez de contar as linhas em cada grupo, contar os valores *NumCurso* únicos. Essa modificação é necessária porque *NumCurso* não é único na tabela *Oferecimento*. Podem existir múltiplas

EXEMPLO 9.28
(Access)

Problema de Divisão com uma Junção

Listar o número do CPF e o nome completo (nome e sobrenome) do professor que lecionou todos os oferecimentos de sistemas de informação do outono de 2005.

```
SELECT Professor.CPFProf, NomeProf, SobrenomeProf
  FROM Professor, Oferecimento
  WHERE Professor.CPFProf = Oferecimento.CPFProf
     AND PeriodoOfer = 'OUTONO' AND NumCurso LIKE 'SI*'
     AND AnoOfer = 2005
  GROUP BY Professor.CPFProf, NomeProf, SobrenomeProf
  HAVING COUNT(*) =
    ( SELECT COUNT(*) FROM Oferecimento
       WHERE PeriodoOfer = 'OUTONO' AND AnoOfer = 2005
          AND NumCurso LIKE 'SI*'   )
```

CPFProf	NomeProf	SobrenomeProf
098-76-5432	LEONARD	VINCE

EXEMPLO 9.28
(Oracle)

Problema de Divisão com uma Junção

Listar o número do CPF e o nome completo (nome e sobrenome) do professor que lecionou todos os oferecimentos de sistemas de informação no outono de 2005.

```
SELECT Professor.CPFProf, NomeProf, SobrenomeProf
  FROM Professor, Oferecimento
  WHERE Professor.CPFProf = Oferecimento.CPFProf
      AND PeriodoOfer = 'OUTONO' AND NumCurso LIKE 'SI%'
      AND AnoOfer = 2005
  GROUP BY Professor.CPFProf, NomeProf, SobrenomeProf
  HAVING COUNT(*) =
    ( SELECT COUNT(*) FROM Oferecimento
      WHERE PeriodoOfer = 'OUTONO' AND AnoOfer = 2005
        AND NumCurso LIKE 'SI%'   )
```

---

linhas com o mesmo *NumCurso*, correspondente a uma situação em que existem múltiplos oferecimentos para o mesmo curso. A solução é executada somente no Oracle porque o Access não suporta a palavra-chave DISTINCT em funções agregadas. O Exemplo 9.30 mostra uma solução em Access, utilizando duas consultas aninhadas nas cláusulas FROM. A segunda consulta aninhada ocorre dentro da consulta aninhada na cláusula HAVING. O Apêndice 9.A mostra uma alternativa para consultas aninhadas na cláusula FROM, utilizando múltiplas instruções SELECT.

EXEMPLO 9.29
(Oracle)

Problema de Divisão com DISTINCT dentro de COUNT

Listar o número do CPF e o nome completo (nome e sobrenome) do professor que lecionou, no mínimo, uma parte de todos os cursos de sistemas de informação no outono de 2005.

```
SELECT Professor.CPFProf, NomeProf, SobrenomeProf
  FROM Professor, Oferecimento
  WHERE Professor.CPFProf = Oferecimento.CPFProf
      AND PeriodoOfer = 'OUTONO' AND NumCurso LIKE 'SI%'
      AND AnoOfer = 2005
  GROUP BY Professor.CPFProf, NomeProf, SobrenomeProf
  HAVING COUNT(DISTINCT NumCurso) =
    ( SELECT COUNT(DISTINCT NumCurso) FROM Oferecimento
      WHERE PeriodoOfer = 'OUTONO' AND AnoOfer = 2005
        AND NumCurso LIKE 'SI%'   )
```

CPFProf	NomeProf	SobrenomeProf
098-76-5432	LEONARD	VINCE

EXEMPLO 9.30
(Access)

Problema de Divisão Utilizando Consultas Aninhadas nas Cláusulas FROM em vez da Palavra-chave DISTINCT Dentro da Função COUNT

Listar o número do CPF e o nome completo (nome e sobrenome) do professor que lecionou, no mínimo, uma parte de todos os cursos de sistemas de informação no outono de 2005. O resultado é idêntico ao do Exemplo 9.29.

```
SELECT CPFProf, NomeProf, SobrenomeProf
  FROM
    (SELECT DISTINCT Professor.CPFProf, NomeProf, SobrenomeProf,
            NumCurso
     FROM Professor, Oferecimento
     WHERE Professor.CPFProf = Oferecimento.CPFProf
         AND PeriodoOfer = 'OUTONO' AND AnoOfer = 2005
         AND NumCurso LIKE 'SI*'   )
  GROUP BY CPFProf, NomeProf, SobrenomeProf
  HAVING COUNT(*) =
    (  SELECT COUNT(*) FROM
       (  SELECT DISTINCT NumCurso
          FROM Oferecimento
          WHERE PeriodoOfer = 'OUTONO' AND AnoOfer = 2005
            AND NumCurso LIKE 'SI*'   )   )
```

O Exemplo 9.31 é outra variação da técnica utilizada no Exemplo 9.29. A palavra-chave DISTINCT é necessária para que os alunos que freqüentam mais de um oferecimento do mesmo professor não sejam contados duas vezes. Observe que a palavra-chave DISTINCT não é necessária na consulta aninhada porque somente as linhas da tabela *Aluno* são contadas. O Exemplo 9.32 mostra uma solução em Access, utilizando a consulta aninhada na cláusula FROM.

EXEMPLO 9.31
(Oracle)

Outro Problema de Divisão com DISTINCT dentro de COUNT

Listar o professor que ministrou cursos a todos os alunos do último ano (formandos) nos oferecimentos de sistemas de informação do outono de 2005.

```
SELECT Professor.CPFProf, NomeProf, SobrenomeProf
  FROM Professor, Oferecimento, Matricula, Aluno
  WHERE Professor.CPFProf = Oferecimento.CPFProf
      AND PeriodoOfer = 'OUTONO' AND NumCurso LIKE 'SI%'
      AND AnoOfer = 2005 AND Turma = 'SR'
      AND Oferecimento.NumOfer = Matricula.NumOfer
      AND Aluno.CPFAluno = Matricula.CPFAluno
  GROUP BY Professor.CPFProf, NomeProf, SobrenomeProf
  HAVING COUNT(DISTINCT Aluno.CPFAluno) =
    (  SELECT COUNT(*) FROM Aluno
       WHERE Turma = 'SR'   )
```

CPFProf	NomeProf	SobrenomeProf
098-76-5432	LEONARD	VINCE

| **EXEMPLO 9.32**
(Access) | **Outro Problema de Divisão Utilizando Consultas Aninhadas nas Cláusulas FROM em vez da Palavra-chave DISTINCT dentro da Função COUNT**

Listar o professor que ministrou cursos a todos os alunos do último ano (formandos) nos oferecimentos de sistemas de informação do outono de 2005. O resultado é idêntico ao do Exemplo 9.31.

```
SELECT CPFProf, NomeProf, SobrenomeProf
  FROM
    (  SELECT DISTINCT Professor.CPFProf, NomeProf,
              SobrenomeProf, Aluno.CPFAluno
       FROM Professor, Oferecimento, Matricula, Aluno
       WHERE Professor.CPFProf = Oferecimento.CPFProf
         AND PeriodoOfer = 'OUTONO' AND NumCurso LIKE 'SI*'
         AND AnoOfer = 2005 AND Turma = 'SR'
         AND Oferecimento.NumOfer = Matricula.NumOfer
         AND Aluno.CPFAluno = Matricula.CPFAluno   )
  GROUP BY CPFProf, NomeProf, SobrenomeProf
  HAVING COUNT(*) =
    (  SELECT COUNT(*) FROM Aluno
       WHERE Turma = 'SR'   )
``` |

9.4 Considerações sobre Valor Nulo

A última seção deste capítulo não envolve problemas difíceis de combinação ou partes novas da instrução SELECT. Em vez disso, esta seção apresenta a interpretação dos resultados da consulta, quando as tabelas contêm valores nulos. Esses efeitos foram em grande parte ignorados até esta seção para simplificar a apresentação. Como a maioria dos bancos de dados utiliza valores nulos, é necessário entender os efeitos para conhecer mais a fundo a formulação de consultas.

Os valores nulos afetam as condições simples envolvendo operadores de comparação, condições compostas envolvendo operadores lógicos, cálculos agregados e agrupamentos. Assim como será possível observar, alguns dos efeitos do valor nulo são bem sutis. Por causa desses efeitos sutis, um bom projeto de tabela minimiza, embora normalmente não elimine, a utilização dos valores nulos. Os efeitos dos valores nulos descritos nesta seção estão especificados nos padrões SQL-92, SQL:1999 e SQL:2003. Alguns SGBDs específicos produzem resultados diferentes, assim, é necessário experimentar os efeitos em cada SGBD específico.

9.4.1 Efeito em Condições Simples

As condições simples envolvem um operador de comparação, uma coluna ou expressão da coluna, e uma constante, coluna ou expressão da coluna. A condição simples resulta em valor nulo se a coluna (ou expressão da coluna) em uma comparação for nula. Uma linha se qualifica no resultado se a condição simples for avaliada como verdadeira para a linha. As linhas avaliadas como falsas ou nulas são descartadas. O Exemplo 9.33 retrata uma condição simples avaliada como nula para uma das linhas.

| **EXEMPLO 9.33** | **Condição Simples Utilizando uma Coluna com Valores Nulos**

Listar os clubes (Tabela 9.11) com um orçamento maior que $ 200. O clube com orçamento nulo (C4) é omitido porque a condição o avalia como sendo valor nulo.

```
SELECT *
  FROM Clube
  WHERE OrcamentoClube > 200
``` |

NumClube	NomeClube	FinalidadeClube	OrcamentoClube	GastoRealClube
C1	DELTA	SOCIAL	R$1.000,00	R$1.200,00
C2	BITS	ACADEMIC	R$500,00	R$350,00
C3	HELPS	SERVICE	R$300,00	R$330,00

Pode ocorrer um resultado mais sutil quando uma condição simples envolve duas colunas e, pelo menos, uma coluna contém valores nulos. Se nenhuma coluna contiver valores nulos, toda coluna estará no resultado ou da condição simples ou do oposto (da negação) da condição simples. Por exemplo, se < for o operador da condição simples, a condição oposta contém ≥ como seu operador, supondo que as colunas permaneçam nas mesmas posições. Se pelo menos uma coluna contiver valores nulos, algumas linhas não aparecerão no resultado ou da condição simples ou da sua negação. Mais precisamente, as linhas contendo valores nulos são excluídas de ambos os resultados, assim como mostram os exemplos 9.34 e 9.35.

EXEMPLO 9.34

Condição Simples Envolvendo Duas Colunas

Listar os clubes com o orçamento maior que o gasto real. O clube com orçamento nulo (C4) é omitido porque a condição o avalia como sendo valor nulo.

SELECT *
FROM Clube
WHERE OrcamentoClube > GastoRealClube

NumClube	NomeClube	FinalidadeClube	OrcamentoClube	GastoRealClube
C2	BITS	ACADEMIC	$500,00	$350,00

EXEMPLO 9.35

Condição Oposta do Exemplo 9.32

Listar os clubes com o orçamento menor que ou igual ao gasto real. O clube com orçamento nulo (C4) é omitido porque a condição o avalia como sendo valor nulo.

SELECT *
FROM Clube
WHERE OrcamentoClube <= GastoRealClube

NumClube	NomeClube	FinalidadeClube	OrcamentoClube	GastoRealClube
C1	DELTA	SOCIAL	$1.000,00	$1.200,00
C3	HELPS	SERVICE	$300,00	$330,00

9.4.2 Efeito nas Condições Compostas

As condições compostas envolvem uma ou mais condições simples ligadas por operadores lógicos ou booleanos AND, OR e NOT. Assim como as condições simples, as condições compostas são avaliadas como verdadeiras, falsas ou nulas. Uma linha é selecionada se a condição composta inteira na cláusula WHERE for avaliada como verdadeira.

Para avaliar o resultado de uma condição composta, o padrão SQL:2003 utiliza tabelas verdade com três valores. Uma tabela verdade mostra como as combinações de valores (verdadeiro, falso ou nulo) combinam com os operadores booleanos. As tabelas verdade com três

TABELA 9.13
Tabela Verdade com AND

AND	Verdadeira	Falsa	Nula
Verdadeira	Verdadeira	Falsa	Nula
Falsa	Falsa	Falsa	Falsa
Nula	Nula	Falsa	Nula

TABELA 9.14
Tabela Verdade com OR

OR	Verdadeira	Falsa	Nula
Verdadeira	Verdadeira	Verdadeira	Verdadeira
Falsa	Verdadeira	Falsa	Nula
Nula	Verdadeira	Nula	Nula

TABELA 9.15
Tabela Verdade com NOT

NOT	Verdadeira	Falsa	Nula
	Falsa	Verdadeira	Nula

valores definem uma lógica trivalorada. As tabelas 9.13 a 9.15 retratam tabelas verdade para os operadores AND, OR e NOT. As células internas dessas tabelas são os valores do resultado. Por exemplo, a primeira célula interna (Verdadeira) da Tabela 9.13 resulta do operador AND aplicado a duas condições com valores verdadeiros. Para testar o conhecimento sobre tabelas verdade, utilizar os exemplos 9.36 e 9.37.

EXEMPLO 9.36

Avaliação de uma Condição Composta OR com um Valor Nulo

Listar os clubes com o orçamento menor que ou igual ao gasto real ou com gasto real menor que $ 200. O clube com orçamento nulo (C4) é incluído porque a segunda condição o avalia como verdadeiro.

SELECT *
FROM Clube
WHERE OrcamentoClube <= GastoRealClube OR GastoRealClube < 200

NumClube	NomeClube	FinalidadeClube	OrcamentoClube	GastoRealClube
C1	DELTA	SOCIAL	R$1.000,00	R$1.200,00
C3	HELPS	SERVICO	R$300,00	R$330,00
C4	SIGMA	SOCIAL		R$150,00

EXEMPLO 9.37

Avaliação de uma Condição Composta AND com um Valor Nulo

Listar os clubes (Tabela 9.11) com o orçamento menor que ou igual ao gasto real e com gasto real menor que $ 500. O clube com orçamento nulo (C4) não é incluído porque a primeira condição o avalia como nulo.

SELECT *
FROM Clube
WHERE OrcamentoClube <= GastoRealClube AND GastoRealClube < 500

NumClube	NomeClube	FinalidadeClube	OrcamentoClube	GastoRealClube
C3	HELPS	SERVICE	R$300,00	R$330,00

9.4.3 Efeito nos Cálculos Agregados e Agrupamentos

Os valores nulos são ignorados nos cálculos agregados. Embora essa instrução pareça simples, os resultados podem ser sutis. Para a função COUNT, COUNT(*) retorna um valor diferente de COUNT(coluna) se a coluna contiver valores nulos. COUNT(*) sempre retorna o número de linhas. COUNT(coluna) retorna o número de valores não nulos na coluna. O Exemplo 9.38 mostra a diferença entre COUNT(*) e COUNT(coluna).

EXEMPLO 9.38 **Função COUNT com Valores Nulos**

Listar a contagem de linhas na tabela *Clube* e a contagem de valores na coluna *OrcamentoClube*.

SELECT COUNT(*) AS QtdeLinhas,
       COUNT(OrcamentoClube) AS QtdeOrcamentos
FROM Clube

QtdeLinhas	QtdeOrcamentos
4	3

Um efeito ainda mais sutil pode ocorrer se as funções SUM ou AVG forem aplicadas a uma coluna com valores nulos. Sem considerar os valores nulos, a seguinte equação é verdadeira: SUM(Coluna1) + SUM(Coluna2) = SUM(Coluna1 + Coluna2). Com valores nulos em pelo menos uma das colunas, a equação pode não ser verdadeira porque um cálculo envolvendo valor nulo produz um valor nulo. Se Coluna1 contiver um valor nulo em uma linha, a operação de soma em SUM(Coluna1 + Coluna2) produz um valor nulo para aquela linha. No entanto, o valor de Coluna2 na mesma linha é computado em SUM(Coluna2). O Exemplo 9.39 mostra esse efeito sutil, utilizando o operador de subtração em vez do operador de adição.

EXEMPLO 9.39 **Função SUM com Valores Nulos**

Utilizando a tabela *Clube*, listar a soma dos valores do orçamento, a soma dos valores dos gastos reais, a diferença das duas somas e a soma das diferenças (orçamento – real). As duas últimas colunas são diferentes por causa de um valor nulo na coluna *OrcamentoClube*. Os parênteses incluem os valores negativos no resultado.

SELECT SUM(OrcamentoClube) AS TotalOrcamentos,
       SUM(GastoRealClube) AS TotalGastos,
       SUM(OrcamentoClube)–SUM(GastoRealClube) AS DiferencaTotal,
       SUM(OrcamentoClube–GastoRealClube) AS TotalDiferencas
FROM Clube

TotalOrcamentos	TotalGastos	DiferencaTotal	TotalDiferencas
R$1.800,00	R$2.030,00	(R$230,00)	(R$80,00)

Os valores nulos também podem afetar as operações de agrupamento executadas na cláusula GROUP BY. O padrão do SQL estipula que todas as linhas com valores nulos sejam agrupadas. A coluna do agrupamento mostra valores nulos no resultado. No banco de dados de uma universidade, esse tipo de operação de agrupamento é útil para encontrar oferecimentos de cursos sem professores designados, assim como mostra o Exemplo 9.40.

EXEMPLO 9.40

Agrupamento em uma Coluna com Valores Nulos

Para cada número do CPF de um professor na tabela *Oferecimento*, listar a quantidade de oferecimentos. No Microsoft Access e no Oracle, uma linha *Oferecimento* com um valor *CPFProf* nulo é exibido em branco. No Access, a linha nula é mostrada antes das linhas não nulas, como mostra a seguir. No Oracle, a linha nula é mostrada depois das linhas não nulas.

```
SELECT CPFProf, COUNT(*) AS QtdeLinhas
  FROM Oferecimento
  GROUP BY CPFProf
```

CPFProf	QtdeLinhas
	2
098-76-5432	3
543-21-0987	1
654-32-1098	2
765-43-2109	2
876-54-3210	1
987-65-4321	2

Considerações Finais

O Capítulo 9 apresentou os recursos de formulação de consulta avançada com ênfase na combinação complexa entre tabelas e um subconjunto mais amplo do SQL. Os problemas complexos de combinação incluem a junção externa com suas variações (de um lado e completa) e os problemas envolvendo os operadores de diferença e divisão de álgebra relacional. Além dos novos tipos de problemas e das novas partes da instrução SELECT, este capítulo apresentou explicações dos efeitos sutis dos valores nulos para facilitar a compreensão da formulação de consultas.

O capítulo abordou duas partes novas da instrução SELECT. As palavras-chave LEFT, RIGHT e FULL, como parte do estilo do operador de junção, dando suporte às operações de junção externa. As consultas aninhadas são uma consulta dentro de outra consulta. Para compreender o efeito de uma consulta aninhada, é necessário verificar as tabelas utilizadas tanto na consulta interna como na externa. Se não houver tabelas comuns, a consulta aninhada é executada uma vez (consulta aninhada Tipo I). Do contrário, a consulta aninhada é executada uma vez para cada linha de uma consulta externa (consulta aninhada Tipo II). As consultas aninhadas Tipo I são normalmente utilizadas para formular junções como parte das instruções SELECT e DELETE. As consultas aninhadas Tipo I com o operador NOT IN e as consultas aninhadas Tipo II com o operador NOT EXISTS são úteis em problemas envolvendo o operador de diferença. As consultas aninhadas Tipo I na cláusula HAVING são úteis em problemas envolvendo o operador divisão.

Embora os recursos avançados de consulta não sejam tão aplicados como os recursos fundamentais abordados no Capítulo 4, eles são importantes quando necessários. Se o usuário dominar os recursos avançados, ele fica em posição competitiva.

Os capítulos 4 e 9 apresentaram importantes recursos da formulação de consultas e grande parte da instrução SELECT do SQL. Apesar dessa abrangência, ainda há muito a aprender. Existem problemas de combinação ainda mais complexos e outras partes da instrução SELECT que não foram descritas. O aluno deve buscar aprimorar suas habilidades, consultando o material de referência citado no final do capítulo. Além disso, não foi abordado ainda como aplicar as habilidades de formulação de consulta na criação de aplicações. No Capítulo 10, o aluno terá oportunidade de aplicar suas habilidades para criar aplicações com visões e, no Capítulo 11, com procedimentos armazenados e gatilhos.

Revisão de Conceitos

- Formulação de junções externas de um lado com Access e Oracle (9i e versões posteriores).

    SELECT NumOfer, NumCurso, Oferecimento.CPFProf, Professor.CPFProf,
            NomeProf, SobrenomeProf
      FROM Oferecimento LEFT JOIN Professor
            ON Oferecimento.CPFProf = Professor.CPFProf
      WHERE NumCurso = 'SI480'

- Formulação de junções externas completas utilizando a palavra-chave FULL JOIN (SQL:2003 e Oracle 9i e versões posteriores).

    SELECT CPFProf, NomeProf, SobrenomeProf, SalarioProf,
            CPFAluno, NomeAluno, SobrenomeAluno, MediaGeralAluno
      FROM Professor FULL JOIN Aluno
            ON Aluno.CPFAluno = Professor.CPFProf

- Formulação de junções externas completas combinando duas junções externas de um lado no Access.

    SELECT CPFProf, NomeProf, SobrenomeProf, SalarioProf,
            CPFAluno, NomeAluno, SobrenomeAluno, MediaGeralAluno
      FROM Professor RIGHT JOIN Aluno
            ON Aluno.CPFAluno = Professor.CPFProf
                UNION
    SELECT CPFProf, NomeProf, SobrenomeProf, SalarioProf,
            CPFAluno, NomeAluno, SobrenomeAluno, MediaGeralAluno
      FROM Professor LEFT JOIN Aluno
            ON Aluno.CPFAluno = Professor.CPFProf

- Combinação de junções interna e externa (Access e Oracle 9i e versões posteriores).

    SELECT NumOfer, Oferecimento.NumCurso, PeriodoOfer, DescrCurso,
            Professor.CPFProf, NomeProf, SobrenomeProf
      FROM (Professor RIGHT JOIN Oferecimento
            ON Oferecimento.CPFProf = Professor.CPFProf   )
        INNER JOIN Curso
            ON Curso.NumCurso = Oferecimento.NumCurso
      WHERE AnoOfer = 2006

- Compreensão de que as condições na cláusula WHERE ou HAVING podem utilizar instruções SELECT além dos valores (individuais) escalares.
- Identificação de consultas aninhadas Tipo I por meio da palavra-chave IN e da falta de referência a uma tabela utilizada em uma consulta externa.
- Utilização da consulta aninhada Tipo I para formular uma junção.

    SELECT DISTINCT CPFAluno, NomeAluno, SobrenomeAluno,
                    Especializacao
      FROM Aluno
      WHERE Aluno.CPFAluno IN
          (SELECT CPFAluno FROM Matricula
              WHERE NotaMatr >= 3,5   )

- Utilização da consulta aninhada Tipo I dentro de uma instrução DELETE para testar condições em uma tabela relacionada.

```
DELETE FROM Oferecimento
  WHERE Oferecimento.CPFProf IN
    (  SELECT CPFProf FROM Professor
       WHERE NomeProf = 'LEONARD'
       AND SobrenomeProf = 'VINCE'   )
```

- Não utilização da consulta aninhada Tipo I para uma junção quando uma coluna da consulta aninhada é necessária no resultado da consulta final.
- Identificação de declarações do problema envolvendo o operador de diferença: as palavras *não* ou *somente* relacionando dois substantivos em uma sentença.
- Formulações limitadas em SQL para problemas de diferença: consultas aninhadas Tipo I com o operador NOT IN, junção externa de um lado com uma condição IS NULL e operação de diferença utilizando as palavras-chave EXCEPT ou MINUS.
- Utilização da consulta aninhada Tipo I com o operador NOT IN para problemas de diferença envolvendo a comparação de uma coluna única.

```
SELECT CPFProf, NomeProf, SobrenomeProf, DeptoProf,
       SalarioProf
 FROM Professor
 WHERE CPFProf NOT IN
    (  SELECT CPFAluno FROM Aluno   )
```

- Identificação de consultas aninhadas Tipo II por meio de uma referência a uma tabela utilizada em uma consulta externa.
- Utilização de consultas aninhadas Tipo II com o operador NOT EXISTS para problemas complexos de diferença.

```
SELECT CPFProf, NomeProf, SobrenomeProf, DeptoProf,
       SalarioProf
 FROM Professor
 WHERE NOT EXISTS
    (  SELECT * FROM Aluno
       WHERE Aluno.CPFAluno = Professor.CPFProf   )
```

- Utilização da consulta aninhada na cláusula FROM para computar agregados aninhados ou agregados para mais de um agrupamento.

```
SELECT T.NumCurso, T.DescrCurso, COUNT(*) AS QtdeOferecimentos,
       Avg(T.ContagemMatriculas) AS MediaMatriculas
 FROM
    (  SELECT Curso.NumCurso, DescrCurso,
              Oferecimento.NumOfer, COUNT(*) AS ContagemMatriculas
       FROM Oferecimento, Matricula, Curso
       WHERE Oferecimento.NumOfer = Matricula.NumOfer
       AND Curso.NumCurso = Oferecimento.NumCurso
       GROUP BY Curso.NumCurso, DescrCurso, Oferecimento.NumOfer ) T
 GROUP BY T.NumCurso, T.DescrCurso
```

- Identificação de declarações do problema envolvendo o operador divisão: a palavra *todo* ou *todos* ligando partes diferentes de uma sentença.
- Utilização do método de contagem para formular problemas de divisão.

```
SELECT NumAluno
 FROM Filiacao
 GROUP BY NumAluno
 HAVING COUNT(*) = (  SELECT COUNT(*) FROM Clube   )
```

- Avaliação de uma condição simples contendo um valor nulo em uma expressão da coluna.
- Utilização de lógica trivalorada e tabelas verdade para avaliar condições compostas com valores nulos.
- Compreensão do resultado dos cálculos agregados com valores nulos.
- Compreensão do resultado do agrupamento em uma coluna com valores nulos.

Questões

1. Explicar uma situação em que uma junção externa de um lado é útil.
2. Explicar uma situação em que uma junção externa completa é útil.
3. Qual a interpretação do significado das palavras-chave LEFT e RIGHT JOIN na cláusula FROM?
4. Qual a interpretação das palavras-chave FULL JOIN na cláusula FROM?
5. Como é executada a junção externa completa em implementações de SQL (como no Microsoft Access e Oracle 8i) que não têm suporte às palavras-chave FULL JOIN?
6. O que é consulta aninhada?
7. Qual característica faz a distinção da aparência das consultas aninhadas Tipo I?
8. Qual característica faz a distinção da aparência das consultas aninhadas Tipo II?
9. Quantas vezes a consulta aninhada Tipo I é executada como parte de uma consulta externa?
10. Em um programa, como a consulta aninhada Tipo I funciona como procedimento?
11. Quantas vezes a consulta aninhada Tipo II é executada como parte de uma consulta externa?
12. Em um programa, como a consulta aninhada Tipo II funciona como um laço aninhado?
13. Qual o significado do operador de comparação IN?
14. Qual o significado do operador de comparação EXISTS?
15. Qual o significado do operador de comparação NOT EXISTS?
16. Quando a consulta aninhada Tipo I não pode ser utilizada para executar uma junção?
17. Por que a consulta aninhada Tipo I é um bom método quando uma junção é necessária em uma instrução DELETE?
18. Por que o SQL:2003 permite consultas aninhadas na cláusula FROM?
19. Identificar duas situações em que são necessárias consultas aninhadas na cláusula FROM.
20. Como se detecta se um problema envolve uma operação de divisão?
21. Explicar o método de "contagem" para a formulação de problemas de divisão.
22. Por que algumas vezes é necessário utilizar a palavra-chave DISTINCT dentro de uma função COUNT para problemas de divisão?
23. Qual o resultado de uma condição simples quando a expressão de uma coluna na condição é avaliada como nula?
24. O que é tabela verdade?
25. Quantos valores as tabelas verdade possuem no padrão SQL:2003?
26. Como as tabelas verdade são utilizadas para avaliar condições compostas?
27. Como os valores nulos afetam os cálculos agregados?
28. Explicar por que a seguinte equação pode não ser verdadeira se Coluna1 ou Coluna2 contiver valores nulos: *SUM(Coluna1) − SUM(Coluna2) = SUM(Coluna1 − Coluna2)*
29. Como os valores nulos são tratados na coluna de um agrupamento?
30. No Access, como se compensa a falta de uma palavra-chave DISTINCT dentro de uma função COUNT?
31. Quando se pode utilizar uma consulta aninhada Tipo I com o operador NOT IN para formular uma operação de diferença em SQL?

32. Quando se pode utilizar uma junção externa de um lado com uma condição IS NULL para formular uma operação de diferença em SQL?

33. Quando se pode utilizar uma operação com a palavra-chave MINUS no SQL para formular uma operação de diferença em SQL?

34. Qual a maneira mais geral de formular operações de diferença em instruções do SQL?

Problemas

Os problemas utilizam as tabelas do banco de dados de Entrada de Pedidos introduzido na seção Problemas do Capítulo 4. Ao formular os problemas, lembre-se de que a chave estrangeira *NumFunc* na tabela *Pedido* permite valores nulos. O pedido não possui funcionário associado se foi feito pela Internet.

1. Utilizando a consulta aninhada Tipo I, listar o número do cliente, o nome completo (nome e sobrenome) e a cidade de cada cliente com saldo maior que $ 150 e com pedido feito em fevereiro de 2007.

2. Utilizando a consulta aninhada Tipo II, listar o número do cliente, o nome completo (nome e sobrenome) e a cidade de cada cliente com saldo maior que $ 150 e com pedido feito em fevereiro de 2007.

3. Utilizando duas consultas aninhadas Tipo I, listar o número do produto, o nome e o preço de produtos maior que $ 150, pedidos em 23 de janeiro de 2007.

4. Utilizando duas consultas aninhadas Tipo I e outro estilo de junção, listar o número do produto, o nome e o preço de produtos com um preço maior que $ 150, pedidos em janeiro de 2007 por clientes com saldo maior que $ 400.

5. Listar o número do pedido, a data do pedido, o número do funcionário e o nome completo do funcionário (nome e sobrenome) de pedidos feitos em 23 de janeiro de 2007. Listar o pedido mesmo não havendo funcionário associado.

6. Listar o número do pedido, a data do pedido, o número do funcionário, o nome completo do funcionário (nome e sobrenome), o número do cliente e o nome completo do cliente (nome e sobrenome) de pedidos feitos em 23 de janeiro de 2007. Listar o pedido mesmo não havendo funcionário associado.

7. Listar todas as pessoas do banco de dados. A tabela resultante deve ter todas as colunas das tabelas *Cliente* e *Funcionário*. Comparar o nome e sobrenome nas tabelas *Cliente* e *Funcionário*. Se algum cliente não corresponder a nenhum funcionário, as colunas pertencentes à tabela *Funcionário* ficarão em branco. Do mesmo modo, se algum funcionário não corresponder a nenhum cliente, as colunas pertencentes à tabela *Cliente* ficarão em branco.

8. Para cada produto Jato de tinta pedido em janeiro de 2007, listar o número do pedido, a data do pedido, o número do cliente, o nome conmpleto do cliente (nome e sobrenome), o número do funcionário (se houver), o nome completo do funcionário (nome e sobrenome), a quantidade pedida, o número do produto e o nome do produto. Incluir produtos contendo Jato de tinta no nome do produto. Incluir tanto os pedidos por Internet (sem funcionário) como por telefone (recebidas por um funcionário).

9. Utilizando a consulta aninhada Tipo II, listar o número do cliente e o nome dos clientes de Colorado que não fizeram pedidos em fevereiro de 2007.

10. Repetir o problema 9 utilizando a consulta aninhada Tipo I com uma condição NOT IN em vez de utilizar a consulta aninhada. Se o problema não puder ser formulado dessa maneira, explicar a razão.

11. Repetir o problema 9 utilizando a palavra-chave MINUS. Observar que o Access não suporta a palavra-chave MINUS. Se o problema não puder ser formulado dessa maneira, explicar a razão.

12. Repetir o problema 9 utilizando uma junção externa de um lado e uma condição IS NULL. Se o problema não puder ser formulado dessa maneira, explicar a razão.

13. Utilizando a consulta aninhada Tipo II, listar o número do funcionário, o nome e sobrenome dos funcionários com código de área (720) que não receberam pedidos. O funcionário tem código de área (720) se o número do telefone tiver a *string* (720) no início do valor da coluna.

14. Repetir o problema 13 utilizando a consulta aninhada Tipo I com uma condição NOT IN em vez de utilizar uma consulta aninhada. Se o problema não puder ser formulado dessa maneira, explicar a razão. (Dica: refletir com cuidado sobre o efeito dos valores nulos na coluna *Pedido.NumFunc*.)

15. Repetir o problema 9 utilizando uma junção externa de um lado e uma condição IS NULL. Se o problema não puder ser formulado dessa maneira, explicar a razão.

16. Repetir o problema 9 utilizando a palavra-chave MINUS. Observar que o Access não suporta a palavra-chave MINUS. Se o problema não puder ser formulado dessa maneira, explicar a razão.

17. Listar o número do pedido e a data dos pedidos contendo apenas um produto com as palavras Jato de tinta na descrição do produto.

18. Listar o número do cliente e o nome completo (nome e sobrenome) dos clientes que pediram produtos fabricados somente pela Connex. Incluir somente os clientes que pediram pelo menos um produto fabricado pela Connex. Remover do resultado as linhas em duplicidade.

19. Listar o número do pedido e a data dos pedidos contendo todo produto com as palavras Jato de tinta na descrição do produto.

20. Listar o número do produto e o nome dos produtos contidos em todo pedido feito de 7 de janeiro de 2007 a 9 de janeiro de 2007.

21. Listar o número do cliente e o nome completo (nome e sobrenome) dos clientes que pediram todo produto fabricado pela ColorMeg, Inc. em janeiro de 2007.

22. Utilizando a consulta aninhada Tipo I, excluir os pedidos feitos pela cliente Betty Wise em janeiro de 2007. A ação CASCADE DELETE excluirá as linhas relacionadas na tabela *LinhaPedido*.

23. Utilizando a consulta aninhada Tipo I, excluir os pedidos feitos por clientes de Colorado recebidos por Landi Santos em janeiro de 2007. A ação CASCADE DELETE excluirá as linhas relacionadas na tabela *LinhaPedido*.

24. Listar o número do pedido e a data dos pedidos em que qualquer parte do endereço de entrega do pedido (rua, cidade, estado e CEP) seja diferente do endereço do cliente.

25. Listar o número do funcionário e o nome completo (nome e sobrenome) dos funcionários que receberam pedidos em janeiro de 2007 de todo cliente de Seattle.

26. Para clientes do Colorado, computar o montante médio de seus pedidos. O montante médio dos pedidos de um cliente é a soma do montante (a quantidade pedida multiplicada pelo preço do produto) de cada pedido dividida pelo número de pedidos. O resultado deve incluir o número do cliente, o sobrenome do cliente e o montante médio dos pedidos.

27. Para clientes do Colorado, computar o montante médio de seus pedidos e o número de pedidos feitos. O resultado deve incluir o número do cliente, o sobrenome do cliente, o montante médio do pedido e o número de pedidos feitos. Esse problema é muito difícil de ser formulado no Access.

28. Para clientes do Colorado, computar o número de produtos únicos pedidos. Se um produto for comprado em múltiplos pedidos, ele deve ser contado apenas uma vez. O resultado deve incluir o número do cliente, o sobrenome do cliente e o número dos produtos únicos pedidos.

29. Para cada funcionário com comissão menor que 0,04, computar a quantidade de pedidos feitos e o número médio de produtos por pedido. O resultado deve incluir o número do funcionário, o sobrenome do funcionário, o número de pedidos feitos e a quantidade média de produtos por pedido. No Access, esse problema é muito difícil de ser formulado como instrução SELECT única.

30. Para cada produto da Connex, computar a quantidade de clientes únicos que pediram o produto em janeiro de 2007. O resultado deve incluir o número do produto, o nome do produto e a quantidade de clientes únicos.

Problemas com Valores Nulos

Os problemas a seguir são baseados nas tabelas *Produto* e *Funcionario* do banco de dados de Entrada de Pedidos. Para facilitar, as tabelas serão repetidas adiante. A coluna *ProxDataRecebimento* contém a próxima data de recebimento esperada para o produto. Se o valor for nulo, um novo recebimento não foi providenciado. Uma remessa pode não ter sido programada por várias razões, por exemplo, a grande quantidade disponível ou a indisponibilidade do produto por parte do fabricante. Na tabela *Funcionario*, a taxa de comissão pode ser nula indicando que ainda não foi designada. Um valor nulo em *NumFuncSuper* indica que o funcionário não se reporta a nenhum superior.

Produto

NumProd	NomeProd	MarcaProd	QtdeEstoqProd	PrecoProd	ProxDataRecebimento
P0036566	Monitor colorido 17 pol	ColorMeg, Inc.	12	R$169,00	20/02/2007
P0036577	Monitor colorido 19 pol	ColorMeg, Inc.	10	R$319,00	20/02/2007
P1114590	Impressora laser colorida R3000	Connex	5	R$699,00	22/01/2007
P1412138	Cabo para impressora 10 pés	Ethlite	100	R$12,00	
P1445671	Filtro de linha c/ 8 tomadas	Intersafe	33	R$14,99	
P1556678	Impressora jato de tinta colorida	Connex	8	R$99,00	22/01/2007
P3455443	Cartucho jato de tinta colorida	Connex	24	R$38,00	22/01/2007
P4200344	Scanner colorido 36 Bits	UV Components	16	R$199,99	29/01/2007
P6677900	Cartucho jato de tinta preta	Connex	44	R$25,69	
P9995676	Sistema de backup por bateria	Cybercx	12	R$89,00	01/02/2007

Funcionario

NumFunc	NomeFunc	SobrenomeFunc	FoneFunc	EmailFunc	NumFuncSuper	TxComFunc
E1329594	Landi	Santos	(303) 789-1234	LSantos@bigco.com	E8843211	0,02
E8544399	Joe	Jenkins	(303) 221-9875	JJenkins@bigco.com	E8843211	0,02
E8843211	Amy	Tang	(303) 556-4321	ATang@bigco.com	E9884325	0,04
E9345771	Colin	White	(303) 221-4453	CWhite@bigco.com	E9884325	0,04
E9884325	Thomas	Johnson	(303) 556-9987	TJohnson@bigco.com		0,05
E9954302	Mary	Hill	(303) 556-9871	MHill@bigco.com	E8843211	0,02
E9973110	Theresa	Beck	(720) 320-2234	TBeck@bigco.com	E9884325	

1. Identificar as linhas de resultado na seguinte instrução SELECT. A instrução está mostrada nas versões de Access e Oracle.

    Access:

    SELECT *
    FROM Produto
    WHERE ProxDataRecebimento = #22-Jan-2007#

    Oracle:

    SELECT *
    FROM Produto
    WHERE ProxDataRecebimento = '22-Jan-2007';

2. Identificar as linhas de resultado na seguinte instrução SELECT:

    Access:

    SELECT *
    FROM Produto
    WHERE ProxDataRecebimento = #22/1/2007#
        AND PrecoProd < 100

    Oracle:

    SELECT *
    FROM Produto
    WHERE ProxDataRecebimento = '22-Jan-2007'
        AND PrecoProd < 100;

3. Identificar as linhas de resultado na seguinte instrução SELECT:

   Access:

   SELECT *
     FROM Produto
     WHERE ProxDataRecebimento = #22/1/2007#
        OR PrecoProd < 100

   Oracle:

   SELECT *
     FROM Produto
     WHERE ProxDataRecebimento = '22-Jan-2007'
        OR PrecoProd < 100;

4. Determinar o resultado da seguinte instrução SELECT:

   SELECT COUNT(*) AS QtdeLinhas,
          COUNT(ProxDataRecebimento) AS QtdeDatasRecebimentos
     FROM Produto

5. Determinar o resultado da seguinte instrução SELECT:

   SELECT ProxDataRecebimento, COUNT(*) AS QtdeLinhas
     FROM Produto
     GROUP BY ProxDataRecebimento

6. Determinar o resultado da seguinte instrução SELECT:

   SELECT MarcaProd, ProxDataRecebimento, COUNT(*) AS QtdeLinhas
     FROM Produto
     GROUP BY MarcaProd, ProxDataRecebimento

7. Determinar o resultado da seguinte instrução SELECT:

   SELECT ProxDataRecebimento, MarcaProd, COUNT(*) AS QtdeLinhas
     FROM Produto
     GROUP BY ProxDataRecebimento, MarcaProd

8. Identificar as linhas de resultado na seguinte instrução SELECT:

   SELECT NomeFunc, SobrenomeFunc
     FROM Funcionario
     WHERE TxComFunc > 0,02

9. Determinar o resultado da seguinte instrução SELECT:

   SELECT NumFuncSuper, AvG(TxComFunc) AS MediaTaxasComissoes
     FROM Funcionario
     GROUP BY NumFuncSuper

10. Determinar o resultado da seguinte instrução SELECT. A instrução computa a taxa média de comissão dos funcionários subordinados. O resultado inclui o número do funcionário, o nome e sobrenome do funcionário de supervisão e o montante médio de comissão dos funcionários subordinados.

    SELECT Emp.NumFuncSuper, Sup.NomeFunc, Sup.SobrenomeFunc,
           AvG(Emp.TxComFunc) AS MediaTaxasComissoes

```
    FROM Funcionario Emp, Funcionario Sup
    WHERE Emp.NumFuncSuper = Sup.NumFunc
    GROUP BY Emp.NumFuncSuper, Sup.NomeFunc, Sup.SobrenomeFunc
```

11. Utilizando o conhecimento sobre avaliação de valor nulo, explicar por que essas duas instruções do SQL geram resultados diferentes para o banco de dados de Entrada de Pedidos. Lembrar-se de que valores nulos são permitidos para *Pedido.NumFunc*.

```
SELECT NumFunc, SobrenomeFunc, NomeFunc
    FROM Funcionario
    WHERE NumFunc NOT IN
    (   SELECT NumFunc FROM Pedido WHERE NumFunc IS NOT NULL   )

SELECT NumFunc, SobrenomeFunc, NomeFunc
    FROM Funcionario
    WHERE NumFunc NOT IN
    (   SELECT NumFunc FROM Pedido   )
```

Referências para Estudos Adicionais

A maioria dos livros didáticos para estudantes de administração não trata da formulação de consulta e do SQL com tantos detalhes quanto os tratados aqui. Para um estudo do SQL mais abrangente que o abordado neste livro, o estudante deve consultar o resumo dos livros de SQL em www.ocelot.ca/books.htm. Para obter informações sobre os novos recursos do SQL:1999, ler Melton e Simon (2001). Groff e Weinberg (1999) abordam várias notações para junções externas disponíveis em SGBDs comerciais. Os sites *DBAZine* (www.dbazine.com) e *DevX.com Database Zone* (www.devx.com) contêm muitas orientações práticas sobre formulação de consultas e SQL. Para obter orientações de produtos específicos de SQL, o site *Advisor.com* (www.advisor.com) contém publicações técnicas especializadas para Microsoft SQL Server e Microsoft Access. A documentação do Oracle pode ser encontrada no site *Oracle Technet* (www.oracle.com/technology)

Apêndice 9.A

Utilização de Múltiplas Instruções no Microsoft Access

O Microsoft Access permite utilizar múltiplas instruções SELECT em vez de consultas aninhadas na cláusula FROM. Em alguns casos, a utilização de múltiplas instruções proporciona uma formulação mais simples que a utilização de consultas aninhadas na cláusula FROM. Por exemplo, em vez de utilizar DISTINCT dentro de COUNT, assim como no Exemplo 9.29, pode-se utilizar uma consulta armazenada com a palavra-chave DISTINCT seguida da palavra-chave SELECT. No Exemplo 9A.1, a primeira consulta armazenada (Temp9A-1) encontra as combinações únicas de nome de professor e número de curso. Observar o uso da palavra-chave DISTINCT para eliminar as duplicidades. A segunda consulta armazenada (Temp9A-2) encontra os números de curso únicos na tabela *Oferecimento*. A consulta final combina as duas consultas armazenadas. Observar que é possível utilizar as consultas armazenadas do mesmo modo como são utilizadas as tabelas. Utilizar simplesmente o nome da consulta armazenada na cláusula FROM.

EXEMPLO 9A.1 **Utilização de Consultas Armazenadas em vez de Consultas Aninhadas na Cláusula FROM**

Listar o nome do professor que lecionou, pelo menos, uma parte de todos os cursos de sistemas de informação do outono de 2005. O resultado é idêntico ao do Exemplo 9.29.

Temp9A-1

```
SELECT DISTINCT Professor.CPFProf, NomeProf, SobrenomeProf, NumCurso
  FROM Professor, Oferecimento
  WHERE Professor.CPFProf = Oferecimento.CPFProf
    AND PeriodoOfer = 'OUTONO' AND AnoOfer = 2005
    AND NumCurso LIKE 'SI*'
```

Temp9A-2

```
SELECT DISTINCT NumCurso
  FROM Oferecimento
  WHERE PeriodoOfer = 'OUTONO' AND AnoOfer = 2005
    AND NumCurso LIKE 'SI*'
```

```
SELECT CPFProf, NomeProf, SobrenomeProf
  FROM [Temp9A-1]
  GROUP BY CPFProf, NomeProf, SobrenomeProf
  HAVING COUNT(*) = ( SELECT COUNT(*) FROM [Temp9A-2]   )
```

Apêndice 9.B

Resumo da Sintaxe do SQL:2003

Este apêndice apresenta um resumo da sintaxe do SQL:2003 para instruções SELECT aninhadas (subconsultas) e operações de junção externa apresentadas no Capítulo 9. Para obter informações de sintaxe de outras variações da instrução SELECT aninhada e operações de junção externa não apresentadas no Capítulo 9, consultar um livro de referência de SQL:1999 ou SQL:2003. As instruções SELECT aninhadas podem ser utilizadas na cláusula FROM e na cláusula WHERE das instruções SELECT, UPDATE e DELETE. As convenções utilizadas na notação de sintaxe são idênticas às utilizadas no final do Capítulo 3.

Sintaxe Expandida para Consultas Aninhadas na Cláusula FROM

```
<Especificacao-Tabela>:
            {  <Tabela-Simples>      | -- definida no Capítulo 4
               <Operacao-Juncao>     | -- definida no Capítulo 4
               <SELECT-Simples>   [ [ AS ]  NomeAlias  ]  }
         -- <SELECT-Simples> definida no Capítulo 4
```

Sintaxe Expandida para Condições de Linha

```
<Condicao-Linha>:
{   <Condicao-Simples>    |   -- definida no Capítulo 4
            <Condicao-Composta>   |   -- definida no Capítulo 4
            <Condicao-Existencia>   |
            <Condicao-Elemento>   }

<Condicao-Existencia>: [NOT] EXISTS <SELECT-Simples>

<SELECT-Simples>:    -- definida no Capítulo 4

<Condicao-Elemento>:
 <Expressao-Escalar> <Operador-Elemento>( <SELECT-Simples> )

<Operador-Elemento>:
 {  =  |  <  |  >  |  >=  |  <=  |  <>  |  [ NOT ] IN  }

<Expressao-Escalar>:    --definida no Capítulo 4
```

Sintaxe Expandida para Condições de Grupo

```
<Condicao-Grupo-Simples>: -- A última opção é nova
{   <Coluna-Expressao> OperadorComparacao <Coluna-Expressao> |
    <Coluna-Expressao> [NOT] IN (  Constante*  )  |
    <Coluna-Expressao> BETWEEN <Coluna-Expressao>
       AND <Coluna-Expressao> |
    <Coluna-Expressao> IS [NOT] NULL   |
    NomeColuna [NOT] LIKE PadraoCaracteres   |
    <Condicao-Existencia>   |
    <Coluna-Expressao> <Operador-Elemento> <SELECT-Simples>   }

<Coluna-Expressao>: -- definida no Capítulo 4
```

Sintaxe Expandida para Operações de Junção Externa

```
<Operacao-Juncao>:
            {  <Tabela-Simples> <Operador-Juncao> <Tabela-Simples>
              ON <Condicao-Juncao>   |
              {  <Tabela-Simples>  |  <Operacao-Juncao>  }  <Operacao-Juncao>
                {  <Tabela-Simples>  |  <Operacao-Juncao>  }
              ON <Condicao-Juncao>   |
              (  <Operacao-Juncao>  )  }
```

```
<Operador-Juncao>:
{  [  INNER   ] JOIN   |
   LEFT [  OUTER  ] JOIN   |
   RIGHT [  OUTER  ] JOIN   |
   FULL [  OUTER  ] JOIN   }
```

Apêndice 9.C

Notação em Oracle 8i para Junções Externas

Até a versão anterior (9i), o Oracle utilizava uma extensão proprietária para junções externas de um lado. Para expressar uma junção externa de um lado no Oracle 8i SQL, é necessário utilizar a notação (+) como parte de uma condição de junção na cláusula WHERE. A notação (+) é colocada imediatamente após a coluna de junção da tabela nula, ou seja, na tabela com valores nulos no resultado. Em contrapartida, no SQL:2003, as palavras-chave LEFT e RIGHT são colocadas depois da tabela em que as linhas não combinadas são preservadas no resultado. As formulações em Oracle 8i dos Exemplos 9.1, 9.2, 9.3, 9.4 e 9.5 demonstram a notação (+).

EXEMPLO 9.1 (Oracle 8i)

Junção Externa de um Lado com Símbolo de Junção Externa no Lado Direito de uma Condição de Junção

A notação (+) é colocada depois da coluna *Professor.CPFProf* em uma condição de junção porque *Professor* é a tabela nula no resultado.

```
SELECT NumOfer, NumCurso, Oferecimento.CPFProf, Professor.CPFProf,
       NomeProf, SobrenomeProf
  FROM Professor, Oferecimento
  WHERE Oferecimento.CPFProf = Professor.CPFProf (+)
    AND NumCurso LIKE 'SI%'
```

EXEMPLO 9.2 (Oracle 8i)

Junção Externa de um Lado com Símbolo de Junção Externa no Lado Esquerdo de uma Condição de Junção

A notação (+) é colocada depois da coluna *Professor.CPFProf* em uma condição de junção porque *Professor* é a tabela nula no resultado.

```
SELECT NumOfer, NumCurso, Oferecimento.CPFProf, Professor.CPFProf,
       NomeProf, SobrenomeProf
  FROM Professor, Oferecimento
  WHERE Professor.CPFProf (+) = Oferecimento.CPFProf
    AND NumCurso LIKE 'SI%'
```

EXEMPLO 9.3
(Oracle 8i)

Junção Externa Completa Utilizando uma União de Duas Junções Externas de um Lado

Combinar as tabelas *Professor* e *Aluno* utilizando uma junção externa completa. Listar o número do CPF, o nome completo (nome e sobrenome), o salário (somente de professores) e a média de notas (somente de alunos) no resultado.

    SELECT CPFProf, NomeProf, SobrenomeProf, SalarioProf,
          CPFAluno, NomeAluno, SobrenomeAluno, MediaGeralAluno
    FROM Professor, Aluno
    WHERE Aluno.CPFAluno = Professor.CPFProf (+)
        UNION
    SELECT CPFProf, NomeProf, SobrenomeProf, SalarioProf,
          CPFAluno, NomeAluno, SobrenomeAluno, MediaGeralAluno
    FROM Professor, Aluno
    WHERE Aluno.CPFAluno (+) = Professor.CPFProf

EXEMPLO 9.4
(Oracle 8i)

Combinação de uma Junção Externa de um Lado e uma Junção Interna

Combinar as colunas das tabelas *Professor, Oferecimento* e *Curso* para cursos de SI oferecidos em 2006. Incluir uma linha no resultado mesmo não havendo professor designado.

    SELECT NumOfer, Oferecimento.NumCurso, PeriodoOfer, DescrCurso,
          Professor.CPFProf, NomeProf, SobrenomeProf
    FROM Professor, Oferecimento, Curso
    WHERE Oferecimento.CPFProf = Professor.CPFProf (+)
      AND Curso.NumCurso = Oferecimento.NumCurso
      AND Curso.NumCurso LIKE 'SI%' AND AnoOfer = 2006

EXEMPLO 9.5
(Oracle 8i)

Combinação de uma Junção Externa de um Lado e Duas Junções Internas

Listar as linhas da tabela *Oferecimento* em que haja pelo menos um aluno matriculado, além dos requisitos do Exemplo 9.6. Remover as linhas em duplicidade quando houver mais de um aluno matriculado em um oferecimento.

    SELECT DISTINCT Oferecimento.NumOfer, Oferecimento.NumCurso,
          PeriodoOfer, DescrCurso, Professor.CPFProf, NomeProf,
          SobrenomeProf
    FROM Professor, Oferecimento, Curso, Matricula
    WHERE Oferecimento.CPFProf = Professor.CPFProf (+)
      AND Curso.NumCurso = Oferecimento.NumCurso
      AND Oferecimento.NumOfer = Matricula.NumOfer
      AND Curso.NumCurso LIKE 'SI%' AND AnoOfer = 2006

É preciso observar que a extensão proprietária do Oracle é inferior à notação do SQL:2003. A extensão proprietária não permite especificação da ordem de execução das junções externas. Essa limitação pode ser problemática em problemas difíceis envolvendo mais de uma junção externa. Portanto, deve-se utilizar a sintaxe de junção externa do SQL:2003 embora as versões posteriores do Oracle (9i e versões posteriores) ainda suportem a extensão proprietária utilizando o símbolo (+).

Capítulo 10

Desenvolvimento de Aplicações com Visões

Objetivos de Aprendizagem

Neste capítulo, serão apresentados os conceitos básicos sobre visões e apresentados os usos de visões em formulários e relatórios. No final deste capítulo, o aluno deverá ter adquirido os seguintes conhecimentos e habilidades:

- Escrever instruções CREATE VIEW.
- Escrever instruções que utilizam visões.
- Compreender as idéias básicas das estratégias de modificação e materialização para processamento de consultas com visões.
- Aplicar as regras para determinar se as visões de tabela única e múltiplas tabelas são atualizáveis.
- Determinar requisitos de dados para formulários hierárquicos.
- Escrever consultas que fornecem dados aos formulários hierárquicos.
- Formular consultas que proporcionam entrada para relatórios hierárquicos.

Visão Geral

Nos capítulos 3, 4 e 9, foram introduzidos os fundamentos básicos que permitem compreender os bancos de dados relacionais e a formulação de consultas em SQL. Acima de tudo, os capítulos apresentaram inúmeros exemplos práticos que permitiram aprofundar as habilidades para a solução de problemas na formulação de consultas e aprender diferentes partes do SQL. Este capítulo mostra como aplicar as habilidades de formulação de consultas para criar aplicações com visões.

Aqui, as visões são enfatizadas como base para a criação de aplicações de banco de dados. Antes de discutir a ligação entre visões e aplicações de banco de dados, serão introduzidos alguns conceitos básicos essenciais. Será apresentada a motivação para o uso de visões, da instrução CREATE VIEW e de visões nas instruções SELECT e de manipulação de dados (INSERT, UPDATE e DELETE). A maioria dos exemplos introduzidos nas seções 10.2 e 10.3 tem suporte no Microsoft Access, como consultas armazenadas, e no Oracle, como visões. Depois dessas noções básicas, o aluno aprenderá a utilizar visões para relatórios e formulários hierárquicos. Serão introduzidos os passos para analisar os requisitos de dados que culminam em visões para suportá-los.

As seções 10.1 e 10.2 tratam dos recursos do Core SQL:2003 que faziam parte do SQL-92. Alguns dos recursos de visões atualizáveis apresentados nas seções 10.3 e 10.4 são específicos do Microsoft Access por causa da variedade de suportes entre os SGBDs e o grande suporte disponível no Access.

10.1 Noções Básicas

visão
a tabela derivada de tabela base ou física utilizando uma consulta.

Visão é uma tabela virtual ou derivada. Virtual significa que o comportamento de uma visão é semelhante ao de uma tabela base, mas sem a existência da tabela física. A visão pode ser utilizada em uma consulta como se fosse uma tabela base. No entanto, as linhas de uma visão passam a existir somente depois de derivadas das tabelas base. Nesta seção, serão discutidos a importância das visões e os procedimentos de sua definição no SQL.

10.1.1 Motivação

As visões proporcionam o nível externo da arquitetura de três esquemas descrita no Capítulo 1. A arquitetura de três esquemas promove a independência de dados para reduzir o impacto das alterações de definição do banco de dados em aplicações usuárias de um banco de dados. Como as alterações de definição do banco de dados são comuns, é importante reduzir seu impacto para controlar o custo de manutenção do software. As visões fornecem suporte à compartimentalização dos requisitos do banco de dados, de modo que as alterações de definição do banco de dados não afetam as aplicações que utilizam visões. Se o acesso da aplicação ao banco de dados ocorre por meio de uma visão, a maioria das alterações feitas no esquema conceitual não afeta a aplicação. Por exemplo, se o nome de uma tabela utilizada em uma visão for alterado, é necessário alterar a definição de visão, mas não as aplicações que utilizam a visão.

Simplificação de tarefas é outro benefício importante das visões. Muitas formulações de consultas são facilitadas, utilizando visões em vez de tabelas base. Quando são necessários dados de sumário, sem a visão, a instrução SELECT pode envolver duas, três ou mais tabelas e exigir agrupamento. Com a visão, a instrução SELECT deve apenas referenciá-la, sem a necessidade de junções ou agrupamentos. É mais fácil treinar usuários para escrever consultas de tabela única do que treiná-los a escrever consultas de múltiplas tabelas com agrupamento.

As visões proporcionam simplificação semelhante às macros em linguagens de programação e planilhas eletrônicas. Macro é o conjunto nomeado de comandos. A utilização de uma macro elimina o trabalho de especificar os comandos. De modo semelhante, a utilização de uma visão elimina o trabalho de escrever a consulta base.

As visões também proporcionam um nível flexível de segurança. A restrição do acesso por meio de visões é mais flexível do que a restrição de colunas e tabelas, porque a visão é qualquer parte derivada de um banco de dados. Os dados não mostrados na visão ficam ocultos ao usuário. Por exemplo, em uma visão, é possível restringir o acesso de um usuário a departamentos, produtos ou regiões geográficas selecionados. Em termos de segurança, não é possível especificar condições e cálculos utilizando tabelas e colunas, o que é possível ser feito utilizando uma visão. Com a visão, é possível até mesmo incluir cálculos agregados para restringir o acesso de usuários a sumários de linha e não permitir o acesso a linhas individuais.

A única desvantagem das visões pode ser o desempenho. Na maioria dos casos, utilizar visões em vez de usar diretamente tabelas base não prejudica de forma significativa o desempenho. No caso de algumas visões complexas, sua utilização pode prejudicar significativamente o desempenho, ao contrário do caso de utilização direta de tabelas base. O prejuízo no desempenho pode variar conforme o SGBD. Antes de utilizar visões complexas, é recomendável comparar o seu desempenho com o do uso direto de tabelas base.

10.1.2 Definição de Visão

Definir uma visão é tão simples quanto escrever uma consulta. O SQL oferece a instrução CREATE VIEW, na qual o nome da visão e a instrução SELECT subjacente devem ser especificados, assim como mostram os exemplos 10.1 e 10.2. No Oracle, a instrução CREATE

VIEW é executada diretamente. No Microsoft Access, a instrução CREATE VIEW pode ser utilizada em modo de consulta do SQL-92. No modo de consulta do SQL-89[1], a parte da instrução SELECT dos exemplos pode ser salva como consulta armazenada para obter o mesmo efeito de uma visão. A consulta armazenada é criada simplesmente escrevendo-a e salvando-a, atribuindo-lhe um nome.

EXEMPLO 10.1 **Definição de Visão de Tabela Única**

Definir uma visão nomeada Visao_SI constituída de alunos com especialização em SI.

CREATE VIEW Visao_SI AS
    SELECT * FROM Aluno
    WHERE Especializacao = 'SI'

CPFAluno	NomeAluno	SobrenomeAluno	CidadeAluno	UFAluno	CEPAluno	Especializacao	TurmaAluno	MediaGeralAluno
123-45-6789	HOMER	WELLS	SEATTLE	WA	98121-1111	SI	FR	3,00
345-67-8901	WALLY	KENDALL	SEATTLE	WA	98123-1141	SI	SR	2,80
567-89-0123	MARIAH	DODGE	SEATTLE	WA	98114-0021	SI	JR	3,60
876-54-3210	CRISTOPHER	COLAN	SEATTLE	WA	98114-1332	SI	SR	4,00
890-12-3456	LUKE	BRAZZI	SEATTLE	WA	98116-0021	SI	SR	2,20
901-23-4567	WILLIAM	PILGRIM	BOTHEL	WA	98113-1885	SI	SO	3,80

EXEMPLO 10.2 **Definição de Visão de Múltiplas Tabelas**

Definir uma visão nomeada Visao ADM constituída de oferecimentos ministrados por professores do departamento de Ciências Administrativas.

CREATE VIEW Visao_ADM AS
    SELECT NumOfer, Oferecimento.NumCurso, CargaHoraCurso, TrimestreOfer,
        AnoOfer, Oferecimento.CPFProf, NomeProf,
        SobrenomeProf, HorarioOfer, DiaSemanaOfer
    FROM Professor, Curso, Oferecimento
    WHERE DeptoProf = 'ADM'
        AND Professor.CPFProf = Oferecimento.CPFProf
        AND Oferecimento.NumCurso = Curso.NumCurso

NumOfer	NumCurso	CargaHora	TrimestreOfer	AnoOfer	CPFProf	NomeProf	SobrenomeProf	HorarioOfer	DiaSemanaOfer
1234	SI320	4	OUTONO	2005	098-76-5432	LEONARD	VINCE	10h30	SEG-QUA
3333	SI320	4	PRIMAVERA	2006	098-76-5432	LEONARD	VINCE	8h30	SEG-QUA
4321	SI320	4	OUTONO	2005	098-76-5432	LEONARD	VINCE	15h30	TER-QUI
4444	SI320	4	INVERNO	2006	543-21-0987	VICTORIA	EMMANUEL	15h30	TER-QUI
8888	SI320	4	VERAO	2006	654-32-1098	LEONARD	FIBON	13h30	SEG-QUA
9876	SI460	4	PRIMAVERA	2006	654-32-1098	LEONARD	FIBON	13h30	TER-QUI
5679	SI480	4	PRIMAVERA	2006	876-54-3210	CRISTOPHER	COLAN	15h30	TER-QUI

Na instrução CREATE VIEW, o nome da visão pode vir seguido de uma lista de nomes de colunas incluída entre parênteses. Essa lista é necessária quando se deseja renomear uma ou mais colunas com base nos nomes utilizados na cláusula SELECT. A lista de colunas é omitida no Visao_ADM porque não existem colunas renomeadas. A lista de colunas é necessária no

---

[1] SQL-89 é o modo de consulta padrão do Microsoft Access 2002 e 2003. O modo de consulta pode ser alterado utilizando a guia Tables/Query (Tabelas/Consulta) na janela Options (Opções) (Tools → Options . . . [Ferramentas → Opções . . .]).

Exemplo 10.3 para renomear a coluna de cálculo agregado (COUNT(*)). Se uma coluna for renomeada, é necessário fornecer toda a lista de nomes de coluna.

EXEMPLO 10.3

Definição de Visão com Colunas Renomeadas

Definir uma visão nomeada Visao_Matricula constituída de data de oferecimento e número de alunos matriculados.

CREATE VIEW Visao_Matricula
(NumOfer, NumCurso, Trimestre, Ano, Instrutor, QtdeAlunos)
AS
SELECT Oferecimento.NumOfer, NumCurso, TrimestreOfer, AnoOfer,
       SobrenomeProf, COUNT(*)
  FROM Oferecimento, Professor, Matricula
  WHERE Oferecimento.CPFProf = Professor.CPFProf
    AND Oferecimento.NumOfer = Matricula.NumOfer
  GROUP BY Oferecimento.NumOfer, NumCurso, TrimestreOfer, AnoOfer,
       SobrenomeProf

NumOfer	NumCurso	Trimestre	Ano	Instrutor	QtdeAlunos
1234	SI320	OUTONO	2005	VINCE	6
4321	SI320	OUTONO	2005	VINCE	6
5555	FINAN300	INVERNO	2006	MACON	2
5678	SI480	INVERNO	2006	MILLS	5
5679	SI480	PRIMAVERA	2006	COLAN	6
6666	FINAN450	INVERNO	2006	MILLS	2
7777	FINAN480	PRIMAVERA	2006	MACON	3
9876	SI460	PRIMAVERA	2006	FIBON	7

10.2 Utilização de Visões para Recuperação

Nesta seção são apresentados exemplos de consultas, que utilizam visões, e explicações sobre o processamento de consultas com visões. Depois de mostrados os exemplos na Seção 10.2.1, na Seção 10.2.2 serão descritos dois métodos de processamento de consultas com visões.

10.2.1 Utilização de Visões com Instruções SELECT

Depois de definida a visão, ela pode ser utilizada em instruções SELECT. Para isso, simplesmente se utiliza o nome da visão na cláusula FROM e as colunas de visão em outras partes da instrução. Assim como mostram os exemplos 10.4 e 10.5, é possível adicionar outras condições e selecionar um subconjunto de colunas.

EXEMPLO 10.4
(Oracle)

Consulta Utilizando Visão de Múltiplas Tabelas

Listar os cursos da primavera de 2006 em Visao_ADM.

SELECT NumOfer, NumCurso, NomeProf, SobrenomeProf,
       HorarioOfer, DiaSemanaOfer
  FROM Visao_ADM
  WHERE TrimestreOfer = 'PRIMAVERA' AND AnoOfer = 2006

NumOfer	NumCurso	NomeProf	SobrenomeProf	HorarioOfer	DiaSemanaOfer
3333	SI320	LEONARD	VINCE	8h30	SEG-QUA
9876	SI460	LEONARD	FIBON	13h30	TER-QUI
5679	SI480	CRISTOPHER	COLAN	15h30	TER-QUI

EXEMPLO 10.5
(Oracle)

Consulta Utilizando Visão de Agrupamento

Listar os oferecimentos da primavera de 2006 de cursos SI em Visao_Matricula. No Access, é necessário substituir o sinal * por % como símbolo coringa.

SELECT NumOfer, NumCurso, Instrutor, QtdeAlunos
  FROM Visao_Matricula
  WHERE Trimestre = 'PRIMAVERA' AND Ano = 2006
    AND NumCurso LIKE 'SI%'

NumOfer	NumCurso	Instrutor	QtdeAlunos
5679	SI480	COLAN	6
9876	SI460	FIBON	7

Ambas as consultas são muito mais fáceis de escrever que as originais. Com apenas um pouco de prática, o usuário iniciante provavelmente consiga escrever ambas. Em contrapartida, pode necessitar de muitas horas de treinamento para conseguir escrever consultas com tabelas múltiplas e agrupamento.

De acordo com o SQL:2003, a visão pode ser utilizada em qualquer consulta. Na prática, a maioria dos SGBDs apresenta algumas restrições de uso de visões em consultas. Por exemplo, alguns SGBDs não fornecem suporte às consultas mostradas nos Exemplos 10.6 e 10.7.[2]

EXEMPLO 10.6
(Oracle)

Consulta de Agrupamento Utilizando Visão Derivada de Consulta de Agrupamento

Listar o número médio de alunos por nome de instrutor, utilizando Visao_Matricula.

SELECT Instrutor, AVG(QtdeAlunos) AS QtdeMediaAlunos
  FROM Visao_Matricula
  GROUP BY Instrutor

Instrutor	QtdeMediaAlunos
COLAN	6
FIBON	7
MACON	2,5
MILLS	3,5
VINCE	6

EXEMPLO 10.7
(Oracle)

Junção de Tabela Base com Visão Derivada de Consulta de Agrupamento

Listar o número do oferecimento, os instrutores, o número de alunos e a carga horária do curso utilizando a visão Visao_Matricula e a tabela *Curso*.

SELECT NumOfer, Instrutor, QtdeAlunos, CargaHoraCurso
  FROM Visao_Matricula, Curso

---

[2] As versões do Microsoft Access de 97 a 2003 e do Oracle de 8i a 10g suportam os exemplos 10.6 e 10.7.

WHERE Visao_Matricula.NumCurso = Curso.NumCurso
AND QtdeAlunos < 5

NumOfer	Instrutor	QtdeAlunos	CargaHoraCurso
5555	MACON	2	4
6666	MILLS	2	4
7777	MACON	3	4

materialização de visão
um método para processar uma consulta em uma visão executando a consulta diretamente na visão armazenada. A visão armazenada pode ser materializada sob demanda (no momento em que a consulta da visão é enviada) ou reconstruída periodicamente das tabelas base. No caso de bancos de dados com uma combinação de operações de recuperação e atualização, normalmente a materialização não é um método eficiente de processamento de consulta de uma visão.

modificação da visão
um método para processar uma consulta em uma visão envolvendo a execução de apenas uma consulta. A consulta que usa uma visão é traduzida em uma consulta usando tabelas base ao se substituir referências à visão por sua definição. Para bancos de dados com uma combinação de operações de recuperação e atualização, a modificação proporciona um modo eficiente de processamento de consulta em uma visão.

10.2.2 Processamento de Consultas com Referências de Visão

A fim de processar consultas que referenciam uma visão, o SGBD adota a estratégia ou de materialização ou de modificação. A <u>materialização de visão</u> requer o armazenamento de linhas da visão. A maneira mais simples de armazenar uma visão é criando-a, sob demanda (no momento em que a consulta da visão é enviada), das tabelas base. Assim como retrata a Figura 10.1, o processamento de uma consulta com referência à visão exige do SGBD a execução de duas consultas. O usuário submete uma consulta utilizando uma visão (Consulta$_v$). A consulta que define a visão (Consulta$_d$) é executada, e uma tabela de visão temporária é criada. A Figura 10.1 retrata essa ação, com a seta apontando para a visão. Em seguida, a consulta que utiliza a visão é executada, utilizando a tabela de visão temporária.

A materialização de visão normalmente não é a estratégia preferida porque exige do SGBD a execução de duas consultas. No entanto, em certas consultas, como as dos exemplos 10.6 e 10.7, a materialização pode ser a estratégia exigida. Além disso, a materialização é preferida em *datawarehouses* em que predominam as recuperações. Em um ambiente de *datawarehouse*, as visões são periodicamente renovadas das tabelas base em vez de ser materializadas sob demanda. No Capítulo 16, serão discutidas as visões materializadas utilizadas em *datawarehouses*.

Em um ambiente com variadas operações de atualização e recuperação, a <u>modificação de visão</u> normalmente proporciona melhor desempenho que a materialização, porque o SGBD executa apenas uma consulta. A Figura 10.2 mostra que uma consulta utilizando uma visão é modificada ou reescrita como consulta, utilizando apenas tabelas base; depois, a consulta modificada é executada, utilizando as tabelas base. O processo de modificação ocorre automaticamente sem qualquer conhecimento ou ação do usuário. Na maioria dos SGBDs, a consulta modificada não pode ser vista mesmo que se queira revisá-la.

FIGURA 10.1 Fluxo do Processo de Materialização de Visão

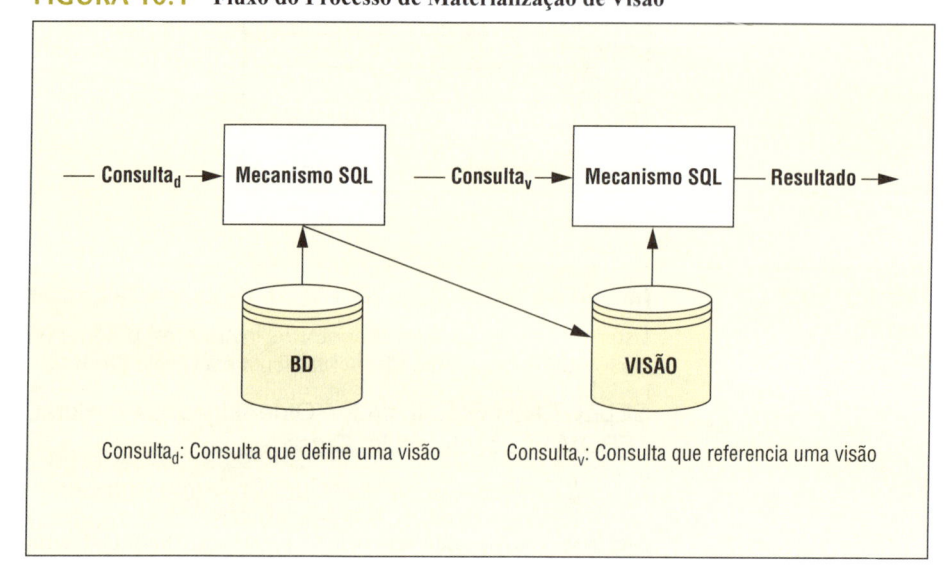

FIGURA 10.2
Fluxo do Processo de Modificação de Visão

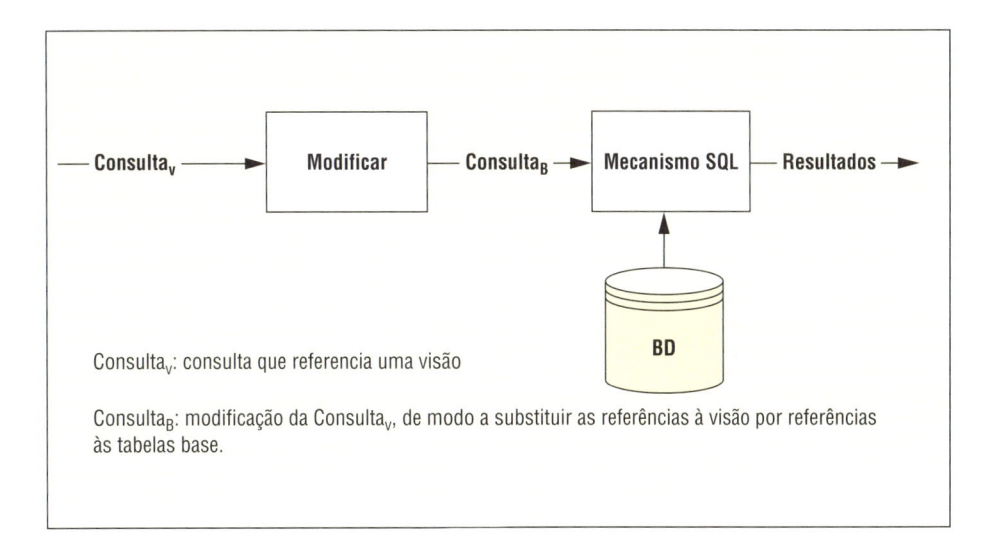

―― Consulta_v ―→ [Modificar] ―― Consulta_B ―→ [Mecanismo SQL] ―― Resultados ―→
                                                        ↑
                                                       BD

Consulta_v: consulta que referencia uma visão

Consulta_B: modificação da Consulta_v, de modo a substituir as referências à visão por referências às tabelas base.

Como exemplo de modificação de visão, considerar a transformação mostrada do Exemplo 10.8 para o Exemplo 10.9. No momento em que uma consulta é enviada, utilizando uma visão, a referência à visão é substituída pela definição de visão. O nome da visão na cláusula FROM é substituído pelas tabelas base. Além disso, as condições na cláusula WHERE são combinadas utilizando o operador booleano AND com as condições na consulta definindo a visão. As partes sublinhadas no Exemplo 10.9 indicam as substituições feitas no processo de modificação.

EXEMPLO 10.8

Consulta Utilizando Visao_ADM

SELECT NumOfer, NumCurso, NomeProf, SobrenomeProf,
         HorarioOfer, DiaSemanaOfer
FROM Visao_ADM
WHERE TrimestreOfer = 'PRIMAVERA' AND AnoOfer = 2006

NumOfer	NumCurso	NomeProf	SobrenomeProf	HorarioOfer	DiaSemanaOfer
3333	SI320	LEONARD	VINCE	8h30	SEG-QUA
9876	SI460	LEONARD	FIBON	13h30	TER-QUI
5679	SI480	CRISTOPHER	COLAN	15h30	TER-QUI

EXEMPLO 10.9

Modificação do Exemplo 10.8
O Exemplo 10.8 é modificado, substituindo as referências a Visao_ADM por referências à tabela base.

SELECT NumOfer, Curso.NumCurso, NomeProf,
         SobrenomeProf, HorarioOfer, DiaSemanaOfer
 FROM <u>Professor, Curso, Oferecimento</u>
 WHERE <u>DeptoProf = 'ADM'</u>
     <u>AND Professor.CPFProf = Oferecimento.CPFProf</u>
     <u>AND Oferecimento.NumCurso = Curso.NumCurso</u>
     AND TrimestreOfer = 'PRIMAVERA' AND AnoOfer = 2006

Alguns SGBDs executam simplificação adicional de consultas modificadas para remover junções desnecessárias. Por exemplo, a tabela *Curso* não é necessária porque não existem condições nem colunas da tabela *Curso* no Exemplo 10.9. Além disso, a junção entre as tabelas *Oferecimento* e *Curso* não é necessária porque toda linha *Oferecimento* está relacionada a uma linha *Curso* (valor nulo não é permitido). Conseqüentemente, a consulta modificada pode ser simplificada, removendo a tabela *Curso*. A simplificação reduz o tempo de execução, já que o fator mais importante no tempo de execução é a quantidade de tabelas.

EXEMPLO 10.10

Simplificação Adicional do Exemplo 10.9

Simplificar, removendo a tabela *Curso* porque ela não é necessária no Exemplo 10.9

SELECT NumOfer, NumCurso, NomeProf, SobrenomeProf,
    HorarioOfer, DiaSemanaOfer
FROM Professor, Oferecimento
WHERE DeptoProf = 'ADM'
    AND Professor.CPFProf = Oferecimento.CPFProf
    AND TrimestreOfer = 'PRIMAVERA' AND AnoOfer = 2006

10.3 Atualização Utilizando Visões

Dependendo da sua definição, a visão pode ser atualizável ou somente de leitura. A visão somente de leitura pode ser utilizada em instruções SELECT, assim como mostra a Seção 10.2. Todas as visões são, no mínimo, somente de leitura. Uma visão somente de leitura não pode ser utilizada em consultas envolvendo instruções INSERT, UPDATE e DELETE. Uma visão que pode ser utilizada em instruções de modificação assim como em instruções SELECT é conhecida como visão atualizável. Nesta seção, serão descritas regras de definição de visões atualizáveis tanto de uma única tabela como de múltiplas tabelas.

10.3.1 Visões Atualizáveis de Tabela Única

visão atualizável
uma visão que pode ser usada em instruções SELECT assim como em instruções UPDATE, INSERT e DELETE. As visões que podem ser utilizadas somente com instruções SELECT são conhecidas como visões somente de leitura.

A visão atualizável permite inserir, atualizar ou excluir linhas em tabelas base subjacentes, executando a operação correspondente na visão. Sempre que uma linha da visão é modificada, uma operação correspondente é executada na tabela base. Intuitivamente, isso significa que as linhas de uma visão atualizável correspondem, uma a uma, com as linhas das tabelas base subjacentes. Se a visão contiver a chave primária da tabela base, então, cada linha da visão corresponde a uma linha da tabela base. A visão de tabela única é atualizável se satisfizer estas três regras que incluem os requisitos de chave primária.

Regras para Visões Atualizáveis de Tabela Única

1. A visão inclui a chave primária da tabela base.
2. Todos os campos requeridos (NOT NULL) da tabela base sem um valor-padrão estão na visão.
3. A consulta da visão não inclui as palavras-chave GROUP BY ou DISTINCT.

Seguindo essas regras, *Visao1_Prof* (Exemplo 10.11) é atualizável, enquanto *Visao2_Prof* (Exemplo 10.12) e *Visao3_Prof* (Exemplo 10.13) são somente de leitura. *Visao1_Prof* é atualizável, supondo a não necessidade das colunas *Professor* faltantes. *Visao2_Prof* viola as regras 1 e 2, enquanto *Visao3_Prof* viola todas as três regras, tornando ambas as visões somente de leitura.

Como *Visao1_Prof* é atualizável, ela pode ser utilizada em instruções INSERT, UPDATE e DELETE para alterar a tabela *Professor*. No Capítulo 4, essas instruções foram uti-

EXEMPLO 10.11

Visão Atualizável de Tabela Única

Criar uma visão de subconjunto de linha e coluna com a chave primária.

CREATE VIEW Visao1_Prof AS
　SELECT CPFProf, NomeProf, SobrenomeProf, ClassificacaoProf,
　　　　　SalarioProf, DeptoProf, CidadeProf, UFProf, CEPProf
　　FROM Professor
　　WHERE DeptoProf = 'ADM'

CPFProf	NomeProf	SobrenomeProf	ClassificacaoProf	SalarioProf	DeptoProf	CidadeProf	UFProf	CEPProf
098-76-5432	LEONARD	VINCE	ASSISTENTE	35.000,00	ADM	SEATTLE	WA	98111-9921
543-21-0987	VICTORIA	EMMANUEL	CATEDRATICO	120.000,00	ADM	BOTHELL	WA	98011-2242
654-32-1098	LEONARD	FIBON	ASSOCIADO	70.000,00	ADM	SEATTLE	WA	98121-0094
876-54-3210	CRISTOPHER	COLAN	ASSISTENTE	40.000,00	ADM	SEATTLE	WA	98114-1332

EXEMPLO 10.12

Visão Somente de Leitura de Tabela Única

Criar um subconjunto de linha e coluna sem a chave primária.

CREATE VIEW Visao2_Prof AS
　SELECT DeptoProf, ClassificacaoProf, SalarioProf
　　FROM Professor
　　WHERE SalarioProf > 50000

DeptoProf	ClassificacaoProf	SalarioProf
ADM	CATEDRATICO	120.000,00
ADM	ASSOCIADO	70.000,00
FINAN	CATEDRATICO	65.000,00
FINAN	ASSOCIADO	75.000,00

EXEMPLO 10.13

Visão Somente de Leitura de Tabela Única

Criar uma visão de agrupamento com o departamento a que pertence o professor e o salário médio.

CREATE VIEW Visao3_Prof (DeptoProf, MediaSalario) AS
　SELECT DeptoProf, AVG(SalarioProf)
　　FROM Professor
　　WHERE ClassificacaoProf = 'CATEDRATICO'
　　GROUP BY DeptoProf

DeptoProf	MediaSalario
FINAN	65.000
ADM	120.000

lizadas para alterar linhas nas tabelas base. Os exemplos 10.14 a 10.16 mostram que essas instruções podem ser utilizadas para alterar as linhas de visão e linhas de tabelas base subjacentes. Deve-se observar que as modificações de visões estão sujeitas às regras de integridade da tabela base subjacente. Por exemplo, a inserção no Exemplo 10.14 é rejeitada se outra linha *Professor* contiver 999-99-8888 como número de CPF. Quando linhas são excluídas de uma visão ou quando a coluna de chave primária é alterada, aplicam-se as regras nas linhas referenciadas (Seção 3.4). Por exemplo, a exclusão no Exemplo 10.16 é rejeitada se a linha *Professor* com *CPFProf* 098-76-5432 possuir linhas relacionadas na tabela *Oferecimento* e a regra de exclusão do relacionamento *Professor-Oferecimento* estiver definida como RESTRICT.

EXEMPLO 10.14 — **Operação de Inserção em Visão Atualizável**

Inserir uma nova linha de professores no departamento ADM.

INSERT INTO Visao1_Prof
  (CPFProf, NomeProf, SobrenomeProf, ClassificacaoProf, SalarioProf,
  DeptoProf, CidadeProf, UFProf, CEPProf)
VALUES ('999-99-8888', 'JOE', 'SMITH', 'CATEDRATICO', 80.000,
    'ADM', 'SEATTLE', 'WA', '98011-011')

EXEMPLO 10.15 — **Operação de Atualização em Visão Atualizável**

Conceder aos professores assistentes em Visao1_Prof 10% de aumento salarial.

UPDATE Visao1_Prof
  SET SalarioProf = SalarioProf * 1,1
  WHERE ClassificacaoProf = 'ASSISTENTE'

EXEMPLO 10.16 — **Operação de Exclusão em Visão Atualizável**

Excluir um professor específico de visao1_Prat.

DELETE FROM Fac_View1
  WHERE CPFProf = '999-99-8888'

Atualizações de Visão com Efeitos Colaterais

Algumas modificações feitas em visões atualizáveis podem ser problemáticas, assim como mostra o Exemplo 10.17 e as tabelas 10.1 e 10.2. A instrução de atualização mostrada no Exemplo 10.17 altera o departamento da última linha (Victoria Emmanuel) na visão e na linha correspondente na tabela base. Depois de gerada novamente a visão, no entanto, a linha alterada desaparece (Tabela 10.2). A atualização provoca o efeito colateral de fazer a linha desaparecer da visão. Esse tipo de efeito colateral pode ocorrer sempre que uma coluna na cláusula WHERE da definição de visão for alterada por uma instrução UPDATE. O Exemplo 10.17 atualiza a coluna *DeptoProf*, coluna utilizada na cláusula WHERE da definição da visão *Visao1_Prof*.

EXEMPLO 10.17 — **Operação de Atualização em Visão Atualizável com Efeito Colateral**

Alterar o departamento de professores com salários elevados para o departamento financeiro.

UPDATE Visao1_Prof
  SET DeptoProf = 'FINAN'
  WHERE SalarioProf > 100.000

TABELA 10.1 Visao1_Prof antes da Atualização

CPFProf	NomeProf	SobrenomeProf	ClassificacaoProf	SalarioProf	DeptoProf	CidadeProf	UFProf	CEPProf
098-76-5432	LEONARD	VINCE	ASSISTENTE	35.000,00	ADM	SEATTLE	WA	98111-9921
543-21-0987	VICTORIA	EMMANUEL	CATEDRATICO	120.000,00	ADM	BOTHELL	WA	98011-2242
654-32-1098	LEONARD	FIBON	ASSOCIADO	70.000,00	ADM	SEATTLE	WA	98121-0094
876-54-3210	CRISTOPHER	COLAN	ASSISTENTE	40.000,00	ADM	SEATTLE	WA	98114-1332

TABELA 10.2 Visao1_Prof depois da Atualização do Exemplo 10.17

CPFProf	NomeProf	SobrenomeProf	ClassificacaoProf	SalarioProf	DeptoProf	CidadeProf	UFProf	CEPProf
098-76-5432	LEONARD	VINCE	ASSISTENTE	35.000,00	ADM	SEATTLE	WA	98111-9921
654-32-1098	LEONARD	FIBON	ASSOCIADO	70.000,00	ADM	SEATTLE	WA	98121-0094
876-54-3210	CRISTOPHER	COLAN	ASSISTENTE	40.000,00	ADM	SEATTLE	WA	98114-1332

EXEMPLO 10.18 (Oracle)

Visão Atualizável de Tabela Única Utilizando a Cláusula WITH CHECK OPTION

Criar uma visão de subconjunto de linha e coluna com a chave primária. O Access não tem suporte à cláusula WITH CHECK OPTION.

CREATE VIEW Visao1_Prof_Revista AS
  SELECT CPFProf, NomeProf, SobrenomeProf, ClassificacaoProf,
       SalarioProf, DeptoProf, CidadeProf, UFProf, CEPProf
  FROM Professor
  WHERE DeptoProf = 'ADM'
WITH CHECK OPTION

WITH CHECK OPTION
uma cláusula na instrução CREATE VIEW que evita os efeitos colaterais quando uma visão é atualizada. A cláusula WITH CHECK OPTION evita que as instruções UPDATE e INSERT violem a cláusula WHERE de uma visão.

Devido à confusão causada ao usuário por esse efeito colateral, a cláusula WITH CHECK OPTION pode ser utilizada para evitar atualizações com efeitos colaterais. Se a cláusula WITH CHECK OPTION for especificada na instrução CREATE VIEW (Exemplo 10.18), as instruções INSERT ou UPDATE que violam a cláusula WHERE são rejeitadas. A atualização mostrada no Exemplo 10.17 seria rejeitada se *Visao1_Prof* contivesse uma cláusula CHECK OPTION, porque a alteração de *DeptoProf* para FINAN viola a condição WHERE.

10.3.2 Visões Atualizáveis de Múltiplas Tabelas

Pode parecer surpreendente, mas algumas visões de múltiplas tabelas também são atualizáveis. Uma visão de múltiplas tabelas pode corresponder a uma forma um-a-um com linhas de mais de uma tabela se a visão contiver a chave primária de cada tabela. Como as visões de múltiplas tabelas são mais complexas que as de tabela única, não há muito consenso em termos de regras de atualização para as visões de múltiplas tabelas.

Alguns SGBDs não fornecem suporte à capacidade de atualização de qualquer visão de tabelas múltiplas. Outros sistemas fornecem suporte à capacidade de atualização de inúmeras visões de tabelas múltiplas. Nesta seção, serão descritas as regras de atualização do Microsoft Access, já que elas fornecem suporte a uma ampla variedade de visões de múltiplas tabelas. Além disso, as regras para visões atualizáveis no Access estão vinculadas à apresentação de formulários hierárquicos da Seção 10.4.

Como complemento às regras apresentadas de atualização do Access, o Apêndice 10.B apresenta uma descrição das regras para visões atualizáveis de junção do Oracle. As regras para visões atualizáveis de junção do Oracle são semelhantes às do Microsoft Access, embora o Oracle seja mais restritivo em termos de operações de manipulação permitidas e do número de tabelas atualizáveis.

No Access, as consultas de múltiplas tabelas que fornecem suporte a atualizações são conhecidas como consultas atualizáveis 1-M. A consulta atualizável 1-M envolve duas ou mais tabelas, sendo uma desempenhando o papel de tabela pai ou tabela 1 e outra tabela exercendo a função de tabela filha ou M. Por exemplo, em uma consulta envolvendo as tabelas *Curso* e *Oferecimento*, a tabela *Curso* exerce a função de tabela pai e a tabela *Oferecimento*, de tabela filha. Para tornar uma consulta 1-M atualizável, é necessário seguir estas regras:

Regras para Consultas Atualizáveis 1-M

1. A consulta inclui a chave primária da tabela filha.
2. Para a tabela filha, a consulta contém todas as colunas requeridas (NOT NULL) sem valores padrão.
3. A consulta não inclui GROUP BY ou DISTINCT.
4. A coluna de junção da tabela pai deve ser única (ou chave primária ou restrição única).
5. A consulta contém a(s) coluna(s) de chave estrangeira da tabela filha.
6. A consulta inclui a chave primária e as colunas necessárias da tabela pai se a visão suportar operações de inserção na tabela pai. As operações de atualização são suportadas na tabela pai mesmo que a consulta não contenha a chave primária da tabela pai.

Utilizando essas regras, Curso_Oferecimento_Visao1 (Exemplo 10.19) e Professor_Oferecimento_Visao1 (Exemplo 10.21) são atualizáveis. Curso_Oferecimento_Visao2 (Exemplo 10.20) não é atualizável porque está faltando *Oferecimento.NumCurso* (a chave estrangeira da tabela filha). Nas instruções SELECT, é utilizado o estilo de operador de junção (palavras-chave INNER JOIN) porque ele é necessário nas consultas atualizáveis 1-M do Microsoft Access.

EXEMPLO 10.19 (Access)

Consulta Atualizável 1-M

Criar uma consulta atualizável 1-M (salva como Curso_Oferecimento_Visao1) com uma junção entre as tabelas *Curso* e *Oferecimento*.

Curso_Oferecimento_Visao1:
```
SELECT Curso.NumCurso, DescrCurso, CargaHoraCurso,
       Oferecimento.NumOfer, TrimestreOfer, AnoOfer
       Oferecimento.NumCurso, LocalOfer, HorarioOfer, CPFProf,
       DiaSemanaOfer
FROM Curso INNER JOIN Oferecimento
    ON Curso.NumCurso = Oferecimento.NumCurso
```

EXEMPLO 10.20 (Access)

Consulta Somente de Leitura de Múltiplas Tabelas

Esta consulta (salva como Curso_Oferecimento_Visao2) é somente de leitura porque não contém Oferecimento.NumCurso.

Curso_Oferecimento_Visao2:
```
SELECT DescrCurso, CargaHoraCurso, Oferecimento.NumOfer,
       Curso.NumCurso, TrimestreOfer, AnoOfer, LocalOfer,
       HorarioOfer, CPFProf, DiaSemanaOfer
FROM Curso INNER JOIN Oferecimento
    ON Curso.NumCurso = Oferecimento.NumCurso
```

EXEMPLO 10.21 (Access)	**Consulta Atualizável 1-M**
	Criar uma consulta atualizável 1-M (salva como Professor_Oferecimento_Visao1) com uma junção entre as tabelas Professor e Oferecimento.
	Professor_Oferecimento_Visao1: SELECT Oferecimento.NumOfer, Oferecimento.CPFProf, NumCurso, TrimestreOfer, AnoOfer, LocalOfer, HorarioOfer, DiaSemanaOfer, NomeProf, SobrenomeProf, DeptoProf FROM Professor INNER JOIN Oferecimento ON Professor.CPFProf = Oferecimento.CPFProf

Inserindo Linhas em Consultas Atualizáveis 1-M

A inserção de uma nova linha em uma consulta atualizável 1-M é mais complicada que a inserção de uma linha em uma visão de tabela única. Essa complicação surge porque existe uma escolha em relação às tabelas que fornecem suporte às operações de inserção. As linhas somente da tabela filha ou tanto da tabela filha como da tabela pai podem ser inseridas como resultado da atualização de uma visão. Para inserir uma linha em uma tabela filha, fornecer apenas os valores necessários para inserir uma linha na tabela filha, conforme mostrado no Exemplo 10.22. Observar que o valor de *Oferecimento.NumCurso* e *Oferecimento.CPFProf* deve corresponder às linhas existentes respectivamente nas tabelas *Curso* e *Professor*.

EXEMPLO 10.22 (Access)	**Inserindo uma Linha na Tabela Filha como Resultado da Atualização de Visão**
	Inserir uma nova linha em Oferecimento como resultado da utilização de Curso_Oferecimento_Visao1.
	INSERT INTO Curso_Oferecimento_Visao1 (Oferecimento.NumOfer, Oferecimento.NumCurso, TrimestreOfer, AnoOfer, LocalOfer, HorarioOfer, CPFProf, DiaSemanaOfer) VALUES (7799, 'SI480', 'PRIMAVERA', 2000, 'BLM201', #13h30#, '098-76-5432', 'SEG-QUA')

Para inserir uma linha em ambas as tabelas (tabela pai e tabela filha), a visão deve incluir a chave primária e as colunas requeridas da tabela pai. Se a visão incluir essas colunas, com o fornecimento de valores a todas as colunas, uma linha é inserida em ambas as tabelas, assim como mostra o Exemplo 10.23. Com o fornecimento de valores somente para a tabela pai, uma linha é inserida somente na tabela pai, assim como mostra o Exemplo 10.24. Em ambos os exemplos, o valor de *Curso.NumCurso não* deve corresponder a uma linha existente em *Curso*.

EXEMPLO 10.23 (Access)	**Inserindo uma Linha em Ambas as Tabelas como Resultado da Atualização de Visão**
	Inserir uma nova linha em Curso e Oferecimento como resultado da utilização de Curso_Oferecimento_Visao1.
	INSERT INTO Curso_Oferecimento_Visao1 (Curso.NumCurso, CargaHoraCurso, DescrCurso, Oferecimento.NumOfer, TrimestreOfer, AnoOfer, LocalOfer, HorarioOfer, CPFProf, DiaSemanaOfer) VALUES ('SI423', 4, 'COMPUTACAO ORIENTADA A OBJETOS', 8877, 'PRIMAVERA', 2006, 'BLM201', #15h30#, '123-45-6789', 'SEG-QUA')

EXEMPLO 10.24	**Inserindo uma Linha na Tabela Pai como Resultado da Atualização de Visão**
	Inserir uma nova linha na tabela *Curso* como resultado da utilização de Curso_Oferecimento_Visao1.

	INSERT INTO Curso_Oferecimento_Visao1
	  (Curso.NumCurso, CargaHoraCurso, DescrCurso)
	  VALUES ('SI481', 4, 'BANCO DE DADOS AVANCADO')

Consultas Atualizáveis 1-M com Mais de Duas Tabelas

As consultas envolvendo mais de duas tabelas também podem ser atualizáveis. As mesmas regras aplicam-se às consultas atualizáveis 1-M com mais de duas tabelas. No entanto, é recomendável aplicar as regras a cada junção na consulta. Por exemplo, se uma consulta tiver três tabelas (duas junções), aplicar as regras em ambas as junções. Em Professor_Oferecimento_Curso_Visao1 (Exemplo 10.25), *Oferecimento* é a tabela filha em ambas as junções. Assim, as chaves estrangeiras (*Oferecimento.NumCurso* e *Oferecimento.CPFProf*) devem aparecer no resultado da consulta. Em Professor_Oferecimento_Curso_Matricula_Visao1 (Exemplo 10.26), *Matricula* é a tabela filha em uma junção e *Oferecimento* é a tabela filha em outras duas junções. A chave primária da tabela *Oferecimento* não é necessária no resultado a menos que as linhas *Oferecimento* devam ser inseridas utilizando a visão. A consulta mostrada no Exemplo 10.26 suporta inserções na tabela *Matricula* e atualizações nas demais tabelas.

EXEMPLO 10.25 (Access)	**Consulta Atualizável 1-M com Três Tabelas**
	Professor_Oferecimento_Curso_Visao1:

	SELECT DescrCurso, CargaHoraCurso, Oferecimento.NumOfer,
	        Oferecimento.NumCurso, TrimestreOfer, AnoOfer, LocalOfer,
	        HorarioOfer, Oferecimento.CPFProf, DiaSemanaOfer, NomeProf,
	        SobrenomeProf
	FROM (Curso INNER JOIN Oferecimento
	      ON Curso.NumCurso = Oferecimento.NumCurso)
	    INNER JOIN Professor
	      ON Oferecimento.CPFProf = Professor.CPFProf

EXEMPLO 10.26 (Access)	**Consulta Atualizável 1-M com Quatro Tabelas**
	Professor_Oferecimento_Curso_Matricula_Visao1:

	SELECT DescrCurso, CargaHoraCurso, Oferecimento.NumCurso,
	        Oferecimento.CPFProf, NomeProf, SobrenomeProf,
	        TrimestreOfer, AnoOfer, LocalOfer, HorarioOfer, DiaSemanaOfer,
	        Matricula.NumOfer, Matricula.CPFAluno,
	        Matricula.NotaMatr
	FROM ((Curso INNER JOIN Oferecimento
	        ON Curso.NumCurso = Oferecimento.NumCurso)
	    INNER JOIN Professor
	      ON Oferecimento.CPFProf = Professor.CPFProf)
	    INNER JOIN Matricula
	      ON Matricula.NumOfer = Oferecimento.NumOfer

As regras específicas sobre quais operações de inserção, atualização e exclusão são suportadas em consultas atualizáveis 1-M são mais complexas que as descritas aqui. A finalidade do capítulo é mostrar que as visões de múltiplas tabelas podem ser atualizáveis e que as regras podem ser complexas. A documentação do Microsoft Access oferece descrição completa das regras.

As escolhas de tabelas atualizáveis em uma consulta atualizável 1-M podem ser confusas, principalmente quando a consulta inclui mais de duas tabelas. Normalmente, apenas a tabela filha deve ser atualizável, portanto, as considerações feitas nos exemplos 10.23 e 10.24 não se aplicam. As escolhas são em geral ditadas pelas necessidades dos formulários de entrada de dados, que serão discutidos na próxima seção.

10.4 Utilizando Visões em Formulários Hierárquicos

Um dos benefícios mais importantes das visões é servir como blocos de construção das aplicações. Os formulários de entrada de dados, fundamento básico da maioria das aplicações de banco de dados, fornecem suporte à recuperação e modificação de tabelas. Os formulários de entrada de dados são formatados de modo visualmente atraente e fácil de usar. Em contrapartida, a formatação padrão dos resultados de uma consulta pode não ser visualmente atraente para a maioria dos usuários. Nesta seção, serão descritos o formulário hierárquico, um tipo poderoso de formulário de entrada de dados, e os relacionamentos entre as visões e os formulários hierárquicos.

10.4.1 O Que é um Formulário Hierárquico?

formulário hierárquico
uma janela formatada para entrada e exibição de dados usando uma parte fixa (formulário principal) e uma variável (subformulário). Um registro é exibido no formulário principal e registros múltiplos relacionados são exibidos no subformulário.

Um formulário é o documento utilizado em um processo de negócios. O formulário é projetado para apoiar uma tarefa de negócios, por exemplo, o processamento de um pedido, a matrícula em um curso ou a reserva de uma passagem aérea. Os <u>formulários hierárquicos</u> apóiam tarefas de negócios com uma parte fixa e uma variável. A parte fixa do formulário hierárquico é conhecida como <u>formulário principal</u>, e a parte variável (repetitiva) é conhecida como <u>subformulário</u>. Por exemplo, um formulário hierárquico de oferecimentos de curso (Figura 10.3) mostra os dados do curso no formulário principal e os dados de oferecimento no subformulário. Um formulário hierárquico de matrículas em um curso (Figura 10.4) mostra os dados de registro e do aluno no formulário principal e a matrícula nos cursos oferecidos, no subformulário. Os campos de cálculo de faturamento abaixo do subformulário são parte do formulário principal. Em cada formulário, o subformulário pode mostrar múltiplos registros, enquanto o formulário principal mostra somente um registro.

FIGURA 10.3
Exemplo de Formulário de Oferecimento de Curso

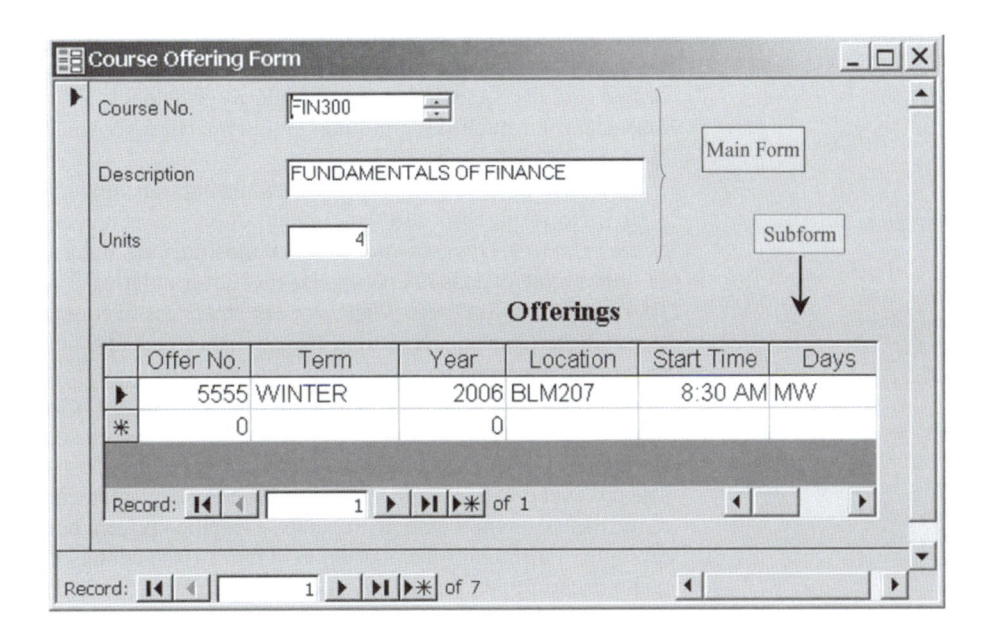

FIGURA 10.4
Exemplo de Formulário de Matrícula

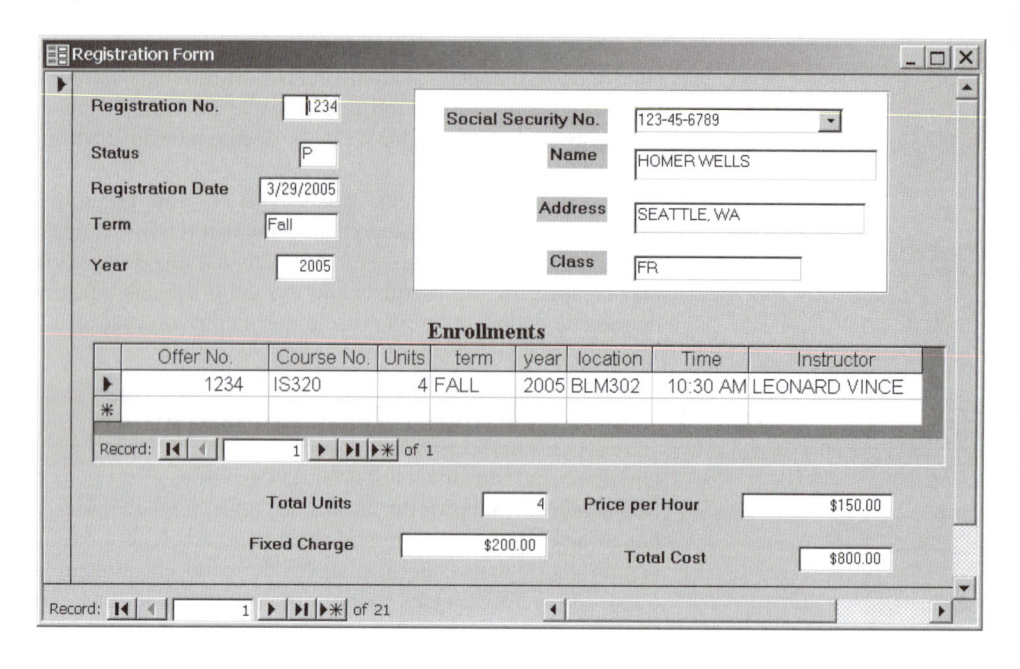

Os formulários hierárquicos podem fazer parte de um sistema de formulários relacionados. Por exemplo, um sistema de informações de alunos pode conter formulários de admissão, de registro de notas, de aprovação no curso, de horários do curso e de professores designados aos cursos. Esses formulários podem estar relacionados, de forma indireta, por meio de atualizações do banco de dados ou, de forma direta, mediante o envio de dados entre formulários. Por exemplo, as atualizações feitas no banco de dados, processando um formulário de matrículas, são utilizadas no final do período letivo pelo formulário de registro de notas. Este capítulo enfatiza os requisitos de dados de formulários individuais, habilidade importante no desenvolvimento de aplicações. Essa habilidade complementa outras habilidades, como o projeto de interface de usuário e o projeto de fluxo de trabalho.

10.4.2 Relacionamento entre Formulários Hierárquicos e Tabelas

Os formulários hierárquicos fornecem suporte a operações em relacionamentos 1-M. Hierarquia ou árvore é uma estrutura com relacionamentos 1-M. Cada relacionamento 1-M possui uma tabela pai (a tabela 1) e uma tabela filha (a tabela M). O formulário hierárquico permite que o usuário insira, atualize, exclua e recupere registros em ambas as tabelas de um relacionamento 1-M. O formulário hierárquico é projetado para manipular (mostrar, inserir, atualizar e excluir) a tabela pai no formulário principal e a tabela filha no subformulário. Em essência, o formulário hierárquico é uma interface conveniente para operações em um relacionamento 1-M.

A título de exemplo, considerar os formulários hierárquicos mostrados nas figuras 10.3 e 10.4. No formulário de oferecimento de cursos (Figura 10.3), o relacionamento entre as tabelas *Curso* e *Oferecimento* permite mostrar uma linha *Curso* no formulário principal e as linhas relacionadas *Oferecimento* no subformulário. O formulário de matrículas (Figura 10.4) opera com as tabelas *Registro* e *Matrícula* assim como com o relacionamento 1-M entre essas tabelas. A tabela *Registro* é nova no banco de dados de uma universidade. A Figura 10.5 mostra um diagrama de relacionamento revisado.

Muitas vezes, para proporcionar melhor suporte a um processo de negócios, é útil mostrar outras informações no formulário principal e no subformulário. Outras informações (fora as da tabela pai e da tabela filha) normalmente são para fins de visualização. Embora seja possível projetar um formulário para permitir a alteração de colunas de outras tabelas, os requisitos de um processo de negócios específico podem não garantir essa possibilidade. Por exemplo, o formulário de matrículas (Figura 10.4) contém colunas da tabela *Aluno* de modo que o usuário pode ser autenticado. Do mesmo modo, as colunas das tabelas *Oferecimento*,

FIGURA 10.5
Relacionamentos no Banco de Dados Revisado de uma Universidade

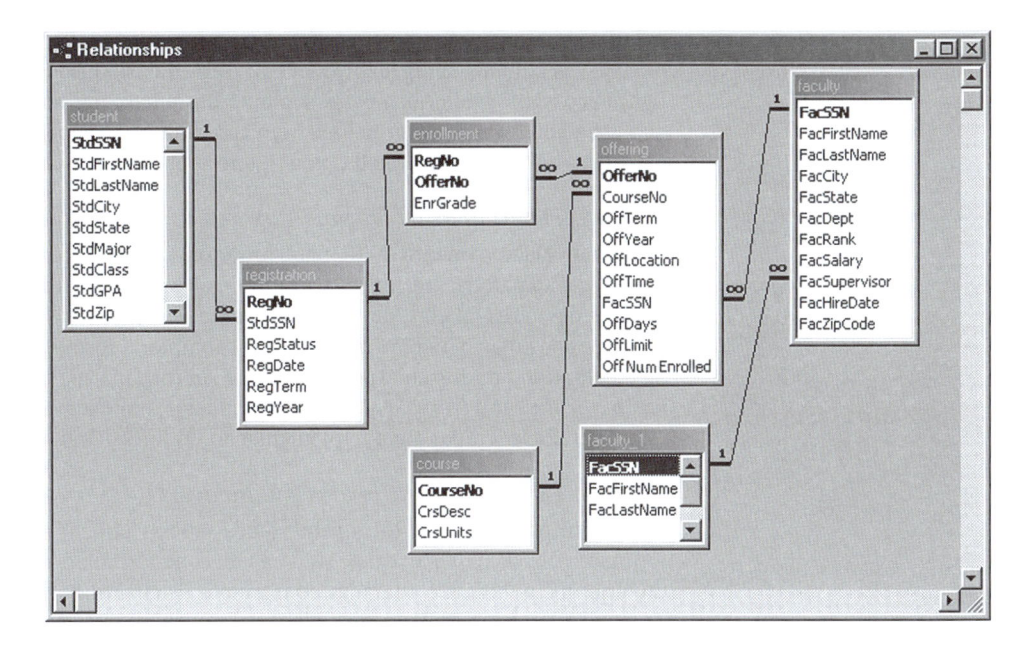

Professor e *Curso* são mostradas no subformulário de forma que o usuário possa fazer uma escolha de matrícula informada. Se o processo de negócios permitir a alteração das colunas de outras tabelas, essa tarefa normalmente é realizada utilizando outro formulário.

10.4.3 Habilidades de Formulação de Consulta para Formulários Hierárquicos

A fim de implementar um formulário hierárquico, é necessário tomar decisões em cada passo listado a seguir. Esses passos ajudam a esclarecer o relacionamento entre um formulário e suas tabelas relacionadas de banco de dados. Além disso, esses passos podem ser utilizados diretamente para implementar o formulário em alguns SGBDs, como o Microsoft Access.

1. Identificar o relacionamento 1-M manipulado pelo formulário.
2. Identificar as colunas de junção ou de ligação para o relacionamento 1-M.
3. Identificar as demais tabelas no formulário principal e no subformulário.
4. Determinar a capacidade de atualização das tabelas no formulário hierárquico.
5. Escrever consultas para o formulário principal e o subformulário.

Passo 1: Identificar o Relacionamento 1-M

A decisão mais importante é procurar a correspondência entre o formulário e um relacionamento 1-M no banco de dados. Se você estiver começando com base na figura de um formulário (como a Figura 10.3 ou 10.4), procure um relacionamento que tenha colunas da tabela pai no formulário principal e colunas da tabela filha no subformulário. Normalmente, a tabela pai contém a chave primária do formulário principal. Na Figura 10.3, o campo *NumCurso* é a chave primária do formulário principal, portanto, a tabela *Curso* é a tabela pai. Na Figura 10.4, o campo *NumRegistro* é a chave primária do formulário principal, portanto, a tabela *Registro* é a tabela pai. Se o próprio aluno estiver elaborando o projeto e o layout do formulário, ele deve decidir sobre o relacionamento 1-M antes de criar o esquema de layout do formulário.

Passo 2: Identificar as Colunas de Ligação

Quando se consegue identificar o relacionamento 1-M, normalmente fica fácil identificar as colunas de ligação. As colunas de ligação são simplesmente as colunas de junção das duas tabelas (pai e filha) no relacionamento. No formulário de oferecimento de cursos, as colunas de ligação são *Curso.NumCurso* e *Oferecimento.NumCurso*. No formulário de matrículas, as colunas de ligação são *Registro.NumRegistro* e *Matricula.NumRegistro*. É importante lembrar que as colunas de ligação conectam o formulário principal ao subformulário. Com essa ligação, o subformulário mostra somente as linhas que correspondem ao valor na coluna de ligação do formulário principal. Sem essa ligação, o subformulário mostra todas as linhas, não apenas aquelas relacionadas ao registro mostrado no formulário principal.

Passo 3: Determinar as Demais Tabelas

Além do relacionamento 1-M, para proporcionar um contexto ao usuário, outras tabelas podem ser mostradas no formulário principal e no subformulário. Caso sejam identificadas colunas de outras tabelas, deve-se tomar nota dessas tabelas para usá-las no passo 5, quando escrever consultas para o formulário. Por exemplo, o formulário de matrículas inclui colunas da tabela *Aluno* no formulário principal. O subformulário inclui colunas das tabelas *Oferecimento*, *Professor* e *Curso*. As colunas calculadas, por exemplo, Carga Horaria Total, não precisam ser consideradas até a implementação do formulário.

Passo 4: Determinar as Tabelas Atualizáveis

No quarto passo, é necessário saber quais tabelas podem ser alteradas quando se utiliza o formulário. Normalmente, existe só uma tabela no formulário principal e uma tabela no subformulário que podem ser alteradas conforme o usuário for inserindo os dados. No formulário de matrículas, a tabela *Registro* é alterada quando o usuário manipula o formulário principal, e a tabela *Matricula* é alterada quando o usuário manipula o subformulário. Em geral, as tabelas identificadas no passo 3 são somente de leitura. As tabelas *Aluno*, *Oferecimento*, *Professor* e *Curso* são somente de leitura no subformulário Registro. Em alguns campos não atualizáveis de um formulário hierárquico, podem ser utilizados botões para transferir para outro formulário e alterar os dados. Por exemplo, pode-se adicionar um botão no formulário principal para o usuário alterar os dados do aluno em outro formulário.

Algumas vezes, o formulário principal não oferece suporte a atualizações de nenhuma tabela. No formulário de oferecimento de cursos, a tabela *Curso* não é alterada quando se utiliza o formulário principal. A razão de tornar o formulário principal somente de leitura é suportar o processo de aprovação do curso. A maioria das universidades exige um processo separado de aprovação de novos cursos utilizando um formulário separado. O formulário de oferecimento de cursos é projetado somente para adicionar oferecimentos aos cursos existentes. Se a universidade não impuser essa restrição, o formulário principal pode ser utilizado para alterar a tabela *Curso*.

Como parte do projeto de um formulário hierárquico, o aluno deve conhecer bem os requisitos do processo de negócios subjacente. Com esses requisitos em mente, ele deve decidir quais tabelas serão afetadas pelas ações do usuário no formulário, por exemplo, de atualização de um campo ou inserção de um novo registro.

Passo 5: Escrever Consultas para o Formulário

O último passo integra as decisões tomadas nos demais passos. É necessário escrever uma consulta para o formulário principal e uma consulta para o subformulário. Essas consultas devem dar suporte às atualizações das tabelas identificadas no passo 4. É necessário seguir as regras de formulação de visões atualizáveis (tanto de tabela única como de múltiplas tabelas) apresentadas na Seção 10.3. Alguns SGBDs exigem a utilização da instrução CREATE VIEW para essas consultas, enquanto outros permitem a digitação direta de instruções SELECT.

As tabelas 10.3 e 10.4 mostram resumidamente as respostas para os passos 1 a 4 dos formulários de oferecimento de cursos e de matrícula. Para o passo 5, os exemplos 10.27 a 10.30 mostram as consultas para os formulários principais e os subformulários das figuras 5.3 e 5.4.

TABELA 10.3
Resumo dos Passos de Formulação de Consulta para o Formulário de Oferecimento de Cursos

Passo	Resposta
1	*Curso* (tabela pai), *Oferecimento* (tabela filha)
2	*Curso.NumCurso*, *Oferecimento.NumCurso*
3	Somente dados das tabelas *Curso* e *Oferecimento*
4	Operações de inserção, atualização e exclusão da tabela *Oferecimento* no subformulário

TABELA 10.4
Resumo dos Passos de Formulação de Consulta para o Formulário de Matrícula

Passo	Resposta
1	*Registro* (tabela pai), *Matrícula* (tabela filha)
2	*Registro.NumRegistro, Matricula.NumRegistro*
3	Dados da tabela *Aluno* no formulário principal e das tabelas *Oferecimento*, *Curso* e *Professor* no subformulário
4	Operações de inserção, atualização e exclusão da tabela *Registro* no formulário principal e da tabela *Matrícula* no subformulário

No exemplo 10.29, o campo de formulário *Endereço* (Figura 10.4) é derivado das colunas *CidadeAluno* e *UFAluno*. No Exemplo 10.30, a chave primária da tabela *Oferecimento* não é necessária porque a consulta não tem suporte a operações de inserção na tabela *Oferecimento*. A consulta tem suporte somente a operações de inserção na tabela *Matrícula*. Observar que todos os exemplos estão de acordo com as regras do Microsoft Access (versões de 97 a 2003) para consultas atualizáveis 1-M.

EXEMPLO 10.27 (Access)

Consulta para o Formulário Principal do Formulário de Oferecimento de Cursos

SELECT NumCurso, DescrCurso, CargaHoraCurso FROM Curso

EXEMPLO 10.28 (Access)

Consulta para o Subformulário do Formulário de Oferecimento de Cursos

SELECT * FROM Oferecimento

EXEMPLO 10.29 (Access)

Consulta para o Formulário Principal do Formulário de Matrícula

SELECT NumRegistro, TrimestreReg, AnoReg, DataReg,
        Registro.CPFAluno, SituacaoReg, NomeAluno,
        SobrenomeAluno, TurmaAluno, CidadeAluno, UFAluno
FROM Registro INNER JOIN Aluno
    ON Registro.CPFAluno = Aluno.CPFAluno

EXEMPLO 10.30 (Access)

Consulta para o Subformulário do Formulário de Matrícula

SELECT NumRegistro, Matricula.NumOfer, Oferecimento.NumCurso, HorarioOfer,
        LocalOfer, TrimestreOfer, AnoOfer, Oferecimento.CPFProf,
        NomeProf, SobrenomeProf, DescrCurso, CargaHoraCurso
FROM ((Matricula INNER JOIN Oferecimento
        ON Matricula.NumOfer = Oferecimento.NumOfer)
    INNER JOIN Professor
        ON Professor.CPFProf = Oferecimento.CPFProf)
    INNER JOIN Curso
        ON Curso.NumCurso = Oferecimento.NumCurso

Na consulta do subformulário do formulário de matrícula (Exemplo 10.30), existe outra questão. A consulta do subformulário mostrará a linha *Oferecimento* se apenas houver uma linha *Professor* associada. Para que o subformulário mostre as linhas *Oferecimento* independentemente de existir ou não uma linha *Professor* associada, é necessário utilizar uma junção externa unilateral, assim como mostra o Exemplo 10.31. É possível verificar a necessidade da junção externa, olhando as cópias de exemplo do formulário. Se forem encontrados os oferecimentos listados sem um professor designado, a consulta requer uma junção externa unilateral.

EXEMPLO 10.31 (Access)

Consulta para Subformulário Revisado com Junção Externa Unilateral

SELECT NumRegistro, Matricula.NumOfer, Oferecimento.NumCurso, HorarioOfer, LocalOfer, TrimestreOfer, AnoOfer, Oferecimento.CPFProf, NomeProf, SobrenomeProf, DescrCurso, CargaHoraCurso
FROM ((Matricula INNER JOIN Oferecimento
ON Matricula.NumOfer = Oferecimento.NumOfer)
INNER JOIN Curso
ON Curso.NumCurso = Oferecimento.NumCurso)
LEFT JOIN Professor
ON Professor.CPFProf = Oferecimento.CPFProf

Em outro exemplo, a Tabela 10.5 mostra resumidamente as respostas para os passos de formulação de consulta para o formulário de designação de professor, mostrado na Figura 10.6. O objetivo desse formulário é apoiar os administradores na designação de professores aos oferecimentos de curso. O relacionamento 1-M para o formulário é o relacionamento da tabela *Professor* para a tabela *Oferecimento*. Esse formulário não pode ser utilizado para inserir novas linhas *Professor* ou alterar os dados de *Professor*. Além disso, esse formulário não pode ser utilizado para inserir novas linhas *Oferecimento*. A única operação de atualização suportada por esse formulário é atualizar um *Professor* designado para lecionar um *Oferecimento* existente. Os exemplos 10.32 e 10.33 mostram as consultas do formulário principal e do subformulário.

TABELA 10.5
Resumo dos Passos de Formulação de Consulta para o Formulário de Designação de Professores

Passo	Resposta
1	*Professor* (tabela pai), *Oferecimento* (tabela filha)
2	*Professor.CPFProf, Oferecimento.CPFProf*
3	Somente dados das tabelas *Professor* e *Oferecimento*
4	Atualização de *Oferecimento.CPFProf*

FIGURA 10.6
Exemplo de Formulário de Designação de Professores

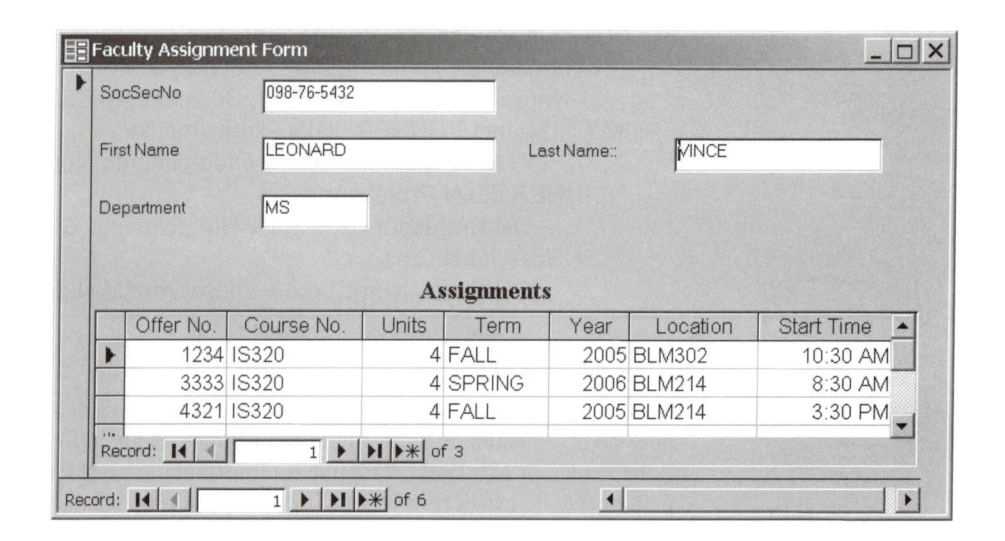

Faculty Assignment Form

SocSecNo: 098-76-5432
First Name: LEONARD   Last Name: VINCE
Department: MS

Assignments

Offer No.	Course No.	Units	Term	Year	Location	Start Time
1234	IS320	4	FALL	2005	BLM302	10:30 AM
3333	IS320	4	SPRING	2006	BLM214	8:30 AM
4321	IS320	4	FALL	2005	BLM214	3:30 PM

Record: 1 of 3

Record: 1 of 6

EXEMPLO 10.32 (Access)	Consulta de Formulário Principal para o Formulário de Designação de Professores
	SELECT CPFProf, NomeProf, SobrenomeProf, DeptoProf FROM Professor

EXEMPLO 10.33 (Access)	Consulta de Subformulário para o Formulário de Designação de Professores

	SELECT NumOfer, Oferecimento.NumCurso, CPFProf, HorarioOfer,
	         DiaSemanaOfer, LocalOfer, CargaHoraCurso
	  FROM Oferecimento INNER JOIN CURSO
	    ON Oferecimento.Curso = Curso.NumCurso

10.5 Utilizando Visões em Relatórios

Além de funcionar como blocos de construção dos formulários de entradas de dados, as visões também servem como blocos de construção dos relatórios. <u>Relatório</u> é uma apresentação estilizada dos dados apropriados para um público selecionado. O relatório é semelhante ao formulário no sentido de que ambos utilizam visões e apresentam os dados de forma muito diferente da que aparece nas tabelas base. A diferença entre o relatório e o formulário é que o primeiro não altera as tabelas base enquanto o segundo pode realizar alterações nas tabelas base. Nesta seção, serão descritos o relatório hierárquico, um tipo poderoso de relatório, e o relacionamento entre as visões e os relatórios hierárquicos.

relatório hierárquico
uma exibição formatada de uma consulta usando a indentação para mostrar agrupamentos e classificações.

10.5.1 O Que é um Relatório Hierárquico?

Os <u>relatórios hierárquicos</u> (também conhecidos como relatórios de mudança do controle) utilizam aninhamento ou indentação para propiciar um formato visualmente atraente.

FIGURA 10.7 Relatório de Horário dos Professores

Relatório de Horário dos Professores do Ano Letivo de 2005-2006

Departamento	Nome	Trimestre	Nº do Curso	Nº do Oferecimento	Dias	Horário de Início	Local
FINAN							
	MACON, NICKI						
		PRIMAVERA					
			FINAN480	7777	SEG-QUA	13h30	BLM305
		INVERNO					
			FINAN300	5555	SEG-QUA	8h30	BLM207
	MILLS, JULIA						
		INVERNO					
			FINAN450	6666	TER-QUI	10h30	BLM212
			SI480	5678	SEG-QUA	10h30	BLM302
ADM							
	COLAN, CRISTOPHER						
		PRIMAVERA					

(Anotações: Grupos; Linhas Detalhe)

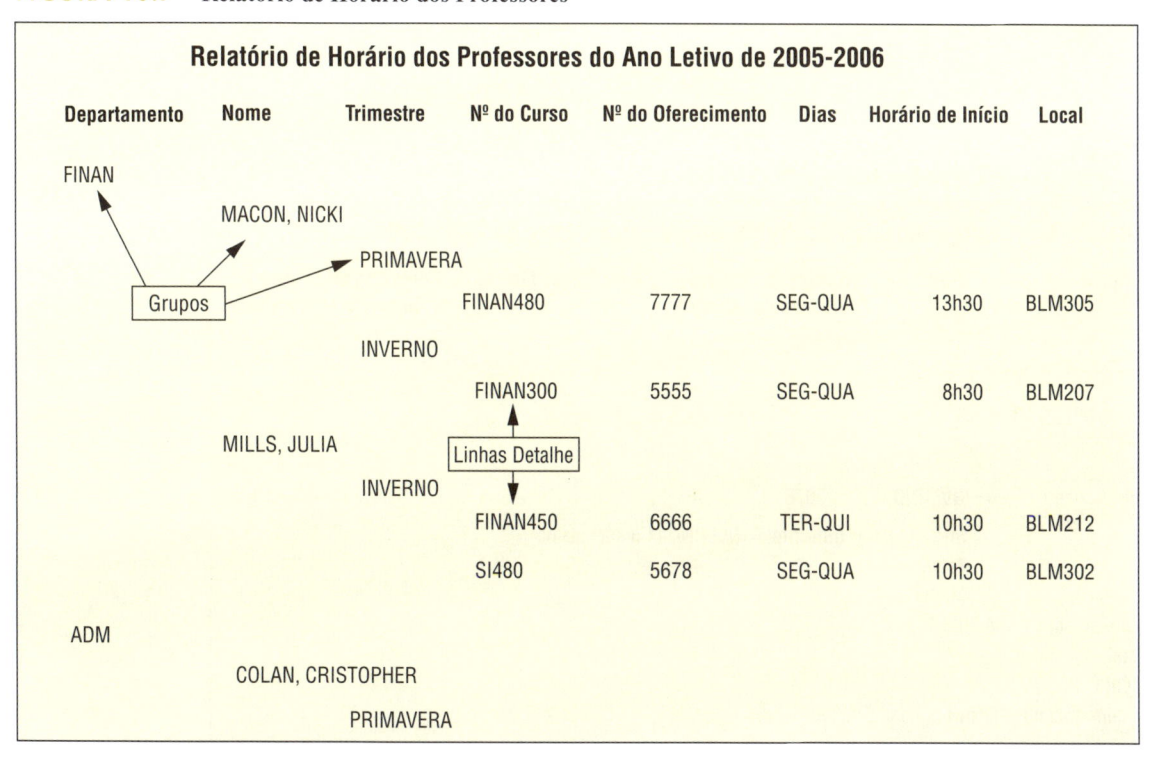

O relatório de horário dos professores (Figura 10.7) mostra os dados organizados por departamento, nome do professor e trimestre. Cada campo indentado é conhecido como grupo. O aninhamento dos grupos indica a ordem de classificação do relatório. A linha mais interna de um relatório é conhecida como linha detalhe. No relatório de horário dos professores, as linhas detalhe mostram o número do curso, o número do oferecimento e outros detalhes do curso designado. As linhas detalhe também podem ser ordenadas. No relatório de horário dos professores, as linhas detalhe estão ordenadas por número do curso.

A principal vantagem dos relatórios hierárquicos é que os usuários conseguem assimilar mais facilmente o significado dos dados que são ordenados e organizados de maneira indentada. É difícil inspecionar a saída-padrão de uma consulta (folha de dados) quando há dados de múltiplas tabelas no resultado. Por exemplo, comparar o relatório de horário dos professores com a folha de dados (Figura 10.8), mostrando as mesmas informações. Pode parecer confuso ver repetidos o departamento, o nome do professor e o período letivo.

Para melhorar a aparência, os relatórios hierárquicos podem mostrar dados de sumário em linhas detalhe, colunas computadas e cálculos depois de grupos. As linhas detalhe da Figura 10.9 mostram a matrícula (o número de alunos matriculados) em cada oferecimento de curso ministrado por um professor. No SQL, o número de alunos é computado com a função COUNT. São computadas as colunas Porcentagem Completa *((Matricula/LimiteVagas) * 100%)* e Pouca Matrícula (valor verdadeiro/falso). A caixa de seleção é uma maneira

FIGURA 10.8 Folha de Dados Mostrando o Conteúdo do Relatório de Horário dos Professores

DeptoProf	SobrenomeProf	NomeProf	TrimestreOfer	NumCurso	NumOfer	LocalOfer	HorarioOfer	DiaSemanaOfer
FINAN	MACON	NICKI	PRIMAVERA	FINAN480	7777	BLM305	13h30	SEG-QUA
FINAN	MACON	NICKI	INVERNO	FINAN300	5555	BLM207	8h30	SEG-QUA
FINAN	MILLS	JULIA	INVERNO	FINAN450	6666	BLM212	10h30	TER-QUI
FINAN	MILLS	JULIA	INVERNO	SI480	5678	BLM302	10h30	SEG-QUA
ADM	COLAN	CRISTOPHER	PRIMAVERA	SI480	5679	BLM412	15h30	TER-QUI
ADM	EMMANUEL	VICTORIA	INVERNO	SI320	4444	BLM302	15h30	TER-QUI
ADM	FIBON	LEONARD	PRIMAVERA	SI460	9876	BLM307	13h30	TER-QUI
ADM	VINCE	LEONARD	OUTONO	SI320	4321	BLM214	15h30	TER-QUI
ADM	VINCE	LEONARD	OUTONO	SI320	1234	BLM302	10h30	SEG-QUA
ADM	VINCE	LEONARD	PRIMAVERA	SI320	3333	BLM214	8h30	SEG-QUA

FIGURA 10.9 Relatório de Carga Horária dos Professores

Relatório de Carga Horária dos Professores do Ano Letivo de 2005-2006

Departamento	Nome	Trimestre	Número do Oferecimento	Carga Horária	LimiteVagas	Matrícula	Porcentagem Completa	Pouca Matrícula
FINAN ←	Grupos							
	JULIA MILLS							
	Linha Detalhe →	INVERNO	5678	4	20	1	5,00%	☑
	Sumário para 'Trimestre' = INVERNO (1 linha detalhe)							
		Total		4		1		
		Média					5,00%	
	Sumário para JULIA MILLS							
	Total			4		1		
	Média						5,00%	
Sumário para 'departmento' = FINAN (1 linha detalhe)								

dica de formulação de consulta para relatórios hierárquicos
a consulta para um relatório deve produzir dados das linhas detalhe do relatório. Se as linhas detalhe de um relatório contiverem dados sumarizados, a consulta normalmente deve conter os dados sumarizados.

visualmente atraente de visualizar as colunas verdadeiro/falso. Muitos relatórios mostram cálculos sumarizados depois de cada grupo. No relatório de carga horária de professores, os cálculos sumarizados mostram o total da carga horária e alunos além da porcentagem média total dos oferecimentos de cursos.

10.5.2 Habilidades de Formulação de Consulta para Relatórios Hierárquicos

O procedimento de formulação de consultas para relatórios é semelhante ao procedimento de formulação de consultas para formulários. Ao formular uma consulta para um relatório, é necessário (1) procurar a correspondência entre campos do relatório e as colunas dos bancos de dados, (2) determinar as tabelas necessárias e (3) identificar as condições de junção. A maioria das consultas de relatório envolve junções e possivelmente junções externas unilaterais. As consultas mais difíceis envolvendo operações de diferença e divisão não são comuns. Esses passos podem ser seguidos para formular a consulta, assim como mostra o Exemplo 10.34, para o relatório de horário de professores (Figura 10.7).

EXEMPLO 10.34

Consulta para o Relatório de Horário de Professores

```
SELECT Professor.CPFProf, Professor.NomeProf, SobrenomeProf,
Professor.DeptoProf, Oferecimento.NumOfer,
Oferecimento.NumCurso, Oferecimento.TrimestreOfer,
Oferecimento.AnoOfer, Oferecimento.LocalOfer,
Oferecimento.HorarioOfer, Oferecimento.DiaSemanaOfer
FROM Professor, Oferecimento
WHERE Professor.CPFProf = Oferecimento.CPFProf
AND ( ( Oferecimento.TrimestreOfer = 'OUTONO'
AND Oferecimento.AnoOfer = 2005 )
OR ( Oferecimento.TrimestreOfer = 'INVERNO'
AND Oferecimento.AnoOfer = 2006 )
OR ( Oferecimento.TrimestreOfer = 'PRIMAVERA'
AND Oferecimento.AnoOfer = 2006 ) )
```

Em alguns aspectos, a formulação de consultas para relatórios hierárquicos é mais fácil do que para formulários hierárquicos. As consultas para relatórios não precisam ser atualizadas (elas normalmente são somente de leitura). Além disso, existe apenas uma consulta para um relatório, ao contrário das duas ou mais consultas para um formulário hierárquico.

O principal problema na formulação de consultas para relatórios hierárquicos é o <u>nível</u> da saída. Algumas vezes é necessário decidir se a saída da consulta deve conter linhas individuais ou grupos de linhas. Uma regra prática é que a consulta deve produzir dados para linhas detalhe no relatório. A consulta para o relatório de carga horária dos professores (Exemplo 10.35) agrupa dados e contagens de números de alunos matriculados. A consulta produz diretamente

---

EXEMPLO 10.35

Consulta para o Relatório de Carga Horária dos Professores com Dados de Sumário nas Linhas Detalhe

```
SELECT Oferecimento.NumOfer, NomeProf, SobrenomeProf,
        DeptoProf, TrimestreOfer, CargaHoraCurso, LimiteVagasOfer,
        Count(Matricula.NumRegistro) AS QtdeAlunos,
        QtdeAlunos/LimiteVagas AS PorcentagemCompleta,
        (QtdeAlunos/LimiteVagas) < 0.25 AS PoucaMatricula
FROM Professor, Oferecimento, Curso, Matricula
WHERE Professor.CPFProf = Oferecimento.CPFProf
    AND Curso.NumCurso = Oferecimento.NumCurso
    AND Oferecimento.NumOfer = Matricula.NumOfer
    AND ( ( Oferecimento.TrimestreOfer = 'OUTONO'
    AND Oferecimento.AnoOfer = 2005 )
```

```
        OR (  Oferecimento.TrimestreOfer = 'INVERNO'
        AND Oferecimento.AnoOfer = 2006   )
         OR (  Oferecimento.TrimestreOfer = 'PRIMAVERA'
        AND Oferecimento.AnoOfer = 2006   )
      GROUP BY Oferecimento.NumOfer, NomeProf, SobrenomeProf,
              DeptoProf, TrimestreOfer, CargaHoraCurso, LimiteVagasOfer
```

dados para linhas detalhe no relatório. Se a consulta produzir uma linha por aluno matriculado em um curso (nível de detalhe mais refinado), o relatório deve calcular o número de alunos matriculados. Com a maioria das ferramentas de relatórios, é mais fácil realizar cálculos agregados na consulta quando a linha detalhe do relatório mostra somente dados de sumário.

Os demais cálculos (*PorcentagemCompleta* e *PoucaMatricula*) mostrados no Exemplo 10.35 podem ser realizados na consulta ou no relatório mais ou menos com o mesmo nível de esforço. Observar que o campo *LimiteVagasOfer* é uma nova coluna na tabela *Oferecimento*. Ele mostra o número máximo de alunos que podem ser matriculados em um oferecimento de curso.

Considerações Finais

Neste capítulo, foram descritas as visões, que são tabelas virtuais derivadas de tabelas base por meio de consultas. Os conceitos importantes a respeito das visões são a motivação para a utilização de visões e o uso de visões no desenvolvimento de aplicações de banco de dados. O principal benefício das visões é a independência de dados. As alterações nas definições da tabela base normalmente não produzem impacto nas aplicações que utilizam visões. As visões também podem simplificar as consultas escritas por usuários além de proporcionar uma unidade flexível para controle de segurança. Para utilizar as visões de forma eficaz, é necessário entender a diferença entre visões somente de leitura e atualizáveis. A visão somente de leitura é utilizada em uma consulta simplesmente como uma tabela base. Todas as visões são, no mínimo, somente de leitura, mas apenas algumas visões são atualizáveis. Com uma visão atualizável, as alterações de linhas na visão são propagadas às tabelas base subjacentes. Tanto a visão de tabela única como a visão de múltiplas tabelas podem ser atualizáveis. O que determina principalmente a capacidade de atualização é o fato de a visão conter as chaves primárias das tabelas base subjacentes.

As visões tornaram-se blocos de construção das aplicações de bancos de dados porque as ferramentas de formulários e relatórios utilizam visões. Os formulários de entrada de dados fornecem suporte a recuperações e alterações de banco de dados. Os formulários hierárquicos manipulam os relacionamentos 1-M em um banco de dados. Para definir um formulário hierárquico, é necessário identificar o relacionamento 1-M e definir as visões atualizáveis para a parte fixa (formulário principal) e variável (subformulário) do formulário. Os relatórios hierárquicos oferecem uma apresentação visualmente atraente dos dados. Para definir um relatório hierárquico, é necessário identificar os níveis de agrupamento e formular uma consulta para produzir dados para as linhas detalhe do relatório.

Este capítulo dá continuidade à Parte 5 do livro, enfatizando o desenvolvimento de aplicações com bancos de dados relacionais. No Capítulo 9, foram ampliados as habilidades de formulação de consultas e o conhecimento dos bancos de dados relacionais iniciados nos capítulos da Parte 2. Este capítulo enfatizou a aplicação das habilidades de formulação de consulta na criação de aplicações baseadas em visões. No Capítulo 11, será demonstrada a utilização de consultas em procedimentos armazenados e gatilhos para customizar e estender as aplicações de banco de dados. Para consolidar o estudo sobre desenvolvimento de aplicações com visões, é necessário utilizar algum SGBD relacional, principalmente para criar formulários e relatórios. Os conceitos são efetivamente aprendidos somente utilizando-os em uma aplicação de banco de dados real.

Revisão de Conceitos

- Benefícios das visões: independência de dados, formulação de consulta simplificada, segurança.
- Definição de visão no SQL:

    CREATE VIEW Alunos_SI AS
      SELECT * FROM Aluno WHERE Especializacao = 'SI'

- Utilização de visão em uma consulta

    SELECT NomeAluno, SobrenomeAluno, CidadeAluno, MediaGeralAluno
    FROM Alunos_SI
    WHERE MediaGeralAluno >= 3,7

- Utilização de visão atualizável nas instruções INSERT, UPDATE e DELETE:

    UPDATE Alunos_SI
    SET MediaGeralAluno = 3.5
    WHERE TurmaAluno = 'SR'

- Modificação de visão: o SGBD trabalha para processar uma consulta em uma visão envolvendo a execução somente de uma consulta. A consulta utilizando uma visão é traduzida em consulta utilizando tabelas base, substituindo as referências à visão por sua definição.
- Materialização de visão: o SGBD trabalha para processar uma consulta em uma visão, executando a consulta diretamente na visão armazenada. A visão armazenada pode ser materializada sob demanda (no momento em que a visão da consulta é enviada) ou periodicamente recriada das tabelas base.
- A modificação de visão é utilizada tipicamente para bancos de dados que possuem operações combinadas de atualização e recuperação.
- Visão atualizável: visão que pode ser utilizada nas instruções SELECT além de nas instruções UPDATE, INSERT e DELETE.
- Regras de definição de visões atualizáveis de tabela única: chave primária e colunas necessárias.
- Opção WITH CHECK para evitar atualizações de visão com efeitos colaterais.
- Regras para definição de visões atualizáveis de múltiplas tabelas: chave primária e colunas necessárias de cada tabela atualizável juntamente com as chaves estrangeiras das tabelas filha.
- Consultas atualizáveis 1-M para desenvolvimento de formulários de entrada de dados no Microsoft Access.
- Componentes de um formulário hierárquico: formulário principal e subformulário.
- Formulários hierárquicos proporcionando uma interface conveniente para manipulação de relacionamentos 1-M.
- Passos da formulação de consulta para formulários hierárquicos: identificar o relacionamento 1-M, identificar as colunas de ligação, identificar outras tabelas no formulário, determinar a capacidade de atualização de tabelas, escrever as consultas para o formulário.
- Escrever consultas atualizáveis para o formulário principal e o subformulário.
- Relatório hierárquico: visualização formatada de uma consulta, utilizando indentação para mostrar agrupamentos e classificações.
- Componentes dos relatórios hierárquicos: campos agrupados, linhas detalhe e cálculos de sumário de grupo.
- Escrever consultas para relatórios hierárquicos: fornecer dados para linhas detalhe.

Questões

1. Como as visões proporcionam independência de dados?
2. Como as visões simplificam as consultas escritas por usuários?
3. Em uma planilha eletrônica, qual a semelhança entre visão e macro?
4. O que é materialização de visão?
5. O que é modificação de visão?
6. Quando é preferível utilizar a modificação à materialização para o processamento de consultas de visão?
7. O que é visão atualizável?
8. Por que algumas visões são somente de leitura?
9. Quais são as regras para visões atualizáveis de tabela única?
10. Quais são as regras para consultas atualizáveis 1-M no Microsoft Access? E para visões atualizáveis de múltiplas tabelas?

11. Qual a finalidade da cláusula WITH CHECK?
12. O que é formulário hierárquico?
13. Descrever, resumidamente, como utilizar o formulário hierárquico em um processo de negócios que conheça. Por exemplo, se você possui algum conhecimento de processamento de pedidos, descreva como o formulário hierárquico pode suportar esse processo.
14. Qual a diferença entre formulário principal e subformulário?
15. Qual a finalidade das colunas de ligação nos formulários hierárquicos?
16. Por que é necessário escrever consultas atualizáveis em um formulário principal e um subformulário?
17. Por que as tabelas são utilizadas em um formulário hierárquico mesmo quando elas não podem ser alteradas como resultado da utilização do formulário?
18. Qual o primeiro passo no processo de formulação de consulta para formulários hierárquicos?
19. Qual o segundo passo no processo de formulação de consulta para formulários hierárquicos?
20. Qual o terceiro passo no processo de formulação de consulta para formulários hierárquicos?
21. Qual o quarto passo no processo de formulação de consulta para formulários hierárquicos?
22. Qual o quinto passo no processo de formulação de consulta para formulários hierárquicos?
23. Citar um exemplo de formulário hierárquico em que o formulário principal não é atualizável. Explicar a razão de negócios que determina o *status* como somente de leitura do formulário principal.
24. O que é relatório hierárquico?
25. O que é coluna agrupada em um relatório hierárquico?
26. Como identificar colunas agrupadas em um relatório?
27. O que é linha detalhe em um relatório hierárquico?
28. Qual o relacionamento entre colunas agrupadas em um relatório e colunas ordenadas?
29. Por que muitas vezes é mais fácil escrever uma consulta para um relatório hierárquico do que para um formulário hierárquico?
30. O que se entende da afirmação de que a consulta deve produzir dados para a linha detalhe de um relatório hierárquico?
31. Há consenso entre os SGBDs comerciais a respeito das regras para visões atualizáveis de múltiplas tabelas? Caso não haja, comentar resumidamente a respeito do nível de concordância em relação às regras para visões atualizáveis de múltiplas tabelas.
32. Quais são os possíveis efeitos colaterais quando o usuário altera a linha de uma visão atualizável? Qual a causa desses efeitos colaterais?

Problemas

Os problemas utilizam o banco de dados estendido de entrada de pedidos reproduzido na Figura 10.P1 e Tabela 10.P1. As instruções CREATE TABLE do Oracle para as novas tabelas e a tabela *Produto* revisada seguem a Tabela 10.P1.

FIGURA 10.P1
Diagrama de Relacionamento do Banco de Dados Revisado de Entrada de Pedidos

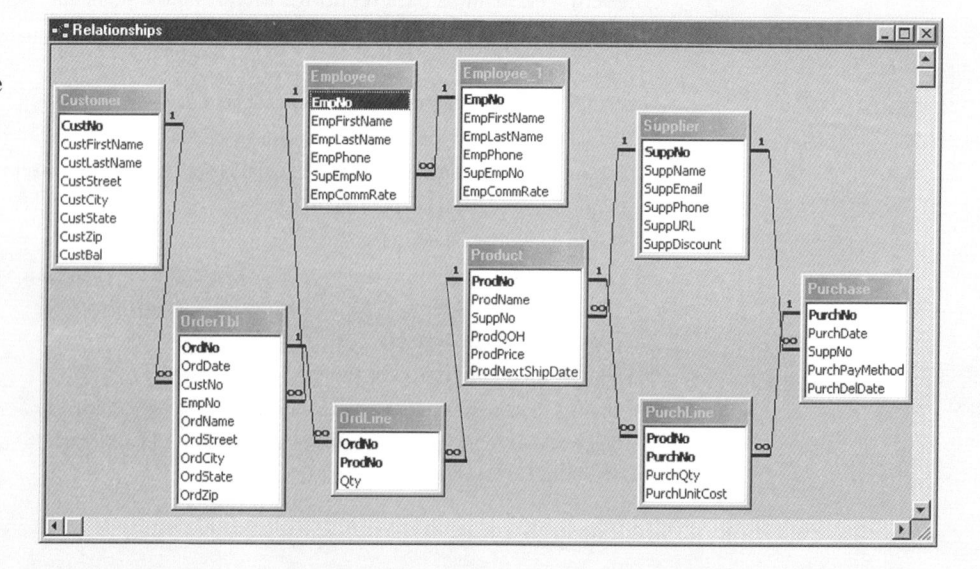

TABELA 10.P1
Explicações das Colunas Selecionadas no Banco de Dados Revisado de Entrada de Pedidos

Nome da Coluna	Descrição
DataCompra	Data da compra
FormaPagto	Método de pagamento da compra (*CartaoCredito*, *Cheque* ou *AVista*)
DataPrevistaEntrega	Data prevista de entrega da compra
DesctoForn	Desconto concedido pelo fornecedor
QtdeCompra	Quantidade de produto adquirido
CustoUnitCompra	Custo unitário do produto adquirido

Este banco de dados amplia o banco de dados de entrada de pedidos utilizado nos problemas dos capítulos 3 e 9, com três tabelas: (1) *Fornecedor*, contendo a lista de fornecedores dos produtos existentes no estoque; (2) *Compra*, registro dos detalhes gerais de compras para reabastecer o estoque; e (3) *LinhaCompra*, contendo os produtos requisitados em uma compra. Além disso, o banco de dados ampliado de entrada de pedidos contém um novo relacionamento 1-M (entre *Fornecedor* e *Produto*) que substitui a coluna *Produto.MarcaProd* do banco de dados original.

Além das revisões observadas no parágrafo anterior, é necessário conhecer as diversas suposições adotadas no projeto do banco de dados de Entrada de Pedidos:

- O projeto adota a suposição simplificada de existir apenas um fornecedor para cada produto. Essa suposição é adequada para uma loja única de varejo que emite pedidos diretamente aos fabricantes.
- O relacionamento 1-M entre *Fornecedor* e *Compra* apóia o processo de compra. Nesse processo, o usuário designa o fornecedor antes de selecionar os itens a serem pedidos ao fornecedor. Sem esse relacionamento, seria mais difícil implementar o processo de negócios e os formulários de entrada de dados associados.

```
CREATE TABLE Produto
(       NumProduto              CHAR(8)
        NomeProd                VARCHAR2(50) CONSTRAINT NomeProdRequeridoNOT NULL,
        NumFornecedor           CHAR(8) CONSTRAINT NumForn1Requerido NOT NULL,
        QtdeEstqProd            INTEGER DEFAULT 0,
        PrecoProd               DECIMAL(12,2) DEFAULT 0,
        ProxDataRecebimento     DATE,
CONSTRAINT PKProduto PRIMARY KEY (NumProduto),
CONSTRAINT NumFornFK1 FOREIGN KEY (NumFornecedor) REFERENCES Fornecedor
        ON DELETE CASCADE   )
```

```
CREATE TABLE Fornecedor
(       NumFornecedor           CHAR(8)
        NomeForn                VARCHAR2(30) CONSTRAINT NomeFornRequerido NOT NULL,
        EmailForn               VARCHAR2(50),
        FoneForn                CHAR(13),
        EndEletronicoForn       VARCHAR2(100),
        DesctoForn              DECIMAL(3,3),
CONSTRAINT PKFornecedor PRIMARY KEY   (NumFornecedor)   )
```

```
CREATE TABLE Compra
(       NumCompra               CHAR(8),
        DataCompra              DATE CONSTRAINT DataCompraRequeridoNOT NULL,
        NumFornecedor           CHAR(8) CONSTRAINT NumForn2Requerido NOT NULL,
        FormaPagto              CHAR(6) DEFAULT 'CHEQUE',
        DataPrevistaEntrega     DATE,
CONSTRAINT PK Compra PRIMARY KEY (NumCompra),
CONSTRAINT NumFornFK2 FOREIGN KEY (NumFornecedor) REFERENCES Fornecedor )
```

```
CREATE TABLE LinhaCompra
(       NumProduto              CHAR(8)
        NumCompra               CHAR(8),
        QtdeCompra              INTEGER DEFAULT 1 CONSTRAINT QtdeCompraRequerido NOT NULL,
        CustoUnitCompra         DECIMAL(12,2),
CONSTRAINT PKLinhaCompra PRIMARY KEY (NumCompra, NumProduto),
CONSTRAINT PKNumCompra FOREIGN KEY (NumCompra) REFERENCES Compra
        ON DELETE CASCADE,
CONSTRAINT PKNumProd2 FOREIGN KEY (NumProduto) REFERENCES Produto   )
```

1. Definir uma visão contendo produtos do fornecedor número S3399214. Incluir todas as colunas *Produto* na visão.
2. Definir uma visão contendo os detalhes de pedidos feitos em janeiro de 2007. Incluir todas as colunas *Pedido*, *LinhaPedido.Qtde* e o nome do produto na visão.
3. Definir uma visão contendo o número, o nome, o preço e a quantidade do produto disponível juntamente com o número dos pedidos em que aparece o produto.
4. Utilizando a visão definida no problema 1, escrever uma consulta para listar os produtos com preço superior a R$ 300. Incluir todas as colunas da visão no resultado.
5. Utilizando a visão definida no problema 2, escrever uma consulta para listar as linhas contendo as palavras Jato de tinta no nome do produto. Incluir todas as colunas da visão no resultado.
6. Utilizando a visão definida no problema 3, escrever uma consulta para listar os produtos para os quais foram feitos mais de cinco pedidos. Incluir o nome do produto e o número dos pedidos no resultado.
7. Modificar a consulta do problema 4 de modo a utilizar somente as tabelas base.
8. Modificar a consulta do problema 5 de modo a utilizar somente as tabelas base.
9. Modificar a consulta do problema 6 de modo a utilizar somente as tabelas base.
10. A visão do problema 1 é atualizável? Explicar por que sim ou não.
11. A visão do problema 2 é atualizável? Explicar por que sim ou não. Modificando as linhas na visão, quais tabelas do banco de dados podem ser alteradas?
12. A visão do problema 3 é atualizável? Explicar por que sim ou não.
13. Escrever uma instrução INSERT para referenciar a visão do problema 1. O efeito da instrução INSERT deve adicionar uma nova linha na tabela *Produto*.
14. Escrever uma instrução UPDATE para referenciar a visão do problema 1. O efeito da instrução UPDATE deve modificar a coluna *QtdeEstqProd* da linha adicionada no problema 13.
15. Escrever uma instrução DELETE para referenciar a visão do problema 1. O efeito da instrução DELETE deve remover a linha adicionada no problema 13.
16. Modificar a definição de visão do problema 1 para evitar efeitos colaterais. Utilizar um nome para a visão diferente do usado no problema 1. Observar que a opção WITH CHECK não pode ser especificada no Microsoft Access utilizando a janela do SQL.
17. Escrever uma instrução UPDATE para a visão do problema 1 de modo a modificar *NumFornecedor* da linha com *NumProduto* de P6677900 a S4420948. A instrução UPDATE deve ser rejeitada pela definição de visão revisada no problema 16, mas aceita pela definição de visão original do problema 1. Esse problema não pode ser resolvido no Access utilizando a janela do SQL.
18. Definir uma consulta atualizável 1-M envolvendo as tabelas *Cliente* e *Pedido*. A consulta deve suportar atualizações da tabela *Pedido*. A consulta deve incluir todas as colunas da tabela *Pedido* e o nome completo (nome e sobrenome), a rua, a cidade, o estado e o CEP da tabela *Cliente*. Observar que esse problema é específico do Microsoft Access.
19. Definir uma consulta atualizável 1-M envolvendo as tabelas *Cliente*, *Pedido* e *Funcionario*. A consulta deve suportar atualizações da tabela *Pedido*. Incluir todas as linhas na tabela *Pedido* mesmo existindo número de funcionário nulo. A consulta deve incluir todas as colunas da tabela *Pedido*, o nome completo (nome e sobrenome), a rua, a cidade, o estado e o CEP da tabela *Cliente*, e o nome completo (nome e sobrenome) e o telefone da tabela *Funcionario*. Observar que esse problema é específico do Microsoft Access.

20. Definir uma consulta atualizável 1-M envolvendo as tabelas *LinhaPedido* e *Produto*. A consulta deve suportar atualizações da tabela *LinhaPedido*. A consulta deve incluir todas as colunas da tabela *LinhaPedido* e o nome, a quantidade existente e o preço da tabela *Produto*. Observar que esse problema é específico do Microsoft Access.
21. Definir uma consulta atualizável 1-M envolvendo as tabelas *Compra* e *Fornecedor*. A consulta deve suportar atualizações e inserção das tabelas *Produto* e *Fornecedor*. Incluir as colunas necessárias de modo que ambas as tabelas sejam atualizáveis. Observar que esse problema é específico do Microsoft Access.
22. Para a amostra de formulário de pedido simples (Simple Order Form) mostrado na Figura 10.P2, responder às cinco perguntas de formulação de consulta discutidas na Seção 10.4.3. O formulário oferece suporte à manipulação do cabeçalho e dos detalhes dos pedidos.
23. Para a amostra de formulário de pedido (Order Form) mostrado na Figura 10.P3, responder às cinco perguntas de formulação de consulta discutidas na Seção 10.4.3. Assim como o formulário de pedido simples mostrado na Figura 10.P2, o formulário de pedido oferece suporte à manipulação do cabeçalho e dos detalhes dos pedidos. Além disso, o formulário de pedido mostra os dados de outras tabelas para oferecer um contexto ao usuário quando ele completa um pedido. O formulário de

FIGURA 10.P2
Formulário de Pedido Simples

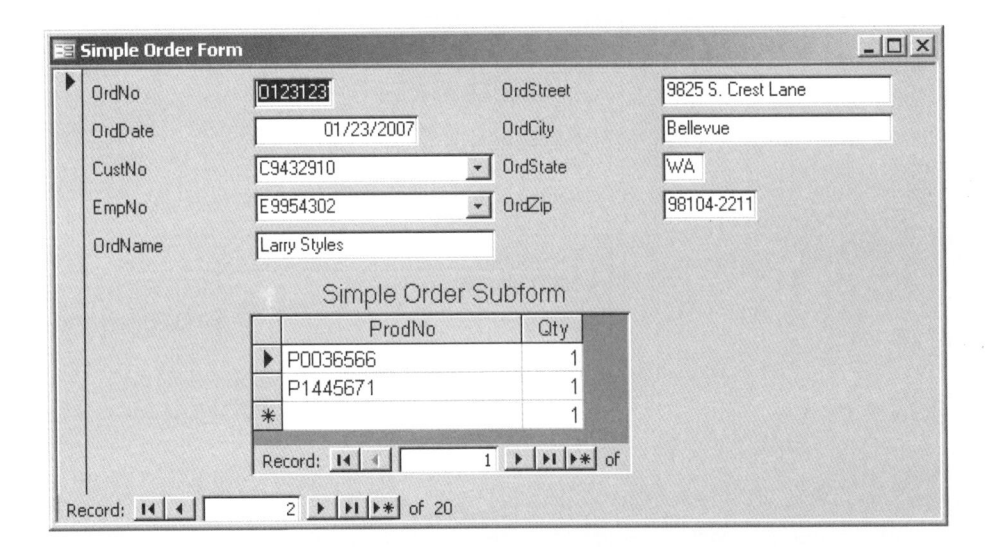

FIGURA 10.P3
Formulário de Pedido

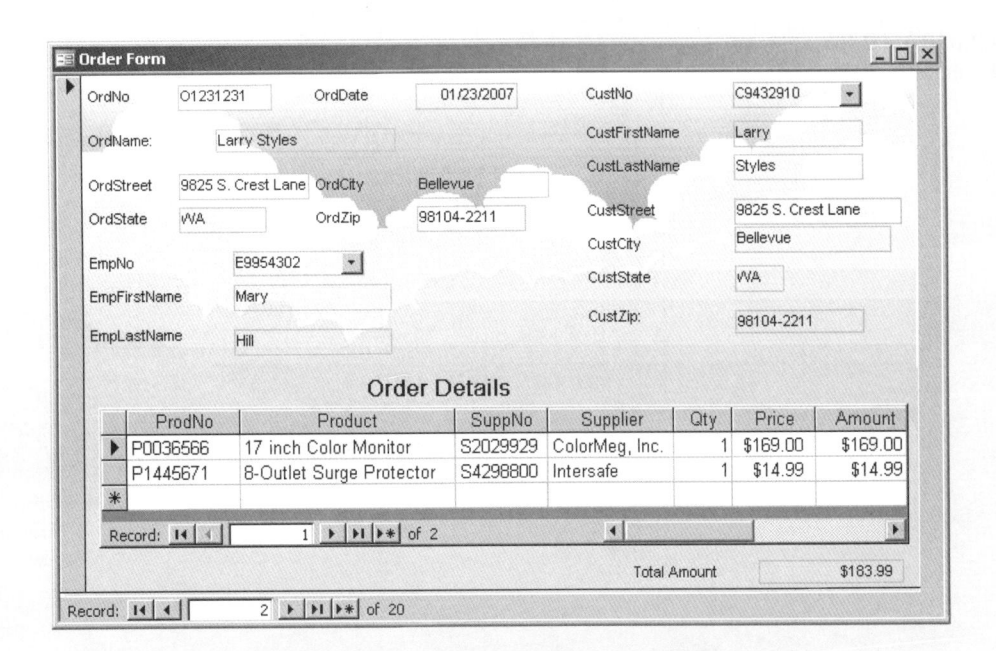

pedido tem suporte a pedidos por telefone (com um funcionário anotando o pedido) e pela Web (sem funcionário anotando o pedido). A consulta de subformulário deve computar o campo Valor como *Qtde*PrecoProd*. Não computar o campo Valor Total nem na consulta de formulário principal e nem na consulta de subformulário. Ele é computado no formulário.

24. Modificar a resposta dada ao problema 23, supondo que o formulário de pedido suporte somente pedidos por telefone, e não pedidos pela Web.

25. Para a amostra de formulário de compra simples mostrado na Figura 10.P4, responder às cinco perguntas de formulação de consulta discutidas na Seção 10.4.3. O formulário tem suporte à manipulação do cabeçalho e dos detalhes das compras.

26. Para a amostra de formulário de compra mostrado na Figura 10.P5, utilizar os cinco passos de formulação de consulta apresentados na Seção 10.4.3. Assim como o formulário de compra simples

FIGURA 10.P4
Formulário de Compra Simples

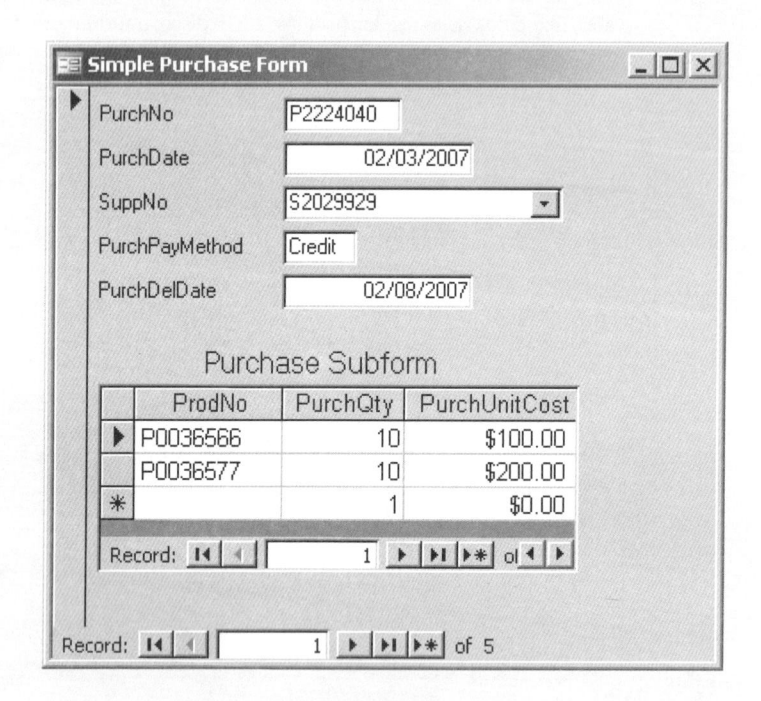

FIGURA 10.P5
Formulário de Compra

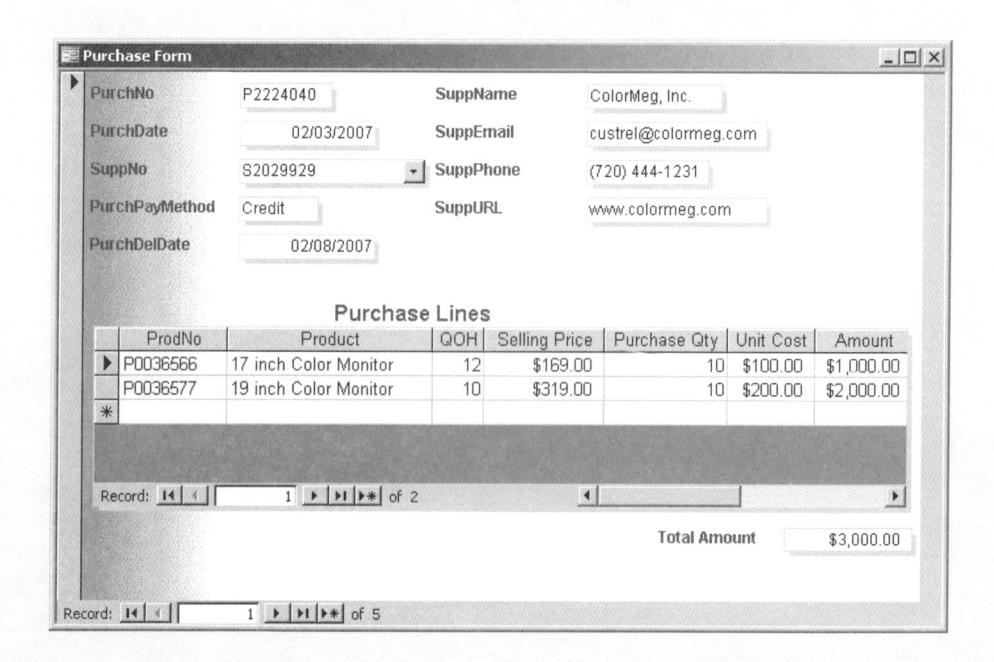

FIGURA 10.P6
Formulário de Fornecedor

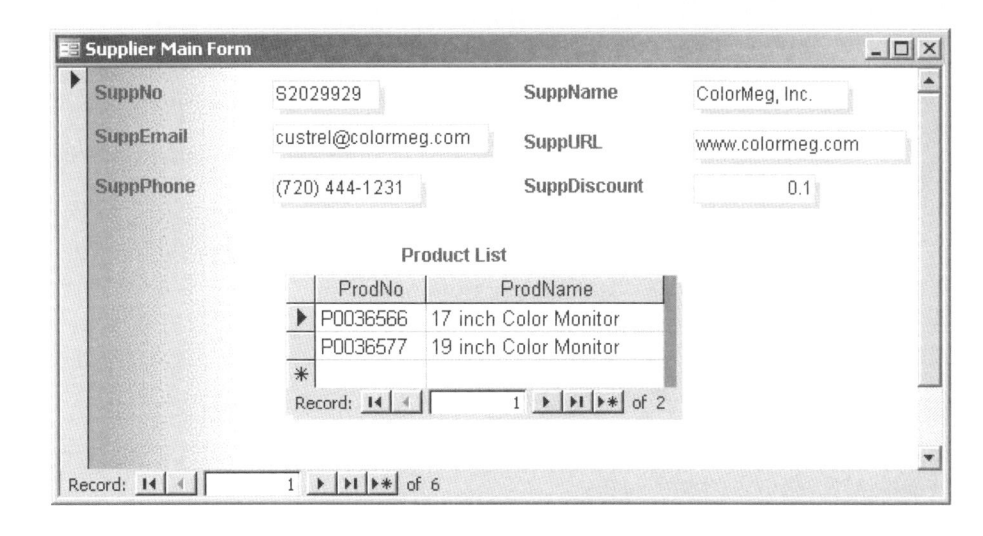

```
┌─ Supplier Main Form ─────────────────────────────────── _ □ × ┐
│ ▶ SuppNo      S2029929          SuppName    ColorMeg, Inc.   │
│   SuppEmail   custrel@colormeg.com   SuppURL  www.colormeg.com│
│   SuppPhone   (720) 444-1231    SuppDiscount        0.1      │
│                                                               │
│                       Product List                            │
│                  ┌─────────┬──────────────────┐               │
│                  │ ProdNo  │    ProdName      │               │
│                  ├─────────┼──────────────────┤               │
│                  ▶ P0036566 │ 17 inch Color Monitor │         │
│                  │ P0036577 │ 19 inch Color Monitor │         │
│                  * │         │                  │             │
│                  Record: |◀ ◀|    1   ▶ ▶| ▶* of 2           │
│                                                               │
│ Record: |◀ ◀|    1   ▶ ▶| ▶* of 6                            │
└───────────────────────────────────────────────────────────────┘
```

mostrado na Figura 10.P4, o formulário de compra oferece suporte à manipulação do cabeçalho e dos detalhes das compras. Além disso, o formulário de compra mostra os dados de outras tabelas para oferecer um contexto para o usuário quando ele completa uma compra. A consulta de subformulário deve computar o campo Valor como *QtdeCompra*CustoUnitCompra*. Não computar o campo Valor Total nem na consulta de formulário principal e nem na consulta de subformulário. Ele é computado no formulário.

27. Para a amostra de formulário de fornecedor mostrado na Figura 10.P6, utilizar os cinco passos de formulação de consulta apresentados na Seção 10.4.3. O formulário principal oferece suporte à manipulação dos dados do fornecedor enquanto o subformulário tem suporte à manipulação somente do número e do nome dos produtos fornecidos pelo fornecedor no formulário principal.

28. Para o relatório de detalhes do pedido, escrever uma instrução SELECT para produzir os dados das linhas detalhe. A coluna agrupada no relatório é *NumPedido*. O relatório deve listar os pedidos do cliente de número O2233457 feitos em janeiro de 2007.

Relatório de Detalhes do Pedido

Número Pedido	Data do Pedido	Nº Produto	Qtde.	Preço	Valor
O2233457	12/1/2007	P1441567	1	R$ 14,99	R$ 14,99
		P0036577	2	R$ 319,00	R$ 638,00
Valor Total Pedido					R$ 652,99
O4714645	11/1/2007	P9995676	2	R$ 89,00	R$ 178,00
		P0036566	1	R$ 369,00	R$ 369,00
Valor Total Pedido					R$ 547,00

29. Para a amostra de relatório de sumarização do pedido, escrever uma instrução SELECT para produzir os dados das linhas detalhe. O campo de relatório CEP é constituído dos primeiros cinco caracteres da coluna *CEPCli*. O campo agrupado no relatório é constituído dos primeiros cinco caracteres da coluna *CEPCli*. O campo de relatório Valor Total Pedido é a soma da quantidade multiplicada pelo preço do produto. Limitar o relatório aos pedidos do ano 2007. Incluir também o número do mês na instrução SELECT de modo a permitir a classificação do relatório por número do mês e não pelo campo de relatório Mês. Utilizar as seguintes expressões para derivar as colunas computadas, utilizadas no relatório:

- No Microsoft Access, a expressão *left(CEPCli, 5)* gera o campo de relatório CEP. No Oracle, a expressão *substr(CEPCli, 1, 5)* gera o campo de relatório CEP.
- No Microsoft Access, a expressão *format(DataPedido, "mmmm yyyy")* gera o campo de relatório Mês. No Oracle, a expressão *to_char(DataPedido, 'MONTH YYYY')* gera o campo de relatório Mês.

- No Microsoft Access, a expressão *month(DataPedido)* gera o campo de relatório Mês. No Oracle, a expressão *to_number(to_char(DataPedido, 'M'))* gera o campo de relatório Mês.

Relatório de Sumário do Pedido

CEP	Mês	Contagem Linhas	Pedido Valor Total
80111	Janeiro 2007	10	R$ 1.149
	Fevereiro 2007	21	R$ 2.050
Sumário de 80111		31	R$ 3.199
80113	Janeiro 2007	15	R$ 1.541
	Fevereiro 2007	11	R$ 1.450
Sumário de 80113		31	R$ 2.191

30. Revisar o Relatório de Sumário do Pedido para listar o número de pedidos e o montante médio de pedidos em vez de Contagem Linhas Pedido e Valor Total Pedido. O relatório revisado é mostrado a seguir. Será necessário utilizar uma instrução SELECT na cláusula FROM ou escrever duas instruções para produzir os dados das linhas detalhe.

Relatório de Sumário do Pedido

CEP	Mês	Qtde. Pedidos	Valor Médio Pedido
80111	Janeiro 2007	5	R$ 287,25
	Fevereiro 2007	10	R$ 205,00
Sumário de 80111		15	R$ 213,27
80113	Janeiro 2007	5	R$ 308,20
	Fevereiro 2007	4	R$ 362,50
Sumário de 80113		9	R$ 243,44

31. Para o relatório de detalhes da compra, escrever uma instrução SELECT para produzir os dados das linhas detalhe. A coluna agrupada no relatório é *NumCompra*. O relatório deve listar os pedidos feitos ao fornecedor de número S5095332 em fevereiro de 2007.

Relatório de Detalhes da Compra

Número Compra	Data Compra	Nº Produto	Qtde.	Custo	Valor
P2345877	11/2/2007	P1441567	1	R$ 11,99	R$ 11,99
		P0036577	2	R$ 229,00	R$ 458,00
Valor Total Compra					R$ 469,99
P4714645	10/2/2007	P9995676	2	R$ 69,00	R$ 138,00
		P0036566	1	R$ 309,00	R$ 309,00
Valor Total Compra					R$ 447,00

32. Para a amostra de Relatório de Sumário da Compra, escrever uma instrução SELECT para produzir os dados das linhas detalhe. O campo de relatório Código de Área é constituído do segundo ao quarto caractere da coluna *FoneForn*. O campo agrupado no relatório é constituído do segundo ao quarto caractere da coluna *FoneForn*. O campo de relatório Valor Total Compra é a soma da quantidade multiplicada pelo preço do produto. Limitar o relatório aos pedidos do ano 2007. Incluir também o número do mês na instrução SELECT de modo a permitir a classificação do relatório por número do mês e não pelo campo de relatório Mês. Utilizar as seguintes expressões para derivar as colunas computadas, utilizadas no relatório:

- No Microsoft Access, a expressão *mid (FoneForn, 2, 3)* gera o campo de relatório Código de Área. No Oracle, a expressão *substr (FoneForn, 2, 3)* gera o campo de relatório Código de Área.

- No Microsoft Access, a expressão *format(DataCompra, "mmmm yyyy")* gera o campo de relatório Mês. No Oracle, a expressão *to_char(DataCompra, 'MONTH YYYY')* gera o campo de relatório Mês.

- No Microsoft Access, a expressão *month (DataCompra)* gera o campo de relatório Mês. No Oracle, a expressão *to_number(to_char(DataCompra, 'M'))* gera o campo de relatório Mês.

Relatório de Sumário da Compra

Código de Área	Mês	Contagem Linhas Compra	Valor Total Compra
303	Janeiro 2007	20	R$ 1.149
	Fevereiro 2007	11	R$ 2.050
Sumário de 303		31	R$ 3.199
720	Janeiro 2007	19	R$ 1.541
	Fevereiro 2007	11	R$ 1.450
Sumário de 720		30	R$ 2.191

33. Revisar o Relatório de Sumário da Compra para listar o número de compras e o montante médio de compras em vez de Contagem Linhas Compra e Valor Total Compra. O relatório revisado é mostrado a seguir. Será necessário utilizar uma instrução SELECT na cláusula FROM ou escrever duas instruções para produzir os dados das linhas detalhe.

Relatório de Sumário da Compra

Código de Área	Mês	Qtde. Compras	Valor Médio de Compra
303	Janeiro 2007	8	R$ 300,00
	Fevereiro 2007	12	R$ 506,50
Sumário de 303		20	R$ 403,25
720	Janeiro 2007	6	R$ 308,20
	Fevereiro 2007	3	R$ 362,50
Sumário de 303		9	R$ 243,44

34. Definir uma visão contendo as compras feitas de fornecedores de nome Connex ou Cybercx. Incluir todas as colunas de *Compra* na visão.
35. Definir uma visão contendo os detalhes das compras feitas em fevereiro de 2007. Incluir todas as colunas de *Compra, LinhaCompra.QtdeCompra, LinhaCompra.CustoUnitCompra* e o nome do produto na visão.
36. Definir uma visão contendo o número, o nome, o preço e a quantidade do produto existente juntamente com a soma da quantidade comprada e a soma do custo da compra (custo unitário multiplicado pela quantidade comprada).
37. Utilizando a visão definida no problema 34, escrever uma consulta para listar as compras efetuadas com método de pagamento Cheque. Incluir todas as colunas da visão no resultado.
38. Utilizando a visão definida no problema 35, escrever uma consulta para listar as linhas contendo as palavras Impressora no nome do produto. Incluir todas as colunas da visão no resultado.
39. Utilizando a visão definida no problema 36, escrever uma consulta para listar os produtos com custo total de compra superior a R$ 1.000. Incluir o nome do produto e o custo total da compra no resultado.
40. Modificar a consulta do problema 37 de modo a utilizar somente as tabelas base.
41. Modificar a consulta do problema 38 de modo a utilizar somente as tabelas base.
42. Modificar a consulta do problema 39 de modo a utilizar somente as tabelas base.

Referências para Estudos Adicionais

Os sites *DBAZine* (www.dbazine.com) e *DevX.com Database Zone* (www.devx.com) oferecem várias recomendações práticas sobre formulação de consulta, SQL, e desenvolvimento de aplicações de banco de dados. Para recomendações de SQL específicas de um produto, o site *Advisor.com* (www.advisor.com/) oferece publicações técnicas específicas do Microsoft SQL Server e Microsoft Access. A documentação do Oracle pode ser encontrada no site *Oracle Technet* (www.oracle.com/technology). No Capítulo 10, Date (2003) oferece mais detalhes sobre a capacidade de atualização da visão relacionados principalmente a visões de múltiplas tabelas. Melton e Simon (2001) descrevem especificações de consulta atualizável em SQL:1999.

Apêndice 10.A

Resumo da Sintaxe do SQL:2003

Este apêndice apresenta um resumo da sintaxe do SQL:2003 para a instrução CREATE VIEW apresentada no Capítulo 10 e uma instrução simples de acompanhamento (DROP VIEW). As convenções utilizadas na notação de sintaxe são idênticas às utilizadas no final do Capítulo 3.

Instrução CREATE VIEW

```
CREATE VIEW NomeVisao [ ( NomeColuna* ) ]
            AS <Instrução SELECT>
            [ WITH CHECK OPTION ]
<Instrução SELECT>: -- definida no Capítulo 4 e estendida no Capítulo 9
```

Instrução DROP VIEW

```
DROP VIEW NomeVisao [ { CASCADE / RESTRICT } ]
            -- CASCADE exclui a visão e qualquer visão que use sua definição.
            -- RESTRICT significa que a visão não é excluída se qualquer visão utilizar sua definição.
```

Apêndice 10.B

Regras para Visões de Junção Atualizáveis no Oracle

Nas versões mais recentes (9i e 10g) do Oracle, uma visão de junção contém uma ou mais tabelas ou visões em sua cláusula de definição FROM. Fundamental para as visões de junção atualizáveis é o conceito de tabela de preservação de chave. Uma visão de junção preserva uma tabela se cada chave candidata da tabela puder ser chave candidata da tabela de resultado da junção. Essa instrução significa que as linhas de uma visão de junção atualizável podem ser mapeadas de maneira 1-1 com cada tabela preservada de chave. Em uma junção envolvendo um relacionamento 1-M, a tabela filha pode ser preservada de chave porque cada linha filha fica associada a no máximo uma linha pai.

Utilizando a definição de uma tabela de preservação de chave, uma visão de junção é atualizável se satisfizer estas condições:

- Não contiver a palavra-chave DISTINCT, a cláusula GROUP BY, funções de agregação ou operações *set* (UNION, MINUS e INTERSECT).
- Contiver pelo menos uma tabela de preservação de chave.
- A instrução CREATE VIEW não contiver WITH CHECK OPTION.

A visão de junção atualizável oferece suporte às operações de inserção, atualização e exclusão em uma tabela base por instrução de manipulação. A tabela atualizável é a tabela de preservação de chave. A instrução UPDATE pode modificar (na cláusula SET) somente colunas de uma tabela de preservação de chave. A instrução INSERT pode adicionar valores para colunas de uma tabela de preservação de chave. A instrução INSERT não pode conter colunas de tabelas de preservação não-chave. As linhas podem ser excluídas desde que a visão de junção contenha apenas uma tabela de preservação de chave. As visões de junção com mais de uma tabela de preservação de chave não fornecem suporte a instruções DELETE.

Capítulo 11

Procedimentos Armazenados e Gatilhos

Objetivos de Aprendizagem

Neste capítulo, serão explicadas as motivações e as questões de projeto envolvendo procedimentos armazenados e gatilhos e serão oferecidas, na prática, oportunidades para escrevê-los utilizando PL/SQL, a linguagem de programação de banco de dados da Oracle. No final deste capítulo, o aluno deverá ter adquirido os seguintes conhecimentos e habilidades:

- Explicar as razões para se escrever procedimentos armazenados e gatilhos.
- Compreender as questões de projeto de estilo de linguagem, vinculação, conexão com o banco de dados e processamento de resultado das linguagens de programação de banco de dados.
- Escrever procedimentos em PL/SQL.
- Compreender a classificação dos gatilhos.
- Escrever gatilhos em PL/SQL.
- Compreender os procedimentos de execução de gatilhos.

Visão Geral

O Capítulo 10 abordou detalhes sobre o desenvolvimento de aplicações com visões. O estudante aprendeu a definir visões do usuário, atualizar tabelas base e utilizar visões em formulários e relatórios. Este capítulo oferece a possibilidade de melhorar as habilidades de desenvolvimento de aplicações de banco de dados por meio de procedimentos armazenados e gatilhos. Os procedimentos armazenados possibilitam a reutilização de um código comum, enquanto os gatilhos permitem o processamento de regras para tarefas comuns. Juntos, procedimentos armazenados e gatilhos apóiam a customização das aplicações de banco de dados e a melhoria de produtividade no desenvolvimento das aplicações de banco de dados.

Para dominar o desenvolvimento de aplicações de banco de dados bem como a administração de banco de dados, é necessário conhecer os procedimentos armazenados e gatilhos. Como tanto os procedimentos armazenados quanto os gatilhos são codificados em linguagem de programação de banco de dados, este capítulo introduz informações básicas sobre as motivações e as questões de projeto de linguagens de programação de banco de dados além de detalhes específicos sobre o PL/SQL, linguagem de programação de banco de dados proprietária da Oracle.

Depois das informações básicas sobre linguagens de programação de banco de dados e PL/SQL, serão introduzidos os procedimentos armazenados e gatilhos. No caso dos procedimentos armazenados, serão discutidas as motivações e as práticas de codificação para

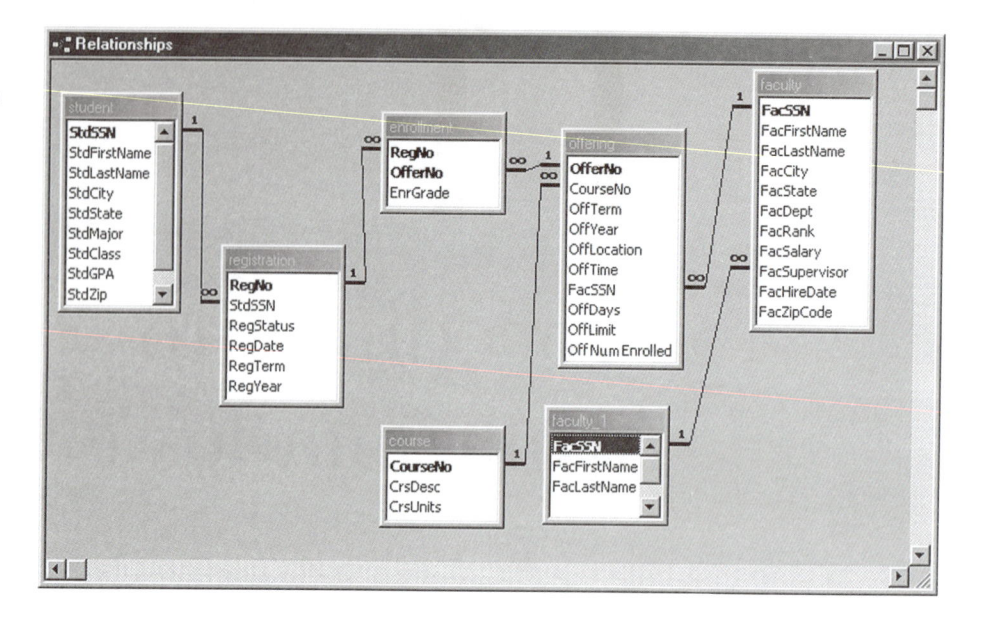

FIGURA 11.1
Janela de Relacionamento do Banco de Dados Revisado de uma Universidade

procedimentos simples e mais avançados. No caso dos gatilhos, serão discutidos a classificação dos gatilhos, os procedimentos de execução de gatilhos e as práticas de codificação de gatilhos.

A apresentação dos detalhes do PL/SQL nas Seções 11.1 a 11.3 pressupõe conhecimento prévio de programação de computadores utilizando linguagem de programação comercial, como o Visual Basic, COBOL ou Java. Para obter uma abordagem mais ampla do material sem os detalhes de programação de computadores, é necessário ler as Seções 11.1.1, 11.1.2, 11.3.1, e o material introdutório apresentado na Seção 11.2 antes de iniciar a Seção 11.2.1. Além disso, os exemplos de gatilho apresentados na Seção 11.3.2 envolvem, na maioria, instruções do SQL, visando facilitar a compreensão dos gatilhos sem o conhecimento detalhado das instruções do PL/SQL.

Com o intuito de manter a continuidade, todos os exemplos sobre procedimentos armazenados e gatilhos utilizam o banco de dados revisado de uma universidade, apresentado no Capítulo 10. Para facilitar a consulta, a Figura 11.1 mostra, no Access, a janela de relacionamento do banco de dados revisado de uma universidade.

11.1 Linguagens de Programação de Banco de Dados e PL/SQL

Depois de aprender sobre o poder das ferramentas para desenvolvimento de aplicações e acesso não-procedural, pode-se pensar que as linguagens procedurais não são necessárias para o desenvolvimento de aplicações de banco de dados. No entanto, essas ferramentas, apesar de sua potência, não são soluções completas para o desenvolvimento de aplicações de banco de dados corporativo. Esta seção apresenta as motivações para a utilização das linguagens de programação de banco de dados, as questões de projeto para linguagens de programação de banco de dados e os detalhes do PL/SQL, linguagem de programação de banco de dados da Oracle.

11.1.1 Motivações para a Utilização de Linguagens de Programação de Banco de Dados

linguagem de programação de banco de dados
uma linguagem procedural com interface para um ou mais SGBDs. A interface permite que um programa combine instruções procedurais com acesso não-procedural ao banco de dados.

A <u>linguagem de programação de banco de dados</u> é uma linguagem procedural com uma interface para um ou mais SGBDs. A interface possibilita ao programa combinar as instruções procedurais com o acesso ao banco de dados, geralmente um acesso não-procedural. Esta subseção discute três motivações primárias (customização, processamento em batch [lote] e operações complexas) para utilizar a linguagem de programação de banco de dados e duas secundárias (eficiência e portabilidade).

Customização

A maioria das ferramentas de desenvolvimento de aplicações de banco de dados tem suporte para customização. A customização é necessária porque nenhuma ferramenta oferece uma solução completa para o desenvolvimento de aplicações complexas de banco de dados. Ela permite à organização utilizar recursos potentes embutidos em uma ferramenta juntamente com um código customizado para modificar as ações padronizadas da ferramenta e adicionar novas ações além das suportadas pela ferramenta.

Para oferecer suporte ao código customizado, a maioria das ferramentas de desenvolvimento de aplicações de banco de dados utiliza codificação dirigida a eventos. Nesse estilo de codificação, o evento dispara a execução de um procedimento. Um modelo de evento inclui eventos para ações de usuários, como, por exemplo, clicar o botão do mouse, além de eventos internos, por exemplo, antes da atualização de um registro do banco de dados. O procedimento de evento permite acessar valores de controles em formulários e relatórios além de recuperar e atualizar linhas de banco de dados. Os procedimentos de evento são codificados utilizando uma linguagem de programação de banco de dados, muitas vezes, uma linguagem proprietária oferecida por um fornecedor de SGBD. A codificação de eventos é comum no desenvolvimento de aplicações comerciais.

Processamento em Batch (Lote)

Apesar do crescimento do processamento de banco de dados online, o processamento em batch (lote) continua a ser um método importante de processar o trabalho com o banco de dados. Por exemplo, o processamento de cheques geralmente é um processo em batch (lote), em que a câmara de compensação processa grandes grupos ou lotes de cheques fora do horário de pico. O processamento em batch (lote) em geral envolve um intervalo de tempo entre a ocorrência do evento até sua captura em um banco de dados. No caso do processamento de cheques, estes são apresentados ao comerciante como forma de pagamento, mas são processados posteriormente pela câmara de compensação no prazo de algumas horas. Algumas aplicações de processamento em batch (lote), como a preparação de faturas de cobrança, envolvem um horário de corte em vez de um intervalo de tempo. O processamento em batch (lote) em situações envolvendo intervalos e horários de corte pode proporcionar significativa economia de escala para compensar a desvantagem da imprecisão temporal dos dados. Mesmo com o crescimento contínuo do comércio eletrônico, o processamento em batch (lote) continuará a ser um método importante de processamento do trabalho com banco de dados.

O desenvolvimento de aplicações para processamento em batch (lote) envolve a escrita de programas de computador em linguagem de programação de banco de dados. Como poucas ferramentas de desenvolvimento oferecem suporte ao processamento em batch (lote), a codificação pode ser muito detalhada e trabalhosa. O programador normalmente escreve o código para ler os dados de entrada, manipular o banco de dados e criar registros de saída para mostrar o resultado do processamento.

Operações Complexas

O acesso não-procedural ao banco de dados, por definição, não oferece suporte a todas as recuperações possíveis do banco de dados. O projeto de uma linguagem não-procedural envolve o compromisso entre o montante do código e a completude computacional. Para possibilitar uma computação de fins gerais, é necessária uma linguagem procedural. Para reduzir a codificação, as linguagens não-procedurais oferecem suporte a uma especificação compacta de operações importantes e comuns. A instrução SELECT do SQL tem suporte às operações da álgebra relacional juntamente com o ordenamento e o agrupamento. Para executar recuperações de banco de dados além das operações da álgebra relacional, é necessária uma codificação em linguagem de programação de banco de dados.

O fechamento transitivo é uma importante operação que não tem o suporte da maioria das implementações do SQL. Essa operação é importante para consultas envolvendo auto-relacionamentos. Por exemplo, para recuperar todos os funcionários gerenciados, direta ou indiretamente, utilizando um auto-relacionamento, é necessário um operador de fechamento transitivo. Essa operação envolve operações de autojunção, mas a quantidade de operações de autojunção depende da profundidade (número de camadas de subordinados) do organograma. Embora a cláusula WITH RECURSIVE para operações de fechamento transitivo tenha sido introduzida no SQL:1999, a maioria dos SGBDs não tem esse recurso implementado. Na maioria dos SGBDs, as operações de fechamento transitivo devem ser codificadas utilizando uma linguagem de programação de banco de dados. Para codificar uma operação de fechamento transitivo, é necessário executar uma consulta de autojunção várias vezes dentro de um laço até ela retornar um resultado em branco.

Outras Motivações

Eficiência e portabilidade são as outras duas razões para utilizar a linguagem de programação de banco de dados. Quando havia muita descrença na otimização dos compiladores de banco de dados (até meados da década de 1990), eficiência era a motivação principal para a utilização da linguagem de programação de banco de dados. Para evitar otimizar os compiladores, alguns fornecedores de SGBD oferecem suporte a um acesso por vez ao registro, com o programador determinando o plano de acesso para consultas complexas. À medida que foi crescendo a confiança na otimização dos compiladores de banco de dados, a necessidade de eficiência foi perdendo importância. No entanto, com o surgimento de aplicações complexas da Web e ferramentas incompletas de desenvolvimento da Web, a eficiência tornou-se uma questão importante para algumas aplicações. À medida que as ferramentas de desenvolvimento da Web forem amadurecendo, a eficiência deve perder importância.

A portabilidade pode ser importante em alguns ambientes. A maioria das ferramentas de desenvolvimento de aplicações e linguagens de programação de banco de dados é proprietária. Se alguma organização deseja neutralidade em termos de fornecedor, é possível criar uma aplicação utilizando uma linguagem de programação não-proprietária (como o Java) juntamente com uma interface de banco de dados padrão. Se a organização deseja a neutralidade apenas do SGBD (e não a neutralidade da ferramenta de desenvolvimento de aplicações), algumas ferramentas de desenvolvimento de aplicações permitem a conexão com diversos SGBDs por meio de interfaces de bancos de dados padrão, como o Open Database Connectivity (ODBC) e o Java Database Connectivity (JDBC). A portabilidade é uma preocupação especial para o acesso a banco de dados da Web em que a aplicação deve ser compatível com muitos tipos de servidores e navegadores.

11.1.2 Questões de Projeto

Antes de começar a estudar qualquer linguagem de programação de banco de dados, é necessário compreender as questões de projeto em termos de integração de uma linguagem procedural com uma linguagem não-procedural. A compreensão das questões ajuda a diferenciar as muitas linguagens oferecidas no mercado e a entender os recursos de uma linguagem específica. Cada SGBD geralmente oferece diversas alternativas de linguagens de programação de banco de dados. Esta seção discute as questões de projeto de estilo de linguagem, vinculação, conexão ao banco de dados e processamento de resultado, com ênfase nas escolhas de projeto especificadas inicialmente no SQL:1999 e refinadas no SQL:2003. Muitos fornecedores de SGBD estão se adaptando às especificações do SQL:2003.

Estilo de Linguagem

interface em nível de instrução
um estilo de linguagem para integrar uma linguagem de programação com uma linguagem não-procedural, tal como o SQL. A interface em nível de instrução envolve mudanças para a sintaxe de uma linguagem de programação hospedeira para acomodar instruções embutidas do SQL.

O SQL:2003 oferece dois estilos de linguagem para integração de uma linguagem procedural com o SQL. A interface em nível de instrução envolve mudanças na sintaxe de uma linguagem de programação hospedeira para acomodar instruções SQL embutidas. A linguagem hospedeira contém instruções adicionais para estabelecer conexões ao banco de dados, executar instruções do SQL, utilizar os resultados de uma instrução do SQL, associar as variáveis de programação às colunas do banco de dados, manipular exceções nas instruções do SQL e manipular descritores do banco de dados. As interfaces em nível de instrução estão disponíveis para linguagens padrão e proprietária. Para linguagens padrão, como o C, Java e COBOL, alguns SGBDs fornecem um pré-compilador para processar as instruções antes de invocar o compilador de linguagem de programação. A maioria dos SGBDs também oferece linguagens proprietárias, como a linguagem PL/SQL da Oracle, com interface em nível de instrução com suporte ao SQL embutido.

A especificação do SQL:2003 define a linguagem Persistent Stored Modules (SQL/PSM) como linguagem de programação de banco de dados. Como o SQL/PSM foi definido depois que muitos fornecedores de SGBD já haviam usado amplamente as linguagens proprietárias, a maioria dos fornecedores de SGBD não segue o padrão SQL/PSM. No entanto, o padrão SQL/PSM influencia o projeto de linguagens proprietárias de programação de banco de dados, como o PL/SQL da Oracle.

O segundo estilo de linguagem oferecido pelo SQL:2003 é conhecido como interface em nível de chamada (CLI). A CLI do SQL:2003 contém um conjunto de procedimentos e um conjunto de definições de tipo para tipos de dados em SQL. Os procedimentos fornecem

> **interface em nível de chamada (CLI)**
> um estilo de linguagem para integrar uma linguagem de programação com uma linguagem não-procedural, como o SQL. Uma CLI inclui um conjunto de procedimentos e um conjunto de definições de tipo para manipular os resultados das instruções SQL em programas de computador.

funcionalidade semelhante às instruções adicionais de uma interfacc em nível de instrução. A CLI do SQL:2003 é mais difícil de aprender e utilizar que a interface em nível de instrução. No entanto, a CLI do SQL:2003 é portável entre linguagens hospedeiras, enquanto a interfacc em nível de instrução não é portável e nem tem suporte em todas as linguagens de programação.

As interfaces em nível de chamada mais utilizadas são: Open Database Connectivity (ODBC) com suporte pela Microsoft e Java Database Connectivity (JDBC) com suporte pela Oracle. Como tanto a Microsoft e a Oracle cooperaram com os esforços de padronização do SQL, as versões mais recentes dessas CLIs proprietárias são compatíveis com a CLI do SQL:2003. Por causa das bases de usuário estabelecidas, essas interfaces provavelmente continuarão a ser mais utilizadas que a CLI do SQL:2003.

Vinculação

A vinculação de uma linguagem de programação de banco de dados envolve a associação de uma instrução do SQL a seu plano de acesso. No Capítulo 8, foi mencionado que o compilador do SQL determina o melhor plano de acesso para uma instrução do SQL depois de uma busca detalhada de possíveis planos de acesso. A vinculação estática envolve a determinação do plano de acesso em tempo de compilação. Como o processo de otimização pode consumir consideráveis recursos de computação, é interessante determinar o plano de acesso em tempo de compilação e, depois, reutilizá-lo nas instruções executadas repetidas vezes. No entanto, em algumas aplicações, não é possível predeterminar os dados a serem recuperados. Nessas situações, é necessária uma vinculação dinâmica em que o plano de acesso para uma instrução seja determinado quando a instrução é executada durante o tempo de execução da aplicação. Mesmo nessas situações dinâmicas, é útil reutilizar o plano de acesso para uma instrução se esta for executada repetidas vezes pela aplicação.

O SQL:2003 especifica tanto a vinculação estática como a dinâmica para oferecer suporte a uma ampla variedade de aplicações de banco de dados. A interface em nível de instrução oferece suporte tanto à vinculação estática como à dinâmica. As instruções embutidas do SQL têm vinculação estática. As instruções dinâmicas do SQL podem ser suportadas pela instrução EXECUTE do SQL:2003, que contém uma instrução do SQL como parâmetro de entrada. Se uma instrução dinâmica for executada repetidas vezes por uma aplicação, a instrução PREPARE do SQL:2003 tem suporte à reutilização do plano de acesso. A CLI do SQL:2003 tem suporte apenas à vinculação dinâmica. Se uma instrução dinâmica for executada repetidas vezes pela aplicação, a CLI do SQL:2003 fornece um procedimento PREPARE para reutilizar o plano de acesso.

Conexão ao Banco de Dados

A conexão ao banco de dados identifica o banco de dados utilizado por uma aplicação. A conexão ao banco de dados pode ser implícita ou explícita. Para procedimentos e gatilhos armazenados em um banco de dados, a conexão é implícita. As instruções do SQL em gatilhos e procedimentos acessam, de forma implícita, o banco de dados contendo os gatilhos e procedimentos.

Em programas externos ao banco de dados, a conexão é explícita. O SQL:2003 especifica a instrução CONNECT e outras instruções relacionadas para interfaces em nível de instrução e o procedimento CONNECT e outros relacionados na CLI. O banco de dados é identificado por um endereço da Web ou por um identificador de banco de dados contendo um endereço da Web. A utilização de um identificador de banco de dados desobriga o programador de banco de dados em saber o endereço específico de um banco de dados na Web, além de proporcionar ao administrador do servidor mais flexibilidade para realocar o banco de dados a um local diferente em um servidor.

Processamento de Resultados

Para processar os resultados das instruções do SQL, as linguagens de programação de banco de dados devem resolver as diferenças entre os tipos de dados e as orientações de processamento.

Os tipos de dados em uma linguagem de programação podem não corresponder exatamente aos tipos de dados do SQL padrão. Para resolver esse problema, a interface do banco de dados fornece instruções ou procedimentos de mapeamento entre os tipos de dados da linguagem de programação e os tipos de dados do SQL.

O resultado de uma instrução SELECT pode apresentar uma linha ou uma coleção de linhas. Para instruções SELECT que retornam no máximo uma linha (por exemplo, recuperação por chave primária), a especificação do SQL:2003 permite o armazenamento dos valores do resultado em variáveis de programa. Na interface em nível de instrução, o SQL:2003 fornece a cláusula USING para armazenar os valores do resultado em variáveis de programa. A CLI do SQL:2003 fornece armazenamento implícito dos valores do resultado, utilizando registros de descrição predefinidos que podem ser acessados em um programa.

Para instruções SELECT que retornam mais de uma linha, é necessário utilizar um cursor. O cursor permite o armazenamento e a iteração de um conjunto de registros retornado por uma instrução SELECT. O cursor é semelhante a um vetor dinâmico em que o tamanho do vetor é determinado pelo tamanho do resultado da consulta. Para interfaces em nível de instrução, o SQL:2003 fornece instruções para declarar, abrir e fechar cursores, posicionar cursores e recuperar valores de cursores. A CLI do SQL:2003 fornece procedimentos com funcionalidade semelhante ao da interface em nível de instrução. A Seção 11.2.3 apresenta detalhadamente os cursores para PL/SQL.

11.1.3 Instruções em PL/SQL

Programming Language/Structured Query Language (PL/SQL) é uma linguagem proprietária de programação de banco de dados do SGBD da Oracle. Desde a sua introdução em 1992, a Oracle tem acrescentado recursos para PL/SQL de modo que possui recursos de uma moderna linguagem de programação além de uma interface em nível de instrução para SQL. Como o PL/SQL é uma linguagem muito utilizada entre os desenvolvedores de Oracle, e o Oracle é um SGBD corporativo amplamente utilizado, este capítulo utiliza o PL/SQL para descrever os procedimentos armazenados e gatilhos.

Como preparação para a leitura e codificação de procedimentos armazenados e gatilhos, esta seção apresenta exemplos de instruções do PL/SQL. Depois de lida esta seção, é necessário entender a estrutura das instruções do PL/SQL e conseguir escrever instruções do PL/SQL utilizando as instruções de exemplo como orientação. Esta seção apresenta exemplos de instrução do PL/SQL suficientes para ler e escrever procedimentos armazenados e gatilhos de razoável complexidade depois de terminada a leitura do capítulo. No entanto, esta seção não descreve todas as instruções do PL/SQL, nem todas as variações de instrução.

Esta seção não é um tutorial sobre programação de computador. Para acompanhar o restante deste capítulo, pressupõe-se conhecimento prévio de programação de computador ou nível de experiência equivalente. Será possível perceber que as instruções do PL/SQL são semelhantes às instruções em outras linguagens modernas de programação, como o C, Java e Visual Basic.

Conhecimento Básico de PL/SQL

As instruções do PL/SQL contêm palavras e símbolos reservados, identificadores de usuário e valores constantes. As palavras reservadas no PL/SQL não exigem correspondência exata entre maiúsculas e minúsculas. Os símbolos reservados incluem o ponto-e-vírgula (;) para concluir as instruções, além de operadores como + e −. Os identificadores de usuário fornecem nomes para variáveis, constantes e outras construções do PL/SQL. Os identificadores de usuário, assim como as palavras reservadas, não exigem correspondência exata entre maiúsculas e minúsculas. A lista a seguir define restrições para identificadores de usuário:

- Devem ter no máximo 30 caracteres.
- Devem começar com uma letra.
- São caracteres permitidos as letras (maiúsculas ou minúsculas), os números, o cifrão ($), a cerquilha (#) e o sublinhado (_).
- Não podem ser idênticos a nenhuma palavra ou símbolo reservado.
- Não podem ser idênticos a outros identificadores, nomes de tabela ou nomes de coluna.

---

cursor

uma construção em uma linguagem de programação de banco de dados que permite o armazenamento e a iteração de um conjunto de registros retornados por uma instrução SELECT. O cursor é semelhante a um vetor dinâmico no qual o tamanho do vetor é determinado pelo tamanho do resultado da consulta.

A instrução do PL/SQL pode conter valores constantes alfanuméricos juntamente com algumas palavras reservadas. A lista a seguir fornece informações básicas de constantes do PL/SQL:

- As constantes numéricas podem ser números inteiros (100), números decimais (1,67), números negativos (−150,15) e números com notação científica (3,14E7).
- As constantes alfanuméricas ficam entre aspas simples, por exemplo, 'isto é uma frase'. Não se deve utilizar aspas simples para constantes numéricas ou booleanas. As constantes alfanuméricas exigem correspondência exata entre maiúsculas e minúsculas de forma que 'Isto é uma frase' tem valor diferente de 'isto é uma frase'. Para utilizar aspas simples em uma constante alfanumérica, devem-se utilizar aspas duplas, por exemplo, 'today''s date'.
- As constantes booleanas são as palavras reservadas TRUE e FALSE.
- A palavra reservada NULL pode ser utilizada como constante numérica, alfanumérica ou booleana. Para constantes alfanuméricas, duas aspas simples ' ' sem nada entre elas denotam valor NULL.
- O PL/SQL não fornece constantes de data. É necessário utilizar a função **To_Date** para converter uma constante alfanumérica em valor de data.

Declaração de Variáveis e Instruções de Atribuição

A declaração de variáveis contém um nome de variável (um identificador de usuário), um tipo de dado e um valor-padrão opcional. A Tabela 11.1 lista tipos de dados comuns em PL/SQL. Além de utilizar tipos predefinidos, o tipo de uma variável pode ser criado e definido pelo usuário com uma instrução TYPE. O valor-padrão pode ser indicado com a palavra-chave DEFAULT ou o símbolo de atribuição (:=). A palavra-chave DECLARE deve preceder a primeira declaração de variáveis, assim como mostra o Exemplo 11.1.

EXEMPLO 11.1

Declaração de Variáveis do PL/SQL

As linhas começando com dois hífens são comentários.

```
DECLARE
   vTamanhoFixoCadeiaCaracteres   CHAR(6) DEFAULT 'ABCDEF';
   vTamanhoVariavelCadeiaCaracteres      VARCHAR2(30);
   vVariavelInteira    INTEGER := 0;
   vVariavelPrecisaoFixa     DECIMAL(10, 2);
   -- Utiliza a função SysDate para valor padrão
   vVariavelData      DATE DEFAULT SysDate;
```

TABELA 11.1
Resumo dos Tipos de Dados Comuns em PL/SQL

Categoria	Tipos de Dados	Comentários
Alfanumérico	CHAR(L), VARCHAR2(L)	CHAR para cadeia de caracteres de comprimento fixo, VARCHAR2 para cadeia de caracteres de comprimento variável; L para comprimento máximo
Numérico	INTEGER, SMALLINT, POSITIVE, NUMBER(W,D), DECIMAL(W,D), FLOAT, REAL	W para largura (width); D para número de dígitos à direita da vírgula decimal
Lógico	BOOLEAN	Valores TRUE, FALSE
Data	DATE	Armazena informações de data e hora, incluindo o século, o ano, o mês, o dia, a hora, o minuto e o segundo. A data ocupa 7 bytes.

Para variáveis associadas a colunas da tabela de um banco de dados, o PL/SQL fornece declarações ancoradas. As declarações ancoradas desobrigam o programador de conhecer os tipos de dados de colunas do banco de dados. A declaração ancorada inclui um nome de coluna totalmente qualificado, seguido da palavra-chave %TYPE. O Exemplo 11.2 mostra declaração de variáveis ancoradas, utilizando colunas do banco de dados revisado de uma universidade, apresentado no Capítulo 10. A última declaração ancorada envolve uma variável, utilizando um tipo de dado associado a uma variável previamente definida.

EXEMPLO 11.2   **Declaração de Variáveis Ancoradas do PL/SQL**

```
DECLARE
   vTrimestreOfer Oferecimento.TrimestreOfer%TYPE;
   vAnoOfer Oferecimento.AnoOfer%TYPE;
   vCargaHoraCurso Curso.CargaHoraCurso%TYPE;
   vSalario1 DECIMAL(10,2);
   vSalario2 vSalario1%TYPE;
```

O Oracle também fornece tipos de dados estruturados para combinar tipos de dados primitivos. O Oracle tem suporte a vetores de comprimento variável (VARRAY), tabelas (TABLE) e registros (RECORD) para combinar tipos de dados. Para obter mais informações sobre os tipos de dados estruturados, consultar a documentação online do Oracle, como o *PL/SQL User's Guide* (Manual do Usuário do PL/SQL).

As instruções de atribuição envolvem uma variável, o símbolo de atribuição (:=) e uma expressão à direita. As expressões podem conter combinações de constantes, variáveis, funções e operadores. Quando avaliada, a expressão produz um valor. O Exemplo 11.3 mostra instruções de atribuição com vários elementos de expressão.

EXEMPLO 11.3   **Exemplos de Atribuição em PL/SQL**

Nos exemplos, supõe-se a utilização de variáveis previamente declaradas. As linhas começando com dois hífens são comentários.

```
vTamanhoFixoCadeiaCaracteres:= 'XYZABC';
-- || é a função de concatenação de cadeia de caracteres
vTamanhoVariavelCadeiaCaracteres := vTamanhoFixoCadeiaCaracteres || 'ABCDEF';
vVariavelInteira := vIdade + 1;
vVariavelPrecisaoFixa := vSalario * 0,10;
-- To_Date é a função de conversão de data
vVariavelData := To_Date ('30-Jun-2006');
```

Instruções Condicionais

O PL/SQL fornece as instruções IF e CASE para tomada de decisão condicional. Em uma instrução IF, uma condição ou expressão lógica avaliando para TRUE, FALSE ou NULL segue a palavra-chave IF. As condições incluem expressões de comparação, utilizando os operadores de comparação (Tabela 11.2) conectados com os operadores lógicos AND, OR e NOT. Em condições complexas, pode-se utilizar parênteses para tornar mais clara a ordem da avaliação. Quando se misturam os operadores AND e OR, é necessário utilizar parênteses para tornar mais clara a ordem da avaliação. As condições são avaliadas utilizando a lógica trivalorada descrita no Capítulo 9 (Seção 9.4).

TABELA 11.2
Lista de Operadores de Comparação do PL/SQL

Operador	Significado
=	Igual a
<>	Diferente de
>	Maior que
<	Menor que
>=	Maior que ou igual a
<=	Menor que ou igual a

Assim como em outras linguagens, a instrução IF do PL/SQL possui múltiplas variações. O Exemplo 11.4 descreve a primeira variação conhecida como instrução IF-THEN. Pode-se utilizar qualquer número de instruções entre as palavras-chave THEN e END IF. O Exemplo 11.5 descreve a segunda variação conhecida como instrução IF-THEN-ELSE. Essa instrução permite um conjunto de instruções alternativas se a condição for falsa. A terceira variação (IF-THEN-ELSIF), descrita no Exemplo 11.6, permite uma condição para cada cláusula ELSIF juntamente com uma cláusula final ELSE se todas as condições forem falsas.

Instrução IF-THEN:
```
IF condição THEN
   seqüência de instruções
END IF;
```

Instrução IF-THEN-ELSE:
```
IF condição THEN
   seqüência de instruções 1
ELSE
   seqüência de instruções 2
END IF;
```

Instrução IF-THEN-ELSIF:
```
IF condição1 THEN
   seqüência de instruções 1
ELSIF condição2 THEN
   seqüência de instruções 2
ELSIF condiçãoN THEN
   seqüência de instruções N
ELSE
   seqüência de instruções N+1
END IF;
```

EXEMPLO 11.4

Exemplos de Instrução IF-THEN

Nos exemplos, supõe-se a utilização de variáveis previamente declaradas.

```
IF vCargaHoraCurso > 3 THEN
   MensalidadeCurso := MensalidadeBase + vCargaHoraCurso * MensalidadeVariavel;
END IF;

IF vLimiteOfer > QtdeMatriculados OR ContagemCurso = TRUE THEN
   QtdeMatriculados := QtdeMatriculados + 1;
   DataMatricula := SysDate;
END IF;
```

EXEMPLO 11.5

Exemplos de Instrução IF-THEN-ELSE

Nos exemplos, supõe-se a utilização de variáveis previamente declaradas.

```
IF aCargaHoraCurso > 3 THEN
   MensalidadeCurso := MensalidadeBase + ((vCargaHoraCurso – 3) *
   MensalidadeVariavel);
ELSE
   MensalidadeCurso := MensalidadeBase;
END IF;

IF vLimiteOfer > QtdeMatriculados OR ContagemCurso= TRUE THEN
   QtdeMatriculados := QtdeMatriculados + 1;
   DataMatricula := SysDate;
ELSE
   Matriculado := FALSE;
END IF;
```

EXEMPLO 11.6

Exemplos de Instrução IF-THEN-ELSIF

Nos exemplos, supõe-se a utilização de variáveis previamente declaradas.

```
IF vTrimestreOfer = 'Outono' AND Matriculado := TRUE THEN
   MatriculaOutono := MatriculaOutono + 1;
ELSIF vTrimestreOfer = 'Primavera' AND Matriculado := TRUE THEN
   MatriculaPrimavera := MatriculaPrimavera + 1;
ELSE
   MatriculaVerao := MatriculaVerao + 1;
END IF;

IF vTurmaAluno = 'FR' THEN
   QtdeFR := QtdeFR + 1;
   QtdeAlunos := QtdeAlunos + 1;
ELSIF vTurmaAluno = 'SO' THEN
   QtdeSO := QtdeSO + 1;
   QtdeAlunos := QtdeAlunos + 1;
ELSIF vTurmaAluno = 'JR' THEN
   QtdeJR := QtdeJR + 1;
   QtdeAlunos := QtdeAlunos + 1;
ELSIF vTurmaAluno = 'SR' THEN
   QtdeSR := QtdeSR + 1;
   QtdeAlunos := QtdeAlunos + 1;
END IF;
```

A instrução CASE utiliza um seletor em vez de uma condição. Seletor é uma expressão cujo valor determina a decisão. O Exemplo 11.7 mostra a instrução CASE correspondente à segunda parte do Exemplo 11.6. A instrução CASE foi introduzida inicialmente no PL/SQL para Oracle 9i. As versões anteriores do Oracle acusam erro de sintaxe para o Exemplo 11.7.

EXEMPLO 11.7

Exemplo de Instrução CASE Correspondente à Segunda Parte do Exemplo 11.6

No exemplo, supõe-se a utilização de variáveis previamente declaradas.

```
CASE vTurmaAluno
  WHEN 'FR' THEN
     QtdeFR := QtdeFR + 1;
     QtdeAlunos := QtdeAlunos + 1;
  WHEN 'SO' THEN
     QtdeSO := QtdeSO + 1;
     QtdeAlunos := QtdeAlunos + 1;
  WHEN 'JR' THEN
     QtdeJR := QtdeJR + 1;
     QtdeAlunos := QtdeAlunos + 1;
  WHEN 'SR' THEN
     QtdeSR := QtdeSR + 1;
     QtdeAlunos := QtdeAlunos + 1;
END CASE;
```

Instrução CASE:
```
CASE seletor
   WHEN expressão1 THEN seqüência de instruções 1
   WHEN expressão2 THEN seqüência de instruções 2
   WHEN expressãoN THEN seqüência de instruções N
   [ ELSE seqüência de instruções N+1 ]
END CASE;
```

Instruções de Iteração

O PL/SQL contém três instruções de iteração juntamente com uma instrução para terminar um laço. A instrução FOR LOOP itera vários valores inteiros, assim como mostra o Exemplo 11.8. A instrução WHILE LOOP itera até uma condição de parada ser falsa, assim como mostra o Exemplo 11.9. A instrução LOOP itera até uma instrução EXIT cessar o término, assim como mostra o Exemplo 11.10. Observe que a instrução EXIT também pode ser utilizada nas instruções FOR LOOP e WHILE LOOP para provocar o término antecipado de um laço.

EXEMPLO 11.8

Exemplo de Instrução FOR LOOP

No exemplo, supõe-se a utilização de variáveis previamente declaradas.

```
FOR Idx IN 1 .. QtdeAlunos LOOP
    CargaHorariaTotal := CargaHorariaTotal + (Idx * vCargaHoraCurso);
END LOOP;
```

EXEMPLO 11.9

Instrução WHILE LOOP Correspondente ao Exemplo 11.8

```
Idx := 1;
WHILE Idx <= QtdeAlunos LOOP
CargaHorariaTotal := CargaHorariaTotal + (Idx * vCargaHoraCurso);
Idx := Idx + 1;
END LOOP;
```

EXEMPLO 11.10 — Instrução LOOP Correspondente ao Exemplo 11.8

```
Idx := 1;
LOOP
    CargaHorariaTotal := CargaHorariaTotal + (Idx * vCargaHoraCurso);
    Idx := Idx + 1;
    EXIT WHEN Idx > QtdeAlunos;
END LOOP;
```

Instrução FOR LOOP:
FOR variável IN InícioExpressão .. FimExpressão LOOP
   seqüência de instruções
END LOOP;

Instrução WHILE LOOP:
WHILE condição LOOP
   seqüência de instruções
END LOOP;

Instrução LOOP:
LOOP
   seqüência de instruções contendo uma instrução EXIT
END LOOP;

11.1.4 Execução de Instruções PL/SQL em Blocos Anônimos

O PL/SQL é uma linguagem estruturada em bloco. Os blocos nomeados serão introduzidos na Seção 11.2. Esta seção introduz os blocos anônimos, que permitem executar exemplos de instruções em SQL *Plus, a ferramenta mais utilizada na execução das instruções do PL/SQL. Os blocos anônimos também são utilizados para testar procedimentos e gatilhos. Antes de tratar dos blocos anônimos, será apresentada uma breve introdução a respeito do SQL *Plus.

Para utilizar o SQL *Plus, são necessários uma senha e um nome de acesso para o Oracle. A autenticação para o SQL *Plus é diferente do acesso ao sistema operacional. Depois de conectado ao SQL *Plus, aparece o *prompt* do SQL>. No *prompt*, é possível entrar nas instruções do SQL, nos blocos do PL/SQL e nos comandos do SQL *Plus. A Tabela 11.3 lista os comandos comuns do SQL *Plus. Para terminar uma instrução individual ou um comando do SQL *Plus, utiliza-se um ponto-e-vírgula (;) ao final da instrução ou do comando. Para terminar uma coleção de instruções ou de comandos, utiliza-se a barra (/) sozinha em uma linha.

TABELA 11.3 Lista dos Comandos Comuns do SQL *Plus

Comando	Exemplo e Significado
CONNECT	CONNECT NomeUsuario@IDBancoDados/Senha abre uma conexão com IDBancoDados para NomeUsuario com Senha
DESCRIBE	DESCRIBE NomeTabela lista as colunas de NomeTabela
EXECUTE	EXECUTE executa a instrução do PL/SQL
HELP	HELP NomeColuna descreve NomeColuna
SET	SET SERVEROUTPUT ON exibe os resultados das instruções do PL/SQL
SHOW	SHOW ERRORS exibe os erros de compilação
SPOOL	SPOOL NomeArquivo escreve a saída em NomeArquivo. SPOOL OFF interrompe a colocação de um arquivo na fila
/	Utilizada sozinha em uma linha para terminar uma coleção de instruções ou de comandos do SQL *Plus

Um bloco do PL/SQL contém uma seção de declaração (palavra-chave DECLARE) opcional, uma seção (palavra-chave BEGIN) executável e uma seção de exceção (palavra-chave EXCEPTION) opcional. Esta seção descreve os blocos anônimos contendo seções de declaração e executável. A Seção 11.2 descreve a seção de exceção.

Estrutura em Bloco:
```
[    DECLARE
        seqüência de declarações ]
BEGIN
        seqüência de instruções
[    EXCEPTION
        seqüência de instruções para responder às exceções]
END;
```

Para demonstrar os blocos anônimos, o Exemplo 11.11 computa a soma e o produto dos numerais inteiros de 1 a 10. O procedimento *Dbms_Output.Put_Line* mostra os resultados. O pacote *Dbms_Output* contém procedimentos e funções para ler e escrever linhas em um buffer. O Exemplo 11.12 modifica o Exemplo 11.11 para computar a soma dos números ímpares e o produto dos números pares.

EXEMPLO 11.11

Bloco Anônimo para Computar a Soma e o Produto

A primeira linha (comando SET) e a última linha (/) não fazem parte do bloco anônimo.

```
-- Comando do SQL *Plus
SET SERVEROUTPUT ON;
-- Bloco anônimo
DECLARE
  SomaTemp INTEGER;
  ProdTemp INTEGER;
  Idx INTEGER;
BEGIN
-- Inicializa variáveis temporárias
  SomaTemp := 0;
  ProdTemp := 1;
  -- Utiliza um laço para computar a soma e o produto
  FOR Idx IN 1 .. 10 LOOP
        SomaTemp := SomaTemp + Idx;
        ProdTemp := ProdTemp * Idx;
  END LOOP;
  -- Mostra os resultados
  Dbms_Output.Put_Line('Soma é ' || To_Char(SomaTemp) );
  Dbms_Output.Put_Line('Produto é ' || To_Char(ProdTemp) );
END;
/
```

EXEMPLO 11.12

Bloco Anônimo para Computar a Soma de Números Pares e o Produto de Números Pares

O comando SET não é necessário se foi utilizado no Exemplo 11.11 na mesma seção do SQL *Plus.

```
SET SERVEROUTPUT ON;
DECLARE
    SomaTemp        INTEGER;
    ProdTemp        INTEGER;
    Idx             INTEGER;
BEGIN
-- Inicializa variáveis temporárias
    SomaTemp := 0;
    ProdTemp := 1;
-- Utiliza um laço para computar a soma dos números pares e
-- o produto dos números ímpares.
-- Mod(X,Y) retorna os demais números inteiros de X/Y.
    FOR Idx IN 1 .. 10 LOOP
        IF Mod(Idx,2) = 0 THEN -- número par
            SomaTemp := SomaTemp + Idx;
        ELSE
            ProdTemp := ProdTemp * Idx;
        END IF;
    END LOOP;
-- Mostra os resultados
    Dbms_Output.Put_Line('Soma é ' || To_Char(SomaTemp) );
    Dbms_Output.Put_Line('Produto é ' || To_Char(ProdTemp) );
END;
/
```

11.2 Procedimentos Armazenados

Com o conhecimento das linguagens de programação de banco de dados e PL/SQL, o estudante está pronto para aprender sobre os procedimentos armazenados. As linguagens de programação oferecem suporte a procedimentos desde os primórdios da computação empresarial. Os procedimentos apóiam o gerenciamento de complexidade, permitindo dividir as tarefas de computação em grandes porções gerenciáveis. Um procedimento de banco de dados é como um procedimento de linguagem de programação, exceto pelo fato de ser gerenciado pelo SGBD, e não pelo ambiente de programação. A lista a seguir explica as razões por que os procedimentos são gerenciados pelo SGBD:

- O SGBD pode compilar o código da linguagem de programação juntamente com as instruções do SQL em um procedimento armazenado. Além disso, o SGBD consegue detectar quando as instruções do SQL em um procedimento precisam ser recompiladas por causa de mudanças nas definições do banco de dados.

- Os procedimentos armazenados proporcionam flexibilidade para o desenvolvimento cliente–servidor. Os procedimentos armazenados são salvos em um servidor e não são repetidos em cada cliente. Nos primeiros anos da computação cliente–servidor, a capacidade de armazenar procedimentos em um servidor era a principal motivação para a utilização de procedimentos armazenados. Com o desenvolvimento de objetos distribuídos na Web, essa motivação não é mais importante porque existem outras tecnologias para o gerenciamento de procedimentos armazenados em servidores remotos.

- Os procedimentos armazenados permitem o desenvolvimento de operadores e funções mais complexos que os suportados pelo SQL. O Capítulo 18 descreve a importância das funções e dos procedimentos especializados em bancos de dados orientados a objetos.

- Os administradores de banco de dados podem gerenciar procedimentos armazenados com as mesmas ferramentas para gerenciamento de outras partes de uma aplicação de banco de dados. E, principalmente, os procedimentos armazenados são gerenciados pelo sistema de segurança do SGBD.

Esta seção trata dos pacotes, das funções e dos procedimentos em PL/SQL. Algumas partes adicionais do PL/SQL (cursores e exceções) são apresentadas para demonstrar a utilidade dos procedimentos armazenados. Os *scripts* de teste pressupõem o preenchimento das tabelas da universidade, conforme os dados no site do livro.

11.2.1 Procedimentos do PL/SQL

No PL/SQL, procedimento é um bloco nomeado com um conjunto opcional de parâmetros. Cada parâmetro contém um nome de parâmetro, um uso (IN, OUT, IN OUT) e um tipo de dado. Um parâmetro de entrada (IN) não pode ser modificado dentro de um procedimento. Um parâmetro de saída (OUT) recebe um valor dentro de um procedimento. Um parâmetro de entrada–saída (IN OUT) deve receber um valor fora de um procedimento, mas pode ser modificado dentro de um procedimento. A especificação de tipo de dado não deve incluir nenhuma restrição, como, por exemplo, de comprimento. Por exemplo, para parâmetro de uma cadeia de caracteres deve-se utilizar o tipo de dado VARCHAR2. Não se deve fornecer um comprimento na especificação do tipo de dado para um parâmetro.

Estrutura de Procedimento:
```
  CREATE [OR REPLACE] PROCEDURE NomeProcedimento
     [ ( Parâmetro1, . . . , ParâmetroN ) ]
  IS
     [ seqüência de declarações ]
  BEGIN
seqüência de instruções
[   EXCEPTION
    seqüência de instruções para responder às exceções ]
END;
```

Em um exemplo simples, o procedimento *pr_IncluirRegistro* do Exemplo 11.13 insere uma linha na tabela *Registro* do banco de dados de uma universidade. Os parâmetros de entrada fornecem os valores a serem inseridos. O procedimento de chamada *Dbms_Output.Put_Line* exibe uma mensagem confirmando o sucesso da inserção. No código de teste que segue a instrução CREATE PROCEDURE, a instrução ROLLBACK elimina o efeito de qualquer instrução do SQL. As instruções ROLLBACK são úteis no código de teste quando as modificações feitas no banco de dados não devem ser permanentes.

EXEMPLO 11.13 — **Procedimento para Inserir uma Linha na Tabela Registro Acompanhado de Código para Testar o Procedimento**

```
CREATE OR REPLACE PROCEDURE pr_IncluirRegistro
(vNumReg IN Registro.NumReg%TYPE,
 vCPFAluno IN Registro.CPFAluno%TYPE,
 vSituacaoReg IN Registro.SituacaoReg%TYPE,
 vDataReg IN Registro.DataReg%TYPE,
 vTrimestreReg IN Registro.TrimestreReg%TYPE,
 vAnoReg IN Registro.AnoReg%TYPE) IS
-- Cria um novo registro
BEGIN

INSERT INTO Registro
        (NumReg, CPFAluno, SituacaoReg, DataReg, TrimestreReg, AnoReg)
VALUES (vNumReg, vCPFAluno, vSituacaoReg, vDataReg, vTrimestreReg,
        vAnoReg);
```

```
dbms_output.put_line('Adicionada uma linha na tabela Registro');
END;
/

-- Código de teste
SET SERVEROUTPUT ON;
-- Número de linhas antes da execução do procedimento
SELECT COUNT(*) FROM Registro;

BEGIN
pr_IncluirRegistro
(1275,'901-23-4567','F',To_Date('27-Fev-2006'), 'Primavera', 2006);
END;
/

-- Número de linhas depois da execução do procedimento
SELECT COUNT(*) FROM Registro;
-- Exclui a linha inserida utilizando a instrução ROLLBACK
ROLLBACK;
```

Para permitir que outros procedimentos reutilizem *pr_IncluirRegistro*, é necessário substituir a visualização de saída por um parâmetro de saída indicando o sucesso ou a falha da inserção. O Exemplo 11.14 modifica o Exemplo 11.13 para utilizar um parâmetro de saída. A exceção OTHERS identifica diversos erros, como a violação de uma restrição de chave primária ou de uma restrição de chave estrangeira. A exceção OTHERS deve ser utilizada quando não há necessidade de código especializado para cada tipo de exceção. Para identificar um erro específico, deve-se utilizar uma exceção predefinida (Tabela 11.4) ou criar uma exceção definida pelo usuário. A última seção contém um exemplo de exceção definida pelo usuário. Depois do procedimento, o *script* inclui casos para testar se houve uma inserção com sucesso e violação de uma chave primária.

EXEMPLO 11.14

Procedimento para Inserir uma Linha na Tabela *Registro* Acompanhada de Código para Testar o Procedimento

```
CREATE OR REPLACE PROCEDURE pr_IncluirRegistro
(vNumReg IN Registro.NumReg%TYPE,
 vCPFAluno IN Registro.CPFAluno%TYPE,
 vSituacaoReg IN Registro.SituacaoReg%TYPE,
 vDataReg IN Registro.DataReg%TYPE,
 vTrimestreReg IN Registro.TrimestreReg%TYPE,
 vAnoReg IN Registro.AnoReg%TYPE,
 vResultado OUT BOOLEAN ) IS
-- Cria um novo registro
-- vResultado é TRUE se completado com sucesso, do contrário, é falso.
BEGIN
vResultado := TRUE;
INSERT INTO Registro
        (NumReg, CPFAluno, SituacaoReg, DataReg, TrimestreReg, AnoReg)
VALUES (vNumReg, vCPFAluno, vSituacaoReg, vDataReg, vTrimestreReg,
vAnoReg);
```

```
EXCEPTION
WHEN OTHERS THEN vResultado := FALSE;
END;
/

-- Código de teste
SET SERVEROUTPUT ON;
-- Número de linhas antes da execução do procedimento
SELECT COUNT(*) FROM Registro;
DECLARE
    -- Parâmetro de saída deve ser declarado no bloco de chamada
    Resultado BOOLEAN;
BEGIN
-- Esse teste deve se completado com sucesso.
-- O procedimento atribui valor ao parâmetro de saída (Resultado).
pr_IncluirRegistro
(1275,'901-23-4567','F',To_Date('27-Fev-2006'),'Primavera',2006,Resultado);
IF Resultado THEN
    dbms_output.put_line('Adicionada uma linha na tabela Registro');
ELSE
    dbms_output.put_line('Linha não adicionada na tabela Registro');
END IF;

-- Esse teste deve falhar por causa da chave primária em duplicidade.
pr_IncluirRegistro
(1275,'901-23-4567','F',To_Date('27-Fev-2006'), 'Primavera',2006,Resultado);
IF Resultado THEN
    dbms_output.put_line('Adicionada uma linha na tabela Registro');
ELSE
    dbms_output.put_line('Linha não adicionada na tabela Registro');
END IF;
END;
/

-- Número de linhas depois das execuções do procedimento
SELECT COUNT(*) FROM Registro;
-- Exclui a linha inserida
ROLLBACK;
```

TABELA 11.4 Lista de Exceções Predefinidas Comuns do PL/SQL

Exceção	Quando Acionada
Cursor_Already_Open	Tenta abrir um cursor já aberto anteriormente
Dup_Val_On_Index	Tenta armazenar um valor em duplicidade em um índice único
Invalid_Cursor	Tenta executar uma operação inválida em um cursor, como, por exemplo, fechar um cursor não aberto anteriormente
No_Data_Found	A instrução SELECT INTO não retorna nenhuma linha
Rowtype_Mismatch	Tenta designar valores com tipos de dados incompatíveis entre um cursor e uma variável
Timeout_On_Resource	Tempo limite, por exemplo, quando se aguarda por um bloqueio exclusivo[1]
Too_Many_Rows	A instrução SELECT INTO retorna mais de uma linha

[1] No Capítulo 15, será explicado o uso de tempo-limite com bloqueio de transação para evitar deadlocks.

11.2.2 Funções do PL/SQL

procedimentos versus funções
utilizar um procedimento se o código deve ter mais de um resultado ou um efeito colateral. As funções devem ser utilizadas em expressões, significando que uma chamada de função pode ser substituída pelo valor que ela retorna. Para permitir a utilização de funções em expressões, as funções devem utilizar somente parâmetros de entrada.

As funções devem retornar valores em vez de manipular variáveis de saída e causar efeitos colaterais como inserir linhas em uma tabela. Sempre se deve utilizar um procedimento quando se deseja ter mais de um resultado e/ou um efeito colateral. As funções devem ser utilizadas em expressões, significando que uma chamada de função pode ser substituída pelo valor que ela retorna. Uma função do PL/SQL é semelhante a um procedimento, no sentido de que ambos contêm uma lista de parâmetros. No entanto, a função deve utilizar somente parâmetros de entrada. Depois da lista de parâmetros, o tipo de dado de retorno é definido sem nenhuma restrição, como, por exemplo, de comprimento. No corpo da função, a seqüência de instruções deve incluir uma instrução RETURN para gerar o valor de saída da função.

Estrutura da Função:
```
CREATE [OR REPLACE] FUNCTION NomeFuncao
    [  (Parâmetro1, . . . , ParâmetroN) ]
RETURN TipoDado
IS
    [   seqüência de declarações ]
BEGIN
     seqüência de instruções incluindo uma instrução RETURN
[   EXCEPTION
     seqüência de instruções para responder às exceções]
END;
```

Em um exemplo simples, a função *fn_RecuperarNomeAluno* do Exemplo 11.15 recupera o nome de um aluno dado o número do CPF. A exceção predefinida *No_Data_Found* é verdadeira se a instrução SELECT não retornar pelo menos uma linha. A instrução SELECT utiliza a cláusula INTO para associar as variáveis às colunas do banco de dados. A cláusula INTO pode ser utilizada somente quando a instrução SELECT retorna no máximo uma linha. Se uma cláusula INTO for utilizada quando a instrução SELECT retornar mais de uma linha, é gerada uma exceção. O procedimento *Raise_Application_Error* mostra uma mensagem de erro e um número de erro. Esse procedimento predefinido é útil para manipular erros inesperados.

EXEMPLO 11.15 — **Função para Recuperar o Nome do Aluno Dado seu Número do CPF**

```
CREATE OR REPLACE FUNCTION fn_RecuperarNomeAluno
(vCPFAluno IN Aluno.CPFAluno%type) RETURN VARCHAR2 IS
-- Recupera o nome do aluno (concatena o nome e sobrenome)
-- dado o número do CPF do aluno. Se o aluno não existe,
-- retorna nulo.
vNomeAluno Aluno.NomeAluno%TYPE;
vSobrenomeAluno Aluno.SobrenomeAluno%TYPE;

BEGIN

SELECT NomeAluno, SobrenomeAluno
  INTO vNomeAluno, vSobrenomeAluno
  FROM Aluno
  WHERE CPFAluno = vCPFAluno;

RETURN(vSobrenomeAluno || ', ' || vNomeAluno);
```

```
EXCEPTION
-- No_Data_Found é disparado se a instrução SELECT não retorna nenhum dado.
   WHEN No_Data_Found THEN
      RETURN(NULL);
WHEN OTHERS THEN
      raise_application_error(-20001, 'Database error');
END;
/

-- Código de teste
SET SERVEROUTPUT ON;
DECLARE
vNomeAluno VARCHAR2(50);
BEGIN
-- Essa chamada deve mostrar o nome de um aluno.
vNomeAluno := fn_RecuperarNomeAluno('901-23-4567');
IF vNomeAluno IS NULL THEN
   dbms_output.put_line('Aluno não encontrado');
ELSE
   dbms_output.put_line('Nome é ' || vNomeAluno);
END IF;

-- Essa chamada não deve mostrar o nome de um aluno.
vNomeAluno := fn_RecuperarNomeAluno('905-23-4567');
IF vNomeAluno IS NULL THEN
   dbms_output.put_line('Aluno não encontrado');
ELSE
   dbms_output.put_line('Nome é ' || vNomeAluno);
END IF;
END;
/
```

O Exemplo 11.16 mostra uma função com uma consulta mais complexa que a função do Exemplo 11.15. O código de teste contém dois casos para testar, procurando um aluno existente e um aluno não existente, juntamente com a instrução SELECT que utiliza a função no resultado. Uma vantagem importante das funções é que elas podem ser utilizadas em expressões nas instruções SELECT.

EXEMPLO 11.16 **Função para Computar a Média de Notas Ponderada Dados o Número do CPF e o Ano do Aluno**

```
CREATE OR REPLACE FUNCTION fn_CalcularMediaPonderada
(vCPFAluno IN Aluno.CPFAluno%TYPE, vAno IN Oferecimento.AnoOfer%TYPE)
   RETURN NUMBER IS
-- Computa a média de notas ponderada dados o ano e o número do CPF do
aluno.
-- Média ponderada é a soma das cargas horárias multiplicada pela nota
-- dividida por cargas horárias totais.
-- Se o aluno não existe, retorna nulo.
MediaPonderada NUMBER;
```

```
BEGIN
SELECT SUM (NotaMatr*CargaHoraCurso) / SUM(CargaHoraCurso)
  INTO MediaPonderada
  FROM Aluno, Registro, Matricula, Oferecimento, Curso
    WHERE Aluno.CPFAluno = vCPFAluno
    AND Oferecimento.AnoOfer = vAno
    AND Aluno.CPFAluno = Registro.CPFAluno
    AND Registro.NumReg = Matricula.NumReg
    AND Matricula.NumOfer = Oferecimento.NumOfer
    AND Oferecimento.NumCurso = Curso.NumCurso;

RETURN(MediaPonderada);

EXCEPTION
  WHEN No_Data_Found THEN
    RETURN(NULL);

WHEN OTHERS THEN
    raise_application_error(-20001, 'Database error');

END;
/
-- Código de teste
SET SERVEROUTPUT ON;
DECLARE
vMedia DECIMAL(3,2);
BEGIN
-- Essa chamada deve mostrar uma média ponderada.
vMedia := fn_CalcularMediaPonderada('901-23-4567', 2006);
IF vMedia IS NULL THEN
    dbms_output.put_line ('Aluno ou Matrículas não encontrados');
ELSE
    dbms_output.put_line('Média ponderada é' || to_char(vMedia));
END IF;

-- Essa chamada não deve mostrar uma média ponderada.
vMedia := fn_CalcularMediaPonderada('905-23-4567', 2006);
IF vMedia IS NULL THEN
    dbms_output.put_line('Aluno ou Matrículas não encontrados');
ELSE
    dbms_output.put_line('Média Ponderada é' || to_char(vMedia));
END IF;
END;
/
-- Utiliza a função em uma consulta
SELECT CPFAluno, NomeAluno, SobrenomeAluno,
        fn_CalcularMediaPonderada(CPFAluno, 2006) AS MediaPonderada
FROM Aluno;
```

11.2.3 Utilização de Cursores

cursor PL/SQL implícito
um cursor não é declarado nem aberto explicitamente. Em vez disso, uma versão especial da instrução FOR declara, abre, itera e fecha uma instrução SELECT nomeada localmente. Um cursor implícito não pode ser referenciado fora da instrução FOR no qual ele é declarado.

Os procedimentos e as funções apresentados anteriormente são bem simples, já que envolvem a recuperação de uma única linha. Funções e procedimentos mais complexos envolvem iteração em múltiplas linhas utilizando um cursor. O PL/SQL fornece declaração (explícita ou implícita) de cursor, instrução FOR especializada para iteração de cursor, atributos de cursor para indicar o *status* de operações do cursor e instruções para executar ações em cursores explícitos. O PL/SQL tem suporte a cursores estáticos, em que a instrução do SQL é conhecida em tempo de compilação, além de cursores dinâmicos, em que a instrução do SQL não é determinada até o tempo de execução.

O Exemplo 11.17 descreve um cursor implícito para retornar a classificação de um aluno em um oferecimento. Os cursores implícitos não são declarados na seção DECLARE. Ao contrário, os cursores implícitos são declarados, abertos e iterados dentro de uma instrução FOR. No Exemplo 11.17, a instrução FOR é iterada para cada linha da instrução SELECT, utilizando o cursor implícito *RegMatr*. A instrução SELECT classifica o resultado em ordem decrescente, por nota de matrícula. A função sai da instrução FOR quando o valor *CPFAluno* corresponde com o valor do parâmetro. A classificação é incrementada somente quando a nota muda de forma que dois alunos com a mesma nota têm a mesma classificação.

EXEMPLO 11.17 — **Utilização de um Cursor Implícito para Determinar a Classificação na Turma de Determinado Aluno e Oferecimento**

```
CREATE OR REPLACE FUNCTION fn_DeterminarClassificação
(vCPFAluno IN Aluno.CPFAluno%TYPE, vNumOfer IN
Oferecimento.NumOfer%TYPE)
    RETURN INTEGER IS
  -- Determina a classificação de um determinado número do CPF de aluno e
  NumOfer.
  -- Utiliza um cursor implícito.
  -- Se o aluno ou o oferecimento não existe, retorna 0.
ClassTemp INTEGER :=0;
PrevNotaMatr Matricula.NotaMatr%TYPE := 9,9;
ENCONTRADO BOOLEAN := FALSE;

BEGIN
-- Laço por meio de cursor implícito
FOR RegMatr IN
   (  SELECT Aluno.CPFAluno, NotaMatr
        FROM Aluno, Registro, Matricula
        WHERE Matricula.NumOfer = vNumOfer
            AND Aluno.CPFAluno = Registro.CPFAluno
            AND Registro.NumReg = Matricula.NumReg
        ORDER BY NotaMatr DESC ) LOOP

    IF RegMatr.NotaMatr < PrevNotaMatr THEN
    -- Incrementa a classificação quando a nota muda
    ClassTemp := ClassTemp + 1;
    PrevNotaMatr := RegMatr.NotaMatr;
  END IF;
  IF RegMatr.CPFAluno = vCPFAluno THEN
      Encontrado := TRUE;
      EXIT;
  END IF;
END LOOP;
```

```
        IF Encontrado THEN
          RETURN(ClassTemp);
        ELSE
          RETURN(0);
        END IF;

        EXCEPTION
        WHEN OTHERS THEN
              raise_application_error(-20001, 'Database error');

        END;
        /
        -- Código de teste
        SET SERVEROUTPUT ON;
        -- Executa uma consulta para ver os dados de teste
        SELECT Aluno.CPFAluno, NotaMatr
           FROM Aluno, Registro, Matricula
           WHERE Matricula.NumOfer = 5679
               AND Aluno.CPFAluno = Registro.CPFAluno
               AND Registro.NumReg = Matricula.NumReg
           ORDER BY NotaMatr DESC;
        -- Script de teste
        DECLARE
        vClass INTEGER;
        BEGIN
        -- Essa chamada deve retornar uma classificação de 6.
        vClass := fn_DeterminarClassificacao('789-01-2345', 5679);
        IF vClass > 0 THEN
             dbms_output.put_line('Classificação é' || to_char(vClass));
        ELSE
             dbms_output.put_line('Aluno não está matriculado.');
        END IF;

        -- Essa chamada deve retornar uma classificação de 0.
        vClass := fn_DeterminarClassificacao('789-01-2005', 5679);
        IF vClass > 0 THEN
             dbms_output.put_line('Classificação é' || to_char(vClass));
        ELSE
             dbms_output.put_line('Aluno não está matriculado.');
        END IF;
        END;
        /
```

---

cursor PL/SQL explícito
um cursor declarado com a instrução CURSOR na seção DECLARE. Cursores explícitos são manipulados geralmente pelas instruções OPEN, CLOSE e FETCH. Cursores explícitos podem ser referenciados em qualquer lugar dentro da seção BEGIN.

O Exemplo 11.18 descreve um procedimento com um cursor explícito para retornar a classificação e a nota de um aluno em um oferecimento. O cursor explícito *CursorMatr* na instrução CURSOR contém a quantidade do oferecimento como parâmetro. Os cursores explícitos devem utilizar parâmetros para valores não constantes de busca na instrução SELECT associada. As instruções OPEN, FETCH e CLOSE substituem a instrução FOR do Exemplo 11.17. Depois da instrução FETCH, a condição *CursorMatr%NotFound* testa buscando o cursor vazio.

EXEMPLO 11.18 — **Utilização de um Cursor Explícito para Determinar a Classificação e a Nota de Determinado Aluno e Oferecimento**

```
CREATE OR REPLACE PROCEDURE pr_DeterminarClassificacao
(vCPFAluno IN Aluno.CPFAluno%TYPE, vNumOfer IN
Oferecimento.NumOfer%TYPE,
ClassExt OUT INTEGER, NotaExt OUT Matricula.NotaMatr%TYPE ) IS
-- Determina a classificação e a nota de um determinado número do CPF de aluno
-- e NumOfer utilizando um cursor explícito.
-- Se o aluno ou o oferecimento não existe, retorna 0.
ClassTemp INTEGER :=0;
PrevNotaMatr Matricula.NotaMatr%TYPE := 9,9;
Encontrado BOOLEAN := FALSE;
NotaTemp Matricula.NotaMatr%TYPE;
CPFAlunoTemp Aluno.CPFAluno%TYPE;
-- Cursor explícito
CURSOR CursorMatr (NumOferTemp Oferecimento.NumOfer%TYPE) IS
      SELECT Aluno.CPFAluno, NotaMatr
        FROM Aluno, Registro, Matricula
        WHERE Matricula.NumOfer = vNumOfer
            AND Aluno.CPFAluno = Registro.CPFAluno
            AND Registro.NumReg = Matricula.NumReg
        ORDER BY NotaMatr DESC;

BEGIN
-- Abre e faz o laço por meio de um cursor explícito
OPEN CursorMatr(vNumOfer);
LOOP
      FETCH CursorMatr INTO CPFAlunoTemp, NotaTemp;
      EXIT WHEN CursorMatr%NotFound;
      IF NotaTemp < PrevNotaMatr THEN
         -- Incrementa a classificação quando a nota muda
         ClassTemp := ClassTemp + 1;
         PrevNotaMatr := NotaTemp;
      END IF;
      IF CPFAlunoTemp = vCPFAluno THEN
         Encontrado := TRUE;
         EXIT;
      END IF;
END LOOP;

CLOSE CursorMatr;
IF Encontrado THEN
   ClassExt := ClassTemp;
   NotaExt := PrevNotaMatr;
ELSE
   ClassExt := 0;
   NotaExt := 0;
END IF;
```

```
        EXCEPTION
        WHEN OTHERS THEN
            raise_application_error(-20001, 'Database error');
        END;
        /
        -- Código de teste
        SET SERVEROUTPUT ON;
        -- Executa uma consulta para ver os dados de teste
        SELECT Aluno.CPFAluno, NotaMatr
          FROM Aluno, Registro, Matricula
          WHERE Aluno.CPFAluno = Registro.CPFAluno
              AND Registro.NumReg = Matricula.NumReg
              AND Matricula.NumOfer = 5679
          ORDER BY NotaMatr DESC;

        -- Script de teste
        DECLARE
        vClass INTEGER;
        vNota Matricula.NotaMatr%TYPE;
        BEGIN
        -- Essa chamada deve produzir uma classificação de 6.
        pr_DeterminarClassificacao('789-01-2345', 5679, vClass, vNota);
        IF vClass > 0 THEN
            dbms_output.put_line('Classificação é' || to_char(vClass) || '.');
            dbms_output.put_line('Nota é ' || to_char(vNota) || '.');
        ELSE
            dbms_output.put_line('Aluno não está matriculado.');
        END IF;

        -- Essa chamada deve produzir uma classificação de 0.
        pr_DeterminarClassificacao('789-01-2005', 5679, vClass, vNota);
        IF vClass > 0 THEN
            dbms_output.put_line('Classificação é' || to_char(vClass) || '.');
            dbms_output.put_line('Nota é ' || to_char(vNota) || '.');
        ELSE
            dbms_output.put_line('Aluno não está matriculado.');
        END IF;
        END;
        /
```

O PL/SQL oferece suporte a inúmeros atributos de cursor, assim como mostra a Tabela 11.5. Quando utilizado com um cursor explícito, o nome do cursor precede o atributo de cursor. Quando utilizado com um cursor implícito, a palavra-chave do SQL precede o atributo de cursor. Por exemplo, *SQL%RowCount* denota a quantidade de linhas em um cursor implícito. O nome do cursor implícito não é utilizado.

11.2.4 Pacotes do PL/SQL

Os pacotes fornecem suporte a uma unidade de modularidade maior que os procedimentos ou as funções. Um pacote pode conter procedimentos, funções, exceções, variáveis, constantes, tipos e cursores. Agrupando os objetos relacionados, fica mais fácil reutilizar um pacote do

TABELA 11.5
Lista de Atributos Comuns de Cursor

Atributo de Cursor	Valor
%IsOpen	Verdadeiro se o cursor estiver aberto
%Found	Verdadeiro se o cursor não estiver vazio depois de uma instrução FETCH
%NotFound	Verdadeiro se o cursor estiver vazio depois de uma instrução FETCH
%RowCount	Número de linhas recuperadas. Depois de cada FETCH, RowCount é incrementado.

que procedimentos e funções individuais. O Oracle oferece muitos pacotes predefinidos, como o pacote *DBMS_Output* contendo grupos de objetos relacionados. Além disso, o pacote separa a implementação de uma interface pública da privada para apoiar esforços de manutenção de software. As mudanças em uma implementação privada não afetam o uso de um pacote por meio de sua interface. O Capítulo 18, sobre banco de dados orientados a objeto, apresenta informações mais detalhadas sobre as vantagens das unidades maiores de modularidade.

A interface de um pacote contém as definições de procedimentos e funções juntamente com outros objetos que podem ser especificados na seção DECLARE de um bloco do PL/SQL. Todos os objetos da interface de um pacote são públicos. O Exemplo 11.19 mostra a interface de um pacote combinando alguns procedimentos e funções apresentados nas seções anteriores.

Estrutura da Interface de um Pacote:
```
CREATE [OR REPLACE] PACKAGE NomePacote IS
  [ Declarações de constante, variável e tipo]
  [ Declarações de cursor ]
  [ Declarações de exceção ]
  [ Definições de procedimento ]
  [ Definições de função ]
ENDNomePacote;
```

EXEMPLO 11.19 — **Interface de Pacote Contendo Procedimentos e Funções Relacionados do Banco de Dados de uma Universidade**

```
CREATE OR REPLACE PACKAGE pck_Universidade IS
PROCEDURE pr_DeterminarClassificação
  (vCPFAluno IN Aluno.CPFAluno%TYPE, vNumOfer IN
   Oferecimento.NumOfer%TYPE,
    ClassExt OUT INTEGER, NotaExt OUT Matricula.NotaMatr%TYPE );
FUNCTION fn_CalcularMédiaPonderada
  (vCPFAluno IN Aluno.CPFAluno%TYPE, vAno IN Oferecimento.AnoOfer%TYPE)
    RETURN NUMBER;
END pck_Universidade;
/
```

O corpo ou a implementação de um pacote contém detalhes privados de um pacote. Para cada objeto na interface do pacote, o corpo do pacote deve definir uma implementação. Além disso, os objetos privados podem ser definidos no corpo de um pacote. Os objetos privados podem ser utilizados somente dentro do corpo de um pacote. Usuários externos de um pacote não podem acessar objetos privados. O Exemplo 11.20 mostra o corpo da interface do pacote do Exemplo 11.19. Observe que cada procedimento ou função termina com uma instrução END contendo o nome do procedimento ou da função. Do contrário, as implementações do procedimento ou da função seriam idênticas à criação de um procedimento ou de uma função fora de um pacote.

Estrutura do Corpo de um Pacote:

```
CREATE [OR REPLACE] PACKAGE BODY NomePacote IS
[   Declarações de variável e tipo]
[   Declarações de cursor ]
[   Declarações de exceção ]
[   Implementações de procedimento ]
[   Implementações de função]
[   BEGIN seqüência de instruções ]
[   EXCEPTION instruções para tratar exceções ]
END NomePacote;
```

EXEMPLO 11.20 — **Corpo de Pacote Contendo Implementações de Procedimentos e Funções**

```
CREATE OR REPLACE PACKAGE BODY pck_Universidade IS
PROCEDURE pr_DeterminarClassificacao
 (vCPFAluno IN Aluno.CPFAluno%TYPE, vNumOfer IN Oferecimento.
 NumOfer%TYPE,
     ClassExt OUT INTEGER, NotaExt OUT Matricula.NotaMatr%TYPE ) IS
-- Determina a classificação e a nota de um determinado número do CPF de aluno
-- e NumOfer utilizando um cursor explícito.
-- Se o aluno ou o oferecimento não existe, retorna 0.
ClassTemp INTEGER :=0;
PrevNotaMatr Matricula.NotaMatr%TYPE := 9,9;
Encontrado BOOLEAN := FALSE;
NotaTemp Matricula.NotaMatr%TYPE;
CPFAlunoTemp Aluno.CPFAluno%TYPE;
-- Cursor explícito
CURSOR CursorMatr (NumOferTemp Oferecimento.NumOfer%TYPE) IS
    SELECT Aluno.CPFAluno, NotaMatr
      FROM Aluno, Registro, Matricula
      WHERE Matricula.NumOfer = vNumOfer
         AND Aluno.CPFAluno = Registro.CPFAluno
         AND Registro.NumReg = Matricula.NumReg
      ORDER BY NotaMatr DESC;

BEGIN
-- Abre e faz o laço por meio de um cursor explícito
OPEN CursorMatr(vNumOfer);
LOOP
    FETCH CursorMatr INTO CPFAlunoTemp, NotaTemp;
    EXIT WHEN CursorMatr%NotFound;
    IF NotaTemp < PrevNotaMatr THEN
       -- Incrementa a classificação quando a nota muda
        ClassTemp := ClassTemp + 1;
        PrevNotaMatr := NotaTemp;
    END IF;
    IF CPFAlunoTemp = vCPFAluno THEN
       Encontrado := TRUE;
       EXIT;
    END IF;
END LOOP;
```

```
CLOSE CursorMatr;
IF Encontrado THEN
    ClassExt := ClassTemp;
    NotaExt := PrevNotaMatr;
ELSE
    ClassExt := 0;
    NotaExt := 0;
END IF;

EXCEPTION
WHEN OTHERS THEN
    raise_application_error(-20001, 'Database error');
END pr_DeterminarClassificacao;

FUNCTION fn_CalcularMediaPonderada
(vCPFAluno IN Aluno.CPFAluno%TYPE, vAno IN Oferecimento.AnoOfer%TYPE)
    RETURN NUMBER IS
-- Computa a média ponderada dado o número do CPF de um aluno e o ano.
-- Média ponderada é a soma das cargas horárias multiplicada pela nota
-- dividida pelas cargas horárias totais.
-- Se o aluno não existe, retorna nulo.
MediaPonderada NUMBER;

BEGIN

SELECT SUM(NotaMatr*CargaHoraCurso)/SUM(CargaHoraCurso)
  INTO MediaPonderada
  FROM Aluno, Registro, Matricula, Oferecimento, Curso
  WHERE Aluno.CPFAluno = vCPFAluno
    AND Oferecimento.AnoOfer = vAno
    AND Aluno.CPFAluno = Registro.CPFAluno
    AND Registro.NumReg = Matricula.NumReg
    AND Matricula.NumOfer = Oferecimento.NumOfer
    AND Oferecimento.NumCurso = Curso.NumCurso;

RETURN(MediaPonderada);

EXCEPTION
  WHEN no_data_found THEN
    RETURN(NULL);

  WHEN OTHERS THEN
     raise_application_error(-20001, 'Database error');
END fn_CalcularMediaPonderada;
END pck_Universidade;
/
```

Para utilizar os objetos de um pacote, é necessário utilizar o nome do pacote antes do nome do objeto. No Exemplo 11.21, é possível observar que o nome do pacote (*pck_Universidade*) precede os nomes de procedimento e função.

EXEMPLO 11.21 — **Script para Utilizar os Procedimentos e as Funções do Pacote da Universidade**

```
SET SERVEROUTPUT ON;
DECLARE
    vClass INTEGER;
    vNota Matricula.NotaMatr%TYPE;
    vMedia NUMBER;
BEGIN
    -- Essa chamada deve produzir uma classificação de 6.
    pck_Universidade.pr_DeterminarClassificacao('789-01-2345', 5679, vClass, vNota);
    IF vClass > 0 THEN
        dbms_output.put_line('Classificação é' || to_char(vClass) || '.');
        dbms_output.put_line('Nota é ' || to_char(vNota) || '.');
    ELSE
        dbms_output.put_line('Aluno não está matriculado.');
    END IF;
    -- Essa chamada deve mostrar uma média ponderada.
    vMedia := pck_Universidade.fn_CalcularMediaPonderada('901-23-4567', 2006);
    IF vMedia IS NULL THEN
        dbms_output.put_line('Aluno ou Matrículas não encontrados');
    ELSE
        dbms_output.put_line('Média Ponderada é' || to_char(vMedia));
    END IF;
END;
/
```

11.3 Gatilhos

gatilho
uma regra que é armazenada e executada por um SGBD. Como um gatilho envolve um evento, uma condição e uma seqüência de ações, também é conhecido como regra evento-condição-ação.

Gatilhos (*triggers*) são regras gerenciadas por um SGBD. Como o gatilho envolve um evento, uma condição e uma seqüência de ações, ele também é conhecido como regra evento-condição-ação. A escrita da parte de ação ou do corpo do gatilho é semelhante à escrita de um procedimento ou uma função, exceto que o gatilho não possui parâmetros. Os gatilhos são executados pelo sistema de regras do SGBD e não por chamadas explícitas como nos procedimentos e nas funções. Os gatilhos tornaram-se oficialmente parte do SQL:1999 embora a maioria dos fornecedores de SGBD houvesse implementado gatilhos bem antes do lançamento do SQL:1999.

Esta seção trata dos gatilhos do Oracle com noções de gatilhos do SQL:2003. Na primeira parte desta seção, serão discutidas as razões por que os gatilhos são parte importante do desenvolvimento de aplicações de banco de dados e será introduzida a classificação dos gatilhos. Na segunda parte, será mostrada a codificação de gatilhos em PL/SQL. Na parte final, serão apresentados os procedimentos de execução de gatilhos do Oracle e SQL:2003.

11.3.1 Motivação e Classificação dos Gatilhos

Os gatilhos são amplamente implementados nos SGBDs em virtude dos vários usos em aplicações de negócios. A lista a seguir explica os usos típicos dos gatilhos.

- **Restrições de integridade complexas:** restrições de integridade que não podem ser especificadas por restrições nas instruções CREATE TABLE. Uma restrição típica nas instruções CREATE TABLE é a que impossibilita referenciar colunas de outras tabelas. Os gatilhos permitem referenciar colunas de múltiplas tabelas para suplantar essa limitação.

Uma alternativa de gatilho para uma restrição complexa é a asserção discutida no Capítulo 14. No entanto, a maioria dos SGBDs não oferece suporte a asserções, assim, os gatilhos são a única escolha para restrições de integridade complexas.

- **Restrições de transição:** restrições de integridade que comparam os valores antes e depois de uma atualização. Por exemplo, pode-se escrever um gatilho para impor uma restrição de transição, limitando os aumentos salariais em, no máximo, 10%.
- **Propagação de atualização:** colunas derivadas de atualização em tabelas relacionadas, por exemplo, para manter o saldo de estoque permanente ou os assentos livres em um vôo programado.
- **Relatório de exceção:** cria um registro de condições incomuns como alternativa para rejeitar uma transação. O gatilho também pode enviar uma notificação em uma mensagem de correio eletrônico. Por exemplo, em vez de rejeitar o aumento salarial de 10%, o gatilho pode criar um registro de exceção e notificar o gestor para rever o aumento salarial.
- **Trilha de auditoria:** cria o registro histórico de uma transação, por exemplo, o histórico de utilização do caixa automático.

O SQL:2003 classifica os gatilhos por granularidade, momento de disparo e evento aplicável. Em termos de granularidade, o gatilho pode envolver cada linha afetada por uma instrução do SQL ou uma instrução inteira do SQL. Os gatilhos de linha são mais comuns que os de instrução. Em termos de momento de disparo, o gatilho pode ser disparado antes ou depois do evento. Normalmente, os gatilhos para verificação de restrições são disparados antes de um evento, enquanto os gatilhos de atualização de tabelas e execução de outras ações são disparados depois de um evento. Em termos de evento aplicável, o gatilho pode ser aplicado a instruções INSERT, UPDATE e DELETE. Os gatilhos de atualização podem especificar uma lista de colunas aplicáveis.

Como a especificação de gatilhos do SQL:1999 foi definida em resposta às implementações dos fornecedores, a maioria das implementações de gatilho varia da especificação original do SQL:1999 à especificação revisada do SQL:2003. O Oracle tem suporte para a maioria das partes da especificação, acrescentando, ao mesmo tempo, extensões proprietárias. Uma extensão importante é o gatilho INSTEAD OF, disparado em lugar de um evento, e não antes ou depois de um evento. O Oracle também tem suporte a eventos de definição de dados e outros eventos de banco de dados. O Microsoft SQL Server fornece gatilhos de instrução com acesso a dados da linha em vez de gatilhos de linha. Assim, a maioria dos SGBDs oferece suporte ao espírito da especificação de gatilhos do SQL:2003 em termos de granularidade, momento de disparo e eventos aplicáveis, mas não aderem estritamente à sintaxe de gatilhos do SQL:2003.

11.3.2 Gatilhos do Oracle

O gatilho do Oracle contém um nome de gatilho, uma especificação de momento de disparo, uma cláusula opcional de referência, uma granularidade opcional, uma cláusula WHEN opcional e um bloco do PL/SQL para o corpo, explicados na lista a seguir:

- A especificação do momento de disparo envolve as palavras-chave BEFORE, AFTER ou INSTEAD OF juntamente com um evento de gatilho utilizando as palavras-chave INSERT, UPDATE ou DELETE. Com o evento UPDATE, é possível especificar uma lista opcional de colunas. Para especificar múltiplos eventos, pode-se utilizar a palavra-chave OR. O Oracle também tem suporte à definição de dados e outros eventos de banco de dados, mas esses eventos não estão no escopo deste capítulo.
- A cláusula de referência permite nomes alternativos para dados novos e antigos que podem ser referenciados em um gatilho.
- A granularidade é especificada pelas palavras-chaves FOR EACH ROW. Se essas palavras-chaves forem omitidas, o gatilho é de instrução.
- A cláusula WHEN impõe uma restrição quando um gatilho é disparado ou executado. Como o Oracle tem inúmeras restrições contra condições nas cláusulas WHEN, a cláusula WHEN não é utilizada com freqüência.
- O corpo de um gatilho parece outro bloco do PL/SQL, exceto que os gatilhos têm mais restrições nas instruções em um bloco.

Estrutura de Gatilho do Oracle:

CREATE [OR REPLACE] TRIGGER NomeGatilho
MomentoDisparoGatilho EventoGatilho
   [Cláusula de referência]
   [FOR EACH ROW]
   [WHEN (Condição)]
   [DECLARE seqüência de instruções declarativas]
BEGIN seqüência de instruções
   [EXCEPTION instruções para tratar exceções]
END;

Gatilhos Introdutórios e Código de Teste

Começando com alguns gatilhos simples do Oracle, os exemplos 11.22 a 11.24 contêm gatilhos que são disparados respectivamente em toda instrução INSERT, UPDATE e DELETE na tabela *Curso*. O Exemplo 11.25 mostra um gatilho com um evento combinado, disparado para toda ação na tabela *Curso*. Os gatilhos dos exemplos 11.22 a 11.25 não têm propósito, exceto o de descrever uma ampla variedade de sintaxe de gatilhos, assim como as explicações apresentadas na lista a seguir.

- Um esquema comum de nomeação de gatilhos identifica o nome da tabela, as ações de gatilhos (I para INSERT, U para UPDATE e D para DELETE) e o momento de disparo (B para BEFORE e A para AFTER). Por exemplo, a última parte do nome do gatilho (DIUA) do Exemplo 11.25 denota os eventos DELETE, INSERT e UPDATE juntamente com o momento de disparo AFTER.
- No Exemplo 11.25, a palavra-chave OR na especificação do evento de gatilho permite eventos compostos envolvendo mais de um evento.
- Não há cláusula de referência, já que são utilizados nos corpos do gatilho nomes-padrão para a linha antiga (*:OLD*) e nova (*:NEW*).

EXEMPLO 11.22   **Gatilho Disparado para Instrução INSERT na Tabela Curso Juntamente com o Código de Teste para Disparar o Gatilho**

```
CREATE OR REPLACE TRIGGER tr_Curso_IA
AFTER INSERT
ON Curso
FOR EACH ROW
BEGIN
    -- Nenhuma referência à linha OLD porque existe somente NEW para INSERT
    dbms_output.put_line('Linha Inserida');
    dbms_output.put_line('NumCurso: ' || :NEW.NumCurso);
    dbms_output.put_line('Descrição Curso: ' || :NEW.DescrCurso);
    dbms_output.put_line('Carga Horária Curso: ' || To_Char(:NEW.CargaHora-
    Curso));
END;
/
-- Instruções de teste
SET SERVEROUTPUT ON;
INSERT INTO Curso (NumCurso, DescrCurso, CargaHoraCurso)
VALUES ('SI485','Gerenciamento de Banco de Dados Avançado',4);

ROLLBACK;
```

EXEMPLO 11.23	**Gatilho Disparado para Toda Instrução UPDATE na Tabela Curso Juntamente com o Código de Teste para Disparar o Gatilho**

```
CREATE OR REPLACE TRIGGER tr_Curso_UA
AFTER UPDATE
ON Curso
FOR EACH ROW
BEGIN
    dbms_output.put_line('Novos Valores de Linha');
    dbms_output.put_line('NumCurso: ' || :NEW.NumCurso);
    dbms_output.put_line('Descrição Curso:' || :NEW.DescrCurso);
    dbms_output.put_line('Carga Horária Curso: ' || To_Char(:NEW.CargaHora-
    Curso));

    dbms_output.put_line('Valores Antigos de Linha');
    dbms_output.put_line('NumCurso: ' || :OLD.NumCurso);
    dbms_output.put_line('Descrição do Curso: ' || :OLD.DescrCurso);
    dbms_output.put_line('Carga Horária do Curso: ' || To_Char(:OLD.CargaHora-
    Curso));
END;
/
-- Instruções de teste
SET SERVEROUTPUT ON;
-- Adiciona linha de forma que possa ser atualizada
INSERT INTO Curso (NumCurso, DescrCurso, CargaHoraCurso)
  VALUES ('SI485','Gerenciamento de Banco de Dados Avançado',4);

UPDATE Curso
  SET CargaHoraCurso = 3
  WHERE NumCurso = 'SI485';

ROLLBACK;
```

EXEMPLO 11.24	**Gatilho Disparado para Toda Instrução DELETE na Tabela Curso Juntamente com o Código de Teste para Disparar o Gatilho**

```
CREATE OR REPLACE TRIGGER tr_Curso_DA
AFTER DELETE
ON Curso
FOR EACH ROW
BEGIN
    -- Nenhuma referência à linha NEW porque existe somente OLD para DELETE
    dbms_output.put_line('Linha Excluída');
    dbms_output.put_line('NumCurso: ' || :OLD.NumCurso);
    dbms_output.put_line('Descrição do Curso: ' || :OLD.DescrCurso);
    dbms_output.put_line('Carga Horária do Curso: ' || To_Char(:OLD.Carga-
    HoraCurso));
END;
/
-- Instruções de teste
SET SERVEROUTPUT ON;
-- Insere linha de forma que possa ser excluída
INSERT INTO Curso (NumCurso, DescrCurso, CargaHoraCurso)
VALUES ('SI485','Gerenciamento de Banco de Dados Avançado',4);
```

```
        DELETE FROM Curso
          WHERE NumCurso = 'SI485';

        ROLLBACK;
```

EXEMPLO 11.25 **Gatilho com Evento Combinado, Disparado para Toda Ação na Tabela Curso Juntamente com o Código de Teste para Disparar o Gatilho**

```
CREATE OR REPLACE TRIGGER tr_Curso_DIUA
AFTER INSERT OR UPDATE OR DELETE
ON Curso
FOR EACH ROW
BEGIN
      dbms_output.put_line('Tabela Incluída');
      dbms_output.put_line('NumCurso: ' || :NEW.NumCurso);
      dbms_output.put_line('Descrição do Curso: ' || :NEW.DescrCurso);
      dbms_output.put_line('Carga Horária do Curso: ' || To_Char(:NEW.Carga-
        HoraCurso));

      dbms_output.put_line('Tabela Excluída');
      dbms_output.put_line('NumCurso: ' || :OLD.NumCurso);
      dbms_output.put_line('Descrição do Curso: ' || :OLD.DescrCurso);
      dbms_output.put_line('Carga Horária do Curso: ' || To_Char(:OLD.Carga-
        HoraCurso));
END;
/
-- Instruções de teste
SET SERVEROUTPUT ON;
INSERT INTO Curso (NumCurso, DescrCurso, CargaHoraCurso)
VALUES ('SI485','Gerenciamento de Banco de Dados Avançado',4);

UPDATE Curso
  SET CargaHoraCurso = 3
  WHERE NumCurso = 'SI485';

DELETE FROM Curso
  WHERE NumCurso = 'SI485';

ROLLBACK;
```

Os gatilhos, diferentemente dos procedimentos, não podem ser testados diretamente. Em vez disso, utilizam instruções do SQL que fazem o gatilho disparar. Quando o gatilho do Exemplo 11.25 é disparado para uma instrução INSERT, os antigos valores são nulos. Do mesmo modo, quando o gatilho é disparado para uma instrução DELETE, os novos valores são nulos. Quando o gatilho é disparado para uma instrução UPDATE, os valores antigos e novos não são nulos a menos que a tabela tenha valores nulos antes da atualização.

Gatilho BEFORE ROW para Verificação de Restrição

Os gatilhos BEFORE ROW geralmente são utilizados para restrições de integridade complexas porque os gatilhos BEFORE ROW não devem conter instruções de manipulação em SQL. Por exemplo, a matrícula em um oferecimento envolve restrição de integridade complexa para garantir a existência de uma vaga em um oferecimento relacionado. O Exemplo 11.26 mostra um gatilho BEFORE ROW para garantir a manutenção da vaga quando o aluno se matricula em um oferecimento. O gatilho garante uma quantidade de alunos matriculados no oferecimento inferior ao limite. O código de teste insere alunos e modifica a quantidade de alunos matriculados de forma que a inserção seguinte dispara um erro. O gatilho utiliza uma exceção definida pelo usuário para tratar o erro.

EXEMPLO 11.26

Gatilho para Garantir a Manutenção da Vaga em um Oferecimento

```
CREATE OR REPLACE TRIGGER tr_Matricula_IB
-- Esse gatilho garante que a quantidade de alunos
-- matriculados seja menor que o limite de oferecimento.
BEFORE INSERT
ON Matricula
FOR EACH ROW
DECLARE
    vLimiteOfer Oferecimento.LimiteOfer%TYPE;
    vQtdeMatriculadosOfer Oferecimento.QtdeMatriculadosOfer%TYPE;
    -- declaração de exceção definida pelo usuário
    SemVagas EXCEPTION;
    MensagemEx VARCHAR(200);
BEGIN
    SELECT LimiteOfer, QtdeMatriculadosOfer
        INTO vLimiteOfer, vQtdeMatriculadosOfer
        FROM Oferecimento
        WHERE Oferecimento.NumOfer = :NEW.NumOfer;

    IF vQtdeMatriculadosOfer >= vLimiteOfer THEN
        RAISE SemVagas;
    END IF;
EXCEPTION
  WHEN SemVagas THEN
    -- número de erro entre -20000 e -20999
    MensagemEx := 'Não restam vagas no oferecimento ' ||
                    to_char(:NEW.NumOfer) || '.';
    MensagemEx := MensagemEx || 'Qtde Matriculados: ' ||
                    to_char(vQtdeMatriculadosOfer) || '. ';
    MensagemEx := MensagemEx || 'Limite do Oferecimento: ' ||
                    to_char(vLimiteOfer);
    Raise_Application_Error(-20001, MensagemEx);
END;
/
-- Instruções de teste
SET SERVEROUTPUT ON;
-- Verifica o limite do oferecimento e a quantidade de matriculados
SELECT LimiteOfer, QtdeMatriculadosOfer
  FROM Oferecimento
  WHERE Oferecimento.NumOfer = 5679;
-- Insere o último aluno
INSERT INTO Matricula (NumReg, NumOfer, NotaMatr)
  VALUES (1234,5679,0);

-- atualiza a quantidade de alunos matriculados
UPDATE Oferecimento
  SET QtdeMatriculadosOfer = QtdeMatriculadosOfer + 1
  WHERE NumOfer = 5679;
```

```
-- Verifica o limite do oferecimento e a quantidade de matriculados
SELECT LimiteOfer, QtdeMatriculadosOfer
  FROM Oferecimento
  WHERE Oferecimento.NumOfer = 5679;
-- Insere um aluno além do limite
INSERT INTO Matricula (NumReg, NumOfer, NotaMatr)
  VALUES (1236,5679,0);

ROLLBACK;
```

Gatilho AFTER ROW para Propagação de Atualização

O código de teste para o gatilho BEFORE ROW no Exemplo 11.26 inclui uma instrução UPDATE para incrementar a quantidade de alunos matriculados. Um gatilho AFTER pode automatizar essa tarefa, assim como mostra o Exemplo 11.27. Os gatilhos nos exemplos 11.26

EXEMPLO 11.27

Gatilho para Atualizar a Quantidade de Alunos Matriculados em um Oferecimento

```
CREATE OR REPLACE TRIGGER tr_Matricula_IA
-- Esse gatilho atualiza a quantidade de alunos
-- matriculados da linha de oferecimento relacionada.
AFTER INSERT
ON Matricula
FOR EACH ROW
BEGIN
    UPDATE Oferecimento
      SET QtdeMatriculadosOfer = QtdeMatriculadosOfer + 1
      WHERE NumOfer = :NEW.NumOfer;
EXCEPTION
    WHEN OTHERS THEN
        RAISE_Application_Error(-20001, 'Database error');
END;
/
-- Instruções de teste
SET SERVEROUTPUT ON;
-- Verifica o limite do oferecimento e a quantidade de matriculados
SELECT LimiteOfer, QtdeMatriculadosOfer
  FROM Oferecimento
  WHERE Oferecimento.NumOfer = 5679;
-- Insere o último aluno
INSERT INTO Matricula (NumReg, NumOfer, NotaMatr)
VALUES (1234,5679,0);

-- Verifica o limite do oferecimento e a quantidade de matriculados
SELECT LimiteOfer, QtdeMatriculadosOfer
  FROM Oferecimento
  WHERE Oferecimento.NumOfer = 5679;

ROLLBACK;
```

e 11.27 funcionam em fila. O gatilho BEFORE ROW garante a manutenção da vaga no oferecimento. O gatilho AFTER ROW, assim, atualiza a linha *Oferecimento* relacionada.

Combinação de eventos de Gatilho para Reduzir a Quantidade de Gatilhos

Os gatilhos nos Exemplos 11.26 e 11.27 envolvem inserções na tabela *Matricula*. São necessários gatilhos adicionais para atualizações na coluna *Matricula.NumOfer* e exclusões das linhas *Matricula*.

Como alternativa para separar gatilhos para eventos na mesma tabela, pode-se escrever um grande gatilho BEFORE e um grande gatilho AFTER. Cada gatilho contém múltiplos eventos, assim como mostram os Exemplos 11.28 e 11.29. A parte de ação do gatilho no Exemplo 11.29 utiliza as palavras-chave INSERTING, UPDATING e DELETING para determinar o evento do gatilho. O *script* no Exemplo 11.30 é bem complexo porque ele testa dois gatilhos complexos.

EXEMPLO 11.28 — **Gatilho para Garantir a Manutenção da Vaga em um Oferecimento Quando se Faz uma Atualização ou Inserção na Linha *Matricula***

```
-- Cancela o gatilho anterior para evitar interações
DROP TRIGGER tr_Matricula_IB;
CREATE OR REPLACE TRIGGER tr_Matricula_IUB
-- Esse gatilho garante que a quantidade de alunos
-- matriculados seja menor que o limite do oferecimento.
BEFORE INSERT OR UPDATE OF NumOfer
ON Matricula
FOR EACH ROW
DECLARE
    vLimiteOfer Oferecimento.LimiteOfer%TYPE;
    vQtdeMatriculadosOfer Oferecimento.QtdeMatriculadosOfer%TYPE;
    SemVagas EXCEPTION;
    MensagemEx VARCHAR(200);
BEGIN
    SELECT LimiteOfer, QtdeMatriculadosOfer
      INTO vLimiteOfer, vQtdeMatriculadosOfer
      FROM Oferecimento
      WHERE Oferecimento.NumOfer = :NEW.NumOfer;

    IF vQtdeMatriculadosOfer >= vLimiteOfer THEN
        RAISE SemVagas;
    END IF;
EXCEPTION
    WHEN SemVagas THEN
        -- número de erro entre -20000 e -20999
        MensagemEx := 'Não restam vagas no oferecimento ' ||
                      to_char(:NEW.NumOfer) || '.';
        MensagemEx := MensagemEx || 'Quantidade de matriculados: ' ||
                      to_char(vQtdeMatriculadosOfer) || '. ';
        MensagemEx := MensagemEx || 'Limite do Oferecimento: ' ||
                      to_char(vLimiteOfer);
    raise_application_error(-20001, MensagemEx);
END;
```

EXEMPLO 11.29 **Gatilho para Atualizar a Quantidade de Alunos Matriculados em um Oferecimento Quando se Faz uma Inserção, Atualização ou Exclusão na Linha *Matricula***

```
-- Cancela o gatilho anterior para evitar interações
DROP TRIGGER tr_Matricula_IA;
CREATE OR REPLACE TRIGGER tr_Matricula_DIUA
-- Esse gatilho atualiza a quantidade de alunos
-- matriculados da linha de oferecimento relacionada.
AFTER INSERT OR DELETE OR UPDATE of NumOfer
ON Matricula
FOR EACH ROW
BEGIN
   -- Incrementa a quantidade de alunos matriculados para inserir, atualizar
   IF INSERTING OR UPDATING THEN
      UPDATE Oferecimento
         SET QtdeMatriculadosOfer = QtdeMatriculadosOfer + 1
         WHERE NumOfer = :NEW.NumOfer;
   END IF;
   -- Diminui a quantidade de alunos matriculados para excluir, atualizar
   IF UPDATING OR DELETING THEN
      UPDATE Oferecimento
         SET QtdeMatriculadosOfer = QtdeMatriculadosOfer-1
         WHERE NumOfer = :OLD.NumOfer;
   END IF;

   EXCEPTION
      WHEN OTHERS THEN
           raise_application_error(-20001, 'Database error');
END;
```

EXEMPLO 11.30 **Script para Testar os Gatilhos nos exemplos 11.28 e 11.29**

```
-- Caso de teste 1
-- Verifica o limite do oferecimento e a quantidade de matriculados
SELECT LimiteOfer, QtdeMatriculadosOfer
  FROM Oferecimento
  WHERE Oferecimento.NumOfer = 5679;
-- Insere o último aluno
INSERT INTO Matricula (NumReg, NumOfer, NotaMatr)
  VALUES (1234,5679,0);
-- Verifica o limite do oferecimento e a quantidade de matriculados
SELECT LimiteOfer, QtdeMatriculadosOfer
  FROM Oferecimento
  WHERE Oferecimento.NumOfer = 5679;

-- Caso de teste 2
-- Insere um aluno além do limite: exceção disparada
INSERT INTO Matricula (NumReg, NumOfer, NotaMatr)
  VALUES (1236,5679,0);
-- Transfere um aluno para o oferecimento 5679: exceção disparada
UPDATE Matricula
```

```
    SET NumOfer = 5679
    WHERE NumReg = 1234 AND NumOfer = 1234;

-- Caso de teste 3
-- Verifica o limite do oferecimento e a quantidade de matriculados antes da
   atualização
SELECT LimiteOfer, QtdeMatriculadosOfer
  FROM Oferecimento
  WHERE Oferecimento.NumOfer = 4444;
-- Atualiza um aluno para um oferecimento não completado
UPDATE Matricula
    SET NumOfer = 4444
    WHERE NumReg = 1234 AND NumOfer = 1234;
-- Verifica o limite do oferecimento e a quantidade de matriculados depois da
   atualização
SELECT LimiteOfer, QtdeMatriculadosOfer
  FROM Oferecimento
  WHERE Oferecimento.NumOfer = 4444;

-- Caso de teste 4
-- Verifica o limite de oferecimento e a quantidade de matriculados antes da
   exclusão
SELECT LimiteOfer, QtdeMatriculadosOfer
  FROM Oferecimento
  WHERE Oferecimento.NumOfer = 1234;
-- Exclui uma matrícula
DELETE Matricula
    WHERE NumOfer = 1234;
-- Verifica o limite do oferecimento e a quantidade de matriculados
SELECT LimiteOfer, QtdeMatriculadosOfer
  FROM Oferecimento
  WHERE Oferecimento.NumOfer = 1234;

-- Apaga todas as modificações
ROLLBACK;
```

Não há preferência clara entre muitos gatilhos menores ou poucos gatilhos maiores. Embora os gatilhos menores sejam mais fáceis de entender que os maiores, a quantidade de gatilhos é um fator complicador para entender as interações entre os gatilhos. A subseção a seguir apresenta explicações dos procedimentos de execução de gatilhos para esclarecer as questões de interações entre gatilhos.

Exemplos Adicionais de Gatilho BEFORE ROW

Os gatilhos BEFORE também podem ser utilizados para restrições de transição e padronização de dados. O Exemplo 11.31 descreve um gatilho para restrição de transição. O gatilho contém uma cláusula WHEN para restringir a execução do gatilho. O Exemplo 11.32 descreve um gatilho para impor a utilização de maiúsculas nas colunas de nome de professores. Embora os gatilhos BEFORE não devam executar atualizações com instruções do SQL, eles podem modificar os novos valores, assim como mostra o gatilho no Exemplo 11.32.

EXEMPLO 11.31 **Gatilho para Garantir que o Aumento Salarial não Ultrapasse 10%**

Quando utilizadas em uma condição WHEN, as palavras-chave NEW e OLD não devem ser precedidas de dois-pontos (:).

```
CREATE OR REPLACE TRIGGER tr_SalarioProf_UB
-- Esse gatilho garante que o aumento salarial não ultrapasse
-- 10%.
BEFORE UPDATE OF SalarioProf
ON Professor
FOR EACH ROW
WHEN (NEW. SalarioProf > 1,1 * OLD. SalarioProf)
DECLARE
    AumentoSalarialMuitoAlto EXCEPTION;
    MensagemEx VARCHAR(200);
BEGIN
    RAISE AumentoSalarialMuitoAlto;
EXCEPTION
WHEN AumentoSalarialMuitoAlto THEN
        -- número de erro entre -20000 e -20999
        MensagemEx := 'Aumento Salario ultrapassa10%. ';
        MensagemEx := MensagemEx || 'SalarioAtual: ' ||
                to_char(:OLD. SalarioProf) || '. ';
        MensagemEx := MensagemEx || 'Novo salario: ' ||
                to_char(:NEW. SalarioProf) || '.';
        Raise_Application_Error(-20001, MensagemErro);
END;
/
SET SERVEROUTPUT ON;
-- Caso de teste 1: aumento salarial de 5%
UPDATE Professor
  SET SalarioProf = SalarioProf * 1,05
  WHERE CPFProf = '543-21-0987';
SELECT SalarioProf FROM Professor WHERE CPFProf = '543-21-0987';
-- Caso de teste 2: aumento salarial de 20% deve gerar um erro.
UPDATE Professor
  SET SalarioProf = SalarioProf * 1,20
  WHERE CPFProf = '543-21-0987';
ROLLBACK;
```

EXEMPLO 11.32 **Gatilho para Modificar o Uso de Maiúsculas e Minúsculas no Nome e Sobrenome de Professores**

```
CREATE OR REPLACE TRIGGER tr_NomeProfessor_IUB
-- Esse gatilho modifica o uso de maiúsculas e minúsculas em NomeProfessor
  e SobrenomeProfessor.
BEFORE INSERT OR UPDATE OF NomeProfessor, SobrenomeProfessor
ON Professor
FOR EACH ROW
BEGIN
    :NEW.NomeProfessor := Upper(:NEW.NomeProfessor);
    :NEW.SobrenomeProfessor := Upper(:NEW.SobrenomeProfessor);
END;
/
-- Instruções de teste
UPDATE Professor
```

```
    SET NomeProfessor = 'Joe', SobrenomeProfessor = 'Smith'
    WHERE CPFProf = '543-21-0987';
-- Mostra o nome de professor modificado.
SELECT NomeProfessor, SobrenomeProfessor
    FROM Professor
    WHERE CPFProf = '543-21-0987';
ROLLBACK;
```

Gatilho AFTER ROW para Relatório de Exceção

O gatilho mostrado no Exemplo 11.31 implementa uma restrição rigorosa em que grandes aumentos (maiores que 10%) são rejeitados. Uma abordagem mais flexível é a restrição amena em que um grande aumento faz com que uma linha seja escrita em uma tabela de exceção. A atualização é completada com sucesso, mas o administrador pode analisar a tabela de exceção posteriormente para adotar uma ação adicional. Também é possível enviar uma mensagem de alerta para o administrador revisar linhas específicas da tabela de exceção. O Exemplo 11.33 descreve um gatilho para implementar uma restrição amena contra grandes aumentos salariais. O gatilho AFTER é disparado porque uma linha deve ser escrita na tabela de exceção somente se a atualização for completada com sucesso. Assim como mostrado na seção a seguir, os gatilhos AFTER ROW são executados somente se não forem encontrados erros na verificação de restrição de integridade.

EXEMPLO 11.33 — **Instrução CREATE TABLE para a Tabela de Exceção e Gatilho para Inserir uma Linha em uma Tabela de Exceção Quando o Aumento Salarial Ultrapassar 10%.**

O Exemplo 11.33 mostra uma restrição amena como alternativa para a restrição rigorosa mostrada no Exemplo 11.31. Antes de criar o gatilho, é necessário criar TabelaLog. SEQUENCE é um objeto do Oracle que mantém valores únicos. A expressão SeqLog.NextVal gera o valor seguinte na seqüência.

```
--- Cria a tabela de exceção e a seqüência
CREATE TABLE TabelaLog
    (NumExc         INTEGER PRIMARY KEY,
    GatilhoExc      VARCHAR2(25) NOT NULL,
    TabelaExc       VARCHAR2(25) NOT NULL,
    ValorChaveExc   VARCHAR2(15) NOT NULL,
    DataExc         DATE DEFAULT SYSDATE NOT NULL,
    TextoExc        VARCHAR2(255) NOT NULL );

CREATE SEQUENCE SeqLog INCREMENT BY 1;

CREATE OR REPLACE TRIGGER tr_SalarioProfessor_UA
-- Esse gatilho insere uma linha em TabelaLog quando
-- um aumento ultrapassa 10%.
AFTER UPDATE OF SalarioProf
ON Professor
FOR EACH ROW
WHEN (NEW. SalarioProf > 1,1 * OLD. SalarioProf)
DECLARE
        AumentoSalarialMuitoAlto EXCEPTION;
        MensagemEx VARCHAR(200);
BEGIN
        RAISE AumentoSalarialMuitoAlto;
EXCEPTION
```

```
                WHEN AumentoSalarialMuitoAlto THEN
                    INSERT INTO TabelaLog
                        (NumExc, GatilhoExc, TabelaExc, ValorChaveExc, DataExc, TextoExc)
                        VALUES (SeqLog.NextVal, 'TR_SalarioProfessor_UA', 'Professor',
                                to_char(:New.CPFProf), SYSDATE,
                                'Aumento salarial maior que 10%');
                END;
                /
                SET SERVEROUTPUT ON;
                -- Caso de teste 1: aumento salarial de 5%
                UPDATE Professor
                   SET SalarioProf = SalarioProf * 1,05
                   WHERE CPFProf = '543-21-0987';
                SELECT SalarioProf FROM Professor WHERE CPFProf = '543-21-0987';
                SELECT * FROM TabelaLog;

                -- Caso de teste 2: aumento salarial de 20% deve gerar uma exceção.
                UPDATE Professor
                   SET SalarioProf = SalarioProf * 1,20
                   WHERE CPFProf = '543-21-0987';
                SELECT SalarioProf FROM Professor WHERE CPFProf = '543-21-0987';
                SELECT * FROM TabelaLog;
                ROLLBACK;
```

11.3.3 Compreensão da Execução de Gatilhos

Assim como mostrado na subseção anterior, os gatilhos em geral são fáceis de entender. Coletivamente, no entanto, eles podem ser difíceis de entender, principalmente em conjunto com a imposição da restrição de integridade e as ações de banco de dados. Para compreender o comportamento coletivo dos gatilhos, das restrições de integridade e das ações de manipulação do banco de dados, é necessário compreender o procedimento de execução adotado por cada SGBD específico. Embora o SQL:2003 especifique um procedimento de execução de gatilhos, a maioria dos SGBDs não adere estritamente a ele. Portanto, essa subseção ressalta o procedimento de execução de gatilhos do Oracle, com comentários sobre as diferenças entre os procedimentos de execução do Oracle e do SQL:2003.

procedimento de execução de gatilhos especifica a ordem de execução entre vários tipos de gatilhos, restrições de integridade e instruções de manipulação do banco de dados. Os procedimentos de execução de gatilhos podem ser complexos porque as ações de um gatilho podem disparar outros gatilhos.

Procedimento Simplificado de Execução de Gatilhos

O procedimento de execução de gatilhos aplica-se a instruções de manipulação de dados (INSERT, UPDATE e DELETE). Antes de começar esse procedimento, o Oracle determina os gatilhos aplicáveis a uma instrução do SQL. O gatilho é aplicável a uma instrução se ele contiver um evento correspondente ao tipo de instrução. Para haver correspondência entre a instrução UPDATE e uma lista de colunas; no evento de gatilhos, pelo menos uma coluna deve constar na lista de colunas atualizadas pela instrução. Depois de determinados os gatilhos aplicáveis, o Oracle executa os gatilhos nesta ordem: BEFORE STATEMENT, BEFORE ROW, AFTER ROW e AFTER STATEMENT. Um gatilho aplicável não é executado se sua condição WHEN não for verdadeira.

Procedimento Simplificado de Execução de Gatilhos do Oracle

1. Executa os gatilhos BEFORE STATEMENT aplicáveis
2. Para cada linha afetada pela instrução de manipulação do SQL:
    2.1. Executa os gatilhos BEFORE ROW aplicáveis.
    2.2. Realiza a operação de manipulação de dados na linha.

2.3. Realiza a verificação de restrição de integridade.
2.4. Executa os gatilhos AFTER ROW aplicáveis.
3. Realiza a verificação de restrição de integridade postergada.
4. Executa os gatilhos da instrução AFTER aplicáveis.

O procedimento de execução de gatilhos do Oracle é um pouco diferente do procedimento de execução do SQL:2003 em termos de gatilhos sobrepostos. Dois gatilhos com o mesmo momento de disparo, granularidade e tabela aplicável se sobrepõem se uma instrução do SQL puder fazer os dois gatilhos dispararem. Por exemplo, um gatilho BEFORE ROW com o evento UPDATE ON Cliente se sobrepõe ao gatilho BEFORE ROW com o evento UPDATE OF SaldoCliente ON Cliente. Ambos os gatilhos são disparados quando da atualização da coluna *SaldoCliente*. Para os gatilhos sobrepostos, o Oracle especifica uma ordem de execução arbitrária. No SQL:2003, a ordem de execução depende de quando o gatilho é definido. Os gatilhos sobrepostos são executados na ordem em que foram criados.

> **gatilhos sobrepostos**
> dois ou mais gatilhos com o mesmo momento de disparo, granularidade e tabela aplicável. Os gatilhos se sobrepõem se uma instrução do SQL puder fazer com que ambos os gatilhos disparem. Não se deve depender de uma ordem particular de disparo para os gatilhos sobrepostos.

A sobreposição de gatilhos UPDATE é sutil. Dois gatilhos UPDATE na mesma tabela podem se sobrepor mesmo que eles envolvam colunas diferentes. Por exemplo, os gatilhos UPDATE em *LocalOfer* e *HorarioOfer* se sobrepõem se uma instrução UPDATE modificar ambas as colunas. Se as instruções UPDATE modificarem apenas uma coluna, os gatilhos não se sobrepõem.

Assim como mostrado no Procedimento Simples de Execução de Gatilhos, a maioria das verificações de restrição ocorre depois da execução de gatilhos BEFORE ROW aplicáveis, mas antes da execução de gatilhos AFTER ROW aplicáveis. A verificação de restrição postergada é realizada ao final de uma transação. O Capítulo 15, sobre gerenciamento de transações, apresenta instruções do SQL para verificação de restrição postergada. Na maioria das aplicações, poucas restrições são declaradas com verificação postergada.

Procedimento de Execução Recursiva de Gatilhos
As instruções de manipulação de dados em um gatilho complicam o procedimento simplificado de execução. As instruções de manipulação de dados em um gatilho podem fazer disparar outros gatilhos. Considerando o gatilho AFTER ROW no Exemplo 11.29, disparado quando uma linha *Matricula* é adicionada. O gatilho atualiza a coluna *QtdeMatriculadosOfer* incluída na linha *Oferecimento* relacionada. Supondo a existência de outro gatilho na coluna *QtdeMatriculadosOfer* da tabela *Oferecimento*, disparado quando a coluna *QtdeMatriculadosOfer* fica grande (por exemplo, dentro de dois do limite). Esse segundo gatilho deve ser disparado em conseqüência do disparo do primeiro gatilho, quando um oferecimento fica quase totalmente completo.

Quando um gatilho contém uma instrução de manipulação de dados, o procedimento de execução do gatilho é recursivo. Execução recursiva significa que o procedimento chama a si próprio. No exemplo anterior, o gatilho é executado de forma recursiva quando no gatilho do Exemplo 11.29 é encontrada uma instrução de manipulação de dados. No procedimento de execução do Oracle, os passos 2.1 e 2.4 podem envolver execução recursiva do procedimento. No procedimento de execução do SQL:2003, somente o passo 2.4 pode envolver execução recursiva porque o SQL:2003 proíbe instruções de manipulação de dados nos gatilhos BEFORE ROW.

As ações nas linhas referenciadas também complicam o procedimento simplificado de execução. Quando se exclui ou atualiza uma linha referenciada, a restrição de chave estrangeira pode especificar ações (CASCADE, SET NULL e SET DEFAULT) nas linhas relacionadas. Por exemplo, uma restrição de chave estrangeira contendo ON DELETE CASCADE para *Oferecimento.NumCurso* significa que a exclusão de uma linha *Curso* provoca a exclusão das linhas *Oferecimento* relacionadas. As ações nas linhas referenciadas podem fazer outros gatilhos dispararem, provocando a execução recursiva do procedimento de execução de gatilhos no passo 2.3 tanto no Oracle como no SQL:2003. As ações nas linhas referenciadas são realizadas como parte da verificação de restrição no passo 2.3.

Com essas complicações que causam a execução recursiva, será apresentado a seguir o procedimento completo de execução de gatilhos. A maioria dos SGBDs, como o Oracle, limita a profundidade da recursividade nos passos 2.1, 2.3 e 2.4.

Procedimento de Execução Recursiva de Gatilhos do Oracle

1. Executa os gatilhos BEFORE STATEMENT aplicáveis.
2. Para cada linha afetada pela instrução de manipulação do SQL:
    2.1. Executa os gatilhos BEFORE ROW aplicáveis. Executa, de forma recursiva, o procedimento para instruções de manipulação de dados em um gatilho.
    2.2. Realiza a operação de manipulação de dados na linha.
    2.3. Realiza a verificação de restrição de integridade. Executa, de forma recursiva, o procedimento para ações nas linhas referenciadas.
    2.4. Executa os gatilhos AFTER ROW aplicáveis. Executa, de forma recursiva, o procedimento para instruções de manipulação de dados em um gatilho.
3. Realiza a verificação de restrição de integridade postergada.
4. Executa os gatilhos de instrução AFTER aplicáveis.

O procedimento completo mostra uma execução de gatilho bem complexa. Para controlar a complexidade entre uma coleção de gatilhos, recomendam-se estas diretrizes:

- Evitar instruções de manipulação de dados em gatilhos BEFORE.
- Limitar as instruções de manipulação de dados em gatilhos AFTER para instruções com probabilidade de sucesso.
- Para gatilhos disparados em instruções UPDATE, sempre listar as colunas às quais o gatilho se aplica.
- Garantir que os gatilhos sobrepostos não dependam de uma ordem específica de disparo. Na maioria dos SGBDs, a ordem de disparo é arbitrária. Mesmo que a ordem não seja arbitrária (como no SQL:2003), é arriscado depender de uma ordem específica de disparo.
- Ter cuidado com gatilhos nas tabelas afetadas por ações em linhas referenciadas. Esses gatilhos serão disparados em conseqüência das ações nas tabelas pais.

Erros em Tabelas Mutantes

O Oracle restringe a execução de gatilho que possa impedir o desenvolvimento de gatilhos especializados. Nas ações de gatilhos, o Oracle proíbe instruções do SQL na tabela em que o gatilho é definido ou em tabelas relacionadas afetadas por ações DELETE CASCADE. A tabela de gatilho base e as tabelas relacionadas são conhecidas como tabelas mutantes. Por exemplo, em um gatilho para a tabela *Registro*, o Oracle proíbe instruções do SQL na tabela *Registro* e na tabela *Matricula* se a tabela *Matricula* contiver uma restrição de chave estrangeira em *Registro.NumReg* com a ação ON DELETE CASCADE. Se um gatilho executa uma instrução do SQL em uma tabela mutante, ocorre um erro em tempo de execução.

Para a maioria dos gatilhos, é possível evitar erros de tabela mutante, utilizando gatilhos de linha com valores novos e antigos. Em situações especializadas, deve-se reprojetar o gatilho para evitar um erro de tabela mutante. Uma primeira situação envolve um gatilho para impor uma restrição de integridade envolvendo outras linhas da mesma tabela. Por exemplo, um gatilho para garantir, no máximo, cinco linhas contendo o mesmo valor para uma coluna apresentaria um erro de tabela mutante. Outro exemplo seria um gatilho que garante a não exclusão de uma linha se ela for a última associada a uma tabela pai. Uma segunda situação envolve um gatilho para uma tabela pai que insere linhas em uma tabela filha se a tabela filha tiver uma restrição de chave estrangeira com ON DELETE CASCADE.

Para escrever gatilhos nessas situações, será necessária uma solução mais complexa. Para obter informações mais detalhadas, consultar alguns sites da Web que mostram soluções para evitar erros de tabela mutante. A documentação do Oracle menciona estas duas abordagens:

1. Escrever um pacote e uma coleção de gatilhos que utilize os procedimentos no pacote. O pacote mantém um vetor privado que contém os valores antigos e novos da tabela mutante. Normalmente, é necessário um gatilho BEFORE STATEMENT para incializar um vetor privado, um gatilho AFTER ROW para inserir dentro de um vetor privado, e um

gatilho AFTER STATEMENT para impor a restrição de integridade utilizando o vetor privado.
2. Criar uma visão e utilizar um gatilho INSTEAD OF para a visão. Gatilhos de visão não sofrem nenhuma restrição de tabela mutante.

Considerações Finais

Este capítulo aprofundou o conhecimento sobre desenvolvimento de aplicações de banco de dados com detalhes a respeito de linguagens de programação de banco de dados, procedimentos armazenados e gatilhos. As linguagens de programação de banco de dados são linguagens procedurais com interface com um ou mais SGBDs. As linguagens de programação de banco de dados oferecem suporte a customização, processamento em batch (lote) e operações complexas, além da instrução SELECT do SQL e da eficiência melhorada e portabilidade em alguns casos. As principais questões de projeto em uma linguagem de programação de banco de dados são o estilo de linguagem, a vinculação, as conexões ao banco de dados e o processamento de resultado. Este capítulo apresentou informações básicas sobre o PL/SQL, linguagem de programação de banco de dados amplamente utilizada e disponível como parte do Oracle.

Depois de abordar as linguagens de programação de banco de dados e PL/SQL, o capítulo tratou dos procedimentos armazenados. Os procedimentos armazenados proporcionam modularidade como procedimentos de linguagem de programação. Os procedimentos armazenados gerenciados por um SGBD oferecem vantagens adicionais inclusive a reutilização de planos de acesso, o gerenciamento de dependência e o controle da segurança pelo SGBD. Foi apresentada a codificação de procedimento do PL/SQL por meio de exemplos mostrando procedimentos, funções, processamento de exceção e SQL embutido contendo resultados de linha única e resultados de linhas múltiplas com cursores. Foram abordados também os pacotes de PL/SQL que agrupam procedimentos relacionados, funções e outros objetos do PL/SQL.

A parte final do capítulo tratou dos gatilhos para processamento de regra de negócios. Um gatilho envolve um evento, uma condição e uma seqüência de ações. Foram apresentados usos variados para os gatilhos além da sua classificação por granularidade, momento de disparo e evento aplicável. Depois da apresentação do material básico, foi introduzida a codificação de gatilhos do Oracle, utilizando instruções do PL/SQL no corpo de um gatilho. Para compreender melhor a complexidade das grandes coleções de gatilhos, foram introduzidos os procedimentos de execução de gatilhos especificando a ordem de execução entre os vários tipos de gatilhos, restrições de integridade e instruções do SQL.

O material contido neste capítulo é importante tanto para desenvolvedores de aplicação como para administradores de banco de dados. Os procedimentos armazenados e gatilhos podem ser parte significativa de grandes aplicações, chegando, talvez, a 25% dos códigos. Os desenvolvedores de aplicações utilizam linguagens de programação de banco de dados para codificar procedimentos armazenados e gatilhos, enquanto os administradores de banco de dados supervisionam o processo de desenvolvimento. Além disso, os administradores de banco de dados podem escrever procedimentos armazenados e gatilhos para apoiar o processo de monitoramento do banco de dados. Portanto, linguagens de programação de banco de dados, procedimentos armazenados, e gatilhos são ferramentas importantes em carreiras tanto no desenvolvimento de aplicações como na administração de banco de dados.

Revisão de Conceitos

- Motivações primárias para a utilização de linguagens de programação de banco de dados: customização, processamento em batch (lote) e operações complexas.
- Motivações secundárias para a utilização de linguagens de programação de banco de dados: eficiência e portabilidade.
- Interface em nível de instrução para oferecer suporte ao SQL embutido em uma linguagem de programação.
- Interface em nível de chamada para fornecer procedimentos para invocar instruções do SQL em uma programação de linguagem.
- Maior popularidade da interface proprietária em nível de chamadas (ODBC e JDBC) em comparação com a interface do SQL:2003 em nível de chamada.
- Suporte à vinculação estática e dinâmica de instruções do SQL em interfaces em nível de instrução.

- Suporte à vinculação dinâmica com reutilização de plano de acesso para execuções repetitivas em interfaces em nível de chamada.
- Conexões implícitas *versus* explícitas de banco de dados.
- Utilização de cursores para integrar um processamento de SQL definido por vez com um processamento de registro de linguagens de programação por vez.
- Declaração de variáveis e tipos de dados em PL/SQL.
- Declaração de variáveis ancoradas em PL/SQL.
- Instruções condicionais em PL/SQL: IF-THEN, IF-THEN-ELSE, IF-THEN-ELSIF e CASE.
- Instruções de laço em PL/SQL: FOR LOOP, WHILE LOOP e LOOP com uma instrução EXIT.
- Blocos anônimos para executar instruções do PL/SQL e testar procedimentos armazenados e gatilhos.
- Motivações para a utilização de procedimentos armazenados: compilação de planos de acesso, flexibilidade no desenvolvimento cliente–servidor, implementação de operadores complexos e gerenciamento conveniente utilizando as ferramentas de SGBD para controle da segurança e gerenciamento da dependência.
- Especificação de parâmetros em procedimentos e funções do PL/SQL.
- Processamento de exceção em procedimentos e funções do PL/SQL.
- Utilização de cursores estáticos em procedimentos e funções do PL/SQL.
- Cursores implícitos *versus* explícitos em PL/SQL.
- Pacotes do PL/SQL para agrupar procedimentos, funções e outros objetos relacionados.
- Especificação pública *versus* privada de pacotes.
- Motivação para a utilização de gatilhos: restrições de integridade complexas, restrições de transição, propagação de atualização, relatório de exceção e trilhas de auditoria.
- Granularidade do gatilho: gatilhos em nível de instrução *versus* em nível de linha.
- Momento de disparo do gatilho: antes ou depois de um evento.
- Eventos de gatilho: INSERT, UPDATE ou DELETE além de eventos compostos com combinações desses eventos.
- Sintaxe de gatilho proprietária *versus* especificação de gatilho do SQL:2003.
- Gatilhos BEFORE ROW do Oracle para restrições de integridade complexas, restrições de transição e padronização de entrada de dados.
- Gatilhos AFTER ROW do Oracle para propagação de atualização e relatório de exceção.
- Ordem de execução do gatilho em um procedimento de execução de gatilho: BEFORE STATEMENT, BEFORE ROW, AFTER ROW, AFTER STATEMENT.
- Ordem da imposição de uma restrição de integridade em um procedimento de execução de gatilho.
- Ordem de execução arbitrária para gatilhos sobrepostos.
- Execução recursiva de um procedimento de execução de gatilho para instruções de manipulação de dados no corpo de um gatilho e ações em linhas referenciadas.

Questões

1. O que é linguagem de programação de banco de dados?
2. Por que a customização é motivação importante para a utilização de linguagens de programação de banco de dados?
3. Como as linguagens de programação de banco de dados fornecem suporte à customização?
4. Por que o processamento em batch (lote) é motivação importante para a utilização de linguagens de programação de banco de dados?
5. Por que o suporte a operações complexas é motivação importante para a utilização de linguagens de programação de banco de dados?

6. Por que a eficiência é motivação secundária, e não primária, para a utilização de linguagens de programação de banco de dados?
7. Por que a portabilidade é motivação secundária, e não primária, para a utilização de linguagens de programação de banco de dados?
8. O que é uma interface em nível de instrução?
9. O que é uma interface em nível de chamada?
10. O que é vinculação em uma linguagem de programação de banco de dados?
11. Qual a diferença entre vinculação dinâmica e estática?
12. Qual o relacionamento entre estilo de linguagem e vinculação?
13. Que procedimentos e instruções do SQL:2003 fornecem suporte a conexões explícitas de banco de dados?
14. Que diferenças devem ser resolvidas para processar os resultados de uma instrução do SQL em um programa de computador?
15. O que é cursor?
16. Que instruções e procedimentos o SQL:2003 fornece para processamento de cursor?
17. Por que estudar o PL/SQL?
18. Explicar o aspecto da correspondência exata entre maiúsculas e minúsculas no PL/SQL. Por que a maioria dos elementos não requer essa correspondência exata?
19. O que é declaração de variáveis ancorada?
20. O que é expressão lógica?
21. Quais as instruções condicionais fornecidas pelo PL/SQL?
22. Quais as instruções de iteração fornecidas pelo PL/SQL?
23. Por que utilizar um bloco anônimo?
24. Por que um SGBD deve gerenciar procedimentos armazenados e não um ambiente de programação?
25. Quais são os usos de um parâmetro em um procedimento armazenado?
26. Qual a restrição de tipo de dado na especificação de um parâmetro?
27. Por que utilizar exceções predefinidas e definidas pelo usuário?
28. Por que utilizar a exceção OTHERS?
29. Qual a diferença entre função e procedimento?
30. Quais os dois tipos de declaração de cursor no PL/SQL?
31. Qual a diferença entre cursor estático e dinâmico no PL/SQL?
32. O que é atributo de cursor?
33. Como são referenciados os atributos de cursor?
34. Qual a finalidade de um pacote de PL/SQL?
35. Por que separar a interface da implementação em um pacote de PL/SQL?
36. O que contém a interface de um pacote?
37. O que contém a implementação de um pacote?
38. Qual o nome alternativo do gatilho?
39. Quais os usos típicos dos gatilhos?
40. Como são classificados os gatilhos no SQL:2003?
41. Por que a maioria das implementações de gatilho é diferente da especificação do SQL:2003?
42. Como são especificados os eventos compostos em um gatilho?
43. Como são testados os gatilhos?
44. É preferível escrever muitos gatilhos menores ou poucos gatilhos maiores?
45. O que é procedimento de execução de gatilhos?
46. Qual a ordem de execução dos vários tipos de gatilhos?
47. O que é gatilho sobreposto? Qual a ordem de execução dos gatilhos sobrepostos?
48. Que situações provocam a execução recursiva do procedimento de execução de gatilhos?
49. Listar pelo menos duas maneiras de reduzir a complexidade de uma coleção de gatilhos.
50. O que é erro de tabela mutante em um gatilho do Oracle?

51. Como evitar os erros de tabela mutante?
52. Quais os usos típicos dos gatilhos BEFORE ROW?
53. Quais os usos típicos dos gatilhos AFTER ROW?
54. Qual a diferença entre restrição rigorosa e restrição amena?
55. Que tipo de gatilho pode ser escrito para implementar uma restrição amena?
56. Qual a diferença entre o procedimento de execução de gatilhos do Oracle e o procedimento de execução recursiva do SQL:2003?

Problemas

Cada problema utiliza o banco de dados revisado de entrada de pedidos, mostrado no Capítulo 10. Como referência, a Figura 11.P1 mostra uma janela de relacionamento do banco de dados revisado de entrada de pedidos. Para obter mais detalhes sobre o banco de dados revisado, consultar os problemas do Capítulo 10.

Os problemas oferecem oportunidade de praticar a codificação em PL/SQL e o desenvolvimento de procedimentos, funções, pacotes e gatilhos. Além disso, alguns problemas envolvem blocos anônimos e *scripts* para testar os procedimentos, as funções, os pacotes e os gatilhos.

1. Escrever um bloco anônimo em PL/SQL para calcular a quantidade de dias em um ano não bissexto. O código deve executar um laço nos meses do ano (1 a 12) utilizando FOR LOOP. Utilizar a instrução IF-THEN-ELSIF para determinar a quantidade de dias a ser adicionada no mês. Os meses com o mesma quantidade de dias podem ser agrupados. Mostrar a quantidade de dias depois de terminado o laço.

2. Revisar o problema 1 para calcular a quantidade de dias em um ano bissexto. Caso se esteja trabalhando com o Oracle 9i ou versão posterior, utilizar uma instrução CASE em vez de uma instrução IF-THEN-ELSIF. A instrução CASE não pode ser utilizada no Oracle 8i.

3. Escrever um bloco anônimo em PL/SQL para calcular o valor futuro de R$ 1.000 a juros de 8%, composto anualmente por 10 anos. O valor futuro ao final do ano *i* é o montante no início do ano mais o montante inicial multiplicado pela taxa de juros anual. Utilizar WHILE LOOP para calcular o valor futuro. Mostrar o montante futuro depois de terminado o laço.

4. Escrever um bloco anônimo em PL/SQL para mostrar o preço do produto de número P0036577. Utilizar uma declaração de variáveis ancorada e a instrução SELECT INTO para determinar o preço. Se o preço for menor que R$ 100, mostrar uma mensagem informando que vale a pena comprar o produto. Se o preço ficar entre R$ 100 e R$ 300, mostrar uma mensagem informando que o preço do produto é competitivo. Se o preço do produto for maior que R$ 300, mostrar uma mensagem informando que o produto é sofisticado.

5. Escrever um procedimento em PL/SQL para inserir uma nova linha na tabela *Produto*, utilizando parâmetros de entrada para número do produto, nome do produto, preço do produto, próxima data

FIGURA 11.P1
Diagrama de Relacionamento do Banco de Dados Revisado de Entrada de Pedidos

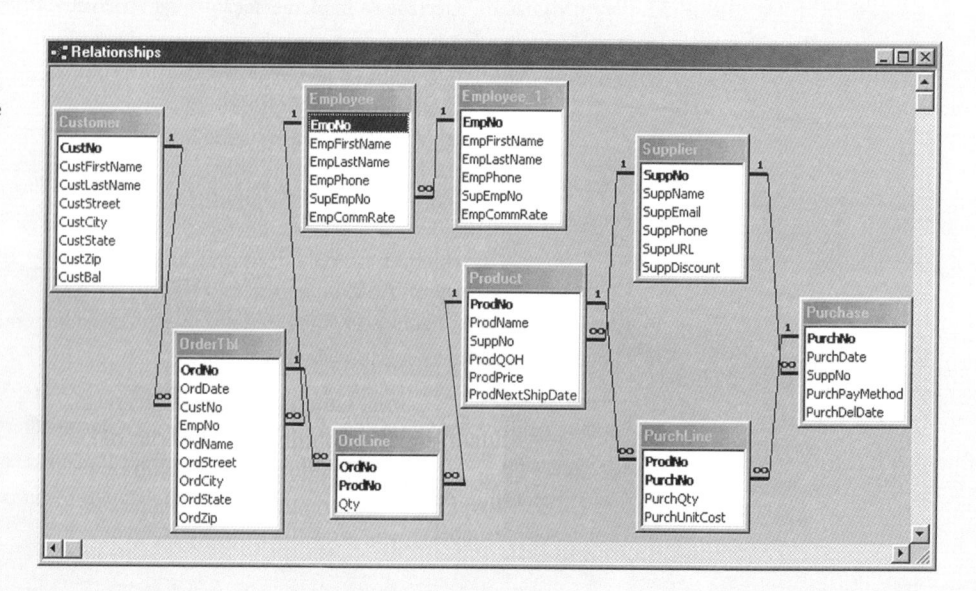

de remessa, quantidade disponível e número do fornecedor. No caso de inserção completada com sucesso, mostrar uma mensagem apropriada. Se ocorrer um erro na instrução INSERT, disparar uma exceção e mostrar uma mensagem de erro apropriada.

6. Revisar o problema 5 para gerar um valor de saída em vez de mostrar uma mensagem informando o sucesso da inserção. Além disso, o procedimento revisado deve detectar um erro de chave primária em duplicidade. Se o usuário tentar inserir uma linha com um número de produto existente, o procedimento deve disparar uma exceção e mostrar uma mensagem de erro apropriada.

7. Escrever *scripts* de teste para os procedimentos dos problemas 5 e 6. Para o procedimento do problema 6, o *script* de teste deve procurar uma violação de chave primária e uma violação de chave estrangeira.

8. Escrever uma função em PL/SQL para determinar se o pedido mais recente de um número de cliente específico foi enviado para o endereço de faturamento do cliente. A função deve retornar TRUE se cada coluna de endereço de pedido (rua, cidade, estado e CEP) for igual à coluna correspondente de endereço do cliente. Se nenhuma coluna de endereço for igual, a função deve retornar falso. O pedido mais recente é o que possui a data maior de pedido. Retornar NULL se o cliente não existir ou não existirem ordens para o cliente.

9. Criar um *script* de teste para a função do PL/SQL do problema 8.

10. Criar um procedimento para computar o montante da comissão de um determinado número de pedido. O montante da comissão é a taxa de comissão do funcionário que recebe o pedido multiplicada pelo montante do pedido. O montante de um pedido é a soma da quantidade pedida de um produto multiplicada pelo preço do produto. Se o pedido não tiver um funcionário relacionado (pedido feito pela Web), a comissão é zero. O procedimento deve ter uma variável de saída para o montante da comissão. A variável de saída deve ser nula se não existir pedido.

11. Criar um *script* de teste para o procedimento do PL/SQL do problema 10.

12. Criar uma função para verificar a quantidade disponível de um produto. Os parâmetros de entrada são a quantidade do produto e a quantidade pedida. Retornar FALSE se a quantidade disponível for menor que a quantidade pedida. Retornar TRUE se a quantidade disponível for maior que ou igual à quantidade pedida. Retornar NULL se o produto não existir.

13. Criar um procedimento para inserir uma linha em um pedido. Utilizar a função do problema 12 para verificar o estoque adequado. Se não houver estoque suficiente, o parâmetro de saída deve ser FALSE. Disparar uma exceção se houver um erro de inserção, por exemplo, uma chave primária em duplicidade.

14. Criar *scripts* de teste para a função do problema 12 e o procedimento do problema 13.

15. Escrever uma função para computar a mediana da coluna de saldo de clientes. A mediana, em uma lista de números, é o valor do meio. Se o tamanho da lista for par, calcula-se a mediana dos dois valores do meio. Por exemplo, se houver 18 saldos de clientes, calcula-se a mediana do nono e décimo saldos. Utilizar um cursor implícito na função. Para escrever a função, pode-se utilizar as funções *Trunc* e *Mod* no Oracle. Escrever um *script* de teste para a função. Observar que essa função não tem nenhum parâmetro. Não utilizar parênteses na declaração da função ou na invocação da função quando a função não tiver parâmetros.

16. Revisar a função do problema 15 com um cursor explícito, utilizando as instruções CURSOR, OPEN, FETCH e CLOSE. Escrever um *script* de teste para a função revisada.

17. Criar um pacote contendo a função do problema 15, o procedimento do problema 13, o procedimento do problema 10, a função do problema 8 e o procedimento do problema 6. A função do problema 12 deve ser privada para o pacote. Escrever um *script* de teste para executar cada objeto público do pacote. Não é necessário testar totalmente cada objeto público. Basta uma execução por objeto público porque os procedimentos e as funções já foram testados fora do pacote.

18. Escrever um gatilho AFTER ROW para ser disparado em toda ação na tabela *Cliente*. No gatilho, mostrar os valores novo e antigo de cliente sempre que o gatilho for disparado. Escrever um *script* para testar o gatilho.

19. Escrever um gatilho para uma restrição de transação na tabela *Funcionário*. O gatilho deve impedir atualizações que aumentem ou diminuam a taxa de comissão em mais de 10%. Escrever um *script* para testar o gatilho.

20. Escrever um gatilho para remover o prefixo http:// na coluna *Fornecedor.URLForn* em operações de inserção e atualização. O gatilho deve funcionar independentemente da utilização de maiúsculas ou minúsculas no prefixo http://. Deve-se utilizar as funções do Oracle SQL para manipulação de cadeia de caracteres. Estudar as funções do Oracle SQL, como *SubStr*, *Lower* e *LTrim*. Escrever um *script* para testar o gatilho.

21. Escrever um gatilho para garantir a existência de estoque adequado ao inserir uma nova linha *LinhaPedido* ou atualizar a quantidade de uma linha *LinhaPedido*. Nas operações de inserção, o *QtdeDisponivelProd* da linha relacionada deve ser maior que ou igual à quantidade existente na nova linha. Nas operações de atualização, o *QtdeDisponivelProd* deve ser maior que ou igual à diferença na quantidade (quantidade nova menos quantidade antiga).

22. Escrever um gatilho para propagar atualizações da tabela *Produto* depois de uma operação na tabela *LinhaPedido*. Para inserções, o gatilho deve diminuir da quantidade disponível a quantidade do pedido. Para atualizações, o gatilho deve diminuir da quantidade disponível a diferença entre a nova quantidade do pedido e a antiga quantidade do pedido. Para exclusões, o gatilho deve aumentar a quantidade disponível com a antiga quantidade do pedido.

23. Escrever um *script* para testar os gatilhos dos problemas 21 e 22.

24. Escrever um gatilho para propagar atualizações da tabela *Produto* depois de operações de inserção na tabela *LinhaCompra*. A quantidade disponível deve ser aumentada com a quantidade de compra. Escrever um *script* para testar o gatilho.

25. Escrever um gatilho para propagar atualizações da tabela *Produto* depois de operações de atualização na tabela *LinhaCompra*. A quantidade disponível deve ser aumentada com a diferença entre a nova quantidade de compra e a antiga quantidade de compra. Escrever um *script* para testar o gatilho.

26. Escrever um gatilho para propagar atualizações da tabela *Produto* depois de operações de exclusões na tabela *LinhaCompra*. A quantidade disponível deve ser diminuída pela antiga quantidade de compra. Escrever um *script* para testar o gatilho.

27. Escrever um gatilho para propagar atualizações da tabela *Produto* na coluna *NumProduto* da tabela *LinhaCompra*. A quantidade disponível do antigo produto deve ser diminuída enquanto a quantidade disponível do novo produto deve ser aumentada. Escrever um *script* para testar o gatilho.

28. Supondo uma instrução UPDATE, modificando a coluna *NumProduto* e a coluna *QtdeCompra* da tabela *LinhaCompra*. Quais gatilhos (escritos nos problemas anteriores) são disparados para esse tipo de instrução UPDATE? Se for disparado mais de um gatilho, por que os gatilhos se sobrepõem e qual a ordem de disparo? Modificar os gatilhos sobrepostos e preparar um *script* de teste de modo a permitir determinar a ordem de disparo. O procedimento de execução de gatilho do Oracle garante a ordem de disparo?

29. Para a instrução UPDATE do problema 28, os gatilhos criados nos problemas anteriores funcionam corretamente? Escrever um *script* para testar os gatilhos nessa instrução UPDATE. Se os gatilhos não funcionarem corretamente, reescrevê-los de forma que eles funcionem corretamente para a instrução UPDATE em ambas as colunas e para as instruções UPDATE em colunas individuais. Escrever um *script* para testar os gatilhos revisados. Dica: a coluna deve ser especificada na palavra-chave UPDATING no corpo do gatilho. Por exemplo, especificar *UPDATING('QtdeCompra')* para verificar se a coluna *QtdeCompra* está sendo atualizada.

30. Você consegue elaborar outra solução para o problema das instruções UPDATE que modificam tanto *NumProduto* como *QtdeCompra*? É razoável ter suporte a essas instruções UPDATE em aplicações on-line?

31. Escrever um gatilho para implementar uma restrição rigorosa na coluna *Produto.PrecoProd*. O gatilho deve impedir atualizações que aumentem ou diminuam o valor em mais de 15%. Escrever um *script* para testar o gatilho.

32. Escrever um gatilho para implementar uma restrição amena na coluna *Produto.PrecoProd*. O gatilho deve inserir uma linha em uma tabela de exceção para atualizações que aumentem ou diminuam o valor em mais de 15%. Utilizar a tabela de exceção mostrada no Exemplo 11.33. Escrever um *script* para testar o gatilho.

Referências para Estudos Adicionais

O site do *Oracle Technology Network* (www.oracle.com/technology) contém rico material sobre PL/SQL, procedimentos armazenados e gatilhos. O *PL/SQL User's Guide* fornece detalhes sobre PL/SQL e procedimentos armazenados. O *Oracle SQL Reference* fornece detalhes sobre gatilhos e descrições de funções predefinidas, como *Mod* e *SubStr*. Mais detalhes e exemplos podem ser encontrados em *Oracle Concepts* e *Oracle Application Developers Guide*. Melton e Simon (2001) descrevem gatilhos em SQL:1999.

Apêndice 11.A

Resumo da Sintaxe do SQL:2003

Este apêndice apresenta um resumo da sintaxe do SQL:2003 para instrução de gatilho. As convenções utilizadas na notação de sintaxe são idênticas às utilizadas no final do Capítulo 3.

Instrução de Gatilho

```
CREATE TRIGGER NomeGatilho
        <MomentoDisparoGatilho> <EventoGatilho> ON NomeTabela
        [ REFERENCING <CláusulaAlias> [ <CláusulaAlias> ] ]
        [ <CláusulaGranularidade> [ WHEN ( < Condição-Linha> ) ] ]
        <BlocoAções>

 <MomentoDisparoGatilho>: { BEFORE | AFTER }

 <EventoGatilho>: { INSERT | DELETE |
                    UPDATE [ OF NomeColuna* ] }

 <CláusulaAlias>: { <AliasLinha> | <AliasTabela> }
 <AliasLinha>:
                { OLD [ ROW ] [ AS ] NomeAlias |
                  NEW [ ROW ] [ AS ] NomeAlias }
 <AliasTabela>:
                { OLD TABLE [AS] NomeAlias |
                  NEW TABLE [AS] NomeAlias }
 <CláusulaGranularidade>: FOR EACH { ROW | INSTRUÇÃO }

 < Condição-Linha>: -- definida no Capítulo 3

 <BlocoAções>:
                -- pode ser uma chamada de procedimento ou um bloco do SQL:2003
```

Parte 6

Desenvolvimento de Banco de Dados Avançado

A Parte 6, que cobre tópicos do desenvolvimento de banco de dados avançado para aprofundar os conhecimentos e as habilidades adquiridos nas Partes 2 a 5, é a seção culminante em que se enfatiza a integração do conteúdo dos capítulos posteriores com o desenvolvimento de banco de dados tendo em vista os problemas encontrados por empresas de grande porte. O Capítulo 12 aborda o projeto de visões e a integração de visões, que são conceitos de modelagem de dados destinados ao desenvolvimento de grandes bancos de dados. O Capítulo 13 apresenta um abrangente estudo de caso que possibilita que os estudantes compreendam as dificuldades de aplicar projetos de banco de dados e habilidades de desenvolvimento de aplicações a situações de negócios realistas.

Capítulo 12. Projeto e Integração de Visões

Capítulo 13. Desenvolvimento de Banco de Dados para a Student Loan Limited

Capítulo 12

Projeto e Integração de Visões

Objetivos de Aprendizagem

Este capítulo descreve o procedimento para projetar visões do usuário e integrá-las em um projeto conceitual global. Ao final deste capítulo, o aluno deverá ter adquirido os seguintes conhecimentos e habilidades:

- Compreender a motivação para o projeto e integração de visões.
- Analisar um formulário e construir um DER para representá-lo.
- Determinar uma estratégia de integração para o esforço de desenvolvimento de um banco de dados.
- Realizar tanto a abordagem de integração incremental como a paralela.
- Reconhecer e resolver sinônimos e homônimos no processo de integração de visões.

Visão Geral

Os capítulos 5, 6 e 7 forneceram ferramentas para a modelagem e normalização de dados, habilidades essas fundamentais para um projeto de banco de dados. Você aplicou esses conhecimentos para construir diagramas entidade–relacionamento (DERs) para problemas simples, para converter DERs em tabelas relacionais e para normalizar essas tabelas. Este capítulo amplia suas habilidades para projetar um banco de dados mostrando uma abordagem de análise de visões e integração de visões do usuário em um esquema conceitual global. Ela é uma abordagem direcionada a aplicações para o desenvolvimento de banco de dados complexos.

Para se tornar um ótimo projetista de banco de dados, você precisa ampliar suas habilidades para resolver problemas mais complexos. Para motivá-lo(a) a perceber a importância de desenvolver ainda mais suas habilidades, este capítulo descreve a essência dos grandes projetos de desenvolvimento de banco de dados. Em seguida, apresenta uma metodologia para o projeto de visões, enfatizando a construção de um DER para representar um formulário de entrada de dados. Os formulários podem ser uma fonte importante de requisitos em relação a um projeto de banco de dados. Você aprenderá a analisar formulários individuais, a construir um DER e a verificar a consistência de um DER em relação ao formulário. Em virtude de enfatizar visões e formulários, este capítulo logicamente dá continuidade ao Capítulo 10, com respeito ao desenvolvimento de aplicações com visões. Ao estudar este capítulo, é provável que você queira rever alguns conceitos fundamentais do Capítulo 10, como as visões atualizáveis.

Após a apresentação do projeto de visões, este capítulo descreve o processo de integração de visões, associando DERs que representam visões individuais. Você obterá informações sobre as abordagens de integração incremental e paralela, sobre como determinar uma estratégia de integração analisando relacionamentos entre formulários e sobre como aplicar o processo de integração usando ambas as abordagens – incremental e paralela.

12.1 Motivação para o Projeto e Integração de Visões

A complexidade de um banco de dados reflete a complexidade da organização correspondente e as funções que um banco de dados mantém. Vários fatores podem contribuir para a complexidade de uma organização. O tamanho é sem dúvida um determinante significativo da complexidade. Ele pode ser medido de muitas maneiras, como pelo volume de vendas, pelo número de funcionários, pelo número de produtos e pelo número de países nos quais a organização opera. Ele, sozinho, entretanto, não é o único a determinar essa complexidade. Outros fatores que contribuem para a complexidade de uma organização são o ambiente regulatório, o ambiente competitivo e a estrutura organizacional. Por exemplo, as áreas de folha de pagamento e pessoal podem ser tremendamente complexas em virtude da quantidade de tipos de funcionários, dos variados pacotes de benefícios salariais, dos acordos sindicais e das regulamentações governamentais.

As grandes organizações dispõem de vários bancos de dados com bancos de dados individuais que mantêm grupos de funções, como folha de pagamento, pessoal, contabilidade, almoxarifado e assim por diante. A complexidade desses bancos de dados individuais pode ser substancial, se avaliada pelo tamanho dos DERs. Um DER para um grande banco de dados pode ter centenas de tipos de entidades e de relacionamentos. Quando convertido em um banco de dados relacional, o banco de dados pode ter centenas ou talvez milhares de tabelas. É difícil inspecionar visualmente um DER extenso porque poderia ocupar uma parede inteira. Outras medidas de complexidade envolvem o uso de um banco de dados por meio de formulários, relatórios, procedimentos armazenados e gatilhos. Um grande banco de dados pode ter centenas a milhares de formulários, relatórios, procedimentos armazenados e gatilhos.

Projetar grandes bancos de dados é um processo que consome tempo e envolve muito trabalho. Essa operação exige a coleta de requisitos de inúmeros grupos de usuários diferentes. Esses requisitos podem ser evidentemente difíceis de capturar. Os usuários em geral precisam utilizar um sistema para elucidar seus requisitos. Em decorrência do volume de requisitos e da dificuldade de capturá-los, um projeto para um grande banco de dados pode exigir uma equipe de projetistas. A coordenação entre os projetistas é um fator essencial nesse empreendimento.

Para gerenciar a complexidade, a estratégia "dividir para conquistar" é usada em várias áreas da computação. Dividir um grande problema permite que os problemas menores sejam resolvidos independentemente. As soluções dos problemas menores são então reunidas em uma solução para o problema global.

O projeto e a integração de visões (Figura 12.1) nos ajudam a controlar essa complexidade ao realizarmos um projeto de banco de dados. No projeto de visões, constrói-se um DER

FIGURA 12.1
Visão Geral do Projeto e da Integração de Visões

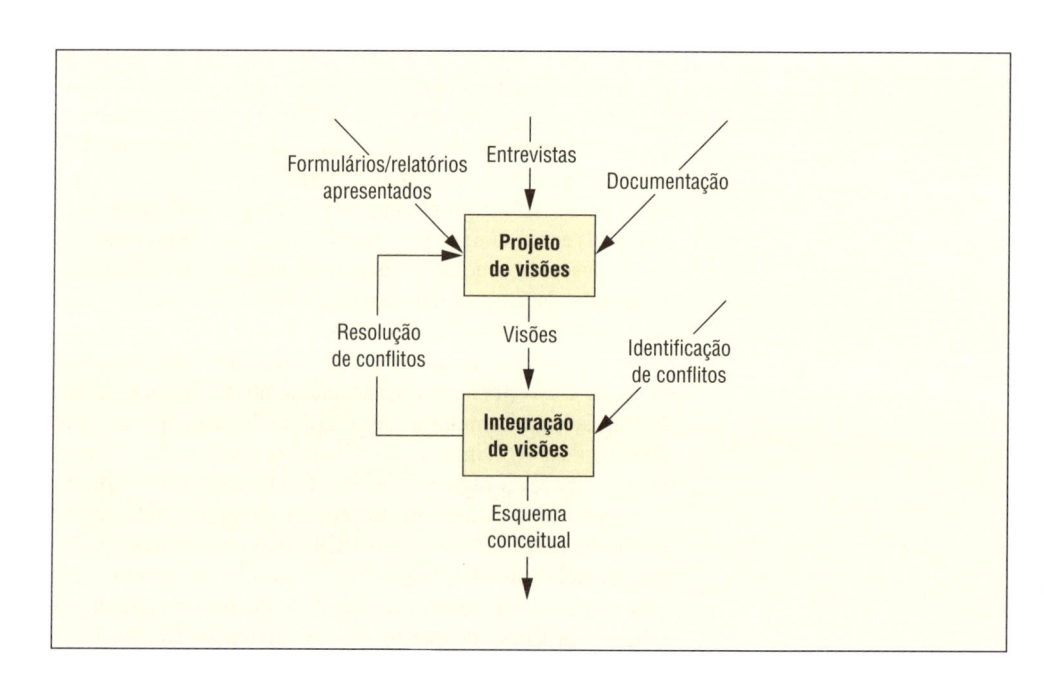

para cada grupo de usuários. Os requisitos podem chegar em formatos variados, como entrevistas, documentação de um sistema existente e formulários e relatórios apresentados. Em geral, uma visão é pequena o bastante para uma só pessoa projetar. Vários projetistas podem trabalhar em visões que cubram diferentes partes de um banco de dados. O processo de integração de visões funde as visões em um esquema conceitual global. A integração diz respeito ao reconhecimento e à resolução de conflitos. Para resolver os conflitos, às vezes é necessário rever as visões conflitantes. A solução conciliatória de conflitos é uma parte fundamental da resolução de conflitos no processo de integração.

As seções subseqüentes deste capítulo oferecem detalhes sobre as atividades do projeto e integração de visões. Ênfase especial é dada aos formulários de entrada de dados como fonte de requisitos.

12.2 Projeto de Visões com Formulários

Os formulários podem fornecer uma importante fonte de requisitos para um projeto de banco de dados. Em virtude da familiaridade, os usuários podem informar vários requisitos por meio dos formulários por eles utilizados. Para ajudá-lo a usar os formulários como requisitos de banco de dados, esta seção descreve um procedimento para projetar visões através de formulários de entrada de dados. Esse procedimento lhe permite analisar os requisitos de dados de um formulário. Após o procedimento de análise de formulário, tem lugar uma discussão a respeito da aplicação do procedimento de formulários com relacionamentos N-ários.

12.2.1 Análise de Formulário

Ao usar formulários para projetar um banco de dados, você inverte o tradicional desenvolvimento de banco de dados. No processo tradicional, o projeto precede ao desenvolvimento da aplicação. Por meio de uma abordagem específica para formulários, para projetos de banco de dados, os formulários são definidos antes ou concomitantemente ao projeto, tanto em papel quanto como parte de um sistema. Essa definição não precisa ser tão completa quanto é necessário depois que o projeto do banco de dados está concluído. Por exemplo, só é necessário definir todo um conjunto de eventos para a interação do usuário com um formulário em um momento bem posterior do processo de desenvolvimento. Inicialmente, a definição do formulário pode exigir um esboço em processador de texto (Figura 12.2) ou uma ferramenta de desenho. Além disso, talvez você precise de várias instâncias de amostra de um formulário.

O uso de formulários no projeto de visões não exclui os requisitos em outros formatos, como entrevistas e documentação em um sistema existente. Você deve usar todos os tipos de

FIGURA 12.2
Exemplo de um Formulário de Pedido de Cliente

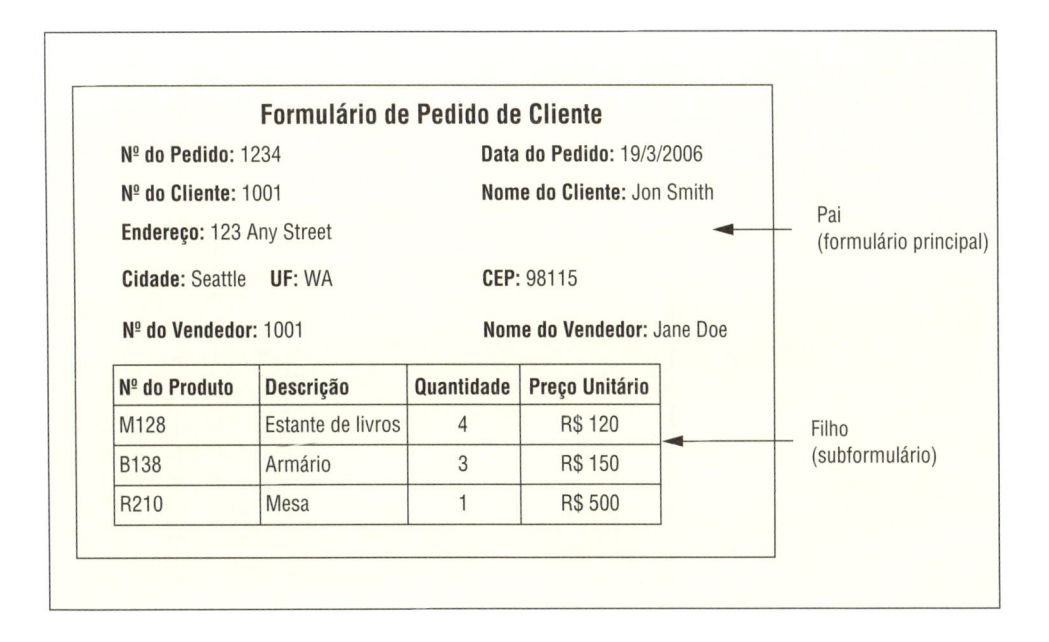

Formulário de Pedido de Cliente

Nº do Pedido: 1234 Data do Pedido: 19/3/2006
Nº do Cliente: 1001 Nome do Cliente: Jon Smith
Endereço: 123 Any Street

← Pai (formulário principal)

Cidade: Seattle UF: WA CEP: 98115

Nº do Vendedor: 1001 Nome do Vendedor: Jane Doe

Nº do Produto	Descrição	Quantidade	Preço Unitário
M128	Estante de livros	4	R$ 120
B138	Armário	3	R$ 150
R210	Mesa	1	R$ 500

← Filho (subformulário)

requisito de dados no processo de projeto de visões. Como os formulários são uma fonte de requisitos importante, eles devem ser analisados com cuidado.

Na análise de formulário (Figura 12.3), você cria um diagrama entidade–relacionamento para representar um formulário. O DER resultante é uma visão do banco de dados. O DER deve ser bastante geral para oferecer suporte ao formulário e a outro processamento previsto. O retrocesso na Figura 12.3 mostra que a análise de formulário pode retornar aos passos anteriores. Não é necessário executar os passos em seqüência. Particularmente se forem encontrados quaisquer problemas no último passo, os outros poderão ser repetidos para corrigi-los. O restante desta seção explica mais detalhadamente os passos da análise de formulário e aplica o processo de análise a formulários de exemplo.

Passo 1: Definir a Estrutura do Formulário

No primeiro passo, você constrói uma hierarquia que descreve a estrutura do formulário. Os formulários, em sua maioria, são formados por uma hierarquia simples, na qual o formulário principal é o pai e o subformulário é o filho. Por exemplo, a Figura 12.4 descreve a estrutura

FIGURA 12.3
Passos no Processo de Análise de Formulário

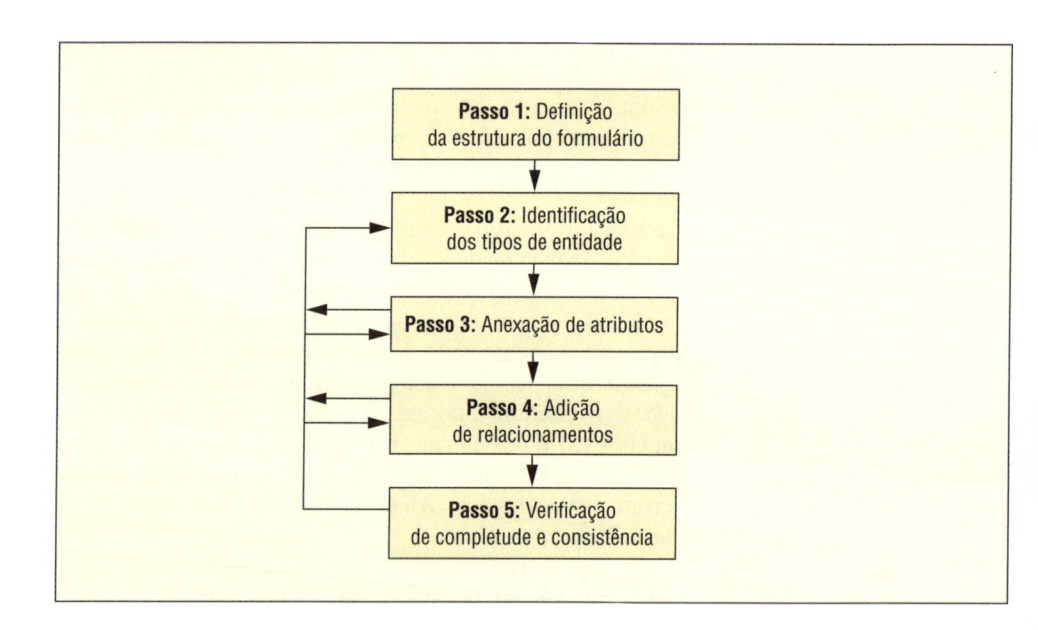

- Passo 1: Definição da estrutura do formulário
- Passo 2: Identificação dos tipos de entidade
- Passo 3: Anexação de atributos
- Passo 4: Adição de relacionamentos
- Passo 5: Verificação de completude e consistência

FIGURA 12.4
Estrutura Hierárquica do Formulário de Pedido de Cliente

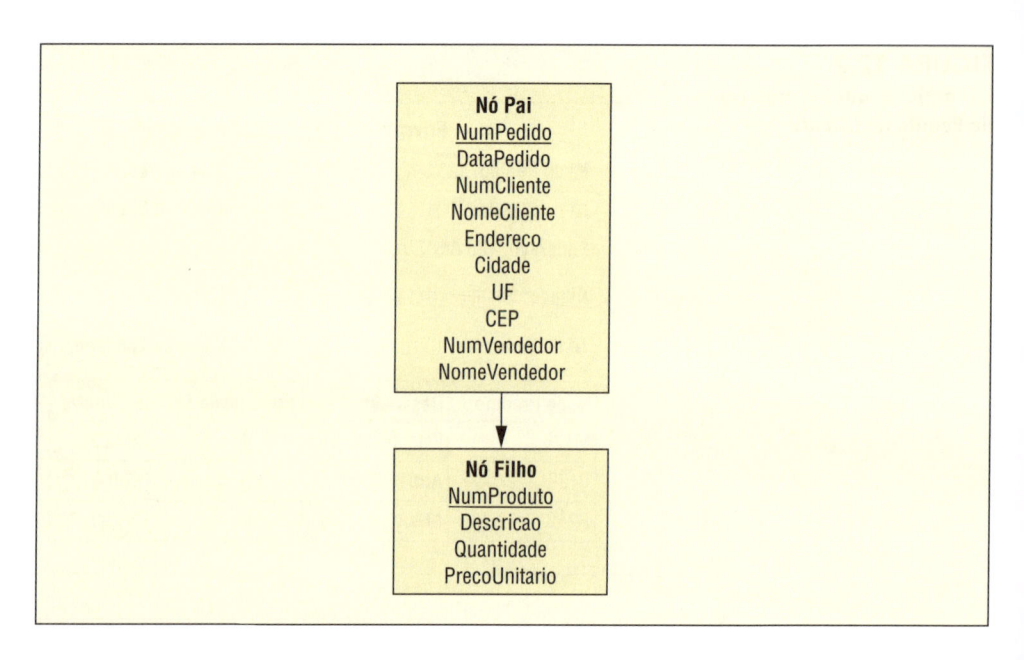

Nó Pai
NumPedido
DataPedido
NumCliente
NomeCliente
Endereco
Cidade
UF
CEP
NumVendedor
NomeVendedor

Nó Filho
NumProduto
Descricao
Quantidade
PrecoUnitario

do formulário de pedido de cliente da Figura 12.2. O retângulo (pai ou filho) no diagrama hierárquico é chamado de nó. Os formulários complexos podem ter mais nós (subformulários paralelos) e mais níveis (subformulários dentro de subformulários) na hierarquia. Por exemplo, um formulário de pedido de serviço automotivo tem um subformulário (filho) em que constam os preços das peças e outro subformulário (filho) em que constam as despesas de mão-de-obra. Formulários complexos como o de um pedido de serviço não são tão comuns porque os usuários têm dificuldade de entender.

Como parte da elaboração da estrutura do formulário, você deve identificar as chaves dentro de cada nó na hierarquia. Na Figura 12.4, as chaves do nó são sublinhadas. No nó pai, o valor da chave do nó é único entre todas as instâncias do formulário. No nó filho, o valor da chave do nó é único dentro do nó pai. Por exemplo, o número de produto é único em um pedido. Entretanto, dois pedidos podem usar o mesmo número de produto.

Passo 2: Identificar Tipos de Entidade

No segundo passo, você pode dividir cada um dos nós na estrutura hierárquica em um ou mais tipos de entidade. Normalmente, cada um dos nós em uma estrutura hierárquica representa mais de um tipo de entidade. Você deve procurar campos de formulário que possam ser chaves primárias de um tipo de entidade no banco de dados. Deve também criar um tipo de entidade, se o campo de formulário for provavelmente uma chave primária e houver outros campos associados no formulário. De modo equivalente, você agrupa campos de formulário em tipos de entidade por meio de dependências funcionais (DFs). Todos os campos de formulário determinados pelo(s) mesmo(s) campo(s) devem ser agrupados no mesmo tipo de entidade.

Um exemplo para o passo 2 são os três tipos de entidade do nó pai da Figura 12.4 exibidos na Figura 12.5: *Cliente*, identificado por *NumCliente*, *Pedido* identificado por *NumPedido*, e *Vendedor*, identificado por *NumVendedor*. A chave do nó pai (*NumPedido*) em geral designa um tipo de entidade. *NumCliente* e *NumVendedor* são boas alternativas porque existem outros campos associados (*NomeCliente* e *NomeVendedor*). No nó filho, há outro tipo de entidade: *Produto*, designado por *NumProduto* porque *NumProduto* pode ser uma chave primária com outros campos associados.

Passo 3: Anexar Atributos

No terceiro passo, você anexa atributos aos tipos de identidade identificados no passo precedente. Em geral é fácil associar os campos de formulário aos tipos de entidade. Você deve agrupar os campos associados às chaves primárias encontradas no passo 2. Às vezes, a proximidade dos campos pode dar pistas ao respectivo agrupamento: os campos de formulário próximos normalmente pertencem ao mesmo tipo de entidade. Nesse exemplo, agrupe os campos como mostrado na Figura 12.6. *Pedido* com *NumPedido* e *DataPedido*, *Cliente* com *NumCliente*, *NomeCliente*, *Endereco*, *Cidade*, *UF* e *CEP*, *Vendedor* com *NumVendedor* e *NomeVendedor* e *Produto* com *NumProduto*, *Descricao* e *PrecoUnitario*.

FIGURA 12.5
Tipos de Entidade do Formulário de Pedido de Cliente

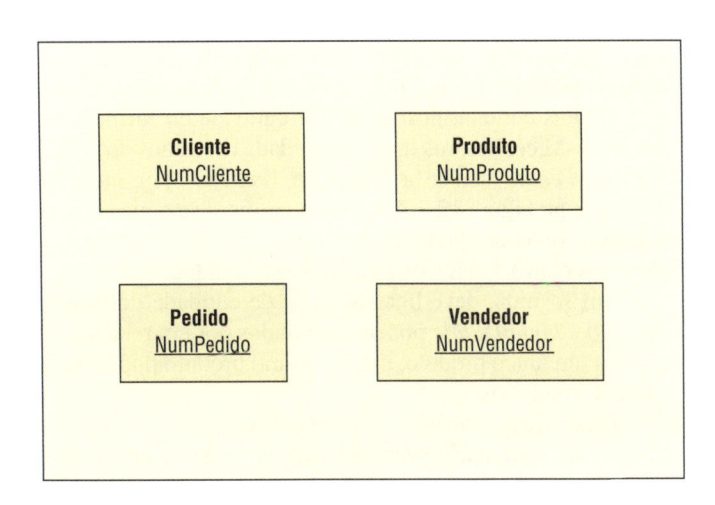

FIGURA 12.6
Atributos Adicionados aos Tipos de Entidade da Figura

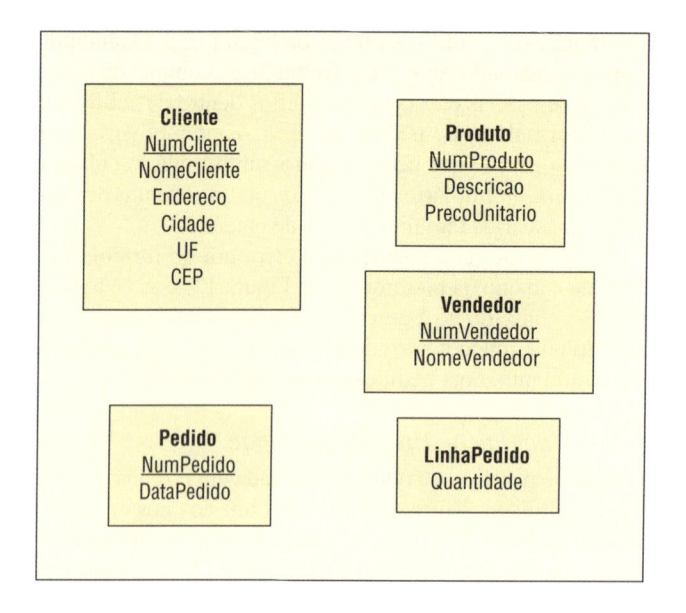

Cliente
NumCliente
NomeCliente
Endereco
Cidade
UF
CEP

Produto
NumProduto
Descricao
PrecoUnitario

Vendedor
NumVendedor
NomeVendedor

Pedido
NumPedido
DataPedido

LinhaPedido
Quantidade

TABELA 12.1
Regras para Ligar Tipos de Entidade

1. Coloque o tipo de entidade do formulário no centro do DER.
2. Adicione relacionamentos entre o tipo de entidade do formulário e outros tipos de entidade do nó pai. Os relacionamentos normalmente são 1-M.
3. Adicione um relacionamento para ligar o tipo de entidade do formulário a um tipo de entidade no nó filho.
4. Adicione relacionamentos para ligar tipos de entidade derivados do nó filho, se ainda não estiverem ligados.

Se for um bom observador, deve ter notado que *Quantidade* não parece pertencer a *Produto* porque a junção de *NumPedido* e *NumProduto* determina *Quantidade*. Você pode criar um novo tipo de entidade (*LinhaPedido*) com *Quantidade* como atributo. Se não criar esse tipo de entidade, *Quantidade* pode ser transformado em atributo de um relacionamento no passo seguinte. Além disso, o atributo *PrecoUnitario* pode ser considerado um atributo do tipo de entidade *LinhaPedido*, se o preço histórico, em vez de o preço atual do produto, for rastreado.

Passo 4: Adicionar Relacionamentos

No quarto passo, você liga tipos de entidade com relacionamentos e especifica cardinalidades. A Tabela 12.1 resume as regras sobre ligar tipos de entidade. Você deve começar com o tipo de entidade que contém a chave primária do formulário. Vamos chamá-la de tipo de entidade do formulário. Torne o tipo de entidade do formulário o núcleo do DER. Em geral, vários relacionamentos ligam o tipo de entidade do formulário a outros tipos de entidade no nó pai e no nó filho. Na Figura 12.5, *Pedido* é o tipo de entidade do formulário.

Depois de identificar o tipo de entidade do formulário, você deve adicionar relacionamentos 1-M com outros tipos de entidade derivados dos campos no formulário principal. Isso faz que *Pedido* una-se a *Cliente* e *Vendedor* por meio dos relacionamentos 1-M, como mostrado na Figura 12.7. Você deve verificar se o mesmo cliente pode fazer vários pedidos e o mesmo vendedor pode receber vários pedidos examinando as instâncias de formulário adicionais e conversando com usuários informados.

Em seguida, deve ligar os tipos de entidade derivados dos campos no subformulário. *Produto* e *LinhaPedido* podem ser ligados por um relacionamento 1-M. Uma linha do pedido contém um único produto, mas o mesmo produto pode aparecer nas linhas de pedido de diferentes formulários.

Para finalizar os relacionamentos, você precisa ligar um tipo de entidade derivado dos campos do formulário principal com um tipo de entidade derivado dos campos do subfor-

FIGURA 12.7
Diagrama Entidade–Relacionamento do Formulário de Pedido de Cliente

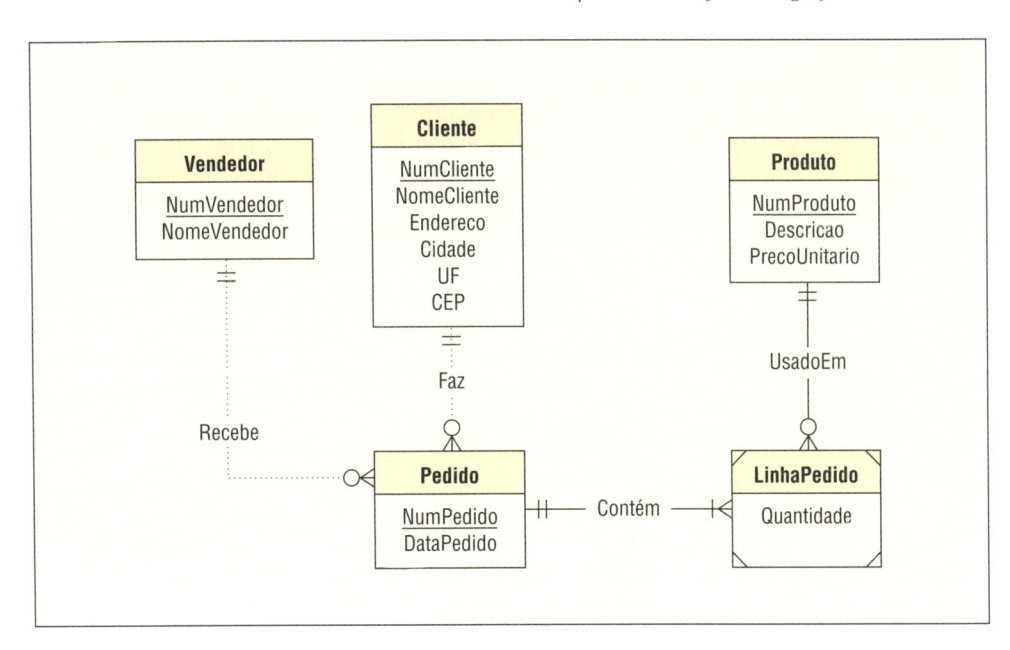

FIGURA 12.8
DER Alternativo para o Formulário de Pedido de Cliente

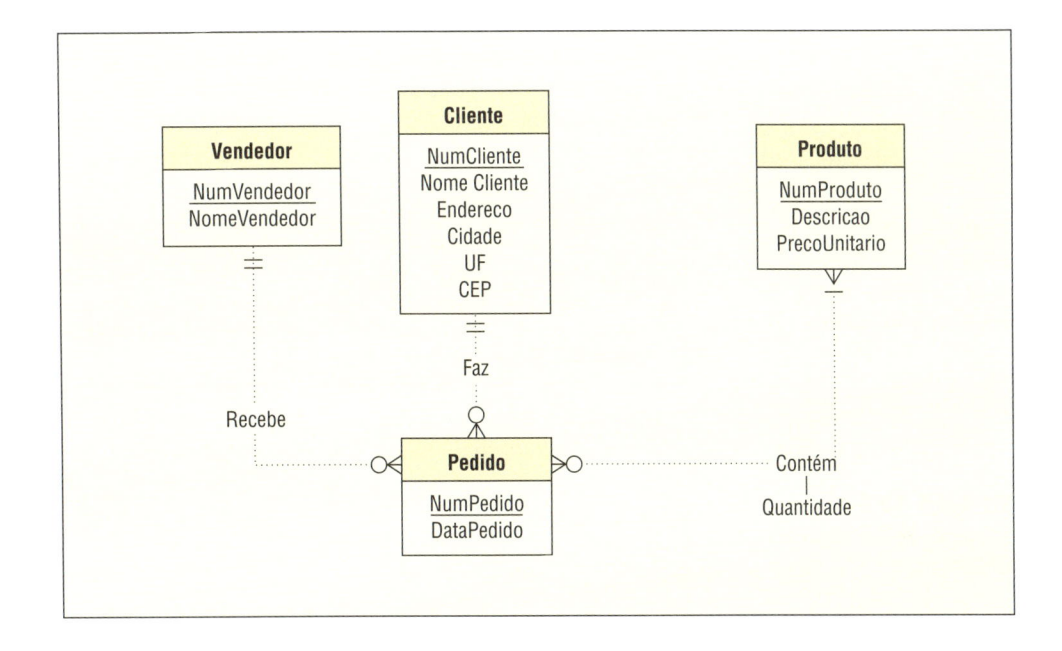

mulário. Normalmente, o relacionamento ligará o tipo de entidade do formulário (*Pedido*) com um tipo de entidade derivado do nó filho. Esse relacionamento pode ser 1-M ou M-N. Na Figura 12.7, você pode admitir que um pedido possa estar associado a vários produtos. Se examinasse outras instâncias do formulário de pedido, veria o mesmo produto associado a diferentes pedidos. Portanto, um produto pode estar associado a vários pedidos. Aqui, é importante observar que *Quantidade* não está associada nem a *Produto* nem a *Pedido*, mas à combinação de ambos. Essa combinação pode ser considerada um relacionamento ou um tipo de entidade. Na Figura 12.7, *LinhaPedido* é um tipo de entidade. A Figura 12.8 mostra uma representação alternativa como um relacionamento M-N.

Passo 5: Verificar a Completude e Consistência

No quinto passo, você verifica a consistência e completude do DER em relação à estrutura do formulário. O DER deve ser fiel às regras do diagrama definidas no Capítulo 5 (Seção 5.4.2).

Por exemplo, o DER deve conter uma cardinalidade mínima e máxima para todos os relacionamentos, uma chave primária para todos os tipos de entidade e um nome para todos os relacionamentos.

Por motivo de consistência, a estrutura do formulário oferece várias restrições nas cardinalidades do relacionamento, como no resumo apresentado na Tabela 12.2. A primeira regra é necessária porque apenas um valor é exibido no formulário. Por exemplo, um único valor é exibido para o número do cliente, nome e assim por diante. Um exemplo da primeira regra é que a cardinalidade máxima é um, no relacionamento de *Pedido* com *Cliente* e de *Pedido* com *Vendedor*. A segunda regra garante que há um relacionamento 1-M do nó pai com o nó filho. Um determinado registro no nó pai pode estar relacionado a vários registros no nó filho. Um exemplo da segunda regra é que o relacionamento de *Pedido* com *LinhaPedido* tem uma cardinalidade máxima M. No DER alternativo (Figura 12.8), a cardinalidade máxima é M de *Pedido* para *Produto*.

Depois de seguir os passos da análise de formulário, você pode ainda examinar transformações, como discutido no Capítulo 6 (Seção 6.2). A transformação de atributo para tipo de entidade com freqüência é útil. Se o formulário exibir apenas uma chave primária, você poderá inicialmente não criar um tipo de entidade. Por exemplo, se apenas o número do vendedor for exibido, você poderá não criar um tipo de entidade distinto de vendedor. Você pode perguntar ao usuário se devem ser mantidos outros dados sobre o vendedor. Se confirmado, transforme o número do vendedor em um tipo de entidade.

Outro Exemplo de Análise de Formulário

O Formulário de Fatura (Figura 12.9) fornece outro exemplo de análise de formulário. Um cliente recebe um formulário de fatura junto com os produtos solicitados. No formulário principal, uma fatura contém campos para identificar o cliente e o pedido. No subformulário, uma fatura identifica os produtos e as quantidades entregues, pedidas e em espera (pendentes). A

TABELA 12.2
Regras de Consistência para Cardinalidades em Relacionamentos

1. Em pelo menos uma direção, a cardinalidade máxima deve ser um para relacionamentos que estejam unindo tipos de entidade derivados do mesmo nó (pai ou filho).
2. Em pelo menos uma direção, a cardinalidade máxima deve ser maior que um em relacionamentos que estejam unindo tipos de entidade derivados de nós em níveis diferentes da hierarquia do formulário.

FIGURA 12.9
Exemplo de Formulário de Fatura

Formulário de Fatura

Nº do Cliente: 1273
Nome: Contemporary Designs
Endereço: 123 Any Street
Cidade: Seattle   UF: WA

Nº da Fatura: 06389
Data: 28/3/2006
Nº do Pedido: 61384
CEP: 98105

Nº do Produto	Descrição	Quant. Pedida	Quant. Entregue	Quant. Pendente	Preço Unitário	Preço Total
B381	Armário	2	2		R$ 150,00	R$ 300,00
R210	Mesa	1	1		R$ 500,00	R$ 500,00
M128	Estante de livros	4	2	2	R$ 200,00	R$ 400,00

Valor Total   R$ 1.200,00
Desconto   R$ 60,00
Valor Devido   R$1.140,00

FIGURA 12.10
Estrutura Hierárquica do Formulário de Fatura

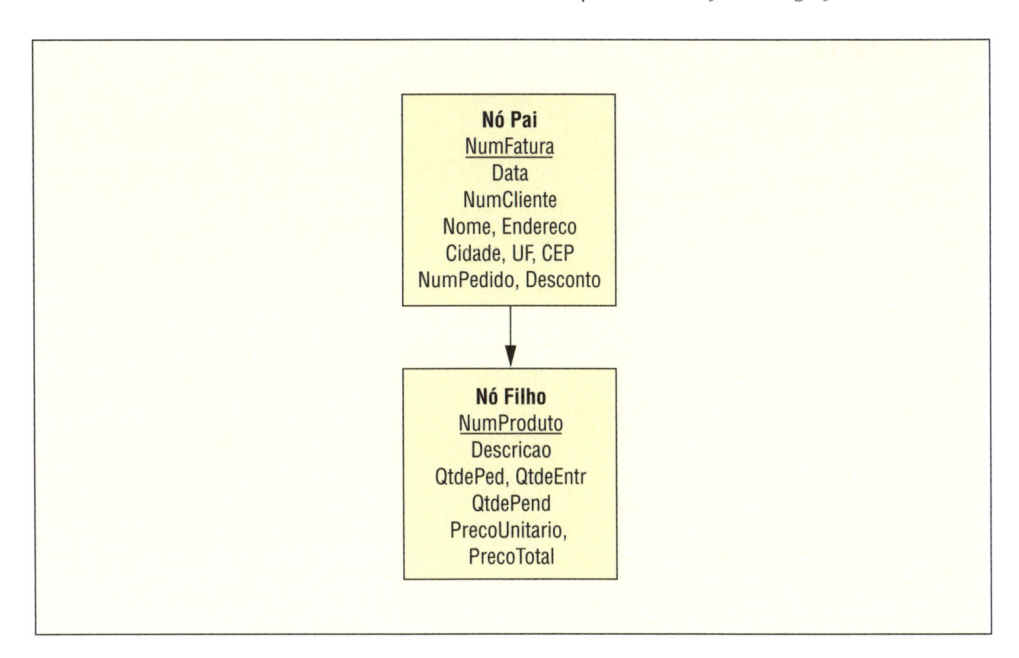

Nó Pai
NumFatura
Data
NumCliente
Nome, Endereco
Cidade, UF, CEP
NumPedido, Desconto

Nó Filho
NumProduto
Descricao
QtdePed, QtdeEntr
QtdePend
PrecoUnitario,
PrecoTotal

FIGURA 12.11
Tipos de Entidade do Formulário de Fatura

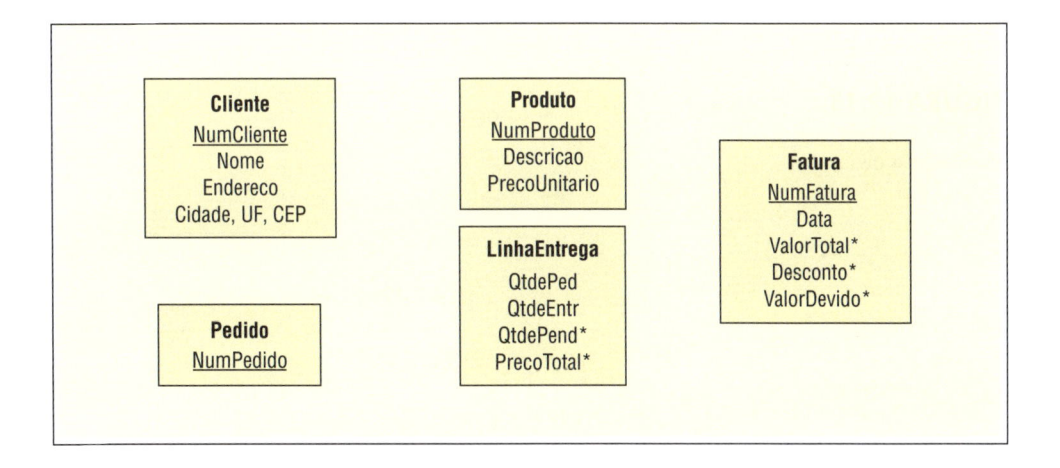

Cliente
NumCliente
Nome
Endereco
Cidade, UF, CEP

Pedido
NumPedido

Produto
NumProduto
Descricao
PrecoUnitario

LinhaEntrega
QtdePed
QtdeEntr
QtdePend*
PrecoTotal*

Fatura
NumFatura
Data
ValorTotal*
Desconto*
ValorDevido*

quantidade de pedidos em espera (pendente) é igual à quantidade pedida menos a quantidade entregue. A Figura 12.10 mostra a estrutura hierárquica que corresponde a esse formulário.

A Figura 12.11 apresenta o resultado dos passos 2 e 3, no caso do formulário de Fatura do Cliente. Os asteriscos representam os campos computados. *Fatura*, *Cliente* e *Pedido* derivam-se do nó pai. *Produto* e *LinhaEntrega* derivam do nó filho. Se você omitir *LinhaEntrega*, poderá adicioná-lo posteriormente como relacionamento.

A Figura 12.12 exibe o DER para o Formulário de Fatura. Os relacionamentos *EnviadoPara* e *EntreguePara* ligam os tipos de entidade do nó pai. O relacionamento *EntregueEm* liga um tipo de entidade no nó pai (*Fatura*) com um tipo de entidade no nó filho (*LinhaEntrega*). A Figura 12.13 mostra um DER alternativo em que o tipo de entidade *LinhaEntrega* é substituído por um relacionamento M-N.

12.2.2 Análise de Relacionamentos N-ários por meio de Formulários

O Capítulo 7 descreve o conceito de independência de relacionamento como forma de refletir sobre a necessidade de relacionamentos N-ários. Você pode usar formulários de entrada de dados como apoio para determinar se um tipo de entidade associativa N-ária é necessária para representar um relacionamento N-ário que envolva três ou mais tipos de entidade. Os formulários de entrada de dados oferecem um contexto para compreender os relacionamentos

FIGURA 12.12
DER de um Formulário de Fatura

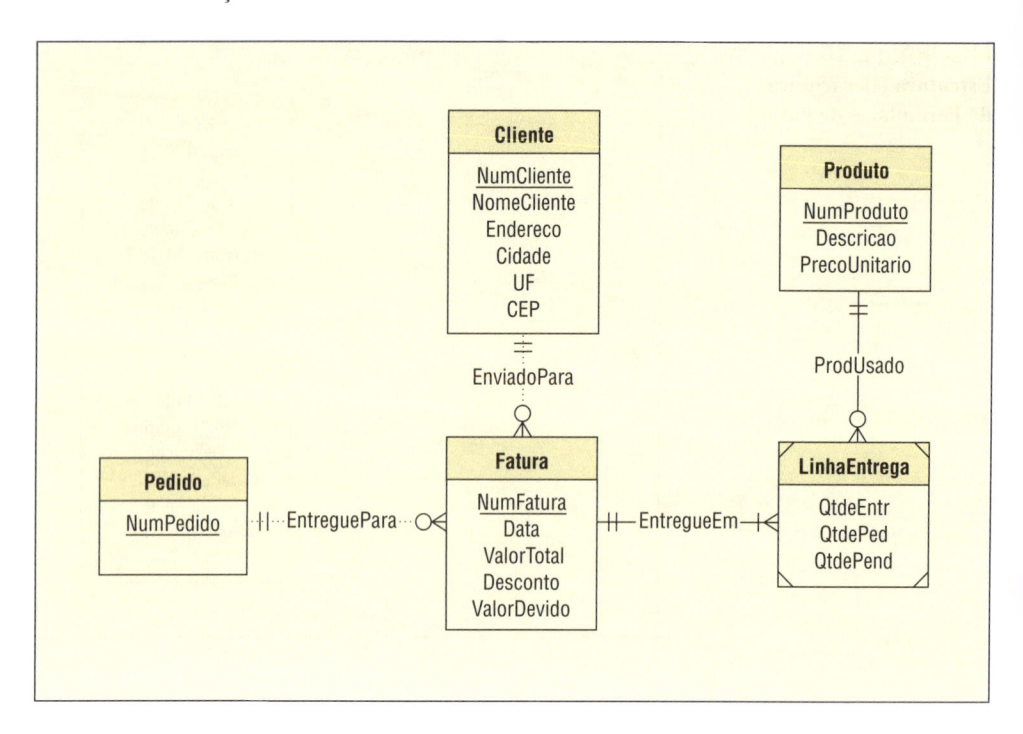

FIGURA 12.13
DER Alternativo de um Formulário de Fatura

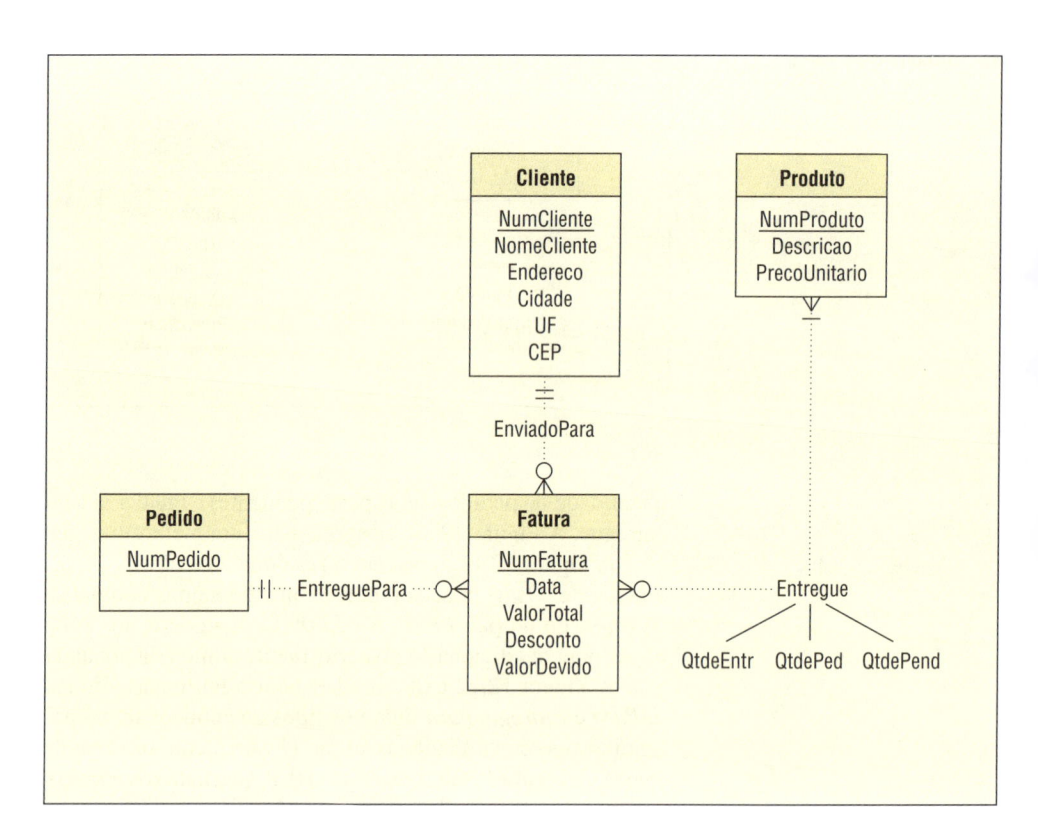

N-ários. Sem o contexto de um formulário, pode ser difícil determinar se um relacionamento N-ário é necessário, contrariamente aos relacionamentos binários.

Um relacionamento N-ário pode ser necessário, se um formulário mostrar um padrão de entrada de dados envolvendo três tipos de entidade. Normalmente, um único tipo de entidade reside no formulário principal e os dois outros tipos residem no subformulário. A Figura 12.14 mostra um formulário com um projeto no formulário principal e combinações de peça-

FIGURA 12.14
Exemplo de Formulário de Compra para Projeto

Formulário de Compra para Projeto			
Nº da Compra: P1234		Data da Compra: 19/3/2006	
Nº do Projeto: PR1		Gerente de Projeto: Jon Smith	
Nº da Peça	Nº do Fornecedor	Quantidade	Preço Unitário
M128	S100	4	R$ 120
M128	S101	3	R$ 150
R210	S102	1	R$ 500

FIGURA 12.15
Diagrama de Entidade–Relacionamento do Formulário de Compra para Projeto

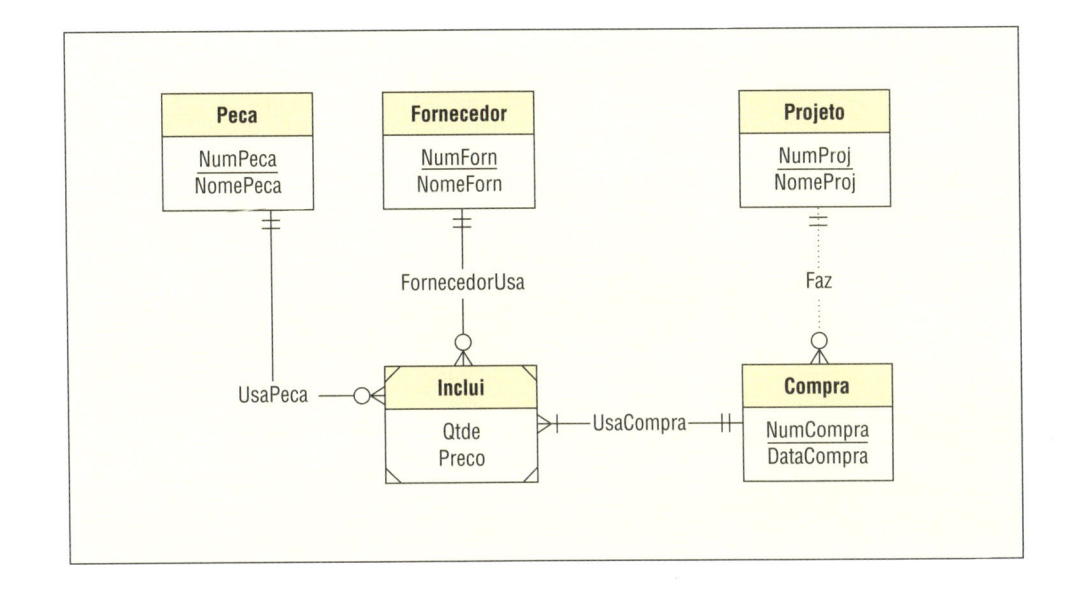

FIGURA 12.16
Exemplo de Formulário de Compra

Formulário de Compra		
Nº da Compra.: P1234		Data da Compra: 19/3/2006
Nº do Fornecedor: S101		Nome do Fornecedor: Suprimento 24 Horas
Nº da Peça	Quantidade	Preço Unitário
M128	4	R$120
M129	3	R$150
R210	1	R$500

fornecedor (dois tipos de entidade) no subformulário. Esse formulário pode ser usado para comprar peças para um projeto específico (compra localizada). Pelo fato de as decisões de compra serem feitas por projeto, tanto Nº da Peça quanto Nº do Fornecedor podem ser atualizados no subformulário. A Figura 12.15 apresenta um DER para esse formulário. Um tipo de entidade associativa, que envolva compra, peça e fornecedor, é necessário porque uma compra pode requerer várias combinações de peças e fornecedores.

Em lugar de compras localizadas para cada projeto, algumas organizações talvez prefiram compras centralizadas. A Figura 12.16 exibe um formulário para a realização de compras centralizadas. Nesse caso, o fornecedor se encontra no formulário principal e as respectivas peças (um tipo de entidade), no subformulário. O DER, na Figura 12.17, apresenta um relacionamento entre *Compra* e *Peça*. Para alocar peças aos projetos, há outro formulário, em que o projeto se encontra no formulário principal e as peças usadas pelo projeto, no subformulário. O DER para o outro formulário precisaria de um relacionamento binário entre projeto e peça.

FIGURA 12.17
Diagrama Entidade–Relacionamento do Formulário de Compra

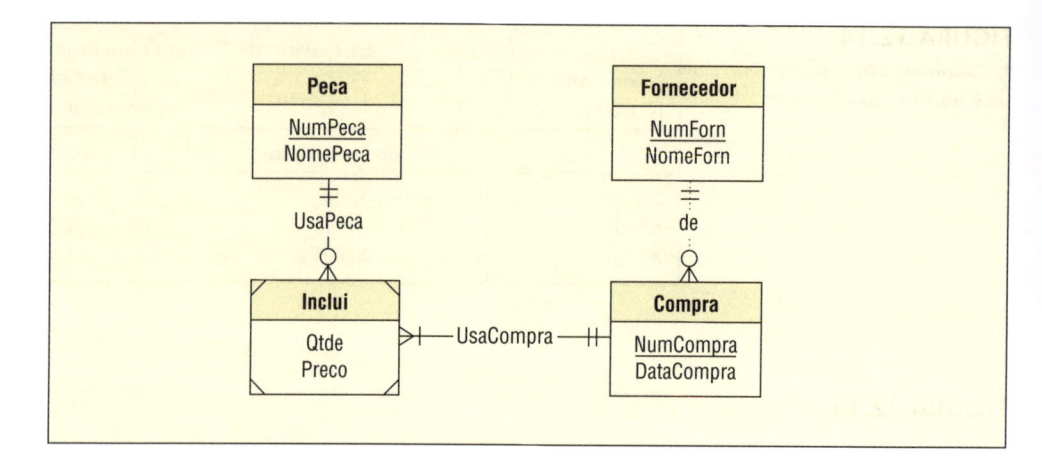

FIGURA 12.18
Formulário de Matrícula

Nº da Matrícula: 1273					Data: 15/5/2006	
Trimestre: Outono					Ano: 2006	
Nº do Aluno: 123489					Nome do Aluno: Sue Thomas	
Nº da Proposta	Nº do Curso	Dias	Hora	Local	Nº do Professor	Nome do Professor
1234	Sl480	SQ	10h30	BLM211	1111	Sally Hope
3331	Sl460	SQ	8h30	BLM411	2121	George Jetstone
2222	Sl470	SQ	13h30	BLM305	1111	Sally Hope

FIGURA 12.19
Diagrama Entidade–Relacionamento do Formulário de Matrícula

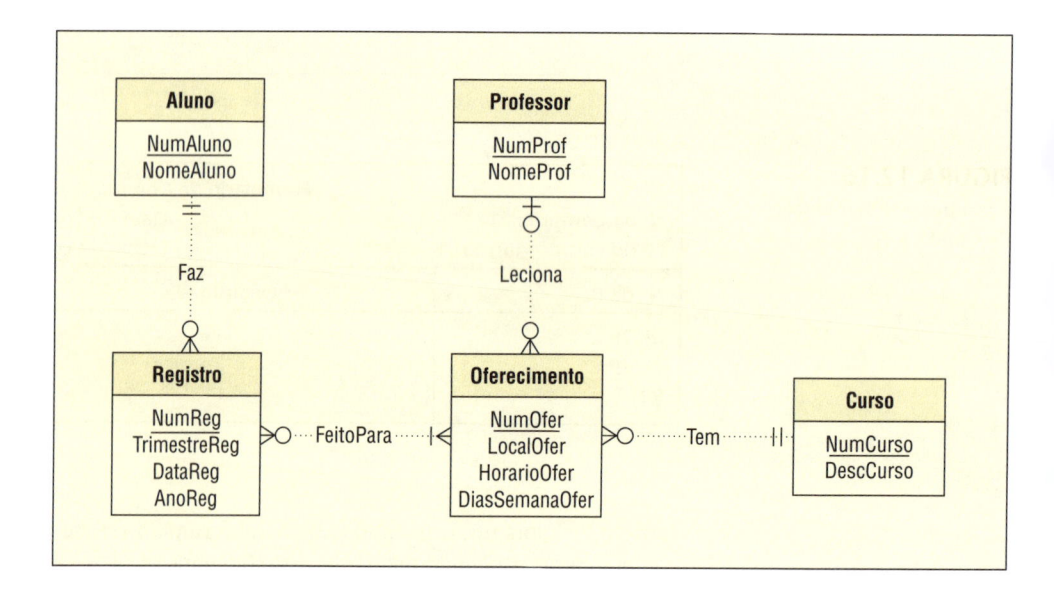

Mesmo se houver dois ou mais tipos de entidade em um subformulário, os relacionamentos binários podem ser suficientes se apenas um tipo de entidade for atualizável. Na Figura 12.14, tanto Nº do Fornecedor quanto Nº da Peça são atualizáveis no subformulário. Portanto, é necessário um relacionamento N-ário. Dando um exemplo oposto, a Figura 12.18 exibe um formulário de matrícula para cursos. O subformulário exibe chaves primárias dos tipos de entidade *Oferecimento*, *Professor* e *Curso*, mas somente *Oferecimento* é adaptável no subformulário. Nº do Professor e Nº do Curso são somente para leitura. A seleção de um membro da faculdade e do curso correspondente ao oferecimento é feita em outros formulários. Desse modo, o DER contém apenas relacionamentos binários, como mostra a Figura 12.19.

12.3 Integração de Visões

Em um grande projeto de banco de dados, até mesmo os projetistas mais habilidosos precisam de ferramentas para lidar com a complexidade do processo do projeto. Em conjunto, o projeto e a integração de visões podem ajudá-lo a gerenciar um grande projeto de banco de dados, pois permitem que um empreendimento de grande proporção seja dividido em partes menores. Na última seção, você foi convidado a refletir sobre um método para projetar um DER que representasse os requisitos de dados de um formulário. Esta seção descreve o processo para combinar visões individuais em um projeto de banco de dados integral. Duas abordagens de integração de visões são apresentadas, bem como um exemplo de cada uma.

12.3.1 Abordagem de Integração Incremental e Paralela

As abordagens de integração incremental e paralela são formas opostas de realizar a integração de visões. Na <u>abordagem incremental</u> (Figura 12.20), uma visão e um DER parcialmente integrado são combinados em cada passo da integração. Inicialmente, o projetista escolhe uma visão e constrói um DER para ela. Para as visões subseqüentes, o projetista realiza a integração analisando, ao mesmo tempo, a visão seguinte. Os processos de projeto e integração de visões são realizados em conjunto para cada visão após a primeira delas. Essa abordagem é incremental, visto que um DER parcialmente integrado é produzido após cada um dos passos. Ela é também binária, tendo em vista que a visão atual é analisada com o DER parcialmente integrado.

Na <u>abordagem paralela</u> (Figura 12.21), os DERs são produzidos para cada visão e, em seguida, os DERs das visões são combinados. A integração ocorre em um grande passo de-

FIGURA 12.20
Processo da Integração Incremental

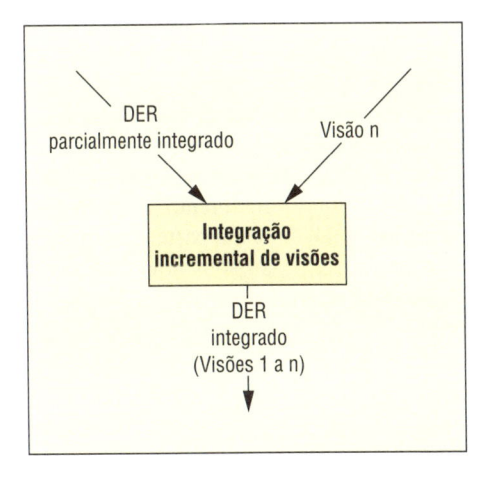

FIGURA 12.21
Processo da Integração Paralela

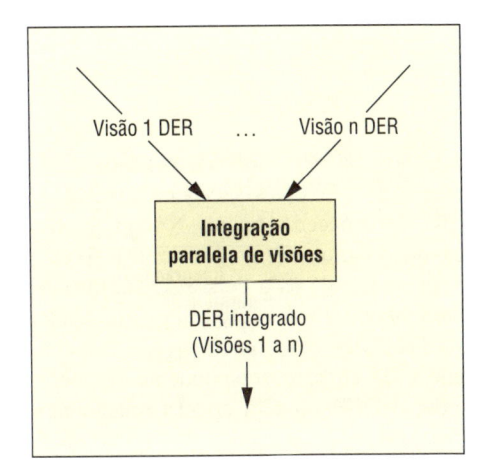

pois que todas as visões são analisadas. Essa abordagem é paralela porque diferentes projetistas podem realizar simultaneamente projetos de visão. A integração pode ser mais complexa na abordagem paralela porque ela é postergada até que todas as visões estejam concluídas. Ela ocorre em uma única etapa quando todas as visões são integradas para produzir o DER final.

Ambas as abordagens apresentam vantagens e desvantagens. Na incremental, há um número maior de passos no processo, mas cada passo da integração é menor do que o anterior. A abordagem paralela posterga a integração até o fim, momento em que uma integração de maior proporção se faz necessária. A abordagem incremental ajusta-se melhor a visões intimamente relacionadas. Por exemplo, os formulários de pedido e de fatura estão intimamente relacionados, porque o pedido precede a fatura. Equipes independentes podem trabalhar em diferentes partes de um projeto em paralelo. Em um grande projeto, que envolva vários projetistas de banco de dados, a abordagem paralela tolera uma quantidade maior de trabalhos independentes.

Determinação de uma Estratégia de Integração

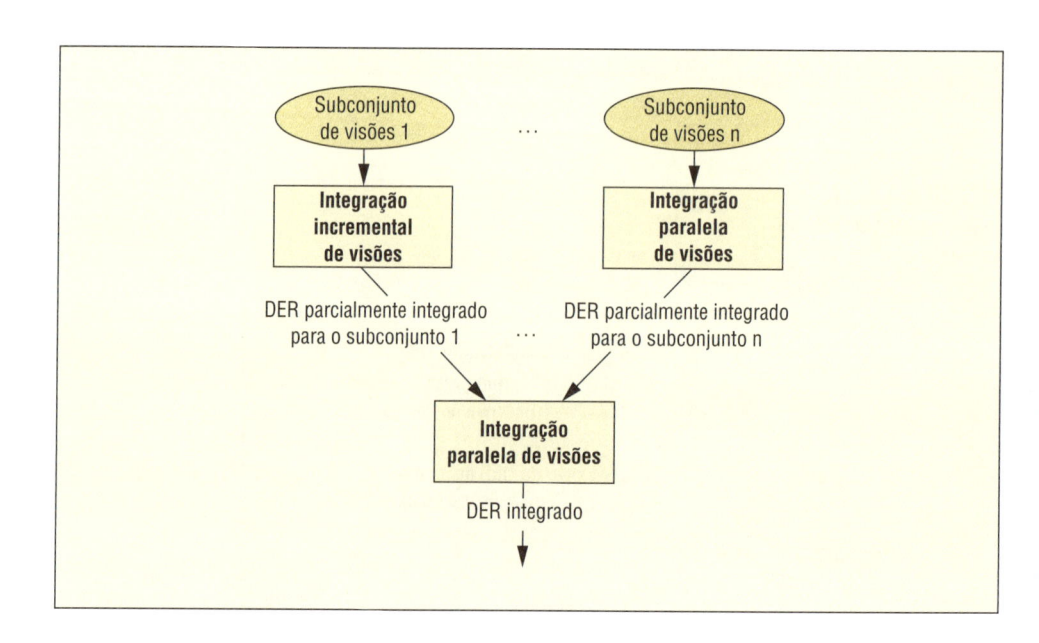

estratégia de integração
uma combinação das abordagens incremental e paralela para integrar um conjunto de visões. As visões são divididas em subconjuntos. Para cada subconjunto das visões, a integração incremental é usada. A integração paralela é aplicada aos DERs resultantes da integração dos subconjuntos das visões.

As abordagens incremental e paralela normalmente são associadas em um grande projeto de banco de dados. A estratégia de integração (Figura 12.22) especifica uma mistura das abordagens incremental e paralela para integrar um conjunto de visões. Para escolher uma estratégia de integração, divida as visões em subconjuntos (digamos, n subconjuntos). A abordagem incremental sucede a cada subconjunto de visões. Você deve escolher os subconjuntos de visões de modo que as visões em um subconjunto estejam intimamente relacionadas. As visões em subconjuntos diferentes não devem estar intimamente relacionadas. A integração incremental ao longo dos subconjuntos de visões pode ocorrer em paralelo. Depois que um DER integrado for produzido para cada subconjunto de visões, a integração paralela pode produzir o DER integrado final. Se os DERs de cada subconjunto de visões não se sobrepuserem muito, a integração final não deverá ser difícil. Se houver sobreposição significativa entre os subconjuntos, a integração incremental pode ser usada para combinar os DERs dos subconjuntos de visões.

Como exemplo, pense em um banco de dados para assistir uma empresa de consultoria, mais precisamente o marketing para clientes em potencial, o faturamento para os projetos em curso e a condução dos trabalhos dos projetos. O esforço para projetar esse banco pode ser dividido em três partes (marketing, faturamento e operação). Uma equipe de projeto distinta pode trabalhar incrementalmente em cada parte. Se a parte de marketing exigir contato com clientes e promoções, devem ser produzidos dois DERs incrementais. Após o trabalho independente, as equipes podem realizar uma integração paralela para combinar os respectivos trabalhos.

FIGURA 12.22
Esboço de uma Estratégia de Integração Geral

FIGURA 12.23
Relacionamentos de Precedência entre Formulários

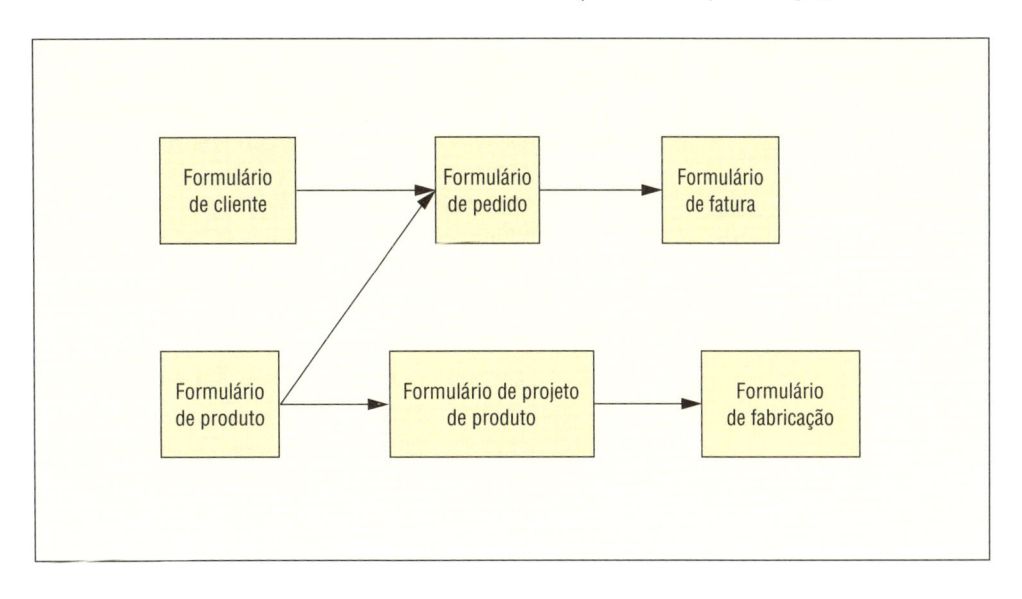

Relacionamentos de Precedência entre Formulários

Para ajudar a determinar a estratégia de integração, você deve identificar os relacionamentos de precedência entre os formulários. O formulário A precede o formulário B, se for estabelecido que o A deva ser concluído antes do B. O formulário A normalmente fornece alguns dados usados no formulário B. Por exemplo, o formulário de fatura (Figura 12.9) usa a quantidade de cada produto pedido (com base no formulário de pedido) para determinar a quantidade a ser despachada. Uma boa regra prática é dispor os formulários com relacionamentos de precedência no mesmo subconjunto de visões. Dessa maneira, os formulários de fatura e pedido devem estar no mesmo subconjunto de visões.

Para ilustrar ainda mais o uso dos relacionamentos de precedência, vamos nos estender um pouco mais sobre o exemplo de pedido e fatura. A Figura 12.23 apresenta relacionamentos de precedência entre formulários de uma empresa de produção customizada. O formulário de projeto de produto contém dados sobre os componentes desse produto. O formulário de fabricação ou de produção contém dados sobre a seqüência das operações físicas necessárias na fabricação desse produto. Os formulários de cliente e produto contêm dados apenas sobre os clientes e os produtos, respectivamente. Os relacionamentos de precedência indicam que as instâncias dos formulários de cliente e produto devem ser concluídas antes de se receber um pedido. Do mesmo modo, os formulários de produto e projeto de produto devem ser concluídos antes da conclusão do formulário de fabricação.

Por meio desses relacionamentos de precedência, os formulários podem ser divididos em dois grupos: (1) um processo de pedido que engloba os formulários de cliente, produto, pedido e fatura; e (2) um processo de fabricação que engloba os formulários de produto, projeto de produto e fabricação de produto.

Resolução de Sinônimos e Homônimos

Em qualquer abordagem de integração, a resolução de sinônimos e homônimos é uma questão fundamental. Sinônimos são aquelas palavras escritas de maneira diferente, mas que têm o mesmo significado. Por exemplo, NºPed, Número Pedido e NPed são provavelmente sinônimos. Os sinônimos ocorrem quando partes distintas de uma organização usam vocabulários distintos para descrever os mesmos conceitos. A ocorrência dessa situação é especialmente provável se não existir um banco de dados comum antes da realização do projeto.

Os homônimos referem-se às palavras que têm o mesmo som e em geral a mesma grafia, mas que têm significados diferentes. Em um projeto de banco de dados, os homônimos surgem por causa do contexto. Por exemplo, dois formulários podem apresentar um campo Endereço. Em um dos formulários, o endereço pode representar a rua, ao passo que no outro representa a rua, a cidade, o estado e o CEP. Mesmo quando ambos os campos Endereço representam a rua, eles podem não ser iguais. Um formulário pode conter o endereço para cobrança, enquanto o outro contém o endereço para entrega.

resolução de sinônimos e homônimos
sinônimos são palavras que são grafadas diferentemente, mas têm o mesmo significado. Homônimos são palavras que têm o mesmo som e em geral a mesma grafia, mas significados distintos.

A padronização do vocabulário é uma parte fundamental no desenvolvimento de um banco de dados. Para padronizar um vocabulário, você deve resolver sinônimos e homônimos. O uso de padrões de nomeação e um dicionário de dados corporativos podem ajudar na identificação e resolução de sinônimos e homônimos. Você pode criar e manter um dicionário de dados corporativos com uma ferramenta CASE. Algumas dessas ferramentas auxiliam na implementação dos padrões de nomeação. Mesmo com essas ferramentas, reconhecer sinônimos e homônimos pode ser uma tarefa difícil. O ponto mais importante é estar atento à sua existência. Resolvê-los é fácil: renomeie os sinônimos da mesma maneira (ou estabeleça uma lista oficial de sinônimos) e renomeie os homônimos diferentemente.

12.3.2 Exemplos de Integração de Visões

Esta seção descreve as abordagens incremental e paralela na integração de visões por meio de formulários de pedido de cliente e fatura. O resultado é idêntico em ambas as abordagens, mas o caminho para chegar a esse resultado é diferente.

Exemplo de Integração Incremental

Para demonstrar a abordagem de integração incremental, vamos integrar o formulário de fatura de cliente (Figura 12.9) com o DER da Figura 12.7. A estrutura hierárquica do formulário de fatura é mostrada na Figura 12.10. Para começar, você pode adicionar uma entidade para a fatura com o número e a data da fatura. Ao executar os passos 2 e 3 (Figura 12.11), vale a pena observar como os tipos de entidade devem ser combinados em um DER existente (Figura 12.7). Os outros campos de formulário que equivalem aos tipos de entidade existentes são listados a seguir.

- Nº Pedido é equivalente ao tipo de entidade *Pedido*.
- Nº Cliente, Nome Cliente, Endereço, Cidade, UF e CEP equivalem ao tipo de entidade *Cliente*.
- Nº Produto, Descrição e Preço Unitário equivalem ao tipo de entidade *Produto*.

Ao fazer a equivalência de campos de formulário com tipos de entidade existentes, você deve verificar os sinônimos e homônimos. Por exemplo, não é fácil identificar à primeira vista se os campos *Endereco*, *Cidade*, *UF* e *CEP* têm o mesmo significado nos dois formulários. Certamente, esses campos têm o mesmo significado geral. Entretanto, não é imediatamente perceptível se um cliente provavelmente tem um endereço para fazer um pedido e outro para entrega. Talvez você precise fazer outras entrevistas e examinar outras instâncias de formulário para resolver esse problema. Se concluir que os dois conjuntos de campos são homônimos (um pedido pode ser faturado para um endereço e entregue em outro), há inúmeras alternativas de modelagem de dados, como se pode ver a seguir.

- Ajuste o tipo de entidade *Cliente* com dois conjuntos de endereços: campos Endereço para faturamento e campos Endereço para entrega. Essa solução restringe o cliente a ter apenas um único endereço para entrega. Se for possível ter mais de um endereço para entrega, essa solução não é viável.
- Adicione campos Endereço para entrega ao tipo de entidade *Fatura*. Essa solução aceita vários endereços por cliente. Entretanto, se uma fatura for excluída, o endereço para entrega será perdido.
- Crie um novo tipo de entidade (*EndEntrega*) com os campos Endereço para entrega. Essa solução aceita vários endereços de entrega por cliente. Talvez seja necessário incorrer em uma despesa fixa para coletar os endereços de entrega. Se eles forem mantidos separadamente das faturas, esta é a melhor solução.

O DER integrado na Figura 12.24 usa a segunda alternativa. Em se tratando de um problema real, mais informações devem ser coletadas dos usuários antes de ser tomada qualquer decisão.

No processo de integração incremental, o processo usual de ligar tipos de entidade (passo 4 da Figura 12.3) deve ser seguido. Por exemplo, existe uma cardinalidade M em relação a um tipo de entidade derivado do nó pai com um tipo de entidade derivado do nó filho. A cardinalidade máxima em *EntregueEm* de *Fatura* para *LinhaEntrega* satisfaz essa restrição.

FIGURA 12.24
Diagrama Entidade–Relacionamento Integrado

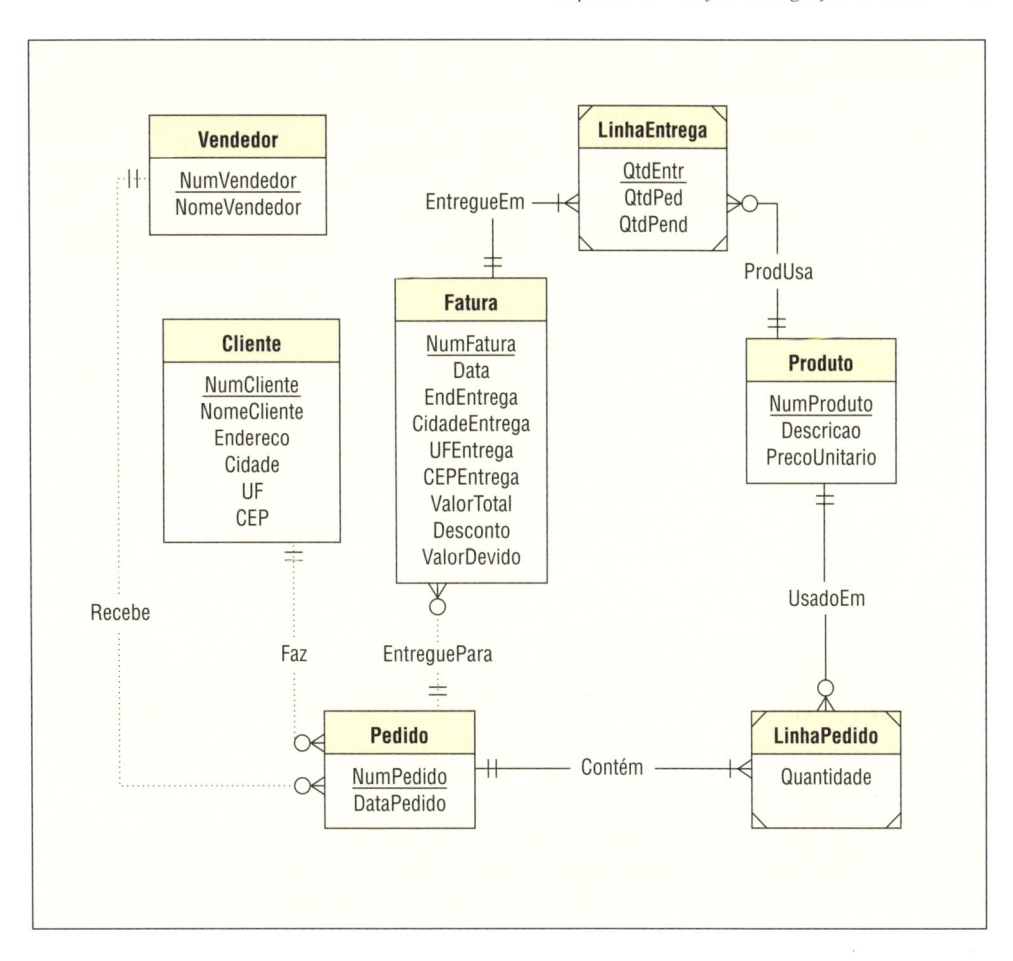

Observe que *LinhaEntrega* poderia ser representado como um relacionamento M-N, em vez de um tipo de entidade com dois relacionamentos 1-M.

Outro ponto interessante na Figura 12.24 é que não existe nenhum relacionamento entre *Fatura* e *Cliente*. Num primeiro momento, um relacionamento pode parecer necessário, porque os dados do cliente aparecem no formulário principal de uma fatura. Se o cliente da fatura puder ser diferente do cliente do pedido, será essencial um relacionamento entre *Fatura* e *Cliente*. Se o cliente for o mesmo no pedido e na fatura correspondente, o relacionamento não será necessário. O cliente de uma fatura pode ser encontrado movendo-se de *Fatura* para *Pedido* e de *Pedido* para *Cliente*. Na Figura 12.24, supõe-se que o cliente do pedido e o cliente da fatura são idênticos.

Exemplo de Integração Paralela

Para demonstrar o processo de integração paralela, vamos integrar o formulário de fatura de cliente (Figura 12.9) com o formulário de pedido (Figura 12.2). A principal diferença entre as abordagens paralela e incremental é que a integração ocorre posteriormente na abordagem paralela. Desse modo, o primeiro passo é construir um DER para cada formulário usando os passos da análise de formulário já descrita. No DER do formulário de fatura (Figura 12.12), *Fatura* é unido diretamente tanto a *Cliente* quanto a *Pedido*. A união direta segue a convenção de tornar o tipo de entidade do formulário (*Fatura*) o centro do diagrama.

O processo de integração une o DER do formulário de pedido (Figura 12.7) com o DER do formulário de fatura (Figura 12.12) para produzir o DER mostrado na Figura 12.24. O DER final deve ser o mesmo independentemente da abordagem – incremental ou paralela – que você utilizar.

Reforçando, o principal problema da integração é a resolução de homônimos nos campos de endereço. Nos dois DERs (Figura 12.7 e 12.12), o tipo de entidade *Cliente* contém os campos de endereço. Ao trabalhar independentemente nos dois formulários, é fácil negligenciar os dois usos dos campos de endereço: faturamento e entrega. A menos que você observe que os campos de endereço no formulário de fatura são para entrega, talvez você não note que os campos são homônimos.

Outro problema em relação à integração são as junções entre *Fatura*, *Pedido* e *Cliente*. Na Figura 12.7, *Cliente* é unido diretamente a *Pedido*. Porém, na Figura 12.12, *Pedido* e *Cliente* não são ligados diretamente por um relacionamento. O processo de integração deve resolver essa diferença. O relacionamento entre *Pedido* e *Cliente* é necessário porque os pedidos precedem as faturas. Um relacionamento entre *Fatura* e *Cliente* não será necessário, se o cliente mostrado na fatura for o mesmo mostrado no pedido correspondente. Supondo que o cliente em um pedido seja idêntico nas faturas correspondentes, *Fatura* não estaria diretamente unido a *Cliente* na Figura 12.24.

Esses dois exemplos de integração descrevem a vantagem da abordagem de integração incremental sobre a paralela. Os conflitos devidos a usos distintos dos campos e à regulação de tempo (os pedidos precedem as faturas) são resolvidos mais cedo na abordagem incremental. Na abordagem paralela, esses conflitos só são detectados no passo final. Essa discussão comprova a opinião apresentada anteriormente: a integração incremental é mais apropriada quando as visões estão intimamente relacionadas.

Considerações Finais

Este capítulo abordou o projeto e a integração de visões, uma habilidade essencial para o desenvolvimento de grandes projetos de banco de dados, o quais podem exigir DERs com centenas de tipos de entidade e relacionamentos. Além do grande tamanho dos DERs, em geral existem centenas de formulários, relatórios, procedimentos armazenados e gatilhos que usarão o banco de dados. O projeto e a integração de visões ajudam a controlar a complexidade própria de um grande empreendimento de desenvolvimento de banco de dados dessa magnitude.

Este capítulo dá especial destaque aos formulários no processo de projeto de visões. Os formulários são uma importante fonte de requisitos porque são comuns e fáceis de transmitir. Foi apresentado um processo de cinco passos para analisar um formulário. O resultado do processo de análise de formulário é um DER que captura os requisitos de dados do formulário. Este capítulo explica, além disso, como o processo de análise de formulário poderia ajudar a detectar a necessidade de tipos de entidade associativa N-ários em um DER.

Este capítulo descreve duas abordagens de integração de visões. Na incremental, uma visão e o DER parcialmente integrado são unidos em cada passo da integração. Na paralela, são produzidos DERs para cada visão e, em seguida, todos os DERs individuais são combinados. A abordagem incremental é adequada para visões intimamente relacionadas, ao passo que a paralela é ideal para visões que não guardam relação entre si. Este capítulo examinou de que maneira determinamos uma estratégia de integração para combinar as abordagens incremental e paralela. Em qualquer abordagem de integração, é fundamental resolver sinônimos e homônimos. Este capítulo demonstrou que os formulários oferecem um contexto para a resolução de sinônimos e homônimos.

Este capítulo conclui seu estudo sobre as primeiras duas fases (modelagem de dados conceituais e modelagem de bancos de dados lógicos) do desenvolvimento de banco de dados e oferece uma correlação entre desenvolvimento de aplicações e desenvolvimento de banco de dados. Ao término desses cinco passos, você provavelmente terá um projeto de banco de dados relacional de alta qualidade: um projeto que traduz as necessidades da organização e não possui redundâncias indesejáveis. O Capítulo 13 apresenta detalhadamente um estudo de caso para aplicação das idéias introduzidas nas partes 2 a 5 deste livro.

Revisão de Conceitos

- Medidas da complexidade organizacional e do banco de dados.
- Características da operação de desenvolvimento de grandes bancos de dados.
- Informações e resultados do projeto de visões e da integração de visões.
- Importância dos formulários enquanto fontes de requisitos dos bancos de dados.

- Os cinco passos da análise de formulário.
- Estrutura do formulário: os nós e as chaves dos nós.
- Regras para adicionar relacionamentos na análise de formulário.
- Regras para verificar cardinalidades, para garantir a consistência na análise de formulário.
- Aplicação da análise de formulário para identificar a necessidade de relacionamentos N-ários.
- Aplicação das abordagens incremental e paralela.
- Estratégia de integração: uma mistura das abordagens incremental e paralela para integrar um conjunto de visões.
- Aplicação dos relacionamentos de precedência entre os formulários para determinar uma estratégia de integração.
- Detecção de sinônimos e homônimos durante a integração de visões.

Questões

1. Que fatores influenciam no tamanho de um esquema conceitual?
2. Quais são as medidas da complexidade de um projeto de banco de dados conceitual?
3. Como o processo de projeto e integração de visões ajuda a controlar a complexidade das operações de desenvolvimento de grandes bancos de dados?
4. Qual é o objetivo da análise de formulário?
5. Que nível de detalhamento deve ser oferecido para as definições de formulário no sentido de assistir o processo de análise de formulário?
6. O que é uma chave nó em uma estrutura de formulário?
7. Como os nós, em uma estrutura de formulário, correspondem aos formulários principais e aos subformulários?
8. Qual é o tipo de entidade do formulário?
9. Por que o DER de um formulário em geral tem uma estrutura diferente da de um formulário?
10. Por que é recomendável colocar o tipo de entidade do formulário no centro do DER?
11. Explique a primeira regra de consistência na Tabela 12.2.
12. Explique a segunda regra de consistência na Tabela 12.2.
13. Que padrão em um formulário de entrada de dados pode indicar a necessidade de um relacionamento N-ário?
14. Quantos passos de integração são necessários para realizar uma integração incremental com 10 visões?
15. Quantos passos de projeto de visões são necessários para realizar uma integração paralela com 10 visões?
16. Na abordagem de integração incremental, por que o projeto e a integração de visões são realizados conjuntamente?
17. Quando a abordagem de integração incremental é apropriada?
18. Quando a abordagem de integração paralela é apropriada?
19. O que é uma estratégia de integração?
20. Quando um formulário depende de outro formulário?
21. Que critérios você pode utilizar para decidir de que maneira deve agrupar visões em uma estratégia de integração?
22. O que é um sinônimo na integração de visões?
23. O que é um homônimo na integração de visões?
24. Por que os sinônimos e homônimos ocorrem quando um banco de dados está sendo projetado?
25. Como o uso de formulários em um projeto de banco de dados pode ajudá-lo a detectar sinônimos e homônimos?

Problemas

Além dos problemas apresentados aqui, os estudos de caso no *site* deste livro oferecem treinamento adicional. Para complementar os exemplos neste capítulo, o Capítulo 13 oferece um exemplo completo de projeto de banco de dados que inclui o projeto e a integração de visões.

1. Realize a análise de formulário para o Formulário de Pedido Básico (problema 22 do Capítulo 10). Sua solução deve incluir uma estrutura hierárquica para o formulário, um DER que represente o formulário e justificativas para o projeto. Ignore o projeto de banco de dados no Capítulo 10 quando realizar essa análise. Em sua análise, você pode pressupor que um pedido deve conter no mínimo um produto.

2. Realize a análise de formulário para o Formulário de Pedido (problema 23 do Capítulo 10). Sua solução deve incluir uma estrutura hierárquica para o formulário, um DER que represente o formulário e justificações para o projeto. Ignore o projeto de banco de dados no Capítulo 10 quando realizar essa análise. Eis alguns outros pontos para suplementar o formulário de amostra exibido no problema 23 do Capítulo 10:
   - Em todas as instâncias adicionais de formulário, os dados do cliente aparecem no formulário principal.
   - Em algumas instâncias adicionais de formulário, os dados do funcionário não aparecem no formulário principal.
   - Em algumas instâncias adicionais de formulário, o preço de alguns produtos varia. Por exemplo, o preço do produto P0036566 é R$ 169,00 em algumas instâncias e R$ 150,00 em outras.
   - O número do fornecedor não pode ser atualizado no subformulário. Além disso, o número e o nome do fornecedor são idênticos em todas as instâncias do subformulário com o mesmo número de produto.

3. Realize a análise de formulário para o Formulário de Compra Básico (problema 25 do Capítulo 10). Sua solução deve incluir uma estrutura hierárquica para o formulário, um DER que represente o formulário e justificações para o projeto. Ignore o projeto de banco de dados no Capítulo 10 ao realizar essa análise. Eis alguns pontos adicionais para suplementar o formulário de amostra mostrado no problema 25 do Capítulo 10:
   - O preço de compra unitário pode variar entre as instâncias de formulário que contenham o mesmo número de produto.
   - Uma compra deve conter pelo menos um produto.

4. Realize a análise de formulário para o Formulário de Compra (problema 26 do Capítulo 10). Sua solução deve incluir uma estrutura hierárquica do formulário, um DER que represente o formulário e justificativas para o projeto. Ignore o banco de dados no Capítulo 10 ao realizar essa análise. Eis alguns pontos adicionais para suplementar o formulário de amostra exibido no problema 26 do Capítulo 10:
   - Em todas as instâncias adicionais de formulário, os dados do fornecedor aparecem no formulário principal.
   - O preço de venda pode variar entre as instâncias de formulário que contenham o mesmo número de produto.
   - O custo unitário e a quantidade ofertada do produto são idênticos entre as instâncias do subformulário em relação a um determinado produto.

5. Realize a análise de formulário para o Formulário de Fornecedor (problema 27 do Capítulo 10). Sua solução deve incluir uma estrutura hierárquica do formulário, um DER que represente o formulário e justificações para o projeto. Ignore o banco de dados no Capítulo 10 ao realizar essa análise. Ao analisar o formulário, você pode pressupor que um determinado produto aparece somente em uma instância do formulário de fornecedor.

6. Realize uma integração paralela usando os DERs que você criou nos problemas 2, 4 e 5. Ignore o projeto de banco de dados no Capítulo 10 ao realizar essa análise. Ao realizar a integração, você deve pressupor que todos os produtos em um formulário de compras devem vir do mesmo fornecedor. Além disso, você deve pressupor que uma instância do formulário de fornecedor deve estar completa para que os produtos possam ser pedidos ou comprados.

7. Realize uma análise de formulário para o Formulário de Integrantes do Projeto exibido ao final desta página. Os projetos têm um gerente, data de início e data de término, uma categoria, orçamento (horas e custo) e uma lista do pessoal designado. Para cada integrante, são mostradas as horas disponíveis e as horas designadas.

8. Realize uma integração incremental usando o DER do problema 7 e o Formulário de Programas que se segue. Um projeto divide-se em inúmeros programas ou planos. Cada programa é atribuído a um

Formulário de Integrantes do Projeto			
ID do Projeto: PR1234		**Nome do Projeto:** Verificação de Contas a Pagar	
Categoria: Auditoria		**Gerente:** Scott Jones	
Horas Orçadas: 170		**Valores Orçados:** R$10,000	
Data de Início: 1º/6/2006		**Data de Término:** 30/6/2006	
ID do Integrante da Equipe	Nome do Integrante da Equipe	Horas Disponíveis	Horas Designadas
I128	Rob Scott	10	10
I129	Sharon Store	20	5
I130	Sue Kendall	20	15

funcionário. O funcionário pode ser designado a um programa somente se tiver sido designado para o projeto.

Formulário de Programas			
ID do Integrante: I128 ID do Projeto: PR1234		Nome: Rob Scott Gerente do Projeto Scott Jones	
ID do Programa	Horas	Situação	Data de Vencimento
PR1234-1	10	concluído	25/6/2006
PR1234-2	10	pendente	27/6/2006
PR1234-3	20	pendente	15/6/2006

9. Realize uma integração incremental usando o DER do problema 8 e o Formulário de Planilha de tempo que se segue. Esse formulário permite que um funcionário registre as horas trabalhadas em vários programas durante um período.

Formulário de Planilha de Tempo			
ID da Planilha de Tempo: TS100 Total de Horas: 18 ID do integrante: I128 Data de Início: 1º/5/2006			Período: 5 Nome: Rob Scott Data de Término: 5/31/2006
ID do Programa	Horas	Tipo de Pagamento	Data
PR1234-1	4	regular	2/5/2006
PR1234-1	6	hora extra	2/5/2006
PR1234-2	8	regular	3/5/2006

10. Defina uma estratégia de integração para o formulário de integrantes do projeto, de programas e de planilha de tempo. Justifique brevemente sua estratégia de integração.

Referências para Estudos Adicionais

O projeto e a integração de visões são cobertos mais detalhadamente em livros especializados sobre projeto de banco de dados. A melhor referência sobre projeto e integração de visões é Batini, Ceri e Navathe (1992). Outros livros sobre projeto de banco de dados, como os Nijssen e Halpin (1989) e Teorey (1999), também cobrem esse tópico. Mais detalhes sobre a metodologia de análise de formulário e integração de visões podem ser encontrados Choobineh, Mannino, Konsynski e Nunamaker (1988) e Choobineh, Mannino e Tseng (1992). Batra (1997) oferece uma recente atualização deste trabalho sobre análise de formulário.

Capítulo 13

Desenvolvimento de Banco de Dados para a Student Loan Limited

Objetivos de Aprendizagem

Este capítulo aplica a um caso de tamanho regular o conhecimento e as habilidades apresentados nos capítulos das partes 2 a 5. No final deste capítulo, o estudante deverá ter adquirido os seguintes conhecimentos e habilidades:

- Realizar uma modelagem conceitual de dados em um caso comparável.
- Refinar um DER usando conversão e normalização em um caso comparável.
- Estimar a carga de trabalho em um projeto de tabela de tamanho regular.
- Realizar uma seleção de índice em um caso comparável.
- Especificar os requisitos de dados para aplicações em um caso comparável.

Visão Geral

Os capítulos das partes 2 a 5 forneceram o conhecimento e as técnicas com referência ao processo de desenvolvimento de banco de dados e de desenvolvimento de aplicações de banco de dados. No primeiro caso, você aprendeu a usar o modelo entidade–relacionamento (capítulos 5 e 6), a aperfeiçoar um esquema conceitual por meio de conversão e normalização (capítulos 6 e 7), a usar os processos de modelagem de visões e de integração de visões para grandes empreendimentos de modelagem conceitual de dados (Capítulo 12) e a encontrar uma implementação eficaz (Capítulo 8). Além disso, você obtete informações sobre o contexto geral do desenvolvimento de banco de dados (Capítulo 2). No caso do desenvolvimento de aplicações, você obteve informações sobre formulação de consultas (capítulos 3 e 9), desenvolvimento de aplicações com visões (Capítulo 10) e procedimentos armazenados e gatilhos para personalizar as aplicações de banco de dados (Capítulo 11).

Este capítulo aplica as técnicas de desenvolvimento específicas dos outros capítulos a um caso de tamanho regular. Se seguir com cuidado esse caso e sua respectiva solução, você provavelmente reforçará suas habilidades para o desenvolvimento de projetos, compreenderá o processo de desenvolvimento de banco de dados e obterá um modelo para o desenvolvimento de banco de dados de casos comparáveis.

Este capítulo apresenta um caso derivado de discussões com profissionais de sistemas de informação de um grande processador comercial de empréstimo a estudantes. O oferecimento de empréstimos a estudantes é um negócio bem complexo em virtude dos diferentes tipos de empréstimo existentes, das regulamentações governamentais variáveis e das inúmeras condições de faturamento. Para adaptar esse caso a este capítulo, vários detalhes foram omitidos. O banco de dados para o sistema de informações real tem mais de 150 tabelas. O caso apresentado aqui preserva os conceitos essenciais do processamento de empréstimos a estudantes, mas pode ser compreendido em um capítulo. Você provavelmente achará esse caso desafiador e informativo. Talvez até aprenda a fazer com que seus empréstimos enquanto estudante sejam perdoados!

13.1 Descrição do Caso

Esta seção descreve o propósito e o ambiente de processamento de empréstimos a estudantes, bem como o fluxo de trabalho do sistema proposto para a Student Loan Limited (Empréstimo a Estudante Ltda.). Além dos detalhes apresentados nesta seção, o Apêndice 13.A contém um glossário dos campos encontrados nos formulários e nos relatórios.

13.1.1 Visão Geral

O programa Empréstimo Afiançado a Estudantes (GSL – Guaranteed Student Loan) foi criado para ajudar os estudantes a pagar as mensalidades universitárias. Os empréstimos do GSL são classificados de acordo com a seguinte situação de subvenção: (1) subsidiado, no qual o governo federal paga juros acumulados durantes os anos escolares e (2) não subsidiado, quando o governo federal não paga os juros acumulados durante os anos escolares. Nos empréstimos não subsidiados, os juros acumulados durante os anos escolares são adicionados ao principal quando o reembolso se inicia. O reembolso de empréstimos começa mais ou menos seis meses depois que o aluno se desliga da escola. Um determinado aluno pode receber vários empréstimos do GSL. Nesse caso, cada empréstimo pode ter diferentes taxas de juros e diferentes situações de subvenção.

Para apoiar o programa GSL, diferentes organizações podem desempenhar o papel de financiador, fiador e prestador de serviços. Os alunos candidatam-se ao empréstimo de financiadores, incluindo bancos, instituições de poupança e empréstimo e cooperativas de crédito. O Departamento de Educação americano possibilita os empréstimos por meio da garantia de reembolso se determinadas condições forem atendidas. Os financiadores garantem que os requerentes são qualificados para o programa GSL. O prestador de serviço acompanha a situação do aluno, calcula os programas de reembolso e recebe os pagamentos. O fiador garante que os empréstimos serão oferecidos apropriadamente monitorando o trabalho do prestador de serviços. Se um empréstimo passar para a situação de reclamação (não pagamento) e o empréstimo não tiver sido oferecido de acordo com as diretrizes do Departamento de Educação, o fiador pode ser responsabilizado. Para diminuir seu risco, os financiadores normalmente não oferecem ou não fiam os respectivos empréstimos. Em vez disso, em geral eles contratam um prestador de serviços e um fiador.

A Student Loan Limited é uma das mais importantes empresas de prestação de serviços de GSL e outros tipos de empréstimo a estudantes. Atualmente, ela usa um sistema legado com uma tecnologia de sistema de arquivos mais antiga. A empresa deseja mudar para uma arquitetura cliente–servidor usando um SGBD relacional. Essa nova arquitetura deve permitir que a empresa atenda a novas regulamentações de maneira mais fácil e procure igualmente novos negócios como o programa de empréstimo direto.

13.1.2 Fluxo de Trabalho

O processamento de empréstimos a estudantes segue o padrão mostrado na Figura 13.1. Os estudantes solicitam empréstimo a um financiador. No processo de aprovação, o financiador em geral determina um fiador. Se o empréstimo for aprovado, o estudante assina uma nota promissória, na qual constam a taxa de juros e os termos de reembolso. Depois que a promissória é assinada, o financiador envia à Student Loan Limited um formulário de concessão de empréstimo. A Student Loan Limited, por sua vez, adianta os fundos de acordo com as especificações no formulário de concessão de empréstimo. Normalmente, os fundos são desembolsados a cada período do ano letivo.

Depois que o aluno se desliga da escola (gradua-se ou abandona a escola), o processo de reembolso se inicia. Logo depois que o aluno se desliga da escola, a Student Loan Limited envia-lhe uma carta de divulgação. Essa carta apresenta um orçamento do pagamento mensal

FIGURA 13.1
Fluxo de Trabalho do Processamento de Empréstimos

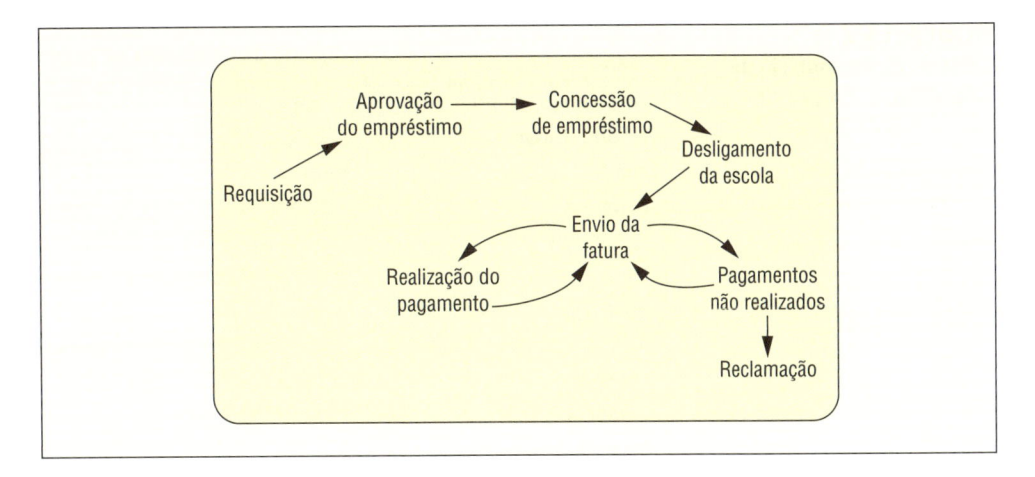

[Diagrama: Requisição → Aprovação do empréstimo → Concessão de empréstimo → Desligamento da escola → Envio da fatura ↔ Realização do pagamento; Envio da fatura ↔ Pagamentos não realizados → Reclamação]

necessário ao reembolso de um empréstimo a receber de acordo com o final do período de pagamento. O estudante recebe uma carta de divulgação por nota, exceto se as notas foram consolidadas em uma única. As notas são consolidadas se a taxa de juros, a situação de subvenção e o período de reembolso forem similares.

Vários meses depois que o aluno se desliga da escola, a Student Loan Limited envia a primeira fatura. Por conveniência, a Student Loan Limited envia uma declaração de consolidação mesmo se o estudante tiver inúmeros empréstimos a pagar. No caso da maioria dos estudantes, a Student Loan Limited processa faturas e pagamentos periódicos, até que todos os empréstimos sejam reembolsados. Se um estudante tornar-se inadimplente, tem início então o processo de cobrança. Se a cobrança for bem-sucedida, o estudante retorna ao ciclo de faturamento–pagamento. Do contrário, o empréstimo entra na situação de reclamação (inadimplência) e pode ser passado a uma empresa de cobrança.

Formulário de Concessão de Empréstimo

O formulário de concessão de empréstimo, documento eletrônico enviado por um financiador, aciona o envolvimento da Student Loan Limited. As figuras 13.2 e 13.3 reproduzem formulários de exemplo e os respectivos dados do estudante, do empréstimo e do desembolso. O formulário de concessão inclui apenas um empréstimo, identificado por um único número correspondente. Toda vez que um empréstimo for aprovado, o financiador enviará um novo formulário de concessão. O método de desembolso pode ser a transferência eletrônica de fundos (TEF) ou cheque. Se o método de desembolso for a TEF (Figura 13.2), o número do roteamento, o número da conta e a instituição financeira devem ser fornecidos. O plano de desembolso mostra a data do desembolso, a quantia e qualquer outra taxa. Observe que o valor da nota é a soma das quantias desembolsadas mais as taxas. As taxas normalmente representam 6% do empréstimo.

Carta de Divulgação

Após a graduação, mas antes de o reembolso ter início, a Student Loan Limited é solicitada a enviar cartas de divulgação para cada empréstimo a receber. Normalmente, essas cartas são enviadas mais ou menos 60 dias depois que o aluno se desliga da escola. Em alguns casos, mais de uma carta por empréstimo pode ser enviada em momentos diferentes. Essa carta dispõe de campos para a quantia do empréstimo, a quantia de pagamento mensal, a quantidade de pagamentos, a taxa de juros, o total de financiamento devido e a data de vencimento do primeiro e do último pagamento. Na carta de divulgação de exemplo (Figura 13.4), os campos na carta do formulário estão sublinhados. A Student Loan Limited é obrigada a manter cópia das cartas de divulgação no caso de um fiador precisar rever o processamento de empréstimo de um estudante.

Extrato de Conta

Mais ou menos seis meses depois que o aluno se desliga da escola, a Student Loan Limited envia-lhe a primeira fatura. Para a maioria dos estudantes, são enviadas faturas adicionais mensalmente. De acordo com o vocabulário da Student Loan Limited, essa fatura é conhecida

FIGURA 13.2
Exemplo de Formulário de Concessão de Empréstimo

Formulário de Concessão de Empréstimo

Nº do Empréstimo E101	Data 6 set. 2004
Nº do Estudante	E100
Nome	Fulano
Endereço	XXXX 15400
Cidade, UF, CEP	XXXX, XX 00999
Fone (341) 555-2222	Data de Nascimento 11/11/1985
Previsão de Graduação	Maio de 2006
ID da Instituição: U100	**Nome da Instituição:** Universidade do Colorado
Endereço	1250 14th Street, Suite 700
Cidade, UF, CEP	Denver CO 80217
Método de Desembolso	*TEF* **X** *Cheque*
Nº do Roteamento R10001	Nº da Conta A111000
Banco para o Desembolso	Qualquer Banco, USA
Nº Financiador FIN100	**Nome do Financiador** Qualquer Banco, USA
Nº Fiador F100	**Nome Fiador** Qualquer Fiador, USA
Valor da Nota: R$ 10.000	Subsidiado: Sim Taxa: 8,5%

Plano de Desembolso

Data	Quantia	Taxa de Concessão	Taxa de Fiança
30 set. 2004	R$ 3.200	R$ 100	R$ 100
30 dez. 2004	R$ 3.200	R$ 100	R$ 100
30 mar. 2005	R$ 3.000	R$ 100	R$ 100

FIGURA 13.3
Exemplo de Formulário de Concessão de Empréstimo

Formulário de Concessão de Empréstimo

Nº do Empréstimo E100	Data 7 set. 2005
Nº do Estudante	E100
Nome	Fulano
Endereço	XXXX 15400
Cidade, UF, CEP	XXXX, XX 00999
Fone (341) 555-2222	Data de Nascimento 11/11/1985
Previsão de Graduação	Maio de 2006
ID da Instituição: U100	**Nome da Instituição:** Universidade do Colorado
Endereço	1250 14th Street, Suite 700
Cidade, UF, CEP	Denver CO 80217
Método de Desembolso	*TEF* **X** *Cheque*
Nº do Roteamento _____	Nº da Conta _____
Banco para o Desembolso	_____
Nº Financiador FIN100	**Nome do Financiador** Qualquer Banco, USA
Nº Fiador F100	**Nome Fiador** Qualquer Fiador, USA
Valor da Nota: R$10.000	Subsidiado: Não Taxa: 8,0%

Plano de Desembolso

Data	Quantia	Taxa de Concessão	Taxa de Fiança
29 set. 2005	R$ 3.200	R$ 100	R$ 100
30 dez. 2005	R$ 3.200	R$ 100	R$ 100
28 mar. 2006	R$ 3.200	R$ 100	R$ 100

FIGURA 13.4
Exemplo de Carta de Divulgação

Carta de Divulgação

1º de julho de 2006

Assunto: Empréstimo E101

Prezado Sr. Aluno,

De acordo com nossos registros, seu empréstimo afiançado entra na situação de reembolso em setembro de 2006. A quantia total emprestada foi R$ 10.000. Seu programa de pagamento corresponde a 120 pagamentos com taxa de juros de 8,5%. A estimativa de débito de financiamento é de R$ 4.877,96. Seu primeiro pagamento vencerá em 31 de outubro de 2006. Seu pagamento mensal será R$ 246,37. Seu último pagamento vencerá em 30 de setembro de 2016.

Atenciosamente,

Administradora Anne, Student Loan Limited

FIGURA 13.5
Exemplo de Extrato de Conta para Pagamento em Cheque

Extrato de Conta

Nº do Extrato	F100	Data	1º out. 2006
Nº do Estudante	E100	Nome	Fulano
Rua	123 XXXX	CEP	00011
Cidade	XXXX	UF	XXXX
Quantia Devida	R$ 246,37	Data de Vencimento	31 out. 2006
Método de Desembolso	Cheque X TEF	Quantia Incluída	

Resumo do Empréstimo

Nº do Empréstimo	Saldo	Taxa
E100	R$ 10.000	8,5%
E101	R$ 10.000	8,2%

Apenas para Uso Interno

Data do Pagamento:

---

por extrato de conta. As figuras 13.5 e 13.6 exibem exemplos de extrato. A metade superior de um extrato contém o número do extrato, que é único, a quantia devida, a data de vencimento, a quantia paga e o método de desembolso (TEF ou cheque). Se o método de desembolso for cheque (Figura 13.5), o aluno devolve o extrato à Student Loan Limited com o cheque incluído. Nesse caso, a quantia paga é preenchida pelo estudante quando a fatura é devolvida ou pelo pessoal responsável pela entrada de dados da Student Loan Limited quando o extrato é processado. Se o método de desembolso for TEF (Figura 13.6), a quantia paga é mostrada no extrato com a data em que a transferência será feita. A data do pagamento é preenchida pela Student Loan Limited quando o pagamento é recebido. A metade inferior do extrato relaciona a situação de cada empréstimo. Para cada um, são mostrados o número do empréstimo, o saldo a receber e a taxa de juros.

Depois que um pagamento é recebido, a Student Loan Limited deduz o pagamento da quantia principal do saldo pendente do empréstimo. O pagamento é dividido proporcionalmente entre cada empréstimo a receber de acordo com um programa de pagamento. Se o estudante pagar um valor maior do que a quantia especificada, a quantia excedente pode ser deduzida de diversas maneiras. Por exemplo, o empréstimo com a taxa de juros mais alta é reduzido primeiro, ou todos

FIGURA 13.6
Exemplo de Extrato de Conta para Pagamento por TEF

Extrato de Conta

Nº do Extrato	F101	Data	1º nov. 2006
Nº do Estudante	E100	Nome	Fulano
Rua	123 XXXX	CEP	00011
Cidade	XXXX	UF	XX
Quantia Devida	R$ 246,37	Data de Vencimento	31 nov. 2006
Método de Desembolso	Cheque X TEF	Quantia Incluída	

Observação: O valor de R$ 246,37 será deduzido de sua conta em 30 nov. 2006.

Resumo do Empréstimo

Nº do Empréstimo	Saldo	Taxa
E100	R$ 9.946,84	8,5%
E101	R$ 9.944,34	8,2%

Apenas para Uso Interno

Data do Pagamento:

FIGURA 13.7
Exemplo de Relatório de Movimentação de Empréstimo

Relatório de Movimentação de Empréstimo

		Data	1º fev. 2007
Nº do Estudante	E100	Nome	Fulano
Rua	123 XXXX	CEP	00011
Cidade	XXXX	UF	XX

Resumo dos Pagamentos em 2005

Nº do Empréstimo	Saldo Inicial	Principal	Juros	Saldo Final
E100	R$ 10.000	160,60	211,37	R$ 9.839,40
E101	R$ 10.000	168,12	203,85	R$ 9.831,88

Apenas para Uso Interno

Data do Pagamento:

os empréstimos são reduzidos igualmente. O método de dedução das quantias extras é determinado de acordo com o plano indicado pelo Departamento de Educação. Assim como outros planos governamentais, este também está sujeito a mudanças. As aplicações de um pagamento aos saldos do empréstimo podem ser vistas comparando-se dois extratos consecutivos. As Figuras 13.5 e 13.6 mostram que o pagamento de R$ 53,16 em outubro de 2006 foi deduzido do empréstimo E100.

Relatório de Movimentação de Empréstimo

Após o final de cada ano, a Student Loan Limited envia a cada estudante um relatório que resume todas as movimentações do empréstimo. Para cada empréstimo, o relatório (Figura 13.7) mostra o saldo do empréstimo no início do ano, a quantia total aplicada para reduzir o principal, o total de juros pago e o saldo do empréstimo ao final do ano. A Student Loan Limited é obrigada a manter cópia dos relatórios de movimentação para o caso de o fiador precisar rever o processamento de empréstimos de um determinado estudante.

Nova Tecnologia
Para diminuir a quantidade de papel, a Student Loan Limited está interessada em digitalizar os documentos (as cartas de divulgação e os relatórios de movimentação de empréstimo exigidos pelos fiadores). Após a digitalização dos documentos, a empresa gostaria de armazenar os documentos recentes no banco de dados de empréstimo a estudantes e os documentos mais antigos no arquivo morto.

13.2 Modelagem Conceitual de Dados

As fases da modelagem conceitual de dados usam a abordagem da integração incremental porque o exemplo não é tão grande e os formulários estão relacionados. A integração incremental começa com o formulário de concessão de empréstimo porque ele ativa o envolvimento da Student Loan Limited com um determinado empréstimo.

13.2.1 DER de um Formulário de Concessão de Empréstimo

O formulário de concessão de empréstimo contém dois nós, como mostrado na Figura 13.8. O nó filho contém os campos iterados do desembolso. O tipo de entidade *Emprestimo* é o centro do DER, como mostrado na Figura 13.9. Os tipos de entidade ao redor (*Fiador*, *Financiador*, *Instituicao* e *Estudante*) e os relacionamentos associados são derivados do nó pai. A cardinalidade mínima é 0 de *Emprestimo* para *Fiador*, porque alguns empréstimos não têm um fiador (o financiador cumpre esse papel). O tipo de entidade *LinhaDesembolso* e o relacionamento associado são derivados do nó filho. A Tabela 13.1 mostra as suposições correspondentes aos comentários na Figura 13.9.

13.2.2 Integração Incremental Depois de Adicionada a Carta de Divulgação

A carta de divulgação contém apenas um nó (Figura 13.10) porque não possui grupos iterados. A Figura 13.11 exibe o DER integrado, cujas suposições são mostradas na Tabela 13.2. O DER na Figura 13.11 pressupõe que as imagens podem ser armazenadas no banco de dados. Contudo, os campos particulares de uma carta de divulgação não são armazenados. O

FIGURA 13.8
Estrutura do Formulário de Concessão de Empréstimo

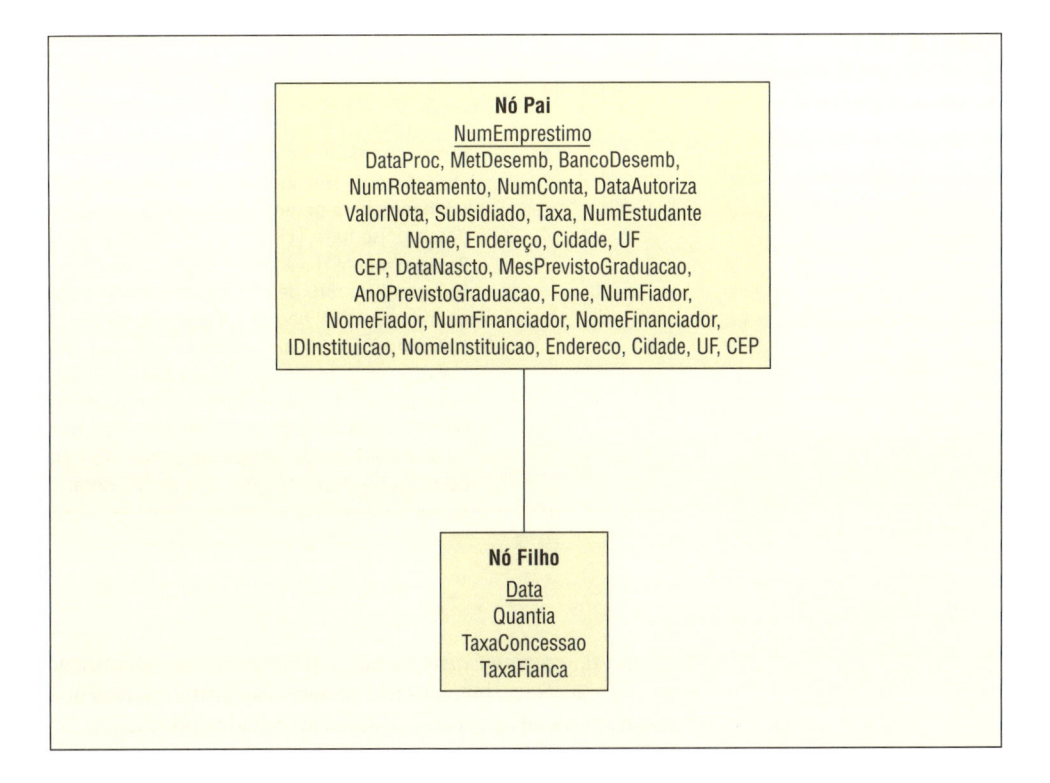

Nó Pai
NumEmprestimo
DataProc, MetDesemb, BancoDesemb,
NumRoteamento, NumConta, DataAutoriza
ValorNota, Subsidiado, Taxa, NumEstudante
Nome, Endereço, Cidade, UF
CEP, DataNascto, MesPrevistoGraduacao,
AnoPrevistoGraduacao, Fone, NumFiador,
NomeFiador, NumFinanciador, NomeFinanciador,
IDInstituicao, NomeInstituicao, Endereco, Cidade, UF, CEP

Nó Filho
Data
Quantia
TaxaConcessao
TaxaFianca

FIGURA 13.9
DER de um Formulário de Concessão de Empréstimo

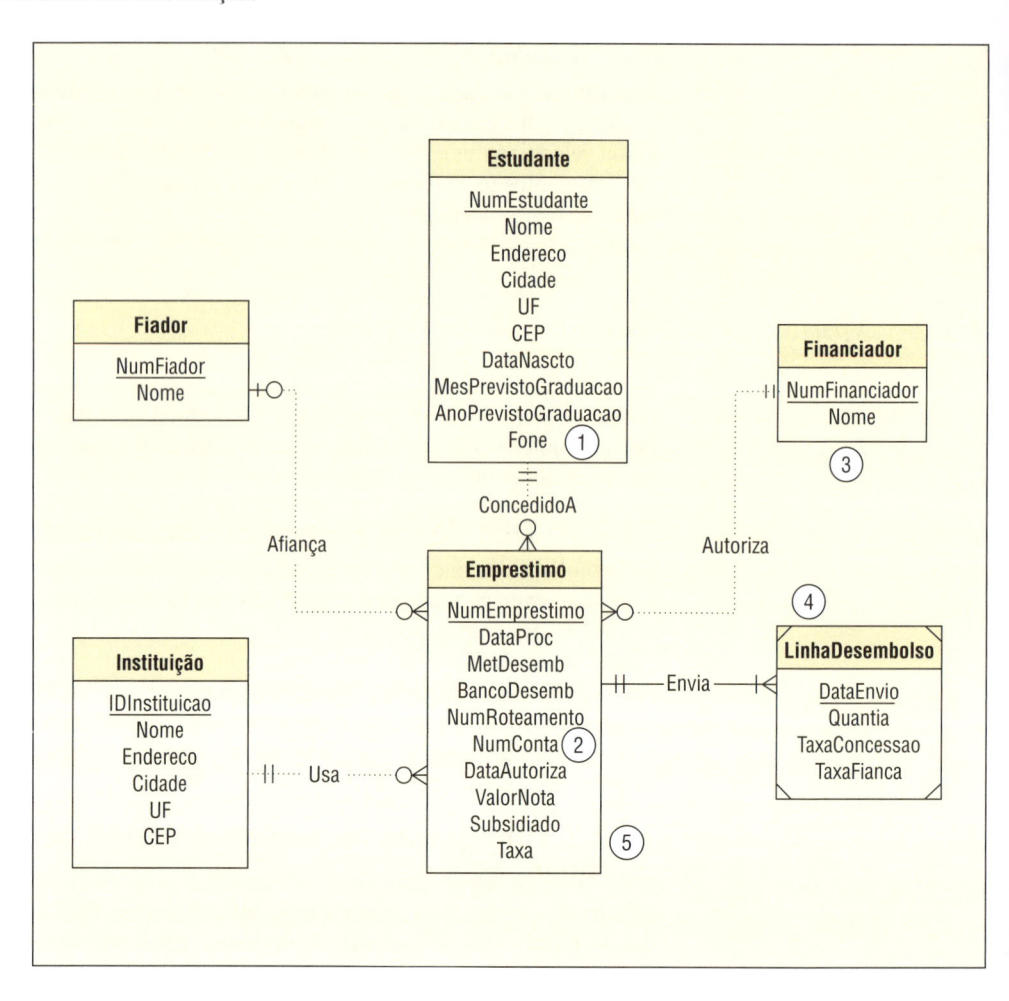

TABELA 13.1
Suposições sobre o DER da Figura 13.9

Número da Observação	Explicação
1	Os campos da expectativa de graduação podem ser agrupados em um único campo ou mantidos como dois campos.
2	O número do roteamento (*NumRoteamento*), o número da conta (*NumConta*) e o banco para desembolso (*BancoDesemb*) são necessários se o método de desembolso for a TEF. Do contrário, eles não são usados.
3	Provavelmente deve haver outros dados armazenados sobre os financiadores e fiadores. Pelo fato de o formulário mostrar apenas o número de identificação e o nome, o DER não inclui atributos extras.
4	*LinhaDesembolso* é uma identificação que depende de *Emprestimo*. Pelo fato de *LinhaDesembolso.DataEnvio* ser uma chave local, não é possível haver dois desembolsos do mesmo empréstimo na mesma data. A chave primária de *LinhaDesembolso* é uma concatenação de *NumEmprestimo* e *DataEnvio*.
5	A soma da quantia, da taxa de concessão e da taxa de fiança no plano de desembolso deve ser igual ao valor da nota.

campo único *NumCarta* foi adicionado como um identificador conveniente de uma carta de divulgação. Se as imagens não puderem ser armazenadas no banco de dados, alguns dos campos na carta talvez precisem ser armazenados porque são difíceis de calcular.

FIGURA 13.10
Estrutura da Carta de Divulgação

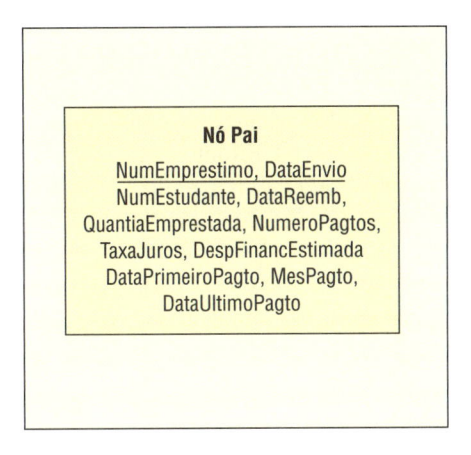

Nó Pai

NumEmprestimo, DataEnvio
NumEstudante, DataReemb,
QuantiaEmprestada, NumeroPagtos,
TaxaJuros, DespFinancEstimada
DataPrimeiroPagto, MesPagto,
DataUltimoPagto

FIGURA 13.11
DER Depois de Adicionada a Carta de Divulgação

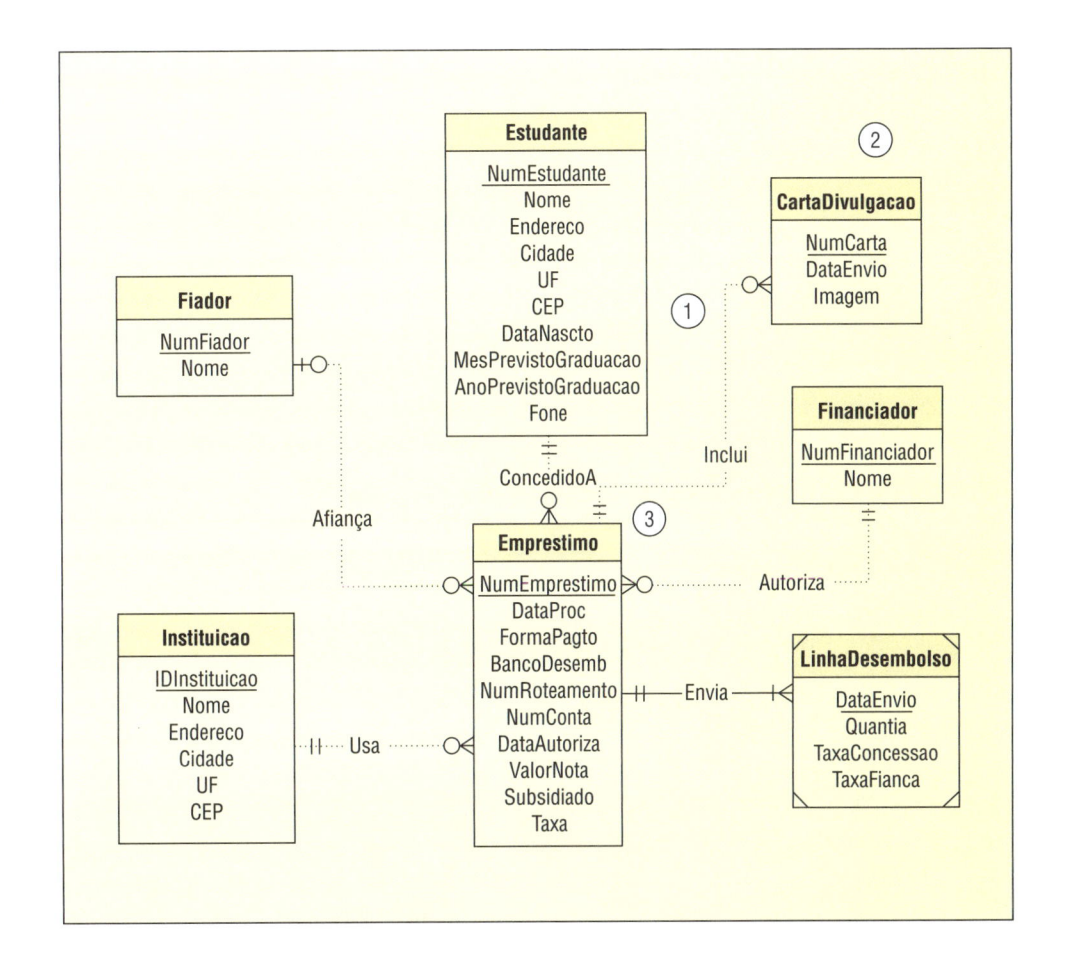

Estudante
- NumEstudante
- Nome
- Endereco
- Cidade
- UF
- CEP
- DataNascto
- MesPrevistoGraduacao
- AnoPrevistoGraduacao
- Fone

CartaDivulgacao ②
- NumCarta
- DataEnvio
- Imagem

Fiador
- NumFiador
- Nome

Financiador
- NumFinanciador
- Nome

Emprestimo
- NumEmprestimo
- DataProc
- FormaPagto
- BancoDesemb
- NumRoteamento
- NumConta
- DataAutoriza
- ValorNota
- Subsidiado
- Taxa

Instituicao
- IDInstituicao
- Nome
- Endereco
- Cidade
- UF
- CEP

LinhaDesembolso
- DataEnvio
- Quantia
- TaxaConcessao
- TaxaFianca

Relacionamentos: Afiança, ConcedidoA, Inclui ①, Autoriza, Envia, Usa ③

TABELA 13.2
Suposições sobre o DER na Figura 13.11

Número da Observação	Explicação
1	O relacionamento entre *CartaDivulgacao* e *Emprestimo* permite inúmeras cartas por empréstimo. Como afirmado no exemplo, inúmeras cartas de divulgação podem ser enviadas em razão do mesmo empréstimo.
2	O campo *Imagem* contém uma cópia digitalizada da carta. O fiador pode exigir uma cópia dessa carta, se o empréstimo passar por auditoria. Como alternativa de armazenamento da cópia, um indicador do local físico poderia ser armazenado se a tecnologia de criação de imagens não for empregada.
3	A cardinalidade mínima de 0 é necessária porque o plano de pagamento só é criado quando o aluno se desligar da escola.

13.2.3 Integração Incremental Depois de Adicionado o Extrato de Conta

O extrato de conta contém ambos os nós, pai e filho (Figura 13.12), porque possui um grupo repetitivo. A Figura 13.13 mostra o DER integrado, cujas suposições são mostradas na Tabela 13.3. O relacionamento *Aplicado* na Figura 13.13 representa o relacionamento pai–filho na

FIGURA 13.12
Estrutura do Extrato de Conta

Nó Pai
NumExtrato
DataExtrato, NomeEstudante,
Nome, Endereco, Cidade, UF
CEP, DataDevida, QuantiaAnexada,
MetDesemb, QuantiaDevida

Nó Filho
NumEmprestimo
Saldo
Taxa

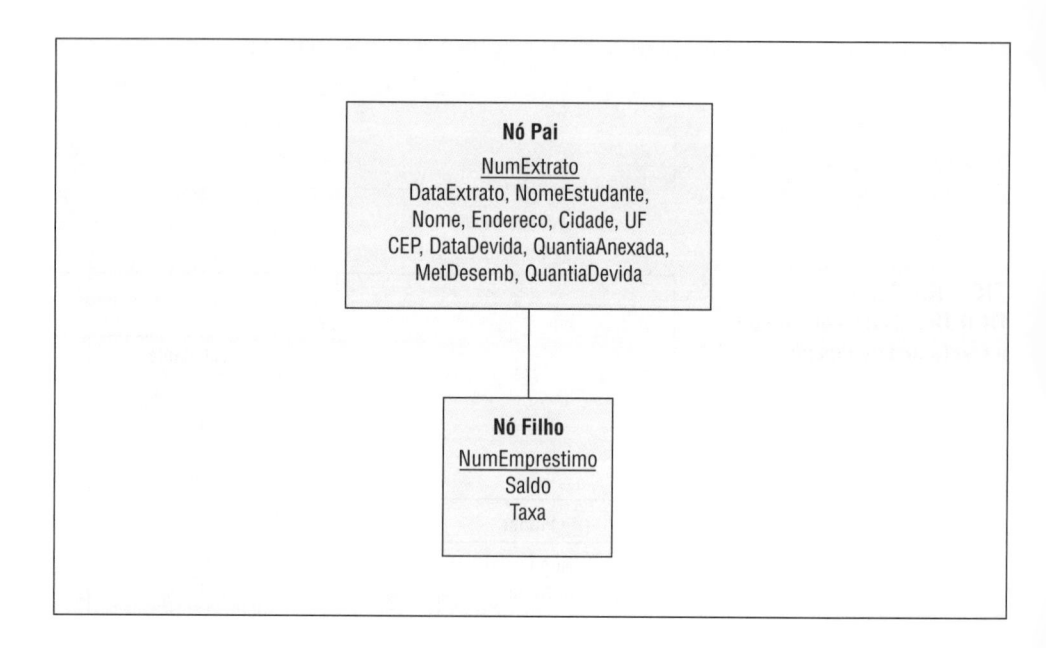

FIGURA 13.13 DER Depois de Adicionado o Extrato de Conta

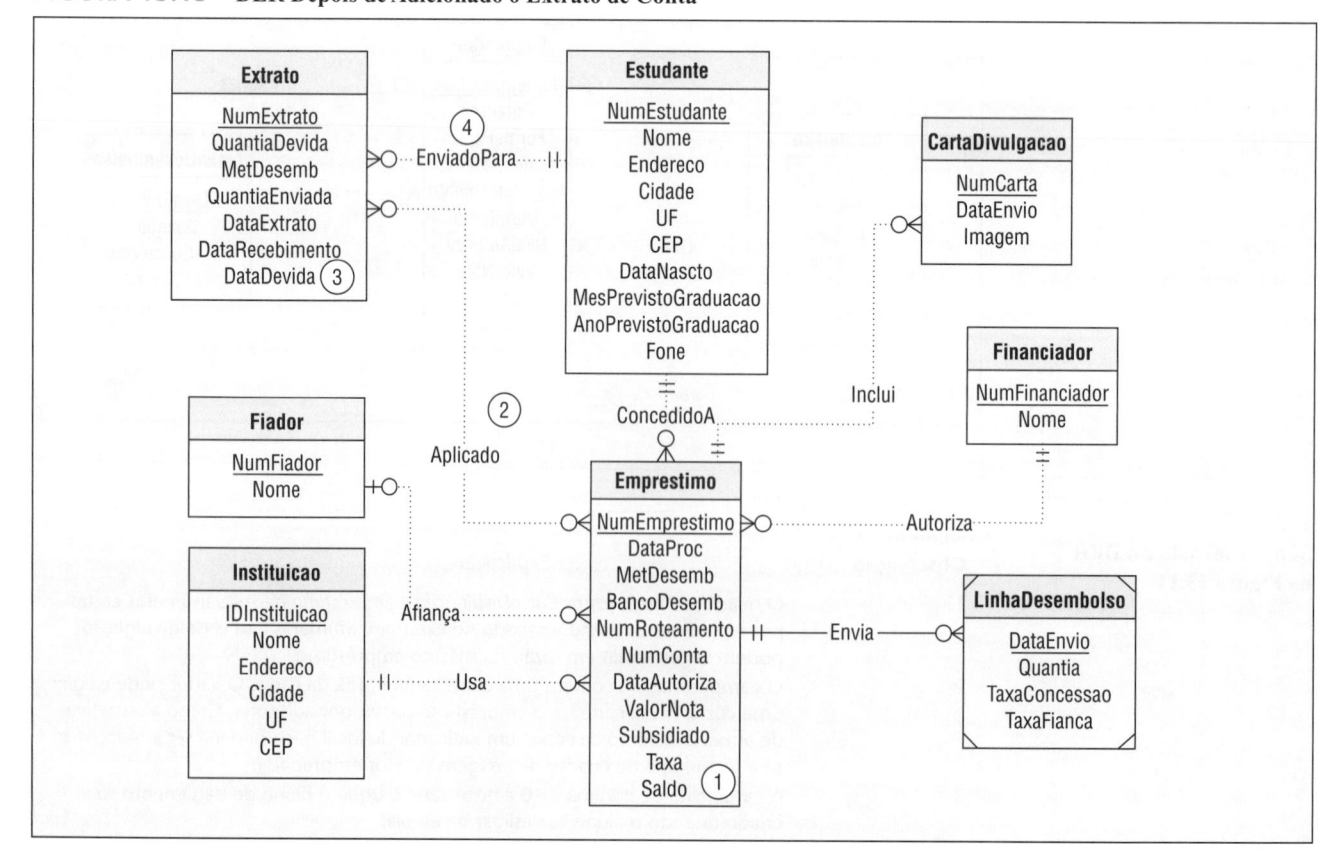

Extrato
NumExtrato
QuantiaDevida
MetDesemb
QuantiaEnviada
DataExtrato
DataRecebimento
DataDevida ③

Estudante
NumEstudante
Nome
Endereco
Cidade
UF
CEP
DataNascto
MesPrevistoGraduacao
AnoPrevistoGraduacao
Fone

CartaDivulgacao
NumCarta
DataEnvio
Imagem

Fiador
NumFiador
Nome

Instituicao
IDInstituicao
Nome
Endereco
Cidade
UF
CEP

Emprestimo
NumEmprestimo
DataProc
MetDesemb
BancoDesemb
NumRoteamento
NumConta
DataAutoriza
ValorNota
Subsidiado
Taxa
Saldo ①

Financiador
NumFinanciador
Nome

LinhaDesembolso
DataEnvio
Quantia
TaxaConcessao
TaxaFianca

Relacionamentos: EnviadoPara ④, ConcedidoA ②, Inclui, Aplicado, Afiança, Usa, Autoriza, Envia

TABELA 13.3
Suposições sobre o DER na Figura 13.13

Número da Observação	Explicação
1	*Saldo* é adicionado como um campo que reflete o resumo do empréstimo em um extrato. O saldo reflete o último pagamento efetuado sobre um empréstimo.
2	O relacionamento *Aplicado* é criado ao mesmo tempo que o extrato. Entretanto, os campos do principal e dos juros só são atualizados depois que um pagamento é recebido. Os atributos (*Principal, Juros, PrincipalAcumulado* e *JurosAcumulados*) do relacionamento aplicado não são mostrados no diagrama para diminuir a confusão. *PrincipalAcumulado* e *JurosAcumulados* são colunas derivadas que facilitam o relatório de movimentação de empréstimo.
3	No método de desembolso TEF, outros atributos, como número do roteamento e número da conta, podem ser necessários em *Extrato*. Visto que esses atributos não são mostrados em um extrato, eles são omitidos do tipo de entidade *Extrato*.
4	O relacionamento *EnviadoPara* é redundante. Ele pode ser derivado dos relacionamentos *Aplicado* e *ConcedidoA*. Se o tempo para derivar o relacionamento *EnviadoPara* não for demasiado, ele pode cair para uma posição inferior.

FIGURA 13.14
Estrutura do Relatório de Movimentação de Empréstimo

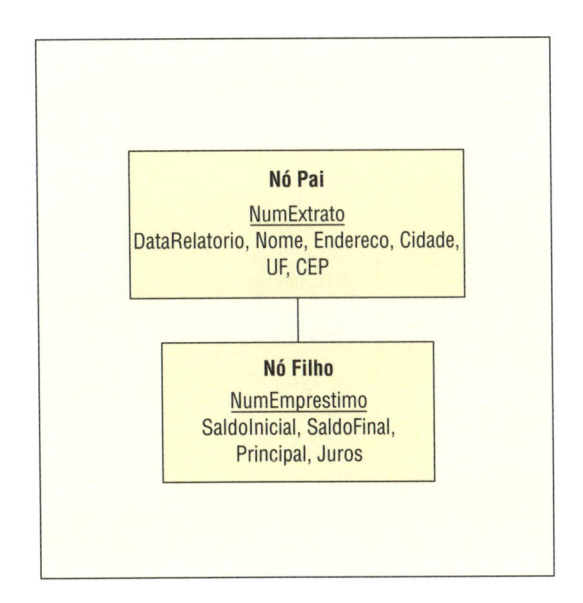

```
┌─────────────────────────────────────┐
│                                     │
│         ┌─────────────────────┐     │
│         │      Nó Pai         │     │
│         │   NumExtrato        │     │
│         │ DataRelatorio, Nome,│     │
│         │ Endereco, Cidade,   │     │
│         │    UF, CEP          │     │
│         └──────────┬──────────┘     │
│                    │                │
│         ┌──────────┴──────────┐     │
│         │      Nó Filho       │     │
│         │   NumEmprestimo     │     │
│         │ SaldoInicial,       │     │
│         │ SaldoFinal,         │     │
│         │ Principal, Juros    │     │
│         └─────────────────────┘     │
│                                     │
└─────────────────────────────────────┘
```

hierarquia do formulário. A cardinalidade mínima é 0 de *Emprestimo* para *Extrato* porque só é aplicada uma quantia a um empréstimo depois que ele entra na situação de pagamento.

13.2.4 Integração Incremental Depois de Adicionado o Relatório de Movimentação de Empréstimo

O relatório de movimentação de empréstimo contém ambos os nós, pai e filho (Figura 13.14), porque ele possui um grupo repetitivo. A Figura 13.15 mostra o DER, cujas suposições são mostradas na Tabela 13.4. Como o DER da carta de divulgação (Figura 13.11), o DER na Figura 13.15 pressupõe que as imagens podem ser armazenadas no banco de dados. Portanto, os campos particulares de um relatório de movimentação de empréstimo não são armazenados. O campo único *NumRelatorio* foi adicionado como um identificador conveniente de um relatório de movimentação. Se as imagens não puderem ser armazenadas no banco de dados, alguns dos campos no relatório de movimentação de empréstimo talvez precisem ser armazenados porque são difíceis de calcular.

FIGURA 13.15 Suposições sobre o DER da Figura 13.15

Extrato
- NumExtrato
- QuantiaDevida
- MetDesemb
- QuantiaEnviada
- DataExtrato
- DataRecebimento
- DataDevida

Estudante
- NumEstudante
- Nome
- Endereco
- Cidade
- UF
- CEP
- DataNascto
- MesPrevistoGraduacao
- AnoPrevistoGraduacao
- Fone

MovimentacaoEmprestimo ①
- NumRelatorio
- DataEnvio
- Imagem ②

CartaDivulgacao
- NumCarta
- DataEnvio
- Imagem

Financiador
- NumFinanciador
- Nome

Fiador
- NumFiador
- Nome

Instituicao
- IDInstituicao
- Nome
- Endereco
- Cidade
- UF
- CEP

Emprestimo
- NumEmprestimo
- DataProc ③
- MetDesemb
- BancoDesemb
- NumRoteamento
- NumConta
- DataAutoriza
- ValorNota
- Subsidiado
- Taxa
- Saldo

LinhaDesembolso
- DataEnvio
- Quantia
- TaxaConcessao
- TaxaFianca

Relacionamentos: EnviadoPara, EnviadoPara, Aplicado, ConcedidoA, Inclui, Afiança, Autoriza, Envia, Usa

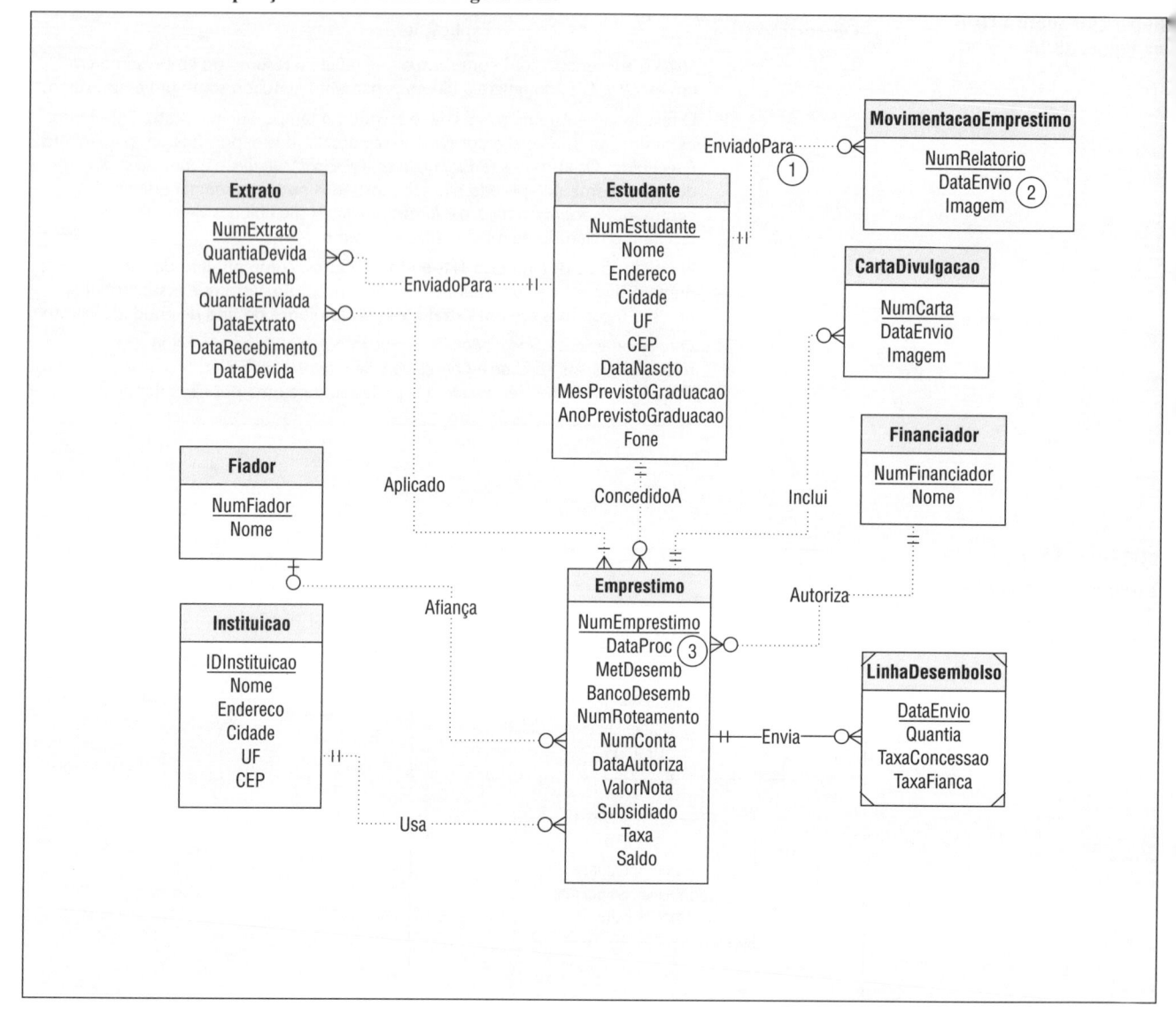

TABELA 13.4 Suposições sobre o DER da Figura 13.15

Número da Observação	Explicação
1	O tipo de entidade *MovimentacaoEmprestimo* não está diretamente relacionado ao tipo de entidade *Emprestimo* porque supõe que um relatório de movimentação resume todos os empréstimos de um estudante.
2	O campo *Imagem* contém uma cópia digitalizada da carta. O fiador pode exigir uma cópia dessa carta, se o empréstimo passar por auditoria. Como alternativa de armazenamento da cópia, um indicador do local físico poderia ser armazenado se a tecnologia de imagens não for empregada.
3	Para tornar o cálculo mais fácil, os campos para o principal e os juros anuais poderiam ser adicionados ao tipo de entidade *Emprestimo*. Esses campos seriam atualizados depois que cada pagamento fosse recebido. Os campos devem ser considerados durante o projeto físico do banco de dados.

13.3 Aprimoramento do Esquema Conceitual

Depois de criar um DER conceitual, você o aprimora aplicando regras de conversão para gerar um projeto inicial de tabelas e usando regras de normalização para remover o excesso de redundâncias de seu projeto inicial de tabelas. Esta seção descreve os aprimoramentos do DER conceitual que geram um ótimo projeto inicial de tabelas para a Student Loan Limited.

13.3.1 Conversão do Esquema

A conversão pode ser realizada por meio das quatro primeiras regras (Capítulo 6), como relacionado na Tabela 13.5. A regra de relacionamento 1-M ideal (Regra 5) poderia ser aplicada ao relacionamento *Afiança*. Entretanto, a quantidade de empréstimos sem fiador parece menor. Por isso, a regra de relacionamento 1-M é usada preferencialmente. A regra de hierarquia de generalização (Regra 6) não é necessária porque o DER (Figura 13.9) não tem nenhuma hierarquia de generalização. O resultado da conversão é exibido na Tabela 13.6 (as chaves primárias estão sublinhadas e as chaves estrangeiras estão em itálico) e na Figura 13.16 (uma representação gráfica das tabelas, das chaves primárias e das chaves estrangeiras).

TABELA 13.5 Regras Usadas para Converter o DER da Figura 13.15

Regra de Conversão	Objetos	Comentários
Regra de tipo de entidade	Tabelas *Estudante, Extrato, Emprestimo, CartaDivulgacao, MovimentacaoEmprestimo, Financiador, Fiador, Instituicao, LinhaDesembolso*	As chaves primárias em cada tabela são idênticas aos tipos de entidade, exceto no caso de *LinhaDesembolso*.
Regra de relacionamento 1-M	*Emprestimo.NumEstudante, Emprestimo.NumFiador, Emprestimo.NumFinanciador, MovimentacaoEmprestimo.NumEstudante, CartaDivulgacao.NumEmprestimo, Extrato.NumEstudante, LinhaDesembolso.NumEmprestimo, Emprestimo.IDInstituicao*	As colunas da chave estrangeira e as restrições de integridade referencial são adicionadas
Regra de relacionamento M-N	Tabela *Aplicação*	Chave primária combinada: *NumExtrato, NumEmprestimo*
Regra de dependência de identificação	Chave primária (*NumEmprestimo, DataEnvio*)	*NumEmprestimo* é adicionado à chave primária da tabela *LinhaDesembolso*.

TABELA 13.6 Lista de Tabela Após a Conversão

Estudante(<u>NumEstudante</u>, Nome, Endereco, Fone, Cidade, UF, CEP, MesPrevistoGraduacao, AnoPrevistoGraduacao, DataNascto)
Financiador(<u>NumFinanciador</u>, Nome)
Fiador(<u>NumFiador</u>, Nome)
Instituicao(<u>IDInstituicao</u>, Nome, Endereco, Cidade, UF, CEP)
Emprestimo(<u>NumEmprestimo</u>, DataProc, MetDesemb, BancoDesemb, NumRoteamento, NumConta, DataAutoriza, ValorNota, Subsidiado, Taxa, Saldo, NumEstudante, IDInstituicao, NumFiador, NumFinanciador)
CartaDivulgacao(<u>NumCarta</u>, DataEnvio, Imagem, NumEmprestimo)
MovimentacaoEmprestimo(<u>NumRelatorio</u>, DataEnvio, Imagem, NumEstudante)
LinhaDesembolsoExtrato(NumExtrato, DataEnvio, Quantia, TaxaConcessao, TaxaFianca)
(<u>NumExtrato</u>, QuantiaDevida, FormaPagto, QuantiaEnviada, DataExtrato, DataRecebimento, DataDebito, NumEstudante)
Aplicado(<u>NumEmprestimo, NumExtrato</u>, Principal, Juros, PrincipalAcumulado, JurosAcumulados)

FIGURA 13.16
Diagrama de Modelo Relacional do Projeto Inicial de Tabelas

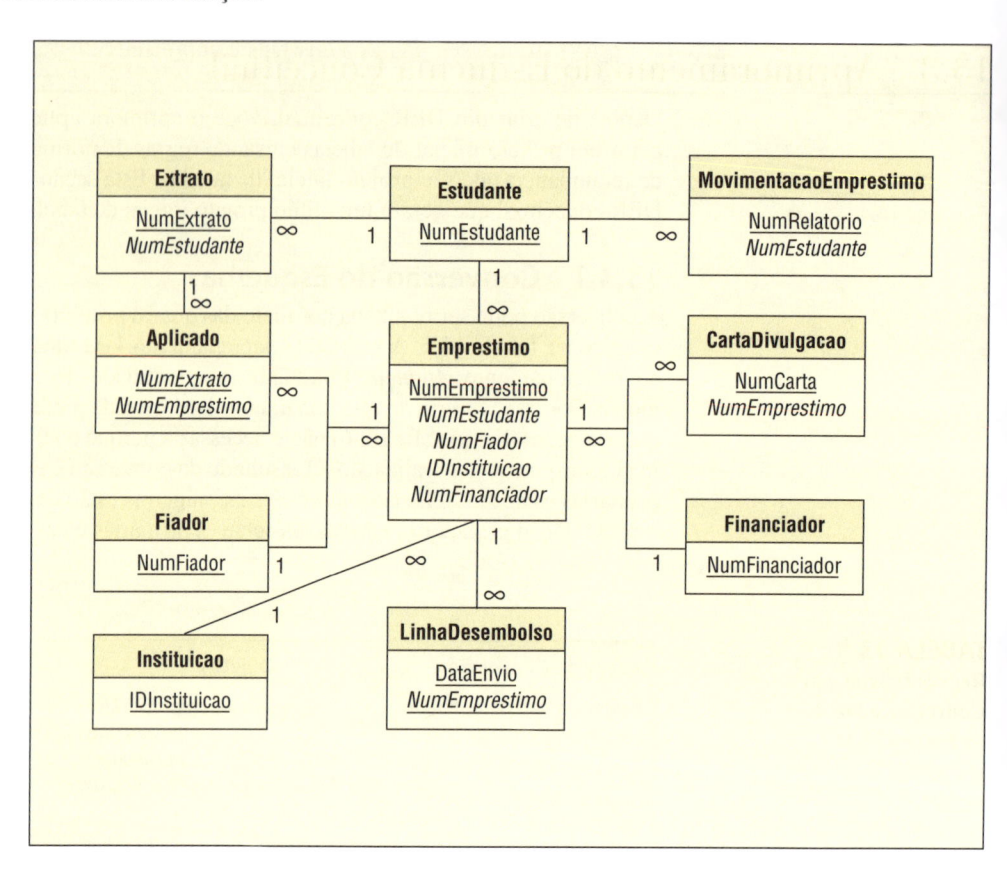

TABELA 13.7
Lista de Dependências Funcionais (DFs)

Tabela	DFs
Estudante	NumEstudante → Nome, Endereco, Cidade, UF, CEP, MesPrevistoGraduacao, AnoPrevistoGraduacao, DataNascto, Fone; CEP → UF
Financiador	NumFinanciador → Nome
Fiador	NumFiador → Nome
Instituicao	IDInstituicao → Nome, Endereco, Cidade, UF, CEP; CEP → Cidade, UF
Emprestimo	NumEmprestimo → DataProc, MetDesemb, BancoDesemb, NumRoteamento, NumConta, DataAutoriza, ValorNota, Subsidiado, Taxa, Saldo, NumEstudante, IDInstituicao, NumFiador, NumFinanciador; NumRoteamento → BancoDesemb
CartaDivulgação	NumCarta → DataEnvio, Imagem, NumEmprestimo; NumEmprestimo, DataEnvio → NumCarta, Imagem
RelatorioEmprestimo	NumRelatorio → DataEnvio, Imagem, NumEstudante; NumEstudante, DataEnvio → NumRelatorio, Imagem
LinhaDesembolso	NumEmprestimo, DataEnvio → Quantia, TaxaConcessao, TaxaFianca
Extrato	NumExtrato → QuantiaDevida, MetDesemb, QuantiaEnviada, DataExtrato, DataRecebimento, DataDebito, NumEstudante
Aplicado	NumEmprestimo, NumExtrato → Principal, Juros, PrincipalAcumulado, JurosAcumulados

13.3.2 Normalização

As tabelas resultantes do processo de conversão ainda podem conter redundâncias. Para eliminá-las, você deve relacionar as DFs para cada tabela e aplicar as regras de normalização ou o procedimento de síntese básico. A Tabela 13.7 relaciona as DFs para cada tabela.

Em virtude de a maioria dos DFs compreender uma chave primária no lado esquerdo, não há muito trabalho de normalização. Contudo, as tabelas *Emprestimo*, *Estudante* e *Instituicao* violam a forma normal de Boyce-Codd (FNBC), na medida em que essas tabelas têm determinantes que não são chaves candidatas. As tabelas *CartaDivulgacao* e *RelatorioEmprestimo* não violam a FNBC porque todos os determinantes são chaves candidatas. Pelo fato de as tabelas violarem a FNBC, apresentamos aqui explicações e opções para dividir as tabelas:

- *Estudante* não está na FNBC por causa da DF com *CEP*. Se a Student Loan Limited quiser atualizar os códigos de endereçamento postal dos estudantes, deve ser adicionada uma tabela distinta.
- *Emprestimo* não está na FNBC por causa da DF envolvendo *NumRoteamento*. Se a Student Loan Limited quiser atualizar os bancos independentemente dos empréstimos, deve ser criada uma tabela distinta.
- *Instituicao* não está na FNBC por causa da DF com *CEP*. Se a Student Loan Limited quiser atualizar os códigos de endereçamento postal das instituições, deve ser adicionada uma tabela distinta. Apenas uma tabela de código de endereçamento postal é necessária para *Estudante* e *Instituicao*.

No projeto de tabela modificado (Figura 13.17), a tabela *CEP* e a tabela *Banco* são adicionadas para remover as redundâncias. O Apêndice 13.B mostra as instruções CREATE TABLE com uma lista modificada de tabelas. As ações de exclusão e atualização estão também incluídas no Apêndice 13.B. Para a maioria das chaves estrangeiras, as exclusões são restritas porque as tabelas pai e filho correspondentes não estão intimamente relacionadas. Por exemplo, as exclusões são restritas para a chave estrangeira *Emprestimo.IDInstituicao* porque as tabelas *Instituicao* e *Emprestimo* não estão intimamente relacionadas. Em contraposição, as exclusões são feitas em cascata no caso da chave estrangeira *LinhaDesembolso.NumEmpres-*

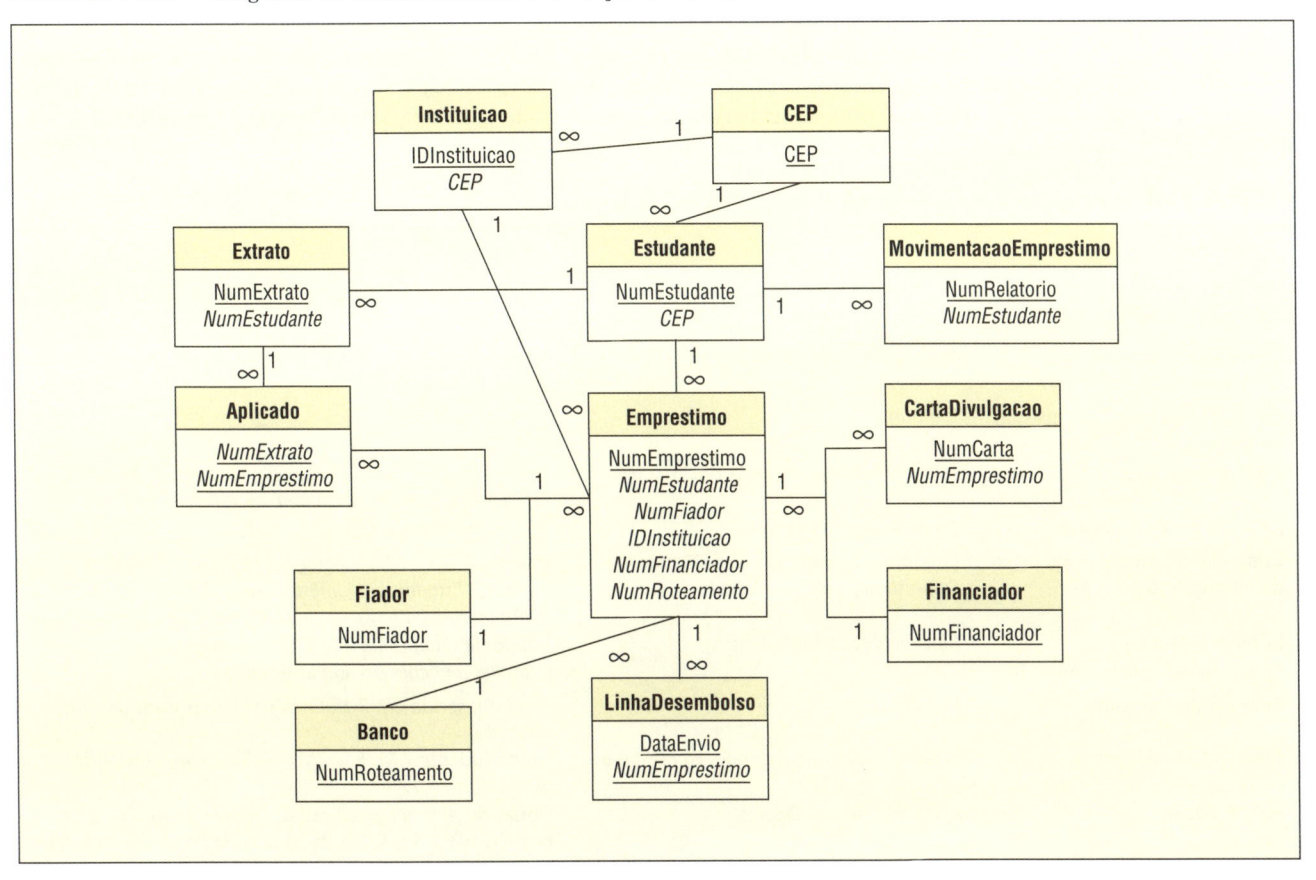

FIGURA 13.17 Diagrama de Modelo Relacional do Projeto de Tabela Modificado

timo porque as linhas de desembolso dependem de identificação no empréstimo relacionado. As exclusões são também feitas em cascata no caso da chave estrangeira *Aplicado.NumExtrato* porque as linhas aplicadas representam as linhas de instrução que não têm nenhum significado sem a instrução. A ação de atualização da maioria das chaves estrangeiras foi configurada para ser feita em cascata para permitir que os valores das chaves primárias sejam alterados facilmente.

13.4 Projeto Físico de Banco de Dados e Desenvolvimento de Aplicações

Depois de ter produzido um bom projeto de tabela, você está preparado para implementar o banco de dados. Esta seção descreve as decisões de um projeto físico de banco de dados, incluindo a seleção de índices, dados derivados e desnormalização do banco de dados da Student Loan Limited. Antes de descrever essas decisões, definimos os perfis de tabela e aplicação. Após a apresentação das decisões de um projeto físico de banco de dados, descrevemos o desenvolvimento de aplicações de alguns formulários e relatórios como forma de verificar cuidadosamente o desenvolvimento do banco de dados.

13.4.1 Perfis da Aplicação e das Tabelas

Para esclarecer a respeito do uso antecipado do banco de dados, os documentos descritos na Seção 13.1 são divididos em aplicações de acesso ao banco de dados, como resumido na Tabela 13.8. As aplicações separadas são associadas ao formulário de concessão de empréstimo. A verificação de dados exige a possibilidade de recuperação para a certificação de que o estudante, o financiador, a instituição e o fiador existem. Se um estudante não existir, uma nova linha é adicionada. A criação de um empréstimo requer a inserção de uma linha na tabela *Emprestimo* e de várias linhas na tabela *LinhaDesembolso*. Para os outros documentos, existe uma aplicação para criar o documento e recuperá-lo. Para extratos de conta, existe também uma aplicação para atualizar as tabelas *Aplicado* e *Emprestimo* quando os pagamentos são recebidos.

Para tomar decisões a respeito de um projeto físico de banco de dados, a importância relativa das aplicações deve ser especificada. As freqüências na Tabela 13.9 pressupõem 100.000 novos empréstimos por ano e 100.000 estudantes ao ano no reembolso. As aplicações de concessão de empréstimo e as aplicações de extrato de conta dominam o fluxo de trabalho. As freqüências comuns (por ano) são suficientes para indicar a importância relativa

TABELA 13.8 Características das Aplicações

Aplicação	Tabelas	Condições
Verificar dados (para concessão de empréstimo)	*Estudante, Financiador, Instituicao, Fiador*	NumEstudante = $X; NumFinanciador = $Y; IDInstituicao = $Z; NumFiador = $W
Criar empréstimo (para concessão de empréstimo)	*Emprestimo, LinhaDesembolso*	1 linha inserida em *Emprestimo*; várias linhas inseridas em *LinhaDesembolso*
Criar estudante (para concessão de empréstimo)	*Estudante*	1 linha inserida
Criar carta de divulgação	*Estudante, Emprestimo, CartaDivulgacao*	Insere linha em *CartaDivulgacao*; recupera linhas de *Estudante* e *Emprestimo* (NumEmprestimo = $X)
Exibir carta de divulgação	*CartaDivulgacao*	NumEmprestimo = $X
Criar relatório de movimentação de empréstimo	*Estudante, Emprestimo, Movimentacao Emprestimo, Aplicado, Extrato*	Insere linha em *MovimentaçãoEmprestimo*; recupera linhas de *Estudante* (NumEstudante = $X) e *Extrato* (DataRecebimento no ano anterior)
Exibir relatório de movimentação de empréstimo	*MovimentacaoEmprestimo*	*Estudante* (NumEstudante = $X) e *Extrato* (DateRecebimento no ano anterior)
Criar extrato de conta	*Extrato*	1 linha inserida em *Extrato*; várias linhas inseridas em *Aplicado*
Exibir extrato de conta	*Extrato, Estudante, Aplicado, Emprestimo*	NumEstudante = $X E <u>DataEnvio</u> $Y; às vezes usando NumExtrato = $Z
Aplicar pagamento	*Aplicado, Extrato, Emprestimo*	Linhas de *Aplicado* atualizadas; NumEmprestimo = $X E NumExtrato = $Y; *Saldo* atualizado na tabela *Emprestimo*

TABELA 13.9
Freqüência das Aplicações

Aplicação	Freqüência	Comentários
Verificar dados	100.000/ano	A maior parte da movimentação ocorre no começo do trimestre.
Criar empréstimo	100.000/ano	A maior parte da movimentação ocorre no começo do trimestre.
Criar estudante	20.000/ano	A maioria dos estudantes é repetição.
Criar carta de divulgação	50.000/ano	Distribui-se uniformemente ao longo do ano.
Exibir carta de divulgação	5.000/ano	Distribui-se uniformemente ao longo do ano.
Criar relatório de movimentação de empréstimo	30.000/ano	Processamento no fim do ano.
Exibir relatório de movimentação de empréstimo	5.000/ano	Distribui-se uniformemente ao longo do ano.
Criar extrato de conta	100.000/ano	Uma vez por mês.
Exibir extrato de conta	10.000/ano	Distribui-se uniformemente ao longo do ano.
Aplicar pagamento	100.000/ano	Distribui-se uniformemente ao longo do mês.

TABELA 13.10
Perfis de Tabela

Tabela	Número de Linhas	Coluna (Número de Valores Exclusivos)
Estudante	100.000	NumEstudante (PK), Nome (99.000), Endereco (90.000), Cidade (1.000), CEP (1.000), DataNascto (365), MesPrevistoGraduacao (12), AnoPrevistoGraduacao (10)
Emprestimo	300.000	NumEmprestimo (PK), DataProc (350), MetDesemb (3), BancoDesemb (3.000), NumRoteamento (3.000), NumConta (90.000), DataAutoriza (350), ValorNota (1.000), Subsidiado (2), Taxa (1.000), Saldo (10.000), NumEstudante (100.000), IDInstituicao (2.000), NumFiador (100), NumFinanciador (2.000)
Instituicao	2.000	DInstituicao (PK), Nome (2.000), Endereco (2.000), Cidade (500), UF (50), CEP (500)
CartaDivulgacao	1.000.000	NumCarta (PK), DataEnvio (350), Imagem (1.000.000), NumEmprestimo (300.000)
Extrato	2.000.000	NumExtrato (PK), QuantiaDevida (100.000), MetDesemb (3), QuantiaEnviada (200.000), DataExtrato (350), DataRecebimento (350), DataDebito (350), NumEstudante (100.000)
Fiador	100	NumFiador (PK), Nome (100)
Banco	3.000	NumRoteamento (PK), BancoDesemb (3.000)
LinhaDesembolso	900.000	NumEmprestimo (300.000), DataEnvio (350), Quantia (5.000), TaxaConcessao (5.000), TaxaFianca (5.000)
Aplicado	6.000.000	NumEmprestimo (300.000), NumExtrato (2.000.000), Principal (100.000), Juros (1.000.000)
CEP	1.000	CEP (PK), UF (50)
Financiador	2.000	NumFinanciador (PK), Nome (2.000)

das aplicações. Uma especificação mais refinada (por exemplo, por mês ou dia) pode ser necessária para programar o trabalho e, desse modo, organizar o processamento em lote, em vez de o processamento *on-line*. Por exemplo, as aplicações que compreendem os formulários de concessão de empréstimo podem ser processadas em lote, em vez de *on-line*.

Após a definição dos perfis de aplicação, podem-se definir os perfis de tabela. O volume de alterações (inserções, atualizações e exclusões) pode ajudar na avaliação dos perfis de tabela. Além disso, você deve usar estatísticas dos sistemas existentes e entrevistas com as pessoas-chave da aplicação para facilitar as avaliações. A Tabela 13.10 oferece uma visão geral dos perfis. Mais detalhes sobre as distribuições de coluna e as distribuições de relacionamento podem ser adicionados depois que o sistema estiver parcialmente populado.

13.4.2 Seleção de Índices

Você pode selecionar índices usando perfis de aplicação e as regras descritas no Capítulo 8. Para elucidar o processo de seleção, consideremos primeiramente a necessidade de recuperação, antes da necessidade de manipulação. Lembre-se de que as regras de 1 a 5 (Capítulo 8) compreendem a seleção de índices por necessidade de recuperação. A lista a seguir apresenta opções de índice proveitosas para esse propósito:

- Os índices nas chaves primárias das tabelas *Estudante*, *Financiador*, *Instituicao*, *CartaDivulgacao*, *MovimentacaoEmprestimo*, *Extrato* e *Banco* dão suporte às aplicações verificar empréstimo, exibir carta de divulgação, exibir relatório de movimentação de empréstimo e exibir extrato de conta.
- Um índice não-clusterizado sobre o nome do estudante pode ser uma boa opção para fornecer suporte à recuperação de extratos de conta e relatórios de movimentação de empréstimo.
- Para dar suporte às junções, os índices não-clusterizados nas chaves estrangeiras *Emprestimo.NumEstudante*, *Extrato.NumEstudante*, *Aplicado.NumEmprestimo* e *Aplicado.Num Extrato* podem ser úteis. Por exemplo, um índice em *Emprestimo. NumEstudante* facilita a junção das tabelas *Estudante* e *Emprestimo* quando fornecido um valor *NumEstudante* específico.

Pelo fato de as tabelas *Aplicado* e *Emprestimo* sofrerem muitas modificações, você deve agir com cuidado em relação aos índices sobre os campos componentes. Entretanto, alguns fatores atenuadores podem neutralizar o impacto das modificações. As atualizações na aplicação de deduzir pagamento não influem nos campos da chave estrangeira nessas tabelas. O processamento em lote pode reduzir o impacto das inserções nas tabelas *Emprestimo* e *Aplicado*. As aplicações criar empréstimo e criar extrato de conta podem ser executadas em lote porque os formulários de concessão de empréstimo são recebidos em lote e os extratos de conta podem ser produzidos em lote. Se os índices forem muito pesados para serem processados em lote, é possível suspendê-los antes do processamento em lote e recriá-los ao final do processamento.

A Tabela 13.11 apresenta opções de índice com base na discussão anterior. As opções pressupõem que os índices da chave estrangeira nas tabelas *Aplicado* e *Emprestimo* não impedem inserções. Um exame mais acurado provavelmente será necessário para determinar o impacto dos índices nas inserções, nas tabelas *Emprestimo* e *Aplicado*.

13.4.3 Dados Derivados e Decisões Sobre Desnormalização

Existem alguns dados derivados no projeto de tabela modificado. As colunas *PrincipalAcumulado* e *JurosAcumulados* são derivadas na tabela *Aplicado*. As tabelas *CartaDivulgacao* e *MovimentacaoEmprestimo* têm muitos dados derivados nas colunas de *Imagem*. Em todos esses casos, os dados derivados parecem justificados por causa da dificuldade de calculá-los.

TABELA 13.11
Seleções de Índice para o Projeto de Tabela Modificado

Coluna	Tipo de Índice	Regra
Estudante.NumEstudante	Clusterizado	1
Estudante.Nome	Não-clusterizado	3
Extrato.NumExtrato	Clusterizado	1
CartaDivulgação.NumCarta	Clusterizado	1
Emprestimo. NumEmprestimo	Clusterizado	1
Instituicao.IDInstituicao	Clusterizado	1
Fiador.NumFiador	Clusterizado	1
Financiador.NumFinanciador	Clusterizado	1
MovimentacaoEmprestimo.NumRelatorio	Clusterizado	1
CEP.CEP	Clusterizado	1
Banco.NumRoteamento	Clusterizado	1
Extrato.NumEstudante	Não-clusterizado	2
Emprestimo.NumEstudante	Não-clusterizado	2
Aplicado.NumExtrato	Clusterizado	2
Aplicado.NumEmprestimo	Não-clusterizado	2

A desnormalização pode ser útil para algumas chaves estrangeiras. Se os usuários solicitarem com freqüência o nome, bem como a chave estrangeira, a desnormalização pode ser conveniente para as chaves estrangeiras na tabela *Emprestimo*. Por exemplo, armazenar tanto *NumFinanciador* quanto *NomeFinanciador* na tabela *Emprestimo* viola a FNBC, mas pode diminuir as junções entre as tabelas *Emprestimo* e *Financiador*. O uso do banco de dados deve ser monitorado cuidadosamente para verificar se a tabela *Emprestimo* deve ser desnormalizada adicionando colunas de nome adicionalmente às colunas *NumFinanciador*, *NumFiador*, *IDInstituicao* e *NumRoteamento*. Se o desempenho puder ser melhorado de forma significativa, a desnormalização é uma boa idéia porque as tabelas *Financiador*, *Fiador*, *Instituicao* e *Banco* são relativamente estáticas.

13.4.4 Outras Decisões sobre Implementação

Há inúmeras decisões sobre implementação no processo de desenvolvimento de banco de dados. Visto que essas decisões podem influir significativamente no sucesso do sistema de financiamento, elas são enfatizadas nesta seção.

- Fazer uma conversão bem organizada do sistema antigo para o novo é um fator fundamental. Um dos obstáculos a isso é o volume de processamento. Às vezes, o volume de processamento em um novo sistema pode ser bem maior que no antigo. Uma maneira de atenuar possíveis problemas de desempenho é executar o sistema antigo e o novo em paralelo, transpondo uma carga maior de trabalho para o novo sistema com o decorrer do tempo.
- Uma parte importante do processo de conversão está relacionada aos dados antigos. A conversão dos dados antigos no novo formato normalmente não é difícil, exceto no que concerne à qualidade dos dados. Às vezes, a má qualidade dos dados antigos provoca várias rejeições no processo de conversão, o qual precisa estar apto a rejeitar dados de baixa qualidade porque as rejeições podem exigir extensos reparos manuais.
- O tamanho dos dados de imagem/cópia (relatório de movimentação de empréstimo e cartas de divulgação) pode influir no desempenho do banco de dados. O arquivamento dos dados de imagem pode melhorar o desempenho das imagens que são recuperadas com freqüência.

13.4.5 Desenvolvimento de Aplicações

Para concluir o desenvolvimento do banco de dados, você deve implementar os formulários e os relatórios usados nos requisitos do projeto do banco de dados. A implementação dos formulários e relatórios lhe permite verificar a consistência das fases conceitual e lógica do projeto. Seu projeto de tabela aceita consultas para cada formulário e para cada relatório. Normalmente, as limitações do projeto de tabelas aparecem em conseqüência da implementação de formulários e relatórios. Depois de implementá-los, você deve usá-los em circunstâncias em que a carga de trabalho é normal para garantir um desempenho adequado. É provável que precise ajustar o projeto físico para alcançar um desempenho satisfatório.

Esta seção mostra a implementação dos requisitos de dados de alguns dos formulários e relatórios da Seção 13.1, bem como de um gatilho para manutenção dos dados derivados. A implementação dos requisitos de dados dos outros formulários e relatórios é explorada no fim deste capítulo, na seção de problemas.

Requisitos de Dados do Formulário de Concessão de Empréstimo

A lista a seguir apresenta respostas aos cinco passos da requisição de dados, incluindo as consultas do formulário principal e do subformulário. Como referência, as figuras 13.2 e 13.3 mostram instâncias do formulário de concessão de empréstimo.

- Identificar o relacionamento 1-M por meio do formulário: o relacionamento 1-M une a tabela *Emprestimo* à tabela *LinhaDesembolso*.
- Identificar a junção ou as colunas de ligação para o relacionamento 1-M: *Emprestimo.Num Emprestimo* e *LinhaDesembolso.NumEmprestimo* são as colunas de ligação.

- Identificar as outras tabelas no formulário principal e no subformulário: além da tabela *Emprestimo*, o formulário principal contém as tabelas *Estudante*, *Instituicao*, *Banco*, *Financiador* e *Fiador*. O subformulário não contém outras tabelas, além da *Linha Desembolso*.
- Determinar a tabelas que são atualizáveis no formulário hierárquico: a tabela *Emprestimo* no formulário principal e a tabela *LinhaDesembolso* no subformulário são atualizáveis. As outras tabelas são somente para leitura. Os formulários separados devem ser configurados para que atualizem as outras tabelas que aparecem no formulário principal.
- Escrever a consulta do formulário principal: a junção externa unilateral com a tabela *Banco* preserva a tabela *Emprestimo*. A junção externa unilateral permite que os dados do banco apareçam opcionalmente no formulário. Os dados do banco aparecem no formulário quando o método de desembolso é eletrônico. A instrução SELECT recupera algumas colunas adicionais que não aparecem no formulário, como *Banco.NumRoteamento*. Essas colunas adicionais não influem na condição de atualização da consulta.

SELECT Emprestimo.*, Estudante.*, Instituicao.*, Banco.*, Instituicao.*,
    Financiador.*
 FROM ((((Estudante INNER JOIN Emprestimo ON Estudante.NumEstudante = Emprestimo.NumEstudante)
   INNER JOIN Instituicao ON Instituicao.IdInstituicao = Emprestimo.IdInstituicao)
   INNER JOIN Financiador ON Financiador.NumFinanciador = Emprestimo. NumFinanciador)
   INNER JOIN Fiador ON Fiador.NumFiador = Emprestimo.NumFiador)
   LEFT JOIN Banco ON Banco.NumRoteamento = Emprestimo.NumRoteamento

- Escrever a consulta do subformulário:

SELECT LinhaDesembolso.*
  FROM LinhaDesembolso

Requisitos de Dados do Relatório de Movimentação de Empréstimo

É difícil formular a consulta do relatório porque cada linha do relatório de movimentação de empréstimo mostra os saldos inicial e final do empréstimo. Duas linhas nas tabelas *Aplicado* e *Extrato* devem ser usadas para calcular os saldos inicial e final do empréstimo. O saldo final é calculado como o valor da nota do empréstimo menos o pagamento cumulativo do principal refletido na última linha de *Aplicado* no ano do relatório. O saldo inicial é calculado como o valor da nota do empréstimo menos o pagamento cumulativo do principal refletido na última linha de *Aplicado* no ano anterior ao ano do relatório. Para determinar a última linha de *Aplicado* de um determinado ano, a tabela *Aplicado* é unida à linha *Extrato* que tenha a maior *DataRecebimento*. As consultas aninhadas na cláusula WHERE recuperam as linhas *Extrato* com a *DataRecebimento* máxima para o ano do relatório e o ano anterior ao relatório. O identificador *AnoRelatorioEntrada* é o parâmetro para o ano do relatório. A função **Year** é uma função do Microsoft Access que recupera o ano de uma data.

SELECT Estudante.NumEstudante, Nome, Endereco, Fone, Cidade, UF, CEP,
     Emprestimo.NumEmprestimo, ValorNota,
    AplAtual.PrincipalAcumulado,AplAtual. JurosAcumulado,
    AplAnterior.PrincipalAcumulado
  FROM Estudante, Emprestimo, Aplicado AplAtual, Aplicado AplAnterior,
    Extrato ExtAtual, Extrato ExtAnterior
  WHERE Estudante.NumEstudante = Emprestimo.NumEstudante
   AND Emprestimo.NumEmprestimo = ExtAtual.NumEmprestimo
   AND ExtAtual.NumExtrato = AplAtual.NumExtrato
   AND AplAtual.NumEmprestimo = Emprestimo.NumEmprestimo
   AND ExtAtual.DataRecebimento =

```
(  SELECT MAX(DataRecebimento) FROM Extrato
    WHERE Year(DataRecebimento) = AnoRelatorioEntrada   )
AND Emprestimo.NumEmprestimo = ExtAnterior.NumEmprestimo
AND ExtAnterior.NumExtrato = AplAnterior.NumExtrato
AND AplAnterior.NumEmprestimo = Emprestimo.NumEmprestimo
AND ExtAnterior.DataRecebimento =
(  SELECT MAX(DataRecebimento) FROM Extrato
    WHERE Year(DataRecebimento) =  AnoRelatorioEntrada – 1   )
```

Essa consulta do relatório demonstra a necessidade das colunas calculadas *PrincipalAcumulado* e *JurosAcumulados*. Essa consulta seria extremamente difícil de formular sem essas colunas derivadas.

Manutenção de Dados Derivados

Os gatilhos AFTER ROW podem ser definidos para manter as colunas derivadas nas tabelas *Emprestimo* e *Aplicado*. O código a seguir mostra um gatilho do Oracle para manter a coluna *Emprestimo.Saldo* depois de criada uma linha *Aplicado*. Os gatilhos para manter as colunas *Aplicado.PrincipalAcumulado* e *Aplicado.JurosAcumulados* envolveriam considerações sobre tabela mutável no Oracle. Visto que as soluções para os gatilhos com tabelas mutáveis não foram mostradas no Capítulo 11, a solução para manter essas colunas não será apresentada aqui também. A solução compreende tanto o gatilho INSTEAD OF com uma visão quanto um pacote Oracle com um conjunto de gatilhos.

```
CREATE OR REPLACE TRIGGER tr_Aplicado_IA
-- Esse gatilho atualiza a coluna Saldo
-- da linha Empréstimo relacionada.
AFTER INSERT
ON Aplicado
FOR EACH ROW
BEGIN
     UPDATE Emprestimo
        SET Saldo = Saldo - :NEW.Principal
        WHERE NumEmprestimo = :New.NumEmprestimo;
EXCEPTION
       WHEN OTHERS THEN
           RAISE_Application_Error(-2001, 'Database error');
END;
```

Considerações Finais

Este capítulo apresentou um estudo de caso de tamanho regular como ponto crucial do processo de desenvolvimento de banco de dados. O caso da Student Loan Limited apresentou um subconjunto significativo do processamento comercial de empréstimos concedidos a estudantes, como aceitação de empréstimo concedido por financiadores, notificação de reembolso aos estudantes, faturamento e processamento de pagamentos e informação sobre a situação do empréstimo. A solução para esse caso integrou técnicas que foram apresentadas nos capítulos das partes 2 a 5 e reproduziu modelos e documentação produzida nas fases de modelagem conceitual, de projeto lógico do banco de dados e de projeto físico do banco de dados, bem como os requisitos de dados para formulários, relatórios e gatilhos.

Depois de ler cuidadosamente este capítulo, você está preparado para tratar o desenvolvimento de banco de dados de uma organização real. É aconselhável trabalhar nos casos disponíveis no *site* deste livro de referência para compreender o processo de desenvolvimento de banco de dados. Este caso, embora tenha apresentado um problema mais amplo e mais integrado comparavelmente aos outros capítulos, não é suficiente para desenvolver um banco de dados para uma organização real. Para uma organização real, os requisitos em geral são ambíguos, inconclusos e inconsistentes. Determinar os limites do banco de dados e modificar o projeto do banco de dados segundo as mudanças de requisito é crucial para o sucesso a longo prazo. O monitoramento operacional do banco de dados permite que você melhore o desempenho de acordo com aquilo que a utilização do banco de dados prescreve. Esses desafios tornam o desenvolvimento de banco de dados uma atividade intelectual estimulante.

Revisão de Conceitos

- O programa Empréstimo Afiançado Estudantes (GSL), que fornece empréstimos subsidiados ou não subsidiados.
- Função dos estudantes, financiadores, prestadores de serviços, fiadores e reguladores governamentais no programa GSL.
- Fluxo de trabalho para o processamento de empréstimos aos estudantes, que envolve aprovação do empréstimo, concessão do empréstimo, deduções do empréstimo, desligamento da escola e reembolso do empréstimo.
- Documentos importantes para o processamento do empréstimo: formulário de concessão de empréstimo, carta de divulgação, extrato de conta e relatório de movimentação de empréstimo.
- Modelagem conceitual de dados: estratégia de integração incremental para o formulário de concessão de empréstimo, a carta de divulgação, o extrato de conta e o relatório de movimentação de empréstimo.
- Conversão do DER usando as regras básicas de conversão.
- Remoção das violações normais de formulário nas tabelas *Emprestimo*, *Estudante* e *Instituicao*.
- Especificação dos perfis de tabela e aplicação para um projeto físico de banco de dados.
- Aplicação das regras de seleção de índices para índices clusterizados nas chaves primárias e índices não-clusterizados nas chaves estrangeiras.
- Uso da desnormalização para a tabela *Emprestimo*.
- Especificação de requisitos de dados para o formulário de concessão de empréstimo e o relatório de movimentação de empréstimo para verificar a consistência do resultado da fase de modelagem conceitual de dados e da fase de projeto lógico.
- Escrita de gatilhos para manter dados derivados nas tabelas *Emprestimo* e *Aplicado*.

Questões

1. Por que o processo de solicitação dos estudantes não é considerado na fase de projeto conceitual?
2. Por que a abordagem de integração incremental é usada para analisar os requisitos?
3. Por que o formulário de concessão de empréstimo é analisado primeiramente?
4. De que modo o campo do valor da nota no formulário de concessão de empréstimo está relacionado com outros dados no formulário?
5. Explique como o relacionamento 1-M no formulário de concessão de empréstimo está representado no DER da Figura 13.9.
6. Qual é a chave primária do tipo de entidade *LinhaDesembolso* na Figura 13.9?
7. Quais dados estão contidos no atributo de imagem do tipo de entidade *LinhaDesembolso* na Figura 13.11?
8. Explique como o relacionamento 1-M no extrato de conta está relacionado no DER da Figura 13.13.
9. Por que a regra ideal de relacionamento 1-M (Regra 5 do Capítulo 9) não é usada para converter o DER da Figura 13.15?
10. Explique como o relacionamento *Autoriza*, na Figura 13.15, é convertido na Figura 13.16.
11. Explique como a dependência de identificador na Figura 13.15 é convertida na Figura 13.16.
12. Explique como o relacionamento *Aplicado* na Figura 13.15 é convertido na Figura 13.16.
13. Explique por que a tabela *CartaDivulgacao* é uma FNBC.
14. Examine uma possível justificação para violar a FNBC com a tabela *Estudante* descrita na Tabela 13.7.
15. Por que decompor os documentos em várias aplicações de banco de dados como descrito na Tabela 13.8?

16. Explique a diferença entre processamento em lote e processamento *on-line* em relação aos formulários de concessão de empréstimos. Por que o processamento em lote (batch) é viável para esses formulários?
17. Como o processamento em lote (batch) pode diminuir o impacto decorrente da manutenção de índices?
18. Explique por que um índice clusterizado é recomendável para a coluna *Aplicado.NumExtrato*.
19. Explique por que um índice não-clusterizado é recomendável para a coluna *Aplicado.NumEmprestimo*.
20. Explique o relacionamento entre a coluna *Emprestimo.ValorNota* e as colunas *Quantia*, *TaxaConcessao* e *TaxaFianca* na tabela *LinhaDesembolso*.

Problemas

Os problemas a seguir dão seqüência ao caso da Student Loan Limited. Para outros casos de complexidade semelhante, visite o *site* deste livro.

1. Use a regra ideal de relacionamento 1-M para converter o relacionamento *Afiança* na Figura 13.15. Modifique o diagrama de modelo relacional na Figura 13.16 com a mudança de conversão.

2. Simplifique o DER do formulário de concessão de empréstimo (Figura 13.9) combinando o tipo de entidade *Emprestimo* com os tipos de entidade associados a um empréstimo (*Financiador* e *Fiador*). Que transformação é usada (consulte o Capítulo 6) para combinar os tipos de entidade? Que transformação pode ser usada para dividir os atributos de banco (*NumRoteamento* e *BancoDesemb*) em um tipo de entidade distinto?

3. Modifique o DER na Figura 13.15 para refletir uma mudança no relacionamento entre um relatório de movimentação e os empréstimos relacionados de um estudante. A suposição nesse caso é de que o relatório de movimentação pode resumir apenas um subconjunto de empréstimos de um estudante.

4. Explique como a desnormalização pode ser usada para combinar as tabelas *MovimentacaoEmprestimo* e *Estudante*. Faça a mesma coisa para as tabelas *CartaDivulgação* e *Emprestimo*.

5. A Student Loan Limited decidiu ingressar no negócio de empréstimo direto, que é semelhante aos empréstimos afiançados aos estudantes, com a exceção de que não há financiador nem fiador no empréstimo direto. Por esse motivo, não há taxa de concessão nem de fiança. Contudo, há uma taxa de serviço de mais ou menos 3% por valor de nota. Além disso, o estudante pode optar pelo ICR (reembolso contingente à renda) depois de se desligar da escola. Se o estudante optar por esse tipo de reembolso, os prazos do empréstimo e a quantia do pagamento são alterados.
   a. Modifique o DER na Figura 13.15 para refletir esses novos requisitos.
   b. Converta as mudanças no DER em um projeto de tabela. Mostre o resultado de sua conversão como uma alteração no diagrama de banco de dados relacional na Figura 13.16.

6. A Student Loan Limited não consegue justificar a despesa com software e hardware de formação de imagens. Portanto, o projeto de banco de dados deve ser modificado. As colunas *Imagem* nas tabelas *CartaDivulgacao* e *MovimentacaoEmprestimo* não podem ser armazenadas. Em vez disso, os dados armazenados dentro das colunas de imagem devem ser armazenados ou calculados quando houver solicitação.
   a. Dê sugestões para o armazenamento ou o cálculo de campos sublinhados em uma carta de divulgação. Modifique o projeto de tabela de acordo com a necessidade. Examine a possibilidade de atualizar e recuperar *trade-offs* (compensações) em sua recomendação.
   b. Dê sugestões para o armazenamento ou o cálculo de campos em um relatório de movimentação de empréstimo. Modifique o projeto de tabela de acordo com a necessidade. Examine a possibilidade de atualizar ou recuperar *trade-offs* em sua recomendação.

7. Escreva uma instrução SELECT para indicar os requisitos de dados para a carta de divulgação representada na Figura 13.4.

8. Use os cinco passos apresentados no Capítulo 10 para especificar os requisitos de dados para o extrato de conta representado na Figura 13.5.

9. Quais são os problemas associados à implementação do relacionamento entre a coluna *Emprestimo.ValorNota* e as colunas *Quantia*, *TaxaConcessao* e *TaxaFianca* na tabela *LinhaDesembolso*?

10. Por que um gatilho do Oracle para manter as colunas *Aplicado.PrincipalAcumulado* e *Aplicado.JurosAcumulados* envolveria considerações sobre tabela mutável?

Apêndice 13.A

Glossário dos Campos de Formulário e Relatório

O Apêndice 13.A oferece uma breve descrição dos campos encontrados nos documentos apresentados na Seção 13.1. O nome dos campos corresponde ao título dos documentos relacionados.

Formulário de Concessão de Empréstimo

- *Nº Empréstimo:* valor alfanumérico exclusivo que identifica um formulário de concessão de empréstimo.
- *Data:* data em que o formulário de concessão de empréstimo foi concluído.
- *Nº Estudante:* valor alfanumérico exclusivo que identifica um estudante.
- *Nome:* nome do estudante requerente.
- *Endereço:* endereço do estudante requerente.
- *Cidade, UF, CEP:* concatenação da cidade, do estado e do código postal do estudante.
- *Fone:* número de telefone incluindo o código de área do estudante requerente.
- *Data de Nascimento:* data de nascimento do estudante requerente.
- *Previsão Graduação:* mês e ano previsto para graduação.
- *ID Instituição:* número de identificação federal da universidade ou escola.
- *Nome Instituição:* nome da universidade ou escola.
- *Endereço:* endereço da universidade ou escola.
- *Cidade, UF, CEP:* concatenação da cidade, do estado e do código postal da instituição.
- *Método de Desembolso:* método usado para distribuir os fundos para o estudante requerente; os valores podem ser TEF (transferência eletrônica de fundos ou cheque).
- *Nº Roteamento:* valor alfanumérico exclusivo que identifica o banco que distribui os fundos; é usado somente se empregado o método de desembolso TEF.
- *Nº Conta:* valor alfanumérico exclusivo que identifica uma conta do estudante requerente; sua exclusividade é assegurada apenas quando dentro do banco do estudante (que se identifica pelo número do roteamento).
- *Banco Desembolso:* nome do banco do qual os fundos são desembolsados; é usado somente se empregado o método de desembolso TEF.
- *Nº Financiador:* valor alfanumérico exclusivo que identifica a instituição financeira que está emprestando dinheiro ao estudante requerente.
- *Nome Financiador:* nome da instituição financeira que está emprestando dinheiro ao estudante requerente.
- *Nome Fiador:* valor alfanumérico exclusivo que identifica a instituição financeira que está assegurando que o empréstimo é oferecido apropriadamente.
- *Nome Fiador:* nome da instituição financeira que está afiançando.
- *Valor da Nota:* valor (em reais) emprestado pelo estudante requerente; o valor da nota é igual à soma das quantias de desembolso e das taxas (de concessão e de fiança).
- *Subsidiado:* o valor sim/não indica se o governo paga os juros enquanto o estudante está freqüentando a escola.
- *Taxa:* taxa de juros do empréstimo.
- *Data:* data do desembolso; esse é o campo Data no Plano de Desembolso.
- *Quantia:* quantia de desembolso em reais.
- *Taxa de Concessão:* taxa (em reais) cobrada pela instituição de financiamento.
- *Taxa de Fiança:* taxa (em reais) cobrada pelo fiador.

Carta de Divulgação

- *Data:* data (1º de julho de 2005) em que a carta foi enviada ao estudante requerente.
- *Nº Empréstimo:* número do empréstimo correspondente.
- *Sobrenome:* tratamento e último nome (Sr. Aluno) do estudante requerente.
- *Início do Reembolso:* mês e ano (setembro de 2005) em que os empréstimos entram na situação de reembolso.
- *Quantia Emprestada:* soma das quantias (R$ 10.000) emprestadas em todos os empréstimos cobertos pelo plano de pagamento.
- *Número de Pagamentos:* número estimado de pagamentos programados (120) para retirar a quantia emprestada.
- *Taxa de Juros:* taxa porcentual média ponderada (8,5%) dos empréstimos cobertos pelo plano de pagamento.
- *Despesa Financeira:* despesa financeira prevista (R$ 4.877,96), se a quantia emprestada for reembolsada de acordo com o plano de pagamento.
- *Quantia de Pagamento:* quantia de pagamento (R$ 246,37) obrigatória por mês (exceto, talvez, para o último mês). Se o estudante não pagar essa quantia mensal, ele ficará em atraso, a menos que outro acordo seja feito.
- *Data do Primeiro Pagamento:* data (31 de outubro de 2005) em que o primeiro pagamento vencerá, se o plano de pagamento for seguido.
- *Data do Último Pagamento:* data (30 de setembro de 2015) em que o último pagamento vencerá, se o plano de pagamento for seguido.

Extrato de Conta

- *Nº Extrato:* valor alfanumérico exclusivo (N100) que identifica o extrato do formulário de conta.
- *Data:* data em que o extrato foi enviado.
- *Nº Estudante:* valor alfanumérico exclusivo que identifica o estudante.
- *Nome:* nome do estudante requerente.
- *Endereço:* endereço do estudante requerente (parte do endereço postal).
- *Cidade:* cidade do estudante requerente (parte do endereço postal).
- *UF:* abreviatura de duas letras do estado do estudante requerente (parte do endereço postal).
- *CEP:* código postal de cinco ou nove dígitos do estudante requerente (parte do endereço postal).
- *Quantia Devida:* quantia (em reais) que o estudante ainda deve pagar.
- *Data Devida:* data em que o reembolso deve ser recebido pela Student Loan Limited. Uma multa posterior pode ser tributada se a quantia for recebida em data posterior.
- *Método de Desembolso:* cheque ou TEF.
- *Quantia Anexada:* quantia (em reais) enviada com o pagamento. Se o método de desembolso for TEF, o requerente não preenche o campo.
- *Nº Empréstimo:* valor alfanumérico exclusivo que identifica um empréstimo do requerente.
- *Saldo:* saldo pendente do empréstimo (em reais) antes do reembolso.
- *Taxa:* taxa porcentual de juros aplicada ao empréstimo.
- *Data Recebimento:* data em que o pagamento é recebido; esse campo deve ser preenchido pelo pessoal da Student Loan Limited.

Relatório de Movimentação do Empréstimo

- *Data:* data em que o relatório foi preparado.
- *Nº Estudante:* valor alfanumérico exclusivo que identifica o estudante.
- *Nome:* nome do estudante requerente.
- *Logradouro:* endereço do estudante requerente (parte do endereço postal).
- *Cidade:* cidade do estudante requerente (parte do endereço postal).
- *UF:* abreviatura de duas letras do estado do estudante requente (parte do endereço postal).
- *CEP:* código postal de cinco ou nove dígitos do estudante requerente (parte do endereço postal).
- *Nº Empréstimo*: valor alfanumérico exclusivo que identifica o empréstimo do requerente.
- *Saldo Inicial:* saldo pendente do empréstimo (em reais) no início do ano.
- *Principal:* quantia total dos pagamentos deduzida do principal.
- *Juros:* quantia total dos pagamentos em relação aos juros.
- *Saldo Final:* saldo pendente do empréstimo (em reais) no fim do ano, após a dedução dos pagamentos.

Apêndice 13.B

Instruções CREATE TABLE

O Apêndice 13.B contém as instruções CREATE TABLE para as tabelas que resultam do processo de conversão e normalização descrito na Seção 13.3. As instruções CREATE TABLE seguem a sintaxe SQL:2003.

```
CREATE TABLE Estudante
    (   NumEstudante          CHAR(10),
        Nome                  CHAR(30)      CONSTRAINT NomeEstudRequerido NOT NULL,
        Endereco              VARCHAR(50)   CONSTRAINT EnderEstudRequerido NOT
                                            NULL,
        Fone                  CHAR(9),
        Cidade                CHAR(30)      CONSTRAINT CidadeEstudRequerido NOT
                                            NULL,
        CEP                   CHAR(9)       CONSTRAINT CEPestudRequerido NOT NULL,
        MesPrevistoGraduacao  SMALLINT,
        AnoPrevistoGraduacao  INTEGER,
        DataNascto            DATE          CONSTRAINT DataNasctoRequerido NOT NULL,
CONSTRAINT FKCEP1 FOREIGN KEY (CEP) REFERENCES CEP
        ON DELETE RESTRICT
        ON UPDATE CASCADE,
CONSTRAINT PKEstudante PRIMARY KEY (NumEstudante)   )
```

```
CREATE TABLE Financiador
           (   NumFinanciador    INTEGER,
               Nome              CHAR(30) CONSTRAINT NomeFinancRequerido NOT NULL,
CONSTRAINT PKFinanc PRIMARY KEY (NumFinanciador)   )
```

```sql
CREATE TABLE Fiador
        (   NumFiador       CHAR(10),
            Nome            CHAR(30) CONSTRAINT NomeFiadorRequerido NOT NULL,
CONSTRAINT PKFiador PRIMARY KEY (NumFiador)    )



CREATE TABLE Instituicao
        (   IDInstituicao   CHAR(10),
            Nome            CHAR(30)      CONSTRAINT NomeInstRequerido NOT NULL,
            Endereco        VARCHAR(50)   CONSTRAINT EnderInstRequerido NOT NULL,
            Cidade          CHAR(30)      CONSTRAINT CidadeInstRequerido NOT NULL,
            CEP             CHAR(9)       CONSTRAINT CEPInstRequerido NOT NULL,
CONSTRAINT FKCEP2 FOREIGN KEY (CEP) REFERENCES CEP
            ON DELETE RESTRICT
            ON UPDATE CASCADE,
CONSTRAINT PKInstituicao PRIMARY KEY (IDInstituicao)    )



CREATE TABLE CEP
        (   CEP             CHAR(9),
            UF              CHAR(2) CONSTRAINT UFCEPRequerido NOT NULL,
CONSTRAINT PKCEP PRIMARY KEY (CEP)    )



CREATE TABLE Emprestimo
        ( NumEmprestimo     CHAR(10),
          DataProc          DATE          CONSTRAINT DataProcEmprRequerido NOT NULL,
          MetDesemb         CHAR(6)       CONSTRAINT MetDesembRequerido NOT NULL,
          NumRoteamento     CHAR(10),
          NumConta          CHAR(10),
          DataAutoriza      INTEGER CONSTRAINT DataAutorizaEmprRequerido NOT NULL,
          ValorNota         DECIMAL(10,2) CONSTRAINT ValorNotaEmprRequerido NOT NULL,
          Subsidiado        BOOLEAN       CONSTRAINT SubsidiadoEmprRequerido NOT NULL,
          Taxa              FLOAT         CONSTRAINT TaxaEmprRequerido NOT NULL,
          Saldo             DECIMAL(10,2),
          NumEstudante      CHAR(10)      CONSTRAINT NumEstudanteEmprRequerido NOT
                                          NULL,
          IDInstituicao     CHAR(10)      CONSTRAINT IDInstituicaoEmprRequerido NOT NULL,
          NumFiador         CHAR(10),
          NumFinanciador    CHAR(10)      CONSTRAINT NumFinanciadorEmprRequerido NOT
                                          NULL,
CONSTRAINT FKNumEstudante1 FOREIGN KEY (NumEstudante) REFERENCES Estudante
          ON DELETE RESTRICT
          ON UPDATE CASCADE,
CONSTRAINT FKIDInstituicao FOREIGN KEY (IDInstituicao) REFERENCES Instituicao
          ON DELETE RESTRICT
          ON UPDATE CASCADE,
CONSTRAINT FKNumFiador FOREIGN KEY (NumFiador) REFERENCES Fiador
          ON DELETE RESTRICT
          ON UPDATE CASCADE,
```

```
        CONSTRAINT FKNumFinanciador FOREIGN KEY (NumFinanciador) REFERENCES Financiador
                ON DELETE RESTRICT
                ON UPDATE CASCADE,
        CONSTRAINT FKNumRoteamento FOREIGN KEY (NumRoteamento) REFERENCES Banco
                ON DELETE RESTRICT
                ON UPDATE CASCADE,
        CONSTRAINT PKEmpr PRIMARY KEY (NumEmprestimo)   )


        CREATE TABLE Banco
                (   NumRoteamento       CHAR(10)
                    Nome                CHAR(30) CONSTRAINT NomeBancoRequerido NOT NULL,
        CONSTRAINT PKBanco PRIMARY KEY (NumRoteamento)   )


        CREATE TABLE LinhaDesembolso
                (   NumEmprestimo       CHAR(10),
                    DataEnvio           DATE,
                    Quantia             DECIMAL(10,2) CONSTRAINT QuantiaLDRequerido NOT NULL,
                    TaxaConcessao       DECIMAL(10,2) CONSTRAINT TxConcLDRequerido NOT NULL,
                    TaxaFiança          DECIMAL(10,2) CONSTRAINT TxFiançaLDRequerido NOT NULL,
        CONSTRAINT FKNumEmprestimo1 FOREIGN KEY (NumEmprestimo) REFERENCES Emprestimo
                ON DELETE CASCADE,
                ON UPDATE CASCADE,
        CONSTRAINT PKLinhaDesembolso PRIMARY KEY (NumEmprestimo, DataEnvio)   )


        CREATE TABLE CartaDivulgaçao
                (   NumCarta            INTEGER,
                    DataEnvio           DATE        CONSTRAINT DataEnvioCDRequerido NOT
                                                    NULL,
                    Imagem              BLOB        CONSTRAINT ImagemCDRequerido NOT
                                                    NULL,
                    NumEmprestimo       CHAR(10)    CONSTRAINT NumEmprestimoCDRequerido
                                                    NOT NULL,
        CONSTRAINT FKNumEmprestimo2 FOREIGN KEY (NumEmprestimo) REFERENCES Emprestimo
                ON DELETE RESTRICT
                ON UPDATE CASCADE,
        CONSTRAINT PKCartaDiv PRIMARY KEY (NumCarta)   )


        CREATE TABLE MovimentacaoEmprestimo
                (   NumRelatorio        INTEGER,
                    DataEnvio           DATE        CONSTRAINT DataEnvioMovEmprRequerido NOT
                                                    NULL,
                    Imagem              BLOB        CONSTRAINT ImagemMovEmprRequerido NOT
                                                    NULL,
                    NumEstudante        CHAR(10)    CONSTRAINT NumEstudanteMovEmprRequerido
                                                    NOT NULL,
```

```
        CONSTRAINT FKNumEstudante2 FOREIGN KEY (NumEstudante) REFERENCES Estudante
                        ON DELETE RESTRICT
                        ON UPDATE CASCADE,
        CONSTRAINT PKMovEmpr PRIMARY KEY (NumRelatorio)   )
```

```
CREATE TABLE Extrato
     (   NumExtrato          CHAR(10),
         DataExtrato         DATE            CONSTRAINT DataExtrRequerido NOT NULL,
         MetDesemb           CHAR(6)         CONSTRAINT MetDesembExtrRequerido NOT NULL,
         NumEstudante        CHAR(10)        CONSTRAINT NumEstudanteExtrRequerido NOT NULL,
         QuantiaDevida       DECIMAL(10,2)   CONSTRAINT QuantiaDevidaExtrRequerido NOT NULL,
         DataDevida          DATE            CONSTRAINT DataDevidaExtrRequerido NOT NULL,
         QuantiaEnviada      DECIMAL(10,2),
         DataRecebimento     DATE,
     CONSTRAINT FKNumEstudante3 FOREIGN KEY (NumEstudante) REFERENCES Estudante
             ON DELETE RESTRICT
             ON UPDATE CASCADE,
     CONSTRAINT PKExtrato PRIMARY KEY (NumExtrato)   )
```

```
CREATE TABLE Aplicado
     (   NumEmprestimo       CHAR(10),
         NumExtrato          CHAR(10),
         Principal           DECIMAL(10,2) CONSTRAINT PrincipalApl NOT NULL,
         Juros               DECIMAL(10,2) CONSTRAINT JurosApl NOT NULL,
         PrincipalAcumulado  DECIMAL(10,2) CONSTRAINT PrincipalAcumApl NOT NULL,
         JurosAcumulados     DECIMAL(10,2) CONSTRAINT JurosAcumApl NOT NULL,
     CONSTRAINT FKNumEmprestimo3 FOREIGN KEY (NumEmprestimo) REFERENCES Emprestimo
             ON DELETE RESTRICT
             ON UPDATE CASCADE,
     CONSTRAINT FKExtrato FOREING KEY (NumExtrato) ) REFERENCES Extrato
             ON DELETE CACADE,
             ON UPDATE CASCADE,
     CONSTRAINT PKAplicado PRIMARY KEY (NumEmprestimo, NumExtrato) )
```

Parte 7

Gerenciamento de Ambientes de Banco de Dados

Os capítulos da Parte 7 enfatizam o papel dos especialistas em banco de dados e as particularidades do gerenciamento de banco de dados em vários ambientes operacionais. O Capítulo 14 oferece um contexto para os outros capítulos ao cobrir as responsabilidades, as ferramentas e os processos usados pelos administradores de banco de dados e administradores de dados. Os demais capítulos da Parte 7 apresentam os fundamentos do gerenciamento de banco de dados em ambientes importantes. O Capítulo 15 aborda o processamento de transações; o Capítulo 16, os *datawarehouses* (armazéns de dados); o Capítulo 17, o processamento distribuído, os bancos de dados paralelos e os dados distribuídos; e o Capítulo 18, o gerenciamento de banco de dados orientado a objetos. Esses capítulos enfatizam conceitos, arquiteturas e opções de projeto fundamentais para os especialistas em banco de dados. Além disso, os capítulos 15, 16 e 18 oferecem informações detalhadas sobre as instruções SQL usadas no processamento de transações, no desenvolvimento de *datawarehouses* e no desenvolvimento de banco de dados orientado a objetos.

Capítulo 14. Administração de Dados e de Banco de Dados

Capítulo 15. Gerenciamento de Transações

Capítulo 16. Tecnologia e Gerenciamento de *Datawarehouses*

Capítulo 17. Processamento Cliente–Servidor, Processamento de Banco de Dados Paralelo e Bancos de Dados Distribuídos

Capítulo 18. Sistemas de Gerenciamento de Banco de Dados Orientado a Objetos

Capítulo 14

Administração de Dados e de Banco de Dados

Objetivos de Aprendizagem

Este capítulo oferece uma visão geral das responsabilidades e ferramentas dos especialistas em banco de dados conhecidos por administradores de dados e administradores de banco de dados. No final deste capítulo, o estudante deverá ter adquirido os seguintes conhecimentos e habilidades:

- Comparar e contrastar as responsabilidades dos administradores de banco de dados e administradores de dados.
- Controlar bancos de dados usando instruções SQL em prol da segurança e integridade.
- Gerenciar gatilhos e procedimentos armazenados.
- Compreender os papéis das tabelas dos dicionários de dados e o dicionário de recursos de informação.
- Descrever o processo de planejamento de dados.
- Compreender o processo para escolher e avaliar SGBDs.
- Adquirir uma visão sobre os ambientes de processamento nos quais a tecnologia de banco de dados é utilizada.

Visão Geral

Utilizando o conhecimento e as habilidades das partes 1 a 6, você provavelmente terá capacidade para desenvolver bancos de dados e implementar aplicações que usam banco de dados. Você obteve informações sobre modelagem conceitual de dados, projeto de banco de dados relacional, formulação de consultas, desenvolvimento de aplicações com visões, procedimentos armazenados, gatilhos e desenvolvimento de banco de dados usando requisitos representados como visões. A Parte 7 complementa essas áreas de conhecimento e habilidade explorando questões e habilidades concernentes ao gerenciamento de banco de dados em diferentes ambientes de processamento. Este capítulo descreve as responsabilidades e as ferramentas dos especialistas em dados (administradores de dados e administradores de bancos de dados) e fornece uma introdução aos diferentes ambientes de processamento de banco de dados.

Antes de conhecer os detalhes dos ambientes de processamento, você precisa compreender o contexto organizacional no qual os bancos de dados se encontram e conhecer as ferramentas e os processos para gerenciá-los. Este capítulo primeiramente examina um contexto organizacional para banco de dados. Você obterá informações sobre o suporte do banco de dados para o gerenciamento da tomada de decisão, os objetivos do gerenciamento de recursos de informação e as responsabilidades dos administradores de dados e de banco de dados. Após a explanação do contexto organizacional, este capítulo apresenta novos processos e ferramentas para o gerenciamento de banco de dados. Você aprenderá instruções SQL para segurança e integridade, gerenciamento de gatilhos e procedimentos armazenados e manipulação do dicionário de dados, bem como processos para o planejamento de dados e seleção de SGBDs. Este capítulo é finalizado com uma introdução aos diferentes ambientes de processamento, os quais serão apresentados mais detalhadamente nos outros capítulos da Parte 7.

14.1 Contexto Organizacional para o Gerenciamento de Banco de Dados

Esta seção revisa os níveis de tomada de decisão gerencial e discute o suporte do banco de dados para a tomada de decisão em todos os níveis. Após essa ambientação, esta seção descreve a função do gerenciamento de recursos de informação e as responsabilidades dos especialistas em dados no gerenciamento desses recursos.

14.1.1 Utilização do Banco de Dados como Suporte para a Tomada de Decisão Gerencial

banco de dados operacional
um banco de dados para dar suporte às funções diárias de uma organização.

Os bancos de dados fornecem suporte às operações de negócio e à tomada de decisão gerencial em vários níveis. As grandes organizações, em sua maioria, desenvolveram vários bancos de dados operacionais para ajudar a conduzir seus negócios com eficácia. Os bancos de dados operacionais oferecem assistência direta às principais funções organizacionais, como processamento de pedidos, manufatura, contas a pagar e distribuição de produtos. Os fatores que justificam o investimento em um banco de dados operacional em geral são: maior velocidade de processamento, maior volume de negócios e menores custos com pessoal.

À medida que as organizações conseguem aprimorar suas operações, elas começam a perceber o potencial para tomada de decisão de seus bancos de dados. Os bancos de dados operacionais oferecem a matéria-prima para a tomada de decisão gerencial, como descrito na Figura 14.1. Os níveis inferiores de gerência podem obter relatórios sobre exceções e problemas diretamente dos bancos de dados operacionais. Entretanto, maior valor deve ser adicionado para alavancar os bancos de dados operacionais para a alta e média gerência. Os bancos de dados operacionais devem ser limpos e organizados, integrados e resumidos para proporcionar valor para a tomada de decisão tática e estratégica. A integração é necessária porque os bancos de dados operacionais em geral são desenvolvidos isoladamente, sem levar em consideração as necessidades de informação da tomada de decisão tática e estratégica.

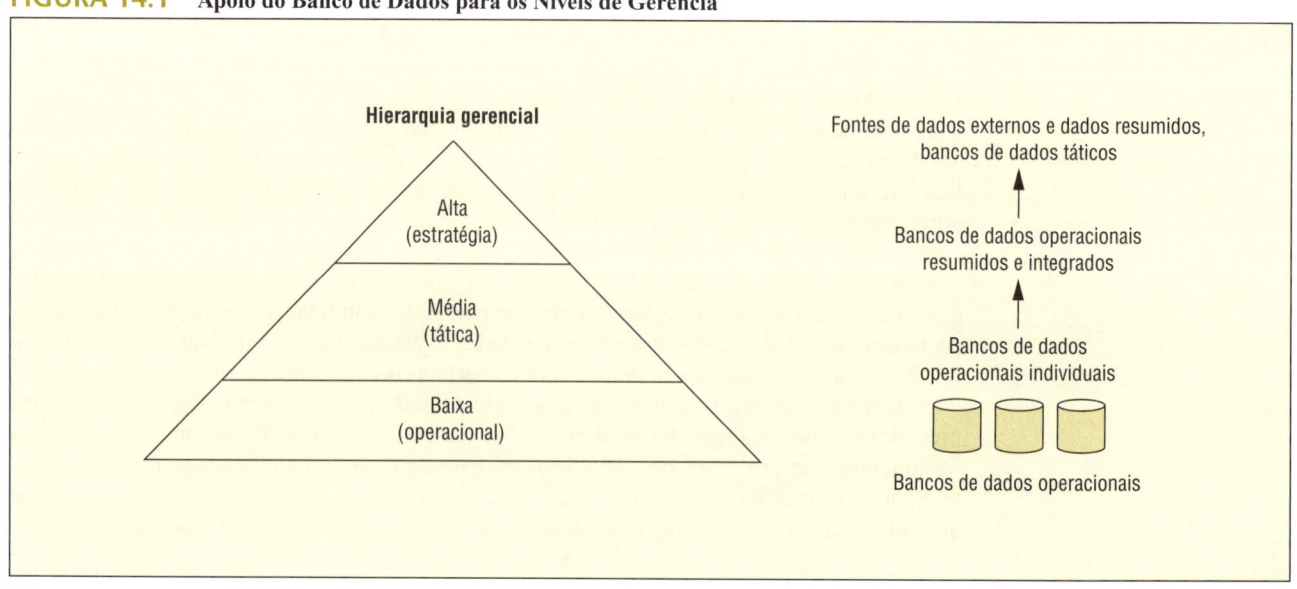

FIGURA 14.1 Apoio do Banco de Dados para os Níveis de Gerência

A Tabela 14.1 fornece exemplos de gerenciamento de decisões e requisitos de dados. A baixa gerência lida com problemas de curto prazo relacionados com transações individuais. Os resumos periódicos dos bancos de dados operacionais e os relatórios de exceção ajudam o gerenciamento operacional. A média gerência, que se vale dos dados resumidos que são integrados nos bancos de dados operacionais, pode querer integrar os dados dos diferentes departamentos, fábricas e lojas de varejo. A alta gerência, que se vale dos resultados da análise da média gerência e das fontes externas de informação, necessita integrar os dados de modo que os clientes, os produtos, os fornecedores e outras entidades importantes possam ser localizados em toda a organização. Além disso, os dados externos devem ser resumidos e integrados com os dados internos.

14.1.2 Gerenciamento de Recursos de Informação para o Gerenciamento do Conhecimento

Em resposta aos desafios de alavancar bancos de dados operacionais e tecnologia da informação para a tomada de decisão gerencial, ganhou corpo a filosofia do gerenciamento de recursos de informação. O gerenciamento de recursos de informação abrange o processamento, a distribuição e a integração de informações em toda a organização. Um dos elementos principais do gerenciamento de recursos de informação é o controle dos <u>ciclos de vida da informação</u> (Figura 14.2). Cada nível de tomada de decisão gerencial e de operações de negócio tem seu próprio ciclo de vida da informação. Para que a tomada de decisão seja eficaz, os ciclos de vida devem ser integrados para fornecer informações oportuna e consistentemente. Por exemplo, os ciclos de vida da informação das operações oferecem informações aos ciclos de vida da tomada de decisão gerencial.

ciclo de vida da informação
os estágios da transformação da informação em uma organização. O ciclo de vida da informação é exclusivo para cada entidade e deve ser gerenciado e integrado com os ciclos de vida em outras entidades.

TABELA 14.1
Exemplos de Tomada de Decisão Gerencial

Nível Gerencial	Exemplos de Decisão	Requisitos de Dados
Alto	Identificar novos mercados e produtos; planejar o crescimento; realocar recursos nas divisões.	Previsões econômicas e tecnológicas; resumo de notícias; relatórios industriais; relatórios de desempenho de médio prazo.
Médio	Selecionar fornecedores; fazer a previsão de vendas, de estoque e de caixa; examinar os níveis de pessoal; preparar orçamentos.	Tendências históricas; desempenho do fornecedor; análise do caminho crítico; planos de curto e médio prazo.
Baixo	Montar escala de funcionários; corrigir atrasos nos pedidos; identificar gargalos na produção; monitorar o uso de recursos.	Relatórios sobre problemas; relatórios de exceções; escala de funcionários; resultados da produção diária; níveis de estoque.

FIGURA 14.2
Estágios Típicos do Ciclo de Vida da Informação

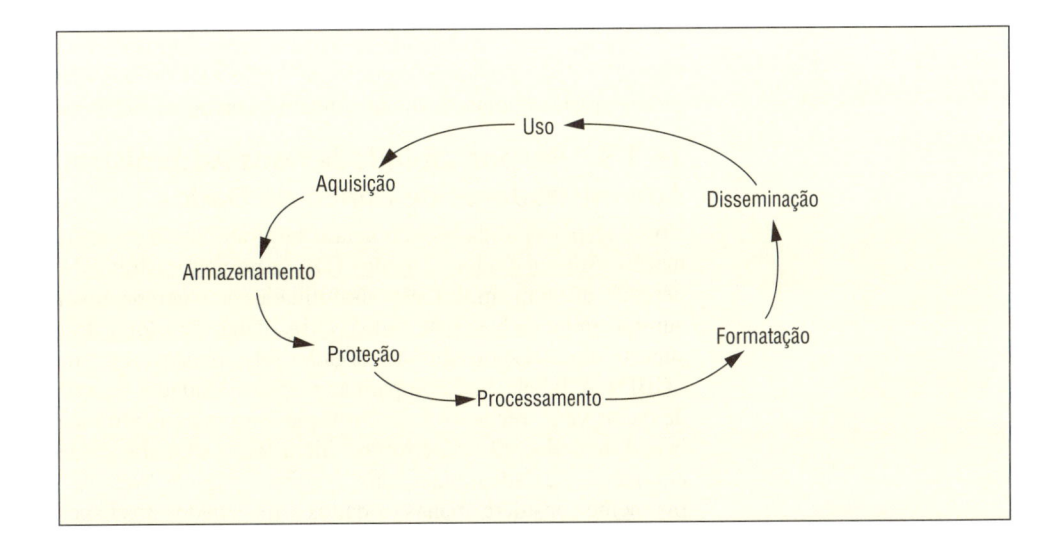

[Diagrama circular mostrando o ciclo: Aquisição → Armazenamento → Proteção → Processamento → Formatação → Disseminação → Uso → Aquisição]

FIGURA 14.3
Três Pilares do Gerenciamento do Conhecimento

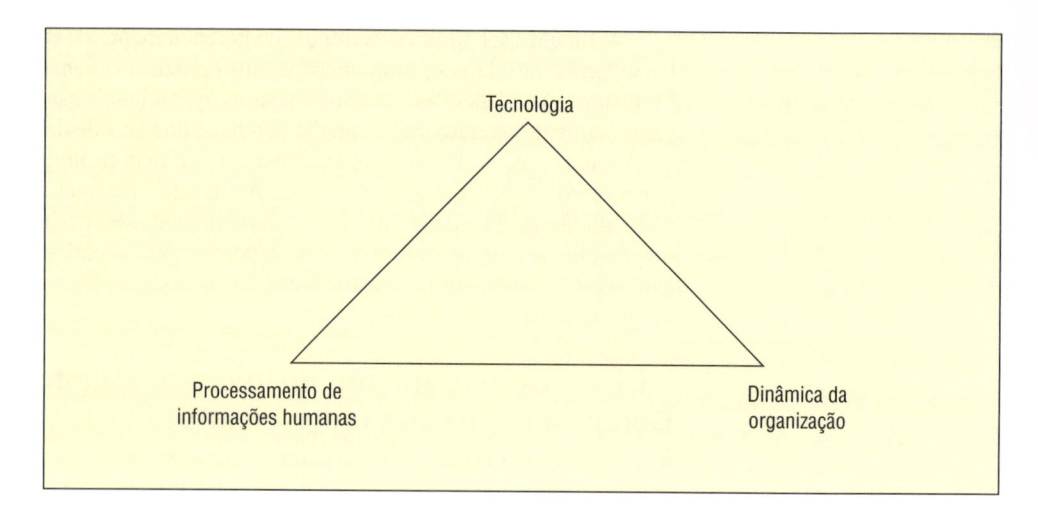

[Diagrama triangular com vértices: Tecnologia (topo), Processamento de informações humanas (inferior esquerdo), Dinâmica da organização (inferior direito)]

A qualidade dos dados é um fator especial do gerenciamento de recursos de informação em virtude de seu impacto sobre a tomada de decisão gerencial. Como discutido no Capítulo 2, a qualidade dos dados está relacionada a inúmeras dimensões, como correção, oportunidade, consistência, completude e confiabilidade. Normalmente, o nível de qualidade dos dados suficiente para as operações de negócio pode ser insuficiente para a tomada de decisão nos níveis de gerência superiores. Esse conflito é especialmente verdadeiro para a dimensão consistência. Por exemplo, a inconsistência na identificação de um cliente nos bancos de dados operacionais pode prejudicar a tomada de decisão no nível de gerência superior. O gerenciamento de recursos de informação enfatiza um ponto de vista sobre qualidade de dados de longo prazo para a organização como um todo com vistas a apoiar a tomada de decisão gerencial.

Nos últimos anos, tem havido um movimento para estender o gerenciamento de recursos de informação para o gerenciamento do conhecimento. Tradicionalmente, o gerenciamento de recursos de informação tem enfatizado a tecnologia no sentido de apoiar receitas predefinidas para a tomada de decisão, em vez da capacidade para reagir a um ambiente de negócios em constante mudança. Para ter êxito no atual ambiente de negócios, as organizações devem enfatizar a reação e adaptação rápidas, em vez de planejamento. Para enfrentar esse desafio, o Dr. Yogesh Malhotra, famoso consultor gerencial, defende que as organizações devem desenvolver sistemas que facilitem a criação de conhecimento, em vez de o gerenciamento da informação. Para a criação de conhecimento, ele é defensor de uma maior ênfase sobre o processamento de informações humanas e a dinâmica da organização para equilibrar a ênfase sobre a tecnologia, como mostrado na Figura 14.3.

Essa visão do gerenciamento do conhecimento oferece um contexto para o uso da tecnologia da informação para solucionar problemas corporativos. Não basta ter a melhor tecnologia da informação, é preciso alinhá-la com os elementos humanos e da organização. A tecnologia da informação deve ampliar a capacidade intelectual do indivíduo, compensar as limitações do processamento humano e apoiar a dinâmica organizacional positiva.

gerenciamento do conhecimento
aplicar a tecnologia da informação com as capacidades humanas de processamento de informações e os processos da organização para suportar uma rápida adaptação à mudança.

14.1.3 Responsabilidades dos Administradores de Dados e dos Administradores de Banco de Dados

Novas responsabilidades gerenciais surgiram como parte do controle de recursos de informação. Administrador de dados (DA, data administrator) é uma posição da média ou alta gerência que tem amplas responsabilidades pelo gerenciamento de recursos de informação. O administrador de banco de dados (DBA, database administrador) desempenha uma função de suporte cujas responsabilidades estão relacionadas aos bancos de dados individuais e aos SGBDs. A Tabela 14.2 compara as responsabilidades de ambas as funções. O administrador de dados vê os recursos de informação em um contexto mais amplo que o administrador de banco de dados. O primeiro considera todos os tipos de dados, estejam eles armazenados em bancos de dados relacionais, arquivos, páginas Web ou fontes externas. O segundo normalmente considera apenas os dados armazenados nos bancos de dados.

TABELA 14.2
Responsabilidades dos Administradores de Dados e dos Administradores de Bancos de Dados

Posição	Responsabilidades
Administrador de dados	Desenvolve um modelo de dados corporativo.
	Estabelece padrões e políticas entre bancos de dados com relação à nomeação, ao compartilhamento de dados e à propriedade dos dados.
	Negocia prazos contratuais com os fornecedores de tecnologia da informação.
	Desenvolve planos de longo prazo de tecnologia da informação.
Administrador de banco de dados	Desenvolve conhecimento detalhado dos SGBDs individuais.
	Procura informações sobre o desenvolvimento de aplicações.
	Realiza a modelagem de dados e o projeto lógico de banco de dados.
	Faz cumprir os padrões de administração de dados.
	Monitora o desempenho do banco de dados.
	Realiza a avaliação técnica dos SGBDs.
	Cria instruções de segurança, integridade e processamento de regras.
	Concebe padrões e políticas relacionadas aos bancos de dados e SGBDs individuais.

modelo de dados corporativo
um modelo conceitual de dados de uma organização. Um modelo de dados corporativo pode ser usado para o planejamento de dados e o suporte à tomada de decisão.

O desenvolvimento de um modelo de dados corporativo é uma das responsabilidades mais importantes do administrador de dados. Ele oferece um modelo integrado de todos os bancos de dados da organização. Por causa de seu escopo, ele é menos detalhado que os bancos de dados individuais que ele engloba. Esse modelo concentra-se nos principais assuntos dos bancos de dados operacionais, e não no detalhamento completo, e pode ser desenvolvido para o planejamento de dados (que banco de dados desenvolver) ou como suporte à tomada de decisão (como integrar e resumir os bancos de dados existentes). A Seção 14.3 descreve em detalhes o plancjamento de dados, ao passo que o Capítulo 16 descreve em detalhes o desenvolvimento de um modelo de dados corporativo como suporte à tomada de decisão. O administrador de dados em geral participa significativamente de ambos esses empreendimentos.

As grandes organizações podem oferecer especialização em administração de dados e de banco de dados. No primeiro caso, a especialização pode ocorrer por tarefa e ambiente. Em relação à tarefa, os administradores de dados podem especializar-se em planejamento em contraste com o estabelecimento de políticas. Em relação ao ambiente, eles podem especializar-se em ambientes como apoio a decisões e processamento de transações e em dados não tradicionais como imagens, textos e vídeo. No caso do administrador de banco de dados, a especialização pode ocorrer por SGBD, tarefa e ambiente. Por causa da complexidade da aprendizagem de SGDBs, os administradores de banco de dados normalmente se especializam em um ou em poucos produtos. No que diz respeito à tarefa, a especialização em geral se divide entre modelagem de dados e avaliação de desempenho. Com respeito ao ambiente, a especialização em geral se divide entre processamento de transações e *datawarehouses*.

Nas pequenas organizações, a fronteira entre a administração de dados e a administração de banco de dados é flexível. É provável que não haja posições distintas para administradores de dados e de banco de dados. A mesma pessoa pode desempenhar ambas as funções. À medida que as organizações evoluem, a especialização normalmente se desenvolve de modo que se criem funções distintas.

14.2 Ferramentas de Administração de Banco de Dados

Para cumprir as responsabilidades mencionadas na seção anterior, os administradores de banco de dados usam uma variedade de ferramentas. Você já obteve informações sobre ferramentas para modelagem de dados, projeto lógico de banco de dados, projeto físico de banco de dados, gatilhos e procedimentos armazenados. Algumas das ferramentas são instruções SQL (CREATE VIEW e CREATE INDEX), ao passo que outras fazem parte das ferramentas CASE para o desenvolvimento de banco de dados. Esta seção apresenta outras ferramentas para segurança, integridade e acesso a dicionários de dados, e examina o gerenciamento de gatilhos e procedimentos armazenados.

14.2.1 Segurança

A segurança está relacionada à proteção de um banco de dados contra acesso não autorizado e ações mal-intencionadas de devastação. Por causa do valor dos dados nos bancos de dados corporativos, há grande motivação por parte dos usuários não autorizados a ganhar acesso não autorizado a esses bancos. Os concorrentes se sentem muito motivados a acessar informações confidenciais sobre planos de desenvolvimento de produtos, iniciativas de economia de custos e perfil de clientes. O desejo dos criminosos à espreita é furtar informações ainda não divulgadas sobre resultados financeiros e transações de negócio e dados confidenciais sobre clientes, como número de cartão de crédito. Os transgressores sociais e terroristas podem causar problemas e prejuízos significativos destruindo intencionalmente os registros de um banco de dados. Dado o uso crescente da Internet para a condução de negócios, concorrentes, criminosos e transgressores sociais têm cada vez mais oportunidade de comprometer a <u>segurança dos bancos de dados</u>.

Segurança é um tema amplo que envolve várias áreas. Existem os aspectos éticos e legais sobre quem pode acessar os dados e quando os dados podem ser divulgados. Existem redes, hardware, sistemas operacionais e controles físicos que aumentam os controles oferecidos pelos SGBDs. Existem ainda problemas operacionais relacionados com senhas, dispositivos de autenticação e cumprimento da privacidade. Essas questões não são tratadas em maior profundidade porque estão além do escopo dos especialistas em SGBDs e bancos de dados. O restante desta subseção enfatiza as abordagens de controle de acesso e as instruções SQL para regras de autorização.

Para o controle de acesso, os SGBDs ajudam a criação e a armazenagem de regras de autorização e o cumprimento dessas regras quando os usuários tentam acessar o banco de dados. A Figura 14.4 mostra a interação desses elementos. Os administradores de banco de dados criam <u>regras de autorização</u> que definem quem pode acessar que parte de um banco de dados e para qual operação. O cumprimento das regras de autorização requer a autenticação do usuário e assegura que as referidas regras não foram violadas pelas solicitações de acesso (recuperação e modificação de informações do banco de dados). A autenticação ocorre quando um usuário se conecta pela primeira vez ao SGBD. As regras de autorização devem ser verificadas para cada solicitação de acesso.

A abordagem mais comum de regras de autorização é conhecida por <u>controle de acesso discricionário</u>. Nesse tipo de controle, os usuários recebem direitos ou privilégios de acesso a partes específicas de um banco de dados. Para exercer um controle preciso, os privilégios em geral são especificados para visões, e não para tabelas ou campos. Os usuários podem receber permissão para ler, atualizar, inserir e excluir partes específicas de um banco de dados. Para simplificar a manutenção das regras de autorização, é possível conceder privilégios a grupos ou papéis, em vez de a usuários individuais. Pelo fato de os papéis serem mais estáveis que usuários

segurança do banco de dados
proteger bancos de dados contra acessos não autorizados e destruição mal-intencionada.

regras de autorização
definem usuários autorizados, operações permissíveis e partes acessíveis do banco de dados. O sistema de segurança do banco de dados armazena regras de autorização e as aplica para cada acesso ao banco de dados.

controle de acesso discricionário
os usuários recebem direitos ou privilégios de acesso a partes específicas de um banco de dados. O controle de acesso discricionário é o tipo mais comum de controle de segurança suportado por SGBDs comerciais.

FIGURA 14.4
Sistema de Segurança de um Banco de Dados

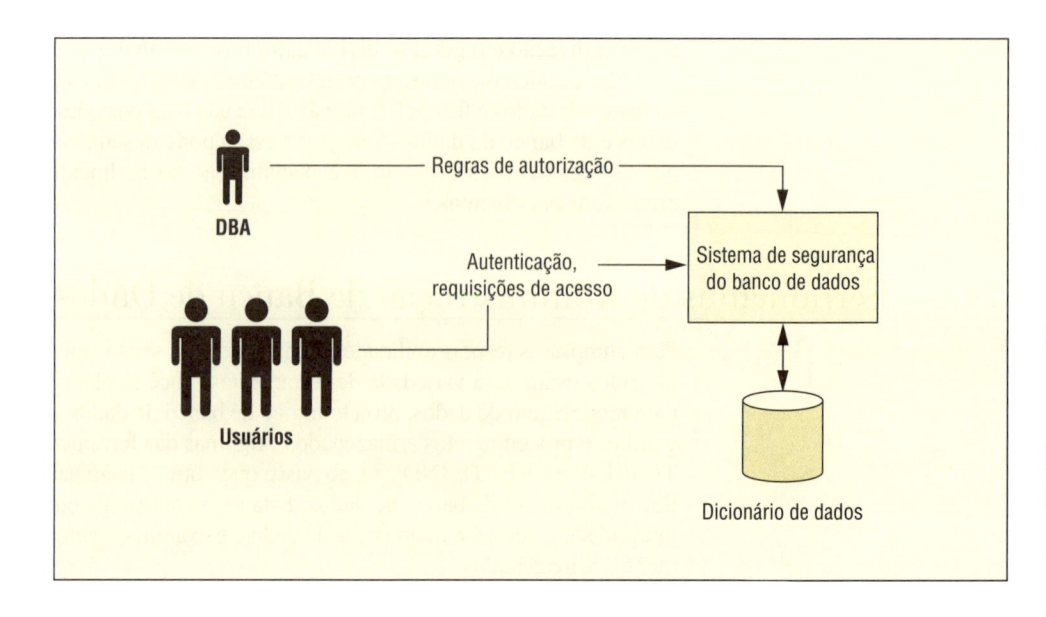

controle de acesso obrigatório
uma abordagem de segurança de banco de dados para bancos de dados altamente sensíveis e estáticos. Um usuário pode acessar um elemento do banco de dados se o nível de autorização do usuário permite o acesso ao nível de classificação do elemento.

individuais, as regras de autorização que fazem referência a papéis exigem menor manutenção que as regras que fazem referência a usuários individuais. Os usuários são designados a papéis e recebem senhas. Durante o processo de login em um banco de dados, o sistema de segurança do banco de dados autentica os usuários e menciona os papéis aos quais eles pertencem.

Os controles de acesso obrigatório são menos flexíveis que os controles de acesso discricionários. Nas abordagens de controle obrigatório, a cada objeto é atribuído um nível de classificação e a cada usuário é atribuído um nível de autorização. Um usuário pode acessar um objeto se o seu nível de autorização oferecer acesso ao nível de classificação do objeto em questão. Os níveis comuns de autorização e classificação são confidencial, secreto e ultra-secreto. As abordagens de controle de acesso obrigatório foram originalmente aplicadas em bancos de dados altamente sensíveis e estáticos para defesa nacional e coleta de informações secretas. Em virtude da limitada flexibilidade dos controles de acesso obrigatórios, apenas alguns SGBDs os aceitam. Entretanto, os SGBDs que são usados na defesa nacional e coleta de informações secretas devem aceitar controles obrigatórios.

Além dos controles de acesso, os SGBDs aceitam encriptação de dados. A encriptação envolve a codificação de dados para obscurecer seu significado. Um algoritmo de encriptação modifica os dados originais (conhecidos por texto puro ou *plaintext*). Para decifrar os dados, o usuário fornece uma chave de encriptação para restaurar os dados encriptados (conhecidos por texto cifrado ou *ciphertext*) para o seu formato original (texto puro). Dois entre os algoritmos de encriptação mais comuns são o padrão de encriptação de dados e encriptação de chave pública. Pelo fato de o padrão de encriptação de dados poder ser quebrado por um poder computacional gigantesco, o algoritmo de encriptação de chave pública tornou-se a abordagem preferida.

Instruções de Segurança do SQL:2003

O SQL:2003 oferece suporte a regras de autorização discricionária usando as instruções CREATE/DROP ROLE e as instruções GRANT/REVOKE. Quando se cria o papel, o SGBD concede o papel tanto ao usuário atual quanto ao papel atual. No Exemplo 14.1, os papéis ProfessorSI e ConsultorSI são concedidos ao usuário atual, enquanto o papel AdministradorSI é concedido ao papel do usuário atual. A cláusula WITH ADMIN significa que um usuário ao qual foi atribuído o papel pode atribuir o papel a outros usuários. A opção WITH ADMIN deve ser usada moderadamente porque oferece ampla liberdade de ação ao papel. Um papel pode ser suspenso com a instrução DROP ROLE.

EXEMPLO 14.1 (SQL:2003)

Exemplos da Instrução CREATE ROLE

CREATE ROLE ProfessorSI;
CREATE ROLE AdministradorSI WITH ADMIN CURRENT_ROLE;
CREATE ROLE ConsultorSI;

Na instrução GRANT, você especifica os privilégios (consulte a Tabela 14.3), o objeto (tabela, coluna ou visão) e a lista de usuários autorizados (ou papéis). No Exemplo 14.2, o acesso SELECT é atribuído a três papéis (ProfessorSI, ConsultorSI, AdministradorSI), ao passo que o acesso UPDATE é dado apenas a AdministradorSI. Aos usuários individuais devem ser atribuídos papéis para que possam acessar a visão *MediaGeralAlunoSI*.

TABELA 14.3
Explicação sobre os Privilégios Comuns do SQL:2003

Privilégio	Explicação
SELECT	Consulta o objeto; pode ser especificado para colunas individuais
UPDATE	Modifica o valor; pode ser especificado para colunas individuais
INSERT	Adiciona uma nova linha; pode ser especificado para colunas individuais
DELETE	Exclui uma linha; não pode ser especificado para colunas individuais
TRIGGER	Cria um gatilho em uma tabela estipulada
REFERENCES	Menciona as colunas de uma determinada tabela nas restrições de integridade
EXECUTE	Executa o procedimento armazenado

> **EXEMPLO 14.2**
> **(SQL:2003)**
>
> **Definição de Visão e Instruções GRANT e REVOKE**
> CREATE VIEW MediaGeralAlunoSI AS
>   SELECT CPFAluno, NomeAluno, SobrenomeAluno, MediaAluno
>   FROM Aluno
>   WHERE Especializacao = 'SI':
> -- Concede privilégios aos papéis
> GRANT SELECT ON MediaGeralAlunoSI
>   TO ProfessorSI, ConsultorSI, AdministradorSI
> GRANT UPDATE ON MediaGeralAlunoSI.MediaAluno TO AdministradorSI;
> -- Designa usuários aos papéis
> GRANT ProfessorSI TO Mannino;
> GRANT ConsultorSI TO Olson;
> GRANT AdministradorSI TO Smith WITH GRANT OPTION;
>
> REVOKE SELECT ON MediaGeralAlunoSI FROM ProfessorSI RESTRICT;

A instrução GRANT pode também ser usada para designar usuários aos papéis, como mostrado nas três últimas instruções GRANT no Exemplo 14.2. Além de conceder os privilégios da Tabela 14.3, um usuário pode ser autorizado a passar privilégios a outros usuários por meio da palavra-chave WITH GRANT OPTION. Na última instrução GRANT do Exemplo 14.2, o usuário Smith pode conferir o papel AdministradorSI a outros usuários. A opção WITH GRANT deve ser usada com moderação porque oferece ampla liberdade de ação ao usuário.

Para remover um privilégio de acesso, é usada a instrução REVOKE. Na última instrução do Exemplo 14.2, o privilégio SELECT é removido de ProfessorSI. A cláusula RESTRICT significa que o privilégio é revogado apenas se ele não tiver sido concedido por mais de um usuário ao papel especificado.

Segurança no Oracle e no Access

O Oracle 10g estende as instruções de segurança do SQL:2003 com a instrução CREATE USER, papéis predefinidos e privilégios adicionais. No SQL:2003, a criação de usuário é tratada como implementação. Visto que o Oracle não depende do sistema operacional para a criação de usuário, ele oferece a instrução CREATE USER. O Oracle fornece papéis predefinidos para usuários altamente privilegiados, incluindo o papel CONNECT, para a criação de tabelas em um esquema, o papel RESOURCE, para a criação de tabelas e objetos de aplicação – por exemplo, procedimentos armazenados –, e o papel DBA, para o gerenciamento do banco de dados. Em relação aos privilégios, o Oracle faz distinção entre privilégios de sistema (independentes do objeto) e privilégios de objeto. A concessão de privilégios de sistema normalmente está reservada aos papéis altamente seguros em virtude das amplas conseqüências que os privilégios de sistema podem causar, como mostrado na Tabela 14.4. Os privilégios de objeto do Oracle são semelhantes aos do SQL:2003, exceto que o Oracle fornece mais objetos que o SQL:2003, como mostrado na Tabela 14.5.

Os SGBDs, em sua maioria, permitem restrições de autorização por objetos de aplicação, como formulários e relatórios, além dos objetos de banco de dados permissíveis na instrução GRANT. Essas outras restrições de segurança geralmente são especificadas em interfaces proprietárias ou em ferramentas de desenvolvimento de aplicações, em vez de no SQL. Por exemplo, o Microsoft Access 2003 permite que se definam regras de autorização por meio da janela Permissões para Usuário e Grupo, como exibido na Figura 14.5. As permissões para os objetos de banco de dados (tabelas e consultas armazenadas), bem como para os objetos de aplicação (formulários e relatórios), podem ser especificadas por meio dessa janela. Além disso, o SQL aceita as instruções GRANT/REVOKE semelhantes às instruções do SQL:2003, assim como as instruções CREATE/DROP para usuários e grupos.

TABELA 14.4
Explicação sobre os Privilégios de Sistema Comuns do Oracle

Privilégio de Sistema	Explanação
CREATE X, CREATE ANY X	Cria objetos do tipo X no esquema de alguém; CREATE ANY permite que se criem objetos em outros esquemas[1]
ALTER X, ALTER ANY X	Altera objetos do tipo X no esquema de alguém; ALTER ANY X permite que se alterem objetos em outros esquemas.
INSERT ANY, DELETE ANY, UPDATE ANY, SELECT ANY	Insere, exclui, atualiza e seleciona em uma tabela de qualquer esquema
DROP X, DROP ANY X	Exclui objetos do tipo X no esquema de alguém. DROP ANY permite que se excluam objetos em outros esquemas
ALTER SYSTEM, ALTER DATABASE, ALTER SESSION	Emite comandos ALTER SYSTEM, comandos ALTER DATABASE e comandos ALTER SESSION
ANALYZE ANY	Analisa qualquer tabela, índice ou grupo

TABELA 14.5
Mapeamento entre Privilégios e Objetos Comuns do Oracle

Privilégio/ Objeto	Tabela	Visão	Seqüência[2]	Procedimento, Função, Pacote, Biblioteca, Operador, Tipo de Índice	Visão Materializada[3]
ALTER	X		X		
DELETE	X	X			X
EXECUTE				X	
INDEX	X				
INSERT	X	X			X
REFERENCES	X	X			
SELECT	X	X	X		X
UPDATE	X	X			X

FIGURA 14.5
Janela Permissões para Usuário e Grupo no Microsoft Access 2003

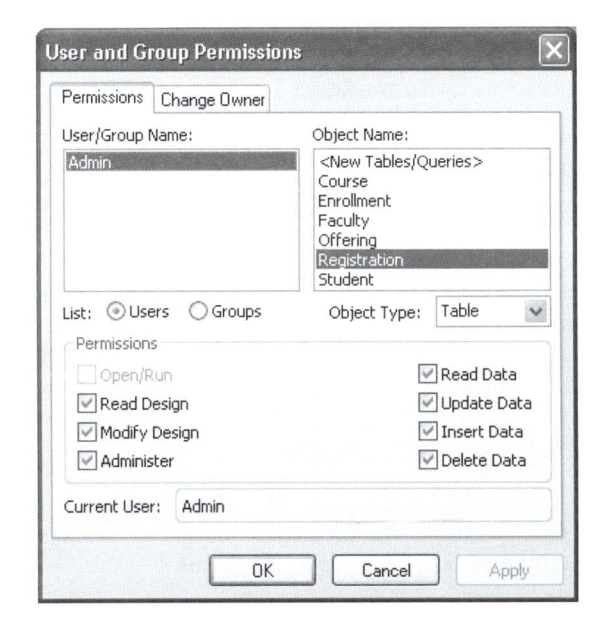

[1] Esquema é um conjunto de tabelas relacionadas e outros objetos Oracle que são tratados como uma unidade.

[2] Seqüência é um conjunto de valores mantido pelo Oracle. As seqüências normalmente são usadas para chaves primárias geradas pelo sistema.

[3] A visão materializada é armazenada, em vez de derivada. As visões materializadas são úteis em *datawarehouses*, como descrito no Capítulo 16.

14.2.2 Restrições de Integridade

Você já teve oportunidade de examinar as restrições de integridade apresentadas nos capítulos precedentes. No Capítulo 3, apresentamos as chaves primárias, as chaves estrangeiras, as chaves candidatas e as restrições não nulas, bem como a sintaxe SQL correspondente. No Capítulo 5, você estudou as restrições de cardinalidade e as restrições de hierarquia de generalização. No Capítulo 7, você estudou as dependências funcionais e multivaloradas como parte do processo de normalização. Além disso, o Capítulo 8 descreveu os índices que podem ser usados para impor eficazmente as restrições de chave primária e candidata. Esta subseção descreve outros tipos de restrição de integridade e a sintaxe SQL correspondente.

Domínios do SQL

No Capítulo 3, foram definidos os tipos de dados padrão do SQL. Um tipo de dado indica a espécie de dado (caractere, numérico, sim/não etc.) e operações permissíveis (operações numéricas, operações com string etc.) para colunas que estão usando o tipo de dado. No SQL:2003, a capacidade para definir novos tipos de dados por meio da instrução CREATE DOMAIN é limitada. É possível criar um domínio como um subconjunto de um tipo de dado padrão. O Exemplo 14.3 mostra a instrução CREATE DOMAINS, bem como o uso de novos domínios em lugar de tipos de dados padrão. A cláusula CHECK define uma restrição para que o domínio limite o domínio a um subconjunto de tipo de dados padrão.

EXEMPLO 14.3 (SQL:2003)

Instruções CREATE DOMAIN e o Uso de Domínios

CREATE DOMAIN TurmaAluno AS CHAR(2)
  CHECK (VALUE IN ('FR', 'SO', 'JR', 'SR'))

CREATE DOMAIN CargaHorariaCurso AS SMALLINT
  CHECK (VALUE BETWEEN 1 AND 9)

Em CREATE TABLE para a tabela *Aluno*, o domínio pode ser referido na coluna *Turma*.

Turma   TurmaAluno   NOT NULL

Em CREATE TABLE para a tabela *Curso*, o domínio pode ser referido na coluna *CargaHoraCurso*.

CargaHoraCurso   CargaHorariaCurso   NOT NULL

O SQL:2003 oferece um recurso relacionado conhecido por tipo distinto (*distinct type*). Assim como um domínio, o tipo distinto baseia-se em um tipo primitivo. Diferentemente de um domínio, o tipo distinto não pode ter restrições. Entretanto, a especificação do SQL melhora a verificação de tipos no caso de tipos distintos, comparavelmente aos domínios. Uma coluna com o tipo distinto pode ser comparada somente com outra coluna que esteja usando o mesmo tipo distinto. O Exemplo 14.4 mostra as definições de tipo distinto e uma comparação entre as colunas baseadas nos tipos.

EXEMPLO 14.4 (SQL:2003)

Tipos Distintos e o Uso de Tipos Distintos

-- Tipo distinto UTD e uso na definição de uma tabela
CREATE DISTINCT TYPE UTD AS DECIMAL(10,2);
PrecoProdutoEUA UTD

CREATE DISTINCT TYPE Euro AS DECIMAL(10,2);
PrecoProdutoEuro Euro

-- Erro de tipo: as colunas têm diferentes tipos distintos
PrecoProdutoEUA > PrecoProdutoEuro

No caso de bancos de dados orientados a objetos, o SQL:2003 oferece tipos definidos pelo usuário, um recurso mais eficaz que os domínios e os tipos distintos. Os tipos de dados definidos pelo usuário podem ser definidos com novos operadores e funções. Além disso, eles podem ser definidos por meio de outros tipos de dados definidos pelo usuário. O Capítulo 18 descreve os tipos de dados definidos pelo usuário como parte da apresentação de recursos orientados a objetos do SQL:2003. Em virtude das limitações, os SGBDs, em sua maioria, não mais aceitam domínio e tipos distintos. Por exemplo, o Oracle 10g aceita tipos definidos pelo usuário, mas não domínios e tipos distintos.

Restrições CHECK na Instrução CREATE TABLE

Quando uma restrição envolve condições de linha nas colunas da mesma tabela, pode ser usada uma restrição CHECK. Esse tipo de restrição é especificado como parte da instrução CREATE TABLE, como mostrado no Exemplo 14.5. Para facilitar a localização, você deve sempre nomear as restrições. Quando uma restrição é violada, a maioria dos SGBDs exibe o nome da restrição.

EXEMPLO 14.5 (SQL:2003)

Cláusulas de Restrição CHECK

Apresentamos aqui uma instrução CREATE TABLE com restrições CHECK para o intervalo válido de média geral e para alunos das turmas mais avançadas (no primeiro ano da faculdade e no último) que tenham uma especialização acadêmica declarada (não nula).

```
CREATE TABLE Aluno
(   CPFAluno          CHAR(11),
    NomeAluno         VARCHAR(50) CONSTRAINT NomeAlunoRequerido NOT NULL,
    SobrenomeAluno    VARCHAR(50) CONSTRAINT SobrenomeAlunoRequerido NOT NULL,
    CidadeAluno       VARCHAR(50) CONSTRAINT CidadeAlunoRequerido NOT NULL,
    UFAluno           CHAR(2)     CONSTRAINT UFAlunoRequerido NOT NULL,
    CEPAluno          CHAR(9)     CONSTRAINT CEPAlunoRequerido NOT NULL,
    Especializacao    CHAR(6),
    Turma             CHAR(6),
    MediaAluno        DECIMAL(3,2),
CONSTRAINT PKAluno PRIMARY KEY (CPFAluno),
CONSTRAINT MediaValida CHECK ( MediaAluno BETWEEN 0 AND 4 ),
CONSTRAINT EspecializacaoDeclarada CHECK
 ( Turma IN ('FR', 'SO') OR Especializacao IS NOT NULL   )  )
```

Embora as restrições CHECK sejam amplamente aceitas, a maioria dos SGBDs limita as condições dentro dessas restrições. A especificação SQL:2003 permite qualquer condição que possa aparecer em uma instrução SELECT, incluindo condições que envolvam instruções SELECT. Grande parte dos SGDBs não permite condições envolvendo instruções SELECT em uma restrição CHECK. Por exemplo, o Oracle 10g proíbe instruções SELECT em restrições CHECK, bem como referências a colunas em outras tabelas. Para essas restrições complexas, é possível usar asserções (se o SGBD oferecer suporte) ou gatilhos, se as asserções não puderem ser usadas.

Asserções do SQL:2003

As asserções do SQL:2003 são mais poderosas que as restrições quanto a domínios, colunas, chaves primárias e chaves estrangeiras. Diferentemente das restrições CHECK, as asserções não estão associadas a uma tabela específica. Uma asserção pode envolver uma instrução SELECT de uma complexidade arbitrária. Portanto, as asserções podem ser usadas para restrições que abranjam várias tabelas e vários cálculos estatísticos, como demonstram os exemplos 14.6 a 14.8. Contudo, as asserções complexas devem ser usadas com moderação porque elas podem ser difíceis de fazer cumprir. Existem provavelmente formas mais eficazes de fazer cumprir asserções – por exemplo, por meio de condições de evento em um formulário ou em procedimentos armazenados. Se for o administrador do banco de dados, é aconselhável investigar as capacidades de programação de eventos das ferramentas de desenvolvimento de aplicações antes de usar asserções complexas.

EXEMPLO 14.6 (SQL:2003)

Instrução CREATE ASSERTION

Esta asserção garante que cada professor tem uma carga de curso entre três e nove horas.

```
CREATE ASSERTION CargaTrabalhoProfessor
  CHECK (NOT EXISTS
    (  SELECT Professor.CPFProfessor, TrimestreOfer, AnoOfer
       FROM Professor, Oferecimento, Curso
       WHERE Professor.CPFProfessor = Oferecimento.CPFProfessor
         AND Oferecimento.NumCurso = Curso.NumCurso
       GROUP BY Professor.CPFProfessor, TrimestreOfer, AnoOfer
       HAVING SUM(CargaHoraCurso) < 3 OR SUM(CargaHoraCurso) > 9   )  )
```

EXEMPLO 14.7 (SQL:2003)

Instrução CREATE ASSERTION

Esta instrução de asserção garante que dois cursos não sejam oferecidos ao mesmo tempo e no mesmo local. As condições que envolvem as colunas HorarioOfer e DiaSemanaOfer devem ser refinadas para que se verifique qualquer sobreposição, e não apenas uniformidade. Pelo fato de esses aprimoramentos exigirem string e funções específicas de um SGBD, eles não são mostrados.

```
CREATE ASSERTION ConflitoOferecimento
  CHECK (NOT EXISTS
    (  SELECT O1.NumOfer
       FROM Oferecimento O1, Oferecimento O2
       WHERE O1.NumOfer <> O2.NumOfer
         AND O1.TrimestreOfer = O2.TrimestreOfer
         AND O1.AnoOfer = O2.AnoOfer
         AND O1.DiaSemanaOfer = O2.DiaSemanaOfer
         AND O1.HorarioOfer = O2.HorarioOfer
         AND O1.LocalOfer = O2.LocalOfer   )  )
```

EXEMPLO 14.8 (SQL:2003)

Instrução de Asserção para Garantir que os Alunos de Período Integral Tenham pelo menos Nove Unidades de Carga Horária

```
CREATE ASSERTION MatriculaIntegral
  CHECK (NOT EXISTS
    (  SELECT Matricula.NumReg
       FROM Registro, Oferecimento, Matricula, Curso
       WHERE Oferecimento.NumOfer = Matricula.NumOfer
         AND Oferecimento.NumCurso = Curso.NumCurso
         AND Oferecimento.NumReg = Registro.NumReg
         AND SituacaoReg = 'I'
       GROUP BY Matricula.NumReg
       HAVING SUM(CargaHoraCurso) >= 9   )  )
```

As asserções são verificadas depois de finalizadas as alterações correspondentes. Por exemplo, a asserção *ConflitoOferecimento* do Exemplo 14.7 seria verificada a cada inserção de uma linha *Oferecimento* e a cada alteração de uma das colunas na cláusula WHERE dessa asserção. Em alguns casos, a asserção pode sofrer um atraso, até que outras instruções sejam concluídas. A palavra-chave DEFERRABLE pode ser usada para permitir que uma asserção seja testada no fim de uma transação, e não imediatamente. O adiamento da verificação é uma questão que está relacionada ao projeto da transação, como discutido no Capítulo 15.

As asserções não são amplamente aceitas porque elas se sobrepõem aos gatilhos. A asserção é um tipo restrito de gatilho com condição e ação implícitas. Pelo fato de ser mais simples que o gatilho, normalmente é mais fácil de ser criada e mais eficaz de ser executada. Entretanto, nenhum SGBD relacional importante aceita asserções, de modo que devem ser usados os gatilhos nos locais em que as asserções seriam mais apropriadas.

14.2.3 Gerenciamento de Gatilhos e Procedimentos Armazenados

No Capítulo 11, você aprendeu os conceitos e detalhes sobre codificação de gatilhos e procedimentos armazenados. Embora o DBA escreva os gatilhos e procedimentos armazenados para ajudar a gerenciar os bancos de dados, sua principal responsabilidade é gerenciar gatilhos e procedimentos armazenados, e não escrevê-los. É também sua responsabilidade estabelecer padrões para as práticas de codificação, monitorar dependências e compreender as interações entre os gatilhos.

Em relação às práticas de codificação, o DBA deve considerar os padrões de documentação, o uso de parâmetros e o conteúdo, de acordo com o resumo apresentado na Tabela 14.6. Os padrões de documentação devem incluir padrões, explicações sobre os parâmetros e descrição das condições prévias e posteriores dos procedimentos. O uso de parâmetros em procedimentos e funções deve ser monitorado. As funções devem usar apenas parâmetros de entrada e não ter efeitos secundários. Com respeito ao conteúdo, os gatilhos não devem realizar a verificação de integridade que possa ser codificada como restrições de integridade declarativa (restrições CHECK, chaves primárias, chaves estrangeiras etc.). Para diminuir a manutenção, os gatilhos e procedimentos armazenados devem fazer referência aos tipos de dados das colunas associadas do banco de dados. No Oracle, costuma-se ancorar os tipos de dados. Pelo fato de a maioria das ferramentas de desenvolvimento de aplicações oferecer suporte a gatilhos e procedimentos de evento para formulários e relatórios, fazer a opção entre um gatilho/procedimento de banco de dados e um gatilho/procedimento de aplicação nem sempre é fácil. O DBA deve tomar parte do estabelecimento de padrões no sentido de orientar a escolha entre o uso de gatilhos e procedimentos de banco de dados e o uso de gatilhos e procedimentos de eventos de aplicação.

O gatilho ou procedimento armazenado depende das tabelas, das visões, dos procedimentos e dos papéis que ele menciona, bem como de planos de acesso criados pelo compilador do SQL. Quando um objeto mencionado muda, seus dependentes devem ser recompilados. Na Figura 14.6, o gatilho X necessitará de recompilação, se houver mudanças no plano de acesso para a instrução UPDATE no corpo do gatilho. De maneira semelhante, o procedimento precisa de recompilação se o plano de acesso para a instrução SELECT ficar desatualizado. O gatilho X pode precisar de recompilação se houver mudanças na tabela A ou no procedimento pr_LookupZ. A maioria dos SGBDs mantém dependências para assegurar que os gatilhos e procedimentos armazenados funcionem corretamente. Se um procedimento ou gatilho usar uma instrução SQL, a maioria dos SGBDs automaticamente recompilará o procedimento ou gatilho, se o plano de acesso correspondente ficar desatualizado.

TABELA 14.6
Resumo das Preocupações do DBA quanto à Prática de Codificação

Área da Prática de Codificação	Preocupações
Documentação	Padrões de nomeação de procedimentos e gatilhos; explicação sobre os parâmetros; comentários descritivos sobre condições prévias e posteriores.
Uso de parâmetros	Somente parâmetros de entrada para funções; nenhum efeito secundário para funções.
Gatilhos e procedimentos	Não usar gatilhos para restrições de integridade padrão; uso de tipos de dados ancorados para variáveis; padrões para gatilhos e procedimentos de evento de aplicação versus gatilhos e procedimentos de banco de dados.

FIGURA 14.6
Dependências entre os Objetos de Banco de Dados

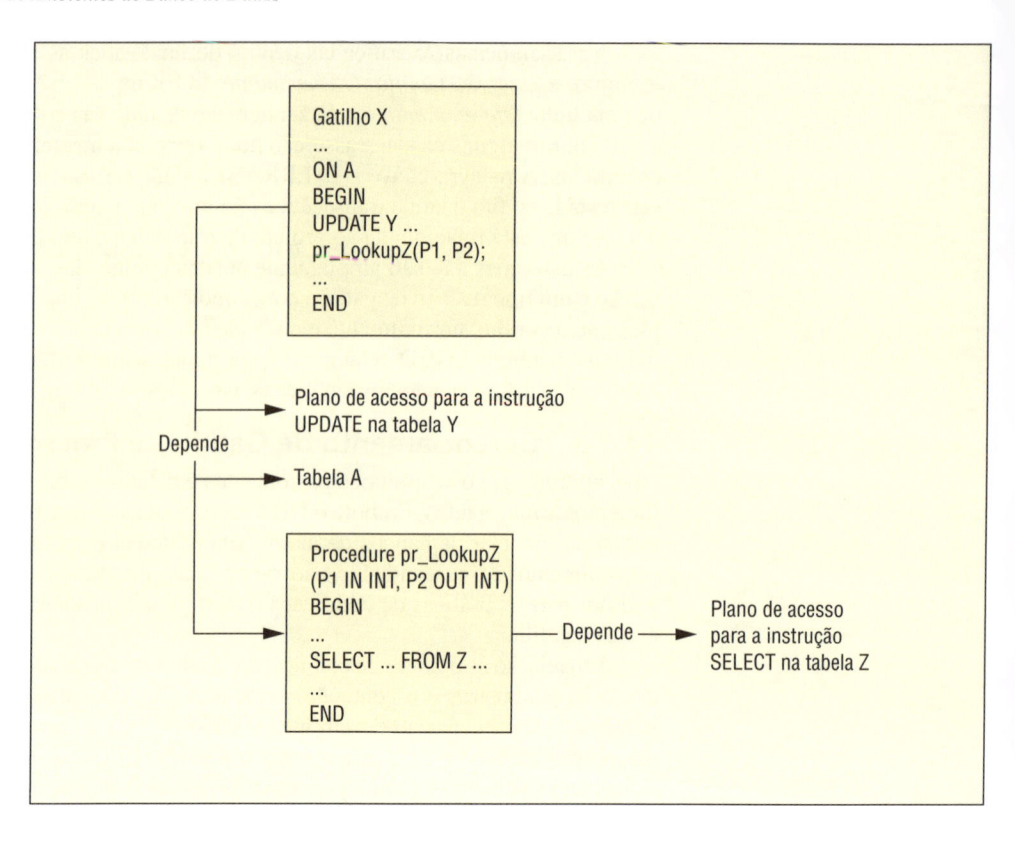

```
Gatilho X
...
ON A
BEGIN
UPDATE Y ...
pr_LookupZ(P1, P2);
...
END
```

Depende → Plano de acesso para a instrução UPDATE na tabela Y

→ Tabela A

```
Procedure pr_LookupZ
(P1 IN INT, P2 OUT INT)
BEGIN
...
SELECT ... FROM Z ...
...
END
```

— Depende → Plano de acesso para a instrução SELECT na tabela Z

TABELA 14.7
Resumo das Preocupações do DBA quanto às Dependências

Área da Dependência	Preocupações
Obsolescência do plano de acesso	O SGBD deve fazer a recompilação automaticamente. O DBA pode precisar realizar a recompilação quando as estatísticas do otimizador ficarem desatualizadas.
Modificação de objetos referenciados	O SGBD deve fazer recompilação automaticamente. O DBA deve fazer a opção entre a manutenção de timestamp (registro de tempo) e a manutenção de assinatura, no caso de funções e procedimentos remotos.
Exclusão de objetos referenciados	O SGBD marca o procedimento/gatilho como inválido, se os objetos referenciados forem excluídos.

O DBA deve estar atento para as limitações do SGBD e das ferramentas fornecidas para o gerenciamento de dependência. A Tabela 14.7 apresenta um resumo das questões do gerenciamento de dependência concernentes à obsolescência do plano de acesso, à modificação de objetos referenciados e à exclusão de objetos referenciados. Em relação aos planos de acesso, o DBA deve compreender que a recompilação manual pode ser necessária se as estatísticas do otimizador ficarem desatualizadas. No caso de procedimentos e funções armazenados remotamente, o DBA pode escolher entre a manutenção de dependência *timestamp* e de assinatura. Na manutenção de *timestamp*, o SGBD recompilará um objeto dependente para qualquer alteração nos objetos referenciados. Essa manutenção pode provocar um excesso de recompilação porque muitas alterações nos objetos referenciados não exigem recompilação dos objetos dependentes. A manutenção de assinatura requer recompilação quando uma assinatura (nome ou uso do parâmetro) muda. O DBA deve também estar atento para o fato de que o SGBD não recompilará um procedimento ou gatilho se um objeto referenciado for excluído. O procedimento ou gatilho dependente será marcado como inválido porque a recompilação não é possível.

As interações entre gatilhos foram discutidas no Capítulo 11 como parte dos procedimentos de execução de gatilhos. Os gatilhos interagem quando um gatilho dispara outros gatilhos e quando os gatilhos sobrepõem-se e, portanto, disparam arbitrariamente. O DBA

metadados
dados que descrevem outros dados incluindo a fonte, o uso, o valor e o significado dos dados.

pode usar ferramentas de análise de gatilhos fornecidas pelo fornecedor do SGBD ou então pode analisar manualmente as interações entre gatilhos, se não for fornecida nenhuma ferramenta. Ele deve exigir verificações suplementares dos gatilhos que interagem entre si. Para minimizar a interação entre gatilhos, ele deve implementar diretrizes como aquelas que estão resumidas na Tabela 14.8.

14.2.4 Manipulação do Dicionário de Dados

O dicionário de dados é um banco de dados especial que descreve os bancos de dados individuais e o ambiente do banco de dados. Esse dicionário contém descritores de dados, denominados metadados, os quais definem a fonte, o uso, o valor e o significado dos dados. Os DBAs normalmente lidam com dois tipos de dicionário de dados para rastrear o ambiente de banco de dados. Cada SGBD oferece um dicionário de dados para localizar tabelas, colunas, asserções, índices e outros objetos controlados pelo SGBD. Ferramentas CASE independentes oferecem dicionários desse tipo, conhecidos por dicionário de recursos de informação, o qual localiza uma série maior de objetos relacionados com o desenvolvimento de sistemas de informação. Esta subseção apresenta detalhes sobre esses dois tipos de dicionário.

Tabelas de Catálogo no SQL:2003 e no Oracle

O SQL:2003 contém tabelas de Catálogo no Definion_Schema, como resumido na Tabela 14.9. Definition_Schema contém uma ou mais tabelas de catálogo que correspondem a cada objeto que pode ser criado em uma instrução SQL de definição de dados ou de controle de dados. As tabelas de catálogo básicas em Definition_Schema não foram concebidas para serem acessadas nas aplicações. Para acessar metadados nas aplicações, o SQL:2003 oferece o Information_Schema, que contém visões das tabelas de catálogo básicas do Definiton_Schema.

Definition_Schema e Information_Schema do SQL:2003 têm algumas implementações porque muito antes de o padrão ser publicado a maioria dos SGBDs já dispunha de tabelas de catálogo proprietárias. Desse modo, você precisará conhecer as tabelas de catálogo de cada SGBD com o qual trabalhará. Normalmente, um SGBD pode ter centenas de tabelas de catálogo. Contudo, para qualquer tarefa específica – por exemplo, gerenciamento de gatilhos —, o DBA precisa usar um pequeno número de tabelas de catálogo. A Tabela 14.10 relaciona algumas da tabelas de catálogo mais importantes do Oracle.

TABELA 14.8
Resumo das Diretrizes para Controlar a Complexidade dos Gatilhos

Diretriz Explicação	Gatilhos
BEFORE ROW	Não use instruções de manipulação nos gatilhos BEFORE ROW, para evitar o disparo para outros gatilhos.
Gatilhos UPDATE	Use uma lista de colunas para os gatilhos UPDATE para diminuir a sobreposição de gatilhos.
Ações em linhas referenciadas	Tenha cuidado em relação aos gatilhos em tabelas afetadas por ações realizadas nas linhas referenciadas. Esses gatilhos podem disparar em virtude de ações nas tabelas-mãe.
Gatilhos sobrepostos	Não dependa de uma ordem de disparo específica.

TABELA 14.9
Resumo de Tabelas de Catálogo Importantes no SQL:2003

Tabela	Conteúdo
USERS	Uma linha para cada usuário
DOMAINS	Uma linha para cada domínio
DOMAIN_CONSTRAINTS	Uma linha para cada restrição de domínio em uma tabela
TABLES	Uma linha para cada tabela e visão
VIEWS	Uma linha para cada visão
COLUMNS	Uma linha para cada coluna
TABLE_CONSTRAINTS	Uma linha para cada restrição de tabela
REFERENTIAL_CONSTRAINTS	Uma linha para cada restrição referencial

TABELA 14.10
Tabelas de Catálogo
Comuns do Oracle

Nome da Tabela	Conteúdo
USER_CATALOG	Contém dados básicos sobre cada tabela e cada visão definida por um usuário.
USER_OBJECTS	Contém dados sobre cada objeto (funções, procedimentos, índices, gatilhos, asserções etc.) definido por um usuário. Essa tabela contém a hora em que cada objeto foi criado e a hora em que foi alterado pela última vez.
USER_TABLES	Contém dados estendidos sobre cada tabela, como alocação de espaço e resumos estatísticos.
USER_TAB_COLUMNS	Contém dados básicos e estendidos para cada coluna, como o nome da coluna, a referência à tabela, o tipo de dado e o resumo estatístico.
USER_VIEWS	Contém a instrução SQL que define cada visão.

O DBA modifica implicitamente as tabelas de catálogo ao usar comandos de definição de dados como a instrução CREATE TABLE. O SGBD usa as tabelas de catálogo para processar consultas, autorizar usuários, verificar restrições de integridade e executar outro processamento de banco de dados. O SGBD consulta as tabelas de catálogo antes de executar praticamente qualquer função. Desse modo, a integridade das tabelas de catálogo é crucial para o funcionamento do SGBD. Somente os usuários com maior autorização devem receber permissão para modificar as tabelas de catálogo. Para melhorar a segurança e confiabilidade, o dicionário de dados normalmente é um banco de dados separado, armazenado independentemente dos bancos de dados do usuário.

O DBA pode consultar as tabelas de catálogo por meio de interfaces proprietárias e instruções SELECT. As interfaces proprietárias, como a janela Definição de Tabela do Microsoft Access e do Oracle Enterprise Manager, são mais fáceis de usar do que o SQL, mas não são portáveis entre os SGBDs. As instruções SELECT oferecem maior controle sobre as informações recuperadas que as interfaces proprietárias.

Dicionário de Recursos de Informação

dicionário de recursos de informação
um banco de dados de metadados que descreve todo ciclo de vida de sistemas de informação. O sistema de IRD gerencia o acesso ao IRD.

O dicionário de recursos de informação (information resource dictionary – IRD) contém um conjunto bem mais amplo de metadados que o dicionário de dados para um SGBD. Ele contém metadados sobre bancos de dados individuais, processos computadorizados e humanos, gerenciamento de configuração, controle de versão, recursos humanos e ambiente computacional. Conceitualmente, um IRD define os metadados usados em todo o ciclo de vida dos sistemas de informação. Tanto os DBAs quanto os DAs podem usá-lo para gerenciar recursos de informação. Além deles, outros profissionais que trabalham com sistemas de informação podem usar um IRD durante determinadas tarefas no ciclo de vida dos sistemas de informação.

Por sua função mais ampla, o IRD não é consultado por um SGBD na condução das operações. Em vez disso, um sistema de dicionário de recursos de informação (information resource dictionary system – IRDS) gerencia o IRD. Várias ferramentas CASE podem usar o IRDS para acessar um IRD, como descrito na Figura 14.7. Essas ferramentas podem acessar um IRD diretamente, por meio do IRDS, ou indiretamente, por meio de um recurso de importação/exportação. O IRD tem arquitetura aberta. Portanto, as ferramentas CASE podem personalizar e estender seu esquema conceitual.

Há duas propostas principais para o IRD e o IRDS. Ambos são atualmente padrões desenvolvidos pela Organização Internacional para Padronização (International Standards Organization – ISO). A implementação dos padrões, contudo, não está amplamente difundida. A Microsoft e a Texas Instruments desenvolveram em conjunto o Microsoft Repository, que oferece suporte a vários dos objetivos do IRD e do IRDS, embora não esteja em conformidade com o padrão. Entretanto, o Microsoft Repository está ganhando ampla aceitação entre os fornecedores de ferramentas CASE. A esta altura, parece ser o padrão de fato para o IRD e o IRDS.

FIGURA 14.7
Arquitetura do IRDS

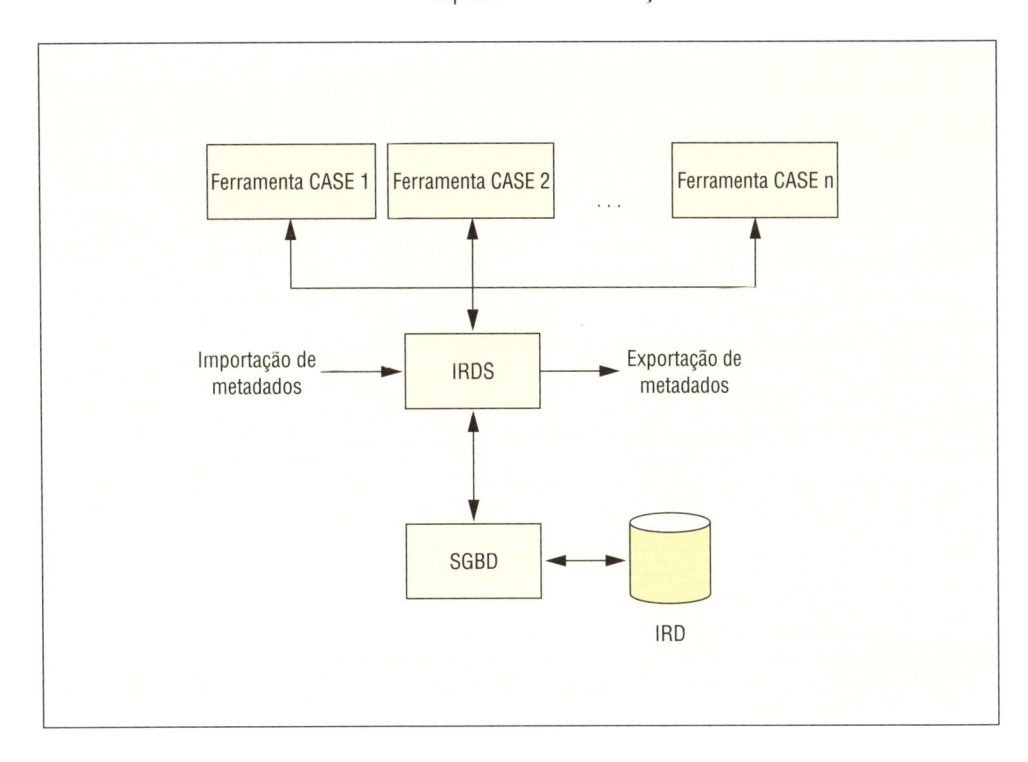

14.3 Processos para Especialistas em Banco de Dados

Esta seção descreve os processos conduzidos pelos DBAs e pelos DAs. Os DAs realizam o planejamento de dados como parte do processo de planejamento dos sistemas de informação. Ambos, DBAs e DAs, podem executar tarefas no processo de seleção e avaliação de SGBDs. Esta seção detalha ambos os processos.

14.3.1 Planejamento de Dados

A despeito das grandes quantias gastas em tecnologia da informação, várias organizações sentem-se frustradas com relação à compensação final. Inúmeras organizações chegaram a criar ilhas de automação que, embora atendam a objetivos locais, não atendem aos objetivos globais da organização. A abordagem das ilhas de automação pode acabar provocando o desalinhamento entre os objetivos da empresa e a tecnologia da informação. Uma das conseqüências desse desalinhamento é a dificuldade em extrair valor para a tomada de decisão dos bancos de dados operacionais.

Como uma resposta aos problemas com as ilhas de automação, várias organizações realizam um processo de planejamento detalhado da tecnologia da informação e dos sistemas. Esse processo de planejamento é conhecido por vários nomes, como planejamento de sistemas de informação, planejamento de sistemas de negócios, engenharia de sistemas de informação e arquitetura de sistemas de informação. Todas essas abordagens oferecem um processo para atingir os seguintes objetivos:

- Avaliação dos sistemas de informação atuais com respeito às metas e aos objetivos da organização.
- Determinação do escopo e do momento adequado para o desenvolvimento de novos sistemas de informação e utilização de nova tecnologia da informação.
- Identificação de oportunidades para aplicar a tecnologia da informação como vantagem competitiva.

O processo de planejamento de sistemas de informação envolve o desenvolvimento de modelos corporativos de dados, processos e funções organizacionais, como mostrado na

planejamento de sistemas de informação
o processo de desenvolvimento de modelos corporativos de dados, processos e papéis organizacionais. O planejamento de sistemas de informação avalia os sistemas existentes, identifica oportunidades para aplicar a tecnologia da informação para se obter vantagens competitivas e planeja novos sistemas.

FIGURA 14.8
Modelos Corporativos Desenvolvidos no Processo de Planejamento de Sistemas de Informação

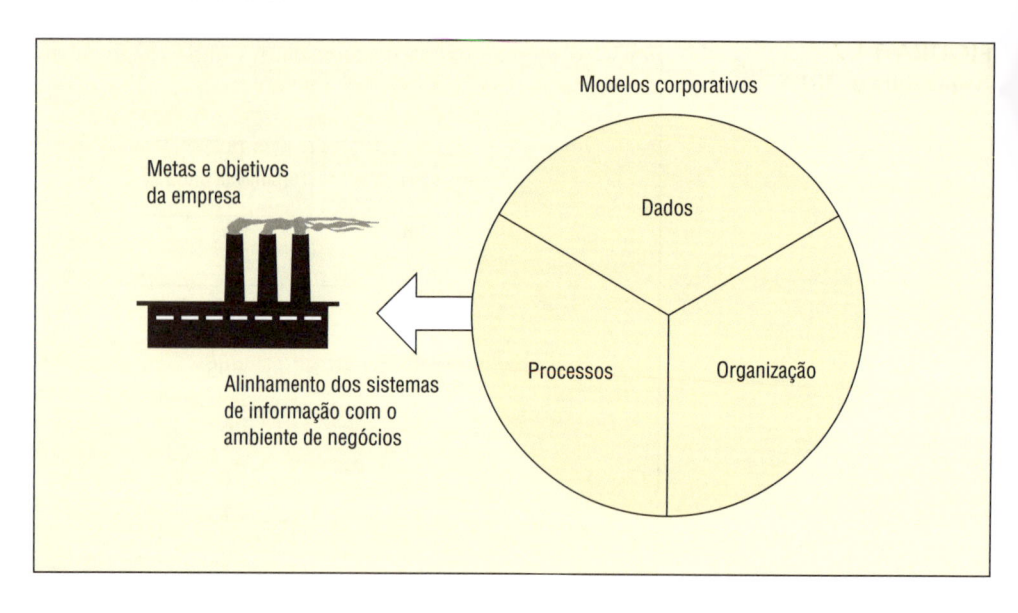

TABELA 14.11
Nível de Detalhamento dos Modelos Corporativos

Modelo	Nível de Detalhamento
Dados	Modelo de assunto (nível inicial), modelo de entidades (nível detalhado).
Processo	Áreas funcionais e processos de negócios (nível inicial), modelo de atividade (nível detalhado).
Organização	Definição de papéis e de relacionamentos entre funções.
Interação entre dados e processos	Matriz e diagramas que mostram requisitos de dados dos processos.
Interação entre processos e organização	Matriz e diagramas que mostram as responsabilidades dos papéis.
Dados-organização	Matriz e diagramas que mostram o uso de dados pelos papéis.

Figura 14.8. Na primeira parte do processo de planejamento, desenvolvem-se modelos amplos. A Tabela 14.11 mostra o nível inicial de detalhamento de dados, processos e modelos da organização. Pelo fato de o modelo corporativo de dados ser normalmente mais estável que o modelo de processo, ele é desenvolvido primeiramente. Para integrar esses modelos, desenvolvem-se os modelos de interação, como mostrado na Tabela 14.11. Se for um nível de detalhamento maior, os modelos de processo e o modelo de dados são expandidos ainda mais. Esses modelos devem refletir a infra-estrutura atual dos sistemas de informação, bem como a direção que se pretende para o futuro.

Os DAs desempenham um papel importante no desenvolvimento de planos de sistemas de informação. Eles conduzem inúmeras entrevistas para desenvolver o modelo corporativo de dados e coordenar-se com outros funcionários do planejamento para desenvolver os modelos de interação. Para aumentar a probabilidade de que os planos sejam aceitos e usados, os DAs devem envolver a administração sênior. Ao enfatizar o potencial de tomada de decisão dos sistemas de informação integrados, a administração sênior se sentirá motivada a apoiar o processo de planejamento.

14.3.2 Seleção e Avaliação dos Sistemas de Gerenciamento de Banco de Dados

A seleção e avaliação de um SGBD pode ser uma tarefa extremamente importante para uma organização. Os SGBDs formam uma parte essencial da infra-estrutura de computação. Visto que as organizações estão empenhadas em conduzir comércio eletrônico pela Internet e a extrair valor dos bancos de dados operacionais, os SGBDs desempenham um papel cada vez mais importante. O processo de seleção e avaliação é essencial por causa dos possíveis impactos de uma opção inadequada. Os impactos imediatos podem ser diminuição do desempenho do banco de dados e perda do preço de compra. Um sistema de informação de baixo desempenho pode provocar a perda de vendas e aumentar os custos. Os impactos de longo prazo são os altos custos de uma possível mudança. Para mudar os SGBDs, a organização pode precisar converter os dados, recodificar software e treinar novamente os funcionários. Os custos de mudança podem ser bem mais altos que o preço da compra original.

Processo de Seleção e Avaliação

O processo de seleção e avaliação envolve uma estimativa detalhada das necessidades da organização e dos recursos de um SGBD que está sendo pleiteado. A meta do processo é determinar um pequeno conjunto de sistemas candidatos que serão investigados mais detalhadamente. Em virtude de seu nível de detalhamento, o DBA executa a maior parte das tarefas. Portanto, ele precisa conhecer meticulosamente o SGBD para dar cabo de tudo isso.

A Figura 14.9 mostra os passos do processo de seleção e avaliação. No primeiro passo, o DBA conduz uma análise detalhada dos requisitos. Por causa da grande quantidade de requisitos, é aconselhável agrupá-los. A Tabela 14.12 relaciona os principais agrupamentos de requisitos, ao passo que a Tabela 14.13 mostra alguns requisitos particulares em um grupo específico. Cada um dos requisitos deve ser classificado como essencial, desejável ou opcional para o grupo de requisitos. Em alguns casos, vários níveis de requisitos podem ser necessários. Para os requisitos individuais, o DBA deve estar preparado para mensurá-los objetivamente nos sistemas candidatos.

FIGURA 14.9
Visão Geral do Processo de Seleção e Avaliação

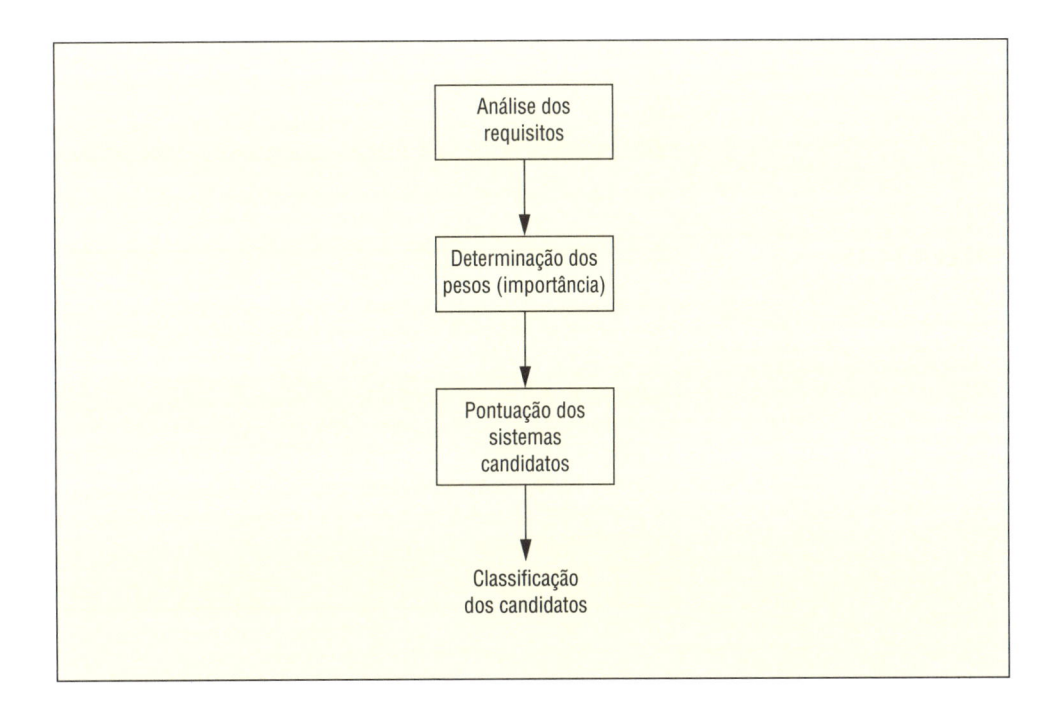

Análise dos requisitos
↓
Determinação dos pesos (importância)
↓
Pontuação dos sistemas candidatos
↓
Classificação dos candidatos

TABELA 14.12
Alguns dos Principais Grupos de Requisitos

Categoria
Definição de dados (conceituais)
Recuperação não-procedural
Definição de dados (internos)
Desenvolvimento de aplicações
Linguagem procedural
Controle de concorrência
Gerenciamento de recuperação
Dados e processamento distribuído
Suporte do fornecedor
Otimização de consultas

TABELA 14.13
Alguns Requisitos Detalhados para a Categoria de Definição de Dados Conceituais

Requisitos (Importância)	Explicação
Integridade das entidades (essencial)	Declaração e implementação de chaves primárias.
Chaves candidatas (desejável)	Declaração e implementação de chaves candidatas.
Integridade referencial (essencial)	Declaração e implementação de integridade referencial.
Linhas referenciadas (desejável)	Declaração e implementação de regras para linhas referenciadas.
Tipos de dados padrão (essencial)	Suporte para números inteiros (vários tamanhos), números de ponto flutuante (vários tamanhos), números de ponto fixo, strings de comprimento fixo, strings de comprimento variável e datas (data, hora e timestamp).
Tipos de dados definidos pelo usuário (desejável)	Suporte a novos tipos de dados ou um menu de tipos de dados opcionais.
Interface com o usuário (desejável)	Interface gráfica com o usuário para adicionar as instruções CREATE do SQL
Asserções gerais (opcional)	Declaração e implementação de restrições multitabelas.

TABELA 14.14
Interpretação dos Valores de Avaliação para Comparações Pareadas

Valor de Classificação de A_{ij}	Significado
1	Os requisitos i e j são igualmente importantes.
3	O requisito i é ligeiramente mais importante que o j.
5	O requisito i é significativamente mais importante que o j.
7	O requisito i é bem mais importante que o j.
9	O requisito i é extremamente mais importante que o j.

TABELA 14.15
Exemplos de Pesos para Alguns Grupos de Requisitos

	Definição de Dados (Conceitual)	Recuperação Não-procedural	Desenvolvimento de Aplicações	Controle de Concorrência
Definição de Dados (conceitual)	1	1/5 (0,20)	1/3 (0,33)	1/7 (0,14)
Recuperação Não-procedural	5	1	3	1/3 (0,33)
Desenvolvimento de Aplicações	3	1/3 (0,33)	1	1/5 (0,20)
Controle de Concorrência	7	3	5	1
Soma da Coluna	16	4,53	9,33	1,67

processo de hierarquia analítica
uma técnica de teoria de decisão para avaliar problemas com objetivos múltiplos. O Processo de Hierarquia Analítica pode ser usado para selecionar e avaliar SGBDs ao permitir uma atribuição sistemática de pesos aos requisitos e pontuar as caracterísitcas dos SGBDs candidatos.

Depois de determinar os agrupamentos, o DBA deve atribuir pesos aos principais grupos de requisitos e avaliar os sistemas candidatos. Se houver mais do que alguns grupos de requisitos, a atribuição de pesos consistentes pode ser bem difícil. O DBA precisa de uma ferramenta para ajudá-lo a atribuir pesos consistentes e a avaliar os sistemas candidatos. Infelizmente, nenhum método analítico de atribuição de pesos e avaliação de sistema conseguiu ampla utilização. Para estimular o uso de métodos analíticos de atribuição de pesos e avaliação, apresentamos uma abordagem promissora.

O Processo de Hierarquia Analítica proporciona uma abordagem simples que alcança um nível razoável de consistência. Usando o Processo de Hierarquia Analítica, o DBA atribui pesos a combinações pareadas de grupos de requisitos. Por exemplo, o DBA deve atribuir um peso que represente a importância da definição de dados conceituais, em comparação com a recuperação não-procedural. O processo hierarquia analítica oferece uma escala de nove pontos com interpretações, como mostra a Tabela 14.14. A Tabela 14.15 aplica a escala para

TABELA 14.16
Pesos Normalizados de Alguns Grupos de Requisitos

	Definição de Dados (Conceitual)	Recuperação Não-procedural	Desenvolvimento de Aplicações	Controle de Concorrência
Definição de Dados (conceitual)	0,06	0,04	0,04	0,08
Recuperação Não-procedural	0,31	0,22	0,32	0,20
Desenvolvimento de Aplicações	0,19	0,07	0,11	0,12
Controle de Concorrência	0,44	0,66	0,54	0,60

TABELA 14.17
Valores de Importância de Alguns Grupos de Requisitos

Grupo de Requisitos	Importância
Definição de Dados (conceitual)	0,06
Recuperação Não-procedural	0,26
Desenvolvimento de Aplicações	0,12
Controle de Concorrência	0,56

classificar alguns dos grupos de requisitos na Tabela 14.12. Por motivo de consistência, se a entrada $A_{ij} = x$, então $A_{ji} = 1/x$. Além disso, os elementos da diagonal na Tabela 14.15 devem sempre ser 1. Portanto, é necessário completar apenas metade das classificações na Tabela 14.15. A linha final na matriz mostra as somas de coluna usadas para normalizar os pesos e determinar valores de importância.

Depois de atribuir os pesos pareados aos grupos de requisitos, eles são combinados para determinar um peso de importância para cada grupo de requisitos. Os valores das células são normalizados dividindo-se cada uma pela soma de sua coluna, como mostrado na Tabela 14.16. O valor final de importância para cada grupo é a média dos pesos normalizados em cada linha, como mostra a Tabela 14.17.

Os pesos de importância devem ser calculados para cada subcategoria dos grupos de requisitos da mesma maneira que para os grupos de requisitos. Para cada subcategoria, os pesos pareados são atribuídos antes da normalização dos pesos e do cálculo dos valores finais de importância.

Depois de calcular os valores de importância dos requisitos, atribuem-se pontos aos SGBDs candidatos. A pontuação de SGBDs candidatos pode ser complexa em virtude da quantidade de requisitos individuais e da necessidade de combinar os requisitos individuais em uma avaliação geral do grupo de requisitos. Na primeira etapa do processo de pontuação, o DBA deve investigar cuidadosamente as características de cada SGBD candidato.

Várias abordagens têm sido propostas para combinar as avaliações individuais em uma avaliação geral do grupo de requisitos. O Processo de Hierarquia Analítica aceita comparações pareadas entre SGBDs candidatos usando os valores de classificação da Tabela 14.14. As interpretações mudam ligeiramente para refletir as comparações entre os SGBDs candidatos, em vez da importância dos grupos de requisitos. Por exemplo, o valor 3 pode ser atribuído se o SGBD *i* for ligeiramente melhor que o SGBD *j*. Para cada subcategoria de requisitos, deve ser criada uma matriz de comparações para comparar os SGBDs candidatos. Os pontos de cada SGBD são calculados normalizando-se os pesos e calculando as médias das linhas, da mesma maneira que para os grupos de requisitos.

Depois de pontuar os SGBDs candidatos para cada grupo de requisitos, as pontuações finais são calculadas combinando-se os pontos do grupo de requisitos com a importância dos grupos de requisitos. Para mais detalhes sobre o cálculo dos pontos finais, você deve consultar as referências, ao final deste capítulo, sobre o Processo de Hierarquia Analítica.

Processo de Seleção Final

Após a conclusão do processo de seleção e avaliação, os dois ou três principais SGBDs candidatos devem ser avaliados mais detalhadamente. Podem ser usados *benchmarks* (padrões de desempenho/marca de referência) para obter uma avaliação mais pormenorizada dos SGBDs candidatos. Um *benchmark* é uma carga de trabalho para avaliar o desempenho de um sistema ou produto. Um bom *benchmark* deve ser relevante, portável, escalável e compreensível. Visto que para desenvolver bons *benchmarks* ter grande competência é essencial, a maioria das organizações não deve tentar desenvolver um *benchmark*. Felizmente, o Conselho de Processamento de Transações (Transaction Processing Council – TPC) já desenvolveu inúmeros *benchmarks* padrão, de domínio específico, de acordo com o resumo apresentado na Tabela 14.18. Cada *benchmark* foi desenvolvido no decorrer de um longo período, com base nas informações obtidas de um grupo de vários colaboradores.

O DBA pode usar os resultados do TPC para cada *benchmark* a fim de obter estimativas razoáveis sobre o desempenho de um SGBD particular, em um ambiente de hardware/software específico. Os resultados de desempenho do TPC envolvem o desempenho total do sistema, não apenas o do SGBD. Desse modo, os resultados não inflam quando um cliente usa o SGBD em um ambiente de hardware/software específico. Para simplificar os compromissos entre preço e desempenho, o TPC publica a avaliação de desempenho e o preço/desempenho para cada *benchmark*. O preço cobre todas as dimensões de custo do ambiente global do sistema, incluindo as estações de trabalho, equipamentos de comunicação, software de sistema, sistema de computação ou *host*, armazenamento de *backup* e três anos de custo de manutenção. O TPC audita os resultados de *benchmark* antes de sua publicação no sentido de assegurar que os fornecedores não os tenham manipulado.

Para valorizar os resultados publicados do TPC, uma organização deve avaliar um SGBD experimentalmente. *Benchmarks* personalizados podem ser criados para medir a eficiência de um SGBD com base na utilização que se pretende dar a ele. Além disso, a interface com o usuário e as capacidades de desenvolvimento de aplicações podem ser avaliadas criando-se aplicações menores.

A fase final do processo de seleção pode envolver considerações não técnicas por parte do DA, bem como da gerência sênior e da equipe jurídica. A estimativa das perspectivas futuras de cada fornecedor é essencial porque os sistemas de informação podem ter uma vida longa. Se o SGBD subjacente não progredir no compasso do setor, talvez não suporte iniciativas futuras e atualizações nos sistemas de informação que o utilizam. Em decorrência dos altos custos fixos e variáveis (taxas de manutenção) de um SGBD, a negociação geralmente é um fator fundamental do processo de seleção final. Os termos do contrato final, bem como uma ou duas vantagens essenciais, normalmente fazem a diferença na seleção final.

O software de SGBD com código fonte aberto é um avanço recente que complica o processo de seleção e avaliação, pois há incertezas quanto ao licenciamento e às perspectivas futuras, embora as vantagens do preço de compra em comparação com o software de SGBD comercial sejam óbvias. Com o software de fonte aberto, a falta do incentivo do lucro pode impedir que se realizem atualizações do produto e provocar mudanças na licença do software

---

benchmark
uma carga de trabalho para avaliar o desempenho de um sistema ou produto. Um bom *benchmark* deve ser relevante, portável, escalável e compreensível.

TABELA 14.18
Resumo de *Benchmarks* do TPC

Benchmark	Descrição	Medidas de Desempenho
TPC-C	*Benchmark* de entrada de pedido *on-line*	Transações por minuto; preço por transação por minuto
TPC-H	Suporte a decisões para consultas *ad hoc*	Consultas compostas por hora; preço por consulta composta por hora
TPC-App	Transações *business-to-business* com aplicações e serviços Web	Interações de serviços Web por segundo (*service interation per second* – SIPS), por servidor de aplicação; SIPS total; preço por SIPS
TPC-W	*Benchmark* de comércio eletrônico	Interações Web por segundo; preço por interação Web por segundo

para a obtenção de atualizações do produto. Por exemplo, o MySQL, o software de SGBD de fonte aberto mais popular, alterou recentemente sua licença de modo que os usuários comerciais continuem pagando normalmente taxas de licenciamento. A despeito dessas incertezas, várias organizações utilizam software de SGBD de fonte aberto especialmente para sistemas que não sejam vitais para o funcionamento da organização.

14.4 Gerenciamento de Ambientes de Banco de Dados

Os SGBDs funcionam em diversos ambientes de processamento. Os especialistas em dados devem conhecer esses ambientes para assegurar um desempenho adequado do banco de dados e estabelecer padrões e políticas. Esta seção apresenta uma visão geral dos ambientes de processamento, enfatizando as tarefas executas pelos DBAs e DAs. Os demais capítulos da Parte 4 detalham esses ambientes de processamento.

14.4.1 Processamento de Transações

O processamento de transações envolve as operações diárias de uma organização. Todo dia, as organizações processam grandes volumes de pedidos, pagamentos, retiradas de caixa, reservas aéreas, reivindicações de seguro e outros tipos de transação. Os SGBDs oferecem serviços essenciais para a realização eficiente e confiável de transações. As organizações, tais como os bancos e os respectivos caixas automáticos, as companhias aéreas e os sistemas de reserva *on-line* e as universidades que oferecem serviço de matrícula *on-line* não poderiam funcionar sem um processamento de transações confiável e eficiente. Tendo em vista o aumento vertiginoso do interesse por conduzir negócios pela Internet, a importância do processamento de transações aumentará ainda mais.

Os especialistas em dados têm várias responsabilidades no processamento de transações, como relacionado na Tabela 14.19. Os DAs podem ter responsabilidades para o planejamento, com respeito à infra-estrutura e à recuperação de desastres. Os DBAs normalmente são responsáveis por realizar tarefas mais detalhadas, como buscar informações sobre projeto de transações e monitorar o desempenho. Em virtude da importância do processamento de transações, os DBAs com freqüência devem estar a postos para resolver os problemas. O Capítulo 15 detalha o processamento de transações para o controle de concorrência e o gerenciamento de recuperação. Depois que você ler o Capítulo 15, poderá recapitular a Tabela 14.19 novamente.

14.4.2 Processamento nos *Datawarehouses*

A atividade de datawarehouse está relacionada com o suporte a decisões proporcionado pelos bancos de dados. Tendo em vista que várias organizações se viram impossibilitadas de usar diretamente os bancos de dados operacionais para apoiar a tomada de decisão gerencial, concebeu-se a idéia do datawarehouse, um banco de dados central no qual todos os dados da empresa são armazenados para facilitar as atividades de suporte às decisões por parte dos departamentos que o utilizam. Os dados provenientes dos bancos de dados operacionais e de fontes externas são extraídos, organizados, integrados e, em seguida, carregados em um *datawarehouse*. Visto que o *datawarehouse* abriga dados históricos, as atividades, em sua maioria, estão relacionadas à recuperação de dados resumidos.

TABELA 14.19
Responsabilidades dos Especialistas em Banco de Dados para o Processamento de Transações

Área	Responsabilidades
Projeto de transações	Dar consultoria sobre projeto para balancear integridade e desempenho; instruir sobre questões relacionadas com projeto e sobre recursos do SGBD.
Monitoramento de desempenho	Monitorar o desempenho das transações e superar problemas relacionados ao desempenho; modificar os níveis de recurso para melhorar o desempenho.
Infra-estrutura de processamento de transações	Determinar os níveis de recurso para eficiência (disco, memória e unidade central de processamento) e confiabilidade (nível RAID/incursão).
Recuperação de desastres	Estabelecer planos de contingência para vários tipos de falha no banco de dados.

Os especialistas em dados têm várias responsabilidades para os *datawarehouses*, como relacionado na Tabela 14.20. Os DAs podem ser responsáveis por questões de planejamento envolvendo a arquitetura do datawarehouse e o modelo de dados corporativo. Os DBAs normalmente se envolvem com tarefas mais detalhadas, como monitoramento de desempenho e consultoria. Para dar suporte a um datawarehouse, podem ser necessários outros produtos de software, além do SGBD. O processo de seleção e avaliação deve ser conduzido para que se escolha o produto mais apropriado. O Capítulo 16 apresenta detalhes sobre os *datawarehouses*. Depois que você examinar o Capítulo 16, é recomendável rever a Tabela 14.20 novamente.

14.4.3 Ambientes Distribuídos

Os SGBDs podem funcionar em ambientes distribuídos para dar apoio tanto ao processamento de transações quanto aos *datawarehouses*. Nos ambientes distribuídos, os SGBDs podem proporcionar a capacidade para distribuir dados e processamento entre computadores conectados por uma rede. Para processamento distribuído, um SGBD pode permitir a distribuição das funções proporcionadas pelo SGBD bem como o processamento de aplicações ser distribuído entre diferentes computadores em uma rede. No caso da distribuição de dados, o SGBD pode permitir que as tabelas sejam armazenadas e possivelmente replicadas em diferentes computadores em uma rede. A capacidade de distribuir processamento e dados é uma promessa de melhoria da flexibilidade, da escalabilidade, do desempenho e da confiabilidade. Contudo, essas melhorias só podem ser obtidas por meio de um projeto cuidadoso.

Os especialistas em dados têm várias responsabilidades para os ambientes de dados distribuídos, como mostrado na Tabela 14.21. Os DAs normalmente realizam tarefas de planejamento relacionadas ao estabelecimento de metas e determinação de arquitetura. Pelo fato de os ambientes distribuídos não aumentarem a funcionalidade, sua utilização deve ser justificada por

TABELA 14.20 Responsabilidades dos Especialistas em Banco de Dados para os *Datawarehouses*

Área	Responsabilidades
Uso do *datawarehouse*	Instruir e prestar consultoria sobre projeto da aplicação e recursos do SGBD para processamento de dados no *datawarehouse*.
Monitoramento de desempenho	Monitorar o desempenho do carregamento do *datawarehouse* e solucionar problemas de integridade; modificar os níveis de recurso para melhorar o desempenho.
Atualização do *datawarehouse*	Determinar a freqüência de atualização do *datawarehouse* e o escalonamento de atividades para a atualização.
Arquitetura do *datawarehouse*	Determinar a arquitetura para dar suporte às necessidades de tomada de decisão; selecionar produtos de banco de dados que dêem suporte a essa arquitetura; determinar os níveis de recurso para um processamento eficiente.
Modelo de dados corporativo	Proporcionar informações especializadas sobre o conteúdo do banco de dados operacional; determinar o modelo conceitual de dados para o *datawarehouse*; promover a melhoria de qualidade dos dados para apoiar o desenvolvimento do *datawarehouse*.

TABELA 14.21 Responsabilidades dos Especialistas em Banco de Dados para os Ambientes Distribuídos

Área	Responsabilidades
Desenvolvimento de aplicações	Instruir e prestar consultoria sobre os impactos dos ambientes distribuídos sobre o processamento de transações e os *datawarehouses*.
Monitoramento de desempenho	Monitorar o desempenho e superar problemas, com especial ênfase sobre o ambiente distribuído.
Arquiteturas para ambiente distribuído	Identificar metas para os ambientes distribuídos; escolher arquiteturas para processamento distribuído, banco de dados paralelo e banco de dados distribuído, a fim de cumprir essas metas; selecionar outros produtos de software para dar suporte a essas arquiteturas.
Projeto para ambiente distribuído	Projetar banco de dados distribuído; determinar os níveis de fonte para o processamento eficiente.

TABELA 14.22
Responsabilidades dos Especialistas em Banco de Dados para os Bancos de Dados Orientados a Objetos

Área	Responsabilidades
Desenvolvimento de aplicações	Instruir e prestar consultoria sobre a criação de novos tipos de dados, herança para tipos de dados e tabelas e outros recursos de objeto.
Monitoramento de desempenho	Monitorar o desempenho e superar problemas relacionados a novos tipos de dados.
Arquiteturas para banco de dados orientado a objetos	Identificar metas para os SGBDs; escolher arquiteturas para o banco de dados de objetos.
Projeto do banco de dados orientado a objetos	Projetar os bancos de dados orientados a objetos; selecionar os tipos de dados; criar novos tipos de dados.

melhorias nas aplicações subjacentes. Os DBAs executam tarefas mais detalhadas, como monitoramento de desempenho e projeto de banco de dados distribuído. Para apoiar os ambientes distribuídos, podem ser necessários outros produtos de software, bem como extensões importantes ao SGBD. O processo de seleção e avaliação deve ser conduzido para que se escolham os produtos mais adequados. O Capítulo 17 detalha o processamento distribuído e os dados distribuídos. Depois que examinar o Capítulo 17, é recomendável rever a Tabela 14.21 novamente.

14.4.4 Gerenciamento de Banco de Dados Orientado a Objetos

Os SGBDs orientados a objetos oferecem funcionalidade adicional para o processamento de transações e aplicações de *datawarehouses*. Vários sistemas de informação usam um conjunto mais rico de tipos de dados que o oferecido pelos SGBDs relacionais. Por exemplo, muitos bancos de dados financeiros precisam manipular uma série temporal, um tipo de dado não fornecido pela maioria dos SGBDs relacionais. Dada a capacidade de converter qualquer tipo de dado em formato digital, a necessidade de novos tipos de dados está cada vez mais pronunciada. Os bancos de dados corporativos com freqüência precisam integrar os dados tradicionais com os dados não tradicionais com base nos novos tipos de dados. Por exemplo, os sistemas de informação para processamento de reivindicações de seguro têm de gerenciar dados tradicionais – por exemplo, números de conta, quantias reivindicadas e datas de acidente –, bem como dados não tradicionais, como imagens, mapas e desenhos. Por causa disso, os SGBDs relacionais existentes foram estendidos com recursos de objeto e novos SGBDs orientados a objetos foram então desenvolvidos.

Os especialistas em dados têm várias responsabilidades para os bancos de dados orientados a objetos, como mostra a Tabela 14.22. Os DAs normalmente são responsáveis por atividades de planejamento envolvendo o estabelecimento de metas e a determinação de arquitetura. Os DBAs realizam tarefas mais detalhadas, como monitoramento de desempenho, consultoria e projeto de banco de dados orientado a objetos. O SGBD orientado a objetos pode funcionar como uma extensão de grande proporção para um SGBD relacional ou um novo SGBD. O processo de seleção e avaliação deve ser conduzido para que se escolha o produto mais apropriado. O Capítulo 18 faz o detalhamento dos SGBDs orientados a objetos. Depois que você examinar o Capítulo 18, é recomendável que reveja a Tabela 14.22 novamente.

Considerações Finais

Este capítulo apresentou as responsabilidades, as ferramentas e os processos usados por especialistas em banco de dados para gerenciar banco de dados e oferecer suporte à tomada de decisão gerencial. Várias organizações fornecem dois papéis para o gerenciamento de recursos de informação. Os administradores de dados (DAs) realizam o planejamento global e estabelecem o plano de ação, ao passo que os administradores de banco de dados (DBAs) realizam a supervisão detalhada dos bancos de dados individuais e dos SGBDs. Para apresentar um contexto por meio do qual se pudessem compreender as responsabilidades dessas funções, este capítulo examinou a filosofia do gerenciamento de recursos de informação, a qual enfatiza a tecnologia da informação como ferramenta para o processamento, a distribuição e a integração de informações na organização como um todo.

Este capítulo descreveu inúmeras ferramentas de apoio aos DBAs, os quais utilizam regras de segurança para restringir o acesso e restrições de integridade para melhorar a qualidade dos dados. Este capítulo descreveu as regras de segurança e as restrições de integridade, bem como a sintaxe correspondente do SQL:2003. Em relação aos gatilhos e procedimentos armazenados, este capítulo apresentou as responsabilidades gerenciais dos DBAs para complementar os detalhes de codificação no Capítulo 11. O dicionário de dados é uma importante ferramenta para o gerenciamento de bancos de dados individuais e para integrar o desenvolvimento de banco de dados com o desenvolvimento de sistemas de informação. Este capítulo apresentou dois tipos de dicionário de dados: as tabelas de catálogo, usadas pelos SGBDs, e o dicionário de recursos de informação, usado pelas ferramentas CASE.

Os especialistas em banco de dados precisam conhecer dois importantes processos para gerenciar a tecnologia da informação. Os DAs participam de um processo de planejamento detalhado em que se determinam novas direções para o desenvolvimento de sistemas de informação. Este capítulo descreve o processo de planejamento de dados como um componente essencial do processo de planejamento dos sistemas de informação. Tanto os DAs quanto os DBAs participam da seleção e avaliação dos SGBDs. Os DBAs executam tarefas detalhadas, enquanto os DAs normalmente tomam as decisões finais de seleção usando as recomendações que foram detalhadas. Este capítulo apresentou os passos do processo de seleção e avaliação e as tarefas realizadas pelos DBAs e DAs nesse processo.

Este capítulo proporciona um contexto para o desenvolvimento dos demais capítulos da Parte 7, nos quais são detalhados os diferentes ambientes de banco de dados, incluindo o processamento de transações, os *datawarehouses*, os ambientes distribuídos e os SGBDs orientados a objetos. Este capítulo enfatizou as responsabilidades dos especialistas em banco de dados, bem como as ferramentas e os processos a eles concernentes, para o gerenciamento desses ambientes. Depois que você ler e examinar os demais capítulos da Parte 7, recomendamos a releitura deste capítulo, para que possa integrar os detalhes aqui apresentados com os conceitos e técnicas de gerenciamento.

Revisão de Conceitos

- Gerenciamento de recursos de informação: filosofia de gerenciamento para controlar recursos de informação e aplicar a tecnologia da informação como suporte à tomada de decisão gerencial.
- Administrador de banco de dados: função de suporte ao gerenciamento de bancos de dados individuais e SGBDs.
- Administrador de dados: função de gerenciamento cuja responsabilidade é planejar e estabelecer o plano de ação da tecnologia da informação.
- Controles de acesso discricionários para atribuição de direitos de acesso a grupos e a usuários.
- Controles de acesso obrigatórios para bancos de dados altamente sensíveis e estáticos usados na coleta de informações secretas e na defesa nacional.
- Instruções CREATE/DROP ROLE e GRANT/REVOKE do SQL para regras de autorização discricionárias.

CREATE ROLE ProfessorSI

GRANT SELECT ON MediaGeralAlunoSI
   TO ProfessorSI, ConsultorSI, AdministradorSI

REVOKE SELECT ON MediaGeralAlunoSI FROM ProfessorSI

- Sistema e privilégios de objeto do Oracle 10g para o controle de acesso discricionário.
- Instrução CREATE DOMAIN do SQL para restrições de tipo de dado.

CREATE DOMAIN TurmaAluno AS CHAR(2)
  CHECK (VALUE IN ('FR', 'SO', 'JR', 'SR')   )

- Tipos distintos do SQL para aprimorar a verificação de tipos.
- Limitações dos domínios e dos tipos distintos do SQL em comparação com os tipos de dados definidos pelo usuário.
- Instrução CREATE ASSERTION do SQL para restrições de integridade complexas.

CREATE ASSERTION ConflitoOferecimento
  CHECK (NOT EXISTS

```
(   SELECT O1.NumOfer
    FROM Oferecimento O1, Oferecimento O2
    WHERE O1.NumOfer <> O2.NumOfer
    AND O1.TrimestreOfer = O2.TrimestreOfer
    AND O1.AnoOfer = O2.AnoOfer
    AND O1.DiaSemanaOfer = O2.DiaSemanaOfer
    AND O1.HorarioOfer = O2.HorarioOfer
    AND O1.LocalOfer= O2.LocalOfer = O2.LocalOfer   )  )
```

- Restrições CHECK na instrução CREATE TABLE para restrições envolvendo condições de linha em colunas da mesma tabela.

```
CREATE TABLE Aluno
(   CPFAluno         CHAR(11),
    NomeAluno        VARCHAR(50)   CONSTRAINT NomeAluno
                                   Requerido NOT NULL,
    SobrenomeAluno   VARCHAR(50)   CONSTRAINT SobrenomeAluno
                                   Requerido NOT NULL,
    CidadeAluno      VARCHAR(50)   CONSTRAINT CidadeAluno
                                   Requerido NOT NULL,
    UFAluno          CHAR(2)       CONSTRAINT UFAlunoRequerido
                                   NOT NULL,
    CEPAluno         CHAR(9)       CONSTRAINT CEPAlunoRequerido
                                   NOT NULL,
    Especializacao   CHAR(6),
    Turma            CHAR(6),
    MediaAluno       DECIMAL(3,2),
CONSTRAINT PKAluno PRIMARY KEY ( CPFAluno),
CONSTRAINT MediaValida CHECK (   MediaAluno BETWEEN 0 AND 4   ),
CONSTRAINT EspecializacaoDeclarada CHECK
    (   Turma IN ('FR', 'SO') OR Especializacao IS NOT NULL   )  )
```

- Gerenciamento de práticas de codificação de gatilhos e procedimento: padrões de documentação, uso de parâmetros e conteúdo.
- Gerenciamento de dependências de objeto: obsolescência do plano de acesso, modificação de objetos referenciados, exclusão de objetos referenciados.
- Controle da complexidade dos gatilhos: identificação de interações entre gatilhos, minimização das ações dos gatilhos que podem disparar contra outros gatilhos, não dependência de uma ordem de disparo específica para a sobreposição de gatilhos.
- Tabelas de catálogo para localização de objetos gerenciados por um SGBD.
- Dicionário de recursos de informação para o gerenciamento do processo de desenvolvimento de sistemas de informação.
- Desenvolvimento de um modelo de dados corporativo como parte essencial do processo de planejamento de um sistema de informação.
- Processo de seleção e avaliação para a análise das necessidades da organização e dos recursos do SGBD.
- Utilização de uma ferramenta como o Processo de Hierarquia Analítica para atribuir pesos de importância e avaliar SGBDs de forma consistente.
- Utilização de resultados de *benchmark* padrão, de domínio, para medir o desempenho dos SGBDs.
- Responsabilidades dos especialistas em banco de dados para o gerenciamento do processamento de transações, os *datawarehouses*, os ambientes distribuídos e os SGBDs orientados a objetos.

Questões

1. Por que é difícil usar bancos de dados operacionais para a tomada de decisão gerencial?
2. Como os bancos de dados operacionais devem ser transformados para a tomada de decisão gerencial?
3. Quais são as fases do ciclo de vida da informação?
4. O que significa integrar os ciclos de vida da informação?
5. Que dimensão de qualidade dos dados é importante para a tomada de decisão gerencial, mas não para a tomada de decisão operacional?
6. Em que o gerenciamento do conhecimento difere do gerenciamento de recursos de informação?
7. Quais são os três pilares do gerenciamento do conhecimento?
8. Que tipo de posição ocupa o administrador de dados?
9. Que tipo de posição ocupa o administrador de banco de dados?
10. Que posição (administrador de dados versus administrador de banco de dados) assume uma visão mais ampla dos recursos de informação?
11. O que é um modelo de dados corporativo?
12. Por quais motivos o modelo de dados corporativo é desenvolvido?
13. Que tipos de especialização são possíveis nas grandes organizações para os administradores de dados e os administradores de banco de dados?
14. O que é controle de acesso discricionário?
15. O que é controle de acesso obrigatório?
16. Que tipo de dado requer o controle de acesso obrigatório?
17. Quais são os propósitos das instruções GRANT e REVOKE no SQL?
18. Por que as regras de autorização devem mencionar os papéis, e não os usuários em si?
19. Por que as regras de autorização normalmente usam visões, e não tabelas ou colunas?
20. Quais são os dois usos da instrução GRANT?
21. Por que o DBA deve ter cautela para usar a cláusula WITH ADMIN na instrução CREATE ROLE e a cláusula WITH GRANT OPTION na instrução GRANT?
22. Qual é a diferença entre privilégios de sistema e privilégios de objeto no Oracle? Dê um exemplo de um privilégio de sistema e de um privilégio de objeto.
23. Que outras áreas a segurança computacional envolve?
24. Qual é o propósito da instrução CREATE DOMAIN? Compare e contraste um domínio SQL com um tipo distinto.
25. Que recursos adicionais o SQL:2003 acrescenta aos tipos definidos pelo usuário, em comparação com os domínios?
26. Qual é o propósito das asserções no SQL?
27. O que significa afirmar que uma asserção é adiável?
28. Quais são as alternativas às asserções do SQL? Por que você usaria uma alternativa a uma asserção?
29. Quais são as questões de codificação sobre as quais o DBA deve desviar sua atenção?
30. De que forma um gatilho ou procedimento armazenado depende de outros objetos de banco de dados?
31. Quais são as responsabilidades do DBA no gerenciamento de dependências?
32. Qual é a diferença entre manutenção de dependência *timestamp* e de assinatura?
33. Relacione pelo menos três formas pelas quais um DBA pode controlar interações entre gatilhos.
34. Que tipo de metadado um dicionário de dados contém?
35. O que são tabelas de catálogo? Que tipo de tabela de catálogo é usado pelo SGBD?
36. Qual é a diferença entre Information_Schema e Definition_Schema no SQL:2003?
37. Por que é necessário conhecer as tabelas de catálogo de um SGBD específico?
38. Como um DBA acessa as tabelas de catálogo?
39. Qual é o propósito de um dicionário de recursos de informação?
40. Que funções exerce um sistema de dicionário de recursos de informação?
41. Que propósitos tem o planejamento de um sistema de informação?

42. Por que o modelo de dados corporativo é desenvolvido antes do modelo de processo?
43. Por que o processo de seleção e avaliação é importante para os SGBDs?
44. Cite algumas dificuldades no processo de seleção e avaliação de um produto complexo como o SGBD.
45. Quais são os passos no processo de seleção e avaliação?
46. Como o Processo de Hierarquia Analítica é usado no processo de seleção e avaliação?
47. Que responsabilidades o administrador de banco de dados tem para o processo de seleção e avaliação?
48. Que responsabilidades o administrador de dados tem para o processo de seleção e avaliação?
49. Que responsabilidades o administrador de banco de dados tem para o processamento de transações?
50. Que responsabilidades o administrador de banco de dados tem para o gerenciamento de *datawarehouses*?
51. Que responsabilidades o administrador de banco de dados tem para o gerenciamento de banco de dados nos ambientes distribuídos?
52. Que responsabilidades o administrador de banco de dados tem para o gerenciamento de banco de dados orientado a objetos?
53. Que responsabilidades o administrador de dados tem para o processamento de transações?
54. Que responsabilidades o administrador de dados tem para o gerenciamento de *datawarehouses*?
55. Que responsabilidades o administrador de dados tem para o gerenciamento de banco de dados nos ambientes distribuídos?
56. Que responsabilidades o administrador de dados tem para o gerenciamento de banco de dados orientado a objetos?
57. Quais são as características de um bom *benchmark*?
58. Por que o Conselho de Processamento de Transações publica medidas de desempenho do sistema como um todo, e não medidas de componente?
59. Por que o Conselho de Processamento de Transações publica resultados de preço/desempenho?
60. Como o Conselho de Processamento de Transações garante que os resultados de *benchmark* sejam relevantes e confiáveis?

Problemas

Dada a natureza deste capítulo, os problemas são mais inconclusivos e livres que os dos outros capítulos. Problemas mais detalhados são apresentados no final dos outros capítulos da Parte 7.

1. Prepare uma breve apresentação (de 6 a 12 slides) sobre o *benchmark* TPC-C. Você deve fornecer detalhes sobre sua história, bem como sobre o projeto de banco de dados, a aplicação e os resultados recentes.
2. Prepare uma breve apresentação (de 6 a 12 slides) sobre *benchmark* TPC-H. Você deve fornecer detalhes sobre sua história, bem como sobre o projeto de banco de dados, a aplicação e os resultados recentes.
3. Prepare uma breve apresentação (de 6 a 12 slides) sobre *benchmark* TPC-W. Você deve fornecer detalhes sobre sua história, bem como sobre o projeto de banco de dados, a aplicação e os resultados recentes.
4. Prepare uma breve apresentação (de 6 a 12 slides) sobre *benchmark* TPC-App. Você deve fornecer detalhes sobre sua história, bem como sobre o projeto de banco de dados, a aplicação e os resultados recentes.
5. Compare e contraste as licenças de software do MySQL e outro produto de SGBD de fonte aberta.
6. Desenvolva uma lista de requisitos detalhados para uma recuperação não-procedural. Você deve usar a Tabela 14.13 como diretriz.
7. Atribua pesos de importância à sua lista de requisitos detalhados do problema 6 usando o critério do processo de análise hierárquica na Tabela 14.4.
8. Normalize os pesos e calcule os valores de importância de seus requisitos detalhados usando os pesos de importância do problema 7.
9. Escreva restrições CHECK nomeadas para as seguintes regras de integridade. Modifique a instrução CREATE TABLE para adicionar restrições CHECK nomeadas.

```
CREATE TABLE Cliente
(   NumCliente      CHAR(8)
    NomeCli         VARCHAR2(20) CONSTRAINT NomeCliRequerido
                    NOT NULL,
```

```
              SobrenomeCli      VARCHAR2(30) CONSTRAINT SobrenomeCliRequerido
                                NOT NULL,
              EnderecoCli       VARCHAR2(50),
              CidadeCli         VARCHAR2(30),
              UFCli             CHAR(2),
              CEPCli            CHAR(10),
              SaldoCli          DECIMAL(12,2) DEFAULT 0,
              CONSTRAINT PKCliente PRIMARY KEY ( NumCliente)   )
```

- O saldo do cliente é maior que ou igual a 0.
- O estado do cliente é um dentre CO, CA, WA, AZ, UT, NV, ID ou OR.

10. Escreva restrições CHECK nomeadas para as seguintes regras de integridade. Modifique a instrução CREATE TABLE para adicionar as restrições CHECK nomeadas.

```
    CREATE TABLE Compra
    (      NumCompra          CHAR(8),
           DataCompra         DATE CONSTRAINT DataCompraRequerido NOT NULL,
           NumFornecedor      CHAR(8) CONSTRAINT NumFornecedor2Requerido NOT
                              NULL,
           FormaPgtoCompra    CHAR(6) DEFAULT 'PO',
           DataEntregaCompra  DATE,
    CONSTRAINT PKCompra PRIMARY KEY ( NumCompra),
    CONSTRAINT NumFornecedorFK2 FOREIGN KEY ( NumFornecedor) REFERENCES
    Fornecedor   )
```

- A data de entrega da compra é posterior à data da compra ou nula.
- O método de pagamento da compra é não nulo quando a data de entrega da compra é não nula.
- O método de pagamento da compra é cheque, cartão de crédito, depósito bancário ou nulo.

11. Neste problema, você deve criar uma visão e vários papéis e, em seguida, atribuir tipos específicos de acesso da visão a esses papéis.

- Crie uma visão da tabela *Fornecedor* no banco de dados de entrada de pedido estendido introduzido na seção de problemas do Capítulo 10. A visão deve incluir todas as colunas da tabela *Fornecedor* para os fornecedores de produtos para impressora (a coluna *Produto.NomeProd* contém a palavra "Impressora"). Sua visão deve receber o nome "VisaoFornecedorImpressora".
- Defina três papéis: FuncionarioProdutoImpressora, GerenteProdutoImpressora e GerenteLoja.
- Atribua os seguintes privilégios de VisaoFornecedorImpressora para FuncionarioProdutoImpressora: recuperação de todas as colunas, exceto de desconto do fornecedor.
- Atribua os seguintes privilégios de VisaoFornecedorImpressora para GerenteProdutoImpressora: recuperação e modificação de todas as colunas de VisãoFornecedorImpressora, exceto de desconto do fornecedor.
- Atribua os seguintes privilégios de VisaoFornecedorImpressora para GerenteLoja: recuperação para todas as colunas, inserção, exclusão e modificação de desconto do fornecedor.

12. Identifique privilégios importantes em um SGBD corporativo para *datawarehouses* e estatísticas de banco de dados. Os privilégios são específicos ao fornecedor. Desse modo, você precisa ler a documentação do respectivo SGBD corporativo.

13. Identifique e descreva brevemente as tabelas de dicionário das estatísticas de banco de dados em um SGBD corporativo. As tabelas de dicionário são específicas para o vendedor. Portanto, você precisa ler a documentação do respectivo SGBD corporativo.

14. Escreva um breve resumo (uma página) sobre os privilégios de DBA em um SGBD corporativo. Identifique funções predefinidas e/ou contas de usuário com privilégios de DBA e os privilégios atribuídos a esses papéis.

Referências para Estudos Adicionais

O livro de Jay Louise Weldon (1981) continua sendo um clássico sobre administração de banco de dados, a despeito da data em que foi publicado. Mullin (2002) oferece uma referência mais abrangente e recente sobre administração de banco de dados. A seção Gerenciamento de Recursos de Informação da lista *on-line* de recursos Web oferece *links* para fontes sobre gerenciamento de recursos de informação e gerenciamento do conhecimento. Inúmeros livros sobre SQL apresentam mais detalhes sobre recursos de segurança e integridade no SQL. Inmon (1986) e Martin (1982) dão descrições detalhadas sobre planejamento de sistemas de informação. Castano *et al.* (1995) é uma boa referência para detalhes adicionais sobre segurança de banco de dados. Para obter mais informações sobre o Processo de Hierarquia Analítica mencionado na Seção 14.3.2, você deve consultar Saaty (1988) e Zahedi (1986). Su *et al.* (1987) descrevem a classificação lógica de preferências, uma abordagem alternativa para seleção de SGBDs. O *Conselho de Processamento de Transações (Transaction Processing Council* – www.tpc.org) oferece um recurso inestimável sobre *benchmarks* específicos de domínio para SGBDs.

Apêndice 14.A

Resumo da Sintaxe do SQL:2003

Este apêndice resume a sintaxe do SQL:2003 no que se refere às instruções CREATE/DROP ROLE, às instruções GRANT/REVOKE, à instrução CREATE DOMAIN e à instrução CREATE ASSERTION, bem como à cláusula de restrição CHECK da instrução CREATE TABLE. As convenções usadas na notação da sintaxe são idênticas às usadas no fim do Capítulo 3.

Instruções CREATE e DROP ROLE

```
CREATE ROLE NomePapel
        [ WITH ADMIN NomeUsuario { CURRENT_USER | CURRENT_ROLE } ]

DROP ROLE NomePapel
```

Instruções GRANT e REVOKE

```
-- Instrução GRANT para privilégios
GRANT { <Privilegio>* | ALL PRIVILEGES } ON NomeObjeto
           TO NomeUsuario* [ WITH GRANT OPTION ]

<Privilegio>:
           { SELECT    [ ( NomeColuna*) ]  |
             DELETE    |
             INSERT    [ ( NomeColuna*) ]  |
             REFERENCES [ ( NomeColuna*) ] |
             UPDATE    [ ( NomeColuna*) ]  |
             USAGE     |
             TRIGGER   |
             UNDER     |
             EXECUTE   }

-- Instruções GRANT para papéis
GRANT NomePapel*
           TO NomeUsuario*   [ WITH ADMIN OPTION ]
```

-- Instrução REVOKE para privilégios
REVOKE   [GRANTE OPTION FOR   ]   <Privilegio>*
                 ON NomeObjeto FROM NomeUsuario*
                       [GRANTED BY   {   CURRENT_USER | CURRENT_ROLE   }   ]
                       {   CASCADE | RESTRICT   }

-- Instrução REVOKE para papéis
REVOKE   [ADMIN OPTION FOR   ]   NomePapel*
                 FROM NomeUsuario*
                       [GRANTED BY   {   CURRENT_USER | CURRENT_ROLE   }   ]
                       {   CASCADE | RESTRICT   }

Instruções CREATE DOMAIN e DROP DOMAIN

CREATE DOMAIN NomeDominio TipoDados
[CHECK   (<Condicao-Dominio>   )   ]

<Condicao-Dominio>:
                 {   VALUE <Operador-Comparacao> Constante |
                     VALUE BETWEEN Constante AND Constante |
                     VALUE IN   (Constante*   )   }

<Operador-Comparacao>:
                 {   = | < | > | <= | >= | <>   }

DROP DOMAIN NomeDominio   {   CASCADE | RESTRICT   }

Instruções CREATE ASSERTION e DROP ASSERTION

CREATE ASSERTION NomeAssercao
                 CHECK   (<Condicao-Grupo>   )

<Condicao-Grupo>: -- definida inicialmente no Capítulo 4 e ampliada no Capítulo 9

DROP ASSERTION NomeAssercao   {   CASCADE | RESTRICT   }

Cláusula de Restrição CHECK na Instrução CREATE TABLE

```
CREATE TABLE NomeTabela
              ( <Definicao-Coluna>* [ , <Restricao-Tabela>* ] )

<Definicao-Coluna>: NomeColuna TipoDados
              [ DEFAULT { ValorPadrão | USER | NULL } ]
              [ <Restricao-Embutida-Coluna>+ ]

-- A restricao de verificacao pode ser usada como uma restricao de coluna
              -- incorporada ou como uma restricao de tabela.

<Restricao-Embutida-Coluna>:
              { [ CONSTRAINT NomeRestricao ] NOT NULL            |
                [ CONSTRAINT NomeRestricao ] UNIQUE              |
                [ CONSTRAINT NomeRestricao ] <Restricao-Verificacao> |
                [ CONSTRAINT NomeRestricao ] PRIMARY KEY         |
                [ CONSTRAINT NomeRestricao ] FOREIGN KEY
                   REFERENCES NomeTabela [ ( NomeColuna ) ]
                   [ ON DELETE <Especificacao-Acao> ]
                   [ ON UPDATE <Especificacao-Acao> ] }

<Restricao-Tabela>:  [ CONSTRAINT NomeRestricao ]
                     { <Restricao-ChavePrimária>    |
                       <Restricao-ChaveEstrangeira> |
                       <Restricao-Unicidade>        |
                       <Restricao-Verificacao>      }

<Restricao-ChavePrimária>: PRIMARY KEY ( NomeColuna* )

<Restricao-ChaveEstrangeira>: FOREIGN KEY ( NomeColuna* )
                   REFERENCES NomeTabela [ ( NomeColuna* ) ]
                   [ ON DELETE  <Especificacao-Acao> ]
                   [ ON UPDATE  <Especificacao-Acao> ]

<Especificacao-Acao>: { CASCADE | SET NULL | SET DEFAULT | RESTRICT }

<Restricao-Unicidade>: UNIQUE ( NomeColuna* )

<Restricao-Verificacao>: CHECK ( <Condicao-Linha> )

<Condicao-Linha>: -- definida no Capítulo 4
```

Capítulo 15

Gerenciamento de Transações

Objetivos de Aprendizagem

Este capítulo descreve o gerenciamento de transações para apoiar a utilização concorrente de um banco de dados e a recuperação de falhas. Após este capítulo, o estudante deverá ter adquirido os seguintes conhecimentos e habilidades:

- Explicar as propriedades ACID das transações e os conceitos de transparência de recuperação e concorrência.
- Compreender o papel do bloqueio para evitar problemas de interferência entre os inúmeros usuários.
- Compreender o papel das ferramentas de recuperação para lidar com falhas no banco de dados.
- Compreender as questões do projeto de transações que afetam o desempenho.
- Descrever o relacionamento do gerenciamento de fluxo de trabalho com o gerenciamento de transações.

Visão Geral

O Capítulo 14 apresentou um contexto para o gerenciamento de banco de dados e uma visão geral dos diferentes ambientes de processamento de banco de dados. Você obteve informações sobre as responsabilidades dos especialistas em banco de dados e os processos e ferramentas usados por esses especialistas. O ambiente de banco de dados predominante e mais importante é o do processamento de transações, que fornece suporte às operações diárias de uma organização. Este capítulo inicia os detalhes da Parte 7 ao descrever como os SGBDs prestam suporte ao processamento de transações.

Este capítulo cobre amplamente o gerenciamento de transações. Antes que você compreenda o suporte dos SGBDs no processamento de transações, você precisa entender mais detalhadamente os conceitos de transação. Este capítulo descreve as propriedades das transações, as instruções SQL para defini-las e as propriedades do processamento de transações. Depois de aprender os conceitos de transação, você estará preparado para estudar o controle de concorrência e o gerenciamento de recuperação, dois serviços fundamentais para apoiar o processamento de transações. No caso do controle de concorrência, este capítulo descreve o objetivo, os problemas de interferência e as ferramentas de controle. No caso do gerenciamento de recuperação, este capítulo descreve os tipos de falha, as ferramentas e os processos de recuperação.

Além de conhecer os serviços de gerenciamento de transações proporcionados por um SGBD, você deve entender os aspectos do projeto de transações. Este capítulo aborda questões importantes relacionadas ao projeto de transações, incluindo *hot spots* (pontos quentes), limites da transação, níveis de isolamento e o cumprimento da restrição de integridade. Para ampliar sua formação, você deve compreender como as transações do banco de dados se enquadram em um contexto maior do trabalho colaborativo. A seção final apresenta o gerenciamento de fluxo de trabalho, contrastando-o com o gerenciamento de transações nos SGBDs.

15.1 Fundamentos das Transações em Banco de Dados

transação
uma unidade de trabalho que deve ser processada de modo confiável. Os SGBDs fornecem serviços de recuperação e o controle de concorrência para processar transações de forma eficiente e confiável.

O processamento de transações envolve o lado operacional de um banco de dados. Enquanto o gerenciamento de operações descreve como os bens materiais são produzidos, o gerenciamento de transações descreve como os bens informacionais ou transações são controlados. O gerenciamento de transações, assim como o gerenciamento de bens materiais, é extremamente importante para as organizações modernas. Os bancos e os respectivos caixas automáticos, as companhias aéreas e os sistemas de reserva *on-line* e as universidades que oferecem serviço de matrícula *on-line* não poderiam funcionar sem um processamento de transações confiável e eficiente. As grandes organizações hoje realizam milhares de transações por minuto. Dado o contínuo crescimento do comércio eletrônico, a importância do processamento de transações aumentará proporcionalmente.

Na fala comum, uma transação é uma interação entre dois ou mais indivíduos/entidades para a condução de um negócio, como comprar um carro de uma revendedora de automóveis. As transações de banco de dados têm um significado mais preciso. Uma transação de banco de dados envolve um conjunto de operações que devem ser processadas como uma unidade de trabalho. As transações devem ser processadas confiavelmente, para que nenhum dado se perca em decorrência de múltiplos usuários e falhas de sistema. Para ajudá-lo a compreender esse significado mais preciso do termo, esta seção apresenta exemplos de transação e define suas propriedades.

15.1.1 Exemplos de Transação

Transação é um conceito definido pelo usuário. Por exemplo, no caso de uma reserva aérea, pode-se envolver reserva para a partida e para o retorno. Para o usuário, a combinação de uma reserva para partida e uma para retorno é uma transação, mas não a partida e o retorno separadamente. A maioria dos viajantes não quer uma partida sem retorno. A implicação disso para os SGBDs é que uma transação é um conjunto de operações de banco de dados definido pelo usuário. Uma transação pode envolver um número qualquer de leituras e escritas em um banco de dados. Para oferecer a flexibilidade própria das transações definidas pelo usuário, os SGBDs não podem restringir as transações a apenas um número especificado de acessos a um banco de dados para leitura e gravação.

Um sistema de informação pode ter vários tipos de transação. A Tabela 15.1 descreve as transações de um sistema de entrada de pedidos. Em algum momento, os clientes utilizarão essas transações para conduzir algum tipo de negócio. Por exemplo, muitos em algum momento farão algum pedido, enquanto outros verificarão em que situação seu pedido se encontra. Outro exemplo de transação em um sistema de informação é dado na Tabela 15.2, que descreve as transações habituais em um sistema de folha de pagamento de uma universidade. Algumas das transações são periódicas, ao passo que outras ocorrem uma única vez.

Instruções SQL para a Definição de Transações

Para definir uma transação, você pode usar algumas instruções adicionais do SQL. A Figura 15.1 apresenta algumas instruções adicionais do SQL para definir a transação realizada nos caixas automáticos. As instruções START TRANSACTION e COMMIT definem as ins-

TABELA 15.1
Transações Habituais em um Sistema de Entrada de Pedidos

Transação	Descrição
Adicionar pedido	O cliente faz um novo pedido.
Atualizar pedido	O cliente altera algum detalhe de um pedido existente.
Verificar situação	O cliente verifica a situação de um pedido.
Pagamento	Pagamento recebido de um cliente.
Entrega	Produtos enviados a um cliente.

TABELA 15.2
Transações Habituais em um Sistema de Folha de Pagamento de uma Universidade

Transação	Descrição
Contratar funcionário	O funcionário começa a trabalhar na universidade.
Pagar ao funcionário	Pagamento periódico feito ao funcionário por seus serviços.
Submeter relatório de horas trabalhadas	Funcionários que trabalham por hora submetem um relatório de horas trabalhadas.
Renomeação	Um funcionário é renomeado para outro cargo.
Avaliação	Avaliação periódica de desempenho.
Término	O funcionário sai de seu emprego na universidade.

FIGURA 15.1
Pseudocódigo para uma Transação em Caixa Eletrônico

```
START TRANSACTION
    EXIBIR saudações
    OBTER número da conta, número de
    identificação pessoal, tipo e quantia
    SELECT número da conta, tipo, balance saldo
    SE o saldo é suficiente ENTÃO
        UPDATE conta lançando o débito
        UPDATE conta lançando o crédito
        INSERT registro de lançamento
        EXIBIR mensagem final e liberar o dinheiro
    SENÃO
        ESCREVER mensagem de erro
    FIM SE
    ERROR: ROLLBACK
COMMIT
```

truções em uma transação.[1] Qualquer outra instrução SQL entre elas faz parte de uma transação. Normalmente, uma transação envolve inúmeras instruções SELECT, INSERT, UPDATE e DELETE. Na Figura 15.1, uma transação real tem instruções SQL para as linhas que se iniciam com SELECT, UPDATE e INSERT. As instruções válidas de uma linguagem de programação são substituídas por linhas com pseudocódigo, como "Display greeting" ("Exibir saudações").

Além das instruções START TRANSACTION e COMMIT, a instrução ROLLBACK pode ser usada. ROLLBACK funciona como um comando desfazer em um processador de texto, em que as ações do usuário são removidas. Diferentemente do comando desfazer, ROLLBACK aplica-se a uma seqüência de ações, não apenas a uma. Portanto, essa instrução faz com que todos os efeitos de uma transação sejam removidos. O banco de dados é restaurado ao estado em que se encontrava antes de a transação ser efetuada.

A instrução ROLLBACK pode ser usada em vários contextos. Um deles é permitir que um usuário cancele uma transação. Outro é responder a erros. Nessa situação, a instrução ROLLBACK pode ser usada como parte de instruções de manipulação de exceções, como a linha "ERRO" na Figura 15.1. As instruções de manipulação de exceções fazem parte das linguagens de programação, como Java e Visual Basic. A manipulação de exceções permite que erros não previstos – por exemplo, erros de comunicação – sejam processados separadamente da lógica normal da transação.

Como você terá oportunidade de aprender neste capítulo, as transações devem ser projetadas para ter curta duração. Para diminuir a duração da transação no caixa eletrônico, sempre que possível a interação com o usuário deve ser posicionada fora da transação. Na

---

[1] O SQL:2003 especifica as instruções START TRANSACTION e COMMIT. Alguns SGBDs usam a palavra-chave BEGIN, em vez de START. Alguns SGBDs, como o Oracle, não usam uma instrução para iniciar explicitamente uma transação. Uma nova transação começa com a instrução SQL subseqüente a uma instrução COMMIT.

FIGURA 15.2
Pseudocódigo para uma Transação de Reserva Aérea

```
START TRANSACTION
    EXIBIR saudações
    OBTER preferências de reserva
    SELECT registros de vôos de partida e retorno
    SE a reserva for aceitável ENTÃO
        UPDATE assentos restantes no registro de vôo de partida
        UPDATE assentos restantes no registro de vôo de retorno
        INSERT registro de reservas
        Imprima passagem se solicitado
    FIM SE
    ERROR: ROLLBACK
COMMIT
```

FIGURA 15.3
Pseudocódigo para uma Transação de Pedido de Produto

```
START TRANSACTION
    EXIBIR saudações
    OBTER pedido
    SELECT registro de produtos
    SE houver produto disponível ENTÃO
        UPDATE Qtde. disponível em estoque para cada registro de produto
        INSERT registro de produtos
        ENVIAR mensagem ao departamento de remessa
    FIM SE
    ERROR: ROLLBACK
COMMIT
```

transação em caixa eletrônico, a instrução START TRANSACTION pode ser posicionada após as três primeiras linhas para remover a interação com o usuário. As transações de longa duração podem aumentar exageradamente o tempo de espera entre os usuários concorrentes de um banco de dados. Contudo, as instruções UPDATE e INSERT devem permanecer na mesma transação porque elas fazem parte da mesma unidade de trabalho.

Outros Exemplos de Transação

As figuras 15.2 e 15.3 dão exemplos de transações para reserva de passagens aéreas e pedido de produtos. Em ambos os exemplos, a transação consiste em mais de uma ação no banco de dados (leitura ou escrita).

15.1.2 Propriedades de uma Transação

Os SGBDs asseguram que as transações obedeçam a determinadas propriedades. As propriedades mais importantes e mais difundidas são as propriedades ACID (atômica, consistente, isolada e durável), como examinado a seguir.

- **Atômica** significa que a transação não pode ser subdividida. Ou todo o trabalho na transação é concluído ou nada é realizado. Por exemplo, a transação em um caixa eletrônico não debitará de uma conta sem também creditar em uma conta correspondente. Essa propriedade implica que as mudanças parciais realizadas por uma transação devem ser desfeitas se a transação abortar.

- **Consistente** significa que, se as restrições aplicáveis forem verdadeiras antes de a transação ter início, elas serão verdadeiras depois que a transação for concluída. Por exemplo, se antes de uma transação a conta de um usuário estiver com o saldo equilibrado (positivo), o saldo da conta estará equilibrado (não negativo) após a transação. Do contrário, a transação será rejeitada e nenhuma alteração terá efeito.

- **Isolada** significa que as transações não interferem umas com as outras, exceto de maneiras permitidas. Uma transação nunca deve sobrescrever alterações feitas por outra transação. Além disso, pode-se restringir uma transação para que não interfira em outros aspectos, como ver as mudanças temporárias realizadas por outras transações. Por exemplo, seu cônjuge não saberá que você está retirando dinheiro enquanto o caixa eletrônico não finalizar a transação.

- **Durável** significa que qualquer alteração resultante de uma transação será permanente. Depois que a transação for concluída, nenhuma falha apagará a alteração realizada, seja qual for. Por exemplo, se o computador de um banco falhar cinco minutos após a conclusão da transação, os efeitos da transação ainda estarão registrados no banco de dados do banco.

Para assegurar que as transações satisfaçam as propriedades ACID, os SGBDs oferecem determinados serviços que são transparentes para os desenvolvedores de banco de dados (programadores e analistas). No cotidiano, transparência significa que você pode ver através de um objeto, tornando seus detalhes internos invisíveis. Para os SGBDs, transparência significa que os detalhes internos dos serviços de transação são invisíveis. A transparência é muito importante porque os serviços que asseguram transações ACID são difíceis de implementar. Oferecendo esses serviços, os SGBDs melhoram a produtividade dos programadores e analistas.

Os SGBDs oferecem dois serviços, a transparência de recuperação e a transparência de concorrência, para que essas transações obedeçam às propriedades ACID. A recuperação envolve medidas para lidar com falhas, como erros de comunicação e falhas de software. A concorrência envolve medidas para controlar interferências entre múltiplos usuários simultâneos do banco de dados. A discussão a seguir oferece detalhes sobre a transparência de recuperação e de concorrência.

- **Transparência de recuperação** significa que os SGBDs restauram automaticamente o banco de dados ao estado anterior à falha. Por exemplo, se ocorrer uma falha de comunicação durante uma transação em um caixa eletrônico, os efeitos da transação são automaticamente removidos do banco de dados. Entretanto, se o SGBD falhar três segundos após a conclusão da transação no caixa, os detalhes da transação permanecerão intactos.
- **Transparência de concorrência** significa que os usuários usam um banco de dados como se fosse um sistema exclusivo para um único usuário, ainda que existam usuários simultâneos. Por exemplo, mesmo que vários usuários estejam tentando reservar um vôo concorrido por meio de uma transação de reserva, o SGBD garante que os usuários não sobrescrevam o trabalho um do outro.

Mesmo que os detalhes internos da concorrência e da recuperação não estejam visíveis para um usuário, esses serviços não são gratuitos. O controle de recuperação e concorrência tem custos que podem exigir recursos adicionais e monitoramento cuidadoso para que se atinja um nível aceitável de desempenho. O administrador de banco de dados (DBA) deve estar atento para as implicações de recurso concernentes a esses serviços. Uma quantidade maior de recursos de computação, como memória, espaço em disco e processamento paralelo, pode ser conveniente para melhorar o desempenho. O monitoramento de desempenho é essencial para garantir um desempenho adequado. O DBA deve monitorar os indicadores principais de desempenho e mudar a configuração dos parâmetros para diminuir os problemas de desempenho.

Além dos recursos e do monitoramento, a escolha de um SGBD pode ser crucial para atingir um desempenho de processamento de transações aceitável. O preço de compra de um SGBD em geral depende da quantidade de transações simultâneas que ele suporta. Os SGBDs que dão suporte a uma grande quantidade de usuários simultâneos podem ser muito caros.

O projeto de transações é outro fator que justifica por que é necessário compreender as particularidades do controle de concorrência e da recuperação. Mesmo que for escolhido um bom SGBD e que se direcionem recursos adequados para o processamento de transações, um projeto inadequado pode provocar problemas de desempenho. Para conseguir um projeto satisfatório, você deve conhecer as particularidades do controle de concorrência e da recuperação, e também compreender os princípios do projeto de transação, como discutido nas próximas seções.

15.2 Controle de Concorrência

A maioria das organizações não consegue funcionar sem um banco de dados multiusuário. Por exemplo, os bancos de dados do setor aéreo, de varejo, bancário e de *help desk* (suporte aos usuários) podem ter milhares de usuários tentando realizar uma atividade simultaneamente. Inúmeros usuários podem acessar esses bancos de dados ao mesmo tempo. Se o acesso estivesse restrito a um único usuário por vez, pouco trabalho poderia ser concluído e a maioria dos usuários escolheria outro lugar para realizar seu negócio. Contudo, os usuários simultâneos não podem receber a permissão de interferir um com o outro. Esta seção define o objetivo, os problemas e as ferramentas do controle de concorrência.

15.2.1 Objetivo do Controle de Concorrência

O objetivo do controle de concorrência é maximizar o *throughput* e ao mesmo tempo impedir a interferência entre múltiplos usuários. A taxa de produtividade de transação (*throughput*), o número de transações processadas por unidade de tempo, é uma medida da quantidade de trabalho realizada por um SGBD. Normalmente, a taxa de produtividade de transação é informada em termos de transações por minuto. Em um ambiente em que há grande volume de processamento, como o de comércio eletrônico, os SGBDs podem precisar processar milhares de transações por minuto. De acordo com os resultados publicados pelo Conselho de Processamento de Transações (Transaction Processing Council – TPC – www.tpc.org) para o *benchmark* TPC-C (entrada de pedidos), essa quantidade chega a mais de um milhão de transações por segundo.

Sob a perspectiva do usuário, a taxa de produtividade de transação está relacionada ao tempo de resposta. Quanto maior a taxa de produtividade de transação, menor o tempo de resposta. Os usuários em geral não estão dispostos a esperar mais do que alguns minutos para concluir uma transação.

Se não houver interferência, executar transações simultâneas tem o mesmo efeito que executar as mesmas transações em alguma ordem seqüencial. Execução seqüencial significa que uma transação é concluída antes que outra comece a ser executada, o que garante que não haja interferência. Executar transações seqüencialmente poderia diminuir a taxa de produtividade de transação e aumentar o tempo de resposta. Por isso, os SGBDs permitem que as transações sejam executadas simultaneamente, garantindo ao mesmo tempo resultados idênticos aos alcançados na execução seqüencial.

Na execução simultânea não há interferência, a menos que as transações estejam manipulando dados comuns. A maioria das transações simultâneas manipula apenas pequenas quantidades de dados comuns. Por exemplo, no caso de uma reserva de passagem aérea, dois usuários podem fazer simultaneamente novas reservas porque os registros de reserva são únicos para cada cliente. Entretanto, pode ocorrer interferência na coluna de assentos restantes de uma tabela de vôos. No caso de vôos muito procurados, vários usuários podem querer decrementar o valor da coluna de assentos restantes. É crucial que o SGBD controle a atualização simultânea dessa coluna nos registros de vôos muito procurados.

Hot spot são dados comuns que múltiplos usuários tentam alterar simultaneamente. Em essência, o *hot spot* representa um recurso raro que, para ser acessado, os usuários têm de fazer fila. Exemplos comuns de *hot spot* são os assentos restantes de um vôo concorrido, a quantidade disponível em estoque de um produto barato e as vagas oferecidas por um curso popular. Em um mundo ideal, os SGBDs não fariam mais que rastrear os *hot spots*. Infelizmente, é difícil identificá-los com antecedência. Desse modo, os SGBDs fazem rastreamento de acesso em todas as partes do banco de dados.

Uma possível interferência nos *hot spots* pode provocar perda de dados e tomadas de decisões inadequadas. As seções a seguir abordam os problemas de interferência e as ferramentas para impedi-los.

15.2.2 Problemas de Interferência

Três problemas podem resultar do acesso simultâneo a um banco de dados: (1) atualização perdida, (2) dependência sem efetivação (sem *commit*) e (3) recuperação inconsistente. Esta seção define cada um desses problemas e apresenta exemplos de ocorrência.

Atualização Perdida

A atualização perdida constitui o problema de interferência mais sério, porque as alterações realizadas em um banco de dados são perdidas inadvertidamente. Em uma atualização perdida, a atualização de um usuário sobrescreve a atualização de outro usuário, como representado na linha de tempo da Figura 15.4. A linha correspondente ao tempo mostra duas transações simultâneas tentando atualizar o campo de assentos restantes (AR) no registro do mesmo vôo. Suponha que o valor de AR seja 10 antes de as transações começarem. Após um tempo T_2, ambas as transações armazenam o valor 10 para AR nos *buffers* locais, em conse-

---

taxa de produtividade de transação (*throughput*)
o número de transações processadas por intervalo de tempo. Essa é uma importante medida de desempenho do processamento de transações.

hot spot (ponto quente)
dados comuns que múltiplos usuários tentam alterar. Sem um controle de concorrência adequado, os usuários podem interferir uns com os outros nos *hot spots*.

atualização perdida (*lost update*)
um problema de controle de concorrência no qual a atualização de um usuário se superpõe à atualização feita por outro usuário.

FIGURA 15.4
Exemplo do Problema de Atualização Perdida

Transação A	Tempo	Transação B
Leitura de AR (10)	T_1	
	T_2	Leitura de AR (10)
Se AR > 0 então AR = AR − 1	T_3	
	T_4	Se AR > 0, então AR = AR − 1
Escrita em AR (9)	T_5	
	T_6	Escrita em AR (9)

FIGURA 15.5
Exemplo do Problema de Leitura Suja

Transação A	Tempo	Transação B
Leitura de AR (10)	T_1	
AR = AR − 1	T_2	
Escrita de AR (9)	T_3	
	T_4	Escrita de AR (9)
Reversão	T_5	

qüência das operações de leitura. Após um tempo T_4, ambas as transações fazem alterações em sua cópia local de *AR*. Entretanto, cada transação altera o valor para 9, sem saber da atividade da outra transação. Após um tempo T_6, o valor de *AR* no banco de dados é 9. Porém, o valor após a conclusão de cada transação deveria ser 8, e não 9! Uma das alterações foi perdida.

Alguns estudantes ficam confusos quanto ao problema de atualização perdida por causa das ações executadas nas cópias locais dos dados. Os cálculos nos tempos T_3 e T_4 são realizados em *buffers* de memória específicos para cada transação. Mesmo se a transação A tiver mudado o valor de *AR*, a transação B realiza o cálculo com sua própria cópia local de *AR* em que há o valor 10. A operação de escrita executada pela transação A não é conhecida pela transação B, a menos que esta última leia o valor novamente.

A atualização perdida ocorre quando duas ou mais transações tentam alterar (escrever) na mesma parte do banco de dados. Como você verá nos dois problemas seguintes, duas transações também podem entrar em conflito, se apenas uma estiver alterando o banco de dados.

Dependência Não-efetivada

dependência não-efetivada
um problema de controle de concorrência no qual uma transação lê os dados escritos por uma outra transação antes que a outra transação seja efetivada. Se a segunda transação abortar, a primeira pode se valer de dados que na verdade não mais existem.

A dependência não-efetivada ocorre quando uma transação lê os dados escritos por outra transação antes que a outra transação seja efetivada. A dependência não-efetivada é também conhecida por leitura suja porque ela é provocada por uma transação que está lendo dados sujos (não-efetivados). Na Figura 15.5, a transação A lê o campo *AR*, altera sua cópia local do campo *AR* e escreve o novo valor no banco de dados. A transação B então lê o valor alterado. Antes de a transação A efetivar os dados, entretanto, é detectado um erro e a transação A executa um *rollback* (*reversão*). Esse *rollback* poderia ter ocorrido pelo fato de o usuário cancelar a transação ou por ter havido alguma falha. O valor usado pela transação B passa a ser, portanto, um valor fantasma. O valor *AR* real agora é 10 porque a alteração da transação A não foi permanente. A transação B pode usar seu valor (9) para tomar uma decisão incorreta. Por exemplo, se o valor de *AR* fosse 1 antes de a transação A ter começado, a transação B poderia ter recusado a reserva.

Visto que os dados só são permanentes depois que uma transação seja efetivada, pode ocorrer um conflito mesmo se apenas uma transação escrever no banco de dados. A dependência não-efetivada ocorre quando uma transação escreve e outra transação lê a mesma parte do banco de dados. Contudo, essa dependência não pode causar nenhum problema, a menos que ocorra um *rollback*. No terceiro problema também pode haver conflitos quando uma única transação escreve no banco de dados.

Problemas Relacionados com Recuperações Inconsistentes

O último problema está relacionado a situações em que uma interferência provoca inconsistência entre múltiplas recuperações de um subconjunto de dados. Todos os problemas de recuperação inconsistente ocorrem porque uma transação lê e a segunda transação altera a

FIGURA 15.6
Exemplo do Problema de Sumário Incorreto

Transação A	Tempo	Transação B
Lê AR_1 (10)	T_1	
$AR_1 = AR_1 - 1$	T_2	
Escreve AR_1 (9)	T_3	
	T_4	Lê AR_1 (9)
	T_5	Soma = Soma + AR_1
	T_6	Lê AR_2 (5)
	T_7	Soma = Soma + AR_2
Lê AR_2 (5)	T_8	
$AR_2 = AR_2 - 1$	T_9	
Escreve AR_2 (4)	T_{10}	

totalização incorreta
um problema de controle de concorrência no qual uma transação lê vários valores, mas outra transação atualiza alguns dos valores enquanto a primeira transação ainda está em execução.

mesma parte do banco de dados. O problema de <u>totalização incorreta</u> (ou sumário incorreto), o mais significativo, está relacionado com recuperações inconsistentes. Esse problema ocorre quando uma transação que está calculando uma função de sumarização lê alguns valores antes de a outra transação alterar os valores, mas lê outros valores depois que a outra transação altera os valores.[2] Na Figura 15.6, a transação B lê AR_1 depois que a transação A altera o valor, mas lê AR_2 antes de a transação A alterar o valor. Para haver consistência, a transação B deveria usar todos os valores antes e depois que eles fossem alterados por outras transações.

Um segundo problema com respeito a recuperações inconsistentes é conhecido por leitura fantasma. O <u>problema de leitura fantasma</u> ocorre quando uma transação executa uma consulta com condições de gravar. Em seguida, outra transação insere ou modifica dados que a consulta recuperaria. Finalmente, a transação original executa a mesma consulta novamente. A execução da segunda consulta recupera registros diferentes daqueles da primeira execução. Os registros novos e alterados são fantasmas porque não existem no resultado da execução da primeira consulta.

Um terceiro problema com respeito a recuperações inconsistentes é conhecido por <u>leitura não-repetível</u>, que ocorre quando uma transação lê o mesmo valor mais de uma vez. Enquanto está lendo o dado, outra transação modifica o item de dado. A segunda recuperação contém um valor diferente do da primeira por causa da mudança feita pela outra transação.

A leitura não-repetível e a leitura fantasma são problemas ligeiramente diferentes. O primeiro costuma ocorrer quando outro usuário altera o valor de uma coluna de uma linha de consulta, caso em que a consulta retorna um valor diferente na execução seguinte. O segundo problema costuma ocorrer quando uma nova linha é inserida e atende a uma condição em uma consulta, caso em que a consulta recupera uma linha adicional na execução seguinte. A principal diferença é o requisito de condição de linha em relação ao problema da leitura fantasma.

15.2.3 Ferramentas de Controle de Concorrência

Esta seção apresenta duas ferramentas – bloqueios e o protocolo de bloqueio em duas fases – usadas pela maioria dos SGBDs para impedir os três problemas de interferência discutidos na seção anterior. Além dessas duas ferramentas, apresentamos o problema de *deadlock* (bloqueio perpétuo ou impasse), pelo fato de poder ocorrer em virtude dos bloqueios. Esta seção é encerrada com uma breve discussão sobre abordagens otimistas de controle de concorrência que não utilizam bloqueios.

Bloqueios

Os bloqueios são uma forma de impedir que outros usuários acessem um item de dados de um banco que esteja sendo utilizado. Esse item de dados pode ser uma linha, um bloco, um subconjunto de linhas ou mesmo uma tabela inteira. Antes de acessar um item do banco de

---

[2] O sumário incorreto é também conhecido por análise inconsistente.

TABELA 15.3
Conflitos de Bloqueio

	Requisições do Usuário 2	
O Usuário 1 mantém	Bloqueio S	Bloqueio X
Bloqueio S	Bloqueio concedido	O usuário 2 aguarda
Bloqueio X	O usuário 2 aguarda	O usuário 2 aguarda

TABELA 15.4
Campos em um Registro de Bloqueio

Nome do Campo	Descrição
Identificador da transação	Identificador exclusivo de uma transação.
Identificador do registro	Identificador do registro a ser bloqueado.
Tipo	Indicação da intenção de uso do registro bloqueado.
Contagem	Número de outros usuários que estão mantendo esse tipo de bloqueio.

FIGURA 15.7
Níveis Típicos de Granularidade de Bloqueio

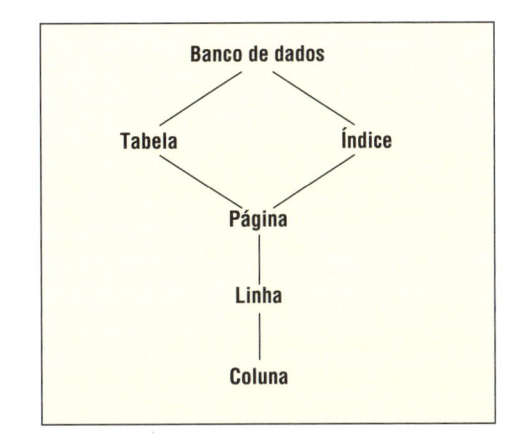

```
            Banco de dados
           /              \
      Tabela              Índice
           \              /
            Página
              |
            Linha
              |
            Coluna
```

bloqueio
uma ferramenta fundamental do controle de concorrência. Um bloqueio em um item do banco de dados impede que outras transações executem ações conflituosas no mesmo item.

dados, deve ser obtido um bloqueio. Outros usuários devem aguardar, se estiverem tentando obter um bloqueio em conflito sobre o mesmo item. A Tabela 15.3 mostra conflitos para dois tipos de bloqueio. O bloqueio compartilhado (S – shared) deve ser obtido antes da leitura de um item do banco de dados, ao passo que o bloqueio exclusivo (X – exclusive) deve ser obtido antes da escrita. Como mostrado na Tabela 15.3, qualquer número de usuários pode manter um bloqueio compartilhado ao mesmo tempo. Contudo, somente um usuário pode manter um bloqueio exclusivo.

O gerenciador de controle de concorrência é o componente do SGBD responsável por gerenciar os bloqueios. Ele mantém uma tabela oculta para registrar os bloqueios mantidos por várias transações[3]. O registro de bloqueios contém um identificador de transação, um identificador de registro, um tipo e uma contagem, como explicado na Tabela 15.4. No esquema mais simples, o tipo pode ser tanto compartilhado quanto exclusivo, como discutido anteriormente. A maioria dos SGBDs tem outros tipos de bloqueio para melhorar a eficiência e permitir maior acesso concorrente. O gerenciador de controle de concorrência executa duas operações nos registros de bloqueio. O operador de bloqueio adiciona uma linha na tabela de bloqueios, ao passo que o operador de desbloqueio ou operador de liberação exclui uma linha da tabela de bloqueios.

Granularidade de Bloqueio

granularidade de bloqueio
o tamanho de um item bloqueado do banco de dados. A granularidade de bloqueio é um compromisso entre o tempo de espera (quantidade de concorrência permitida) e sobrecarga (número de bloqueios segurados).

A granularidade de bloqueio é uma complicação a respeito de bloqueios. Ela está relacionada ao tamanho do item bloqueado do banco de dados. A maioria dos SGBDs pode manter bloqueios para diferentes granularidades, como descrito na Figura 15.7. O banco de dados inteiro é o bloqueio mais denso que pode ser mantido. Se for mantido um bloqueio exclusivo no banco de dados inteiro, nenhum outro usuário poderá acessar o banco de dados, até que o bloqueio seja

---

[3] A tabela de bloqueios é ocultada de todos os usuários, exceto do gerenciador de controle de concorrência. Em circunstâncias especiais, o administrador de banco de dados pode acessar essa tabela.

bloqueio de intenção
um bloqueio em um item grande do banco de dados (tal como uma tabela) indicando a intenção de bloquear itens menores contidos no item maior. Os bloqueios de intenção aliviam a formação de blocos quando bloquear itens densos e permitem uma detecção eficiente de conflitos entre bloqueios de itens de granularidade variada.

liberado. No outro extremo, uma coluna individual é o bloqueio mais fino que pode ser mantido. Os bloqueios também podem ser mantidos em segmentos do banco de dados geralmente não vistos pelos usuários. Por exemplo, eles podem ser mantidos em índices e páginas (registros físicos).

A granularidade de bloqueio é um compromisso entre o custo e a espera. Manter bloqueios em um nível fino diminui a espera entre os usuários, mas aumenta o custo do sistema porque mais bloqueios devem ser obtidos. Manter bloqueios em um nível mais grosso reduz a quantidade de bloqueios, mas aumenta a espera. Em alguns SGBDs, o gerenciador de controle de concorrência tenta detectar o padrão de uso e promover os bloqueios se necessário. Por exemplo, ele pode inicialmente conceder bloqueios de registro a uma transação antecipadamente, de modo que apenas alguns registros sejam bloqueados. Se a transação continuar a solicitar bloqueios, o componente de controle de concorrência pode promover os bloqueios de linha a um bloqueio em um subconjunto de linhas ou na tabela toda.

Para diminuir o bloqueio provocado pelo bloqueio de itens densos como compartilhados ou exclusivos, os bloqueios intencionais normalmente são usados. Os bloqueios intencionais aceitam mais concorrência sobre itens densos que os bloqueios compartilhados ou exclusivos. Além disso, eles permitem a detecção eficiente de conflitos entre bloqueios em itens de granularidade variada. Para aceitar leitura e escrita em níveis de granularidade mais baixos, são usados três tipos de intenção: (1) intenção compartilhada, quando existe a intenção de ler itens de nível inferior; (2) intenção exclusiva, quando existe a intenção de escrever itens de nível inferior; e (3) intenção exclusiva compartilhada, quando existe a intenção de ler e escrever itens de nível inferior. Por exemplo, uma transação deve solicitar um bloqueio de intenção compartilhada em uma tabela em que pretenda ler as linhas. O bloqueio de intenção compartilhada na tabela conflita apenas com os bloqueios exclusivos na tabela ou itens de menor granularidade.

Deadlocks

O uso de bloqueios para impedir problemas de interferência pode provocar *deadlocks*. O *deadlock* é um problema de espera mútua. Uma transação tem um recurso do qual uma segunda transação necessita e a segunda retém um recurso que a primeira necessita. A Figura 15.8 descreve um *deadlock* entre duas transações para reservar assentos em um vôo que tem mais de uma escala. A transação A adquire um bloqueio exclusivo na primeira escala (digamos, de Denver a Chicago), seguida da transação B, que adquire um bloqueio na segunda escala (digamos, de Chicago para Nova York). A transação A tenta bloquear a segunda escala, mas é bloqueada porque a transação B mantém um bloqueio exclusivo. Do mesmo modo, a transação B deve esperar para obter um bloqueio na primeira escala. Os *deadlocks* podem envolver mais de duas transações, mas o padrão é mais complexo.

deadlock (bloqueio perpétuo ou impasse)
um problema de espera mútua que pode ocorrer ao usar bloqueios. Se um *deadlock* não é resolvido, as transações envolvidas esperarão para sempre. Um SGBD pode controlar os *deadlocks* por meio de detecção ou de um procedimento de tempo de espera.

Para controlar os *deadlocks*, a maioria dos SGBDs corporativos executa a detecção de *deadlocks*. Os *deadlocks* podem ser detectados procurando-se padrões cíclicos de espera mútua. Na prática, a maioria dos *deadlocks* envolve duas ou três transações. Como a detecção de *deadlocks* pode exigir tempo de computação significativo, ela é executada apenas a intervalos periódicos ou disparada por transações em estado de espera. Por exemplo, a detecção de *deadlocks* na Figura 15.8 poderia ser realizada quando a transação B fosse forçada a esperar. Quando é detectado um *deadlock*, a transação mais recente (transação B, na Figura 15.8) normalmente é forçada a reiniciar.

A maioria dos SGBDs *desktops* usa uma política de tempo de espera (*time-out*) mais simples para controlar os *deadlocks*. Em uma política de tempo de espera o gerenciador de controle de concorrência interrompe (com uma instrução ROLLBACK) qualquer transação em espera por um tempo superior ao especificado. Observe que a política de tempo de espera pode interromper transações que não estão em *deadlock*. O intervalo de tempo de espera deve ser grande o suficiente para que poucas transações que não estão em *deadlock* esperem por tanto tempo.

FIGURA 15.8
Exemplo do Problema de *Deadlock*

Transação A	Tempo	Transação B
Bloqueio X AR_1	T_1	
	T_2	Bloqueio X SAR_2
Bloqueio X AR_2 (espera)	T_3	
	T_4	Bloqueio X AR_1 (espera)

Protocolo de Bloqueio em Duas Fases (2PL)

Para garantir que os problemas de atualização perdida não ocorram, o gerenciador de controle de concorrência exige que todas as transações sigam o protocolo de bloqueio em duas fases (2PL–*two-phase locking*). *Protocolo* é uma palavra fantasia aplicada a uma regra de comportamento de grupo. O protocolo une todos os membros de um grupo para que se comportem de uma maneira específica. No que se refere à comunicação humana, como o livro *Robert's Rules of Order* prescreve, todos os participantes da reunião devem seguir determinadas regras. No que se refere à comunicação de dados, os protocolos garantem que as mensagens tenham um formato comum que tanto o remetente quanto o destinatário possam reconhecer. No controle de concorrência, todas as transações devem seguir o protocolo 2PL para impedir problemas de controle de concorrência. O bloqueio em duas fases tem três condições, como indica a nota da margem.

definição de 2PL
1. Antes de ler ou escrever em um item de dados, a transação deve adquirir o bloqueio aplicável ao item de dados.
2. Se houver conflito no bloqueio no item de dados, haverá espera.
3. Após a liberação de um bloqueio, a transação não adquire nenhum novo bloqueio.

As primeiras duas condições advêm do uso de bloqueios explicado previamente. A terceira é mais difícil de notar. Se novos bloqueios forem adquiridos após a liberação dos bloqueios, duas transações podem obter e liberar bloqueios de uma forma na qual ocorre um problema de controle de concorrência.

A terceira condição normalmente é simplificada para que pelo menos os bloqueios exclusivos sejam mantidos até a finalização da transação. No instante em que a transação efetivar os dados, os respectivos bloqueios são liberados. A Figura 15.9 representa graficamente o protocolo 2PL com a terceira condição simplificada. No início da transação (IDT), ela não tem nenhum bloqueio. Uma fase de crescimento se segue, na qual a transação adquire bloqueios, mas nunca libera nenhum. No fim da transação (FDT), ocorre uma fase de encolhimento, na qual todos os bloqueios são liberados conjuntamente. Simplificar a definição de 2PL facilita a implementação do protocolo e previne o enfadonho problema de prever quando uma transação pode liberar bloqueios.

Para oferecer flexibilidade entre os problemas de controle de concorrência permitidos e uma possível espera, a maioria dos SGBDs afrouxa o protocolo 2PL para permitir que alguns bloqueios sejam liberados antes do fim de uma transação. A Seção 15.4.2 apresenta o conceito de níveis de isolamento para determinar o nível de interferência tolerado.

Abordagens Otimistas

O uso de bloqueios e do protocolo 2PL é uma abordagem pessimista ao controle de concorrência. O bloqueio assume que todas as transações conflitam. Se a disputa é somente para relativamente poucos *hot spots*, o bloqueio talvez exija um custo exagerado.

A abordagem de controle de concorrência otimista assume que os conflitos são raros. Se forem raros, é mais produtivo verificar os conflitos, em vez de usar bloqueios para forçar uma espera. Nas abordagens otimistas, as transações podem acessar o banco de dados sem adquirir bloqueios. Em vez disso, o gerenciador de controle de concorrência verifica se ocorreu algum conflito. Essa verificação pode ser executada antes de uma transação efetiva dos dados ou depois de cada leitura e escrita. Ao inspecionar o tempo relativo de leitura e escrita, o geren-

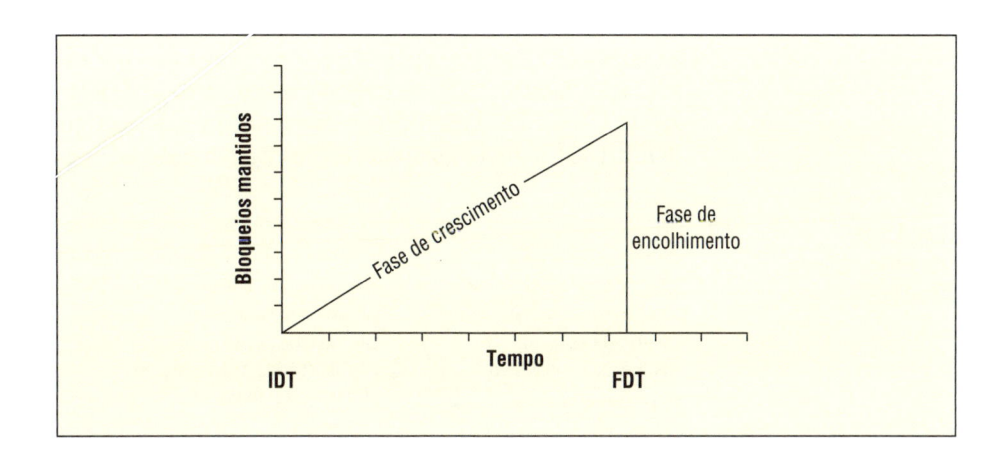

FIGURA 15.9
Fase de Crescimento e Encolhimento do 2PL

ciador pode determinar se ocorreu um conflito. Se tiver ocorrido, o gerenciador faz um *rollback* e reinicia a transação infratora.

A despeito do apelo das abordagens otimistas e ainda que alguns SGBDs corporativos lhes dêem suporte, a maior parte das organizações usa o 2PL. O desempenho dessas abordagens depende da freqüência de conflitos. Se os conflitos aumentam, o desempenho diminui. Mesmo que os conflitos sejam raros, abordagens otimistas podem ter mais variabilidade porque a penalidade para conflitos é maior nas abordagens otimistas. As abordagens pessimistas resolvem os conflitos esperando. Abordagens otimistas resolvem conflitos ao desfazer e reiniciar transações. Reiniciar uma transação provavelmente leva mais tempo do que fazer a transação esperar pela liberação de um recurso.

15.3 Gerenciamento de Recuperação

O gerenciamento de recuperação é um serviço para restaurar um banco de dados a um estado consistente após uma falha. Esta seção descreve os tipos de falhas a prevenir, as ferramentas de gerenciamento de recuperação e os processos de recuperação que usam essas ferramentas.

15.3.1 Dispositivos de Armazenamento de Dados e Tipos de Falha

Do ponto de vista das falhas de banco de dados, a volatilidade é uma característica importante dos dispositivos de armazenamento de dados. A memória principal é volátil porque perde seu estado se houver falta de energia. Em contraposição, o disco rígido é não-volátil porque mantém seu estado se houver falta de energia. Essa distinção é essencial porque os SGBDs não podem depender da memória volátil para recuperar dados após possíveis falhas. Mesmo os dispositivos não-voláteis não são inteiramente confiáveis. Por exemplo, determinadas falhas podem impedir a leitura de conteúdos de um disco rígido. Para aumentar a confiabilidade, os SGBDs devem copiar os dados em vários tipos de mídia de armazenamento não-volátil, como os discos rígidos, as fitas magnéticas e os discos ópticos. O uso de vários dispositivos não-voláteis aumenta a confiabilidade porque cada tipo de dispositivo tem uma taxa de falhas específica.

Algumas falhas afetam somente a memória principal, enquanto outras afetam tanto a memória volátil quanto a não-volátil. A Tabela 15.5 mostra quatro tipos de falha junto com seu efeito e freqüência. Os dois primeiros tipos de falha afetam a memória de uma transação em execução. É necessário verificar no código da transação se existem erros, como número de conta inválido ou cancelamento da transação pelo usuário. Uma falha detectada no programa normalmente provoca a interrupção da transação e uma mensagem específica para o usuário. A instrução ROLLBACK do SQL pode abortar uma transação se ocorrer algo anormal. Lembre-se de que essa instrução faz com que todas as alterações feitas pela transação sejam removidas do banco de dados. As falhas detectadas no programa em geral são as mais comuns e as menos prejudiciais.

O término anormal tem um efeito similar a uma falha detectada no programa, mas a causa é distinta. A transação aborta, mas a mensagem de erro com freqüência é ininteligível ao usuário. O término anormal pode ser provocado por eventos como tempo de espera da transação, falha de linha de comunicação ou erro de programação (por exemplo, divisão por zero). A instrução ON ERROR na Figura 15.1 detecta um término anormal. A instrução ROLLBACK remove quaisquer efeitos da transação finalizada no banco de dados.

TABELA 15.5
Tipos de Falha, Efeitos e Freqüência

Tipo	Efeito	Freqüência
Detectada no programa	Local (1 transação)	Maior freqüência
Término anormal	Local (1 transação)	Freqüência moderada
Falha de sistema	Global (todas as transações ativas)	Não freqüente
Falha de dispositivo	Global (todas as transações ativas e passadas)	Freqüência mínima

As conseqüências dos dois últimos tipos de falha são mais sérias, mas bem menos comuns. A falha de sistema é um término anormal do sistema operacional. A falha de sistema operacional influi em todas as transações em execução. A falha de dispositivo – por exemplo, de disco – influi em todas as transações em execução e em todas as transações validadas cujo trabalho está gravado no disco. Esse tipo de falha pode levar horas para ser recuperado, enquanto a de sistema leva alguns minutos.

15.3.2 Ferramentas de Recuperação

O gerenciador de recuperação usa redundância e controle do tempo de escritas do banco de dados para recuperar os dados após uma falha. As três ferramentas examinadas nesta seção – registro de transações, ponto de verificação e *backup* de banco de dados – são formas de redundância. A última (gravação forçada) permite que o gerenciador de recuperação controle quando as escritas do banco de dados são gravadas. Esta seção explica as características dessas ferramentas, enquanto a outra seção explica como elas são usadas nos processos de recuperação.

Registro de Transações

registro de transações
uma tabela que contém um histórico das alterações no banco de dados. O gerenciador de recuperação usa o registro para realizar a recuperação após falhas.

O registro de transações fornece um histórico das alterações no banco de dados. Toda alteração no banco de dados é também registrada no *log*. O *log* é uma tabela oculta não disponível aos usuários normais. Um *log* comum (Tabela 15.6) contém um número seqüencial (*log sequence number* – LSN) exclusivo, um identificador de transação, a ação do banco de dados, a hora, o identificador de linha, o nome da coluna e os valores (antigos e novos). Para as operações de inserção, o nome da coluna * significa que todas as colunas com o novo valor contêm uma linha inteira de valores. Os valores antigos e novos são às vezes chamados de imagens anteriores e imagens posteriores, respectivamente. Se a ação do banco de dados for de inserção, o *log* conterá apenas os novos valores. De maneira semelhante, se a ação do banco de dados for de exclusão, o *log* conterá apenas os valores antigos. Além das ações de inserção, atualização e exclusão, os eventos do *log* são criados para o início e finalização de uma transação.

O gerenciador de recuperação pode realizar duas operações no registro. Na operação undo, o banco de dados é revertido para um estado anterior substituindo-se o valor antigo por qualquer valor que esteja armazenado no banco de dados. Na operação redo, o componente de recuperação é restabelecido em um novo estado, substituindo-se o novo valor por qualquer valor armazenado no banco de dados. Para desfazer (refazer) uma transação, a operação undo (redo) é aplicada a todos os eventos do *log* de uma transação específica, exceto aos registros correspondentes ao início e efetivação (*commit*).

Um *log* pode aumentar consideravelmente a carga extra de armazenamento. Em um ambiente em que o volume de transações é grande, 100 gigabytes de eventos do *log* podem ser gerados por dia. Por ser um tamanho grande, várias organizações mantêm ao mesmo tempo um *log on-line* armazenado em disco e um *log* em arquivo armazenado em fita ou disco óptico. O *log on-line* normalmente é dividido em duas partes (atual e próximo) para que se possa gerenciar o espaço do *log on-line*. Dada a função do *log* no processo de recuperação, sua integridade é vital. Os SGBDs corporativos podem manter *logs* redundantes para fornecer processamento ininterrupto em caso de falha do *log*.

Ponto de Verificação (checkpoint)

ponto de verificação (*checkpoint*)
o ato de escrever um registro de ponto de verificação no *log* e forçar a escrita do *log* e dos *buffers* do banco de dados no disco. Toda a atividade da transação cessa enquanto ocorre um ponto de verificação.
O intervalo do ponto de verificação deve ser escolhido para equilibrar o tempo de reinício com o tempo de carga extra do ponto de verificação.

O objetivo do ponto de verificação é reduzir o tempo de recuperação de falhas. O registro do ponto de verificação é gravado no *log* em intervalos específicos para, desse modo, registrar todas as transações ativas. Além disso, todos os *buffers* do *log* e todos os *buffers* do banco de

TABELA 15.6 Exemplo de Registro de Transações para uma Transação em Caixa Eletrônico

LSN	NumTransação	Ação	Hora	Tabela	Linha	Coluna	Antiga	Nova
1	101001	START	10:29					
2	101001	UPDATE	10:30	Conta	10001	SaldoConta	100	200
3	101001	UPDATE	10:30	Conta	15147	SaldoConta	500	400
4	101001	INSERT	10:32	Histórico	25045	*		<1002, 500, . . .>
5	101001	COMMIT	10:33					

dados são gravados no disco. No instante do reinício, o gerenciador de recuperação se vale do evento do *log* do ponto de verificação e do conhecimento do *log* e das gravações de página do banco de dados para diminuir a quantidade de trabalho de reinicialização.

O intervalo de ponto de verificação é definido como o período entre os pontos de verificação. Esse intervalo pode ser expresso como tempo (por exemplo, cinco minutos) ou como um parâmetro de magnitude, como a quantidade de transações validadas, o número de páginas de *log* ou o número de páginas do banco de dados. O intervalo do ponto de verificação é um parâmetro de projeto. Um intervalo pequeno reduz o trabalho de reinício mas causa maior carga adicional para registrar os pontos. Um grande intervalo reduz a carga adicional dos pontos de verificação, mas aumenta o trabalho de reinicialização. Um intervalo típico de ponto de verificação deve ser de 10 minutos para um grande volume de transações.

O registro do ponto de verificação pode provocar muitas interrupções no processamento das transações, pois todas as atividades subjacentes são interrompidas quando se realiza um ponto de verificação. Nenhuma nova transação pode ser iniciada e as já existentes não podem iniciar novas operações nesse espaço de tempo. O tempo de interrupção depende do tipo de ponto de verificação usado. Em um ponto de verificação consistente com o cache, as páginas de *buffer* (páginas de *log* e algumas páginas de banco de dados sujas) que permanecem na memória são gravadas no disco e, em seguida, o ponto de verificação registrado é gravado no *log*. Considera-se uma página suja aquela que foi alterada por uma transação.

Para diminuir as interrupções provocadas pelos pontos de verificação, alguns SGBDs aceitam tanto os pontos de verificação difuso quanto incremental. No caso dos difusos, o gerenciador de recuperação grava apenas as páginas de *buffer* desde o ponto de verificação anterior. A maioria das páginas já deve ter sido gravada no disco antes do ponto de verificação. No instante da reinicialização, o gerenciador usa os dois registros de ponto de verificação difusos mais recentes no *log*. Portanto, os pontos de verificação difusos envolvem menor carga adicional que os consistentes com o cache, mas exigem maior trabalho de reinicialização.

No ponto de verificação incremental, as páginas do banco de dados são gravadas no disco. Já as páginas sujas do banco de dados são periodicamente gravadas no disco em ordem cronológica ascendente. No instante do ponto de verificação, a posição do *log* das páginas de dados sujas mais antigas é registrada para oferecer um ponto de partida para a recuperação. A quantidade de trabalho de reinicialização pode ser controlada pela freqüência de gravação de páginas de dados sujas.

Escrita Forçada

escrita forçada
a capacidade de controlar quando os dados são transferidos para um armazenamento não-volátil. Esta capacidade é fundamental para o gerenciamento da recuperação.

O recurso para controlar quando os dados são transferidos para um armazenamento não-volátil é conhecido por escrita forçada. Sem o recurso para controlar o tempo das operações de escrita para um armazenamento não-volátil, a recuperação é impossível. Escrita forçada significa que é o SGBD, não o sistema operacional, que controla quando os dados são gravados para um armazenamento não-volátil. Normalmente, quando um programa envia um comando de escrita, o sistema operacional coloca os dados em um *buffer*. Por motivo de eficiência, os dados só são gravados no disco quando o *buffer* está cheio. Habitualmente, há um pequeno atraso entre a chegada de dados em um *buffer* e sua transferência para o disco. Com a escrita forçada, o sistema operacional permite que o SGBD controle quando o conteúdo do *buffer* é gravado no disco.

O gerenciador de recuperação usa a escrita forçada nos pontos de verificação e no encerramento de uma transação. No instante do ponto de verificação, além da inserção de um registro de ponto de verificação, força-se a gravação no disco de todos os *logs* e de alguns *buffers* do banco de dados. Essa escrita forçada pode aumentar consideravelmente o custo adicional do processo de ponto de verificação. Ao fim de uma transação, o gerenciador de recuperação força a gravação de todos os eventos do *log* de uma transação restantes na memória.

Backup do Banco de Dados

Um backup é a cópia do disco inteiro ou de parte dele. É usado quando o disco que contém o banco de dados ou *log* está danificado. O *backup* normalmente é realizado em fitas magnéticas porque é mais barato e mais confiável que em disco. É aconselhável realizar *backup* periodicamente tanto do banco de dados quanto do *log*. Para economizar tempo, a programação de *backup* deve englobar *backups* volumosos menos freqüentes para a cópia de todo o conteúdo de um disco e *backups* incrementais mais freqüentes para a cópia apenas das partes alteradas.

15.3.3 Processos de Recuperação

O processo de recuperação depende do tipo de falha. A recuperação de uma falha de dispositivo é simples, mas pode consumir muito tempo, como se pode ver a seguir:

- O banco de dados é recuperado com base no *backup* mais recente.
- Em seguida, o gerenciador de recuperação aplica o operador redo para todas as transações efetivadas após o *backup*. Visto que o *backup* pode ter sido feito há horas ou dias, o *log* deve ser consultado para restaurar as transações efetivadas após o *backup*.
- O processo de recuperação termina com a reinicialização das transações não concluídas.

No caso das falhas locais e de falhas de sistema, o processo de recuperação depende do instante em que as alterações no banco de dados são registradas no disco. As alterações podem ser registradas antes (atualização imediata) ou depois (atualização postergada) da efetivação. A quantidade de trabalho e o uso de operações de *log* (desfazer e refazer) dependem do instante das atualizações do banco de dados. O restante desta seção descreve os processos de recuperação de falhas locais e de falhas de sistema em cada circunstância.

Atualização Imediata

abordagem de atualização imediata
as atualizações do banco de dados são escritas no disco quando ocorrem, mas depois das atualizações correspondentes no *log*. Para restaurar um banco de dados, ambas as operações, redo e undo, podem ser necessárias.

Na abordagem da atualização imediata, as atualizações no banco de dados são escritas no disco quando ocorrem. Essas gravações do banco de dados também podem ocorrer no instante do ponto de verificação, dependendo do algoritmo do ponto de verificação. Além disso, elas devem ocorrer após a escrita dos registros correspondentes do *log*. Essa técnica é conhecida por protocolo de escrita avançada no registro (WAL – *write-ahead log*). Se os eventos do *log* fossem escritos após os registros correspondentes no banco de dados, não seria possível realizar a recuperação se a falha tivesse ocorrido entre o instante de gravar os registros do banco de dados e os eventos do *log*. Para aplicar o protocolo de escrita avançada no registro, o gerenciador de recuperação mantém uma tabela de números seqüenciais de *log* para cada página do banco de dados em um *buffer*. A página do banco de dados não pode ser gravada no disco se o número seqüencial do *log* correspondente for maior que o número seqüencial do último evento do *log* gravado no disco.

A recuperação de falhas locais é fácil porque apenas uma transação é afetada. Todos os eventos do *log* da transação são encontrados realizando-se uma busca regressiva dos eventos. A operação undo é então aplicada a cada evento do *log* da transação. Se ocorrer uma falha durante o processo de recuperação, aplica-se novamente a operação undo. O efeito de aplicar a operação undo várias vezes é o mesmo de aplicá-la uma única vez. Depois de aplicar a operação undo, o gerenciador de recuperação pode oferecer ao usuário a oportunidade de reiniciar a transação abortada.

A recuperação de uma falha de sistema é mais difícil porque todos os usuários ativos são afetados. Para ajudá-lo a compreender esse tipo de recuperação, a Figura 15.10 mostra o andamento de várias transações com respeito ao instante em que são efetivadas, ao ponto de verificação mais recente e à falha. Cada transação representa uma classe de transações. Por exemplo, a de classe T1 representa as transações iniciadas ou finalizadas antes do ponto de verificação (e da falha). Nenhum outro tipo de transação é possível.

A abordagem de atualização imediata pode envolver tanto a operação undo quanto a redo, de acordo com o resumo apresentado na Tabela 15.7. Para ter uma idéia da quantidade necessária de trabalho, lembre-se de que os eventos do *log* são estáveis nos pontos de verificação e no fim da transação e que as alterações no banco de dados são estáveis no instante do ponto de verificação. Embora ocorram outras escritas no banco de dados quando o *buffer* fica cheio, o instante em que as outras escritas ocorrem é imprevisível. As transações T1 não requerem nenhum trabalho porque tanto as alterações no registro quanto no banco de dados são estáveis antes da falha. As transações T2 devem ser refeitas do ponto de verificação porque somente são estáveis as alterações no banco de dados realizadas antes do ponto de verificação. As transações T3 devem ser refeitas inteiramente porque não é possível garantir a estabilidade das alterações no banco de dados, mesmo que algumas tenham sido registradas no disco. As transações T4 e T5 devem ser desfeitas inteiramente porque algumas alterações no banco de dados após o ponto de verificação podem ter sido registradas no disco.

FIGURA 15.10
Linha de Tempo da Transação

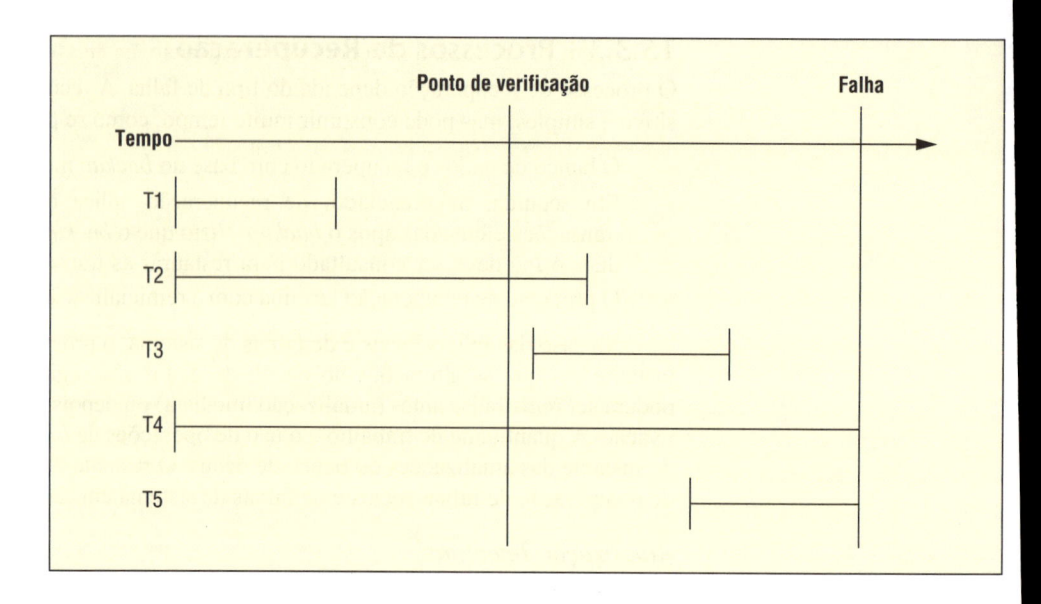

[Diagrama de linha do tempo mostrando cinco transações T1–T5 em relação ao Ponto de verificação e Falha]

TABELA 15.7
Resumo do Trabalho de Reinicialização da Atualização Imediata

Classe	Descrição	Trabalho Reinicializado
T1	Finalizado antes do PV	Nenhum
T2	Iniciado antes do PV; finalizado antes da falha	Refeito depois do ponto de verificação mais recente
T3	Iniciado após o PV; finalizado antes da falha	Refeito depois do ponto de verificação mais recente
T4	Iniciado antes do PV; ainda não finalizado	Desfeito antes do evento do *log* mais recente
T5	Iniciado após o PV; ainda não finalizado	Desfeito antes do evento do *log* mais recente

TABELA 15.8
Resumo do Trabalho de Reinicialização da Atualização Postergada

Classe	Descrição	Trabalho Reinicializado
T1	Finalizado antes do PV	Nenhum
T2	Iniciado antes do PV; finalizado antes da falha	Refeito depois do primeiro evento do *log*
T3	Iniciado após o PV; finalizado antes da falha	Refeito depois do primeiro evento do *log*
T4	Iniciado antes do PV; ainda não finalizado	Nenhum
T5	Iniciado após o PV; ainda não finalizado	Nenhum

Atualização Postergada

abordagem da atualização postergada
as atualizações do banco de dados são escritas somente após uma transação ser efetivada. Para restaurar um banco de dados, são usadas apenas as operações redo.

Na abordagem da atualização postergada, as atualizações no banco de dados são escritas no disco somente após uma transação ser efetivada. Não ocorre nenhuma gravação no banco de dados nos pontos de verificação, exceto para as transações que já foram efetivadas. A vantagem da atualização postergada é que as operações undo não são necessárias. Contudo, em comparação com a atualização imediata, talvez seja necessário realizar uma quantidade maior de operações redo.

Na atualização postergada, nenhum trabalho de reinicialização é realizado no controle das falhas locais. Visto que não ocorre nenhuma alteração no banco de dados antes de a transação ser efetivada, a transação é abortada sem que seja necessário aplicar a operação undo. O gerenciador de recuperação normalmente oferece ao usuário a opção de reiniciar a transação.

As falhas de sistema podem ser controladas sem as operações undo, como demonstra a Tabela 15.8. As transações T4 e T5 (ainda não efetivadas) não exigem operações undo porque qualquer alteração no banco de dados só é gravada no disco quando a transação é efetivada. As transações T2 e T3 (efetivadas após os pontos de verificação) exigem operações redo porque não é possível saber se todas as alterações no banco de dados estão estáveis. As transações T2 (iniciadas antes do ponto de verificação) devem ser refeitas do primeiro evento do *log*, em vez de logo após o ponto de verificação, na atualização imediata. Portanto, a atualização postergada requer maior quantidade de trabalho de reinicialização para as transações T2 que a atualização imediata. Entretanto, a atualização postergada não exige nenhum trabalho de reinicialização no caso das transações T4 e T5, ao passo que a imediata deve desfazer as transações T4 e T5.

Exemplo de Recuperação

As tabelas 15.7 e 15.8, embora representem o tipo de trabalho de reinicialização necessário, não mostram a seqüência das operações de *log*. Para ajudá-lo a entender as operações de *log* geradas na reinicialização, a Tabela 15.9 mostra um *log* de exemplo que inclui registros de ponto de verificação. A ação do ponto de verificação inclui uma lista de transações ativas no instante dos pontos de verificação. Para simplificar o processo de reinicialização, adotam-se pontos de verificação consistentes com o cache.

A Tabela 15.10 relaciona as operações de registro realizadas na abordagem de atualização imediata, que começa na fase de reversão. No passo 1, o gerenciador de recuperação adiciona a transação 4 à lista de transações não efetivadas e aplica o operador undo ao LSN 20. Da mesma maneira, no passo 4, o gerenciador de recuperação adiciona a transação 3 à lista de transações não efetivadas e aplica o operador undo ao LSN 17. No passo 5, o gerenciador adiciona a transação 2 à lista de transações efetivadas porque o evento do *log* contém a ação COMMIT. No passo 6, o gerenciador não faz nada porque as operações redo serão aplicadas na fase de varredura para a frente (*roll forward*). No passo 11, a fase de varredura para trás (*roll backward*) finaliza porque foi encontrado o registro START da última transação na lista de transações não efetivadas. Na fase de varredura para frente, o gerenciador de recuperação usa operações redo para cada evento do *log* das transações ativas.

A Tabela 15.11 relaciona as operações de *log* na atualização postergada. A primeira atitude do gerenciador de recuperação é fazer uma leitura regressiva do registro, como na abordagem de atualização imediata. No passo 1, o gerenciador ignora os eventos do *log* de 20 a 17 porque estão relacionados a transações que não foram efetivadas antes da falha. Nos passos 2 a 4, o gerenciador percebe que as transações 1 e 2 foram efetivadas e, que, portanto, precisará refazê-las durante a fase de varredura para a frente. No passo 3, o gerenciador não faz nada porque a operação redo será aplicada posteriormente, na fase varredura para a frente. A fase de varredura para trás continua até que se encontrem todos os registros START para todas as transações efetivadas. Na fase de varredura para a frente, o gerenciador usa operações redo para cada ação das transações

TABELA 15.9
Exemplo de Registro de Transações

LSN	NumTransação	Ação	Hora	Tabela	Linha	Coluna	Antiga	Nova
1	1	START	10:29					
2	1	UPDATE	10:30	Conta	10	Saldo	100	200
3		CKPT(1)	10:31					
4	1	UPDATE	10:32	Conta	25	Saldo	500	400
5	2	START	10:33					
6	2	UPDATE	10:34	Conta	11	Saldo	105	205
7	1	INSERT	10:35	Histórico	101	*		<1, 400, ...>
8	2	UPDATE	10:36	Conta	26	Saldo	100	200
9	2	INSERT	10:37	Histórico	102	*		<2, 200, ...>
10	3	START	10:38					
11	3	UPDATE	10:39	Conta	10	Saldo	100	200
12		CKPT(1,2,3)	10:40					
13	3	UPDATE	10:41	Conta	25	Saldo	500	400
14	1	COMMIT	10:42					
15	2	UPDATE	10:43	Conta	29	Saldo	200	300
16	2	COMMIT	10:44					
17	3	INSERT	10:45	Histórico	103	*		<3, 400, ...>
18	4	START	10:46					
19	4	UPDATE	10:47	Conta	10	Saldo	100	200
20	4	INSERT	10:48	Histórico	104	*		<3, 200, ...>

TABELA 15.10
Trabalho Reinicializado por meio da Abordagem de Atualização Imediata

Número do Passo	LSN	Ações
1	20	Aplica undo; adiciona a 4 à lista de não efetivadas.
2	19	Aplica undo.
3	18	Remove a 4 da lista de não efetivadas.
4	17	Aplica undo; adiciona a 3 à lista de não efetivadas.
5	16	Adiciona a 2 à lista de efetivadas.
6	15	Não faz nada.
7	14	Adiciona a 1 à lista de efetivadas.
8	13	Aplica undo.
9	12	Observa que a 3 ainda não foi efetivada.
10	11	Undo.
11	10	Remove a 3 da lista de não efetivadas.
12		Fase de varredura para a frente: começa a ler o *log* do registro de ponto de verificação mais recente (LSN = 12).
13	14	Remove a 1 da lista de efetivadas.
14	15	Aplica redo.
15	16	Remove a 2 da lista de efetivadas; pára porque a lista de efetivadas está vazia.

TABELA 15.11
Trabalho Reinicializado por meio da Abordagem de Atualização Postergada

Número do Passo	LSN	Ações
1	20,19,18,17	Não faz nada porque as transações não podem ser completadas.
2	16	Adiciona a 2 à lista de efetivadas e à lista de incompletas.
3	15	Não faz nada; aplica redo durante a fase de varredura para a frente.
4	14	Adiciona a 1 à lista de efetivadas e à lista de incompletas.
5	13	Não faz nada porque a transação não pode ser completada.
6	12	Observa que os registros START não foram encontrados para a 1 e 2.
7	11,10	Não faz nada porque a transação não pode ser completada.
8	9,8,7,6	Não faz nada; aplica redo durante a fase de varredura para a frente.
9	5	Remove a 3 da lista de incompletas (o registro START é encontrado).
10	4	Não faz nada; aplica redo durante a fase de varredura para a frente.
11	3	Observa que o registro START não foi encontrado para a 1.
12	2	Não faz nada; aplica redo na fase de varredura para a frente.
13	1	Remove a 1 da lista de incompletas; inicia a fase de varredura para a frente.
14	2	Aplica redo.
15	4	Aplica redo.
16	6	Aplica redo.
17	7	Aplica redo.
18	8	Aplica redo.
19	9	Aplica redo.
20	14	Remove a 1 da lista de efetivadas.
21	15	Aplica redo.
22	16	Remove a 2 da lista de efetivadas; finaliza a fase de varredura para a frente.

na lista de transações efetivadas. A fase de varredura para a frente termina quando o gerenciador encontra o registro COMMIT da última transação na lista de transações completadas.

Processo de Recuperação no Oracle 10g

Para descrever o processo de recuperação usado em um SGBD corporativo, destacamos o gerenciador de recuperação no Oracle 10g. O Oracle usa o processo de atualização imediata e os pontos de verificação incrementais. No instante dos pontos de verificação, não é realizada nenhuma gravação no banco de dados, visto que as gravações no banco de dados são periodicamente gravadas no disco em ordem cronológica ascendente. O número seqüencial do *log* correspondente à página de banco de dados suja mais antiga é gravado no disco para identificar o ponto de partida para a reinicialização.

Os pontos de verificação incrementais envolvem o compromisso entre a freqüência de gravação de páginas sujas do banco de dados *versus* o tempo de reinicialização. Gravações mais freqüentes diminuem a taxa de produtividade de transação, mas diminuem também o tempo de reinicialização. Para controlar esse compromisso, o Oracle fornece um parâmetro conhecido por tempo médio para recuperação (Mean Time to Recover – MTTR), definido como a expectativa de tempo (em segundos) para a recuperação de uma falha de sistema. A diminuição desse parâmetro aumenta a freqüência de escrita das páginas do banco de dados. Para ajudar o projetista a estabelecer o parâmetro MTTR, o Oracle oferece o MTTR Advisor para escolher os valores de parâmetro sob várias cargas de trabalho transacionais. Para monitorar o processo de recuperação, o Oracle fornece uma visão de dicionário dinâmico que contém detalhes sobre o estado do processo de recuperação.

15.4 Questões Relacionadas ao Projeto de Transações

Com os serviços de recuperação e concorrência, pode ser surpreendente que o projetista de transações ainda tenha decisões importantes de projeto. O projetista de transações pode ser um administrador de banco de dados, um programador ou um programador que utiliza um administrador de banco de dados como consultor. As decisões do projeto podem exercer grande influência no desempenho do processamento de transações. Conhecer as particularidades do controle de concorrência e da recuperação pode torná-lo um projetista de transações mais eficiente. Esta seção apresenta as decisões de projeto disponíveis para que os projetistas melhorem o desempenho.

15.4.1 Delimitações de Transação e *Hot Spots*

O projetista de transações desenvolve uma aplicação para realizar algum processamento de banco de dados. Por exemplo, ele pode desenvolver um aplicativo para possibilitar que o usuário saque dinheiro em um caixa eletrônico, solicite um produto ou matricule-se em algum curso. Para construir essa aplicação, ele usa as instruções do SQL para definição de transações e os serviços de controle de concorrência e de recuperação do SGBD. Ele tem no mínimo várias alternativas para escolher em que lugar usará as instruções de definição de transação do SQL. Essa decisão é chamada de delimitação de transações.

delimitação de transação
uma decisão importante no projeto de transações, no qual uma aplicação que consiste em uma coleção de instruções SQL é dividida em uma ou mais transações.

O projetista de transações normalmente tem a opção de construir uma grande transação, contendo todas as instruções SQL, ou de dividir as instruções SQL em várias transações menores. Por exemplo, as instruções SQL em uma transação em caixa eletrônico podem ser consideradas uma única transação, como mostrado na Figura 15.1. Outra opção é tornar cada instrução SQL uma transação separada. Quando as instruções de delimitação de transações (START TRANSACTION e COMMIT) não são usadas, cada instrução SQL torna-se por padrão uma transação distinta.

Compromissos ao Escolher a Delimitação de Transações

Ao escolher uma delimitação de transação, o objetivo é maximizar sua duração, assegurando, ao mesmo tempo, o cumprimento de restrições consideradas vitais. Os SGBDs são projetados para transações de curta duração porque o bloqueio pode forçar outras transações a esperar. A duração inclui não apenas a quantidade de leitura e escrita no banco de dados, mas o tempo gasto para aguardar as respostas do usuário. Geralmente, a delimitação de transações não deve estar sujeita a interações com o usuário. Em transações em caixa eletrônico, de reserva aérea ou de pedido de produtos (figuras 15.1, 15.2 e 15.3, respectivamente), as instruções START TRANSACTION e COMMIT poderiam ser deslocadas para envolver apenas a parte SQL do pseudocódigo.

A duração não deve comprometer a verificação de restrições. Visto que a verificação de restrições deve ocorrer no fim de uma transação, talvez seja difícil verificar algumas restrições se uma transação for decomposta em transações menores. Por exemplo, uma restrição importante nas transações contábeis é que os débitos são iguais aos créditos. Se as instruções SQL para lançar um débito e um crédito forem colocadas na mesma transação, o SGBD pode impor a restrição contábil no fim de uma transação. Se elas forem colocadas em transações separadas, a verificação de restrições só poderá ocorrer depois que ambas as transações forem efetivadas.

Hot Spots

Para compreender as conseqüências das escolhas da delimitação de transações, é necessário identificar os *hot spots*. Lembre-se de que os *hot spots* são dados comuns que múltiplos usuários tentam alterar simultaneamente. Se uma determinada delimitação de transações eliminar (criar) um *hot spot*, ele pode ser considerado um bom (um péssimo) projeto.

Os *hot spots* podem ser classificados de duas maneiras: independentes de sistema e dependentes de sistema. Os independentes de sistema fazem parte de uma tabela que vários usuários podem querer alterar simultaneamente. As linhas, as colunas e a tabela inteira podem ser *hot spots* independentes de sistema. Por exemplo, na transação de reserva aérea (Figura 15.2), a coluna de assentos restantes com linhas de vôos concorridos é um *hot spot* independente de sistema. Essa coluna é um *hot spot* em qualquer SGBD.

Os dependentes de sistema dependem do SGBD. Normalmente, os *hot spots* desse tipo estão relacionados a partes do banco de dados ocultas para os usuários habituais. As páginas (registros físicos) que contêm os registros de linha ou índices do banco de dados em geral podem ser *hot spots* dependentes de sistema. Por exemplo, alguns SGBDs bloqueiam a página disponível seguinte quando estiver sendo inserida uma linha em uma tabela. Na inserção de uma nova linha de histórico em uma transação em caixa eletrônico (Figura 15.1), a página disponível seguinte da tabela com o histórico é um *hot spot* dependente de sistema. Nos SGBDs que realizam o bloqueio na linha, não existe nenhum *hot spot*. Existem, além disso, *hot spots* típicos em determinadas páginas de índice que são acessadas com freqüência.

Exemplo de Projeto de Delimitação de Transações

Para descrevermos a escolha de delimitação de transação, os formulários hierárquicos podem oferecer um contexto adequado. O formulário hierárquico representa uma aplicação que lê e escreve em um banco de dados. Por exemplo, o formulário de matrícula do banco de dados de uma universidade (Figura 15.11) manipula a tabela *Registro* no formulário principal e as tabelas *Matricula* e *Oferecimento* no subformulário. Quando esse formulário é usado para a realização de matrícula nos cursos oferecidos, é inserido um registro na tabela *Registro* assim que o formulário principal é preenchido. Após o preenchimento de cada linha do subformulário, é inserida uma linha na tabela *Matricula* e a coluna *VagasRestantesOfer* da linha *Oferecimento* correspondente é associada. Embora o campo *VagasRestantesOfer* não apareça no subformulário, ele deve ser atualizado após a inserção de cada linha do subformulário.

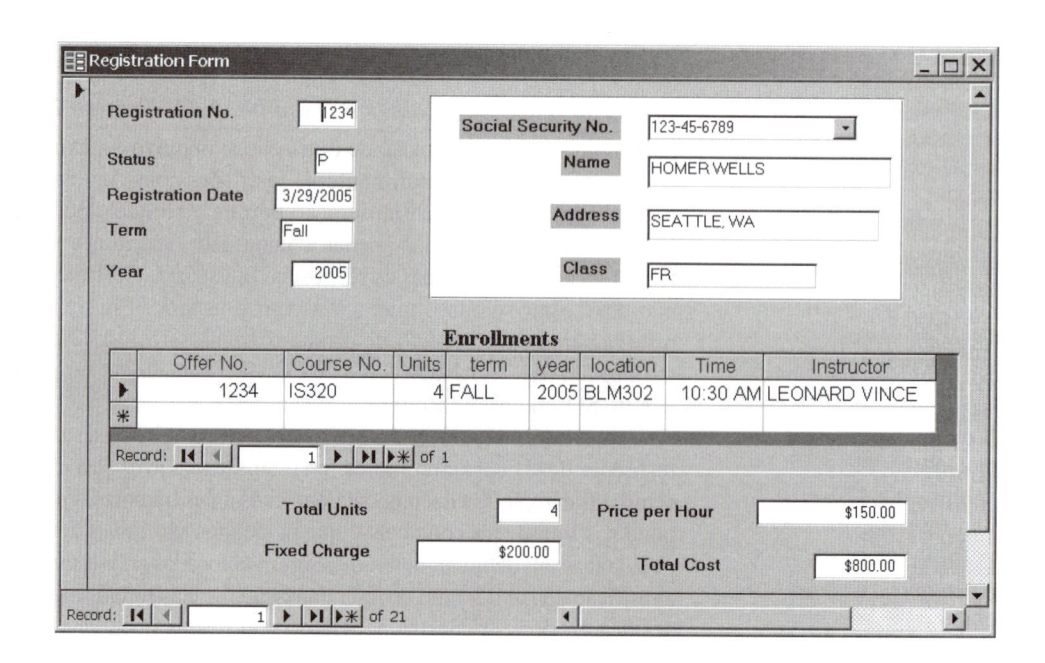

FIGURA 15.11
Exemplo de Formulário de Matrícula

Ao projetar um formulário hierárquico, o programador de banco de dados tem três opções razoáveis com respeito à delimitação de transações:

1. O formulário inteiro.
2. O formulário principal como uma única transação e *todas* as linhas do subformulário como uma transação secundária.
3. O formulário principal como uma única transação e *cada* linha do subformulário como uma transação distinta.

A terceira opção normalmente é a preferida, por permitir que as transações tenham o menor tempo de duração. Contudo, a verificação de restrições pode forçar a opção (1) ou (2). No formulário de registro, existem restrições com relação à matrícula como um todo, como uma quantidade mínima de horas para receber subvenção financeira e pré-requisitos para um curso. Entretanto, a verificação dessas restrições não é vital no fim de uma transação. A maioria das universidades verifica essas restrições em um momento posterior, isto é, antes de o período acadêmico seguinte ter início. Portanto, a opção (3) é a melhor para a delimitação de transações.

Existem vários *hot spots* comuns para cada opção de delimitação de transações. A coluna *VagasRestantesOfer* nas linhas de *Oferecimento* mais procuradas é um *hot spot* independente de sistema em qualquer transação que envolva as linhas do subformulário. A coluna *VagasRestantesOfer* deve ser atualizada após cada matrícula. A página seguinte na tabela *Matricula* é um *hot spot* dependente de sistema em alguns SGBDs. Após cada linha do subformulário, é inserida uma linha na tabela *Matricula*. Se o SGBD bloquear a página disponível seguinte, em vez de apenas a nova linha, todas as transações na linha do subformulário deverão obter um bloqueio exclusivo no registro físico disponível seguinte. Contudo, se o SGBD não puder realizar o bloqueio na linha, não haverá *hot spot* porque cada transação inserirá uma linha distinta.

A opção (3) oferece outra vantagem, pois reduz a possibilidade de *deadlock*. Nas opções (1) e (2) existe a possibilidade de *deadlock* porque as transações envolvem matrículas para vários cursos. Por exemplo, uma transação poderia obter um bloqueio no oferecimento do curso de comunicação de dados (SI470) e outra transação em um oferecimento do curso de banco de dados (SI480). A primeira transação pode, portanto, esperar por um bloqueio no oferecimento SI480 e a segunda, no oferecimento SI470. A opção (3) não terá *deadlocks* se os *hot spots* forem sempre obtidos na mesma ordem por todas as transações. Por exemplo, se todas as transações primeiramente obtiverem um bloqueio na página disponível seguinte de *Matricula* e em seguida obtiverem um bloqueio em uma linha *Oferecimento*, não haverá *deadlock*.

Evitando o Tempo de Interação com o Usuário

Outra questão com respeito à delimitação de transação é a interação com o usuário. Normalmente, a interação com o usuário deve ocorrer fora da transação. A Figura 15.12 mostra a transação de reserva aérea reprojetada para posicionar a interação com o usuário fora da

FIGURA 15.12
Pseudocódigo para uma Transação de Reserva Aérea Reprojetada

```
EXIBIR saudações
OBTER preferências de reserva
SELECT registros de vôos de partida e retorno
SE a reserva é aceitável ENTÃO
    START TRANSACTION
    UPDATE assentos restantes no registro de vôo de partida
    UPDATE assentos restantes no registro de vôo de retorno
    INSERT registro de reservas
FIM SE
ON ERROR: ROLLBACK
COMMIT
ENVIAR recibo para o cliente
```

transação. Essa transação reprojetada diminuirá o tempo de espera dos usuários concorrentes porque os bloqueios serão mantidos por um tempo menor. Contudo, efeitos secundários podem ocorrer em conseqüência de se remover a interação com o usuário. Na situação em que a interação com o usuário fica fora da transação, talvez o usuário não possa obter um assento em um vôo mesmo que ele tenha sido informado da disponibilidade do vôo. Um analista de banco de dados deve monitorar a ocorrência desse efeito secundário. Se o efeito for raro, o código da interação deve permanecer fora da transação. Se ele ocorrer com uma freqüência razoável, talvez seja preferível manter a interação com o usuário como parte da transação.

15.4.2 Níveis de Isolamento

O bloqueio em duas fases impede os três problemas de controle de concorrência descritos na Seção 15.2.2, se todos os bloqueios forem mantidos até o fim da transação. Entretanto, algumas transações talvez não precisem desse nível de controle de concorrência. O problema da atualização perdida é o mais sério e deve sempre ser combatido. Algumas transações talvez consigam tolerar conflitos provocados pelos problemas de dependência não-efetivada e recuperação inconsistente. As transações que não precisam de proteção contra esses problemas podem liberar os bloqueios mais cedo e conseguir melhorar a velocidade de execução.

O <u>nível de isolamento</u> especifica o grau em que uma transação se encontra separada das ações de outras transações. O projetista de transações pode balancear a sobrecarga do controle de concorrência com possíveis problemas de interferência por meio da especificação do nível de isolamento apropriado.

A Tabela 15.12 resume os níveis de isolamento do SQL:2003, de acordo com a duração e o tipo de bloqueio mantido. O nível serializado impede todos os problemas de controle de concorrência, mas apresenta carga adicional e tempo de espera maiores. Para impedir os problemas de controle de concorrência, os bloqueios de predicado são usados e todos os bloqueios são de longa duração (são mantidos até o instante em que a transação é efetivada). Os bloqueios de predicado que reservam linhas especificadas por condições na cláusula WHERE são essenciais à prevenção de problemas de leitura fantasma. O nível de leitura repetida usa bloqueios de predicado de curta duração para impedir os problemas de sumário incorreto e leitura não-repetível. O nível de leitura efetivada usa bloqueios compartilhados de curta duração para possibilitar maior acesso simultâneo. Entretanto, só impede o problema de dependência não-efetivada e o problema de atualização perdida tradicional. Visto que o nível de leitura não-efetivada não usa bloqueios, ele só é apropriado para acesso somente-leitura a um banco de dados.

O projetista de transações pode especificar o nível de isolamento por meio de uma instrução SET TRANSACTION do SQL, como mostrado no Exemplo 15.1. Essa instrução normalmente é posicionada exatamente antes da instrução START TRANSACTION para alterar as configurações-padrão das transações. No Exemplo 15.1, o nível de isolamento é definido para READ COMMITTED. As outras palavras-chave são SERIALIZABLE, REPEATABLE READ e READ UNCOMMITTED. Alguns fornecedores de SGBD não oferecem suporte para todos esses níveis, enquanto outros oferecem uma quantidade maior.

nível de isolamento define o grau em que uma transação se encontra isolada das ações de outras transações. Um projetista de transações pode balancear a sobrecarga do controle de concorrência com problemas de interferência evitados por meio da especificação do nível de isolamento apropriado.

TABELA 15.12 Resumo dos Níveis de Isolamento

Nível	Bloqueios Exclusivos	Bloqueios Compartilhados	Bloqueios de Predicado	Problemas Permitidos
Leitura não-efetivada	Nenhum, desde que somente-leitura	Nenhum	Nenhum	Apenas dependências não-efetivadas porque as transações devem ser somente-leitura.
Leitura efetivada	Longa duração	Curta duração	Nenhum	Atualização perdida do estudioso, sumário incorreto, leitura não-repetível.
Leitura repetida	Longa duração	Longa duração	Leitura de curta duração, gravação de longa duração	Leituras fantasmas
Serializável	Longa duração	Longa duração	Longa duração	Nenhum

EXEMPLO 15.1 (SQL:2003)	**Instrução SET TRANSACTION para Definir o Nível de Isolamento de uma Transação** SET TRANSACTION ISOLATION LEVEL READ COMMITTED START TRANSACTION . . . COMMIT

FIGURA 15.13
Exemplo de Problema de Atualização Perdida do Estudioso

Transação A	Tempo	Transação B
Obtém o bloqueio S em AR	T_1	
Lê AR (10)	T_2	
Libera o bloqueio S em AR	T_3	
Se AR > 0, então AR = AR − 1	T_4	
	T_5	Obtém o bloqueio S em AR
	T_6	Lê AR (10)
	T_7	Libera o bloqueio S em AR
	T_8	Se AR > 0, então AR = AR−1
Obtém o bloqueio X em AR	T_9	
Escreve AR (9)	T_{10}	
Efetiva	T_{11}	
	T_{12}	Obtém o bloqueio X em AR
	T_{13}	Escreve AR (9)

No SQL:2003, o nível de isolamento SERIALIZABLE é o nível padrão. Esse nível é recomendado para a maioria das transações porque o nível REPEATABLE READ melhora apenas um pouco o desempenho. O nível READ UNCOMMITTED é recomendável para transações somente-leitura que tolerem inconsistência na recuperação.

Embora o SQL:2003 ofereça SERIALIZABLE como o nível de isolamento predefinido, alguns fornecedores de SGBD, como Oracle e Microsoft SQL Server, usam READ COMMITTED como nível padrão. Esse último pode ser um nível perigoso enquanto nível predefinido, porque permite uma variação do problema de atualização perdida conhecida por atualização perdida do estudioso (*scholar's lost update*). A palavra *scholar* (estudioso) é irônica porque a atualização perdida do estudioso difere muito pouco do problema de atualização perdida tradicional. A Figura 15.13 descreve o problema de atualização perdida do estudioso. A única diferença marcante entre ambos os problemas é que a transação A é efetivada antes de a transação B alterar os dados comuns. Portanto, a atualização perdida do estudioso é um problema sério e possível que não deve ser aceito na maioria das transações.

15.4.3 Sincronização do Cumprimento da Restrição de Integridade

verificação de restrição postergada
fazer cumprir as restrições de integridade ao final de uma transação em vez de imediatamente após cada instrução de manipulação. Restrições complexas podem se beneficiar da verificação postergada.

Além do estabelecimento do nível de isolamento, o SQL permite que se controlem a ocorrência e a sincronização (*timing*) do cumprimento da restrição de integridade. Por padrão, as restrições são impostas imediatamente após as instruções INSERT, UPDATE e DELETE. O cumprimento imediato é apropriado para a maioria das restrições – por exemplo, chaves primárias e chaves estrangeiras. Se uma restrição for violada, o SGBD lança uma operação de *rollback* na transação. O *rollback* reabilita o banco de dados, colocando-o em um estado consistente, da mesma maneira que as propriedades ACID garantem consistência ao final de uma transação.

No caso de restrições complexas, o cumprimento imediato talvez não seja apropriado. Por exemplo, a restrição de carga de trabalho de um professor permite que cada membro da faculdade lecione entre três e nove unidades (horas-aula) a cada semestre. Se uma transação atribuísse uma carga de trabalho integral, a verificação da restrição deveria ser postergada até o fim da transação. Para tipos de restrição complexos como esse, deve-se especificar o tempo para sincronização da restrição.

A sincronização da restrição envolve tanto a definição da restrição quanto a definição da transação. O SQL oferece uma cláusula de sincronização de restrição opcional aplicável a restrições de chave primária, de chave estrangeira, de unicidade, de verificação e de asserção. O administrador de banco de dados normalmente usa essa cláusula para restrições que possam precisar de verificação postergada. As restrições que nunca precisam de verificação postergada não precisam dessa cláusula, visto que NOT DEFERRABLE já é padrão. A cláusula de sincronização define a adiabilidade de uma restrição e seu cumprimento padrão (postergado ou imediato), como mostrado nos Exemplos 15.2 e 15.3.

EXEMPLO 15.2 (SQL:2003)

Cláusula de *Timing* para a Asserção *CargaTrabalhoProfessor*

A restrição é adiável e o cumprimento padrão é postergado.

```
CREATE ASSERTION CargaTrabalhoProfessor
  CHECK (NOT EXISTS
    (  SELECT Professor.CPFProf, TrimestreOfer, AnoOfer
       FROM Professor, Oferecimento, Curso
       WHERE Professor.CPFProf = Oferecimento.CPFProf
         AND Oferecimento.NumCurso = Curso.NumCurso
       GROUP BY  Professor.CPFProf, TrimestreOfer, AnoOfer
       HAVING SUM(CargaHoraCurso) < 3 OR SUM(CargaHoraCurso) > 9  )  )
  DEFERRABLE INITIALLY DEFERRED
```

EXEMPLO 15.3 (SQL:2003)

Cláusula de *Timing* para a Asserção *ConflitoOferecimento*

A restrição é adiável e o cumprimento padrão é imediato.

```
CREATE ASSERTION ConflitoOferecimento
  CHECK (NOT EXISTS
    (  SELECT O1.NumOferecimento
       FROM Oferecimento O1, Oferecimento O2
       WHERE O1.NumOfer < > O2.NumOfer
         AND O1.TrimestreOfer = O2.TrimestreOfer
         AND O1.AnoOfer = O2.AnoOfer
         AND O1.DiaSemanaOfer = O2.DiaSemanaOfer
         AND O1.HorarioOfer = O2.HorarioOfer
         AND O1.LocalOfer = O2.LocalOfer   )  )
  DEFERRABLE INITIALLY IMMEDIATE
```

Para cada transação, o projetista deve especificar por meio da instrução SET CONSTRAINTS se as restrições são adiáveis ou se devem ser impostas imediatamente. Normalmente, essa instrução é posicionada exatamente após a instrução START TRANSACTION, como mostrado no Exemplo 15.4. A instrução SET CONSTRAINTS não é necessária para restrições adiáveis com cumprimento postergado padrão. Por exemplo, se a asserção *CargaTrabalhoProfessor* for postergada, nenhuma instrução SET CONSTRAINTS será necessária, porque o cumprimento padrão é postergado.

EXEMPLO 15.4 (SQL:2003)	**Instruções SET CONSTRAINTS para Várias Transações** START TRANSACTION SET CONSTRAINTS CargaTrabalhoProfessor IMMEDIATE ... COMMIT START TRANSACTION SET CONSTRAINTS ConflitoOferecimento DEFERRED ... COMMIT

FIGURA 15.14
Fluxo de Transações com um Ponto de Salvamento

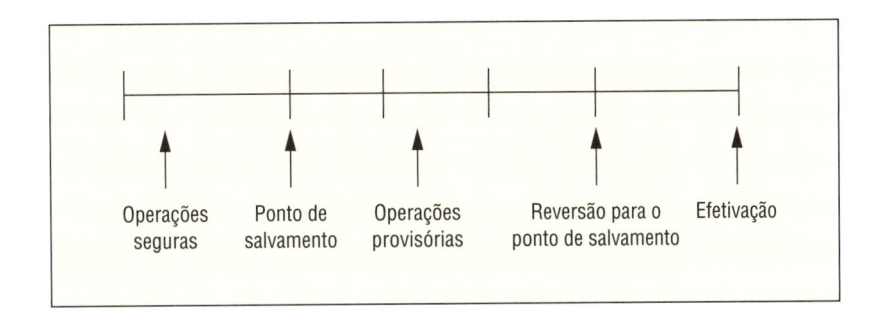

[Diagrama: linha do tempo com marcações – Operações seguras, Ponto de salvamento, Operações provisórias, Reversão para o ponto de salvamento, Efetivação]

A implementação da sincronização de restrição do SQL varia consideravelmente. A maioria dos SGBDs oferece suporte à definição da sincronização exatamente como no padrão. Vários SGBDs têm sintaxe diferente e extensões de linguagem proprietárias com respeito à especificação da sincronização de restrição.

15.4.4 Pontos de Salvamento

Algumas transações têm ações provisórias que podem ser canceladas por ações do usuário ou outros eventos. Por exemplo, um usuário pode cancelar um item em um pedido quando se der conta de que o item não está disponível em estoque. Visto que a instrução ROLLBACK remove todas as alterações da transação, não pode ser usada para remover apenas o item cancelado, se a transação envolver o pedido integral. O projetista de transações pode codificar as instruções para explicitamente excluir elementos provisórios de uma transação, mas essa codificação pode ser enfadonha e aumentar sobremaneira a quantidade de códigos extras.

O SQL:2003 oferece a instrução SAVEPOINT para permitir que se faça uma reversão parcial de uma transação. O projetista de transações usa a palavra-chave SAVEPOINT seguida do nome do ponto de salvamento para estabelecer um ponto intermediário em uma transação. Para desfazer o trabalho desde um ponto de salvamento específico, as palavras-chave ROLLBACK TO SAVEPOINT podem ser usadas seguidas do nome do ponto de salvamento. A Figura 15.14 mostra como se usa um ponto de salvamento. Em geral, a reversão parcial é usada condicionalmente, dependendo da ação do usuário ou de um evento externo.

Os pontos de salvamento são também usados por alguns SGBDs corporativos para resolver *deadlocks*. Em vez de reverter a transação inteira, o SGBD reverte a transação para seu último ponto de salvamento. O SGBD pode usar pontos implícitos após cada instrução SQL para reduzir a quantidade de trabalho perdido.

15.5 Gerenciamento de Fluxo de Trabalho

O gerenciamento de transações faz parte de uma área bem mais ampla conhecida por gerenciamento do fluxo de trabalho, o qual apóia os processos de negócio tanto os automatizados quanto os realizados por seres humanos. Em contraste, o gerenciamento de transações oferece suporte às propriedades do processamento de banco de dados automatizado. Essa seção apresenta o gerenciamento de fluxo de trabalho a fim de oferecer uma perspectiva mais ampla do gerenciamento de transações. Descreve primeiramente os fluxos em si, uma noção mais abrangente que as transações de banco de dados, e em seguida examina as tecnologias que possibilitam o gerenciamento do fluxo de trabalho, mostrando como o gerenciamento de transações é um componente importante.

15.5.1 Caracterizando Fluxos de Trabalho

fluxo de trabalho
uma coleção de tarefas relacionadas estruturadas para processos de negócios.

Os fluxos de trabalho dão suporte aos processos de negócio – por exemplo, atendimento por telefone, obtenção de empréstimo e solicitação de um produto. Os fluxos de trabalho compreendem tarefas que podem ser realizadas por computadores (software e hardware), por seres humanos ou uma combinação. Por exemplo, no atendimento por telefone, um software determina o tempo de um serviço agendado e atualiza um banco de dados de escalonamento, ao passo que um técnico inspeciona a cabine telefônica para averiguar se existe algum problema. O fluxo de trabalho define a ordem de execução das tarefas, as condições para que sejam executadas e os resultados dessas tarefas. Por exemplo, o atendimento por telefone envolve o contato inicial de um cliente, uma visita de atendimento opcional, faturamento e recebimento do pagamento. Todas essas tarefas podem dispor de condições de acordo com as quais devem ser executadas e produzir alguns efeitos, como atualizar o banco de dados e solicitar a execução de outras tarefas.

Existem vários tipos distintos de fluxo de trabalho. Sheth, Georgakopoulos e Hornick (1995) classificam os fluxos de trabalho como orientados a humanos e orientados a computadores, como mostra a Figura 15.15. Nos orientados a humanos, são as pessoas que oferecem a maior parte do raciocínio para a execução do trabalho. O computador cumpre a função passiva de fornecer dados para facilitar esse raciocínio. Por exemplo, no processamento de um empréstimo, os administradores de empréstimo com freqüência determinam a situação dos empréstimos quando o cliente não atende a critérios oficiais com respeito a débito e renda. Talvez seja necessário consultar uma companhia de seguros ou o departamento de crédito. Para oferecer apoio aos fluxos de trabalho orientados a humanos, softwares de comunicação eletrônica, como *e-mail*, bate-papo e anotação de documentos podem ser úteis. Nas tarefas orientadas a computadores, o computador determina o processamento do trabalho. Por exemplo, o software para realizar uma transação em caixa eletrônico determina se um cliente pode sacar o dinheiro ou se sua solicitação deve ser recusada. Para dar suporte aos fluxos orientados a computadores, o gerenciamento de transações é a principal tecnologia.

Outra maneira de classificar os fluxos de trabalho é por complexidade *versus* estrutura, como descrito na Figura 15.16. A complexidade da tarefa envolve a dificuldade de execução de tarefas individuais. Por exemplo, a decisão de conceder um empréstimo requer um raciocínio complexo em que concorrem muitas variáveis. Em contraposição, o processamento de um pedido de produto pode envolver a solicitação de dados sobre o produto por parte de um cliente. A estrutura da tarefa envolve os relacionamentos entre as tarefas. Os fluxos de trabalho com condições complexas têm estrutura alta. Por exemplo, o processamento de uma reivindicação de seguro pode dispor de condições para negar, litigar e investigar a reivindicação.

15.5.2 Tecnologias Capacitadoras

Para dar suporte ao conceito de fluxo de trabalho discutido na seção precedente, são essenciais três tecnologias capacitadoras: (1) gerenciamento de objetos distribuídos, (2) especifi-

FIGURA 15.15
Classificação de Fluxo de Trabalho de Acordo com o Desempenho da Tarefa
(Adaptada de Sheth, Georgakopoulos e Hornrick, 1995)

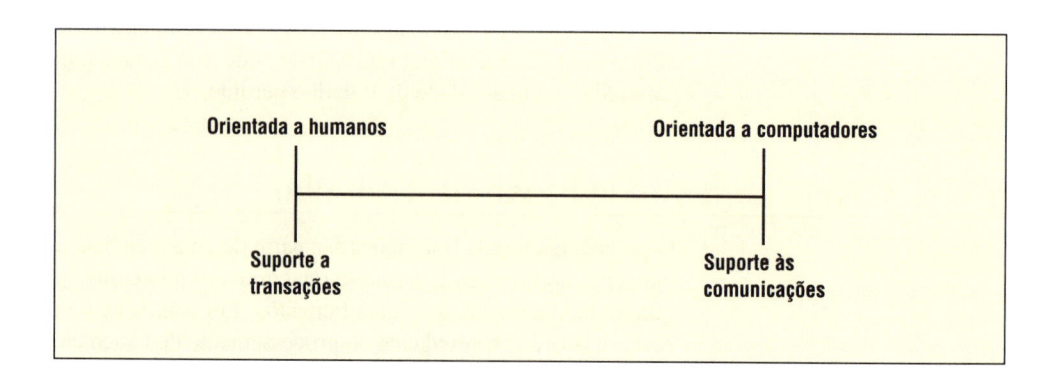

```
Orientada a humanos ─────────────── Orientada a computadores
        │                                       │
        │                                       │
    Suporte a                              Suporte às
    transações                             comunicações
```

FIGURA 15.16

Classificação de Fluxo de Trabalho de Acordo com a Estrutura e a Complexidade da Tarefa

(Adaptada de Sheth, Georgakopoulos e Hornrick, 1995)

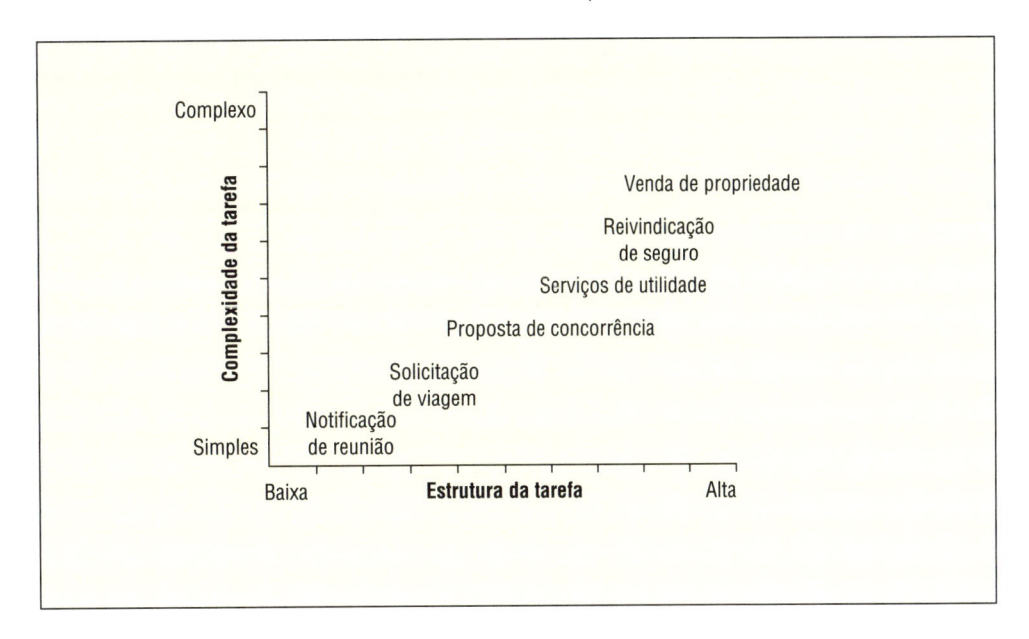

cação de fluxo de trabalho e (3) gerenciamento de transações customizado. O gerenciamento de transações, como descrito nas seções anteriores, encaixa-se na terceira tecnologia. O restante desta seção mostra as particularidades de cada tecnologia.

Gerenciamento de Objetos Distribuídos

Os fluxos de trabalho podem envolver vários tipos de dados em locais remotos. Por exemplo, esses dados podem incluir fotos de uma reivindicação de seguro, raios X para comprovar um determinado diagnóstico, uma avaliação para documentar uma propriedade para solicitação de empréstimo. Esses tipos de dados em geral não são gerenciados pelos SGBDs. Uma nova classe de SGBDs, conhecida por SGBDs orientados a objetos, foi desenvolvida para gerenciar diversos tipos de dados. O Capítulo 18 descreve essa nova classe de SGBD.

Além dos novos tipos de dados, os dados normalmente não são armazenados em um único local e podem ser controlados por diferentes SGBDs. Por exemplo, para apoiar uma solicitação de empréstimo, o administrador de empréstimos usa um relatório de crédito fornecido por uma agência de crédito, uma avaliação fornecida por um avaliador certificado e as diretrizes de processamento de empréstimo dos órgãos governamentais. Acessar e controlar dados distribuídos pode ser uma tarefa difícil. O Capítulo 17 descreve princípios fundamentais do gerenciamento de dados distribuídos. Dificuldades podem surgir também em virtude de os dados poderem ser controlados por diferentes sistemas, alguns dos quais podem não oferecer suporte ao SQL.

Especificação e Implementação de Fluxos de Trabalho

Para dar apoio aos fluxos de trabalho, a estrutura das tarefas deve ser representada e implementada apropriadamente. Para representar um fluxo de trabalho, é necessário identificar as tarefas e especificar o relacionamento que elas guardam entre si. Uma tarefa complexa pode requerer uma hierarquia de tarefas. Um fluxo de trabalho complexo pode exigir várias tarefas com inúmeros relacionamentos entre si. Restrições, regras e notação gráfica podem ser usadas para representar a seqüência e a conclusão da tarefa. O relacionamento entre tarefas serve para, dentre outras coisas, a definição de restrições entre transações. Por exemplo, a especificação do fluxo de trabalho pode indicar que se deve negar uma bolsa de estudo a um estudante, se ele não se inscrever de acordo com uma quantidade mínima de horas em um período cspccífico.

Depois de especificado, o fluxo de trabalho deve ser implementado eficientemente, o que pode envolver vários tipos de hardware e software e diferentes pessoas. O maior desafio é fazer com que esses diversos componentes se comuniquem eficientemente. Otimizar os fluxos de trabalho por meio de reengenharia tornou-se vital em várias organizações. A otimização pode exigir a eliminação de tarefas duplicadas e maior quantidade de trabalho paralelo.

Inúmeros sistemas de software foram desenvolvidos para dar apoio à especificação dos fluxos de trabalho. A principal função do software destinado ao <u>gerenciamento de fluxo de trabalho</u> é auxiliar na especificação e na implementação dos fluxos.

Gerenciamento de Transações Customizado

As seções anteriores deste capítulo descreveram como os SGBDs dão suporte às transações ACID. As propriedades ACID são realmente importantes e amplamente utilizadas pelos SGBDs. Contudo, para dar suporte aos fluxos de trabalho, as propriedades ACID talvez não sejam suficientes. A lista a seguir identifica atalhos das tradicionais transações ACID para o gerenciamento de fluxo de trabalho:

- Alguns fluxos de trabalho envolvem tarefas de longa duração por causa da interação com o usuário. O gerenciamento de transações tradicional talvez não funcione bem com transações interativas.
- Algumas tarefas podem requerer subtarefas, o que vem alterar a idéia de atomicidade. O conceito de transações aninhadas (transações dentro de transações) foi proposto para tarefas com estruturas complexas.
- Algumas tarefas podem ser realizadas por sistemas legados que não dão suporte às propriedades ACID.
- Alguns fluxos de trabalho podem exigir que as tarefas sejam desfeitas depois de executadas. Nos sistemas contábeis, é comum corrigir erros nas transações de compensação. Por exemplo, retornar um produto com defeito cancela o resultado do pedido original desse produto.

Alguns SGBDs atualmente aceitam algumas dessas extensões. Por exemplo, o Microsoft SQL Server dispõe de transações aninhadas para oferecer suporte a transações que residam em procedimentos. O Oracle oferece transações autônomas para permitir que uma transação interrompa outra. Além disso, o SQL:2003 oferece pontos de salvamento para que uma instrução ROLLBACK desfaça apenas parte de uma transação. Essa extensão pode diminuir a quantidade de trabalho perdido quando uma longa transação falha.

Para oferecer um suporte mais completo para o gerenciamento de fluxo de trabalho, o gerenciamento de transações deve ser customizado de acordo com as exigências do fluxo. As propriedades transacionais que oferecem suporte ao fluxo de trabalho devem fazer parte da especificação do fluxo, em vez de serem prefixadas dentro do software de suporte ao gerenciamento de fluxo de trabalho. Os SGBDs que oferecem suporte ao gerenciamento de fluxo de trabalho talvez precisem de maior flexibilidade. Eles precisam oferecer suporte a diferentes tipos de transação ou mesmo permitir que se especifiquem propriedades transacionais. O processamento de eventos nos SGBDs pode ser usado para oferecer suporte a alguns recursos – por exemplo, transações de compensação. A maioria dos SGBDs provavelmente necessita de uma extensão maior para se compatibilizar com o gerenciamento de transações personalizado.

Considerações Finais

Este capítulo abordou o conceito de transações de banco de dados, os serviços fornecidos pelos SGBDs para oferecer suporte às transações e as habilidades que um projetista precisa ter para projetar transações. Uma transação é uma unidade de trabalho definida pelo usuário em que há qualquer quantidade de leitura e escrita em um banco de dados. Para definir uma transação, várias instruções novas do SQL foram introduzidas, dentre elas: START TRANSACTION, COMMIT e ROLLBACK. Os SGBDs asseguram que as transações são atômicas (tudo ou nada), consistentes (cumprimento das restrições de integridade após a conclusão), isoladas (nenhuma interferência de usuários simultâneos) e duráveis (sobrevive a falhas). Para fazer valer essas propriedades, os SGBDs oferecem serviços de controle de concorrência (para fazer que um banco de dados se pareça com um sistema exclusivo a um único usuário) e de gerenciamento de recuperação (restauração automática de um banco de dados após uma falha). Esses serviços de grande eficiência não são gratuitos, visto que podem consumir grande quantidade de recursos e aumentar o preço de compra de um SGBD.

Embora os serviços de concorrência e recuperação oferecidos por um SGBD sejam claros, você deve compreender algumas de suas particularidades. O entendimento desses serviços pode ajudá-lo a alocar recursos de computação, a selecionar um SGBD que ofereça um nível apropriado de suporte a transação e o projeto de transações eficientes. No caso do controle de concorrência, você deve conhecer o objetivo, os problemas de interferência e o protocolo de bloqueio em duas fases. Quanto ao gerenciamento de recuperação, você deve conhecer os tipos de falha, o armazenamento redundante necessário à recuperação e a quantidade de trabalho para restaurar um banco de dados após uma falha.

Para aplicar seu conhecimento sobre gerenciamento de transações, este capítulo mostrou os princípios do projeto de transações. A opção mais importante no projeto de transações é a escolha de uma delimitação de transações, cujo objetivo é minimizar a duração sujeita à necessidade de verificação de restrições. As restrições vitais, como de débito-crédito nos sistemas contábeis, podem impor que uma aplicação permaneça como uma única transação, em vez de ser dividida em transações menores. A delimitação de transações pode também ser encurtada eliminando-se a interação com o usuário. Outras decisões importantes dizem respeito ao nível de isolamento, ao tempo de sincronização para o cumprimento de restrições e aos pontos de salvamento para reversões parciais. A sintaxe do SQL para esses elementos foi mostrada neste capítulo.

Se seu trabalho é projetar transações, você deve se lembrar de que as transações não são o único tipo de suporte ao trabalho organizacional. O gerenciamento de fluxo de trabalho é usado para outras questões além do gerenciamento de transações – por exemplo, dependência entre transações, diferentes tipos de transação e anotações sobre trabalho.

Este capítulo descreveu os serviços dos SGBDs que dão suporte ao processamento de transações, o lado operacional dos bancos de dados. Outros capítulos da Parte 7 examinam os serviços que auxiliam outros tipos de processamento de banco de dados, como o *datawarehousing*, no Capítulo 16. Você deve contrapor os requisitos para oferecer suporte ao processamento de transações para a tomada de decisão operacional com os requisitos para oferecer suporte ao *datawarehousing* para a tomada de decisão tática e estratégica.

Revisão de Conceitos

- Transações contendo uma coleção especificada pelo usuário de leituras e escritas no banco de dados.
- Instruções SQL para definição de transações: START TRANSACTION, COMMIT, ROLLBACK e SAVEPOINT.
- Propriedades ACID das transações: atômica, consistente, isolada, durável.
- Serviços transparentes para ocultar detalhes internos do gerenciamento de transações.
- Controle de concorrência como suporte ao uso concorrente de um banco de dados.
- Gerenciamento de recuperação para restaurar um banco de dados a um estado consistente anterior à falha.
- Objetivo do controle de concorrência: maximizar a taxa de produtividade de transação e, ao mesmo tempo, impedir problemas de interferência.
- Interferência em *hot spots* – dados comuns manipulados por usuários simultâneos.
- Tipos de problema de interferência: atualização perdida, dependência não-efetivada, recuperação inconsistente.
- Gerenciador de controle de concorrência para atribuir, liberar e analisar bloqueios.
- Fase de crescimento e fase de encolhimento do bloqueio em duas fases (2PL).
- Resolução de *deadlocks* por meio da detecção de *deadlocks* ou tempo de espera e reinicialização da transação.
- Abordagens otimistas de controle de concorrência quando a interferência é rara.
- Armazenamento volátil *versus* não-volátil.
- Efeitos das falhas locais, de sistema e de mídia.
- Escrita forçada para controlar a temporização de gravação do banco de dados.
- Armazenamento redundante para recuperação: *log*, ponto de verificação e *backup*.
- Compromisso na freqüência de pontos de verificação: taxa de produtividade de transação *versus* tempo de reinicialização.
- Quantidade de trabalho na reinicialização na atualização imediata e as abordagens de recuperação de atualização postergada.

- Selecionar uma delimitação de transação para minimizar a respectiva duração e imposição de restrições vitais de integridade.
- Remover a interação com o usuário para diminuir a duração da transação.
- Identificar *hot spots* independentes e dependentes de sistema nas transações.
- Níveis de isolamento para balancear possíveis interferências com o tempo adicional correspondente do controle de concorrência.
- Possibilidade de perda de dados ao usar o nível de isolamento READ COMMITTED.
- Especificação da duração de uma restrição para adiar o cumprimento de restrições de integridade até o término da transação.
- Pontos de salvamento para reversões parciais de uma transação.
- Gerenciamento do fluxo de trabalho para dar suporte a trabalhos colaborativos.

Questões

1. O que significa afirmar que uma transação é um conceito definido pelo usuário? Por que é importante que as transações sejam definidas pelo usuário?
2. Relacione as transações com as quais você interagiu na última semana.
3. Explique o propósito das instruções START TRANSACTION, COMMIT e ROLLBACK do SQL. Em que sentido essas instruções variam de um SGBD para outro?
4. Explique resumidamente o significado das propriedades ACID. Como o controle de concorrência e o gerenciamento de recuperação dão suporte às propriedades ACID?
5. Explique brevemente o significado de transparência, no que se refere ao processamento por computador. Por que a transparência é importante para o controle de concorrência e o gerenciamento de recuperação?
6. Que custos estão associados ao controle de concorrência e ao gerenciamento de recuperação? Em que função – administrador de banco de dados ou programador de banco de dados – você avaliaria esses custos?
7. Qual é o objetivo do controle de concorrência? Em que sentido a medida usada para esse objetivo está relacionada ao tempo de espera?
8. O que é um *hot spot*? Em que sentido os *hot spots* estão relacionados com os problemas de interferência?
9. Examine as conseqüências de cada tipo de problema de interferência. Que problema parece ser o mais sério?
10. O que é um bloqueio? Explique brevemente as diferenças entre bloqueios compartilhados (S) e exclusivos (X).
11. Que operações são executadas pelo gerenciador de bloqueios?
12. O que é um *deadlock* e como os *deadlocks* são controlados?
13. O que é granularidade de bloqueio? Quais são os compromissos da manutenção de bloqueios em um nível mais fino, comparavelmente a um nível mais denso de granularidade?
14. O que é um bloqueio de intenção? Por que os bloqueios de intenção devem ser usados em itens de granularidade densa?
15. Por que a terceira condição do protocolo 2PL é em geral simplificada para que os bloqueios sejam liberados no fim de uma transação?
16. O que atrai nas abordagens otimistas de controle de concorrência? Por que essas abordagens não poderiam ser usadas, ainda que ofereçam uma melhor expectativa de desempenho?
17. Explique a diferença entre armazenamento volátil e não-volátil.
18. Explique os efeitos das falhas locais, de sistema e de dispositivo nas transações ativas e passadas.
19. Por que a escrita forçada é a ferramenta mais importante do gerenciamento de recuperação?
20. Que tipo de dado redundante é armazenado em um *log*? Por que o gerenciamento do *log* é vital para a recuperação?
21. O que é o intervalo do ponto de verificação? Qual é o compromisso de se determinar o intervalo do ponto de verificação?
22. Que processamento ocorre quando ocorre um ponto de verificação consistente com o cache?
23. O que é um ponto de verificação difuso? Quais são suas vantagens, em comparação com um ponto de verificação consistente com o cache?

24. O que é um ponto de verificação incremental? Como a quantidade de trabalho de reinicialização pode ser controlada com os pontos de verificação incrementais?
25. Que trabalho de reinicialização é necessário para uma falha de mídia?
26. Que trabalho de reinicialização é necessário para falhas locais e de sistema, considerando a atualização imediata?
27. Que trabalho de reinicialização é necessário para falhas locais e de sistema, considerando-se a abordagem da atualização postergada?
28. O que é uma delimitação de transações? Por que uma escolha inapropriada da delimitação de transações leva a um desempenho fraco?
29. Que critérios devem ser usados para se escolher uma delimitação de transações?
30. Por que as restrições – por exemplo, de débito-crédito – devem ser impostas como parte de uma transação, e não entre transações?
31. Explique a diferença entre *hot spots* independentes de sistema e dependentes de sistema. Por que vale a pena identificar *hot spots*?
32. Explique as três opções de delimitação de transações de um formulário hierárquico.
33. Como a possibilidade de *deadlock* pode ser influenciada pela escolha de uma delimitação de transações?
34. Por que pode ocorrer efeito secundário quando a interação com o usuário é movida para fora da delimitação de transações?
35. Qual é o propósito dos níveis de isolamento do SQL?
36. Como os níveis de isolamento conseguem maior acesso simultâneo?
37. Que nível de isolamento pode ser perigoso e por quê?
38. Dê um exemplo de restrição para a qual a imposição postergada pode ser adequada.
39. Que instruções e cláusulas do SQL envolvem especificação de tempo de sincronização de restrição?
40. Qual é o papel do DBA na especificação de tempo de sincronização de restrição?
41. Qual é o papel do programador de dados na especificação de tempo de sincronização de restrição?
42. Qual é o propósito do ponto de salvamento?
43. Como um ponto de salvamento pode ser usado na resolução de *deadlocks*?
44. O que é fluxo de trabalho e em que sentido ele está relacionado com as transações de banco de dados?
45. Quais são as diferenças entre os fluxos de trabalho orientados a humanos e os orientadores a computadores?
46. Dê um exemplo de fluxo de trabalho com um nível alto de complexidade de tarefa e outro exemplo com nível alto de estrutura de tarefa.
47. Examine as tecnologias que viabilizam o gerenciamento de fluxo de trabalho. Que papel exerce o gerenciamento de transações no gerenciamento de fluxo de trabalho?
48. Quais são as limitações do gerenciamento de transações enquanto suporte aos fluxos de trabalho?
49. Que relação existe entre os pontos de verificação incrementais e os processos de recuperação?
50. Que nível de envolvimento é necessário para utilizar os serviços de controle de recuperação e de concorrência fornecidos por um SGBD?

Problemas

Estes problemas lhe oferecem a possibilidade de praticar as instruções SQL de definição de transações, de testar seu conhecimento sobre controle de concorrência e gerenciamento de recuperação e de analisar decisões de projeto com respeito às delimitações de transações e aos *hot spots*.

1. Identifique duas transações que tenha encontrado recentemente. Defina um pseudocódigo para essas transações, seguindo o estilo das figuras 15.1, 15.2 e 15.3.
2. Identifique *hot spots* nas transações do problema 1.
3. Por meio de uma linha de tempo, descreva um problema de atualização perdida usando as transações do problema 1, se não for usado nenhum controle de concorrência.
4. Por meio de uma linha de tempo, descreve o problema de dependência não-efetivada usando as transações do problema 1, se não for usado nenhum controle de concorrência.
5. Por meio de uma linha de tempo, descreva um problema de leitura não-repetível usando as transações do problema 1, se não for usado nenhum controle de concorrência.

6. Explique se o *deadlock* seria um problema se fosse usado um bloqueio nas transações do problema 1. Se existir a possibilidade de *deadlock*, use uma linha de tempo para descrever o *deadlock* em suas transações.

7. Use as tabelas de bancos de dados contábeis e o registro contábil a seguir para responder aos problemas 7.1 a 7.7. Os comentários são relacionados depois das tabelas e do formulário.

   Conta(<u>NumConta</u>, Nome, Endereco, Saldo, NumUltCheque, DataInicio)
   Lançamento(<u>NumLancto</u>, *NumConta*, Data, Valor, Descricao)
   Category(<u>CatNo</u>, Name, Description)
   LinhaLancto(<u>*NumLancto*</u>, <u>*NumConta*</u>, Valor, Descricao)

Registro Contábil da Linha de Crédito do Wells Fargo			
N. do Lançamento	E101	Data:	11/3/2006
Descrição :	Compras na OfficeMax	Quantia:	R$ 442,00
Invoice N.	I101		
Categoria		**Descrição**	**Quantia**
Suprimentos para escritório		Envelopes	25,00
Equipamento		Aparelho de fax	167,00
Software para computação		Atualização do MS Office	250,00

   - As principais chaves nas tabelas são sublinhadas. As chaves estrangeiras estão em itálico.
   - O registro contábil registra as atividades de uma conta, como a linha de crédito ou as contas a receber. Ele é usado pelos departamentos contábeis das empresas de tamanho médio. O formulário de exemplo mostra um lançamento registrado, mas o registro contém todos os lançamentos registrados desde a abertura da conta.
   - O formulário principal é usado para inserir um registro na tabela *Lancamento* e atualizar o campo *Saldo* da tabela *Conta*. As contas têm nome exclusivo (Linha de Crédito do Wells Fargo), o qual aparece no título do registro. As contas têm outros atributos, além dos mostrados no formulário: número exclusivo (o nome também é exclusivo), data de início, endereço, tipo (Contas a Receber, Investimento, Crédito etc.) e saldo atual.
   - No subformulário, o usuário aloca o valor total do lançamento a categorias. O campo *Categoria* é uma caixa de combinação. Quando o usuário clica no campo categoria, o número e o nome da categoria são exibidos. A inserção de uma nova linha de subformulário insere uma linha na tabela *LinhaLancto*.
   - O campo *Descrição* no subformulário descreve uma linha na tabela *LinhaLancto*, em vez de na tabela *Categoria*.

   7.1. Quais são os possíveis limites de transação no formulário de registro contábil?

   7.2. Selecione um limite de transação nas opções encontradas no problema 7.1. Justifique sua escolha usando os critérios definidos na Seção 15.4.1.

   7.3. Identifique *hot spots* independentes de sistema resultantes do uso simultâneo (digamos, vários escriturários no departamento de contabilidade) do registro contábil. Explique o porquê de cada *hot spot*.

   7.4. Identifique *hot spots* dependentes de sistema resultantes do uso simultâneo (digamos, vários escriturários no departamento de contabilidade) do registro contábil. Você deve pressupor que o SGBD não pode realizar outro bloqueio mais fino que o de uma página de banco de dados.

   7.5. Descreva um possível problema de atualização perdida envolvendo um de seus *hot spots* em decorrência do uso simultâneo do registro contábil. Use uma linha de tempo para explicar seu exemplo.

   7.6. Descreva uma situação de leitura suja envolvendo um de seus *hot spots* que pode ocorrer com o uso simultâneo do registro contábil. Use uma linha de tempo para explicar seu exemplo.

   7.7. O *deadlock* pode ser um problema se houver uso simultâneo do registro contábil? Leve em conta a situação em que os bloqueios são mantidos até que todas as linhas do subformulário sejam completadas. Por que ou por que não? Se o *deadlock* for provável, dê um exemplo como justificativa. Se os bloqueios fossem mantidos até a conclusão de cada linha do subformulário, ainda assim existiria a possibilidade de *deadlock*? Por que ou por que não?

8. Use as tabelas de Paciente e o Formulário de Faturamento do Paciente para responder aos problemas 8.1 a 8.4. Os comentários estão relacionados após as tabelas e o formulário.

Paciente (CPFPaciente, NomePac, CidadePac, IdadePac)
Médico (NumMedico, NomeMed, EspecialMed)
Fatura (NumFatura, *CPFPaciente*, DataVencimento, DataLancamento, DataEmissao)
Despesa (NumDespesa, *NumFatura*, *NumItem*, DataDespesa, ValorDespesa, *NumMedico*)
Item (NumItem, DescrItem, UnidadeItem, TaxaItem, QtdeDisponivelItem)

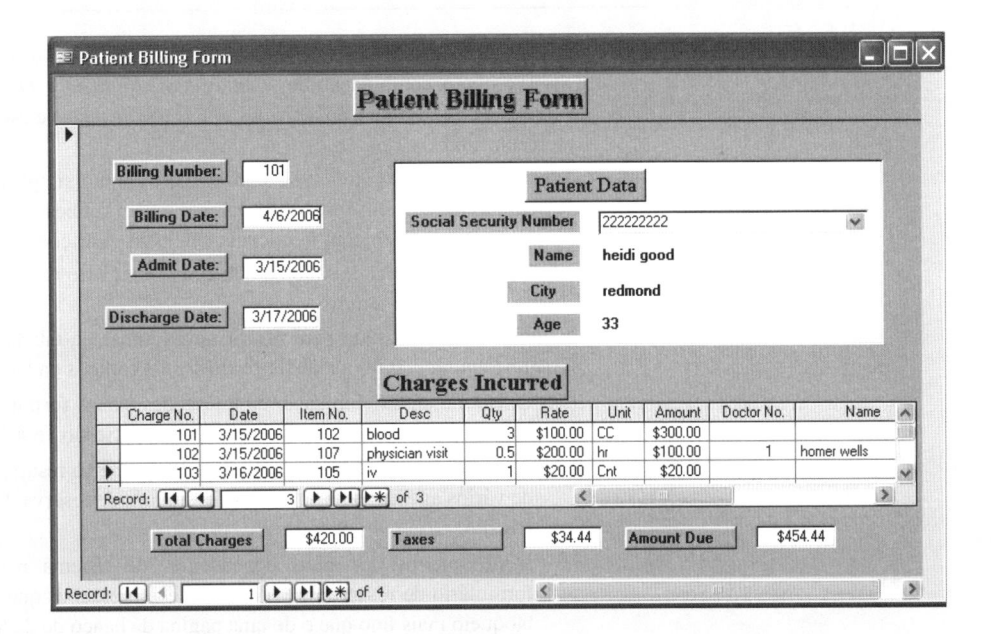

[Formulário Patient Billing Form]

- O formulário principal é usado para inserir um registro na tabela *Fatura*. Os campos da tabela *Paciente* são somente-leitura no formulário principal.
- O subformulário pode ser usado para inserir uma nova linha na tabela *Despesa*. Os campos das tabelas *Medico* e *Item* são somente-leitura.
- Quando é inserida uma linha do subformulário, a linha do item correspondente é atualizada. O campo *Qtde* do formulário influi no valor atual no campo *QtdeDisponivelItem* (quantidade disponível do produto).

    8.1. Quais são as possíveis delimitações de transações no formulário de faturamento do paciente?

    8.2. Selecione uma delimitação de transações entre suas opções no problema 8.1. Justifique sua escolha usando os critérios definidos na Seção 15.4.1.

    8.3. Identifique os *hot spots* independentes de sistema resultantes do uso simultâneo (digamos, de vários profissionais de saúde) do formulário de faturamento do paciente. Explique o porquê de cada *hot spot*.

    8.4. Identifique os *hot spots* dependentes de sistema resultantes do uso simultâneo do formulário de faturamento do paciente. Você deve pressupor que o SGBD não consegue fazer um bloqueio mais fino que o de uma página de banco de dados.

9. Use as tabelas de banco de dados de reserva aérea e o Formulário de Reserva de Vôo a seguir para responder aos problemas 9.1 a 9.4. Os comentários estão relacionados após as tabelas e o formulário.

Voo (NumVoo, *CodCidadePartida*, *CodCidadeChegada*, HoraPartida, HoraChegada, DiasSemanaVoo)
DataVoo (*NumVoo*, DataVoo, AssentosRem)
Reserva (NumReserva, *NumCliente*, DataReserva, Valor, NumCCred)
VooReserva (*NumReserva*, *NumVoo*, *DataVoo*)
Cliente (NumCliente, NomeCli, EnderecoCli, CidadeCli, UFCli, CEPCli)
Cidade (CodCidade, NomeCidade, Altitude, CondicoesAeroporto)

Formulário de Reserva de Vôo

N. Reserva	R101	Data de hoje:	26/8/2006
N. Cartão de Crédito	CC101	Valor:	R$ 442,00
N. Cliente	C101	Nome do Cliente	Jill Horn

Escala de Vôos

N. Vôo	Data	Cidade Partida	Hora Partida	Cidade Chegada	Hora Chegada
V101	26/8/2006	Denver	10h30	Chicago	11h45
V201	31/8/2006	Chicago	10h00	Denver	13h20

- As chaves primárias nas tabelas estão sublinhadas. As chaves estrangeiras estão em itálico. Observe que a combinação de *NumReserva*, *NumVoo* e *DataVoo* é chave primária da tabela *VooReserva*. A combinação de *NumVoo* e *DataVoo* a chave estrangeira na tabela *VooReserva* em referência à tabela *DataVoo*.
- O formulário de reserva de vôo está até certo ponto simplificado para acomodar apenas uma classe de assentos, sem reserva de assento e sem refeição. Entretanto, as companhias de vôos locais e de baixo custo com freqüência têm essas restrições.
- O formulário principal é usado para inserir um registro na tabela *Reserva*. Os campos da tabela *Cliente* são somente-leitura.
- O subformulário é usado para inserir novas linhas na tabela *VooReserva* e atualizar o campo *AssentosRemanescentes* na tabela *DataVoo*. Os campos da tabela *Voo* são somente-leitura.

   9.1. Selecione uma delimitação de transações para o formulário de reserva de vôo. Justifique sua escolha usando os critérios definidos na Seção 15.4.1.

   9.2. Identifique os *hot spots* independentes de sistema resultantes do uso simultâneo (digamos, de vários agentes de reserva) do formulário de reserva de vôo. Explique o porquê de cada *hot spot*.

   9.3. Identifique os *hot spots* dependentes de sistema resultantes do uso simultâneo do formulário de reserva de vôo. Você deve pressupor que o SGBD não consegue fazer um bloqueio mais fino que o de uma página de banco de dados.

   9.4. Existe a possibilidade de *deadlock* se o formulário de reserva de vôo for usado simultaneamente? Se sim, dê um exemplo e justifique.

10. A linha de tempo a seguir mostra o estado das transações com respeito ao *backup*, ao ponto de verificação e à falha mais recentes. Use a linha de tempo ao solucionar os problemas nas subseções 10.1 a 10.5 deste problema.

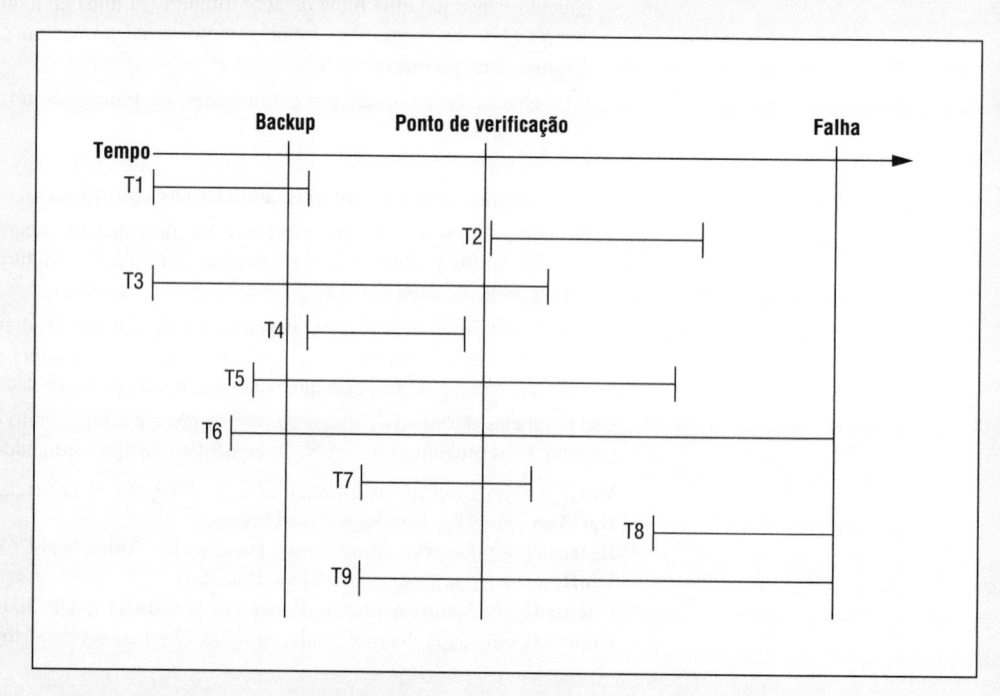

10.1. Descreva o trabalho de reinicialização se a transação T3 abortar (com a instrução ROLL-BACK) após o ponto de verificação, mas antes da falha. Pressuponha que o gerenciador de recuperação usa a abordagem de atualização postergada.

10.2. Descreva o trabalho de reinicialização se a transação T3 malograr (com a instrução ROLL-BACK) após o ponto de verificação, mas antes da falha. Pressuponha que o gerenciador de recuperação usa a abordagem de atualização imediata.

10.3. Descreva o trabalho de reinicialização se houver falha de sistema. Pressuponha que o gerenciador de recuperação usa a abordagem de atualização postergada.

10.4. Descreva o trabalho de reinicialização se houver falha de sistema. Pressuponha que o gerenciador de recuperação usa a abordagem de atualização imediata.

10.5. Descreva o trabalho de reinicialização se houver uma falha de dispositivo.

11. Use a Web para examinar os *benchmarks* de processamento de transações. Por que o *benchmark* de débito-crédito foi suplantado por outros *benchmarks*? Quantas transações por minuto são relatadas pelos SGBDs? Inspecione o código para uma ou mais transações de *benchmark*. Você consegue identificar *hot spots* nessas transações?

12. Reprojete a transação em um caixa eletrônico (Figura 15.1) para remover a interação com o usuário. Dê sua opinião a respeito de qualquer efeito secundário resultante dessa remoção.

13. Reprojete a transação de pedido de produto (Figura 15.3) para remover a interação com o usuário. Dê sua opinião a respeito de qualquer efeito secundário resultante dessa remoção.

14. Por que alguns SGBDs corporativos usam READ COMMITTED como nível de isolamento padrão? Tente ponderar sobre as vantagens e as desvantagens de usar esse nível de isolamento padrão. Em sua análise, você deve pensar cuidadosamente sobre o significado do problema de atualização perdida do estudioso.

15. Usando o registro de transações a seguir, crie uma tabela para relacionar as operações de registro na abordagem de atualização imediata. Você deve usar a Tabela 15.10 como formato para dar sua resposta.

LSN	N. Transação	Ação	Hora	Tabela	Linha	Coluna	Antiga	Nova
1	1	START	2:09:20					
2	1	INSERT	2:09:21	Reserva	1001	*		<101, 400, . . . >
3	2	START	2:09:22					
4	1	UPDATE	2:09:23	Vôo	2521	AssentosRem	10	9
5	2	INSERT	2:09:24	Reserva	1107	*		<101, 400, . . . >
6	2	UPDATE	2:09:25	Vôo	3533	AssentosRem	3	2
7	3	START	2:09:26					
8	1	INSERT	2:09:27	Reserva	1322	*		<102, 225, . . . >
9	1	UPDATE	2:09:28	Vôo	4544	AssentosRem	15	14
10		PV(1,2,3)	2:09:29					
11	2	INSERT	2:09:30	Reserva	1255	*		<111, 500, . . . >
12	2	UPDATE	2:09:31	Vôo	3288	AssentosRem	2	1
13	1	COMMIT	2:09:32					
14	3	INSERT	2:09:33	Reserva	1506	*		<151, 159, . . . >
15	3	UPDATE	2:09:34	Vôo	3099	AssentosRem	50	49
16	4	START	2:09:36					
17	3	INSERT	2:09:37	Reserva	1299	*		<222, 384, . . . >
18	3	UPDATE	2:09:38	Vôo	4522	AssentosRem	25	24
19	4	INSERT	2:09:39	Reserva	1022	*		<222, 384, . . . >
20		PV(2,3,4)	2:09:40					
21	2	COMMIT	2:09:41					
22	4	UPDATE	2:09:42	Vôo	2785	AssentosRem	1	0
23	3	COMMIT	2:09:43					
24	4	INSERT	2:09:44	Reserva	1098	*		<515, 99, . . . >
25	4	UPDATE	2:09:45	Vôo	3843	AssentosRem	15	14

16. Use o registro de transações do problema 15 e crie uma tabela para relacionar as operações de registro na abordagem de atualização postergada. Você deve usar a Tabela 15.11 como formato para dar suas respostas.

17. Identifique o problema de controle de concorrência descrito na linha de tempo a seguir. Identifique o nível de isolamento mais restritivo que elimina esse problema. Observe que SERIALIZABLE é o nível de isolamento mais restritivo. Refaça a linha de tempo mostrando os bloqueios impostos pelo nível de isolamento mais restritivo que elimina esse problema.

Transação A	Tempo	Transação B
	T_1	UPDATE QtdeDisponivel$_2$ = QtdeDisponivel$_2$ − 5 (20)
Lê QtdeDisponivel$_2$ (20)	T_2	
Soma = Soma + QtdeDisponivel$_2$	T_3	
Lê QtdeDisponivel$_1$ (15)	T_4	
Soma = Soma + QtdeDisponivel$_1$	T_5	
	T_6	UPDATE QtdeDisponivel$_1$ = QtdeDisponivel$_1$ − 5
	T_7	Confirma

18. Identifique o problema de controle de concorrência na linha de tempo a seguir. Identifique o nível de isolamento mais restritivo que elimina esse problema. Observe que SERIALIZABLE é o nível de isolamento mais restritivo. Refaça a linha de tempo mostrando os bloqueios impostos pelo nível de isolamento mais restritivo que elimina esse problema.

Transação A	Tempo	Transação B
	T_1	Lê QtdeDisponivel$_1$ (55)
	T_2	QtdeDisponivel$_1$ = QtdeDisponivel$_1$ − 10
	T_3	Escreve QtdeDisponivel$_1$ (45)
Lê QtdeDisponivel$_1$ (45)	T_4	
Lê QtdeDisponivel$_2$ (15)	T_5	
	T_6	Lê QtdeDisponivel$_2$ (15)
	T_7	QtdeDisponivel$_2$ = QtdeDisponivel$_2$ − 5
	T_8	Escreve QtdeDisponivel T_2 (10)
	T_9	Reversão

19. Identifique o problema de controle de concorrência na linha de tempo a seguir. Identifique o nível de isolamento mais restritivo que elimina esse problema. Observe que SERIALIZABLE é o nível de isolamento mais restritivo. Refaça a linha de tempo mostrando os bloqueios impostos pelo nível de isolamento mais restritivo que elimina esse problema.

Transação A	Tempo	Transação B
	T_1	Lê QtdeDisponivel$_1$ (10)
	T_2	Se QtdeDisponivel$_1$ > 10, então QtdeDisponivel$_1$ = QtdeDisponivel$_1$ + 30
Lê QtdeDisponivel$_1$ (10)	T_3	
QtdeDisponivel$_1$ = QtdeDisponivel$_1$ − 3	T_4	
	T_5	Escreve QtdeDisponivel$_1$ (40)
	T_6	Valida
Escreve QtdeDisponivel$_1$ (7)	T_7	

20. Identifique o problema de controle de concorrência na linha de tempo a seguir. Identifique o nível de isolamento mais restritivo que elimina esse problema. Observe que SERIALIZABLE é o nível de isolamento mais restritivo. Refaça a linha de tempo mostrando os bloqueios impostos pelo nível de isolamento mais restritivo que elimina esse problema.

Transação A	Tempo	Transação B
Lê QtdeDisponivel (10)	T_1	
QtdeDisponivel = QtdeDisponivel + 30	T_2	
	T_3	Lê QtdeDisponivel (10)
	T_4	QtdeDisponivel = QtdeDisponivel − 10
Escreve AR (40)	T_5	
	T_6	Escreve AR (0)
Valida	T_7	
	T_8	Valida

Referências para Estudos Adicionais

Este capítulo, embora tenha abrangido amplamente o gerenciamento de transações, cobriu apenas os princípios básicos. O gerenciamento de transações é um tema detalhado ao qual já se dedicaram livros inteiros. Dentre os livros especializados em gerenciamento de transações incluem-se o de Bernstein e Newcomer (1997) e o de Gray e Reuter (1993). Shasha e Bonnet (2003) oferecem mais detalhes sobre o projeto de transações e ajustamento da recuperação. Peinl, Reuter e Sammer (1988) oferecem um estudo de caso sobre projeto de transações na área de comercialização de estoque que aprofunda as idéias apresentadas na Seção 15.4. Para mais detalhes sobre o desempenho do processamento de transações, consulte a *home page* do Conselho de Desempenho de Processamento de Transações (Transaction Processing Performance Council) (www.tpc.org). O *site DBAZine* (www.dbazine.com) e o *DevX Database Zone* (www.devx.com) apresentam conselhos práticos sobre processamento de transações.

Apêndice 15.A

Resumo da Sintaxe do SQL:2003

Este apêndice resume a sintaxe do SQL:2003 para a cláusula de sincronização de restrição, a instrução SET CONSTRAINTS, a instrução SET TRANSACTION e as instruções de ponto de salvamento discutidas neste capítulo. As convenções usadas na notação sintática são idênticas às usadas no final do Capítulo 3.

Cláusula de Sincronização de Restrição

```
CREATE TABLE TableName
            ( <Definicao-Coluna>* [ , <Restricao-Tabela>* ] )

<Definicao-Coluna>:   Nome-Coluna TipoDados
            [ DEFAULT { ValorPadrao | USER | NULL } ]
            [ <Restricao-Coluna> ]

<Restricao-Coluna>: [ CONSTRAINT NomeRestricao ]
            { NOT NULL |
              <Restricao-Chave-Estrangeira>  | -- definida no Capítulo 3
              <Restricao-Unicidade>          | -- definida no Capítulo 3
              <Restricao-Verificacao>  } -- definida no Capítulo 14
            [ <Clausula-Sincronizacao> ]
```

```
<Restricao-Tabela>:  [ CONSTRAINT NomeRestricao ]
                     { <Restricao-Chave-Primaria>    |  -- definida no Capítulo 3
                       <Restricao-Chave-Estrangeira> |  -- definida no Capítulo 3
                       <Restricao-Unicidade>         |  -- definida no Capítulo 3
                       <Restricao-Verificacao>       }  -- definida no Capítulo 14
                     [ <Clausula-Sincronizacao> ]

<Clausula-Sincronizacao>:
                { NOT DEFERRABLE |
                  DEFERRABLE { INITIALLY IMMEDIATE |
                               INITIALLY DEFERRED } }

CREATE ASSERTION NomeAssercao
            CHECK ( <Condicao-Grupo> ) [ <Clausula-Sincronizacao> ]

<Condicao-Grupo>:    -- definida no Capítulo 4
```

Instrução SET CONSTRAINTS

```
SET CONSTRAINTS { ALL | NomeRestricao* }
                { IMMEDIATE | DEFERRED }
```

Instrução SET TRANSACTION

```
SET [LOCAL] TRANSACTION <Modo>*

<Modo>:   { <Nivel-Isolamento> | <Modo-Acesso> |
            <Diagnostico> }

<Nivel-Isolamento>: ISOLATION LEVEL
                { SERIALIZABLE     |
                  REPEATABLE READ  |
                  READ COMMITTED   |
                  READ UNCOMMITTED }

<Modo-Acesso>:  { READ WRITE | READ ONLY }

<Diagnostico>:  DIAGNÓSTICO SIZE Constante
```

Instruções de Ponto de Salvamento

```
SAVEPOINT <NomePontoSalvamento>    -- cria um ponto de salvamento

RELEASE <NomePontoSalvamento>      -- exclui um ponto de salvamento

ROLLBACK TO SAVEPOINT <NomePontoSalvamento>   -- faz uma reversão para um ponto de salvamento.
```

Capítulo 16

Tecnologia e Gerenciamento de *Datawarehouses*

Objetivos de Aprendizagem

Este capítulo apresenta os fundamentos para uma forma emergente de banco de dados, denominada de *datawarehouses*, que está sendo amplamente usada como suporte à decisão. No final deste capítulo, o estudante deverá ter adquirido os seguintes conhecimentos e habilidades:

- Explicar as diferenças conceituais entre bancos de dados operacionais e *datawarehouses*.
- Conhecer as arquiteturas para aplicar a tecnologia de *datawarehouse* nas organizações.
- Saber como os cubos de dados são representados e manipulados.
- Aplicar a modelagem e a manipulação de dados relacional para dados multidimensionais.
- Explicar questões relacionadas à qualidade dos dados e das ferramentas de extração, da transformação e da carga na manutenção de um *datawarehouse*.
- Compreender o complexo processo da renovação de um *datawarehouse*.

Visão Geral

Imagine um executivo corporativo de uma empresa varejista de eletrônicos fazendo a seguinte pergunta: "Quais foram as lojas de varejo de maior produtividade nos últimos 12 meses na região de Rocky Mountain?". As perguntas subseqüentes seriam quais foram os produtos mais lucrativos nas lojas de maior produtividade e quais foram as promoções de produto mais bem-sucedidas nas lojas de maior produtividade. Esses são exemplos típicos de perguntas para suporte à decisão (*business intelligence questions*), realizadas todos os dias por gerentes no mundo inteiro. As respostas a essas perguntas normalmente exigem instruções SQL complexas cuja codificação e execução podem levar horas. Além disso, a formulação de algumas dessas consultas pode depender de dados que fazem parte de um conjunto diverso de sistemas legados internos e de outras fontes externas do mercado, dados estes pertencentes a bancos de dados relacionais e não-relacionais.

Questões para a tomada de decisões, tais como as citadas, impõem novos requisitos aos SGBDs. Este capítulo aborda a tecnologia e o gerenciamento de *datawarehouses* com o objetivo de atender a esses requisitos de suporte à decisão. A tecnologia de *datawarehouse* complementa e estende a tecnologia de banco de dados relacional além do processamento de transações *on-line* e da capacidade de consultas simples com a cláusula GROUP BY em SQL. Neste capítulo, você aprenderá inicialmente os requisitos necessários para o processamento de um *datawarehouse*, em contraposição aos requisitos do processamento de transações discutido no Capítulo 15. Em seguida, você obterá informações sobre o modelo de dados multidimensional e sua implementação nos bancos de dados relacionais, com ênfase nos recursos de *datawarehousing* do Oracle 10g. Você adquirirá novas habilidades para a modelagem de dados e para a formulação de consultas que complementam as informações sobre modelagem de dados, da Parte 3, e as informações sobre formulação de consultas, nas partes 2 e 5. Finalmente, você aprenderá a manter um *datawarehouse*, um processo fundamental gerenciado pelos administradores de *datawarehouse*.

16.1 Conceitos Básicos

Os dados usados para suporte à decisão são conceitualmente diferentes dos dados usados nos bancos de dados para processamento de transações. Portanto, os bancos de dados que conseguem armazenar tais dados e arquiteturas computacionais que podem processar esses dados são também diferentes. Nesta seção, examinamos essas diferenças a fim de prover uma fundamentação para o estudo pormenorizado de questões relacionadas à tecnologia e ao gerenciamento nas seções subseqüentes.

16.1.1 Processamento de Transações *versus* Suporte à Decisão

O processamento de transações envolve diferentes necessidades em uma organização comparativamente ao suporte à decisão. O processamento de transações, como discutido no Capítulo 15, permite que as organizações conduzam negócios, diariamente, de uma maneira eficiente. Os bancos de dados operacionais ou de produção usados no processamento de transações auxiliam nas decisões quanto ao rastreamento de pedidos, à resolução de reclamações de clientes e às necessidades dos funcionários. Essas decisões requerem dados pormenorizados sobre os processos de negócio.

Em contraposição, os sistemas de suporte à decisão ajudam a gerência a oferecer direções de médio e longo prazo para uma organização. A gerência necessita de suporte nas decisões sobre planejamento de capacidade, desenvolvimento de produtos, local de armazenamento, promoção de produtos e outras necessidades. Historicamente, a maioria das organizações tem assumido que os bancos de dados operacionais podiam oferecer dados para o suporte à decisão. Como as organizações têm desenvolvido bancos de dados operacionais para cumprir várias funções, apresentou-se uma lacuna de informações. Gradativamente, elas foram se dando conta de que os bancos de dados operacionais deveriam ser transformados de maneira significativa para dar suporte à decisão.

Desde o início da década de 1990 formou-se um consenso sobre a necessidade de que os bancos de dados operacionais deveriam ser transformados para dar suporte à decisão. Eles podem conter inconsistências de formato, de identificação de entidade e de unidades de medida que impeçam o seu uso para dar suporte à decisão. Além disso, o suporte à decisão precisa de uma visão abrangente que integre os processos de negócio. Em virtude dessas diferentes necessidades, os bancos de dados operacionais normalmente ficam separados dos bancos de dados para suporte à decisão. Usar um banco de dados comum para ambos os tipos de processamento pode diminuir significativamente o desempenho e dificultar a sumarização de atividades entre os processos de negócio.

16.1.2 Características dos *Datawarehouses*

datawarehouses
um repositório central para dados de resumo e integrados de bancos de dados operacionais e fontes de dados externas.

Datawarehouse, termo criado por William Inmon em 1990, refere-se a um repositório central para dados em que os dados de bancos de dados operacionais e de outras fontes são integrados, limpos e padronizados para apoiar a tomada de decisão. As atividades de transformação (limpeza, integração e padronização) são essenciais para extrair benefícios. Dentre os benefícios tangíveis do *datawarehouse* estão o aumento crescente da receita e a diminuição dos custos, ambos possibilitados pela análise de negócios, impossível antes de os *datawarehouses* serem implementados. Por exemplo, o *datawarehouse* permite a redução de perdas mediante o aperfeiçoamento da detecção de fraudes, a retenção de clientes por meio do *marketing* direcionado e a redução de custos financeiros de manutenção do estoque por meio de uma melhor previsão da demanda.

Os requisitos de processamento das aplicações de suporte à decisão foram responsáveis pelo surgimento de quatro características distintas com respeito aos *datawarehouses*, descritas a seguir:

1. **Orientado por assuntos.** O *datawarehouse* é organizado de acordo com os principais assuntos de negócio ou de acordo com entidades, tais como clientes, pedidos e produtos. Essa característica contrasta com o processamento de transações, que está mais direcionado ao processo.
2. **Integrado.** Os dados operacionais provenientes de vários bancos de dados e fontes de dados externas são integrados em um *datawarehouse* para oferecer um banco de dados único e unificado para suporte à decisão. A consolidação dos dados exige convenções consistentes de nomes, formatos de dados unificados e escalas de medição comparáveis dentre os bancos de dados e as fontes de dados externas.
3. **Variante no tempo.** O *datawarehouse* usa *timestamps* para representar os dados históricos. A dimensão de tempo é vital para a identificação de tendências, predição de operações futuras e o estabelecimento de objetivos operacionais. Em essência, os *datawarehouses* consistem em uma ampla série de *snapshots*, cada uma delas representando os dados operacionais capturados em um determinado momento.
4. **Não-volátil.** Em um *datawarehouse*, os novos dados são acrescentados, em vez de serem substituídos, de modo que os dados históricos são preservados. A ação de acrescentar novos dados é conhecida como renovação (*refreshing*) do *datawarehouse*. A ausência de operações de renovação e exclusão garante um *datawarehouse* livre de anomalias. Os dados transacionais são transferidos para um *datawarehouse* somente depois que grande parte da atividade de atualização foi completada.

A Tabela 16.1 oferece mais detalhes das características dos *datawarehouses*, em contraposição aos bancos de dados operacionais. O processamento de transações conta com banco de dados operacionais e dados atuais e individualizados, enquanto que o processamento de suporte à decisão utiliza *datawarehouses* com dados históricos, tantos em nível individualizado quanto resumidos. Os dados individualizados dão flexibilidade para que se atenda a uma gama de necessidades de suporte à decisão, ao passo que os dados de resumo fornecem respostas rápidas para consultas repetitivas. Por exemplo, uma transação de entrada de pedido requer dados individuais sobre os clientes, os pedidos e os itens em estoque, enquanto uma aplicação para suporte à decisão pode usar dados sobre vendas mensais aos clientes em um período que abrange vários anos. Os bancos de dados operacionais, portanto, estão orientados ao processo (por exemplo, todos os dados relevantes para um processo de negócio específico), em comparação com os *datawarehouses* orientados ao assunto (por exemplo, todos os dados do cliente ou todos os dados do pedido). Uma transação normalmente atualiza apenas alguns registros, enquanto uma aplicação de suporte à decisão pode consultar milhares a milhões de registros.

A integridade dos dados e o desempenho do processamento de transações exigem que os bancos de dados operacionais estejam em um alto nível de normalização. Em contraposição, os *datawarehouses* normalmente estão desnormalizados com respeito à FNBC para reduzir o esforço de unir grandes tabelas. Nos *datawarehouses*, em grande parte o que se processa é a recuperação e inclusões periódicas de novos dados. Essas operações não sofrem anomalias provocadas por um projeto não totalmente normalizado.

Em virtude dos diferentes requisitos de processamento, diferentes modelos de dados foram desenvolvidos para os bancos de dados operacionais e os *datawarehouses*. O modelo

TABELA 16.1
Comparação entre Bancos de Dados Operacionais e *Datawarehouses*

Característica	Banco de Dados Operacional	Datawarehouse
Uso geral	Atual	Histórico
Nível de detalhe	Individual	Individual e resumido
Orientação	Orientado a processo	Orientado a assunto
Quantidade de registros processados	Poucos	Milhares
Nível de normalização	Geralmente normalizado	Violações freqüentes da FNBC
Nível de atualização	Volátil	Não-volátil
Modelo de dados	Relacional	Modelo relacional com esquema estrela e multidimensional com cubos de dados

de dados relacional predomina nos bancos de dados operacionais. No início da implementação dos *datawarehouses*, predominava o modelo de dados multidimensional. Nos últimos anos, os bancos de dados relacionais têm sido cada vez mais usados nos *datawarehouses* com um esquema-padrão conhecido por modelo estrela. O modelo de dados multidimensional hoje em dia é tipicamente utilizado como uma representação, para o usuário final, de uma visão do *datawarehouse*.

16.1.3 Arquiteturas de *Datawarehouse*

A despeito dos potenciais benefícios de um *datawarehouse*, vários projetos de *datawarehouse* falharam em decorrência de planejamentos inadequados. Os projetos de *datawarehouse* são empreendimentos de grande magnitude que exigem coordenação entre os vários departamentos de uma organização. Muitas organizações subestimaram o tempo e o esforço necessários para reconciliar diferentes visões de um *datawarehouse*. Além disso, o imenso tamanho de um *datawarehouse* pode levar a um péssimo desempenho. Uma arquitetura apropriada pode ajudar a diminuir os problemas de desempenho e o esforço no desenvolvimento de um *datawarehouse*.

Para a maioria das organizações, uma arquitetura de *datawarehouse* de dois ou três níveis é apropriada. Na arquitetura de *datawarehouse* de dois níveis (Figura 16.1), os dados operacionais são transformados e, em seguida, transferidos para o *datawarehouse*. Uma camada separada de servidores pode ser usada para dar apoio às atividades complexas do processo de transformação. Para auxiliar o processo de transformação, cria-se um modelo de dados corporativo (EDM). O EDM descreve a estrutura do *datawarehouse* e contém os metadados necessários para acessar os bancos de dados operacionais e as fontes de dados externas. Ele pode conter também detalhes sobre a limpeza e integração das fontes de dados. A gerência usa o *datawarehouse* diretamente para recuperar dados de suporte à decisão.

A arquitetura de dois níveis pode apresentar problemas de desempenho no caso de *datawarehouses* grandes com aplicações que exigem muitos dados de suporte à decisão. Para

modelo de dados corporativo (EDM)
um modelo de dados conceitual de dados de um *datawarehouse* que define a estrutura do *datawarehouse* e os metadados para acessar e transformar os bancos de dados operacionais e as fontes de dados externas.

FIGURA 16.1
Arquitetura de *Datawarehouse* de Dois Níveis

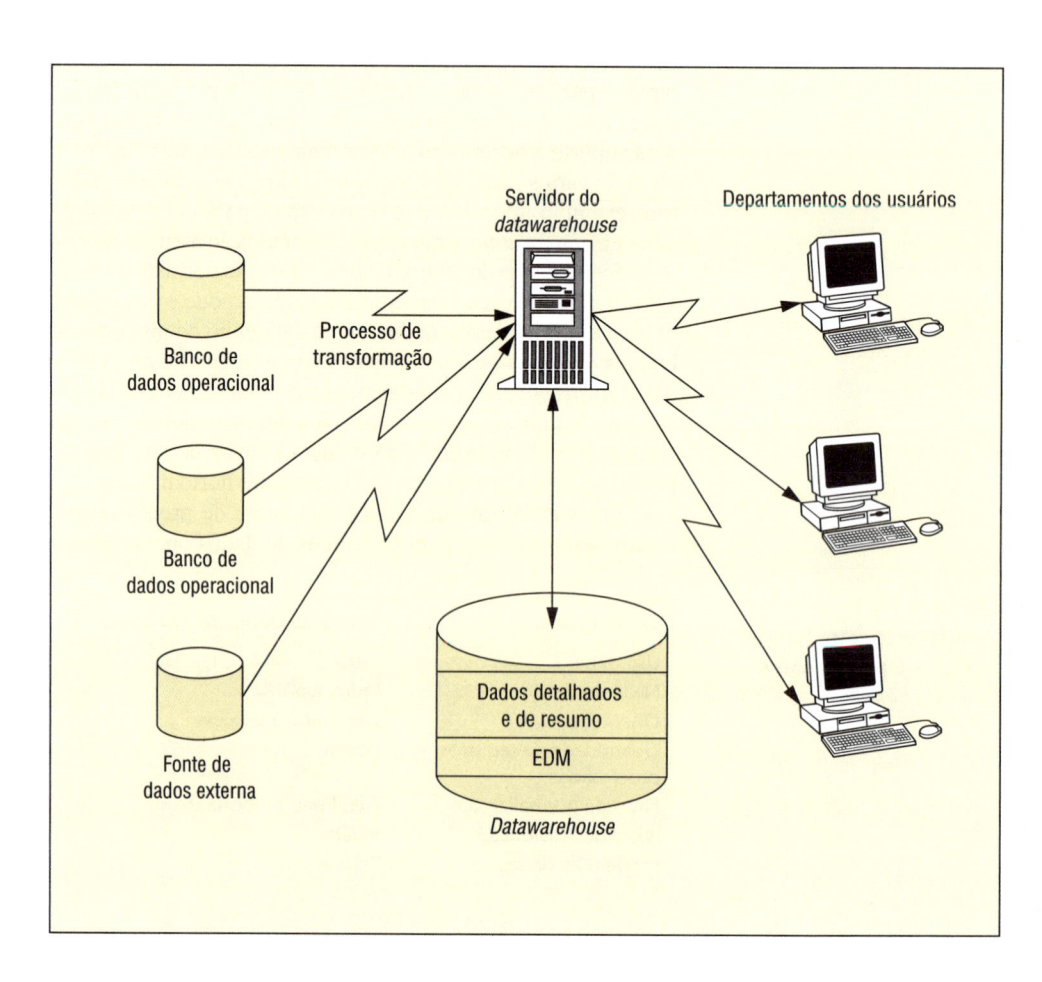

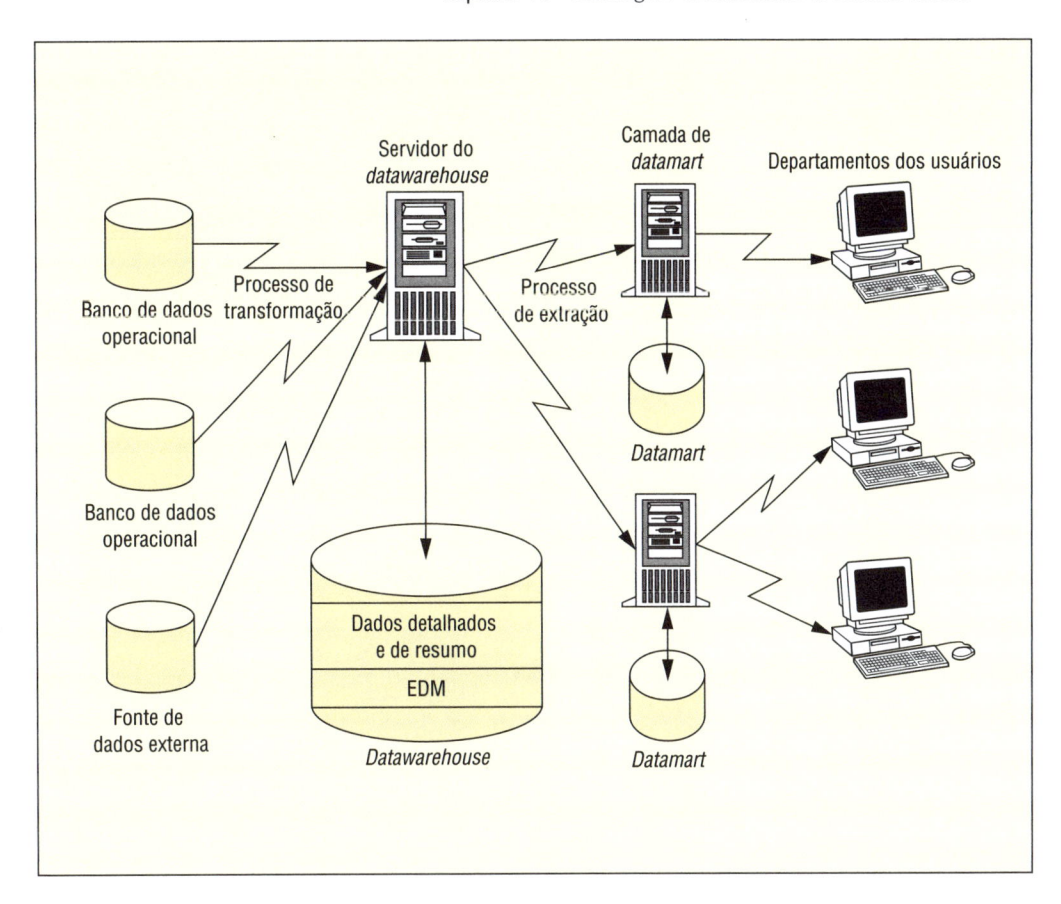

FIGURA 16.2
Arquitetura de *Datawarehouse* de Três Níveis

datamart
um subconjunto ou visão de um *datawarehouse*, em geral no nível departamental ou funcional, que contém todos os dados exigidos para as tarefas de suporte a decisões daquele departamento.

diminuir essas dificuldades, as grandes-organizações usam a arquitetura de *datawarehouse* de três níveis, como mostra a Figura 16.2. Os usuários departamentais em geral precisam acessar porções menores do *datawarehouse*, ao invés de todo o *datawarehouse*. Para prover aos usuários um acesso rápido e ao mesmo tempo isolá-los dos dados que outros grupos de usuários necessitam, normalmente se usam *datawarehouses* menores, denominados *datamarts*. Os *datamarts* funcionam como interfaces entre os usuários finais e o *datawarehouse* corporativo, armazenando um subconjunto do *datawarehouse* e atualizando esses dados periodicamente (por exemplo, diária ou semanalmente). Em geral, o *datawarehouse* e os *datamarts* residem em diferentes servidores para melhorar o desempenho e a tolerância a falhas. Os usuários departamentais têm controle sobre os respectivos *datamarts*, ao passo que o *datawarehouse* é controlado pela equipe corporativa de sistemas de informação.

Considerando o contexto organizacional global de um *datawarehouse*, algumas organizações acreditam que a construção de um *datawarehouse* pode envolver um processo desnecessariamente demorado e provocar perdas de oportunidades de negócio, se houver demasiada ênfase em se criar primeiramente um modelo de dados organizacional. Em vez disso, algumas organizações empregam uma abordagem ascendente ao *datawarehousing*, como mostrado na Figura 16.3. Em uma arquitetura de *datawarehouse ascendente*, os dados são modelados em uma entidade por vez e armazenados em *datamarts* separados. No decorrer do tempo, novos dados são resumidos, limpos e adicionados aos *datamarts* existentes ou incluídos em novos *datamarts*. O conjunto de *datamarts* pode se transformar em um grande *datawarehouse* se a organização conseguir justificar o custo de construir um modelo de dados organizacional.

Avanços recentes levaram ao surgimento do *oper mart* (abreviação de *operacional mart*), de acordo com Imhoff (2001). Um *oper mart* é considerado um *datamart* "em tempo" (*just-in-time*), normalmente construído com base em um banco de dados operacional preventivamente ou em resposta a grandes eventos, tais como desastres ou introdução de novos produtos. O *oper mart* está preparado para atender aos picos de demanda de relatórios e análises de negócios que acompanham estes grandes eventos. Depois que a demanda de suporte à decisão diminui, o *oper mart* pode ser desmontado ou então incorporado a um *datawarehouse* existente.

FIGURA 16.3
Arquitetura Ascendente de um *Datawarehouse*

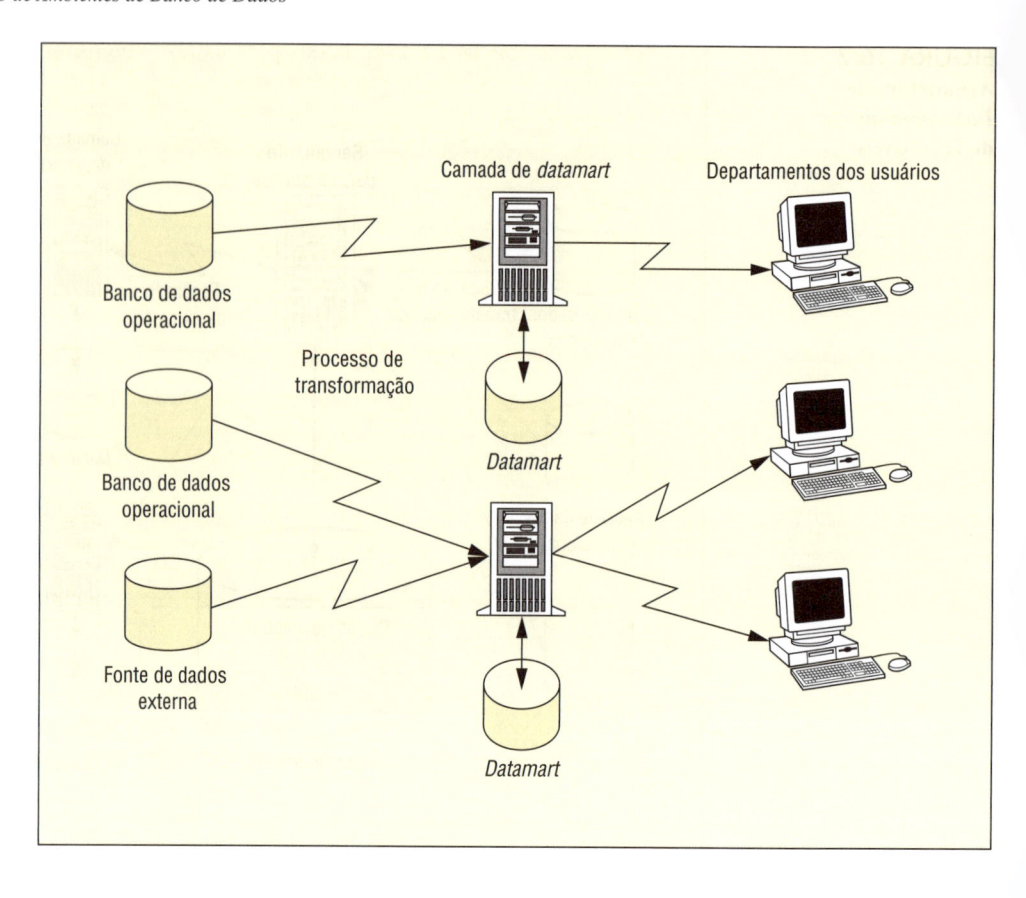

16.1.4 Datamining

Os *datawarehouses* melhoram a qualidade da tomada de decisão, consolidando e agregando dados transacionais. O valor de um *datawarehouse* pode ser maximizado se puderem ser identificados padrões ocultos nos dados. *Datamining* (mineração de dados) refere-se ao processo de descobrir padrões implícitos nos dados e usar aqueles padrões para obter vantagens de negócios. Esse processo melhora a habilidade para detectar, compreender e prever padrões.

As técnicas de *datamining* são mais comumente aplicadas no marketing direcionado. As empresas de venda pelo correio podem aumentar suas receitas e diminuir os custos se conseguirem identificar clientes em potencial e eliminar os clientes que provavelmente não comprarão. As técnicas de *datamining* possibilitam que os tomadores de decisão concentrem-se nos esforços de marketing de acordo com dados demográficos e psicográficos. Os setores de varejo, bancário, de viagens e de produtos de consumo também se beneficiaram dessas técnicas. Por exemplo, o setor varejista usa essas técnicas para direcionar promoções e mudar a combinação e a organização dos produtos na loja.

A melhor forma de compreender *datamining* é concebê-la como um adjunto de um *datawarehouse* amadurecido. Técnicas de *datamining* necessitam de dados mais detalhados do que os dados fornecidos pelos *datawarehouses* tradicionais. O volume de dados e a dimensionalidade dos dados podem ser bem maiores para as técnicas de *datamining* do que comparativamente para as ferramentas de análise dos *datawarehouses*. As técnicas de *datamining* prosperam com dados limpos, altamente dimensionais e transacionais. Para atender a esses requisitos de *datamining*, atualmente vários *datawarehouses* armazenam dados detalhados e individualizados dos clientes, produtos e assim por diante.

O *datamining* exige um conjunto de ferramentas que se estendem além das tradicionais ferramentas de análise estatística. Ferramentas de análise estatística tradicionais nem sempre são bem dimensionadas para dados dimensionais elevados, com uma mistura de dados numéricos e categóricos. Além disso, técnicas estatísticas tradicionais não representam bem em escala grandes quantidades de dados. Normalmente, *datamining* inclui os seguintes tipos de ferramenta:

---

datamining (mineração de dados)
o processo de descobrir padrões implícitos nos dados armazenados em um *datawarehouse* e usar aqueles padrões para obter vantagens de negócios.

- Ferramentas de acesso a dados para extrair e amostrar dados transacionais de grandes bancos de dados, segundo critérios sofisticados.
- Ferramentas de visualização de dados que permitem que o tomador de decisão tenha uma compreensão mais aprofundada e intuitiva dos dados.
- Um rico conjunto de modelos para agrupar, prever e determinar regras de associação em grandes quantidades de dados. Esses modelos envolvem redes neurais, algoritmos genéticos, indução de árvores de decisão, algoritmos para descoberta de regras, redes de probabilidade e outras tecnologias de sistema especialistas.
- Uma arquitetura que oferece otimização, processamento cliente–servidor e consultas paralelas dimensionados para grandes quantidades de dados.

Por ser um complemento do *datawarehouse*, o *datamining* fornece introspecções que podem escapar às técnicas tradicionais. O *datamining* promete uma alavancagem mais eficaz dos *datawarehouses* ao oferecer recurso para que se decifrem relações ainda ocultas entre os dados neles armazenados. Isso facilita a descoberta baseada em dados por meio de técnicas como o estabelecimento de regras de associação (por exemplo, entre o orçamento de publicidade e as vendas sazonais), criação de perfis (por exemplo, padrões de compra de um segmento específico de clientes) e assim por diante. Esse conhecimento pode ser usado para melhorar as operações de negócio em áreas cruciais, viabilizando esforços de marketing direcionado, atendimento aperfeiçoado ao cliente e melhorando a detecção de fraudes.

16.1.5 Aplicações dos *Datawarehouses*

Os projetos de *datawarehouse* normalmente têm sido empreendidos por motivos de concorrência: para adquirir vantagem estratégica ou manter-se competitivo. Em vários setores, poucas organizações usaram pioneiramente a tecnologia de *datawarehouse* como forma de ganhar vantagem competitiva. Os projetos de *datawarehouse* geralmente foram empreendidos como parte de uma estratégia corporativa para deixar de focalizar o produto para focalizar o cliente. *Datawarehouses* bem-sucedidos têm ajudado a identificar novos mercados, a concentrar recursos em clientes lucrativos, a melhorar a retenção de clientes e a reduzir os custos de estoque. Ao assistir ao sucesso das organizações pioneiras, outras organizações rapidamente seguiram esse rastro para se manterem competitivas.

Os projetos de *datawarehouse* foram empreendidos em uma gama de setores da indústria. Algumas poucas aplicações fundamentais conduziram à adoção desses projetos, como apresentado na Tabela 16.2. Setores altamente competitivos, como o de varejo, de seguros, aéreo e de telecomunicações (particularmente de serviço de longa distância), logo de início investiram na tecnologia e em projetos de *datawarehouse*. Os menos competitivos, como o de utilidades públicas reguladas, demoraram mais para investir, embora estejam investindo mais à medida que essa tecnologia e esse processo amadurecem.

A maturidade da implementação do *datawarehouse* varia de um setor para outro e de uma organização para outra. Os primeiros a adotá-lo implementaram-no no início da década de 1990, ao passo que os adeptos mais tardios começaram a implementá-lo do final da década de 1990 em diante. Tendo em vista o rápido desenvolvimento da tecnologia de *datawarehouse* e de melhores práticas, investimentos contínuos nessa tecnologia e nas práticas de gestão são necessários para sustentar o valor dos negócios. Para oferecer orientações para decisões de investimento e práticas de gestão, as organizações estão de olho nas comparações com as organizações pares para avaliar o nível de aplicação dos *datawarehouses*.

TABELA 16.2
Aplicações do *Datawarehouse* por Setor

Setor	Principais Aplicações
Aéreo	Gestão da receita, avaliação de rotas
Telecomunicações	Retenção de clientes, projeto de rede
Seguros	Avaliação de risco, projeto de produtos, detecção de fraudes
Varejo	Marketing direcionado, gestão de cadeias de suprimento

TABELA 16.3
Fases do Modelo de Maturidade do *Datawarehouse*

Fonte: Eckerson, 2004.

Fases	Abrangência	Arquitetura	Aplicação pela Gerência
Pré-natal	Sistema operacional	Relatórios gerenciais	Centro de custos
Lactância	Analistas de negócios individuais	Planilhas eletrônicas	Gerenciamento de conhecimento
Infância	Departamentos	*Datamarts*	Suporte à análise de negócios
Adolescência	Divisões	*Datawarehouse*	Rastreia processos do negócio
Adulta	Empresa	*Datawarehouse* empresarial	Direcionado à organização
Erudita	Interempresarial	Serviços Web e redes externas	Direcionado ao mercado e à indústria

O modelo de maturidade do *datawarehouse* foi proposto para oferecer orientações para as decisões de investimento nessa tecnologia (Eckerson, 2004). Ele consiste em seis fases, as quais estão resumidas na Tabela 16.3. Essas fases oferecem um mecanismo estrutural para visualizar o progresso da organização, mas não um padrão de medida absoluto, visto que as organizações podem demonstrar aspectos de vários estágios ao mesmo tempo. À medida que as organizações passam de um estágio mais simples para outro mais avançado, o valor do negócio pode aumentar. Contudo, as organizações podem encontrar dificuldade para justificar novos e significativos investimentos em *datawarehouse* na fase da adolescência e na fase adulta, na medida em que às vezes é difícil quantificar os benefícios.

Uma importante compreensão possibilitada pelo modelo de maturidade é a dificuldade de transição entre as fases. Para as organizações pequenas, mas em desenvolvimento, a transição da fase de lactância para a infância pode ser difícil porque é necessário um investimento significativo na tecnologia de *datawarehouse*. No caso das grandes corporações, a luta está em passar da adolescência para a fase adulta. Para realizar essa transição, a alta gerência deve considerar o *datawarehouse* como um recurso empresarial vital, não apenas uma ferramenta fornecida pelo departamento de tecnologia da informação.

16.2 Representação Multidimensional dos Dados

Tendo compreendido os requisitos de dados exclusivos para o suporte à decisão, você está preparado para conhecer mais de perto a tecnologia que permite cumprir esses requisitos. O modelo de dados multidimensional é adequado para a representação de dados e as operações concebidas especificamente para o processamento de suporte à decisão nos *datawarehouses*. Esta seção apresenta a terminologia e as operações desse modelo.

16.2.1 Exemplo de um Cubo de Dados Multidimensional

Imagine uma empresa que vende produtos eletrônicos em diferentes partes dos Estados Unidos. Essa empresa comercializa especialmente quatro diferentes impressoras (laser monocromática, jato de tinta, fotográfica e portáteis) em cinco estados distintos (Califórnia, Washington, Colorado, Utah e Arizona). Para armazenar os dados das vendas diárias para cada produto e cada local em um banco de dados relacional, você precisa da Tabela 16.4, que consiste em três colunas (*Produto*, *Local* e *Vendas*) e de 20 linhas (quatro instâncias de *Produto* vezes cinco instâncias de *Local*).

A representação da Tabela 16.4 pode ser complexa e difícil de manejar. Primeiramente, imagine que essa empresa deseja adicionar um quinto produto (digamos, impressora laser colorida). Para rastrear as vendas por estado desse novo produto, você precisa adicionar cinco linhas, uma para cada estado. Em segundo lugar, observe que os dados na Tabela 16.4 representam dados de vendas de um determinado dia (por exemplo, 10 de agosto de 2006). Para armazenar os mesmos dados para os 365 dias de 2006, você necessita adicionar uma quarta coluna para armazenar os dados de vendas e copiar as 20 linhas para cada data 365 vezes, para obter um total de 7.300 linhas. Seguindo esse mesmo raciocínio, se você desejar armazenar dados históricos para um período de 10 anos, precisará de 73.000 linhas. Cada nova linha deve conter o produto, o estado e os valores das datas.

TABELA 16.4
Representação Relacional dos Dados de Vendas

Produto	Local	Vendas
Laser monocromática	Califórnia	80
Laser monocromática	Utah	40
Laser monocromática	Arizona	70
Laser monocromática	Washington	75
Laser monocromática	Colorado	65
Jato de tinta	Califórnia	110
Jato de tinta	Utah	90
Jato de tinta	Arizona	55
Jato de tinta	Washington	85
Jato de tinta	Colorado	45
Fotográfica	Califórnia	60
Fotográfica	Utah	50
Fotográfica	Arizona	60
Fotográfica	Washington	45
Fotográfica	Colorado	85
Portátil	Califórnia	25
Portátil	Utah	30
Portátil	Arizona	35
Portátil	Washington	45
Portátil	Colorado	60

TABELA 16.5
Representação Multidimensional dos Dados de Vendas

	Produto			
Local	Laser Monocromática	Jato de Tinta	Fotográfica	Portátil
Califórnia	80	110	60	25
Utah	40	90	50	30
Arizona	70	55	60	35
Washington	75	85	45	45
Colorado	65	45	85	60

Se examinarmos os dados da Tabela 16.4, veremos que eles contêm duas dimensões, *Produto* e *Local*, e um valor numérico para as vendas unitárias. Portanto, essa tabela pode ser simplificada conceitualmente reorganizando os dados em um formato multidimensional (Tabela 16.5).

A representação multidimensional é simples de entender e de estender. Por exemplo, para adicionarmos uma quinta categoria de produto é necessário acrescentar outra coluna à direita da Tabela 16.4. Para adicionarmos dados, é necessária uma terceira dimensão, denominada *Tempo*, o que resulta em uma organização tridimensional, como mostrado na Figura 16.4. Conceitualmente, podemos imaginar essa tabela tridimensional como um livro de 365 páginas, cada uma com os dados de vendas de um produto e estado, numa data específica do ano. Além disso, a tabela multidimensional é mais compacta porque o nome das linhas e das colunas não se repete como na Tabela 16.3.

A representação multidimensional também é conveniente para representar os totais resumidos. Toda dimensão em um cubo pode acomodar um total (total da linha, total da coluna, total em profundidade e total geral) facilmente identificável pelo usuário. Por exemplo, para adicionar um total de linha à tabela 16.5, podemos adicionar a coluna *Total* com um valor por linha, como mostra a Tabela 16.6. Na representação relacional, como demonstrado na Tabela 16.4, para adicionar os totais é necessário usar valores nulos nos valores das colunas. Por exemplo, para representar as vendas totais na Califórnia, para todos os produtos, a linha <–, Califórnia, 275> deve ser adicionada à Tabela 16.4, onde – indica todos os produtos.

FIGURA 16.4
Cubo de Dados Tridimensional

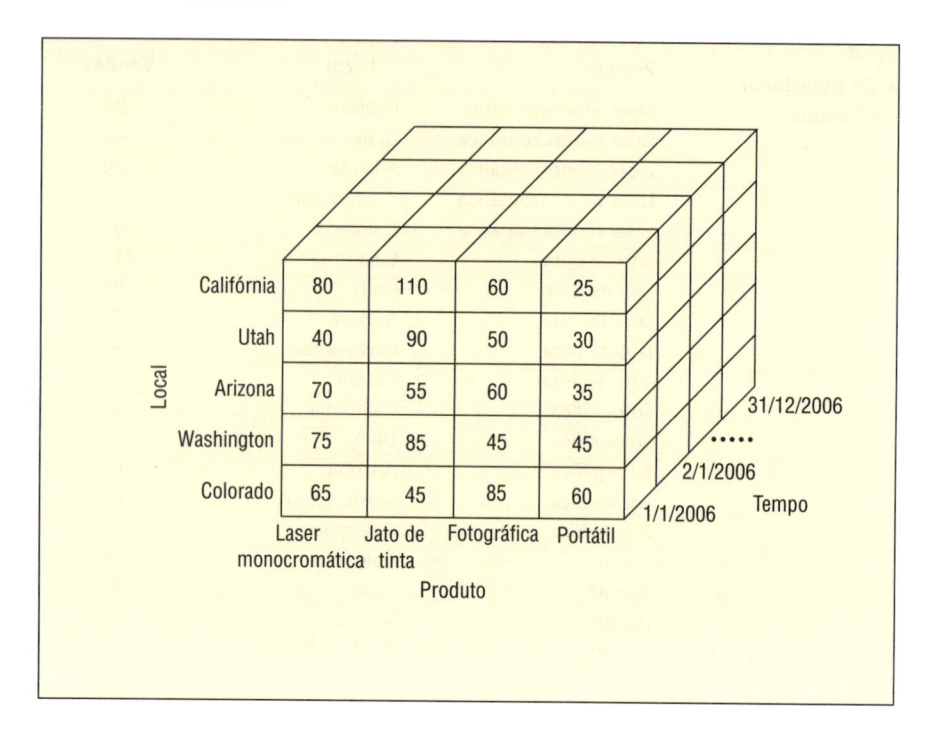

	Laser monocromática	Jato de tinta	Fotográfica	Portátil
Califórnia	80	110	60	25
Utah	40	90	50	30
Arizona	70	55	60	35
Washington	75	85	45	45
Colorado	65	45	85	60

Eixos: Local, Produto, Tempo (1/1/2006, 2/1/2006, ..., 31/12/2006)

TABELA 16.6
Representação Multidimensional de Dados de Vendas com o Total da Linha

Local	Produto				
	Laser Monocromática	Jato de Tinta	Fotográfica	Portátil	Total
Califórnia	80	110	60	25	275
Utah	40	90	50	30	210
Arizona	70	55	60	35	220
Washington	75	85	45	45	250
Colorado	65	45	85	60	255

Além de ser fácil de usar, a representação multidimensional agiliza a recuperação de dados. O armazenamento direto de dados multidimensionais evita que se tenha de converter o formato em tabela no formato multidimensional. No entanto, a representação multidimensional pode padecer de um excessivo armazenamento, pois várias células podem permanecer vazias. Mesmo com técnicas de compressão, o espaço de armazenamento consumido por tabelas multidimensionais muito grandes pode ser consideravelmente maior que as tabelas relacionais correspondentes.

Em resumo, a representação multidimensional oferece uma interface intuitiva para os analistas de negócios. Visto que o número de dimensões aumenta, os analistas acham a representação multidimensional fácil de entender e visualizar, em comparação com a representação relacional. Pelo fato de a representação multidimensional atender às necessidades dos analistas de negócios, ela é amplamente utilizada nas ferramentas de relatório de negócios, mesmo quando as tabelas relacionais podem oferecer armazenamento físico.

16.2.2 Terminologia Multidimensional

O cubo de dados ou hipercubo generaliza as representações bidimensional (Tabela 16.5) e tridimensional (Figura 16.4) mostradas na seção anterior. O cubo de dados é formado por células, as quais contêm medidas (valores numéricos como a quantidade de vendas unitárias) e dimensões para classificar ou agrupar dados numéricos (por exemplo, *Produto*, *Local* e *Tempo*). Cada dimensão contém valores denominados membros. Por exemplo, a dimensão *Local* tem cinco membros (Califórnia, Washington, Utah, Arizona e Colorado) na Tabela

cubo de dados
um formato multidimensional no qual as células contêm dados numéricos chamados "medidas" organizados por assuntos chamados "dimensões". Um cubo de dados é às vezes conhecido como um hipercubo porque conceitualmente ele pode ter um número ilimitado de dimensões.

16.4. Tanto as dimensões quanto as medidas podem ser armazenadas ou derivadas. Por exemplo, a data de compra é uma dimensão armazenada com o ano, o mês e o dia da compra como dimensões derivadas.

Particularidades das Dimensões

As dimensões podem ter hierarquias, compostas por níveis. Por exemplo, a dimensão *Local* pode ter uma hierarquia composta dos níveis país, estado e cidade. De modo semelhante, a dimensão *Tempo* pode ter uma hierarquia composta do ano, do trimestre, do mês e da data. As hierarquias podem ser usadas para navegar de níveis de detalhamento mais altos (por exemplo, país) para níveis de detalhamento mais baixos (por exemplo, estado e cidade) e para navegar na direção inversa. Embora as hierarquias não sejam essenciais, com elas é possível fazer uma representação conveniente e eficiente. Sem elas, a dimensão *Local* deve conter um nível detalhado (cidade). Contudo, essa representação pode ser difícil de calcular agregações de uma dimensão para outra. Alternativamente, a dimensão *Local* pode ser dividida em dimensões distintas para país, estado e cidade, resultando em um grande cubo de dados.

Em prol da flexibilidade, as dimensões podem ter várias hierarquias. Em uma dimensão com várias hierarquias, em geral pelo menos um nível é dividido. Por exemplo, a dimensão *Local* pode ter uma hierarquia com os níveis país, estado e cidade, e outra hierarquia com os níveis país, estado e código postal. A dimensão *Tempo* pode ter uma hierarquia com os níveis ano, trimestre e data e uma segunda hierarquia com os níveis ano, semana e data. Múltiplas hierarquias permitem várias alternativas para organizar uma dimensão.

Outro recurso da dimensão é a hierarquia irregular para um relacionamento auto-referenciado entre os membros de um mesmo nível. Por exemplo, a dimensão gerente poderia ter uma hierarquia irregular para exibir relacionamentos entre gerentes e subordinados. Ao manipular um cubo de dados, um analista poderia querer expandir ou contrastar a dimensão gerente de acordo com os relacionamentos entre gerentes e subordinados.

A escolha das dimensões pode influir na esparsidade de um cubo de dados. A esparsidade, que indica a extensão das células vazias em um cubo de dados, pode tornar-se um problema se duas ou mais dimensões estiverem relacionadas. Por exemplo, se determinados produtos forem vendidos apenas em alguns estados, as células podem ficar vazias. Se houver uma grande quantidade de células vazias, o cubo de dados pode desperdiçar espaço e apresentar lentidão de processamento. Técnicas de compressão especiais podem ser empregadas para diminuir o tamanho dos cubos de dados esparsos.

Particularidades das Medidas

No cubo de dados, as células contêm medidas, tais como os valores correspondentes às vendas mostrados na Figura 16.4. As medidas aceitam operações numéricas, como aritmética simples, cálculos estatísticos e equações simultâneas. Uma célula pode conter uma ou mais medidas. Por exemplo, o número de unidades pode ser outra medida para o cubo de dados de vendas. O número de células não vazias em um cubo multidimensional deve igualar-se ao número de linhas na tabela relacional correspondente (a Tabela 16.5 contém 20 células não vazias, correspondentes às 20 linhas na Tabela 16.4).

As medidas derivadas podem ser armazenadas em um cubo de dados ou computadas de outras medidas em tempo de execução. As medidas que podem ser derivadas de outras medidas na mesma célula normalmente não costumam ser armazenadas. Por exemplo, o total de vendas em dólar pode ser calculado como o total de vendas unitárias vezes as medidas de preço unitário em uma célula. As medidas resumidas derivadas de um conjunto de células podem ser armazenadas ou calculadas dependendo do número de células e do custo de acessar essas células para realizar os cálculos.

Outros Exemplos de Cubo de Dados

Como indicado nesta seção, os cubos de dados podem ser estendidos além do exemplo tridimensional apresentado na Figura 16.4. A Tabela 16.7 relaciona cubos de dados comuns como suporte ao gerenciamento de recursos humanos e a análises financeiras. As dimensões com barras (/) indicam dimensões hierárquicas. As dimensões tempo e local são também hierárquicas, mas os níveis possíveis não são listados porque eles podem ser específicos à organização.

TABELA 16.7
Cubos de Dados como Suporte à Gestão de Recursos Humanos e Análise Financeira

Cubo de Dados	Dimensões Comuns	Medidas Comuns
Análise de rotação de funcionários	Empresa/linha de negócios/departamento, local, faixa salarial, classificação de cargos, tempo	Contagem de funcionários, transferências, rescisões e aposentadorias
Utilização do funcionário	Empresa/linha de negócios/departamento, local, faixa salarial, classificação de cargos, tempo	Horas FTE[1], horas FTE normais, horas extras FTE
Análise de ativos	Tipo de ativo, anos de vínculo empregatício, tempo, conta, empresa/linha de negócios/departamento/local	Custo, valor contábil líquido, valor de mercado
Análise de fornecedor	Fornecedor, local, conta, tempo, unidade de negócios	Quantia total da fatura

16.2.3 Dados de Série de Tempo

O tempo é uma das dimensões mais comuns em um *datawarehouse* e é útil para identificar tendências, fazer previsões e assim por diante. Com uma série de tempo é possível armazenar todos os dados históricos em uma única célula, em vez de especificar uma dimensão tempo separada. A estrutura de uma medida torna-se mais complexa com a série de tempo, mas a quantidade de dimensões diminui. Além disso, várias funções estatísticas podem ser usadas diretamente nos dados de série de tempo.

Uma série de tempo é um tipo de dado array com inúmeras propriedades especiais, como relacionado a seguir. O array aceita um conjunto de valores, um para cada período de tempo. Exemplos de medidas de série tempo incluem: montante semanal de vendas, preços diários de fechamento das ações e salário anual dos funcionários. A lista a seguir mostra as propriedades comuns de uma série de tempo:

- **Tipo de dado.** Essa propriedade representa o tipo de dado armazenado nos pontos de dados. O tipo de dado em geral é numérico, como os números de ponto flutuante, os números decimais fixos ou os inteiros.
- **Data de início.** Essa propriedade representa a data de início do primeiro ponto de dado – por exemplo, 1º/1/2006.
- **Calendário.** Essa propriedade contém o ano civil (calendário) apropriado para uma série de tempo. Por exemplo, o ano fiscal de 2006. Um conhecimento mais abrangente sobre as regras dos calendários, como a determinação de anos bissextos e feriados incorporada em um calendário, diminui o trabalho no desenvolvimento do *datawarehouse*.
- **Periodicidade.** Essa propriedade especifica o intervalo entre pontos de dados. A periodicidade pode ser diária, mensal, trimestral, anual (anos civis ou fiscais), horária, de intervalos de 15 minutos, de períodos contábeis 4-4-5[2], personalizada e assim por diante.
- **Conversão.** Essa propriedade especifica a conversão de dados unitários em dados agregados. Por exemplo, a agregação das vendas diárias às vendas semanais exige adição, ao passo que agregar preços de ações diários aos preços semanais exige uma operação de média.

16.2.4 Operações com Cubo de Dados

Inúmeras operações de suporte à decisão foram propostas para o cubo de dados. Esta seção examina as operações mais comumente usadas. Um conjunto padrão de operações no cubo de dados ainda está sendo desenvolvido e, atualmente, não são todas as ferramentas de *datawarehouse* que têm implementado essas operações.

Slice (Fatiar em Cubos)

Visto que o cubo de dados pode conter grande número de dimensões, os usuários geralmente precisam se concentrar em um subconjunto de dimensões para extrair novas informações e percepções. O operador *slice* (fatia) recupera um subconjunto de um cubo de dados de

---

[1] N.T.: FTE (*ful-time equivalent*) é um índice que divide a quantidade de horas trabalhadas em jornada integral, de oito horas, pelo número de funcionários.

[2] N.T.: Cada trimestre do ano é dividido em três períodos mensais que consistem em dois meses de quatro semanas de 28 dias e em um mês de cinco semanas de 35 dias, por isso, 4-4-5.

FIGURA 16.5
Exemplo de Operação *Slice*

(Local × Fatia do Produto em relação ao Tempo = 1º/1/2006)

Local	Produto			
	Laser Monocromática	Jato de Tinta	Fotográfica	Portátil
Califórnia	80	110	60	25
Utah	40	90	50	30
Arizona	70	55	60	35
Washington	75	85	45	45
Colorado	65	45	85	60

FIGURA 16.6
Exemplo de Operação de Resumo de *Slice*

Local	Tempo			Total de Vendas
	1º/1/2006	2/1/2006	...	
Califórnia	400	670	...	16.250
Utah	340	190	...	11.107
Arizona	270	255	...	21.500
Washington	175	285	...	20.900
Colorado	165	245	...	21.336

FIGURA 16.7
Exemplo de Operação *Dice*

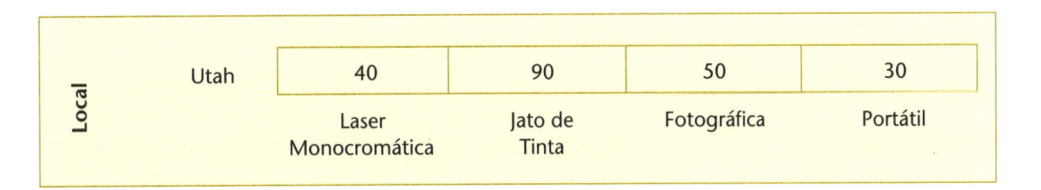

Local					
	Utah	40	90	50	30
		Laser Monocromática	Jato de Tinta	Fotográfica	Portátil

maneira semelhante ao operador *restrict* da álgebra relacional. Em uma operação *slice* (fatiar), uma ou mais dimensões são definidas para especificar valores e o restante do cubo é exibido. Por exemplo, a Figura 16.5 mostra o cubo de dados resultante de uma operação *slice* sobre o cubo de dados da Figura 16.4, na qual a dimensão Tempo = 1º/1/2006 e as outras duas dimensões (*Local* e *Produto*) são mostradas.

Uma variação do operador *slice* permite que um tomador de decisões faça uma sumarização de todos os membros, em vez de se concentrar em um único membro. O operador de sumarização *slice* substitui uma ou mais dimensões por cálculos sumarizados. O cálculo sumarizado em geral indica o valor total entre os membros ou a tendência central da dimensão, como a média ou o valor médio. Por exemplo, a Figura 16.6 mostra o resultado de uma operação de sumarização *slice* em que a dimensão *Produto* é substituída pela soma das venda entre os produtos. Uma nova coluna, denominada *Total de Vendas*, pode ser adicionada para armazenar as vendas totais do produto no ano inteiro.

Dice (Cortar em Cubos)

Pelo fato de as dimensões individuais poderem conter grande quantidade de membros, os usuários precisam se concentrar em um subconjunto de membros para extrair novas informações e percepções. O operador *dice* substitui uma dimensão por um subconjunto de valores da dimensão. Por exemplo, a Figura 16.7 mostra o resultado de uma operação *dice* para exibir as vendas do Estado de Utah em 1º de janeiro de 2006. Essa operação normalmente vem depois de uma operação *slice* e retorna um subconjunto de valores exibidos no *slice* anterior. Isso ajuda a concentrar a atenção em uma ou mais linhas de número de um *slice*.

Drill-Down (Desmembramento)

Os usuários normalmente navegam entre os níveis das dimensões hierárquicas. O operador *drill-down* permite que os usuários naveguem de um nível mais geral para um nível mais específico. Por exemplo, a Figura 16.8 mostra uma operação *drill-down* no Estado de Utah da dimensão *Local*. O sinal de adição ao lado de Utah indica uma operação *drill-down*.

Roll-Up (Agregação)

O operador *roll-up* (também chamado de *drill-up*) é o oposto do *drill-down*. O *roll-up* envolve mover de um nível mais específico para um nível mais geral de uma dimensão hierárquica. Por exemplo, um tomador de decisões pode aumentar os dados de vendas do nível diário para o trimestral para elaboração dos relatórios de final de trimestre. No exemplo de vendas de impressora, a Figura 16.5 mostra um operador *roll-up* do Estado de Utah da Figura 16.8.

Pivot (Pivoteamento)

O operador *pivot* aceita a reorganização das dimensões em um cubo de dados. Por exemplo, na Figura 16.8, a posição das dimensões *Produto* e *Local* pode ser revertida para que *Produto* apareça nas linhas e *Local* apareça nas colunas. O operador *pivot* permite que um cubo de dados seja apresentado na ordem visual mais atraente possível.

O operador *pivot* é mais comumente usado em cubos de dados de mais de duas dimensões. Em cubos desse tipo, as várias dimensões aparecem na linha e/ou na área da coluna porque não é possível exibir mais de duas dimensões de outras maneiras. Por exemplo, para exibir um cubo de dados com as dimensões *Local*, *Produto* e *Tempo*, a dimensão *Tempo* pode ser exibida na área da linha dentro da dimensão *Local*. O operador *pivot* poderia reorganizar o cubo de dados para que a dimensão *Local* fosse exibida dentro da dimensão *Time*.

Resumo dos Operadores

Para ajudá-lo a recordar-se dos operadores de cubos de dados, a Tabela 16.8 mostra resumidamente o propósito de cada um.

FIGURA 16.8 Operador *Drill-Down* para o Estado de Utah na Figura 16.5

	Produto			
Local	Laser Monocromática	Jato de Tinta	Fotográfica	Portátil
Califórnia	80	110	60	25
+Utah				
Salt Lake	20	20	10	15
Park City	5	30	10	5
Ogden	15	40	30	10
Arizona	70	55	60	35
Washington	75	85	45	45
Colorado	65	45	85	60

TABELA 16.8 Resumo dos Operadores de Cubo de Dados

Operador	Propósito	Descrição
Slice	Focaliza um subconjunto de dimensões.	Substitui uma dimensão por um valor de membro único ou por um resumo de seus valores de medida.
Dice	Focaliza um subconjunto de valores.	Substitui uma dimensão por um subconjunto de membros.
Drill-down	Obtém mais detalhes sobre uma dimensão.	Navega de um nível mais geral para um nível mais específico de uma dimensão hierárquica.
Roll-up	Resume os detalhes sobre uma dimensão.	Navega de um nível mais específico para um nível mais geral de uma dimensão hierárquica.
Pivot	Permite que um cubo de dados seja apresentado em uma ordem visualmente atraente.	Reorganiza as dimensões em um cubo de dados.

16.3 Suporte do SGBD Relacional aos *Datawarehouses*

O modelo de dados multidimensional descrito na seção precedente foi originalmente implementado por mecanismos de armazenamento especialmente destinados aos cubos de dados. Esses mecanismos de armazenamento multidimensional oferecem suporte para a definição, manipulação e otimização de grandes cubos de dados. Por causa do domínio comercial da tecnologia de banco de dados relacional, os SGBDs relacionais só precisaram de algum tempo para oferecer suporte aos dados multidimensionais. Nos últimos anos, os principais fornecedores de SGBDs investiram pesado em pesquisa e desenvolvimento para executar dados multidimensionais. Por causa do nível de investimento e do poder de mercado dos fornecedores de SGBDs relacionais, a maioria dos *datawarehouses* usa SGBDs relacionais, pelo menos em parte.

Esta seção apresenta os recursos dos SGBDs relacionais para o tratamento de dados multidimensionais. Esses recursos incluem abordagens de modelagem de dados, representação dimensional, extensões à cláusula GROUP BY, visões materializadas com reescrita de consulta, bem como estruturas de armazenamento e técnicas de otimização especializadas. Para oferecer um contexto específico para esses recursos, alguns exemplos usam o Oracle 10g SQL.

16.3.1 Modelagem de Dados Relacional para Dados Multidimensionais

esquema estrela
uma representação de modelagem de dados para bancos de dados multidimensionais. Em um banco de dados relacional, um esquema estrela tem uma tabela de fatos no centro relacionada às várias tabelas dimensão nos relacionamentos 1-M.

Para usar um banco de dados relacional em um *datawarehouse*, uma nova técnica de modelagem de dados é necessária para representar os dados multidimensionais. O esquema estrela é uma representação de modelagem própria dos cubos de dados multidimensionais. No banco de dados relacional, o diagrama desse esquema tem a aparência de uma estrela, em cujo centro encontra-se uma grande tabela, denominada tabela de fatos, que está vinculada a várias tabelas dimensão, dispostas radialmente. A tabela de fatos armazena dados numéricos (fatos), como resultados de vendas, ao passo que as tabelas dimensão armazenam dados descritivos correspondentes a dimensões individuais do cubo de dados, como produto, local e tempo. Existe um relacionamento 1-M entre cada tabela de dimensão e a tabela de fatos.

A Figura 16.9 apresenta um esquema estrela de um DER para o exemplo de vendas exposto na Seção 16.2. O DER consiste em quatro tipos de entidade dimensionais, *Item*, *Cliente*, *Loja* e *TempoDim*, bem como em um tipo de entidade fato denominada *Venda*. Quando a tabela *Venda* é convertida em projeto de tabelas, ela passa a ter chaves estrangeiras de cada tabela de dimensão (*Item*, *Cliente*, *Loja* e *TempoDim*). O tipo de entidade *Item* oferece dados para a dimensão *Produto* mostrada nos exemplos da Seção 16.2, enquanto o tipo de entidade *Loja* fornece dados para a dimensão *Local*.

O DER de vendas em loja na Figura 16.9 apresenta detalhes de granularidade fina para um *datawarehouse*. O DER oferece detalhes do cliente, da loja e do item, individualmente. Esse nível de detalhe não é necessário para os cubos de dados apresentados na Seção 16.2. Contudo, com o nível de granularidade fina, tem-se flexibilidade para oferecer suporte para análises não antecipadas e também para aplicações de *datamining*. Esse nível de granularidade pode replicar dados em bancos operacionais, embora a representação do *datawarehouse* possa diferir substancialmente pelo fato de se orientar ao assunto e por causa das operações de limpeza e integração nos dados de origem.

Variações do Esquema Estrela

O esquema estrela da Figura 16.9 representa um único processo de negócio para o rastreamento de vendas. Outros esquemas estrela podem ser necessários para outros processos, como entregas e compras. No caso de processos de negócio relacionados que compartilhem algumas das tabelas dimensionais, o esquema estrela pode ser estendido para um esquema constelação, com vários tipos de entidades de fatos, como mostra a Figura 16.10. Quando convertido em um projeto de tabela, o tipo de entidade *Inventário* torna-se uma tabela de fatos e os relacionamentos 1-M tornam-se chaves estrangeiras na tabela de fatos. O tipo de entidade *Inventário* adiciona inúmeras medidas, incluindo a quantidade ofertada de um item, o custo desse item e a quantidade devolvida. Todas as tabelas dimensionais são compartilhadas entre ambas as tabelas de fatos, exceto as tabelas *Fornecedor* e *Cliente*.

esquema constelação
uma representação de modelagem de dados para bancos de dados multidimensionais. Em um banco de dados relacional, um esquema constelação contém várias tabelas de fatos no centro relacionado a tabelas dimensão. Em geral, as tabelas de fatos compartilham algumas tabelas dimensão.

FIGURA 16.9
Esquema Estrela de um DER do Exemplo de Vendas em Loja

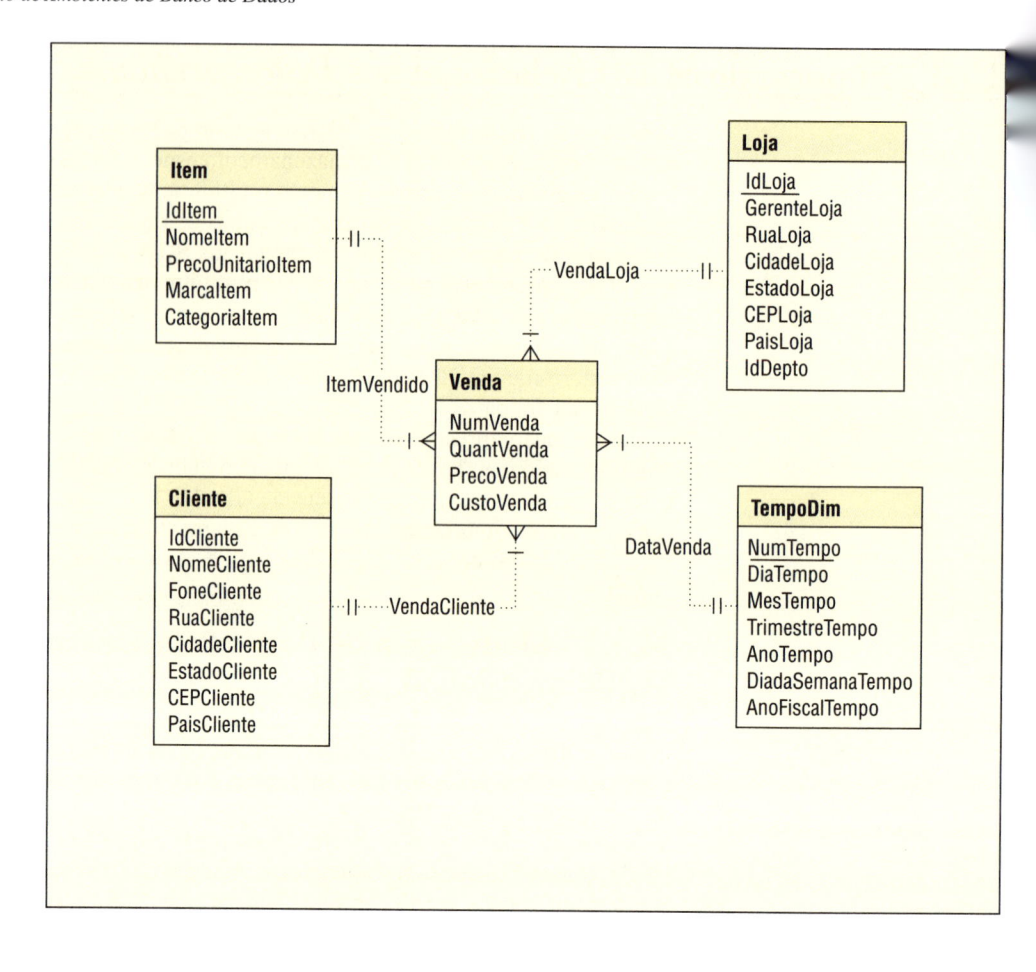

Item
- IdItem
- NomeItem
- PrecoUnitarioItem
- MarcaItem
- CategoriaItem

Loja
- IdLoja
- GerenteLoja
- RuaLoja
- CidadeLoja
- EstadoLoja
- CEPLoja
- PaisLoja
- IdDepto

Venda
- NumVenda
- QuantVenda
- PrecoVenda
- CustoVenda

Cliente
- IdCliente
- NomeCliente
- FoneCliente
- RuaCliente
- CidadeCliente
- EstadoCliente
- CEPCliente
- PaisCliente

TempoDim
- NumTempo
- DiaTempo
- MesTempo
- TrimestreTempo
- AnoTempo
- DiadaSemanaTempo
- AnoFiscalTempo

Relacionamentos: ItemVendido, VendaLoja, VendaCliente, DataVenda.

As tabelas de fatos normalmente são normalizadas, enquanto as tabelas dimensão com freqüência não estão na terceira forma normal (third normal form – 3NF). Por exemplo, o tipo de entidade *Loja* nas figuras 16.9 e 16.10 não está na 3NF porque *IdDepto* determina o *NomeDepto* e *GerenteDpto*. Em geral não é necessário normalizar as tabelas dimensão para impedir anomalias no armazenamento porque normalmente elas são estáveis e pequenas. A natureza de um *datawarehouse* indica que as tabelas dimensão devem ser projetadas para recuperação, não para atualização. O desempenho associado à recuperação de dados é melhorado eliminando-se as operações de união que seriam necessárias para combinar tabelas dimensionais totalmente normalizadas.

Quando as tabelas dimensionais são pequenas, a desnormalização oferece apenas um pequeno ganho de desempenho na recuperação de dados. Portanto, é comum ver tabelas dimensionais pequenas normalizadas, como mostra a Figura 16.11. Essa variação é conhecida por esquema floco de neve, porque vários níveis de tabelas dimensionais dispõem-se ao redor da tabela de fatos. No caso das tabelas *Cliente* e *Item*, a normalização total pode não ser uma boa idéia porque essas tabelas contêm muitas linhas.

O esquema estrela e suas variações exigem relacionamentos 1-M das tabelas dimensionais com a tabela de fatos. O uso de relacionamentos 1-M simplifica a formulação de consultas e permite a utilização das técnicas de otimização discutidas na Seção 16.3.5. Às vezes, os dados de origem têm exceções que envolvem relacionamentos M-N, e não relacionamentos 1-M. Por exemplo, se a tabela de fatos *Venda* é derivada das faturas dos clientes, algumas faturas podem envolver vários clientes, como companheiros de quarto ou cônjuges. Explicamos a seguir duas maneiras de rever o esquema estrela para relacionamentos M-N.

- Se houver uma quantidade pequena e fixa de clientes, pode-se fazer um simples ajuste na tabela de fatos ou dimensão. É possível adicionar várias colunas a ambas as tabelas para possibilitar a existência de mais de um cliente. Por exemplo, a tabela *Cliente* pode ter a coluna adicional *IdCliente2* para identificar um segundo cliente opcional na fatura.

esquema floco de neve
uma representação de modelagem de dados para bancos de dados multidimensionais. Em um banco de dados relacional, o esquema floco de neve tem níveis múltiplos de tabela de dimensão relacionados com uma ou mais tabelas de fatos. Deve-se usar o esquema floco de neve em vez do esquema estrela para tabelas de dimensão pequenas que não estão na terceira forma normal (3NF).

FIGURA 16.10
Esquema Constelação de um DER para o Exemplo do Inventário de Vendas

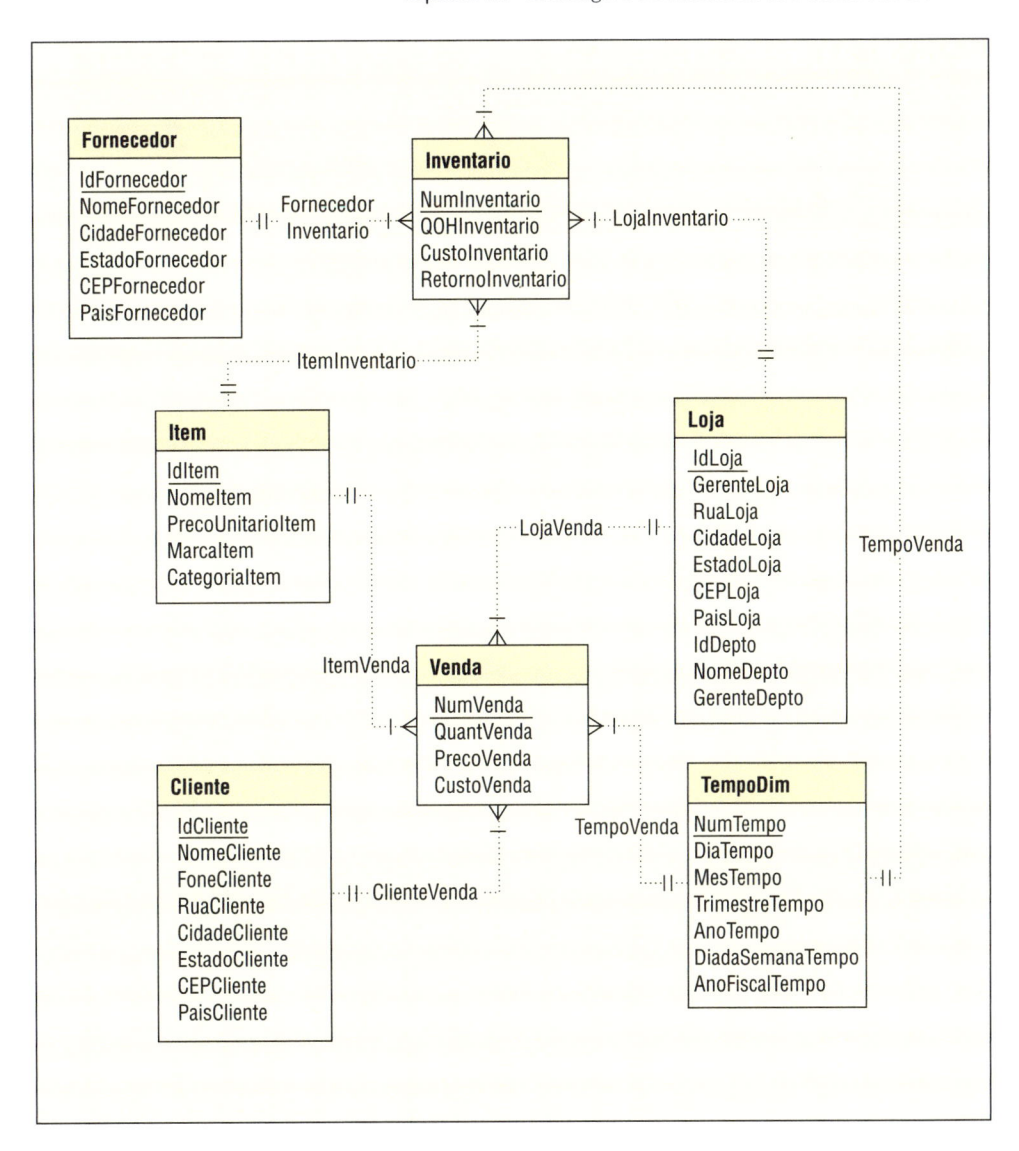

(Diagrama DER contendo as entidades: Fornecedor [IdFornecedor, NomeFornecedor, CidadeFornecedor, EstadoFornecedor, CEPFornecedor, PaisFornecedor]; Inventario [NumInventario, QOHInventario, CustoInventario, RetornoInventario]; Item [IdItem, NomeItem, PrecoUnitarioItem, MarcaItem, CategoriaItem]; Loja [IdLoja, GerenteLoja, RuaLoja, CidadeLoja, EstadoLoja, CEPLoja, PaisLoja, IdDepto, NomeDepto, GerenteDepto]; Venda [NumVenda, QuantVenda, PrecoVenda, CustoVenda]; Cliente [IdCliente, NomeCliente, FoneCliente, RuaCliente, CidadeCliente, EstadoCliente, CEPCliente, PaisCliente]; TempoDim [NumTempo, DiaTempo, MesTempo, TrimestreTempo, AnoTempo, DiadaSemanaTempo, AnoFiscalTempo]. Relacionamentos: FornecedorInventario, LojaInventario, ItemInventario, ItemVenda, LojaVenda, ClienteVenda, TempoVenda.)

- Se houver a possibilidade de existirem grupos de clientes para uma fatura, a representação será mais complexa. É possível adicionar uma tabela de grupo de clientes com uma tabela associativa que una o grupo de clientes e a tabela *Cliente* por meio de relacionamentos 1-M.

Representação do Tempo nos Esquemas Estrela

A representação do tempo é uma questão vital nos *datawarehouses* porque a maioria das consultas usa o tempo nas condições. Sua principal aplicação é registrar a ocorrência dos fatos. A representação mais simples é um tipo de dado *timestamp* para uma coluna em uma tabela de fato. No lugar de uma coluna *timestamp*, muitos *datawarehouses* usam uma chave estrangeira para uma tabela de dimensão de tempo, como mostram as figuras 16.9 a 16.11. O uso desse tipo de tabela permite que se representem convenientemente recursos de calendário específicos à organização, como feriados, anos fiscais e quantidade de semanas, que não são representados nos tipos de dados *timestamp*. A granularidade da tabela de dimensão de tempo normalmente é em dias. Se houver necessidade de usar hora oficial também para uma tabela de fatos, ela pode ser adicionada como uma coluna nessa tabela para estender a chave estrangeira para a tabela de tempo.

O tempo na maioria das tabelas de fatos é representado como uma chave estrangeira para a tabela de tempo, aumentando-se a hora oficial se necessário. No caso de tabelas de fatos que envolvam operações internacionais, usam-se duas representações temporais (chaves estrangeiras para tabelas temporais em conjunto com colunas opcionais de hora oficial) para registrar

FIGURA 16.11 Esquema Floco de Neve de um DER para o Exemplo de Vendas em Loja

Item
- IdItem
- NomeItem
- PrecoUnitarioItem
- MarcaItem

Loja
- IdLoja
- Gerente Loja
- RuaLoja
- CidadeLoja
- EstadoLoja
- CEPLoja
- PaisLoja

Departamento
- IdDepto
- NomeDepto
- GerenteDepto

Venda
- NumVenda
- QuantVenda
- PrecoVenda
- CustoVenda

Cliente
- IdCliente
- NomeCliente
- FoneCliente
- RuaCliente
- CidadeCliente
- EstadoCliente
- CEPCliente
- PaisCliente

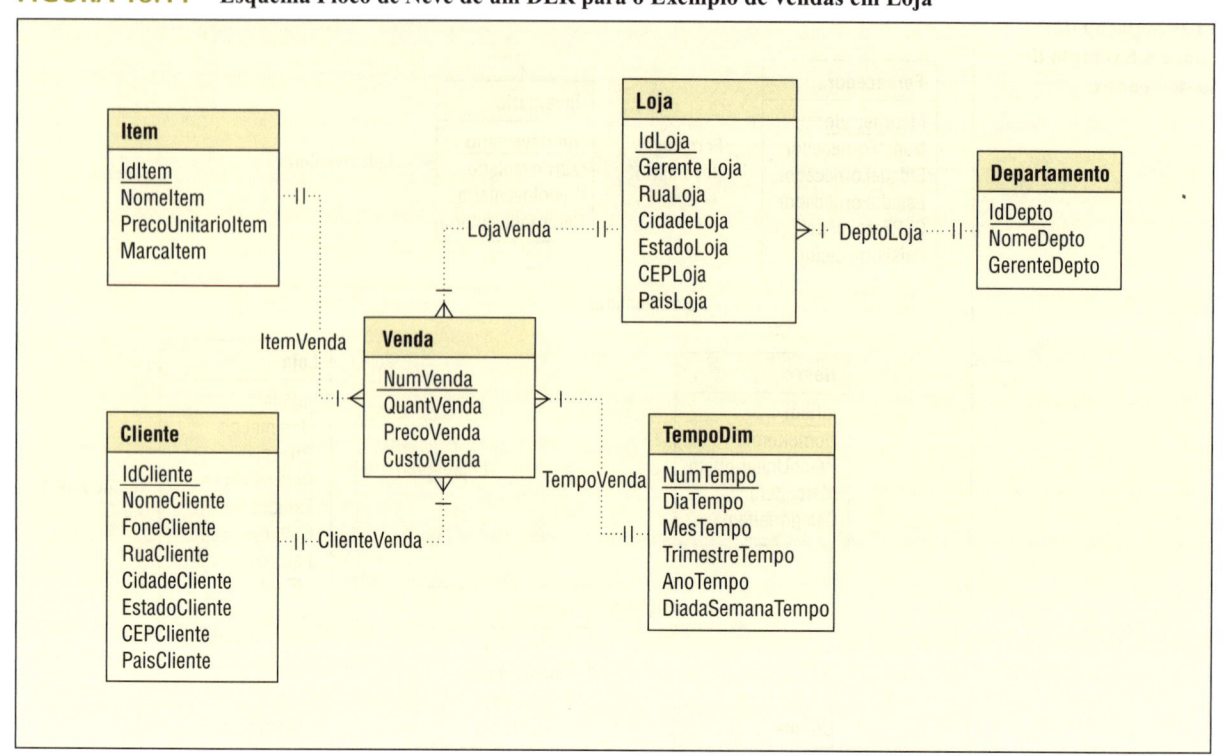

TempoDim
- NumTempo
- DiaTempo
- MesTempo
- TrimestreTempo
- AnoTempo
- DiadaSemanaTempo

Relacionamentos: ItemVenda, LojaVenda, DeptoLoja, ClienteVenda, TempoVenda.

o tempo nos locais de origem e destino. Uma variação identificada por Kimball (2003) é a tabela de fatos acumulativa que registra o *status* de inúmeros eventos, em vez de um único evento. Por exemplo, uma tabela de fatos contendo uma *snapshot* do processamento de um pedido poderia incluir a data do pedido, a data de remessa, a data de entrega, a data de pagamento e assim por diante. Cada uma das colunas de ocorrência de um evento pode ser representada por uma chave estrangeira para a tabela de tempo, com uma coluna de hora oficial se necessário.

No caso das tabelas dimensão, a representação do tempo envolve o nível de integridade histórica, um problema que tem a ver com a atualização dessas tabelas. Quando uma linha de dimensão é atualizada, as linhas da tabela de fatos correspondente perdem sua precisão histórica. Por exemplo, se a coluna da cidade da linha de um cliente muda, as linhas de vendas correspondentes perdem sua precisão histórica. Para preservar a integridade histórica, essas linhas devem apontar para uma versão anterior da linha do cliente. Kimball (abril de 1996) apresenta três alternativas para manter a integridade histórica:

- **Tipo I.** Sobrescreve os valores antigos com os dados alterados. Esse método não oferece integridade histórica.
- **Tipo II.** Usa um número de versão para aumentar a chave primária de uma tabela de dimensão. Para cada alteração em uma linha de dimensão, insere uma linha na tabela de dimensão com um número maior de versão. Por exemplo, para controlar a alteração na coluna da cidade, há uma nova linha na tabela *Cliente*, com o mesmo número de cliente, mas com um número de versão maior que o da linha precedente. Além do número de versão, são necessárias colunas adicionais para registrar a data de início efetiva e a data de término efetiva para cada coluna histórica.
- **Tipo III.** Usa colunas adicionais para manter um histórico fixo. Por exemplo, para manter um histórico da cidade atual e das duas alterações anteriores da cidade, é possível armazenar três colunas de cidade (*CidadeAtualCliente*, *CidadeAnteriorCliente*, *CidadePassadaCliente*) na tabela *Cliente*, bem como seis colunas de datas correspondentes (duas colunas de data por coluna de valor histórico) para registrar as datas efetivas.

A Figura 16.12 mostra o Tipo II e o Tipo III para a coluna *CidadeCliente*. O Tipo II é uma alternativa que envolve várias linhas do mesmo cliente, mas o histórico global é repre-

FIGURA 16.12
Alternativas para a Integridade Dimensional Histórica de *CidadeCliente*

Representação do Tipo II

Cliente

IdCliente
NumVersao
NomeCliente
TelefoneCliente
RuaCliente
CidadeCliente
CidadeDataInicioEfetivaCliente
CidadeDataFimEfetivaCliente
EstadoCliente
CEPCliente
PaisCliente

Representação do Tipo III

Cliente

IdCliente
NomeCliente
TelefoneCliente
RuaCliente
AtualClienteCidade
CidadeAtualDataInicioEfetivaCliente
CidadeAtualDataFinalEfetivaCliente
CidadeAnteriorCliente
CidadeAnteriorDataInicioEfetivaCliente
CidadeAnteriorDataFinalEfetivaCliente
CidadePassadaCliente
CidadePassadaDataInicioEfetivaCliente
CidadePassadaDataFinalEfetivaCliente
EstadoCliente
CEPCliente
PaisCliente

sentado. O Tipo III é uma alternativa que envolve uma única linha apenas para cada cliente, mas somente parte do histórico pode ser representada.

16.3.2 Representação das Dimensões

O esquema estrela e suas variações não oferecem uma representação explícita das dimensões hierárquicas porque as tabelas dimensão não definem os relacionamentos hierárquicos entre os níveis de uma dimensão. Pelo fato de a definição de dimensão ser importante para que se realizem operações de cubos de dados e se utilizem técnicas de otimização para reescrita de consulta (Seção 16.3.4), vários fornecedores de SGBDs criaram extensões SQL proprietárias (patenteadas) para as dimensões. Esta seção reexamina a instrução CREATE DIMENSION do Oracle para indicar os tipos de extensão que podem ser encontrados nos SGBDs.

A instrução CREATE DIMENSION do Oracle aceita a especificação de níveis, hierarquias e restrições para uma dimensão[3]. Na primeira parte da declaração de uma dimensão consta a especificação de níveis. No caso das dimensões planas (não hierárquicas), existe apenas um nível em uma dimensão. Contudo, a maioria das dimensões envolve vários níveis, como representado no Exemplo 16.1, para a dimensão *LojaDim*. Cada nível corresponde a uma coluna da tabela de origem *Loja*.

EXEMPLO 16.1

Instrução CREATE DIMENSION do Oracle para a Dimensão *LojaDim* com a Especificação de Níveis

```
CREATE DIMENSION LojaDim
    LEVEL IDLoja      SI Loja.IdLoja
    LEVEL Cidade      SI Loja.CidadeLoja
    LEVEL Estado      SI Loja.EstadoLoja
    LEVEL CEP         SI Loja.CEPLoja
    LEVEL Pais        SI Loja.PaisLoja ;
```

[3] Não coloque linhas em branco nas instruções CREATE DIMENSION. O compilador SQL do Oracle gera mensagens de erro quando encontra linhas em branco na instrução CREATE DIMENSION.

A parte seguinte da instrução CREATE DIMENSION envolve a especificação de hierarquias. A instrução CREATE DIMENSION do Oracle aceita dimensões com várias hierarquias, como mostra o Exemplo 16.2. A especificação de uma hierarquia é feita do nível mais detalhado para o nível mais geral. As palavras-chave CHILD OF indicam os relacionamentos hierárquicos diretos em uma dimensão.

EXEMPLO 16.2   **Instrução CREATE DIMENSION do Oracle para a Dimensão *LojaDim* com a Especificação de Níveis e Hierarquias**

```
CREATE DIMENSION LojaDim
    LEVEL IdLoja      SI Loja.IdLoja
    LEVEL Cidade      SI Loja.CidadeLoja
    LEVEL Estado      SI Loja.EstadoLoja
    LEVEL CEP         SI Loja.CEPLoja
    LEVEL Pais        SI Loja.PaisLoja
    HIERARCHY CidadeRollup (
        IdLoja   CHILD OF
        Cidade   CHILD OF
        Estado   CHILD OF
        Pais   )
    HIERARCHY CEPRollup (
        IdLoja   CHILD OF
        CEP      CHILD OF
        Estado   CHILD OF
        Pais   );
```

A instrução CREATE DIMENSION do Oracle aceita dimensões com níveis de várias tabelas de origem. Esse recurso aplica-se a tabelas dimensão normalizadas em esquemas floco de neve. O Exemplo 16.3 estende o Exemplo 16.2 com a inclusão de um nível adicional (*IdDepto*) e de uma hierarquia contendo o novo nível. Na especificação do nível, o nível *IdDepto* menciona a tabela *Depto*. Na hierarquia *DeptoRollup*, a cláusula JOIN KEY indica uma união entre as tabelas *Loja* e *Departamento*. Essa cláusula no final da especificação da hierarquia é essencial quando uma hierarquia contém níveis de mais de uma tabela de origem.

EXEMPLO 16.3   **Instrução CREATE DIMENSION do Oracle para a Dimensão *LojaDim* Utilizando Várias Tabelas de Origem**

```
CREATE DIMENSION LojaDim
    LEVEL IdLoja      SI Loja.IdLoja
    LEVEL Cidade      SI Loja.CidadeLoja
    LEVEL Estado      SI Loja.EstadoLoja
    LEVEL CEP         SI Loja.CEPLoja
    LEVEL Pais        SI Loja.PaisLoja
    LEVEL IdDepto     SI Depto.IdDepto
```

```
        HIERARCHY CidadeRollup   (
          IdLoja    CHILD OF
          Cidade   CHILD OF
          Estado  CHILD OF
          Pais   )
        HIERARCHY CEPRollup   (
          IdLoja    CHILD OF
          CEP       CHILD OF
          Estado  CHILD OF
          Pais   )
        HIERARCHY DeptoRollup   (
          IdLoja    CHILD OF
          IdDepto
          JOIN KEY Loja.IdDepto REFERENCES IdDepto   );
```

A parte final da instrução CREATE DIMENSION requer a especificação de restrições. A cláusula ATTRIBUTE define relacionamentos de dependência funcional envolvendo níveis de dimensão e colunas que não são de origem em tabelas dimensão. O Exemplo 16.4 mostra cláusulas ATTRIBUTE para colunas que não são de origem na tabela *Departamento*.

EXEMPLO 16.4 — **Instrução CREATE DIMENSION do Oracle para a Dimensão *LojaDim* Utilizando Cláusulas ATTRIBUTE para as Restrições**

```
CREATE DIMENSION LojaDim
   LEVEL IdLoja       SI Loja.IdLoja
   LEVEL Cidade       SI Loja.CidadeLoja
   LEVEL Estado       SI Loja.EstadoLoja
   LEVEL CEP          SI Loja.CEPLoja
   LEVEL Pais         SI Loja.PaisLoja
   LEVEL IdDepto      SI Departamento.IdDepto
     HIERARCHY CidadeRollup   (
        IdLoja   CHILD OF
        Cidade  CHILD OF
        Estado  CHILD OF
        Pais   )
     HIERARCHY CEPRollup   (
        IDLoja   CHILD OF
        CEP      CHILD OF
        Estado  CHILD OF
        Pais   )
     HIERARCHY DepartamentoRollup   (
        IdLoja  CHILD OF
        IdDepto
        JOIN KEY Loja.IdDepto REFERENCES IdDepto   )
     ATTRIBUTE IdDepto DETERMINES Departamento.NomeDepto
     ATTRIBUTE IdDepto DETERMINES Departamento.GerenteDepto ;
```

No Exemplo 16.4, as cláusulas DETERMINES redundam com a restrição de chave primária para a tabela *Departamento*. Essas cláusulas são mostradas no Exemplo 16.4 para reforçar as restrições aceitas pelas declarações de chave primária. Elas são essenciais para res-trições que não correspondam às restrições de chave primária, para possibilitar otimizações de consulta. Por exemplo, se cada código postal estiver associado a um estado, a cláusula DETERMINES deve ser usada para permitir otimizações envolvendo as colunas de código postal e estado.

16.3.3 Extensões à Cláusula GROUP BY para Dados Multidimensionais

Iniciados com o SQL:1999 e subseqüentemente com o SQL:2003, novos recursos de sumarização estão disponíveis na cláusula GROUP BY. Esses recursos são uma tentativa de unificar a proliferação de extensões proprietárias de cubos de dados, embora eles não eliminem a necessidade de ferramentas visuais que aceitem diretamente as operações de cubo de dados. As extensões têm a capacidade de produzir totais resumidos (operadores CUBE e ROLLUP), bem como uma especificação mais precisa das colunas de agrupamento (operador GROUPING SETS). Esta seção descreve essas novas partes da cláusula GROUP BY usando o Oracle 10g como exemplo de SGBD que implementa os recursos regulares do SQL.

Operador CUBE

operador CUBE
um operador que aumenta o resultado normal de GROUP BY com todas as combinações dos subtotais. O operador CUBE é apropriado para resumir colunas de dimensões independentes, em vez de colunas que representam diferentes níveis de uma única dimensão.

A cláusula do operador CUBE produz todas as combinações possíveis de subtotal, além dos totais normais mostrados em uma cláusula GROUP BY. Dada a possibilidade de gerar todos os subtotais possíveis, o operador CUBE é apropriado para resumir colunas de dimensões independentes, em vez de colunas que representam diferentes níveis da mesma dimensão. Por exemplo, o operador CUBE seria adequado para gerar subtotais para todas as combinações de mês, estado da loja e marca do produto. Em contraposição, a operação CUBE para mostrar todos os subtotais possíveis do ano, mês e dia não seria tão interessante por causa da hierarquia na dimensão de tempo.

Para descrever o operador CUBE, o Exemplo 16.5 exibe uma instrução SELECT com uma cláusula GROUP BY que contém apenas duas colunas. Apenas seis linhas são mostradas no resultado. Portanto, o efeito desse operador pode ser compreendido com facilidade. Com dois valores na coluna *CEPLoja* e três valores na coluna *MesTempo*, o número de combinações de subtotal é seis (dois subtotais *CEPLoja*, três subtotais *MesTempo* e um total geral), como mostra o Exemplo 16.6. Os valores em branco no resultado representam um resumo de

---

EXEMPLO 16.5

Cláusula GROUP BY e Resultado Parcial sem os Subtotais

```
SELECT CEPLoja, MesTempo, SUM(PrecoVenda) AS TotalVendas
  FROM Venda, Loja, TempoDim
  WHERE Venda.IdLoja = Loja.IdLoja AND
        Venda.NumTempo = TempoDim.NumTempo
    AND (PaisLoja = 'USA' OR PaisLoja = 'Canada')
    AND AnoTempo = 2005
  GROUP BY CEPLoja, MesTempo;
```

CEPLoja	MesTempo	TotalVendas
80111	1	10000
80111	2	12000
80111	3	11000
80112	1	9000
80112	2	11000
80112	3	15000

EXEMPLO 16.6
(Oracle)

Cláusula GROUP BY e Resultado com os Subtotais Produzidos pelo Operador CUBE

SELECT CEPLoja, MesTempo, SUM(PrecoVendas) AS TotalVendas
  FROM Venda, Loja, TempoDim
  WHERE Venda.IdLoja = Loja.IdLoja
    AND Venda.NumTempo = TempoDim.NumTempo
    AND (PaisLoja = 'USA' OR PaisLoja = 'Canada')
    AND AnoTempo = 2005
  GROUP BY CUBE(CEPLoja, MesTempo);

CEPLoja	MesTempo	TotalVendas
80111	1	10000
80111	2	12000
80111	3	11000
80112	1	9000
80112	2	11000
80112	3	15000
80111		33000
80112		35000
	1	19000
	2	23000
	3	26000
		68000

todos os valores possíveis da coluna. Por exemplo, a linha <80111, -, 33000> representa as vendas totais no código postal 80111 em todos os meses (- representa um valor sem importância para o mês).

Com mais de duas colunas de agrupamento, o operador CUBE torna-se mais difícil de compreender. Os exemplos 16.7 e 16.8 estendem os exemplo 16.5 e 16.6 com uma coluna de agrupamento adicional (*AnoTempo*). A quantidade de linhas no resultado aumenta para 12 linhas no resultado do Exemplo 16.7, sem o operador CUBE, para 36 linhas no resultado do Exemplo 16.8, com esse operador. Para as três colunas de agrupamento com valores exclusivos M, N e P, a quantidade máxima de linhas de subtotal produzidas pelo operador CUBE é $M + N + P + M*N + M*P + N*P + 1$. Visto que o número de linhas de subtotal aumenta substancialmente com o número de colunas agrupadas e os valores exclusivos por coluna, o operador CUBE deve ser usado restritamente quando houver mais de três colunas agrupadas.

EXEMPLO 16.7

Cláusula GROUP BY com Três Colunas de Agrupamento e o Resultado Parcial sem os Subtotais

SELECT CEPLoja, MesTempo, AnoTempo, SUM(PrecoVenda) AS TotalVendas
  FROM Venda, Loja, TempoDim
  WHERE Venda.IdLoja = Loja. IdLoja
    AND Venda.NumTempo = TempoDim.NumTempo
    AND (PaisLoja = 'USA' OR PaisLoja = 'Canada')
    AND AnoTempo BETWEEN 2005 AND 2006
  GROUP BY CEPLoja, MesTempo, AnoTempo;

CEPLoja	MesTempo	AnoTempo	TotalVendas
80111	1	2005	10000
80111	2	2005	12000
80111	3	2005	11000
80112	1	2005	9000
80112	2	2005	11000
80112	3	2005	15000
80111	1	2006	11000
80111	2	2006	13000
80111	3	2006	12000
80112	1	2006	10000
80112	2	2006	12000
80112	3	2006	16000

EXEMPLO 16.8
(Oracle)

Cláusula GROUP BY com Três Colunas de Agrupamento e o Resultado com os Subtotais Produzidos pelo Operador CUBE

SELECT CEPLoja, MesTempo, AnoTempo, SUM(PrecoVenda) AS TotalVendas
  FROM Venda, Loja, TempoDim
  WHERE Venda.IdLoja = Loja.IdLoja
    AND Venda.NumTempo = TempoDim. NumTempo
    AND (PaisLoja = 'USA' OR PaisLoja = 'Canada')
    AND AnoTempo BETWEEN 2005 AND 2006
  GROUP BY CUBE(CEPLoja, MesTempo, AnoTempo);

CEPLoja	MesTempo	AnoTempo	TotalVendas
80111	1	2005	10000
80111	2	2005	12000
80111	3	2005	11000
80112	1	2005	9000
80112	2	2005	11000
80112	3	2005	15000
80111	1	2006	11000
80111	2	2006	13000
80111	3	2006	12000
80112	1	2006	10000
80112	2	2006	12000
80112	3	2006	16000
80111	1		21000
80111	2		25000
80111	3		23000
80112	1		19000
80112	2		22000
80112	3		31000
80111		2005	33000
80111		2006	36000
80112		2005	35000

CEPLoja	MesTempo	AnoTempo	TotalVendas
80112		2006	38000
	1	2005	19000
	2	2005	23000
	3	2005	26000
	1	2006	21000
	2	2006	25000
	3	2006	28000
80111			69000
80112			73000
	1		40000
	2		48000
	3		54000
		2005	68000
		2006	74000
			142000

O operador CUBE não é um operador primitivo. O resultado de uma operação CUBE pode ser produzido usando-se inúmeras instruções SELECT unidas por um operador UNION, como mostra o Exemplo 16.9. As instruções SELECT adicionais geram subtotais para cada combinação de colunas agrupadas. Para gerar os subtotais serão necessárias duas colunas agrupadas e três instruções SELECT adicionais. Com N colunas agrupadas, $2^N - 1$ instruções SELECT adicionais serão necessárias. Obviamente, é bem mais fácil escrever o operador CUBE do que uma grande quantidade de instruções SELECT adicionais.

EXEMPLO 16.9

Exemplo 16.6 Reescrito sem Usar o Operador CUBE

Em cada instrução SELECT adicional, um valor padrão (0 para as colunas numéricas e " para colunas de texto) substitui a coluna em que os totais não foram gerados.

SELECT CEPLoja, MesTempo, AnoTempo, SUM(PrecoVenda) AS TotalVendas
  FROM Venda, Loja, TempoDim
  WHERE Venda.IdLoja = Loja.IdLoja
    AND Venda.NumTempo = TempoDim.NumTempo
    AND (PaisLoja = 'USA' OR PaisLoja = 'Canada')
    AND AnoTempo = 2005
  GROUP BY CEPLoja, MesTempo
  UNION
SELECT CEPLoja, 0, Sum(PrecoVenda) AS TotalVendas
  FROM VENDA, Loja, TempoDim
  WHERE Venda.IdLoja = Loja.IdLoja
    AND Venda.NumTempo = TempoDim.NumTempo
    AND (PaisLoja = 'USA' OR PaisLoja = 'Canada')
    AND AnoTempo = 2005
  GROUP BY CEPLoja
UNION
SELECT ", MesTempo, SUM(PrecoVenda) AS TotalVendas
  FROM VENDA, Loja, TempoDim
  WHERE Venda.IdLoja = Loja.IdLoja

```
        AND Venda.NumTempo = TempoDim.NumTempo
        AND (PaisLoja = 'USA' OR PaisLoja = 'Canada')
        AND AnoTempo = 2005
    GROUP BY MesTempo
UNION
SELECT '', 0, SUM(PrecoVenda) AS TotalVendas
    FROM venda, Loja, TempoDim
    WHERE Venda.IdLoja = Loja.IdLoja
        AND Venda.NumTempo = TempoDim.NumTempo
        AND (PaisLoja = 'USA' OR PaisLoja = 'Canada')
        AND AnoTempo = 2005;
```

operador ROLLUP
um operador que aumenta o resultado normal do GROUP BY com um conjunto parcial de subtotais. O operador ROLLUP é apropriado para resumir níveis de uma hierarquia de dimensão.

Operador ROLLUP

O operador ROLLUP do SQL oferece um recurso semelhante ao operador *roll-up* para cubos de dados, o qual produz totais para partes mais gerais de uma hierarquia de dimensão. O operador ROLLUP do SQL produz subtotais para cada subconjunto de colunas agrupadas para simular os efeitos do operador *roll-up* para cubos de dados. Por exemplo, a operação *ROLLUP(AnoTempo, TrimestreTempo, MesTempo, DiaTempo)* do SQL produz subtotais para os subconjuntos de colunas <*AnoTempo, TrimestreTempo, MesTempo*>, <*AnoTempo, TrimestreTempo*>, <*AnoTempo*>, bem como o total geral. Como podemos ver por meio desse exemplo, a ordem das colunas em uma operação ROLLUP é significativa.

Como indica o parágrafo anterior, o operador ROLLUP produz apenas um conjunto parcial de subtotais para as colunas em uma cláusula GROUP BY. Os exemplos 16.10 e 16.11 demonstram o operador ROLLUP a fim de compará-lo com o operador CUBE no Exemplo 16.6. Observe que o Exemplo 16.10 contém três linhas de subtotal, em comparação às seis

EXEMPLO 16.10 (Oracle)

Cláusula GROUP BY e Resultado com os Subtotais Produzidos pelo ROLLUP Operador ROLLUP

Este exemplo deve ser comparado com o Exemplo 16.6 para que se compreenda a diferença entre os operadores CUBE e ROLLUP.

```
SELECT CEPLoja, MesTempo, SUM(PrecoVenda) AS TotalVendas
    FROM Venda, Loja, TempoDim
    WHERE Venda.IdLoja = Loja.IdLoja
        AND Venda.NumTempo = TempoDim.NumTempo
        AND (PaisLoja = 'USA' OR PaisLoja = 'Canada')
        AND AnoTempo = 2005
    GROUP BY ROLLUP(CEPLoja, MesTempo);
```

CEPLoja	MesTempo	TotalVendas
80111	1	10000
80111	2	12000
80111	3	11000
80112	1	9000
80112	2	11000
80112	3	15000
80111		33000
80112		35000
		68000

linhas de subtotal no Exemplo 16.6, com o operador CUBE. No Exemplo 16.11, os subtotais são produzidos para os valores nas combinações de coluna <CEPLoja, MesTempo>, <CEP Loja> e o total geral. No Exemplo 16.8, com o operador CUBE, os subtotais são também produzidos para os valores nas combinações de coluna <CEPLoja, AnoTempo>, <MesTempo, AnoTempo>, <MesTempo> e <AnoTempo>. Portanto, o operador ROLLUP produz bem menos linhas de subtotal, comparavelmente ao operador CUBE à medida que a quantidade de colunas agrupadas e de valores exclusivos por coluna aumenta.

EXEMPLO 16.11 (Oracle)

Cláusula GROUP BY com Três Colunas de Agrupamento e o Resultado com os Subtotais Produzidos pelo Operador ROLLUP

Este exemplo deve ser comparado com o Exemplo 16.8 para que se compreenda a diferença entre os operadores CUBE e ROLLUP.

```
SELECT CEPLoja, MesTempo, AnoTempo, SUM(PrecoVenda) AS TotalVendas
  FROM Venda, Loja, TempoDim
  WHERE Venda.IdLoja = Loja. IdLoja
    AND Venda.NumTempo = TempoDim. NumTempo
    AND (PaisLoja = 'USA' OR PaisLoja = 'Canada')
    AND AnoTempo BETWEEN 2005 AND 2006
  GROUP BY ROLLUP(CEPLoja, MesTempo, AnoTempo);
```

CEPLoja	MesTempo	AnoTempo	TotalVendas
80111	1	2005	10000
80111	2	2005	12000
80111	3	2005	11000
80112	1	2005	9000
80112	2	2005	11000
80112	3	2005	15000
80111	1	2006	11000
80111	2	2006	13000
80111	3	2006	12000
80112	1	2006	10000
80112	2	2006	12000
80112	3	2006	16000
80111	1		21000
80111	2		25000
80111	3		23000
80112	1		19000
80112	2		22000
80112	3		31000
80111			69000
80112			73000
			142000

Do mesmo modo que o operador CUBE, o operador ROLLUP não é primitivo. O resultado da operação ROLLUP pode ser produzido usando-se inúmeras instruções SELECT unidas pelo operador UNION, como mostra o Exemplo 16.12. As instruções SELECT adicionais geram subtotais para cada subconjunto ordenado de colunas agrupadas. Com três

EXEMPLO 16.12

Exemplo 16.11 Reescrito sem Usar o Operador ROLLUP

Em cada instrução SELECT adicional, um valor padrão (0 para as colunas numéricas e " para colunas de texto) substitui a coluna em que os totais não foram gerados.

```
SELECT CEPLoja, MesTempo, AnoTempo, SUM(PrecoVenda) AS TotalVendas
  FROM Venda, Loja, TempoDim
  WHERE Venda.IdLoja = Loja.IdLoja
    AND Venda.NumTempo = TempoDim.NumTempo
    AND (PaisLoja = 'USA' OR PaisLoja = 'Canada')
    AND AnoTempo BETWEEN 2005 AND 2006
  GROUP CEPLoja, MesTempo, AnoTempo
UNION
SELECT CEPLoja, MesTempo, 0, Sum(PrecoVenda) AS TotalVendas
  FROM Venda, Loja, TempoDim
  WHERE Venda.IdLoja = Loja.IdLoja
    AND Venda.NumTempo = TempoDim.NumTempo
    AND (PaisLoja = 'USA' OR PaisLoja = 'Canada')
    AND AnoTempo BETWEEN 2005 AND 2006
  GROUP BY CEPLoja, MesTempo
UNION
SELECT CEPLoja, 0,0, SUM(PrecoVenda) AS TotalVendas
  FROM Venda, Loja, TempoDim
  WHERE Venda.IdLoja = Loja.IdLoja
    AND Venda.NumTempo = TempoDim.NumTempo
    AND (PaisLoja = 'USA' OR PaisLoja = 'Canada')
    AND AnoTempo BETWEEN 2005 AND 2006
  GROUP BY CEPLoja
UNION
SELECT '', 0, 0, SUM(PrecoVenda) AS TotalVendas
  FROM Venda, Loja, TempoDim
  WHERE Venda.IdLoja = Loja.IdLoja
    AND Venda.NumTempo = TempoDim.NumTempo
    AND (PaisLoja = 'USA' OR PaisLoja = 'Canada')
    AND AnoTempo BETWEEN 2005 AND 2006;
```

colunas agrupadas, três instruções SELECT adicionais serão necessárias para gerar os subtotais. Com N colunas agrupadas, N instruções SELECT adicionais serão necessárias. Obviamente, é bem mais fácil escrever o operador ROLLUP que uma grande quantidade de instruções SELECT adicionais.

operador GROUPING SETS
um operador na cláusula GROUP BY que requer uma especificação explícita das combinações de coluna. O operador GROUPING SETS é adequado quando é necessário um controle preciso sobre os agrupamentos e subtotais.

Operador GROUPING SETS

Se precisar de maior flexibilidade que a oferecida pelos operadores CUBE e ROLLUP, você pode usar o operador GROUPING SETS. Com esse operador, você pode especificar explicitamente as combinações de coluna para as quais você precisa de total. Em contraposição, a especificação de subtotais é implícita nos operadores CUBE e ROLLUP. O operador GROUPING SETS é apropriado quando é necessário um controle preciso sobre os agrupamentos. Se não houver necessidade de um controle explícito, os operadores CUBE e ROLLUP oferecem uma especificação mais sucinta.

Para representar o operador GROUPING SETS, os exemplos anteriores são remodelados usando-se esse operador. No Exemplo 16.13, o operador GROUPING SETS envolve subtotais para as colunas *CEPLoja* e *MesTempo*, bem como o total geral denotado pelos parênteses vazios. O subconjunto (*CEPLoja*, *MesTempo*) também precisa ser especificado porque todas as combinações de coluna devem ser especificadas explicitamente, mesmo o agrupamento normal sem o operador GROUPING SETS. O Exemplo 16.14 contém oito combinações de coluna para oferecer o mesmo resultado do Exemplo 16.8, com o CUBE de três colunas. O Exemplo 16.15 contém três combinações de coluna para oferecer o mesmo resultado do Exemplo 16.11, com o ROLLUP de três colunas.

EXEMPLO 16.13
(Oracle)

Cláusula GROUP BY Usando o Operador GROUPING SETS

Este exemplo produz o mesmo resultado do Exemplo 16.6.

SELECT CEPLoja, MesTempo, SUM(PrecoVenda) AS TotalVendas
  FROM Venda, Loja, TempoDim
  WHERE Venda.IdLoja = Loja.IdLoja
    AND Venda.NumTempo = TempoDim.NumTempo
    AND (PaisLoja = 'USA' OR PaisLoja = 'Canada')
    AND AnoTempo = 2005
  GROUP BY GROUPING SETS((CEPLoja, MesTempo), CEPLoja,
      MesTempo, ());

EXEMPLO 16.14
(Oracle)

Cláusula GROUP BY Usando o Operador GROUPING SETS

Este exemplo produz o mesmo resultado do Exemplo 16.8.

SELECT CEPLoja, MesTempo, AnoTempo, SUM(PrecoVenda) AS TotalVendas
  FROM Venda, Loja, TempoDim
  WHERE Venda.IdLoja = Loja.IdLoja
    AND Venda.NumTempo = TempoDim.NumTempo
    AND (PaisLoja = 'USA' OR PaisLoja = 'Canada')
    AND AnoTempo BETWEEN 2005 AND 2006
  GROUP BY GROUPING SETS((CEPLoja, MesTempo, AnoTempo),
      (CEPLoja, MesTempo), (CEPLoja, AnoTempo),
      (MesTempo, AnoTempo), CEPLoja, MesTempo, AnoTempo, ());

EXEMPLO 16.15
(Oracle)

Cláusula GROUP BY Usando o Operador GROUPING SETS

Este exemplo produz o mesmo resultado do Exemplo 16.11.

SELECT CEPLoja, MesTempo, AnoTempo, SUM(PrecoVenda) AS TotalVendas
  FROM Venda, Loja, TempoDim
  WHERE Venda.IdLoja = Loja.IdLoja
    AND Venda.NumTempo = TempoDim.NumTempo
    AND (PaisLoja = 'USA' OR PaisLoja = 'Canada')
    AND AnoTempo BETWEEN 2005 AND 2006
  GROUP BY GROUPING SETS((CEPLoja, MesTempo, AnoTempo),
      (CEPLoja, MesTempo), CEPLoja, ());

O Exemplo 16.16 descreve uma situação em que o operador GROUPING SETS é preferível ao operador CUBE. Pelo fato de as colunas *AnoTempo* e *MesTempo* serem da mesma hierarquia dimensional, normalmente um cubo completo não é garantido. Em vez disso, o operador GROUPING SETS pode ser usado para especificar combinações de coluna para as quais são necessários subtotais. Subtotais envolvendo *MesTempo* sem *AnoTempo* são excluídos no Exemplo 16.16, mas são incluídos em uma operação CUBE completa.

EXEMPLO 16.16 (Oracle) — **Cláusula GROUP BY Usando o Operador GROUPING SETS para Indicar as Combinações de Coluna nas Quais São Necessários Subtotais**

```
SELECT CEPLoja, MesTempo, AnoTempo, SUM(PrecoVenda) AS TotalVendas
  FROM Venda, Loja, TempoDim
  WHERE Venda.IdLoja = Loja.IdLoja
    AND Venda.NumTempo = TempoDim.NumTempo
    AND (PaisLoja = 'USA' OR PaisLoja = 'Canada')
    AND AnoTempo BETWEEN 2005 AND 2006
  GROUP BY GROUPING SETS( (CEPLoja, AnoTempo, MesTempo),
     (CEPLoja, AnoTempo), (MesTempo, AnoTempo),
     CEPLoja, AnoTempo, () );
```

Variações dos Operadores CUBE, ROLLUP e GROUPING SETS

Os operadores CUBE, ROLLUP e GROUPING SETS podem ser associados para oferecer uma combinação apropriada de especificações de agrupamento com o operador GROUPING SETS e os subtotais fornecidos pelos operadores ROLLUP e CUBE. A relação a seguir apresenta algumas das variações possíveis quando esses operadores são empregados.

- É possível usar uma operação CUBE parcial para produzir subtotais para um subconjunto de dimensões independentes. Por exemplo, a cláusula *GROUP BY MesTempo, CUBE(MarcaItem, EstadoLoja)* produz totais nos subconjuntos de colunas <*MesTempo, MarcaItem, EstadoLoja*>, <*MesTempo, MarcaItem*>, <*MesTempo, EstadoLoja*> e <*MesTempo*>.

- É possível realizar uma operação ROLLUP parcial para produzir subtotais para um subconjunto de colunas da mesma hierarquia de dimensão. Por exemplo, a cláusula *GROUP BY MarcaItem, ROLLUP(AnoTempo, MesTempo, DiaTempo)* produz totais nos subconjuntos de colunas <*MarcaItem, AnoTempo, MesTempo, DiaTempo*>, <*MarcaItem, AnoTempo, MesTempo*>, <*MarcaItem, AnoTempo*> e <*MarcaItem*>.

- As colunas compostas podem ser usadas com os operadores CUBE ou ROLLUP para saltar alguns subtotais. Por exemplo, a cláusula *GROUP BY ROLLUP(AnoTempo, (TrimestreTempo, MesTempo), DiaTempo)* produz totais nos subconjuntos de colunas <*AnoTempo, TrimestreTempo, MesTempo, DiaTempo*>, <*AnoTempo, TrimestreTempo, MesTempo*>, <*AnoTempo*> e < >. A coluna composta <*TrimestreTempo, MesTempo*> é tratada como uma única coluna na operação ROLLUP.

- As operações CUBE e ROLLUP podem ser incluídas em uma operação GROUPING SETS. Por exemplo, a cláusula *GROUP BY GROUPING SETS(MarcaItem, ROLLUP (AnoTempo, MesTempo), EstadoLoja)* produz totais nos subconjuntos de colunas <*MarcaItem*>, <*EstadoLoja*>, <*AnoTempo, MesTempo*>, <*AnoTempo*> e < >. A operação ROLLUP aninhada cria subtotais nos subconjuntos de colunas <*AnoTempo, MesTempo*>, <*AnoTempo*> e < >.

Outras Extensões para Suporte à Decisão

Além das extensões do GROUP BY, inúmeras funções novas de agregação podem ser usadas na instrução SELECT. Algumas das extensões comuns são listadas a seguir.

- As funções de classificação aceitam a solicitação da porcentagem superior ou inferior dos resultados.
- As funções de proporção simplificam a formulação de consultas que comparam valores individuais com totais de grupo.
- As funções de totais e médias moventes permitem a uniformização dos dados em análises de série de tempo. A extensão OLAP no SQL:2003 oferece a cláusula WINDOW para especificar médias móveis.

16.3.4 Visões Materializadas e Reescrita de Consulta

visão materializada
uma visão armazenada que deve ser sincronizada periodicamente com seus dados-fonte. As visões materializadas aceitam o armazenamento de dados de resumo para resposta rápida a consultas.

Para dar suporte às consultas que envolvem grandes tabelas de fatos, os SGBDs relacionais oferecem visões materializadas. A visão materializada é uma visão armazenada que deve ser sincronizada periodicamente com seus dados-fonte. Essas visões são atraentes nos *datawarehouses* porque os dados de origem são estáveis, exceto no caso de atualizações periódicas, as quais podem ser normalmente realizadas em horários que não sejam de pico. Em contraposição, as visões tradicionais (não materializadas) dominam o processamento dos bancos de dados operacionais porque o custo de atualização pode ser alto. Além das visões materializadas, os SGBDs relacionais aceitam a substituição automática dessas visões por tabelas-fonte em um processo conhecido por reescrita de consulta. Esta seção descreve as visões materializadas usando a sintaxe do Oracle 10g e oferece exemplos do processo de reescrita de consulta.

Visões Materializadas no Oracle 10g

A especificação de uma visão materializada no Oracle 10g envolve elementos de especificação de tabela básica e a especificação de mapeamento das visões tradicionais, além da especificação das propriedades de materialização. Visto que as visões materializadas são armazenadas, a maioria das propriedades de armazenamento das tabelas básicas pode também ser especificada para essas visões. Tendo em vista que as propriedades de armazenamento não são o foco no momento, elas não serão descritas. A especificação de mapeamento é a mesma que a das visões tradicionais. A instrução SELECT oferece o mapeamento necessário para popular uma visão materializada. As propriedades de materialização incluem:

- **Método de renovação (incremental ou completa).** O Oracle tem inúmeras restrições quanto aos tipos de visão materializada que podem ser atualizados incrementalmente. Desse modo, a renovação incremental não será examinada aqui.
- **Tempo de renovação (por demanda ou para validação).** Para a primeira opção, o Oracle oferece o pacote DBMS_MView com vários procedimentos de renovação (Refresh, Refresh_All_MViews, Refresh_Dependent) para especificar detalhes do tempo de renovação.
- **Tempo de construção (imediata ou adiada).** No caso da opção adiada, os procedimentos de renovação no DBMS_MView podem ser usados para especificar detalhes para popular a visão materializada.

Os exemplos 16.17 a 16.19 descrevem a sintaxe da instrução CREATE MATERIALIZED VIEW. Essas instruções parecem semelhantes às instruções CREATE VIEW, exceto pelas cláusulas de materialização. O tempo de construção é imediato nos exemplos 16.17 e 16.19, ao passo que no Exemplo 16.18 é adiado. O método de renovação é completo e o tempo de renovação é em demanda em todas as três visões materializadas. A instrução SELECT posterior à palavra-chave AS oferece o mapeamento para popular a visão materializada.

EXEMPLO 16.17 (Oracle)	**Visão Materializada Contendo Vendas para Todos os Países nos Anos Após 2003, Agrupadas por Estado e Ano**

	CREATE MATERIALIZED VIEW MV1
	BUILD IMMEDIATE
	REFRESH COMPLETE ON DEMAND
	ENABLE QUERY REWRITE AS
	SELECT EstadoLoja, AnoTempo, SUM(PrecoVenda) AS TotalPreco1
	  FROM Venda, Loja, TempoDim
	  WHERE Venda.IdLoja = Loja.IdLoja
	    AND Venda.NumTempo = TempoDim.NumTempo
	    AND AnoTempo > 2003
	  GROUP BY EstadoLoja, AnoTempo;

EXEMPLO 16.18 (Oracle)	**Visão Materializada Contendo Vendas nos EUA para Todos os Anos, Agrupadas por Estado, Ano e Mês**

	CREATE MATERIALIZED VIEW MV2
	BUILD DEFERRED
	REFRESH COMPLETE ON DEMAND
	ENABLE QUERY REWRITE AS
	SELECT EstadoLoja, AnoTempo, MesTempo
	    SUM(PrecoVenda) AS TotalPreco2
	  FROM Venda, Loja, TempoDim
	  WHERE Venda.IdLoja = Loja.IdLoja
	    AND Venda.NumTempo = TempoDim.NumTempo
	    AND PaisLoja = 'USA'
	  GROUP BY EstadoLoja, AnoTempo, MesTempo;

EXEMPLO 16.19 (Oracle)	**Visão Materializada Contendo Vendas no Canadá antes de 2004, Agrupadas por Cidade, Ano e Mês**

	CREATE MATERIALIZED VIEW MV3
	BUILD IMMEDIATE
	REFRESH COMPLETE ON DEMAND
	ENABLE QUERY REWRITE AS
	SELECT CidadeLoja, AnoTempo, MesTempo,
	    SUM(PrecoVenda) AS TotalPreco3
	  FROM Venda, Loja, TempoDim
	  WHERE Venda.IdLoja = Loja.IdLoja
	    AND Venda.NumTempo = TempoDim.NumTempo
	    AND PaisLoja = 'Canada'
	    AND AnoTempo <= 2003
	  GROUP BY CidadeLoja, AnoTempo, MesTempo;

A percepção do usuário é outra diferença entre as visões tradicionais e as materializadas. Para consultas que usam bancos de dados operacionais, as visões tradicionais são usadas no lugar das tabelas básicas para simplificar a formulação da consulta. O usuário percebe o banco de dados como uma visão que o protege das complexidades das tabelas básicas. Em contra-

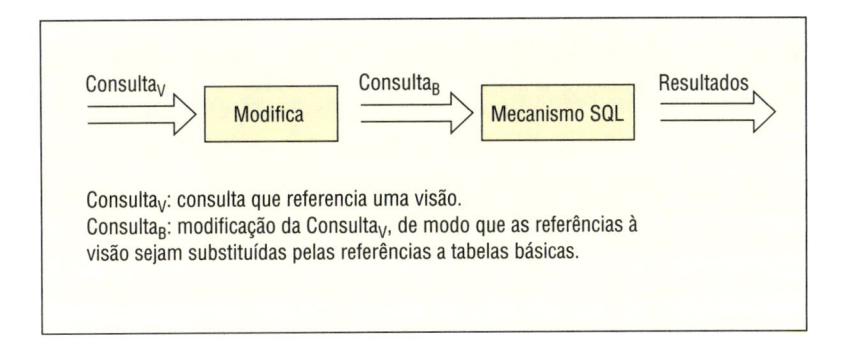

FIGURA 16.13
Fluxo de Processo da Modificação de Visão

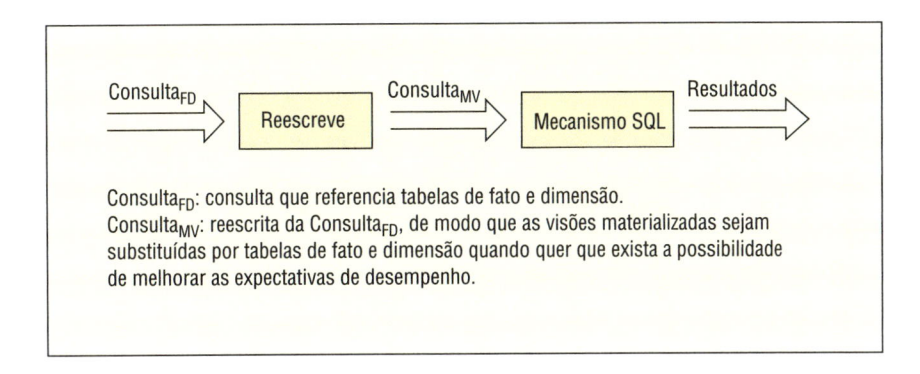

Consulta$_V$ → Modifica → Consulta$_B$ → Mecanismo SQL → Resultados

Consulta$_V$: consulta que referencia uma visão.
Consulta$_B$: modificação da Consulta$_V$, de modo que as referências à visão sejam substituídas pelas referências a tabelas básicas.

FIGURA 16.14
Fluxo de Processo da Reescrita de Consulta

Consulta$_{FD}$ → Reescreve → Consulta$_{MV}$ → Mecanismo SQL → Resultados

Consulta$_{FD}$: consulta que referencia tabelas de fato e dimensão.
Consulta$_{MV}$: reescrita da Consulta$_{FD}$, de modo que as visões materializadas sejam substituídas por tabelas de fato e dimensão quando quer que exista a possibilidade de melhorar as expectativas de desempenho.

posição, no caso das consultas em *datawarehouse* submetidas pelo usuário, são usadas as tabelas de fatos e dimensão. Essas tabelas podem ser ocultadas por meio de uma ferramenta de consulta para simplificar a formulação da consulta. Os usuários de um *datawarehouse* não percebem as visões materializadas, visto que elas funcionam apenas como auxílio ao desempenho e são gerenciadas pelo SGBD. O SGBD oferece ferramentas que ajudam na determinação de visões materializadas apropriadas e no uso dessas visões para melhorar o desempenho das consultas em um processo conhecido por reescrita de consulta.

Princípios da Reescrita de Consulta

O processo de reescrita de consulta de visões materializadas reverte o processo de modificação de uma consulta para as visões tradicionais apresentadas no Capítulo 10. Recorde-se de que o processo de modificação de uma consulta (Figura 16.13) substitui as tabelas básicas por visões de modo que a materialização dessas visões não seja necessária. Em contraposição, o processo de reescrita de consulta (Figura 16.14) substitui as tabelas de fatos e dimensão pelas visões materializadas para evitar a necessidade de acessar tabelas de fatos e dimensão muito grandes. O processo de substituição é executado apenas se houver expectativa de melhoria no desempenho.

De modo geral, a reescrita de consulta é mais complexa que a modificação de consulta porque o primeiro caso envolve um processo de substituição mais complexo e exige do otimizador a avalição dos custos desta consulta. Em ambos os processos, o SGBD, não o usuário, é que realiza o processo de substituição. No processo de reescrita, o otimizador de consultas deve avaliar se a substituição melhorará o desempenho em comparação com a consulta original. No processo de modificação de consulta, o otimizador não compara o custo da consulta modificada com a consulta original porque a modificação normalmente permite uma redução de custos substancial.

Particularidades da Reescrita de Consulta

A reescrita de consulta requer um processo de correspondência entre a consulta que está usando tabelas de fatos e dimensão e um conjunto de visões materializadas contendo dados de resumo. Em resumo, a visão materializada pode oferecer dados para uma consulta se ela corresponder às condições da linha, colunas de agrupamento e funções de agregação, como explicado a seguir e resumido na Tabela 16.9.

reescrita de consulta
um processo de substituição em que uma visão materializada substitui referências a tabelas de fato e dimensão em uma consulta. O otimizador de consultas avalia se a substituição melhorará o desempenho em comparação com a consulta original, sem a substituição da visão materializada.

TABELA 16.9
Resumo dos Requisitos de Correspondência para a Reescrita de Consulta

Tipo de Correspondência	Requisitos
Condições da linha	As condições da consulta devem ser no mínimo tão restritivas quando as condições da visão materializada.
Detalhe do agrupamento	As colunas de agrupamento da consulta não devem ser mais detalhadas que as colunas de agrupamento da visão materializada.
Dependências do agrupamento	As colunas de consulta devem corresponder ou ser deduzidas por dependências funcionais das colunas da visão materializada.
Funções de agregação	As funções de agregação da consulta devem corresponder ou ser deduzidas das funções de agregação da visão materializada.

TABELA 16.10
Correspondência entre a Visão Materializada e o Exemplo 16.20

	Visão Materializada	Consulta
Agrupamento	EstadoLoja, AnoTempo	EstadoLoja, AnoTempo
Condições	AnoTempo > 2003	AnoTempo = 2005
		PaisLoja = ('USA', 'Canada')
Agregados	SUM(PrecoVenda)	SUM(PrecoVenda)

- **Correspondência com a condição da linha.** A reescrita não será possível se uma visão materializada contiver mais condições restritivas que uma consulta. Da perspectiva da consulta, suas condições devem ser pelo menos tão restritivas quanto as de uma visão materializada. Por exemplo, se uma visão materializada tiver as condições PaisLoja = 'USA' e AnoTempo = 2005 e a consulta tiver apenas a condição PaisLoja = 'USA', a visão materializada não poderá fornecer os dados para a consulta.

- **Correspondência com o agrupamento para o nível de detalhe.** A reescrita não será possível se o agrupamento na visão materializada estiver em um nível superior (menos detalhado) que na consulta. Da perspectiva da consulta, as colunas de agrupamento não devem ser mais detalhadas que as colunas de agrupamento em uma visão materializada. Por exemplo, uma consulta com agrupamento em *MesTempo* não consegue usar uma visão materializada com agrupamento em *AnoTempo*. Entretanto, uma visão materializada com agrupamento em *MesTempo* consegue ser agregada para oferecer dados para uma consulta com agrupamento em *AnoTempo*.

- **Correspondência com o agrupamento para as dependências funcionais.** A reescrita não será possível se uma consulta contiver colunas de agrupamento, mas não em uma visão materializada, a menos que as colunas possam ser derivadas das dependências funcionais, as quais são derivadas de chaves primárias, chaves candidatas e dependências de dimensão (por meio da cláusula DETERMINES). Por exemplo, uma consulta com agrupamento em *CidadeLoja* não pode ser derivada de uma visão materializada com agrupamento em *IdLoja* porque *IdLoja* → *CidadeLoja*. É possível usar junções para recuperar colunas em uma consulta, mas não em uma visão materializada, visto que existe um relacionamento funcional (em geral um relacionamento 1-M) envolvendo as tabelas.

- **Correspondência com o agregado.** Os agregados na consulta devem corresponder aos agregados disponíveis na visão materializada, ou ser deriváveis dos agregados na visão materializada. Por exemplo, uma consulta que contém a média é derivável de uma visão materializada que contém soma e contagem.

O Exemplo 16.20 apresenta uma consulta de exemplo em um *datawarehouse* e a consulta reescrita para descrever o processo de correspondência. A Tabela 16.10 descreve a correspondência entre *MV1* e a consulta no Exemplo 16.20. A *MV1* e a consulta correspondem diretamente com as colunas de agrupamento e os cálculos agregados. A condição em *AnoTempo* (> 2003) na *MV1* contém a condição da consulta (2005). Além disso, a consulta contém uma condição extra em *PaisLoja*. O agrupamento não é necessário na consulta reescrita porque um agrupamento idêntico já foi realizado na *MV1*.

EXEMPLO 16.20	**Consulta em *Datawarehouse* e Consulta Reescrita Usando a Visão Materializada *MV1***

-- Consulta no datawarehouse
SELECT EstadoLoja, AnoTempo, SUM(PrecoVenda)
  FROM Venda, Loja, TempoDim
  WHERE Venda.IdLoja = Loja.IdLoja
     AND Venda.NumTempo = TempoDim.NumTempo
     AND PaisLoja IN ('USA', 'Canada')
     AND AnoTempo = 2005
  GROUP BY EstadoLoja, AnoTempo;

-- Reescrita da Consulta: substitui as tabelas Vendas e Tempo por MV1
SELECT DISTINCT MV1.EstadoLoja, AnoTempo, TotalPreco1
FROM MV1, Loja
WHERE MV1.EstadoLoja = Loja.EstadoLoja
     AND AnoTempo = 2005
     AND PaisLoja IN ('USA', 'Canada');

O Exemplo 16.21 apresenta um exemplo mais complexo de reescrita de consulta que envolve três blocos SELECT combinados por meio do operador UNION. A Tabela 16.11 descreve a correspondência entre as visões materializadas (*MV1*, *MV2*, *MV3*) e a consulta no Exemplo 16.21. O primeiro bloco da consulta recupera as vendas totais nos Estados Unidos ou no Canadá de 2003 a 2006. O segundo bloco da consulta recupera as vendas em loja nos Estados Unidos em 2003. O terceiro bloco da consulta recupera as vendas em loja no Canadá em 2003. As cláusulas GROUP BY são necessárias no terceiro e no quarto bloco da consulta para agregar o nível mais fino de detalhe nas visões materializadas. No terceiro bloco da consulta, a condição em *PaisLoja* é necessária porque algumas cidades têm nomes idênticos em ambos os países.

EXEMPLO 16.21	**Consulta em *Datawarehouse* e Consulta Reescrita Usando as Visões Materializadas *MV1*, *MV2* *MV3***

-- Consulta no *datawarehouse*
SELECT EstadoLoja, AnoTempo, SUM(PrecoVenda)
  FROM Venda, Loja, TempoDim
  WHERE Venda.IdLoja = Loja.IdLoja
     AND Venda.NumTempo = TempoDim.NumTempo
     AND PaisLoja IN ('USA', 'Canada')
     AND AnoTempo BETWEEN 2003 AND 2006
  GROUP BY EstadoLoja, AnoTempo;

-- Reescrita da Consulta
SELECT DISTINCT MV1.EstadoLoja, AnoTempo, TotalPreco1 AS VendaLoja
FROM MV1, Loja
WHERE MV1.EstadoLoja= Loja.EstadoLoja
     AND AnoTempo <= 2006
     AND PaisLoja IN ('USA', 'Canada');
UNION
SELECT EstadoLoja, AnoTempo, SUM(TotalPreco2) AS VendaLoja

```
        FROM MV2
        WHERE AnoTempo = 2003
        GROUP BY EstadoLoja, AnoTempo
        UNION
        SELECT DISTINCT EstadoLoja, AnoTempo, SUM(TotalPreco3) AS VendaLoja
        FROM MV3, Loja
        WHERE MV3.CidadeLoja = Loja.CidadeLoja
            AND AnoTempo = 2003 AND PaisLoja = 'Canada'
        GROUP BY EstadoLoja, AnoTempo;
```

TABELA 16.11
Correspondência entre as Visões Materializadas e o Exemplo 16.21

	MV1	MV2	MV3	Consulta
Agrupamento	EstadoLoja, AnoTempo	EstadoLoja, MesTempo, AnoTempo	CidadeLoja, EstadoLoja, AnoTempo	EstadoLoja, AnoTempo
Condições	AnoTempo > 2003	PaisLoja = 'USA'	AnoTempo <= 2003 PaisLoja = 'Canada'	AnoTempo BETWEEN 2003 AND 2006 PaisLoja = ('USA', 'Canada')
Agregados	SUM(PrecoVenda)	SUM(PrecoVenda)	SUM(PrecoVenda)	SUM(PrecoVenda)

O Exemplo 16.22 estende o Exemplo 16.21 com um operador CUBE. Na consulta reescrita, o CUBE é executado uma vez no final, em vez de em cada bloco SELECT. Para executá-lo uma vez, a cláusula FROM deve conter uma consulta aninhada. Outra opção à consulta aninhada na cláusula FROM é colocar a consulta aninhada em uma instrução CREATE VIEW distinta.

EXEMPLO 16.22 — **Consulta em *Datawarehouse* e Consulta Reescrita Usando as Visões Materializadas *MV1, MV2 e MV3***

```
-- Consulta no datawarehouse
SELECT EstadoLoja, AnoTempo, SUM(PrecoVenda)
  FROM Venda, Loja, TempoDim
  WHERE Venda.IdLoja = Loja.IdLoja
      AND Venda.NumTempo = TempoDim.NumTempo
      AND PaisLoja IN ('USA', 'Canada')
      AND AnoTempo BETWEEN 2003 AND 2006
  GROUP BY CUBE(EstadoLoja, AnoTempo);

-- Reescrita da Consulta
SELECT EstadoLoja, AnoTempo, SUM(LojaVenda) as TotalVendaLoja
  FROM (
    SELECT DISTINCT MV1.EstadoLoja, AnoTempo, TotalPreco1 AS VendaLoja
    FROM MV1, Loja
    WHERE MV1.EstadoLoja= Loja.EstadoLoja
        AND AnoTempo <= 2006
        AND PaisLoja IN ('USA', 'Canada');
```

```sql
UNION
  SELECT EstadoLoja, AnoTempo, SUM(TotalPreco2) AS VendaLoja
    FROM MV2
    WHERE AnoTempo = 2003
    GROUP BY EstadoLoja, AnoTempo
UNION
  SELECT DISTINCT EstadoLoja, AnoTempo, SUM(TotalPreco3) as VendaLoja
    FROM MV3, Loja
    WHERE MV3.CidadeLoja = Loja.CidadeLoja
        AND AnoTempo = 2003 AND PaisLoja = 'Canada'
    GROUP BYEstadoLoja, AnoTempo   )
GROUP BY CUBE(EstadoLoja, AnoTempo);
```

Esses exemplos indicam a gama de possibilidades de reescrita de consulta, e não os recursos dos SGBDs reais. A maioria dos SGBDs empresariais executa reescrita de consulta, mas a gama de reescrita de consulta varia. Pelo fato de os algoritmos de reescrita serem patenteados e complexos, suas particularidades estão além do escopo deste livro de referência.

16.3.5 Tecnologias de Armazenamento e Otimização

Várias tecnologias de armazenamento foram desenvolvidas para oferecer recursos aos bancos de dados multidimensionais. Essas tecnologias executam processamento analítico *on-line* (Online Analytical Processing – OLAP), nome genérico aplicado aos recursos de suporte à decisão para cubos de dados. Esta seção descreve as propriedades das tecnologias de armazenamento OLAP, enfatizando as atuais tendências do mercado.

MOLAP (Mutidimensional OLAP)

Originalmente, os fornecedores de software de suporte à decisão desenvolveram uma arquitetura de armazenamento que manipula diretamente os cubos de dados. Essa arquitetura, conhecida por MOLAP, abreviatura de OLAP Multidimensional, foi a única opção de tecnologia de armazenamento para *datawarehouses* até meados da década de 1990. Atualmente, o MOLAP foi reconhecido como a principal arquitetura de armazenamento para *datawarehouses*, mas continua sendo uma importante tecnologia para cubos de dados sumarizados e pequenos *datawarehouses* e *datamarts*.

O mecanismo de armazenamento MOLAP manipula diretamente os cubos de dados armazenados. Os mecanismos de armazenamento dos sistemas MOLAP são otimizados para atender às características exclusivas dos dados multidimensionais, como esparsidade e agregação complexa entre milhares de células. Pelo fato de os cubos de dados serem pré-calculados, o desempenho de consulta do MOLAP normalmente é melhor que o das abordagens concorrentes que usam o armazenamento de banco de dados relacional. Mesmo com técnicas para lidar com a esparsidade, os mecanismos MOLAP podem ser profundamente afetados pelo tamanho dos cubos de dados. Um cubo de dados totalmente calculado pode expandir várias vezes, se comparado com os dados de entrada brutos. Esse problema de explosão de dados restringe o tamanho dos cubos de dados que os mecanismos MOLAP conseguem manipular.

ROLAP (OLAP Relacional)

Tendo em vista o tamanho do mercado potencial e o desenvolvimento do processamento em *datawarehouse*, os fornecedores de SGBDs relacionais ampliaram seus produtos acrescentando outros recursos para oferecer suporte a operações e estruturas de armazenamento de dados multidimensionais. Esses novos recursos são conhecidos coletivamente por ROLAP, abreviatura de OLAP Relacional. Em virtude do crescimento contínuo dos *datawarehouses* e do intenso investimento dos fornecedores de SGBDs relacionais em pesquisa e desenvolvimento, não foi preciso muito para que o ROLAP se tornasse o mecanismo de armazenamento predominante dos *datawarehouses*.

MOLAP
Um mecanismo de armazenamento que armazena e manipula cubos de dados diretamente. O mecanismo MOLAP geralmente oferece o melhor desempenho em consultas, mas sofre limitações quanto aos tamanhos dos cubos de dados.

ROLAP
extensões de SGBD relacional para dar suporte a dados multidimensionais. Os mecanismos ROLAP provêm suporte a uma variedade de técnicas de armazenamento e de otimização para a busca de dados de resumo.

Na abordagem ROLAP, os bancos de dados relacionais armazenam dados multidimensionais usando o esquema estrela ou suas variações, como descrito na Seção 16.3.1. Os cubos de dados são construídos dinamicamente de tabelas de fato e dimensão e de visões materializadas. Normalmente, apenas um subconjunto de cubos de dados precisa ser construído de acordo com a especificação em uma consulta do usuário. As extensões para o SQL, como mencionado na Seção 16.3.3, permitem que os usuários manipulem as dimensões e medidas nos cubos de dados virtuais.

Os mecanismos ROLAP incorporam uma variedade de técnicas de armazenamento e otimização para a recuperação de dados de resumo. A lista a seguir explica as técnicas mais proeminentes:

- Os **índices bitmap de junção** (consulte o Capítulo 8 para mais detalhes) são particularmente úteis para colunas em tabelas dimensão com poucos valores, como *EstadoCliente*. Um índice bitmap de junção oferece uma junção pré-calculada dos valores de uma tabela de dimensão com as linhas de uma tabela de fato. Com vistas a oferecer recurso aos esquemas floco de neve, alguns fornecedores de SGBDs oferecem recurso aos índices bitmap de junção para tabelas dimensão relacionadas com outras tabelas dimensão. Por exemplo, um índice bitmap para a coluna *Depto.GerenteDepto* tem um registro de índice que contém um bitmap (mapa de bits) para linhas relacionadas da tabela *Loja* e um segundo bitmap para as linhas da tabela *Venda* relacionadas com linhas equiparáveis da tabela *Loja*.

- A **otimização de consultas que utilizam junção estrela** usa índices de junção bitmap nas tabelas dimensão para diminuir a quantidade de linhas a serem recuperadas em uma tabela de fato. A junção estrela envolve uma tabela de fatos unida a uma ou mais tabelas de dimensão. A otimização de junção estrela tem três fases. Na primeira, os índices bitmap de junção em cada tabela de dimensão são combinados por meio do operador de união para condições ligadas pelo operador OR e do operador de interseção para condições ligadas pelo operador AND. Na segunda fase, os bitmaps resultantes da primeira fase são combinados por meio do operador de interseção. Na terceira fase, as linhas da tabela de fato são recuperadas por meio do bitmap resultante da segunda fase. A otimização de junção estrela pode diminuir substancialmente o tempo de execução em comparação com os algoritmos de junção tradicionais que unem duas tabelas por vez.

- A **reescrita de consulta por meio de visões materializadas** pode eliminar a necessidade de acesso a grandes tabelas de fato e de dimensão. Se as visões materializadas forem grandes, elas podem ser indexadas para melhorar o desempenho de recuperação. A reescrita usa o otimizador de consulta para avaliar o benefício das visões materializadas, comparavelmente ao das tabelas de fato e dimensão.

- Os **summary storage advisors** determinam o melhor conjunto de visões materializadas a ser criado e mantido para uma determinada carga de trabalho de consulta. Para se manter consistente com outros componentes, o *summary advisor* integra-se ao componente de reescrita de consulta e ao otimizador de consulta.

- O **particionamento**, o fatiamento (*striping*) e a **execução de consulta paralela** são ideais para reduzir o tempo de execução das consultas nos *datawarehouses*. Essas opções devem ser examinadas com cuidado para que o uso do particionamento e do fatiamento seja adequados ao nível de execução de consulta paralela desejado.

A despeito do intenso investimento em pesquisa e desenvolvimento do armazenamento ROLAP e das técnicas de otimização, o tempo de resposta às consultas oferecido pelos mecanismos MOLAP é mais rápido. Contudo, o armazenamento MOLAP tem suas limitações quanto ao tamanho dos cubos de dados, de modo que o armazenamento ROLAP é naturalmente utilizado para *datawarehouses* de granularidade fina. Além disso, a diferença no tempo de resposta diminuiu, portanto, o armazenamento ROLAP pode envolver apenas uma pequena penalidade de desempenho se o armazenamento ROLAP e as técnicas de otimização são utilizadas apropriadamente.

HOLAP (OLAP Híbrido)

Em virtude das compensações do MOLAP e do ROLAP, foi desenvolvida uma terceira tecnologia, conhecida por HOLAP, abreviatura de OLAP Híbrido, para combinar o ROLAP e o MOLAP. O HOLAP permite que um *datawarehouse* seja dividido entre o armazenamento

HOLAP
Um mecanismo de armazenamento para *datawarehouses* que combina os mecanismos ROLAP e MOLAP. O HOLAP envolve o armazenamento tanto de dados relacionais quanto de multidimensionais, como também a combinação de dados de ambas as fontes relacional e multidimensional para operações de cubos de dados.

relacional de tabelas de fato e dimensão e o armazenamento multidimensional de cubos de dados de resumo. Quando uma consulta OLAP é submetida, o sistema HOLAP pode combinar os dados gerenciados do ROLAP com os dados gerenciados do MOLAP.

Embora atraente, o HOLAP pode apresentar desvantagens que podem restringir sua utilização. Em primeiro lugar, esse mecanismo pode ser mais complexo que o ROLAP e o MOLAP, especialmente se o fornecedor de SGBD não oferecer suporte integral ao HOLAP. Para isso, o fornecedor deve fornecer ambos os mecanismos, MOLAP e ROLAP, bem como ferramentas para combinar ambos os mecanismos de armazenamento no projeto e na operação de um *datawarehouse*. Em segundo lugar, há uma considerável sobreposição de funcionalidades entre as técnicas de armazenamento e otimização nos mecanismos ROLAP e MOLAP. Ainda não se sabe ao certo se o armazenamento ROLAP e as técnicas de otimização devem ser descartados ou usados complementarmente com as técnicas MOLAP. Em terceiro lugar, pelo fato de a diferença no tempo de resposta entre o ROLAP e o MOLAP ter diminuído, a combinação desses dois mecanismos talvez não ofereça uma melhoria significativa de desempenho que justifique mais complexidade.

16.4 Manutenção de um *Datawarehouse*

Embora a maioria dos *datawarehouses* contenha dados replicados, manter um *datawarehouse* é bem mais difícil que simplesmente a cópia das fontes de dados. A manutenção de um *datawarehouse* envolve primeiramente sua população com dados-fonte e atualizações periódicas à medida que esses dados sofrem alterações. Para determinar que dados devem ser carregados nos *datawarehouses*, é necessário comparar as necessidades de suporte à decisão com a veracidade dos dados disponíveis. Para atender a essas necessidades, os *datawarehouses* usam dados provenientes de várias fontes internas e externas. A reconciliação das diferenças entre as fontes de dados é um desafio e tanto, especialmente se consideramos que os sistemas-fonte normalmente não podem ser alterados. Visto que suas fontes de dados mudam, o *datawarehouse* deve ser renovado em tempo para oferecer suporte à tomada de decisão. E pelo fato de as fontes de dados mudarem em proporções distintas, a determinação do momento e do conteúdo a ser atualizado pode ser um desafio e tanto. E por causa desses desafios, a manutenção de um *datawarehouse* talvez seja a atividade mais significativa no desenvolvimento de um *datawarehouse*.

Esta seção apresenta vários aspectos importantes da manutenção do *datawarehouse*. A primeira parte descreve os tipos de fonte de dados disponíveis para popular um *datawarehouse*. A segunda parte descreve o fluxo de trabalho na manutenção de um *datawarehouse*. A parte final examina o problema da determinação da frequência de renovação e do conteúdo a ser atualizado.

16.4.1 Fontes de Dados

O acesso a dados-fonte pode apresentar desafios pelo fato de ser necessário lidar com uma variedade de formatos e restrições nos sistemas-fonte. Os sistemas-fonte externos normalmente não podem ser alterados. Os sistemas-fonte internos talvez possam ou não ser alterados para acomodar os requisitos de um *datawarehouse*. Mesmo se um sistema-fonte puder ser alterado, as restrições orçamentárias podem permitir apenas alterações menos significativas. Os dados-fonte podem ser armazenados em um formato legado ou em um formato moderno. O legado geralmente impede a recuperação por meio de linguagens não-procedurais – por exemplo, SQL. O formato moderno significa que os dados-fonte podem ser acessados como um banco de dados relacional ou páginas Web. A menos que estejam armazenadas com metadados formais, as páginas Web podem ser difíceis de ser analisadas sintaticamente e não estarão de acordo com o padrão dos *sites*.

Os dados de movimentação dos sistemas-fonte oferecem a base para atualizar um *datawarehouse*. Eles incluem novos dados-fonte (inserções) e modificações nos dados-fonte existentes (atualizações e eliminações). Além disso, dados de movimentação podem afetar tabelas de fatos e/ou tabelas de dimensão. Os dados de movimentação mais comuns envolvem inserções de novos fatos. A inserção de novas dimensões e a modificação das dimensões são menos comuns, mas ainda assim sua captura é importante.

TABELA 16.12
Resumo da Classificação dos Dados de Movimentação

Tipo de Alteração	Descrição	Avaliação
Cooperativa	Notificação do sistema-fonte usando gatilhos	Requer modificações nos sistemas-fonte.
Registrada	Atividade do sistema-fonte capturada nos registros de *logs*	Sua disponibilidade é imediata, mas envolve uma quantidade significativa de processamento para extrair dados úteis.
Passível de Consulta	Consultas no sistema-fonte usando *timestamps*	Exige *timestamps* nos dados-fonte e nos sistemas-fonte não legados.
Snapshot	Despejos periódicos de dados-fonte aumentados com operações de diferença	Uso maciço de recursos para criar e significativo processamento de operações de diferença. Nenhum requisito de sistema-fonte é útil para dados legados.

Dependendo das características do sistema-fonte, os dados de movimentação podem ser classificados como cooperativos, registrados, passíveis de consulta ou tipo *snapshot*, como podemos ver no resumo da Tabela 16.12. Os dados de movimentação cooperativos envolvem a notificação do sistema-fonte sobre as alterações. Normalmente, essa notificação ocorre no momento em que uma transação termina por meio de um gatilho. Os dados de movimentação cooperativos podem ser inseridos imediatamente em um *datawarehouse* ou colocados em uma fila para que sejam inseridos em outro momento, possivelmente com outras alterações. Pelo fato de os dados de movimentação cooperativos envolverem modificações tanto no sistema-fonte quanto no *datawarehouse*, é o formato menos comum.

Os dados de movimentação registrados envolvem arquivos que gravam alterações ou outra atividade do usuário. Por exemplo, os registros de *log* de uma transação contêm todas as alterações feitas pela transação e o Web log contém o histórico de acesso (denominado seqüência de cliques ou *clickstream*) dos visitantes às páginas dos *sites*. Quanto aos dados de movimentação registrados, normalmente não há alterações no sistema-fonte, visto que os *logs* estão imediatamente disponíveis para a maioria desses sistemas. Contudo, os *logs* podem conter grande quantidade de dados irrelevantes. Além disso, a derivação de dados relevantes necessários para o *datawarehouse* pode exigir a comparação entre os registros de *log* relacionados, uma tarefa que utiliza maciçamente os recursos. Os dados de movimentação registrados são mais comumente empregados no subconjunto de relacionamentos com o cliente de um *datawarehouse*.

Como o próprio nome diz, os dados de movimentação passíveis de consulta provêm diretamente de uma fonte de dados mediante uma consulta. Eles exigem o uso de *timestamps* na fonte de dados. Visto que poucas fontes de dados contêm *timestamps* para todos os dados, os dados de movimentação passíveis de consulta em geral são acumulados com outros tipos de dado de movimentação. Os dados de movimentação passíveis de consulta são mais aplicáveis em tabelas de fatos usando-se campos como data do pedido, data de remessa e data de contratação armazenados nas fontes de dados operacionais.

Os dados de movimentação tipo *snapshot* envolvem descartes periódicos dos dados-fonte. Para derivar os dados de movimentação, uma operação de diferença usa os dois *snapshots* mais recentes. O resultado de uma operação de diferença denomina-se delta. Os *snapshots* são a forma mais comum de dados de movimentação, por sua aplicabilidade, e são a única forma de dado de movimentação que não apresenta requisitos no sistema-fonte. Pelo fato de o cálculo de um *snapshot* exigir muitos recursos, pode haver restrições em relação ao tempo e à freqüência de recuperação de um *snapshot*.

16.4.2 Fluxo de Trabalho para a Manutenção de um *Datawarehouse*

Manter um *datawarehouse* envolve uma variedade de tarefas de manipulação de dados de movimentação provenientes dos sistemas-fonte. A Figura 16.15 apresenta um fluxo de trabalho genérico que organiza as tarefas. A fase de preparação manipula os dados de movimentação provenientes de sistemas-fonte individuais. A extração envolve a busca dos dados provenientes do sistema-fonte individual. O transporte envolve a movimentação dos dados extraídos para uma área de concentração. A limpeza requer uma variedade de tarefas para padronizar e melhorar a qualidade dos dados extraídos. A auditoria envolve o registro dos resultados do processo de limpeza, a verificação da completude e da razoabilidade dos dados e a manipulação de exceções.

FIGURA 16.15
Fluxo de Trabalho Genérico para a Manutenção de um *Datawarehouse*

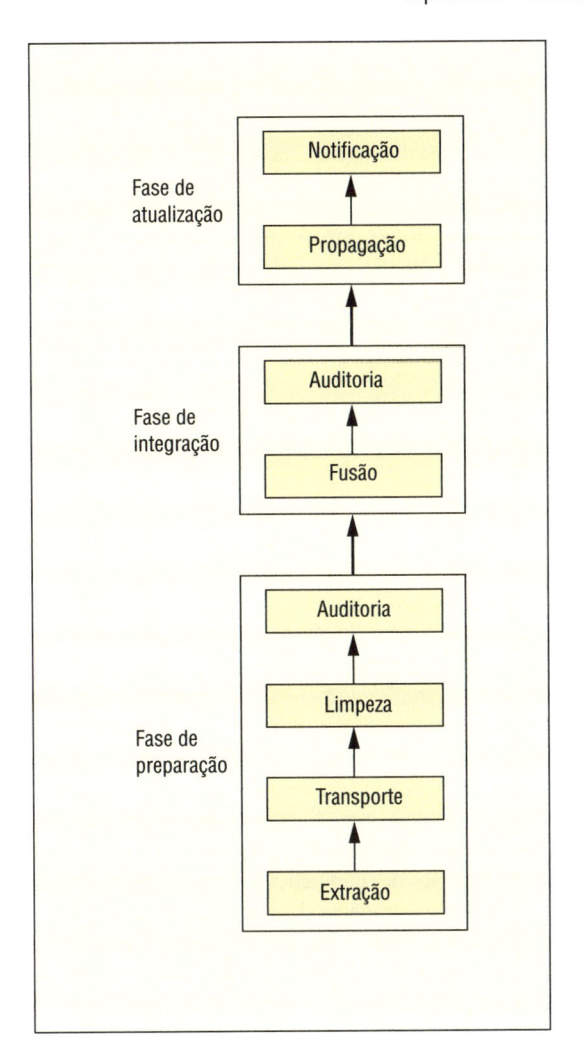

```
Fase de atualização:
    Notificação
      ↑
    Propagação
      ↑
Fase de integração:
    Auditoria
      ↑
    Fusão
      ↑
Fase de preparação:
    Auditoria
      ↑
    Limpeza
      ↑
    Transporte
      ↑
    Extração
```

A fase de integração envolve a fusão das fontes que foram separadas e limpas em uma única fonte. Essa fusão pode exigir a remoção de inconsistências entre os dados-fonte. A auditoria engloba o registro dos resultados do processo de fusão, a verificação da completude e da razoabilidade e a manipulação de exceções.

A fase de atualização abrange a propagação dos dados de movimentação integrados para várias partes do *datawarehouse*, incluindo as tabelas de fato e dimensão, as visões materializadas, os cubos de dados armazenados e os *datamarts*. Após a propagação, a notificação pode ser enviada a grupos de usuários e administradores.

As fases de preparação e integração devem solucionar problemas de qualidade dos dados, como podemos ver no resumo da Tabela 16.13. Os dados provenientes de sistemas legados em geral estão sujos, o que significa que talvez não atendam aos padrões de qualidade um do outro ou da empresa como um todo. Se forem carregados diretamente, os dados sujos podem prejudicar a tomada de decisão. Para solucionar problemas de qualidade, a auditoria deve incluir a manipulação de exceções. As exceções podem ser anotadas em um arquivo de *log* e em seguida corrigidas manualmente. Com o tempo, essas exceções provavelmente diminuirão à medida que houver uma melhoria nas fontes de dados internas.

Além da manipulação de exceções, a auditoria deve verificar a completude e a razoabilidade dos dados. Na verificação de completude, conta-se a quantidade de unidades notificantes para se ter certeza de que todas as notificações foram feitas durante um determinado período. A verificação de razoabilidade determina se os principais fatos podem ser categorizados em limites predeterminados e se são uma extrapolação realista de fatos passados. As exceções podem exigir reconciliação, tarefa dos analistas de negócios, antes da propagação para o *datawarehouse*.

TABELA 16.13
Problema Comuns da Qualidade dos Dados

> **Vários identificadores.** Algumas fontes de dados podem usar diferentes chaves primárias para a mesma entidade – por exemplo, diferentes números de cliente.
> **Vários nomes.** O mesmo campo pode ser representado por meio de diferentes nomes.
> **Unidades diferentes.** As medidas e dimensões podem ter unidades e granularidades distintas.
> **Valores ausentes.** Os dados podem não existir em alguns bancos de dados; para compensar os valores ausentes, diferentes valores-padrão podem ser usados nas fontes de dados.
> **Transações orfanadas.** Algumas transações podem perder elementos importantes – por exemplo, um pedido sem um cliente.
> **Campos com vários propósitos.** Alguns bancos de dados combinam os dados em um único campo – por exemplo, os diferentes elementos de um endereço.
> **Dados conflitantes.** Algumas fontes de dados podem apresentar dados conflitantes – por exemplo, endereços diferentes de um cliente.
> **Horários de atualização distintos.** Algumas fontes de dados podem realizar a atualização em intervalos diferentes.

O fluxo de trabalho genérico mostrado na Figura 16.15 aplica-se tanto a carga inicial de dados quanto à atualização periódica do *datawarehouse*. A carga inicial em geral exige um longo período para realizar a limpeza dos dados e, desse modo, solucionar problemas de qualidade. O objetivo da carga inicial é identificar esses problemas de qualidade e solucioná-los. O processo de renovação normalmente varia entre as fontes de dados. O processo de fluxo de trabalho deve ser personalizado para se adequar às necessidades de cada fonte de dados. Por exemplo, a auditoria pode ser minimizada para fontes de dados de alta qualidade.

Para ajudar a lidar com a complexidade própria da manutenção dos *datawarehouses*, foram desenvolvidos produtos de software, conhecidos por ferramentas ETL (Extraction, Transformation and Loading – extração, transformação e carga). Essas ferramentas, que podem ser obtidas de fornecedores terceirizados e de SGBDs, eliminam a necessidade de escrever códigos personalizados para várias tarefas de manutenção. A maioria das ferramentas ETL usa especificações de regra, e não codificação procedural, para indicar ações e lógica. Algumas ferramentas ETL podem gerar códigos que podem ser personalizados para alcançar maior flexibilidade. Além das ferramentas ETL, alguns fornecedores de SGBDs oferecem programas de carga de dados e extensões SQL proprietárias que dão suporte a algumas tarefas de manutenção. Por exemplo, o Oracle 10g dá suporte ao programa SQL Loader, bem como à instrução MERGE e à instrução INSERT de múltiplas tabelas. As ferramentas ETL e as extensões SQL proprietárias são essenciais para diminuir esforços na implementação de tarefas de fluxo de trabalho.

ferramentas ETL
ferramentas de software para extração, transformação e carga de dados de movimentação das fontes de dados para um *datawarehouse*. As ferramentas ETL eliminam a necessidade de escrever códigos customizados para muitas tarefas de manutenção do *datawarehouse*.

16.4.3 Gerenciamento do Processo de Renovação

A renovação de um *datawarehouse* é um processo complexo que envolve o gerenciamento das diferenças de tempo entre a atualização das fontes de dados e a atualização dos objetos relacionados (tabelas, visões materializadas, cubos de dados e *datamarts*) do *datawarehouse*. Na Figura 16.16, a diferença de tempo válido é a diferença entre a ocorrência de um evento no mundo real (tempo válido) e o armazenamento do evento em um banco de dados operacional (tempo de transação). A diferença de tempo de carga é a diferença entre o momento da transação e o armazenamento do evento no *datawarehouse* (tempo de carga). No caso das fontes de dados internas, pode haver algum controle sobre a diferença de tempo válido. No caso das fontes de dados externas, em geral não há nenhum controle sobre a diferença de tempo válido. Portanto, o administrador do *datawarehouse* tem maior controle sobre a diferença de tempo de carga.

A Figura 16.16 dá a entender que as fontes de dados podem ser alteradas independentemente, dando origem a diferentes freqüências de alteração nas tabelas de fatos e dimensão. As tabelas de fatos geralmente registram eventos concluídos, como pedidos, remessas e compras, que tenham vínculo com dimensões relacionadas. Por exemplo, a inserção de uma linha na tabela *Venda* exige chaves estrangeiras que mencionem as tabelas *Cliente*, *Loja*, *TempoDim* e *Item*. Contudo, as atualizações e inserções nas tabelas de dimensão relacionadas podem ocorrer em momentos diferentes dos acontecimentos fatuais. Por exemplo, um cliente pode mudar ou o preço de um item pode ser alterado em momentos diferentes, de pedidos, remessas ou compras de estoque. Em virtude das diferentes freqüências de alteração, o administrador de *datawarehouse* deve gerenciar a diferença do tempo de carga separadamente para as tabelas de dimensões e para as tabelas de fatos.

FIGURA 16.16
Visão Geral do Processo de Renovação do *Datawarehouse*

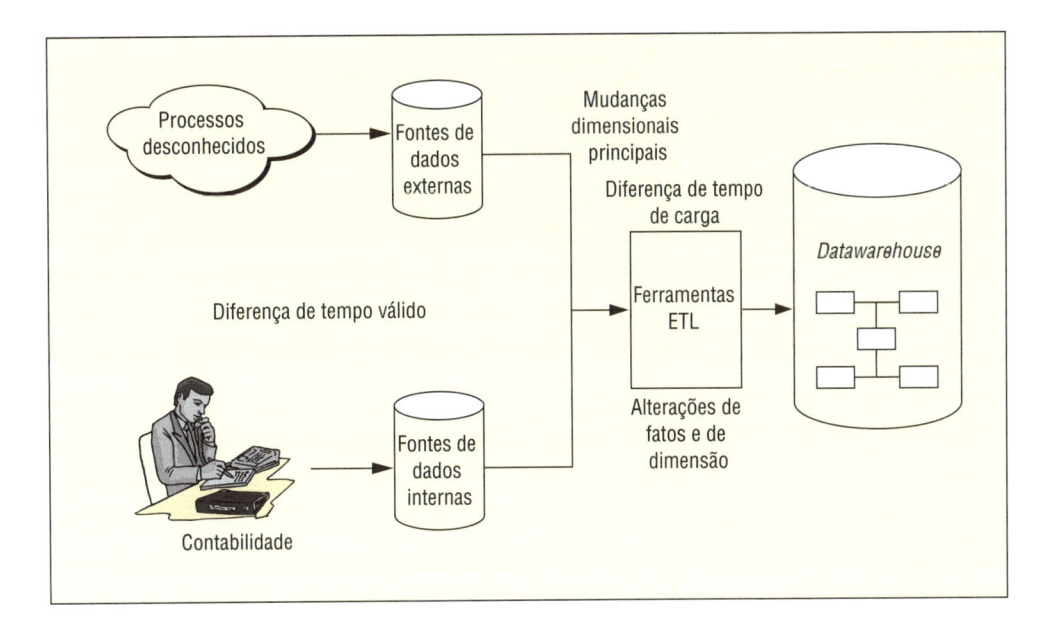

O principal objetivo do gerenciamento do processo de renovação é determinar a freqüência de renovação de cada fonte de dados. A freqüência de renovação ideal maximiza o benefício líquido da renovação definido como o valor de disponibilidade dos dados menos o custo da renovação. O valor de disponibilidade depende da suscetibilidade da tomada de decisão sobre os dados atuais. Algumas decisões são suscetíveis ao tempo, como as decisões sobre estoque. As organizações em uma cadeia de suprimentos tentam minimizar os custos de manutenção do estoque estocando as mercadorias o mais próximo possível do momento em que serão necessárias. Outras decisões não são tão suscetíveis ao tempo. Por exemplo, a decisão de fechar uma loja cujo desempenho de vendas é péssimo normalmente seria feita com base nos dados referentes a um longo período de tempo.

Fisher e Berndt (2001) propuseram um método para avaliar o valor de disponibilidade dos dados. Eles definiram uma medida para a taxa de erros de um *datawarehouse* com respeito a uma determinada carga de trabalho de consulta. Para determinar a taxa de erros, estima-se a volatilidade dos dados das consultas e das dimensões. Mesmo se um *datawarehouse* armazenar dados individualizados, a maioria das consultas envolverá agregações em vez de recuperação dos dados individualizados. Por exemplo, a maioria das consultas no esquema de vendas em loja envolveria a marca ou categoria do item, não os itens propriamente. Tendo em vista a avaliação da taxa de erros, o valor de disponibilidade dos dados pode ser estimado por meio da freqüência ou de outras medidas das consultas no *datawarehouse*.

O custo de renovação de um *datawarehouse* inclui tanto os recursos computacionais quanto os recursos humanos. Os primeiros são essenciais para todas as tarefas no fluxo de trabalho de manutenção. Os recursos humanos podem ser essenciais nas tarefas de auditoria durante as fases de preparação e integração. O nível de qualidade dos dados na fonte também influi no nível necessário de recursos humanos. Os esforços de desenvolvimento no sentido de usar ferramentas ETL e escrever software padronizado não fazem parte do custo de renovação, a menos que haja um custo contínuo de desenvolvimento com cada renovação. Uma importante distinção envolve os custos fixos e os custos variáveis da renovação. Custos fixos muito altos são um motivo para renovações menos freqüentes porque eles ocorrerão a cada renovação. Os custos fixos podem incluir inicialização e desligamento, bem como aluguel de recursos.

Além de equilibrar o valor de disponibilidade com o custo de renovação, o administrador do *datawarehouse* deve atender às restrições ao processo de renovação, de acordo com o resumo da Tabela 16.14. As restrições no *datawarehouse* ou no sistema-fonte podem restringir renovações freqüentes. As restrições de acesso à fonte podem ser ocasionadas por tecnologias legadas com escalabilidade restrita para fontes de dados internas ou problemas de coordenação para as fontes de dados externas. As restrições de integridade em geral envolvem a identificação de entidades comuns, como clientes e transações nas diferentes fontes de dados.

TABELA 16.14
Resumo das Restrições à Renovação

Tipo de Restrição	Descrição
Acesso à fonte	Restrições ao tempo e à freqüência na extração de dados de movimentação.
Integração	Restrições que exigem reconciliação simultânea dos dados de movimentação.
Completude/consistência	Restrições que exigem a carga dos dados de movimentação no mesmo período de renovação.
Disponibilidade	Restrições à programação de carga decorrentes de problemas com recursos, como capacidade de armazenamento, disponibilidade *on-line* e uso do servidor.

As restrições de completude/consistência podem exigir a manutenção por igual período dos dados de movimentação ou a inclusão dos dados de movimentação provenientes de cada uma das fontes, para manter a completude. A disponibilidade do *datawarehouse* normalmente envolve conflitos entre a disponibilidade *on-line* e a carga do repositório de dados.

Considerações Finais

Este capítulo apresentou uma introdução detalhada aos conceitos e às práticas de *datawarehouse*. Examinamos primeiramente as diferenças conceituais entre os bancos de dados relacionais, tradicionalmente usados para processamento de transações, e os bancos de dados multidimensionais, recomendados para aplicações de nova geração de suporte à decisão. As características exclusivas dos dados de suporte à decisão foram delineadas. Subseqüentemente, examinamos as arquiteturas de *datawarehouse*, *datamining* e o uso dos *datawarehouses* nas organizações.

Os *datawarehouses* podem ser implementados por meio do modelo de dados multidimensional, do modelo relacional ou de ambos. Em relação ao modelo de dados multidimensional, este capítulo apresentou a terminologia correspondente aos cubos de dados e os operadores utilizados para manipular esses cubos. Quanto ao modelo de dados relacional, este capítulo apresentou as técnicas de modelagem de dados (o esquema estrela e suas variações), extensões SQL na cláusula GROUP BY para consulta de dados dimensionais, visões materializadas e tecnologias de armazenamento. As tecnologias de armazenamento dão suporte aos *datawarehouses* por meio dos mecanismos de armazenamento relacionais e de cubo de dados.

Independentemente do modelo de dados e da arquitetura de armazenamento, a manutenção de um *datawarehouse* é um processo difícil que deve ser gerenciado com cuidado. Este capítulo apresentou os tipos de fonte de dados usados para manter os *datawarehouses*, um fluxo de trabalho genérico descrevendo as tarefas de manutenção e questões de projeto a serem consideradas no processo de renovação. Este capítulo argumentou a favor do uso das ferramentas ETL a fim de reduzir a quantidade de códigos customizados destinados à implementação de procedimentos para popular um *datawarehouse*.

Revisão de Conceitos

- Necessidade de dados para o processamento de transações *versus* aplicações de suporte à decisão.
- Características de um *datawarehouse*: orientado a assuntos, integrado, variante no tempo e não-volátil.
- Arquiteturas para implementação de um *datawarehouse*: dois níveis, três níveis, ascendente.
- Fases de desenvolvimento do *datawarehouse* (pré-natal, lactância, infância, adolescência, adulta e erudita) e dificuldade para fazer a movimentação entre algumas fases (da lactância à infância e da adolescência à fase adulta).
- Cubo de dados multidimensional: dimensões, medidas, hierarquias, tipo de dado de séries temporais.
- Operadores multidimensionais: *slice*, *dice*, *drill-down*, *roll-up*, *pivot*.
- Esquema estrela: tabela de fatos e de dimensão relacionadas.
- Variações do esquema estrela: esquema floco de neve (vários níveis de dimensão) e esquema constelação (várias tabelas de fatos).
- Manutenção da integridade dimensional histórica usando a representação Tipo II para um histórico irrestrito e o Tipo III para um histórico restrito.

- Representação de dimensões para execução de operações de cubo de dados e técnicas de reescrita de consulta.
- Extensões da cláusula GROUP BY para o cálculo de subtotais: operadores CUBE, ROLLUP e GROUPING SETS.
- Visões materializadas para armazenamento de dados de resumo pré-calculados.
- Reescrita de consulta envolvendo a substituição de visões materializadas de tabelas de fatos e de dimensão, para melhorar o desempenho das consultas nos *datawarehouses*.
- Arquiteturas de armazenamento multidimensional: ROLAP, MOLAP e HOLAP.
- Tipos de dados de movimentação usados para popular um *datawarehouse*: cooperativos, registrados, passíveis de consulta e tipo *snapshot*.
- Fases no fluxo de trabalho para manter um *datawarehouse*: preparação, integração e propagação.
- Importância das ferramentas ETL (extração, transformação e carga) para diminuir os códigos nos procedimentos destinados a popular um *datawarehouse*.
- Determinação da freqüência de renovação de um *datawarehouse*: equilíbrio entre a freqüência de renovação e o custo de renovação, atendendo, ao mesmo tempo, às restrições de renovação.
- Tipos de restrição de renovação: acesso à fonte, integração, completude/consistência, disponibilidade.

Questões

1. Por que os bancos de dados operacionais não são particularmente adequados para aplicações de suporte à decisão?
2. Em que um *datawarehouse* é diferente de um *datamart*?
3. Quando a arquitetura de *datawarehouse* de três níveis é mais apropriada que a arquitetura de dois níveis?
4. Quais são os componentes de um modelo de dados corporativo?
5. Cite alguns dos fatores que provocam falhas nos projetos de *datawarehouse*.
6. A arquitetura de *datawarehouse* ascendente usa o modelo de dados corporativo?
7. O que é um *opermart*?
8. Qual é o propósito do modelo de maturidade do *datawarehouse*?
9. Qual a contribuição fundamental fornecida pelo modelo de maturidade do *datawarehouse*?
10. Quais são as vantagens da representação multidimensional em relação à representação relacional para os analistas de negócios?
11. Explique por que uma dimensão pode ter várias hierarquias.
12. Quais são as vantagens de usar dados de série de tempo em uma célula, em lugar do tempo como dimensão?
13. Que diferença há entre as operações *slice* e *dice* de um cubo de dados?
14. Quais são as diferenças entre as dimensões de cubo de dados *drill-down* e *roll-up*?
15. Em que o operador *pivot* é útil para os bancos de dados multidimensionais?
16. Explique o significado da esparsidade em um cubo de dados.
17. O que é um esquema estrela?
18. Quais são as diferenças entre as tabelas de fatos e as tabelas de dimensão?
19. Em que um esquema floco de neve difere de um esquema estrela?
20. O que é um esquema constelação?
21. Como o tempo é representado em uma tabela de fatos?
22. O que é acumulação em uma tabela de fatos?
23. Qual é a diferença entre as representações Tipo II e Tipo III na integridade dimensional histórica?

24. Qual é o propósito da instrução CREATE DIMENSION do Oracle?
25. Qual é o propósito do operador CUBE do SQL?
26. Qual é o propósito do operador ROLLUP do SQL?
27. Qual é o propósito do operador GROUPING SETS do SQL?
28. Relacione brevemente algumas das variações dos operadores CUBE, ROLLUP E GROUPING SETS.
29. Por que as visões materializadas são importantes para os *datawarehouses*, mas não para os bancos de dados operacionais?
30. Que propriedades de materialização o Oracle 10g oferece para as visões materializadas?
31. Compare e contraste a reescrita de consulta para visões materializadas com a modificação de consulta para visões tradicionais (não-materializadas).
32. Explique brevemente os processos de correspondências para possibilitar a reescrita de consulta.
33. Explique o significado da indexação de tabelas de fatos e de dimensão em um *datawarehouse*.
34. Quais são os prós e os contras do mecanismo de armazenamento MOLAP?
35. Quais são os prós e os contras do mecanismo de armazenamento ROLAP?
36. Quais são os prós e os contras do mecanismo de armazenamento HOLAP?
37. Relacione algumas técnicas de armazenamento e otimização nos mecanismos ROLAP.
38. O que são dados de movimentação cooperativos?
39. O que são dados de movimentação registrados?
40. O que são dados de movimentação passíveis de consulta?
41. O que são dados de movimentação tipo *snapshot*?
42. Descreva resumidamente as fases de manutenção do *datawarehouse*.
43. Relacione os problemas de qualidade comuns que devem ser resolvidos pelas fases de preparação e integração.
44. Que benefício proporcionam as ferramentas ETL na manutenção do *datawarehouse*?
45. O que é diferença de tempo válido?
46. O que é diferença de tempo de carga?
47. Qual é o objetivo principal do gerenciamento do processo de renovação do *datawarehouse*?
48. Quais são os tipos de restrição que influem no processo de renovação?

Problemas

Parte 1: Problemas de Seguro de Automóveis

A Parte 1 oferece treinamento em relação à definição e às operações de cubo de dados e aos esquemas estrela. As perguntas na Parte 1 envolvem o banco de dados mostrado a seguir, usado por uma seguradora de automóveis para apoiar transações com apólices (criar e manter apólices de clientes) e transações sobre prêmios de seguro (prêmios solicitados por terceiros). As transações com apólices utilizam as tabelas *Item, Corretor, Assegurado, Apólices, SeguroAuto* e *ItemApólice*, ao passo que as transações sobre prêmios usam as tabelas *Assegurado, Requerente, Terceiros, SeguroAuto, Apólice* e *Prêmio*. As nove tabelas nesse banco de dados são mostradas, bem como as chaves primárias (exibidas em negrito) e as chaves estrangeiras (exibidas em itálico). Para cada tabela, adote formatos de campo de sua preferência.

Tabela: Item

NumItem	DescItem	CoberturaMinItem	CoberturaMaxItem

Chave primária: NumItem
Chaves estrangeiras: Nenhuma

Tabela: Corretor

NumCorretor	NomeCorretor	TelefoneCorretor	DeptoCorretor	TipoCorretor	RegiãoCorretor

Chave primária: NumCorretor
Chaves estrangeiras: Nenhuma

Tabela: Assegurado

CPFAsseg	CartaMotoristaAsseg	EstadoAsseg	NomeAsseg	TelefoneAsseg	EnderecoAsseg	DOBAsseg	CidadeAsseg	CEPAsseg
CategRiscoAsseg								

Chave primária: CPFAsseg
Chaves estrangeiras: Nenhuma
DOBAsseg é a data de nascimento do segurado.

Tabela: Requerente

NumReq	NomeReq	TelefoneReq	CompReq	NumApoliceReq	EnderecoReq	CidadeReq	EstadoReq	CEPReq

Chave primária: NumReq
Chaves estrangeiras: Nenhuma

Tabela: Terceiros

CPFTerceiro	NomeTerceiro	TelefoneTerceiro	DescTerceiro	EnderecoTerceiro	CidadeTerceiro	EstadoTerceiro	CEPTerceiro

Chave primária: CPFTerceiro
Chaves estrangeiras: Nenhuma

Tabela: Apolice

NumApolice	DataInicioApolice	DataFimApolice	*CPFAsseg*	*NumCorretor*	PremiumApolice	DataEfetivaAPolice

Chave primária: NumApolice
Chaves estrangeiras: CPFAsseg, NumCorretor

Tabela: SeguroAuto

ChassiAuto	NumPlacaAuto	EstadoSegAuto	MarcaSegAuto	ModeloSegAuto	AnoSegAuto	AirBagsSegAuto	*CPFMotoristaSegAuto*
	NumApolice						

Chave primária: ChassiAuto
Chaves estrangeiras: CPFMotoristaSegAuto (refere-se ao CPFAsseg de Assegurado), NumApolice

Tabela: ItemApolice

CHASSI	**NumItem**	CoberturaApolice	PremioApolice	ObservaçõesApolice

Chave primária: CHASSI, NumItem
Chaves estrangeiras: CHASSI, NumItem

Tabela: Premio

NumPremio	QuantiaPremio	EstimativaPremio	DescPremio	DataPremio	*CHASSI*	*NumReq*	*CPFTerceiro*

Chave primária: NumPremio
Chaves estrangeiras: CHASSI, NumReq, CPFTerceiro

1. Identifique dimensões e medidas em um cubo de dados para uma análise de apólice de automóvel.
2. Projete um esquema estrela ou floco de neve para apoiar as dimensões e medidas no cubo de dados do problema 1. É aconselhável usar a desnormalização para diminuir a quantidade de tabelas dimensionais e de relacionamentos entre essas tabelas.

3. Identifique dimensões e medidas em um cubo de dados para a análise de prêmios.
4. Projete um esquema estrela ou floco de neve para apoiar as dimensões e medidas no cubo de dados do problema 3. É aconselhável usar a desnormalização para diminuir a quantidade de tabelas dimensionais e de relacionamentos entre essas tabelas.
5. No esquema da apólice, que nível de detalhe deve ser armazenado? Qual deve ser o nível de granularidade mais fino em um cubo de dados?
6. Identifique hierarquias nas dimensões do cubo de dados da transação com apólice.
7. No esquema de prêmios, que nível de detalhe deve ser armazenado? Qual deve ser o nível de granularidade mais fino em um cubo de dados?
8. Identifique hierarquias nas dimensões do cubo de dados da análise de prêmios.
9. Descreva o cubo de dados resultante da operação *slice* do cubo de dados da apólice por parte de um determinado corretor.
10. Descreva o cubo de dados resultante da operação *dice* do cubo de dados resultante da operação *slice* no problema 9 por assegurados cujo código postal seja de um estado específico.
11. Comece com um cubo de dados de quatro dimensões (*Assegurado*, *SeguroAuto*, *Item* e *Corretor*) e uma medida (montante da apólice) nas células. Valendo-se desse cubo de dados, descreva a operação para gerar um novo cubo de dados de três dimensões (*Assegurado*, *Item* e *Corretor*) e uma medida (montante médio das apólices de automóveis).
12. Identifique níveis de dimensão e hierarquias dentro da tabela *Corretor*. Você não precisa usar a instrução CREATE DIMENSION do Oracle.
13. Identifique níveis de dimensão e hierarquias dentro da tabela *Assegurado*. Você não precisa usar a instrução CREATE DIMENSION do Oracle.
14. Identifique níveis de dimensão e hierarquias dentro da tabela *SeguroAuto*. Você não precisa usar a instrução CREATE DIMENSION do Oracle.
15. É necessário ter uma dimensão de tempo para o *datawarehouse* de seguros de automóveis? Justifique sua resposta e explique como o tempo seria representado se não estivesse em uma tabela de dimensão separada?
16. Usando a tabela de dimensão *Assegurado*, examine a estabilidade das colunas nessa tabela. Que colunas normalmente mudariam simultaneamente? Para que colunas seria desejável um histórico?
17. Usando a tabela de dimensão *SeguroAuto*, examine a estabilidade das colunas nessa tabela. Que colunas normalmente mudariam simultaneamente? Para que colunas seria desejável um histórico?
18. Modifique a tabela de dimensão *Assegurado* para obter um histórico da coluna *CategRiscoAsseg*. Utilize a representação Tipo II e a Tipo III com os valores de risco atuais e precedentes.
19. Modifique a tabela de dimensão *Assegurado* para obter um histórico restrito das colunas *CidadeAsseg*, *EstadoAsseg* e *CEPAsseg*. O histórico limitado deve registrar os valores atuais e precedentes e as datas alteradas para a combinação de colunas.
20. Modifique a tabela de dimensão *Assegurado* para obter um histórico ilimitado das colunas *CidadeAsseg*, *EstadoAsseg* e *CEPAsseg*. O histórico ilimitado deve registrar as datas alteradas para a combinação de colunas, não para as colunas individuais.

Parte 2: Problemas de Vendas em Loja

A Parte 1 oferece treinamento em relação à manipulação de bancos relacionais de dados multidimensionais. As perguntas na Parte 2 envolvem o esquema de floco de neve das vendas em loja usado na Seção 16.3. Para a sua informação, a Figura 16.P1 exibe um DER do esquema de floco de neve das vendas em loja. Para ajudá-lo a usar o Oracle 10g para esses problemas, a seção destinada aos estudantes no *site* deste livro de referência contém instruções CREATE TABLE do Oracle e dados de exemplo para as tabelas do esquema das vendas em loja.

1. Escreva uma instrução SELECT para resumir as vendas por estado da loja, ano e marca do item. O resultado deve calcular a SOMA das vendas em valores monetários para os anos de 2005 e 2006. O resultado deve incluir o total global para cada combinação de campos agrupados.
2. Escreva uma instrução SELECT para resumir as vendas por ano, trimestre e mês. O resultado deve calcular a SOMA das vendas em valores monetários para os anos de 2005 e 2006. O resultado deve incluir os totais parciais na ordem dos campos agrupados (ano, trimestre e mês).

FIGURA 16.P1 Esquema Floco de Neve do DER do Exemplo das Vendas em Loja

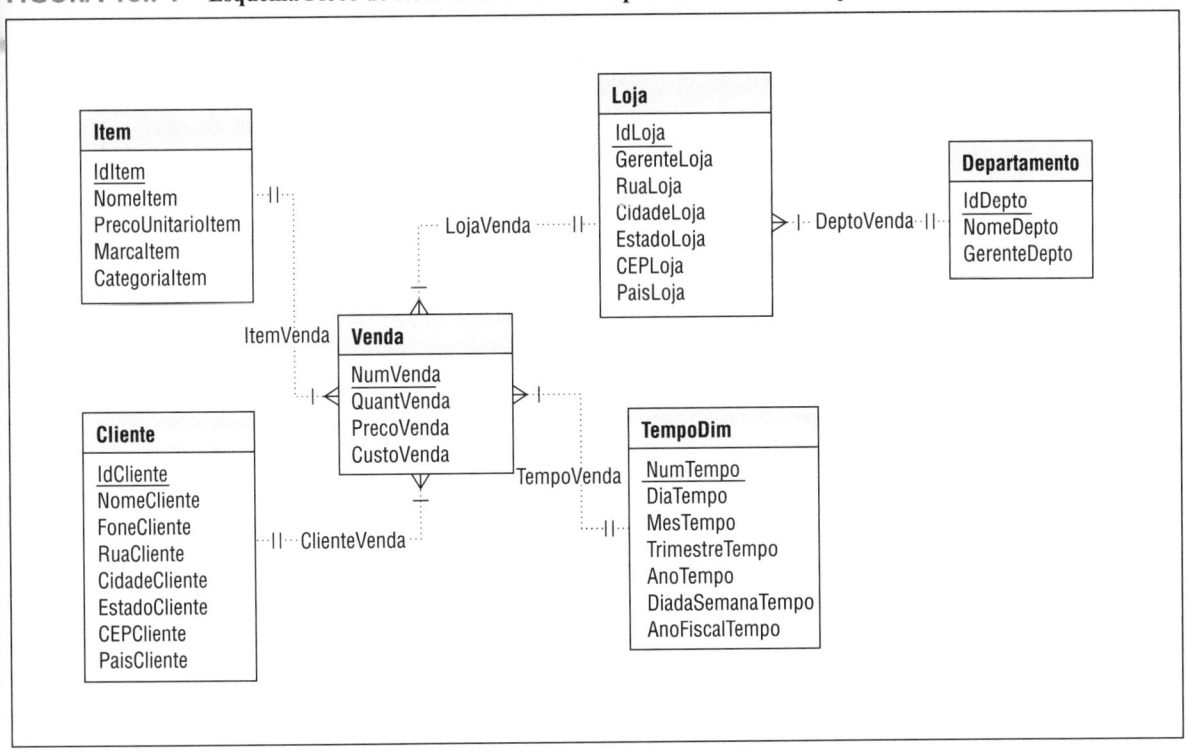

Item
- IdItem
- NomeItem
- PrecoUnitarioItem
- MarcaItem
- CategoriaItem

Loja
- IdLoja
- GerenteLoja
- RuaLoja
- CidadeLoja
- EstadoLoja
- CEPLoja
- PaisLoja

Departamento
- IdDepto
- NomeDepto
- GerenteDepto

Venda
- NumVenda
- QuantVenda
- PrecoVenda
- CustoVenda

Cliente
- IdCliente
- NomeCliente
- FoneCliente
- RuaCliente
- CidadeCliente
- EstadoCliente
- CEPCliente
- PaisCliente

TempoDim
- NumTempo
- DiaTempo
- MesTempo
- TrimestreTempo
- AnoTempo
- DiadaSemanaTempo
- AnoFiscalTempo

Relacionamentos: LojaVenda, DeptoVenda, ItemVenda, TempoVenda, ClienteVenda.

3. Escreva uma instrução SELECT para resumir as vendas por estado da loja, mês e ano. O resultado deve calcular a SOMA das vendas em valores monetários para os anos de 2005 e 2006. O resultado deve incluir os totais parciais na ordem da dimensão hierárquica (ano e mês). Não use o operador GROUPING SETS em sua instrução SQL.

4. Escreva uma instrução SELECT para resumir as vendas por estado do cliente, código postal do cliente, ano e trimestre. O resultado deve calcular a SOMA das vendas em valores monetários para os anos de 2005 e 2006. O resultado deve incluir os totais parciais das dimensões hierárquicas (ano/trimestre e estado/código postal). Não use o operador GROUPING SETS em sua instrução SQL.

5. Reescreva a solução da instrução SQL para o problema 1, sem usar os operadores CUBE, ROLLUP ou GROUPING SETS. Para diminuir o seu tempo, você pode escrever os primeiros blocos de consulta e, em seguida, indicar o padrão para reescrever os blocos remanescentes. Ao reescrever as consultas, você pode usar duas aspas simples (sem nada entre elas) como valor de texto padrão e 0 como valor numérico padrão.

6. Reescreva a solução da instrução SQL para o problema 2, sem usar os operadores CUBE, ROLLUP ou GROUPING SETS. Ao reescrever as consultas, você pode usar duas aspas simples (sem nada entre elas) como valor de texto padrão e 0 como valor numérico padrão.

7. Reescreva a solução da instrução SQL para o problema 3, sem usar os operadores CUBE, ROLLUP ou GROUPING SETS. Ao reescrever as consultas, você pode usar duas aspas simples (sem nada entre elas) como valor de texto padrão e 0 como valor numérico padrão.

8. Reescreva a solução da instrução SQL para o problema 3 usando o operador GROUPING SETS, em vez do operador ROLLUP.

9. Reescreva a solução da instrução SQL para o problema 4 usando o operador GROUPING SETS, em vez do operador ROLLUP.

10. Realize os cálculos indicados e mostre a fórmula básica para os problemas a seguir. O número de valores únicos em cada dimensão é mostrado entre parênteses.

    - Calcule a quantidade máxima de linhas para uma consulta com *roll-up* do ano (2), do trimestre (4) e do mês (12). Separe o cálculo para mostrar a quantidade de linhas que aparecem no resultado normal de GROUP BY e a quantidade de linhas de subtotal geradas pelo operador ROLLUP.

- Calcule a quantidade máxima de linhas em uma consulta com *roll-up* do ano (2), trimestre (4), mês (12) e das semanas por mês (4). Separe o cálculo para mostrar a quantidade máxima de linhas que aparecem no resultado normal de GROUP BY e a quantidade máxima de linhas de subtotal geradas pelo operador ROLLUP.

- Calcule a quantidade máxima de linhas em uma consulta com um cubo do estado (5), das marcas (10) e do ano (2). Separe o cálculo para mostrar a quantidade máxima de linhas que aparecem no resultado normal de GROUP BY e a quantidade máxima de linhas de subtotal geradas pelo operador CUBE.

- Calcule a quantidade de grupos de subtotais em uma consulta com um cubo do estado (5), da divisão (4), das marcas (10) e do ano (2). Um grupo de subtotais equivale a uma instrução SELECT quando se formula a consulta sem nenhum operador GROUP BY.

11. Escreva uma instrução CREATE DIMENSION do Oracle para uma dimensão de cliente formada por identificador de cliente, cidade, estado, código postal e país. Defina duas hierarquias agrupando o identificador de cliente com a cidade, o estado e o país e o identificador de cliente com o código postal, o estado e o país.

12. Escreva uma instrução CREATE DIMENSION do Oracle para uma dimensão de tempo formada por identificador de tempo, dia, mês, trimestre, ano, ano fiscal e dia da semana. Defina três hierarquias agrupando o identificador de tempo, o dia, o mês, o trimestre e o ano, o identificador de tempo e o ano fiscal, o identificador de tempo e o dia da semana.

13. Escreva uma instrução CREATE MATERIALIZED VIEW do Oracle para dar suporte ao esquema de vendas em loja. A visão materializada deve incluir a soma das vendas em valores monetários e a soma dos custos de venda, e deve também resumir as medidas por identificador de loja, identificador de item e número de tempo. A visão materializada deve incluir as vendas no ano de 2005.

14. Escreva uma instrução CREATE MATERIALIZED VIEW do Oracle para apoiar o esquema de vendas em loja. A visão materializada deve incluir a soma das vendas em valores monetários e a soma dos custos de venda, e deve também resumir as medidas por identificador de loja, identificador de item e número de tempo. A visão materializada deve incluir as vendas no ano de 2006.

15. Reescreva a solução da instrução SQL para o problema 1 usando as visões materializadas nos problemas 10 a 11. Você deve ignorar o operador CUBE na solução do problema 1. Sua instrução SELECT deve mencionar as visões materializadas, bem como as tabelas básicas, se necessário.

16. Reescreva a solução da instrução SQL para o problema 1 usando as visões materializadas nos problemas 10 a 11. Sua instrução SELECT deve fazer referência às visões materializadas, bem como as tabelas básicas, se necessário. Você deve refletir com cuidado sobre como manipular o operador CUBE em sua reescrita de consulta.

17. Reescreva a solução da instrução SQL para o problema 3 usando as visões materializadas nos problemas 10 a 11. Você deve ignorar o operador ROLLUP na solução do problema 3. Sua instrução SELECT deve mencionar as visões materializadas, bem como as tabelas básicas, se necessário.

18. Reescreva a solução da instrução SQL para o problema 3 usando as visões materializadas nos problemas 10 a 11. Sua instrução SELECT deve mencionar as visões materializadas, bem como as tabelas básicas, se necessário. Você deve refletir com cuidado sobre como manipular o operador ROLLUP em sua reescrita de consulta.

19. Escreva uma instrução CREATE MATERIALIZED VIEW do Oracle para apoiar o esquema de vendas em loja. A visão materializada deve incluir a soma das unidades de vendas e a soma dos custos de venda, e deve também resumir as medidas por código postal de cliente e ano das vendas. A visão materializada deve incluir as vendas no ano 2005 e anteriores.

20. Escreva uma instrução CREATE MATERIALIZED VIEW do Oracle para apoiar o esquema de vendas em loja. A visão materializada deve incluir a soma das unidades de vendas e a soma dos custos de venda, e deve também resumir as medidas por código postal de cliente, ano de vendas e trimestre de vendas. A visão materializada deve incluir apenas as vendas nos Estados Unidos.

21. Escreva uma instrução CREATE MATERIALIZED VIEW do Oracle para apoiar o esquema de vendas em loja. A visão materializada deve incluir a soma das unidades de vendas e a soma dos custos de venda, e deve também resumir as medidas por código postal de cliente, ano de vendas e trimestre de vendas. A visão materializada deve incluir apenas as vendas do Canadá em 2005 e 2006.

22. Escreva uma instrução SELECT usando as tabelas básicas do *datawarehouse* para recuperar a soma dos custos de venda dividida pela soma das unidades de vendas nos Estados Unidos e no Canadá, em 2005. O resultado deve incluir o código postal de cliente, o ano e a soma dos custos de venda por unidade. Reescreva a instrução SELECT usando uma ou mais das visões materializadas definidas nos problemas 19 a 21.

23. Escreva uma instrução SELECT usando as tabelas básicas do *datawarehouse* para recuperar a soma dos custos de venda dividida pela soma das unidades de vendas nos Estados Unidos e no Canadá entre 2004 e 2006. O resultado deve incluir o código postal de cliente, o ano e a soma dos custos de venda por unidade. Reescreva a instrução SELECT usando uma ou mais das visões materializadas definidas nos problemas 19 a 21.

Referências para Estudos Adicionais

Embora este capítulo tenha oferecido uma introdução detalhada sobre *datawarehouse*, talvez você queira ampliar este capítulo com conteúdo especializado, dada a importância e o escopo do assunto. Kimball (2002) e Inmon (2002), pais do conceito de *datawarehouse*, escreveram livros sobre *datawarehouse* já amplamente difundidos. Para aprofundar ainda mais o conteúdo deste capítulo, você deve consultar Bouzeghoub *et al.* (1999) e Fisher e Berndt (2001) sobre o processo de renovação. Para mais detalhes sobre os recursos de *datawarehouse* do Oracle 10g, você deve consultar a respectiva documentação *on-line*, em *Oracle Technology Network* (http://www.oracle.com/technology). Você pode encontrar informações adicionais em *sites* Web, nos tópicos "Data Warehouses" e "Data Mining", na seção Web Resources do *site* deste livro de referência.

Capítulo 17

Processamento Cliente–Servidor, Processamento em Bancos de Dados Paralelos e Bancos de Dados Distribuídos

Objetivos de Aprendizagem

Este capítulo descreve as maneiras pelas quais os sistemas gerenciadores de banco de dados utilizam as redes de computadores e os computadores remotos no processamento cliente–servidor, no processamento em bancos de dados paralelos e nos bancos de dados distribuídos. Após este capítulo, o estudante deverá ter adquirido os seguintes conhecimentos e habilidades:

- Relacionar os motivos que justificam a utilização do processamento cliente–servidor, do processamento em bancos de dados paralelos e em bancos de dados distribuídos.
- Descrever as arquiteturas em duas camadas, em três camadas e em múltiplas camadas dos bancos de dados cliente–servidor.
- Descrever as arquiteturas comuns para o processamento em bancos de dados paralelos.
- Descrever as diferenças entre a tecnologia para bancos de dados distribuídos fortemente integrados e interdependentes e a tecnologia para bancos de dados fracamente integrados.
- Comparar os diferentes tipos de transparência nos bancos de dados distribuídos.
- Compreender a natureza do processamento de consultas e do processamento de transações em bancos de dados distribuídos.

Visão Geral

Os capítulos 15 e 16 descreveram o processamento em bancos de dados para transações e suporte à decisão. Como foi explicado em ambos esses capítulos, o processamento de transações e o de suporte à decisão são vitais para as organizações modernas. Neste capítulo, você obterá informações sobre como as redes de computadores, os computadores remotos e o armazenamento de dados remoto podem melhorar a confiabilidade e o desempenho para ambos os tipos de processamento.

Este capítulo explica como os SGBDs utilizam as redes de computadores, os computadores remotos e o armazenamento de dados remoto. Porém, antes de aprofundarmos esse assunto, você deve compreender por que é importante utilizar esses recursos. Este capítulo examina os motivos corporativos que justificam a utilização do processamento cliente–servidor, o processamento em bancos de dados paralelos e de dados distribuídos. Após compreender a motivação, estará pronto para obter informações sobre as arquiteturas para distribuição de diferentes tarefas em uma organização cliente–servidor e a divisão de grandes quantidades de trabalho entre os recursos existentes, empregando a tecnologia de bancos de dados paralelos. A descrição do processamento em bancos de dados paralelos no Oracle e IBM DB2 complementa nossa apresentação conceitual. A distribuição de dados, além da distribuição do processamento, dá maior flexibilidade, mas também aumenta a complexidade. A fim de apresentar os compromissos entre flexibilidade e complexidade, este capítulo se detém sobre as arquiteturas dos bancos de dados distribuídos, os níveis de transparência para os dados distribuídos e o processamento de consultas e transações em bancos de dados distribuídos. Os exemplos de transparência nos bancos de dados distribuídos Oracle complementam o conteúdo conceitual.

17.1 Visão Geral do Processamento Distribuído e de Dados Distribuídos

Para compreender os principais pontos em discussão, é mais fácil separar o processamento distribuído dos dados distribuídos. As arquiteturas, os problemas de projeto e as tecnologias de processamento de ambas essas áreas são distintos. Depois de examiná-los separadamente, você terá oportunidade de aprender a usá-los em conjunto. O ponto de partida desta seção é analisar os motivos que justificam a utilização dos diferentes tipos de processamento distribuído (processamento cliente–servidor e em bancos de dados paralelos).

17.1.1 Motivação para Utilização do Processamento Cliente–Servidor

A abordagem cliente–servidor é adequada à utilização de recursos de computação remotos na execução de processos de negócio complexos que envolvam uma variedade de subtarefas. Por exemplo, o processamento de compras eletrônicas é um processamento complexo que consiste nos seguintes elementos: seleção de produtos, pedidos, gerenciamento de estoque, processamento de pagamentos, remessa e devolução de produtos. Um cliente é um programa que faz requisições a um servidor. O servidor executa as requisições e transmite os resultados ao cliente. Os clientes e servidores podem ser dispostos em uma rede de computadores para dividir trabalhos complexos em unidades mais fáceis de gerenciar. A disposição ou arranjo mais simples é dividir o trabalho entre clientes cujo processamento se dá em computadores pessoais e um servidor cujo processamento se dá em um computador distinto, como mostra a Figura 17.1. A Seção 17.2 apresenta arquiteturas mais eficazes para o processamento cliente–servidor, bem como as divisões de trabalho mais comuns entre os computadores.

FIGURA 17.1
Arquitetura Cliente–Servidor Simples para Processamento Distribuído

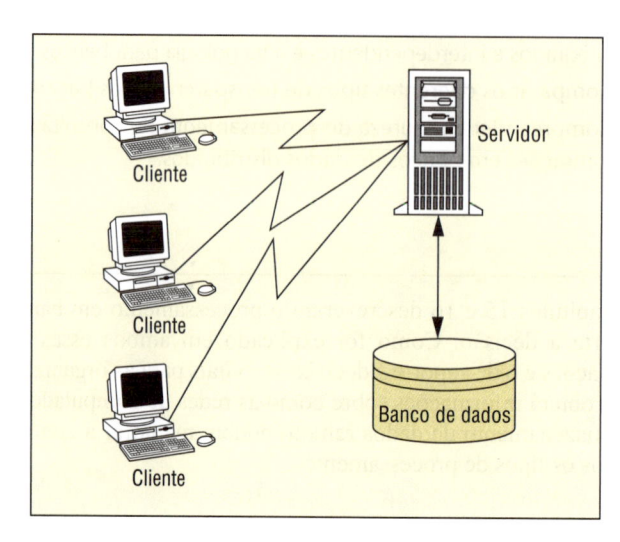

O processamento distribuído que utiliza a abordagem cliente–servidor oferece inúmeras vantagens com respeito a flexibilidade, escalabilidade e interoperabilidade. A flexibilidade está relacionada à facilidade de manutenção e adaptação de um sistema. Os custos de manutenção com freqüência são mais altos que o custo de desenvolvimento inicial de um sistema de informação, em virtude da vida longa e das atualizações de sistema. A abordagem cliente–servidor oferece flexibilidade porque os trechos de código mais voláteis – que mudam com maior freqüência – podem ser isolados dos trechos mais estáveis. Por exemplo, o código da interface com o usuário pode ser separado das regras de negócios e do código de acesso aos dados. Se for implementada uma nova interface, outras partes do código permanecerão inalteradas. Além disso, a abordagem cliente–servidor é ideal para programação orientada a objetos, por implementar a reusabilidade. O Capítulo 18 examina os bancos de dados orientados a objetos e sua respectiva programação.

A abordagem cliente–servidor é ideal quando se pretende que o desenvolvimento da capacidade de hardware e software seja escalável. A escalabilidade está relacionada à capacidade de adicionar e remover recursos em unidades pequenas. A escalabilidade vertical refere-se à capacidade de adicionar recursos no servidor. Por exemplo, é possível mover o trabalho de um servidor que esteja sobrecarregado para um novo servidor para reduzir o gargalo ou controlar novas demandas das estações de trabalho adicionais. O novo servidor pode ter apenas o nível extra de computação necessário. A escalabilidade horizontal refere-se à capacidade de adicionar recursos no cliente por meio de estações de trabalho adicionais e à transferência de trabalhos entre clientes e servidores. Por exemplo, é possível transferir os trabalhos dos clientes para um servidor para que se possa utilizar hardware cliente mais barato (clientes magros). É também possível transferir esses trabalhos na direção oposta (servidor–cliente) para diminuir as cargas de processamento no servidor e aproveitar os benefícios dos recursos de computação do cliente.

O crescimento escalável pode igualmente ser responsável pela melhoria de desempenho. Por exemplo, a utilização de *middleware* pode diminuir os problemas de contenção provocados pelo acesso de vários usuários a um banco de dados. A seção a seguir apresenta os *middlewares* que podem gerenciar com eficiência o acesso simultâneo de vários usuários a um banco de dados. Além disso, é possível empregar servidores especializados para controlar trabalhos que, de outra forma, diminuiriam a velocidade de acesso de todos os usuários. Por exemplo, os servidores multimídia conseguem manipular requisições de imagens, liberando os outros servidores dessa morosa tarefa.

Os sistemas cliente–servidor que utilizam padrões abertos possibilitam a interoperabilidade. A interoperabilidade está relacionada à capacidade de dois ou mais sistemas trocarem e usarem softwares e dados. Os padrões abertos aumentam o número de fornecedores no mercado, o que faz abaixar os custos e elevar a qualidade. Os componentes de software existentes no mercado podem ser considerados interoperáveis quando funcionam de acordo com os padrões. A área mais amplamente padronizada é a Internet, onde os bancos de dados cliente–servidor estão se tornando cada vez mais importantes.

A despeito das vantagens do processamento cliente–servidor, pode haver alguns problemas. O desenvolvimento de softwares cliente–servidor pode ser mais complexo por causa das opções arquiteturais. A arquitetura cliente–servidor especifica um arranjo de componentes e uma divisão de processamento entre os componentes. A Seção 17.2 apresenta várias arquiteturas possíveis para o processamento em banco de dados cliente–servidor. A escolha de uma arquitetura inadequada pode prejudicar o desempenho e causar problemas de manutenção. Além dos problemas arquiteturais, o projetista pode se deparar com a difícil decisão entre construir um banco de dados cliente–servidor valendo-se de métodos proprietários ou de acordo com padrões abertos. Os métodos proprietários facilitam a resolução de problemas porque a responsabilidade perante todos eles é do fornecedor, além de poderem apresentar melhor desempenho pelo fato de não serem tão gerais quanto os padrões abertos. Entretanto, a longo prazo, os métodos proprietários podem ser caros e inflexíveis. Se um fornecedor não se desenvolver no compasso do setor, o banco de dados cliente–servidor pode se tornar obsoleto e exigir altos custos de atualização.

17.1.2 Motivação para Utilização do Processamento em Bancos de Dados Paralelos

Contrariamente ao uso do processamento cliente–servidor para distribuir trabalhos complexos entre computadores interligados em rede, o processamento em bancos de dados paralelos divide as tarefas grandes em várias tarefas menores e as distribui entre os computadores interconectados. Por exemplo, o processamento em bancos de dados paralelos pode ser usado para executar a operação de junção de grandes tabelas. A utilização das arquiteturas RAID, como descrito no Capítulo 8, é uma forma simples de processamento em bancos de dados paralelos. A Seção 17.3 apresenta arquiteturas mais eficazes para esse tipo de processamento.

O processamento em bancos de dados paralelos consegue melhorar o desempenho por meio de dois fatores: *scaleup* e *speedup*. Scaleup envolve a quantidade de trabalhos que podem ser realizados aumentando-se a capacidade computacional. O *scaleup* mede o tamanho amplificado de um trabalho, o que pode ser feito mantendo-se o tempo constante. O *scaleup* ideal é linear, caso em que um aumento da capacidade de computação n vezes permite a conclusão n vezes da quantidade de trabalho, no mesmo espaço de tempo. Em virtude da sobrecarga da coordenação, o *scaleup* linear não é possível na maioria das situações. Ele é medido como a razão entre a quantidade de trabalhos concluídos com uma configuração maior e a quantidade de trabalhos concluídos com a configuração original. Por exemplo, se for possível processar 100 transações por minuto na configuração original e 175 transações por minuto quando a capacidade de computação é duplicada, o *scaleup* é de 1,75.

Speedup tem a ver com a diminuição do tempo para concluir uma tarefa, e não com a quantidade de trabalho que se realiza. Com uma capacidade de computação adicional, o *speedup* avalia a redução de tempo mantendo a tarefa constante. Por exemplo, as organizações normalmente precisam concluir oportunamente o processamento de restaurações diárias para que no dia útil seguinte o sistema esteja disponível. As organizações precisam determinar a quantidade adicional de computação que garantirá a conclusão do trabalho no prazo admissível. *Speedup* é a avaliação da razão entre o tempo de conclusão com a configuração original e o tempo de conclusão com a capacidade adicional. Por exemplo, se a duplicação da capacidade diminuir o tempo de processamento de restauração de seis horas para quatro horas, o *speedup* será 1,5.

Disponibilidade é a acessibilidade de um sistema que em geral é avaliada como o tempo em que o sistema está em funcionamento normal e disponível para uso. No caso de alta disponibilidade ou tolerância a falhas, o sistema experimenta pouco tempo inativo e recupera-se rapidamente das possíveis falhas. Na computação tolerante a falhas, mantém-se ao máximo o poder de recuperação para que o processamento seja contínuo e não sofra interrupções. Os custos de tempo inativo determinam o grau de disponibilidade desejado. Esses custos abrangem vendas perdidas, perda de mão-de-obra e equipamento ocioso. Para as grandes organizações, os custos de tempo inativo podem ser de centenas a milhares de dólares por hora. O processamento em bancos de dados paralelos pode aumentar a disponibilidade porque um SGBD consegue ajustar-se dinamicamente ao nível de recursos disponíveis. A falha de um único computador interromperá o processamento nos demais computadores disponíveis.

A principal desvantagem do processamento em bancos de dados paralelos é o custo. Os custos do software do SGBD e do software de coordenação especializado são altos nesse tipo de processamento. Existe a possibilidade de problemas de interoperabilidade porque é necessário haver coordenação entre o software do SGBD, o sistema operacional e os sistemas de armazenamento. Os fornecedores de SGBDs oferecem ferramentas eficazes para implementação e gerenciamento da alta complexidade apresentada pelo processamento em bancos de dados paralelos. Se não fosse possível prever melhorias de desempenho, isso seria uma desvantagem significativa. A possibilidade de prever melhorias de desempenho permite que as organizações se programem para acrescentar recursos e ajustem dinamicamente esses recursos, dependendo do volume de processamento previsto e das restrições ao tempo de resposta.

17.1.3 Motivação para Utilização de Dados Distribuídos

Os dados distribuídos oferecem inúmeras vantagens em relação ao controle de dados, aos custos de comunicação e ao desempenho. Por meio da distribuição de um banco de dados, é possível posicionar os dados de acordo com a estrutura da organização. Por exemplo, partes de uma tabela de clientes podem ser posicionadas perto dos centros de processamento de clientes. As decisões sobre compartilhamento e manutenção de dados podem ser estabelecidas como locais para que se possa controlar mais de perto a utilização dos dados. Normalmente, os funcionários e a gerência locais compreendem melhor os problemas relacionados aos dados do que a gerência em locais remotos.

Os dados distribuídos podem diminuir os custos de comunicação e melhorar o desempenho. Os dados devem ser posicionados de tal forma que 80% das requisições sejam locais. Os custos e o tempo de espera das requisições locais podem ser pequenos ou nulos, em comparação com as requisições remotas. Maior disponibilidade de dados implica melhor

TABELA 17.1
Resumo do Processamento Distribuído e dos Dados Distribuídos

Tecnologia	Vantagens	Desvantagens
Processamento cliente–servidor	Flexibilidade, interoperabilidade, e escalabilidade	Alta complexidade, alto custo de desenvolvimento, possíveis problemas de interoperabilidade
Processamento de bancos de dados paralelos	*Speedup*, *scaleup*, disponibilidade, escalabilidade para melhorias de desempenho previsíveis.	Possíveis problemas de interoperabilidade, custos altos
Bancos de dados distribuídos	Controle local dos dados, melhor desempenho, menores custos de comunicação, maior confiabilidade	Alta complexidade, preocupações adicionais quanto à segurança

desempenho. Essa maior disponibilidade de dados é possível porque não há nenhum computador exclusivo responsável por controlar o acesso. Além disso, os dados podem ser replicados para que, desse modo, sejam disponibilizados para mais de um sítio.

A despeito das vantagens dos dados distribuídos, pode haver alguns problemas. Os problemas pertinentes ao projeto de bancos de dados distribuídos são muito complexos. Um projeto inadequado pode aumentar os custos de comunicação e prejudicar o desempenho. O projeto de bancos de dados distribuídos é difícil por causa da falta de ferramentas, do número de opções e das relações existentes entre essas opções. O processamento distribuído de transações pode apresentar uma sobrecarga considerável, especialmente em relação aos dados replicados. As preocupações com segurança podem ser maiores em relação aos dados distribuídos porque vários sítios podem gerenciar os dados. Cada um deles deve ser apropriadamente protegido contra acesso não autorizado.

17.1.4 Resumo das Vantagens e Desvantagens

Antes de prosseguir, você deve fazer uma pausa para fazer uma comparação entre processamento distribuído e dados distribuídos. A Tabela 17.1 resume as vantagens e desvantagens do processamento cliente–servidor, do processamento em bancos de dados paralelos e dos dados distribuídos enquanto tecnologias independentes. Para aumentar ao máximo o poder de processamento, essas tecnologias podem ser associadas. Atualmente, o processamento distribuído associado à abordagem cliente–servidor é a tecnologia mais madura e mais amplamente implementada, embora o processamento em bancos de dados paralelos esteja ganhando rápida aceitação. Quando a tecnologia de bancos de dados distribuídos amadurecer e ganhar aceitação, as organizações implementarão essas três tecnologias em conjunto.

17.2 Arquiteturas de Banco de Dados Cliente–Servidor

arquitetura cliente–servidor
disposição de componentes (clientes e servidores) entre computadores interconectados em rede. Essa arquitetura é adequada para um eficiente processamento de mensagens (requisições de serviços) entre clientes e servidores.

O projeto de um banco de dados cliente–servidor influi nas vantagens e desvantagens citadas na seção precedente. Um bom projeto tende a aumentar as vantagens e a diminuir as desvantagens com respeito às necessidades de uma organização. Um projeto ruim pode intensificar as desvantagens e diminuir as vantagens. Um projeto de banco de dados cliente–servidor apropriado pode ser decisivo em relação ao sucesso e ao fracasso de um projeto de sistema de informação. Para ajudá-lo a conseguir bons projetos, esta seção examina alguns problemas de projeto pertinentes a esses bancos e descreve como eles são tratados em várias arquiteturas.

17.2.1 Questões de Projeto

Duas questões – divisão de processamento e gerenciamento de processos – afetam o projeto de um banco de dados cliente–servidor. A *divisão de processamento* refere-se à alocação de tarefas a clientes e servidores. O gerenciamento de processos tem a ver com a interoperabilidade entre clientes e servidores e o processamento eficiente das mensagens entre clientes e servidores. O software de gerenciamento de processos é conhecido por "*middleware*", por seu papel mediador. Esta seção examina essas questões para que você compreenda na seção seguinte de que modo várias arquiteturas tentam resolvê-las.

Divisão do Processamento

Em um banco de dados cliente–servidor normal, inúmeras tarefas podem ser executadas localmente em um cliente ou remotamente em um servidor. A lista a seguir descreve resumidamente essas tarefas.

- **Apresentação.** Código para manter a interface gráfica com o usuário. O código de apresentação exibe objetos, monitora eventos e responde a eventos. Esses eventos incluem ações iniciadas pelo usuário por meio do mouse e do teclado e eventos externos iniciados por cronômetros e outros usuários.
- **Validação.** Código para assegurar a consistência do banco de dados e das informações fornecidas pelo usuário. A validação lógica em geral é expressa como regras de integridade que estão armazenadas em um banco de dados.
- **Lógica de negócios.** Código para executar funções de negócio como cálculos de folhas de pagamento, requisitos de habilitação e cálculos de juros. A lógica de negócios pode mudar de acordo com mudanças nos ambientes regulatórios e competitivos.
- **Fluxo de trabalho.** Código para assegurar a conclusão dos processos de negócio. O código de fluxo de trabalho pode rotear formulários, enviar mensagens sobre prazo final e notificar os usuários quando um processo de negócio está concluído.
- **Acesso a dados.** Código para extrair dados para responder a consultas e modificar um banco de dados. O código de acesso a dados é formado por instruções SQL e código de tradução, que em geral faz parte do SGBD. Se houver vários bancos de dados, pode ser que alguns códigos de tradução permaneçam em um software separado do SGBD.

Partes dessas tarefas podem ser divididas entre clientes e servidores. Por exemplo, algumas validações podem ser executadas por um PC cliente e algumas em um servidor de banco de dados. Desse modo, há muita flexibilidade quanto à maneira de dividir as tarefas de processamento. A Seção 17.2.2 descreve várias maneiras comuns de dividir as tarefas de processamento.

Middleware

middleware
componente de software em uma arquitetura cliente–servidor responsável pelo gerenciamento de processos. O middleware permite que os servidores processem eficientemente mensagens de uma grande quantidade de clientes. Além disso, pode permitir que clientes e servidores se comuniquem por meio de plataformas heterogêneas. Para lidar com grandes cargas de processamento, o middleware normalmente reside em um computador dedicado.

A interoperabilidade é uma função fundamental do *middleware*. Os clientes e servidores podem residir em plataformas com diferentes hardwares, sistemas operacionais, SGBDs e linguagens de programação. A Figura 17.2 mostra de que modo um middleware permite que clientes e servidores comuniquem-se independentemente das plataformas que ambos estejam utilizando. O *middleware* permite que um cliente e um servidor se comuniquem sem que conheçam a plataforma um do outro.

O *middleware* pode exercer outra função essencial, o controle eficiente de mensagens. Em um ambiente cliente–servidor normal, a disponibilidade de comunicação é de poucos servidores para vários clientes. Um servidor pode se sobrecarregar apenas gerenciando as mensagens que recebe, sem concluir as requisições. O *middleware* permite que os servidores

FIGURA 17.2
Computação Cliente–Servidor por meio de *Middleware*

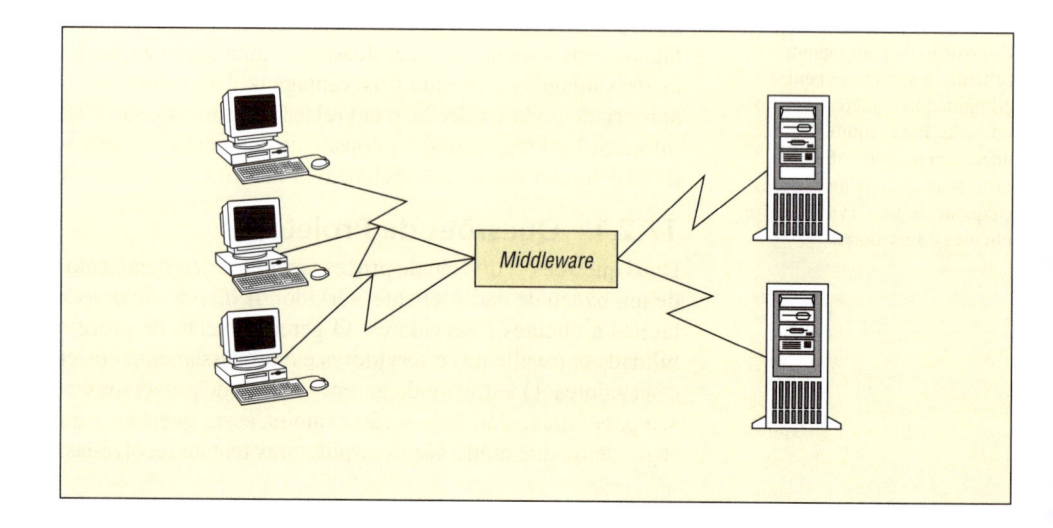

se concentrem na conclusão das requisições, e não no gerenciamento. Ele pode enfileirar, escalonar e rotear as mensagens, possibilitando que clientes e servidores executem um trabalho em velocidades e tempos distintos.

Tendo em vista a importância da interoperabilidade e do controle de mensagens, vários tipos de middleware estão sendo oferecidos no mercado, como descrito na lista a seguir:

- Os **monitores de processamento de transações** são o tipo mais antigo de middleware. Tradicionalmente, eles liberam o sistema operacional de gerenciar os processos do banco de dados e podem alternar o controle entre processos mais rapidamente que o sistema operacional. Nessa função, eles recebem as transações, fazem seu escalonamento e gerenciam-nas para que sejam concluídas. Nos últimos tempos, esses monitores estão assumindo novas tarefas, como atualizar vários bancos de dados em uma única transação.
- O **middleware orientado a mensagens** mantém uma fila de mensagens. Um processo do cliente pode colocar uma mensagem em uma fila e um processo do servidor pode remover uma mensagem de uma fila. Esse tipo de middleware difere dos monitores principalmente no que se refere à inteligência das mensagens. Os monitores de processamento de transações oferecem recursos inteligentes incorporados, mas usam mensagens simples. Em contraposição, o middleware orientado a mensagens oferece bem menos recursos inteligentes incorporados, mas usa mensagens mais complexas.
- Os *brokers* (corretores) **de requisição de objetos** oferecem alto nível de interoperabilidade e inteligência nas mensagens. Para usar um broker, as mensagens devem ser codificadas em uma linguagem de descrição de interface padrão. O broker soluciona as diferenças entre um cliente e um servidor. Além disso, um cliente pode se comunicar com um servidor sem saber em que local se encontra o servidor.
- O **middleware de acesso a dados** oferece uma interface uniforme aos dados relacionais e não relacionais usando o SQL. As requisições de acesso aos dados de um SGBD são enviadas a um driver, e não diretamente ao SGBD. O driver de acesso aos dados converte a instrução SQL no SQL aceito pelo SGBD e em seguida roteia a requisição ao SGBD. Esse driver aumenta a sobrecarga entre uma aplicação e o SGBD. Entretanto, com ele é possível haver independência entre uma aplicação e o SQL proprietário aceito pelo fornecedor de um SGBD. Os dois principais *middlewares* de acesso a dados são Open Database Connectivity (ODBC) ou Conectividade Aberta de Banco de Dados, ao qual a Microsoft oferece suporte, e o Java Database Connectivity (JDBC) ou Conectividade Java de Banco de Dados, ao qual a Oracle oferece suporte.

17.2.2 Descrição das Arquiteturas

As questões de projeto são tratadas por inúmeras arquiteturas. Esta seção aborda, em cada uma delas, a divisão de processamento mais comum, as abordagens de gerenciamento de mensagens e os compromissos entre arquiteturas.

Arquitetura em Duas Camadas

A arquitetura em duas camadas representa um PC cliente e um servidor de banco de dados, como mostrado na Figura 17.3. O PC cliente contém o código de apresentação e as instruções SQL de acesso aos dados. O servidor de banco de dados processa as instruções SQL e reenvia os resultados da consulta ao PC cliente. Além disso, o servidor de banco de dados executa funções de gerenciamento de processos. O código de validação e lógica de negócios pode ser dividido entre o PC cliente e o servidor de banco de dados. O PC cliente pode iniciar procedimentos armazenados no servidor de banco de dados na validação e lógica de negócios. Normalmente, a maior parte do código da lógica de negócios encontra-se no cliente. Os PCs clientes na arquitetura em duas camadas são às vezes chamados de "clientes gordos", por causa da grande quantidade de lógica de negócios que eles contêm.

A arquitetura em duas camadas é uma boa abordagem para sistemas com necessidades estáveis e uma quantidade moderada de clientes. Quanto aos pontos positivos, essa arquitetura é a mais simples de implementar por causa da quantidade de bons ambientes de desenvolvimento

arquitetura em duas camadas
arquitetura cliente–servidor na qual um cliente PC e um servidor de banco de dados interagem diretamente para requisitar e transferir dados. O PC cliente contém código de interface com o usuário, o servidor contém a lógica de acesso aos dados e o PC cliente e o servidor compartilham a validação e a lógica de negócios.

FIGURA 17.3
Arquitetura em Duas Camadas

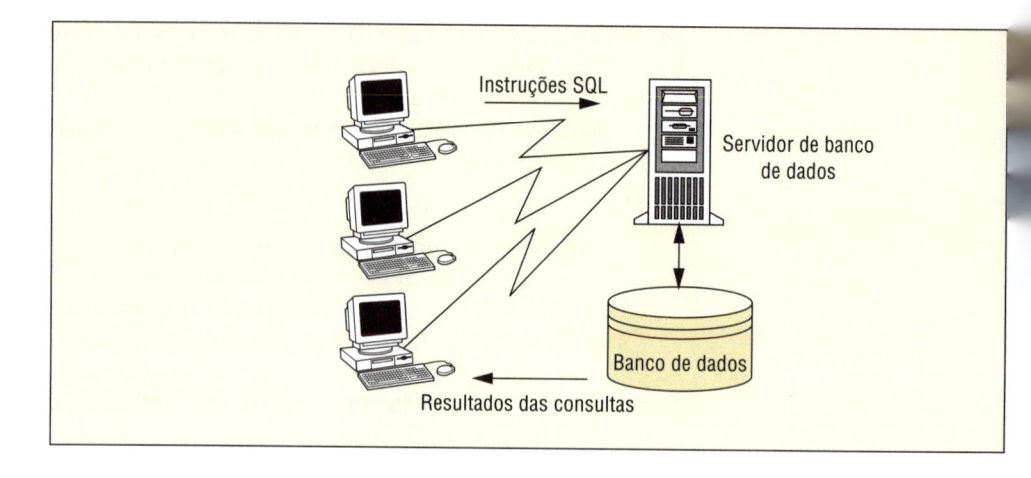

comerciais. Quanto aos pontos negativos, a manutenção de software pode ser difícil porque os PCs clientes contêm um *mix* de códigos de apresentação, validação e lógica de negócios. Para fazer uma alteração significativa na lógica de negócios, é preciso alterar o código em vários PCs clientes. Além disso, pode ser difícil utilizar uma nova tecnologia porque a arquitetura em duas camadas em geral depende de software proprietário e não de padrões abertos. Para diminuir a confiança em um determinado servidor de banco de dados, o PC cliente pode conectar-se a drivers de banco de dados intermediários como os drivers de Conectividade Aberta de Banco de Dados (ODBC), e não diretamente a um servidor de banco de dados. Os drivers de banco de dados intermediários então se comunicam com o servidor de banco de dados.

O desempenho pode ser prejudicado quando uma grande quantidade de clientes submete requisições porque o servidor de banco de dados pode se sobrecarregar com o gerenciamento de mensagens. Várias fontes relatam que as arquiteturas em duas camadas estão restritas a aproximadamente 100 clientes simultâneos. Se esse número aumentar, talvez seja necessário usar uma arquitetura em três camadas. Além disso, o desempenho pode diminuir quando, em vez de se conectar com o servidor de banco de dados, os PCs clientes conectam-se com os drivers intermediários.

Arquitetura em Três Camadas

arquitetura em três camadas
arquitetura cliente–servidor com três camadas: um PC cliente, um servidor de banco de dados remoto (*backend*) e um middleware ou um servidor de aplicação.

Para melhorar o desempenho, a arquitetura em três camadas acrescenta outra camada de servidor, como mostrado na Figura 17.4. Uma maneira de melhorar o desempenho é adicionar um servidor de middleware [Figura 17.4(a)] para controlar o gerenciamento de processos. O *middleware* normalmente consiste em um monitor de processamento de transações ou em um *middleware* orientado a mensagens. O monitor de processamento de transações pode aceitar mais conexões simultâneas que o middleware orientado a mensagens. Contudo, este último oferece maior flexibilidade em relação aos tipos de mensagem aceitos. Uma segunda maneira de melhorar o desempenho é adicionar um servidor de aplicação para tipos específicos de processamento, como a escrita de relatórios. Em ambas as abordagens, o servidor de software adicional pode residir em um computador distinto, como mostra a Figura 17.4. Alternativamente, o servidor de software adicional pode ser distribuído entre o servidor de banco de dados e os PCs clientes.

Embora a arquitetura em três camadas solucione as limitações da arquitetura em duas camadas, ela não soluciona os problemas relacionados à divisão de processamento. Os PCs clientes e o servidor de banco de dados ainda contêm a mesma divisão de código, embora a quantidade de tarefas no servidor seja menor. As arquiteturas em múltiplas camadas oferecem maior flexibilidade em relação à divisão de processamento.

Arquitetura em Múltiplas Camadas

arquitetura em múltiplas camadas
arquitetura cliente–servidor com mais de três camadas: um PC cliente, um servidor de banco de dados remoto, um servidor de middleware (intermediário) e servidores de aplicação. Estes últimos executam lógica de negócios e gerenciam tipos especializados de dados — por exemplo, imagens.

Para melhorar o desempenho e oferecer flexibilidade em relação à divisão de processamento, as arquiteturas em múltiplas camadas aceitam camadas adicionais de servidores, como mostra a Figura 17.5. Os servidores de aplicação podem ser chamados pelos PCs clientes, pelo middleware e pelos servidores de banco de dados. Com as camadas adicionais, é possível obter uma divisão mais aprimorada do processamento, em comparação à arquitetura em duas ou três camadas. Além disso, essas camadas adicionais podem melhorar o desempenho porque é possível implementar tanto servidores de middleware quanto servidores de aplicação.

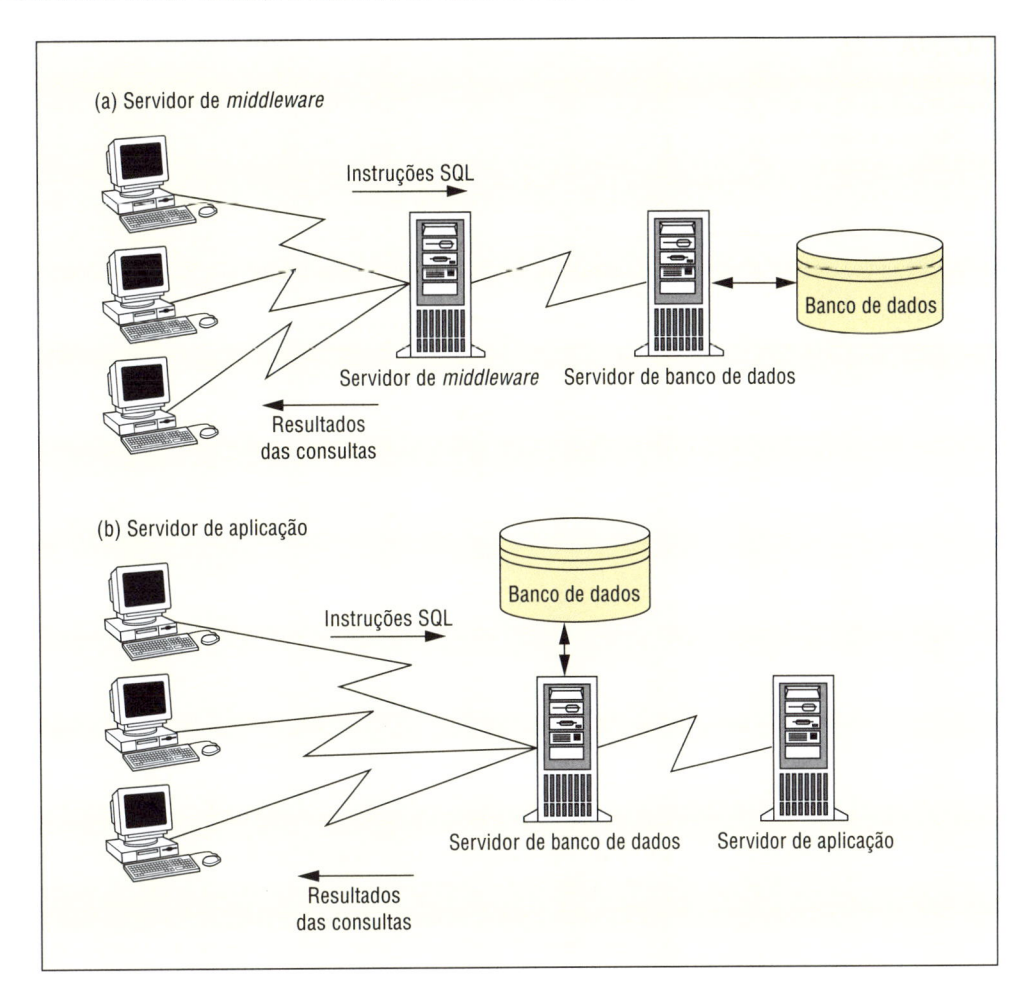

FIGURA 17.4
Arquitetura em Três Camadas

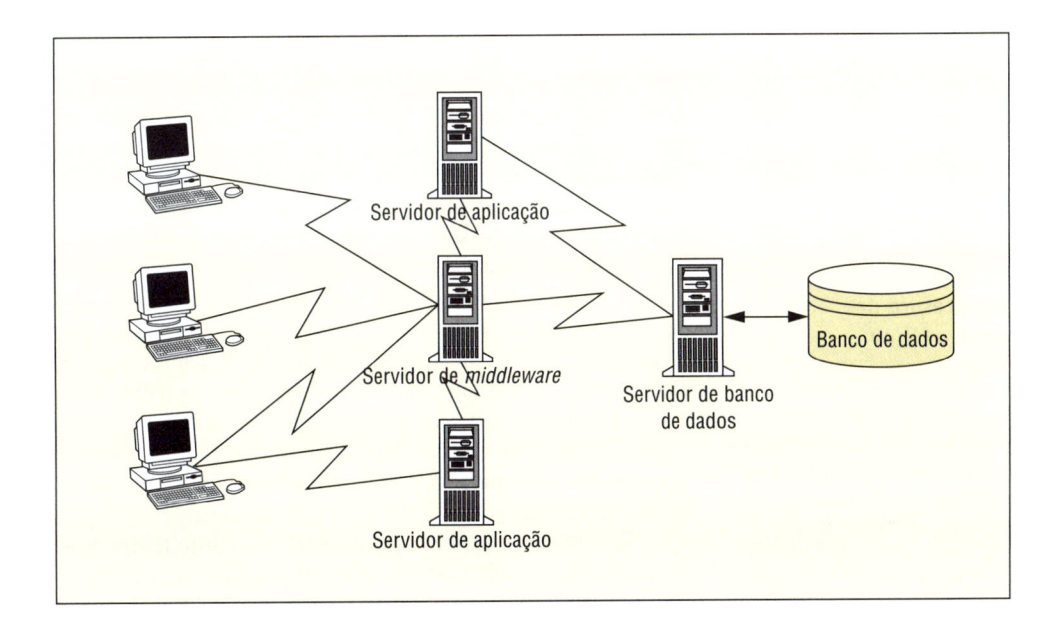

(a) Servidor de *middleware*

Instruções SQL → Servidor de *middleware* ↔ Servidor de banco de dados ↔ Banco de dados

← Resultados das consultas

(b) Servidor de aplicação

Instruções SQL → Servidor de banco de dados ↔ Banco de dados

Servidor de aplicação

← Resultados das consultas

FIGURA 17.5
Arquitetura em Múltiplas Camadas

Servidor de aplicação

Servidor de *middleware* ↔ Servidor de banco de dados ↔ Banco de dados

Servidor de aplicação

As arquiteturas em múltiplas camadas destinadas ao comércio eletrônico requerem um servidor Web para processamento das requisições dos navegadores (*browsers*) Web. O navegador e o servidor trabalham em conjunto para enviar e receber páginas Web escritas na linguagem de marcação de hipertexto (hypertext markup language – HTML). O navegador

FIGURA 17.6
Interação entre Servidor Web com Servidor de *Middleware* e Servidor de Banco de Dados

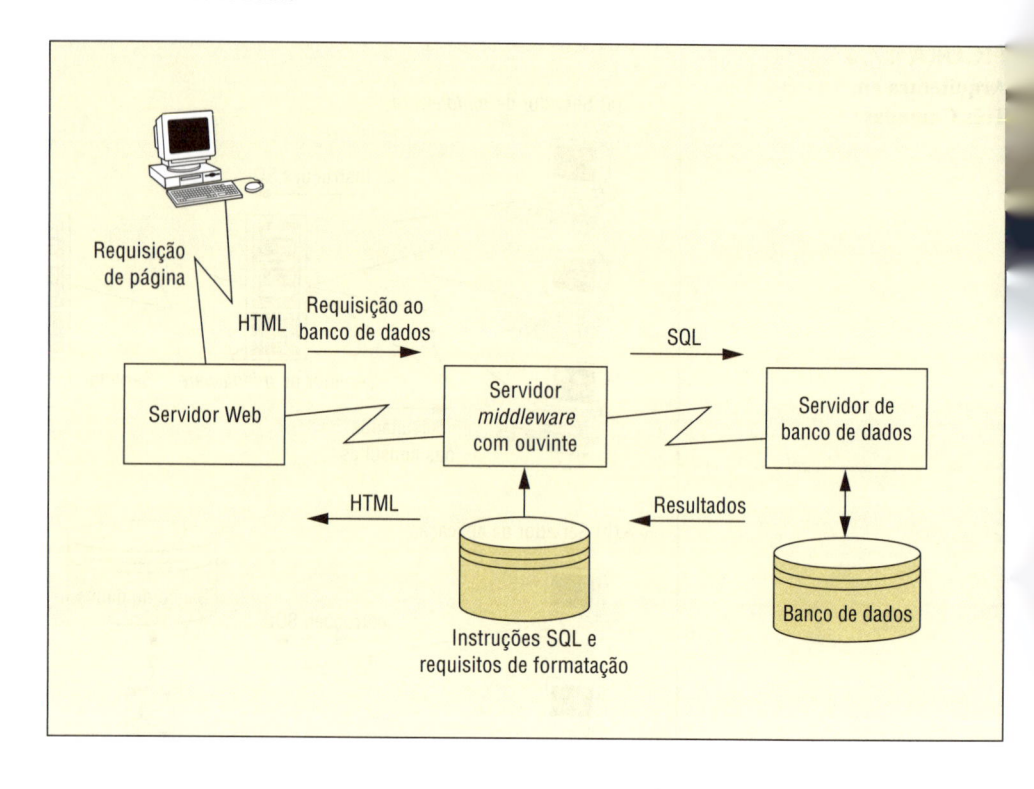

mostra as páginas interpretando o código HTML no arquivo enviado por um servidor. O servidor Web pode interagir com um servidor de middleware e de banco de dados, como mostra a Figura 17.6. As requisições de acesso ao banco de dados são enviadas a um servidor de middleware e em seguida roteadas para um servidor de banco de dados. É possível acrescentar servidores de aplicação para oferecer níveis adicionais de processamento cliente–servidor.

Arquitetura de Serviços Web

Os serviços Web generalizam as arquiteturas em múltiplas camadas para negócios e comércio eletrônico usando os padrões da Internet para alcançar alta interoperabilidade. Os negócios eletrônicos requerem serviços fornecidos por brokers automatizados entre as organizações. Os serviços Web permitem que as organizações reduzam o custo de negócios eletrônicos implementando serviços mais rápidos, divulgando novos serviços em formatos padronizados e encontrando serviços de outras organizações. Eles operam na Internet, uma rede das redes construída com linguagens e protocolos padronizados para conseguir alta interoperabilidade. Os serviços Web usam padrões gerais da Internet e novos padrões de negócio e comércio eletrônicos.

A arquitetura de serviços Web permite a interação entre um provedor de serviços, um requisitante de serviços e um registro de serviços, como mostra a Figura 17.7. O provedor detém os serviços e fornece a plataforma de computação que está oferecendo o serviço. A aplicação do requisitante procura um serviço e o utiliza depois de descobri-lo. O registro é o repositório em que o provedor publica a descrição de seus serviços e em que o requisitante procura os serviços disponíveis. Depois que o requisitante encontra o serviço, ele usa a respectiva descrição para fechar o negócio mediante um sinal e ativar a implementação mantida por esse provedor.

Para oferecer essa interoperabilidade, a arquitetura de serviços Web usa um conjunto de padrões inter-relacionados da Internet, como mostra a Tabela 17.2. A linguagem de marcação extensível (extensible markup language – XML) é a base utilizada para a maioria dos padrões. XML é uma metalinguagem que aceita a especificação de outras linguagens. Na arquitetura de serviços Web, os padrões WSFL, UDDI, WSDL e SOAP são linguagens baseadas em XML. Para um requisitante e um provedor, a WSDL é o padrão usado diretamente para solicitar e vincular um serviço Web. Um documento WSDL oferece uma interface para um serviço e permite que o provedor oculte os detalhes de fornecimento do serviço.

arquitetura de serviços Web
arquitetura que possibilita o comércio eletrônico entre as organizações. Um conjunto de padrões da Internet relacionados permite alta interoperabilidade entre os requisitantes de serviços, os provedores e os registros de serviços. O padrão mais importante é a linguagem de descrição de serviços Web (WSDL) usada pelos requisitantes de serviços, os provedores e os registros.

FIGURA 17.7
Arquitetura de Serviços Web

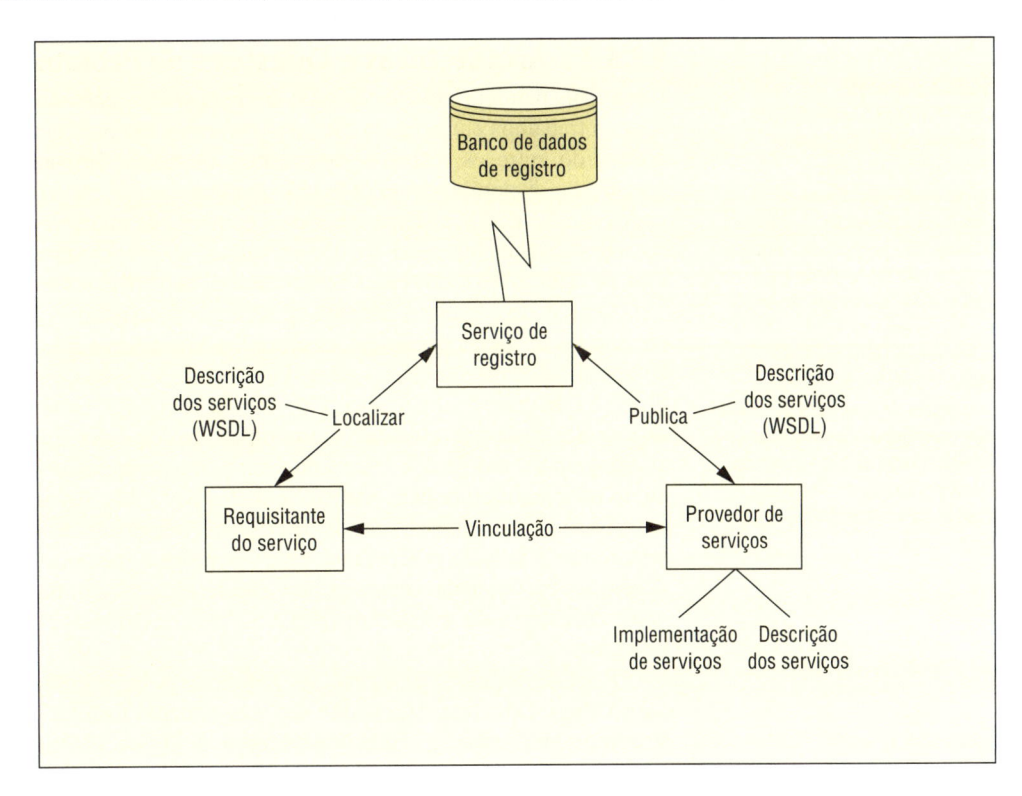

[Diagrama: Banco de dados de registro conectado ao Serviço de registro. Requisitante do serviço liga-se ao Serviço de registro via "Descrição dos serviços (WSDL)" e "Localizar". Provedor de serviços liga-se ao Serviço de registro via "Publica" e "Descrição dos serviços (WSDL)". Requisitante do serviço e Provedor de serviços conectam-se por "Vinculação". Provedor de serviços inclui Implementação de serviços e Descrição dos serviços.]

TABELA 17.2
Resumo dos Padrões da Internet para Serviços Web

Padrão	Uso
Linguagem de fluxo de serviços Web (Web services flow language — WSFL)	Especificação de regras de fluxo de trabalho correspondente aos serviços.
Descrição, descoberta e integração universais (universal description, discovery integration — UDDI)	Especificação de um diretório de serviços Web que inclui restrições terminológicas e de utilização prática.
Linguagem de descrição de serviços Web (Web services description language — WSDL)	Especificação de serviços Web.
Protocolo de acesso a objetos simples (simple object acess protocol — SOAP)	Envio e recebimento de mensagens XML.
HTTP, FTP, TCP-IP	Rede e conexões.

Para executar um serviço Web, o provedor pode utilizar o processamento cliente–servidor, o processamento de bancos de dados paralelos e os bancos de dados distribuídos. Os detalhes do processamento são ocultados do requisitante. A arquitetura de serviços Web oferece outra camada de middleware para publicar, localizar e executar serviços entre as transações de negócios eletrônicas.

17.3 Processamento em Bancos de Dados Paralelos

Nos últimos cinco anos, a tecnologia de bancos de dados paralelos ganhou aceitação comercial nas grandes organizações. A maioria dos fornecedores de SGBDs e dos SGBDs de fonte aberta usa essa tecnologia para atender às demandas do mercado. As organizações estão utilizando esses produtos para tirar proveito dos benefícios dessa tecnologia (*scaleup*, *speedup* e disponibilidade) e ao mesmo tempo gerenciando possíveis problemas de interoperabilidade. Esta seção descreve as arquiteturas para bancos de dados paralelos como fundamentação para que você conheça as ofertas comerciais dos fornecedores de SGBDs corporativos.

17.3.1 Arquiteturas e Questões de Projeto

SGBD paralelo
Um SGBD capaz de utilizar recursos computacionais fortemente acoplados (processadores, discos e memória). Acoplamento forte é conseguido pelas redes, em que o tempo de troca de dados é comparável ao tempo de troca de dados em um disco.
A tecnologia dos bancos de dados paralelos promete melhorias de desempenho e alta disponibilidade, embora exista a possibilidade de problemas de interoperabilidade se esses bancos não forem bem gerenciados.

Um SGBD paralelo usa um conjunto de recursos (processadores, discos e memória) para realizar os trabalhos em paralelo. Se considerarmos um orçamento de recursos fixos, o trabalho é dividido entre os recursos para atingir os níveis desejados de desempenho (*scaleup* e *speedup*) e disponibilidade. O SGBD paralelo usa os serviços de uma rede, de um sistema operacional e de um sistema de armazenamento de alta velocidade para coordenar a divisão do trabalho entre os recursos. Desse modo, a compra de um SGBD paralelo depende de uma decisão sobre todos esses componentes, não apenas sobre o SGBD.

O nível de compartilhamento de recursos determina as arquiteturas para processamento em bancos de dados paralelos. As classificações padrão das arquiteturas são conhecidas por compartilhamento total (SE – shared everything), compartilhamento de disco (SD – shared disks) e sem compartilhamento (SN – shared nothing), como mostra a Figura 17.8. Na abordagem SE, memória e discos são compartilhados entre um conjunto de processadores. A abordagem SD em geral é vista como um único computador com multiprocessamento, e não como uma arquitetura para bancos de dados paralelos. Na arquitetura SD, cada processador tem sua própria memória, mas os discos são compartilhados por todos os processadores. Na arquitetura SN, cada processador tem sua própria memória e seu próprio disco. Os dados devem ser particionados entre os processadores nessa última arquitetura. O particionamento não é necessário nas arquiteturas SD e SE porque todos os processadores têm acesso a todos os dados.

Para flexibilidade adicional, as arquiteturas básicas são estendidas com agrupamento (*clustering*). Um *cluster* (grupo) é um acoplamento forte de dois ou mais computadores que se comportam como um único computador. A Figura 17.9 amplia a Figura 17.8 com *clustering* para descrever as arquiteturas de disco em cluster (CD–clustered disk architeture) e sem compartilhamento em cluster (CN – clustered nothing architecture). Na arquitetura CD os processadores em cada cluster compartilham todos os discos, mas nada é compartilhado entre os clusters. Na arquitetura CN os processadores em cada um dos clusters não compartilham recursos, mas cada cluster pode ser manipulado de modo que realize uma tarefa trabalhando em paralelo. A Figura 17.9 mostra apenas dois clusters, mas a abordagem de agrupamento não se restringe a dois clusters. Para obter maior flexibilidade, a quantidade de clusters e a quantidade de membros de um cluster podem ser dinamicamente configuradas. Além disso, cada nó de processador em um cluster pode ser um computador multiprocessado ou com um único processador.

FIGURA 17.8
Arquiteturas para Bancos de Dados Paralelos

Legenda
P: processador
M: memória
N: rede de alta velocidade
SE: compartilhamento total
SD: compartilhamento de disco
SN: sem compartilhamento

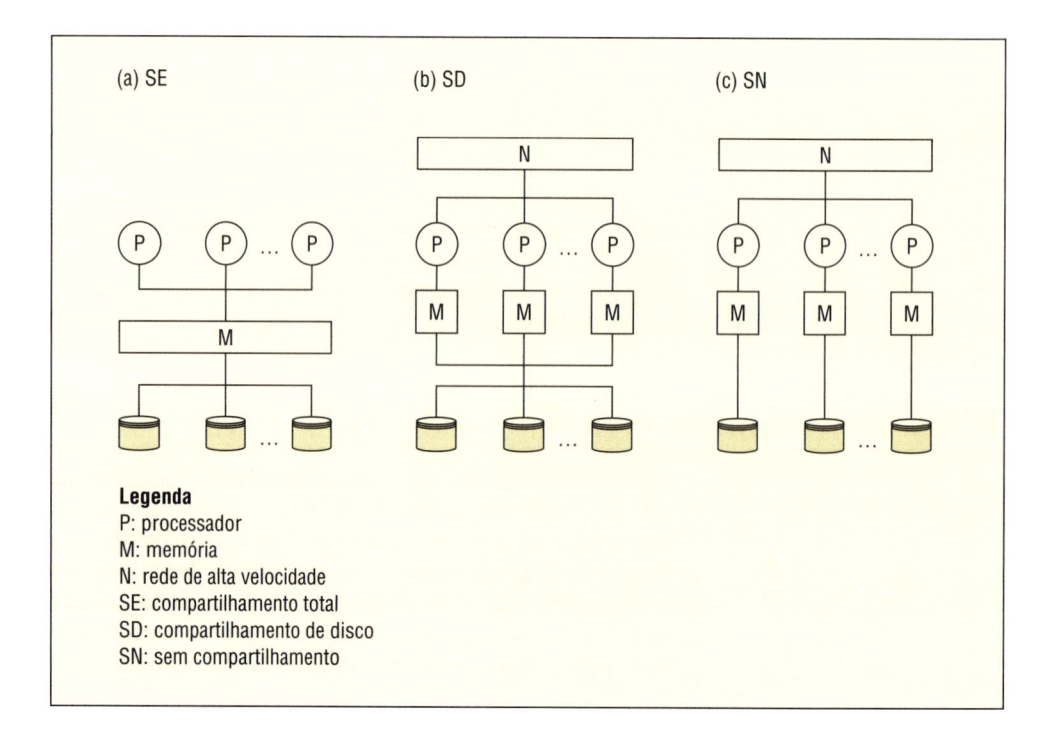

FIGURA 17.9
Arquiteturas para Bancos de Dados Paralelos com Agrupamento (*clustering*)

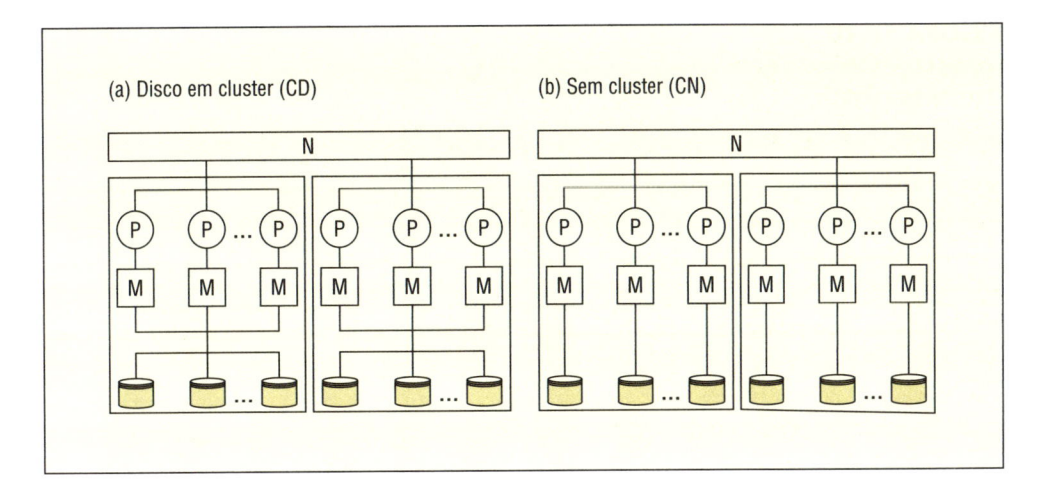

[Figura: (a) Disco em cluster (CD) e (b) Sem cluster (CN), mostrando processadores (P), memórias (M) e discos conectados via rede (N)]

arquiteturas para processamento em bancos de dados paralelos
as arquiteturas de disco em cluster (CD) e sem cluster (CN) dominam os SGBDs comerciais. *Cluster* (grupo) é um acoplamento forte entre dois ou mais computadores que se comportam como um único computador. Na arquitetura CD, os processadores em cada cluster compartilham todos os discos, mas nada é compartilhado entre os clusters. Na arquitetura CN, os processadores em cada cluster não compartilham nenhum recurso, mas cada cluster pode ser manipulado para que trabalhe em paralelo para executar uma determinada tarefa.

Em todas as arquiteturas para bancos de dados paralelos, o compartilhamento de recursos é transparente para as aplicações. O código da aplicação (instruções SQL e de linguagem de programação) não precisa ser alterado para tirar proveito do processamento em bancos de dados paralelos. Em contraste, as arquiteturas para bancos de dados distribuídos apresentadas na Seção 17.4 normalmente não oferecem processamento transparente por causa das diferentes metas dos bancos distribuídos.

As principais questões de projeto que influem no desempenho das arquiteturas para bancos paralelos são o balanceamento de carga, a coerência de cache e a comunicação interprocessadores. O balanceamento de carga está relacionado com a quantidade de trabalho alocada a diferentes processadores em um cluster. Idealmente, cada processador tem a mesma quantidade de trabalho para utilizar plenamente o cluster. A arquitetura CN é mais suscetível ao balanceamento de carga por precisar particionar os dados. Pode ser difícil particionar um subconjunto de um banco de dados para conseguir uma divisão eqüitativa do trabalho pelo fato de a distribuição distorcida (não-uniforme) de dados ser comum entre as colunas do banco de dados.

A coerência de cache está relacionada à sincronização entre as memórias locais e o usual armazenamento em disco. Depois que um processador endereça uma página do disco, a imagem dessa página permanece no cache associado ao processador em questão. Uma inconsistência ocorre se outro processador tiver alterado a página em seu próprio buffer. Para evitar inconsistências, quando uma página do disco for acessada, é necessário verificar os outros caches locais para coordenar as alterações produzidas nos caches desses processadores. Por definição, o problema de coerência de cache ocorre apenas nas arquiteturas de compartilhamento de disco (SD e CD).

A comunicação interprocessadores está relacionada às mensagens geradas para sincronizar ações de processadores independentes. O paralelismo particionado, usado nas arquiteturas em que não há nenhum compartilhamento, pode criar grande quantidade de comunicação interprocessadores. Mais especificamente, as operações de junção particionada podem gerar grande quantidade de sobrecarga de comunicação para associar os resultados parciais executados nos diferentes processadores.

Pesquisa e desenvolvimento voltados para a tecnologia de bancos de dados paralelos foram responsáveis pela descoberta de soluções razoáveis para o problema de balanceamento de carga, coerência de cache e comunicação interprocessadores. Os fornecedores de SGBDs comerciais incorporaram soluções nas ofertas de SGBDs paralelos. Comercialmente, as arquiteturas CD e CN predominam. A subseção seguinte descreve os SGBDs corporativos que usam essas duas arquiteturas.

17.3.2 Tecnologia dos Bancos de Dados Paralelos Comerciais

Esta seção detalha os SGBDs corporativos que oferecem SGBDs paralelos. Visto que a classificação apresentada na Seção 17.3.1 não é suficiente para compreender as diferenças entre os produtos reais, esta seção delineia dois SGBDs paralelos proeminentes. Embora ambos os SGBDs prometam alto nível de desempenho, escalabilidade e disponibilidade, os

FIGURA 17.10
Exemplo de Cluster com Dois Nós no Oracle

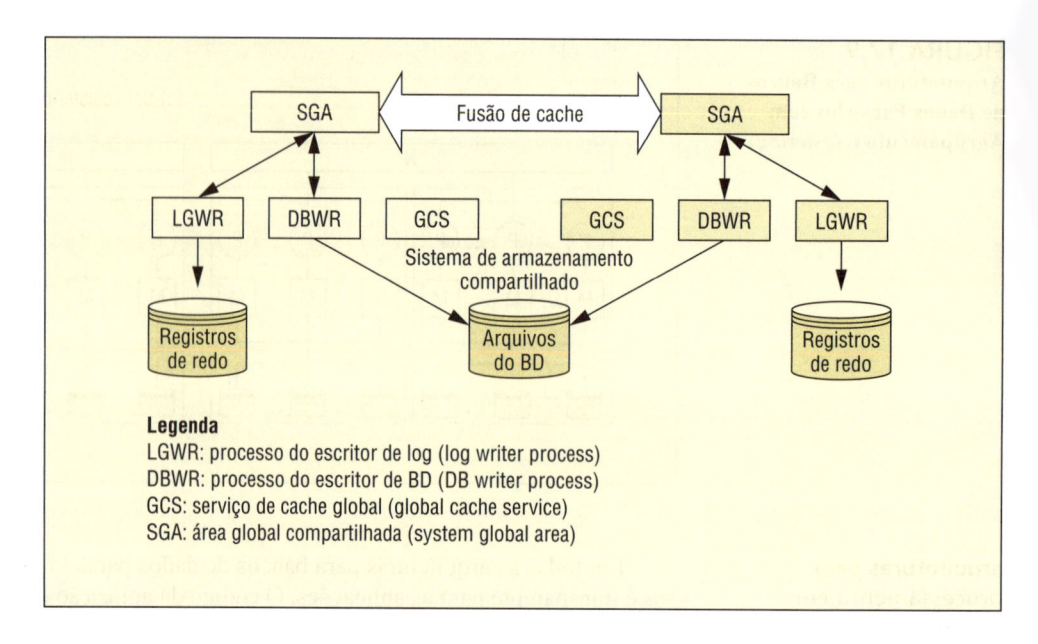

Legenda
LGWR: processo do escritor de log (log writer process)
DBWR: processo do escritor de BD (DB writer process)
GCS: serviço de cache global (global cache service)
SGA: área global compartilhada (system global area)

compromissos entre os níveis são inevitáveis, tendo em vista as abordagens contrastantes desses dois SGBDs paralelos.

Oracle Real Application Clusters

O Oracle Real Application Clusters (RAC) – clusters de aplicação real – requer um cluster para o hardware subjacente, um grupo de servidores independentes que atuam cooperativamente como um único sistema. Os principais componentes do cluster são os nós de processador, uma interconexão de clusters e um subsistema de armazenamento compartilhado, como mostrado na Figura 17.10. Cada nó de servidor tem sua própria instância de banco de dados com um processo de escrita no log, um processo de escrita no banco de dados e uma área global compartilhada contendo blocos de banco de dados, buffers de registros de redo, informações do dicionário e instruções SQL compartilhadas. Todos os processos de escrita no banco de dados em um cluster usam o mesmo sistema de armazenamento compartilhado. Cada instância do banco de dados mantém seus próprios logs para recuperação.

A tecnologia de fusão de cache (Cache Fusion) no RAC permite acesso sincronizado ao cache em todos os nós em um cluster, sem incorrer em operações de E/S dispendiosas. O Global Cache Service (GCS), ou serviço de cache global, é um componente do RAC que implementa essa tecnologia. O GCS mantém um diretório distribuído de recursos – por exemplo, blocos de dados – e organiza em fila o acesso aos recursos. Para otimizar o desempenho, atribui-se um recurso ao nó em que os acessos sejam mais freqüentes. O acesso por parte de outros nós é controlado por seu nó-mestre.

O Oracle RAC dispõe de inúmeros recursos, como relacionado a seguir. Todos esses recursos são oferecidos sem particionamento de banco de dados ou aplicação.

- O otimizador de consultas considera a quantidade de processadores, o grau de paralelismo da consulta e a carga de trabalho da CPU para distribuir essa carga entre os nós no cluster e utilizar os recursos de hardware da melhor maneira possível.
- O balanceamento de carga distribui conexões entre os nós ativos em um cluster de acordo com a carga de trabalho do nó. As requisições de conexão são enviadas ao nó menos congestionado em um cluster.
- O *failover** automático habilita o chaveamento rápido de um nó em que há falha para um nó sobrevivente. O chaveamento entre os nós pode ser programado para possibilitar manutenção periódica.

---

* N.T.: Cópia atualizada de um banco de dados em outro sistema de computação para servir de backup. Esse outro sistema assume o comando quando o sistema principal falha.

- O Oracle Enterprise Manager oferece uma interface abrangente com o usuário para gerenciamento e configuração dos clusters. Ele exibe informações sobre sessão de usuário para os nós em um cluster, rastreamento de instruções SQL e informações sobre conexão entre usuário e máquina. Os administradores podem definir o nível prioritário de usuários diferentes e criar planos de recursos para grupos de usuários.

IBM DB2 Enterprise Server Edition com a Opção DPF

A opção Database Partitioning Feature (DPF) – recurso de particionamento de banco de dados – fornece um tipo de processamento paralelo CN para os bancos de dados DB2. Sem essa opção, o DB2 oferece suporte para o processamento transparente de bancos de dados paralelos em máquinas multiprocessadas. Os planos de acesso DB2 podem explorar todas as CPUs e todos os discos físicos em um servidor multiprocessado. Com a opção DB2, é possível particionar um banco de dados entre um grupo de máquinas. Uma única imagem do banco de dados pode estender-se para várias máquinas, embora para usuários e aplicações continue como se fosse uma única imagem. O paralelismo particionado, oferecido com a opção DPF, possibilita uma escalabilidade bem maior que o paralelismo multiprocessador sozinho.

O particionamento com a opção DPF é transparente aos usuários e às aplicações. A interação com o usuário ocorre por meio de uma partição do banco de dados, conhecida por nó coordenador para esse usuário. A Figura 17.11 mostra a coordenação em um banco de dados particionado para nós de servidor multiprocessado. A partição do banco de dados com o qual o cliente ou uma aplicação se conecta torna-se o nó coordenador. Os usuários devem ser distribuídos entre os servidores como forma de distribuir a função do coordenador.

Com a opção DPF, o particionamento pode ser automático ou determinado pelo DBA. Quando automático, os dados são distribuídos entre as partições usando-se um mapeamento de particionamento atualizável e um algoritmo hash, que determina a colocação e a recuperação de cada linha de dados. No caso do particionamento determinado pelo DBA, pode-se selecionar uma coluna como uma chave de particionamento. Em ambos os casos, a colocação física dos dados é transparente aos usuários e às aplicações.

A opção DPF do DB2 oferece inúmeros recursos, como relacionados a seguir. Todos esses recursos exigem o particionamento do banco de dados.

- O otimizador de consultas usa informações sobre particionamento de dados para procurar planos de acesso. Ao comparar diferentes planos de acesso, o otimizador presta contas de diferentes operações e custos associados com a transmissão de mensagens entre as partições do banco de dados.
- A opção DPF oferece alto grau de escalabilidade por meio de seu suporte a milhares de partições. Melhorias de desempenho quase lineares já foram relatadas com essa opção.
- O paralelismo particionado oferece melhor desempenho de log porque cada partição mantém seus próprios arquivos de log.

FIGURA 17.11
Coordenação para o Paralelismo Particionado no DPF

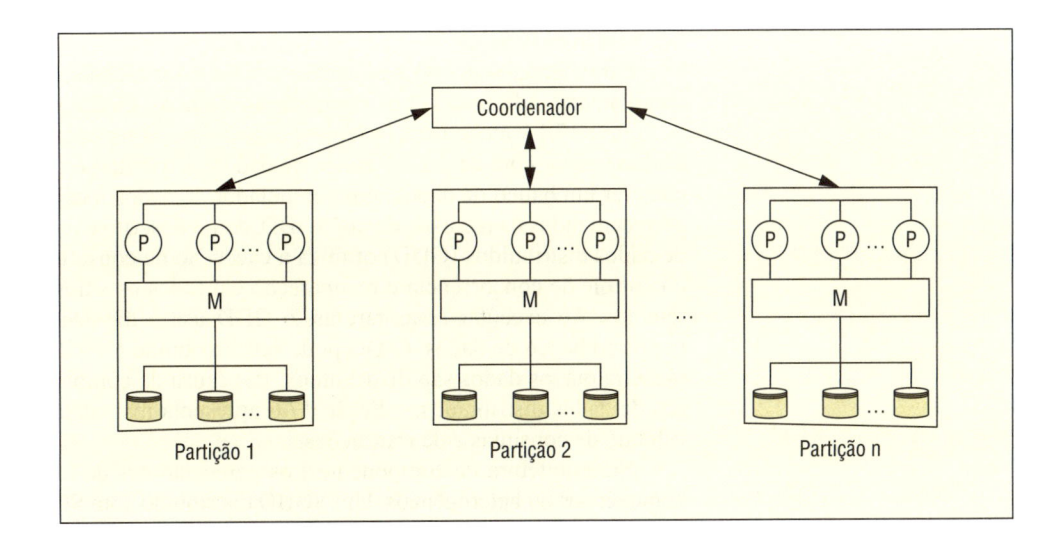

17.4 Arquiteturas para Sistemas de Gerenciamento de Bancos de Dados Distribuídos

Os SGBDs distribuídos envolvem tecnologias diferentes se comparadas à do processamento cliente–servidor e à do processamento em bancos de dados paralelos. O processamento cliente–servidor enfatiza a distribuição de funções entre os computadores interligados em rede usando middleware para o gerenciamento de processos. Uma diferença fundamental entre o processamento paralelo e o processamento distribuído é a autonomia. Os bancos de dados distribuídos oferecem autonomia de sítio (*site*), mas os paralelos não. Desse modo, os bancos distribuídos exigem um conjunto diferente de recursos e tecnologias.

Para oferecer suporte ao processamento distribuído, é necessário implementar extensões essenciais no SGBD. Subjacentes às extensões estão uma arquitetura de componentes diferente que gerencia as requisições ao bancos de dados distribuídos e uma arquitetura de esquemas diferente que oferece camadas adicionais de descrição de dados. Esta seção aborda a arquitetura de componentes e a arquitetura de esquemas para que possamos detalhar nas seções seguintes o processamento em bancos de dados distribuídos.

17.4.1 Arquitetura de Componentes

Os SGBDs distribuídos oferecem suporte a requisições globais que usam dados armazenados em mais de um sítio autônomo. Sítio é qualquer computador controlado localmente e que tenha um único endereço de rede. Os sítios normalmente estão distribuídos geograficamente, embora a definição aceite sítios que guardem pouca distância entre si. As requisições globais são consultas que associam dados de mais de um sítio com transações que atualizam dados em mais de um sítio. Uma requisição global pode envolver um conjunto de instruções para acesso aos dados locais em algumas instruções e para acesso aos dados remotos em outras instruções. Os dados locais são controlados pelo sítio ao qual o usuário em geral se conecta. Os dados remotos envolvem um sítio diferente em relação ao qual o usuário talvez nem tenha uma conta de acesso. Se todas as requisições exigirem dados apenas de um sítio, os recursos do processamento em bancos de dados distribuídos não serão exigidos.

Para representar as requisições globais, você precisa primeiramente de um banco de dados distribuído. Os bancos distribuídos são úteis para organizações que operam em várias localidades com controle local dos recursos de computação. A Figura 17.12 mostra um banco de dados distribuído para uma empresa varejista de eletrônicos. Essa empresa realiza processamento de clientes em Boise e Tulsa e gerencia depósitos em Seattle e Denver. A distribuição do banco de dados segue as localidades geográficas dos negócios da empresa. As tabelas *Cliente*, *Pedido* e *LinhaPedido* (dados de pedido do cliente) são divididas entre Boise e Tulsa, ao passo que as tabelas *Produto* e *Inventário* (dados do produto) são divididas entre Seattle e Denver. Um exemplo de consulta global é quando se verifica se há uma quantidade suficiente de produtos nos sítios de depósito para atender a uma nota de remessa. Um exemplo de transação global é um formulário de entrada de pedido que insere registros nas tabelas *Pedido* e *LinhaPedido* em uma localidade e atualiza a tabela *Produto* no sítio de depósito mais próximo.

Para oferecer suporte a consultas e transações globais, os SGBDs distribuídos contêm componentes adicionais, em comparação com os tradicionais SGBDs não distribuídos. A Figura 17.13 mostra um arranjo possível dos componentes de um SGBD distribuído. Cada servidor com acesso ao banco de dados distribuído é conhecido por *sítio*. Se um sítio contiver um banco de dados, um gerenciador de dados locais (GDL) o controla. Os GDLs oferecem todos os recursos de um SGBD, como descrito em outros capítulos. O gerenciador de dados distribuídos (GDD) otimiza a execução de consultas em todos os sítios, coordena o controle de concorrência e recuperação em todos os sítios e controla o acesso aos dados remotos. Ao executar essas tarefas, o GDD usa o dicionário global (DG) para localizar partes do banco de dados. O DG pode ser distribuído a vários sítios semelhantes da mesma maneira que os dados são distribuídos. Por causa da complexidade do gerenciador de bancos de dados distribuídos, a Seção 17.6 apresenta mais detalhes sobre processamento distribuído de consultas e de transações.

Na arquitetura de componentes, os gerenciadores de banco de dados local podem ser homogêneos ou heterogêneos. Um SGBD distribuído com SGBDs locais homogêneos é con-

FIGURA 17.12 Distribuição de Dados de Entrada de Pedidos

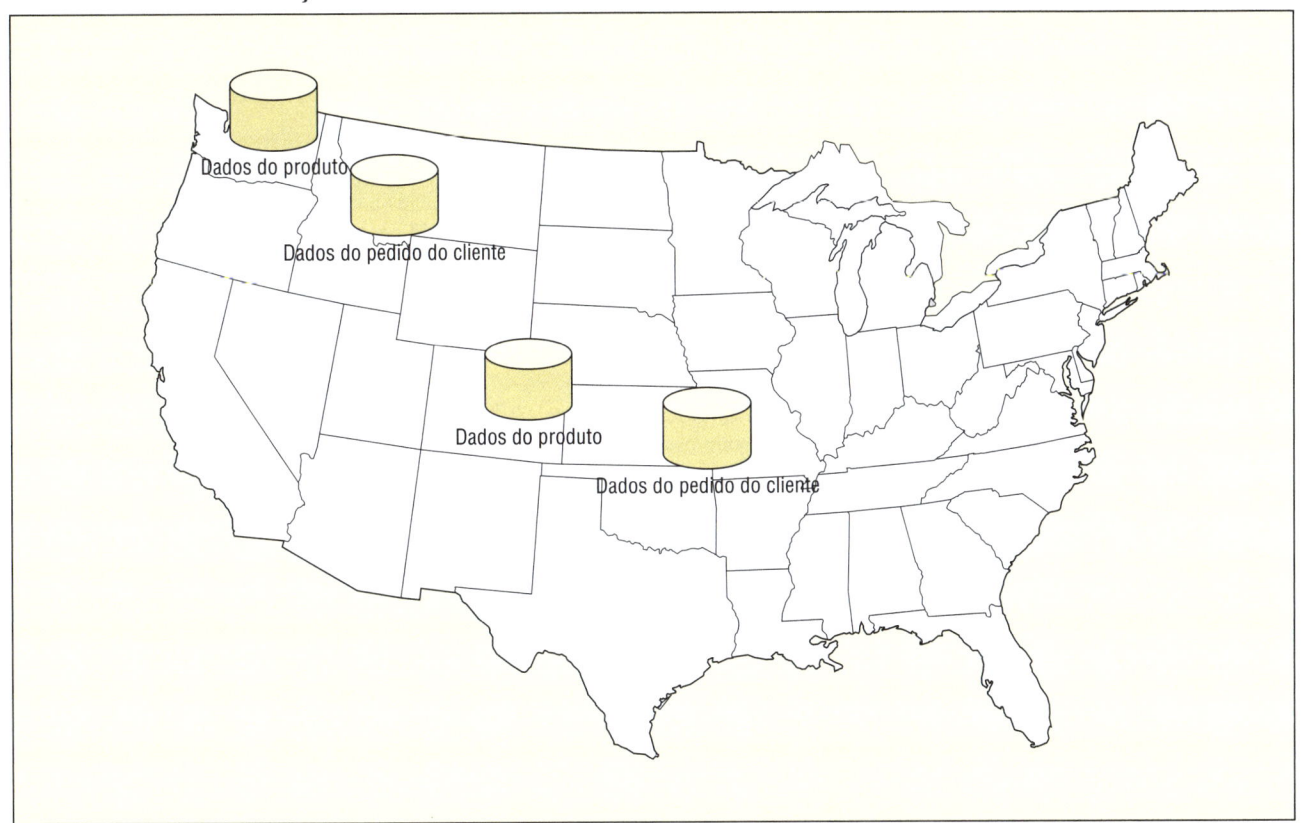

FIGURA 17.13
Arquitetura de componentes de um SGBD Distribuído

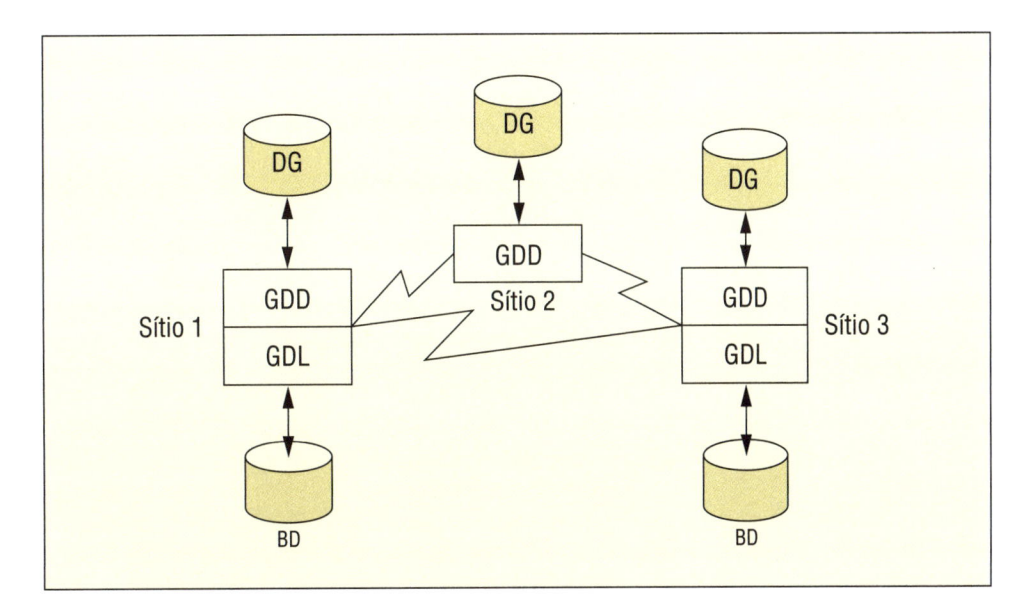

siderado *fortemente integrado*. O gerenciador de bancos de dados distribuídos pode convocar os componentes internos e acessar o estado interno dos gerenciadores de dados locais. Essa forte integração permite que o SGBD distribuído realize com eficiência consultas e transações distribuídas. Contudo, a necessidade de homogeneidade impede a integração dos bancos de dados existentes.

Um SGBD distribuído com gerenciadores de dados locais é considerado *fracamente integrado*. O gerenciador de banco de dados distribuído funciona como um middleware para coordenar os gerenciadores de dados locais. O SQL normalmente oferece a interface entre o gerenciador de dados distribuídos e os gerenciadores de dados locais. Essa fraca integração comporta o compartilhamento de dados entre sistemas legados e organizações independentes. Entretanto, essa abordagem talvez não seja ideal para processar transações de uma maneira confiável e eficiente.

17.4.2 Arquitetura de Esquemas

Para acomodar a distribuição de dados, são necessárias camadas adicionais de descrição de dados. Entretanto, não existe nenhuma arquitetura de esquemas tão amplamente aceita para os bancos de dados distribuídos quanto a arquitetura de três esquemas para SGBDs tradicionais. Esta seção descreve as arquiteturas de esquemas possíveis para SGBDs distribuídos fortemente integrados e fracamente integrados. Essas arquiteturas oferecem uma referência sobre os tipos de dados de descrição necessários e a compartimentalização da descrição dos dados.

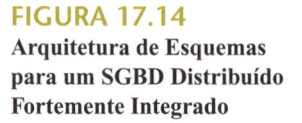

A arquitetura de esquemas para SGBDs distribuídos fortemente integrados contém camadas adicionais para fragmentação e alocação, como mostra a Figura 17.14. O esquema de fragmentação contém a definição de cada fragmento, ao passo que o esquema de alocação contém a localidade de cada fragmento. Um fragmento pode ser definido como um subconjunto vertical (operações de projeção), um subconjunto horizontal (operações de restrição) ou fragmento misto (uma combinação de operações de projeção e restrição). O fragmento é alocado a um sítio, mas às vezes a vários sítios. Se o SGBD distribuído oferecer suporte para replicação, o fragmento pode ser alocado a vários sítios. Em alguns SGBDs distribuídos que dão suporte à replicação, considera-se uma cópia de um fragmento a cópia principal e as outras como secundárias. Apenas a cópia principal tem a garantia de ser atual.

A arquitetura de esquemas para SGBDs distribuídos fracamente integrados suporta maior autonomia por parte dos sítios e banco de dados local, além do compartilhamento de

FIGURA 17.14
Arquitetura de Esquemas para um SGBD Distribuído Fortemente Integrado

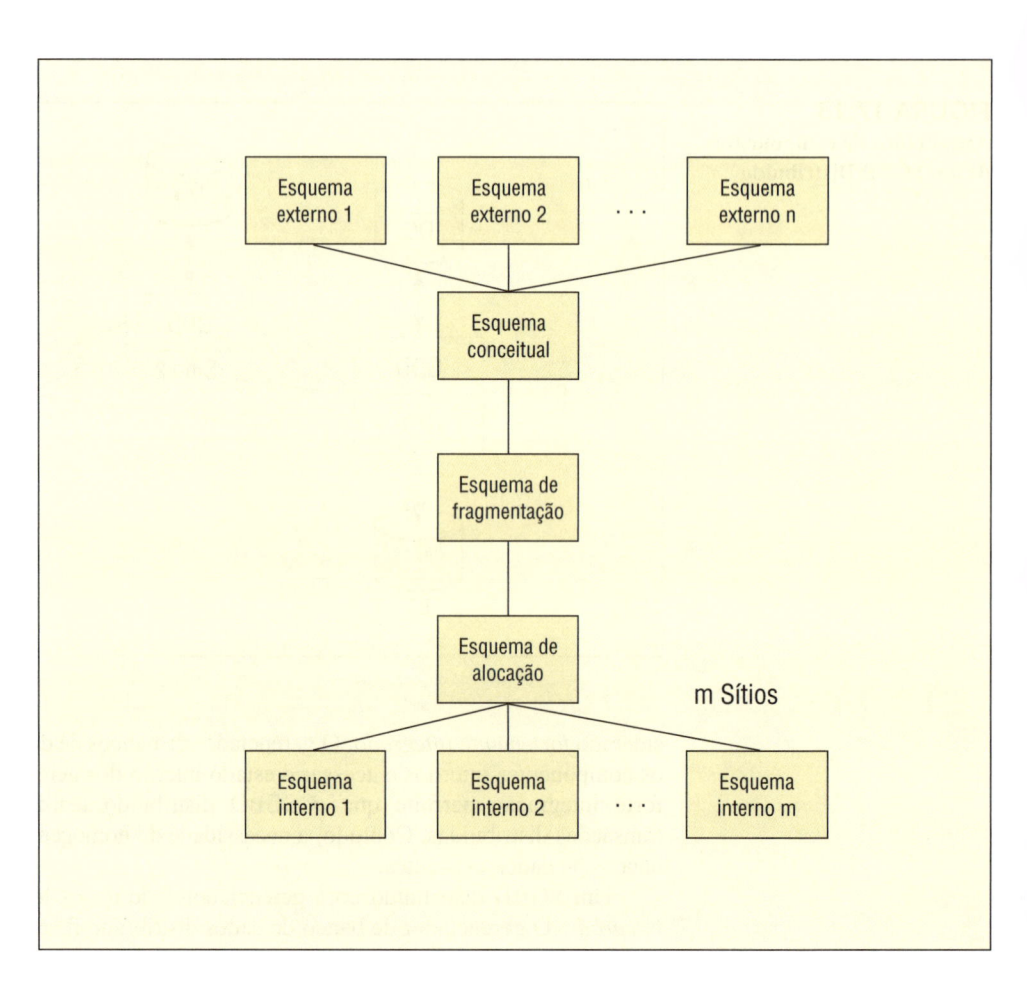

FIGURA 17.15
Arquitetura de Esquemas para um SGBD Distribuído Fracamente Integrado

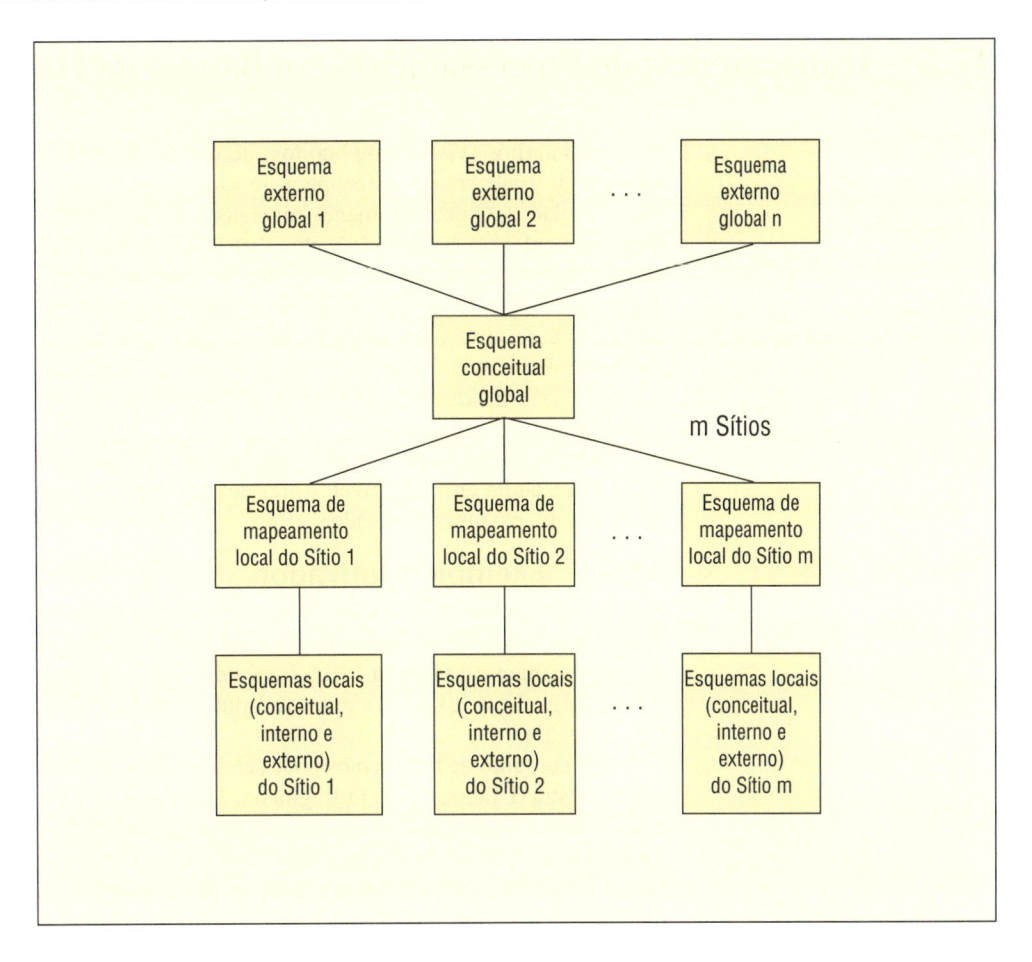

dados. Cada sítio contém os três níveis de esquema tradicionais, como mostra a Figura 17.15. Para dar suporte ao compartilhamento de dados, o SGBD distribuído oferece um esquema de mapeamento local para cada sítio. Esses esquemas de mapeamento descrevem os dados exportáveis em um sítio e oferecem regras de conversão para traduzir dados de um formato local para um formato global. O esquema conceitual global representa todos os tipos de dados e relacionamentos que podem ser usados nas requisições globais. Alguns SGBDs distribuídos não dispõem de um esquema conceitual global, mas de esquemas externos globais, os quais oferecem visões dos dados compartilhados em um formato comum.

Podem existir várias diferenças entre os formatos de dados locais. Os sítios locais podem usar diferentes SGBDs, cada um com um conjunto distinto de tipos de dados. Os modelos de dados dos SGBDs locais podem ser diferentes, especialmente se os sistemas legados estiverem sendo integrados. Os sistemas legados talvez usem interfaces para arquivo e modelos de dados navegacionais (de rede e hierárquicos) que não são compatíveis com SQL. Mesmo se os sítios locais aceitarem um padrão de SQL comum, pode haver várias diferenças, como dados, escalas, unidades de medida e códigos de diferentes tipos. O esquema de mapeamento local soluciona essas diferenças oferecendo regras de conversão que transformam os dados de formato local em dados de formato global.

As arquiteturas fortemente integradas e fracamente integradas representam duas possibilidades extremas. Inúmeras variações entre essas duas arquiteturas foram propostas e implementadas. Por exemplo, para oferecer maior autonomia local, mas maior eficiência às requisições globais, o sistema fracamente integrado pode exigir que todos os sítios locais aceitem uma interface SQL comum. Essas duas arquiteturas podem também ser combinadas. As redes de bancos de dados distribuídos fortemente integrados podem ser fracamente integradas para compartilhar determinados dados nas requisições globais. Nesse caso, o SGBD distribuído fracamente integrado funciona como um gateway entre os bancos de dados distribuídos fortemente integrados.

17.5 Transparência de Processamento em Bancos de Dados Distribuídos

Lembre-se de que no Capítulo 15 dissemos que a transparência refere-se à visibilidade dos detalhes internos (visíveis ou ocultos) de um serviço. No processamento de transações, os serviços de concorrência e recuperação são transparentes ou ocultados para os usuários do banco de dados. O processamento em bancos de dados paralelos enfatiza a transparência. No processamento em bancos de dados distribuídos, a transparência está relacionada à independência dos dados. Quando a distribuição é transparente, os usuários podem escrever consultas sem conhecer de forma alguma a distribuição. Além disso, alterações na distribuição não provocam alterações nas consultas e transações existentes. Quando a distribuição do banco de dados não é transparente, os usuários devem mencionar alguns detalhes de distribuição nas consultas e as alterações na distribuição podem provocar alterações nas consultas existentes.

Esta seção descreve os níveis comuns de transparência e oferece exemplos de formulação de consulta em cada nível. Antes de examinarmos esses níveis de transparência, apresentamos um exemplo motivador.

17.5.1 Exemplo Motivador

Para mostrar os níveis de transparência, oferecemos mais detalhes sobre o banco de dados de entrada de pedidos. Esse banco de dados contém cinco tabelas, como mostrado no diagrama de relacionamento da Figura 17.16. Você deve pressupor que os clientes estão localizados em duas regiões (Leste e Oeste) e que os produtos estão armazenados em dois depósitos (1: Denver, 2: Seattle).

Um conjunto de fragmentos pode ser definido usando-se a coluna da região dos clientes, como mostra a Tabela 17.3. O fragmento *Clientes-Oeste* compõe-se de clientes cuja região seja "Oeste". Há dois diagramas relacionados: o fragmento *Pedidos-Oeste*, que consiste nos pedidos dos clientes da região Oeste, e o fragmento *LinhasPedido-Oeste*, que consta das linhas de pedido que combinem com os pedidos dessa região. Fragmentos similares são definidos pelas linhas que envolvem os clientes da região Leste.

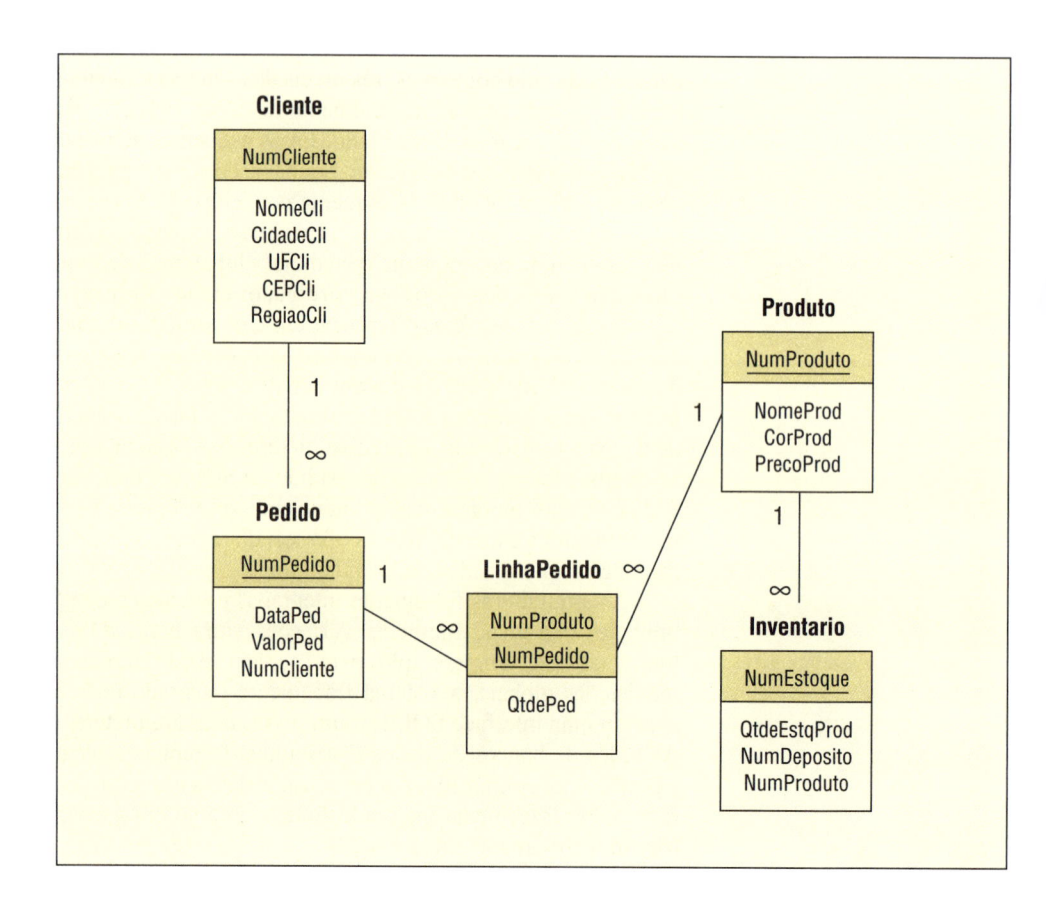

FIGURA 17.16
Diagrama de Relacionamento para o Banco de Dados de Entrada de Pedidos

TABELA 17.3
Fragmentos Baseados no Campo[1] *RegiaoCli*

```
CREATE FRAGMENT Clientes-Oeste AS
    SELECT * Cliente WHERE RegiaoCli = 'Oeste'

CREATE FRAGMENT Pedidos-Oeste AS
    SELECT Pedido.* FROM Pedido, Cliente
        WHERE Pedido.NumCliente = Cliente.NumCliente AND RegiaoCli = 'Oeste'

CREATE FRAGMENT LinhasPedido-Oeste AS
    SELECT LinhaPedido.* FROM Cliente, LinhaPedido, Pedido
        WHERE LinhaPedido.NumPedido = Pedido.NumPedido
        AND Pedido.NumCliente = Cliente.NumCliente AND RegiaoCli = 'Oeste'

CREATE FRAGMENT Clientes-Leste AS
    SELECT * FROM Cliente WHERE RegiaoCli = 'Leste'

CREATE FRAGMENT Pedidos-Leste AS
    SELECT Order.* FROM Pedido, Cliente
        WHERE Pedido.NumCliente = Cliente.NumCliente AND RegiaoCli = 'Leste'

CREATE FRAGMENT LinhasPedido-Leste AS
    SELECT LinhaPedido.* FROM Cliente, LinhaPedido, Pedido
        WHERE LinhaPedido.NumPedido = Pedido.NumPedido
        AND Pedido.NumCliente = Cliente.NumCliente AND RegiaoCli = 'Leste'
```

TABELA 17.4
Fragmentos Baseados no Campo *NumDeposito*

```
CREATE FRAGMENT Denver-Inventario AS
    SELECT * FROM Inventario WHERE NumDeposito = 1

CREATE FRAGMENT Seattle-Inventario AS
    SELECT * FROM Inventario WHERE NumDeposito = 2
```

semijunção
um operador da álgebra relacional especialmente útil para processamento em bancos de dados distribuídos. Semijunção é uma meia junção: as linhas de uma tabela que combinam com pelo menos uma linha de outra tabela. Apenas as linhas da primeira tabela aparecem no resultado.

Os fragmentos de pedido e de linha de pedido são deduzidos de um fragmento de cliente usando-se o operador de semijunção. Semijunção é uma meia junção: as linhas de uma tabela que combinam com as linhas de outra tabela. Por exemplo, a operação de semijunção define o fragmento *Pedidos-Oeste* como as linhas da tabela *Pedido* que combinem com as linhas do cliente cuja região seja "Oeste". Às vezes o fragmento definido com a operação de semijunção é chamado de fragmento horizontal derivado. Visto que alguns fragmentos devem ter colunas relacionadas com outros fragmentos, a operação de semijunção é fundamental para a definição de fragmentos.

Os fragmentos do depósito são definidos usando-se a coluna *NumDeposito*, como mostra a Tabela 17.4. Nas definições de fragmento, pressupõe-se que o depósito número 1 e número 2 estejam localizados em Denver e Seattle, respectivamente. A tabela *Produto* não é fragmentada porque a tabela inteira é replicada em vários sítios.

A fragmentação pode ser mais complexa que a descrita no banco de dados de entrada de pedidos. Pode haver vários fragmentos adicionais para acomodar uma estrutura de negócios. Por exemplo, se houver centros de processamento de clientes e depósitos adicionais, podem ser definidos outros fragmentos. Além disso, os fragmentos verticais podem ser definidos com operações de projeção, adicionalmente aos fragmentos horizontais, usando-se as operações de restrição e semijunção. Um fragmento pode ser definido até como uma combinação de operações de projeção, restrição e semijunção. A única restrição é que os fragmentos devem ser disjuntos. A disjunção significa que os fragmentos horizontais não contêm linhas comuns e os fragmentos verticais não contêm colunas comuns, exceto para a chave primária.

---

[1] A sintaxe na Tabela 17.3 não é uma sintaxe oficial do SQL.

TABELA 17.5
Alocação de Fragmentos de um Banco de Dados de Entrada de Pedidos

Fragmentos	Sítio
Clientes-Oeste, Pedidos-Oeste, LinhasPedido-Oeste	Boise
Clientes-Leste, Pedidos-Leste, LinhasPedido-Leste	Tulsa
Denver-Inventario, Produto	Denver
Seattle-Inventario, Produto	Seattle

TABELA 17.6
Requisições Representativas Usando o Banco de Dados de Entrada de Pedidos

Localizar Pedido
    SELECT * FROM Pedido, Cliente
        WHERE Pedido.NumCliente = $X
            AND Pedido.NumCliente = Cliente.NumCliente

Verificar Disponibilidade do Produto
    SELECT * FROM Inventario
        WHERE NumProduto = $X

Atualizar Estoque
    UPDATE Inventario SET QtdeEstqProd = QtdeEstqProd – 1
        WHERE NumProduto + $X AND NumDeposito = $Y

Mudança do Cliente
    UPDATE Cliente SET RegiaoCli = $X
        WHERE NumCliente = $Y

Depois que os fragmentos são definidos, eles são alocados aos sítios. Os fragmentos às vezes são definidos com base no local ao qual deveriam ser alocados. A alocação de fragmentos a entrada de pedidos segue essa abordagem, como mostra a Tabela 17.5. O sítio Boise contém fragmentos de clientes da região Oeste, ao passo que o sítio Tulsa contém fragmentos de clientes da região Leste. De maneira semelhante, os fragmentos de estoque são divididos entre os sítios Denver e Seattle. A tabela *Produto* é replicada nos sítios Denver e Seattle porque todos os depósitos estocam todos os produtos.

Na prática, o projeto e a alocação de fragmentos são bem mais difíceis, em comparação ao que descrevemos aqui. A projeção e alocação de fragmentos são semelhantes à seleção de índices. Os dados sobre a freqüência de consultas, a freqüência de valores de parâmetro nas consultas e o comportamento do otimizador de consultas globais são necessários. Além disso, os dados sobre a freqüência dos sítios de origem para cada consulta são necessários. O sítio de origem é o sítio no qual a consulta é armazenada ou do qual ela é submetida. Da mesma forma que na seleção de índices, os modelos e as ferramentas de otimização podem auxiliar a tomada de decisão sobre o projeto e a alocação de fragmentos. As particularidades dos modelos e das ferramentas de otimização fogem ao escopo deste livro. As referências ao final do capítulo oferecem detalhes sobre projeto e alocação de fragmentos.

17.5.2 Transparência de Fragmentação

transparência de fragmentação
um nível de independência nos SGBDs distribuídos em que as consultas podem ser formuladas sem que os usuários conheçam os fragmentos.

A transparência de fragmentação oferece o mais alto nível de independência de dados. Os usuários formulam consultas e transações sem conhecer os fragmentos, as localizações ou os formatos locais. Se os fragmentos, as localizações ou os formatos locais sofrem alterações, as consultas e transações não são afetadas. Em essência os usuários percebem o banco de dados distribuído como um banco de dados centralizado. A transparência de fragmentação exige esforço mínimo do usuário, mas esforço máximo dos SGBDs distribuídos. O processamento em bancos de dados paralelos, em arquiteturas em que não há nenhum compartilhamento, utiliza transparência de fragmentação.

Para comparar os níveis de transparência, a Tabela 17.6 relaciona algumas consultas e transações representativas que usam o banco de dados de entrada de pedidos. Nessas consultas, em vez dos valores específicos, são usados os parâmetros $X e $Y. Com a transparência de fragmentação, as consultas e transações podem ser submetidas sem alteração, independentemente da fragmentação do banco de dados.

17.5.3 Transparência de Localização

transparência de localização
um nível de independência nos SGBDs distribuídos em que as consultas podem ser formuladas sem que os usuários conheçam os locais. Entretanto, eles precisam conhecer os fragmentos.

A <u>transparência de localização</u> oferece um nível inferior de independência de dados, comparada à transparência de fragmentação. Os usuários precisam mencionar os fragmentos na formulação de consultas e transações. Entretanto, não é necessário conhecer as localizações e os formatos locais. Mesmo que não seja necessário conhecer o sítio, os usuários indiretamente estão cientes da distribuição do banco de dados porque vários fragmentos são alocados a um único sítio. Os usuários podem fazer associações entre fragmentos e sítios.

A transparência de localização requer maior esforço na formulação de requisições, como mostra a Tabela 17.7. Nas consultas "localizar", o operador de união coleta as linhas de todos os fragmentos. A consulta para atualizar estoque requer mais ou menos a mesma quantidade de código. O usuário substitui a condição em *NumDeposito* pelo nome de um fragmento porque essa condição define o fragmento.

TABELA 17.7
Requisições Escritas com Transparência de Localização

Localizar Pedido
```
SELECT * FROM Pedidos-Oeste, Clientes-Oeste
    WHERE Pedidos-Oeste.NumCliente = $X
        AND Pedidos-Oeste.NumCliente = Clientes-Oeste.NumCliente
UNION
SELECT * FROM Pedidos-Leste, Clientes-Leste
    WHERE Pedidos-Leste.NumCliente = $X
        AND Pedidos-Leste.NumCliente = Clientes-Leste.NumCliente
```

Verificar Disponibilidade do Produto
```
SELECT * FROM Denver-Inventario
    WHERE NumProduto = $X
UNION
SELECT * FROM Seattle-Inventario
    WHERE NumProduto = $X
```

Atualizar Estoque (Denver)
```
UPDATE Denver-Inventario SET QtdeEstqProd = QtdeEstqProd – 1
    WHERE NumProduto = $X
```

Mudança do Cliente (Oeste para Leste)
```
SELECT NomeCli, CidadeCli, UFCli, CEPCli
    INTO $NomeCli, $CidadeCli, $UFCli, $CEPCli
    FROM Clientes-Oeste WHERE NumCliente = $Y

INSERT INTO Clientes-Leste
    (NumCliente, NomeCli, CidadeCli, UFCli, CEPCli, RegiaoCli)
    VALUES ($Y, $NomeCli, $CidadeCli, $UFCli, $CEPCli, 'Leste')

INSERT INTO Pedidos-Leste
    SELECT * FROM Pedidos-Oeste WHERE NumCliente = $Y

INSERT INTO LinhasPedido-Leste
    SELECT * FROM LinhasPedido-Oeste
        WHERE NumPedido IN
            (SELECT NumPedido FROM Pedidos-Oeste WHERE NumCliente = $Y)

DELETE FROM LinhasPedido-Oeste
    WHERE NumPedido IN
        (SELECT NumPedido FROM Pedidos-Oeste WHERE NumCliente = $Y)

DELETE Pedidos-Oeste WHERE NumCliente = $Y

DELETE Clientes-Oeste WHERE NumCliente = $Y
```

Na requisição de mudança do cliente, uma quantidade bem maior de códigos é necessária. Não é possível usar uma operação de atualização porque a coluna a ser atualizada define o fragmento. Em vez disso, as linhas devem ser inseridas no novo fragmento e excluídas dos fragmentos antigos. No caso do fragmento de cliente, a instrução SELECT ... INTO armazena valores de campo nas variáveis que são usadas na instrução INSERT subseqüente. As exclusões são realizadas no pedido declarado se as linhas mencionadas tiverem de ser excluídas por último. Se as exclusões forem feitas em cascata, somente a instrução DELETE no fragmento *Clientes-Oeste* é necessária.

As instruções SQL para as duas primeiras requisições não revelam a quantidade de operações de união que podem ser necessárias. Com dois fragmentos, apenas uma operação de união é necessária. Entretanto, com *n* fragmentos, *n*-1 operações são necessárias.

Até certo ponto, as visões podem proteger os usuários de alguns detalhes do fragmento. Por exemplo, a utilização de uma visão definida com operações de união poderia eliminar a necessidade de escrever as operações de união na consulta. Contudo, as visões talvez não simplifiquem a manipulação de instruções. Se o SGBD não utilizar transparência de fragmentação, parece improvável que as visões atualizáveis estendam-se para os sítios. Desse modo, o usuário continuaria tendo de escrever as instruções SQL para a requisição de mudança do cliente.

17.5.4 Transparência de Mapeamento Local

transparência de mapeamento local
um nível de independência nos SGBDs distribuídos em que as consultas podem ser formuladas sem que os usuários conheçam os formatos locais. Contudo, eles precisam conhecer os fragmentos e as alocações de fragmento (locais).

A transparência de mapeamento local oferece um nível inferior de independência de dados, comparada à transparência de localização. Os usuários precisam mencionar os fragmentos nos sítios ao formular consultas e transações. Contudo, não é necessário conhecer os formatos locais. Se os sítios diferirem em relação ao formato, como nos bancos de dados distribuídos fracamente integrados, a transparência de mapeamento local ainda assim alivia grande esforço do usuário.

A transparência de localização talvez não envolva muito mais códigos em relação ao que é mostrado na Tabela 17.8. As únicas alterações entre as tabelas 17.7 e 17.8 são os nomes dos sítios na Tabela 17.8. Se os fragmentos forem replicados, serão necessários códigos adicionais nas transações. Por exemplo, se for adicionado um novo produto, duas instruções INSERT (uma para cada sítio) serão necessárias na transparência de mapeamento local. Na transparência de localização, uma única instrução INSERT é necessária. A quantidade de código adicional depende da quantidade de replicação.

Fundamentado na discussão desta seção, você pode pressupor erroneamente que a transparência de fragmentação é preferível aos outros níveis. Ela oferece o mais alto nível de independência de dados, mas é a mais difícil de implementar. No caso do processamento em bancos de dados paralelos, em arquiteturas em que nada é compartilhado, a transparência de fragmentação é um recurso fundamental. Nos bancos de dados distribuídos, ela conflita com a meta de autonomia do sítio. A posse ou o domínio dos dados envolve necessariamente a consciência ou o conhecimento do usuário ao combinar dados locais e remotos. Além disso, a transparência de fragmentação pode encorajar o consumo exagerado de recursos porque os usuários não percebem o processamento subjacente no banco de dados distribuído. No caso da transparência de localização e de mapeamento local, os usuários percebem o processamento subjacente no banco distribuído. A quantidade e a complexidade do processamento no banco distribuído podem ser consideráveis, como descrito na Seção 17.6.

17.5.5 Transparência nos Bancos de Dados Distribuídos Oracle

O Oracle 10g oferece suporte aos bancos de dados distribuídos homogêneos e heterogêneos. No caso dos homogêneos, cada sítio contém um banco de dados Oracle gerenciado separadamente. A necessidade de gerenciamento isolado oferece autonomia para cada sítio participante. Os bancos de dados individuais podem utilizar qualquer versão do Oracle compatível, embora essa funcionalidade nas requisições globais seja limitada para os bancos de dados

TABELA 17.8
Requisições Escritas com Transparência de Mapeamento Local

Localizar Pedido
```
SELECT *
  FROM Pedidos-Oeste@Boise, Clientes-Oeste@Boise
    WHERE Pedidos-Oeste@Boise.NumCliente = $X
      AND Pedidos-Oeste@Boise.NumCliente =
        Clientes-Oeste@Boise.NumCliente
UNION
SELECT *
  FROM Pedidos-Leste@Tulsa, Clientes-Leste@Tulsa
    WHERE Pedidos-Leste@Tulsa.NumCliente = $X
      AND Pedidos-Leste@Tulsa.NumCliente =
        Clientes-Leste@Tulsa.NumCliente
```

Verificar Disponibilidade do Produto
```
SELECT * FROM Denver-Inventario@Denver
    WHERE NumProduto = $X
UNION
SELECT * FROM Seattle-Inventario@Seattle
    WHERE NumProduto = $X
```

Atualizar Estoque (Denver)
```
UPDATE Denver-Inventario@Denver SET QtdeEstqProd = QtdeEstqProd – 1
    WHERE NumProduto = $X
```

Mudança do Cliente (Oeste para Leste)
```
SELECT NomeCli, CidadeCli, UFCli, CEPCli
    INTO $NomeCli, $CidadeCli, $UFCli, $CEPCli
    FROM Clientes-Oeste@Boise WHERE NumCliente = $Y

INSERT INTO Clientes-Leste@Tulsa
    (NumCliente, NomeCli, CidadeCli, UFCli, CEPCli, RegiaoCli)
    VALUES ($Y, $NomeCli, $CidadeCli, $UFCli, $CEPCli, 'Leste')

INSERT INTO Pedidos-Leste@Tulsa
    SELECT * FROM Pedidos-Oeste@Boise WHERE NumCliente = $Y

INSERT INTO LinhasPedido-Leste@Tulsa
    SELECT * FROM LinhasPedido-Oeste@Boise
      WHERE NumPedido IN
        (SELECT NumPedido FROM Pedidos-Oeste@Boise
          WHERE NumCliente = $Y)

DELETE FROM LinhasPedido-Oeste@Boise
    WHERE NumPedido IN
      (SELECT NumPedido FROM Pedidos-Oeste@Boise
        WHERE NumCliente = $Y)

DELETE Pedidos-Oeste@Boise WHERE NumCliente = $Y

DELETE Clientes-Oeste@Boise WHERE NumCliente = $Y
```

---

com a versão mais antiga. Com o Oracle, é possível realizar replicação em bancos de dados distribuídos por meio de sítios-mestres designados e processamento assíncrono nos sítios secundários. Os bancos de dados não-Oracle podem também participar das requisições globais usando serviços heterogêneos e brokers gateway. Esta seção oferece detalhes sobre transparência em bancos de dados homogêneos puros (não replicados).

Os links de banco de dados são um conceito importante nos bancos de dados Oracle distribuídos. O link oferece conexão unilateral de um banco de dados local para um banco remoto. O local é o banco no qual o usuário faz a conexão. O remoto é o banco que o usuário

TABELA 17.9
Instruções Oracle para Requisição Global

Criar Link
   CREATE DATABASE LINK boise.acme.com CONNECT TO clerk 1
      IDENTIFED BY clerk 1

Localizar Pedido (usando o nome do link)
   SELECT *
     FROM Pedido@boise.acme.com PO, Cliente@boise.acme.com CO
       WHERE PO.NumCliente = 1111111
         AND PO.NumCliente = CO.NumCliente
           UNION
   SELECT *
     FROM Pedido, Cliente
       WHERE Pedido.NumCliente = 1111111
         AND Pedido.NumCliente = Cliente.NumCliente

Criar Sinônimos
   CREATE PUBLIC SYNONYM PedidoBoiser FOR Pedido@boise.acme.com;
   CREATE PUBLIC SYNONYM ClienteBoiser FOR Cliente@boise.com;

Localizar Pedido (usando o nome do link)
   SELECT *
     FROM PedidoBoiser PO, ClienteBoiser CO
       WHERE PO.NumCliente = 1111111
         AND PO.NumCliente = CO.NumCliente
           UNION
   SELECT *
     FROM Pedido, Cliente
       WHERE Pedido.NumCliente = 1111111
         AND Pedido.NumCliente = Cliente.NumCliente

---

deseja acessar em uma requisição global. Os links de banco de dados permitem que o usuário acesse outros objetos do usuário em um banco de dados remoto, sem que precise ter uma conta no sítio remoto. Ao usar esse tipo de link, o usuário remoto é limitado pela configuração de privilégios do proprietário do objeto.

A Tabela 17.9 mostra as instruções Oracle para criar links e sinônimos e para usar os links e sinônimos em uma consulta global. A primeira instrução cria um link fixo para o banco de dados "boise.acme.com" por meio do usuário remoto "clerk1". A instrução seguinte usa o link para acessar a tabela remota *Pedido*. Pressupõe-se que o usuário atual esteja conectado ao banco de dados de Tulsa e use o link para acessar o banco de dados de Boise. Na cláusula FROM, os nomes não qualificados das tabelas em ambos os sítios são os mesmos (*Pedido* e *Cliente*). As instruções CREATE SYNONYM criam *aliases* (apelidos) para as tabelas remotas usando os nomes das tabelas remotas e os nomes de link. As instruções SELECT podem usar os sinônimos em vez de os nomes das tabelas e do link.

Como a Tabela 17.9 mostra, os links de banco de dados oferecem transparência de mapeamento local para dados remotos. Para criar um link, o usuário deve conhecer o nome do banco de dados global, o qual em geral contém informações sobre a estrutura da organização e as localidades em que ela atua. Para usar um link, o usuário deve conhecer o nome e os detalhes dos objetos remotos. A transparência de mapeamento local condiz com a ênfase sobre a autonomia de sítio. Com o Oracle, é possível obter maior transparência (transparência de localização) no acesso a dados remotos usando sinônimos e visões.

O Database Administrators Guide do Oracle 10g oferece mais detalhes sobre transparência nos bancos de dados distribuídos – por exemplo, sobre os vários escopos de link (público, privado e global), os vários tipos de conexão remota e as funções e os privilégios de administração para acesso a bancos de dados remotos.

17.6 Processamento em Bancos de Dados Distribuídos

Da mesma forma que os dados distribuídos podem dificultar a formulação de consultas, podem tornar o processamento de consultas e o processamento de transações ainda mais complexos. Isso porque o processamento nos bancos de dados distribuídos envolve transferência de dados, processamento remoto e coordenação de sítios, o que não ocorre no processamento centralizado. Embora os detalhes do processamento distribuído possam ficar ocultos para programadores e usuários, as implicações no desempenho às vezes não podem. Esta seção apresenta as particularidades do processamento distribuído de consultas e transações para que você conheça as complexidades que podem influir no desempenho.

17.6.1 Processamento Distribuído de Consultas

O processamento distribuído de consultas é mais complexo que o processamento centralizado por vários motivos. O distribuído requer otimização tanto local (intra-sítio) quanto global (intersítios). A global está relacionada a decisões sobre transferência de dados e seleção de sítios, o que não ocorre no processamento centralizado de consultas. Por exemplo, para fazer uma junção de fragmentos distribuídos, um fragmento pode ser movido, ambos os fragmentos podem ser movidos para um terceiro sítio ou apenas os valores da junção de um fragmento podem ser movidos. Se os fragmentos forem replicados, o sítio de cada fragmento deve, portanto, ser escolhido.

Muitas das complexidades do processamento distribuído de consultas também existem nos bancos de dados paralelos em que não há nenhum tipo de compartilhamento. A principal diferença são as redes de comunicação mais rápidas e mais confiáveis usadas no processamento paralelo.

O processamento distribuído de consultas é também mais complexo porque existem múltiplos objetivos de otimização. Em um ambiente centralizado, a minimização do uso de recursos (entrada/saída e processamento) condiz com a minimização do tempo de resposta. Em um ambiente distribuído, a minimização de recursos pode conflitar com a minimização do tempo de resposta por causa das oportunidades do processamento paralelo. O processamento paralelo pode reduzir o tempo de resposta, mas aumentar a quantidade geral de recursos consumidos (entrada/saída, processamento e comunicação). Além disso, a ponderação entre custos de comunicação e custos locais (entrada/saída e processamento) depende das características da rede. No caso das redes de longa distância (wide area network – WAN), os custos de comunicação sobrepõem os custos locais. No caso das redes locais (local area network – LAN), os custos de comunicação e os custos locais são mais contrabalançados.

Essa complexidade crescente torna a otimização das consultas distribuídas ainda mais importante que a otimização das consultas centralizadas. Pelo fato de o processamento distribuído envolver tanto a otimização global quanto a local, há uma quantidade bem maior de planos de acesso para uma consulta distribuída que para uma consulta centralizada correspondente. A variação no desempenho entre os planos de acesso distribuído pode ser bem grande. Escolher um plano de acesso ruim pode prejudicar sensivelmente o desempenho. Além disso, os planos de acesso distribuído às vezes precisam se ajustados de acordo com as condições do sítio. Se o sítio estiver indisponível ou sobrecarregado, o plano de acesso distribuído deve escolher dinamicamente outro sítio. Portanto, alguns dos processos de otimização talvez precisem ser realizados dinamicamente (em tempo de execução), e não estatisticamente (em tempo de compilação).

Para retratar a importância da otimização das consultas distribuídas, apresentamos planos de acesso para uma consulta de exemplo. Para simplificar essa apresentação, usamos uma rede pública com tempos de comunicação relativamente lentos. Apenas os tempos de comunicação (TC) são mostrados para cada plano de acesso. O tempo de comunicação consiste em atraso de mensagem (AM) e tempo de transmissão variável (TT). Cada registro é transmitido como uma mensagem distinta.

$TC = AM + TT$

AM = Número de mensagens * Atraso por mensagem

TT = Número de bits/Taxa de dados

TABELA 17.10
Estatísticas da Consulta e da Rede

> O comprimento do registro é de 1.000 bits por tabela.
>
> O cliente tem 5 pedidos no intervalo de datas especificado.
>
> Cada pedido contém em média 5 produtos.
>
> O cliente tem 3 pedidos no intervalo de datas e na cor especificados.
>
> Há 200 produtos vermelhos.
>
> Há 10.000 pedidos, 50.000 linhas de pedido e 1.000 produtos nos fragmentos.
>
> A alocação de fragmentos é fornecida na Tabela 17.6.
>
> O atraso por mensagem é de 0,1 segundo.
>
> A taxa de dados é de 1.000.000 bits por segundo.

Consulta Global: Relaciona o número do pedido, a data do pedido, o número do produto, o nome do produto, o preço do produto e a quantidade pedida para pedidos da região Leste com um número de cliente específico, intervalo de datas e cor do produto. A Tabela 17.10 relaciona as estatísticas da consulta e da rede.

```
SELECT * PL.NumPedido, DataPed, P.NumProduto, QtdePed, NomeProd, PrecoProd
    FROM Pedidos-Leste PL, LinhasPedido-Leste LPL, Produto P
    WHERE PL.NumCliente = $X AND PL.NumPedido = LPL.NumPedido AND
    P.Cor = 'Vermelho'
        AND LPL.NumProduto = P.NumProduto and DataPed BETWEEN $Y AND $Z
```

1. Mova a tabela *Produto* ao sítio de Tulsa, onde a consulta é processada.
   $TC = 1.000 * 0,1 + (1.000 * 1.000)/1.000.000 = 101$ segundos
2. Restrinja a tabela *Produto* ao sítio de Denver. Em seguida, mova o resultado de Tulsa, onde o restante da consulta é processado.
   $TC = 200 * 0,1 + (200 * 1.000)/1.000.000 = 20,2$ segundos
3. Execute a junção e as restrições dos fragmentos *Pedidos-Leste* e *LinhasPedido-Leste* no sítio de Tulsa. Mova o resultado ao sítio de Denver para fazer a junção da tabela *Produto*.
   $TC = 25 * 0,1 + (25 * 2.000)/1.000.000 = 2,55$ segundos
4. Restrinja a tabela *Produto* no sítio de Denver. Mova apenas os números de produto resultantes (32 bits) para Tulsa. Execute a junção e as restrições em Tulsa. Mova os resultados novamente para Denver para associá-los com a tabela *Produto*.
   TC (Denver para Tulsa) $= 200 * 0,1 + (200 * 32)/1.000.000 = 20,0063$ segundos
   TC (Tulsa para Denver) $= 15 * 0,1 + (15 * 2.000)/1.000.000 = 1,53$ segundo
   TC (Denver para Tulsa) $+ TC$ (Tulsa para Denver) $= 21,5364$ segundos

Esses planos de acesso mostram uma grande discrepância nos tempos de comunicação. Essa discrepância seria ainda maior se os fragmentos do pedido fossem movidos de Tulsa para Denver. O terceiro plano de acesso predomina sobre os outros pelo fato do atraso de mensagem ser baixo. Seria necessário realizar análises adicionais dos custos de processamento local para determinar o melhor plano de acesso.

17.6.2 Processamento Distribuído de Transações

O processamento distribuído de transações segue os mesmos princípios descritos no Capítulo 15. As transações obedecem às propriedades ACID e o SGBD distribuído oferece transparência de concorrência e recuperação. Entretanto, o ambiente distribuído dificulta mais a implementação desses princípios. Independentemente disso, os sítios operacionais devem ser coordenados. Além disso, existem novos tipos de falha por causa da rede de comunicação. Para lidar com essas complexidades, são necessários novos protocolos. Esta seção introduz os problemas e soluções do controle de concorrência distribuído e do processamento de efetivação (*commit*).

FIGURA 17.17
Controle Centralizado de Concorrência

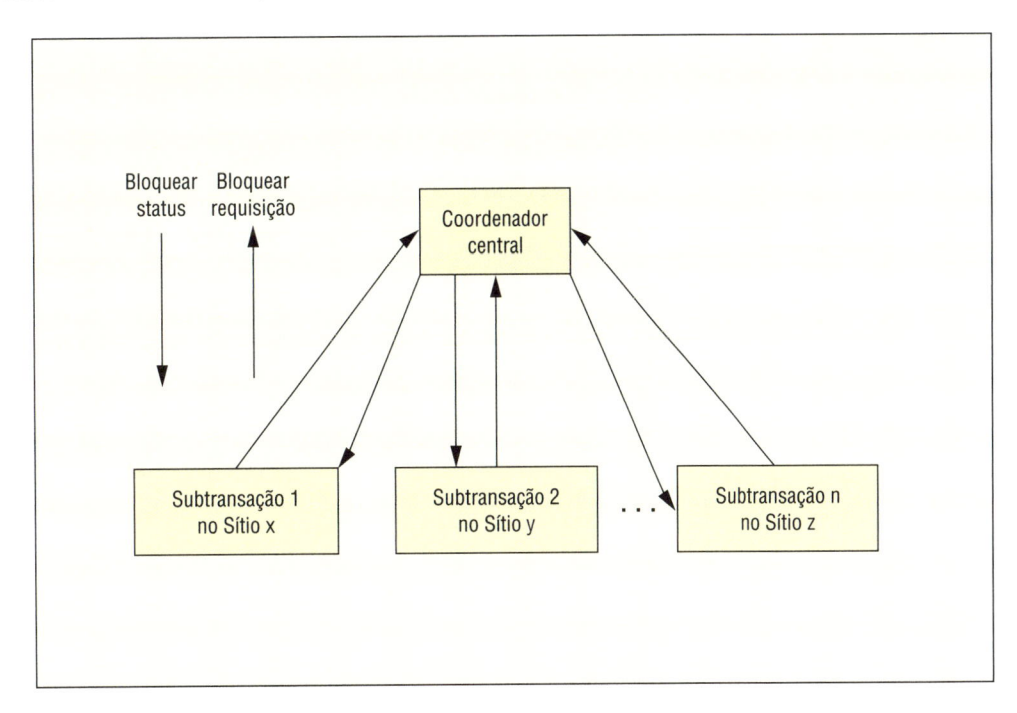

Controle de Concorrência Distribuído

A carga extra do controle distribuído de concorrência pode ser maior que o do controle centralizado porque os sítios locais devem ser coordenados por meio de mensagens em uma rede de comunicação. O esquema mais simples requer coordenação centralizada, como mostra a Figura 17.17. No início de uma transação, o sítio coordenador é escolhido e a transação é dividida em subtransações, que são executadas em outros sítios. Todo sítio que hospeda uma subtransação submete bloqueios e libera requisições ao sítio coordenador usando as regras normais de bloqueio em duas fases.

A coordenação centralizada requer uma quantidade menor de mensagens e a detecção mais simples de deadlock. Contudo, depender de um coordenador centralizado pode tornar o processamento de transações menos confiável. Para minimizar essa dependência para com o sítio centralizado, o gerenciamento de bloqueios pode ser distribuído entre os sítios. O preço a pagar por essa maior confiabilidade é uma maior sobrecarga de mensagens e uma maior complexidade na detecção de deadlock. A quantidade de mensagens pode ser duas vezes maior no esquema da coordenação distribuída, em comparação com o esquema de coordenação centralizada.

Tanto na coordenação centralizada quanto na distribuída, a replicação de dados é um problema. A atualização de dados replicados implica uma sobrecarga ainda maior porque é necessário obter um bloqueio de escrita em todas as cópias para que qualquer uma possa ser atualizada. E a obtenção de bloqueios de escrita em várias cópias pode provocar atrasos e até mesmo revertidas (*rollbacks*) se uma cópia não estiver disponível.

Para diminuir a sobrecarga do bloqueio de múltiplas cópias, pode-se usar o protocolo de cópia primária. Nesse protocolo, uma cópia de cada fragmento replicado é designada como cópia primária, ao passo que as outras cópias são consideradas secundárias. É necessário escrever bloqueios apenas para a cópia primária. Depois que uma transação atualizar cópia primária, as atualizações são propagadas para as cópias secundárias. Entretanto, as cópias secundárias só serão atualizadas depois que a transação for efetivada. O protocolo de cópia primária melhora o desempenho, mas ao custo das cópias secundárias não atualizadas. Visto que ter uma sobrecarga menor é mais importante que ter cópias secundárias atualizadas, os SGBDs distribuídos usam esse protocolo.

protocolo de cópia primária
protocolo para controle de concorrência de transações distribuídas. Cada fragmento replicado é designado como cópia primária ou como cópia secundária. Durante o processamento de uma transação distribuída, somente se tem garantia de que a cópia primária é atualizada no fim de uma transação. As atualizações podem ser propagadas para cópias secundárias depois que uma transação termina.

Processamento de Efetivação Distribuído (Commit)

O SGBDs distribuídos têm de enfrentar as falhas de links de comunicação e sítios, falhas essas que não afetam os SGBDs centralizados. A detecção de falhas exige coordenação entre

FIGURA 17.18
Processamento de Efetivação em Duas Fases para Coordenador e Participantes

```
Coordenador                                          Participante
    (1)
                          Fase de votação                (2)
Escreve Início–Efetivação
  no registro.                                    Força atualizações no disco.
Envia mensagens Pronto.                           Se não houver falhas,
Aguarda respostas.                                  Escreve Início–Efetivação no registro.
                                                    Envia voto Pronto.
    (3)                                           Caso contrário, envia voto Abortar.

Se todos os sítios votarem pronto
  antes do tempo de espera,
  Escreve o registro Efetivação Global.
  Envia mensagens Efetivação.   Fase de decisão
  Aguarda confirmação.                               (4)
Caso contrário, envia mensagens
  Abortar.                                       Escreve Efetivação no registro.
                                                 Libera bloqueios.
    (5)                                          Envia confirmação.

Espera confirmação.
Reenvia mensagens Efetivação se necessário.
Escreve fim global da transação.
```

os sítios. Se um link ou sítio falhar, nenhuma transação envolvendo esse sítio poderá ser interrompida. Além disso, esse sítio deve ser evitado em transações posteriores até que a falha seja resolvida.

As falhas podem ser ainda mais complexas, não se restringindo a apenas um sítio ou link de comunicação. Inúmeros sítios e links podem falhar simultaneamente, o que provoca o particionamento da rede. Nesse caso, diferentes partições (conjuntos de sítios) não conseguem se comunicar, embora os sítios na mesma partição consigam. O gerenciador de transações tem de garantir que diferentes partes de uma rede particionada atuem em uníssono. Não se deve permitir que os sítios em uma partição decidam finalizar uma transação e que os sítios em outra partição decidam não finalizar uma transação. Todos os sítios devem finalizar ou então interromper a transação.

O protocolo mais amplamente conhecido para o processamento distribuído de efetivação é o protocolo de efetivação em duas fases.[2] Para cada transação, escolhe-se um sítio como coordenador. A transação é então dividida em subtransações, as quais são executadas pelos sítios participantes. O sítio coordenador e os sítios participantes interagem em uma fase de votação e em uma fase de decisão. Ao final de ambas as fases, os participantes terão agido em uníssono, isto é, ou terão decidido finalizar sua subtransação ou terão decidido interrompê-la.

As fases de votação e decisão requerem ações tanto no sítio coordenador quanto nos participantes, como mostra a Figura 17.18. Na fase de decisão, o coordenador envia uma mensagem para cada participante perguntando se ele está pronto para a efetivação. Antes de responder, cada participante força todas as atualizações no disco quando o trabalho na transação local termina. Se não houver nenhuma falha, o participante escreve o registro pronto-efetivação e envia o voto pronto ao coordenador. A essa altura, o *status* do participante é incerto porque mais tarde o coordenador pode solicitar que o participante interrompa a transação.

protocolo de efetivação em duas fases (2PL)
regra para garantir a atomicidade das transações distribuídas. O protocolo 2PC usa as fases de votação e decisão para coordenar a efetivação de transações locais.

---

[2] Não confunda a efetivação em duas fases com o bloqueio em duas fases. O protocolo de efetivação em duas fases é usado apenas para o processamento distribuído de transações. O bloqueio em duas fases pode ser usado no controle de concorrência centralizado e distribuído.

A fase de decisão começa quando o coordenador recebe votos de cada participante ou quando ocorre um tempo de espera. Quando ocorre tempo de espera ou pelo menos um participante envia o voto abortar, o coordenador interrompe a transação inteira enviando mensagens abortar para cada participante. Em seguida, cada participante executa um rollback de suas alterações.

Se todos os participantes votarem pronto, o coordenador escreve o registro de efetivação global e pede a cada um que finalize sua subtransação. Os participantes, individualmente, escrevem um registro de efetivação, liberam os bloqueios e enviam uma confirmação ao coordenador. Quando o coordenador recebe a confirmação de todos os participantes, ele escreve o registro de efetivação global da transação. Se houver alguma falha em qualquer uma das fases, o coordenador envia a mensagem abortar a todos os sítios participantes.

Na prática, o protocolo de efetivação em duas fases apresentado na Figura 17.18 abrange apenas o básico com relação a esse protocolo. Outras complicações, como falha durante a recuperação e tempos de espera, o tornam mais complexo. Além disso, possíveis modificações no protocolo básico podem diminuir a quantidade de mensagens necessárias para cumprir o protocolo. Visto que essas informações complementares estão além do escopo deste livro, você deve consultar as referências ao final do capítulo para obter mais detalhes.

O protocolo de efetivação em duas fases pode usar um coordenador centralizado ou distribuído. Os compromissos são semelhantes à coordenação centralizada *versus* distribuída do controle de concorrência. A coordenação centralizada é mais simples que a distribuída, mas pode ser menos confiável.

Esse protocolo não lida com qualquer tipo de falha concebível. Por exemplo, talvez ele não funcione corretamente se os registros no log se perderem. Não há nenhum protocolo conhecido que possa garantir que todos os sítios atuem em uníssono para finalizar ou abortar quando ocorre alguma falha aleatória. Pelo fato de esse protocolo lidar eficientemente com falhas comuns, é amplamente usado no processamento distribuído de transações.

Considerações Finais

Este capítulo abordou as arquiteturas e os serviços dos SGBDs que dão suporte ao processamento distribuído e aos dados distribuídos e os motivos que justificam sua utilização. A utilização do processamento distribuído e de dados distribuídos melhora significativamente os serviços do SGBD, mas ao custo de novos desafios em relação ao projeto. O processamento distribuído pode melhorar a escalabilidade, a interoperabilidade, a flexibilidade, a disponibilidade e o desempenho, ao passo que os dados distribuídos podem melhorar o controle de dados, os custos de comunicação o desempenho do sistema. Para obter esses benefícios, é preciso superar os significativos desafios decorrentes da complexidade do processamento e dos dados distribuídos.

Escolher a arquitetura adequada é uma maneira de controlar essa maior complexidade. Este capítulo abordou as arquiteturas cliente–servidor e as arquiteturas para bancos de dados paralelos para a utilização do processamento distribuído. As arquiteturas em duas, em três e em múltiplas camadas oferecem alternativas, associadas a custos, complexidade e flexibilidade, para dividir as tarefas entre clientes e servidores. O processamento em bancos de dados paralelos distribui grande quantidade de tarefas entre os recursos disponíveis. A tecnologia de bancos de dados paralelos Oracle e IBM foi abordada para mostrar a implementação das arquiteturas de disco em cluster e sem cluster.

A última parte deste capítulo descreveu as arquiteturas e o respectivo processamento utilizados nos SGBDs distribuídos. No caso das arquiteturas para os SGBDs distribuídos, a integração dos bancos de dados locais é diferente entre uma e outra. Os sistemas fortemente integrados oferecem serviços de consulta e transação, mas requerem uniformidade nos SGBDs locais. Os sistemas fracamente integrados dão suporte ao compartilhamento de dados entre um *mix* de SGBDs modernos e legados. Um fator importante da arquitetura de dados é o nível de independência dos dados. Este capítulo abordou os vários níveis de independência, os quais diferem de acordo com o nível de conhecimento de distribuição de dados necessário para formular requisições globais. Exemplos de transparência nos bancos de dados Oracle distribuídos puderam complementar nossa apresentação conceitual. Para oferecer uma compreensão básica da complexidade do processamento em bancos de dados distribuídos, este capítulo cobriu o processamento distribuído de consultas e o de transações. Esses dois serviços apresentam problemas complexos que não são apresentados pelos SGBDs centralizados.

Revisão de Conceitos

- Motivos que justificam a utilização do processamento cliente–servidor: escalabilidade, interoperabilidade e flexibilidade.
- Motivos que justificam a utilização do processamento em bancos de dados paralelos: *scaleup*, *speedup*, alta disponibilidade e previsão de escalabilidade.
- Motivos que justificam a utilização de dados distribuídos: maior controle local, menores custos de comunicação e melhor desempenho.
- Problemas de projeto no processamento distribuído: divisão de processamento e gerenciamento de processos.
- Tipos de código para fazer a distribuição entre cliente e servidor.
- Tarefas de gerenciamento de processos realizadas pelo middleware do banco de dados.
- Diferenças entre monitores de processamento de transações, middleware orientado a mensagens, middleware de acesso a dados e brokers de requisição de objetos.
- Características das arquiteturas em duas camadas, em três camadas, em múltiplas camadas e de serviços Web.
- Características das arquiteturas para bancos de dados paralelos: disco em cluster e sem cluster.
- Problemas do processamento em bancos de dados paralelos: balanceamento de carga, coerência de cache e comunicação interprocessadores.
- Consultas e transações globais.
- Função do gerenciador de banco de dados local, do gerenciador de bancos de dados distribuídos e do dicionário global na arquitetura de componentes de um SGBD distribuído.
- Arquitetura de esquemas para SGBDs distribuídos fortemente integrados e fracamente integrados.
- Relação entre os níveis de transparência e a independência de dados dos bancos de dados distribuídos.
- Tipos de fragmentação: horizontal, vertical e horizontal derivada.
- Complexidade do projeto e da alocação de fragmentação.
- Formulação de consultas para transparência de fragmentação, transparência de localização e transparência de mapeamento local.
- Medidas e objetivos de desempenho no processamento distribuído de consultas.
- Uso do bloqueio em duas fases no controle de concorrência distribuído.
- Uso do protocolo de cópia primária para diminuir a sobrecarga de atualização de dados replicados.
- Tipos adicionais de falha no ambiente de bancos de dados distribuídos.
- Protocolo de efetivação em duas fases para assegurar a atomicidade na efetivação dos sítios participantes em uma transação distribuída.
- Compromissos entre a coordenação centralizada e distribuída no controle de concorrência e recuperação distribuídos.

Questões

1. Qual é a função dos clientes e servidores no processamento distribuído?
2. Defina resumidamente os termos flexibilidade, interoperabilidade e escalabilidade. De que maneira o processamento cliente–servidor oferece flexibilidade, interoperabilidade e escalabilidade?
3. Examine algumas das desvantagens do desenvolvimento dos sistemas cliente–servidor.
4. Defina resumidamente os termos *scaleup* e *speedup* e as dimensões desses termos.
5. Defina o que é alta disponibilidade e mostre como o processamento em bancos de dados paralelos oferece alta disponibilidade.
6. Como um banco de dados distribuído pode melhorar o controle de dados?
7. Como um banco de dados distribuído pode reduzir os custos de comunicação e melhorar o desempenho?

8. Fale sobre alguns inconvenientes do desenvolvimento de bancos de dados distribuídos.
9. Examine por que o processamento distribuído é mais maduro e mais difundido que os bancos distribuídos.
10. Por que a divisão de processamento e o gerenciamento de processos são importantes nas arquiteturas cliente–servidor?
11. Explique como as arquiteturas em duas camadas tentam solucionar a divisão de processamento e o gerenciamento de processos.
12. Explique como as arquiteturas em três camadas tentam solucionar a divisão de processamento e o gerenciamento de processos.
13. Explique como as arquiteturas em múltiplas camadas tentam solucionar a divisão de processamento e o gerenciamento de processos.
14. O que é um cliente magro? Como um cliente magro se relaciona com as arquiteturas de processamento cliente–servidor?
15. Cite alguns motivos que justificam a escolha de uma arquitetura em duas camadas.
16. Cite alguns motivos que justificam a escolha de uma arquitetura em três camadas.
17. Cite alguns motivos que justificam a escolha de uma arquitetura em múltiplas camadas.
18. Defina a arquitetura de serviços Web.
19. De que modo a arquitetura de serviços Web oferece interoperabilidade?
20. Descreva brevemente as arquiteturas básicas do processamento em bancos de dados paralelos.
21. Descreva brevemente as extensões de agrupamento das arquiteturas básicas para bancos de dados distribuídos.
22. Quais são os principais problemas de projeto no processamento em bancos de dados paralelos? Identifique a arquitetura mais afetada por esses problemas.
23. Em que consiste o problema de coerência de cache?
24. O que é balanceamento de carga?
25. Que arquitetura para bancos de dados paralelos é utilizada pelo Oracle Real Application Clusters (RAC)? Qual é a principal tecnologia no RAC?
26. Que arquitetura para bancos de dados paralelos é utilizada pela opção DPF no IBM DB2? Qual é a principal tecnologia no DPF?
27. O que é uma requisição global?
28. Em que sentido o nível de integração do SGBD distribuído influi na arquitetura de componentes?
29. Quando o SGBD distribuído fortemente integrado é apropriado? Quando o SGBD distribuído fracamente integrado é apropriado?
30. Examine as diferenças entre arquitetura de esquemas para SGBDs fortemente e fracamente integrados.
31. Como a transparência de bancos de dados distribuídos se relaciona com a independência de dados?
32. Ter um nível mais alto de transparência de distribuição é sempre a melhor opção? Explique brevemente por que ou por que não.
33. O que é um fragmento horizontal derivado e por que ele é útil? Que relação existe entre o operador de semijunção e a fragmentação horizontal derivada?
34. Que diferença é maior na formulação de consultas: (1) entre transparência de fragmentação e transparência de localização ou (2) entre transparência de localização e transparência de mapeamento local? Justifique sua resposta.
35. Por que o projeto e alocação de fragmentos é uma tarefa complexa?
36. Por que a otimização de consulta global é importante?
37. Que diferenças existem entre a otimização global e local no processamento distribuído de consultas?
38. Por que existem múltiplos objetivos no processamento distribuído de consultas? Que objetivos parecem ser mais importantes?
39. Quais são os componentes das medidas de desempenho no processamento distribuído de consultas? Que fatores influem na forma como esses componentes podem ser combinados em uma medida de desempenho?
40. Em que o bloqueio em duas fases para bancos de dados distribuídos difere do bloqueio em duas fases para bancos de dados centralizados?
41. Por que o protocolo de cópia primária é amplamente usado?
42. Que outras falhas ocorrem no ambiente de bancos de dados distribuídos? Como essas falhas podem ser detectadas?

43. Qual é a diferença entre as fases de votação e de decisão do protocolo de efetivação em duas fases?
44. Examine as compensações entre a coordenação centralizada e distribuída no controle de concorrência e recuperação distribuídos.
45. Que nível de transparência é oferecido pelos bancos de dados Oracle distribuídos?
46. O que são links de banco de dados no processamento em banco de dados Oracle distribuído?

Problemas

Os problemas a seguir oferecem treinamento para a definição de fragmentos e a formulação de consultas em vários níveis de transparência, bem como para a definição de estratégias para o processamento distribuído de consultas. As perguntas usam as tabelas do banco de dados universitário revistas a seguir. Esse banco de dados é similar ao usado no Capítulo 4, com a exceção das colunas *campus* adicionais nas tabelas *Aluno*, *Oferecimento* e *Professor*.

Aluno(CPFAluno, NomeAluno, CampusAluno, CidadeAluno, UFAluno, CEPAluno, Especialização, AnoAluno)

Curso(NumCurso, DescrCurso, CreditosCurso)

Oferecimento(NumOferecimento, NumCurso, CampusOfer, TrimestreOfer, AnoOfer, LocalOfer, HorarioOfer, DiasSemanaOfer, CPFProfessor)
   FOREIGN KEY NumCurso REFERENCES Curso
   FOREIGN KEY CPFProfessor REFERENCES Professor

Matricula(NumOferecimento, CPFAluno, NotaMatr)
   FOREIGN KEY NumOferecimento REFERENCES Oferecimento
   FOREIGN KEY CPFAluno REFERENCES Aluno

Professor(CPFProfessor, NomeProf, CampusProf, DeptoProf, FoneProf, SalarioProf, ClassificacaoProf)

1. Escreva as instruções SELECT do SQL para definir dois fragmentos horizontais como os alunos que freqüentam (1) o *campus* de Boulder e (2) o *campus* de Denver.
2. Escreva as instruções SELECT do SQL para definir dois fragmentos horizontais como os professores (1) no *campus* de Boulder e (2) no *campus* de Denver.
3. Escreva as instruções SELECT do SQL para definir dois fragmentos horizontais como oferecimentos de curso (1) no *campus* de Boulder e (2) no *campus* de Denver.
4. Escreva as instruções SELECT do SQL para definir dois fragmentos horizontais derivados como matrículas correspondentes aos oferecimentos (1) no *campus* de Boulder e (2) no *campus* de Denver.
5. Escreva uma instrução SELECT para relacionar os cursos de sistemas de informação oferecidos no primeiro trimestre de 2006. Os cursos de sistemas de informação contêm "SI" na descrição do curso. Inclua no resultado o número do curso, a descrição, o número do oferecimento e o horário. Adote em sua formulação a transparência de fragmentação.
6. Escreva uma instrução SELECT para relacionar os cursos de sistemas de informação oferecidos no primeiro trimestre de 2006. Os cursos de sistemas de informação contêm "SI" na descrição do curso. Inclua no resultado o número do curso, a descrição, o número do oferecimento e o horário. Adote em sua formulação a transparência de localização.
7. Escreva uma instrução SELECT para relacionar os cursos de sistemas de informação oferecidos no primeiro trimestre de 2006. Os cursos de sistemas de informação contêm "SI" na descrição do curso. Inclua no resultado o número do curso, a descrição, o número do oferecimento e o horário. Adote em sua formulação a transparência de mapeamento local. Os fragmentos *Oferecimento* são alocados aos sítios de Boulder e Denver. A tabela *Curso* é replicada em ambos os sítios.
8. Mova o número O1 do *campus* de Boulder para o de Denver. Além de mover o oferecimento entre os *campi*, mude sua localização para Plaza 112. Adote em sua formulação a transparência de fragmentação.
9. Mova o número O1 do *campus* de Boulder para o de Denver. Além de mover o oferecimento entre os *campi*, mude sua localização para Plaza 112. Adote em sua formulação a transparência de localização.
10. Mova o número O1 do *campus* de Boulder para o de Denver. Além de mover o oferecimento entre os *campi*, mude sua localização para Plaza 112. Adote em sua formulação a transparência de mapeamento local.

TABELA 17.11
Estatísticas para o Problema 11

O comprimento do registro é de 1.000 bits por tabela.
32 bits para *CPFProfessor*.
20 professores de sistemas de informação.
5.000 oferecimentos no primeiro semestre de 2006.
10 oferecimentos no primeiro semestre de 2006 de Boulder ministrados pelo corpo docente de Denver.
4.000 cursos, 20.000 oferecimentos e 2.000 professores nos fragmentos.
A tabela *Curso* é reproduzida tanto no sítio de Denver quanto no de Boulder.
O fragmento *OferecimentosBoulder* está localizado no sítio de Boulder.
O fragmento *ProfessorDenver* está localizado no sítio de Denver.
O atraso por mensagem é de 0,1 segundo.
A taxa de dados é de 100.000 bits por segundo.

11. Para a consulta a seguir, calcule o tempo de comunicação (*TC*) dos planos de acesso distribuído abaixo relacionados. Use as fórmulas da Seção 17.6.1 e as estatísticas de consulta e rede (Tabela 17.11) em seus cálculos.

    SELECT Curso.NumCurso, DescrCurso, NumOferecimento, HorarioOfer, NomeProf
      FROM OferecimentosBoulder OFB, Curso, ProfessorDenver PD
      WHERE Curso.NumCurso = OFB.Curso AND TrimestreOfer = 'Primavera'
      AND AnoOfer = 2006 AND PD.CPFProfessor = OFB.CPFProfessor
      AND DeptoProf = 'Sistemas de Informação'

    11.1. Mova todo o fragmento *ProfessorDenver* para o sítio de Boulder e execute a consulta.
    11.2 Mova todo o fragmento *OferecimentosBoulder* para o sítio de Denver e execute a consulta.
    11.3 Mova o fragmento *OferecimentosBoulder* restringido para o sítio de Denver e execute a consulta.
    11.4 Mova o fragmento *ProfessorDenver* restringido para o sítio de Boulder e execute a consulta.
    11.5 Restrinja o fragmento *ProfessorDenver* e mova os valores de junção (*CPFProfessor*) para o sítio de Boulder. Faça a junção dos valores *CPFProfessor* com a tabela *Curso* e o fragmento *OferecimentosBoulder* no sítio de Boulder. Mova o resultado para o sítio de Denver para fazer a junção com o fragmento *ProfessorDenver*.

12. Investigue os recursos do processamento cliente–servidor, do banco de dados paralelos e do banco de dados distribuídos de um SGBD de grande importância. Identifique as arquiteturas usadas e as funções fundamentais do produto.

Referências para Estudos Adicionais

Este capítulo, embora tenha examinado amplamente o processamento distribuído e os dados distribuídos, cobriu apenas seus fundamentos. Dentre os livros especializados sobre gerenciamento de bancos de dados distribuídos encontram-se o de Ceri e Pelagatti (1984) e outro mais recente, de Ozsu e Valduriez (1991). O de Ceri e Pelagatti conta com um capítulo bem escrito sobre projeto de bancos de dados distribuídos. Date (1990) apresenta 12 objetivos para os sistemas distribuídos, enfatizando sobretudo os SGBDs. Bernstein (1996) proporciona uma apresentação detalhada sobre o papel do middleware nas arquiteturas cliente–servidor. Os *sites DBAZine* (www.dbazine.com) e *DevX Database Zone* (www.devx.com) dão conselhos práticos sobre processamento distribuído e bancos de dados distribuídos.

Capítulo 18

Sistemas Gerenciadores de Banco de Dados Orientado a Objetos

Objetivos de Aprendizagem

Este capítulo aborda as extensões dos SGBDs para dar suporte a operações e dados complexos. No final deste capítulo, o estudante deverá ter adquirido os seguintes conhecimentos e habilidades:

- Relacionar as necessidades de negócio que justificam a utilização da tecnologia de banco de dados orientado a objetos.
- Definir os elementos básicos da computação orientada a objetos.
- Comparar e contrastar as arquiteturas para gerenciamento de banco de dados orientado a objetos.
- Conhecer os recursos do SQL:2003 para definição e manipulação de tipos definidos pelo usuário, tabelas tipadas e famílias de subtabelas.
- Conhecer os recursos do Oracle 10g para definição e manipulação de tipos definidos pelo usuário e tabelas tipadas.

Visão Geral

O Capítulo 17 descreveu o processamento cliente–servidor para utilizar recursos de processamento remoto e redes de computadores. O processamento cliente–servidor cada vez mais tem exigido operações e dados complexos para os quais os SGBDs não estão preparados. Em vários casos, o processamento cliente–servidor pode ser aprimorado, contanto que novos tipos de dado e novas operações sejam integrados de uma maneira mais firme com os dados tradicionais. Neste capítulo, abordaremos as extensões para os SGBDs para objetos, combinações de dados complexos e operações.

Este capítulo faz uma ampla introdução dos SGBDs de objetos. Primeiramente, você aprenderá as necessidades de negócio que justificam a extensão da tecnologia de banco de dados. Neste capítulo, abordamos o uso crescente de dados complexos e a incompatibilidade entre os SGBDs e as linguagens de programação como as forças motrizes da tecnologia de banco de dados orientado a objetos. Assim que você compreender o que está por trás disso, estará preparado para conhecer a tecnologia orientada a objetos e seus impactos sobre os SGBDs. Você conhecerá os princípios da computação orientada a objetos e as arquiteturas de SGBD adequadas para isso. Este capítulo fala sobre herança, encapsulamento e polimorfismo, concebendo-os como princípios fundamentais da tecnologia orientada a objetos.

Para fundamentar esses princípios, apresentamos cinco arquiteturas destinadas aos SGBDs de objetos. A última parte deste capítulo discute o suporte a objetos do SQL:2003, um padrão emergente para SGBDs objeto-relacionais, e do Oracle 10g, uma implementação significativa do padrão SQL:2003. Você conhecerá também os recursos de definição e manipulação de dados dos bancos de dados objeto-relacionais.

18.1 Motivos que Justificam a Utilização do Gerenciamento de Banco de Dados Orientado a Objetos

Esta seção examina as duas forças que impulsionam a demanda pelo gerenciamento de banco de dados orientado a objetos. Após um exame sobre essas forças, apresentamos exemplos de aplicação para retratar a necessidade desse tipo de gerenciamento.

18.1.1 Dados Complexos

A maioria dos SGBDs relacionais aceita apenas alguns tipos de dado. Os tipos de dado integrados aceitos em SQL incluem números inteiros, números reais, números de precisão fixa (moeda), datas, horas e texto. Esses tipos de dado são suficientes para várias aplicações de negócios ou pelo menos são componentes significativos de várias aplicações. Muitos bancos de dados de negócios contêm colunas para nomes, preços, endereços e datas de transação que se ajustam prontamente com os tipos de dado padrão.

Aprimoramentos nos recursos de hardware e software permitiram que os dados complexos pudessem ser capturados e manipulados digitalmente. Quase todo tipo de dado complexo, incluindo imagens, áudio, vídeo, mapas e gráficos tridimensionais, pode ser armazenado digitalmente. Por exemplo, uma imagem pode ser representada como um array de pixels bidimensional (elementos de imagem) em que cada pixel contém uma propriedade numérica que representa a respectiva cor ou os tons de cinza. O armazenamento digital normalmente é mais barato e mais confiável que os meios tradicionais, com papel, filme ou *slides*. Além disso, esse tipo de armazenamento facilita rápida recuperação e manipulação. Por exemplo, você pode recuperar imagens digitais por conteúdo e similaridade com outras imagens. As imagens digitais podem ser manipuladas em um editor de imagens que disponha de operações como corte (*cropping*), textura e ajuste de cores.

A capacidade de armazenar e manipular dados complexos por si só não impulsiona a demanda pela tecnologia de banco de dados orientado a objetos. Na verdade, a necessidade de armazenar grande quantidade de dados complexos e integrá-los com os dados simples é que impulsiona essa demanda. Inúmeras aplicações de negócios exigem grande quantidade de dados complexos. Por exemplo, o processamento de reivindicações de seguro e os registros médicos podem envolver grandes volumes de dados de imagem. Armazenar essas imagens em arquivos separados pode ser uma tarefa tediosa quando se trata de uma enorme coleção de imagens.

A capacidade de usar conjuntamente dados comuns e complexos é cada vez mais importante em várias aplicações de negócios. Por exemplo, para examinar o estado de saúde de um paciente, um médico talvez precise solicitar raios X, bem como dados vitais. Sem integração, seriam necessários dois programas para exibir os dados: um editor de imagens para mostrar os raios X e um SGBD para obter os dados mais importantes. A capacidade de obter as imagens e os dados em uma única consulta é um grande avanço. Além da recuperação de dados complexos, novas operações também podem ser necessárias. Por exemplo, o médico talvez queira comparar a similaridade entre os raios X de um paciente com raios X que mostrem anormalidades.

18.1.2 Incompatibilidade entre Sistemas de Tipos

Cada vez mais os softwares escritos em linguagem procedimental necessitam de acesso a um banco de dados. A linguagem procedural aceita interfaces padronizadas para formulários de entrada de dados e relatórios, operações que estão além da capacidade da SQL e processamento em lote. Por exemplo, em geral é necessário escrever um programa de computação para manipular dados auto-referenciados, como a hierarquia de partes (composição). A SQL embutida normalmente é usada para acessar um banco de dados de um programa de computação. Depois de executar uma instrução SQL embutida, as colunas do banco de dados são armazenadas em variáveis de programa que podem ser manipuladas mais extensamente.

A incompatibilidade entre os tipos de dado em um SGBD relacional e os tipos de dado de uma linguagem de programação torna os softwares mais complexos e difíceis de desenvolver. Por exemplo, o processamento de folha de pagamento pode envolver vários tipos de arranjo de benefícios, deduções e compensações. Um banco de dados relacional pode representar esses arranjos de benefícios, deduções e compensações de uma maneira bem diferente de uma linguagem de programação. Antes da codificação de cálculos complexos, é essencial transformar os dados, convertendo a representação do banco de dados relacional (tabelas) na representação da linguagem de programação (registros ou objetos). Após os cálculos, os dados devem ser convertidos no seu estado anterior, ou seja, voltar para a representação relacional.

A incompatibilidade entre tipos de dado é cada vez maior em relação aos dados complexos. As linguagens de programação em geral dispõem de sistemas de tipos mais ricos que os SGBDs. Por exemplo, os bancos de dados relacionais oferecem uma representação monótona das formas geométricas da planta baixa de um prédio. Por exemplo, os pontos, as linhas e os polígonos talvez sejam representados como uma coluna de texto ou como várias colunas numéricas, como coordenadas X e Y no caso dos pontos. Em contraposição, uma linguagem de programação pode dispor de tipos de dados personalizados para representar pontos, linhas e polígonos. A quantidade de códigos para transformar representações em banco de dados relacionais em representações em linguagem de programação pode ser substancial.

Além disso, um SGBD relacional não pode realizar operações elementares sobre dados complexos. Portanto, em vez de usar uma linguagem de consulta, é preciso escrever um programa de computação. Por exemplo, um programa complexo tem de ser escrito para calcular a similaridade entre duas imagens. Esse programa provavelmente conterá de 10 a 100 vezes a quantidade de códigos de uma consulta. Adicionalmente, esse programa tem de realizar a conversão entre a representação de banco de dados e a representação de linguagem de programação.

18.1.3 Exemplos de Aplicação

Esta seção retrata várias aplicações nas quais se encontra um *mix* de dados simples e complexos e de consultas *ad hoc*. Essas aplicações dispõem de recursos cada vez mais comuns nas aplicações de negócios. Como você verá, os SGBDs de objetos atendem aos requisitos desses tipos de aplicação.

Suporte a Consultórios Dentários

Os consultórios dentários usam uma combinação de dados simples e complexos para agendar horários, gerar faturas e realizar exames. Para o agendamento de horários, precisa-se de uma agenda/calendário com campos para prestadores de serviços (dentistas e higienistas dentários). Em relação à realização de exames, os prestadores de serviços usam diagramas dentários (gráficos da boca em que se identifica cada um dos dentes), raios X, informações sobre o paciente e histórico dentário. Depois disso, o lançamento da fatura usa a relação de serviços prestados nos exames e os dados do paciente (particular ou convênio). Um exemplo de consulta que envolve dados simples e dados complexos inclui a exibição de um diagrama dentário mostrando os problemas dentários recentes realçados e a comparação entre os raios X e os sintomas de perda de resina apresentados pelo paciente.

Serviço de Vendas Imobiliárias por Computador (Listing Service)

Os serviços de vendas imobiliárias por computador têm cada vez mais lançado mão de dados complexos para facilitar as pesquisas realizadas pelos clientes. Esses serviços comportam uma mistura de dados simples e complexos. Os simples incluem grande quantidade de fatos sobre os imóveis, como quantidade de quartos, área construída e lista de preços. Os dados complexos incluem fotos dos imóveis, plantas baixas, apresentações em vídeo e mapas da área. As consultas podem requerer uma combinação entre dados simples e complexos. Os clientes desejam ver imóveis em um bairro específico que tenham determinadas características. Alguns desejam ver os imóveis que mais correspondam a um conjunto de características ideais, caso em que o cliente atribui um peso a cada característica. Depois de escolher um grupo de casas, o cliente desejará ver a fachada, a planta baixa e informações sobre elas.

Reivindicações de Seguro de Automóveis

As companhias de seguro de automóveis usam dados complexos para liquidar as reivindicações de seguro. A análise dessas reivindicações envolve dados complexos, como fotos, relatórios de acidentes e depoimentos das testemunhas, bem como dados simples, como descrições do motorista e do veículo. Para liquidar as reivindicações, necessita-se de uma relação de prestadores de serviços com os respectivos preços e histórico. As consultas aos dados dos acidentes e a uma lista de prestadores de serviços mais próximos de um determinado cliente envolvem tanto dados simples quanto complexos.

18.2 Elementos da Computação Orientada a Objetos

A fim de oferecer uma base para que você conheça as arquiteturas e os recursos dos SGBDs de objetos, apresentamos nesta seção três elementos básicos da computação orientada a objetos. Após, examinamos seus impactos sobre os SGBDs de objetos e as linguagens de programação orientadas a objetos.

18.2.1 Encapsulamento

Objeto é uma combinação de dados e procedimentos. Às vezes, os dados são chamados de variáveis e os procedimentos, de métodos. Cada objeto tem um identificador exclusivo e imutável, a menos que o objeto seja destruído. Os usuários não conseguem ver os identificadores de objeto. Em contraposição, as chaves primárias nos bancos de dados relacionais são visíveis.

As classes contêm conjuntos de objetos. Na definição de uma classe consta um conjunto de variáveis e métodos. As variáveis são às vezes chamadas de variáveis de instância, para distingui-las das variáveis que se aplicam a uma classe inteira (denominadas variáveis de classe). O Exemplo 18.1 mostra a classe *Ponto* com duas variáveis (X e Y, que denotam as coordenadas cartesianas) e dois métodos (*Distancia* e *MesmaCoord*)[1]. Cada variável dispõe de um tipo de dado correspondente. Cada método dispõe de uma interface e de uma implementação. A interface mostra as entradas e saídas do método. A implementação mostra a codificação detalhada. Por motivo de concisão, não mostraremos a implementação nos exemplos. O Exemplo 18.2 retrata um exemplo mais orientado aos negócios.

EXEMPLO 18.1

Classe *Ponto* Parcial

```
CLASS POINT {
// VARIABLES:
    ATTRIBUTE Real X; // coordenada X
    ATTRIBUTE Real Y; // coordenada Y
// METHODS:
    Float Distancia(IN Ponto aPonto);
    // Calcula a distância entre 2 pontos
    Boolean MesmaCoord (IN Ponto aPonto);
    // Determina se dois pontos têm as mesmas coordenadas
};
```

EXEMPLO 18.2

Classe *Titulo* Parcial

```
CLASS Titulo {
// VARIABLES:
    ATTRIBUTE Float Taxa; // Taxa de Juros
    ATTRIBUTE Data Vencimento; // Data de Vencimento
// METHODS:
    Float Rendimento();
    // Calcula o rendimento do título
};
```

[1] Os exemplos nesta seção condizem com a linguagem de definição de objetos (object definition language — ODL) padrão definida pelo Grupo de Gerenciamento de Banco de Dados Orienado a Objetos (Object Database Management Group — ODMG).

encapsulamento
os objetos podem ser acessados somente por meio de suas interfaces.

Encapsulamento significa que os objetos podem ser acessados apenas por meio de suas interfaces. Os detalhes internos (definição das variáveis e implementação de métodos) não são acessíveis. Por exemplo, você consegue usar os métodos *Distancia* e *MesmaCoord* somente para manipular os objetos *Ponto*. Para usar o método *Distancia*, é necessário fornecer dois objetos *Ponto*. O primeiro objeto *Ponto* está implícito na interface por que *Distancia* é um método de *Ponto*. Para tornar os objetos *Ponto* mais utilizáveis, deve haver métodos suplementares para a criação, exclusão e movimentação de pontos.

Para gerenciar a complexidade de um software, o encapsulamento oferece dois benefícios. Primeiro, a classe é uma unidade cuja reusabilidade é mais ampla que a do procedimento. Em vários casos, podemos reutilizar as classes, em vez de usar procedimentos individuais. É possível definir classes mais complexas usando classes mais simples. Os exemplos 18.3 e 18.4 mostram as classes que usam as classes *Ponto* e *Titulo* definidas nos exemplos 18.1 e 18.2. As novas classes (*Retangulo* e *Carteira*) não precisam recodificar as variáveis e os métodos das classes *Ponto* e *Titulo*, respectivamente.

EXEMPLO 18.3

Classe *Retangulo* Usando a Classe *Ponto*

CLASS Retangulo {
// VARIABLES:
  ATTRIBUTE Ponto SuperiorEsquerdo; // Ponto Superior Esquerdo
  ATTRIBUTE Ponto InferiorDireito; // Ponto Inferior Direito
// METHODS:
  Float Area();
    // Calcula a área do retângulo
  Float Comprimento();
    // Calcula o comprimento
  Float Altura();
    // Calcula a altura
};

EXEMPLO 18.4

Classe *Carteira* Usando a Classe *Titulo*

CLASSE Carteira {
// VARIABLES:
  ATTRIBUTE Set<Titulo> ConjuntoTitulos; // Conjunto de Títulos
  ATTRIBUTE Set<Acoes> ConjuntoAcoes; // Conjunto de Ações
// METHODS:
  Float CarteiraReturn();
// Calcula o retorno da carteira
};

O segundo benefício é que o encapsulamento oferece uma forma de independência de dados. Pelo fato de os detalhes internos dos objetos estarem encobertos, é possível efetuar alterações nesses detalhes sem alterar o código que usa os objetos. Lembre-se de que a independência de dados ajuda a diminuir os custos de manutenção de software, como vimos no Capítulo 1.

18.2.2 Herança

herança
compartilhamento de dados e códigos entre classes similares (classes e subclasses).

O Capítulo 5 abordou a classificação e herança para o Modelo Entidade–Relacionamento. Esses conceitos são similares nos modelos orientados a objetos, com a exceção de que a herança aplica-se tanto aos dados quanto aos procedimentos. No Capítulo 5, a herança foi descrita somente para atributos de um tipo de entidade. Os exemplos 18.5 e 18.6 apresentam

FIGURA 18.1
Hierarquias de classe com as Subclasses *CorPonto* e *Corporativo*

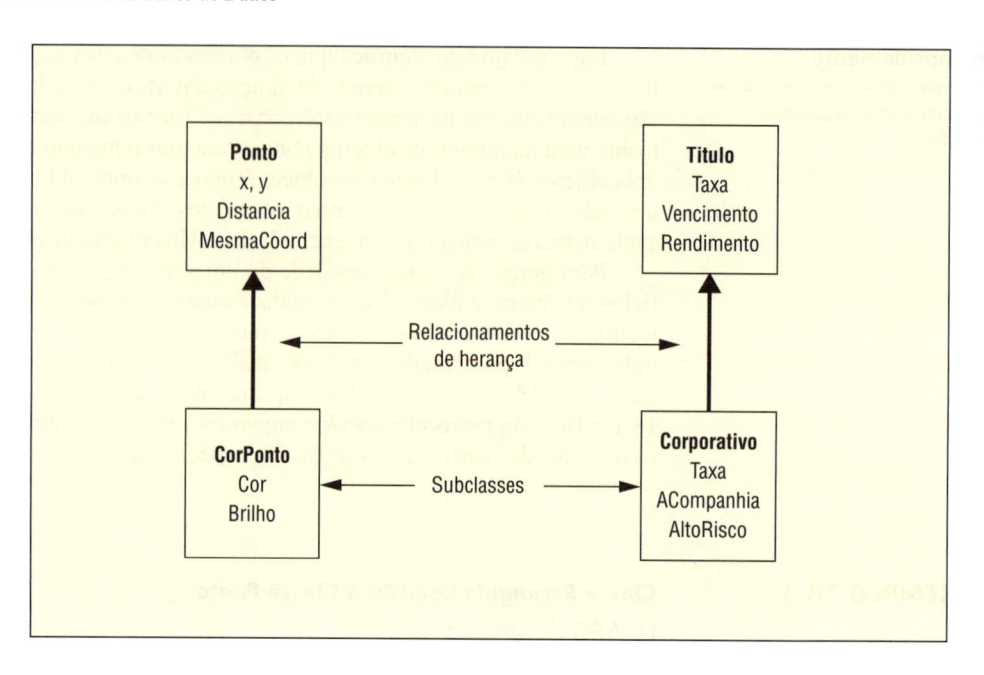

```
        Ponto                                  Titulo
        x, y                                   Taxa
        Distancia                              Vencimento
        MesmaCoord                             Rendimento
           ▲                                      ▲
           │      ◄── Relacionamentos ──►         │
           │          de herança                  │
           │                                      │
        CorPonto                               Corporativo
        Cor        ◄──── Subclasses ────►      Taxa
        Brilho                                 ACompanhia
                                               AltoRisco
```

classes que herdam das classes *Ponto* e *Titulo*. A Figura 18.1 mostra uma representação gráfica dos relacionamentos de herança. Um ponto colorido é um ponto com cor. Da mesma maneira, um título corporativo é um título que tem uma empresa emissora e uma taxa de investimento. Nas subclasses (uma classe filha que herda de uma classe pai), as variáveis e os métodos das classes pai não são repetidos. Quando se usam subclasses, os métodos nas classes pai podem ser usados.

EXEMPLO 18.5

Exemplo de *CorPonto* (Subclasse de Ponto)

CLASS CorPonto EXTENDS Ponto   {
// VARIABLES:
   ATTRIBUTE Integer Cor; // Valor inteiro que denota uma cor
// METHODS:
   Integer Brilho(IN Real Intensidade);
      // Calcula uma nova cor que é mais brilhante
};

EXEMPLO 18.6

Exemplo de Título *Corporativo* (Subclasse de Titulo)

CLASS Corporativo EXTENDS Titulo   {
// VARIABLES:
   RELATIONSHIP Companhia ACompanhia ; // A empresa que está emitindo o título
   ATTRIBUTE String Taxa; // Classificação Moody's*
// METHODS:
   Boolean AltoRisco();
   // TRUE se a classificação do título significar baixa qualidade
};

---

* N.R.T.: Empresa americana que fornece informações sobre o desempenho dos investimentos, daí o nome classificação Moody's. O nome da empresa é Moody's.

FIGURA 18.2
Hierarquia de uma Classe de Investimento

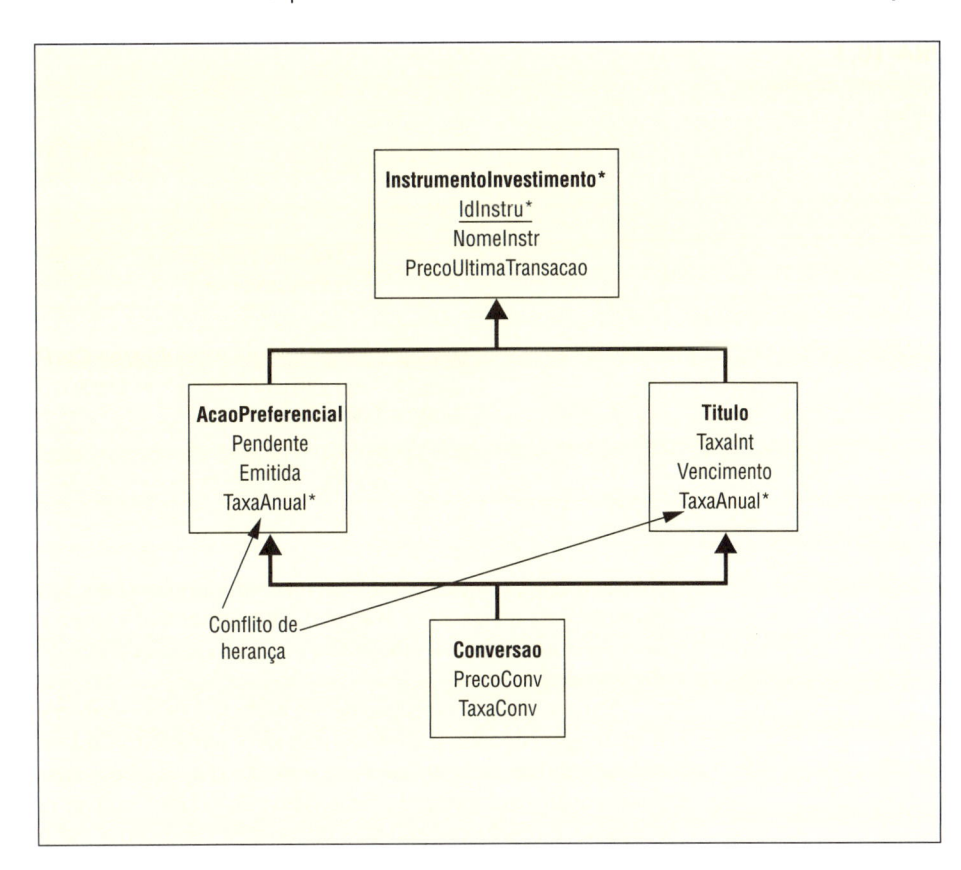

(Diagrama: InstrumentoInvestimento* com atributos IdInstru*, NomeInstr, PrecoUltimaTransacao, tendo como subclasses AcaoPreferencial (Pendente, Emitida, TaxaAnual*) e Titulo (TaxaInt, Vencimento, TaxaAnual*). A classe Conversao (PrecoConv, TaxaConv) herda de ambas, com indicação de "Conflito de herança".)

Como discutido no Capítulo 5, a herança pode ser estendida a vários níveis. Por exemplo, se *Investimento* for a classe pai de *Titulo*, a classe *Corporativo* herdará tanto de *Investimento* quanto de *Titulo*. Além disso, a herança pode ser estendida a vários pais. A Figura 18.2 retrata a hierarquia de uma classe de investimento com várias heranças. Um instrumento investimento conversível é um título que se torna uma ação se o acionista assim escolher. O preço de conversão e a taxa de conversão determinam se o acionista deve convertê-lo. A classe *Conversão* herda diretamente das classes *AcaoPreferencial* e *Titulo*. A herança múltipla pode ser problemática por causa dos conflitos. Na Figura 18.2, o método *TaxaAnual* pode ser herdado tanto de *AcaoPreferencial* quanto de *Titulo*. Há vários esquemas para resolver os conflitos de heranças. No final, o projetista do banco de dados tem de determinar de que classe partirá a herança.

Com a herança, é possível organizar melhor o software e ampliar a reusabilidade. A organização gráfica das classes retrata a similaridade entre as classes. Os programadores podem economizar o tempo gasto para procurar códigos semelhantes se usarem a organização gráfica. Ao encontrar uma classe semelhante, os projetistas de banco de dados e programadores podem gradativamente adicionar mais recursos (variáveis e métodos). Nova codificação é necessária apenas para os novos recursos, não para os existentes.

18.2.3 Polimorfismo

polimorfismo
capacidade de um sistema de computação de escolher entre múltiplas implementações de um método.

Polimorfismo significa literalmente "várias formas". Na computação orientada a objetos, o polimorfismo permite que um método tenha múltiplas implementações. A implementação de um método em uma subclasse pode sobrepor a implementação desse método na classe pai. Alguns métodos têm de ser sobrepostos porque seu significado muda para uma subclasse. Por exemplo, o método *MesmaCoord* na classe *CorPonto* compara as coordenadas e a cor, ao passo que a implementação do método na classe *Ponto* apenas compara as coordenadas. Em

---

* N.R.T.: Instrumento Investimento é um título, que pode ser uma ação ou uma debênture. A ação pode ser comum ou preferencial. O atributo identificador *IdInstr* da tabela *InstrumentoInvestimento* pode ser denominado de "Símbolo" (Symbol). Taxa anual refere-se à taxa anual de retorno de um investimento, expressa em porcentagem do montante total investido.

FIGURA 18.3
Processamento de uma Mensagem

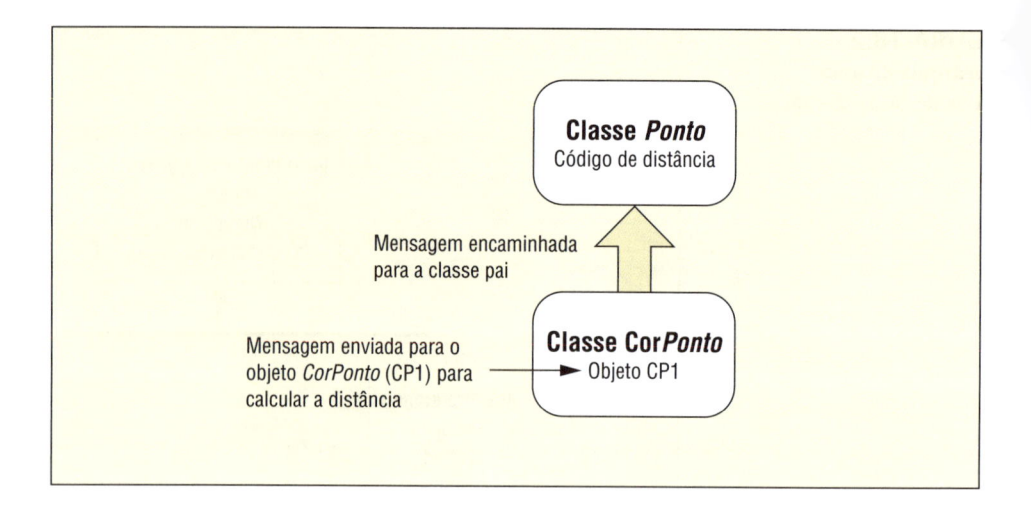

[Diagrama: Mensagem enviada para o objeto CorPonto (CP1) para calcular a distância → Classe CorPonto, Objeto CP1. Mensagem encaminhada para a classe pai → Classe Ponto, Código de distância.]

contraposição, o método *Area* oferece uma implementação mais eficaz para a classe *Retangulo* que para a classe pai *Poligono*. Outro exemplo é que o método *TaxaAnual* (Figura 18.2) deve ser sobreposto na subclasse *Conversao* para combinar os cálculos nas classes pai *AcaoPreferencial* e *Titulo*.

Para solicitar a execução de um método é necessário enviar uma mensagem a um objeto. A mensagem contém o nome do método e parâmetros, quase como em uma chamada de procedimento. Um dos parâmetros é o objeto que recebe a mensagem. O objeto receptor determina a ação a ser realizada. Se a classe do objeto contiver o método, ele será executado. Do contrário, o objeto encaminha a mensagem à sua classe pai para execução. Na Figura 18.3, o objeto *CorPonto* recebe uma mensagem que solicita o cálculo da distância. Visto que a classe *CorPonto* não contém uma implementação do método *Distancia*, a mensagem é enviada à classe pai, *Ponto*. A classe *Ponto* executa o método porque contém uma implementação do método *Distancia*.

Pelo fato de a computação orientada a objetos utilizar mensagens, o processamento cliente–servidor e a computação orientada a objetos estão intimamente relacionados. Clientes e servidores em geral são objetos que se comunicam por mensagens. O processamento cliente–servidor permite que os objetos sejam colocados em diferentes computadores.

Ao processar uma mensagem, o SGBD de objetos assume a responsabilidade por escolher a implementação apropriada de um método. A associação ou vinculação de uma mensagem à implementação de um método pode ser feita estaticamente, quando o código é compilado, ou dinamicamente, quando o código é executado. A vinculação estática é mais eficiente, mas a vinculação dinâmica consegue ser mais flexível. A vinculação dinâmica às vezes é chamada de "vinculação tardia" porque ocorre exatamente antes da execução do código.

Além da vinculação, o SGBD garante a compatibilidade entre os objetos e os métodos. Essa função é conhecida por verificação de tipos. A verificação de tipo forte assegura que o código não contenha nenhum erro de incompatibilidade. Por exemplo, ela impede a computação de uma área para um objeto ponto porque o método *Area* aplica-se a polígonos, não a pontos. Visto que as expressões complexas requerem vários métodos e objetos, a verificação de tipos forte é um tipo de verificação de consistência importante na computação orientada a objetos.

No polimorfismo, a quantidade de métodos mais reutilizáveis é menor. Visto que um método pode ter múltiplas implementações, a quantidade de nomes de método é reduzida. O usuário necessita conhecer apenas o nome do método e a interface, não a implementação adequada a ser utilizada. Por exemplo, ele só precisa saber que o método *Area* aplica-se aos polígonos, mas não precisa conhecer a implementação adequada para um retângulo. O SGBD assume a responsabilidade por encontrar a implementação apropriada.

Além disso, o polimorfismo aceita a modificação gradativa do código. Ao codificar outra implementação de um método para uma subclasse, em geral é possível usar a maior parte do código para a implementação desse método na classe pai. Por exemplo, para codificar a redefinição do método *MesmaCoord* na classe *CorPonto*, outra condição de igualdade (para a cor de um ponto) deve ser adicionada às condições para que se possa testar as coordenadas X e Y.

verificação de tipo forte
a capacidade de assegurar que o código de programação não contenha nenhum erro de incompatibilidade. A verificação de tipo forte é um tipo importante de verificação de erros para a codificação orientada a objetos.

18.2.4 Linguagens de Programação *versus* SGBDs

Esses elementos básicos aplicam-se tanto às linguagens de programação orientadas a objetos quanto aos SGBDs de objetos. Contudo, a aplicação desses elementos básicos varia um pouco entre as linguagens de programação e os SGBDs.

As linguagens de programação têm usado os elementos básicos da computação orientada a objetos durante muitos anos. A linguagem Simula, desenvolvida na década de 1960, é a primeira linguagem de programação orientada a objetos de que se tem notícia. Como o próprio nome diz, essa linguagem foi originalmente desenvolvida como linguagem de simulação. Objetos e mensagens são naturais nas simulações de modelagem. A linguagem Smalltalk, desenvolvida durante a década de 1970, no Centro de Pesquisa de Palo Alto (Palo Alto Research Center – PARC) da Xerox, foi a primeira linguagem de programação orientada a objetos a se tornar popular. Originalmente, essa linguagem enfatizava objetos para interfaces gráficas com o usuário. A herança entre as classes para janelas e controles é naturalmente apropriada. Desde o desenvolvimento da Smalltalk, surgiram várias outras linguagens de programação orientadas a objetos. Java, C++, Visual Basic e C# são algumas das linguagens de programação orientadas a objetos mais amplamente usadas hoje.

Essas linguagens dão ênfase à manutenção do software e reusabilidade do código. No caso do suporte à manutenção do software, impõe-se um encapsulamento preciso. Os detalhes internos (variáveis e implementação de métodos) não podem ser referenciados. Além disso, algumas linguagens aceitam restrições a métodos de acesso. Para dar suporte à reusabilidade, algumas linguagens usam tipos suplementares de herança para compartilhar códigos. A reutilização de códigos aplica-se a conjuntos de classes, classes com parâmetros de tipo de dado e códigos redefinidos em uma subclasse.

Os SGBDs de objetos são mais recentes que as linguagens de programação orientadas a objetos. As atividades de pesquisa e desenvolvimento desses SGBDs começaram na década de 1980. Por volta do início da década de 1990, vários SGBDs comerciais de objetos eram oferecidos no mercado. Além disso, havia trabalho considerável para estender os SGBDs relacionais com os novos descritores (*object features*). A seção seguinte apresenta várias arquiteturas de SGBDs de objeto.

Pelo fato de os primeiros SGBDs de objetos terem começado como extensões das linguagens de programação orientadas a objetos, ainda não havia suporte à linguagem de consulta. Na verdade, o suporte que esses SGBDs ofereciam voltava-se para os dados persistentes, que continuam a existir após a execução de um programa. Era possível acessar grandes quantidades de dados persistentes, mas de maneira procedural. Esses SGBDs pioneiros foram projetados para aplicações de desenho auxiliado por computador, por exemplo, que trabalham com grande quantidade de dados complexos.

A maior parte dos SGBDs de objetos hoje dá suporte ao acesso não-procedural. Alguns dos elementos básicos da computação orientada a objetos foram abrandados para acomodar esse intento. Normalmente, o encapsulamento é abrandado para que os dados do objeto possam ser referenciados em uma consulta. Os recursos de segurança do banco de dados oferecem acesso aos descritores, e não às distinções pública/privada empregadas nas linguagens de programação orientadas a objetos. Os mecanismos de herança em geral são mais simples porque se pressupõe que a maior parte da codificação é realizada por uma linguagem de consulta, e não por uma linguagem procedural. A herança múltipla normalmente não é suportada. Além disso, a maioria dos SGBDs de objetos hoje oferece recursos para otimização de consultas e processamento de transações.

18.3 Arquiteturas para o Gerenciamento de Banco de Dados Orientado a Objetos

O mercado oferece uma variedade de abordagens para bancos de dados orientados a objetos. Essas opções são em parte antigas, visto que o desenvolvimento inicial dessa tecnologia foi lento. As primeiras abordagens oferecem pequenas extensões, por isso, a maior parte do processamento orientado a objetos ocorria fora do SGBD. À medida que o interesse dos usuários aumentou e as atividades de pesquisa e desenvolvimento ganharam maturidade, surgiram abordagens mais completas para bancos de dados orientados a objetos. Nas abordagens

FIGURA 18.4
Arquitetura de Objetos Grandes

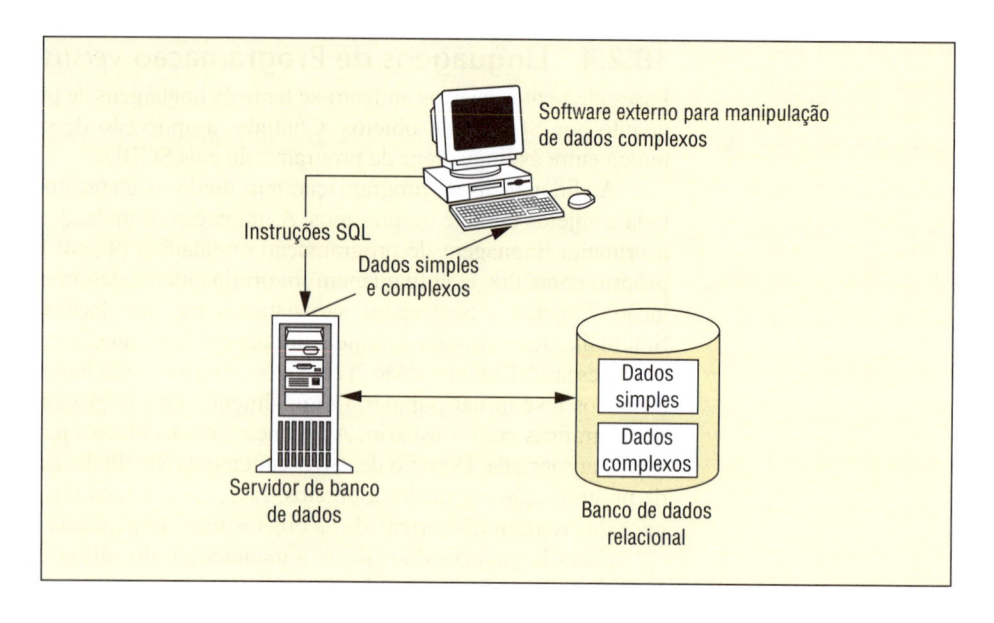

recentes, os SGBDs foram significativamente reescritos para acomodar os objetos. O mercado provavelmente dará suporte a uma variedade de abordagens, tendo em vista as diferentes necessidades dos consumidores. Esta seção apresenta várias arquiteturas para o gerenciamento de banco de dados de objetos, bem como a descrição de suas vantagens e desvantagens.

18.3.1 Objetos Grandes e Software Externo

arquitetura de grandes objetos
armazenamento de objetos grandes (binários ou texto) em um banco de dados, juntamente com um software externo para manipular grandes objetos. Os tipos de dado BLOB (objeto binário grande) e CLOB (objeto caracter grande) são usados para armazenar colunas com objetos grandes.

Na abordagem mais antiga para adicionar objetos nos bancos de dados relacionais, usavam-se objetos grandes com software externo. Os dados complexos são armazenados em uma coluna como um objeto binário grande ou de texto. Por exemplo, uma imagem usa o tipo de dado BLOB (objeto binário grande), ao passo que um documento de texto grande usa o tipo de dado CLOB (objeto caracter grande). Como mostra a Figura 18.4, os objetos grandes em geral são armazenados separadamente de outros dados em uma tabela. Uma consulta pode recuperar, mas não exibir esses objetos. Já o software externo ao SGBD exibe e manipula esses objetos grandes. Controles Active X, applets Java e plug-ins para navegadores Web são exemplos de elementos destes softwares externos.

A abordagem de objetos grandes é simples de implementar e é universal. São necessárias pequenas mudanças em um SGBD, apenas. Dados complexos de todos os tipos podem ser armazenados. Além disso, é grande o potencial de mercado para softwares terceirizados destinados a tipos de dados complexos proeminentes. Por exemplo, várias ferramentas terceirizadas foram implementadas para formatos populares de imagem.

Embora haja algumas vantagens, essa abordagem apresenta sérias desvantagens em relação ao desempenho. Visto que o SGBD não compreende a estrutura e as operações dos dados complexos, a otimização é impossível. Os dados não podem ser filtrados usando-se as características dos objetos grandes. Não é possível usar nenhum índice para selecionar registros usando-se características dos objetos grandes. Pelo fato de os objetos grandes serem armazenados separadamente de outros dados, acessos suplementares ao disco provavelmente são necessários. A ordem dos objetos grandes talvez não coincida com a ordem de outros dados de tabela.

18.3.2 Servidores de Mídia Especializada

arquitetura de servidor de mídia especializada
uso de um servidor dedicado para gerenciar dados complexos fora de uma base de dados. Os programadores usam uma interface de programação de aplicação para acessar os dados complexos.

Na arquitetura de servidor de mídia especializada, os dados complexos residem fora do SGBD, como mostra a Figura 18.5. Um servidor exclusivo pode ser utilizado para manipular um único tipo de dado complexo, como vídeo ou imagem. Os programadores usam uma interface de programação de aplicativo (API) para acessar dados complexos por meio de um servidor de mídia. A API oferece um conjunto de procedimentos para recuperar, atualizar e transformar um tipo específico de dado complexo. Para manipular simultaneamente dados simples e complexos, o código do programa contém uma combinação de SQL embutida e chamadas de API ao servidor de mídia.

FIGURA 18.5
Arquitetura de Servidor de Mídia Especializada

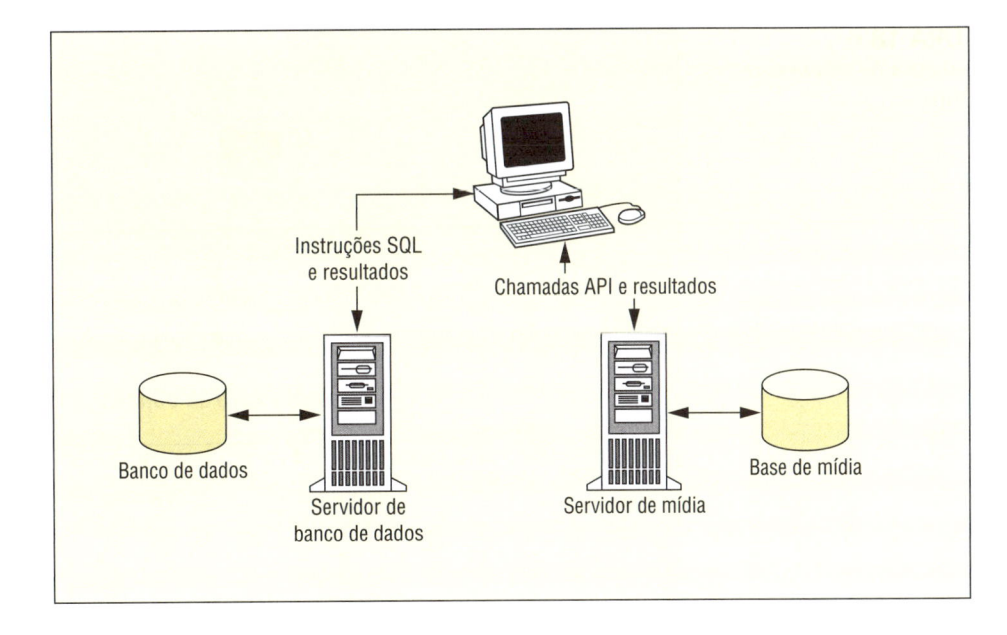

Os servidores de mídia especializada oferecem melhor desempenho que a abordagem de objetos grandes, mas a flexibilidade é de alguma maneira sacrificada. Os servidores dedicados e APIs altamente especializadas oferecem bom desempenho para tipos específicos de dado complexo. Visto que se oferece uma API, e não uma linguagem de consulta, a variedade de operações pode ser pequena. Por exemplo, em um servidor de vídeo talvez o fluxo contínuo de vídeo seja rápido, mas não a pesquisa por conteúdo.

Ao combinar dados simples e complexos, o servidor especializado pode apresentar um péssimo desempenho. Um otimizador de consultas não consegue otimizar conjuntamente a recuperação de dados simples e complexos porque o SGBD não reconhece dados complexos. Além disso, um servidor de mídia talvez não forneça técnicas de indexação para condições de busca. O processamento de transações limita-se a dados simples porque os servidores de mídia especializados normalmente não são adequados para isso.

18.3.3 *Middleware* de Banco de Dados de Objetos

O *middleware* de banco de dados de objetos evita problemas com os servidores de mídia simulando os descritores. Os clientes não mais acessam diretamente os servidores de mídia, como mostra a Figura 18.6. Em vez disso, os clientes enviam instruções SQL ao *middleware*, o qual executa chamadas de API aos servidores de mídia e envia instruções SQL aos servidores de banco de dados. As instruções SQL podem combinar operações tradicionais em dados simples com operações especializadas em dados complexos. O *middleware* de banco de dados de objetos evita que o usuário tenha de conhecer uma API distinta para cada servidor de mídia. Além disso, com esse *middleware*, a localização não é importante, pois os usuários não precisam saber onde os dados complexos residem.

Com o *middleware* de objetos, é possível integrar os dados complexos armazenados nos PCs e servidores remotos com os bancos de dados relacionais. Sem ele, alguns dos dados complexos não poderiam ser associados facilmente aos dados simples. Mesmo que a intenção for utilizar uma arquitetura que se integra mais firmemente com o SGBD, a abordagem de *middleware* de objetos pode ser usada para dados complexos que os usuários não desejam armazenar em banco de dados.

O *middleware* de objetos pode apresentar problemas de desempenho por causa da falta de integração com o SGBD. A combinação de dados complexos e simples padece dos mesmos problemas de desempenho dos servidores de mídia especializada. O SGBD não consegue otimizar solicitações que associam simultaneamente dados simples e complexos. Com o *middleware*, é possível realizar um processamento de transações que associa ambos esses dados. Entretanto, o desempenho das transações pode ser lento porque devem ser usadas técnicas de efetivação em duas fases e de controle de concorrência distribuído.

---

middleware **de banco de dados de objetos**
uso de um *middleware* para gerenciar dados complexos possivelmente armazenados fora de um banco de dados juntamente com dados tradicionais armazenados em um banco de dados.

FIGURA 18.6
Abordagem de *Middleware* de Objetos

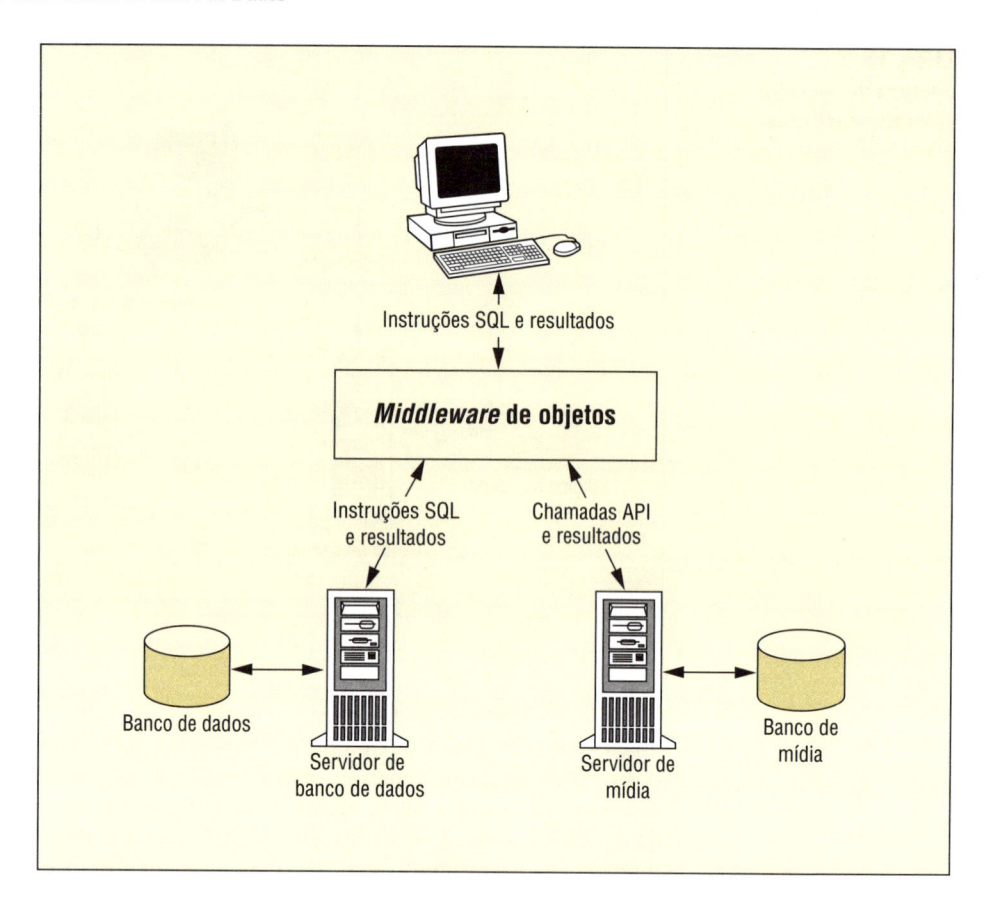

TABELA 18.1
Tipos de Dado Pré-fabricados Definidos pelo Usuário em SGBDs Objeto-Relacionais

Produto	Tipos Definidos pelo Usuário
IBM DB2 Extenders	Áudio, Imagem, Vídeo, XML, Espacial, Geodético, Texto, Pesquisa em Rede (Net Search)
Oracle Data Cartridges	Texto, Vídeo, Imagem, Espacial, XML
Informix Data Blades	Texto, Imagem, Espacial, Geodético, Web, Série de Tempo, Vídeo

18.3.4 Sistemas de Gerenciamento de Banco de Dados Objeto-Relacional para Tipos Definidos pelo Usuário

As três primeiras abordagens requerem pouca ou nenhuma mudança em um SGBD, mas oferecem poucos recursos de consulta e otimização. Para ampliar esses recursos, são necessárias mudanças mais significativas.

SGBD objeto-relacional
um SGBD relacional estendido com um processador de consulta de objetos para tipos de dado definidos pelo usuário. O SQL:2003 oferece o padrão para os SGBDs objeto-relacionais.

Para oferecer recursos de consulta suplementares, os SGBDs objeto-relacionais dão suporte aos tipos definidos pelo usuário. Praticamente qualquer tipo de dado complexo pode ser adicionado como um tipo definido pelo usuário. Dados de imagens, dados espaciais, séries de tempo e vídeos são apenas alguns exemplos dos tipos possíveis. Os principais fornecedores de SGBD oferecem um grupo pré-construído de tipos definidos pelo usuário e a capacidade de estender esses tipos pré-construídos como também de criar novos tipos. A Tabela 18.1 relaciona os tipos pré-construídos pelos principais SGBDs comerciais. Para cada tipo definido pelo usuário, é possível definir um grupo de métodos. As funções desses métodos podem ser usadas em instruções SQL, não apenas nos códigos de linguagem de programação. A herança e o polimorfismo aplicam-se aos tipos definidos pelo usuário. Para os tipos pré-construídos foram desenvolvidas estruturas de armazenamento especializadas para melhorar o desempenho. Por exemplo, é possível fornecer árvores B multidimensionais para acesso espacial aos dados.

FIGURA 18.7
Arquitetura de Componentes para SGBDs Objeto-Relacionais

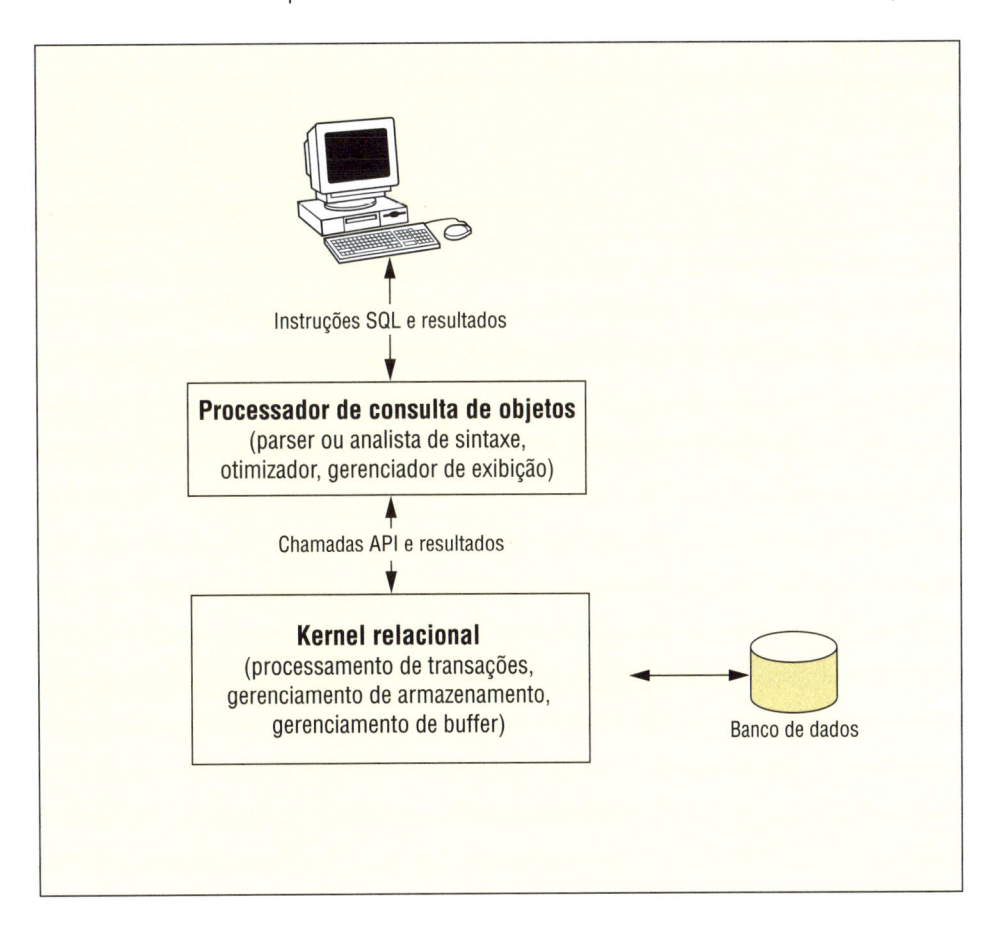

[Figura: diagrama mostrando um computador conectado ao "Processador de consulta de objetos (parser ou analista de sintaxe, otimizador, gerenciador de exibição)" através de "Instruções SQL e resultados"; este conecta-se ao "Kernel relacional (processamento de transações, gerenciamento de armazenamento, gerenciamento de buffer)" através de "Chamadas API e resultados"; o Kernel relacional conecta-se ao "Banco de dados".]

Embora os tipos definidos pelo usuário sejam o recurso mais notável dos bancos de dados objeto-relacionais, há inúmeros outros recursos proeminentes, como as famílias de subtabelas (generalização de hierarquias de tabelas), arrays e os tipos de dado de referência e de registro. A Seção 18.4 apresenta exemplos de tipos definidos pelo usuário e outras características de objetos do SQL:2003, considerado o padrão para os SGBDs objeto-relacionais. A Seção 18.5 apresenta os descritores no Oracle 10g, uma implementação significativa do padrão SQL:2003.

Os tipos definidos pelo usuário requerem uma arquitetura baseada em tabelas, como mostra a Figura 18.7. O processador de consulta de objetos usa códigos baseados em tabelas para os tipos definidos pelo usuário. O parser decompõe as referências em expressões envolvendo tipos e funções definidos pelo usuário. O gerenciador de exibição controla a apresentação dos dados simples e complexos. O otimizador procura estruturas de armazenamento que possam ser usadas para otimizar expressões contendo tipos e funções definidos pelo usuário. O kernel (núcleo) relacional compreende o processamento de transações, o gerenciamento de armazenamento e o gerenciamento de buffer. Ele oferece o mecanismo usado pelo processador de consulta de objetos. Poucas ou praticamente nenhuma mudança são necessárias no kernel.

Os SGBDs objeto-relacionais integram com eficiência os dados complexos, mas a confiabilidade pode ser um problema. A integração de dados simples e complexos requer mudanças consideráveis no parser, no gerenciador de exibição e no otimizador. Contudo, a base do código no kernel permanece relativamente estável. A confiabilidade pode ser comprometida nas implementações de funções e estruturas de armazenamento definidas pelo usuário. Os fornecedores de SGBD, os fornecedores terceirizados e os desenvolvedores domésticos podem fornecer tipos definidos pelo usuário, os quais podem ser complexos e difíceis de implementar. Os erros de implementação podem afetar a integridade dos dados complexos e dos dados simples. Além disso, os tipos terceirizados podem conter vírus.

FIGURA 18.8
Arquitetura de Componentes para SGBDs Orientados a Objetos

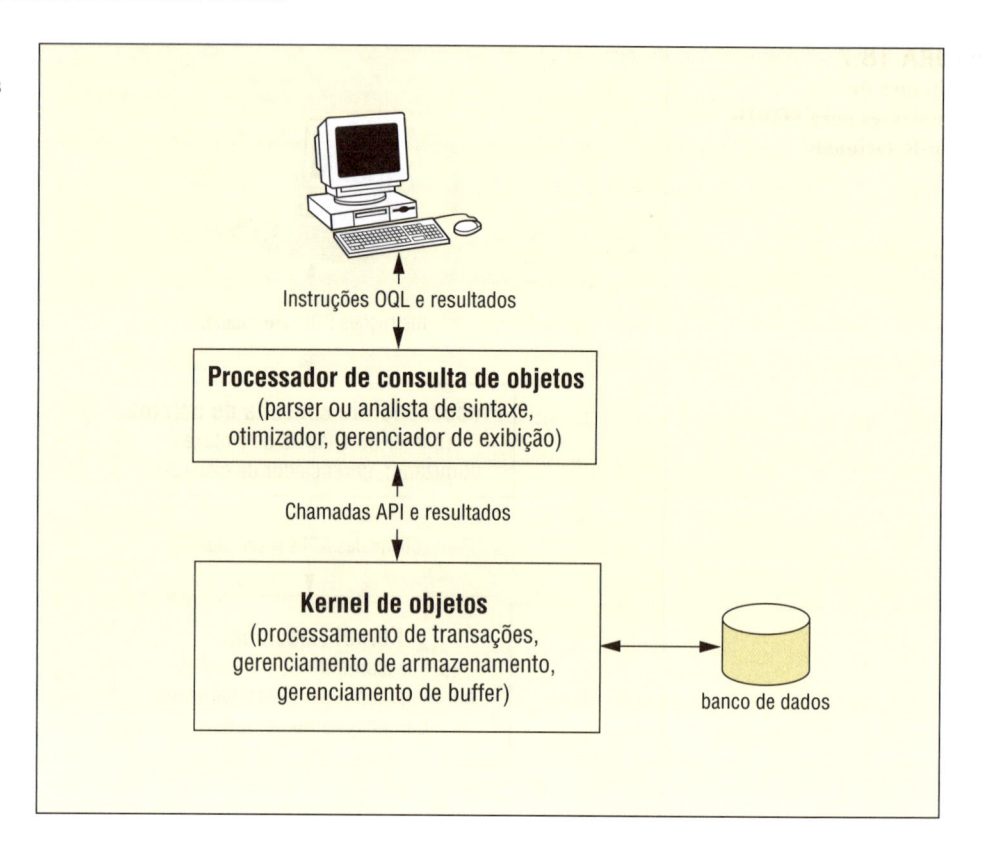

18.3.5 Sistemas de Gerenciamento de Banco de Dados Orientado a Objetos

Alguns especialistas defendem que são necessárias mudanças fundamentais no SGBD para dar suporte a objetos. Tanto o modelo de dados quanto o kernel têm de ser mudados para acomodar os objetos. Essa convicção impulsionou inúmeras empresas de software a implementar uma nova classe de SGBDs de objetos, como mostra a Figura 18.8. As empresas de software se associaram para formar o Grupo de Gerenciamento de Banco de Dados Orientado a Objetos (Object Database Management Group – ODMG). O ODMG propôs uma linguagem de definição de objetos (object definition language – ODL) e uma linguagem de consulta de objetos (object query language – OQL). Essas linguagens são a contraparte da SQL para SGBDs orientados a objetos.

Os SGBDs orientados a objetos surgiram aproximadamente dez anos antes das ofertas de tecnologia objeto-relacional. Os primeiros foram usados em aplicações em que as consultas *ad hoc*, a otimização de consultas e o processamento de transações não eram importantes. Na verdade, os primeiros focalizavam os dados complexos dos grandes sistemas de software. A maioria dos SGBDs orientados a objetos começou como linguagens de programação estendidas com suporte a objetos persistentes (isto é, objetos que continuam existindo após a execução de um programa). Gradativamente, esses SGBDs começaram a oferecer consultas *ad hoc*, otimização de consultas e suporte eficiente a transações. Contudo, ainda há dúvidas a respeito da capacidade de esses SGBDs oferecerem alto desempenho para aplicações de negócios tradicionais e de concorrerem eficazmente no mercado.

Comercialmente, os esforços do ODMG foram eclipsados pelos padrões objeto-relacionais no SQL:2003. Esse grupo dissolveu-se em 2001 e o desenvolvimento de SGBDs compatíveis com o grupo foi afetado. Apenas alguns produtos comerciais ou de fonte aberta são oferecidos no mercado. O padrão ODMG foi um avanço substancial que acabou não encontrando um nicho comercial significativo. O poder de mercado dos fornecedores de SGBD relacional, o movimento do SGBD de código aberto e o desenvolvimento de padrões objeto-relacionais subjugaram avanços suplementares dos SGBDs compatíveis com o padrão

SGBD orientado a objetos
um novo tipo de SGBD projetado especialmente para objetos. Os SGBDs orientados a objetos têm um processador de consulta de objetos e um kernel (núcleo) de objetos. O Grupo de Gerenciamento de Dados Orientados a Objetos fornece os padrões para os SGBDs orientados a objetos.

TABELA 18.2   Resumo das Arquiteturas

Arquitetura	Produtos de Exemplo	Comentários
Objetos grandes	A maioria dos SGBDs SQL-92	Armazenamento de qualquer tipo de dado; desempenho incerto; suporte limitado a linguagens de consulta.
Servidores de mídia	Oracle interMedia	Suporte limitado a linguagens de consulta; desempenho incerto quando se associam dados simples e complexos; bom desempenho com dados complexos.
Middleware de banco de dados de objetos	Universal Data Access da Microsoft e BD OLE	Capacidade para combinar fontes de dados distribuídos e variados; níveis de serviço flexíveis para fontes de dados; desempenho incerto quando se combinam e atualizam dados simples e complexos.
Objeto-relacional (SQL:2003)	IBM Unidata Data Blades, IBM DB2 Extenders, Oracle Data Cartridges; implementações significativas de recursos objeto-relacionais do SQL:2003 no Oracle 10g e no IBM DB2	Bom desempenho com estruturas de armazenamento especializadas; bom suporte a linguagens de consulta; algumas incompatibilidades de tipo com as linguagens de programação; conformidade razoável com os recursos orientados a objetos do SQL:2003.
Orientado a objetos (ODMG)	ObjectStore, UniSQL, Versant	Bom suporte a linguagens de consulta; desempenho incerto para aplicações tradicionais; boa compatibilidade de tipos com as linguagens de programação; poucas ofertas comerciais ou de código aberto.

ODMG. O benefício trazido pela tecnologia de banco de dados orientado a objetos, comparavelmente à tecnologia objeto-relacional, não foi persuasivo o bastante para gerar sucesso no mercado comercial ou de fonte aberto.

18.3.6   Resumo das Arquiteturas de Banco de Dados de Objetos

Para ajudá-lo a se recordar das arquiteturas para SGBDs de objetos, a Tabela 18.2 apresenta um resumo conveniente. Todas essas arquiteturas atendem a um determinado nicho de mercado. As arquiteturas mais simples (para objetos grandes e servidores de mídia) provavelmente perderão popularidade com o passar do tempo. A luta pela predominância entre as três arquiteturas talvez não se decida durante algum tempo. A arquitetura de *middleware* de banco de dados de objetos provavelmente coexistirá com as outras arquiteturas para manipular dados complexos armazenados fora de um banco de dados.

18.4   Recursos do Banco de Dados de Objetos no SQL:2003

Para esclarecer conceitualmente o banco de dados de objetos, esta seção oferece exemplos que usam SQL:2003, linguagem de banco de dados objeto-relacional. O padrão SQL:2003 inclui nove partes e sete pacotes, como está resumido na Tabela 18.3. O Core SQL:2003 consiste nas partes 1, 2 e 11. Individualmente, as partes não essenciais contêm recursos obrigatórios e opcionais. Pacote é um conjunto de recursos opcionais para alguma área de aplicação ou ambiente de implementação.

O padrão SQL:2003 oferece vários níveis de conformidade. O nível mínimo inclui todos os recursos no Core SQL:2003 (partes 1, 2 e 11). Melhor conformidade pode ser reivindicada para recursos obrigatórios em uma parte, recursos opcionais em uma parte e os recursos em um pacote. Tendo em vista a falta de conjuntos de testes e certificação independente, o nível de conformidade de um SGBD específico é difícil de determinar. A maioria dos fornecedores fornece *checklists* dos recursos oferecidos, dos recursos não oferecidos e dos recursos oferecidos com extensões patenteadas.

Esta seção apresenta exemplos dos pacotes Basic Object Support e Enhanced Object Support. Os exemplos demonstram as características do SQL:2003 para tipos de dados definidos pelo usuário, definições de tabela com tabelas tipadas, famílias de subtabelas e utilização de tabelas tipadas.

TABELA 18.3 Visão Geral das Partes e dos Pacotes do SQL:2003

Componente do SQL:2003	Escopo
Parte 1: Framework	Notação sintática, terminologia de processamento de instruções, níveis de conformidade (Core SQL:2003).
Parte 2: Foundation	Estruturas de dados e operações básicas em dados SQL (Core SQL:2003).
Parte 3: Call-Level Interface	Estruturas de dados e funções para usar SQL em um programa de computação.
Parte 4: Persistent Stored Modules	Instruções de linguagem de programação, procedimentos, funções e manipulação de exceções.
Parte 9: Management of External Data	Envoltórios de dados estrangeiros e links de dados para dados externos.
Parte 10: Object Language Bindings	Instruções para embutir SQL em programas Java.
Parte 11: Information and Definition Schemas	Tabelas de dicionário para tabelas, integridade e segurança (Core SQL:2003).
Parte 13: Routines and Types Using the Java TM Programming Language	Utilização de classes e métodos Java em instruções SQL.
Parte 14: XML-Related Specifications	Manipulação de documentos XML em instruções SQL.
Pacote 1: Enhanced Datetime Facilities	Especificação de fuso horário, tipo de dado de intervalo.
Pacote 2: Enhanced Integrity Management	Verificação de restrições e asserções e gerenciamento de restrições.
Pacote 4: Persistent Stored Modules	Instruções de linguagem de programação, procedimentos, funções, tratamento de exceções.
Pacote 6: Basic Object Support	Tipos de dados definidos pelo usuário, herança única, tipos referência, arrays.
Pacote 7: Enhanced Object Support	Expressões de caminho, definição de subtabela, pesquisa de subtabela e subtipos.
Pacote 8: Active Databases	Suporte a gatilhos.
Pacote 10: OLAP Facilities	Operadores CUBE e ROLLUP, construtores de linha e tabela, operadores FULL JOIN e INTERSECT.

18.4.1 Tipos Definidos pelo Usuário

Uma das extensões mais fundamentais no SQL:2003 é o tipo definido pelo usuário para agrupar dados e procedimentos em um só pacote. Os tipos definidos pelo usuário aceitam a definição de novos tipos de dados estruturados e também o aprimoramento de tipos de dados comuns. O tipo de dado estruturado dispõe de um conjunto de atributos e métodos. No SQL-92, a instrução CREATE DOMAIN aceita aprimoramentos de tipos de dado comuns, mas não a definição de novos tipos estruturados.

O Exemplo 18.7 mostra o tipo *Ponto* para contrastar com a notação ODMG mostrada no Exemplo 18.1. Algumas diferenças são aparentes, como as palavras-chave (TYPE *versus* CLASS) e a ordem da especificação (o nome do campo antes do tipo de dado). A primeira parte de um tipo definido pelo usuário contém as definições de atributo. O dois hífens indicam um comentário. No caso dos métodos, o primeiro parâmetro está implícito, como a notação ODMG. Por exemplo, o método *Distancia* lista apenas o parâmetro *Ponto* porque o outro parâmetro *Ponto* está implícito. No SQL:2003, os métodos usam apenas parâmetros de entrada e devem retornar valores. O corpo dos métodos não é mostrado na instrução CREATE

EXEMPLO 18.7

Tipo *Ponto* no SQL:2003

```
CREATE TYPE Ponto AS
(   X FLOAT, -- coordenada X
    Y FLOAT  ) – coordenada Y
    METHOD Distancia(P2 Ponto) RETURNS FLOAT,
        -- Computa a distância entre 2 pontos
    METHOD MesmaCoord (P2 Ponto) RETURNS BOOLEAN
        -- Determina se 2 pontos são equivalentes
NOT FINAL
INSTANTIABLE;
```

TYPE, mas na instrução CREATE METHOD. As palavras-chave NOT FINAL significam que os subtipos podem ser definidos. A palavra-chave INSTANTIABLE significa que as instâncias do tipo podem ser criadas[2].

Como afirmado no parágrafo anterior, os métodos do SQL:2003 são até certo ponto limitados, pelo fato de terem de retornar valores únicos e de somente usar parâmetros de entrada. Além disso, implicitamente, o primeiro parâmetro de um método é uma instância do tipo ao qual ele está associado. O SQL:2003 oferece funções e procedimentos que não têm essas restrições de método. Visto que as funções e os procedimentos não estão associados a um tipo específico, o SQL:2003 fornece instruções de definição distintas (CREATE FUNCTION e CREATE PROCEDURE). Os procedimentos podem usar parâmetros de entrada, de saída e de entrada-saída, enquanto as funções usam somente parâmetros de entrada.

O Exemplo 18.8 mostra o tipo *CorPonto*, um subtipo de *Ponto*. A palavra-chave UNDER indica o tipo pai. Pelo fato de o SQL:2003 não aceitar herança múltipla, apenas um único nome de tipo pode vir depois da palavra-chave UNDER. Nas definições de método, a palavra-chave OVERRIDING indica que o método sobrepõe a definição em um tipo pai.

EXEMPLO 18.8

Tipo *CorPonto*
CREATE TYPE CorPonto UNDER Ponto AS
(Cor INTEGER)
 METHOD Brilho (Intensity INTEGER) RETURNS INTEGER,
  -- Aumenta a intensidade da cor
 OVERRRIDING METHOD MesmaCoord (CP2 CorPonto)
   RETURNS BOOLEAN
  -- Determina se 2 CorPonto são equivalentes
FINAL;

Além dos métodos explícitos relacionados na instrução CREATE TYPE, os tipos definidos pelo usuário têm métodos implícitos que podem ser usados em instruções SQL e procedimentos armazenados, como mostrado a seguir:

- **Método construtor.** Cria uma instância vazia do tipo. O método construtor tem o mesmo nome do tipo de dado. Por exemplo, *Ponto()* é o método construtor do tipo *Ponto*.
- **Método observador.** Recupera valores de atributos. O método observador usa o mesmo nome do atributo a ele associado. Por exemplo, *X()* é o método observador do atributo *X* do tipo *Ponto*.
- **Método mutante.** Muda os valores armazenados nos atributos. Esse método usa o mesmo nome do atributo a ele associado com um parâmetro para o valor. Por exemplo, *X(45,0)* altera o valor do atributo *X*.

O SQL:2003 dispõe dos tipos de conjunto ARRAY e MULTISET para oferecer compatibilidade aos tipos com mais de um valor – por exemplo, série de tempo e formas geométricas. Os arrays aceitam conjuntos ordenados e limitados, ao passo que os multiconjuntos aceitam conjuntos ilimitados e desordenados. O Exemplo 18.9a define um tipo triângulo com um array de três pontos. O número posterior à palavra-chave ARRAY indica o tamanho máximo do array. O Exemplo 18.9b define um polígono com um multiconjunto de pontos. Você deve observar que o comprimento máximo não pode ser especificado para atributos MULTISET.

---

[2] As palavras-chave NOT INSTANTIABLE significam que o tipo é abstrato, sem instâncias. Os tipos abstratos contêm dados e códigos, mas não instâncias. Eles foram descobertos para melhorar o compartilhamento de códigos na programação orientada a objetos.

EXEMPLO 18.9a	**Tipo *Triangulo* Usando um Tipo ARRAY**
	CREATE TYPE Triangulo AS
	  (Esquina Ponto ARRAY[3], -- Array de Pontos de Esquina
	    Cor INTEGER)
	  METHOD Area() RETURNS FLOAT,
	    -- Calcula a área
	  METHOD Escala (Fator FLOAT) RETURNS Triangulo
	    -- Calcula um novo triângulo escalado por um fator
	NOT FINAL;

EXEMPLO 18.9b	**Tipo *Poligono* Usando um Tipo MULTISET**
	CREATE TYPE Poligono AS
	  (Esquina Ponto MULTISET, -- Multiset de Pontos de Esquina
	    Cor INTEGER)
	  METHOD Area() RETURNS FLOAT,
	    -- Calcula a área
	  METHOD Escala (Fator FLOAT) RETURNS Poligono
	    -- Calcula um novo polígono escalado por um fator
	NOT FINAL;

Os tipos definidos pelo usuário estão integrados no âmago do SQL:2003. Eles podem ser usados como tipos de dado para colunas em tabelas, passados como parâmetros e retornados como valores. Os métodos definidos pelo usuário podem ser usados em expressões, nas cláusulas SELECT, WHERE e HAVING.

18.4.2 Definições de Tabela

Os exemplos no restante deste capítulo baseiam-se em um banco de dados simples de propriedades, com imóveis e corretores, como retrata o DER na Figura 18.9. Para a apresentação aqui, o aspecto mais importante do DER é a hierarquia de generalização dos imóveis. O

FIGURA 18.9
DER para um Banco de Dados de Imóveis

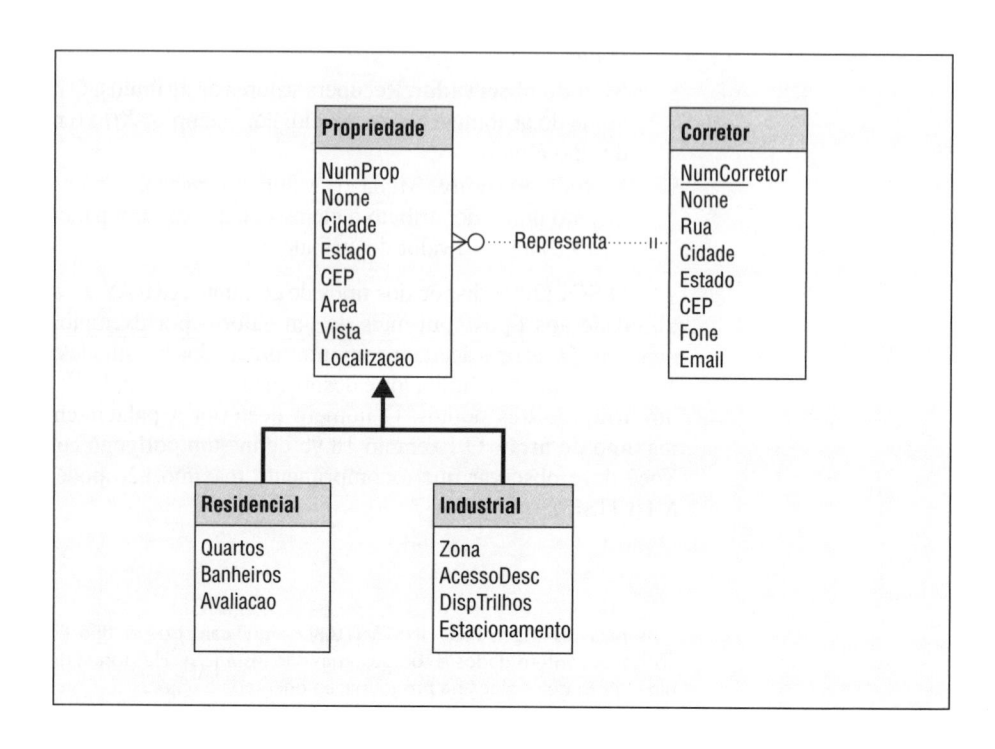

SQL:2003 oferece suporte direto às hierarquias de generalização, e não suporte indireto, como indicado na regra de conversão de hierarquia de generalização apresentada no Capítulo 6.

O SQL:2003 aceita dois estilos de definição de tabela. O estilo SQL-92 tradicional usa chaves estrangeiras para vincular duas tabelas. O Exemplo 18.10 mostra a tabela *Propriedade* usando uma chave estrangeira para referenciar o corretor que representa o imóvel. A coluna de visão usa o tipo objeto binário grande (BLOB). Se um tipo definido pelo usuário pré-construído para um formato de imagem específico fosse fornecido, seria uma opção melhor do que o tipo DLOD.

EXEMPLO 18.10 **Tabelas *Corretor* e *Propriedade* Usando o Estilo de Definição Tradicional do SQL-92**

```
CREATE TABLE Corretor
(NumCorretor     INTEGER,
 Nome            VARCHAR(30),
 Rua             VARCHAR(50),
 Cidade          VARCHAR(30),
 Estado          CHAR(2),
 CEP             CHAR(9),
 Fone            CHAR(13),
 Email           VARCHAR(50),
 CONSTRAINT CorretorPK PRIMARY KEY(NumCorretor)   );

CREATE TABLE Propriedade
(NumProp         INTEGER,
 Rua             VARCHAR(50),
 Cidade          VARCHAR(30),
 Estado          CHAR(2),
 CEP             CHAR(9),
 Area            INTEGER,
 Vista           BLOB,
 NumCorretor INTEGER,
 Localizacao Ponto,
 CONSTRAINT PropriedadePK PRIMARY KEY(NumProp),
 CONSTRAINT CorretorFK FOREIGN KEY(NumCorretor) REFERENCES Corretor
);
```

O SQL:2003 aceita o construtor de linha para que as linhas de uma tabela sejam armazenadas como variáveis, usadas como parâmetros e retornadas por funções. O tipo linha é uma seqüência de pares de nome/valor. O tipo linha é usado, por exemplo, para coletar colunas relacionadas para que sejam armazenadas como variáveis ou passadas como parâmetros. O Exemplo 18.11 mostra a tabela *Propriedade* usando um tipo linha para as colunas de endereço (*Rua*, *Cidade*, *Estado* e *CEP*).

EXEMPLO 18.11 **Definição de Tabela de Propriedade Revisada com um Tipo Linha**

```
CREATE TABLE Propriedade
(NumProp     INTEGER,
 Endereco    ROW (Rua       VARCHAR(50),
                  Cidade    VARCHAR(30),
                  Estado    CHAR(2),
                  CEP       CHAR(9)  ),
```

```
        Area           INTEGER,
        Vista          BLOB,
        NumCorretor INTEGER,
        Localizacao Ponto,
        CONSTRAINT PropriedadePK PRIMARY KEY(NumProp),
        CONSTRAINT CorretorFK FOREIGN KEY(NumCorretor) REFERENCES Corretor);
```

O SQL:2003 fornece um estilo alternativo de definição de tabela conhecido por <u>tabelas tipadas</u>, para a utilização de identificadores de objeto e referências de objeto. Com as tabelas tipadas, uma definição de tabela referencia um tipo definido pelo usuário, em vez de fornecer sua própria lista de colunas. O Exemplo 18.12 mostra o tipo definido pelo usuário *TipoCorretor* e a tabela *Corretor* referindo-se a *TipoCorretor*. Além disso, *TipoEndereco* (um tipo estruturado nomeado) é usado no lugar do tipo não nomeado ROW no Exemplo 18.11. A cláusula REF define um identificador de objeto para a tabela. As palavras-chave SYSTEM GENERATED indicam que os identificadores de objeto são gerados pelo SGBD, e não pela aplicação do usuário (palavras-chave USER GENERATED).

EXEMPLO 18.12 — **Definição de *TipoEndereco* e *TipoCorretor* Seguida da Tabela Tipada *Corretor*, Baseada em *TipoCorretor***

```
CREATE TYPE TipoEndereco AS
  (Rua VARCHAR(50),
   Cidade  VARCHAR(30),
   Estado  CHAR(2),
   CEP     CHAR(9)  )
NOT FINAL;

CREATE TYPE TipoCorretor AS
(NumCorretor INTEGER,
Nome         VARCHAR(30),
Endereco     TipoEndereco,
Fone         CHAR(13),
Email        VARCHAR(50)  )
NOT FINAL;

CREATE TABLE Corretor OF TipoCorretor
(REF IS CorretorOld SYSTEM GENERATED,
CONSTRAINT CorretorPK PRIMARY KEY(NumCorretor)   );
```

Outras tabelas podem referenciar tabelas baseadas nos tipos definidos pelo usuário. As referências de objeto são uma alternativa para as referências de valor das chaves estrangeiras. O Exemplo 18.13 mostra uma definição do tipo *TipoPropriedade* com uma referência a *TipoCorretor*. A cláusula SCOPE limita uma referência às linhas de uma tabela, em vez de aos objetos do tipo.

Como esse exemplo demonstra, o SQL:2003 oferece várias soluções para a definição de tabelas (tabelas tipadas *versus* não tipadas, referências *versus* chaves estrangeiras tradicionais, tipos ROW *versus* colunas *versus* tipos estruturados nomeados). No treinamento de programadores de aplicação, o uso consistente de estilos de definição de tabela é importante. Uma regra prática razoável é usar as definições de tabela tradicionais (tabelas não tipadas com colunas desestruturadas e chaves estrangeiras) ou tabelas tipadas com tipos estruturados nomeados e tipos referência. A combinação de estilos de definição pode sobrecarregar os programadores de aplicação porque o estilo influencia a codificação usada nas instruções de recuperação e manipulação.

EXEMPLO 18.13

Definição de *TipoPropriedade* e a Tabela Tipada *Propriedade*

```
CREATE TYPE TipoPropriedade AS
(NumProp      INTEGER,
 Endereco     TipoEndereco,
 Area         INTEGER,
 Vista        BLOB,
 Localizacao  Ponto,
 Corretor     REF(TipoCorretor) SCOPE Corretor   )
NOT FINAL;

CREATE TABLE Propriedade OF TipoPropriedade
(REF IS PropriedadeOId SYSTEM GENERATED,
 CONSTRAINT PropriedadePK PRIMARY KEY(NumProp)   );
```

O SQL: 2003 aceita tabelas aninhadas usando o tipo MULTISET com o tipo ROW nos elementos de um multiconjunto. As tabelas aninhadas são úteis em aplicações, especialmente para regras de negócios complexas que envolvam procedimentos armazenados. Elas podem ser úteis também para diminuir a incompatibilidade de sistemas de tipos entre um SGBD e uma linguagem de programação, como discutido na Seção 18.1.2. Com relação ao projeto de tabelas, o uso de tabelas aninhadas em bancos de dados de negócios não é fácil de compreender. Embora existam algumas teorias de projeto para tabelas aninhadas, estas teorias não são amplamente conhecidas ou aplicadas. Pelo fato de a aplicação dessas tabelas ainda ser imatura, nenhum exemplo é apresentado para o projeto de tabelas.

18.4.3 Famílias de Subtabelas

A herança aplica-se a tabelas quase da mesma maneira que aos tipos definidos pelo usuário. É possível declarar uma tabela como subtabela de outra tabela. A subtabela herda as colunas de suas tabelas pai. O SQL:2003 restringe a herança de tabelas ao tipo de herança única. Uma parte da herança de tabelas que possivelmente pode causar confusão tem a ver com a herança de tipos. As tabelas que estão envolvidas em relacionamentos de subtabela têm de ser tabelas tipadas, e os tipos associados devem também tomar parte de relacionamentos subtipo, como demonstra o Exemplo 18.14. Observe que as cláusulas REF e as restrições de chave primária são herdadas da tabela *Propriedade*. Desse modo, elas não são especificadas para as tabelas *Residencial* e *Industrial*.

EXEMPLO 18.14

Subtipos e Subtabelas para Propriedades Residenciais e Industriais

```
CREATE TYPE TipoResidencial UNDER TipoPropriedade
(Quartos    INTEGER,
 Banheiros  INTEGER,
 Avaliacao  DECIMAL(9,2) ARRAY[6] )
NOT FINAL
INSTANTIABLE;

CREATE TABLE Residencial OF TipoResidencial UNDER Propriedade;
```

```
CREATE TYPE TipoIndustrial UNDER TipoPropriedade
(Zona VARCHAR(20),
 AcessoDesc VARCHAR(20),
 DispTrilhos BOOLEAN,
 Estacionamento VARCHAR(10)   )
NOT FINAL
INSTANTIABLE;

CREATE TABLE Industrial OF TipoIndustrial UNDER Propriedade;
```

A inclusão de conjuntos determina o relacionamento das linhas de uma tabela pai com as linhas nas respectivas subtabelas. Toda linha em uma subtabela é também uma linha em cada uma de suas tabelas predecessoras (pais diretos e pais indiretos). Cada linha de uma tabela pai corresponde a pelo menos uma linha nas subtabelas diretas. Esse relacionamento de inclusão de conjuntos se estende para toda a família de subtabelas, incluindo a tabela raiz e todas as subtabelas diretas ou indiretas sob a tabela raiz. Por exemplo, uma família de subtabelas inclui instrumento de investimento como a raiz; título e ações, sob investimento; e corporativo, municipal e federal, sob título. A raiz de uma família de subtabelas é conhecida por tabela máxima. Nesse exemplo, o instrumento de investimento é a tabela máxima.

As operações de manipulação de dados na linha de uma família de subtabelas afetam as linhas nas tabelas pai e respectivas subtabelas. A seguir damos uma breve descrição dos efeitos secundários quando da manipulação de linhas em uma família de subtabelas.

- Se for inserida uma linha em uma subtabela, uma linha correspondente (com os mesmos valores para colunas herdadas) é inserida em cada tabela pai. A inserção é reproduzida em cascata em sentido ascendente na família de subtabelas, até alcançar a tabela máxima.
- Se uma coluna for atualizada em uma tabela pai, essa coluna será atualizada em todas as subtabelas diretas e indiretas que a herdam.
- Se uma coluna herdada for atualizada em uma subtabela, essa coluna será alterada nas linhas correspondentes e das tabelas pai diretas e indiretas. A atualização em cascata pára na tabela pai em que se encontra a coluna definida, não herdada.
- Se uma linha for excluída em uma família de subtabelas, todas as linhas correspondentes tanto na tabela pai quanto nas subtabelas serão também excluídas.

18.4.4 Manipulação de Objetos Complexos e Famílias de Subtabelas

Os recursos de definição de dados mais valiosos do SQL:2003 resultam em novos recursos quando se usam colunas do tipo linha e colunas do tipo referência nas instruções de manipulação e recuperação de dados. Na inserção de dados em uma tabela com uma coluna do tipo linha, a palavra-chave ROW tem de ser usada, como demonstra o Exemplo 18.15. Se uma coluna usar um tipo definido pelo usuário, em vez de o tipo ROW, o nome do tipo tem de ser usado, como mostra o Exemplo 18.16.

EXEMPLO 18.15 **Usando a Palavra-chave ROW ao Inserir uma Linha em uma Tabela com uma Coluna do Tipo Linha**

Este exemplo pressupõe que a coluna *Endereco* do tipo *TipoCorretor* foi definida com o tipo ROW.
```
INSERT INTO Corretor
(NumCorretor, Nome, Endereco, Email, Fone)
VALUES (999999, 'Sue Smith',
        ROW('123 Any Street', 'Denver', 'CO', '80217'),
        'sue.smith@anyisp.com', '13031234567')
```

EXEMPLO 18.16 **Usando o Nome do Tipo ao Inserir Duas Linhas em uma Tabela com uma Coluna do Tipo Estruturada**

Este exemplo corresponde ao tipo *TipoCorretor* definido no Exemplo 18.12.

INSERT INTO Corretor
(NumCorretor, Nome, Endereco, Email, Fone)
VALUES (999999, 'Sue Smith',
        AddressType('123 Any Street', 'Denver', 'CO', '80217'),
        'sue.smith@anyisp.com', '13031234567');

INSERT INTO Corretor
(NumCorretor, Nome, Endereco, Email, Fone)
VALUES (999998, 'John Smith',
        AddressType('123 Big Street', 'Boulder', 'CO', '80217'),
        'john.smith@anyisp.com', '13034567123');

Ao inserir dados em uma tabela com uma coluna do tipo referência, o identificador de objetos pode ser obtido com uma instrução SELECT. Se os identificadores de objetos para uma tabela referenciada forem gerados pelo usuário (como os valores das chaves primárias), a instrução SELECT talvez não seja necessária. Mesmo com identificadores de objetos gerados pelo usuário, a instrução SELECT pode ser necessária, se o identificador for conhecido no momento em que a linha for inserida. O Exemplo 18.17 mostra uma instrução SELECT para recuperar o identificador de objeto (*CorretorOID*) da linha associada da tabela *Corretor*. Na instrução SELECT, os outros valores a serem inseridos são constantes. Na coluna *Avaliacao*, o valor constante é um array de valores denotados pela palavra-chave ARRAY e pelos colchetes que encerram os valores dos elementos do array.

EXEMPLO 18.17 **Usando a Instrução SELECT para Recuperar o Identificador do Objeto da Linha *Corretor* Associada**

INSERT INTO Residencial
(NumProp, Endereco, Area, CorretorRef, Quarto, Banheiro, Avaliacao)
SELECT 999999, TipoEndereco('123 Any Street', 'Denver', 'CO', '80217'),
       2000, CorretorOID, 3, 2, ARRAY[190000, 200000]
FROM Corretor
WHERE NumCorretor = 999999;

O Exemplo 18.17 também mostra vários aspectos dos subtipos e subtabelas. Primeiramente, a instrução SELECT pode referenciar as colunas em ambos os tipos por causa do relacionamento do subtipo envolvendo *TipoResidencial* e *TipoPropriedade*. Em segundo lugar, se for inserida uma linha na tabela *Residencial*, automaticamente será inserida uma linha na tabela *Propriedade*, por causa do relacionamento de subtabela entre as tabelas *Residencial* e *Propriedade*.

As colunas de referência podem ser atualizadas usando-se a instrução SELECT de uma maneira semelhante à usada no Exemplo 18.17. O Exemplo 18.18 demonstra uma instrução UPDATE usando uma instrução SELECT para recuperar o identificador de objeto do corretor associado.

EXEMPLO 18.18 **Usando uma Instrução SELECT para Recuperar o Identificador de Objeto da Linha *Corretor* Associada**

UPDATE Residencial
  SET CorretorRef =
      (SELECT CorretorOID FROM Corretor WHERE NumCorretor = 999998)
  WHERE NumProp = 999999;

As expressões de caminho usando o operador ponto e o operador de desreferência oferecem uma alternativa às tradicionais junções baseadas em valor no SQL-92. O Exemplo 18.19 mostra a aplicação desses operadores em expressões de caminho. Nas colunas com linha ou tipo definido pelo usuário, você deve usar o operador ponto nas expressões de caminho. A expressão *Endereco.Cidade* referencia o componente cidade na coluna de linha *Endereco*. Nas colunas com tipo referência, você deve usar o operador de desreferência (->) nas expressões de caminho. A expressão *CorretorRef->Nome* recupera a coluna *Nome* da linha *Corretor* relacionada. Deve-se usar o operador de desreferência (->), em vez de o operador ponto, porque a coluna *CorretorRef* tem o tipo *REF(TipoCorretor)*. A distinção entre os operadores ponto e desreferência é um dos aspectos mais confusos do SQL:2003. Outras linguagens orientadas a objetos, como a linguagem de consulta ODMG e Java, não fazem essa distinção.

EXEMPLO 18.19

Instrução SELECT com Expressões de Caminho e o Operador de Desreferência

```
SELECT NumProp, P.Endereco.Cidade, P.CorretorRef->Endereco.Cidade
  FROM Propriedade P
  WHERE CorretorRef->Nome = 'John Smith'
```

Às vezes é necessário verificar se os membros de uma tabela específica não são membros das outras subtabelas. O Exemplo 18.20 busca imóveis industriais em que a coluna de área construída é superior a 3.000. A cláusula FROM restringe o escopo das linhas cujo tipo mais específico seja *TipoIndustrial*. Portanto, o Exemplo 18.20 não busca nenhuma linha da tabela *Residencial*, uma subtabela da tabela *Propriedade*.

EXEMPLO 18.20

Usando ONLY para Restringir o Raio de Ação de uma Tabela em uma Família de Subtabelas

```
SELECT NumProp, Endereco, Localizacao
  FROM ONLY (Residencial)
  WHERE area > 1500
```

18.5 Recursos de Banco de Dados de Objetos no Oracle 10g

Nos pacotes de objetos do SQL:2003, a parte mais amplamente implementada é o tipo definido pelo usuário. Os principais fornecedores de SGBD relacional, dentre eles a IBM e o Oracle, implementaram os tipos definidos pelo usuário a fim de fornecer recursos semelhantes aos do padrão SQL:2003. Os tipos definidos pelo usuário são importantes para o armazenamento e a manipulação de dados complexos nos bancos de dados de negócios.

Além dos tipos definidos pelo usuário, os descritores do padrão SQL:2003 estão no momento ganhando aceitação comercial. Para demonstrar a implementação comercial dos descritores desse padrão, esta seção apresenta os descritores mais importantes do Oracle 10g usando os exemplos da seção precedente. Embora não exija total compatibilidade com os descritores, o Oracle 10g oferece suporte à maioria dos descritores dos pacotes de objetos do SQL:2003, bem como alguns descritores suplementares. Ainda que você não use o Oracle 10g, poderá ter uma idéia da complexidade dos descritores do SQL:2003 e da dificuldade de assegurar melhor compatibilidade com esse padrão.

18.5.1 Definição de Tipos Definidos pelo Usuário e Tabelas Tipadas no Oracle 10g

O Oracle 10g oferece suporte aos tipos definidos pelo usuário por meio de uma sintaxe semelhante à do SQL:2003. Como mostra o Exemplo 18.21, as diferenças, em sua maioria, são superficiais, como a colocação dos parênteses, a palavra reservada RETURN, em vez de RETURNS no SQL:2003, e a palavra reservada OBJECT para os tipos de nível raiz. As diferenças quanto aos métodos são mais significativas. O Oracle 10g aceita funções e procedimentos como métodos, ao passo que o SQL:2003 aceita apenas funções de método. Desse modo, o procedimento *Print* no Exemplo 18.21 não é usado no Exemplo 18.7 porque o SQL:2003 não aceita procedimentos de método[3]. Além disso, o Oracle 10g aceita métodos de ordenação para comparações entre objetos diretos e objetos, métodos de mapeamento para comparações entre objetos indiretos e métodos estáticos para operações globais que não precisam referenciar os dados de uma instância de objeto.

EXEMPLO 18.21

Tipo *Ponto* no Oracle 10g

Este exemplo corresponde ao Exemplo 18.7 para o SQL:2003.

CREATE TYPE Ponto AS OBJECT
(x FLOAT(15),
    y FLOAT(15),
    MEMBER FUNCTION Distancia(P2 Ponto) RETURN NUMBER,
      -- Calcula a distância entre 2 pontos
    MEMBER FUNCTION MesmaCoord (P2 Ponto) RETURN BOOLEAN,
      -- Determina se 2 pontos são equivalentes
    MEMBER PROCEDURE Print   )
NOT FINAL
INSTANTIABLE;

O Oracle 10g aceita herança em relação aos tipos definidos pelo usuário de maneira semelhante ao SQL:2003. Uma diferença significativa está relacionada à sobreposição de métodos. No Oracle 10g, os métodos sobrepostos têm o mesmo nome e assinatura no tipo pai e no subtipo. A assinatura consiste no nome e no número do método, nos tipos e na ordem dos parâmetros. Se dois métodos tiverem assinaturas diferentes, não haverá sobreposição, visto que ambos existem no subtipo. Como no SQL:2003, a palavra-chave OVERRIDING deve ser usada para sobrepor um método. No Exemplo 18.22, não há nenhuma sobreposição, visto que o método *MesmaCoord* em *CorPonto* tem uma assinatura diferente da apresentada pelo método *MesmaCoord* em *Ponto*. O método *MesmaCoord* em *CorPonto* usa um argumento *CorPonto*, enquanto o método *MesmaCoord* em *Ponto* usa um argumento *Ponto*. Entretanto, o método *Print* em *CorPonto* sobrepõe o método *Print* em *Ponto*, pois ambos os métodos têm a mesma assinatura.

O Oracle 10g aceita tipos linha e tabelas tipadas, similarmente ao SQL:2003, como mostra o Exemplo 18.23. Como o SQL:2003, o Oracle 10g aceita o tipo ROW e os tipos definidos pelo usuário para estruturar subconjuntos de colunas. Por exemplo, em *TipoCorretor*, o atributo de endereço poderia usar o tipo ROW do tipo definido pelo usuário *TipoEndereco*. Em relação à instrução CREATE TABLE, o Oracle 10g especifica os identificadores de objetos diferentemente do SQL:2003. No Oracle 10g, a cláusula OBJECT IDENTIFIER

---

[3] O Application Development guide do Oracle 10g oferece um exemplo que usa parênteses vazios para procedimentos sem os parâmetros (Print()). Contudo, o compilador de SQL no Oracle exibe uma mensagem de erro quando os parênteses são incluídos. Portanto, o procedimento Print é declarado sem parênteses.

EXEMPLO 18.22

Tipo *CorPonto* no Oracle 10g

Este exemplo corresponde ao Exemplo 18.8 para o SQL:2003.

CREATE TYPE CorPonto UNDER Ponto
(Cor INTEGER,
 MEMBER FUNCTION Brilho (Intensity INTEGER) RETURNS INTEGER,
    -- Aumenta a intensidade da cor
 MEMBER FUNCTION MesmaCoord (CP2 CorPonto) RETURN BOOLEAN,
    -- Determina se 2 CorPonto são equivalentes
    -- A sobreposição não é usada porque os dois métodos MesmaCoord
    -- Têm assinaturas diferentes.
 OVERRIDING MEMBER PROCEDURE Print)
 NOT FINAL
 INSTANTIABLE;

especifica que o identificador de objeto é gerado pelo sistema ou gerado pelo usuário. Os identificadores gerados pelo sistema não têm um nome como no SQL:2003. Contudo, o Oracle fornece funções para a manipulação de identificadores gerados pelo sistema, para que o nome de uma coluna não seja necessário.

EXEMPLO 18.23

Definição do Oracle 10g de *TipoEndereco* e *TipoCorretor* Seguida da Tabela Tipada *Corretor*, Baseada em *TipoCorretor*

Este exemplo corresponde ao Exemplo 18.12 para o SQL:2003.

CREATE TYPE TipoEndereco AS OBJECT
(Rua   VARCHAR(50),
   Cidade   VARCHAR(30),
   Estado   CHAR(2),
   CEP   CHAR(9))
NOT FINAL;

CREATE TYPE TipoCorretor AS OBJECT
 (NumCorretor INTEGER,
  Nome   VARCHAR(30),
  Endereco   TipoEndereco,
  Fone   CHAR(13),
  Email   VARCHAR(50))
 NOT FINAL;

CREATE TABLE Corretor OF TipoCorretor
(CONSTRAINT CorretorPk PRIMARY KEY(NumCorretor))
   OBJECT IDENTIFIER IS SYSTEM GENERATED ;

O Oracle 10g aceita tipos referência para colunas de maneira semelhante ao SQL:2003, como mostra o Exemplo 18.24. Entretanto, a utilização da cláusula SCOPE é um pouco diferente no Oracle 10g. Diferentemente do SQL: 2003, no Oracle 10g essa cláusula não pode ser usada em um tipo definido pelo usuário. Para compensar isso, você pode definir uma restrição de integridade referencial para limitar o escopo de uma referência, como mostrado para a tabela *Propriedade*, no Exemplo 18.24.

O Exemplo 18.25 mostra tipos definidos pelo usuário para imóveis residenciais e industriais, bem como as definições de tabela. As cláusulas de restrições e identificador de objetos são repetidas nas tabelas *Residencial* e *Industrial* porque o Oracle 10g não aceita subtabelas.

EXEMPLO 18.24

Definição do Oracle 10g de *TipoPropriedade* e com uma Referência a *TipoCorretor* e à Tabela Tipada *Propriedade*

Este exemplo corresponde ao Exemplo 18.13 para o SQL:2003.

CREATE TYPE TipoPropriedade AS OBJECT
(NumProp   INTEGER,
  Endereco TipoEndereco,
  Area   INTEGER,
  Corretor REF TipoCorretor,
  Localizacao Ponto)
NOT FINAL
INSTANTIABLE;

CREATE TABLE Propriedade OF TipoPropriedade
  (CONSTRAINT PropriedadePK PRIMARY KEY(NumProp)
    CONSTRAINT CorretorRefFK FOREIGN KEY (CorretorRef) REFERENCES
      Corretor)
  OBJECT IDENTIFIER IS SYSTEM GENERATED ;

EXEMPLO 18.25

Instruções CREATE TYPE e CREATE TABLE para Propriedades Residenciais e Industriais

Este exemplo corresponde ao Exemplo 18.14 para o SQL:2003.

CREATE TYPE TipoAvaliacao AS VARRAY(6) OF DECIMAL(9,2);

CREATE TYPE TipoResidencial UNDER TipoPropriedade
(Quartos   INTEGER,
 Banheiros   INTEGER,
 Avaliacao   TipoAvaliacao)
NOT FINAL
INSTANTIABLE;

CREATE TABLE Residencial OF TipoResidencial
  (CONSTRAINT ResidencialPK PRIMARY KEY(NumProp),
   CONSTRAINT CorretorRefFK1 FOREIGN KEY(CorretorRef) REFERENCES
     Corretor)
  OBJECT IDENTIFIER IS SYSTEM GENERATED ;

CREATE TYPE TipoIndustrial UNDER TipoPropriedade
(Zona VARCHAR(20),
AcessoDesc VARCHAR(20),
DispTrilhos CHAR(1),
Estacionamento VARCHAR(10))
NOT FINAL
INSTANTIABLE;

CREATE TABLE Industrial OF TipoIndustrial
(CONSTRAINT IndustrialPK PRIMARY KEY(NumProp),
 CONSTRAINT CorretorRefFK2 FOREIGN KEY(CorretorRef) REFERENCES
     Corretor)
  OBJECT IDENTIFIER IS SYSTEM GENERATED ;

O Exemplo 18.25 também apresenta diferenças quanto à declaração de colunas de array no Oracle 10g e no SQL:2003. No Oracle 10g, o construtor VARRAY não pode ser usado diretamente com colunas de uma tabela ou atributos de um tipo definido pelo usuário. Em vez disso, o construtor VARRAY tem de ser usado em um tipo definido pelo usuário separado, como mostrado no tipo *TipoAvaliacao*, no Exemplo 18.25. Além disso, o Oracle 10g usa parênteses para o tamanho do array, e não os colchetes usados no SQL:2003.

18.5.2 Utilização de Tabelas Tipadas no Oracle 10g

Começamos esta seção com instruções de manipulação para inserção e modificação de objetos em tabelas tipadas. O Exemplo 18.26 demonstra a instrução INSERT usando o nome do tipo para a coluna estruturada *Endereco*. Se a coluna *Endereco* fosse definida com o construtor de tipo ROW, a sintaxe do Oracle 10g seria idêntica à do Exemplo 18.15, em que a palavra-chave ROW substitui *TipoEndereco*.

EXEMPLO 18.26

Inserindo Duas Linhas na Tabela Tipada *Corretor*

Este exemplo corresponde ao Exemplo 18.16 para o SQL:2003.

```
INSERT INTO Corretor
(NumCorretor, Nome, Endereco, Email, Fone)
VALUES (999999, 'Sue Smith',
    TipoEndereco ('123 Any Street', 'Denver', 'CO', '80217'),
    'sue.smith@anyisp.com', '13031234567');

INSERT INTO Corretor
(NumCorretor, Nome, Endereco, Email, Fone)
VALUES (999998, 'John Smith',
    TipoEndereco('123 Big Street', 'Boulder', 'CO', '80217'),
    'john.smith@anyisp.com', '13034567123');
```

Visto que o Oracle 10g não aceita subtabelas, utilizam-se instruções de manipulação suplementares para simular a inclusão de conjuntos entre as subtabelas. No Exemplo 18.27, as instruções INSERT são usadas tanto para a tabela pai quanto para a subtabela. Em teoria, seria possível definir gatilhos para ocultar essas instruções de manipulação suplementares.

EXEMPLO 18.27

Instruções INSERT para Adicionar um Objeto nas Tabelas *Propriedade* e *Residencial*

Este exemplo corresponde ao Exemplo 18.17 para o SQL:2003.

```
INSERT INTO Residencial
(NumProp, Endereco, Area, CorretorRef, Quarto, Banheiro, Avaliacao)
SELECT 999999, TipoEndereco('123 Any Street', 'Denver', 'CO', '80217'),
    2000, REF(C), 3, 2, TipoAvaliacao(190000, 200000)
FROM Corretor C
WHERE NumCorretor = 999999;

-- Essa instrução INSERT mantém a inclusão de conjuntos entre
-- as tabelas Propriedade e Residencial.
INSERT INTO Propriedade
(NumProp, Endereco, Area, CorretorRef)
SELECT 999999, TipoEndereco ('123 Any Street', 'Denver', 'CO', '80217'),
    2000, REF(C)
FROM Corretor C
WHERE NumCorretor = 999999;
```

O Exemplo 18.27 também demonstra a função REF para obter um identificador de objeto gerado pelo sistema. Quando empregar a função REF, você tem de usar uma variável de correlação (*alias* ou cognome de tabela) como parâmetro. Você não pode usar o nome da tabela no lugar da variável de correlação. A instrução REF também pode ser usada em instruções UPDATE, como demonstrado no Exemplo 18.28.

EXEMPLO 18.28	Usando uma Instrução SELECT com a Função REF para Recuperar o Identificador de Objeto da Linha *Corretor* Relacionada
	Este exemplo corresponde ao Exemplo 18.18 para o SQL:2003.

	UPDATE Residencial
	   SET CorretorRef =
	     (SELECT REF(C) FROM Corretor C WHERE NumCorretor = 999998)
	   WHERE NumProp = 999999;
	
	-- Esta instrução UPDATE mantém a consistência entre as
	-- tabelas Propriedade e Residencial.
	UPDATE Propriedade
	   SET CorretorRef =
	     (SELECT REF(C) FROM Corretor C WHERE NumCorretor = 999998)
	   WHERE NumProp = 999999;

O Oracle 10g aceita expressões de caminho contendo o operador ponto e a função DEREF. Esta função pode também ser usada no SQL:2003, no lugar do operador –>. A função DEREF usa um identificador de objeto como parâmetro, como mostra o Exemplo 18.29. Quando são usadas colunas que tenham um tipo de objeto tal como *Endereco*, é necessário usar uma variável de correlação.

EXEMPLO 18.29	Instrução SELECT do Oracle 10g com Expressões de Caminho Contendo o Operador Ponto e a Função DEREF
	Este exemplo corresponde ao Exemplo 18.19 para o SQL:2003.

	SELECT NumProp, P.Endereco.Cidade, DEREF(CorretorRef).Endereco.Cidade
	   FROM Propriedade P
	   WHERE DEREF(CorretorRef).Nome = 'John Smith';

Embora o Oracle 10g aceite a função DEREF, parece não ser necessário usá-lo. O operador ponto pode ser usado nas expressões de caminho, mesmo quando uma coluna tiver um tipo referência, como mostra o Exemplo 18.30. Observe que a variável de correlação é essencial quando se usam colunas REF em uma expressão de caminho com o operador ponto.

EXEMPLO 18.30	Instrução SELECT do Oracle 10g com Expressões de Caminho Contendo o Operador Ponto, e não a Função DEREF
	Este exemplo corresponde ao Exemplo 18.19 para o SQL:2003.

	SELECT NumProp, P.Endereco.Cidade, P.CorretorRef.Endereco.Cidade
	   FROM Propriedade P
	   WHERE P.CorretorRef.Nome = 'John Smith';

Como o SQL:2003, o Oracle 10g aceita a palavra-chave ONLY na cláusula FROM. Contudo, a palavra-chave ONLY aplica-se a visões, e não a tabelas, no Oracle 10g. Portanto, o Exemplo 18.20 não funcionará no Oracle 10g, a menos que se usem visões de objeto, em vez de tabelas.

A função VALUE assume uma variável de correlação como parâmetro e retorna instância da tabela de objetos associadas à variável de correlação. Portanto, pode-se usar a função VALUE para recuperar todas as colunas das tabelas tipadas, em vez de * para tabelas não tipadas, como mostra o Exemplo 18.31. Contudo, o Oracle 10g envia uma mensagem de erro para a instrução no Exemplo 18.31 porque a função VALUE não funciona em tabelas baseadas em tipos não-final. A instrução SELECT no Exemplo 18.32 funciona corretamente porque *TipoCorretor1* não contém a cláusula NOT FINAL.

EXEMPLO 18.31 **Usando a Função VALUE para Recuperar Todas as Colunas de uma Tabela Tipada**

Observe que essa instrução causa um erro no Oracle 10g porque *TipoCorretor* não é final.

SELECT VALUE(C) FROM Corretor C;

EXEMPLO 18.32 **Usando a Função VALUE para Recuperar Todas as Colunas de uma Tabela Baseada em Tipo Final**

```
CREATE TYPE TipoCorretor1 AS OBJECT
(NumCorretor   INTEGER,
 Nome          VARCHAR(30),
 Fone          CHAR(10),
 Email         VARCHAR(50)  );

CREATE TABLE Corretor1 OF TipoCorretor1
(  CONSTRAINT Corretor1PK PRIMARY KEY(NumCorretor)  )
   OBJECT IDENTIFIER IS SYSTEM GENERATED ;

INSERT INTO Corretor1
(NumCorretor, Nome, Email, Fone)
VALUES (999998, 'John Smith',
        'john.smith@anyisp.com', '3037894567');

SELECT VALUE(C) FROM Corretor1 C;
```

18.5.3 Outros Descritores no Oracle 10g

O Oracle 10g oferece descritores suplementares, alguns dos quais são extensões para os descritores do SQL:2003. No que diz respeito às subtabelas, as alternativas oferecidas para substitutibilidade de tipos e visões hierárquicas são restritas. O tipo de conjunto TABLE, correspondente ao tipo de multiconjunto do SQL:2003, aceita tabelas aninhadas. No Oracle XML DB, o armazenamento e a manipulação de grandes repositórios de documentos XML são eficientes. Esta seção dá uma visão geral desses descritores. Para obter mais detalhes sobre esses descritores, você deve consultar a documentação *on-line* do Oracle 10g.

Substituição de Tipos e Visões Hierárquicas

A documentação do Oracle 10g sugere que se use a substitutibilidade de tipos no gerenciamento de extensões de tabelas pai e subtabelas relacionadas. Substitutibilidade de tipos significa que uma coluna ou linha definida como do tipo X pode conter instância de X e de seus subtipos. Quando se usa a substitutibilidade de tipos para dar suporte a subtabelas, os tipos definidos pelo usuário são definidos com relacionamentos de subtipo, mas apenas uma tabela tipada (a tabela raiz) é definida. Todas as operações de manipulação são executadas na tabela raiz usando-se a substituição de tipos para os relacionamentos de inclusão de conjuntos. Contudo, a sintaxe para usar tipos referência e colunas de subtipo nas instruções de manipulação não é fácil de compreender. Determinadas instruções INSERT e UPDATE não funcionam com tipos substituídos. Para gerenciar os relacionamentos de inclusão de conjuntos, a substituição de tipos não aceita a sobreposição de subtipos. Portanto, a substitutibilidade de tipos não oferece uma solução satisfatória às subtabelas em virtude da sintaxe limitada e do suporte incompleto aos relacionamentos de inclusão de conjuntos.

A documentação do Oracle 10g também sugere a utilização de visões hierárquicas no gerenciamento de extensões de tabelas pai e subtabelas relacionadas. As visões hierárquicas usam a palavra-chave UNDER da mesma forma que a hierarquia de tipos. Diferentemente das famílias de subtabelas, vários modelos de armazenamento são possíveis para armazenar as visões hierárquicas. O administrador de banco de dados tem de escolher o melhor modelo de armazenamento para assegurar que os usuários saibam usar as visões hierárquicas nas instruções de recuperação e manipulação. Embora as visões hierárquicas possam ser úteis, elas não oferecem substituições satisfatórias para as subtabelas.

Tabelas Aninhadas

O Oracle 10g oferece extenso suporte a múltiplos níveis de tabelas aninhadas, o que corresponde ao recurso de multiconjunto do SQL:2003. Como afirmado antes, a utilização de tabelas aninhadas em bancos de dados de negócios não é fácil de compreender. Até que a teoria e a prática sobre tabelas aninhadas fiquem mais fáceis, sua utilização se limitará a situações especializadas. Para indicar as características das tabelas aninhadas, a lista a seguir resume o suporte do Oracle a esse tipo de tabela:

- Os construtores de tipo TABLE e NESTED TABLE aceitam instruções CREATE TABLE com tabelas aninhadas. Um tipo definido pelo usuário pode ser especificado com o construtor TABLE e depois usado na instrução CREATE TABLE por meio do construtor NESTED TABLE.
- As colunas com tabelas aninhadas podem aparecer nos resultados das consultas. O operador TABLE nivela as tabelas aninhadas se o usuário desejar ver os resultados planos, em vez de aninhados.
- Os operadores de comparação realizam comparações de igualdade, de subconjunto e da quantidade de membros entre as tabelas aninhadas.
- Os operadores de conjunto aceitam operações de união, intersecção e diferença nas tabelas aninhadas, bem como remoção de duplicidade e cardinalidade de tabela aninhada.
- Visões de objetos aceitam vários níveis de tabelas aninhadas.

Suporte a Documentos XML

A linguagem de marcação extensível (XML) surgiu para alicerçar as transações de negócios eletrônicas (*e-business*) entre clientes e organizações. XML é uma metalinguagem que aceita as especificações de outras linguagens. Para restringir os documentos XML, é possível definir esquemas XML. Esse esquema especifica a estrutura, o conteúdo e o significado de um conjunto de documentos XML. Com os esquemas é possível melhorar o intercâmbio de dados, a pesquisa na Internet e a qualidade dos dados. Vários domínios de aplicação desenvolveram os esquemas XML como elementos essenciais do comércio eletrônico.

Tendo em vista a crescente importância dessa linguagem, o suporte ao armazenamento e à manipulação de documentos XML tornou-se prioridade para os SGBDs. A Parte 14 do SQL:2003 dedica-se ao armazenamento e à manipulação de documentos XML. A Oracle e outros fornecedores de SGBDs encabeçaram inúmeras atividades de pesquisa e desenvolvimento para dar suporte às especificações e aos recursos adicionais da Parte 14. O recurso mais notável é o novo tipo de dado XML ao qual a maioria dos fornecedores de SGBDs oferece suporte como tipo de dado pré-construído. Para que você tenha idéia do amplo suporte XML disponível nos SGBDs comerciais, a lista a seguir resume os recursos do Oracle XML DB.

- O tipo de dado XMLType permite que os documentos XML sejam armazenados como tabelas e colunas de uma tabela.
- As variáveis em procedimentos e funções PL/SQL podem usar o tipo de dado XMLType. Uma interface de programação de aplicação para XMLType pode realizar inúmeras operações nos documentos XML.

- Os documentos XML podem ser armazenados em um formato estruturado usando o tipo de dado XMLType ou em um formato não estruturado usando o tipo CLOB. O armazenamento como dado XMLType permite a indexação e otimização especializada de consultas.
- O suporte ao esquema XML aplica-se a documentos XML e a tabelas relacionais. O Oracle pode impor restrições em um esquema XML tanto a tabelas quanto a documentos XML armazenados em um banco de dados.
- A dualidade XML/SQL permite que os mesmos dados sejam manipulados como tabelas e documentos XML. Os dados relacionais podem ser convertidos em XML e exibidos como HTML. Os documentos XML podem ser convertidos em dados relacionais.
- O Oracle oferece compatibilidade para a maioria dos operadores XML no padrão SQL:2003. Mais especificamente, o Oracle oferece suporte aos operadores transversais XML existsNobe(), extract(), extractValue() e updateXML(), e aos operadores XMLSequence() no padrão SQL/XML.
- A reescrita de consulta transforma as operações que se estendem nos documentos XML em instruções SQL padrão. O otimizador de consultas Oracle processa a instrução SQL de reescrita da mesma maneira que processa outras instruções SQL.

Considerações Finais

Este capítulo descreveu os elementos básicos e as arquiteturas destinadas aos SGBDs de objetos. A tecnologia de banco de dados de objetos é impulsionada pela necessidade de integração de dados simples e complexos e por problemas de produtividade de software decorrentes da incompatibilidade entre tipos apresentada pelos SGBDs e pelas linguagens de programação. Três elementos básicos da computação orientada a objetos – encapsulamento, herança e polimorfismo – foram explicados e relacionados com o desenvolvimento de SGBDs de objetos. O encapsulamento é um processo que encobre os detalhes da implementação e permite a independência de dados. Para possibilitar consultas *ad hoc*, o encapsulamento em geral é flexibilizado para os SGBDs. A herança, definida como compartilhamento de códigos e dados, permite a reusabilidade de software. O polimorfismo, possibilidade de implementar procedimentos de múltiplas formas, permite a modificação gradativa do código e um pequeno vocabulário de procedimentos.

Visto que existe uma variedade de formas de implementar esses elementos básicos e pelo fato de sua implementação ser difícil, inúmeras arquiteturas para SGBDs de objetos são oferecidas no mercado. Este capítulo apresentou cinco arquiteturas, descrevendo suas vantagens e desvantagens. As duas primeiras não dão suporte total a esses elementos básicos, na medida em que envolvem esquemas simples para armazenar objetos grandes e utilizam servidores especializados fora de um SGBD. As três últimas oferecem diferentes soluções para a implementação desses elementos básicos. Essas arquiteturas diferem principalmente quanto ao nível de integração com o SGBD. O *middleware* de banco de dados de objeto envolve a menor integração com o SGBD, mas oferece o escopo mais amplo de dados complexos. Os SGBDs objeto-relacionais, além de um kernel relacional, contêm um processador de consulta de objetos. Os SGBDs orientados a objetos contêm tanto o processador de consulta de objetos quanto o kernel do objeto. Dada a crescente aceitação dos recursos objeto-relacionais no SQL:2003, o mercado tem favorecido sobremaneira a abordagem objeto-relacional.

Para oferecer uma visão mais ampla dos bancos de dados de objetos, este capítulo apresentou a definição de banco de dados de objetos e os recursos de manipulação do SQL:2003. Os tipos definidos pelo usuário aceitam novos tipos de dado complexo. As expressões nas consultas podem referenciar colunas baseadas em tipos definidos pelo usuário e usar os métodos dos tipos definidos pelo usuário. O SQL:2003 aceita herança e polimorfismo para os tipos definidos pelo usuário e relacionamentos de inclusão de conjuntos para famílias de subtabelas. Dada a complexidade do SQL:2003, poucos SGBDs apresentam o nível de conformidade aprimorada em relação a esse padrão. Os recursos objeto-relacionais do Oracle 10g foram apresentados para demonstrar a implementação de vários descritores do SQL:2003.

Revisão de Conceitos

- Exemplos de dados complexos que podem ser armazenados em formato digital.
- Utilização de dados complexos enquanto justificativa para a tecnologia de banco de dados de objetos.
- Incompatibilidade entre tipos enquanto justificativa para a tecnologia de banco de dados de objetos.
- O encapsulamento enquanto forma de independência de dados.
- Flexibilização do encapsulamento para dar suporte a consultas *ad hoc*.
- Herança como forma de compartilhamento de códigos e dados.
- Polimorfismo para reduzir o vocabulário de procedimentos e possibilitar o compartilhamento gradativo de códigos.
- Diferença entre vinculação estática e dinâmica.
- Verificação de tipos forte para eliminar erros de incompatibilidade em expressões.
- Motivos que justificam uma variedade de arquiteturas de gerenciamento de banco de dados de objetos.
- Nível de integração com o SGBD para cada arquitetura de gerenciamento de banco de dados de objetos.
- Características de cada uma das arquiteturas de gerenciamento de banco de dados de objetos.
- Motivos por trás da falta de sucesso dos SGBDs compatíveis com o ODMG.
- Tipos definidos pelo usuário no SQL:2003 para definição de operações e dados complexos.
- Famílias de subtabelas no SQL:2003: herança e inclusão de conjuntos.
- Relação entre famílias de subtabelas e tipos definidos pelo usuário.
- Uso do tipo linha e do tipo referência do SQL:2003 em tabelas de objetos.
- Uso de expressões de caminho e do operador de desreferência (→) em instruções SELECT do SQL:2003.
- Referência a subtabelas em instruções SELECT.
- Definição e uso de tipos definidos pelo usuário e de tabelas tipadas no Oracle 10g.
- Diferenças entre descritores no Oracle 10g e SQL:2003.

Questões

1. Como a utilização de dados complexos impulsiona a necessidade de tecnologia de banco de dados de objetos?
2. Que problemas são provocados pela incompatibilidade entre os tipos fornecidos por um SGBD e uma linguagem de programação?
3. Apresente uma aplicação de exemplo que use tanto dados simples quanto complexos. Use uma aplicação diferente da discutida na Seção 18.1.3.
4. Defina encapsulamento. Como o encapsulamento atende à meta de independência de dados?
5. Como os SGBDs de objetos flexibilizam o encapsulamento? Qual é o motivo dessa flexibilização? Qual é a função do controle de segurança de banco de dados como substituto do encapsulamento?
6. Defina herança. Quais são seus benefícios?
7. Defina polimorfismo. Quais são seus benefícios?
8. O que é verificação de tipo forte? Por que essa verificação é importante?
9. Qual a diferença entre vinculação estática e vinculação dinâmica?
10. Que princípios orientados a objetos foram implementados primeiro: as linguagens de programação orientadas a objetos ou os SGBDs de objetos?
11. Faça uma comparação entre a ênfase dada às linguagens de programação orientadas a objetos e a ênfase dada aos SGBDs de objetos.
12. Discuta os motivos pelos quais as arquiteturas para o SGBD de múltiplos objetos foram desenvolvidas.
13. Discuta os benefícios e as limitações do armazenamento de objetos grandes em banco de dados. Por que o software externo é necessário quando se armazenam objetos grandes em um banco de dados?

14. Discuta os benefícios e as limitações da utilização de servidores de mídia especializada.
15. Discuta os benefícios e as limitações da utilização de *middleware* de banco de dados de objetos. Por que esse tipo de *middleware* é compatível com a maioria dos tipos de dado complexo?
16. Discuta os benefícios e as limitações da utilização de um SGBD objeto-relacional. Que mudanças são realizadas no processador de consultas de um SGBD relacional para convertê-lo em um SGBD objeto-relacional?
17. Discuta os benefícios e as limitações da utilização um SGBD orientado a objetos. Em que um SGBD orientado a objetos difere de um SGBD objeto-relacional?
18. Em que posição se encontram o padrão ODMG e os SGBDs compatíveis com o ODMG?
19. Na sua opinião, que arquitetura de SGBD de objetos predominará em cinco anos?
20. O que é um objeto persistente? Qual a diferença entre objeto persistente e objeto temporário?
21. Por que existem duas linguagens-padrão para os SGBDs de objetos?
22. Quais são os componentes de um tipo definido pelo usuário no SQL:2003?
23. Quais são as diferenças entre métodos, funções e procedimentos no SQL:2003?
24. Como os tipos definidos pelo usuário do SQL:2003 são usados nas definições de tabela e expressões?
25. Em que consiste o tipo linha? Como esse tipo é usado nas definições de tabela do SQL:2003?
26. Explique as diferenças no encapsulamento para tipos definidos pelo usuário *versus* tabelas tipadas no SQL:2003.
27. O que é tabela tipada?
28. Qual a sua definição de subtabela?
29. Discuta a relação entre famílias de subtabelas e inclusão de conjuntos.
30. Quais são os efeitos secundários quando uma linha é inserida em uma subtabela?
31. Que efeitos secundários ocorrem quando uma linha de subtabela é atualizada?
32. Que efeitos secundários ocorrem quando uma linha de subtabela é excluída?
33. Qual a diferença entre chave estrangeira e referência?
34. Quando você deve usar uma instrução SELECT como parte de uma instrução INSERT ao adicionar objetos em uma tabela tipada?
35. Qual a diferença entre a notação para combinar tabelas vinculadas por uma chave estrangeira e a notação para uma coluna com um tipo referência?
36. O que é uma expressão de caminho? Quando você usa uma expressão de caminho?
37. Quando você precisa de um operador de desreferência (→) em uma expressão de caminho?
38. Qual é o propósito da palavra-chave ONLY em uma instrução SELECT do SQL:2003?
39. Compare e contraste os métodos no SQL:2003 com os métodos no Oracle 10g.
40. Quais são os critérios de sobreposição de um método no Oracle 10g?
41. Qual é a limitação mais significativa nos bancos de dados de objetos no Oracle 10g, comparativamente aos do SQL:2003?
42. Discuta brevemente a importância dos descritores no Oracle 10g que não fazem parte do SQL:2003.
43. O que é conformidade mínima no SQL:2003?
44. O que é conformidade aprimorada no SQL:2003?
45. Discuta brevemente a situação do teste de conformidade para o SQL:2003.
46. No SQL:2003, qual a diferença entre os tipos de conjunto ARRAY e MULTISET?
47. Quais são as contrapartes do Oracle 10g para os tipos de conjuntos do SQL:2003?
48. Qual é a função das tabelas aninhadas no projeto de tabelas e no desenvolvimento de aplicação de banco de dados?
49. Quais são os tipos pré-construídos de dado definidos pelo usuário que são encontrados comercialmente nos SGBDs empresariais?
50. O que é um pacote no padrão SQL:2003?

Problemas

Os problemas oferecem treinamento na utilização do SQL:2003 e Oracle 10g para definição de tipos definidos pelo usuário e de tabelas tipadas e na utilização de tabelas tipadas. Os problemas 1 a 26 estão relacionados ao SQL:2003 e os problemas 27 a 52 ao Oracle 10g. Se não puder usar o Oracle 10g, use o Oracle 9i ou o IBM DB2. Os problemas estão relacionados com um banco de dados financeiro, como mostra a Figura 18.P1.

FIGURA 18.P1 DER para um Banco de Dados Financeiro

Comercializacao
- NumComerc
- Quantidade
- Data
- Preco
- Tipo
- Status

Comercializadopor .... Faz

Cliente
- NumCliente
- Nome
- Rua
- Cidade
- Estado
- CEP
- Fone
- Email

InstrumentoInvestimento
- IdInstr
- NomeInstr
- PrecoFechamento

Proprietariode

Investimento
- Acaodetida

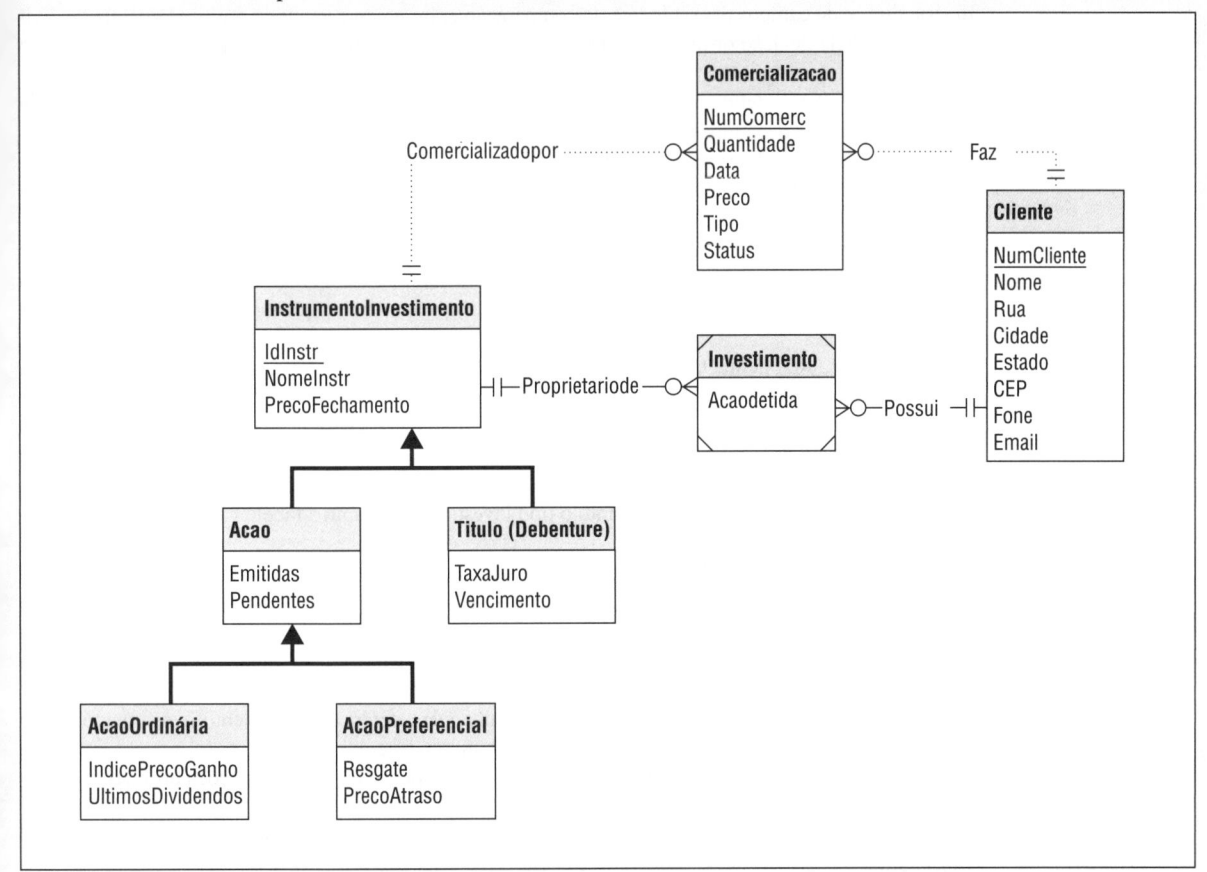

Possui

Acao
- Emitidas
- Pendentes

Titulo (Debenture)
- TaxaJuro
- Vencimento

AcaoOrdinária
- IndicePrecoGanho
- UltimosDividendos

AcaoPreferencial
- Resgate
- PrecoAtraso

TABELA 18.P1
Lista de Métodos para o Tipo TimeSeries

Nome	Parâmetros	Resultado
MediaSemanal	TimeSeries (Séries Temporais)	TimeSeries
MediaMensal	TimeSeries	TimeSeries
MediaAnual	TimeSeries	TimeSeries
MediaMovel	TimeSeries, Start Date (Data Inicial), Number of Values (Número de Valores)	Float (ponto flutuante)
IntervalodeRecuperacao	TimeSeries, Start Date (Data Inicial), Number of Values	TimeSeries

1. Usando o SQL:2003, defina um tipo definido pelo usuário para uma série de tempo. As variáveis de uma série de tempo incluem um array de valores de ponto flutuante (no máximo de 365), a data de início, a duração (o número máximo de pontos de dados na série temporal), o tipo de calendário (pessoal ou comercial) e o período (dia, semana, mês ou ano). Defina os métodos de acordo com a Tabela 18.P1. Você precisa definir os parâmetros dos métodos, não o código para implementá-los. O parâmetro *TimeSeries* refere-se ao objeto implícito *TimeSeries*.

2. Usando o SQL:2003, defina o tipo título e uma tabela tipada de InstrumentoInvestimento. InstrumentoInvestimento dispõe de campos para o IdInst exclusivo, o NomeInst e a série de tempo PrecoFechamento. Tanto o tipo InstrumentoInvestimento quanto a tabela não têm predecessor.

3. Usando o SQL:2003, defina um tipo ação e uma tabela tipada de ação. Ação dispõe de campos para a quantidade de ações emitidas, o número de ações pendentes e a série temporal dos preços de fechamento (PrecoFechamento). A tabela de ação herda da tabela de InstrumentoInvestimento, e o tipo ação herda do tipo InstrumentoInvestimento.

4. Usando o SQL:2003, defina um tipo título e uma tabela tipada de título. Título dispõe de campos para a taxa de juros e a data de vencimento. A tabela de título herda da tabela de InstrumentoInvestimento, e o tipo debênture herda do tipo InstrumentoInvestimento.

5. Usando o SQL:2003, defina um tipo ação ordinária e uma tabela tipada de ação ordinária. Ação ordinária dispõe de campos para o índice de comparação entre preço e ganhos e a última quantia de dividendos. A tabela de ação ordinária herda da tabela de ação, e o tipo ação ordinária herda do tipo ação ordinária.
6. Usando o SQL:2003, defina um tipo ação preferencial e uma tabela tipada de ação preferencial. Ação preferencial dispõe de campos para o preço de resgate e o dividendo em atraso. A tabela de ação preferencial herda da tabela de ação, e o tipo ação preferencial herda do tipo ação ordinária.
7. Usando o SQL:2003, defina um tipo cliente e uma tabela tipada de cliente. Cliente dispõe de campos para o número exclusivo do cliente, nome, endereço, telefone e endereço de *e-mail*. O campo de endereço é um tipo linha com campos para rua, cidade, estado e código postal. O campo telefone é um tipo linha com campos para código de país, código de área e número local. Você deve definir tipos para endereço e telefone para que possam ser reutilizados. Tanto o tipo cliente quanto a tabela não têm nenhum predecessor.
8. Usando o SQL:2003, defina um tipo investimento em carteira e uma tabela tipada de investimento em carteira. Investimento em carteira dispõe de campos para o cliente (tipo de dado referência), o InstrumentoInvestimento (tipo de dado referência) e as ações detidas. A chave primária da tabela *Investimento* é uma combinação do campo *NumCliente* do cliente associado ao campo *IdInstr* do título relacionado. Defina restrições de integridade referencial ou SCOPE para limitar o alcance da referência cliente e a referência InstrumentoInvestimento. Tanto o tipo investimento quanto a tabela não têm nenhum predecessor.
9. Usando o SQL:2003, defina um tipo comercialização e uma tabela tipada de comercialização. Comercialização dispõe de campos para o número exclusivo da comercialização (NumComerc), o cliente (tipo de dado referência), o InstrumentoInvestimento (tipo de dado referência), a data de comercialização, a quantidade, o preço unitário (de compra ou venda) e o status (pendente ou finalizada). A chave primária da tabela *Comercialização* é o número da comercialização. Defina restrições de integridade referencial ou SCOPE para limitar o alcance da referência cliente e da referência InstrumentoInvestimento. Tanto o tipo comercialização quanto a tabela não têm nenhum predecessor.
10. Usando o SQL:2003, insira um objeto na tabela tipada *AcaoOrdinaria* para as ações ordinárias da Microsoft.
11. Usando o SQL:2003, insira um objeto na tabela tipada *AcaoOrdinaria* para as ações ordinárias da Dell Corporation.
12. Usando o SQL:2003, insira um objeto na tabela tipada *AcaoOrdinaria* para as ações ordinárias da IBM. Insira um valor na coluna de preços de fechamento (tipo série temporal) especificando o array de valores, o período, o tipo de calendário, a data de início e a duração.
13. Usando o SQL:2003, insira um objeto na tabela tipada *Titulo* para um título corporativo da IBM.
14. Usando o SQL:2003, insira um objeto na tabela tipada *Cliente*. Use 999999 como o número do cliente, John Smith como o nome do cliente e Denver como a cidade.
15. Usando o SQL:2003, insira um objeto na tabela tipada *Cliente*. Use 999998 como o número da cliente, Sue Smith como o nome da cliente e Boulder como a cidade.
16. Usando o SQL:2003, insira um objeto na tabela tipada *Investimento*. Una o objeto de investimento em carteira ao objeto *InstrumentoInvestimento* Microsoft e ao objeto *Cliente* Sue Smith. Use 200 como o número de ações detidas.
17. Usando o SQL:2003, insira um objeto na tabela tipada *Investimento*. Una o objeto investimento em carteira ao objeto *InstrumentoInvestimento* IBM e ao objeto *Cliente* Sue Smith. Use 100 como o número de ações detidas.
18. Usando o SQL:2003, insira um objeto na tabela tipada *Investimento*. Una o objeto comercialização ao objeto ações ordinárias IBM e ao objeto *Cliente* Sue Smith. Use 100 como a quantidade de ações comercializadas, "compradas" como o tipo comercialização e outros valores de sua preferência nas demais colunas.
19. Usando o SQL:2003, insira um objeto na tabela tipada *Comercializacao*. Una o objeto comercialização ao objeto ações ordinárias Microsoft e ao objeto *Cliente* Sue Smith. Use 200 como a quantidade de ações comercializadas, "compradas" como o tipo comercialização e outros valores de sua preferência nas demais colunas.
20. Usando o SQL:2003, insira um objeto na tabela tipada *Comercializacao*. Una o objeto comercialização ao objeto *Titulo* corporativo IBM e ao objeto *Cliente* John Smith. Use 150 como a quantidade de ações comercializadas, "compradas" como o tipo comercialização e outros valores de sua preferência nas demais colunas.
21. Usando o SQL:2003, atualize a coluna de referência cliente do objeto *Investimento* do problema 17 para objeto *Cliente* John Smith.
22. Usando o SQL:2003, atualize a coluna de referência cliente do objeto *Comercializacao* do problema 19 para objeto *Cliente* John Smith.

23. Usando o SQL:2003, escreva uma instrução SELECT para relacionar os InstrumentosInvestimentos detidos pelos clientes de Denver. Liste apenas os Instrumentos Investimentos que detenham mais de 100 ações. Inclua no resultado o nome do cliente, o símbolo e as ações detidas.
24. Usando o SQL:2003, escreva uma instrução SELECT para relacionar os InstrumentosInvestimentos comprados pelos clientes de Boulder. Inclua no resultado o nome do cliente, o símbolo do Instrumento Investimento, o número da comercialização, a data de comercialização, a quantidade comercializada e o preço unitário.
25. Usando o SQL:2003, escreva uma instrução SELECT para listar o nome do cliente, o símbolo do InstrumentoInvestimento e os preços de fechamento de cada ação detida pelos clientes de Denver.
26. Usando o SQL:2003, escreva uma instrução SELECT para listar o nome do cliente, o símbolo do InstrumentoInvestimento, o número da comercialização, a data de comercialização, a quantidade comercializada e o preço unitário para a compra de ações ordinárias por parte dos clientes de Boulder.
27. Usando o Oracle 10g, defina um tipo definido pelo usuário para uma série temporal. As variáveis de série temporal incluem um array de valores de ponto flutuante (no máximo, 365), a data de início, a duração (o número máximo de pontos de dados na série temporal), o tipo de calendário (pessoal ou comercial) e o período (dia, semana, mês ou ano). Defina os métodos, de acordo com a Tabela 18.P1. Você precisa definir os parâmetros dos métodos, não o código para mplementá-los. O parâmetro *TimeSeries* refere-se ao objeto implícito *TimeSeries*.
28. Usando o Oracle 10g, defina o tipo InstrumentoInvestimento e uma tabela tipada de *InstrumentoInvestimento*. *InstrumentoInvestimento* dispõe de campos para o *IdInstr* (exclusivo), o nome do título e a série temporal dos preços de fechamento. Tanto o tipo *InstrumentoInvestimento* quanto a tabela não têm nenhum predecessor.
29. Usando o Oracle 10g, defina um tipo ação e uma tabela tipada de ação. Ação dispõe de campos para a quantidade de ações emitidas, o número de ações pendentes. A tabela *Acao* herda da tabela *InstrumentoInvestimento*, e o tipo *Acao* herda do tipo *InstrumentoInvestimento*.
30. Usando o Oracle 10g, defina um tipo título e uma tabela tipada de título. Título dispõe de campos para a taxa de juros e a data de maturidade. A tabela *Titulo* herda da tabela *InstrumentoInvestimento*, e o tipo *Titulo* herda do tipo *InstrumentoInvestimento*.
31. Usando o SQL:2003, defina um tipo ação ordinária e uma tabela tipada de ação ordinária. Ação ordinária dispõe de campos para o índice de comparação entre preço e ganhos e a última quantia de dividendos. A tabela de ação ordinária herda da tabela de ação, e o tipo ação ordinária herda do tipo ação ordinária.
32. Usando o Oracle 10g, defina um tipo ação preferencial e uma tabela tipada de ação preferencial. Ação preferencial dispõe de campos para o preço de resgate e o dividendo em atraso. A tabela de ação preferencial herda da tabela de ação, e o tipo ação preferencial herda do tipo ação ordinária.
33. Usando o Oracle 10g, defina um tipo cliente e uma tabela tipada de cliente. Cliente dispõe de campos para o número exclusivo do cliente, nome, endereço, telefone e endereço de *e-mail*. O campo de endereço é um tipo linha com campos para rua, cidade, estado e código postal. O campo telefone é um tipo linha com campos para código de país, código de área e número local. Você deve definir tipos para endereço e telefone para que possam ser reutilizados. Tanto o tipo *Cliente* quanto a tabela não têm nenhum predecessor.
34. Usando o Oracle 10g, defina um tipo investimento em carteira e uma tabela tipada de investimento em carteira. Investimento em carteira dispõe de campos para o cliente (tipo de dado referência), o InstrumentoInvestimento (tipo de dado referência) e as ações detidas. A chave primária da tabela *Investimento* é uma combinação do campo *NumCliente* do cliente relacionado com o campo *IdInstr* do título associado. Defina restrições de integridade referencial ou SCOPE para limitar o alcance da referência cliente e a referência *InstrumentoInvestimento*. Tanto o tipo *Investimento* quanto a tabela não têm nenhum predecessor.
35. Usando o Oracle 10g, defina um tipo comercialização e uma tabela tipada de comercialização. Comercialização dispõe de campos para o número exclusivo da comercialização, o cliente (tipo de dado referência), o *InstrumentoInvestimento* (tipo de dado referência), a data de comercialização, a quantidade, o preço unitário (de compra ou venda) e o *status* (pendente ou finalizada). A chave primária da tabela *Comercializacao* é o número da comercialização. Defina restrições de integridade referencial ou SCOPE para limitar o alcance da referência cliente e da referência *InstrumentoInvestimento*. Tanto o tipo comercialização quanto a tabela não têm nenhum predecessor.
36. Usando o Oracle 10g, insira um objeto na tabela tipada *AcaoOrdinaria* para as ações ordinárias da Microsoft. Para gerenciar as subtabelas, você deve inserir o mesmo objeto também nas tabelas tipadas *Acao* e *InstrumentoInvestimento*.
37. Usando o Oracle 10g, insira um objeto na tabela tipada *AcaoOrdinaria* para as ações ordinárias da Dell Corporation. Para gerenciar as subtabelas, você deve inserir o mesmo objeto também nas tabelas tipadas *Acao* e *InstrumentoInvestimento*.

38. Usando o Oracle 10g, insira um objeto na tabela tipada *AcaoOrdinaria* para as ações ordinárias da IBM. Para gerenciar as subtabelas, você deve inserir o mesmo objeto também nas tabelas tipadas *Acao* e *InstrumentoInvestimento*. Insira um valor na coluna de preços de fechamento (tipo série temporal) especificando o array de valores, o período, o tipo de calendário, a data de início e a duração.
39. Usando o Oracle 10g, insira um objeto na tabela tipada *Titulo* para um título corporativo da IBM.
40. Usando o Oracle 10g, insira um objeto na tabela tipada *Cliente*. Use 999999 como o número do cliente, John Smith como o nome do cliente e Denver como a cidade.
41. Usando o Oracle 10g, insira um objeto na tabela tipada *Cliente*. Use 999998 como o número da cliente, Sue Smith como o nome da cliente e Boulder como a cidade.
42. Usando o Oracle 10g, insira um objeto na tabela tipada *Investimento*. Una o objeto de investimento em carteira ao objeto *InstrumentoInvestimento* Microsoft e ao objeto *Cliente* Sue Smith. Use 200 como o número de ações detidas.
43. Usando o Oracle 10g, insira um objeto na tabela tipada *Investimento*. Una o objeto investimento em carteira ao objeto *InstrumentoInvestimento* IBM e ao objeto *Cliente* Sue Smith. Use 100 como o número de ações detidas.
44. Usando o Oracle 10g, insira um objeto na tabela tipada *Comercializacao*. Una o objeto comercialização ao objeto ações ordinárias IBM e ao objeto *Cliente* Sue Smith. Use 100 como a quantidade de ações comercializadas, "compradas" como o tipo comercialização, e outros valores de sua preferência nas demais colunas.
45. Usando o Oracle 10g, insira um objeto na tabela tipada *Comercializacao*. Una o objeto comercialização ao objeto ações ordinárias Microsoft e ao objeto *Cliente* Sue Smith. Use 200 como a quantidade de ações comercializadas, "compradas" como o tipo comercialização, e outros valores de sua preferência nas demais colunas.
46. Usando o Oracle 10g, insira um objeto na tabela tipada *Comercializacao*. Una o objeto comercialização ao objeto *Titulo* corporativo IBM e ao objeto *Cliente* John Smith. Use 150 como a quantidade de ações comercializadas, "compradas" como o tipo comercialização, e outros valores de sua preferência nas demais colunas.
47. Usando o Oracle 10g, atualize a coluna de referência cliente do objeto *Investimento* do problema 41 para objeto *Cliente* John Smith.
48. Usando o Oracle 10g, atualize a coluna de referência cliente do objeto *Comercializacao* do problema 44 para objeto *Cliente* John Smith.
49. Usando o Oracle 10g, escreva uma instrução SELECT para relacionar os instrumentosinvestimentos detidos pelos clientes de Denver. Liste apenas os instrumentosinvestimentos que detenham mais de 100 ações. Inclua no resultado o nome do cliente, o símbolo (IdInstr) e as ações detidas.
50. Usando o Oracle 10g, escreva uma instrução SELECT para relacionar os Instrumentos Investimentos comprados pelos clientes de Boulder. Inclua no resultado o nome do cliente, o símbolo (IdInstr), o número da comercialização, a data de comercialização, a quantidade comercializada e o preço unitário.
51. Usando o Oracle 10g, escreva uma instrução SELECT para listar o nome do cliente, o símbolo (IdInstr) e o número de ações detidas para cada ação detida pelos clientes de Denver.
52. Usando o Oracle 10g, escreva uma instrução SELECT para listar o nome do cliente, o símbolo (IdInstr), o número da comercialização, a data de comercialização, a quantidade comercializada e o preço unitário para a compra de ações ordinárias por parte dos clientes de Boulder.

Referências para Estudos Adicionais

Este capítulo fez uma introdução detalhada sobre um tema amplo e aprofundado. Para obter mais detalhes, é recomendável consultar livros especializados e *sites* Web. As fontes mais decisivas sobre o SQL:2003 são os documentos oficiais do *InterNational Committee for Information Technology Standards* – INCITS (www.incits.org) [Comitê Internacional para os Padrões da Tecnologia da Informação]. A *Whitemarsh Information Systems Corporation* (www.wiscorp.com/SQLStandards.html) mantém informações importantes sobre os padrões SQL. Visto que os documentos oficiais são difíceis de ler, talvez você prefira os livros sobre o SQL:1999 de Gulutzan e Pelzer (1999) e Melton e Simon (2001). Nenhum livro sobre o SQL:2003 havia sido publicado até o momento em que este capítulo foi finalizado (junho de 2005). *DBAZine* (www.dbazine.com) e *DevX Database Zone* (www.devx.com) oferece conselhos práticos sobre bancos de dados objeto-relacionais. Para obter mais detalhes sobre os recursos objeto-relacionais no Oracle 10g, você deve consultar a documentação *on-line* sobre banco de dados, em *Oracle Technology Network* (www.oracle.com/technology).

Glossário

A

Abordagem de atualização imediata   uma abordagem usada por um gerenciador de recuperação para gravar alterações no banco de dados no disco. Nessa abordagem, as atualizações do banco de dados são escritas no disco quando elas ocorrem, mas depois das atualizações correspondentes no log. Para restaurar um banco de dados, ambas as operações desfazer e refazer podem ser necessárias. Ver também abordagem de atualização postergada e protocolo de escrita avançada do registro (*write ahead log*).

Abordagem de atualização postergada   uma abordagem usada por um gerenciador de recuperação para gravar mudanças do banco de dados em disco. Nesta abordagem, as atualizações do banco de dados são escritas somente após uma transação ser completada. Para restaurar um banco de dados, apenas operações de refazer são utilizadas.

Aceleração (*Speedup*)   no processamento distribuído de banco de dados, a aceleração envolve a diminuição do tempo para completar uma tarefa com uma capacidade computacional adicional. A aceleração mede economias de tempo mantendo a tarefa constante. A aceleração é medida pela relação do tempo da conclusão com a configuração original pelo tempo da conclusão com a capacidade adicional. Ver também sistema de gerenciamento de banco de dados distribuído e crescimento.

Ações em linhas referenciadas   ações possíveis em resposta à exclusão de uma linha referenciada ou à atualização da chave primária de uma linha referenciada. As ações possíveis são: restrita (não permite a ação na linha referenciada), em cascata (executa a mesma ação em linhas relacionadas), atribuição de nulo (atribuir o valor nulo à chave estrangeira das linhas relacionadas) e padrão (atribuir um valor padrão à chave estrangeira das linhas relacionadas).
Ver também linha referenciada.

Administrador de banco de dados (DBA)   um cargo de suporte que é especializado em gerenciar banco de dados individuais e SGBDs.

Administrador de dados (DA)   um cargo gerencial que realiza o planejamento e a definição de políticas para os recursos de informação de uma organização inteira.

Álgebra relacional   um conjunto de operadores para manipular bancos de dados relacionais. Cada operador usa uma ou duas tabelas como entrada e produz uma nova tabela como resultado.

Algoritmo de junção   um algoritmo para implementar o operador de junção. Um componente de otimização de consulta seleciona o algoritmo de junção de menor custo para cada operação de junção em uma consulta. Os algoritmos de junção comuns são os laços aninhados, ordenação–incorporação, junção híbrida, junção *hash* e junção estrela.

Analista/programador   um profissional de sistemas de informação que é responsável por coletar requisitos, projetar aplicações e implementar sistemas de informação. Um analista/programador pode criar e usar visões externas para desenvolver formulários, relatórios e outras partes de um sistema de informação.

Anomalia de modificação   um efeito colateral inesperado que ocorre quando se alteram os dados em uma tabela com redundâncias excessivas.

ANSI (*American National Standards Institute*)   o instituto nacional norte-americano de padrões, um dos grupos responsáveis pelos padrões SQL.

Armazenamento volátil   armazenamento que é perdido quando a energia é desconectada. A memória principal é em geral volátil. O armazenamento não-volátil não se perde se a energia é desconectada. Um disco rígido é um exemplo de armazenamento não-volátil.

Arquitetura cliente–servidor   uma estruturação de componentes (clientes e servidores) e dados entre computadores conectados por uma rede. A arquitetura cliente–servidor suporta um eficiente processamento de mensagens (requisições de serviço) entre clientes e servidores.

Arquitetura de compartilhamento total (SE – *shared everything architecture*)   uma arquitetura para processamento de bancos de dados paralelos na qual memória e discos são compartilhados entre um grupo de processadores. A abordagem SE é geralmente considerada como um computador de multiprocessamento simétrico em vez de uma arquitetura de banco de dados paralela.

Arquitetura de *datawarehouse* ascendente   (do mais específico para o mais genérico) uma arquitetura para um *datawarehouse* na qual os *datamarts* são construídos para o departamento do usuário. Se uma necessidade para um modelo de dados de empresa surgir, os *datamarts* evoluirão para um *datawarehouse*. Ver também arquitetura de *datawarehouse* de dois níveis e arquitetura de *datawarehouse* de três níveis.

Arquitetura de *datawarehouse* de dois níveis   uma arquitetura para um *datawarehouse* em que os departamentos de usuários usam diretamente o *datawarehouse* em vez de *datamarts* menores. Ver também arquitetura de *datawarehouse* de três níveis e arquitetura de *datawarehouse* ascendente.

Arquitetura de *datawarehouse* de três níveis   uma arquitetura para um *datawarehouse* em que os departamentos acessam *datamarts* em vez de acessar o *datawarehouse*. Um processo da extração que envolve os *datawarehouses* periodicamente atualiza os *datamarts*. Ver também arquitetura de *datawarehouse* de dois níveis e arquitetura de *datawarehouse* ascendente.

Arquitetura de disco compartilhado (SD – *shared disk architecture*)   uma arquitetura para o processamento de bancos de dados paralelos em que cada processador tem sua memória particular, mas os discos são compartilhados entre todos os processadores.

Arquitetura de disco em cluster (CD – *clustered disk architecture*)   uma arquitetura para processamento paralelo de banco de dados na qual os processadores de cada cluster compartilham todos os discos, mas nada é compartilhado entre os clusters.

Arquitetura de dois níveis uma arquitetura cliente–servidor em que um cliente PC e um servidor de banco dados interagem diretamente para requisitar e transferir dados. O cliente PC contém o código de interface de usuário, o servidor contém a lógica do acesso aos dados e o cliente PC e o servidor compartilham a lógica de validação e do negócio. Ver também a arquitetura de três níveis e arquitetura de multiníveis.

Arquitetura de grandes objetos uma arquitetura para banco de dados de objeto nos quais grandes objetos (binários ou texto) são armazenados em um banco de dados juntamente com um software externo para manipular grandes objetos.

Arquitetura de serviços Web uma arquitetura que dá suporte ao comércio eletrônico entre organizações. Um conjunto de padrões de Internet relacionados provê suporte a uma alta interoperabilidade entre quem requisita os serviços, quem os fornece e os registros dos serviços. O padrão mais importante é a Web Service Description Language (Linguagem de Descrição de Serviços Web) usada por requisitantes, fornecedores e registros dos serviços.

Arquitetura de servidor de mídia especializada uma arquitetura para bancos de dados de objeto em que um servidor dedicado gerencia dados complexos fora de uma base de dados. Os programadores usam uma interface de programação de aplicativos para acessar dados complexos.

Arquitetura de Três Esquemas uma arquitetura para compartimentalizar descrições do banco de dados. A Arquitetura de Três Esquemas contém o nível externo ou do usuário, o nível conceitual e o nível interno ou físico. A Arquitetura de Três Esquemas foi proposta como uma maneira de alcançar independência de dados.

Arquitetura de três níveis uma arquitetura cliente–servidor com três camadas: um cliente PC, um servidor de banco de dados de retaguarda e um middleware, ou um servidor de aplicativos. Ver também arquitetura de de dois níveis e arquitetura de múltiplos níveis.

Arquitetura em múltiplas camadas uma arquitetura cliente–servidor com mais de três camadas: um cliente PC, um servidor de banco de dados de retaguarda, um servidor de middleware de intervenção e servidores de aplicativos. Os servidores de aplicativos executam a lógica do negócio e gerenciam tipos de dados especializados, tais como imagens. Ver também arquitetura de dois níveis e arquitetura de três níveis.

Arquitetura sem compartilhamento (SN – *shared nothing architecture*) uma arquitetura para processamento de bancos de dados paralelos em que cada processador tem seus próprios discos e memória. Os dados devem ser particionados entre os processadores na arquitetura SN.

Arquitetura sem compartilhamento em cluster (CN – *clustered nothing architecture*) uma arquitetura para processamento paralelo de banco de dados na qual os processadores em cada cluster não compartilham nenhum recurso, mas cada cluster pode ser manipulado para trabalhar em paralelo para desempenhar uma tarefa.

Arquivo um grupo de dados em um dispositivo permanente de armazenamento como um disco rígido. Os dados ou registros físicos são organizados para suportar um processamento eficiente. Arquivos são partes de um esquema interno de um banco de dados.

Arquivo árvore B uma estrutura popular de arquivos suportada pela maioria dos SGBDs porque proporciona um bom desempenho tanto na procura de chaves quanto na procura seqüencial. Um arquivo árvore B é uma árvore balanceada, com múltiplos caminhos. A variante mais popular da árvore B é a árvore B+, na qual todas as chaves são redundantemente armazenadas nos nós das folhas. A árvore B+ proporciona desempenho melhorado nas buscas seqüencial e em subespaços (*range searches*). Uma árvore B pode ser usada como uma estrutura de arquivos primária ou secundária.

Arquivo *hash* uma estrutura de arquivo especializada que provê suporte à busca por chave. Arquivos *hash* transformam um valor-chave em um endereço para possibilitar um acesso rápido. Arquivos *hash* podem ter um desempenho ruim para acesso seqüencial. Um arquivo hash pode ser estático (requer reorganização periódica) ou dinâmico (não requer reorganização periódica). Uma estrutura hash pode ser usada como uma estrutura de arquivo primária ou secundária.

Arquivo seqüencial uma organização simples de arquivos em que os registros são armazenados na ordem da inserção pelo valor-chave. Arquivos seqüenciais são de manutenção simples e fornecem bom desempenho para o processamento de um grande número de registros.

Asserção o tipo mais geral de restrição de integridade suportado pelo SQL:2003. Uma asserção pode envolver uma instrução SELECT de complexidade arbitrária. A instrução CREATE ASSERTION define as asserções no SQL:2003.

Atributo uma propriedade de um tipo de entidade ou relacionamento. Cada atributo tem um tipo de dado definindo valores e operações permissíveis. Atributo é sinônimo de campo e coluna.

Atualização perdida (*Lost update*) um problema de controle de concorrência no qual a atualização de um usuário se superpõe à atualização de outro usuário. Ver também *scholar's lost update*.

Auto-junção (*Self join*) um junção entre uma tabela e ela mesma (duas cópias da mesma tabela). Em geral, a auto-junção é usada para consultar referências de auto-relacionamento.

Auto-relacionamento um relacionamento que envolve a mesma tabela ou tipo de entidade. Auto-relacionamentos representam associações entre membros do mesmo conjunto. Também conhecido como relacionamento unário, reflexivo ou recursivo.

B

Balanceamento de carga um problema do processamento paralelo do banco de dados. O balanceamento de carga envolve a quantidade de trabalho alocada a diferentes processadores em um cluster. O ideal é que cada processador tenha a mesma quantidade de trabalho para utilizar totalmente o cluster. A arquitetura sem compartilhamento é a mais sensível ao balanceamento de carga em decorrência da necessidade de particionar os dados. Ver também arquitetura sem compartilhamento e arquitetura sem compartilhamento em cluster.

Banco de dados uma coleção de dados persistentes que podem ser compartilhados e estar inter-relacionados.

Banco de dados operacional um banco de dados para dar suporte às funções diárias de uma organização. Bancos de dados operacionais provêem suporte diretamente às principais funcionalidades, como processamento de pedidos, produção, contas a pagar e distribuição de produtos.

BCNF (Forma Normal de Boyce-Codd) uma tabela está em BCNF se cada determinante for uma chave candidata. BCNF é a definição revisada de 3NF.

Benchmark **(medida de referência de avaliação)** uma carga de trabalho para avaliar o desempenho de um sistema ou produto. Um bom *benchmark* deve ser relevante, portável, escalável e compreensível.

BLOB (Objeto binário grande) um tipo de dado para campos que contêm grandes dados binários tais como imagens. Dados BLOB podem ser recuperados, mas não mostrados. O tipo de dado BLOB fornece um modo simples de estender um SGBD com componentes de objeto. Ver também Arquitetura de grandes objetos.

Bloqueio uma ferramenta fundamental do controle de concorrência. Um bloqueio em um item do banco de dados impede que outras transações executem ações conflituosas no mesmo item. Ver também bloqueio exclusivo, bloqueio intencional e bloqueio compartilhado.

Bloqueio compartilhado um bloqueio que permite a alguns usuários ler um item do banco de dados, mas impede tais usuários de alterar o valor do item do banco de dados. Bloqueios compartilhados entram em conflito com bloqueios exclusivos, mas não com outros bloqueios compartilhados. Um bloqueio compartilhado indica que um usuário poderá ler, mas não alterar, o valor de um item de banco de dados. Também conhecido como *S-lock*.

Bloqueio exclusivo um bloqueio que impede que outros usuários acessem um item do banco de dados. Bloqueios exclusivos conflitam com todos os outros tipos de bloqueios (compartilhado, outros bloqueios exclusivos e intencional). Um bloqueio exclusivo indica que um usuário mudará o valor de um item do banco de dados. Também conhecido como *X lock*.

Bloqueio intencional um bloqueio em um item grande do banco de dados (tal como uma tabela) indicando a intenção de bloquear itens menores contidos no item maior. Os bloqueios intencionais aliviam a formação de blocos ao bloquear itens densos e permitem uma eficiente detecção de conflitos entre bloqueios de itens de granularidade variada.

Buffer uma área na memória principal contendo registros físicos de um banco de dados transferidos do disco.

Busca exata por *strings* buscar um valor da string usando o operador de comparação por igualdade. Ver também busca inexata por strings.

Busca inexata por *strings* busca um padrão de strings em vez de somente uma string. No SQL, a busca inexata usa o operador LIKE e caracteres de busca de padrões.

C

Cabeçalho da tabela consiste no nome da tabela, nomes das colunas e tipos de dados para cada coluna.

Cardinalidade uma restrição sobre o número de entidades participantes em uma relação. Em um diagrama entidade–relacionamento, os números mínimo e máximo de entidades são especificados para ambas as direções em um relacionamento.

Chave candidata uma superchave mínima. Uma superchave é mínima se, ao remover qualquer coluna, ela não mais se torna única.

Chave do nó campo(s) em um nó de uma estrutura de formulário com valores únicos. A chave do nó raiz é única em todas as instâncias de formulários. A chave de um nó filho é única dentro de seu nó pai.

Chave estrangeira uma coluna ou combinação de colunas na quais os valores devem corresponder aos valores da chave candidata. Uma chave estrangeira deve ter o mesmo tipo de dados que sua chave candidata associada. Na instrução CREATE TABLE do SQL:2003, uma chave estrangeira deve estar associada a uma chave primária em vez de simplesmente a uma chave candidata.

Chave primária uma chave candidata escolhida em particular. A chave primária para uma tabela não pode conter valores nulos.

Chave primária combinada uma combinação de colunas (mais de uma) designada como a chave primária. Também conhecida como uma chave primária composta.

Ciclo de relacionamento uma coleção de relacionamentos organizada em um laço iniciando e terminando com o mesmo tipo de entidade. Deve-se examinar os ciclos de relacionamento para determinar se um relacionamento pode ser derivado de outros relacionamentos.

Ciclo de vida da informação os estágios da transformação da informação em uma organização. Estágios típicos de um ciclo de vida da informação incluem aquisição, armazenamento, proteção, processamento, formatação, disseminação e uso.

Classe uma coleção de objetos. Uma definição de classe inclui variáveis para dados do objeto e métodos para procedimentos do objeto.

CLI (*call-level interface* **– interface em nível de chamada)** um estilo de linguagem para integrar uma linguagem de programação com uma linguagem não-procedural como o SQL. Uma CLI inclui um conjunto de procedimentos e um conjunto de definições de tipo para manipular os resultados das instruções SQL em programas de computador. As CLIs mais usadas: o ODBC (Open Database Connectivity), suportado pela Microsoft, e o JDBC (Java Database Connectivity), suportado pela Oracle, são compatíveis com a CLI do SQL:2003.

Cliente um programa que envia requisições a um servidor, tais como acessar ou atualizar um banco de dados.

CLOB (Objeto caracter grande) um tipo de dado para colunas contendo dados de texto grandes como documentos e páginas da Web. O tipo de dados CLOB proporciona uma maneira simples de estender um SGBD com conteúdo de objeto. Ver também arquitetura de grandes objetos.

Cluster um agrupamento de dois ou mais computadores de modo que eles se comportem como um único computador. Clusters possibilitam flexibilidade adicional para o processamento paralelo de banco de dados. Ver também arquitetura de disco em cluster e arquitetura sem compartilhamento em cluster.

Cluster de Aplicação Real da Oracle (RAC – *Real Application Cluster***)** uma tecnologia da Oracle para processamento de bancos de dados paralelos. O RAC da Oracle usa a arquitetura cluster de disco.

Coerência de cache um problema de processamento paralelo de banco de dados usando arquiteturas de discos compartilhados.

A coerência de cache envolve a sincronização entre as memórias locais e o armazenamento no disco comum. Depois que um processador acessa uma página do disco, a imagem dessa página permanece no cache associada àquele dado processador. Uma inconsistência ocorre se outro processador mudou a página no seu próprio buffer. Ver também arquitetura de disco compartilhado e arquitetura de disco em cluster.

Colisão uma condição que envolve inserções em um arquivo *hash*. Uma colisão ocorre quando dois ou mais registros são mapeados para a mesma localização. Para cada registro, uma função *hash* transforma o valor-chave em um endereço. Ver também arquivo *hash*.

Coluna um campo ou atributo em uma tabela. Cada coluna tem um tipo de dado definindo valores e operações que podem ser permitidos. Coluna é um sinônimo de campo e atributo.

Compartilhado uma característica fundamental dos bancos de dados. Compartilhado significa que um banco de dados pode ter múltiplas utilidades e usuários. Um banco de dados grande pode ter centenas de funções que o usam assim como milhares de usuários que o acessam simultaneamente.

Compatibilidade de união uma exigência para os operadores de união, interseção e diferença da álgebra relacional. A compatibilidade de união requer que ambas as tabelas tenham o mesmo número de colunas e cada coluna correspondente deve ter um tipo compatível de dados.

Condição de grupo uma comparação envolvendo uma função agregada, como, por exemplo, SUM ou COUNT. Condições de grupo não podem se avaliadas até depois que a cláusula GROUP BY seja avaliada.

Condição de linha uma comparação que não envolve uma função agregada. Condições de linha são avaliadas na cláusula WHERE.

Conselho de Processamento de Transações (TPC – *Transaction Processing Council*) uma organização que desenvolve *benchmarks* padrão, específicos para cada domínio e publica os resultados. O TPC desenvolveu *benchmarks* para o processamento de transações de entrada de pedidos, consultas *ad hoc* de suporte a decisões, suporte a decisões referentes a relatórios de desempenho de negócios e processamento de transações de comércio eletrônico na Web. Ver também *benchmark*.

Consulta aninhada uma consulta dentro de uma consulta. Em uma instrução SELECT do SQL, uma instrução SELECT pode fazer parte das condições nas cláusulas HAVING e WHERE. Ver as consultas aninhadas tipo I e tipo II para duas variações. Também conhecida como subconsulta e consulta interna.

Consulta aninhada tipo I uma consulta aninhada na qual a consulta interna não faz referência a nenhuma das tabelas usadas na consulta exterior. As consultas aninhadas tipo I podem ser usadas para alguns problemas de junção e alguns problemas de diferença.

Consulta aninhada tipo II uma consulta aninhada na qual a consulta interna faz referência a uma tabela usada na consulta exterior. As consultas aninhadas tipo II podem ser usadas para alguns problemas de diferença, mas devem ser evitadas para problemas de junção.

Consulta atualizável um para muitos um tipo de visão atualizável no Microsoft Access envolvendo um ou mais relacionamentos 1-M.

Consulta requisição para extrair dados úteis. A formulação de uma consulta envolve traduzir um problema em uma linguagem (como, por exemplo, uma instrução SELECT de SQL) entendida por um SGBD.

Controle de acesso discricionário os usuários recebem direitos ou privilégios de acesso a partes específicas de um banco de dados. O controle de acesso discricionário é o tipo mais comum de controle de segurança suportado por SGBDs comerciais.

Controle de acesso obrigatório uma abordagem de segurança de banco de dados para banco de dados altamente sensíveis e estáticos. Em abordagens de controle obrigatório, a cada objeto é designado um nível de classificação e cada usuário recebe um nível de autorização (*clearance*). Um usuário pode acessar um elemento do banco de dados se o nível de autorização do usuário permitir o acesso ao nível de classificação do elemento.

Controle de concorrência otimista uma abordagem de controle de concorrência em que se permitem transações para acessar um banco de dados sem a aquisição de bloqueios. Em vez disso, o gerenciador de controle de concorrência verifica se ocorreu um conflito. A verificação pode ser realizada ou imediatamente antes de a transação ser efetivada (*commit*) ou após cada leitura e escrita. Ao rever o tempo relativo das leituras e escritas, o gerenciador do controle de concorrência pode determinar se ocorreu um conflito. Se ocorre um conflito, o gerenciador do controle de concorrência emite uma instrução de *rollback* (retornar) e reinicia a transação problemática.

Corpo da tabela sinônimo de linhas de uma tabela.

Crescimento (*Scaleup*) no processamento de banco de dados distribuído, o *scaleup* envolve a quantidade de trabalho que pode ser realizada por uma capacidade computacional crescente. O *scaleup* mede o tamanho potencializado do trabalho que pode ser feito mantendo-se o tempo constante. O *scaleup* é medido como a relação entre a quantidade de trabalho completado e a configuração original para a quantidade de trabalho completado com a maior configuração.

Cubo de dados um formato multidimensional no qual as células contêm dados numéricos chamados "medidas" organizados por assuntos chamados "dimensões". Um cubo de dados é às vezes conhecido como um hipercubo porque conceitualmente ele pode ter um número ilimitado de dimensões.

Cursor uma construção em uma linguagem de programação de banco de dados que permite o armazenamento e a iteração por meio de um conjunto de registros retornados por uma instrução SELECT. Um cursor é semelhante a um vetor dinâmico no qual o tamanho do vetor é determinado pelo tamanho do resultado da consulta. Uma linguagem de programação de banco de dados fornece instruções ou procedimentos para declarar cursores, abrir e fechar cursores, posicionar um cursor e recuperar valores de cursores.

Cursor PL/SQL explícito um cursor que pode ser usado em procedimentos escritos em PL/SQL, a linguagem de programação de banco de dados da Oracle. Um cursor explícito é declarado com a instrução CURSOR na seção DECLARE. Cursores explícitos são manipulados geralmente pelas instruções OPEN, CLOSE e FETCH. Cursores explícitos podem ser referenciados em qualquer lugar dentro da seção BEGIN. Ver também cursor e cursor PL/SQL implícito.

Cursor PL/SQL implícito um cursor que pode ser usado em procedimentos escritos em PL/SQL, a linguagem de programação de banco de dados da Oracle. Um cursor implícito não é declarado nem aberto, explicitamente. Em vez disso, uma versão especial da instrução FOR declara, abre, itera e fecha uma instrução SELECT nomeada localmente. Um cursor implícito não pode ser referenciado fora da instrução FOR no qual ele é declarado. Ver também cursor e cursor PL/SQL explícito.

D

Dados de modificação cooperativos dados obtidos de um sistema-fonte para atualizar um *datawarehouse*. Dados de modificação cooperativos envolvem uma notificação do sistema-fonte em geral no momento em que se completa uma transação usando um gatilho. Ver também dados de movimentação registrados, dados de movimentação tipo *snapshot* (fotografia) e dados de modificação passíveis de consulta.

Dados de movimentação dados de um sistema-fonte que fornece a base para atualizar um *datawarehouse*. Dados de movimentação incluem novos dados-fonte (novas inserções) e modificações nos dados-fonte existentes (atualizações e eliminações). Além disso, dados de movimentação podem afetar tabelas de fatos e/ou tabelas de dimensão. Ver também dados de movimentação cooperativos, dados de movimentação registrados, dados de movimentação tipo *snapshot* (fotografia, instantâneo) e dados de movimentação passíveis de consulta.

Dados de movimentação passíveis de consulta dados obtidos de um sistema-fonte para atualizar um *datawarehouse*. Como os dados de movimentação passíveis de consulta vêm diretamente de uma fonte de dados via uma consulta, a fonte de dados deve ter *timestamps* (registros de tempo). Ver também dados de movimentação cooperativos, dados de movimentação registrados e dados de movimentação tipo *snapshot*.

Dados de movimentação registrados dados obtidos de um sistema-fonte para renovar um *datawarehouse*. Os dados de movimentação registrados envolvem arquivos que gravam alterações ou outra atividade do usuário como a conexão na Web ou registros de transações. Ver também dados de movimentação cooperativos, dados de movimentação tipo *snapshot* e dados de movimentação passíveis de consulta.

Dados de movimentação tipo *snapshot* (fotografia, instantâneo) dados obtidos de um sistema-fonte para atualizar um *datawarehouse*. Dados de movimentação tipo *snapshot* envolvem descartes periódicos dos dados-fonte. Para derivar os dados de movimentação, um operador diferença usa os dois *snapshots* mais recentes. Ver também dados de movimentação cooperativos, dados de movimentação registrados e dados de movimentação passíveis de consulta.

***Database link* (Conexão de banco de dados)** um conceito-chave para os bancos de dados distribuídos pela Oracle. Um *database link* fornece uma conexão de mão única de um banco de dados local a um banco de dados remoto. Os *database links* permitem que um usuário acesse os objetos de outro usuário em um banco de dados remoto sem possuir uma conta no local remoto. Ao usar um *database link*, um usuário remoto fica limitado pelo conjunto de privilégios do proprietário do objeto.

Datamart um subconjunto ou visão de um *datawarehouse*, em geral no nível departamental ou funcional, que contém todos os dados exigidos para as tarefas de suporte a decisões daquele departamento. Além disso, um *datamart* isola os usuários departamentais dos dados usados por outros departamentos. Em algumas organizações, um *datamart* é um pequeno *datawarehouse* em vez de uma visão de um *datawarehouse* maior.

***Datamining* (Exploração de dados)** o processo de descobrir padrões implícitos nos dados armazenados em um *datawarehouse* e usar esses padrões para obter vantagens de negócio como prever tendências futuras.

***Datasheet* (folha de dados)** uma forma de exibir uma tabela na qual os nomes das colunas aparecem na primeira linha e o corpo nas demais linhas. *Datasheet* é um termo do Microsoft Access.

Datawarehouse um repositório central para dados resumidos e integrados de bancos de dados operacionais e fontes de dados externas.

***Deadlock* (Bloqueio perpétuo ou impasse)** um problema de espera mútua que pode ocorrer ao usar bloqueios. Se um *deadlock* não é resolvido, as transações envolvidas esperarão para sempre.

Delimitação de transações uma decisão importante no projeto de transações, no qual um aplicativo que consiste em uma coleção de instruções SQL é dividido em uma ou mais transações. As decisões de delimitação de transações podem afetar (positiva ou negativamente) o *throughput* das transações.

Dependência de existência uma entidade que não pode existir a não ser que outra entidade relacionada exista. Um relacionamento obrigatório produz uma dependência de existência. Ver também relacionamento obrigatório.

Dependência de identificador envolve uma entidade fraca e um ou mais relacionamentos identificadores. Ver também entidade fraca e relacionamento de identidade.

Dependência funcional (DF) uma restrição sobre duas ou mais colunas de uma tabela. X determina Y ($X \to Y$) se existe no máximo um valor de Y para cada valor de X. Uma dependência funcional é semelhante a uma restrição de chave candidata, porque pois se X e Y forem colocados em uma tabela separada, X é uma chave candidata.

Dependência multivalorada (DMV) uma restrição envolvendo três colunas. A DMV $A \to\to B \mid C$ (leia-se A multidetermina B ou C) significa que (1) um dado valor A está associado a um grupo de valores B e C; e (2) B e C são independentes dados os relacionamentos entre A e B e A e C. Todas as DFs (dependências funcionais) também são DMVs, mas nem todas as DMVs são DFs. Uma DMV é não trivial se ela também não for uma DF. Ver também independência de relacionamento e dependência funcional.

Dependência não-efetivada um problema de controle de concorrência no qual uma transação lê os dados escritos por uma outra transação antes que a outra transação seja efetivada. Se a segunda transação abortar, a primeira transação leu dados fantasmas que não mais existirão. Também conhecido como leitura suja.

Dependência transitiva uma dependência funcional derivada pela lei da transitividade. As dependências funcionais transitivas não devem ser registradas como entrada ao processo de normalização. Ver também dependência funcional e lei da transitividade.

Desnormalização combinar tabelas de modo que elas apresentem maior facilidade de consulta. A desnormalização é o oposto da normalização. A desnormalização pode ser útil para melhorar o desempenho das consultas ou para ignorar uma dependência que não causa anomalias de armazenamento significativas.

Determinante   a(s) coluna(s) que aparece(m) no lado da mão esquerda de uma dependência funcional. Também conhecida como uma LHS (*left hand side*).

Dice (Cortar em cubos)   um operador de cubo de dados no qual uma dimensão é substituída por um subconjunto de seus valores. Ver também *slice*.

Dicionário de dados   um banco de dados especial que descreve bancos de dados individuais e o ambiente do banco de dados. O dicionário de dados contém descritores de dados chamados "metadados" que definem a fonte, o uso, o valor e o significado dos dados. Ver também metadados.

Dicionário de recursos de informação (IRD – *Information resource dictionary*)   um banco de dados de metadados que descreve todo o ciclo de vida de sistemas de informação. Um sistema de IRD gerencia o acesso ao IRD. Também conhecido como repositório.

Diferença   um operador da álgebra relacional que combina linhas de duas tabelas. O operador diferença extrai linhas que pertencem apenas à primeira tabela. Ambas as tabelas devem ter compatibilidade de união para usar o operador diferença.

Diferença de tempo de carga   a diferença entre o momento da transação e o momento da carga. Determinar a diferença de tempo de carga é uma parte importante do gerenciamento da renovação de um *datawarehouse*. Ver também diferença de tempo válido.

Diferença de tempo válido   a diferença entre a ocorrência de um evento no mundo real (tempo válido) e o armazenamento do evento em um banco de dados operacional (tempo de transação). Ver também tempo válido, diferença de tempo de carga e tempo de transação.

Dimensão   um rótulo ou assunto que organiza dados numéricos em um cubo de dados. Uma dimensão contém valores conhecidos como "membros", como, por exemplo, uma dimensão de localização tendo como membros os países. As dimensões podem ser organizadas em hierarquias compostas de níveis para suportar as operações de cubos de dados de *drill-down* e *roll-up*. Uma hierarquia de dimensão pode ser fragmentada demonstrando as relações entre os membros do mesmo nível de dimensão.

Divisão   um operador da álgebra relacional que combina linhas de duas tabelas. O operador divisão produz uma tabela na qual os valores de uma coluna de uma tabela de entrada estão associados a todos os valores de uma coluna da segunda tabela.

DMV não-trivial   uma DMV (dependência multivalorada) que também não é uma DF (dependência funcional). Por definição, cada DF é uma DMV. Porém, nem todas as DMVs são DFs. Uma DMV na qual uma coluna está associada a mais de um valor de duas colunas é uma DMV não-trivial.

Drill-down (Desmembramento)   um operador de cubo de dados que suporta navegação de um nível mais geral de uma dimensão para um nível mais específico de uma dimensão. Ver também *roll-up*.

E

Encapsulamento   um princípio da computação orientada a objetos no qual um objeto pode ser acessado somente por meio de sua interface. Os detalhes internos (variáveis e métodos de implementação) não podem ser acessados. O encapsulamento dá suporte a baixos custos de manutenção de software.

Encriptação   envolve a codificação de dados para obscurecer seu significado. Um algoritmo de encriptação modifica os dados originais (conhecidos como texto puro, ou *plaintext*). Para decifrar os dados, o usuário fornece uma chave de encriptação para restaurar os dados encriptados (conhecidos como texto cifrado ou *ciphertext*) para o seu formato original (texto puro).

Engenharia direta   a capacidade de gerar definições para um sistema de gerenciamento de banco de dados alvo a partir das propriedades de um DER (Diagrama Entidade–Relacionamento) e de um dicionário de dados. Ver também ferramenta CASE e engenharia reversa.

Engenharia reversa   a capacidade de extrair definições tendo como alvo um sistema de gerenciamento de banco de dados e usar as definições para criar um DER e as propriedades do dicionário dos dados. Ver também ferramenta CASE e engenharia direta.

Entidade   um cluster de dados em geral sobre um único tópico que pode ser acessado conjuntamente. Uma entidade pode denotar uma pessoa, lugar, evento ou coisa.

Entidade fraca   um tipo de entidade que toma emprestado uma parte ou toda a sua chave primária de um outro tipo da entidade. Uma entidade fraca também existe de forma dependente. Ver também dependência de identificador e relacionamento de identidade.

Equijunção   um operador de junção em que a condição de junção envolve igualdade. Ver também junção e junção natural.

Equivalência de relacionamento   uma regra sobre a equivalência entre relacionamentos 1-M e relacionamentos M-N. Um relacionamento M-N pode ser substituído por um tipo de entidade associativa e dois relacionamentos identificadores 1-M. Ver também tipo de entidade associativa e relacionamento de identidade.

Escrita forçada   a capacidade de controlar quando os dados serão transferidos para armazenamento não-volátil. Esta capacidade é fundamental para o gerenciamento da recuperação. A escrita forçada em geral ocorre no final da transação e no momento do ponto de verificação (*checkpoint*).

Esparcividade (*Sparsity*)   a extensão das células vazias em um cubo de dados. Se um grande número de células estiver vazio, o cubo de dados pode desperdiçar espaço e ter um processamento lento. Técnicas especiais de compressão podem ser usadas para reduzir o tamanho dos cubos de dados esparsos. Esparcividade pode ser um problema se duas ou mais dimensões estiverem relacionadas, como, por exemplo, produtos e regiões onde os produtos são vendidos. Ver também cubo de dados.

Esquema   uma definição das partes conceituais, externas ou internas de um banco de dados. No nível conceitual, um esquema é um diagrama que descreve as entidades e os relacionamentos no banco de dados. Ver também arquitetura de três esquemas, visão externa, esquema conceitual e esquema interno.

Esquema conceitual   uma descrição dos dados que cobre todas as entidades e relacionamentos em um banco de dados. O esquema conceitual está relacionado com o significado de um banco de dados, não com sua implementação física. Ver também esquema, esquema interno, visão externa e Arquitetura de Três Esquemas.

Esquema constelação   uma representação de modelagem de dados para bancos de dados multidimensionais. Em um banco de dados relacional, um esquema constelação contém múltiplas tabelas de fatos no centro relacionado a tabelas de dimensão. Em geral, as tabelas de fatos compartilham algumas tabelas de dimensão. Ver também esquema floco de neve, esquema estrela, tabela de fatos e tabela de dimensão.

Esquema estrela   uma representação de modelagem de dados para bancos de dados multidimensionais. Em um banco de dados relacional, um esquema estrela tem uma tabela de fato no centro relacionada às tabelas de dimensão. Ver também esquema floco de neve, esquema constelação, tabela de fatos e tabela de dimensão.

Esquema floco de neve   uma representação de modelagem de dados para bancos de dados multidimensionais. Em um banco de dados relacional, um esquema floco de neve tem níveis múltiplos da tabelas de dimensão relacionados a uma ou mais tabelas de fato. Deve-se usar o esquema floco de neve em vez do esquema estrela para tabelas de dimensão pequenas que não estão na terceira forma normal. Ver também esquema estrela, esquema constelação, tabela de fatos e tabela de dimensão.

Esquema interno   uma descrição da implementação física de uma banco de dados. Ver também esquema, esquema conceitual, visão externa e Arquitetura de Três Esquemas.

Estilo de produto cruzado   um modo de formular junções em uma instrução SELECT. O estilo de produto cruzado lista as tabelas na cláusula FROM e as condições de junção na cláusula WHERE.

Estilo do operador de junção   uma maneira de formular junções em uma instrução SELECT. O estilo do operador de junção lista as operações de junção na cláusula FROM usando as palavras-chave INNER JOIN e ON.

Estratégia de integração   uma combinação das abordagens incremental e paralela para integrar um conjunto de visões. As visões são divididas em subconjuntos. Para cada subconjunto das visões, a integração incremental é utilizada. A integração paralela geralmente é aplicada aos DERs resultantes da integração dos subconjuntos das visões.

Estrutura de arquivo primária   uma estrutura de arquivo armazenando tanto dados-chave como dados não-chave. Os arquivos seqüenciais só podem ser estruturas de arquivo. Estruturas *hash* e árvores B podem ser estruturas de arquivo primárias ou secundárias. Ver também estrutura de arquivo secundária.

Estrutura de arquivo secundária   uma estrutura de arquivo que armazena dados-chave juntamente com os ponteiros para os dados não-chave. Os índices bitmap podem ser apenas estruturas de arquivo secundárias. Estruturas *hash* e árvores B podem ser estruturas de arquivo primárias ou secundárias. Ver também estrutura de arquivo primária.

Estrutura do formulário   uma hierarquia que descreve a relação entre os campos do formulário. Um grupo de campos do formulário é conhecido como nó. A maioria do formulários apresenta uma estrutura simples com um nó pai (formulário principal) e um nó filho (subformulário).

Expressão   uma combinação de constantes, nomes de colunas, funções e operadores que produz um valor. Nas colunas de condições e de resultados, as expressões podem ser usadas em qualquer lugar em que aparecem os nomes das colunas.

Expressão lógica   uma expressão resultante em um valor verdadeiro (*true*) ou falso (*false*) (booleano).

F

Faixa (*stripe*)   o conjunto de registros físicos que podem ser lidos ou escritos em paralelo no armazenamento tipo RAID. Geralmente, uma faixa contém um conjunto de registros físicos adjacentes.

Fatiamento (*striping*)   uma técnica para alocar registros físicos no armazenamento tipo RAID de modo que as operações de leitura e escrita paralelas sejam possíveis.

Ferramenta CASE   uma ferramenta para facilitar o desenvolvimento de sistemas de informação e de banco de dados. As ferramentas CASE suportam funcionalidades para desenhar, analisar, fazer protótipos, e dicionário de dados. CASE é um acrônimo para engenharia de software auxiliada por computador.

Ferramentas ETL (*Extraction, Transformation, Loading*)   ferramentas de software para extração, transformação e carga de dados de movimentação das fontes de dados para um *datawarehouse*. As ferramentas ETL eliminam a necessidade de escrever códigos customizados para muitas tarefas de manutenção do *datawarehouse*.

Fluxo de trabalho   uma coleção das tarefas relacionadas estruturadas para processo de negócios.

Forma normal   uma regra sobre dependências permissíveis.

Formulário   um documento usado em um processo de negócios, formatado para proporcionar uma maneira conveniente de entrar e editar dados. Um formulário é projetado para suportar uma tarefa de negócios como processar um pedido, matricular-se em uma disciplina ou fazer uma reserva em uma companhia aérea.

Formulário hierárquico   uma janela formatada para entrada e exibição de dados usando uma parte fixa (formulário principal) e uma variável (subformulário). Um registro é exibido no formulário principal e registros múltiplos relacionados são exibidos no subformulário.

Formulário principal   a parte fixa de um formulário hierárquico. O formulário principal mostra um registro por vez.

Fragmento   um subconjunto de uma tabela que está alocada em locais distintos. Os fragmentos podem ser subconjuntos horizontais (operador de restrição), subconjuntos verticais (operador de projeção), subconjuntos horizontais derivados (operador de semi-junção) e combinações destes tipos de fragmentos. Ver também operador de semi-junção, transparência de fragmentação, transparência de localização e transparência de mapeamento local.

Função agregada   uma função de resumo ou estatística. As funções agregadas padrão no SQL são MIN, MAX, COUNT, SUM e AVG.

G

Gatilho   uma regra que é armazenada e executada por um SGBD. Como um gatilho envolve um evento, uma condição e uma seqüência de ações, também é conhecido como regra evento–condição–ação. Os gatilhos não faziam parte do SQL-92, embora muitos fornecedores oferecessem extensões para eles. Os gatilhos fazem parte do SQL:2003. Ver também gatilhos sobrepostos.

Gatilhos sobrepostos   dois ou mais gatilhos com os mesmos tempos, granularidade e tabela aplicável. Os gatilhos se sobrepõem se uma instrução do SQL fizer com que ambos os gatilhos disparem. Não se deve depender de uma ordem particular de disparo para os gatilhos sobrepostos. Ver também gatilho e procedimento de execução de gatilhos.

Gerenciamento de recursos de informação   uma ampla filosofia de gerenciamento que procura usar a tecnologia da informação como uma ferramenta para processar, distribuir e integrar a informação em toda a organização.

Gerenciamento do conhecimento   aplica a tecnologia da informação com as capacidades humanas de processamento da informação e os processos da organização para suportar uma rápida adaptação à mudança.

Granularidade de bloqueio   o tamanho de um item bloqueado do banco de dados. A granularidade de bloqueio é um compromisso entre o tempo de espera (quantidade de concorrência permitida) e sobrecarga (número de bloqueios segurados).

H

Herança   uma funcionalidade de modelagem de dados que provê suporte ao compartilhamento de atributos entre um supertipo e um subtipo. Os subtipos herdam atributos de seus supertipos. No SQL:2003, a herança se aplica tanto aos tipos definidos pelo usuário quanto às famílias de subtabelas. A herança provê suporte ao compartilhamento de códigos e dados entre objetos similares.

Hierarquia de generalização   uma coleção de tipos de entidades organizados em uma estrutura hierárquica para mostrar semelhança nos atributos. Cada subtipo ou entidade filha representa um subconjunto de seu supertipo ou entidade pai. Ver também supertipo e subtipo.

Histograma   um gráfico bidimensional em que o eixo x representa as variações da coluna e o eixo y representa o número de linhas que contém a variação dos valores. Os histogramas suportam dados de distribuição mais detalhados do que a suposição de valor uniforme. Os histogramas fazem parte de um perfil de tabela. Um histograma tradicional ou de mesma largura tem tamanhos de valores de coluna iguais, mas um número variável de linhas em cada barra. Um histograma de mesma altura tem variações de coluna do tamanho variável, mas aproximadamente um mesmo número de linhas em cada barra. A maioria dos SGBDs usa histogramas de mesma altura porque o erro de estimativa máximo e esperado pode ser facilmente controlado com o aumento do número de variações.

HOLAP   um acrônimo para *Hybrid On-Line Analytical Processing* (Processamento Analítico On-Line Híbrido). HOLAP é uma abordagem de implementação que combina as ferramentas de armazenamento MOLAP e ROLAP. HOLAP envolve o armazenamento tanto de dados relacionais quanto de multidimensionais, como também a combinação de dados de ambas as fontes relacional e multidimensional para operações de cubos de dados. Ver também MOLAP e ROLAP.

Homônimo   em integração de visões, um grupo de palavras que têm o mesmo som e geralmente a mesma ortografia, mas têm significados distintos. Homônimos surgem em decorrência do contexto de uso. Ver também sinônimo.

Hot spot (Ponto quente)   dados comuns que múltiplos usuários tentam alterar simultaneamente. Sem um controle de concorrência adequado, os usuários podem interferir-se mutuamente nos *hot spots*. Um *hot spot* independente do sistema não depende dos detalhes de um dado gerenciador de controle de concorrência. Em geral, *hot spots* independentes do sistema envolvem campos ou linhas em um banco de dados. Um *hot spot* dependente do sistema depende dos detalhes do gerenciador de controle de concorrência, especialmente a granularidade de bloqueio.

***HyperText Markup Language* (HTML – Linguagem de Formatação de Hipertexto)**   a linguagem na qual a maioria dos documentos da Web é escrita. HTML combina a estrutura, o conteúdo e o layout de um documento. Ver também XML e XSL.

I

Independência de dados   um banco de dados deve ter uma identidade separada dos aplicativos (programas de computador, formulários e relatórios) que o usam. A identidade separada permite que a definição do banco de dados seja alterada sem afetar os aplicativos relacionados.

Independência de relacionamento   um relacionamento que pode ser derivado de dois relacionamentos independentes.

Índice   uma estrutura de arquivo secundária que fornece um caminho alternativo aos dados. Os índices contêm em geral apenas valores-chave, não os outros campos em um registro lógico. Os índices podem ser organizados como árvores B, estruturas *hash* ou estruturas de bitmap. Ver também arquivo árvore B, arquivo *hash*, índice bitmap.

Índice bitmap   uma estrutura de arquivo secundária consistindo em um valor de coluna e um bitmap (mapa de bits). Um bitmap contém uma posição de bit para cada linha de uma tabela referenciada. Um índice bitmap de junção referencia as linhas que contêm o valor de coluna. Um índice bitmap de junção referencia as colunas de uma tabela filha que se juntam com as linhas da tabela pai contendo a coluna. Os índices bitmap funcionam bem para colunas estáveis com poucos valores típicos de tabelas em um *datawarehouse*. Ver também junção estrela.

Índice cluster   um índice no qual a ordem dos registros dos dados está próximo à ordem dos índices. Um índice cluster pode ser organizado como um índice primário ou uma estrutura de arquivo secundária. Ver também seleção de índice, índice não cluster, estrutura de arquivo primária e estrutura de arquivo secundária.

Índice não-cluster   um índice no qual a ordem dos registros de dados não está relacionada com a ordem do índice. Um índice não-cluster é sempre uma estrutura de arquivo secundária. Ver também seleção de índice, índice cluster e estrutura de arquivo secundária.

Integração incremental   uma abordagem para a integração de visões em que um DER parcialmente integrado é mesclado com a próxima visão. Para integrar n visões, há $n-1$ passos de integração.

Integração paralela   uma abordagem para integração de visões em que todas as visões estão integradas em um só passo. Para integrar n visões, existem n passos de projeto de visões e um passo de integração. Os passos de projeto de visões podem ser realizados em paralelo por equipes de projeto separadas.

Integridade da entidade   uma restrição envolvendo chaves primárias. Duas linhas de uma tabela não podem conter o mesmo valor para a chave primária. Além disso, nenhuma linha pode conter um valor nulo para qualquer coluna de uma chave primária.

Integridade referencial uma restrição de integridade envolvendo uma chave candidata em uma tabela com a chave estrangeira relacionada de outra tabela. Somente dois tipos de valores podem ser armazenados em uma chave estrangeira: (1) um valor correspondente a um valor da chave candidata em algumas linhas da tabela contendo a chave candidata associada, ou (2) um valor nulo. Ver também chave primária, chave candidata e chave estrangeira.

Interface de linguagem procedural um método para combinar uma linguagem não-procedural como a SQL com uma linguagem de programação, como COBOL ou Visual Basic. O SQL embutido é um exemplo de uma interface de linguagem procedural.

Interface em nível de instrução um estilo de linguagem para integrar uma linguagem de programação com uma linguagem não-procedural, tal como SQL. Uma interface em nível de instrução envolve mudanças para a sintaxe de uma linguagem de programação hospedeira para acomodar instruções embutidas do SQL. O SQL:2003 especifica instruções para estabelecer conexões de banco de dados, executar instruções do SQL, usar os resultados de uma instrução do SQL, associar variáveis de programação às colunas do banco de dados, lidar com exceções em instruções do SQL e manipular descritores do banco de dados.

Internet uma "rede das redes" global que é construída de protocolos-padrão.

Inter-relacionado uma característica fundamental de bancos de dados. Inter-relacionado significa que os dados armazenados como unidades separadas podem estar conectados para fornecer um quadro completo. Para dar suporte às características inter-relacionadas, os bancos de dados contêm clusters da dados conhecidos como entidades e relacionamentos que conectam as entidades.

Interseção um operador da álgebra relacional que combina duas linhas de duas tabelas. O operador interseção encontra linhas que são comuns a ambas as tabelas. As duas tabelas devem ser compatíveis quanto à união para que se possa usar o operador interseção.

Intranet um conjunto de computadores e ferramentas de comunicação usando o protocolo TCP/IP. Por razões de segurança, os computadores em uma intranet não são acessíveis de computadores na Internet.

ISO (*International Standards Organization*) Organização Internacional de Padrões, um dos grupos responsáveis pelos padrões SQL.

J

Junção um operador da álgebra relacional usado para combinar linhas de duas tabelas. O operador de junção produz uma tabela contendo linhas que satisfazem uma condição envolvendo uma coluna de cada tabela de entrada. Ver também equijunção e junção natural.

Junção estrela um algoritmo de junção que combina duas ou mais tabelas em que há uma tabela filha relacionada a múltiplas tabelas pai em relacionamentos 1-M. Cada tabela pai deve ter um índice de junção bitmap. A junção estrela é o melhor algoritmo de junção quando há condições altamente seletivas sobre as tabelas pai. O algoritmo de junção estrela é amplamente usado para otimizar consultas em *datawarehouses*. Ver também índice bitmap.

Junção externa (*Outer join*) um operador de álgebra relacional que combina duas tabelas. Em uma junção externa, as linhas combinadas e não combinadas são preservadas no resultado. Ver junção externa de um lado e junção externa completa para obter duas variações dessa operação.

Junção externa completa uma junção externa que produz as linhas correspondentes de parte da junção assim como as linhas não correspondentes das duas tabelas.

Junção externa de um lado (*One-Sided Outer Join*) uma junção externa que produz linhas combinadas (a parte da junção) assim como as linhas não combinadas de apenas uma das tabelas, a tabela de entrada designada.

Junção *hash* um algoritmo de junção que usa um arquivo *hash* interno para cada tabela. O algoritmo de junção *hash* pode ser usado somente para equijunções. A junção *hash* tem um melhor desempenho do que a ordenação-incorporação (*sort merge*) quando as tabelas não estão classificadas ou não existem índices. Ver também ordenação–incorporação.

Junção híbrida um algoritmo de junção que combina os algoritmos de ordenação–incorporação e laços aninhados. A tabela externa deve estar classificada ou ter um índice de coluna de junção. A tabela interna deve ter um índice na coluna de junção. Este algoritmo pode ser usado somente para equijunções. A junção híbrida desempenha melhor do que a ordenação–incorporação quando a tabela interna tem um índice sem cluster na coluna de junção. Ver também laços aninhados e ordenação–incorporação.

Junção natural uma variação do operador de junção em álgebra relacional. Em uma junção natural, a condição de combinação é a igualdade (equijunção), uma das colunas a ser combinada é descartada na tabela resultante e as colunas de junção têm os mesmos nomes não qualificados. Ver também equijunção e junção.

L

Laços aninhados um algoritmo de junção que usa uma tabela externa e uma interna. O algoritmo de laços aninhados é o algoritmo de junção mais geral já que pode ser usado para avaliar todas as operações de junção, não apenas as equijunções. O algoritmo de laços aninhados tem um bom desempenho quando há poucas linhas na tabela externa, ou quando todas as páginas de uma tabela interna cabem na memória. Um índice em uma coluna de junção chave estrangeira permite um uso eficiente do algoritmo de laços aninhados quando existem condições restritivas na tabela pai. Ver também junção *hash* e ordenação–incorporação.

Lei da transitividade uma regra que estabelece que se um objeto A está relacionado a um objeto B e B está relacionado a C, então pode-se concluir que A está relacionado a C. As dependências funcionais obedecem à lei da transitividade. Ver também dependência funcional e dependência transitiva.

Leitura não-repetível um problema de controle de concorrência em que uma transação lê o mesmo valor mais de uma vez. Entre as leituras do item de dados, outra transação modifica o item de dados.

Linguagem de banco de dados não-procedural uma linguagem como o SQL que permite que você especifique que parte do banco de dados acessar em vez de codificar um procedimento complexo. Linguagens não-procedurais não incluem instruções de repetição.

Linguagem de programação de banco de dados uma linguagem procedural com interface para um ou mais SGBDs. A interface permite que um programa combine instruções procedurais com acesso não-procedural ao banco de dados. Ver também CLI (interface em nível de chamada) e interface em nível de instrução.

Linha de detalhe a linha mais interna (mais aninhada) de um relatório hierárquico.

Linha não-combinada uma linha que não se combina com uma linha de uma segunda tabela para satisfazer uma condição de junção. A linha não estará no resultado da operação de junção, mas estará no resultado de uma operação de junção externa.

Linha referenciada uma linha de uma tabela pai com um valor de chave primária que é idêntico aos valores da chave estrangeira das linhas em uma tabela filha. Ver também ações em linhas referenciadas.

M

Mapeamento de esquema descreve como um esquema em um nível superior é derivado de um esquema em um nível inferior. Um mapeamento fornece o conhecimento para converter uma requisição de uma representação do esquema superior em uma representação do esquema inferior. Ver também Arquitetura de Três Esquema e esquema.

Materialização de visão um método para processar uma consulta em uma visão executando a consulta diretamente na visão armazenada. A visão armazenada pode ser materializada sob demanda (no momento em que a consulta da visão é enviada) ou reconstruída periodicamente das tabelas base. Para *datawarehouses*, a materialização é a estratégia preferida para processar consultas de visão.

Mensagem uma requisição para invocar um método em um objeto. Quando um objeto recebe uma mensagem, procura uma implementação em sua própria classe. Se uma implementação não pode ser encontrada, a mensagem é enviada para a classe pai do objeto. Ver também vinculação.

Metadados dados que descrevem outros dados incluindo a fonte, o uso, o valor e o significado dos dados. Ver também dicionário de dados.

Middleware um componente de software em uma arquitetura cliente–servidor que desempenha o gerenciamento de processos. O middleware permite que os servidores processem mensagens com eficiência tendo um grande número de clientes. Além disso, o middleware pode permitir que clientes e servidores se comuniquem por meio de plataformas heterogêneas. Os tipos mais importantes de middleware incluem monitores de processamento de transações, middleware orientado a mensagens e *brokers* de requisições de objeto.

Middleware **de acesso a dados** fornece uma interface uniforme aos dados relacionais e não relacionais usando o SQL. Requisições para acessar dados de um SGBD são enviadas para um driver de acesso aos dados em vez de diretamente ao SGBD. O driver de acesso aos dados converte a instrução SQL em SQL suportado pelo SGBD e então direciona a requisição para o SGBD. Os dois middleware de acesso a dados líderes são o ODBC (*Open Database Connectivity*), suportado pela Microsoft, e o JDBC (*Java Database Connectivity*), suportado pela Oracle.

Middleware **de banco de dados de objetos** uma arquitetura para banco de dados de objetos no qual o middleware gerencia dados complexos possivelmente armazenados fora de um banco de dados juntamente com dados tradicionais armazenados em um banco de dados.

Middleware **orientado a mensagens** mantém uma fila de mensagens. Um processo cliente pode colocar uma mensagem em uma fila e um servidor pode remover a mensagem de uma fila. O middleware orientado a mensagens provê suporte a mensagens complexas entre clientes e servidores.

Modelo de dados um modelo gráfico descrevendo a estrutura de um banco de dados. Um modelo de dados contém tipos de entidades e relacionamentos entre tipos de entidades. Ver também modelo de interação ambiental e modelo de processos.

Modelo de dados corporativo (EDM) um modelo conceitual de dados de uma organização. Um modelo de dados corporativo pode ser usado para o planejamento de dados (quais bancos de dados desenvolver) e suporte à decisão (como integrar e transformar bancos de dados operacionais e fontes de dados externas).

Modelo de dados relacional utilizar tabelas, valores compatíveis para ligações entre tabelas e operadores de tabela para representar uma coleção de dados.

Modelo de interação ambiental um modelo gráfico mostrando o relacionamento entre eventos e processos. Um evento como a passagem do tempo ou uma ação do ambiente pode disparar um processo para iniciar ou parar. Ver também modelo de dados e modelo de processos.

Modelo de maturidade do *datawarehouse* uma estrutura que proporciona orientação sobre decisões de investimento em tecnologia de *datawarehouse*. O modelo consiste em seis estágios (pré-natal, infantil, criança, adolescente, adulto e sábio) no qual o valor do negócio aumenta à medida que as organizações progridem para estágios mais avançados.

Modelo de processos um modelo gráfico mostrando o relacionamento entre os processos. Um processo pode fornecer dados de entrada usados por outros processos ou usar dados de saída de outros processos. O conhecido fluxograma de dados é um exemplo de um modelo de processos. Ver também modelo de dados e modelo de interação ambiental.

Modelo em cascata uma estrutura de referência para o desenvolvimento de sistemas de informação. O modelo em cascata consiste na iteração entre a análise, o projeto e a implementação.

Modificação da visão um método para processar uma consulta em uma visão envolvendo a execução de apenas uma consulta. Uma consulta que usa uma visão é traduzida em uma consulta usando tabelas base ao se substituir referências à visão por sua definição. Para bancos de dados transacionais, a modificação da visão é a estratégia preferida para processar a maioria das consultas de visão.

MOLAP um acrônimo para *Multidimensional On-Line Analytical Processing*, (Processamento Analítico On-line Multidimensional). MOLAP é um mecanismo de armazenamento que armazena e manipula diretamente cubos de dados. As ferramentas MOLAP geralmente oferecem o melhor desempenho em consultas, mas sofrem limitações quanto aos tamanhos de cubos de dados suportados.

Monitor de processamento de transações um tipo inicial e ainda importante de *middleware* de banco de dados. Um monitor de processamento de transações recebe transações, agenda-as e as gerencia até sua conclusão. Os monitores de processamento de transações também podem suportar a atualização de múltiplos bancos de dados em uma única transação.

N

Nível de isolamento define o grau em que uma transação se encontra separada das ações de outras transações. Um projetista de transações pode balancear a sobrecarga do controle de concorrência com problemas de interferência prevenidos por meio da especificação do nível apropriado de isolamento.

Normalização o processo de remover redundâncias de tabelas de modo que as tabelas fiquem mais fáceis de alterar. Para normalizar uma tabela, liste as dependências funcionais e faça tabelas que satisfaçam uma forma normal, geralmente a terceira forma normal (3NF) ou a forma normal de Boyce-Codd (BCNF).

O

Objeto uma instância de uma classe na computação orientada a objetos. Um objeto tem um identificador único que é invisível e inalterável.

OLAP (Processamento Analítico On-Line) nome genérico da tecnologia que provê suporte a bancos de dados multidimensionais. A tecnologia OLAP compreende o modelo de dados multidimensional e as abordagens de implementação.

Oper mart **(*Datamart* operacional)** um datamart "em tempo" (*just-in-time*) construído geralmente de um banco de dados operacional de forma antecipada ou em resposta a eventos importantes como desastres e introdução de novos produtos. Um *oper mart* suporta a demanda de pico quanto à produção de relatórios e à análise dos negócios que acompanha um evento importante. Ver também *datamart*.

Operador BETWEEN-AND um operador de atalho para testar uma coluna de data ou numérica contra uma gama de valores. O operador BETWEEN-AND retorna verdadeiro se a coluna for maior ou igual ao primeiro valor e menor ou igual ao segundo valor.

Operador CUBE um operador que aumenta o resultado normal da instrução GROUP BY com todas as combinações dos subtotais. O SQL:2003 padrão fornece ao operador CUBE como uma extensão da cláusula GROUP BY para suportar dados multidimensionais. O operador CUBE é apropriado para resumir colunas de múltiplas dimensões em vez de colunas representando diferentes níveis de uma única dimensão.

Operador de semijunção um operador da álgebra relacional que é útil especialmente para o processamento distribuído de banco de dados. Uma semijunção é a metade de uma junção: as linhas de uma tabela que se combinam com pelo menos uma linha de outra tabela.

Operador GROUPING SETS um operador na cláusula GROUP BY que requer uma especificação explícita das combinações das colunas. O operador GROUPING SETS é adequado quando é necessário um controle preciso sobre os agrupamentos. O SQL:2003 padrão traz o operador GROUPING SETS como uma extensão da cláusula GROUP BY para suportar dados multidimensionais.

Operador ROLLUP um operador na cláusula GROUP BY que aumenta o resultado normal do GROUP BY com um conjunto parcial de subtotais. O SQL:2003 padrão traz o operador CUBE como uma extensão da cláusula GROUP BY para dar suporte a dados multidimensionais. O operador ROLLUP é apropriado para resumir colunas da mesma hierarquia de dimensão.

Operadores tradicionais de conjunto os operadores de união, interseção e diferença da álgebra relacional.

Ordenação–incorporação (*Sort merge*) um algoritmo de junção que requer que as duas tabelas sejam classificadas na coluna junção. O algoritmo de ordenação–incorporação pode ser usado apenas para equijunções. O algoritmo de ordenação–incorporação tem um bom desempenho se o custo de classificação for pequeno ou se existe um índice de junção em *cluster*. Ver também junção hash e laços aninhados.

P

Pacote uma unidade de modularidade do PL/SQL. Pacotes dão suporte a uma unidade maior de modularidade do que procedimentos ou funções. Um pacote pode conter procedimentos, funções, exceções, variáveis, constantes, tipos e cursores. Agrupando objetos relacionados, um pacote torna um reúso mais fácil do que procedimentos e funções individuais.

Perfil de aplicativo um resumo estatístico dos formulários, relatórios e consultas para acessar um banco de dados. Perfis de aplicativo são um resultado importante da fase de projeto físico do banco de dados porque são usados para prever a demanda para o banco de dados.

Perfil de tabela um resumo estatístico das linhas, colunas e dos relacionamentos participantes de uma tabela. Os perfis de tabela são entradas importantes da fase física do projeto de banco de dados porque são usados para prever a fração de uma tabela acessada em uma consulta.

Persistente uma característica fundamental dos bancos de dados. Persistente significa que os dados têm um tempo de vida maior que a execução de um programa de computador. Para ser persistente, os dados devem residir em um meio de armazenamento estável, como um disco magnético.

Pivot (Pivoteamento) um operador de cubo de dados em que as dimensões em um cubo de dados são refeitas. Ver também cubo de dados.

Planejamento de sistemas de informação o processo de desenvolver modelos corporativos de dados, processos e papéis organizacionais. O planejamento de sistemas de informação avalia os sistemas existentes, identifica oportunidades para aplicar a tecnologia da informação, para obter vantagens competitivas, e planeja novos sistemas. Também conhecido como planejamento de sistemas de negócios, engenharia de sistemas de informação e arquitetura de sistemas de informação.

Plano de acesso uma árvore que codifica decisões sobre as estruturas de arquivo para acessar tabelas individuais, a ordem de junção de tabelas e o algoritmo para juntar tabelas. Planos de acesso são gerados pelo componente de otimização para implementar consultas submetidas pelos usuários.

Polimorfismo um princípio de computação orientada a objetos em que um sistema de computação tem a capacidade de escolher entre múltiplas implementações de um método. A implementação apropriada é escolhida pelo sistema (SGBD de objetos ou linguagem de programação orientada a objetos). O polimorfismo permite um menor vocabulário de procedimentos e um compartilhamento incremental de código.

Ponto de salvamento um ponto intermediário em uma transação em que um *rollback* (reversão) pode ocorrer. Os pontos de salvamento são suportados por extensões proprietárias do SQL e pelo SQL:2003 padrão.

Ponto de verificação (*checkpoint*) difuso uma alternativa aos pontos de verificação de consistência de cache convencionais envolvendo menos sobrecarga, mas podendo exigir mais trabalho de reinício. Em um ponto de verificação difuso, o gerenciador de recuperação apenas escreve as páginas de buffer do ponto de verificação anterior. A maioria dessas páginas já deveria ter sido escrita no disco antes do ponto de verificação. No momento do reinício, o gerenciador de recuperação usa as duas gravações mais recentes do ponto de verificação difuso no registro (*log*). Ver também ponto de verificação.

Ponto de verificação (*checkpoint*) incremental uma alternativa aos pontos de verificação de consistência de cache envolvendo menos sobrecarga, mas podendo exigir mais trabalho no reinício. Em um *checkpoint* incremental, nenhuma página do banco de dados é escrita no disco. Em vez disso, páginas sujas do banco de dados são periodicamente escritas no disco em uma ordem cronológica ascendente. No momento da verificação (*checkpoint*), a posição do registro da página de dados suja mais antiga é gravada para fornecer um ponto de partida para a recuperação. A quantidade de trabalho de reinício pode ser controlada pela freqüência na qual as páginas sujas são escritas. Ver também ponto de verificação (*checkpoint*).

Ponto de verificação (*Checkpoint*) o ato de escrever um registro de ponto de verificação no log e forçar a escrita do log e dos buffers do banco de dados no disco. Toda a atividade da transação deve cessar enquanto ocorre um *checkpoint*. O intervalo de ponto de verificação deve ser escolhido para equilibrar o tempo de reinício com um tempo adicional (*overhead*) do *checkpoint*. Um *checkpoint* tradicional é conhecido como *checkpoint* da consistência do cache. Ver também ponto de verificação (*checkpoint*) difuso e ponto de verificação (*checkpoint*) incremental.

Problema de leitura fantasma um problema de controle de concorrência no qual uma transação executa uma consulta com condições de registrar (gravar), mas outra transação insere novas linhas ou modifica linhas existentes enquanto a primeira transação ainda está em execução. A primeira transação então executa a consulta original novamente, mas os resultados são diferentes dos resultados da primeira execução. As novas linhas são fantasmas porque não existiam para a primeira execução da consulta.

Procedimento armazenado um grupo de instruções que são gerenciadas por um SGBD. Os procedimentos armazenados estendem as potencialidades de SQL. A maioria dos SGBDs fornece uma linguagem proprietária na qual se escrevem os procedimentos armazenados.

Procedimento de execução de gatilhos especifica a ordem de execução entre vários tipos de gatilho, restrições de integridade e instruções de manipulação do banco de dados. Os procedimentos de execução de gatilhos podem ser complexos porque as ações de um gatilho podem disparar outros gatilhos. Ver também gatilhos sobrepostos.

Procedimento de síntese simples uma série de passos para produzir tabelas em BCNF usando um grupo de dependências funcionais. O procedimento de síntese simples limita-se a estruturas de dependência simples.

Processamento de transações processamento eficiente e confiável de grandes volumes de trabalho repetitivo. Os SGBDs asseguram que usuários simultâneos não interferem uns com os outros e que falhas não causam trabalho perdido. Ver também transação.

Processamento distribuído permite que computadores dispersos geograficamente cooperem entre si para fornecer acesso aos dados e outras funcionalidades. Ver também arquitetura cliente–servidor.

Processo de avaliação conceitual a seqüência de operações e tabelas intermediárias usadas para derivar o resultado de uma instrução SELECT. O processo de avaliação é conceitual porque a maioria dos compiladores SQL pegará muitos atalhos para produzir o resultado. O processo de avaliação conceitual pode ajudá-lo a ter uma compreensão inicial da instrução SELECT assim como ajudá-lo a entender problemas mais difíceis.

Processo de Hierarquia Analítica uma técnica de teoria de decisão para avaliar problemas com objetivos múltiplos. O Processo de Hierarquia Analítica pode ser usado para selecionar e avaliar SGBDs ao permitir uma atribuição sistemática de pesos aos requisitos e pontuar as características dos SGBDs candidatos.

Produto cartesiano estendido um operador da álgebra relacional que combina duas tabelas. O operador do produto cartesiano estendido (produto, para resumir) constrói uma tabela de duas tabelas consistindo em todas as combinações possíveis de linhas, uma de cada tabela de entrada.

Projeção (*Project*) um operador da álgebra relacional. Um operador de projeção recupera um subconjunto de colunas especificadas da tabela de entrada. As linhas duplicadas são eliminadas no resultado se estiverem presentes.

Propriedades ACID propriedades de transação suportadas por SGBDs. ACID é um acrônimo para atômico, consistente, isolado e durável. Atômico significa tudo ou nada. Consistente significa que um banco de dados não viola as restrições de integridade antes ou depois de uma transação ser completada com sucesso. Isolado significa que outras transações não podem ver as atualizações feitas por uma transação antes do término desta transação. Durável significa que os efeitos de uma transação são permanentes após ser efetivada mesmo se ocorrer uma falha.

Protocolo de bloqueio em duas fases (2PL – *Two-Phase Locking Protocol*) uma regra para assegurar que as transações simultâneas não interfiram umas com as outras. O 2PL requer que os bloqueios sejam usados antes da leitura ou da escrita de um item do banco de dados, uma transação fica em espera se um bloqueio conflitante estiver segurando um item de dados e os bloqueios não são liberados até que novos bloqueios não sejam mais necessários. Para simplificar a implementação, a maioria dos SGBDs assegura pelo menos os bloqueios exclusivos até uma transação ser efetivada (*commit*).

Protocolo de cópia primária um protocolo para controle de concorrência de transações distribuídas. Cada fragmento replicado é designado ou como a cópia primária ou como cópia secundária. Durante o processamento de transações distribuídas, só a cópia primária tem a garantia de ser atual ao final de uma transação. Atualizações podem ser propagadas para cópias secundárias após o fim de uma transação.

Protocolo de efetivação em duas fases (2PC – *Two-Phase Commit Protocol*) uma regra para assegurar que as transações distribuídas sejam atômicas. O 2PC usa uma fase de votação e uma de decisão para coordenar as efetivações de transações locais.

Protocolo de escrita avançada do registro (WAL – *write ahead log***)** no processo imediato de recuperação de uma atualização, os eventos do log (registro) devem ser escritos em um armazenamento estável antes dos registros correspondentes do banco de dados.

Protótipo uma implementação rápida de um aplicativo em um sistema de informação. Os protótipos podem apresentar formulários, relatórios e menus para possibilitar o retorno dos usuários.

Q

Qualificação de nome preceder o nome de uma coluna com o nome de sua tabela. O nome da coluna sozinho é uma abreviação. Se o mesmo nome de coluna aparece em duas tabelas em uma instrução SQL, o nome da coluna deve ser qualificado com o nome de sua tabela. A combinação do nome da tabela e do nome da coluna deve ser única em todas as tabelas de um banco de dados.

Quarta forma normal (4FN) uma tabela está em 4FN se ela não contém nenhuma DMV (dependência multivalorada) não-trivial. Uma DMV não-trivial é uma DMV que também não é uma DF (dependência funcional).

R

RAID (*Redundant Array of Independent Disks* **– Matriz Redundante de Discos Independentes)** uma coleção de discos (uma matriz de discos) que opera como um único disco. O armazenamento tipo RAID dá suporte a operações paralelas de leitura e escrita com alta confiabilidade.

RAID-1 uma arquitetura de armazenamento tipo RAID em que matrizes redundantes de discos fornecem confiabilidade e desempenho altos, mas com uma grande sobrecarga de armazenamento. A RAID-1 usa espelhamento de discos para alcançar desempenho e confiabilidade altos.

RAID-5 uma arquitetura de armazenamento tipo RAID em que páginas de correção de erros localizadas aleatoriamente proporcionam alta confiabilidade sem uma sobrecarga de armazenamento excessiva. A RAID-5 usa o fracionamento (*striping*) para atingir bom desempenho e confiabilidade sem uma sobrecarga de armazenamento excessiva.

Recurso de particionamento de banco de dados (DPF – *Database Partitioning Feature***)** uma tecnologia IBM para processamento de banco de dados paralelos. A opção DPF do DB2 Enterprise Server Edition da IBM usa a arquitetura sem compartilhamento em cluster.

Reescrita de consulta um processo de substituição em que uma visão materializada substitui referências a tabelas de fato e dimensão em uma consulta. Além de executar a substituição, o otimizador de consultas avalia se a substituição irá melhorar o desempenho em comparação com a consulta original. Ver também visão materializada.

Registro de transações uma tabela que contém um histórico das alterações no banco de dados. O gerenciador de recuperação usa o registro para realizar a recuperação após falhas.

Registro físico coleção de bytes que são transferidos entre o armazenamento volátil na memória principal e o armazenamento estável em um disco. O número de acessos ao registro físico é uma medida importante de desempenho de um banco de dados.

Regras de autorização definem usuários autorizados, operações permissíveis e partes acessíveis do banco de dados. O sistema de segurança do banco de dados armazena regras de autorização e aplica-as para cada acesso ao banco de dados. Também conhecidas como restrições de segurança.

Regras sobre linhas referenciadas regras que descrevem ações em linhas referenciadas quando uma linha em uma chave primária da tabela (a linha referenciada) é excluída ou sua chave primária é atualizada.

Relação sinônimo de tabela. Um termo usado em pesquisas acadêmicas sobre bancos de dados.

Relacionamento de identidade um relacionamento que fornece um componente de uma chave primária a uma entidade fraca. Ver também entidade fraca e dependência de identificador.

Relacionamento muitos para muitos (M-N) no Modelo Entidade-Relacionamento, um relacionamento no qual objetos de cada tipo de entidade podem estar relacionados com muitos objetos do outro tipo de entidade. Relacionamentos M-N têm cardinalidades máximas maiores que um em cada direção. No Modelo Relacional, dois relacionamentos 1-M e uma tabela de ligação ou associativa representam um relacionamento M-N. Ver também relacionamento um para muitos e relacionamento.

Relacionamento *N-ários* (multicaminhos) um relacionamento envolvendo mais que dois tipos de entidades. Em algumas notações de DER como a Crow´s Foot ("pé-de-galinha"), um relacionamento N-ário é representado como um tipo de entidade associativa N-ária. Um tipo de entidade associativa N-ária tem mais de dois relacionamentos de identificação.

Relacionamento obrigatório um relacionamento com uma cardinalidade mínima de um ou mais. Um relacionamento obrigatório produz uma dependência de existência no tipo de entidade associado à cardinalidade mínima de um. Ver também relacionamento opcional e dependência de existência.

Relacionamento opcional um relacionamento com uma cardinalidade mínima de zero. Um relacionamento opcional significa que as entidades podem ser armazenadas sem participação no relacionamento. Ver também relacionamento obrigatório.

Relacionamento ternário um relacionamento que envolve três tipos de entidade. Em algumas notações de DER, como a notação Crow's Foot ("pé-de-galinha"), um relacionamento ternário é representado como um tipo de entidade associativa com três relacionamentos 1-M.

Relacionamento um para muitos (1-M) no Modelo Entidade–Relacionamento, um relacionamento no qual a cardinalidade máxima é 1 em uma direção e M na outra direção. No Modelo de Dados Relacional, uma restrição de integridade referencial geralmente indica um relacionamento 1-M. Ver também relacionamento e relacionamento muitos para muitos.

Relacionamento no Modelo Entidade–Relacionamento, um relacionamento é uma associação nomeada entre tipos de entidade. No Modelo Relacional, um relacionamento é uma ligação entre tabelas demonstrada por valores de coluna em uma tabela que correspondem a valores de coluna em outra tabela. As restrições de integridade referencial e chaves estrangeiras indicam relacionamentos no Modelo Relacional. Ver também relacionamento um para muitos, relacionamento muitos para muitos e integridade referencial.

Relatório hierárquico uma exibição formatada de uma consulta usando indentação para mostrar agrupamentos e classificações.

Também conhecido como relatório com controle de quebras (*control break report*).

Relatório uma apresentação estilizada de dados adequada para um público selecionado. Os relatórios destacam a aparência dos dados que são exibidos ou impressos. Ver também relatório hierárquico.

Restrição de completude uma restrição sobre hierarquias de generalização. Uma restrição de completude significa que toda entidade em um supertipo tem uma entidade relacionada em um dos subtipos. Em outras palavras, a união do conjunto de entidades nos subtipos é igual ao conjunto de entidades no supertipo.

Restrição de disjunção uma restrição sobre hierarquias de generalização. Uma restrição de disjunção significa que os subtipos não compartilham nenhuma entidade comum. Em outras palavras, a interseção dos conjuntos de entidades nos subtipos é vazia.

Restrição de renovação uma restrição em um *datawarehouse* ou em um sistema-fonte que limita os detalhes de um processo de renovação. As restrições de renovação podem ser classificadas como acesso a fonte, integração, disponibilidade do *datawarehouse* ou completude/consistência.

Restrição ou seleção (*Restrict*) um operador de álgebra relacional. Um operador de restrição busca um subconjunto de linhas que satisfaz uma dada condição.

ROLAP um acrônimo para *Relational On-Line Analytical Processing* (Processamento Analítico Relacional On-Line). O ROLAP envolve extensões do SGBD relacional para dar suporte a dados multidimensionais. Os mecanismos ROLAP provêm suporte a uma variedade de técnicas de armazenamento e de otimização para a busca de dados de resumo.

Roll-up **(agregação)** um operador de cubo de dados que dá suporte à navegação de um nível mais específico para um nível mais geral de uma dimensão. O operador *roll-up* requer uma dimensão hierárquica. Ver também *drill-down*.

S

SAN (*Storage area network* – rede de área de armazenamento) uma rede de alta velocidade especializada que conecta dispositivos e servidores de armazenamento. O objetivo da tecnologia SAN é integrar tipos diferentes de subsistemas de armazenamento em um único sistema e eliminar o gargalo potencial de um único servidor controlando dispositivos de armazenamento. Uma SAN é complementar ao armazenamento em disco tipo RAID.

Scholar's lost update uma variação do problema da atualização perdida (*lost update*). A palavra "scholar" (estudioso) é irônica no sentido de que a atualização perdida do estudioso difere muito pouco do problema da atualização perdida tradicional. A única diferença essencial entre o problema da atualização perdida do estudioso e o problema da atualização perdida tradicional é que a transação A é validada (*commit*) antes de a transação B alterar os dados comuns. Ver também atualização perdida.

Segunda forma normal (2FN) uma tabela está em 2FN se cada coluna não-chave é dependente de toda a chave primária, e não de parte dela.

Segurança do banco de dados proteger bancos de dados contra acessos não autorizados e destruição mal-intencionada.

Seleção de índice para cada tabela, selecionar no máximo um índice cluster e zero ou mais índices não-cluster. Em um índice cluster, a ordem dos registros dos dados está próximo à ordem do índice. Em um índice não-cluster, a ordem dos registros dos dados não está relacionada à ordem do índice. A seleção de índice é um subproblema importante do projeto físico do banco de dados. A seleção de índice geralmente escolhe índices árvore-B. Outros tipos de índices (*hash* e *bitmap*) também podem ser considerados.

Servidor um programa que processa requisições de um cliente. Um servidor de banco de dados pode interpretar instruções SQL, encontrar dados, atualizar tabelas, verificar regras de integridade e devolver dados aos clientes.

SGBD (Sistema de Gerenciamento de Banco de Dados) um conjunto de componentes que dão suporte à aquisição, disseminação, manutenção, recuperação e formatação de dados. Um SGBD empresarial provê suporte aos bancos de dados que são fundamentais para uma organização. Um SGBD de estações de trabalho provê suporte a bancos de dados para pequenos grupos de trabalho ou pequenos negócios. Um SGBD embarcado é parte de um sistema maior como uma ferramenta ou aplicativo. SGBDs embarcados fornecem funcionalidades limitadas, mas possuem baixos requisitos de memória, processamento e armazenamento.

SGBD corporativo provê suporte a bancos de dados que com freqüência são fundamentais para o funcionamento de uma organização. Os SGBDs corporativos geralmente rodam em servidores poderosos e têm um alto custo. Ver também SGBD para estações de trabalho e SGBD embutido.

SGBD distribuído um conjunto de componentes que provê suporte a requisições de dados residentes em múltiplos locais. Um SGBD distribuído encontra dados remotos, otimiza solicitações globais e coordena transações em múltiplos locais. Também conhecido como SGBDD (sistema de gerenciamento de banco de dados distribuído).

SGBD embutido reside em um sistema maior, em um aplicativo, ou em um aparelho como um PDA (Personal Digital Assistant) ou *smart card* (cartão inteligente). Os SGBDs embutidos possuem funcionalidades de processamento de transações limitadas, mas têm baixos requisitos de memória, processamento e armazenamento. Ver também SGBD para estações de trabalho e SGBD corporativo.

SGBD objeto-relacional (SGBDOR) um SGBD relacional estendido com um processador de consulta de objetos para tipos de dados definidos pelo usuário. O SQL:2003 fornece o padrão para os SGBDs objeto-relacionais.

SGBD orientado a objetos (SGBDOO) um novo tipo de SGBD projetado especialmente para objetos. Os SGBDs orientados a objetos têm um processador de consulta de objetos e um kernel (núcleo) de objetos. O Grupo de Gerenciamento de Dados de Objetos fornece os padrões para os SGBDs orientados a objetos.

SGBD para estações de trabalho provê suporte a bancos de dados usados por equipes de trabalho e pequenos negócios. Os SGBDs, para estações de trabalho são projetados para rodar em computadores pessoais e pequenos servidores. Ver também SGBD corporativo e SGBD embutido.

SGBD relacional um sistema que utiliza o Modelo de Dados Relacional para administrar coleções de dados.

Sinônimo na integração de visões, um grupo de palavras que são escritas de forma diferente, mas têm o mesmo significado. Os sinônimos ocorrem freqüentemente porque as partes diferentes de uma organização podem usar um vocabulário diferente para descrever as mesmas coisas. Ver também homônimo.

Sistema um conjunto de componentes relacionados que trabalham conjuntamente para realizar alguns objetivos.

Sistema de Gerenciamento de Banco de Dados Paralelo (SGBD) um SGBD capaz de utilizar recursos computacionais fortemente acoplados (processadores, discos e memória). O acoplamento forte é alcançado por redes com tempo de troca de dados comparável ao tempo de troca de dados com um disco. A tecnologia de banco de dados paralelo promete melhorias de desempenho e alta disponibilidade, mas problemas de interoperabilidade se não gerenciada adequadamente. Ver também aceleração e crescimento.

Sistema de informação um sistema que aceita dados do seu ambiente, processa os dados e produz dados de saída para a tomada de decisão. Um sistema de informação consiste em pessoas, procedimentos, dados de entrada, dados de saída, banco de dados, software e hardware.

***Slice* (Fatiar em cubos)** um operador de cubo de dados em que uma dimensão é substituída por um único valor membro ou um resumo dos seus valores membro. Ver também *dice*.

SQL um acrônimo para Structured Query Language (Linguagem de Consulta Estruturada). SQL é uma linguagem de banco de dados padrão da indústria que inclui instruções para a definição do banco de dados (como a instrução CREATE TABLE), a manipulação da base de dados (como a instrução SELECT) e o controle do banco de dados (como a instrução GRANT). SQL começou como uma linguagem proprietária desenvolvida pela IBM e é agora um padrão internacional extensamente utilizado para bancos de dados.

SQL embutido usa o SQL dentro de uma linguagem de programação hospedeira como COBOL ou Visual Basic. Instruções adicionais do SQL que podem ser usadas somente em uma linguagem de programação fazem com que outras instruções do SQL sejam executadas e usem os resultados do banco de dados dentro do programa. Ver também SQL independente.

SQL independente utiliza um editor especializado que submete instruções de SQL diretamente ao SGBD e mostra os resultados obtidos do SGBD. Ver SQL embutido.

SQL:2003 o padrão mais recente de SQL (Linguagem de Consulta Estruturada). O SQL:2003 dá suporte a numerosas extensões do SQL-92 e funcionalidades atualizadas primeiramente especificadas no padrão anterior (SQL:1999). O SQL:2003 padrão inclui nove partes e sete pacotes. O núcleo do SQL:2003 consiste das partes 1, 2 e 11. Cada parte fora do núcleo contém funcionalidades obrigatórias e opcionais. Um pacote é uma coleção de características opcionais para alguma área de aplicação ou ambiente de implementação.

Subconsulta ver consulta aninhada.

Subformulário (Subforo) a variável ou a parte que se repete em um formulário hierárquico. O subformulário pode mostrar múltiplos registros de uma só vez.

Subtipo um tipo de entidade filha em uma hierarquia de generalização. Um subtipo representa um tipo de entidade mais especializado do que seu supertipo.

Sumário incorreto um problema de controle de concorrência no qual uma transação lê vários valores, mas outra transação atualiza alguns dos valores enquanto a primeira transação ainda está em execução. Também conhecido como análise inconsistente.

Sumarização um operador da álgebra relacional que comprime as linhas de uma tabela. Um operador de sumarização produz uma tabela com linhas que resumem as linhas da tabela de entrada. Funções agregadas são usadas para resumir as linhas da tabela de entrada.

Superchave uma coluna ou uma combinação de colunas que contêm valores únicos para cada linha. A combinação de cada coluna em uma tabela é sempre uma superchave porque as linhas em uma tabela devem ser únicas.

Supertipo um tipo de entidade pai em uma hierarquia de generalização. Um supertipo representa um tipo mais geral de entidade do que seus subtipos.

Suposição de valores uniforme supor que cada valor da coluna é igualmente provável (tem o mesmo número de linhas). A suposição de valores uniforme permite uma representação compacta de uma distribuição, mas pode conduzir a grandes erros de estimativa que levam a escolhas erradas quanto à otimização de consultas e seleção de índice.

T

Tabela um arranjo de dados bidimensional identificado. Uma tabela consiste em um cabeçalho e um corpo.

Tabela com preservação de chaves uma expressão da Oracle para uma tabela atualizável em uma visão de junção. Uma visão de junção preserva uma tabela se toda chave candidata da tabela puder ser uma chave candidata da tabela de resultado da junção. Isso significa que as linhas de uma visão de junção atualizável podem ser mapeadas de uma maneira 1-1 e cada tabela com chaves preservadas. Em uma junção envolvendo um relacionamento 1-M, a tabela filha poderia ter suas chaves preservadas, pois cada linha filha está associada a no máximo uma linha pai.

Tabela de dimensão uma tabela em um esquema estrela ou floco de neve que armazena as dimensões ou os assuntos usados para agrupar fatos.

Tabela de fatos uma tabela em um esquema estrela ou floco de neve que armazena valores numéricos de relevância para um tomador de decisão. Ver também esquema estrela e esquema floco de neve.

Tabela de fatos acumulativos uma tabela de fatos que registra a situação de múltiplos eventos em vez de um só evento. Cada coluna de ocorrência de evento pode ser representada por uma chave estrangeira na tabela de tempo, juntamente com uma coluna de tempo do dia se necessário.

Taxa de produtividade de transação (*Throughput*) o número das transações processadas por intervalo de tempo. É uma medida de desempenho do processamento de transações. Em geral, a taxa de produtividade de transação é informada em transações por minuto.

Tecnologia de banco de dados de primeira geração estruturas de arquivos proprietários e interfaces de programas que forneciam suporte a buscas randomizadas e seqüenciais. No entanto, o usuário tinha que escrever um programa de computador para acessar os dados. A tecnologia de banco de dados de primeira geração foi desenvolvida em grande parte durante a década de 1960.

Tecnologia de banco de dados de quarta geração estende as fronteiras da tecnologia de banco de dados para dados não convencionais e Internet. Os sistemas de quarta geração podem armazenar e manipular tipos de dados não convencionais como imagens, vídeos, mapas, sons e animações, bem como proporcionar acesso via Web ao banco de dados. A tecnologia de banco de dados de quarta geração foi comercializada principalmente durante a década de 1990.

Tecnologia de banco de dados de segunda geração verdadeiramente os primeiros SGBDs que gerenciavam múltiplos tipos de entidades e relacionamentos. Contudo, para obter acesso aos dados, um programa de computador ainda precisava ser escrito. A tecnologia de banco de dados de segunda geração foi desenvolvida em sua maior parte durante os anos de 1970.

Tecnologia de banco de dados de terceira geração SGBDs relacionais que incorporam acesso não-procedural, tecnologia de otimização e funcionalidade de processamento de transações. A tecnologia de banco de dados de terceira geração foi amplamente comercializada durante a década de 1980.

Tempo de carga o tempo em que um *datawarehouse* é atualizado.

Tempo de transação o tempo em que uma fonte de dados operacional é atualizada.

Tempo válido o tempo em que um evento ocorre.

Terceira forma normal (3FN) uma tabela está em 3FN se estiver em 2FN e todas as colunas não-chave forem dependentes somente da chave primária.

Tipo de dados define um conjunto de valores e operações permitidas sobre os valores. Cada coluna de uma tabela é associada a um tipo de dados.

Tipo de entidade associativa uma entidade fraca que depende de dois ou mais tipos de entidade para sua chave primária. Um tipo de entidade associativa com mais de dois relacionamentos identificadores é conhecido como tipo de entidade associativa *N-ária*. Ver também relacionamento *N-ários*, relacionamento de identidade e entidade fraca.

Tipo de entidade do formulário no processo de análise do formulário, o tipo de entidade do formulário deriva da chave primária do formulário. O tipo de entidade do formulário deve ser colocado na parte central do DER (Diagrama Entidade–Relacionamento).

Tipo de entidade um conjunto de entidades (pessoas, lugares, eventos ou coisas) de interesse em um aplicativo, representado por um retângulo em um diagrama entidade–relacionamento.

Transação uma unidade de trabalho que deve ser processada de modo confiável. Os SGBDs fornecem serviços de recuperação e o controle de concorrência para processar transações de forma confiável e eficiente.

Transparência de concorrência um serviço proporcionado por um SGBD para que os usuários percebam um banco de dados como um sistema monousuário, muito embora possa haver muitos usuários simultâneos. O gerenciador de controle de concorrência é o componente de um SGBD responsável pela transparência de concorrência.

Transparência de fragmentação um nível de independência de dados em SGBDs distribuídos nos quais as buscas podem ser formuladas sem o conhecimento dos fragmentos. Ver transparência de alocação e transparência de mapeamento local.

Transparência de localização um nível de independência de dados em SGBDs distribuídos no qual as consultas podem ser formuladas sem o conhecimento das localizações. Contudo, o conhecimento dos fragmentos é necessário. Ver também fragmento, transparência de fragmentação e transparência de mapeamento local.

Transparência de mapeamento local um nível de independência de dados em SGBDs distribuídos no qual as consultas podem ser formuladas sem o conhecimento dos formatos locais. Contudo, o conhecimento dos fragmentos e das alocações dos fragmentos é necessário. Ver também fragmento, transparência de fragmentação e transparência de localização.

Transparência de recuperação um serviço fornecido por um SGBD para restaurar automaticamente um banco de dados a um estado consistente depois de uma falha. O gerenciador de recuperação é o componente de um SGBD responsável pela transparência de recuperação.

U

União um operador da álgebra relacional que combina linhas de duas tabelas. O resultado de um operador de união tem todas as linhas de uma ou de outra tabela. Ambas as tabelas devem ter compatibilidade de união para que se possa usar a operação de união.

Usuário avançado alguém que utiliza um banco de dados submetendo requisições de dados sem planejamento ou *ad hoc*. Os usuários avançados devem ter um bom entendimento sobre acesso não-procedural. Ver também usuário indireto e usuário paramétrico.

Usuário indireto usuários que acessam um banco de dados por meio de relatórios ou extrações de dados em vez de por sua própria iniciativa. Ver também usuário paramétrico e usuário avançado.

Usuário paramétrico alguém que utiliza um banco de dados requisitando formulários ou relatórios existentes por meio de parâmetros, valores de entrada que mudam a cada uso. Ver também usuário indireto e usuário avançado.

V

Valor nulo um valor especial que representa a ausência de um valor real. Um valor nulo pode significar que o valor real é desconhecido ou não se aplica a dada linha.

Verificação de restrições postergada fazer cumprir as restrições de integridade ao final de uma transação em vez de imediatamente após cada instrução de manipulação. Restrições complexas podem se beneficiar da verificação postergada.

Verificação de tipo forte a capacidade para assegurar que expressões não contenham nenhum erro de incompatibilidade. A verificação de tipo forte é um tipo importante de verificação de erro para a codificação orientada a objetos.

Vinculação em otimização de consulta, vinculação se refere a associar um plano de acesso a uma instrução SQL. Na computação orientada a objetos, vinculação se refere à associação de um nome de método a sua implementação. A vinculação pode ser estática (decidida no momento da compilação) ou dinâmica (decidida no momento da execução). A vinculação estática é mais eficiente, mas às vezes menos flexível do que a vinculação dinâmica. Ver também plano de acesso e mensagem.

Vinculação de consultas   o processo de associar uma consulta a um plano de acesso. Alguns SGBDs restabelem a vinculação de forma automática se uma consulta for alterada ou se a base de dados se alterar (estruturas de arquivo, perfis de tabela, tipos de dados etc.).

Visão   tabela virtual ou derivada. Uma visão é derivada de tabelas base ou físicas usando uma consulta. Ver também visão materializada.

Visão atualizável   uma visão que pode ser usada em instruções SELECT assim como em instruções UPDATE, INSERT e DELETE. Ao alterar as linhas de uma visão atualizável, o SGBD traduz as alterações da visão em alterações das linhas das tabelas base.

Visão externa   uma descrição de dados derivados apropriada para um dado grupo de usuários. Também conhecida como esquema e visão externa. Ver também esquema e Arquitetura de Três Esquemas.

Visão materializada   uma visão armazenada que deve ser periodicamente sincronizada com seus dados-fonte. SGBDs relacionais possibilitam visões materializadas com dados resumidos para resposta rápida a consultas. Ver também reescrita de consulta e visão.

Visão somente de leitura   uma visão que pode ser usada em instruções SELECT, mas não em instruções UPDATE, INSERT e DELETE. Todas as visões são, no mínimo, somente de leitura.

W

WITH CHECK OPTION   uma cláusula na instrução CREATE VIEW que pode ser usada para impedir atualizações com efeitos colaterais. Se o WITH CHECK OPTION for especificado, as instruções INSERT ou UPDATE que violar a cláusula WHERE de uma visão serão rejeitadas.

World Wide Web (WWW)   um conjunto de páginas que podem ser vistas na Internet. Na WWW, um navegador mostra as páginas enviadas por um servidor Web. A WWW é o aplicativo mais popular na Internet.

X

XML (*eXtensible Markup Language* – Linguagem de Formatação Extensível)   uma linguagem simples que suporta a especificação de outras linguagens. A XML evoluiu para um grupo de linguagens que separam o conteúdo, a estrutura e a formatação dos documentos na World Wide Web. A Linguagem do Esquema XML, um importante membro da família de linguagens XML, suporta a padronização da estrutura de documentos XML.

Bibliografia

BATINI, C.; CERI, S.; NAVATHE, S. *Conceptual Database Design,* Redwood City, CA: Benjamin/Cummings, 1992.

BATRA, D. A Method for Easing Normalization of User Views. *Journal of Management Information Systems,* v. 14, 1, p. 215-233, verão 1997.

BERNSTEIN, P. Middleware: A Model for Distributed Services. *Communications of the ACM,* v. 39, 2, p. 86-97, fev. 1996.

BERNSTEIN, P. Repositories and Object-Oriented Databases. In *Proceedings of BTW 97.* Ulm, Alemanha: Springer-Verlag, p. 34-46, 1997 (reimpresso em *ACM SIGMOD Record* 27 (1), mar. 1998).

BERNSTEIN, P.; DAYAL, U. An Overview of Repository Technology. In *Proceedings of the 20th Conference on Very Large Data Bases.* San Francisco: Morgan Kaufman, p. 705-713, ago. 1994.

BERNSTEIN, P.; NEWCOMER, E. *Principles of Transaction Processing.* San Francisco: Morgan Kaufmann, 1997.

BOOCH, G.; JACOBSON, I.; RUMBAUGH, J. *The Unified Modeling Language User Guide.* Reading, MA: Addison-Wesley, 1998.

BOUZEGHOUB, M., FABRET, F.; MATULOVIC-BROQUE, M. Modeling Data Warehouse Refreshment Process as a Workflow Application. In *Proceedings on the International Workshop on Design and Management of Data Warehouses.* Heidelberg, Alemanha, jun. 1999.

BOWMAN, J.; EMERSON, S.; DARNOVSKY, M. *The Practical SQL Handbook.* 4. ed. Reading, MA: Addison-Wesley, 2001.

CARLIS, J.; MAGUIRE, J. *Mastering Data Modeling.* Reading, MA: Addison-Wesley, 2001.

CASTANO, S.; FIGINI, M.; GIANCARLO, M.; PIERANGELA, M. *Database Security.* Reading, MA: Addison-Wesley, 1995.

CELKO, J. *Joe Celko's SQL Puzzles & Answers.* San Francisco: Morgan Kaufmann, 1997.

CERI, S.; PELAGATTI, G. *Distributed Databases: Principles and Systems.* Nova York: McGraw-Hill, 1984.

CHAUDHURI, S. An Overview of Query Optimization in Relational Systems. In *Proceedings of the ACM Symposium on Principles of Database Systems.* Seattle, WA, p. 34-43, 1998.

CHAUDHURI, S.; NARASAYYA, V. An Efficient, Cost-Driven Index Selection Tool for Microsoft SQL Server. In *Proceedings of the 23rd VLDB Conference.* Atenas, Grécia, p. 146-155, 1997.

_____. Automating Statistics Management for Query Optimizers. *IEEE Transactions on Knowledge and Data Engineering,* v. 13, 1, p. 7-28, jan./fev. 2001.

CHOOBINEH, J. et al. An Expert Database Design System Based on Analysis of Forms. *IEEE Trans. Software Engineering,* v. 14, 2, p. 242-253, fev. 1988.

CHOOBINEH, J.; MANNINO, M.; TSENG, V. A Form-Based Approach for Database Analysis and Design. *Communications of the ACM,* v. 35, 2, p. 108-120, fev. 1992.

CODD, T. A Relational Model for Large Shared Data Banks. *Communications of the ACM,* v. 13, 6, jun. 1970.

DATE, C. What Is a Distributed Database System? In *Relational Database Writings 1985-1989,* C. J. Date (ed.), Reading, MA: Addison-Wesley, 1990.

_____. *Introduction to Database Systems.* 8. ed. Reading, MA: Addison-Wesley, 2003.

DATE, C.; DARWEN, H. *A Guide to the SQL Standard.* Reading, MA: Addison-Wesley, 1997.

DAVIS, J. Universal Servers: Part 1 and Part 2. *DBMS Online.* Acesso em jun./jul. 1997. Disponível em: http://www.dbmsmag.com/9706d13.html.

ECKERSON, W. Gauge Your Data Warehouse Maturity. *DM Review.,* Acesso em nov. 2004. Disponível em: www.dmreview.com.

ELMASRI, R.; NAVATHE, S. *Fundamentals of Database Systems.* 4. ed. Redwood City, CA: Addison-Wesley, 2004.

FAGIN, R. A Normal Form for Relational Databases That Is Based on Domains and Keys. *ACM Transactions on Database Systems,* v. 6, 3, p. 387-415, set. 1981.

FINKELSTEIN, S.; SCHKOLNICK, M.; TIBERIO, T. Physical Database Design for Relational Databases. *ACM Transactions on Database Systems,* v. 13, 1, p. 91-128, mar. 1988.

FISHER, J.; BERNDT, D. Creating False Memories: Temporal Reconstruction Errors in Data Warehouses. In *Proceedings Workshop on Technologies and Systems (WITS 2001).* Nova Orleans, dez. 2001.

FOWLER, M.; SCOTT, K. *UML Distilled.* Reading, MA: Addison-Wesley, 1997.

GRAEFE, G. Options for Physical Database Design. *ACM SIGMOD Record,* v. 22, 3, p. 76-83, set. 1993.

GRAY, J.; REUTER, A. *Transaction Processing: Concepts and Techniques.* San Francisco: Morgan Kaufmann, 1993.

GROFF, J.; WEINBERG, P. *SQL: The Complete Reference.* 2. ed. Nova York: Osborne/McGraw-Hill, 2002.

GULUTZAN, P.; PELZER, T. *SQL-99 Complete, Really.* Lawrence, KS: R & D Books, 1999.

HAWRYSZKIEWYCZ, I. *Database Analysis and Design.* Nova York: SRA, 1984.

IMHOFF, C. Intelligent Solutions: Oper Marts: An Evolution in the Operational Data Store. *DM Review,* v. 11, 9. p. 16-18, set. 2001.

INMON, W. *Building the Data Warehouse.* 3 ed. Nova York: John Wiley & Sons, 2002.

_____. *Information Systems Architecture.* Nova York: John Wiley & Sons, 1986.

JARKE, M.; KOCH, J. Query Optimization in Database Systems. *ACM Computing Surveys,* v. 16, 2, p. 111-152, jun. 1984.

KENT, W. A Simple Guide to the Five Normal Forms in Relational Database Theory. *Communications of the ACM,* v. 26, 2, p. 120-125, fev. 1983.

KIMBALL, R. Slowly Changing Dimensions. *DBMS*, v. 9, 4, p. 18-22, abr. 1996.

____. *The Data Warehouse Toolkit.* 2 ed. Nova York: John Wiley & Sons, 2002.

____. The Soul of the Data Warehouse, Part 3: Handling Time. *Intelligent Enterprise Magazine.* Acesso em abr. 2003. Disponível em: http://www.intelligententerprise.com.

MANNINO, M.; CHU, P.; SAGER, T. Statistical Profile Estimation in Database Systems. *ACM Computing Surveys*, v. 20, 3, p. 191-221, set. 1988.

MARTIN, J. *Strategic Data-Planning Methodologies.* Englewood Cliffs, NJ: Prentice Hall, 1982.

MELTON, J.; SIMON, A. *SQL:1999 Understanding Relational Language Components.* San Mateo, CA: Morgan-Kaufman, 2001.

____. *Understanding the New SQL: A Complete Guide.* San Mateo, CA: Morgan-Kaufman, 1992.

MULLER, R. *Database Design for Smarties: Using UML for Data Modeling.* San Francisco, CA: Morgan Kaufmann, 1999.

MULLIN, C. *Database Administration: The Complete Guide to Practices and Procedures.* Reading, MA: Addison Wesley, 2002.

NELSON, M.; DEMICHIEL, L. Recent Trade-Offs in SQL3. *ACM SIGMOD Record*, v. 23, 4, p. 84-89, dez. 1994.

NIJSSEN, G.; HALPIN, T. *Conceptual Schema and Relational Database Design.* Sydney: Prentice Hall of Australia, 1989.

OLSON, J. *Data Quality: The Accuracy Dimension.* Nova York: Morgan Kaufmann, 2002.

ORFALI, R.; HARKEY, D.; EDWARDS, J. *The Essential Client/Server Survival Guide.* 2 ed. Nova York: John Wiley, 1996.

OZSU, T.; VALDURIEZ, P. *Principles of Distributed Database Systems.* Englewood Cliffs, NJ: Prentice Hall, 1991.

PARK, C.; KIM, M.; LEE, Y. Finding an Efficient Rewriting of OLAP Queries Using Matcrialized Views in Data Warehouses. *Decision Support Systems*, v. 32, 12, p. 379-399, 2002.

PEINL, P.; REUTER, A.; SAMMER, H. High Contention in a Stock Trading Database: A Case Study. In *Proceedings of the ACM SIGMOD Conference.* Chicago, IL, p. 260-268, maio 1988.

REDMAN, T. *Data Quality: The Field Guide.* Nova York: Digital Press, 2001.

SAATY, T. *The Analytic Hierarchy Process.* Nova York: McGraw-Hill, 1988.

SHASHA, D.; BONNET, P. *Database Tuning: Principles, Experiments, and Troubleshooting Techniques.* San Francisco: Morgan Kaufmann, 2003.

SHETH, A.; GEORGAKOPOULOS, D.; HORNRICK, M. An Overview of Workflow Management: From Process Modeling to Workflow Automation Infrastructure. *Distributed and Parallel Databases*, v. 3, p. 119-153, 1995, Kluwer Academic Publishers.

SIGAL, M. A Common Sense Development Strategy. *Communications of theACM*, v. 41, 9, p. 42-48, set. 1998.

SU, S. et al. A Cost-Benefit Decision Model: Analysis, Comparison; Selection of Data Management Systems. *ACM Transactions on Database Systems*, v. 12, 3, p. 472-520, set. 1987.

SUTTER, J. Project-Based Warehouses. *Communications of the ACM,* v. 41, 9, p. 49-51, set. 1998.

TEOREY, T. *Database Modeling and Design.* 3 ed. San Francisco: Morgan Kaufman, 1999.

WATSON, R. *Data Management: An Organizational Perspective.* Nova York: John Wiley and Sons, 1996.

WHITTEN, J.; BENTLEY, L. *Systems Analysis and Design Methods.* Nova York: Irwin/McGraw-Hill, 2001.

ZAHEDI, F. The Analytic Hierarchy Process: A Survey of the Method and Its Applications. *Interfaces*, v. 16, 4, p. 96-108, 1986.

Índice

Os símbolos e números

% (símbolo de porcentagem) curinga, 87
* (asterisco) curinga, 85-88
_(underscore), correspondendo a qualquer caractere único, 88
(+) notação como parte de uma condição de junção, 335
: = (atribuição) símbolo, 381-382
? (ponto de interrogação), correspondendo a qualquer caractere único, 88
; (ponto-e-vírgula), 84
    em PL/SQL, 380
    em SQL *Plus, 386
/ (barra) em SQL *Plus, 386
1FN (primeira forma normal), 223-224
2FN (segunda forma normal), 223, 691
    combinada com 3FN, 226-230
    violação da, 225
2PC. *Veja também* protocolo de efetivação em duas fases
3FN (terceira forma normal), 694
    combinada com 2FN, 226-227
    relacionamento com FNBC, 227-229
4FN (quarta forma normal), 223, 235, 684
5FN (quinta forma normal), 223, 236-237
consultas atualizáveis 1-M, 350, 682
    com mais de duas tabelas, 352
    inserir linhas em, 351-352
    no Access, 350-351
    regras para, 350
estilo 1-M como uma equivalência a M-N, 146-147
Protocolo 2PL (Bloqueio em Duas Fases), 525, 690
regra de conversão de relacionamento 1-M, 184, 186, 188-189, 461
Relacionamentos 1-1, 139, 191-193
Relacionamentos 1-M (um para muitos), 54, 139, 691.
    Veja também relacionamentos M-N (muitos para muitos); relacionamentos
    adicionando históricos a, 176-178
    com atributos, 143
    com tipos de entidade, 432
    dependências funcionais derivadas de instruções sobre, 222
    formulários hierárquicos suportando operações em, 354-355
    identificação para formulários hierárquicos, 355
    transformando em opcional, 188-189
    usar em vez de um relacionamento M-N, 182

A

abordagem
    das ilhas de automação, 497
    de atualização imediata, 529-532, 679.
        Veja também abordagem de atualização postergada; protocolo de escrita avançada
    de atualização postergada, 530-532, 679
    de refinamento, 237-238
    incremental à integração de visões, 439, 441-444
    inicial de projeto para técnicas de normalização, 237-238
    paralela para a integração de visões, 439-440, 443-444
    pessimista ao controle de concorrência, 525

ação
    de restrição, 679
    em cascata, 679
    ON DELETE CASCADE, 416
    para anular, 55, 679
Access. *Veja também* Microsoft Access
aceleração linear, 608
acesso(s)
    ao banco de dados da web, 378
    ao disco, velocidade de, 251
    aos dados
        código, 610
        driver, 611, 688
        ferramentas para *datamining* (mineração de dados), 558
        middleware, 611, 681
    aos registros físicos
        dificuldade para prever, 253
        em operações de árvore B, 261
        limitando o desempenho, 251
    da memória, velocidade de, 251
    não-procedural, 7-9
        em SGBDs de terceira geração, 12
        suporte por SGBDs de objeto, 649
    procedural, 8
    simultâneo a um banco de dados, 520-522
ações
    DELETE CASCADE, gatilhos e, 416
    em linhas referenciadas, 679
acoplamento forte, 616, 693
administração de banco de dados, ferramentas de, 485-497
administradores de banco de dados. *Veja também* DBAs
agregados
    aninhados, 312-315
    computação a partir de múltiplos agrupamentos, 313
agrupar
    com junções, 94-95
    combinar com junção, 110-111
    efeitos de valores nulos em, 323-324
    processo de avaliação e, 101
álgebra, 56
álgebra relacional, 56, 679
    consulta, 269
    executar recuperações de banco de dados além das operações da, 377
    natureza matemática da, 57
    operadores da, 56-68
algoritmo
    de encriptação de chave pública, 487
    de junção, 270-271, 679
    de laços aninhados, 271
    junção estrela, 271, 687. *Veja também* índices bitmap
    sort merge, 271, 689. *Veja também* junção hash; laços aninhados
AllFusion ErWin Data Modeler, 36
alternativas viáveis, geração de, 32-33
altura de uma árvore-B, 261
ambiente
    conhecimento do, 252-253
    de banco de dados, gerenciar, 503-505
    distribuídos, 504-505
análise
    de formulário, 429-435

de inconsistência. *Veja também* resumo incorreto semântica e sintática, durante a otimização de consultas, 268
analista/programador, 18, 679
aninhamento em relatórios hierárquicos, 359-360
anomalia de modificação, 679
    eliminar, 225
    evitar, 220
    exemplos de, 220
    resultando de relacionamentos derivados, 232
anomalias
    atualização, 220
    de exclusão, 220
    de inserção, 220
ANSI (*American National Standards Institute*), 679
API (interface de programação de aplicação), 650-651
aplicações
    de acesso ao banco de dados para a *Student Loan Limited*, 464
    de negócio, exigindo grande quantidade de dados, 642
    envolvendo uma mescla de dados simples e complexos, 643
    identificar bancos de dados usados por, 379
    visões como blocos de construção para, 353-354
apoio ao banco de dados para o processo de tomada de decisão da gerência, 482-483
Approach, 14
Armazenamento
    de resumos, 590
    digital de dados complexos, 642
    direto de dados multidimensionais, 562
    não-volátil, 679
    permanente, 4
    RAID, 283-284
    volátil, 250, 691
arquitetura(s)
    baseada em tabelas dos tipos definidos pelo usuário, 653
    CD (arquitetura de disco em cluster), 616-617, 679
    cliente-servidor, 16-17, 609-615, 680
    compartilhada de disco. *Veja também* arquitetura SD
    de compartilhamento total. *Veja também* arquitetura SE
    de componentes
        para processamento distribuído de banco de dados, 620-622
        para SGBDs objeto-relacionais, 653
    de *datawarehouse* de ascendente, 557-558, 680. *Veja também* arquitetura de *datawarehouse* de três níveis; arquitetura de *datawarehouse* de dois níveis
    de *datawarehouse* de dois níveis, 556, 694. *Veja também* arquitetura de *datawarehouse* ascendente; arquitetura de *datawarehouse* de três níveis
    de *datawarehouse* de três níveis, 557, 679. *Veja também* arquitetura de
    de disco em cluster. *Veja também* arquitetura CD
    de esquemas para processamento de banco de dados distribuídos, 622-623
    de objetos grandes, 650, 655, 686
    de serviços Web, 614-615, 680
    de servidor de mídia especializada, 680
    de três esquemas, 15,16, 340, 680

de três níveis, 612, 613, 680. *Veja também* arquitetura multiníveis; arquitetura de dois níveis
  em múltiplas camadas, 612-614, 680 *Veja também* arquitetura de três níveis; de dois níveis
  objeto-relacional, 655
  para bancos de dados cliente-servidor, 609-615
  para bancos de dados paralelos, 617
  para *datawarehouses*, 556-558
  para gerenciamento de banco de dados de objeto, 649-655
  para processamento de banco de dados paralelos, 616-617
  SD (de disco compartilhado), 616, 679
  SE (de compartilhamento total), 616, 679
  sem compartilhamento. *Veja também* arquitetura SN
  SN (sem compartilhamento), 616, 680
arquivos, 250, 683
  de árvore multicaminhos. *Veja também* árvore B
  hash dinâmicos, 259, 680
  hash estáticos, 259, 680
  heap, 256
  seqüenciais ordenados, 256-257, 267-268
  seqüenciais sem ordem, 256, 267-268
arranjo redundante de discos independentes. *Veja também* RAID
arrays, 653,657-658. *Veja também* ordem ascendente
de *array* dinâmico, 96
Árvore B, 259-260
  arquivos, 259-266, 680
  como um índice, 265
  custo das operações, 261, 264
  estrutura de, 259-260
Árvore B +, 264
árvore balanceada, 260
asserção, 679
  não suportadas pela maioria dos SGBDs relacionais, 493
  no SQL: 2003, 491-493
Assistente ER, 155, 180
associações
  armazenadas por relacionamentos em DERs, 136-137
  em diagrama de classe, 157
  na UML, 158
asterisco * curinga, 75, 85-88
atividade
  de monitoramento, 28
  preventiva, aprimorando a qualidade dos dados, 28
atribuição de peso e avaliação, 500-501
atributos, 680
  adicionando histórico a, 175-176, 178
  compostos, dividir, 173-174, 178
  de cursor, 398-399
    %RowCount, 399
    %Found, 399
    %IsOpen, 399
    %NotFound, 399
  designar a tipos de entidade, 431-432
  dividindo compostos, 173-174, 178
  em DERs, 136-137
  relacionamento M-N com, 142-143
  tipos de entidade, 169
  transformar em tipos de entidade, 173-174, 178
atualização perdida (*Lost update*), 520-521, 680. *Veja também* atualização perdida do estudante
atualização postergada, 529
atualizações de visões, 348-349, 351-352
auditoria, durante manutenção de *datawarehouse*, 592-593
autenticação, 386
autojunções, 109-110
auto-relacionamentos, 52-53, 143-144, 680
  aplicar regras para converter, 186
  consultas envolvendo, 377
  representar na janela Relacionamento, 54

autorização
  direitos, 7
  regras, 486, 691
  restrições, 488

B

backup, 528
  de banco de dados , 527
balanceamento de carga, 617, 618, 680. *Veja também* arquitetura sem compartilhamento em cluster (arquitetura CN); arquitetura sem compartilhamento (arquitetura SN)
bancos de dados, 4, 681
  acessar item, 522
  ajuste (*tuning*), 7, 10-11
  características de, 4-6
  características essenciais de, 6
  como componentes essenciais de sistemas de informação, 24
  contexto organizacional para gerenciar, 482-485
  de cliente para serviço de abastecimento de água, 171-173
  de Entrada de Pedidos, 120-125
  de hospital, 5
  de negócio, 6
  de uma estação de tratamento de água, 5, 171-173
  de uma universidade, 4-5
    conteúdo, 82-84, 85
    DER para, 151
    instruções CREATE TABLE para, 73-74
    seleção de índice para, 277-279
    tabelas de banco de dados de uma universidade
  definir, 6-8
  distribuídos homogêneos, 628-629
  encriptação de, 487
  interagir com, 17-18
  locais no Oracle, 629
  nível de armazenamento de, 250-251
  objeto-relacionais, 653
  operacionais, 482, 683, 688
    comparados a *datawarehouses*, 555
    produzir, 28-29
    transformar para dar suporte a decisões, 554
  planejar o desenvolvimento de um novo, 19
  projetar, 429
  projetos grandes, 31, 428
  propriedades de, 4
  relacionais
    diagramas, 140
    matemática de, 46
    projeto, 220-223
    tabelas, 642-643
    terminologia alternativa, 49
  remotos, 629-630
  remotos no Oracle, 629-630
  trabalho de processamento via processamento em *batch* (lote), 377
barra (/) em SQL *Plus, 386
Bayer, Rudolph, 260
benchmarks, 502, 681
  TPC-C (entrada de pedidos), 520
blocos. *Veja também* registros físicos
  anônimos, 386-388
bloqueio(s), 522-523, 681
  compartilhados, 523, 681
  de intenção compartilhada, 524
    exclusivo, 524
  de predicado, 536
  em duas fases, 634
  exclusivos, 523, 681
  intencionais, 524, 681
  S (compartilhados), 523, 691
  X. *Veja também* bloqueios exclusivos
botão *Check Diagram* no ER Assistant, 155
brokers de requisição de objetos, 611

buffers, 250, 681
  de aplicação, 250
busca seqüencial em arquivos *hash*, 259

C

cabeçalho de tabela, 681
caixa de seleção em relatórios hierárquicos, 360
cálculos
  agregados, 323
  de resumo em relatórios hierárquicos, 361
campos
  agrupar em tipos de entidade, 431
  associar com tipos de entidade, 431
  com vários propósitos, 594
  comparar a tipos de entidade existentes, 442
  de formulário
caractere(s)
  de busca de padrões, 88
  sublinhado _, correspondendo a qualquer caractere único, 88
característica(s)
  compartilhada de bancos de dados, 682
  de objeto em diagramas de classe, 157
  inter-relacionado de bancos de dados, 4, 688
cardinalidade(s), 137-138, 151-152, 681
  classificação de, 138-139
  com suporte da UML, 157
  da dependência de existência, 150
  de valor único, 150
  especificar, 432
  incorretas, 182
  inversas, 182
  máximas, classificações para, 139-140
  mínimas
    classificação para, 138-139
    erros em, 182
  opcional, símbolo na notação Pé-de-Galinha para, 150
  relacionamento, 137-140, 169
    para consistência, 434
    variações em notações de DER para, 156-157
  representação Pé-de-Galinha, 138
carta de divulgação, 450-451, 453, 455-457
categoria
  de conexão de regras de diagrama, 155
  de conteúdo de regras de diagrama, 155
  de nomes de regras de diagrama, 155
chave do nó, 431, 681
chave em FNCD, 237
chave(s) primária(s), 30, 50, 169, 681
  combinada, 51, 681
  como boas candidatas para índices cluster, 277
  composta, 51, 681
  de propósito único, 169
  de tipos de entidades, 136
  determinar, 169, 170
  determinar colunas não-chaves, 225
  geração de valores únicos para, 76-77
  identificar para o banco de dados da estação de tratamento de água, 171-172
  suporte à identificação de entidades, 151, 152
  tomar emprestadas de outros tipos de entidade, 141
chaves candidatas, 50, 151, 169, 224, 681
  declarar com a palavra-chave UNIQUE, 50-51
  identificando potenciais dependências funcionais, 221
  múltiplas, 227-231
chaves estrangeiras, 50, 691
  índices para dar suporte a junções, 277
  não usadas pela notação do DER, 140
  valores nulos e, 52
ciclo de relacionamento, 681
ciclos de vida
  da informação, 483, 681
  tradicional do desenvolvimento de sistemas, 25-26
ciclos em um DER, 182
classes, 157, 644-645, 681

classificação
    de cardinalidades, 138-140
    no Modelo Entidade–Relacionamento, 147-150
classificar
    gatilhos por, 403
    usando ORDER BY, 95
cláusula
    ATTRIBUTE, 573
    CHECK
        na instrução CREATE DOMAIN, 490
        na instrução CREATE TABLE, 513
        de referência em um gatilho do Oracle, 403
        de tempo de restrição
            em SQL, 538
            sintaxe para SQL:2003, 551-552
    FROM
        consultas aninhadas na, 312-314
        operações de junção na, 91
        sintaxe para consultas aninhadas na, 333
    GENERATE, 76
    GROUP BY, 99-100, 102-103
        comparada a ORDER BY, 96
        efeitos de valores nulos em, 323-324
        extensões para relativas a dados
            multidimensionais, 574-583
        ocorrendo conceitualmente depois
            de WHERE, 101
        operador CUBE como uma extensão de, 689
        representam um resumo de valores
            possíveis, 574
        resumir grupos de linhas, 91-92
    HAVING, 100
        acompanhando uma cláusula
            GROUP BY, 102
        comparada a WHERE, 93
        eliminar condições que não envolvem
            funções agregadas, 273
        função COUNT com uma consulta
            aninhada dentro, 315-317
    JOIN KEY, 572-573
    ON DELETE, 76
    ON UPDATE, 76
    ORDER BY, 95-96, 100
    ORGANIZATION INDEX, 279
    RESTRICT, 488
    SCOPE
        em SQL:2003, 660
        no Oracle 10g, 666
    SELECT, 86-87
    USING , 380
    VALUES, 113
    WHEN, 403
    WHERE
        comparada com HAVING, 93
        expressões na, 86-87
        instruções UPDATE e INSERT violando
            a de uma visão, 349
        linhas de teste usando, 85
        referenciar uma coluna indexada, 265
        verificar os resultados intermediários
            depois da, 101
    WITH ADMIN, 487
    WITH RECURSIVE, 377
    DETERMINES, 573-574
Clickstreams (seqüências de cliques), 592.
    Veja também histórias de acesso
cliente(s), 16, 681
    "gordos", 611
    magros (thin clients), 607
    PC em uma arquitetura de dois níveis, 611
CLOB (objeto caractere grande), 650, 681.
    Veja também arquitetura de objetos grandes
cluster, 616-617, 680. Veja também arquitetura CD
    (arquitetura de disco em cluster); arquitetura CN
    (arquitetura sem compartilhamento em cluster)
Codd, Ted, 80
codificação dirigida a eventos, 377
código
    da interface com o usuário, 607
    de apresentação, 610

coerência de cache, 617, 680. Veja também arquitetura
    de disco em cluster, arquitetura de discos
    compartilhados
colisão, 258, 682. Veja também arquivos hash
coluna(s), 682
    agrupar em duas, 94
    agrupar em uma única, 92
    atualizar, 114
    calculadas em relatórios hierárquicos, 360
    chave, 224
    classificar em uma única, 95-96
    com valores nulos, 320-321
    correspondência de posição de, 64, 342
    de array no Oracle 10g, 668
    de código, desnormalizar para combinar, 281-282
    de conexão, identificar para formulários
        hierárquicos, 355-356
    de descrição, desnormalização, 280-282
    de junção. Veja também colunas de conexão
    do tipo linha, 662
    estáveis
        como boas candidatas para índices
            bitmap, 278
        necessárias para índices bitmap, 266-267
    mostrar todas, 86
    não chave, 224
    renomeadas, 86
        definir uma visão com, 342
comando
    CONNECT, 386
    DESCRIBE, 386
    desfazer, comparado com ROLLBACK, 517
    EXECUTE, 386
    HELP, 386
    SET, 386
    SHOW, 386
    SPOOL, 386
comentários em PL/SQL, 381
comércio eletrônico, 613-614
Committee on Data Systems Languages.
    Veja também padrão CODASYL.
companhia de seguros de automóveis, 643
comparação
    de subconjunto, problema de divisão
        encontrando, 316
    exata, 88. Veja também comparação inexata
    de string, 681
    inexata, 87-88
compatibilidade de união, 64-65, 682
compatíveis com união
    tabelas, 300
    tornar tabelas, 111-113
complexidade
    da tarefa, 540
    de uma organização, 428
compressão, decisões de formatação
    de registro sobre, 282
compromisso (trade-off) de custo-benefício relativo
    à qualidade dos dados, 28
compromisso entre preço e desempenho na seleção
    de um SGBD, 502
computação
    orientada a objetos, 644-649
    tolerante a falhas, 608
comunicação
    interprocessadores, 617
    melhorar com documentação, 179-180
condição
    AND com um valor nulo, 322
    IS NULL, 308
    OR com um valor nulo, 322
condições
    compostas, efeitos de valores nulos em, 321-322
    de grupo, 334, 682
    de linha, 334, 691
    simples, efeitos de valores inválidos
        sobre, 320-321
conexão de banco de dados, 379, 629-630, 682

conexões entre tabelas, 47-49
confiabilidade
    como uma preocupação com SGBDs
        objeto-relacionais, 653
    conseguir o aumento, 526
    da arquitetura RAID, 284
conflitos para bloqueios, 523
conformidade
    ao padrão SQL:2003, 655
    mínima ao padrão SQL:2003, 655
    níveis para o padrão SQL:2003, 655
    testar para os padrões SQL, 81
conjunto(s)
    de seqüências em uma árvore B +, 264
    operação de diferença entre dois, 311-312
    tabelas como, 57
Conselho de Desempenho de Processamento
    de Transações (TPC), 502, 520, 693
consistência
    dimensão para qualidade de dados, 484
    em projeto de linguagem, 312
    regras, 152-153
        para cardinalidades de relacionamento, 434
constantes
    alfanuméricas, 113, 381
    Booleanas, 381
    de dados, não fornecidos no PL/SQL, 381
    especificar, 113
    numéricas, 381
construções específicas em modelagem de dados, 182
construtor
    linha, 659-660
    VARRAY, 668
consulta(s), 8, 682
    analisada gramaticalmente, 269
    analisar para encontrar erros, 268
    aninhadas Tipo I, 303-305, 682
        operador NOT IN, 305-306
        outra consulta aninhada Tipo I, 304
        referenciar tabelas relacionadas em
            instruções DELETE, 304-305
    aninhadas Tipo II, 308, 682
        com a função COUNT, 310
        evitar, 273
        operador NOT EXISTS em, 310-312
        para problemas de diferença, 308
    aninhadas, 303, 682
        evitar Tipo II, 273
        múltiplas instruções SELECT no Microsoft
            Access em vez de, 332-333
        múltiplos níveis de, 304
        na cláusula FROM, 312-314
        Tipo I, 303-305
    armazenadas, ao invés de consultas
        aninhadas, 332-333
    com operações extras de junção, 273
    com visões complexas, 273
    de diferença, usando SELECT, 113
    escrever para formulários hierárquicos, 356-359
    estruturadas em árvore, 109-110
    internas. Veja também consultas aninhadas
    INTERSECT, 112
    práticas de codificação para, 272-274
    processar com referências de visões, 344-346
    resumir as que acessam um banco de dados, 255
    UNION, 112
    usar visões, 342-344
consultórios dentários, suporte a, 643
contexto
    embutido para SQL, 81
    organizacional para o gerenciamento de bancos
        de dados, 482-485
    para SQL embutido, 82
controlador RAID, 283
controle de acesso
    aos SGBDs, 486
    discricionário, 486-487, 682
    obrigatório, 487, 682

Índice 701

controle de concorrência, 519-526
   centralizado *versus* distribuído, 633
   ferramentas, 522-526
   objetivo do, 520
   otimista, 525-526, 682
controle de mensagens como uma função
   do *middleware*, 610-611
controle distribuído de concorrência, 633.
   Veja também controle de concorrência
   protocolo de efetivação em duas fases, 635
conversão de esquema para *Student Loan
   Limited*, 461-462
conversões implícitas de tipo, 273
coordenação centralizada
   do controle de concorrência, 633
   do protocolo de efetivação em duas fases, 635
corpo de pacote, 399-401
corpo de uma tabela, 46, 693
correspondência
   com o agregado para reescrita de consulta, 586
   de agrupamento para a reescrita de uma
     consulta, 586
   de condição da linha para a reescrita de
     consulta, 586
   de índices, 265-266
   de linguagem natural de DERs, 137
   de posição das colunas, 64
cubo de dados, 562, 682
   exemplos de, 563-564
   extensão das células vazias em, 563
   manipula diretamente a arquitetura
     de armazenamento, 589
   multidimensional, 560-562
   resumo de operações usadas, 564-566
cursor de PL/SQL explícito, 396-398, 682. *Veja
   também* cursores; cursor de PL/SQL implícito
cursor PL/SQL implícito, 395-396, 682.
   Veja também cursores; cursor PL/SQL explícito
   atributos de cursor com, 398
   declarar, 395
cursores, 380, 395-398, 689
   dinâmicos, 395. *Veja também* cursores
     estáticos em PL/SQL, 395
customização, com suporte de ferramentas de
   desenvolvimento de aplicação de banco
   de dados, 377

D

dados
   assegurar a qualidade dos, 27-28
   complexos, 642, 643
   de movimentação cooperativos, 592, 683. *Veja
     também* dados de movimentação registrados,
     dados de movimentação passíveis de
     consulta e dados de movimentação
     tipo *snapshot* (retrato).
   de movimentação tipo *snapshot* (retrato), 592,
     683. *Veja também* dados de movimentação
     cooperativos; dados de movimentação
     registrados; dados de movimentação
     passíveis de consulta
   de movimentação, 680. *Veja também* dados
     de movimentação cooperativos;
     dados de movimentação registrados;
     dados de movimentação passíveis
     de consulta; dados de movimentação
     tipo *snapshot* (retrato)
   classificar, 592
   de sistemas fonte, 591
   de série de tempo, 564
   definir o significado dos, 27
   derivados
     decisões sobre armazenar, 282-283
   disposição física dos, 31
   distribuídos, 608-609
   em conflito, 596
   em um SGBD distribuído, 620
   integrados em *datawarehouses*, 555
   locais
     em um SGBD distribuído, 620
     formatos, 623
   localização dos, 31
   manutenção de, 469
   multidimensionais
     extensões à cláusula GROUP BY
       para, 574-583
     modelagem de dados relacional para, 567-571
   não-voláteis em um *datawarehouse*, 555
   operador de produto cartesiano estendido gerando
     excessivos, 59
   persistentes, 689
   relacionais
     converter em XML, 672
     modelagem, 567-571
   remotos, 622
   replicados, 633
   representação multidimensional de, 560-563
   sujos, 528
dados-fonte, despejos periódicos de, 592
DAs (administradores de dados), 19, 681
   Planejamento de dados, 497-498
   Responsabilidades dos, 484-485, 503-505
datamart just-in-time, 557
datamining (mineração de dados), 558-559, 681
datasheet (folha de dados), 682
datawarehouses, 13, 503-504, 554, 683
   abordagem ascendente, 557-558
   aplicações de, 559-560
   arquiteturas de, 556-558
   características dos, 554-556
   custo para renovar, 595
   disponibilidade, 596
   manter, 591-596
   materialização preferida em, 344
   maturidade de implementação, 559-560
   modelo de maturidade, 560, 681-682
   processamento, 13
   renovação, 594-596
   suporte do SGBD, 567-591
   workflow para manter, 592-594
DB2
   diferenças de sintaxe SELECT, 131
   processamento paralelo estilo CN para, 619
   tipos definidos pelo usuário, 652
DBAs (administradores de banco de dados), 18-20, 679
   consultar tabelas de catálogo, 496
   gerenciamento de dependência, 494
   gerenciar gatilhos e procedimentos
     armazenados, 493
   modificar tabelas de catalogo, 495-496
   monitorar indicadores de desempenho, 519
   realizar um processo de seleção
     e avaliação, 499-501
   responsabilidades dos, 484-485, 503-505
   revisar planos de acesso, 271
   usar os resultados do TPC, 502
DBWR. *Veja também* processo de escrita no
   banco de dados
deadlocks, 524, 683
decisões, sensibilidade ao tempo das, 595
declarações ancoradas, 382
decomposição, 225
definição de banco de dados, 6-8
   alterações, 14, 340
   instruções, 81
definições de tabela, 658-661
Definition_Schema, tabelas de catálogo em, 495
delimitação da transação, 533-535, 683
delta, 592
dependência
   de existência, 141, 683. *Veja também*
     relacionamento obrigatório
   de identificação, 141-142, 151, 174, 685. *Veja
     também* entidades fracas
   categoria de regras de diagrama, 155
   complexidade da, 153
   exemplos de, 147
   regra aplicável ao DER da *Student Loan
     Limited*, 461
   regra de cardinalidade, 152-154
   regras, 153-154
   regras de conversão, 184-186
   simbolo da notação *Crow's Foot* (pé-de-galinha)
     para, 150 entre objetos de banco
     de dados, 493-494
   funcionais. *Veja também* DFs
   funcional total, 223
   não-efetivada, 521, 693. *Veja também* leitura suja
   transitivas, 226, 694. *Veja também* DFs
     (dependências funcionais) transitividade,
     lei da, 683
dependente de existência, tornar um tipo
   de entidade, 138-139
DER Chen, 156
DERs (diagramas entidade-relacionamento), 11, 29-30
   adicionando históricos a, 175-178
   aprimoramento para a *Student Loan Limited*, 461
   aprimorar, 151
   consistente com problemas narrativos, 168
   converter para projetos de tabelas, 30
   converter para tabelas relacionais, 183-195
   criar para representar formulários, 430
   documentando, 179-181
   elementos básicos, 136-137
   finalizar, 179-183
   grandes bancos de dados, 428
   introdução a, 136-140
   para o Formulário de Concessão
     de Empréstimo, 455-456
   para o Formulário de Fatura, 434-436
   projetos mais simples em vez de mais
     complexos, 168-169
   refinamentos para, 173-178
   regras básicas de conversão para, 183-187
   representar regras de negócio em, 151
   revelar conflitos em, 35
   verificar consistência e completude, 433-434
descoberta baseada em dados, 559
descrição de banco de dados, níveis de, 15
desempenho de banco de dados
   complexidades do processamento distribuído de
     banco de dados afetando, 631
   especialistas, 33
   medida combinada de, 251
   medir do banco de dados, 31
   melhorar, 284-285
   penalidade de desempenho de visões
     complexas, 340
desenvolvimento cliente-servidor, procedimentos
   armazenados permitindo flexibilidade para, 388
desenvolvimento de aplicativo, 7
   das tabelas da *Student Loan Limited*, 467-469
   em bancos de dados, 11
   verificação cruzada com desenvolvimento do
     banco de dados, 32-33
desenvolvimento de banco de dados
   fases do, 28-32
   ferramentas de, 34-39
   habilidades no, 32-34
   introdução ao, 23-39
   objetivos de, 26-28
   papel da normalização no, 237
   processo de, 28-34
   verificação cruzada com desenvolvimento
     de aplicações, 32-33
desnormalização, 238, 252-253, 280-282, 682
   aos *datawarehouses*, 555
   decisões da *Student Loan Limited* sobre, 464
   situações para, 280-282
detalhamento de granularidade fina para um
   datawarehouse, 567-568
detalhes históricos, adicionar a um modelo
   de dados, 175-178

determinante, 221, 682
  mínimo, 223
DFs (dependências funcionais), 221-223, 683
  agrupar campos de formulário em tipos de entidade, 431
  agrupar por determinante, 230
  derivar de outras DFs, 229
  DMVs como generalizações de, 235
  eliminar potenciais, 223
  escrever com um lado direito nulo, 238
  identificar, 222-223
  listar, 222
  para relacionamentos 1-M, 222
  reescrita de consulta, 586
  regras para, 223
diagrama(s)
  de classe da, 157-159
  de dependência funcional, 221-222
  de instâncias, 139-140
  entidade-relacionamento. *Veja também* DERs
dicas, influenciando a escolha de planos de acesso, 272
dicionário
  corporativo de dados, 442. *Veja também* dicionários de dados
    criar e manter com ferramentas CASE, 442
  de dados, 35, 495, 684
    global (DG), 620
    incluir justificativa de projeto em, 180
    manipulação de, 495-497
    no Visio Professional, 37
    tipos de, 495
diferença de tempo
  de carga, 594-595, 684. *Veja também* diferença de tempo válido
  válido, 594-595, 684. *Veja também* diferença de tempo de carga e tempo de transação
dimensões, 562, 684
  detalhes sobre, 566
  representação das, 571-574
diretrizes de análise para problemas narrativos, 170
disjunção
  de fragmentos, 625
  restrição de, 148-150, 691
disponibilidade, 608
disposição física dos dados, 252
dispositivos de armazenamento de dados não-voláteis, 526
distinção entre maiúsculas e minúsculas, comparação exata e inexata e, 87-88
distribuição uniforme, 254
divisão de processamento
  afetando o projeto de um banco de dados cliente-servidor, 610
  no projeto de um banco de dados cliente-servidor, 609
DMV (dependência multivalorada), 235, 683. *Veja também* DFs (dependências funcionais); independência de relacionamento
DMV não-trivial, 235, 684
do processo de projeto físico de banco de dados, 252
  especificar em uma instrução CREATE DIMENSION, 573
  no processo de renovação, 595-596
  resultando de chaves e domínios, 237
documentação
  de DERs, 179-181
  de informação, regras de negócio especificadas como, 151
  de projeto, 180-181
  função das ferramentas CASE, 35
  padrões, 493
domínios, 490-491
DPF (recurso de particionamento de banco de dados), 619, 682
Drill-up. Veja também operador de cubo de dados *roll-up* (agregação)

E

economias de escala, proporcionadas pelo processamento em *batch* (lote), 377
efeitos colaterais de atualizações de visões, 348
efetivação em duas fases, 634-635
empréstimos
  a estudantes, 450
  não subsidiados de Financiamento Estudantil, 450
  para estudantes, sistema de informação para processar, 24
  subsidiados a estudantes, 450
encapsulamento, 645, 684
enciclopédia. *Veja também* dicionários de dados
Encriptação de Dados, 487
engenharia direta, 35, 684. *Veja também* ferramentas CASE; engenharia reversa
engenharia reversa, 35, 684. *Veja também* ferramentas CASE; engenharia direta
entidade, 684
  classificar, 147
  em bancos de dados, 4
  em DERs, 136
  em um banco de dados de hospital, 6
  em um banco de dados de uma estação de tratamento de água, 5
  em um banco de dados de uma universidade, 5
entidades fortes, transformar fracas em, 174-175
entidades fracas, 141, 156, 693. *Veja também* dependência de identificador; regra de relacionamento identificador
  símbolo de notação *Crow's Foot* (pé-de-galinha) para, 150
  transformar em fortes, 186-187
entradas do projeto físico de banco de dados, 253
equijunção, 59
equivalência de relacionamento, 146-147, 684. *Veja também* tipos de entidade associativa; regra de relacionamento identificador
ER/Studio 6.6, 36
Erro
  em tempo de execução, 416
  de projeto, detectar comuns, 181-183
  de sintaxe, 268
  inesperados, 392
  semânticos, 268
escalabilidade
  da abordagem cliente-servidor, 607
  fornecida pela opção DPF, 619
  horizontal, 607
  vertical, 607
escrita forçada, 528, 684
esforços de padrões para SQL, 80-81
espaço de disco, minimizar, 251-252
esparsidade, 563. *Veja também* cubo de dados
especialistas
  de dados, 503-505
  em banco de dados, 497, 503
especialização
  de papéis no desenvolvimento de banco de dados, 33
  em administração de dados e de banco de dados, 485
  em ambientes para DAs e DBAs, 485
especificações de projeto, 25
espelhamento
  de disco, 690
  em RAID, 284
esquema
  conceitual, 15-16, 29, 461-464, 685. *Veja também* visão externa; esquema interno; esquemas; arquitetura de três esquemas
  constelação, 567, 685. *Veja também* tabelas de dimensão; tabelas de fato; floco de neve; esquema estrela
  de alocação, 622
  de mapeamento local, 623
  definir, 29

estrela, 567, 685. *Veja também* esquema constelação; tabelas de dimensão; tabelas de fato; esquemas floco de neve
estrela de DER, 567-568
externos, 29
floco de neve, 568, 570, 590, 685. *Veja também* esquema constelação, esquema constelação, tabelas de dimensão; tabelas de fato; esquema estrela
interno, 15-16, 250, 685. *Veja também* esquemas
  no Oracle, 489
representação do tempo nos, 569-571
reutilizar para relacionamentos M-N, 568-569
variações do, 567-569
estilo
  de definição de tabela, 660
  de indentação, 9
  de linguagem para integrar uma linguagem procedural, 378-379
  de operador de junção, 106-109, 298, 685
    combinação de junções externas e internas, 301
    combinar com o estilo de produto cartesiano, 108
    combinar uma consulta aninhada Tipo I com, 303-304
    comparado com o estilo de produto cartesiano, 109
    instrução DELETE usando, 114-115
  tabular, 9
estratégia
  de modificação para processar consultas referenciando visões, 344-345
  dividir para conquistar, 31, 428
estrutura
  complexas de dependência, 231
  de arquivo, 252-253
    características das, 267-268
    oferecidas na maioria dos SGBDs, 256-268
    primária, 689. *Veja também* estrutura secundária de arquivo
    secundária, 685. *Veja também* estrutura primária de arquivo
  de árvore B dinâmica, 260. *Veja também* árvore B
  de árvore B orientada para blocos, 260
  de formulário, 430-431,685
  de tarefa, 540
  densa de árvore B, 260
  hierárquica
    definir a estrutura do formulário, 430-431
    para o Formulário de Fatura, 435
  primária de arquivo, 265, 267, 268
  simples de dependência, 231
  ubíqua de árvore B, 260
estudo de viabilidade, 25
evento(s), 610. *Veja também* evento aplicável; eventos de gatilho
  aplicável, classificar gatilhos por, 403
  combinar, 409
exceção
  cursor *Already-Open* (cursor já aberto), 391
  definida pelo usuário, 390
  Dup_Val_On_Index, 391
  em PL/SQL, 391
  Invalid_Cursor, 391
  No_Data_Found, 391
  OTHERS, 390-391
  predefinidas, 390, 391
  Rowtype_Mismatch, 391
  Timeout_on_Resource, 391
  Too_Many_Rows, 391
exclusões a partir de uma estrutura Árvore B, 261, 263
execução
  de consulta paralela por mecanismos ROLAP, 590
  em código de máquina de planos de acesso, 271
  recursiva, 415-416
  seqüencial de transações, 520
  simultânea de transações, 520

expressão(ões) 82, 685
   agregadas na cláusula ORDER BY, 95-97
   de caminho em uma instrução SELECT, 664
   lógicas, 685
      complexas, 89
      eliminar partes redundantes de, 268-269
      usadas no operador *restrict*, 57
extração em manutenção de *datawarehouse*, 592-593
extrato de Conta
   da *Student Loan Limited*, 451,453-454
   modelagem de dados de, 458-459

F

Fagin, Ronald, 237
failover automático no Oracle RAC, 618
faixa (*stripe*), 283, 685
falha(s)
   de dispositivo, 526-527, 529
   detectadas no programa, 526
   detectar no processamento de efetivação
      distribuído, 633-634
   do sistema, 526, 527, 529, 530
   falha de sistema operacional, 527
   locais, recuperação de, 529
   tipos de, 526
famílias de subtabelas, 653,661-664
fase
   de atualização da manutenção de
      datawarehouse, 593
   de crescimento do 2PL, 525
   de investigação preliminar do ciclo de vida de
      desenvolvimento de sistemas, 25
   de manutenção do ciclo de vida de
      desenvolvimento de sistemas, 26
   de preparação para a manutenção de
      datawarehouse, 592, 593
   de projeto do banco de dados distribuído no
      desenvolvimento de banco de dados, 31
   de votação no processamento de efetivação
      em duas fases, 634-635
   do projeto lógico do desenvolvimento
      de banco de dados, 30
FDT (fim da transação), 525
ferramentas
   auxiliadas por computador, ajudar com
      seleção de índice, 277
   CASE comerciais, 36-39
   CASE de retaguarda (*back-end*), 34, 274-275, 680
   CASE *front end*, 34
   CASE, 34-39, 685
      comerciais, 36-39
      executar conversão, 183
      funções das, 35-36
   de análise no Visio, 38-39
   de engenharia de software auxiliadas por
      computador. *Veja também* ferramentas CASE
   de Extração, Transformação e Carga
      (ETL), 594, 680
   de visualização de dados, 559
   ETL, 594, 685
   gráficas para acessar bancos de dados, 8-9
FileMaker Pro, 14
filhos. *Veja também* subtipos
fim da transação (FDT), 525
Firebird, 14
flexibilidade da abordagem cliente-servidor, 607
fluxo de trabalho, 540, 685
   caracterizar, 540
   classificar, 540, 541
   divisão do processamento, 610
   especificação e implementação, 541-542
   orientado ao computador, 540
   orientados aos recursos humanos, 540
   para a manutenção de *datawarehouse*, 592-593
FNBC (Forma Normal *Boyce-Codd*), 223, 227, 680
   relacionamento com 3FN, 227-229

   violar as tabelas divididas da *Student Loan
      Limited*, 463
   violar como um objetivo de projeto, 238
FNCD (forma normal de chave de domínio), 223, 237
fontes de dados
   determinação da freqüência de renovação, 595
   disponíveis para popular um
      datawarehouse, 591-592
Forma Normal *Boyce-Codd*. *Veja também* FNBC
   (Forma Normal *Boyce-Codd*)
formas normais, 223-232, 685
   nível superior, 236
   relacionamento de, 223-224
formatação
   de dados, 252
   de registros, decisões, 282-283
formato legado, dados-fonte em, 591
formulação de consultas
   com SQL, 79-116
   exemplos refinando, 103-113
   para formulários hierárquicos, 355-359
   para relatórios hierárquicos, 361
   perguntas críticas para, 101-103
   SQL avançado, 297-324
formulário, 353, 684
   de aquisição de projeto, 436-437
   de compras centralizadas, 437-438
   de Concessão de Empréstimo, 451-452
   de entrada de dados. *Veja também* formulários
   de Fatura, 434-436
   de matrícula para cursos, 438
   de Origem de Empréstimo
      DER de, 455-456
      requisitos de dados do, 467-468
   hierárquicos, 353-354, 685
      escolha de delimitação de transação, 534-535
      escrever consultas para, 356-359
      habilidades de formulação de consultas
         para, 355-359
      relacionamento com tabelas, 354-355
      visões em, 353-359
   implementar, 467
   para entrada de dados, 9, 10, 353
   principal, 353-354, 685
      consulta para, 357-359
   projeto de visões com, 429-438
   resumir os que acessam um banco de dados, 255
fórmulas de custo, avaliando planos de acesso, 271
FoxPro, 14
fragmentação em armazenamento de banco
   de dados, 285
fragmentos , 694. *Veja também* operador semijunção
   alocando aos sítios, 626
   em um SGBD distribuído fracamente
      integrado, 622
   horizontais, 625
   horizontal derivado, 625
   misto, 625
   verticais, 625
freqüência de renovação, 595
função
   AVG, 92, 323
   COUNT, 92
      com valores nulos, 323
      consulta aninhada, 312-313
      consulta aninhada na cláusula
         HAVING, 315-317
      palavra-chave DISTINCT dentro, 313-314
      problema de divisão com DISTINCT
         dentro, 318-319
   de diagramação das ferramentas CASE, 35
   DEREF, 669
   lower, 88
   MAX, 92
   MIN, 92
   mod, 257
   Month, 127
   MonthName, 127
   REF, 669

   SUM, 92, 323
   to_char, 87
   To_Date, 381
   to_number, 87
   upper, 88
   VALUES, 670
   Year
      no Microsoft Access, 86, 468
funcionalidade de layout automático nas
   ferramentas CASE, 35
funções, 221
   agregadas, 92, 685
      dentro de uma função agregada, 312
      usadas com o operador de
         sumarização, 65-66
   de análise das ferramentas CASE, 35
   de classificação com uma instrução SELECT, 583
   de proporção com uma instrução SELECT, 583
   do SQL: 2003, 657
   em PL/SQL, 392-394
   hash, 258
   utilizar em colunas indexáveis, 273

G

gatilho(s), 402, 685. *Veja também* gatilhos sobrepostos
   AFTER ROW
      definir para manter colunas derivadas, 469
      para propagação de atualização, 408-409
      para relatório de exceção, 413-414
   aplicáveis para uma instrução do SQL, 414
   BEFORE ROW, 411-413
      diretrizes para, 495
      para restrições de integridade
         complexas, 406-408
   classificar no SQL: 2003, 403
   comparados com asserções, 493
   conteúdo dos, 493
   de atualização, 403
   de instrução, 403
   de linha, 403
   de visão, sem restrições que modifiquem
      uma tabela, 417
   diretrizes para controlar a complexidade, 495
   diretrizes para executar, 416
   executar, 402
   gerenciar, 493-495
   INSTEAD OF, 403
   motivação e classificação dos, 402-403
   nomear esquema para, 404
   Oracle, 403-414
   procedimentos de banco de dados *versus*
      gatilhos/procedimentos de aplicações, 493
   sobrepostos, 415-416, 495, 685. *Veja também*
      procedimentos de execução de gatilhos;
      gatilhos
   sobrepostos, 686
   testar, 406
   UPDATE
      diretrizes de gatilhos para, 495
      gatilho sobreposto, 415
   usos em aplicações de negócio, 402-403
GCS (*Global Cache Service*), 618
GDD (gerenciador de dados distribuídos), 620
generalização, embutida na UML, 158
gerenciador
   de controle de concorrência, 523,686,694
   de dados locais (GDL), 620-622
gerenciamento
   de banco de dados de objeto
      arquiteturas para, 649-655
      motivos de negócio para, 642-643
   de bloqueios, distribuição entre locais, 633
   de conhecimento, 484, 686
   de dependências pelos DBAs, 494
   de fluxo de trabalho, 539-542
   de objetos distribuídos, 540

de processos, 609, 612
de recursos de informação, 19, 483-484, 686
granularidade
    bloquear, 523-524
    classificar gatilhos por, 403
grupos
    em relatórios hierárquicos, 360
    repetidos, desnormalizar, 280-281

H

habilidades
    hard, 33-34
    qualitativas, 32
    soft, 32, 40
herança, 148, 645-647, 686
    aplicar a tabelas, 661
    estender a vários níveis, 647
    suporte aos tipos definidos pelo usuário, 665
hierarquia
    de dimensão, 684
    de generalização, 148, 151-152, 692. *Veja também* subtipos; supertipos
        adicionar, 177-178
        converter, 190-191
        desnormalizar, 280-281
        múltiplos níveis de, 149-150
        para propriedades, 659
        regra da participação, 152-153
        regra de conversão, 191
        símbolo da notação Pé-de-Galinha para, 150
        uso excessivo de, 182
    de organização, encontrar todos os subordinados na, 110
    de dimensões, 563
    especificar em uma instruçao, CREATE DIMENSION, 572
    irregular, 563
hipercubo. *Veja também* cubo de dados
histogramas, 254, 686
    de mesma largura, 254-255, 272, 686
histórias de acesso, 592
histórico limitado, adicionar a um tipo de entidade, 177
HOLAP (OLAP Híbrido), 590-591, 686
homônimos, 441-444, 686. *Veja também* sinônimos
HTML (Linguagem de Formatação de Hipertexto), 613, 686

I

IAnywhere Solutions, 14
IBM
    DB2 *Enterprise Server Edition*, 619
    fatia de mercado de software de banco de dados corporativo, 13
    força por trás do SQL, 80
    Padrão CODASYL ignorado pela, 12
    tipos definidos pelo usuário no DB2, 652
IDC (*International Data Corporation*), 13
identificadores de objeto, 644
    especificar no Oracle 10g, 665-666
    gerados pelo usuário, 663
identificadores
    de objeto gerados pelo usuário, 663
    de usuário, 380
imagens, armazenamento digital de, 642
implementação
    de um método, 644
    decisões para a *Student Loan Limited*, 467
    eficiente, 28, 31
inclusão de conjunto, 662, 668
incompatibilidade (não-casamento de impedância) entre sistemas de tipos, 642-643
incompletude, documentar, 179
inconsistência, documentar, 179
indentação em relatórios hierárquicos, 359-360

independência, 232
    de dados, 15, 340, 686
        assegurar, 16
        possibilitada pelo encapsulamento, 645
    de relacionamento, 232-234, 686
    estatística, 232
índice, 31, 274, 686. *Veja também* índices bitmap; árvore B; arquivos *hash*
    bitmap de junção, 266-267
    cluster, 274-275, 686. *Veja também* índices não cluster; estrutura primária de arquivo; estrutura secundária de arquivo
        caros para manter, 277
        comparados com não cluster, 276-277
    compostos, regras de correspondência, 265
    de bitmap, 679. *Veja também* algoritmo de junção estrela
    de coluna única, regras de correspondência, 265
    de junção de bitmap, 266, 590
    evitar em combinações de coluna, 278
    não-cluster, 274-277, 686. *Veja também* índices cluster; seleção de índice; estrutura de arquivo secundária
        normal de árvore B +, 264
        selecionar para a *Student Loan Limited*, 465-466
        coluna com muitos valores como uma boa escolha para, 277
        combinação de colunas e, 278
        compararados ao cluster, 276
        em uma chave estrangeira, 277
Information resource dictionary (IRD), 495-496, 684
Ingres, 14
Início da transação (BOT), 526
inserções em uma estrutura de árvore-B, 261
instrução(ões)
    ALTE TABLE, 76
    CASE, 384-385
    COMMIT, 516-517
    condicionais, 382-386
    CONNECT, 379
    CREATE ASSERTION, 81, 492-493, 511-512, 680
    CREATE DIMENSION, 571-574
    CREATE DOMAIN, 490, 511-512
    CREATE INDEX, 279-280
    CREATE MATERIALIZED VIEW, 583-584
    CREATE ROLE, 511-512
    CREATE TABLE, 46
        cláusula CONSTRAINT, 50-51
        designar uma chave primária, 50
        especificar identificadores de objeto no Oracle 10g, 665-666
        no Oracle 10g, 667
        no SQL do Oracle 10g, 76
        para a *Student Loan Limited*, 474-477
        para o banco de dados de uma universidade, 73-74
        restrições CHECK em, 491, 513
        restrições NOT NULL, 52
        sintaxe do SQL:2003, 74-76
    CREATE TRIGGER, 81
    CREATE TYPE, 657, 667
    CREATE USER, 488
    CREATE VIEW, 81, 340-342
        Sintaxe do SQL:2003 para, 372
        WITH CHECK OPTION, 349
    CREATE/DROP ROLE, 487
    CURSOR, 682
    de atribuição, 382
    de controle de banco de dados, 81
    de gatilho, 423
    de índice, 279
    de iteração, 385-386
    de manipulação de banco de dados, 81
        em um gatilho, 415-416
        de exceção, instrução ROLLBACK, 517
    de modificação, 113-115

DELETE, 114-115
    custo de manter índices resultantes, 276
    disparando gatilho (*trigger*) para cada, 405-406
    oferecendo outro uso de uma consulta aninhada Tipo I, 304-305
    resumo de sintaxe do SQL:2003, 131
do problema, 25, 102-103
do SQL
    associar com planos de acesso, 379
    processar resultados de, 379-380
    testar gatilhos, 406
DROP ASSERTION, 512
DROP DOMAIN, 512
DROP ROLE, 487, 511-512
DROP TABLE, 76
EXIT, 385
FETCH, 396
FOR LOOP, 385
FOR, cursor implícito dentro, 395
GRANT, 81
GRANT/REVOKE, 487-489
IF, 382, 383-384
IF-THEN, 383
IF-THEN-ELSE, 383, 384
INSERT, 113-114
    custo de manter índices, 276
    resumo de sintaxe no SQL:2003, 130
LOOP, 385-386
ON ERROR, 526
procedurais, combinar com acesso de banco de dados, 376
REVOKE, 81, 488
ROLLBACK
    em um procedimento de PL/SQL, 389-390
    em uma transação, 517
ROLLBACK do SQL, 526
SAVEPOINT, 539, 552
SELECT, 82-84
    aninhadas, 333-334
    autojunções, 109-110
    classificar, 95-96
    com a função REF no Oracle 10g, 669
    com expressões de caminho e o operador desreferência, 664
    condições de comparação em colunas de data, 88
    dentro da instrução INSERT, 114
    do SQL, 8
    em comparação exata, 87-88
    em problemas de tabela única, 84-89
    expressões lógicas complexas, 89
    expressões nas cláusulas SELECT e WHERE, 86-87
    formato simplificado da, 82
    funções em expressões na, 393-394
    funções novas agregadas usadas na, 583
    juntar múltiplas tabelas com o estilo produto cartesiano, 298
    juntar tabelas, 89-91
    melhorar a aparência dos resultados, 95-97
    mostrar todas as colunas, 86
    múltiplas no Microsoft Access em vez de consultas aninhadas, 332-333
    no SQL. *Veja também* instrução(ções) SELECT
    obter o identificador de objeto, 663
    processo de avaliação conceitual para, 97-101
    produzir o resultado de um operador CUBE, 577-578
    produzir os resultados de um operador ROLLUP, 579-580
    resumir tabelas com GROUP BY e HAVING, 91-95
    resumo de sintaxe no SQL:2003, 333-334
    resumo de sintaxe simplificada no SQL:2003, 128-130

testar linhas usando a cláusula WHERE, 85
teste para encontrar valores nulos, 89
tornar tabelas compatíveis em união, 111
visões em, 342-344
SET CONSTRAINTS, 538-539, 552
SET-TRANSACTION
colocar antes da instrução START TRANSACTION, 536-537
sintaxe do SQL:2003 para, 551
SQL embutidas, 378
START TRANSACTION, 516-517
TYPE, 381
UPDATE, 114
custo de manter índices, 277
gatilho disparando para, 405
resumo de sintaxe do SQL: 2003, 128
usar uma instrução SELECT para recuperar o identificador de objeto, 663
variável, 381-382
WHILE LOOP, 385-386
integração, 482-483
de visões, 439-444
abordagens, 439-442
exemplos de, 442-444
processo, 31, 429
estratégia, 440, 685
incremental, 455-460, 686
manutenção de *datawarehouse*, 593
paralela, 685-686
restrições, 595-596
integridade
das chaves candidatas, 169
de entidade, 49-50, 685
de unicidade. *Veja também* integridade de entidade
histórica, preservar para tabelas de dimensão, 570
referencial, 49, 50-52, 687. *Veja também* chaves candidatas; chaves estrangeiras; chaves primárias
para auto-relacionamentos (unários), 52
regra, 50
representação gráfica de, 53-54
restrições, 51, 225, 230, 666
intenção compartilhada exclusiva de bloqueio, 524
interações entre gatilhos, 494-495
interface
de pacote, 399
de programação de aplicação (API), 650-651
de um método, 644
em nível de chamada (CLI), 378-379, 681
em nível de instrução, 378-379, 687
International Data Corporation (IDC), 13
International Standards Organization (ISO), 496, 687
Internet, 687
como área mais altamente padronizada, 607
padrões para serviços Web, 614-615
processamento distribuído na, 16
SGBDs e, 13
interoperabilidade, 607-610
interpretação de planos de acesso, 271
intranet, 687
IRD. *Veja também Information resource dictionary*

J

janela
de Definição de Relacionamento (*Relationship Definition*), 8
de Definição de Tabela (*Table Definition*), 7-8
de Permissões de Usuários e Grupos (*User and Group Permissions*), 488-489 consciência do usuário das visões materializadas em comparação com as tradicionais, 584-585
de Projeto de Consulta (*Query Design*)
no Microsoft Access, 9, 60-61
operador de junção de um lado, 63

de Relacionamento (*Relationship*) no Microsoft Access, 53-54
JDBC (Conectividade de Banco de Dados Java), 379, 611, 682, 688
junção(ões)
agrupar com, 94-95
combinar com agrupamento, 110-111
combinar tabelas com, 102
de desigualdade, 307
de tabelas,107-109
externa completa, 300-301, 336
externa de um lado, 298-299, 687
consulta em subformulário com, 358
misturar com junções internas, 301-302, 336
no Oracle 8i SQL, 335-336
notação em Oracle 8i, 335-337
problemas, 298-299
união de duas, 300-301
hash, 271, 687. *Veja também* algoritmo *sort-merge*
híbrida, 271, 687. *Veja também* laços aninhados; algoritimo *sort-merge*
internas, 302, 336
problemas de divisão, 316-317

K

kernel relacional em SGBDs objeto-relacionais, 653

L

laços aninhados, 308, 687. *Veja também* junção *hash*; algoritmo *sort-merge*
lado da mão direita nulo, escrever uma DF com, 238
lei de transitividade, 226, 688. *Veja também* DFs (dependências funcionais); dependências transitivas
leitura não-repetível, 522, 687
leitura suja, 521, 683
LGWR (processo de escrita no registro *log*), 618
LHS (lado da mão esquerda), 221, 223, 684
ligação
direta em um DER, 170
indireta em um DER, 170
limpeza na manutenção de *datawarehouse*, 592-593
linguagem(ns)
de banco de dados não-procedurais, 8, 687
de consulta de objeto (OQL), 654
de definição de objeto (ODL), 644, 654
de Modelagem Unificada. *Veja também* UML
de programação de banco de dados, 376, 688. *Veja também* CLI (interface em nível de chamada)
interface em nível de instrução
motivações para, 376-378
questões de projeto envolvendo, 378-380
vincular para, 379
de programação
adicionar capacidades completas de, 9-10
gerações de, 12
orientadas a objetos, 649
tipos de dados de, 642
versus SGBDs, 649
de regras formais, 151
estruturada em blocos, PL/SQL como uma, 386
Persistent Stored Module, 378
Procedural
interface, 7, 9-10, 687
perguntar com uma linguagem não-procedural, 378
SEQUEL, 80
linhas
agrupar todas, 94
contar, 92
contendo valores nulos excluídos dos resultados, 321
detalhe, 360, 688

duplicadas. *Veja também* linhas
eliminar, 104
remover, 96-97
em uma tabela, 46
fundir como um meio rápido de juntar tabelas, 276
inserção de múltiplas, 114
inserir em consultas atualizáveis 1-M, 351-352
inserir uma de cada vez, 113
manipular em famílias de subtabelas, 662
não-combinada, 688
conservar no resultado, 61
junção externa de um lado, 306, 336
referenciadas
ações de exclusão e atualização para, 54-55
ações em, 415, 416, 679
atualizar chaves primárias de, 54
regras sobre, 691
remover duplicadas, 96-97
remover uma ou mais, 114-115
listas de parâmetros em funções, 392
local coordenador para o processamento de efetivação em duas fases, 634
lógica de negócio, 610
logs redundantes, 527
LRs. *Veja também* registros lógicos
LSN (*Log Sequence Number* – número de seqüência de registro), 527

M

macros, comparadas a visões, 340
Malhotra, Yogesh, 484
manipulação de exceções, durante auditoria, 593
manutenção
de dependência de assinatura, 494
de registro de tempo, 494
mapeamentos de esquemas, 15-16, 688
marketing direcionado, aplicando técnicas de *datamining* para, 558
matemática de bancos de dados relacionais, 46
materialização de visão, 344, 688
MDC (modelo de dados corporativo), 485, 556, 688
medidas
combinada de desempenho, 255
derivadas, 563
em células de cubo de dados, 562-563
particularidades sobre, 56
membros de dimensões, 562
memória principal, 250-252
mensagens, 688. *Veja também* vinculação
mercado
de SGBDs embutidos, 14
de software de banco de dados para estações de trabalho, 14
metadados, 495, 684, 688. *Veja também* dicionários de dados
método(s)
construtor, 657
em objetos, 644
múltiplas implementações de, 647
mutante, 657
observador, 657
proprietários *versus* padrões abertos, 607
metodologias
de desenvolvimento em espiral, 26
rápidas de desenvolvimento de aplicações, 26
Microsoft Access
combinar agrupamentos e junções, 95
comparação inexata com o operador LIKE, 87
condições de comparação em colunas de data, 88
consultas aninhadas em cláusulas FROM, 313-314, 318-320
consultas atualizáveis 1-M, 350-351
diagramas de banco de dados relacionais, 140
diferenças de sintaxe SELECT, 131
expressões nas cláusulas SELECT e WHERE, 86

ferramenta gráfica, 8-9
instrução CREATE VIEW, 92, 340-341
instrução DELETE usando o estilo do operador de junção, 115
instrução SELECT, 82
instruções SELECT múltiplas em vez de consultas aninhadas, 332
janela
    de Definição de Relacionamento (*Relationship Definition*), 8
    de Definição de Tabela (*Table Definition*) no, 7-8
    de Projeto de Consulta (*Query Design*), 9, 60-61, 63
    de Relacionamento (*Relationship*), 53-54
    junção externa completa, 300
    junções externas, 302
    no mercado para software de banco de dados para estações de trabalho, 14
    palavra-chave EXCEPT, 306
    permitir definição de regras de autorização, 488
    regras de atualização de visões de múltiplas tabela, 349
    VBA linguagem de programação integrada ao, 10
Microsoft Office, 14
Microsoft Office Visio Professional 2003. *Veja também* Visio 2003 Professional
Microsoft Repository, 496
Microsoft SQL Server, linguagem Transact-SQL, 10
Microsoft, as vendas de software de banco de dados corporativo, 13
middleware, 609-611, 688
    adicionar para diminuir contenção, 607
    de banco de dados de objeto, 651-652, 655, 688
    orientado a mensagens, 611, 688
    tipos comercialmente disponíveis de, 611
Minimalismo do LHS, 223
modeladores de dados, 33
modelagem
    conceitual de dados
        fase de desenvolvimento de banco de dados, 29-30
        para a *Student Loan Limited*, 455-460
    de dados
        construções, 182
        modelos no Visio 2003 Professional, 37
        notações, 37
modelagem orientada a objetos, 157
modelo(s), 559
    de interação com o ambiente, 26, 683. *Veja também* modelo de dados; modelo de processo
    de maturidade para *datawarehouses*, 560
    de processo, 26, 688. *Veja também* modelo de dados; modelo de interação de ambiente
    em cascata, 25, 695
    Entidade-Relacionamento, 29, 147-150
    Entidade-Relacionamento no Visio Profissional, 37-38
    relacional
        hierarquias de generalização não suportadas diretamente por, 191
        relacionamentos M-N e, 54
modelo de dados 26, 688. *Veja também* modelo de interação de ambiente; modelo de processo
    corporativos, 485, 556, 688
    finalizar, 179
    hierárquico, 12
    refinar, 173
    relacionais, 688
modificação de visão, 344-345, 688
modo
    de consulta ANSI 92 no Microsoft Access, 87
    de consulta do Microsoft Access, 341
    de consulta do SQL-89 no Microsoft Access 2002 e 2003, 341
MOLAP (OLAP Multidimensional), 589, 688
monitores de processamento de transações, 611, 689
movimento mecânico de um disco, 251

MS SQL Server 2000, diferenças de sintaxe SELECT, 131
MTTR Advisor, 533
multiconjuntos, 657
MySQL, 14, 503

N

não principal. *Veja também* colunas não-chave
natureza repetitiva da modelagem de dados, 173
necessidades de informações de negócio, analisar, 168-170
nível(is)
    de armazenamento de bancos de dados, 250-251
    de classificação, atribuir a objetos, 487
    de isolamento, 536-537, 689
        READ COMMITTED, 536-537
        READ UNCOMMITTED, 536
        REPEATABLE READ, 536-537
        SERIALIZABLE, 536-537
    de restrição, selecionar, 27
    de saída para relatórios hierárquicos, 361-362
    em uma instrução CREATE, 571-572
    externo
        da Arquitetura de Três Esquemas, 340
        da descrição do banco de dados, 15-16
nó(s), 684
    capacidade de uma árvore B, 260
    conteúdo de uma árvore B, 260-261
    de servidor multiprocessado, 619
    dividir, 261
    em um diagrama de hierarquia de formulário, 430-431
    filho
        chave de, 681
        em um formulário, 431
    folha
        em uma árvore B +, 264
        em uma estrutura de árvore B, 260
    pai em um formulário, 431
    raiz, chave de, 681
nome(s)
    alternativos (alias)
    de banco de dados global, 630
    de coluna, qualificar, 691
    de pacote, 401-402
    de papéis, suportados pela UML, 157
    na cláusula ORDER BY, 97
    necessários para uma autojunção, 109
    vários, 594
normalização, 35, 223, 689
    analisar o objetivo de, 238
    das tabelas da *Student Loan Limited*, 461-463
    de dados, *Veja também* normalização.
    na fase lógica de projeto de banco de dados, 30
    papel no processo de desenvolvimento de banco de dados, 237-238
    preocupações com, 237-238
notação
    Chen, 145
    de DER
        classificação de suporte, 147
        comparada com outras notações, 156-159
        restrições na, 157
        resumo de, 150-152
        variações em, 156-157
    de diagrama de classe da UML, 157-159
    de sintaxe, 75
    Pé-de-Galinha
        comparada a outras notações, 156
        para DERs, 136
        resumo de, 150
        símbolos representando cardinalidades, 138
Núcleo do SQL, 81, 693
número de seqüência de registro (LSN – *Log Sequence Number*), 527

O

Object Database Management Group (ODMG), 654
objeto caractere grande. *Veja também* CLOB
objetos, 644, 689
    acessar por interfaces, 645
    atribuir níveis de classificação, 487
    complexos, manipular, 662-664
    conjuntos de, 644
    de aplicação, restrições de autorização por, 488
    de banco de dados, dependências entre, 493-494
    de seqüência no Oracle, 77, 169
    identificador exclusivo para, 644
    persistentes, 654
    referenciados, exclusão de, 494
    usar em um pacote, 401-402
ODBC. *Veja também Open Database Connectivity*
ODMG (*Object Database Management Group*), 654-655
OLAP (processamento analítico online), 689
    extensão no SQL:2003, 583
    tecnologias de armazenamento, 589-591
opção de exclusão CASCADE, 190
Open Database Connectivity (ODBC) – Conectividade Aberta para Bancos de dados, 379, 611-612, 681, 688
oper mart (*marts* operacionais), 557, 689. *Veja também datamarts*
operação redo (refazer) no registro de transação, 527
operações
    complexas, programação de banco de dados linguagens necessárias para, 377-378
    da atualização em visão atualizável, 348-349
    de banco de dados, 10-11
    de conjunto, 270
    de diferença, 309-312
    de escrita para armazenamento não-volátil, 528
    de inserção
        impacto de linhas referenciadas em, 55
    de junção
        combinar com um operador de diferença, 309-312
        consultas com extras, 273
        eliminar desnecessárias, 273
        particionada, 617
    de junção externa, 334
    de registro, geradas na reinicialização, 531-532
operador(es)
    AND, 57, 89
    BETWEEN-AND, 88, 689
    CUBE; 681
        aumentar a cláusula GROUP BY, 574-578
        combinar com ROLLUP e GROUPING SETS, 582
        comparado ao operador ROLLUP, 579
        estender uma reescrita de consulta, 588-589
    de bloqueio, 523
    de comparação, 85, 88
    de comparação IS NOT NULL, 89
    de comparação IS NULL, 89, 306
        correspondências de índices, 265
        em PL/SQL, 382-383
    de cubo de dados
        dice, 565-566, 682
        drill-down (desmembramento), 565-566, 683. *Veja também* operador de cubo de dados *roll-up* (agregação)
        pivot, 566, 689. *Veja também* cubo de dados
        roll-up, 566, 578, 692. *Veja também* operador de cubo de *drill-down*
    de desreferência, 664
    de diferença, 63-65, 68, 305
    de equijunção, 684. *Veja também* operador de junção; operador de junção natural (*natural join*)
    de exclusão em uma visão atualizável, 348
    de fechamento transitivo, 377
    de junção, 59-68, 685
    de junção externa, 61, 687

completa, 62, 687
de um lado, 62-63, 306
de junção natural, 59-60, 687. *Veja também*
operador equijunção; operador de junção
de produto, 68
de produto cartesiano estendido, 57-59, 690
de projeção, 57, 65, 690
de restrição ou seleção, 56-57, 68, 690
de *semijunção*, 689
de sumarização, 65-66, 689
de união, 63-65, 68, 694
divisão, 66-68, 315, 684
EXISTS, 308
GROUPING SETS, 580-582, 689
IN, 93
intersecção, 63-65, 687
LIKE, 87
lógico NO, 57
NOT EXISTS, 308-312
NOT IN, 305-306, 308
OR, 57
    comparação com o operador IN, 93
    misturar com AND em uma
        expressão lógica, 89
ponto (*dot*)
    em uma instrução SELECT, 664
    expressões de caminho no Oracle 10g, 669
ROLLUP, 578-580, 582, 689
select. *Veja também operador restrict*
slice (de cubo de dados), 564-566, 693. *Veja*
    também operador de cubo de dados *dice*
tradicionais de conjunto, 63-65, 689
undo (desfazer) no registro de transações, 531
unlock, 523
Operação INNER JOIN, 305
OQL (*object query language* – linguagem de consulta
    de objeto), 654
Oracle
    combinar agrupamentos e junções, 95
    comparação inexata com o operador LIKE, 87
    condições de comparação em colunas de data, 88
    diferenças de sintaxe SELECT, 131
    distinção entre maiúsculas e minúsculas do, 88
    encerrar uma instrução, 84
    exemplos de instrução SELECT fornecidos
        para, 82
    expressões nas cláusulas SELECT e
        WHERE, 86-87
    extensão proprietária utilizando
        o símbolo (+), 337
    extensões proprietárias para gatilhos, 403
    gatilhos, 402-416
        sobrepostos, 415
    geração automática de valor usando objetos
        de seqüência, 77
    instrução
        CREATE DIMENSION, 571-574
        CREATE INDEX, 279-280
        CREATE VIEW, 340-341
    linguagem
        de programação de banco de dados
            proprietária para, 380
        PL/SQL, 10
    pacotes predefinidos, 399
    palavra-chave MINUS, 306
    procedimento de execução de gatilho, 414-416
    RAC (*Real Application Cluster*), 618-619, 681
    tabelas de catálogo de, 495-496
    transparência nos bancos de dados
        distribuídos, 628-630
    vendas de software de banco de dados
        corporativos, 13
    visões de junção atualizáveis, 349, 372-373
Oracle 10g
    estender as instruções de segurança do SQL:2003,
        488
    limitações nas restrições CHECK, 75
    processo de recuperação, 532-533

recursos de banco de dados de
    objeto no, 664-672
sintaxe CREATE TABLE, 75
suporte aos bancos de dados distribuídos
    homogêneos e heterogêneos, 628-630
suporte aos tipos definidos pelo usuário, 665-668
tabelas tipadas no, 668-670
visões materializadas no, 583-585
Oracle 8i
    junção externa total não-suportada
        diretamente, 300
    notação de junção externa, 335-337
Oracle *Designer* 10g, 36
Oracle *Enterprise Manager*, 619
ordem descendente, 96
organizações, efeitos da tecnologia de banco de
    dados nas, 17
orientação
    a assuntos dos *datawarehouses*, 555
    de processo dos bancos de dados
        operacionais, 555
otimização
    de consulta, 16, 252, 268-274
    decisões de, 268, 271-274
    por mecanismos ROLAP, 590
    processamento distribuído de
        consultas, 631-632
    software de, 252
    tecnologia, 12
otimizador de consulta no Oracle RAC, 618
overhead, 690

P

pacote DBMS_Output, 399
pacotes, 689
    do PL/SQL, 398-402
    no SQL:2003, 655
    pré-definidos no Oracle, 399
padrão(ões)
    CODASYL, 12
    de nomeação para um banco de dados
        corporativo, 442
    detectados em mineração de dados, 558
    estrela, 271
    SQL:1999, 74, 81, 312
    SQL-86, 81
    SQL-92, 74, 81, 659
pagamentos, divididos pela *Student Loan*
    Limited, 453-454
páginas. *Veja também* registros físicos como *hot spots*
    dependentes do sistema, 534
páginas de paridade, 284
pai. *Veja também* supertipo
palavra-chave
    %TYPE, 382
    ALL, 113
    ARRAY, 663
    BEGIN em um bloco do PL/SQL, 387
    CASCADE, 55
    CHILD OF, 572
    CONSTRAINT, 50
    DECLARE, 381-387
    DEFAULT, 381
    DEFERRABLE, 493
    DESC, 96
    DISTINCT
        consulta armazenada subseqüente à
            palavra-chave SELECT, 332
        dentro da função COUNT, 319
        dentro de funções agregadas, 313-314
        eliminar linhas duplicadas, 104
        não permitida em consultas atualizáveis
            1-M, 350
        não permitida em visões atualizáveis de
            tabela única, 346
        remover as duplicidades, 96-97

restringir a computação a coluna de valores
    únicos, 92-93
EXCEPT, 306
    no DB2, 131
    no SQL: 2003, 113, 306
EXCEPTION, 387
FOR EACH ROW, 403
FULL JOIN, 300
GROUP BY
    não permitida em consultas atualizáveis
        1-M, 350
    não permitida em visões atualizáveis
        de tabela única, 346
INNER JOIN, 91
INSTANTIABLE, 657
LEFT JOIN, 299
MINUS, 113, 131, 306
MODIFY, 76
NEW, 411
NO ACTION, 55
NOT FINAL, 657
NOT INSTANTIABLE, 657
NOT NULL, 52
OLD, 411
ONLY, 664, 669
OR na especificação de evento de gatilho, 404
OVERRIDING
    no Oracle 10g, 665
    no tipo CorPonto, 657
RESTRICT, 55
RIGHT JOIN, 299
ROLLBACK TO SAVEPOINT, 539
ROW, 662
SET DEFAULT, 55
SET NULL, 55
SYSTEM GENERATED, 660
UNDER
    no Oracle 10g, 671
    no tipo CorPonto, 657
UNIQUE, 50-51
USER GENERATED, 660
WITH GRANT OPTION, 488
palavras e símbolos reservados em PL/SQL, 380
palavra reservada OBJECT, 665
papel(éis)
    CONNECT, 488
    criar no SQL: 2003, 487
    de banco de dados, classificação de, 17
    designar a usuários, 488
    do DBA no Oracle 10g, 488
    RESOURCE, 488
Paradox, 14
paralelismo
    de entrada (*input*) (IN), 389
    de entrada-saída (*input-output*) (IN OUT), 389
    de saída (OUT), 389
    em procedimentos de PL/SQL, 389
    particionado com a opção DPF, 619
parênteses, fazer o agrupamento de condições
    explícitas, 89
parte
    de cabeçalho de uma tabela, 46
    fixa de um formulário hierárquico, 353-354
particionamento
    automático, 619
    definido pelo DBA, suportado pela
        opção DPF, 619
    entre processadores na arquitetura SN, 616
    por mecanismos ROLAP, 590
perfis de aplicação, 252-253, 255-256, 679
    componentes de, 255
    definir para a Student Loan Limited, 464-465
perfis de tabela, 252, 253-255, 693
    componentes de, 254
    deficiências de estimativa, 272
    definir para a *Student Loan Limited*, 464-465
perguntas críticas, 80, 101-103
persistência dos dados, 4
pesos pareados, 501

708 Índice

PL/SQL, 380
  bloco, 387
  conhecimento básico de, 380-386
  cursores em, 395-398
  executar instruções em blocos anônimos, 386-388
  exemplos de instruções, 380-386
  funções, 392-394
  operadores, 380
  pacotes, 398-402
  procedimentos, 389-391
plaintext (texto puro), 487, 684
planejamento de dados, realizado por DAs, 497-498
planejamento de sistemas de negócio. *Veja também* sistemas de informação.
plano de transição, 26
planos de acesso, 270, 689
  avaliar, 269-271
  determinar, 379
  distribuídos, 631
  executar, 271
  recompilar, 494
  variações de, 270
  visualizações gráficas de, 271
polimorfismo, 647-649, 689
política de tempo limite, controlar *deadlocks*, 524
ponteiro em um nó de árvore B, 260
ponto de interrogação ?, para buscar qualquer caractere único, 88
ponto de verificação de consistência com a cache, 528, 690
ponto de verificação nebuloso (*fuzzy checkpoint*), 528, 690. *Veja também* pontos de verificação
ponto-e-vírgula (;)
  em PL/SQL, 380
  em SQL *Plus, 386
pontos
  centrais em um DER, 170
  de salvamento, 539, 689
  de verificação incremental
  de verificação incrementais, 533, 690. *Veja também* pontos de verificação
  quentes (*hot spots*) dependentes do sistema, 520, 525, 533-535, 686
portabilidade, 378
PostgreSQL, 14
práticas de codificação
  estabelecidas por DBAs, 493
  para consultas de baixo desempenho, 272-274
pré-construídos de tipos definidos pelos usuário, 652
preocupações de divisão de processamento, 612
primeira forma normal (1FN), 223-224
principal. *Veja também* coluna chave
princípio da simplicidade, durante a procura por tipos de entidade, 169
princípios orientados a objetos, 649
privilégio(s)
  ALTER, 489
  ANALYZE ANY, 489
  CREATE, 489
  de objeto no Oracle 10g, 488-489
  de sistema, 488, 489
  DELETE, 487
  DELETE ANY, 489
  designar para controle de acesso discricionário, 486
  DROP, 489
  especificar na instrução GRANT, 487
  especificar para visões, 486
  EXECUTE, 487
  INSERT, 487
  INSERT ANY, 489
  REFERENCE, 487
  SELECT, 487
  SELECT ANY, 489
  TRIGGER, 487
  UPDATE, 487
  UPDATE ANY, 489
problema(s)
  da leitura fantasma, 522, 690

de desempenho de *middleware* de objeto, 651
de diferença, 305
  formulações limitadas do SQL para, 305-308
  usar consultas aninhadas Tipo II para, 308-312
de divisão
  avançados, 317-320
  com DISTINCT dentro de COUNT, 318
  formulação, 314-320
  simples, 315-317
de especificação, resolver com documentação, 179
de interferência, 520-522
de narrativa, analisar, 168
procedimento(s), 388
  armazenados, 388-402, 493-495, 690
  de banco de dados, 388
  de busca linear, 258-259
  de consultas de objetos, 653
  de evento, 377
  de execução de gatilho, 414-416, 691
  de linguagem programação, 388
  de renovação, 583
  de síntese simples, 229-232, 690
  em PL/SQL, 389-391
  gerenciamento por SGBD dos, 388
  no SQL:2003, 657
  PREPARE em SQL:2003 CLI, 379
  Print no Oracle 10g, 665
  Simples de Execução de Gatilho, 414-415
  versus funções em PL/SQL, 392
processamento
  ambientes para SGBDs, 503
  cliente-servidor
    permite que os objetos sejam colocados em diferentes computadores, 648
    razões de negócio para, 606-607, 609
  de banco de dados distribuído, 624-635
  de consulta, distribuído, 631-632
  de efetivação distribuído, 633-635
  de transação, 7, 10-11, 503, 691
    versus suporte à decisão, 554, 691
  distribuído, 16, 606, 690. *Veja também* arquitetura cliente-servidor
    de transações, 632-635. *Veja também* processamento de transação
  em bancos de dados paralelos, 615-619
    altos custos do, 607-608
    comparado com processamento distribuído de banco de dados, 620
    razões de negócio para, 607-609
    redes de comunicação usadas no, 631
  em *batch* (lote), 377
  localização do, 31
  paralelo, 283-284
processo
  conceitual de avaliação, 79, 690
    junção de desigualdade aplicado a um problema de diferença, 307-308
    para instruções SELECT, 97-101
  de avaliação, conceitual,
  de divisão em tabelas menores, 225
  de escrita no banco de dados (DBWR) no Oracle RAC, 618
  de Hierarquia Analítica, 500-501, 690
  de renovação, 594-596
  do escritor de log (LGWR – *Log Writing Process*), 618
produto cartesiano, 57
programa de Financiamento Estudantil, 450
programadores, 18
Programming Language/Structured Query Language. *Veja também* PL/SQL
projetista
  de banco de dados como um político, 27
  de transações, 533
projeto
  conceitual, dividir para projetos grandes, 31-32
  de *datawarehouse* em indústrias, 559

de tabela única, 220
de tabelas, transformar DERs em, 30
de visões, 31
  com formulários, 429
  visão geral do, 428-429
físico de banco de dados
  ambiente, 252, 253
  como uma seqüência dos processos de tomada de decisão, 253
  desnormalização durante, 280-282
  dificuldades do, 253
  do sistema da *Student Loan Limited*, 464-465
  entradas, 252-256
  fase de desenvolvimento de banco de dados, 31
  formatação de registro durante, 282-283
  meta do, 251
  objetivo do, 251
  saídas, 252-253
  visão geral do, 250-253
normalizados, vantagens dos, 280
System R, 80
prompt do SQL >, 386
propagação de atualização
  gatilho AFTER ROW para, 408-409
  gatilhos para, 403
propriedade(s)
  ACID, 518-519, 690
  armazenadas em uma ferramenta CASE, 35
  atômica, 518, 690
  compartilhada para bancos de dados, 4
  consistente, 518, 690
  de calendário de uma série temporal, 564
  de conversão de uma série temporal, 564
  de data de início de uma série de tempo, 564
  de fechamento dos índices cluster, 274-275
  de periodicidade de uma série de tempo, 564
  do tipo de dados de uma série temporal, 564
  durável, 519, 679
  isolada, 518, 690
  persistente para bancos de dados, 4
protocolo, 525
  Bloqueio em Duas Fases. *Veja também* protocolo 2PL (Bloqueio em Duas Fases) arquitetura de dois níveis, 525,690. *Veja também* arquitetura multiníveis; arquitetura de três níveis
  de cópia primária, 633, 689
  de efetivação em duas fases (2PC), 634-635, 690
  de escrita avançada no registro, 529, 691. *Veja também* abordagem de atualização postergada; abordagem de atualização imediata
prototipação
  em Visio, 39
  ferramentas, 36
protótipos, 26, 32, 691
provedores de serviços
  em Arquitetura de Serviços Web, 614
  para Empréstimo Afiançado a Estudantes, 450
PRs (*physical records*). *Veja também* registros físicos

Q

qualidade de dados
  dimensões ou características de, 27-28
  fator especial do gerenciamento de recursos de informação, 484
  problemas, 594
qualificação de nome, 691
quarta forma normal (4FN), 235, 684
questões de projeto
  abordadas em várias arquiteturas, 611-615
  de bancos de dados
    cliente-servidor, 609-611
quinta forma normal (5FN), 236

R

RAC (*Real Application Clusters*), 618-619, 689
RAID (*Redundant Array of Independent Disks* ou Matriz Redundante de Discos Independentes), 283, 690
RAID-1, 284, 691
RAID-5, 284, 691
raiz de uma família de subtabelas, 662
real application cluster do Oracle. *Veja também* RAC
Real Application Clusters. *Veja também* RAC
Recuperação(ções), 519
    ferramentas, 527-528
    gerenciamento, 526-533
    inconsistentes, 521-522
    problemas relacionados inconsistentes, 521-522
    processos, 529-533
    seleção de índices para, 466
    transparência, 519, 694
recurso "colar"
    das ferramentas CASE, 35
    no Visio Profissional, 37
recurso de particionamento de banco de dados (DPF), 619, 691
recursos de computação, reduzir, 251
rede
    de computadores. *Veja também* linguagem de programação de computadores de
    distribuir software e dados em, 16-17
    particionada, 634
redundâncias, 219
    analisar tabelas para encontrar, 220-223
    DMVs que levam a, 235
    em arquiteturas RAID, 284
    excessivas, eliminar, 220
    formas de, 527
reescrita de consulta, 583, 585, 691. *Veja também* visões materializadas
    envolvendo blocos SELECT, 587-588
    requisitos de correspondência para, 585-587
    usando visões materializadas, 590
referências de visão, processar consultas com, 344-346
refinamentos em DERs, 173-178
Refresh Model Wizard no Visio, 39
Registro. *Veja também* registro de transação
    da Web, 592
    de bloqueio, 523
    de serviço em Arquitetura de Serviços Web, 614
    de transações, 527-531, 691
    físicos, 250, 691
        endereços, 257
        leitura paralela de, 283
        transferir, 250-251
    lógicos, 250
        armazenar por ordem de inserção, 256
        inserir em arquivos seqüenciais, 257
    pronto-efetivação, 634
regra
    básicas de conversão para converter DERs, 183-187
    da chave estrangeira redundante, 152-153
        ER *Assistant* e, 155
        solução, 154
        violação da, 153
    da chave primária, 152
    de completude, 152-153
    de conexão de relacionamento/tipo de entidade, 152
    de conversão
        exemplo amplo, 193-195
        para converter DERs em tabelas relacionais, 183-187
        para converter o DER da *Student Loan Limited*, 461
    de diagrama, 152-155
    de entidade fraca, 152
        resolução, 154
        violação da, 153
    de evento-condição-ação. *Veja também* gatilhos
    de hierarquia de generalização, 461
    de integridade
        aplicação de, 50-53
        definição de, 49-50
    de negócio
        definir, 27
        representar em um DER, 151-152
    de nome de atributo herdado, 152
    de nome de entidade, 152
    de participação de entidade, 152-153
    de relacionamento identificador, 152
        solução, 154
    do tipo de entidade, 184, 461
    violação da, 153
reinício
    operações de log geradas no, 531-532
    para abordagem da atualização, 530
relação, 691
relacionamento(s)
    1-M opcionais, 188-189
    acrescentar/adicionar, 169-170, 172-173
    aspectos dos, 141-147
    ausentes e fora de lugar, 181
    com uma hierarquia irregular, 563
    de composição, suportada na UML, 159
    de precedência entre formulários, 441
    de valor único, 139
    em DERs, 29, 136-137
    em um banco de dados da estação de tratamento
        de água, 5
        de hospital, 6
        de uma universidade, 5
    entre entidades, 4
    entre tabelas, 47
    fora do lugar, 181
    formulários de entrada de dados oferecendo um contexto para compreender, 435
    funcional, 139
    identificador, 141, 150, 156
    identificar ocultas, 559
    indicar ligações entre tabelas, 6
    ISA, 148
    ligar tipos de entidade com, 432-433
    M-N (muitos para muitos), 54, 139, 156, 691. *Veja também* relacionamentos 1-M (um para muitos); relacionamentos
        aplicar a regra para o DER da *Student Loan Limited*, 461
        com atributos, 142-143, 150
        regra de conversão, 184-186
        representar na UML, 158
        reutilizar o esquema estrela para, 567-569
        substituído por um tipo de entidade associativa e dois relacionamentos identificadores 1-M, 146
    M-N (muitos para muitos); integridade referencial
    muitos para muitos (M-N). *Veja também* relacionamentos M-N (muitos para muitos)
    N-ários (muiticaminhos), 691
    no Visio, 37-38
    obrigatório, 138, 691. *Veja também* dependência de existência;
    opcional, 139, 691. *Veja também* relacionamento obrigatório
    padrões de, 142-146
    redundantes, 182
    reflexivos. *Veja também* auto-relacionamentos
    representar, 140, 158
    TEM (Has), 137
    ternário, 145, 691
    transformar em um tipo de entidade associativa, 176
    um para muitos (1-M). *Veja também* relacionamentos 1-M (um para muitos)
    unário. *Veja também* auto-relacionamentos
    usar formulários, 435-436
    utilização de um relacionamento de 1-M em vez de, 182
relatórios, 692. *Veja também* relatórios hierárquicos
    de atividades de empréstimo
        da *Student Loan Limited*, 454
        modelagem de dados dos, 459-460
    de Atividades de Empréstimo, requisitos de dados para, 468-469
    de exceção, 403, 413
    de interrupção do controle. *Veja também* conversão de relatórios hierárquicos
    na fase lógica de projeto de banco de dados, 30
    produzir um projeto de tabela a partir de um DER, 35
    fornecidos por bancos de dados, 9-10
    hierárquicos, 359-362, 684
    implementar, 467
    resumir os que acessam um banco de dados, 255
    visões em, 359-362
renovação, custo fixo *versus* custo variável de, 595
renovar um *datawarehouse*, 555
reorganizações de arquivos *hash*, 259
replicação, 31
repositório. *Veja também* dicionários de dados; *Information resource dictionary* (IRD)
representação
    de banco de dados, convertendo um problema de instrução em, 102-103
    de tempo no esquema estrela, 569-571
    gráfica da integridade referencial, 53-54
    relacional dos dados de vendas, 561
requisitor de serviço em Arquitetura de Serviços Web, 614
requisitos
    de banco de dados, usar formulários como, 429
    de comparação para reescrita de consulta, 585-587
    de dados, 29
        combinando colunas e tabelas, 102
    de informação para o banco de dados da estação de tratamento de água, 171-173
resolução
    de conflito no processo de integração de visões, 32
    de sinônimos e homônimos, 441-442
responsabilidades gerenciais para DAs e DBAs, 485
restrições. *Veja também* restrições de banco de dados
    amena, 413
    baseada em valor, 221
    CHECK na instrução CREATE TABLE, 491
    de acesso à fonte, 595-596
    de banco de dados, 221. *Veja também* restrições
    de chave estrangeira (FK), 221
    de chave primária (PK), 221
    de comparação de atributo, 151
    de completude, 148-150, 692
    de completude-consistência, 596
    de integridade, 7, 490-493
        gatilhos para complexas, 402-403
        sincronização do cumprimento, 537-539
    de renovação, 692
    de transição
        gatilhos BEFORE utilizados para, 411
        gatilhos para impor, 403
    de valor nulo, 151
    hard, 413. *Veja também* restrições
    neutra em relação a valor, 221
resultados de consulta, interpretar quando as tabelas contêm valores nulos, 320
resumo
    de coluna em um perfil de tabela, 254
    de relacionamento em um perfil de tabela, 254
reusabilidade, suporte pelas linguagens de programação orientadas a objeto, 649
ROLAP (OLAP Relacional), 589-590, 692
rollback (reversão) parcial, 539

S

saídas do projeto físico de banco de dados, 252
SANs (*Storage Area Networks*), 284, 692
scaleup, 608, 682
scholar's lost update, 537, 692. *Veja também
lost update* (atualização perdida)
seção
    DECLARE, instrução CURSOR em, 396-398
    executável em um bloco do PL/SQL, 387
segunda forma normal (2FN), 225, 692
segurança de banco de dados, 487, 692
segurança, 486-489
    do banco de dados, 486, 692
    nível flexível proporcionado pelas visões, 340
seleção de índice, 274-280,692
    compromissos da, 276-277
    definir o problema, 274-276
    dificuldades de, 277
    entradas e saídas da, 274-275
    número exponencial de opções, 277
    para as Tabelas de Banco de dados
        Universitários, 278-279
    regras de, 277-280
seletor em uma instrução CASE, 384
semijunção, 625
seqüência no Oracle, 489
série de tempo, 564
serviço de vendas imobiliárias por computador, 643
servidor(es), 16, 388, 606, 692. *Veja também*
    servidores de aplicações; servidores de mídia;
    servidores de mídia; especializados
    de aplicação na arquitetura em múltiplas camadas,
        612-614
    de banco de dados, 611. *Veja também* servidores
    de *middleware*, 612
    de mídia, 655
        especializada, 650-651
    remotos, gerenciar procedimentos
        armazenados em, 388
SGA (*system global area*), 618
SGBD
    comercial, 30. *Veja também* SGBDs
    distribuído fracamente integrado, 622-623
    fracamente integrado, 621-622
    integrado, 620
    objeto-relacional, 652-654, 692
    open source (fonte aberta)
        produtos, 14
        software, 502
    orientado a objetos, 13, 654-655, 692
SGBDs (sistemas de gerenciamento de banco de
    dados), 6, 693. *Veja também* SGBDs distribuídos
    altos custos de uma possível mudança, 499
    arquiteturas de, 14-17
    avaliar em base de tentativas, 502
    avaliar os dois ou três principais candidatos, 502
    buffers, 250-251, 253
    capacidades de linguagem de programação, 9-10
    comercial, 30
    conhecimento de ambiente específico a, 253
    corporativos, 11, 13, 692. *Veja também* SGBDs;
        SGBDs para estações de trabalho; SGBDs
        embutidos
    de navegação, 12
    de objeto, 505, 649
    de primeira geração, 12
    de quarta geração, 12-13
    de segunda geração, 12
    de terceira geração, 12
    desenvolvimento de aplicações fornecido em, 9
    diferenças na sintaxe SELECT entre
        os principais, 131
    distribuídos fortemente integrado, 622
    embutidos, 11, 692. *Veja também* SGBDs; SGBDs
        para estações de trabalho;
    ferramentas para acesso não-procedural, 8
    fornecer suporte ao processamento distribuído, 16
    gerações de, 12-13
    limitações no uso de visões em consultas, 343
    locais homogêneos, 620
    organização interna dos, 14
    para estações de trabalho, 11, 692. *Veja também*
        SGBDs; SGBDs embutidos;
    paralelos, 616, 693. *Veja também
scaleup*; *speedup*
    perfis de tabela construídos por, 253-254
    recursos dos, 6-11
    relacionais, 12, 692
        elementos básicos de, 46-49
        recursos de suporte a dados
            multidimensionais, 567-591
        tipos de dados em, 642
    responder a consultas, 8
    responsabilidades em arquiteturas
        cliente-servidor, 17
    seleção e avaliação de, 498-503
    software independente para, 11
    tipos de, 11
    versus linguagens de programação, 649
símbolo
    de atribuição (: =), 381-382
    de cardinalidade máxima, 138
    de porcentagem % curinga, 87
Simple Object Access Protocol – Protocolo de Acesso a
    Objeto Simples (SOAP), 614-615
simplificação
    de consultas modificadas, 346
    de junção, 269
    de tarefas como um benefício importante
        das visões, 340
simula, 649
sinônimos, 441-442, 692. *Veja também* homônimos
sistema(s), 24, 693
    de entrada de pedidos, transações de um, 516
    de folha de pagamento de uma universidade,
        transações em, 516-517
    de gerenciamento de banco de dados. *Veja
também* SGBDs
    de informação, 24, 26, 686
        Information_Schema, 495
        planejamento, 497-498, 689
        profissionais, 18
    de processamento de arquivos, 12
    físico, 24
    fonte externos para *datawarehouse*, 591
    fonte internos para *datawarehouses*, 591
    legados, dados sujos de, 593
    operacional MVS, 13
sistemas-fonte, dados de movimentação dos, 591
sítios
    para SGBDs distribuídos, 620
    participantes para o processamento de efetivação
        em duas fases, 634
Smalltalk, 649
SOAP, 614-615
software
    cliente, 17
    de banco de dados, mercado atual para, 13-14
    de terceiros para SGBDs, 11
    fonte aberto, 502
    manutenção de, 14, 612
    otimização, 252
    servidor, 17
    SGBD (fonte aberto), 502
solicitações globais, 620
Solid Information Technology, 14
speedup, 608, 679. *Veja também* SGBDs distribuídos;
    scaleup
SQL (*Structured Query Language*), 7, 693
    adoção como um padrão, 12
    divisão de execução no, 315
    domínios, 490-491
    escopo do, 81-82
    formulação de consultas com, 79, 116
    história do, 80-81
    instrução
        CREATE TABLE, 46
        SELECT, 8
    Instruções
        de modificação, 113-115
        selecionadas, 81
    operações tradicionais de conjuntos em, 111-113
    padrões para, 80-81
    tipos de dados, 490
SQL Plus*, 386
SQL embutido, 693. *Veja também* SQL *Standalone*
SQL/PSM, 378
SQL:2003, 74, 81, 693
    asserções, 491-493
    características de banco de dados de
        objeto no, 655-664
    classificar gatilhos, 402-403
    cláusula USING fornecida pelo, 380
    estilos de linguagem para integração de uma
        linguagem procedural com SQL, 378-379
    extensão OLAP, 583
    funções e procedimentos, 657
    gatilhos sobrepostos, 415-416
    hierarquias de generalização para tabelas
        suportadas diretamente no, 191
    instrução
        CONNECT especificada pelo, 379
        CREATE ASSERTION, 512
        CREATE DOMAIN, 490, 512
        CREATE ROLE, 511
        CREATE VIEW, 372
        de gatilho, 423
        de índice não suportadas, 279
        de segurança, 487-488
        DROP ASSERTION, 512
        DROP VIEW, 372
        envolvendo cursores, 380
        SAVEPOINT, 539, 552
        SET CONSTRAINT, 552
        SET TRANSACTION, 552
    métodos limitados, 657
    nível de isolamento, 537
    operador de diferença, 305-306
    padrões objetos-relacionais no, 654
    para DROP ROLE, 511
    partes e pacotes do, 656
    procedimento de execução de gatilho
        especificado pelo, 414
    resumo
        de sintaxe da instrução INSERT, 130
        de sintaxe da instrução UPDATE, 130
    SERIALIZABLE como o nível de
        isolamento, 537
    Sintaxe
        CREATE TABLE, 74-76
        da instrução DELETE, 131
        de cláusula de sincronização
            de restrição, 551-552
        de instruções aninhadas SELECT, 333-334
        de operações de junção externa, 334-335
        simplificada de instrução SELECT, 128-130
SQL/PSM definido pelo, 378
suportar dois estilos de definição de tabela, 659
suporte
    a XML, 671
    direto às hierarquias de generalização, 659
tabelas
    de catálogo em, 495-496
    verdade, 321-322
tipos
    definidos pelo usuário, 491
    distintos, 490
    vinculação dinâmica e estática especificada
        pelo, 379
Storage Area Network (SANs), 284, 692
strings, comparação às que contêm *substrings*, 88
striping, 283-284, 590, 685, 691
Structured Query Language. *Veja também* SQL

Student Loan Limited, 450
    campos de formulário e relatório, 472-474
    decisões sobre implementação, 467
    desenvolvimento de aplicações, 467-469
    instruções CREATE TABLE, 474-477
    modelagem conceitual dos dados, 455-460
    projeto físico de banco de dados, 464-467
    refinar o esquema conceitual para, 461-464
    workflow de um sistema proposto para, 450-455
subclasses, 646
subconjuntos
    horizontais, 622, 685
        derivados, 685
    verticais, 685
subconsulta. *Veja também* consultas aninhadas
subconsultas correlacionadas, 308
subformulário, 353-359, 693
substituibilidade de tipo, 670-671
subtabelas, não aceitas no Oracle 10g, 666-668
sumário incorreto, 522, 693
superchave, 49, 693
    mínima, 50
supertipo, 148, 693
suporte à decisão
    corresponder a veracidade dos dados
        disponíveis, 591
    versus processamento de transação, 554
suposição de valor uniforme, 272, 686

T

tabelas, 6, 46-47, 693. *Veja também* tabelas aninhadas
    álgebra relacional aplicada a, 56
    aninhadas, 224. *Veja também* tabelas
        aceita pelo SQL:2003, 661
        no Oracle 10g, 671
    atualizáveis, 356
    base, visão de agrupamento, 343-344
    combinar, 59, 102, 300
    de banco de dados. *Veja também* tabelas
    de bloqueio, 523
    de catálogo, 495-496
    de dimensão, 693
        em um esquema estrela, 567
        de tempo, 569
        projetar para recuperação, 568
        representação de tempo para, 570
    de fato, 693. *Veja também* esquemas floco de neve; esquema estrela
        em esquemas estrela, 567
        envolvendo operações internacionais, 569
        normalizar, 568
        registrar o *status* de inúmeros eventos, 570
    de fatos acumulativos, 570, 693
    de preservação de chave, 372-373, 693
    envolvidas em relacionamentos de subtabelas, 661
    filha, 350-351
    junção de múltiplas, 103-109
    juntar, 90-91
    ligações entre, 47-49
    M (filha) no Microsoft Access, 350
    máxima, 662
    mutantes, 416-417
    pai
        inserir uma linha em, 352
        no Microsoft Access, 350
    relacionais, converter DERs para, 183-195
    relacionamento com formulários hierárquicos, 354-355
    tipadas
        fornecidas pelo SQL: 2003, 660
        no Oracle 10g, 668-670
        recuperar colunas de, 670
        suportadas pelo Oracle 10g, 665-666
    usar amostra para analisar problemas difíceis, 101
    verdade, 322
        com AND, 322
        com OR, 322
    virtual ou derivada, 340
tarefas, executadas pela divisão do processamento, 610
taxa
    de erro de um *datawarehouse*, 595
    de produtividade de transação (*throughput*), 520, 694
tecnologia
    Cache *Fusion*, 618
    dar suporte, 540-542
    de armazenamento, 589-591
    de banco de dados de quarta geração, 684
        de segunda geração, 694
        de terceira geração, 694
        efeitos na vida diária, 3
        evolução da, 12-13
        impactos organizacionais da, 17-20
        paralelos comercial, 617-619
    de primeira geração de banco de dados, 693
tempo(s)
    baixa (*downtime*), custo de, 608
    de atualização, diferentes, 594
    de carga, 694
    de comunicação para consultas distribuídas, 631-632
    de construção no Oracle, 583
    de espera, 686
    de interação com o usuário, 535-536
    de resposta
        medir, 31
        minimizar, 251
        taxa de produtividade de transação (*throughput*) relacionada a, 520
    de transação, 694
    médio entre as falhas, 284
    Médio para Recuperação (MTTR), 533
    válido, 694
terceira forma normal (3FN), 224-225, 694
término anormal, 526
terminologia
    alternativa para bancos de dados relacionais, 49
    multidimensional, 562-564
    orientada a conjuntos, 49
        a registros, 49
        a tabelas para bancos de dados relacionais, 49
texto cifrado, 487, 684
tipo(s)
    abstratos, 657
    combinar no Oracle, 382
    CorPonto, 657
    de coleção ARRAY, 657-658
    de dado de registro de tempo (*timestamp*), 569
        Autonumber (autonumeração), 77, 169
        BLOB (objeto binário grande), 650, 679
            Veja também arquitetura de objetos grandes
        CHAR, 47, 381
        DATE, 47
        DECIMAL, 47, 381
        DOUBLE PRECISION, 47
        FLOAT, 47, 381
        INTEGER, 47, 381
        LONG, 47
        NUMBER, 381
        NUMERIC, 47
        POSITIVE, 381
        REAL, 47
        SMALLINT, 47, 381
        TEXT, 73
        TIME, 47
        VARCHAR, 47
        VARCHAR2, 73, 381
        XMLType, 671-672
    de dados, 46-47, 681
        ancorados, 493
        BOOLEAN, 47, 381
        estruturados, 656
        primitivos, 382
    de entidade, 694
        associativas, 144-146, 232, 694
        associativa N-ária, 146, 182, 694. *Veja também* tipos de entidade associativa
        de formulário, 432
        em DERs, 29, 136, 137
        envolvidos em vários relacionamentos, 170
        expandir, 173-175
        identificar, 169-172, 431
        no Visio, 37-38
        notação de símbolos Pé-de-Galinha para, 150
        para o Formulário de Fatura, 435
        regras para ligar, 432
        transformando atributos em, 173-174, 178
        transformar em hierarquias de generalização, 177-178
    definidos pelo
        métodos, 657
        no Oracle 10g, 665-668
        no SQL: 2003, 491, 656-658
        pré-fabricados, 652
        usuário no Informix, 652
        usuário no Oracle, 652
    distintos, 490-491
    em linguagens de programação, 379
    em SQL, 490
    linha, 659-660, 665
    MULTISET, 657-58, 661
    não-convencionais de dados, armazenar e manipular, 13
    necessidade de novos, 505
    padrão para SGBDs, 642
    PL/SQL, 381
    ponto, 656
    referência, 666
    SGBDs objeto-relacionais para, 652-654
    TABLE, 670
tomada de decisão gerencial, suporte do banco de dados para, 482-483
totais resumidos, 561-562
tradução de consulta, fases de, 268-271
transação global, 620
transações, 10, 516, 695. *Veja também* transações aninhadas
    abortar, 526
    ACID, 542
    aninhadas, 542. *Veja também* transações autônomas, 542
    como definidas pelo usuário, 516
    de banco de dados. *Veja também* transações definidas pelo usuário, 516
    em um sistema de entrada de pedidos, 516
    encurtar a duração das, 517-518
    exemplo, 516-518
    gerenciamento customizado, 542
    globais, 620
    instruções do SQL definindo, 516-518
    orfanadas, 594
    permitir reversão parcial de, 539
    propriedades das, 518-519
    questões de projeto, 533-539
transformação de consulta, durante a otimização das consultas, 268-269
transparência, 695
    de concorrência, 519,694
    de fragmentação, 685,694. *Veja também* transparência de mapeamento local; de localização
    de localização, 627-628, 694. *Veja também* transparência de fragmentação; fragmentos
    de mapeamento local, 628-629, 694. *Veja também* transparência de fragmentação; fragmentos
    descrever níveis de, 624-626
    em bancos de dados distribuídos Oracle, 628-630
    para SGBDs, 519

U

processamento em banco de dados distribuídos, 624-630
trilha de auditoria, gatilhos criando, 403

UDDI, 614-615
UML (*Unified Modeling Language* – Linguagem de Modelagem Unificada), notação de
unidade central de processamento. *Veja também* uso de CPU
Universal Description, Discovery Integration (UDDI), 614-615
Unix, 13
uso da CPU, 251
uso de parâmetros em procedimentos e funções, 493
usuários
    avançados, 18, 689. *Veja também* usuários indiretos; usuários paramétricos
    PowerDesigner 10, 36
    funcionais, 17-18
    indiretos, 18, 694. *Veja também* usuários paramétricos; usuários avançados
    paramétricos, 18, 694. *Veja também* usuários indiretos; usuários avançados

V

validação lógica, 610
valor(es)
    ausentes, 594
    chave em um nó de árvore-B, 260
    constantes, 381
    de comparação, combinar múltiplas tabelas usando, 48-49
    de importância, 501
    de parâmetros, distribuição de para seleção de índice, 277
    default, 55, 151, 152
    fantasma, 521
    NULL em PL/SQL, 381
    nulos, 50, 694
        efeitos dos, 320-324
        em chaves estrangeiras, 52
        especificar para colunas, 113
        levando a complicações ao avaliar os resultados da consulta, 188
    para linhas não correspondentes, 61
    testar para usar SELECT, 89
    únicos
        de coluna, 92
        gerar para chaves primárias, 76-77
variações de regra em notação DER, 156
variante de tempo (*timestamp*), 555
variáveis
    de classe, 644
    de instância, 644
    independentes, 232
variável (repetindo) parte de uma formulário hierárquico, 353-354
    de correlação com a função REF, 669
vários identificadores, 594
verificação
    de completude, 593
    de razoabilidade, 593
    de restrição, duração de transação, 533
    de restrições postergada, 537, 694
    de tipos fortes, 648, 694
versões documentadas por ferramentas CASE, 35
vetor (*array*) dinâmico, 380. *Veja também* arrays
vinculação, 694. *Veja também* planos de acesso; mensagens
    de consultas, 273-274, 690
    dinâmica, 379, 648, 683. *Veja também* vincular
    estática, 379, 648, 694-695
    mensagens para uma implementação de método, 648
    para uma linguagem de programação de banco de dados, 379
    reduzir o tempo de execução para consultas complexas, 273-274
    tardia, 648
visão
    atualizáveis de múltiplas tabelas, 349-353
    com agrupamento, consulta usando, 343
    de junção, 693
    de múltiplas tabelas
        consulta utilizando, 342-343
        definir, 341
    de tabela única, 341
    externa, 695. *Veja também* esquemas; Arquitetura de Três Esquemas
Visible Analyst, 36
Visio 2003 *Professional*, 37-39
Visio Professional, DER criado com, 11
visões, 16, 340, 695. *Veja também* esquemas externos; visões materializadas
    atualizar usando, 346-353
    atualizáveis, 346-353
    atualizáveis de junções
        no Oracle, 349, 372-373
    atualizáveis de tabela única, 346-349
    definir, 340-342
    desempenho, 340
    em formulários hierárquicos, 353-359
    em instruções SELECT, 342-344
    em relatórios, 359-362
    hierárquicas, 671
    integrar em um passo, 689
    materializadas, 583-585
        no Oracle, 489
        percepção do usuário sobre, 584-585
        reescrita de consulta usando, 590
        substituir por tabelas de fato e dimensão, 585
    modificações, 347
    proteger usuários de detalhes de fragmentos, 628
    segurança fornecida por, 340
    somente de leitura, 346-347, 695
    usar para recuperação, 342-346
Visual Basic for Applications (VBA), 9-10, 39
Visual Studio.Net Enterprise Architect, 36-37
vocabulário
    comum, 27
    desenvolvendo um comum, 27
    padronizar, 442
volatilidade dos dispositivos de armazenamento de dados, 526

W

Web Services Description Language (WSDL), 614-615
Web Services Flow Language (WSFL), 614-615
William Inmon, 554
WITH CHECK OPTION, 349, 372, 695
WSDL (*Web Services Description Language*), 614-615
WSFL (*Web Services Flow Language*), 614-615
WWW (*World Wide Web*), 695

X

XML (*eXtensible Markup Language*), 614, 671, 695
    esquemas, 671-672
    operações, 672
    suporte a documentos, 671-672